magnum
PC-Werkstatt

Klaus Dembowski

magnum

PC-Werkstatt

Kompakt

Komplett

Kompetent

Markt+Technik Verlag

Die Deutsche Bibliothek – CIP-Einheitsaufnahme

Ein Titelsatz für diese Publikation ist bei der Deutschen Bibliothek
erhältlich.

Umwelthinweis:
Dieses Buch wurde auf chlorfreigebleichtem Papier gedruckt.
Die Einschrumpffolie – zum Schutz vor Verschmutzung – ist aus
umweltverträglichem und recyclingfähigem PE-Material.

10   9   8   7   6   5   4

04   03   02   01

ISBN 3-8272-5655-0

© 2000 by Markt+Technik Verlag,
ein Imprint der Pearson Education Deutschland GmbH,
Martin-Kollar-Straße 10 – 12, D-81829 München / Germany
Alle Rechte vorbehalten
Einbandgestaltung: Grafik-Design Heinz H. Rauner, Gmund
Lektorat: Jürgen Bergmoser, jbergmoser@pearson.de
Herstellung: Elisabeth Egger, eegger@pearson.de
Layout und Satz: Borges&Partner GmbH, Hannover, www.borges-partner.de
Druck und Verarbeitung: Kösel, Kempten
Printed in Germany

QuickView

Teil 1 PC-Grundlagen

Die rasante Entwicklung des Personal Computers – kurz PC – ist nicht aufzuhalten. Wer hätte 1981 schon vermutet, in welchem Maße der PC unser tägliches Leben verändern würde. Damals war er noch ein Gerät für Spezialisten, heute ist er dagegen sowohl im Berufsleben als auch zu Hause als Homecomputer anzutreffen und lässt sich, je nach internem Aufbau und der verwendeten Software, völlig unterschiedlich einsetzen. Die Spannbreite der möglichen Ausstattungen und der daraus resultierenden Anwendungen ist immens und kaum noch überschaubar. Daher macht es Sinn, sich mit dem Aufbau eines PCs und seiner einzelnen Komponenten vertraut zu machen, um deren Zusammenspiel verstehen zu können und auch selbst Optimierungen und Reparaturen vornehmen zu können.

Teil 2 Laufwerke

Unter einem »Laufwerk« für einen PC versteht man im einfachsten Fall ein Diskettenlaufwerk. Im Laufe der Zeit sind verschiedene weitere Typen hinzugekommen, die in diesem Teil des Buches näher behandelt werden.

Teil 3 SCSI-Bus und Weiterentwicklungen

SCSI bedeutet Small Computer System Interface und ist ursprünglich für Workstations und IBM-Großrechner entwickelt worden, mit dem Augenmerk auf einen schnellen Blocktransfer zwischen CPU und Peripherie. Der Vorläufer der SCSI-Schnittstelle ist die SASI-Schnittstelle (Shugart Associates System Interface), die von der Firma Seagate entwickelt wurde.

Die SCSI-Schnittstelle ist aber nicht nur eine Festplatten-Schnittstelle, sondern vielmehr eine busorientierte Geräteschnittstelle, an welcher sich verschiedene Geräte wie Band-, CD-ROM-Laufwerke und Scanner an einem so genannten Hostadapter betreiben lassen.

Mittlerweile existieren unterschiedliche SCSI-Implementierungen und die verschiedensten SCSI-Geräte, was SCSI für den Anwender einerseits immer unübersichtlicher macht, andererseits ist SCSI äußerst universell einzusetzen und nicht auf den Einsatz im PC beschränkt, sondern gilt auch bei anderen Computerarchitekturen als Standard.

Teil 4 Mainboard-Elektronik

Ein Personal Computer setzt sich intern aus verschiedenen Einheiten zusammen wie den Laufwerken, dem Netzteil und dem Mainboard – auch als Hauptplatine oder Motherboard bezeichnet –, welches üblicherweise verschiedene Einsteckkarten (z.B. Grafikkarte), den Mikroprozessor und die Speicherbausteine (DRAM, Cache) aufnimmt. Das Mainboard stellt gewissermaßen das Herz eines PCs dar und bestimmt somit auch dessen Leistungsfähigkeit. In diesem Kapitel wird die Elektronik von Mainboards näher betrachtet. Die verschiedenen Mikroprozessoren und Speicher werden in den beiden nachfolgenden Kapiteln behandelt.

Teil 5 Interfaces und Peripherie

Der Begriff »Interface« steht gemeinhin für eine Schnittstelle, die beispielsweise zum Anschluss eines Druckers oder eines Modems verwendet wird. Während für einen Drucker in den meisten Fällen eine parallele Schnittstelle zum Einsatz kommt, wird für ein Modem eine serielle Schnittstelle verwendet. Das Prinzip ist dabei zwar unterschiedlich, allerdings stellt eine Schnittstelle in der Regel immer eine Punkt-zu-Punkt-Verbindung her und es ist nicht möglich an einer Schnittstelle mehrere Geräte gleichzeitig zu betreiben.

Ein Bussystem ist demgegenüber dadurch gekennzeichnet, dass hier mehrere Geräte (oder allgemeiner Einheiten) an einen Strang – den Bus – angeschlossen und einzeln zu selektieren sind, was üblicherweise anhand von Adressen geschieht.

In diesem Teil werden verschiedene Schnittstellen und Bussysteme gleichermaßen behandelt, denn die Schnittstelle zu einem Bus (innerhalb einer Einheit) firmiert ebenfalls unter dem Begriff Interface.

Teil 6 Multimedia

Der Begriff Multimedia ist mittlerweile – insbesondere von der Industrie – so stark strapaziert worden, dass er für sich allein kaum mehr etwas Konkretes aussagt. Eine Shareware-CD für 5 DM mit bunten Bildern und vielleicht einigen Sounddateien wird schon als »Multimedia-CD« bezeichnet und auf der anderen Seite gibt es auch an deutschen Universitäten Lehrstühle, die sich dem Thema Multimedia als Inhalt verschrieben haben.

Zur korrekten Begriffsbestimmung soll daher einmal der Duden herhalten. Unter dem Begriff »multimedial« findet man: viele Medien betreffend, für viele Menschen bestimmt.

Wie dem auch sei, in diesem Buch werden diejenigen Einheiten unter dem Buchteil »Multimedia« zusammengefasst, die in Kombination miteinander für multimediale Anwendungen geeignet sind: CD-ROM und DVD-Laufwerke, Soundkarten und Foto - und Video-Verarbeitung – Scanner, Videokarten

Teil 7 Der Setup des PCs

Die Basisfestlegungen für einen PC werden im CMOS-Setup – oder allgemeiner dem BIOS-Setup – durchgeführt. Jeder übliche PC verfügt über ein akku- oder auch batteriegepuffertes CMOS-RAM, welches diese Systemeinstellungen des PCs enthält. Die (absolut) notwendigen Einstellungen sind bei einem fertig gekauften PC bereits vom Hersteller vorgenommen worden, wobei diese aber meist so gewählt worden sind, dass der PC zwar sicher funktioniert, was jedoch keineswegs bedeutet, dass die Festlegungen optimal gewählt worden sind, denn je nach PC-Typ, Ausstattung und den jeweiligen Einstellungen können im BIOS-Setup durchaus merkliche Optimierungen für die PC-Performance vorgenommen werden.

Teil 8 Kommunikation

Aktuelle PC-Betriebssysteme sind standardmäßig für die Kommunikation mit anderen Computern ausgestattet. Ein einfacher Datenaustausch untereinander ist bereits mit den Schnittstellen wie RS232 oder IEEE1284 (Druckerport) möglich und lässt sich also auch ohne zusätzliche Hardware realisieren. Wesentlich komfortabler lassen sich Daten per Netzwerk austauschen, was mindestens zwei Netzwerkkarten – für zwei PCs – erfordert. Für einen Zugang zum Internet wird außerdem ein Modem oder auch eine ISDN-Karte benötigt. In diesem Teil geht es um diese verschiedenen Möglichkeiten, mit dem PC lokal und/oder auch weltweit kommunizieren zu können.

Inhaltsverzeichnis

Teil 2 Laufwerke 119

Teil 3 SCSI-Bus und Weiterentwicklungen   241

Teil 4 Mainboard-Elektronik   327

Teil 5 Interfaces und Peripherie 681

Teil 6 Multimedia 853

Teil 8 Kommunikation 1013

Vorwort und Einführung

Die »PC-Werkstatt« gibt es nun schon seit über acht Jahren, und das Buch wurde im Laufe der Zeit mehrere Male überarbeitet und ergänzt. Ich freue mich natürlich darüber, dass das Buch einen so hohen Leserzuspruch erfahren hat und mittlerweile auch in sechs Sprachen übersetzt worden ist.

Acht Jahre sind in der PC-Zeitrechnung, die sich durch immer kürzere Innovationszyklen auszeichnet, gewiss eine lange Zeit, und vom heutigen Standpunkt aus gesehen könnte man sich natürlich auch allein auf PCs mit den zur Zeit propagierten Prozessoren, Grafikkarten, Festplattentypen und den weiteren dazugehörigen Einheiten beschränken.

Die »PC-Werkstatt« versteht sich jedoch tatsächlich als eine Werkstatt, was bedeutet, dass hier selbstverständlich auch ältere PCs zu pflegen, zu reparieren, zu erweitern und möglicherweise zu ersetzen sind, denn gerade mit diesen Typen wird es oftmals schwierig. Daher finden sich in diesem Buch auch Erläuterungen zu Hardwareeinheiten, die, vom Standpunkt der PC-Industrie aus gesehen, zum »alten Eisen« gehören. Wenn es nach den PC-Herstellern ginge, müsste man sich schließlich fast jedes halbe Jahr einen komplett neuen PC kaufen, denn die Neuerungen stellen leistungstechnisch gesehen natürlich alles bisher Dagewesene in den Schatten, wie es die einschlägige Werbung stets verlautet.

Die üblichen Wege zum Wunsch-PC

Beim Erwerb eines PC sind prinzipiell drei unterschiedliche Überlegungen denkbar: Entweder kauft man sich einen Komplett-PC im Sonderangebot mit allem Drum und Dran, der dann genau für die beabsichtigte Anwendung eingesetzt wird und verschwendet keinen weiteren Gedanken darauf, ob der PC irgendwie erweitert werden kann, ob er auch mit einem anderen Betriebssystem als dem mitgelieferten arbeitet oder ob er vielleicht auch noch in der Zukunft für das eine oder andere neue Programm zu nutzen ist. Dabei muss man sich aber bewusst sein, dass man sich damit womöglich in eine Sackgasse begibt, was später dazu führt, dass der PC nur noch (als Sondermüll) zu entsorgen ist.

Die zweite Möglichkeit ist, sich den PC vom Händler nach seinen Wünschen zusammenstellen lassen, oder man besorgt sich – als dritte Alternative – alle Komponenten einzeln und baut den PC nach seinen Wünschen selbst zusammen. Der PC »von der Stange« ist in der Regel preiswerter als der individuell zusammengestellte, was schon darin begründet liegt, dass hier natürlich nicht die jeweils optimalen Einheiten verbaut werden, sondern gerade dass, was der Markt an preisgünstigen Festplatten, Grafikkarten, Monitoren usw. hergibt.

Es gibt eine ganze Reihe weiterer Dinge, die bei einem sogenannten Komplett-PC dabei sein sollten, in der Praxis jedoch mitunter fehlen. Manchmal passen die Komponenten auch nicht recht zusammen, oder der PC kann auch einfach »schlampig« aufgebaut sein. Die folgende Liste zeigt hierfür einige Beispiele.

Typische Ungereimtheiten und Fehlleistungen bei Komplett-PCs:

···⟩ Es befindet sich trotz propagiertem Komplett-PC keine Maus im Lieferumfang.

···⟩ Der Monitor passt von seinen Daten her nicht zu den Angaben im Prospekt, die sich allein auf die demgegenüber leistungsfähigere Grafikkarte beziehen.

···⟩ Trotz PS/2-Mausanschluss wird eine serielle Maus mitgeliefert, wodurch unnötigerweise bereits ein COM-Port belegt ist.

···⟩ Für die Tastatur ist ein zusätzlicher Adapter notwendig (der auch schon mal vergessen wird), weil die mitgelieferte DIN-Tastatur nicht an den PS/2-Anschluss passt, was auch in umgekehrter Konstellation zutreffen kann.

···⟩ Der versprochene USB-Port besteht lediglich aus einem auf dem Mainboard befindlichen Pfostenstecker, und es ist zusätzlich ein Kabel mit Hub und den »richtigen« USB-Anschlüssen zu erwerben.

···⟩ Die angegebenen (noch freien Slots) können nicht alle verwendet werden, weil der PC intern »verbaut« ist (Kabel im Weg, Shared ISA/PCI Slot nicht nutzbar usw.).

···⟩ Es wird zwar eine Soundkarte, aber es werden keine Lautsprecher mitgeliefert.

···⟩ Die Lautsprecher werden mit Batterien betrieben oder besitzen keinen richtigen Ausschalter (netztrennenden), was somit zu unnötigem Stromverbrauch führt.

···⟩ Das Audiokabel vom CD-ROM-Laufwerk zur Soundkarte fehlt.

···⟩ Die Manuals zum Mainboard oder zur Grafikkarte oder zum Monitor sind nicht dabei.

···⟩ Es werden keine aktuellen Treiber mitgeliefert.

···⟩ Bei PCs im Tower-Gehäuse sind die Anschlusskabel (Tastatur, Maus, Monitor) zu kurz.

···⟩ Das ATX-Gehäuse/Netzteil besitzt keinen richtigen – netztrennenden – Ausschalter, d.h., der PC hängt ständig am Stromnetz und verbraucht somit auch unnötigerweise Strom.

···⟩ Statt angegebener Wide-SCSI-Festplatte wird nur eine Standard-SCSI-Festplatte eingebaut. Der teurere WIDE-SCSI-Controller ist aber selbstverständlich eingebaut worden.

···⟩ Es sind keine Original-CDs dabei, sondern die Software (Windows, Office) ist nur auf der Festplatte installiert. Installationsdisketten für den Notfall sind selbst anzufertigen, was eine unerträgliche Prozedur ist und mitunter 60-80 Disketten erfordert.

···⟩ Der PC ist intern schlampig aufgebaut. Die Kabel hängen lose herum und sind nicht sauber verlegt, die Laufwerkskabel sitzen äußerst stramm, und schon beim Transport des PC lösen sich bereits die Verbindungen.

···⟩ Die Jumper sind nicht richtig gesetzt oder fehlen womöglich, wodurch der 300 MHz-Pentium II stets als 166 MHz-MMX-PC arbeitet.

···⟩ Die CPU wird vom billigsten Lüfter gekühlt. Er ist womöglich mit Plastikhalterungen befestigt, wird im Betrieb durch die Wärme brüchig und fällt irgendwann einfach ab, was besonders im Tower-Gehäuse schlimme Folgen haben kann, da der Kühler dann am Kabel baumelt und keinerlei CPU-Kontakt mehr hat.

⋯⟩ Der PC sieht von innen aus, als wenn hier eine Spinne gehaust hätte. Mit Heißkleber werden die Steckverbindungen im PC fixiert, und durch das »Wandern« mit der Klebepistole im Gehäuse ist dabei ein »tolles Spinnennetz« entstanden. Der Heißkleber fließt mitunter so in die Anschlüsse hinein, dass dabei ein Wackelkontakt hergestellt wird, und bei einem meiner PCs ist deswegen die Festplatte zeitweise ausgestiegen. Die Jumper auf dem Mainboard werden hingegen nicht fixiert, sondern liegen nach einem Transport auf dem Gehäuseboden.

⋯⟩ Die PC-Einsteckkarten sind nicht richtig befestigt, die passenden Schrauben liegen aber im Beutel dabei. Durch den nicht festen Sitz im Slot können die Karten und die Mainboardelektronik ernsthaften Schaden nehmen.

⋯⟩ Einige Einsteckkarten sind leider mechanisch so ungenau gefertigt, dass sie sich im Slot hin- und herschieben lassen (!), was zu einem Kurzschluss führen kann.

⋯⟩ Die AGP-Grafikkarte oder auch die Slot-CPU ist nicht richtig befestigt und ist nach dem Transport aus dem Slot gerutscht.

⋯⟩ Die einzelnen PC-Komponenten sind nicht alle für das installierte Betriebssystem eingerichtet worden, was insbesondere bei Sound- und Modemkarten vorkommt und noch häufiger bei Komponenten, die der PC-Hersteller oder -Händler auf Wunsch des Kunden zusätzlich (z.B. ZIP-Laufwerk) eingebaut hat.

⋯⟩ Es wurden Speichermodule eingebaut, die alle vorhandenen Steckplätze komplett belegen, was eine spätere Erweiterung nur dann erlaubt, wenn die bereits vorhandenen entfernt werden.

⋯⟩ PCs des gleichen Herstellers und mit identischer Bezeichnung müssen intern nicht zwangsläufig auch aus identischen Komponenten aufgebaut sein. Der PC, der beispielsweise im Test einer Computerzeitschrift mit gutem Ergebnis abgeschnitten hat, kann sich im Laden aus davon abweichenden PC-Komponenten zusammensetzen. Die PC-Hersteller präparieren den PC, den sie zum Test einschicken, meist auch für eine optimale Performance, was bei den serienmäßigen PCs aber nicht durchgeführt wird. PC-Tests in Computerzeitschriften ist schon aus diesem Grunde mit Skepsis zu begegnen, und außerdem werden die PCs in der Redaktion nur getestet, und natürlich wird mit ihnen nicht gearbeitet. Was nützt dem Anwender das beste Benchmark-Ergebnis, wenn die Festplatte nach einer Woche defekt ist? Wer sich des öfteren die Tests in den Computerzeitschriften näher anschaut, wird auch feststellen können, dass es offensichtlich einige Hersteller gibt, deren Produkte immer irgendwie ganz gut abschneiden, und andere, die eigentlich nie auf einen »grünen Zweig kommen«, was zwar tatsächlich der Wahrheit entsprechen kann, jedoch ziemlich unwahrscheinlich ist, denn sonst wären die eher schlecht abschneidenden Hersteller schon gar nicht mehr am Markt. Vielmehr mag dies auch eher daran liegen, dass man gute Anzeigenkunden natürlich nicht verlieren möchte.

⋯⟩ Der PC ist im BIOS-Setup nicht optimal konfiguriert worden, was leider handelsübliche Praxis ist.

Der dritte Weg zum (neuen) PC ist also, sich die Komponenten für seinen PC selbst zusammenzustellen und ihn somit auch selbst zusammenzubauen. Erst einmal bleibt man dabei vor »Überraschungen«, wie sie oben erwähnt sind, verschont. Des weiteren kann man sich jeweils an den preisgünstigsten Angeboten orientieren und kauft dann auch genau das, was man haben will: eben den Wunsch-PC.

Bei dieser »Bastelei« lernt man außerdem eine Menge und kennt seinen PC dann ganz genau. Diese »PC-Bastelei« kann im übrigen auch eine Menge Spaß machen, und wer damit einmal angefangen hat, hört meist auch nicht mehr auf. Im Laufe der Zeit werden sich eine Reihe von PC-Komponenten ansammeln und sich Tauschgeschäfte mit anderen PC-Bastlern ergeben, wovon auch Flohmärkte und Anzeigenblätter einen Eindruck vermitteln. Diese PC-Einzelteile, ob nun neu oder auch älter, sind für sich allein allesamt völlig nutzlos und ergeben erst in der richtigen Kombination einen individuellen und funktionierenden PC, was letztendlich auch den Reiz eines PC ausmachen kann. Die »PC-Werkstatt« soll dabei eine Hilfe und zuverlässige Informationsquelle sein.

Mein Dank gilt an dieser Stelle meinen »PC-Kollegen« an der TU-Hamburg-Harburg – insbesondere Axel Kuwert – und natürlich Ute, Nina und Nicholas für ihre Geduld und die tatkräftige Unterstützung bei der »PC-Werkstatt«.

Klaus Dembowski

Symbole helfen bei der Orientierung

 Dieses Symbol kennzeichnet Tricks. Dabei handelt es sich um »ungewöhnliche« Anwendungen für eine Funktion, um schnellere Wege zum Ziel oder auch um spezielle Arbeitstechniken.

 Wenn Sie dieses Symbol sehen, können Sie weiterführende, das jeweilige Thema ergänzende Hinweise erwarten.

 Wenn Sie dieses Symbol sehen, sollten Sie nicht übereilt handeln: Es weist auf Fallen und Stolperstellen hin, die z.B. zu Datenverlusten führen können.

 So werden Erläuterungen von Fachbegriffen im Text gekennzeichnet.

 Internetadressen und wichtige Hinweise zu der Arbeit im WWW finden Sie unter diesem Zeichen.

 Hinweise zu Dateien die Sie auf der beiligenden Buch-CD-ROM finden erhalten Sie mit diesem Symbol.

PC-Grundlagen

PC-Werkstatt

Die rasante Entwicklung des Personalcomputers – kurz PC – ist nicht aufzuhalten. Wer hätte 1981 schon vermutet, in welchem Maße der PC unser tägliches Leben verändern würde. Damals war er noch ein Gerät für Spezialisten, heute ist er dagegen sowohl im Berufsleben als auch zu Hause als Homecomputer anzutreffen und lässt sich, je nach internem Aufbau und der verwendeten Software, völlig unterschiedlich einsetzen. Die Spannweite der möglichen Ausstattungen und der daraus resultierenden Anwendungen ist immens und kaum noch überschaubar. Daher hat es Sinn, sich mit dem Aufbau eines PC und seiner einzelnen Komponenten vertraut zu machen, um deren Zusammenspiel verstehen und auch selbst Optimierungen und Reparaturen vornehmen zu können.

1

1 Die PC-Komponenten

Im ersten Teil dieses Buches wird es – nach einer kurzen Übersicht der PC-Entwick-lung – zunächst um die grundlegenden Einheiten eines PC wie die Eingabegeräte und das Grafiksystem (Grafikkarte und Monitor) gehen.

1.1 Kurze Zeitreise der Digital- und PC-Technik

Die gesamte Entwicklung der PC-Technik und der dazugehören Software ist geprägt durch einen immer schneller ablaufenden Prozess, in dem Neuheiten präsentiert werden, wodurch beim Anwender vielfach der Eindruck entsteht, dass der vorhandene PC bereits zum »alten Eisen« gehört. Gleichwohl sind echte PC-Neuerungen, aus denen der Anwender auch tatsächlichen Nutzen ziehen kann, eher selten und vielfach muss man sich aus Kompatibilitätsgründen zum über die Jahre gewachsenen PC-Standard eher mit Altlasten und generellen Ärgerlichkeiten beschäftigen, wie etwa den knappen PC-Ressourcen (Speicher, I/O-Adressen, Interrupt- und DMA-Kanäle) und nicht zufriedenstellend funktionierenden Programmen.

Im Wettlauf mit der PC-Technik sind zahlreiche Firmen auf der Stecke geblieben, die einstmals durch innovative Produkte hervorgetreten waren. Die folgende Übersicht mag einen Eindruck über wichtige Entwicklungen und Gegebenheiten von Anbeginn der PC-Zeitrechnung vermitteln.

Bild 1.1: Nicht ein PC, sondern der Commodore 64 war der erste Homecomputer, der weltweit große Verbreitung fand

···⟩ **1981**

Der erste PC, mit einem 8088-Mikroprozessor, wird von IBM vorgestellt. Von Commodore ist der VC-20-Computer verfügbar und einen ersten Laptop gibt es auch schon, den *Osborne 1*, der Firma Osborne.

···> **1982**

Microsoft hat das erste Betriebssystem DOS 1.1 für den PC entwickelt. INTEL fertigt den 80286-Mikroprozessor und der Commodore 64 kommt in den Handel, der der meistverkaufte Computer der Welt werden wird. Die erste Maus für den PC wird von der Firma Mouse Systems angeboten. Firmen wie Compaq, Adobe, Lotus und Sun Microsystems werden gegründet.

···> **1983**

Der erste PC kommt nach Deutschland, und auf der US-Messe *Comdex* wird die erste Windows-Version vorgeführt. IBM bietet den IBM-XT mit einer Festplatte von 10 Mbyte und Compaq einen portablen PC an. Microsoft stellt das Textverarbeitungsprogramm *Multi Tool Word* vor, welches später nur als *Word* bezeichnet wird. Commodore hat den ersten portablen Computer (SX-64) mit Farbbildschirm und Sharp einen Laptop (5 kg) mit LC-Display im Programm.

···> **1984**

IBM stellt den Nachfolger des PC, den *AT* mit einem 16-Bit-Prozessor (80286), vor und einen neuen Grafikstandard – EGA. IBM geht eine Partnerschaft mit INTEL ein und macht diese Firma zum Hauptlieferanten für Prozessoren und Chips für PCs. Silicon Graphics bietet die erste 3D-Grafikworkstation an. Der Markanteil von Audio-CDs steigt auf über 50% gegenüber den anderen Tonträgern.

···> **1985**

Die ersten PC-Nachbauten (Clones) aus Taiwan kommen in Deutschland auf den Markt. Ein üblicher PC verfügt über einen RAM-Speicher von 256 Kbyte, ein 5,25-Zoll-Diskettenlaufwerk und einen monochromen Monitor. Intel bietet den ersten 32-Bit-Mikroprozessor für PCs, den 80386. Homecomputer wie der Atari 520ST und der Commodore Amiga setzen Zeichen in Bedienungsfreundlichkeit, Grafik und Sound. Begriffe wie *Multimedia* und *Desktop Publishing* tauchen erstmalig auf. IBM stellt den *Convertible*, das erste PC-Notebook, vor, und Flachbett-Scanner bieten 16 Graustufen mit einer Auflösung von 300 DPI. Das Fax-Gerät hält in die Büros Einzug.

···> **1986**

Compaq liefert den ersten PC mit 80386-Prozessor, *den Deskpro 386*. Das 3,5-Zoll-Diskettenlaufwerk beginnt das 5,25-Zoll-Laufwerk vom Markt zu verdrängen. Sharp zeigt den ersten Bildschirm mit TFT-Technologie. SCSI wird als offizieller ANSI-Standard verabschiedet.

···> **1987**

IBM verabschiedet sich vom ISA-Bus und stellt die *Personal System/2-Computer* mit MicroChannel vor, die erstmalig auch über eine VGA-Karte verfügen. Microsoft veröffentlicht MS-DOS 3.3, welches mehrere Partitionen unterstützt. Die erste Soundkarte kommt von der Firma AdLib zu einem Preis von 245 Dollar in den Handel. Das Internet hat den 10.000. Anwender vermeldet. DAT-Audio-Rekorder werden vorgestellt, und in die Büros halten die Laserdrucker Einzug.

···> **1988**

IBM stellt das Betriebssystem **O**perating **S**ystem 2 (OS/2) vor, das erste objektorientierte 32-Bit-Betriebssystem für PCs. Microsoft bietet MS-DOS 4.0, welches sich im Nachhinein als äußerst fehlerhaft darstellt, aber immerhin die 32-Mbyte-Beschränkung für Festplattenpartitionen beseitigt. CD-ROM-Laufwerke kommen zu einem Preis von DM 1200 in den Handel. Apple verklagt Microsoft, weil sie Windows als unzulässige Kopie ihrer eigenen Benutzeroberfläche ansehen.

···❯ **1989**

Intel führt den 80486-Prozessor ein. Der VESA-Standard für Super-VGA-Grafik-karten wird verabschiedet. Die **P**ersonal **C**omputer **M**emory **C**ard International **O**rganisation (PCMCIA) wird gegründet und ebnet den Weg für scheckkarten-große Speicherkarten und Modems.

···❯ **1990**

Microsoft überschreitet mit Windows 3.0 den Umsatz von einer Milliarde Dol-lar. Der Gameboy kommt nach Deutschland. Das DR-DOS 5.0 der Firma Digital Research überrundet technologisch gesehen DOS 5.0 von Microsoft.

···❯ **1991**

Ehemalige Konkurrenten wie IBM, Apple und Motorola schließen Allianzen gegen die WINTEL-Übermacht (**Win**dows In**tel**) zur Entwicklung des Power-PC. Die digitalen Mobilnetze D1 und D2 nehmen den Betrieb auf. Sharp bietet superflache Farb-LCD-Bildschirme an, und Toshiba hat den ersten Farb-Laptop in seinem Lieferprogramm. Die OS/2-Version 1.3 wird als letzte gemeinsame Version von IBM und Microsoft veröffentlicht.

···❯ **1992**

Nach einem Gerichtsurteil wird der Firma AMD verboten, den 386-Prozessor von Intel nachzubauen. Das Internet überschreitet die Schwelle des million-sten Nutzers. IBM veröffentlicht erstmalig ein negatives Geschäftsergebnis, während Microsoft in den ersten 50 Tagen nach der Veröffentlichung von Win-dows 3.1 über 1 Million Exemplare davon verkaufen kann.

···❯ **1993**

Intel präsentiert den Pentium-Prozessor. Dies ist die erste CPU mit Namen, um sich von Nachbauten abzusetzen (AMD, Cyrix). Die 25millionste Windows-Ver-sion wird verkauft, und Windows NT kommt in den Handel. EIDE wird als Standard für Festplatten vorgestellt.

···❯ **1994**

Intel startet die größte Rückrufaktion der Computergeschichte, da der Pentium einen Divisionsfehler aufweist. 475 Millionen Dollar kostet diese Aktion. Micro-soft verliert einen Urheberprozess und muss das Komprimierungsprogramm *Double Space* aus MS-DOS 6.0 entfernen.

···❯ **1995**

Ende des Jahres kommt das lang angekündigte Windows 95 auf den Markt. Es wurden 1 Million Power Macintoshs von Apple und ebenso viele OS/2-Exempla-re von IBM verkauft.

···❯ **1996**

Die **D**igital **V**ersatile **D**isc (DVD) mit einer avisierten Speicherkapazität von 4,7 bis 17 Gbyte wird vorgestellt. CD-Writer, die dazugehörigen Medien und Digital-kameras werden erheblich preiswerter und sind die Verkaufsschlager des Jah-res.

···❯ **1997**

Intel erfährt Konkurrenz durch Pentium-kompatible Prozessoren von AMD (K6) sowie Cyrix (6x686) und startet daher die bisher größte Werbekampagne für den Pentium II. Diese CPU ist nicht für einen üblichen Sockel, sondern erstma-lig für einen Slot vorgesehen. Apple verbietet den Nachbau von Macintosh-Computern und verärgert damit den Chiplieferanten Motorola, wodurch die Allianz gegen WINTEL zerbricht.

···⟩ **1998**

Nach langem Ankündigen sind die ersten Geräte mit Universal Serial Bus (USB) verfügbar. Der *Accelerated Graphics Port* (AGP) und die dazu passenden Grafikkarten werden als Standard für 3D-Applikationen – meist Spiele – am Markt etabliert. Windows 98, welches sich technisch kaum von seinem Vorgänger (Windows 95) unterschiedet, erscheint und bietet eine serienmäßige Unterstützung für USB, AGP und Firewire (IEEE-1394).

···⟩ **1999**

Das Betriebssystem Linux erfährt immer größeres Interesse und macht insbesondere Windows NT auf dem Gebiet der Serveranwendungen ernst zu nehmende Konkurrenz. Neben einem ständigen Auf und Ab der Speicherpreise gibt es auf dem Prozessormarkt einige Bewegungen: National Semiconductor trennt sich von seiner Marke Cyrix und verkauft die Technologie an den taiwanesischen Chipset-Hersteller VIA, der ebenfalls die CPU-Technologie (WinChip) der Firma IDT erwirbt. AMD gelingt es erstmalig mit seiner Athlon-CPU, den Konkurrenten Intel mit dem Pentium III performancetechnisch gesehen zu überrunden.

···⟩ **2000**

Der vielzitierte Jahr-2000-Crash ist ausgeblieben. Intel führt eine Reihe sockelbasierter CPUs ein und die Firma AMD schreibt seit langer Zeit wieder einmal schwarze Zahlen, was sie in erster Linie den Athlon-CPUs zu verdanken hat. Jeder bekannte Mainboard-Hersteller zeigt auf der CeBit nun auch Athlon-Mainboards und Microsoft präsentiert den Windows NT-Nachfolger Windows 2000.

1.2 Ein erster Blick in das PC-Innere

Trotz all der Erweiterungen und Verbesserungen in der PC-Technik ist mit dem Betriebssystem DOS die Kompatibilität zum PC-Urvater – dem IBM-PC – bis heute gewahrt, und durch den modularen inneren Aufbau ist ein Personalcomputer nahezu beliebig um- und aufzurüsten, was ihn maßgeblich von anderen Computerarchitekturen unterschiedet.

Ein einfacher PC-Arbeitsplatz besteht üblicherweise mindestens aus den folgenden Komponenten (vergl. Bild 1.2):

···⟩ der Tastatur (L)

···⟩ der Maus (M)

···⟩ dem Monitor (A)

···⟩ dem Systemgehäuse (I) mit:

···⟩ dem Gehäusedeckel (B)

···⟩ dem Netzteil (E)

···⟩ dem Bedienungsfeld (Anzeigen, Schalter)

···⟩ der Hauptplatine, Systemboard, Mainboard (H)

···⟩ den Speicherbausteinen (F)

···⟩ der Laufwerkscontrollerkarte (C)

···⟩ den Schnittstellenkarten

···⟩ der Grafikkarte (D)

···⟩ dem Diskettenlaufwerk (J)

···⟩ dem CD-ROM-Laufwerk (K)

···⟩ der Festplatte (G)

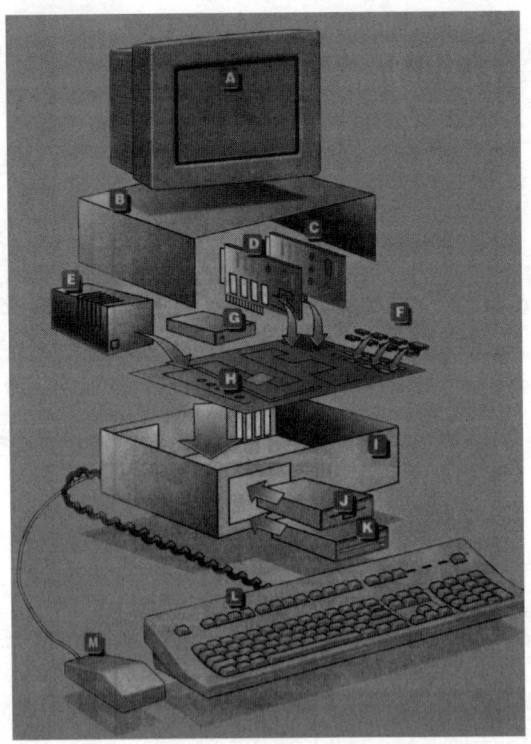

Bild 1.2: Das Explosionsbild zeigt – stark vereinfacht – den Aufbau eines PC

Die Leistungsfähigkeit des Systems wird in erster Linie durch den verwendeten Prozessor charakterisiert, und daher rühren auch die verschiedenen Bezeichnungen der PCs. Mit »PC« wurde früher ein Personalcomputer bezeichnet, der einen 8088- oder 8086-Prozessor beherbergte.

Die Erweiterung ist der »XT«, der im Gegensatz zum PC über eine Festplatte verfügt, sich ansonsten aber nicht von einem traditionellen PC unterscheidet. »AT« steht dann für **A**dvanced **T**echnology. Die ATs verfügen mindestens über einen 80286-Prozessor, der Weiterentwicklung des 8088/8086-Prozessors.

PC, XT oder AT
PC – Personalcomputer
XT – eXtended Technology
AT – Advanced Technology

Da es mittlerweile eine ganze Reihe von Prozessoren für den PC gibt, ist es müßig, ständig diese Kürzel zu benutzen. Daher hat es sich eingebürgert, allgemein von einem PC zu sprechen, wenn ein Computer gemeint ist, welcher kompatibel mit dem Urvater-PC der Firma IBM ist. So wird in diesem Buch auch allgemein von einem PC gesprochen und nur dann eine Unterscheidung vorgenommen, wenn es für den Zusammenhang wichtig ist.

Wer sich noch nie mit dem Innenleben eines PC auseinandergesetzt hat, sollte sich einmal das Bild 1.2 näher ansehen, welches die Lokalisierung der zuvor genannten Einheiten noch verdeutlicht. Die Betriebsspannungen für die diversen PC-Komponenten werden durch ein Schaltnetzteil (E) im Inneren des Computers zur Verfügung gestellt. Mit verwechslungssicheren Steckern werden die Verbindungen mit dem Mainboard (H), der Elektronik der Bedienelemente am Gehäuse, den Diskettenlaufwerken (J, K) und der Festplatte (G) hergestellt.

In jedem PC befinden sich einige Karten (Platinen, D, C), die in die Slots des Mainboards eingesteckt sind. Diese Slots sind Steckleisten, welche die elektrische Verbindung der Einsteckkarte mit dem Mainboard vornehmen. Je nach PC-Typ ist für einen kompletten Computer eine unterschiedliche Anzahl von Steckkarten notwendig. Bei den Laptops oder Notebooks bleibt den Herstellern aus Platzgründen nichts anderes übrig, als möglichst viele Komponenten auf dem Mainboard zu integrieren und das Slotkonzept fallen zu lassen. Um eine möglichst hohe Integrationsdichte zu erreichen, sind hierfür dann auch spezielle Chips entwickelt worden.

Die Slots können nach verschiedenen Konzepten aufgebaut sein: So gibt es die ISA (**I**ndustry **S**tandard **A**rchitecture), die EISA (**E**xtended **I**ndustry **S**tandard **A**rchitecture), die **M**icro**C**hannel-**A**rchitecture (MCA), die Architektur nach PCI (**P**eripheral **C**omponent **I**nterconnect) und die Industry Standard Architecture mit einer Erweiterung, welche als **VE**SA **L**ocal **B**us (VLB) bezeichnet wird.

Die jeweiligen Einsteckkarten müssen natürlich zu diesen verschiedenen Bussystemen passen. Auf die wesentlichen Unterschiede wird in dem Kapitel *Bussysteme* näher eingegangen. Standard ist heute allerdings allein PCI. Die ISA-Slots werden auf den Mainboards nur noch aus Kompatibilitätsgründen geführt, und bei einigen Mainboards des Baujahres 1999 werden sie bereits nicht mehr realisiert.

Die Schnittstellenkarte oder das Interface auf dem Mainboard beinhaltet in der Regel zwei serielle Schnittstellen (RS232) für den Anschluss einer Maus und eines Modems sowie eine parallele (Centronics, IEEE1284) für den Drucker. Während eine Schnittstellenkarte üblicherweise auch einen Game-Port für einen Joystick bietet, ist er auf den Mainboard-Interfaces nicht vorhanden, sondern befindet sich meist mit auf der Soundkarte.

Für die Steuerung der Diskettenlaufwerke (Floppy) und der Festplatte (Harddisk) ist ebenfalls eine Controllerkarte notwendig, die oftmals auch mit der Schnittstellenkarte kombiniert oder auch wieder direkt auf dem Mainboard integriert ist. Die Grafikkarte steuert den Monitor, wobei beide Komponenten aufeinander abgestimmt sein müssen, wie es noch genau in diesem Teil ab dem Kapitel 1.6 erläutert wird.

1.3 Die Tastatur

Als *Schnittstellen* zwischen einem Computer und dem Benutzer dienen im einfachsten Fall die Tastatur, der Monitor und eine Maus. Ein Monitor und eine Tastatur sind die Einheiten, über die jeder PC verfügen muss. Dabei ist es für die folgenden Erläuterungen zunächst einerlei, mit welchem Prozessor der PC ausgestattet ist und was sich sonst noch in dem PC-Gehäuse befindet.

Es gibt eine ganze Reihe verschiedener Tastaturen für einen PC. Das folgende Bild zeigt die Original-IBM-Tastatur, mit welcher der IBM-PC ausgeliefert wurde. Sie ist vom heutigen Standpunkt aus gesehen relativ schwer, und die Tasten verfügen über ein angenehmes Anschlagverhalten (Klick), was man von den heute üblichen Tastaturen nicht immer behaupten kann. Gleichwohl ist eine übliche Tastatur heutzutage bereits ab DM 30,- erhältlich, während die Original-IBM-Tastatur mit DM 600,- zu Buche schlug und unter Liebhabern mittlerweile einen *gewissen Kultstatus* erlangt hat.

Bild 1.3: Die Original-IBM-PC-Tastatur

Die billigen Tastaturen sind mechanisch gesehen relativ schlecht aufgebaut, und die Tasten haben oftmals einen unterschiedlichen Druckpunkt, was sich in scheinbaren Tippfehlern bemerkbar macht, die jedoch vom Nichterkennen von Tastenanschlägen herrühren.

Zum mechanischen Test einer Tastatur sollte man ruhig einmal eine Taste in der Mitte der Tastatur (z.B. das Zeichen U) etwas kräftiger durchdrücken, damit Druck auf die darunter befindliche Platine ausgeübt wird. Biegen oder bewegen sich dabei auch die anderen Tasten, wird man an dieser Tastatur nicht lange oder überhaupt keine Freude haben, denn die Mechanik ist einfach zu »klapperig«, als dass sie für die tägliche Arbeit geeignet wäre.

Das Anschlagverhalten ist bei Tastaturen generell recht unterschiedlich, und es hängt hier eher vom persönlichen Geschmack und der Tippgeschwindigkeit ab, mit welchem Verhalten (schwammig, kräftig drücken, leichtes Klicken) man eher zurecht kommt. Hier hilft nur Ausprobieren.

Im PC wird durch die Tastenbetätigung ein Hardware-Interrupt (IRQ 1) ausgelöst, wodurch der Software-Interrupt 09H aufgerufen wird, der wiederum den Tastaturtreiber aufruft. Ein Tastaturtreiber ist fest im BIOS-ROM des PC abgelegt und entspricht der englisch-amerikanischen Tastenbelegung.

Zum Betrieb der Tastatur wird generell ein Treiberprogramm benötigt, welches die Daten, die von der Tastatur an den PC gesendet werden, in entsprechende Zeichen (Buchstaben, Zahlen, Sonderzeichen) umsetzt. Im Keyboard-Controller auf dem Mainboard ist solch ein Treiberprogramm untergebracht, welches die Zeichen jedoch für eine amerikanische Tastatur interpretiert und deren Belegung schon aufgrund der hier üblichen Sonderzeichen (ä, ö, ü, ß) nicht der einer deutschen entspricht.

Aus diesem Grunde befindet sich für jedes Land ein spezielles Treiberprogramm im Lieferumfang des Betriebssystems, welches während der Installation von DOS automatisch in die Datei AUTOEXEC.BAT geschrieben wird. Dieser Eintrag sieht beispielsweise wie folgt aus:

```
KEYB GR,,C:\DOS\KEYBOARD.SYS
```

Fehlt dieser Eintrag oder ist er falsch angegeben und wird daher nicht korrekt vom Betriebssystem des PC erkannt, wird das Vorhandensein einer amerikanischen Tastatur vorausgesetzt. Beispielsweise ist in solch einem Fall der Doppelpunkt (:) auf einer deutschen Tastatur beim Ö-Zeichen zu finden und nicht dort, wo man es vom Tastenaufdruck her erwartet hätte.

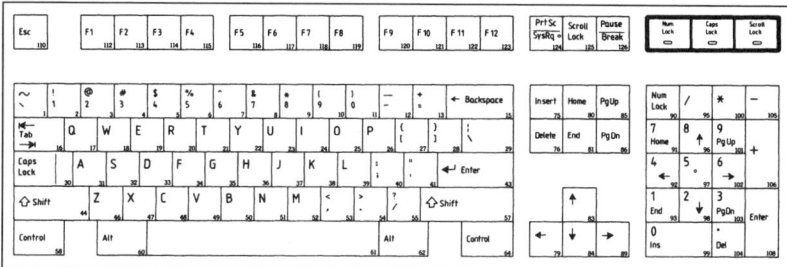

Bild 1.4: Die Belegung der US-englischen Standard-Tastatur

Für Windows 95 ist eine spezielle Tastatur eingeführt worden, die drei neue Tasten besitzt. Diese sollen die Bedienung von Windows 9x erleichtern und werden als *Left Windows*, *Right Windows* und *Application Menu Function Key* (Win-Taste mit Microsoft-Flagge) bezeichnet.

Bild 1.5: Die spezielle Tastatur für Windows 95 mit drei zusätzlichen Tasten gibt es von verschiedenen Herstellern mit den auch bei Standardtastaturen üblichen Qualitätsmerkmalen

Es ist sicher eine Geschmacks- und auch Gewohnheitsfrage, ob einem diese Tastatur gefällt und ob man die zusätzlichen Tasten überhaupt verwendet, denn für Windows 95 ist im Prinzip keine spezielle Tastatur notwendig.

Die neuen Tasten befinden sich in der untersten Reihe, und damit sich das Layout sowie die Abmessungen der Tastatur nicht wesentlich vom üblichen Design unterscheiden, fällt die Leertaste etwas kleiner aus. Mit Hilfe der Win-Taste gelangt man recht schnell an spezielle Funktionen, wie es an einigen Beispielen in der folgenden Tabelle angegeben ist.

Tastenkombination	Funktion
Win	Startmenü aufrufen, Taskbar anzeigen
Win E	Start des Explorers, Fenster öffnen
Win F	Suchen von Ordnern und Dateien
Win Strg F	Suchen von Computern im Netzwerk
Win F1	Windows-Hilfe mit Suchfunktion
Win M	geöffnete Anwendungen in der Darstellung minimieren
Win Shift M	Öffnen der minimierten Fenster
Win R	Start des Dialogs für die Programmausführung
Win Tab	Zwischen den Anwendungen in der Taskleiste umschalten
Win Untbr	Anzeige der Systemeigenschaften

Tabelle 1.1: Die wichtigsten Tastenkombinationen einer Windows-95-Tastatur

1.3.1 Tastaturanschlüsse und -adapter

Die Tastatur ist mit einem meist 5-poligen Kabel mit dem PC verbunden. Die Buchse entspricht dann mechanisch der bekannten DIN-Steckverbindung (Diodenbuchse), wie sie in der HIFI-Technik zu finden ist. Verlängerungen sind somit problemlos herzustellen.

Die 6-polige Verbindung wurde mit den IBM-PS2-Modellen eingeführt und wird aufgrund der kleineren mechanischen Abmessungen auch häufig in Laptops und Notebooks verwendet. Dieser PS/2-Tastaturanschluss ist ebenfalls auf allen Mainboards im ATX-Format der Standard, und einige neuere Modelle sind auch für den *Universal Serial Bus* (USB) vorgesehen, wobei hier der übliche USB-Anschluss zum Einsatz kommt, der im Kapitel *Bussysteme* genau erläutert ist.

5-polige DIN-Buchse	6-polige Mini-Buchse (PS/2)
Kontakt 1: Taktleitung	Kontakt 1: Datenleitung
Kontakt 2: Datenleitung	Kontakt 2: nicht benutzt
Kontakt 3: Reset	Kontakt 3: GND (Ground, Masse)
Kontakt 4: GND (Ground, Masse)	Kontakt 4: + 5V
Kontakt 5: + 5V	Kontakt 5: Taktleitung
	Kontakt 6: nicht benutzt

Tabelle 1.2: Die Belegung der Tastaturbuchsen

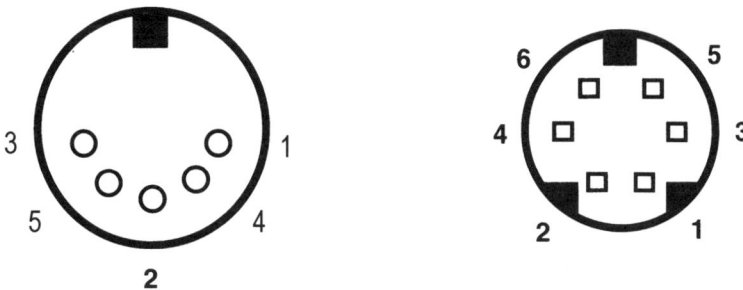

Bild 1.6: Die üblichen Buchsen für den Anschluss der Tastatur

Da beide Anschlussvarianten in elektrischer Hinsicht identisch sind, kann eine PS/2-Tastatur mit Hilfe eines entsprechenden Adapters auch an einem 5-poligen DIN-Anschluss verwendet werden, was auch in umgekehrter Hinsicht gilt. Ein Adapterkabel für die Verbindung der unterschiedlichen Anschlüsse ist in der folgenden Form ausgeführt:

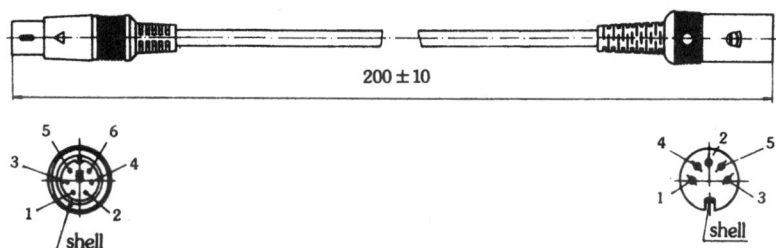

Bild 1.7: Ein Tastaturadapterkabel (PC/AT-PS/2)

PS/2-Stecker (Mini DIN)	Bedeutung	Diodenkupplung (DIN-Buchse)
Pin	Signal	Pin
1	Daten	2
2	frei	3
3	Ground	4
4	+ 5V	5
5	Takt	1
6	frei	-
Shell	Abschirmung	Shell

Tabelle 1.3: Die Belegung eines PS/2-DIN-Tastaturadapters

1.3.2 Funktionsweise und Controller

Da die Übertragung der Daten von der Tastatur zum PC in einem seriellen Datenformat erfolgt, sind eine Daten- und eine Taktleitung nötig. Die Spannung auf den beiden Leitungen entsprechen dem TTL-Pegel (0V, +5V), und die Spannungsversorgung für die Elektronik erfolgt vom PC aus über den Anschluss + 5V. Durch einen Impuls auf der Reset-Leitung wird der Controller in der Tastatur in seinen definierten Anfangszustand gesetzt, was während der Initialisierungsphase des Computers geschieht.

Nicht in allen Tastaturen wird dieses Signal ausgewertet, bei den PS/2-Anschlüssen steht der Reset-Signalanschluss nicht zur Verfügung. In den heute üblichen Tastaturen wird der Reset automatisch ausgeführt, nachdem die Versorgungsspannung anliegt. Es bedarf also keiner Aufforderung durch den PC, so dass die Reset-Leitung oft auch mit FREI gekennzeichnet ist.

Wird eine Taste gedrückt, schließt ein Kontakt, der sich unter den Tasten befindet. Die Tasten sind in Reihen und Spalten – in einer Matrix – angeordnet, und wenn ein Kontakt schließt, wird eine Spalte mit einer Reihe verbunden. Die Auswertung der Tasteninformation wird in der Tastatur durch einen Mikrocontroller (8039, 8048 o.ä.) vorgenommen, der hieraus einen bestimmten Code generiert, den *Tastatur-Scan-Code*.

Bild 1.8: *In dieser Tastatur ist ein Mikrocontroller vom Typ 8039 eingebaut, der als Programmspeicher ein EPROM verwendet*

Ein Mikrocontroller ist nichts anderes als ein Mikroprozessor, der um einige Hardware-Elemente erweitert wurde, welche bei »normalen« Prozessoren extern angeschlossen werden müssen. Dies sind beispielsweise der Speicher, ein Timer und Ein-/Ausgabe-Ports. Das Programm der in den PCs und der Peripherie verwendeten Mikrocontroller befindet sich oftmals mit auf dem Chip in einem maskenprogrammierten ROM. Das Programm ist also für einen bestimmten Zweck in das ROM »gebrannt« worden und kann nicht verändert werden. Wie es im Bild 1.8 erkennbar ist, verwendet der Mikrocontroller 8039 in der vorliegenden Tastatur einen externen Programmspeicher – ein EPROM –, welcher mit einem Aufkleber versehen ist. In diesem Fall ist möglicherweise ein Firmware-Update der Tastatur möglich.

Viele der handelsüblichen Tastaturen bieten an der Unterseite einen oder mehrere Schalter, die eine Umschaltung zwischen den verschiedenen Betriebsarten ermöglichen. Sie werden als *PC-Mode-*, *AT-Mode-* oder *MF2-Mode* (Multifunktions-Mode) bezeichnet, wobei der letztere die heute übliche Betriebsart darstellt.

Außerdem können derartige Schalter an der Tastatur auch für die Umschaltung zwischen verschiedenen Schnittstellen wie DIN, PS/2 und/oder USB zum Einsatz kommen, wenn die Tastatur hierfür entsprechend ausgelegt ist.

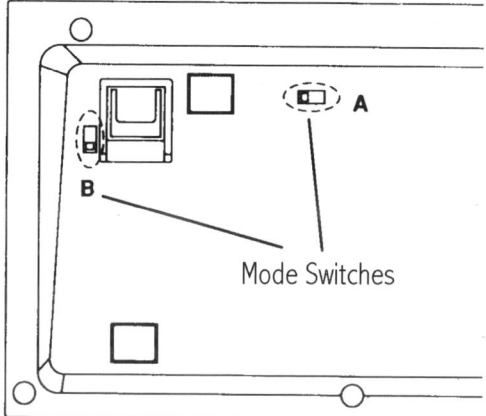

Bild 1.9: *An der Unterseite einer Tastatur können sich Schalter zur Einstellung der Betriebsart befinden*

Jede Taste hat genaugenommen zwei unterschiedliche Codes, einen, wenn sie gedrückt wird, und einen zweiten, wenn sie wieder losgelassen wird. Der Scan-Code wird in einem Zwischenspeicher abgelegt, durch den Mikrocontroller weiterverarbeitet und daraufhin an den PC gesendet. Die Weiterverarbeitung des Scan-Codes erfolgt in einem traditionellen PC anders als in einem AT; daher unterscheiden sich die Codes auch voneinander.

In einem PC gelangen die Signale an einen Portbaustein (PIO 8255), während ab einem AT hierfür ein spezieller Mikrocontroller (8042, AMIKEY o.ä.) zur Verfügung steht, der nicht nur den Empfang, sondern auch das Senden von Daten ermöglicht. So können beispielsweise die Wiederholrate und die Verzögerungszeit (Typematic Features) der Tasten verstellt werden, indem der AT-Tastaturcontroller ein entsprechendes Datenwort an die Tastatur sendet. Der Selbsttest der Tastatur wird ebenfalls durch das Senden eines bestimmten Datenwortes eingeleitet.

Der Mikrocontroller in der Tastatur führt verschiedene Funktionen aus. So erledigt er nicht nur die Tastenauswertung, sondern er führt durch Aufforderung des PC selbsttätig einen Selbsttest der Tastatur aus. Diese Aufforderung erfolgt in der Initialisierungsphase (POST, Power On Self Test) des PC. Man erkennt dies am Aufleuchten der NUM-LOCK-, CAPS-LOCK- und SCROLL-LOCK-Leuchtdioden auf der Tastatur.

Während des Tests wird auch festgestellt, ob die Tasten klemmen. Ungeduldige PC-Anwender, die die Initialisierungsphase nicht abwarten können und zu früh in die Tasten greifen, merken das durch die Fehlermeldung KEYBOARD ERROR PRESS F1-KEY. Für den Controller hat die Taste geklemmt, weil sie während der Überprüfung gedrückt war.

Codes

Taste	SET 1	SET 2	SET 3	Taste	SET 1	SET 2	SET 3
1	29	0E	0E	53	33	41	41
2	02	16	16	54	34	49	49
3	03	1E	1E	55	35	4A	4A
4	04	26	26	57	36	59	59
5	05	25	25	58	1D	14	11
6	06	2E	2E	60	38	11	19
7	07	36	36	61	39	29	29
8	08	3D	3D	62	E0, 38	E0, 11	39
9	09	3E	3E	64	E0, 1D	E0, 14	58
10	0A	46	46	75	E0, 52	E0, 70	67
11	0B	45	45	76	E0, 53	E0, 71	64
12	0C	4E	4E	79	E0, 4B	E0, 6B	61
13	0D	55	55	80	E0, 47	E0, 6C	6E
15	0E	66	66	81	E0, 4F	E0, 69	65
16	0F	0D	0D	83	E0, 48	E0, 75	63
17	10	15	15	84	E0, 50	E0, 72	60
18	11	1D	1D	85	E0, 49	E0, 7D	6F
19	12	24	24	86	E0, 51	E0, 7A	6D
20	13	2D	2D	89	E0, 4D	E0, 74	6A
21	14	2C	2C	90	45	77	76
22	15	35	35	91	47	6C	6C
23	16	3C	3C	92	4B	6B	6B
24	17	43	43	93	4F	69	69
25	18	44	44	95	E0, 35	E0, 4A	77
26	19	4D	4D	96	48	75	75
27	1A	54	54	97	4C	73	73
28	1B	5B	5B	98	50	72	72
29*	2B	5D	5C	99	52	70	70
30	3A	58	14	100	37	7C	7E
31	1E	1C	1C	101	49	7D	7D
32	1F	1B	1B	102	4D	74	74
33	20	23	23	103	51	7A	7A
34	21	2B	2B	104	53	71	71
35	22	34	34	105	4A	7B	84
36	23	33	33	106	4E	79	7C
37	24	3B	3B	108	E0, 1C	E0, 5A	79
38	25	42	42	110	01	76	08
39	26	4B	4B	112	3B	05	07
40	27	4C	4C	113	3C	06	0F
41	28	52	52	114	3D	04	17
42**	2B	5D	53	115	3E	0C	1F
43	1C	5A	5A	116	3F	03	27
44	2A	12	12	117	40	0B	2F
45**	56	61	13	118	41	83	37
46	2C	1A	1A	119	42	0A	3F
47	2D	22	22	120	43	01	47
48	2E	21	21	121	44	09	4F
49	2F	2A	2A	122	57	78	56
50	30	32	32	123	58	07	5E
51	31	31	31	124	E0, 2A, E0, 37	E0, 12, E0, 7C	57
52	32	3A	3A	125	46	7E	5F
				126	E1, 1D, 45, E1, 9D, C5	E1, 14, 77, E1, F0, 14, F0, 77	62

* nur Tastatur mit 101-Tasten   ** nur Tastatur mit 102-Tasten

Bild 1.10: Die SCAN-Codes für den PC-Mode (SET 1), den AT-Mode (SET 2) und den MF2-Mode (SET 3) in hexadezimaler Darstellung

Zusammengefasst erledigt der Controller in der Tastatur die folgenden Aufgaben:

···⫽ den Selbsttest

···⫽ die Tastenauswahl

···⟩ die Zwischenspeicherung der Tastaturauswahlcodes

···⟩ die Daten- und Takterzeugung für die serielle Verbindung zum PC

···⟩ die Ausführung des Übertragungsprotokolls

···⟩ die Einstellung der Verzögerungszeit und der Wiederholfrequenz für die Tasten-
anschläge

1.3.3 Tastaturfehler lokalisieren und beseitigen

Ist die PC-Tastatur nicht funktionsfähig oder nicht (richtig) angeschlossen, wird
das BIOS des PC nach dem Einschalten eine Fehlermeldung wie *Keyboard Error* und/
oder auch ein akustisches Signal (Beep-Code) ausgeben. Bevor ein Fehler, der durch
das BIOS gemeldet wird, nicht behoben ist, hat es keinen Sinn, Treibereinträge in
den Betriebssystemen zu manipulieren, denn zunächst muss das BIOS die Tastatur
akzeptiert und entsprechend initialisiert haben.

 *Das Nichtfunktionieren einer PS/2-Tastatur kann darauf zurückzuführen sein, dass
sie fälschlicherweise an der PS/2-Mausbuchse angeschlossen ist.*

Es kommt im Zusammenhang mit PS/2-Tastaturen immer wieder vor, dass die Tastatur fälschlicherweise an der PS/2-Mausanschlussbuchse, die mechanisch mit der
für die PS/2-Tastatur identisch ist, angeschlossen wird. Bei einigen Mainboards
spielt es keine Rolle, an welcher der beiden Buchsen die Tastatur bzw. die Maus
angeschlossen ist, denn das BIOS sucht sich quasi selbst den passenden Anschluss,
wie es beispielsweise bei einigen Mainboards (z.B. der Typ Marl) der Firma Intel
gegeben ist. Allerdings kann man dies nicht verallgemeinern, denn andere Mainboards machen hier gleichwohl einen Unterschied, und die beiden Geräte werden
daraufhin nicht vom BIOS gefunden. Man tut gut daran, die Anschlüsse deutlich zu
beschriften, damit es erst gar nicht zu Verwechslungen kommen kann.

Ein häufiger Tastaturfehler ist der, dass eine Taste verklemmt ist, was man in der
Regel durch eine optische Kontrolle und das Ausprobieren einer jeden Taste leicht
überprüfen kann. Eine Tastatur wird natürlich auch im Laufe der Zeit verschmutzen
und es soll auch schon vorgekommen sein, dass eine Büroklammer oder sonstiges
Büromaterial in die Tastatur gelangt sind und einen Kurzschluss oder das Blockieren
einer Taste verursachen. Bei einem derartigen Verdacht sollte man die Tastatur (vorsichtig) mit der schmalen Kante auf eine Tischkante klopfen, und möglicherweise
fällt dabei der störende Schmutz heraus, womit der vermeintliche Fehler bereits behoben ist.

Eine gründliche innere Reinigung einer Tastatur ist aber nur durch das Aufschrauben derselben möglich, wobei sich die Vorgehensweise hier bei den einzelnen Modellen voneinander unterscheiden kann. Im einfachsten Fall werden vier Schrauben auf der Rückseite in den jeweiligen Ecken der Tastatur gelöst und die Abdeckung
kann daraufhin einfach nach oben abgehoben werden.

Nach dem Aufschrauben der Tastatur und dem nachfolgenden Umdrehen muss man
jedoch Vorsicht walten lassen, denn insbesondere bei den sehr preisgünstigen Tastaturen, bei denen die einzelnen Tasten nur durch die Abdeckung in Position
gehalten werden, können die Tasten einfach herausfallen, und spätestens dann hat
man ein Problem.

Bild 1.11: Im Laufe der Zeit sammelt sich in jeder Tastatur zumindest Staub an, der am besten mit einem Pinsel entfernt wird

Das Vordringen an die Unterseite der Tasten, wo sich die einzelnen Kontakte befinden, ist nicht immer einfach und manchmal auch gar nicht möglich. Die folgenden Bilder zeigen hierfür zwei Beispiele, bei denen es vom Aufwand her nicht lohnenswert erscheint, die Tastatur weiter zu zerlegen. Auf jeden Fall kann bei Kontaktschwierigkeiten noch mit einem speziellen Kontaktspray (z.B. Kontakt 60 der Firma Kontakt Chemie), welches man von oben in die Taste hineinsprüht, versucht werden, eine Taste wieder gangbar zu machen.

Bild 1.12: Diese Tastatur ist mit Nieten verschlossen und ein weiteres Öffnen daher nicht praktikabel

Bild 1.13: Allein mit einem Schraubendreher kommt man bei dieser Tastatur nicht weiter. Diese Laschen, von denen es typischerweise mindestens vier gibt, halten die Platine mit den Tasten. Zum weiteren Öffnen sind aber nicht die Laschen zu verbiegen oder dergleichen, sondern weitere Befestigungen zu lösen, damit die Platine daraufhin nach links geschoben werden kann

Vorausgesetzt, dass die Tastatur richtig angeschlossen und der Mode- bzw. Schnittstellenschalter unter der Tastatur korrekt gesetzt ist, gibt es noch einige andere Gründe dafür, dass das BIOS die Tastatur nicht erkennt.

Es könnte einer der beiden erwähnten Controller für die Tastatur defekt sein. Ein Controller befindet sich auf dem Mainboard (z.B. Intel 8042, Amikey) und der andere in der Tastatur, wenn man hier einmal die alten Tastaturen (PC/XT) unberücksichtigt lässt.

Bevor man weiter in die Fehlersuche einsteigt, ist es sicher das Einfachste, einmal probeweise eine andere Tastatur anzuschließen, um den Fehler leichter einkreisen zu können. Es kommt jedoch relativ selten vor, dass einer der Controller defekt ist. Ist der Controller in der Tastatur jedoch tatsächlich nicht in Ordnung, beschafft man sich am besten gleich eine neue Tastatur. Ein fehlerhafter Keyboard-Controller auf dem Mainboard ist ebenfalls äußerst ärgerlich, denn einzeln ist er nicht erhältlich, was daher gleich ein neues Mainboard erfordert.

Weitaus öfter als ein elektrischer Defekt ist eine Inkompatibilität zwischen dem Controller auf dem Mainboard und dem in der verwendeten Tastatur. Allerdings ist dies nur dann möglich, wenn nicht die ursprünglich für den PC vorgesehene Tastatur verwendet wird. Einige Markenhersteller (z.B. Compaq) gehen hier eigene Wege. In einigen Fällen kann ein BIOS-Update Abhilfe schaffen, denn dieses ist üblicherweise auf den Tastatur-Controller auf dem Mainboard abgestimmt.

Nicht zu vergessen bei der Fehlersuche ist natürlich das Tastaturverbindungskabel, welches vielleicht durch unsachgemäße Behandlung einen Knick aufweist, wodurch die Verbindung beschädigt ist. Eventuell kann man dies feststellen, wenn man das Kabel etwas knetet und verdreht, während der PC bootet. Eine Kontrolle der Anschlüsse im Stecker, wenn er sich aufschrauben lässt, und in der Tastatur selbst wären die folgenden Schritte.

Bild 1.14: *Vielfach sind die einzelnen Leitungen des Tastaturkabels direkt auf der Platine festgelötet. Wenn – wie hier – als Zugentlastung lediglich ein Kabelbinder verwendet wird, können sich die Leitungen schon mal lösen. Dann hilft nur das Nachlöten mit einem Lötkolben*

Wenn das BIOS die Tastatur akzeptiert hat, kann eigentlich nur noch der Tastaturtreiber des Betriebssystems für ein Fehlverhalten der Tastatur in Frage kommen, worauf im vorhergehenden Kapitel bereits eingegangen wurde. Ein relativ häufiges Phänomen, welches im Zusammenhang mit Windows 9x auftritt, soll hier auch noch kurz behandelt werden. Beim Umschalten unter Windows 9x nach DOS kann es passieren, dass der englisch-amerikanische Zeichensatz aktiviert ist, während unter Windows 9x der deutsche gilt, wie es auch in *Eigenschaften von Tastatur* festgelegt ist. Dies ist beispielsweise dann der Fall, wenn die *Codepage* nicht korrekt initialisiert worden ist.

Beim Booten von Windows 95 wird dann möglicherweise kurzzeitig der Text *Codepage nicht vorbereitet* ausgegeben, was am besten zu erkennen ist, wenn die ESC-Taste beim Hochfahren betätigt wird, wodurch das Windows-95-Startlogo vom Bildschirm verschwindet und der DOS-Bildschirm abgebildet wird. Bei der Aktivierung des »alten« DOS (F4-Taste, Dual Boot) gelten entsprechend die Festlegungen der (alten) DOS-Konfigurationsdateien, die unter Windows 95 die Extension *.DOS* führen.

Für die länderspezifischen Festlegungen findet man in der **CONFIG.SYS** die beiden folgenden Einträge:

```
DEVICE=C:\WINDOWS\COMMAND\DISPLAY.SYS CON (EGA,,1)

COUNTRY=049,850,C:\WINDOWS\COMMAND\COUNTRY.SYS
```

und in der AUTOEXEC.BAT:

```
mode con Codepage prepare =((850) C:\windows\command\
ega.cpi)

mode con Codepage select=850

keyb gr,, c:\windows\command\keyboard.sys
```

Wenn diese Einträge nicht in der angegebenen Form vorhanden sind, kann es zu Problemen mit der Tastaturbelegung kommen. Bei einem Upgrade von einer DOS/Windows-3.x-Konfiguration, bei der diese Einstellungen unter Umständen nicht in der kompletten Form vorhanden waren, werden diese jedoch genauso (fehlerhaft) übernommen. Entweder werden nun die fehlenden Einträge ersetzt oder – da sie ohnehin nur aus Kompatibilitätsgründen geführt werden – alle oben gezeigten Einträge bis auf den Keyboard-Eintrag (KEYB GR,, ...) gelöscht, was zudem noch für eine Speicherersparnis von ca. 10 Kbyte sorgt. Windows 9x wird danach auch im DOS-Mode mit dem deutschen Tastaturlayout arbeiten.

1.3.4 Pflege der Tastatur und der PC-Oberflächen

Um einigen Problemen von vornherein aus dem Weg zu gehen, sollte man die Tastatur von Zeit zu Zeit durch Reinigen etwas pflegen, was ebenfalls für die Maus und den Monitor sowie alle weiteren Geräte gilt, die ständig berührt werden. Schmutz sieht nicht nur schlecht aus, sondern beeinträchtigt das einwandfreie Funktionieren der Tastatur sowie der Maus und die Darstellung auf dem Monitor.

Für die Reinigung der Plastik-, Metall- und Glasoberflächen eines PC werden verschiedene Spezialflüssigkeiten und Reinigungskits mit Reinigungsstäbchen und Ähnlichem angeboten. Sie sind manchmal recht teuer und zeigen auch nicht immer den gewünschten Erfolg. Man kann sich jedoch selbst eine Reinigungsflüssigkeit anmischen, die sich für alle Plastikoberflächen und auch den Bildschirm gut eignet und zudem sehr preiswert ist.

 Eine wirksame und kostengünstige Reinigungsflüssigkeit für alle PC-Oberflächen kann man sich nach dem folgenden Rezept leicht selbst anfertigen.

Rezept für die Reinigungsflüssigkeit, ca. 100 ml

···⟩ 50 ml Wasser

···⟩ 50 ml Alkohol, Spiritus oder besser noch Isopropanol (riecht nicht so streng)

···⟩ 1 bis 2 Tropfen übliches Spülmittel als Tenside-Zusatz (die Mischung darf nicht schäumen)

Reinigungshilfsmittel:

···⟩ Reinigungsflüssigkeit, wie oben angegeben

···⟩ Ein fusselfreier Lappen

···⟩ Eine Pump-Sprühflasche, wie sie für Deos verwendet wird, in die man die Reinigungsflüssigkeit hineinfüllt

···⟩ Watte- (z.B. Q-Tips) oder besser noch Schaumstoffstäbchen zur Reinigung der Tastatur und schlecht zugänglicher Ecken und Kanten

1.4 Die Maus

Neben der Tastatur ist die Maus das zweitwichtigste Eingabemedium und für grafische Benutzeroberflächen geradezu unentbehrlich. Für die PCs wurde sie erst recht spät entdeckt, wohingegen sie beim Apple Macintosh bereits seit dem Jahre 1984 standardmäßig verwendet wird, denn der verfügte schon zu dieser Zeit über eine grafische Benutzeroberfläche. Die erste verbreitete Maus in der PC-Welt war die Microsoft-Maus. Heutzutage gibt es sie von zahlreichen Herstellern in vielen Formen und Farben.

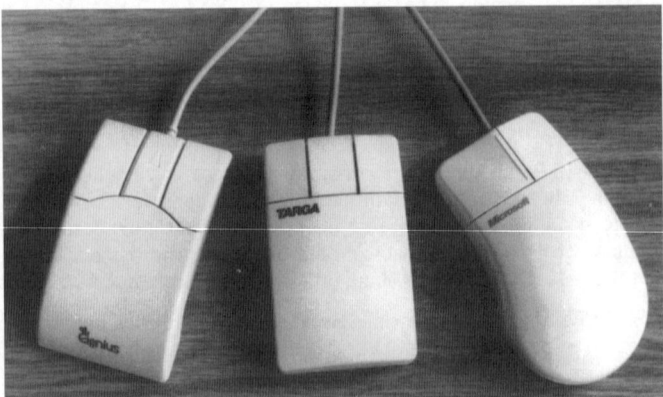

Bild 1.15: *Verschiedene Ausführungen von gebräuchlichen Maustypen, wobei die meisten Anwendungen gar keinen Gebrauch von einer mittleren Maustaste machen*

In letzter Zeit sind insbesondere die *Wheel-Mäuse* sehr beliebt, die über ein oder auch zwei kleine Rädchen (Tastenräder) verfügen, welche ein schnelles Scrollen in vertikaler und horizontaler (bei zwei Rädern) Richtung oder auch Zoomen ermöglichen, was sich bei Windows-Office-Anwendungen oder auch beim Internet-Explorer als sehr hilfreich erweist.

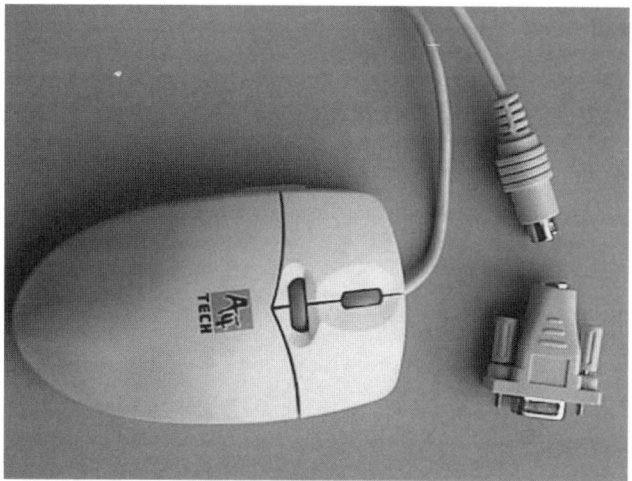

Bild 1.16: *Eine typische Wheel-Mouse mit zwei Drehrädern und PS/2-Anschluss, die per Adapter auch an der RS232-Schnittstelle verwendet werden kann*

1.4.1 Zur Funktion einer Maus

Das Prinzip der mechanischen Maus beruht auf einer mit Gummi beschichteten Stahlkugel, deren Rollbewegung von zwei kleinen Rollen – eine für die X- und eine für die Y-Richtung – auf zwei kleine Lochscheiben übertragen wird. Diese Lochscheiben bewegen sich zwischen zwei Lichtschranken und unterbrechen einen Lichtstrahl. Die dabei gelieferten Impulse werden von der internen Elektronik in serielle Daten umgewandelt und auf eine serielle Schnittstelle des PC geleitet. Entsprechendes gilt für die Impulse der möglicherweise vorhandenen Drehräder, und die Impulse der Schalter werden ebenfalls mit in den Datenstrom zum PC integriert, woraufhin die angewählte Funktion des Programms ausgeführt wird.

Da in der Maus Lichtschranken verwendet werden, muss sie nach außen hin gegen den Tageslichteinfall geschützt sein, was keineswegs selbstverständlich ist, und es gibt immer wieder Modelle, bei denen der Mauszeiger »herumhüpft«, weil die Sonne direkt auf die Maus scheint.

Die Versorgungsspannung für die Mauselektronik wird aus der Schnittstelle gewonnen, denn ihre Stromaufnahme ist sehr gering. Es gibt auch einige ältere Typen, bei denen die Stromaufnahme allerdings größer ist, so dass ein zwischen Tastaturstecker und Buchse geschalteter Adapter benötigt wird, mit dem die 5V-Spannung an diesem Anschluss abgenommen wird.

Da bei einer Maus nur die Bewegung und nicht die Position ausgewertet wird, kann man sie auch auf einer relativ kleinen Fläche benutzen, im Gegensatz zu Digitalisiertabletts, bei denen die Position des Eingabegerätes auf dem Tablett auch einer bestimmten Position auf dem Bildschirm entspricht.

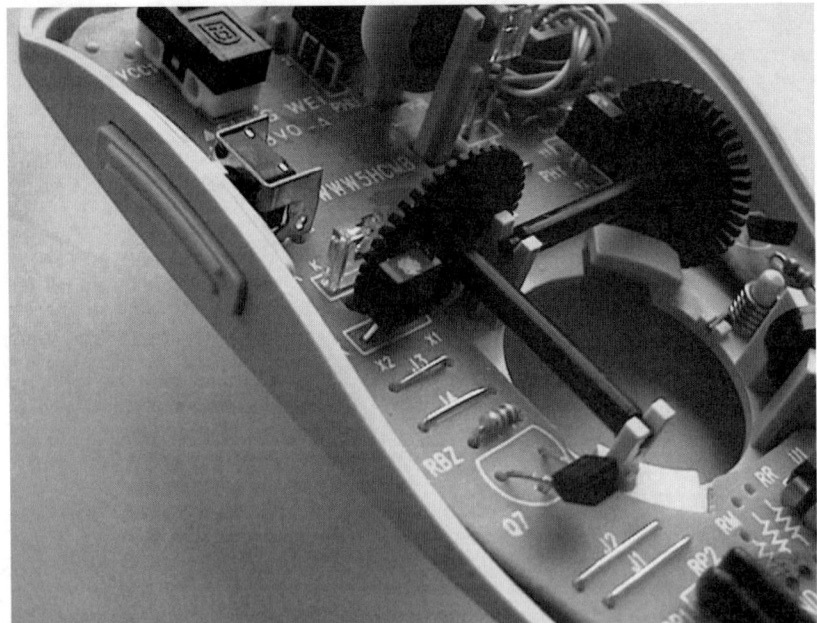

Bild 1.17: Eine geöffnete Maus (ohne die Kugel), bei der die beiden Scheiben, die sich jeweils innerhalb einer Lichtschranke bewegen, zu erkennen sind

Eine Maus verlangt eine regelmäßige Reinigung der Rollen und der Kugel, was spätestens dann nötig ist, wenn sie hakt oder auch gar nicht mehr richtig auf Bewegungen reagiert. Mit vorsichtigem (!) Schaben eines Schraubendrehers an den Rollen ist dies relativ leicht durchzuführen.

Das Innenleben einer Maus sollte regelmäßig gereinigt werden, was insbesondere für die Rollen gilt, die derart mit Schmutz versehen sein können, dass sie überhaupt nicht mehr auf Bewegungen reagieren. Auch ein Fussel oder ein Haar in der Lichtschranke kann für Mausprobleme verantwortlich sein.

Eine besondere Mausvariante stellt der Trackball dar, bei dem die Kugel nicht an der Unterseite sitzt, sondern oben für den Anwender direkt bewegbar ist. Solche Trackballs werden auch direkt in Tastaturen (Cherry) eingebaut, um beide Eingabemedien (Tastatur, Maus) zu kombinieren. Im Grunde genommen ist ein Trackball jedoch nichts anderes als eine umgedrehte Maus. Ein Trackball verschmutzt nicht so schnell wie eine Maus, mit der schließlich ständig auf einer Oberfläche herumgefahren wird.

In früheren Zeiten war noch die so genannte *Busmaus* gebräuchlich, die keine serielle Schnittstelle des PC verwendet, sondern über eine spezielle PC-Einsteckkarte angeschlossen wird. Auf einigen (älteren) Grafikkarten der Firma ATI und auch anderen Karten findet sich ein entsprechender Busmausanschluss, wobei hier durchaus verschiedene Kontaktbelegungen üblich sind und daher von keinem allgemein gültigen Standard ausgegangen werden kann.

Auch wenn die verschiedenen Mausanschlüsse identisch aussehen, sind sie es nicht unbedingt auch von der Belegung her, was insbesondere für die Busmaus und die Anschlüsse auf Grafikkarten gilt.

1.4.2 Die üblichen Mausschnittstellen

Die heute gebräuchlichen Mäuse verwenden entweder eine serielle Schnittstelle (RS232) als Interface oder einen speziellen Mausport, der wie die Tastatur als PS/2-Anschluss ausgelegt ist, wobei dann Verwechslungen aufgrund der gleichen Buchse möglich sind. Vielfach spielt es allerdings keine Rolle, an welche der beiden PS/2-Buchsen die Maus angeschlossen wird, was aber vom jeweiligen Mainboard-Typ abhängig ist. Der PS/2-Mausport ist üblicherweise direkt auf dem Mainboard integriert (ATX-Standard) und das BIOS des PC ist in der Lage, selbständig festzustellen, ob sich am jeweiligen Anschluss die Tastatur oder die Maus befindet, und sie initialisiert die beiden Geräte während des Boots entsprechend.

Ausführliche Informationen zur RS232-Schnittstelle finden sich im Teil 5 – Interfaces und Peripherie.

Der PS/2-Anschluss der Tastatur arbeitet mit einem Daten- und einem Taktsignal, was daher auch für eine PS/2-Maus gilt. Im Gegensatz dazu wird eine serielle Maus an eine RS232-Schnittstelle angeschlossen, die ganz andere Signale verwendet. Aus diesem Grunde kann man nicht generell davon ausgehen, dass eine RS232-Maus mit Hilfe eines Adapters auf PS/2 auch tatsächlich funktioniert, obwohl derartige Adapter ohne einen entsprechenden Hinweis immer wieder im Handel zu finden sind. Die Maus und der dazugehörige Treiber müssen explizit für die Funktionsfähigkeit am RS232- und PS/2-Port ausgelegt sein, wie es beispielsweise bei einigen Typen der Firma Logitech der Fall ist, bei denen sich auch ein entsprechender Adapter gleich mit im Lieferumfang befindet.

Pin Nr.	PS/2-Signal	RS232-Signal
1	Datensignal	DCD, nicht verwendet
2	nicht verwendet	RXD, nicht verwendet
3	GND	TXD
4	+ 5V	DTR
5	Taktsignal	GND
6	nicht verwendet	DSR
7	-	RTS
8	-	CTS, nicht verwendet
9	-	RI, nicht verwendet

Tabelle 1.4: Die Signale einer PS/2-Maus und die Signale der RS232-Schnittstelle, die für eine serielle Maus verwendet werden, unterscheiden sich in ihrer Funktion maßgeblich voneinander

Die Maus ist im eigentlichen Sinne jedoch auch kein RS232-Gerät, sondern verwendet die Signale dieser Schnittstelle auf eine spezielle Art und Weise, was erst mit Hilfe eines dazu passenden Maustreibers realisiert werden kann.

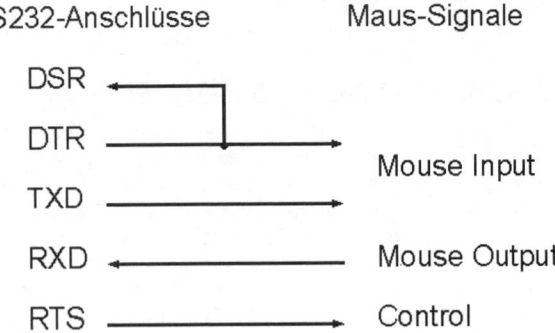

Bild 1.18: Die Verwendung der RS232-Signale von einer seriellen Maus

Beim Booten des PC wird über die Verbindung DSR-DTR üblicherweise das Vorhandensein einer Maus detektiert, wie es im Bild gezeigt ist. Das RTS-Signal dient für die Maus als Kontrollsignal. Ist es Low, befindet sie sich im nicht initialisierten Zustand, und bei einem High sendet sie ihren Identifikationsstring. Sie ist daraufhin einsatzbereit, wenn der Treiber zuvor den String akzeptiert hat. Der String darf prinzipiell alle Zeichen enthalten, nur nicht eines, welches das Bit 6 für RXD belegt, da dieses Bit für die Detektierung der Mausbewegung zuständig ist.

Neben der Detektierung der Mausbewegung muss des Weiteren festgestellt werden, ob eine der Maustasten gedrückt wird. Üblich ist heute eine Maus mit zwei Tasten, während es auch Typen mit drei Tasten gibt. Allerdings hat hier die mittlere Maustaste meist keine Funktion, wie es sich mit Windows als Standard etabliert hat. Möglicherweise kann die mittlere Taste jedoch mit selbst auszuwählenden Funktionen programmiert werden, was von der verwendeten Software abhängig ist.

Die maximal drei Tasten schalten jeweils zwischen 5V- und Massepotential, was dem Zustand *Taste nicht gedrückt* bzw. *Taste gedrückt* entspricht. Diese Tasteninformation wird mit in den Datenstrom zum PC eingebettet und auf der PC-Seite vom Softwaretreiber ausgewertet.

1.4.3 Maus-Softwaretreiber

Für die Verwendung einer Maus ist generell ein Treiberprogramm zu laden, welches die seriellen Daten der Maus, die wiederum von der Mausbewegung und der Schalterbetätigung abhängen, in entsprechende Bewegungen auf dem Bildschirm oder sonstige Aktionen umsetzt.

Im Gegensatz zum Tastaturtreiber ist hier – für eine Maus an der RS232-Schnittstelle oder am PS/2-Port – keine automatische Unterstützung durch das PC-BIOS gegeben. Der Software-Treiber ist oft als MOUSE.COM (speicherresidente Version) und MOUSE.SYS oder mit einer ähnlichen Bezeichnung (z.B. GMOUSE für Genius Mouse) auf der der Maus beiliegenden Diskette vorhanden.

Es ist immer nur einer von diesen beiden Treibern nötig, der entweder in die Datei CONFIG.SYS oder aber in die Datei AUTOEXEC.BAT geschrieben wird. Welchen man von beiden verwendet, ist für die Funktion im Prinzip egal.

Der entsprechende Maustreiber wird meist automatisch durch ein Installationsprogramm in die dafür vorgesehene Datei geschrieben. Während der Installationsprozedur wird ferner festgelegt, ob und welche serielle Schnittstelle (COM1 oder COM2) für die Maus verwendet werden soll, und auch ein Test der Mausfunktion ausgeführt.

Der zum COM-Port gehörende Hardware-Interrupt ist für die erste serielle Schnittstelle IRQ4 und für die zweite IRQ3. Für den PS/2-Mausport ist üblicherweise der IRQ12 zuständig. Ein gutes Installationsprogramm stellt automatisch – ohne weiteres Zutun des Anwenders – den betreffenden Maus-Port fest, an dem die Maus angeschlossen ist (COM1, COM2, PS/2/).

In vielen Fällen sollte man jedoch noch manuell dafür Sorge tragen, dass die Treiber »nach oben geladen werden«, wodurch sie nicht den wichtigen Speicherbereich bis 640 Kbyte belegen.

Angabe in der Datei CONFIG.SYS:

DEVICEHIGH C:\MSMOUSE.SYS

Angabe in der Datei AUTOEXEC.BAT:

LOADHIGH C:\MSMOUSE.EXE

Wird das Treiberprogramm dann vom Betriebssystem DOS geladen, kann dies auf dem Bildschirm folgendermaßen aussehen:

Microsoft (R) Maustreiber Version 10.01

Copyright (C) Microsoft Corp. 1983-1996.

Alle Rechte vorbehalten

Maustreiber installiert

Das Treiberprogramm muss aber auch zur verwendeten Grafikkarte passen, denn der Cursor, der durch die Maus auf dem Bildschirm dargestellt wird, hängt in seiner Form – und damit auch die Information, die er an das Programm liefert – vom Grafikmodus ab. Es kann also vorkommen, dass der Bildschirm plötzlich dunkel bleibt oder völlig wirre Zeichen zeigt, nur weil ein inkompatibler Maustreiber geladen wurde. Dieses Phänomen trat häufig im Zusammenhang mit Hercules-Karten im Grafikmodus auf und sollte heute eigentlich nicht mehr vorkommen. Ist dies dennoch der Fall, kann nur der Hersteller des Maustreibers mit einer aktualisierten Version weiterhelfen. Die übliche Auflösung einer Maus beträgt 400-7500 DPI (**D**ots **P**er **I**nch, Punkte pro Zoll) in Bezug auf die grafische Darstellung am Bildschirm.

Ein weiteres Mausphänomen, welches im Zusammenhang mit einer Maus auftreten kann und fälschlicherweise oftmals auf einen falschen oder nicht passenden Maustreiber zurückgeführt wird, ist das Hüpfen oder auch Klemmen der Mausbewegung. Der Grund ist allerdings meist der, dass die Maus nicht lichtdicht genug nach außen hin abgeschlossen ist und durch einen direkten Sonnenlichteinfall die Signale der internen Lichtschranken damit gestört werden. Neben einer Verschmutzung der Kugel und der beiden Rollen ist dies eine der häufigsten Ursachen von Problemen mit einer Maus, wenn man einmal von tatsächlichen Treiberärgernissen absieht.

Für Windows 9x sollten im Normalfall keine speziellen Anpassungen des Maustreibers in den DOS-Konfigurationsdateien vorgenommen werden, sondern stattdessen in der Systemsteuerung unter *Maus* (Eigenschaften vom Maus). Der Maustreibereintrag erscheint standardmäßig auch nicht in diesen Konfigurationsdateien, sondern ist nur für den alten DOS-Mode nötig und daher üblicherweise ausschließlich in der CONFIG.SYS bzw. AUTOEXEC.BAT für DOS lokalisiert.

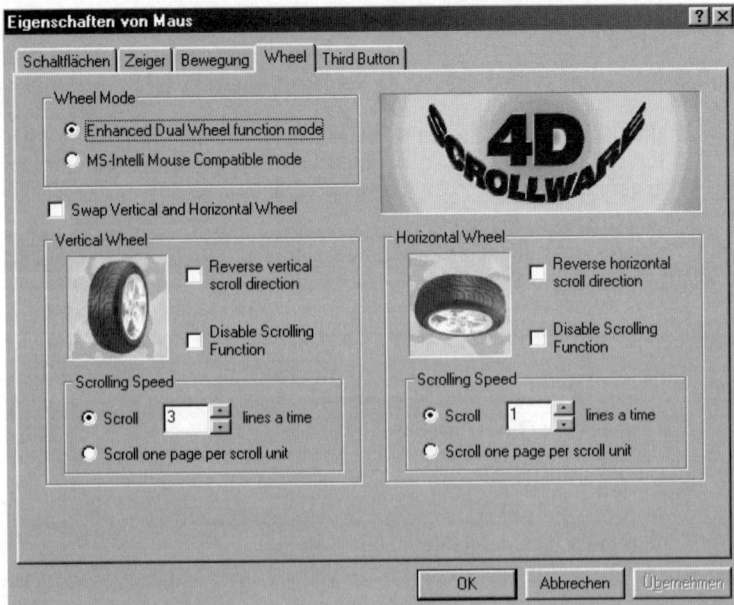

Bild 1.19: *Je nach Maustyp und dazu gehörigem Treiber finden sich unter »Eigenschaften von Maus« verschiedene Optionen, wobei das wichtigste – der Treiber – unter »Allgemein« festgelegt wird*

1.5 Joysticks und Pads

Ein Joystick – auch Spielkonsole oder Spieladapter genannt – wird für Spiele benötigt, so dass die dazugehörige PC-Verbindung auch als *Gameport* oder *Game-Anschluss* bezeichnet wird. Eine automatische Unterstützung durch DOS in Form eines Treibers oder mit speziellen Befehlen ist für einen Joystick nicht gegeben. Das jeweilige (Spiel-) Programm liefert den notwendigen Softwaretreiber für den Joystick, der während der Installation des Programms angegeben wird. Jedes mit dem Joystick zu verwendende Programm muss demnach explizit einen Treiber für den Joystick zur Verfügung stellen.

Ein Joystick besteht aus einem Steuerknüppel, der in vier Richtungen bewegt werden kann, und verfügt über einen oder mehrere *Feuerknöpfe*. Je nach Spielvariante können die Joystick-Bedienelemente eine unterschiedliche Funktion aufweisen. Meist können Spiele auch alternativ mit der Tastatur oder der Maus bedient werden, doch die rechte Spielfreude kommt erst mit einem Joystick auf. Joysticks gibt es in den unterschiedlichsten Formen und Farben bereits ab ca. 10 DM bis zu über 200 DM für die Profiversionen.

Bild 1.20: Ein relativ einfacher Joystick mit den üblichen Einstellungs- und Bedienelementen

Prinzipiell existieren zwei grundsätzlich verschiedene Ausführungen von Joysticks: analoge und digitale, wobei die digitalen meist als *Pads* bezeichnet werden.

Bei analog aufgebauten Joysticks befinden sich im Inneren zwei Potentiometer (veränderbare Widerstände), eines für die X- und eines für die Y-Richtung, die in Abhängigkeit von der Position des Steuerknüppels ihren Widerstandswert (typisch 0–100 kOhm) und damit eine Spannung verändern. Zur Justierung der Knüppelposition (Nullstellung) bieten die üblichen Joysticks zwei Schieberegler, wie es im Bild 1.21 erkennbar ist, die auf die beiden Potentiometer wirken.

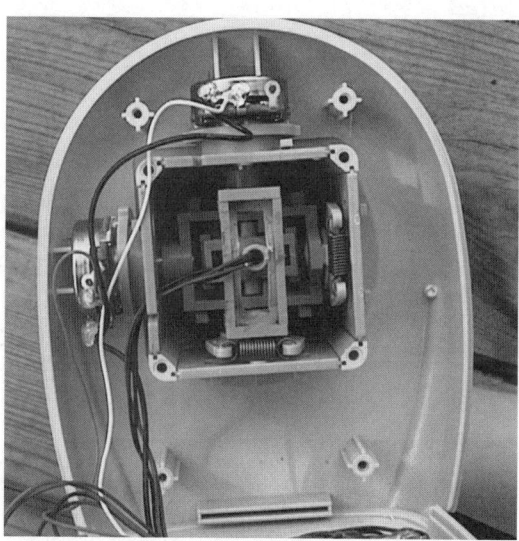

Bild 1.21: Im Innern eines Joysticks sind zwei Potentiometer für die Auswertung der Knüppelposition zuständig

Da es sich beim Gameport, wie bei allen anderen PC-Schnittstellen, um eine digitale Schnittstelle handelt, müssen die beiden analogen Spannungen in digitale Signale umgesetzt werden, was demnach im Joystick selbst stattfinden muss. Hierfür ist ein einfacher Spannungsfrequenzumsetzer (U/F) zuständig, der entsprechend der Höhe der analogen Spannung einen mehr oder weniger langen Impuls ausgibt, der seriell vom PC weiterverarbeitet werden kann. Die Auswertung der Tastenstellungen des Joysticks ist weit einfacher, da hier nur festgestellt werden muss, ob eine Taste offen (5 V) oder gedrückt ist (0 V).

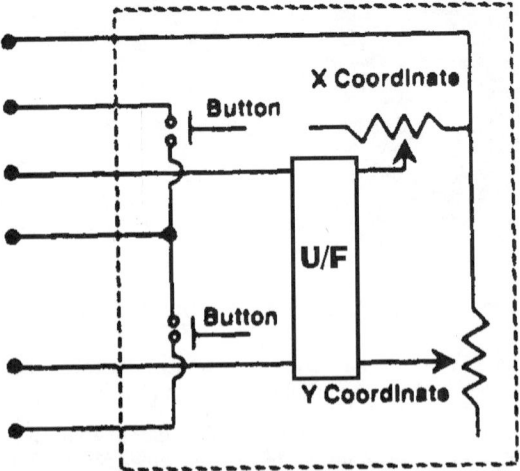

Bild 1.22: Der interne Aufbau eines Joysticks

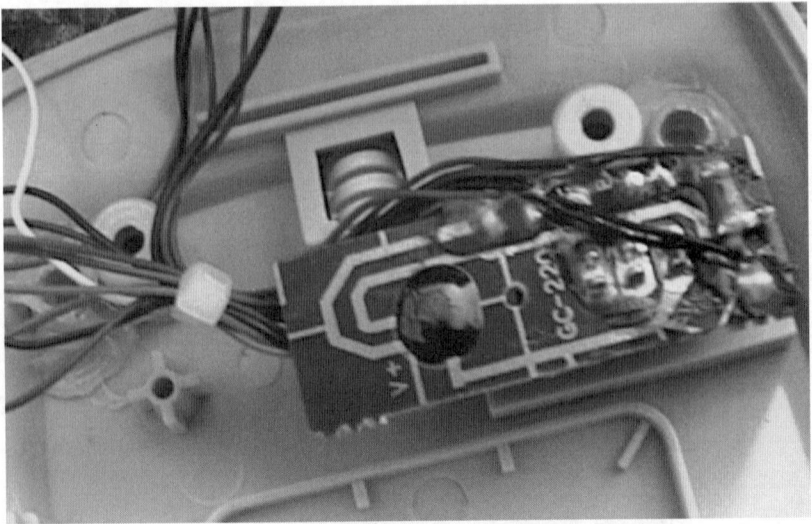

Bild 1.23: Die Elektronik – der Spannungs/Frequenzumsetzer – befindet sich hier unter dem schwarzen Klecks auf der Platine. An der Elektronik eines Joysticks lässt sich daher auch meist nichts reparieren

1.5.1 Der Gameport

Der Gameport für den Anschluss von Joysticks oder Pads – eine Unterscheidung zwischen beiden Ausführungen ist für die weiteren Betrachtungen nicht relevant – ist am PC als 15-polige Buchse ausgeführt. Hier können maximal zwei Joysticks angeschlossen werden, wofür allerdings ein entsprechender Adapter (einmal 15-polig auf zweimal 15-polig für zwei Joysticks) benötigt wird, der für ca. DM 10 im Handel zu erwerben ist.

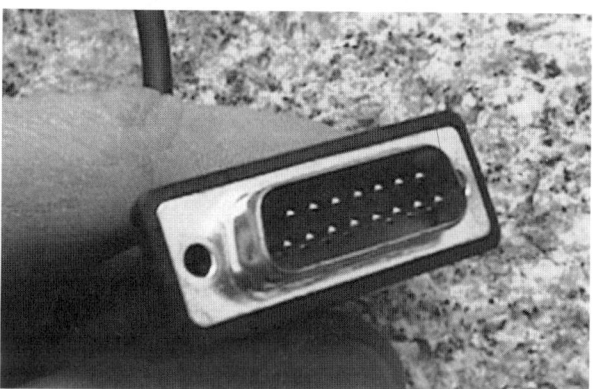

Bild 1.24: Der Joystick-Anschluss ist 15-polig und im Prinzip mit keinem anderen PC-Anschluss zu verwechseln

Des Weiteren muss das entsprechende Spiel auch den Modus für zwei Spieler unterstützen, was man während der Installation des Spieles erkennen kann. Andernfalls kann nur ein Joystick bei dem betreffenden Spiel zum Einsatz kommen.

Der Gameport befindet sich bei älteren PCs oftmals auf einer Schnittstellenkarte, die ebenfalls die RS232- und die Druckerschnittstelle zur Verfügung stellt. Je nach Ausführung dieser Karte können hier auch die Controller für die Disketten- und Festplattenlaufwerke und die entsprechenden Anschlüsse lokalisiert sein. Ein Gameport, der sich direkt auf dem Mainboard befindet – wie es bei den anderen Schnittstellen mittlerweile üblich ist –, ist eher selten.

Pin Nr.	Belegung/Funktion
1	5 V
2	Joystick 1 Fire Button 1
3	Joystick 1 X-Richtung
4	GND
5	GND
6	Joystick 1 Y-Richtung
7	Joystick 1 Fire Button 2
8	5 V
9	5 V
10	Joystick 2 Fire Button 1
11	Joystick 2 X-Richtung
12	GND
13	Joystick 2 Y-Richtung
14	Joystick 2 Fire Button 2
15	5 V

Tabelle 1.5: Die Signale des Gameports, der standardmäßig zwei Joysticks unterstützt

Da Spielen ohne Sound ohnehin keinen Spaß macht, besitzen die meisten Sound-karten einen Gameport-Anschluss, der auch als MIDI-Schnittstelle für den Anschluss von Keyboards (Klaviatur) genutzt werden kann. Abweichend von der Belegung in der Tabelle werden dann zwei zusätzliche Signale geführt, worauf im Kapitel über die Soundkarten genau eingegangen wird.

Im Handel werden auch spezielle *Gamecards* angeboten, die lediglich einen Gameport bieten. Deren Anschaffung lohnt sich aus preislicher Sicht nicht, da eine einfache Soundkarte, die für das Spielen völlig ausreicht, zum (fast) gleichen Preis erhält-lich ist.

1.5.2 Pads – digitale Joysticks

Die digitalen Joysticks besitzen intern keine analogen Komponenten, verwenden jedoch dieselbe Schnittstelle. Zu dieser Kategorie gehören die *Pads*. Sie besitzen quasi nur Tasten, wobei hier per Software (Treiber) festgestellt wird, wie lange eine bestimmte Taste gedrückt wird. Dies geschieht durch eine ständige Abfrage der Taster, so dass sich die Steuerfunktion für das Spiel ergibt. Es existiert daher kein maximaler oder minimaler Wert, wie ihn eine Knüppelposition bei einem Joystick bieten kann.

Während sich für Autorennen besonders die analogen Joysticks eignen, denn der Steuerknüppel lässt gefühlvolles Lenken zu, sind die Pads eher für Jump-and-Run Spiele und, wie mein Sohn sagt, auch für Fußballspiele geeignet, wo es vorwiegend auf schnelle Tastenaktionen ankommt. Aus diesem Grund existieren auch Joystick-Modelle wie der *PC Powerpad Pro SV234* von Jöllenbeck, die zwischen analoger und digitaler Betriebsart umschaltbar sind.

Bild 1.25: Ein Pad bietet üblicherweise eine Steuerfläche (links) und mehrere einzelne Tasten

Für Auto- und andere Rennspiele werden häufig Lenkradkonsolen und für Flipper-spiele auch Flipperkonsolen eingesetzt. Sie funktionieren im Prinzip genauso wie ein Joystick, auch wenn sie teilweise sehr ungewöhnlich aussehen. Bei der Lenkrad-konsole entspricht das Lenkrad dem Knüppel und das Brems- und Gaspedal den Feuerknöpfen, während die Flipperkonsole von der Funktion her eher mit einem Pad verglichen werden kann.

In den meist etwas teureren Lenkradkonsolen ist außerdem ein Motor eingebaut, der für *Rütteleffekte* zuständig ist, d.h. der Knüppel oder das Lenkrad wird von der Spielsoftware – je nach Szenerie – bewegt oder ist auch schwergängiger wie bei-spielsweise bei der Fahrt über eine Schotter- oder eine Sandpiste.

Bild 1.26: Eine Fahrkonsole (Formula Force) der Firma Logitech mit zusätzlichem USB-Anschluss

Ob Joystick, Pad, Lenkrad- oder Flipperkonsole, alle diese Geräte verwenden den Gameport zum Anschluss an den PC.

1.5.3 Fehlersuche und Reparatur

Probleme mit Joysticks und Pads sind eigentlich recht selten, und die meisten Spiele können mit den unterschiedlichsten Modellen umgehen. Falls ein Joystick nicht funktionieren sollte, ist als erstes zu kontrollieren, ob im PC nicht etwa zwei Gameports aktiviert sind, beispielsweise auf der Sound- und auf einer Schnittstellenkarte.

Dass man zwei Gameports im PC hat, fällt oftmals gar nicht auf, weil einer der beiden Anschlüsse (der der Schnittstellenkarte) nicht nach außen auf ein Slotblech oder die PC-Rückwand geführt ist. Die Anschlussleiste auf der Platine ist dann zwar nicht mit einem Kabel belegt, gleichwohl ist der Port aktiviert.

Auf den Schnittstellenkarten wird der Gameport meist über einen Jumper aktiviert, was auch für einige Soundkarten gilt, die jedoch in zunehmendem Maße per Plug&Play, also automatisch vom BIOS oder Windows 9x, konfiguriert werden. Die Abschaltung eines Gameports per BIOS-Setup ist üblicherweise nicht möglich.

Der Knüppel eines Joysticks besitzt gewissermaßen keinen Nullpunkt, denn die Widerstände variieren jeweils zwischen ihrem minimalen und maximalen Wert. In der Ruhestellung des Knüppels ist der Widerstand daher nicht Null, was bei einigen Spielen stets eine Geradeausfahrt bedeutet. Zur Justage, die beim Einsatz von unterschiedlichen Spielen entsprechend zu verändern ist, befinden sich am Rand des Joysticks kleine Drehräder. Einige Joystick-Modelle, wie der *Sidewinder 3D Pro* von Microsoft, können auch mit spezieller Kalibriersoftware justiert werden.

Der Joystick sollte im vermeintlichen Fehlerfall einmal mit verschiedenen Spielen eingesetzt werden. Dabei ist es immer aufschlussreich, wenn ein DOS-Spiel auch unter dem alten DOS, zumindest zum Test, ausprobiert werden kann. Dadurch kann der Fehler weiter isoliert werden, denn womöglich liegt er in der jeweiligen Windows-Konfiguration begründet. Windows 9x bietet zum Test und zur Kalibrierung jedoch einige Möglichkeiten, und die an dieser Stelle getroffenen Einstellungen gelten dann für alle Spiele, die direkt für Windows 9x geschrieben sind.

Falls der Joystick oder das Pad von Windows 9x nicht detektiert werden kann (Fehlermeldung: *nicht verbunden*), ist mit ziemlicher Sicherheit etwas mit dem Game-Port-Treiber oder auch dem (automatisch) eingestellten E/A-Bereich nicht in Ordnung, was insbesondere dann auftritt, wenn man die Soundkarte im PC gewechselt hat.

Selbst nach vorheriger korrekt abgelaufener Deinstallation der alten Soundkarte bleibt nämlich eine ganze Reihe von Einstellungen in der Registry erhalten, die mit den Eintragungen der neu installierten Soundkarte nicht immer »zusammenspielen«. Treiber für den Gameport bzw. den Joystick werden von Windows selbst, von der Software zur Soundkarte oder auch zum Joystick mitgeliefert, und vielfach muss man mit diesen Treibern etwas herumprobieren, bis man einen gefunden hat, der mit dem Joystick korrekt funktioniert.

Allerdings treten selbst bei einem so einfachen Gerät wie einem Joystick auch Fälle auf, wo die Registry derartig mit Soundkarten- und anderen Hardwaretreibern – für Geräte, die vor langer Zeit einmal im PC eingebaut waren – aufgefüllt ist, dass eine komplette Windows-9x-Neuinstallation nötig ist, damit der Joystick funktioniert, wobei dieses »Problem« leider ganz allgemein für Hardware-Einheiten unter Windows 9x gilt.

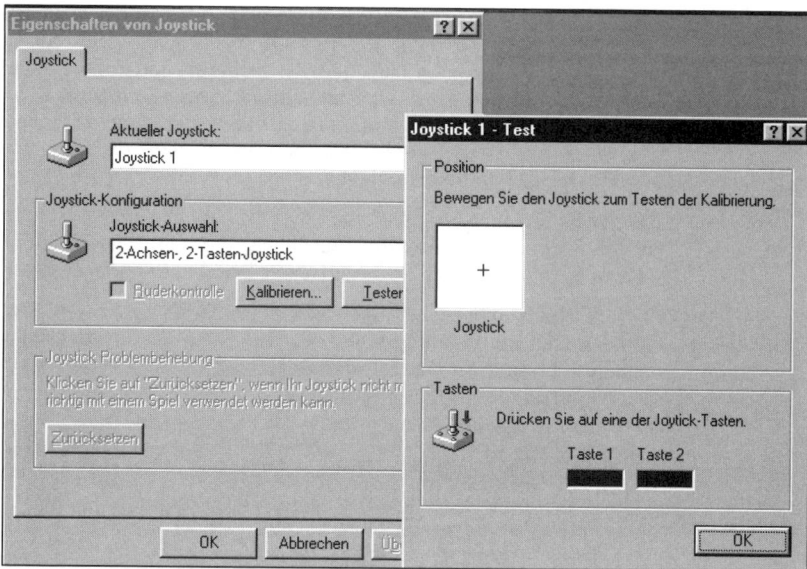

Bild 1.27: Bequeme Einstellungs- und Testmöglichkeiten für unterschiedliche Joysticks und Pads werden ab Windows 95 geboten

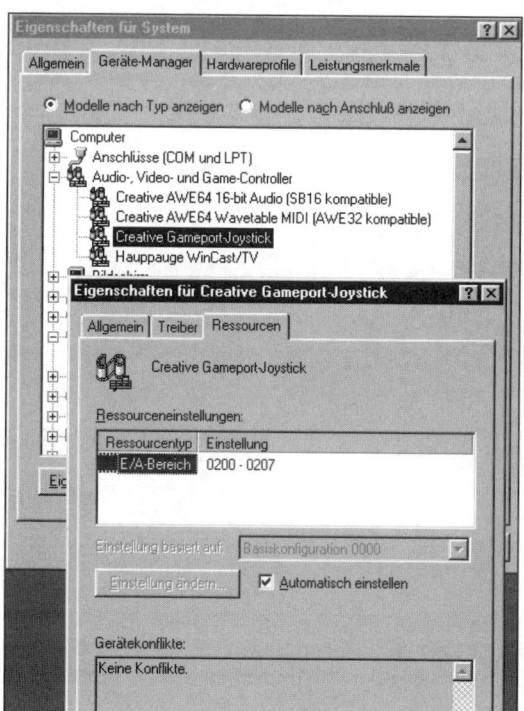

Bild 1.28: Der Gameport einer Soundkarte belegt üblicherweise nur acht I/O-Adressen und keine weiteren PC-Ressourcen; bei Problemen sollte zunächst diese Einstellung und dann der verwendete Treiber kontrolliert werden, den es vom Soundkartenhersteller möglicherweise in einer aktualisierten Version gibt

Falls sich unter Windows keinerlei Fehler für den *Gameport-Joystick* feststellen lässt, der Joystick dennoch nicht funktioniert (*nicht verbunden*), sollte unbedingt der verwendete E/A-Bereich (0200–0207) kontrolliert und ggf. geändert werden, denn falls die Soundkarte gegen eine neue ersetzt wurde, wird dieser Bereich von Windows nicht immer korrekt (automatisch) eingestellt und es findet sich dann beispielsweise für den E/A-Bereich eine Angabe wie *0208-020F* und der Joystick funktioniert aus diesem Grunde nicht.

Elektrische Reparaturen an einem Joystick oder auch Pad beschränken sich meist auf die Kontrolle der Anschlussleitungen, die dann gegebenenfalls nachzulöten sind, falls man etwas zu brutal mit einer Spielkonsole umgegangen sein sollte.

Mechanische Probleme sind hier schon eher üblich, wozu beispielsweise das Ausleiern oder auch das Herausspringen der Federn aus der Joystick-Halterung gehören. Im Bild 1.21 sind die Federn erkennbar, die vielfach wieder eingehängt werden können, wenn die Plastikhalterungen nicht beschädigt sind.

Bild 1.29: *Ein geöffnetes Pad zeigt die Anordnung der einzelnen Kontakte, die sich oftmals in »Gummiwannen« befinden und auf die entsprechenden Flächen der Pad-Platine (oben) gedrückt werden*

Bei Pads spielt generell die Qualität der Kontakte (vergl. Bild 1.30) eine wichtige Rolle, die wie bei anderen Eingabegeräten auch einer Abnutzung unterliegen und – je nach Typ – auch mehr oder weniger schnell verschmutzen können. Das Öffnen eines Joysticks oder Pads ist in der Regel unproblematisch, da hierfür meist nur ein passender Schraubendreher benötigt wird. Wie bei einer Tastatur auch können einem beim Öffnen aber die Tasten eines Pads entgegenfallen, was hier jedoch nicht so kritisch ist, da es schließlich nicht so viele sind wie bei einer Tastatur.

Bild 1.30: *Die Kontakte in einem Pad sind nach längerem Gebrauch nicht immer so sauber wie hier und sollten in einem Fehlerfall kontrolliert und gesäubert werden*

1.6 Der Monitor

Der Monitor wird oftmals mit dem PC als Komplettsystem erworben, wobei ihm nicht immer die Aufmerksamkeit geschenkt wird, die er eigentlich verdient. Ähnlich wie bei einer Stereoanlage, die mit relativ schlechten Lautsprecherboxen ausgestattet ist, verhält es sich mit einem PC und seinem Ausgabemedium – dem Monitor. Die beste 3D-Grafikkarte ist herausgeschmissenes Geld, wenn der Monitor die gelieferten Daten nicht adäquat weiterverarbeiten kann. Aktuelle Grafikkarten sind den meisten gebräuchlichen Monitoren technisch überlegen, und demnach gibt der Monitor und nicht die Grafikkarte die *machbare* Bildqualität vor.

Bereits bei der Anschaffung eines Monitors, sei es als einzelnes Gerät oder im Verbund mit einem PC, sollte man daran denken, dass er sich längst nicht so schnell als veraltet darstellt wie etwa eine CPU oder eine Festplatte. Die Empfehlung: *Lieber eine CPU mit einer etwas langsameren Taktfrequenz als einen minderwertigen Monitor* sollte man durchaus beherzigen und daran denken, dass der Monitor nicht nur die Daten der eingebauten Grafikkarte problemlos bewältigen kann, sondern besser noch über eine Leistungsreserve verfügen sollte. Verschiedene Daten eines Monitors beschreiben seine Qualität:

- ⋯⟩ die Bildschirmdiagonale (typisch: 14–21 Zoll)
- ⋯⟩ die maximale Auflösung (typisch: 640 x 480 – 1280 x 1024 Bildpunkte)
- ⋯⟩ die Größe der Lochmaske (typisch: 0,31–0,21 mm)
- ⋯⟩ die maximale Horizontalfrequenz (typisch: 31,5–100 kHz)
- ⋯⟩ die maximale Vertikalfrequenz (typisch: 60–85 Hz)
- ⋯⟩ die maximale Pixelrate (typisch: 25–160 MHz)
- ⋯⟩ der Standard für Strahlungsarmut und Ergonomie (MPR, TCO)

Was diese Werte, die nicht unabhängig voneinander sind, im Einzelnen bedeuten und welche Auswirkungen sie auf die Darstellungsqualität haben, wird in den folgenden Kapiteln näher erläutert.

1.6.1 Monitorgrundlagen

Das augenscheinlichste Merkmal eines Monitors, welches im Wesentlichen auch für die Preisunterschiede der verschiedenen Modelle verantwortlich ist, ist die Größe des Bildschirms, dessen Bildschirmdiagonale in Zoll (") oder in cm (1 Zoll = 1 Inch = 2,54 cm) angegeben wird. Die kleinste übliche Monitorgröße ist 14", die größte liegt zur Zeit bei 28". Dass sich diese Angaben immer auf die Bildschirmdiagonale beziehen, sollte man nie außer Acht lassen. So hat beispielsweise ein 14"-Monitor eine Bildröhrenbreite von ca. 27 cm, was demnach lediglich ca. 10" in der Breite entspricht.

 Die Angabe über die Monitorgröße bezieht sich stets auf die Diagonale, wobei die letztendlich zur Verfügung stehende Bildfläche bei den verschiedenen Herstellern durchaus unterschiedlich ist.

Die Entscheidung für oder gegen einen Farbmonitor und die Frage, in welcher Auflösung und mit welcher maximalen Bildwiederholfrequenz er betrieben werden sollte, hängt von der Art der beabsichtigten Anwendung ab. Ja, selbst heutzutage ist ein Schwarzweißmonitor für viele Anwendungen, wie beispielsweise Buchhaltung oder allgemeine Textverarbeitung, auch aus ergonomischen Gründen durchaus geeignet und manchmal sogar einem Farbmonitor vorzuziehen.

Eine besonders gute Schärfe und eine geringe Spiegelung kommen dabei meist zum Tragen, was von vielen Farbmonitoren nicht immer zu erwarten ist. Diese Schwarzweißmonitore sind aber nicht mit den alten Typen zu verwechseln, die es auch in Grün und Orange gibt und die lediglich eine Zweifarbinformation (z.B. grün/schwarz) und keine Zwischenstufen (VGA-Graustufen) darstellen können.

Ein relativ kleiner Monitor (14" oder 15") reicht für Standardanwendungen allein unter DOS wie Textverarbeitung oder Tabellenkalkulation sicher aus. Für Windows und andere grafische Oberflächen stellt ein VGA-Monitor, welcher mit einer Auflösung von 640 x 480 (Spaltenanzahl x Zeilenanzahl) Bildpunkten (Pixel) und einer Bildwiederholfrequenz von mindestens 70 oder auch 75 Hz arbeitet, den unteren Standard dar.

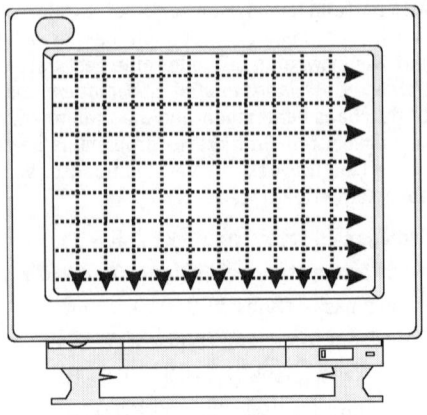

Bildpunkte, Zeile (640-1280 Pixel)
Horizontal- oder Zeilenfrequenz (31-100 kHz)

Bildpunkte, Spalte (480-1024 Pixel)
Vertikal- oder Bildwiederholfrequenz (60-85 Hz)

Bild 1.31: Die prinzipielle Anordnung der Zeilen und Spalten auf einem Monitor und die wichtigsten Terminologien

Bei der Verwendung einer grafischen Oberfläche auf einem 14"-Monitor mit einer Auflösung von beispielsweise 1024 x 768 Bildpunkten sind die Bildinformationen, Schriften und Bedienelemente (Icons) der Programme aber einfach zu klein, um noch vernünftig arbeiten zu können. Gleichwohl sind derartige Kombinationen immer wieder in den Anzeigen der verschiedenen Computerfirmen zu finden, woran man unmittelbar erkennen kann, dass es sich hierbei um ein echtes Sparpaket handelt, bei dem der Monitor offensichtlich auf der Stecke bleibt. Ein 15-Zoll-Monitor sollte es heute mindestens sein.

Einen guten Kompromiss zwischen Preis und Größe stellt in vielen Fällen ein 17"-Monitor (ca. 32 cm Breite) dar, der auf der einen Seite nicht übermäßig teuer ist und auf der anderen auch für Applikationen, die über Standardanwendungen hinausgehen, gut geeignet ist. Jedem Anwender, der gedenkt, mehrere Stunden am Tag am PC zu verbringen, sei deshalb zu einem 17-Zoll-Monitor geraten.

Sind zahlreiche Detailinformationen zu verarbeiten, wie bei der Photobearbeitung, dem Desktop-Publishing oder CAD (**C**omputer **A**ided **D**esign), gilt für den Monitor generell: je größer, desto besser.

Bildröhre	maximale Auflösung (horizontal x vertikal)
14 Zoll	640 x 480 Bildpunkte
15 Zoll	800 x 600 Bildpunkte
17 Zoll	1024 x 768 Bildpunkte
19–20 Zoll	1280 x 1024 Bildpunkte
21 Zoll	1600 x 1280 Bildpunkte

Tabelle 1.6: Eine sinnvolle Auflösung orientiert sich immer an der Bildschirmgröße

Der in der Tabelle dargestellte Zusammenhang lässt sich auch einfach ausrechnen, wenn man den Punktabstand der Bildröhre mit in Betracht zieht. Die im Monitor realisierte Lochmaske (siehe Kapitel 1.6.7) muss letztendlich so viele Löcher zur Verfügung stellen können, wie es die gewünschte Auflösung erfordert. Wenn man von einer (eher groben Lochmaske) mit Löchern von 0,31 mm ausgeht, ergibt sich die folgende Berechnung, für eine gewünschte Auflösung von 1024 x 768 Bildpunkten:

Bildbreite = horizontale Auflösung x Punktabstand = 1024 x 0,31 = 31,7 cm

Der Monitor müsste demnach über eine Breite von ca. 32 cm verfügen, was mit einem 17-Zoll-Monitor (Bildschirmdiagonale !) zu erreichen wäre. Eine Auflösung von 1600 x 1280 Bildpunkten und einer üblicheren Lochgröße von 25 mm führt hingegen zu einer Breite des Monitors von 40 cm, was erst von 21-Zoll-Monitoren geboten werden kann.

Neben der Bildschirmgröße sind die Bildwiederholfrequenz und die Zeilenfrequenz die weiteren entscheidenden Größen eines Monitors, die seine mögliche Auflösung bestimmen. Die Bildwiederholfrequenz (vertikale Frequenz) gibt an, wie oft das Bild pro Sekunde aufgebaut wird. Sie sollte mindestens 75 Hz betragen, was üblicherweise nicht mehr als Bildflackern wahrgenommen wird. Es gibt jedoch auch Anwender, die erst ab 85 Hz, also einem 85-maligen Bildaufbau pro Sekunde, das Bild als angenehm empfinden und damit auch über längere Zeit ohne Kopfschmerzen arbeiten können. Generell gilt, dass ein Bildflimmern bei größeren Monitoren eher wahrgenommen wird, als wenn die gleiche Frequenz bei einem kleineren verwendet wird. Falls die Bildwiederholfrequenz zu hoch (100 Hz) gewählt wird, kann sich dies durchaus nachteilig auswirken, denn das Bild kann unschärfer werden und außerdem betreibt man den Monitor (evtl. auch die Grafikkarte) möglicherweise an seiner Leistungsgrenze, was seine Lebensdauer negativ beeinflussen kann.

 Bei 17- und 19-Zoll-Monitoren hat eine höhere Bildwiederholfrequenz als 75 Hz eher selten einen merklichen Einfluss auf die Qualität der Bildwiedergabe. Bei höheren Werten kann außerdem die Bildschärfe abnehmen und der Monitor wird möglicherweise an seiner Leistungsgrenze betrieben.

Je höher die Bildwiederholfrequenz und die Auflösung sind, desto höher muss auch die Zeilenfrequenz sein. Die Zeilenfrequenz (horizontale Frequenz) ist das Maß für die Geschwindigkeit, mit der der Strahl eine Zeile durchläuft. Als Orientierung kann die folgende Formel dienen, die einen Anhaltswert für die minimal erforderliche Zeilenfrequenz bei verschiedenen Auflösungen und Bildwiederholfrequenzen ergibt:

Zeilenfrequenz = Zeilenanzahl * Bildwiederholfrequenz

Für eine Auflösung von 1280 x 1024 mit einer Bildwiederholrate von 75 Hz ist demnach ein Monitor mit einer Zeilenfrequenz von mindestens 76,8 kHz (1024 x 75 Hz) nötig.

Diese beiden Frequenzgrößen sind also voneinander abhängig. Als konstanter Wert kann aber die Bandbreite eines Monitors angegeben werden, die sich wie folgt ergibt:

Bandbreite = Auflösung x Bildwiederholfrequenz

Für das obige Beispiel gilt damit für die Bandbreite:

1280 x 1024 x 75 Hz = 98,3 MHz

Dieses Produkt wird üblicherweise noch mit einem *Overhead* von mindestens 10% beaufschlagt, der die Zeit berücksichtigt, die für den Zeilensprung nötig ist.

Über welche Werte ein Monitor verfügen sollte, damit bei verschiedenen Auflösungen mit einer Bildwiederholfrequenz von 75 Hz gearbeitet werden kann, zeigt die folgende Tabelle.

Auflösung	Zeilenfrequenz	Bandbreite
640 x 480	38 kHz	20–25 MHz
800 x 600	48 kHz	25–30 MHz
1024 x 768	62 kHz	45–50 MHz
1280 x 1024	80 kHz	120–135 MHz
1600 x 1200	95 kHz	200–220 MHz

Tabelle 1.7: Die Monitordaten für verschiedene Auflösungen bei einer Bildwiederholfrequenz von 75 Hz

Besonders interessant ist es, sich die erläuterten Daten bei PC-Komplettangeboten einmal etwas näher anzusehen, denn oftmals nimmt man es hier nicht sehr genau, was für den Kunden im Nachhinein sehr ärgerlich sein kann. Der Monitor entspricht oftmals nicht der Leistungsfähigkeit der mitgelieferten Grafikkarte betreffs der Bildwiederholfrequenz bei einer bestimmten Auflösung, wenn man einmal davon absieht, dass der Monitor vielleicht schon von der Größe her nicht für die gewünschte Auflösung passend erscheint. Aus diesem Grunde sollte von vornherein genauestens überprüft werden, ob beispielsweise der preisgünstige 17-Zoll-Monitor auch bei einer Auflösung von 1024 x 768 Bildpunkten mit mindestens 75 Hz betrieben werden kann und diese Bildwiederholfrequenz nicht nur für niedrigere Auflösungen gültig ist.

Im Zusammenhang mit den Angaben zu einem Monitor trifft man neben den oben erläuterten Parametern des öfteren auf den Begriff *Pixeltakt* oder *Dot-Clock*. Dies ist ein Maß für die Bildpunkte-Taktfrequenz, die angibt, wie viele Millionen Bildpunkte pro Sekunde vom Monitor verarbeitet werden können. Sie berechnet sich wie folgt:

Pixeltakt = Zeilenfrequenz * horizontale Auflösung

Mit den Daten aus der Tabelle 1.7 ergibt sich für eine Auflösung von 1280 x 1024 Bildpunkten und der Zeilenfrequenz von 80 kHz ein Pixeltakt von:

Pixeltakt = 80 kHz * 1280 = 102,4 MHz

Der Wert für den Pixeltakt, der noch mit einem Aufschlag für die Rückführung der Elektronenstrahlen beaufschlagt wird (ca. 25%), sollte sich immer innerhalb der Bandbreite des Monitors befinden, um eine gute Schärfe gewährleisten zu können.

Neben diesen theoretischen Werten, die leider nicht immer komplett in den Unterlagen zu einem Monitor angegeben sind und teilweise auch erst berechnet werden müssen, ist es jedoch am besten, wenn man sich den Monitor im Geschäft mit den gewünschten Betriebsdaten vorführen lässt. Ist die Wahl auf einen bestimmten Monitor gefallen, sollte auch dieser und nicht etwa ein originalverpackte des gleichen Typs mitgenommen werden. Die Streuungen bei der Monitorfertigung sind nämlich ganz immens, und es kann keinesfalls davon ausgegangen werden, dass ein bestimmter Typ, der womöglich im Test einer Computerzeitung besonders gut abgeschnitten hat, in der Bildqualität auch dem erworbenen Exemplar entspricht.

Die Bildqualität des Monitors muss natürlich stimmen, und dazu gehört zunächst ein ruhiges Bild, das auch an den Rändern nicht zittern oder ausgebeult sein darf. Der Farbverlauf sollte außerdem gleichmäßig sein und nicht etwa am Rand leicht lila werden, was oft bei einer weiß dargestellten Oberfläche auf dem Monitor zu beobachten ist. Gute Dienste für die Überprüfung eines Monitors leisten spezielle Testprogramme, die auch Gittermuster erzeugen, um den korrekten Verlauf von Linien oder Kreisen zu visualisieren. Auf der mitgelieferten CD befinden sich einige von diesen Testprogrammen, die man am besten sogar mit dem zu erwerbenden Monitor ausprobieren sollte, was ein seriöser Händler einem nicht verwehren sollte.

1.6.2 Monitoreinstellungen

Der Monitor sollte auch bedienerfreundlich sein und die immer notwendigen *Feineinstellungen* auf eine einfache Art und Weise ermöglichen. Alle neueren Typen arbeiten intern mit einem eigenen Mikroprozessor, der zum einen für eine digitale Bedienung des Monitors mit Hilfe von Tasten sorgt, um die vom Benutzer festlegbaren Parameter einstellen zu können. Zum anderen können die konfigurierten Daten im Monitor selbst abgespeichert werden, wobei hier üblicherweise gleich mehrere Einstellungen, beispielsweise eine für DOS und eine andere für Windows, möglich sind. Die gespeicherten Einstellungen können dann per Knopfdruck oder automatisch durch die Veränderung der Auflösung beim Programmwechsel aktiviert werden. Zu den vom Anwender veränderbaren Parametern gehören:

···⟩ Die Helligkeit und der Kontrast: Wird von (fast) jedem Anwender individuell auf als optimal empfundene Werte eingestellt.

···⟩ Die Bildlage: Einstellung der Bildposition innerhalb der Monitoranzeige.

···⟩ Die Bildgröße: Einstellung der maximalen Darstellungsfläche.

···⟩ Die Bilddrehung: Verändern einer nicht korrekten Ablenkung, wodurch das gesamte Bild um einen bestimmten Winkel gedreht ist.

···⟩ Die einzelnen Farbanteile: Individuelle Einstellung von Rot, Grün und Blau.

···⟩ Die Linearität: Rasterlinien, die im Prinzip mit gleichem Abstand angeordnet sind, können am Rand des Bildes auseinanderlaufen, so dass dargestellte Zeichen eine unterschiedliche Höhe aufweisen.

···⟩ Trapez-, Kissen- und Parallelogrammform: Kompensation von Darstellungsfehlern, die von Exemplarstreuungen und auch von dem Erdmagnetfeld herrühren.

···⟩ Stromsparfunktionen: Meist sind verschiedene Modi konfigurierbar, damit der Monitor bei zeitweiliger Nichtbenutzung des PC seine Stromaufnahme reduziert.

···⟩ Entmagnetisierung: Im Laufe der Zeit kann sich die Farbdarstellung in unerwünschter Weise verändern, was durch äußere Magnetfelder hervorgerufen wird. Zur Korrektur gibt es eine entsprechende Taste (Degauss), die den Monitor auf Wunsch entmagnetisiert.

Je nach Monitortyp sind eventuell noch weitere Einstellungsmöglichkeiten vorhanden, wobei die aufgelisteten aber zu den wichtigsten gehören. Viele neuere Monitore bieten eine menügeführte Einstellungsmöglichkeit mit Hilfe eines On-Screen-Menüs, welches nach Betätigung einer bestimmten Taste auf dem Monitor erscheint und woraufhin sich die entsprechenden Einstellungen vornehmen und abschließend im Monitor speichern lassen.

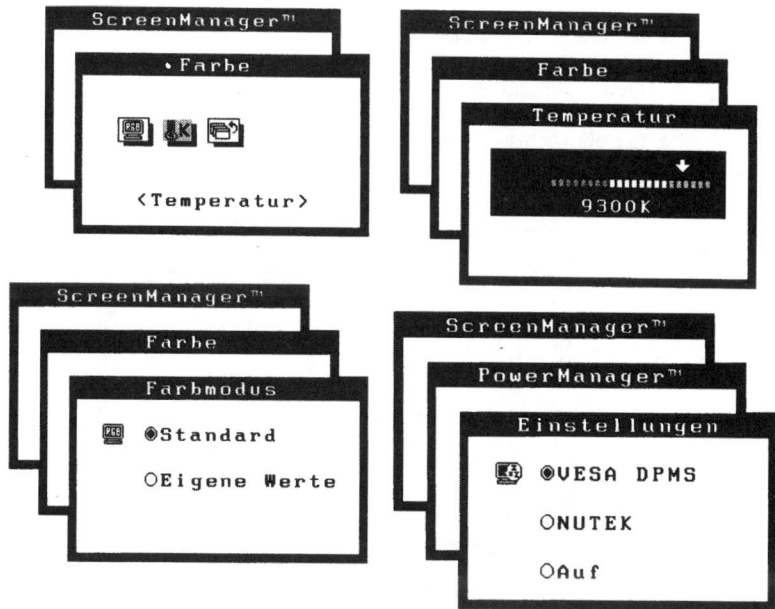

Bild 1.32: Bei vielen aktuellen Monitoren werden die Monitoreinstellungen per On-Screen-Menü vorgenommen, wie es hier bei einer Zusammenstellung einiger Menüpunkte eines Monitors der Firma Eizo gezeigt ist

Dieser Komfort wird jedoch nicht von allen Monitoren geboten. Mit Monitoren, die zwar ebenfalls über digitale Einstellungsmöglichkeiten verfügen, demgegenüber jedoch nicht mit einem On-Screen-Menü, sondern zahlreichen einzelnen Tasten für die einzelnen Funktionen arbeiten, sind die Einstellungen oftmals nicht ohne Handbuch zum Monitor vorzunehmen, da die Tastenbeschriftung nicht immer verständlich ausgeführt ist, was aufgrund des zur Verfügung stehenden Platzes allerdings auch nicht weiter verwunderlich ist.

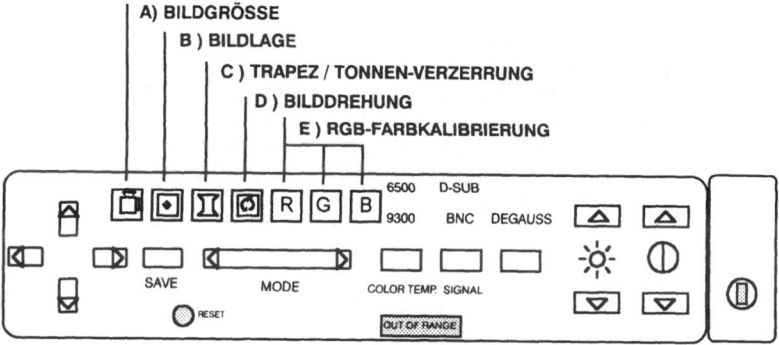

Bild 1.33: Bei diesem Monitor werden die Einstellungen mit Hilfe einzelner Tasten vorgenommen

Neben diesen beiden digitalen Varianten gibt es auch noch solche Typen, die keine digitale Einstellungsmöglichkeit mit den dazugehörigen Funktionen, wie die Abspeicherung mehrerer »Bildschirme« und konfigurierbarer Stromsparfunktionen, bieten. Sie gehören quasi zur ersten Generation der PC-Monitore, werden jedoch auch heute noch (meist sehr preiswert aus Fernost) angeboten. Es lassen sich hier nur die wichtigsten Einstellungen wie Bildlage, Helligkeit und Kontrast per analog arbeitende Regler einstellen.

Die Bedienelemente

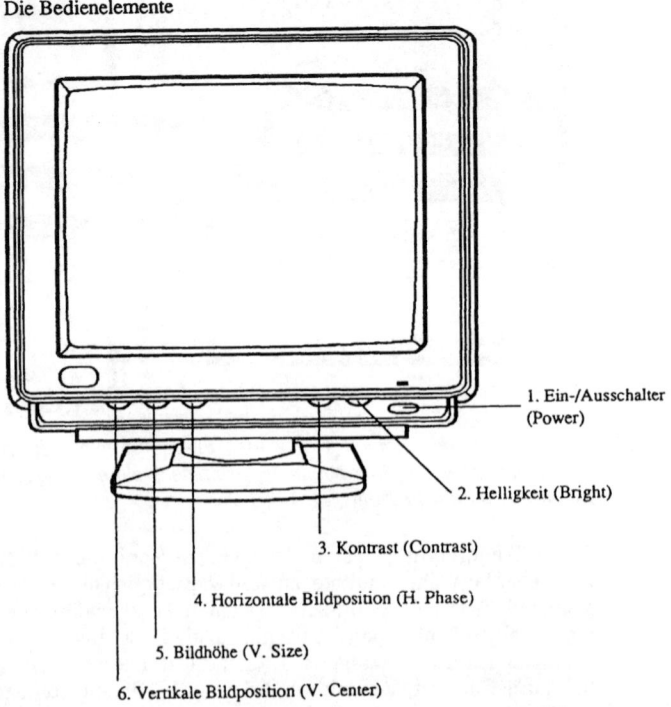

1. Ein-/Ausschalter (Power)

2. Helligkeit (Bright)

3. Kontrast (Contrast)

4. Horizontale Bildposition (H. Phase)

5. Bildhöhe (V. Size)

6. Vertikale Bildposition (V. Center)

Bild 1.34: Die Bedienelemente eines Monitors, der per analog arbeitende Regler einzustellen ist

Bei diesen Monitortypen finden sich oftmals auf der Gehäuserückseite noch weitere Einstellungspotentiometer, wie für die Festlegung der Synchronisationsfrequenzen. Dies entfällt bei allen neueren (digitalen) Typen, denn diese können das Bild innerhalb bestimmter Grenzen automatisch »ruhig stellen«. Sie passen sich also den von der Grafikkarte gelieferten Signalen automatisch an, was auch unter dem Begriff *Multisync-Monitor* (siehe Kapitel 1.6.8) bekannt ist. Allerdings gibt es auch selbstsynchronisierende Monitore, die trotzdem über analog arbeitende Regler einzustellen sind. Wer sich heute einen Monitor anschafft, – egal ob analog oder digital einzustellen –, kann in der Regel davon ausgehen, dass es sich um einen selbstsynchronisierenden Monitor handelt; allerdings kann es durchaus vorkommen, dass dem nicht so ist, was bei besonders günstig erscheinenden Sonderangeboten der Fall sein kann.

Mit Hilfe des *Universal Serial Bus* (USB) ist es bei neuen Modellen außerdem möglich, die internen Monitorparameter bequem per Software einzustellen, wobei ein derartiger Monitor meist auch als USB-Hub (Verteiler) dienen kann, da er über mehrere Ports wie für den Anschluss einer USB-Maus, einer USB-Tastatur, eines USB-Modems und vielleicht noch eines USB-Scanners verfügt.

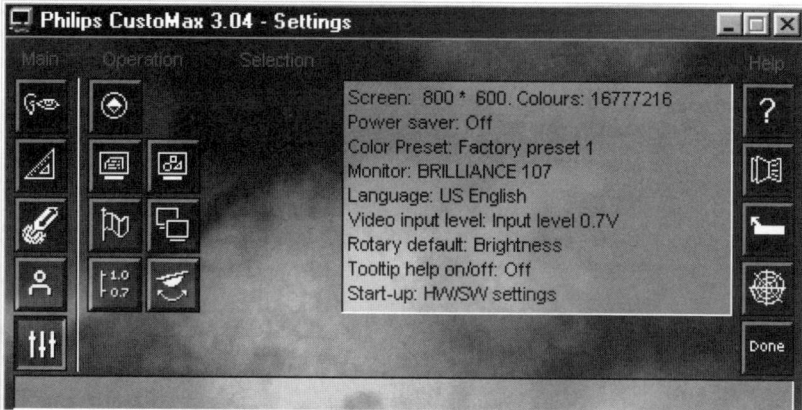

Bild 1.35: *Die Monitorparameter lassen sich bequem mit einem speziellen Programm per USB-Verbindung zwischen PC und Monitor festlegen*

1.6.3 Festfrequenzmonitore am PC

Zu den älteren Typen werden *Festfrequenzmonitore* gerechnet, wenn sie nur mit einer bestimmten oder einigen wenigen Signalkombinationen zurechtkommen. Einige Grafikkarten, wie beispielsweise die der Firma ELSA, bieten ein spezielles Treiberprogramm für Windows, mit dessen Hilfe sich exakt die einzelnen Parameter für die Synchronisierung des Monitors vorgeben und somit auch Festfrequenzmonitore, wie sie (noch) mit vielen Workstations verwendet werden, betreiben lassen. Diese Monitore, wobei diese üblicherweise ein Format vom 17–21 Zoll aufweisen, sind oftmals gebraucht zu Schleuderpreisen erhältlich und können an einem PC durchaus noch gute Dienste leisten, denn so preiswert wird man kaum einen großen PC-Monitor erstehen können.

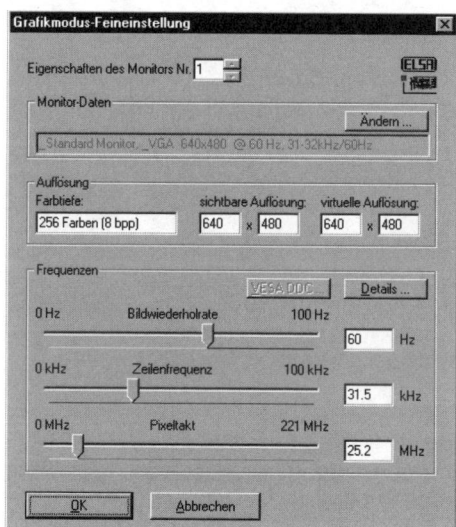

Bild 1.36: *Zu den Grafikkarten der Firma ELSA gehört ein spezielles Konfigurationsprogramm, um die für einen bestimmten Monitor notwendigen Signalparameter genau festlegen zu können; das Bild 1.37 zeigt die Details, die dieser Anzeige zugrunde liegen*

Ein derartiges Konfigurationsprogramm, welches in ähnlicher Form auch von anderen Herstellern (z.B. Matrox) für die jeweils eigenen Grafikkarten zur Verfügung gestellt wird, ist jedoch nur bei ganz speziellen Monitoren anzuwenden, wie eben Festfrequenzmonitoren, die sich mit ihren Daten außerhalb der *normalen* Standardwerte (VESA, Windows) bewegen und ursprünglich nicht für die Verwendung an einem PC vorgesehen sind.

Generell ist bei der Festlegung der Monitordaten zu beachten, dass die angegebenen Werte den Monitor nicht überfordern, denn eine zu hohe Bildwiederholfrequenz beispielsweise kann den Monitor zerstören. Dies ist insbesondere mit einem Tool wie dem der Firma ELSA oder vergleichbar zu berücksichtigen.

Sind die Daten des (Festfrequenz-)Monitors nicht genau bekannt, kann man – wenn man nicht viel Glück hat – bis zum Sankt Nimmerleinstag herumprobieren, bis ein stehendes und zufriedenstellendes Bild erreicht wird, und der Monitor kann dabei durchaus auf der Strecke bleiben.

Für die Einstellung eines nicht PC-konformen Monitors werden neben einer Grafikkarte, für die auch ein entsprechendes Programm zur Festlegung der einzelnen Signalparameter geliefert wird, ein zweiter Monitor, ein Monitorumschalter und zwei zusätzliche Monitorkabel benötigt. Der zweite Monitor, der allerdings einem PC-Standardtyp entsprechen muss, und das Zubehör werden nur für die Einstellung des Festfrequenzmonitors benötigt und können nach erfolgreicher Konfiguration wieder entfernt werden.

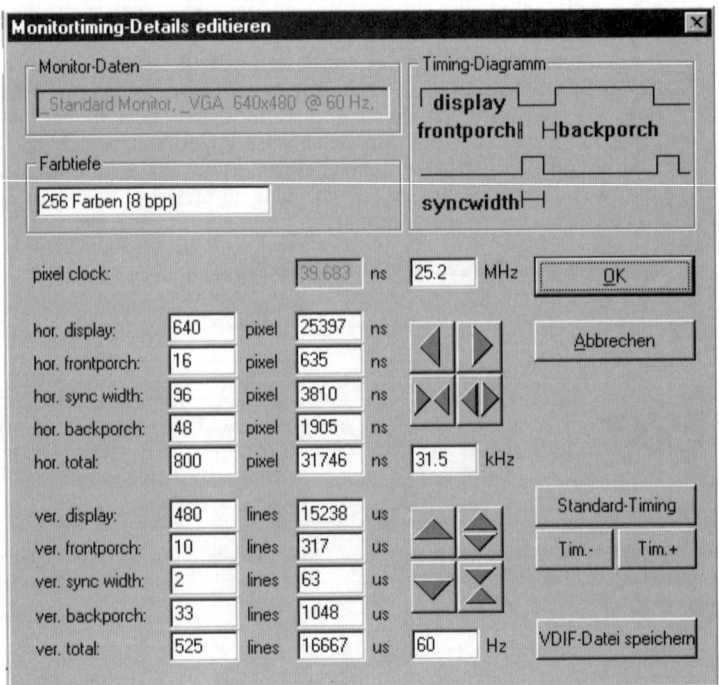

Bild 1.37: Die festzulegenden Daten des Monitors müssen bekannt sein, andernfalls kann man lange herumprobieren und sogar den Monitor dabei zerstören

Vielfach wird jedoch mit beiden Monitoren gearbeitet und entsprechend umgeschaltet, was beispielsweise bei CAD-Arbeitsplätzen praktiziert wird, bei denen der
große Monitor bei der Zeichnungserstellung zum Einsatz kommt.

Für die Konfigurierung des Festfrequenzmonitors wird zunächst auf den Standardmonitor geschaltet, und es werden die neuen Daten für den Festfrequenzmonitor
angegeben. Daraufhin erfolgt nach Betätigung eines entsprechenden Aktivierungs-
buttons die Konfigurierungstools die programmtechnische Umschaltung auf die
neuen Daten, wobei man das Signal der Grafikkarte per Monitorumschalter auf den
Festfrequenzmonitor umschaltet. Dabei ist äußerste Vorsicht geboten, damit die
neu festgelegten Signale nicht etwa auf den Standardmonitor gelangen, der diese
womöglich nicht verkraftet und beschädigt werden kann.

Das Konfigurationsprogramm schaltet nach einigen Sekunden automatisch wieder in
die alte Auflösung zurück, und erst nach einer Bestätigung werden die neuen Daten
übernommen, die damit für Windows in Kraft treten. Je nach Software zur Grafikkarte ist eine derartige Monitoreinstellung auch für DOS möglich (z.B. XREFRESH bei
den ELSA-Grafikkarten), wobei generell zu beachten ist, dass der Monitor nach dem
Booten zunächst kein korrektes Bild zeigt, sondern erst dann, wenn die Monitordaten vom Betriebssystem gelesen werden, was unter DOS beispielsweise mit Hilfe
eines speziellen Eintrags in der CONFIG.SYS realisiert wird. Aus diesem Grund hat es
durchaus Sinn, mit zwei Monitoren zu arbeiten und entsprechend umzuschalten, je
nachdem, welche Auflösung und welcher Monitor zum Einsatz kommen und immer
erkennbar sein soll. Schließlich möchte man immer erkennen, was sich gerade auf
dem Bildschirm abspielt.

An dieser Stelle sei darauf hingewiesen, dass die Monitorumschaltboxen, die bereits ab 40 DM erhältlich und meist mit einem Umschalter für Tastaturen kombiniert ausgeführt sind, teilweise von eher minderer Qualität sind und der Monitor
nach einem Umschalten plötzlich einen Grünstich oder andere Bildveränderungen
aufweisen kann.

Derartige preiswerte Umschalter arbeiten rein mechanisch, und die Kontakte können die Signale in unerwünschter Art und Weise beeinflussen, was bei elektronisch
arbeitenden Umschaltern eher selten vorkommt. Einen nicht fehlerfrei funktionierenden mechanischen Umschalter sollte man umtauschen, wobei als Regel gilt,
dass mit Fehlern bei der Darstellung insbesondere dann zu rechnen ist, je höher die
Auflösung und die Frequenzen sind.

1.6.4 Die Monitoranschlüsse

Der Monitor muss anschlusstechnisch gesehen natürlich zur verwendeten Grafikkarte passen. Ab dem Kapitel 1.7 wird auf die verschiedenen Varianten noch näher
eingegangen. Standard ist jedoch ein 15-poliger Anschluss, wie er mit der VGA-
Karte eingeführt wurde. Daneben besitzen einige Monitore auch BNC-Anschlüsse,
meist zusätzlich zum 15-poligen DSUB-Anschluss. Falls dieser Anschluss aber nicht
vorhanden sein sollte, wird ein Adapterkabel benötigt, welches auf der einen Seite
den 15-poligen Anschluss für die Grafikkarte besitzt und auf der anderen fünf BNC-
Stecker zum Anschluss an den Monitor. Es kostet im Fachhandel ca. 30–40 DM.
Grafikkarten mit BNC-Anschlüssen sind im PC-Bereich eher selten und vorwiegend
bei spezielleren High-End-Karten, wie sie beispielsweise für CAD verwendet werden, zu finden.

Die einzelnen BNC-Leitungen führen die Signale rot, grün, blau, horizontale und vertikale Synchronisation. Üblicherweise wird nur ein Synchronisierungssignal (meist horizontal) verwendet, was allerdings vom jeweiligen Monitor abhängig ist, der unter Umständen die Information für die vertikale Synchronisation aus einem Farbsignal (meist rot) gewinnt.

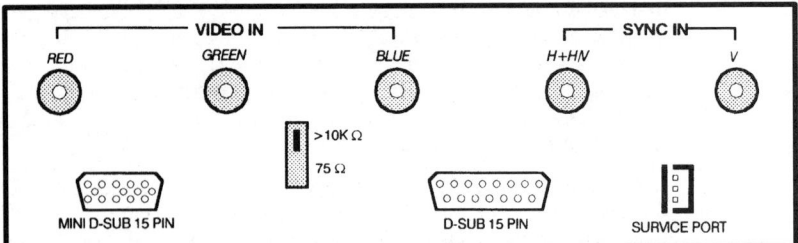

Bild 1.38: Dieser Monitor besitzt gleich drei verschiedene Anschlussmöglichkeiten: zwei unterschiedliche DSUB 15- und fünf einzelne BNC-Anschlüsse

Entsprechende Verbindungskabel sollten zum Monitor gehören, was allerdings nicht immer der Fall ist und daher beim Kauf des Monitors beachtet werden sollte. Ein erfreulicher Nebeneffekt bei Monitoren, die sowohl einen DSUB-Anschluss als auch BNC-Anschlüsse besitzen, ist der, dass sich zwei PCs einen Monitor teilen können. Falls der betreffende Monitor diese Funktion unterstützt, befindet sich meist an der Frontplatte – manchmal auch versteckt auf der Monitorrückseite – eine Taste oder ein Schalter, der zwischen dem DSUB-Anschluss und den BNC-Anschlüssen als Eingangssignal umschalten kann. Der eine Monitor ist daher über DSUB, der andere über BNC – eventuell mit Adapterkabel – zu verbinden.

Eine häufige Anwendung einer derartigen Konfiguration ist der Betrieb des Monitors gleichzeitig an einem Server und einer PC-Arbeitsstation, wodurch man einen zweiten Monitor einspart, denn der Server muss üblicherweise nicht ständig beobachtet werden, sondern er wird nur dann benötigt, wenn hier Einstellungsarbeiten vorzunehmen sind.

1.6.5 Mehrfachmonitor-Konfiguration

Für Präsentationen ist es gängige Praxis, ein Computerbild gleichzeitig auf mehreren Monitoren darzustellen. Dabei kommen die BNC-Anschlüsse und zusätzliche Y-BNC-Adapter zum Einsatz. Die Signale des PC werden auf den ersten Monitor (A) der Signalkette über vier oder fünf Y-Adapter (fünf, wenn beide Synchronisationssignale, H und V, benötigt werden) geführt, wobei das freie Ende des Adapters an den zweiten Monitor (B) geführt wird, von dort an den dritten usw. Üblicherweise schafft eine Grafikkarte die Ansteuerung von vier Monitoren, wobei die Kabelverbindung eine Gesamtlänge von 8 m dabei nicht überschreiten sollte.

Falls ein Monitor für eine Mehrfachmonitor-Konfiguration geeignet ist, besitzt er einen Schalter zur Festlegung des internen Signalabschlusswiderstandes (Impedanzschalter). Alle Monitore, bis auf den letzten der Signalkette, werden auf die Position unendlicher Widerstand (∞) geschaltet und der letzte auf 75 Ohm. Das Prinzip ist das gleiche wie bei einem Bussystem, etwa SCSI, bei dem jeweils das erste und das letzte Gerät der Signalkette zu terminieren, d.h. mit Abschlusswiderständen zu versehen ist. Hier ist die Grafikkarte das erste Gerät und der Monitor, der sich am Ende der Signalkette befindet, das letzte; er ist daher entsprechend zu terminieren.

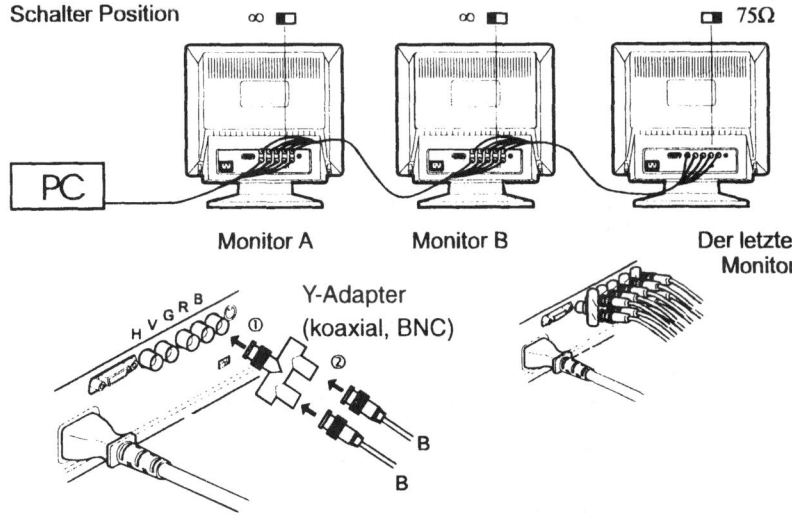

Bild 1.39: Mehrere Monitore können mit Hilfe von Y-Adaptern zu einem Gesamtsystem, wie es für Präsentationen zum Einsatz kommt, zusammengeschlossen werden

1.6.6 So funktioniert ein Monitor

Monitore arbeiten wie Fernseher mit einer Kathodenstrahlröhre – auch Braun'sche Röhre genannt –, deren Oberfläche als Bildschirm sichtbar ist. LCD-Monitore arbeiten demgegenüber völlig anders, was im Kapitel *LCD-Monitore* erläutert ist, so dass es hier allein um die üblicheren Monitore mit einer Röhre geht. Bei diesen Typen wird ein Elektronenstrahl erzeugt, der auf eine speziell beschichtete Glaswand – die Bildröhreninnenseite – trifft und dabei einen leuchtenden Punkt erzeugt. Dieser Strahl wird nun von einem Magnetfeld, welches von zwei Spulen erzeugt wird, abgelenkt und somit zeilenweise über die Bildröhrenoberfläche geführt.

Damit die Elektronen den Weg bis zur Oberfläche der Röhre überwinden können, ist eine sehr hohe Beschleunigungsspannung notwendig, die bei größeren Monitoren bis zu 20.000 V betragen kann. Ein Monitor ist daher im Inneren ein gefährliches Gerät, und man sollte niemals an seinem Innenleben irgendwelche Reparaturarbeiten vornehmen, wenn man sich nicht ganz genau damit auskennt.

Die Geschwindigkeit, mit welcher der Strahl eine Zeile durchläuft, wird als *Horizontalfrequenz* bezeichnet, und die vertikale Ablenkfrequenz ist die Bildwiederholfrequenz, wie es bereits im vorherigen Kapitel erläutert wurde.

Der Startpunkt des Elektronenstrahls ist immer in der linken oberen Ecke der Bildröhre, und man unterscheidet nun zwei Betriebsarten zum Aufbau des Bildes. Im »Non-Interlaced-Mode« wird Zeile für Zeile geschrieben, und nach dem Durchlauf der letzten Zeile, wenn ein Bildschirminhalt »vollgeschrieben« ist, wird der Strahl dunkel getastet und wieder an den Startpunkt gesetzt.

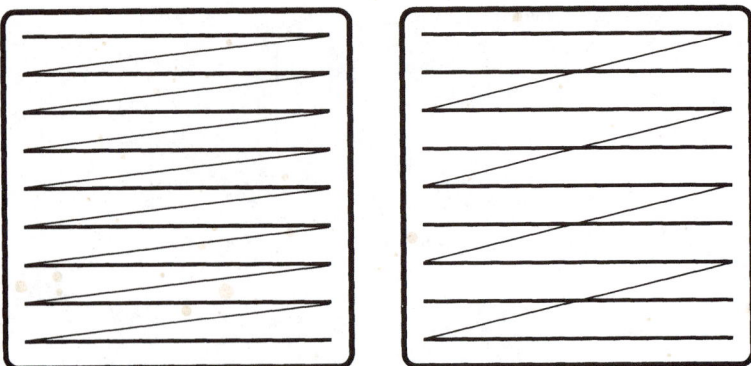

Bild 1.40: Der Bildaufbau in der Non-Interlaced- und der Interlaced-Betriebsart

Im Interlaced-Mode hingegen wird ein Bild zweimal aufgebaut, und das menschliche Auge setzt das Bild dann zu einem Ganzen zusammen. Im ersten Durchlauf werden die erste Zeile, dann die dritte Zeile, die fünfte Zeile usw. geschrieben, danach erfolgt der Strahlrücklauf zur zweiten Zeile, und dann wird die vierte Zeile etc. geschrieben.

Der Grund für die Verwendung dieser Betriebsart liegt in den geringeren Kosten für den Videoverstärker, der entsprechend der Horizontal- und Vertikalfrequenz arbeitet, begründet. Wird der Monitor in kleineren Auflösungen betrieben, wird daher im Non-Interlaced-Mode gearbeitet. Bei höheren Auflösungen hingegen, wo eben auch höhere Frequenzen benötigt werden, kommt der Interlaced-Mode zum Einsatz. Der Interlaced-Mode bietet also eine höhere Auflösung, doch eine geringere Bildwiederholfrequenz, wodurch das Bild eben merklich flimmern kann. Der Anwender hat auf die jeweilige Betriebsart keinen Einfluss, sondern sie wird vom Monitor, entsprechend der gewünschten Auflösung, automatisch aktiviert. Die Herstellerangaben zu den Monitoren sollten genau auf die verschiedenen möglichen Modi hin durchgesehen werden, damit für die beabsichtigte Auflösung auch mit einem Non-Interlaced-Modus gearbeitet werden kann.

Die Art der inneren Bildröhrenbeschichtung ist ebenfalls für das Zustandekommen eines flimmerfreien Bildes verantwortlich. Es werden hier verschiedene Materialien verwendet, um die Nachleuchtdauer der Leuchtschicht zu optimieren. Bei den älteren, meist grünen oder orangen (amber) Monitoren, welche mit relativ geringen Bildwiederholraten (35-50 Hz) arbeiten, leuchtet die Schicht lange nach, um das Flimmern möglichst gering zu halten. Der Nachteil ist dabei, dass bei schnellen Bewegungen, zum Beispiel beim Bewegen einer Maus, die Konturen verschwimmen und die Maus eine Spur auf dem Schirm hinterlässt. Diese Monitore sind daher auch extrem durch das gefürchtete »Einbrennen« gefährdet: Der Bildschirminhalt brennt sich auf Dauer bei relativ hoch eingestellter Intensität in die Schicht ein, wodurch der Monitor eigentlich nicht mehr zu gebrauchen ist, denn das eingebrannte Bild bleibt als negative Darstellung immer vorhanden.

Alle neueren Monitore sind jedoch nicht in dem Maße durch das Einbrennen gefährdet, wie es die (Software-)Industrie oftmals heraufbeschwört. Wird mit einer normalen Kontrast- und Helligkeitseinstellung gearbeitet, kann man davon ausgehen, dass dem Monitor nichts passiert.

Ein Farbmonitor arbeitet im Prinzip nicht anders als ein Schwarzweißmonitor oder allgemein 2-Farb-Monitor. Der wesentliche Unterschied ist der, dass für jede Grundfarbe – Rot, Grün und Blau – ein einzelner Elektronenstrahl (Farbkanone) verwendet wird und die Leuchtschicht nicht aus einem einzigen, sondern nunmehr ebenfalls aus drei Leuchtstoffen (Rot, Grün, Blau) besteht. Alle anderen Farben werden durch die Mischung (additive Mischung) dieser drei Grundfarben erzeugt.

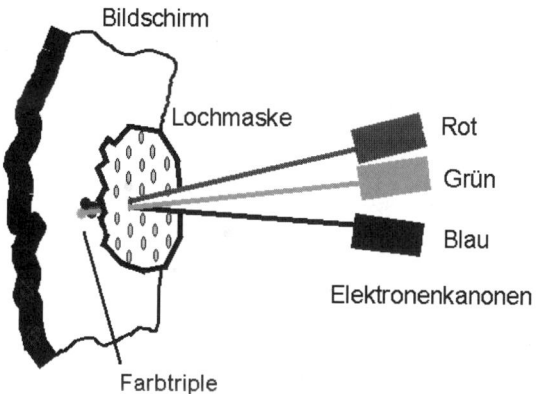

Bild 1.41: *Das Prinzip der Farberzeugung mit den drei Elektronenstrahlen und einer Lochmaske*

Die einzelnen Punkte der Leuchtschicht bilden ein so genanntes Farbtriplet oder Farbtriple. Damit der entsprechende Strahl auch auf den dazugehörigen Punkt des Triplets trifft und nicht auf die daneben liegenden Punkte, sind die Elektronenstrahlen zum einen in einem bestimmten Winkel zueinander angeordnet. Zum anderen befindet sich vor der Leuchtschicht eine Lochmaske aus Metall, die für die optische Abschirmung gegenüber den benachbarten Triplets sorgt. Diese Maske kann nach verschiedenen Prinzipien aufgebaut sein, die im folgenden Kapitel erläutert werden.

1.6.7 Maskentypen

Die erwähnten Farbtriplets und die Maske können auf verschiedene Art und Weise aufgebaut sein, was prinzipiell einen entscheidenden Einfluss auf die Bildqualität eines Monitors haben kann. Den jeweiligen Typ kann man durchaus mit dem bloßen Auge erkennen, wenn man seine Nase (fast) auf den Bildschirm drückt. Um es aber gleich vorweg zu nehmen, jeder Typ ist mit gewissen Vor- und Nachteilen behaftet, was noch erläutert wird. Wichtiger als das Maskenprinzip erscheint hingegen ein optimaler Abgleich des Monitors, was in der Praxis einen deutlicheren Einfluss auf die optimale Bildqualität hat. Ist der Monitor optimal eingestellt – auch vom Werk her, was leider nicht immer der Fall ist –, ist es vielfach nur eine Geschmacksfrage, welcher Typ zu bevorzugen ist.

Delta-Röhre

Den traditionellen Typ stellt die Delta-Röhre mit einer Lochmaske dar, bei der die drei Punkte ein gleichschenkliges Dreieck bilden; daher rührt auch der Name, da diese Anordnung dem griechischen Buchstaben Delta (D) ähnelt. Gegenüber den anderen Maskentypen ist hier die Bildschärfe meist etwas schlechter, da zwischen den Punkten zwangsläufig etwas Freiraum bleibt, der dunkel erscheint.

Bild 1.42: Die Anordnung der Farbpunkte bei einer Delta-Röhre

Triniton-Röhre

Eine weitere Ausführung ist durch die Firma Sony unter der Bezeichnung *Trini-tronröhre* bekannt geworden, die mit einer sehr hohen Schärfe und Helligkeit auf-warten kann. Die Maske besteht hier nicht aus einer Metallscheibe mit Löchern, sondern ist als Gitter durch gespannte Drähte ausgeführt, die Gittermaske. Damit diese absolut parallel laufen und sich nicht verformen können, stehen sie unter einer mechanisch sehr hohen Spannung, die durch einen stabilen Rahmen aufge-fangen werden muss. Dies macht die Trinitronröhre um einiges schwerer als die Röhren mit konventioneller Lochmaske.

Bild 1.43: Die Anordnung der Farbpunkte bei einer Triniton-Röhre

Der Nachteil dieser Röhre ist jedoch, dass hier – je nach Monitorgröße – mehrere waagerecht verlaufende Drähte auf dem Bildschirm zu erkennen sind. Dies fällt umso mehr auf, je größer der Monitor ist und kann gerade für CAD-Anwendungen als störend empfunden werden. Einige Konstrukteure behaupten allerdings, dass sie ihre Zeichnungen sehr schön an den Drähten ausrichten können.

In-Line- und Chromaclear-Röhre

Die In-Line-Röhre basiert auf einem Patent der Firma Philips aus dem Jahre 1955 (!) und kann als Kompromiss zwischen der Delta- und der Gittermaskenröhre angesehen werden. Die Triplets sind hier nebeneinander als Rechtecke angeordnet (Streifentriplets), was im Grunde genommen lediglich eine Maske mit vertikalen Schlitzen erfordert und dennoch für eine gute Schärfe und einen guten Kontrast sorgt.

Bild 1.44: Die Anordnung der Farbpunkte bei einer In-Line-Röhre

Die vierte Variante wird als *Chromaclear-Technik* bezeichnet, wobei die Maske im Prinzip aber nicht viel anders als bei der In-Line-Röhre von Philips ausgeführt ist. Die Schlitze sind hier aber nicht rechteckig, sondern oval – zigarrenförmig.

1.6.8 Multisync-und Overscan-Monitor

Ältere Monitore, wie ein CGA- oder EGA-Typ, verlangen digitale, ein VGA-Monitor analoge Eingangssignale, wobei auch noch mit unterschiedlichen Synchronisationsfrequenzen in den verschiedenen Betriebsarten gearbeitet wird.

Beim Wechsel der Auflösung (Programmwechsel) muss an den einfachen Monitoren die Synchronisation (horizontal, vertikal) verstellt werden, damit das Bild still steht und nicht etwa durchläuft. Das Problem der unterschiedlichen Eingangssignale und Auflösungen hat als erstes die Firma NEC erkannt und in ihrem Multisync-Monitor eine Schaltung verwirklicht, die das Bild automatisch anpasst und »ruhig stellt«, was allgemein auch als *selbstsynchronisierend* bezeichnet wird.

Multisync ist ein eingetragenes Warenzeichen der Firma NEC. Andere Herstellerbezeichnungen für diesen Monitortyp sind *Autoscan* oder auch *Multiscan*. Alle heute üblichen Monitore werden als selbstsynchronisierende Typen ausgelegt, und einen prinzipiellen Unterschied gibt es in der Funktionsweise nicht. Allerdings sollte beachtet werden, für welche Modi diese Synchronisierung im Einzelnen greift, denn dies unterscheidet sich sehr wohl von Typ zu Typ. Diese vorprogrammierten Betriebsarten lassen sich bei den digitalen Monitoren (siehe Kapitel 1.6.2) natürlich noch um selbst festzulegende erweitern und abspeichern, doch ist es immer besser, wenn möglichst viele Modi vom Monitor automatisch erkannt werden. Die verschiedenen VESA-Betriebsarten stellen hierfür eine Mindestkompatibilität für Modi größer als VGA sicher.

Die Bildinformation füllt bei vielen Monitoren nicht die komplette Bildröhrenoberfläche aus, sondern wird innerhalb eines schwarzen Rahmens dargestellt. So genannte Overscan-Monitore verwenden hingegen (fast) die komplette Bildröhrenoberfläche zur Darstellung, wodurch das Bild eines kleineren Overscan-Monitors größer als das eines größeren »normalen« Bildschirms wirkt.

Die Röhrengröße ist nicht gleich der Bildgröße!

Der Begriff *Overscan* ist kaum noch in den Angaben zu einem Monitor zu finden, gleichwohl deutet er auf eine möglichst große darstellbare Bildoberfläche im Verhältnis zur Bildröhre hin, denn der schwarze Rahmen kann sich hinter den Rändern des Monitorgehäuses befinden – er ist also nicht sichtbar.

Aus dieser Tatsache rührt auch das Phänomen, dass beispielsweise 17-Zoll-Monitore unterschiedliche Bildgrößen aufweisen und auch keiner die entsprechende sichtbare Bilddiagonale von 43 cm hat, denn dies ist lediglich die Größe der Röhre und nicht die der darstellbaren Bildgröße. Einen Rand an der Bildröhre gibt es immer, der eben unterschiedlich breit sein kann und letztendlich auch die maximal verwendbare Bildgröße bestimmt.

Bei LCD-Monitoren gibt es jedoch üblicherweise keinen Rand und die Darstellungsfläche entspricht hier der verwendeten Display-Größe. Hierin ist auch der Grund dafür zu sehen, warum ein 15-Zoll-LC-Display ein fast genauso großes Bild liefert wie ein 17-Zoll-Monitor in der konventionellen Bauart.

1.6.9 LCD-Monitore – Flachbildschirme

Neben den Monitoren, die mit einer Kathodenstrahlröhre (Cathode Ray Tube, CRT) wie ein Fernseher arbeiten, werden die so genannten »Flachbildschirme« immer beliebter, obwohl sie gegenüber vergleichbaren CRTs drei- bis viermal so teuer sind. Als Vorteile gelten, dass sie auf der gesamten Darstellungsfläche gleich scharf sind und dass sie weder geometrische Verzerrungen noch Konvergenzprobleme kennen und auch generell unempfindlich gegenüber magnetischen Feldern sind, wie sie oftmals in Laboren vorkommen (der Magnetrührer?).

Die LC-Displays (Liquid Crystal), wie sie auch allgemein bezeichnet werden, sind zudem recht flach und können prinzipiell wie ein Bild an die Wand gehängt werden. Sie sind energiesparender und geben längst nicht so viel Wärme ab wie die Röhrenmonitore, und Bildflackern gibt es hier prinzipiell auch nicht, obwohl die LCD-Monitore typischerweise nur mit 60 Hz arbeiten. Falls ein LCD-Monitor dennoch einmal »flimmern« sollte, hat dies einen anderen Grund als bei Röhrenmonitoren, und es liegt an einer nicht korrekten Synchronisierung zwischen der Grafikkarte und der im Display befindlichen Ansteuerelektronik begründet. Einige LCD-Monitore bieten hierfür eine Auto-Adjust-Option, vielfach muss die passende

Einstellung jedoch manuell hergestellt werden. Bei der Verwendung einer digitalen Schnittstelle (siehe *Digitale Interfaces* bei den Grafikkarten) gibt es diese Probleme jedoch nicht.

Diese Flachbildschirme, wie sie z.B. in Notebooks verwendet werden, werden auch als Flüssigkeitskristall-Bildschirme bezeichnet, und es gibt hier verschiedene Typen, wobei die aktuellen als *Thin-Film Transistor Liquid Crystal Displays* (TFT-LCDs) realisiert werden, die auch unter der Bezeichnung *Aktiv-Matrix-LCDs* firmieren.

Ein LC-Display ist aus mehreren Schichten aufgebaut. Zwischen zwei Glasscheiben befindet sich ein dünner Film aus Flüssigkristallen (LCs). Dies sind Flüssigkeiten, die auf eine elektrische Spannung oder auch auf Wärme wie Kristalle reagieren, d.h. (bestimmte) Kristalle brechen das Licht auf unterschiedliche Weise, je nach dem, ob eine Spannung anliegt oder nicht. An jedem darzustellenden Punkt ist ein Transistor in Dünnfilmtechnik auf der Glasscheibe aufgebracht, wobei die gesamte Anordnung dabei als Matrix ausgeführt ist. Es wird also auch wie bei einem Monitor mit Zeilen und Spalten bei der Darstellung gearbeitet.

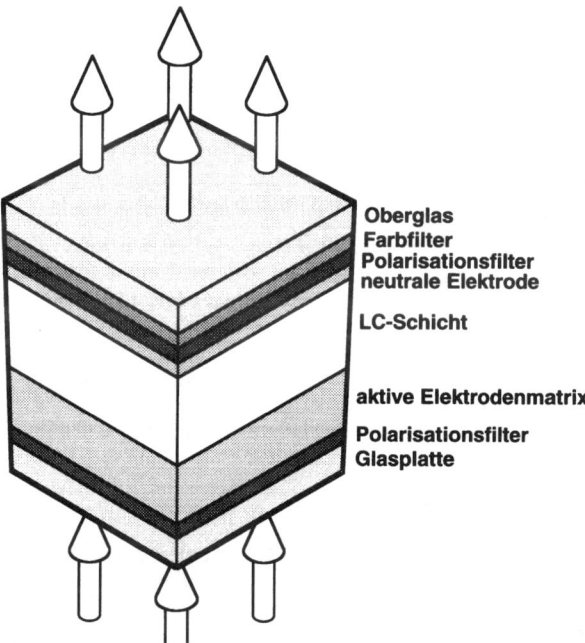

Bild 1.45: Der prinzipielle Aufbau eines TFT-LC-Displays

Nach der Erzeugung des Zeilensignals wird die betreffende Spalte für das gewünschte Pixel angesteuert. Der jeweils selektierte Transistor schaltet daraufhin durch und stellt eine punktuelle Verbindung mit dem LC-Material her, welches von hinten beleuchtet wird und dadurch hell erscheint. Bei den Farbdisplays wird jeder Bildpunkt durch drei Transistoren sowie entsprechende Farbfilter gebildet (Rot, Grün, Blau). Zusätzliche Polarisationsfilter verbessern die Darstellung, damit etwa die Blickwinkelabhängigkeit gemildert wird.

Die aktivierten Bildpunkte leuchten auch ohne permanente Ansteuerung weiter, denn jedem Transistor ist quasi ein Kondensator zugeordnet, der für die Informationsspeicherung sorgt. Hierin ist auch der Grund dafür zu sehen, dass LC-Displays im Prinzip (wenn sie selbst und die Elektronik optimal hergestellt wurden) nicht flimmern können. Eine Erhöhung der standardmäßigen 60 Hz auf beispielsweise 75 Hz bringt dann keinen Vorteil, zumal sich auch nicht alle Displays überhaupt damit betreiben lassen.

Bei Taschenrechnern, Messgeräten, Uhren, Handys usw. werden demgegenüber die preiswerten Passiv-Matrix-LCDs als Anzeige verwendet, bei denen keine einzelnen Transistoren für jedes Pixel verwendet werden, sondern deren Darstellung über Kreuzungspunkte (zweier übereinandergelegter Gitter) realisiert wird. Diese Anzeigen reagieren relativ langsam, sie sind kontrastärmer, und die Lesbarkeit hängt stark vom jeweiligen Blickwinkel ab, so dass sie bei Notebooks schon seit geraumer Zeit nicht mehr verwendet werden.

Neben dem höheren Preis gegenüber den CRTs gibt es jedoch einige Dinge, die als Nachteile der LCDs gegenüber den CRTs angesehen werden *können*. »Können« deshalb, weil der jeweilige Einsatzzweck letztlich bestimmt, welche Art von Monitor am besten geeignet ist. Es ist also ein sorgfältiges Abwägen der einzelnen Vor- und Nachteile bezogen auf die Anwendungen notwendig.

Darstellung und Pixelfehler

Für jeden TFT-Monitor ist eine Standardauflösung vom Hersteller vorgegeben, die typischerweise bei 1024 x 768 Bildpunkten liegt, was eben genau der Anzahl der vorhanden Thin-Film-Transistoren (bzw. x3 bei einem Farbdisplay) entspricht. Eine höhere Auflösung ist nicht möglich, und bei kleineren Auflösungen müssen mehrere Pixel einen Bildpunkt darstellen, was nur dann einigermaßen gut funktioniert, wenn die gewünschte Auflösung einem ganzzahligen Teiler (:2, :4) der Standardauflösung entspricht. Falls dies nicht der Fall ist, sorgt ein im Monitor implementierter Interpolationsalgorithmus für unterschiedliche Helligkeiten der Pixelanteile, was – je nach Hersteller – zu mehr oder weniger guten Ergebnissen führt, in der Regel jedoch weder an die Qualität und den Kontrastreichtum eines Bildes in der Standardauflösung herankommt noch automatisch bildschirmfüllend sein muss.

Bei ca. 2,5 Millionen Transistoren, aus denen sich ein 15-Zoll-TFT-Display zusammensetzt, ist es nicht unwahrscheinlich, dass einer oder auch mehrere sich nach der Herstellung des Displays als defekt herausstellen, was dazu führt, dass die betreffende Stelle stets leuchtet oder auch nie. Diese gefürchteten Pixelfehler sind herstellungsbedingt, und es ist auch nicht auszuschließen, dass sie erst nach einiger Zeit auftreten. Ob sich diese Fehler als störend bemerkbar machen, hängt von ihrer Position auf der Oberfläche und der Farbe des gewählten (Hintergrund-)Bildes ab. Nicht alle Hersteller spezifizieren bisher eindeutig, ab wie vielen Pixelfehlern ein Display als defekt anzusehen und damit (innerhalb der Garantiezeit) umzutauschen ist, was sich für den Anwender als echtes Ärgernis entpuppen kann.

Der Anschluss von Flachbildschirmen

Nicht alle TFT-Monitore können über die übliche VGA-Buchse der Grafikkarte angesteuert werden, sondern sie verfügen möglicherweise *nur* über eine digitale Schnittstelle, benötigen also von der Grafikkarte digitale Signale. Wie bei den Grafikkarten unter *Digitale Interfaces* erläutert wird, gibt es hier verschiedene Standards, so dass möglicherweise auch eine neue Grafikkarte benötigt wird. Der Vorteil eines digitalen Interface ist, dass keine zweimalige Umsetzung (D/A-Umsetzung auf der Grafikkarte und A/D-Umsetzung im Monitor) notwendig ist, was sich positiv auf die Bildqualität auswirkt. Bisher gibt es noch recht wenige Grafikkarten, wie etwa die Xpert der Firma ATI, die sowohl einen analogen (VGA) als auch einen digitalen Anschluss besitzen, wobei es hier leider verschiedene Implementierungen gibt, die überhaupt nicht oder nur bedingt miteinander kompatibel sind.

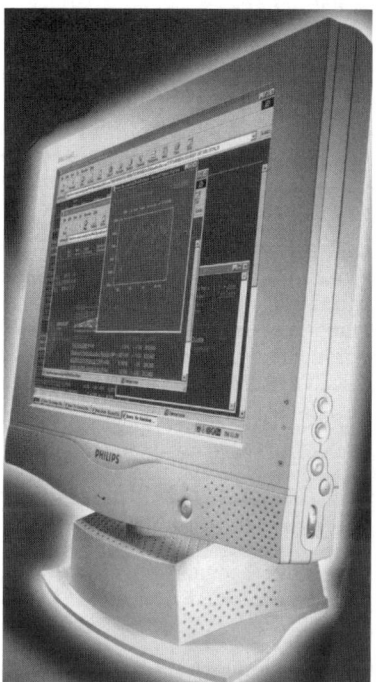

Bild 1.46: *Dieser TFT-Monitor der Firma Philips wird über eine konventionelle analoge Schnittstelle (Analog RGB, VGA) angesteuert und kann daher auch mit einer üblichen Grafikkarte verwendet werden*

1.6.10 Strahlungsarmer und ergonomischer Monitor

Seit einigen Jahren interessieren nicht nur die reinen Leistungsdaten eines Monitors wie Auflösung und Bildwiederholfrequenz, sondern auch die in einem Röhrenmonitor entstehende Strahlung und die Frage, ob sich diese negativ auf den menschlichen Organismus auswirkt. Ergonomische Aspekte spielen ebenfalls eine immer größere Rolle. Die *Ergonomie* ist ein Begriff der Arbeitswissenschaft, und man versteht darunter allgemein die Anpassung von Arbeitsmitteln, Arbeitsplätzen und Maschinen an die anatomischen, physiologischen und psychischen Bedingungen des Menschen.

In Schweden, dem Land mit der höchsten Dichte von Bildschirmarbeitsplätzen pro Einwohner, hat man recht frühzeitig entsprechende Untersuchen zur Strahlenbelastung und Ergonomie durchgeführt. Aus diesen Untersuchungen resultieren die MPR-Empfehlungen; (staatlicher Mess- und Prüfrat, jetzt SWEDAC) für einen strahlungsarmen Monitor (Low Emission). Die erste MPR-Empfehlung von 1987 (MPR-I) ist mittlerweile überholt. Die aktuellere und strengere ist die MPR-II-Empfehlung aus dem Jahre 1990. Die MPR-Empfehlung beinhaltet neben der Festlegung der Strahlungsarmut einige ergonomische Gesichtspunkte, nach denen ein arbeitsplatztauglicher Monitor konstruiert sein sollte.

Das strengste Symbol, welches weltweit für die Einhaltung der genannten Empfehlungen steht, ist das der schwedischen Angestelltengewerkschaft (TCO). Die MPR-II-Empfehlungen sind hier noch einmal laut TCO-92 verschärft worden, und es wurden zusätzliche Anforderungen an Energiesparschaltungen, an die elektrische Sicherheit und den Brandschutz definiert.

Mittlerweile gibt es mehrere TCO-Empfehlungen, und ein neuer Monitor sollte entsprechend der TCO-95- oder besser noch nach der TCO-99-Empfehlung spezifiziert werden. Auch wenn es sich nur um Empfehlungen und um keine verbindlichen Standards handelt, ist dies zumindest ein Hinweis auf die Verwendung aktueller und möglichst umweltschonender Technik. Ab TCO-95 werden zudem Ergonomie- und Umweltschutzaspekte beachtet, wobei auch PC-Einheiten wie die Tastatur und die Systemeinheit mit einbezogen werden.

TCO-99 verlangt für Röhrenmonitore eine Bildwiederholfrequenz von 85 Hz, während es bei TCO-95 noch 75 Hz waren. Dies gilt für einen 17-Zoll-Monitor bei einer Auflösung von 1024 x 768 Bildpunkten, was somit jeder heute käufliche Monitor eigentlich bewältigen sollte. Darüber hinaus werden bei der aktuellen TCO-Empfehlung erstmalig Richtlinien für die Bildqualität angeführt, ebenso für die Leuchtdichte, die Helligkeit, die Schärfe oder auch den Kontrast, was für Flachbildschirme (LCD) ebenfalls spezifiziert wird.

Die elektomagnetische Verträglichkeit (EMV) spielt außerdem eine Rolle, damit sich nicht etwa Störungen von Leuchtstofflampen bemerkbar machen können. Vor einem neben dem Monitor plazierten Handy, welches gerade einen Ruf empfängt, kann der Monitor meistens jedoch nicht geschützt werden.

Bereits die TCO-95 hat Stoffe wie etwa Kadmium und auch Quecksilber in den Monitorbestandteilen verboten, und sie geht noch weiter und verbannt nun auch FCKW und chlorierte Lösungsmittel.

Zur Übersicht der sich hinter den Empfehlungen verbergenden Daten in Bezug auf die Strahlung der Monitore sind im Folgenden die wichtigsten Werte laut MPR-II und TCO angegeben, wobei diese Werte von TCO-92 bis hin zu TCO-99 nicht verschärft worden sind.

Strahlungsarmer Monitor (nach MPR-II und TCO)

···⟩ Der Messabstand beträgt laut MPR-II 50 cm und laut TCO 30 cm.

···⟩ Das elektromagnetische Wechselfeld darf im Frequenzbereich von 5 Hz bis 2 kHz nicht mehr als 250 nT (nano Tesla) und im Bereich von 2 kHz bis 400 KHz nicht mehr als 25 nT betragen. Laut TCO darf das Wechselfeld im Frequenzbereich von 5 Hz bis 2 kHz nicht mehr als 200 nT betragen.

···⟩ Das elektrische Wechselfeld darf im Frequenzbereich von 5 Hz bis 2 kHz nicht mehr als 25 V/m (Volt pro Meter) und im Bereich von 2 kHz bis 400 kHz nicht mehr als 2,5 V/m betragen. Die entsprechenden Werte laut TCO sind hingegen 10 V/m sowie 1 V/m.

···⟩ Das elektrostatische Feld (Oberflächenpotential) darf für beide Empfehlungen nicht größer sein als ±500 V/m (Volt pro Meter).

···⟩ Die Röntgenstrahlung darf für beide Empfehlungen nicht mehr als 5.000 nGy/h (nano Gray pro Stunde) betragen.

Die Wissenschaft ist sich zwar immer noch nicht einig, ob die von einen Monitor ausgehende Strahlung nun Gesundheitsschäden hervorruft oder nicht, aber es ist sicherlich sinnvoller, potentielle Risiken von vornherein auszuschließen, als langwierige Untersuchungen abzuwarten.

Ein strahlungsarmer Monitor ist gegen das elektrische und das elektromagnetische Wechselfeld meist durch Bleche nach außen hin abgeschirmt, und/oder es werden höherwertige Transformatoren und Ablenkspulen verwendet. Diese Felder können sich beispielsweise durch Störungen in einem Radio bemerkbar machen.

Die Elektronen werden im Monitor beschleunigt, damit sie die Oberfläche des Bildschirms zum Leuchten bringen. Dabei entstehen elektrostatische Aufladungen, ein Phänomen, welches wohl schon jeder an einem Fernseher bemerkt hat, wenn er einmal mit der Hand an der Bildschirmoberfläche entlang gefahren ist.

Hat man einen stark »knisternden« Monitor, wird man feststellen, dass die Bildschirmoberfläche sehr schnell verschmutzt. Das liegt daran, dass durch die Luft schwebende Staub- und Schmutzteilchen von ihm angezogen oder abgestoßen werden, je nachdem, wie die Teilchen geladen sind. Die Hersteller versehen die Bildschirmoberfläche mit einer leitenden Schicht, die mit dem Schutzleiter (Erde) verbunden wird, um die elektrostatische Aufladung zu reduzieren.

Die Röntgenstrahlung entsteht in einem Monitor, wenn der Elektronenstrahl abgebremst wird. Die bei den heute üblichen Monitoren entstehende Röntgenstrahlung ist meist weit geringer als der empfohlene Wert und oft nicht einmal mehr messbar.

Wie zahlreiche Tests an Monitoren gezeigt haben, kommt es durchaus vor, dass es die Hersteller mit den Empfehlungen nicht sehr genau nehmen und ein entsprechendes Logo an einem Monitor angebracht wird, obwohl er eben nicht den zugrunde liegenden Daten entspricht – es sind eben nur Empfehlungen und keine verbindlichen Standards oder Richtlinien.

Bild 1.47: *Das TCO-99-Logo kann Monitore, Tastaturen, Systemeinheiten und auch Drucker sowie Fotokopierer kennzeichnen, die nach den strengsten Anforderungen an Strahlungsarmut, allgemeine Umweltverträglichkeit und Ergonomie hergestellt wurden*

Aufgrund des messtechnischen Aufwands sind die Strahlungsmessungen nur von einigen speziellen Labors durchführbar und auch nicht immer so ohne Weiteres untereinander vergleichbar. Der Computerkäufer kann natürlich nicht erkennen, ob die Empfehlung vom Hersteller wirklich erfüllt wird oder nicht, und sollte sich daher vor einem Kauf die regelmäßig durchgeführten Tests zu diesem Thema in den verschiedenen Computerzeitschriften zu Gemüte führen.

Das Einzige, was man selbst feststellen kann, ist die elektrostatische Aufladung an der Bildschirmoberfläche, die sich nicht durch ein Knistern beim Berühren der Bildschirmoberfläche bemerkbar machen sollte. Dies ist jedoch keineswegs ein eindeutiges Indiz für einen strahlungsarmen Monitor.

Der TÜV-Rheinland hat ebenfalls einen Anforderungskatalog (ECO) für Monitore entworfen, und eine EU-Bildschirmrichtlinie gibt es auch, die (bisher) jedoch nicht als werbewirksames Argument für Monitore verwendet wird, vielleicht weil sie sich als recht »gewaltiges Werk« darstellt. In Schweden dürfen an behördlichen Arbeitsplätzen übrigens ausschließlich strahlungsarme und umweltverträgliche Monitore laut TCO verwendet werden.

1.6.11 Die Stromsparmodi der Monitore

Anstatt irgendwelche Bildschirmschonerprogramme laufen zu lassen, die zwar ganz nett anzusehen sind, aber unter Umständen sogar die Festplatte bemühen, damit die Animationen nachgeladen werden können, ist es besser, den Monitor bei Nichtbenutzung einfach abzuschalten. Da der Monitor eines PC ein besonders hoher Stromverbraucher ist, ist hier auch der richtige Ansatzpunkt, um wertvolle Energie zu sparen. Dabei gilt generell: Je größer der Bildschirm ist, desto größer ist der Stromspareffekt, der durch einen »Hardwarebildschirmschoner« erreicht werden kann.

Interessant ist in diesem Zusammenhang, welchen Einfluss das Abschalten des Monitors auf seine Lebensdauer hat. Eine IBM-Studie kam zu dem Ergebnis, dass eine Stunde Brenndauer der Bildröhre etwa dem viermaligen Ein- und Ausschalten des Monitors entspricht. Daraus kann man demnach schließen: Bei einer mehr als viertelstündigen Arbeitspause *schont* man den Monitor, wenn man ihn abschaltet.

Energiesparschaltungen sind in Monitoren mittlerweile Standard. Auch hierfür gibt es wieder eine schwedische Richtlinie, und zwar diesmal von der NUTEK, was für *Swedish National Board for Industrial and Technical Development* steht. Eine amerikanische Initiative nennt sich Energy-Star, und das dazugehörige Logo wird man nach dem Einschalten des PC oftmals als BIOS-Meldung erkennen können.

Allerdings bezieht sich Energy-Star nicht direkt auf den Monitor, sondern zunächst auf PC-interne Energiesparmaßnahmen wie das Herunterschalten der CPU oder die Abschaltung der Festplatte bei zeitweiliger Nichtbenutzung.

Im Monitor selbst kann man vielfach zwischen dem NUTEK und dem VESA DPMS umschalten. Die VESA hat das **D**isplay **P**ower **M**anagement **S**ignaling definiert, welches die Stufen *On*, *Standby*, *Suspend* und *Off* kennt. Auf dem PC ist der DPMS-Modus im Betriebssystem explizit festzulegen, damit der Monitor hierauf entsprechend reagieren kann. Dabei ist zu beachten, dass der Monitor ebenfalls DPMS-kompatibel sein muss, denn er könnte durch die von der Grafikkarte gelieferten, gepulsten Signale zur Steuerung der Monitorenergiesparmaßnahme ernsthaft beschädigt werden.

Die beiden Stromsparmodi der NUTEK und der VESA (DPMS) sind nicht identisch. Bei der Konfigurierung eines Grafiksystems muss beachtet werden, welcher Modus vom Monitor unterstützt wird. Monitore, die keinen Stromsparmodus kennen, können durch die Einschaltung eines Stromsparmodus beschädigt werden.

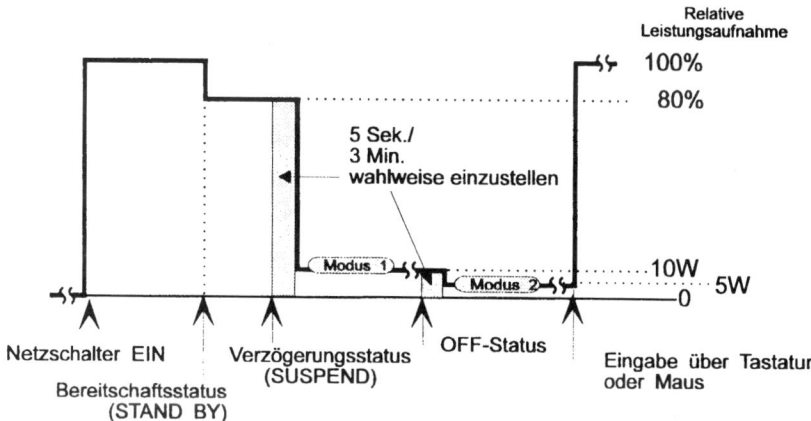

Bild 1.48: Die einzelnen Stufen der Energiesparverfahren nach VESA-DPMS

Der NUTEK-Energiesparmodus funktioniert demgegenüber leicht abgewandelt und kennt keine Standby-Stufe. Werden jedoch die Abschaltzeiten entsprechend der jeweiligen (individuellen) Arbeitsweise einstellt, ergeben sich zwischen beiden Energiesparmodi keine relevanten Unterschiede. Der NUTEK-Modus ist weniger im PC-Bereich, sondern eher bei Apple-Macintosh-Rechnern üblich und setzt für die Aktivierung eine Blank-Screen voraus, es darf also kein bewegter Bildschirmschoner festgelegt werden.

1.6.12 Monitor Plug&Play

Die VESA hat den DDC (**D**isplay **D**ata **C**hannel), einen Kommunikationsweg zwischen Grafikkarte und Monitor definiert, um dem Monitor Plug&Play-Fähigkeiten zu verleihen. Ein DDC-Monitor kann der Grafikkarte seine Daten mitteilen und die Konfiguration des Grafiksystems dadurch vereinfachen.

Es existieren mehrere DDC-Varianten, wobei DCC1 die einfachste Ausführung darstellt, da hierfür kein zusätzliches Kabel benötigt wird. Es werden die Anschlüsse des Standard-VGA-Anschlusses (vgl. Kapitel *VGA-Anschluss*) verwendet.

Der Monitor sendet ununterbrochen 128-Kbyte-Datenblöcke (EDID, Extended Display Identification), wobei die vertikale Synchronisation als Taktsignal fungiert. Es findet nur eine unidirektionale Kommunikation zur Identifizierung des Monitors statt, damit eine passende Auflösung gewählt werden kann. Für DDC1 sind lediglich ein entsprechender Monitor und ein Treiberprogramm (VBE) notwendig, welches unter Windows 95 Bestandteil eines DDC-fähigen Monitortreibers ist. Unter den *Standardbildschirmtypen* findet man beispielsweise den DDC-Universaltreiber *Plug&Play-Bildschirm (VESA DDC)*.

DDC2 arbeitet in zwei Richtungen (bidirektional) und verwendet hierfür einen speziellen Bus – den Access-Bus –, der im Prinzip dem I²C-Bus der Firma Philips entspricht. Der I²C-Bus ist in fast jedem CD-Player oder auch Fernseher zu finden und wird für die interne Kommunikation der einzelnen Schaltungseinheiten verwendet. Der Access-Bus – quasi die externe Variante des I²C-Bus – ist jedoch nicht allein für Monitore, sondern auch für eine Maus, einen Joystick und andere Peripherie vorgesehen. DDC2 hat sich jedoch kaum in marktreifen Produkten niedergeschlagen, und stattdessen wird der USB (vergl. Kapitel *Universal Serial Bus*) hierfür verwendet.

Daneben existiert eine ganze Reihe von Monitoren, wie beispielsweise der Diamond Pro 21 T der Firma Mitsubishi, der sich mit Hilfe der RS232-Schnittstelle konfigurieren lässt, was jedoch nichts mit dem *Display Data Channel* zu tun hat, da es sich hier um eine herstellerspezifische Lösung handelt, und davon gibt es eine ganze Reihe, so dass für derartige Monitore immer ein spezieller Treiber für das jeweilige Betriebssystem zur Verfügung stehen muss.

1.7 Die Grafikkarten

Ein Monitor benötigt immer eine Grafikkarte, um die vom Mainboard gesendeten Signale in digitale oder analoge Signale – je nach Typ – umzusetzen, welche der Monitor dann weiterverarbeiten kann. Bei einigen PC-Typen befindet sich die Grafikkartenschaltung auch gleich mit auf dem Mainboard, wie es oftmals bei den preiswerten Kompaktmodellen (z.B. Compaq Presario) der Fall ist. Vom Standpunkt der universellen Verwendbarkeit, Erweiterbarkeit und dem Treibersupport her ist von diesen Modellen jedoch eher abzuraten.

Entspricht die vorhandene Grafik nicht mehr den Ansprüchen, kann die Grafikschaltung auf dem Mainboard nicht immer einfach (per Jumper oder auch automatisch) abgeschaltet und durch eine konventionelle Grafikkarte ersetzt werden. Vielfach ist bei derartigen PC-Sparmodellen noch nicht einmal ein konventioneller Slot (ISA, PCI) vorhanden, der überhaupt eine Grafik- oder auch andere Karte aufnehmen könnte. Außerdem lässt sich der Grafikspeicher meist nicht erweitern, und auch die Beschaffung von aktualisierten Grafikkartentreibern ist weit schwieriger als bei einem Grafikkartenhersteller, der aktuelle Updates üblicherweise im Internet zur Verfügung stellt.

Ein Bildspeicher, auch Grafikspeicher genannt, wird für jede heute übliche Grafikkarte benötigt, denn, vereinfacht dargestellt, sorgt er dafür, dass das Bild überhaupt als stehend empfunden werden kann. Auch wenn man es nicht bemerkt, wird das Bild laufend auf den Bildschirm geschrieben, mindestens 50-mal in der Sekunde. Ein ruhiges Bild ergibt sich erst mit 75 Hz, wie es mit den VGA-Karten und den entsprechenden Monitoren erreicht wird.

Der Bildspeicher wird wie jeder andere Speicher des PC adressiert und enthält das aktuelle Monitorbild als digitale Abbildung. Auf den Grafikkarten befindet sich ein spezieller Chip – der Grafikcontroller –, der über I/O-Adressen angesprochen wird und spezielle Register für die Bildsteuerung besitzt. Dem Grafikcontroller ist bei allen Karten ab dem VGA-Typ aufwärts ein DAC (**D**igital **A**nalog **C**onverter) nachgeschaltet, der die digitale Information in analoge für die Ansteuerung des Monitors umsetzt.

▓ 1.7.1 Grafikkartentypen im Überblick

Im Laufe der Zeit ist für den PC eine ganze Reihe von verschiedenen Karten zur Bildwiedergabe entwickelt worden, die in der Tabelle angegeben sind. Obwohl sie gar nicht alle grafikfähig sind, wird für die folgenden Erläuterungen dennoch immer von einer Grafikkarte die Rede sein, um zu kennzeichnen, dass diese Einheit den Monitor ansteuert.

Diese beiden Komponenten – Grafikkarte plus Monitor – sind gewissermaßen als Einheit (als Grafiksystem) zu betrachten, und die Daten müssen jeweils aneinander angepasst sein, was andernfalls durchaus Beschädigungen an beiden Komponenten nach sich ziehen kann. Heute übliche Grafikkarten werden oftmals pauschal als VGA-Grafikkarten bezeichnet, was für sich allein genommen kaum etwas performance-relevantes besagt, wie es noch genau erläutert wird.

Typ	Bezeichnung	maximale Auflösung	Bussysteme	typischer max. Bildspeicher	Anschluss
MDA	Monochrome Display Adapter	25 Zeilen x 80 Zeichen	8-Bit-PC	4 Kbyte	DSUB-9
CGA	Color Graphic Adapter	640 x 200 Pixel (2 Farben) 320 x 200 Pixel (4 Farben)	8-Bit-PC	16 Kbyte	DSUB-9, BAS
HGC	Hercules Graphic Card	720 x 348 Pixel (2 Farben)	8-Bit-PC	64 Kbyte	DSUB-9
AGA	Advanced Graphics Adapter	640 x 200 Pixel (16 Farben)	8-Bit-PC	64 Kbyte	DSUB-9
PGA	Professional Graphics Adapter	640 x 480 Pixel (256 Farben)	16-Bit-ISA, MCA	512 Kbyte	DSUB-15 (analog)
MCGA	Multi Color Graphics Adapter	320 x 200 Pixel (256 Farben)	MCA	256 Kbyte	DSUB-15 (analog)
EGA	Enhanced Graphic Adapter	640 x 350 Pixel (16 Farben)	8-Bit-PC, 16-Bit-ISA	256 Kbyte	DSUB-9, Feature-Connector
XGA	Extended Graphic Array	1024 x 768 Pixel (256 Farben)	MCA, 16-Bit-ISA	1 Mbyte	DSUB-15 (analog)
8514	IBM-Standard	1024 x 768 Pixel (256 Farben)	MCA, 16-Bit-ISA	1 Mbyte	DSUB-15 (analog)
VGA	Video Graphics Array	640 x 480 Pixel (256 Farben)	8-Bit-PC, 16-Bit-ISA, MCA, EISA, VLB	1 Mbyte	DSUB-15 (analog), BNC, Feature-Connector

Tabelle 1.8: Die Daten der verschiedenen traditionellen Grafikkarten

1.7.2 Die VGA-Karte

Für die *IBM Personal System 2 Computer* (PS/2) nach der *Micro Channel Architecture* (MCA) wurde eine neue Grafikkarte eingeführt, die alle anderen vorherigen Grafikauflösungen emulieren kann. *VGA* steht dabei für **V**ideo **G**raphics **A**rray und bezeichnet ein Gate-Array – einen kundenspezifischen Baustein –, der speziell für die Grafikanwendung entwickelt wurde und eine Reihe einzelner Bausteine ersetzt. VGA-Karten wurden alsbald auch mit ISA-Bus-Anschluss entwickelt, was sich jahrelang als Standard bewiesen hat.

In der obigen Tabelle sind die Daten für den ursprünglichen VGA-Standard angegeben, und tatsächlich sind die für heutige Verhältnisse geradezu »schwachen« Daten die des vielfach zitierten VGA-Standards, der somit für sich allein kaum mehr aussagefähig ist und keine 2D- und erst recht keine 3D-Beschleunigerfunktionen besitzt, wie sie heute allgemein üblich sind.

Alles, was darüber hinaus geht (höhere Auflösungen, mehr Farben), entspricht im Grunde nicht mehr VGA, und es hat hier Modelle laut *XGA*, *8514*, *Super-VGA* oder *VGA-Deluxe* gegeben, wobei es sich um zahlreiche verschiedene herstellerspezifische Realisierungen handelt, die dementsprechend mit unterschiedlicher Hardware, BIOS-Unterstützungen, Performance-Daten, Treibern und Programmierschnittstellen einhergehen.

Das VESA-Konsortium (**V**ideo **E**lectronics **S**tandard **A**ssociation) hat erst Jahre später die verbindlichen VESA-Modi (siehe Kapitel *VESA-Modi*) definiert, die einen allgemeinen Standard für alles, was eben über das *alte* VGA hinausgeht, darstellen. Hier sind – je nach Modus – die Anzahl der Farben, die Zeichen- und Pixelgröße sowie auch die Horizontal- und Vertikalfrequenzen (Bildwiederholfrequenzen) festgelegt. Diese Modi haben prinzipiell aber nichts mit dem VESA-Local-Bus (VLB) zu tun, der *nur* eine 32-Bit-Buserweiterung des ISA-Bus darstellt und praktisch der Vorläufer von PCI ist.

Das Besondere der VGA-Karte ist, dass sie den Monitor nicht wie die Vorläufer mit digitalen Signalen ansteuert, sondern mit analogen. In der Tabelle sind weitere Typen angegeben, die ebenfalls mit analogen Ausgangssignalen arbeiten, nach Standard-VGA auf den Markt kamen und heute im Grunde ausgestorben sind.

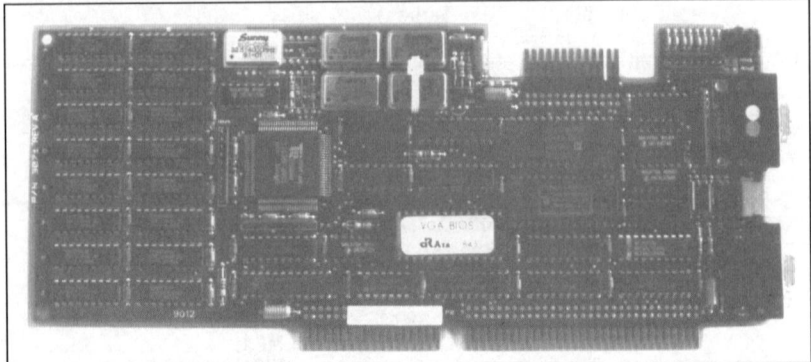

Bild 1.49: Eine (alte) traditionelle VGA-Karte mit 512 Kbyte Speicher, der in zwei Bänken mit jeweils 256 Kbyte ausgeführt ist

Der Grund für diese analoge Signalübergabe ist die auf diese Art und Weise erheblich verbesserte Darstellung der Farbinformation. Ein Monitor mit digitalem Eingang, wie es bis EGA üblich ist, kann jedoch nichts mit den analogen Signalen von VGA anfangen, was dementsprechend auch für die umgekehrte Konfiguration gilt. Sowohl der Monitor als auch die Grafikkarte können Schaden nehmen, wenn hier falsche Kombinationen hergestellt werden.

Die Farben werden auf einer alten VGA-Karte von einem Digital/Analog-Wandler – auch als *Digital Analog Converter* bezeichnet, DAC – in 64 verschiedene Stufen für jeweils Rot, Grün und Blau umgesetzt. Damit sind theoretisch $64^3 = 262.144$ Farben möglich. Natürlich muss der Monitor für die analogen Eingangssignale vorgesehen sein. Wird kein VGA-Farbmonitor verwendet, sondern ein VGA-Schwarzweißmonitor, werden die Farben über eine Formel im BIOS so verändert, dass auf dem Monitor 64 verschiedene Graustufen entstehen. Der Monitor darf also nicht vom einfachen Typ *monochrom* sein, sondern muss explizit *Graustufen* unterstützen.

Auf den VGA-Karten befindet sich wie beim Vorläufer – der EGA-Karte – ein Speicherbaustein, der das BIOS der VGA-Karte enthält, welches die Registerkompatibilität mit EGA wahrt. Das BIOS beginnt ebenfalls bei C0000h und reicht jedoch bis zur Adresse C7FFFh.

Parameter	Daten
Zeichenmatrix	9 x 16 Pixel im VGA-Modus
Speichergröße	typisch 256 Kbyte – 1 Mbyte
Adressbereich	A0000h-BFFFFh
Grafik-BIOS	C0000h-C7FFFh

Tabelle 1.9: Die Daten der VGA-Karte

Der Bildspeicher beginnt ebenfalls ab A0000h. Der kleinste VGA-Bildspeicher ist 256 Kbyte groß und belegt damit den gleichen Bereich wie eine EGA-Karte. Es gibt darüber hinaus auch Standard-VGA-Karten mit 512 Kbyte und 1 Mbyte Speicher. Da für den Speicher der Grafikkarten im PC aber lediglich der Bereich von A0000h bis BFFFFh (128 Kbyte) zur Verfügung steht, wird der Speicher der Grafikkarte in diesen Bereich eingeblendet. Dies geht nach einem ähnlichen Verfahren vonstatten wie die Einblendung des Expanded-Memory in den Adressbereich des PC. Der Grafikspeicher wird »scheibchenweise« in das 128 Kbyte große Fenster eingeblendet.

Text-Modi

Punktauflösung	Textauflösung	Farben	Modus
320 x 200	40 x 25	2	CGA
320 x 200	40 x 25	16	CGA
640 x 200	80 x 25	2	CGA
640 x 200	80 x 25	16	CGA
720 x 348	80 x 25	2	HGC, MDA

Fortsetzung der Tabelle:

Grafikmodi

Punktauflösung	Textauflösung	Farben	Modus
320 x 200	40 x 25	2	CGA
320 x 200	40 x 25	4	CGA
640 x 200	80 x 25	2	CGA
320 x 200	40 x 25	16	EGA
640 x 200	80 x 25	16	EGA
640 x 350	80 x 25	2	EGA
640 x 350	80 x 25	16 aus 64	EGA
320 x 200	80 x 25	256	VGA
640 x 480	80 x 25	2 aus 16	VGA
640 x 480	80 x 25	16 aus 256	VGA
640 x 480	80 x 25	256 aus 64k	VGA

Tabelle 1.10: Die Auflösungen der VGA-Karte

Im Grafikmodus sind 256 Farben gleichzeitig darstellbar, mit einer Auflösung von 640 x 480 Bildpunkten. Der Speicher der VGA-Karte muss dann aber mindestens 512 Kbyte groß sein. Mit der Mindestausstattung von 256 Kbyte sind 640 x 480 Bildpunkte in 16 Farben möglich. Im Textmodus besteht ein Zeichen aus einer Matrix von 9 x 16 Bildpunkten. Die meisten VGA-Karten können jedoch noch weit mehr. Höhere Auflösungen wie 800 x 600 Punkte oder 1024 x 786 werden auch als *Super-VGA*, *VGA-Deluxe* oder ähnlich bezeichnet, wie es auch weiter oben im Text erläutert ist, und erst mit den VESA-Modi ist hier eine allgemein gültige Erweiterung geschaffen worden. Wichtig ist dabei, dass der angeschlossene Monitor die höheren Auflösungen auch noch verarbeiten kann und für das verwendete Programm ein entsprechender Softwaretreiber zur Karte mitgeliefert wird, denn DOS unterstützt ohne Treiber automatisch nur Standard-VGA.

1.7.3 Der VGA-Anschluss

Der VGA-Connector ist der übliche für den Anschluss eines Monitors; er ist als 15-polige DSUB-Buchse ausgeführt. Davon gibt es zwei Varianten. Bei PCs ist der Anschluss Mini-DSUB üblich, während bei Apple-Macintosh-Computern beispielsweise der größere gebräuchlich ist.

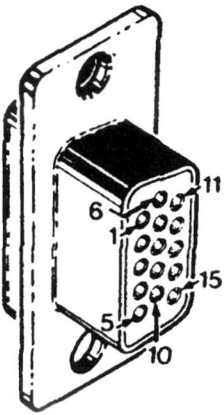

Bild 1.50: *Für VGA-Karten kommt standardmäßig eine 15-polige DSUB-Buchse zum Einsatz*

Die Signalbelegung ist bei beiden Varianten unterschiedlich, und wenn das entsprechende Verbindungskabel mitgeliefert wird – wie es bei einem Monitor immer der Fall sein sollte –, spielt es keine Rolle, welcher der beiden Anschlüsse zum Einsatz kommt, denn auf der Seite zur Grafikkarte hin ist immer Mini-DSUB 15 vorgesehen, und das Kabel ist hierfür entsprechend verdrahtet, wenn es für den PC bestimmt ist.

Kontakt Nr.	Signalbezeichnung
1	Rot
2	Grün
3	Blau
4	Monitor-Identifikations-Bit 2
5	Digitale Masse, DDC1-Return
6	Rot-Masse
7	Grün-Masse

Fortsetzung der Tabelle:

Kontakt Nr.	Signalbezeichnung
8	Blau-Masse
9	Nicht belegt, DDC1 (5V)
10	Synchronisations-Masse (digital)
11	Monitor-Identifikations-Bit 0
12	Monitor-Identifikations-Bit 1, DDC1-Signal
13	Horizontale Synchronisation
14	Vertikale Synchronisation
15	Monitor-Identifikations-Bit 3, DDC1-Signal

Tabelle 1.11: *Die Signale der VGA-Karte. Der 9-polige VGA-Anschluss besitzt keine Monitor-Identifikationsleitungen. Für DDC1 (Monitor Plug&Play) sind einige Signale umfunktioniert worden*

15-9pol-VGA-Adapter

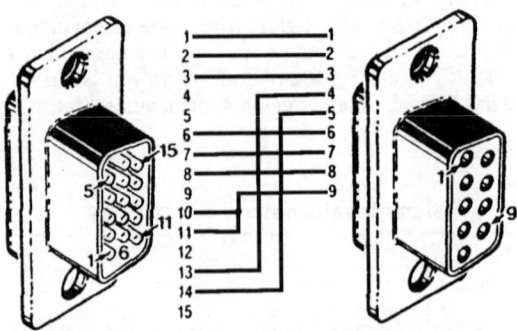

Bild 1.51: *Eine Adapterverbindung von 15-polig- auf 9-polig-VGA*

Nur in der Übergangszeit von EGA zu VGA gab es auch einen 9-poligen DSUB-Anschluss für VGA, was zahlreiche Probleme zur Folge hatte, da dies eine Verwechslungsgefahr mit dem digitalen EGA-Anschluss ergibt. Ältere Grafikkarten besitzen sogar beide Anschlussvarianten, wobei der 9-polige dann für den (digitalen) EGA- und der 15-polige für den (analogen) VGA-Modus vorgesehen ist. Über DIP-Schalter wird dann der jeweilige Grafikmodus festgelegt, was entweder die Aktivierung der Signale für die EGA- oder die VGA-Buchse zur Folge hat.

1.7.4 VESA-Modi

Zahlreiche Hersteller haben Grafikkarten mit höheren Auflösungen und mehr möglichen Farben, als Standard-VGA sie bietet, auf den Markt gebracht, welche auch als SuperVGA (SVGA, 800x600 Pixel) oder VGA-Deluxe oder ähnlich bezeichnet werden, wie es in den vorigen Kapiteln erläutert wurde.

Eine fehlende Standardisierung der unterschiedlichen Grafikkarten, die mehr als VGA bieten, führte zu einem Treiberwirrwarr, welches erst durch das VESA-Konsortium (**V**ideo **E**lectronics **S**tandard **A**ssociation) entschärft wurde. Diese Vereinigung von Firmen, die Hard- und Software für Grafik- und Videosysteme herstellt, definierte eine einheitliche BIOS-Schnittstelle, regelte die Frage, wie der RAM-Speicher der Grafikkarten anzusprechen ist, und hat die zu verwendenden Synchronisationsfrequenzen spezifiziert. Es ist daher ratsam, bei Auflösungen größer als Standard-VGA generell darauf zu achten, dass der Monitor und die Grafikkarte über möglichst viele gemeinsam nutzbare VESA-Modi verfügen. Vielfach stellt einer der VESA-Modes die einzige Kombination dar, die automatisch von beiden Komponenten des Grafiksystems (Grafikkarte + Monitor) erkannt und verwendet werden kann.

Je nach Grafikkartentyp stehen die VESA-Modi (siehe folgende Tabelle) direkt durch das Grafik-BIOS zur Verfügung, oder es muss vor der Ausführung eines Programms ein speicherresidenter Treiber, der dementsprechend VESA-Betriebsarten verwendet, geladen werden.

VESA-Modus	Farben	Zeichen x Zeile	Pixel	Zeichen-größe	Horizontal Frequenz	Vertikal Frequenz
10A (54h)	16/256	132 x 43	1056 x 350	8 x 8	31,5 kHz	70 Hz
109 (55h)	16/256	132 x 25	1056 x 350	8 x 14	31,5 kHz	70 Hz
102 (58h)	16/256	100 x 37	800 x 600	8 x 16	35,2 kHz	56 Hz
102 (58h)	16/256	100 x 37	800 x 600	8 x 16	37,8 kHz	60 Hz
102 (58h)	16/256	100 x 37	800 x 600	8 x 16	48,1 kHz	72 Hz
103 (5Ch)	256/256	100 x 37	800 x 600	8 x 16	35,2 kHz	56 Hz
103 (5Ch)	256/256	100 x 37	800 x 600	8 x 16	37,9 kHz	60 Hz
103 (5Ch)	256/256	100 x 37	800 x 600	8 x 16	48,1 kHz	72 Hz
104 (5Dh)	16/256	128 x 48	1024 x 768	8 x 16	35,5 kHz	87 Hz (i)
104 (5Dh)	16/256	128 x 48	1024 x 768	8 x 16	48,3 kHz	60 Hz
104 (5Dh)	16/256	128 x 48	1024 x 768	8 x 16	56 kHz	70 Hz

Fortsetzung der Tabelle:

VESA-Modus	Farben	Zeichen x Zeile	Pixel	Zeichen-größe Frequenz	Hori-zontal	Vertikal Frequenz
104 (5Dh)	16/256	128 x 48	1024 x 768	8 x 16	58 kHz	72 Hz
101 (5Fh)	256/256	80 x 30	640 x 480	8 x 16	31,5 kHz	60 Hz
101 (5Fh)	256/256	80 x 30	640 x 480	8 x 16	37,9 kHz	72 Hz
105 (60h)	256/256	128 x 48	1024 x 768	8 x 16	35,5 kHz	87 Hz (i)
105 (60h)	256/256	128 x 48	1024 x 768	8 x 16	48,3 kHz	60 Hz
105 (60h)	256/256	128 x 48	1024 x 768	8 x 16	56 kHz	70 Hz
105 (60h)	256/256	128 x 48	1024 x 768	8 x 16	58 kHz	72 Hz
111 (64h)	64k/64k		640 x 480		31,5 kHz	60 Hz
111 (64h)	64k/64k		640 x 480		37,9 kHz	72 Hz
114 (65h)	64k/64k		800 x 600		35,2 kHz	56 Hz
114 (65h)	64k/64k		800 x 600		37,8 kHz	60 Hz
110 (66h)	32k/32k		640 x 480		31,5 kHz	60 Hz
110 (66h)	32k/32k		640 x 480		37,9 kHz	72 Hz
113 (67h)	32k/32k		800 x 600		31,5 kHz	56 Hz
102 (6Ah)	16/256	100 x 37	800 x 600	8 x 16	35,2 kHz	56 Hz
102 (6Ah)	16/256	100 x 37	800 x 600	8 x 16	37,8 kHz	60 Hz
102 (6Ah)	16/256	100 x 37	800 x 600	8 x 16	48,1 kHz	72 Hz
106 (6Ch)	16/256		1280 x 1024		48 kHz	87 Hz (i)
107 (6Dh)	256/256		1280 x 1024		48 kHz	87 Hz (i)
10E (6Fh)	64k/64k		320 x 200		31,5 kHz	70 Hz
10F (70h)	16M/16M		320 x 200		31,5 kHz	70 Hz
112 (71h)	16M/16M		640 x 480		31,5 kHz	60 Hz
117 (74h)	64k/64k		1024 x 768		35,5 kHz	87 Hz (i)

Tabelle 1.12: Einige der gebräuchlichsten Standard- und Extended-VESA-Modi (»i« steht für Interlaced)

1.7.5 2D-Grafikkarten

Für die meisten DOS-Anwendungen – außer für einige Spiele – liefern VGA-Karten eine angemessene Grafikleistung zu einem günstigen Preis. Ihre Auflösung und die Geschwindigkeit des Bildaufbaus sind in der Regel ausreichend.

Windows stellt hingegen wesentlich höhere Anforderungen an die Grafikfähigkeiten eines PC. Bei jedem Öffnen eines Windows-Fensters oder der Anwahl eines Pull-down-Menüs muss die Grafikinformation von der CPU des PC neu aufgebaut werden. Wird beispielsweise ein Bildausschnitt, bestehend aus 100 x 100 Pixeln – und dies ist noch wenig –, aufgebaut, sind 10.000 Bildpunkte zu manipulieren. Wird das Bild auf der Windows-Oberfläche verschoben, sind dementsprechend 20.000 Pixel zu bearbeiten, d.h. zu löschen und in die neue Position zu bringen. Dies soll natürlich möglichst schnell erfolgen, damit der Arbeitsfluss des Users nicht durch nervenaufreibende Bildaufbauwartezeiten gehemmt wird.

Bild 1.52: Eine der ersten Grafikkarten mit 2D-Beschleuniger von S3

Seit dem Jahre 1992 sind daher so genannte *Windows-Accelerator-Karten* (Windows-Beschleuniger) auf dem Markt, deren Prinzip von der bis dahin eher unbekannten Firma *S3 Incorporated* entwickelt wurde, mittlerweile als Standard gilt und heute von jeder PC-Grafikkarte praktiziert wird. Anstelle etwa eines eigenen Grafikprozessors mit Programmspeicher wird ein *Beschleunigerchip* verwendet, der die am häufigsten von Windows verwendeten Grafikfunktionen quasi in Hardware implementiert enthält.

Typische Funktionen von 2D-Acceleratorchips:

⋯❯ **BitBlt: Bit-Blit**
Verschieben von Fensterinhalten (Pixelblöcken). Die BitBlt-Funktion nimmt ein Rechteck auf, verschiebt es und füllt es selbständig wieder mit dem ursprünglichen Pixelinhalt.

⋯❯ **Hardware-Cursor**
Die Cursorbewegung und die Darstellung des Mauszeigers werden mit dem Beschleunigerchip ausgeführt. Lediglich die Mauskoordinaten werden von der CPU übergeben.

····> **Line Drawing**
Zeichnen von Linien. Es werden lediglich die Anfangs- und die Endkoordinate von der CPU geliefert.

····> **Circle Drawing**
Zeichnen von Kreisen. Es werden der Kreismittelpunkt und der Radius von der CPU geliefert.

····> **Polygon Fill**
Füllen von Polygonen. Ein Vieleck wird vom Beschleunigerchip mit Pixelinformationen gefüllt.

Die 2D-Beschleunigerkarten sind VGA-kompatibel. Das bedeutet, dass sie sich nach dem Einschalten des PC erst einmal wie eine »normale« VGA-Karte verhalten. Einige (ältere) Beschleunigerkarten benötigen auch unter DOS einen Softwaretreiber zur Aktivierung der Beschleunigerfunktion, während dies bei anderen automatisch während des POST (**P**ower **O**n **S**elf **T**est) vom BIOS her geschieht. Die Leistungsfähigkeit einer Beschleunigerkarte zeigt sich also erst bei der Verwendung von grafikintensiven Programmen, und jede heute erhältliche Grafikkarte verwendet das Prinzip der Grafikbeschleunigung auch für 3D-Funktionen.

1.7.6 Aufbau von Grafikkarten

Die Ausgangssignale einer Accelerator-Karte, wozu alle heutigen Grafikkarten zu rechnen sind, und die Belegung der Anschlussbuchse für den Monitor entsprechen denen einer VGA-Karte (Bild 1.50).

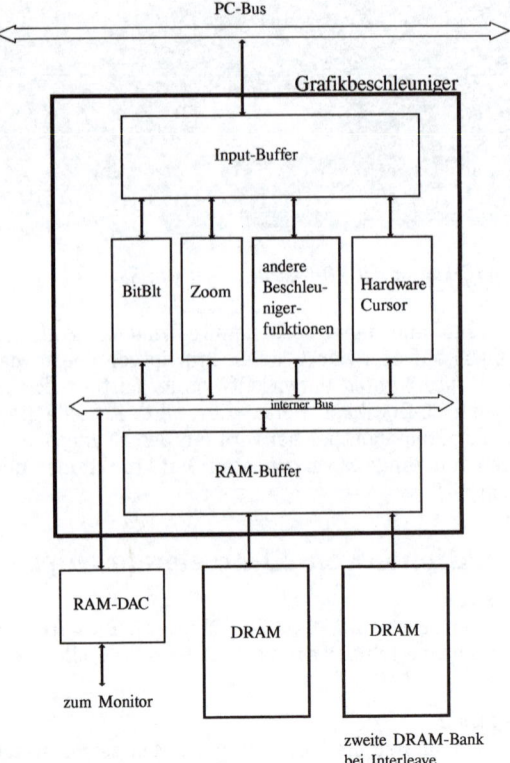

Bild 1.53: Der prinzipielle Aufbau einer Beschleunigerkarte mit DRAMs. Die zweite DRAM-Bank wird nur bei Grafikkarten verwendet, die mit Memory-Interleaving arbeiten

Neben dem eigentlichen Acceleratorchip befindet sich auf einer Beschleunigerkarte, wie auch auf einer Standard-VGA-Karte, ein D/A-Wandler (RAMDAC), der die digitale Information in die RGB-Werte (Rot, Grün, Blau) für den angeschlossenen Monitor umsetzt. Des Weiteren sind noch Chips für die Adressendekodierung nötig und natürlich ein RAM für die Grafikdaten. Für dieses RAM werden auf einer Standard-VGA-Karte »normale« dynamische RAMs (DRAMs) verwendet.

Ein DRAM verfügt über einen einzigen Datenport zur Kommunikation mit der CPU und dem RAMDAC. Das heißt, dass entweder Daten vom Bus empfangen oder Daten zum RAMDAC ausgegeben werden. Der Grafikchip sorgt dabei für die Umschaltung der »Datenwege«, wodurch die Geschwindigkeit der Grafikausgabe beeinflusst wird.

Auf Grafikkarten sind auch VRAMs (Video RAMs) gebräuchlich, die prinzipiell einen schnelleren Datentransfer als DRAMs ermöglichen. VRAMs enthalten einen DRAM-Kern, der genauso wie ein herkömmliches DRAM aufgebaut ist. Daneben enthält ein VRAM ein Serial Access Memory – SAM –. Das SAM ist ein 8 Bit breiter serieller Port, der mit einem eigenen Takt arbeitet, der praktisch dem Pixeltakt des RAMDACs entspricht und demnach nach außen hin unabhängig vom integrierten DRAM arbeiten kann.

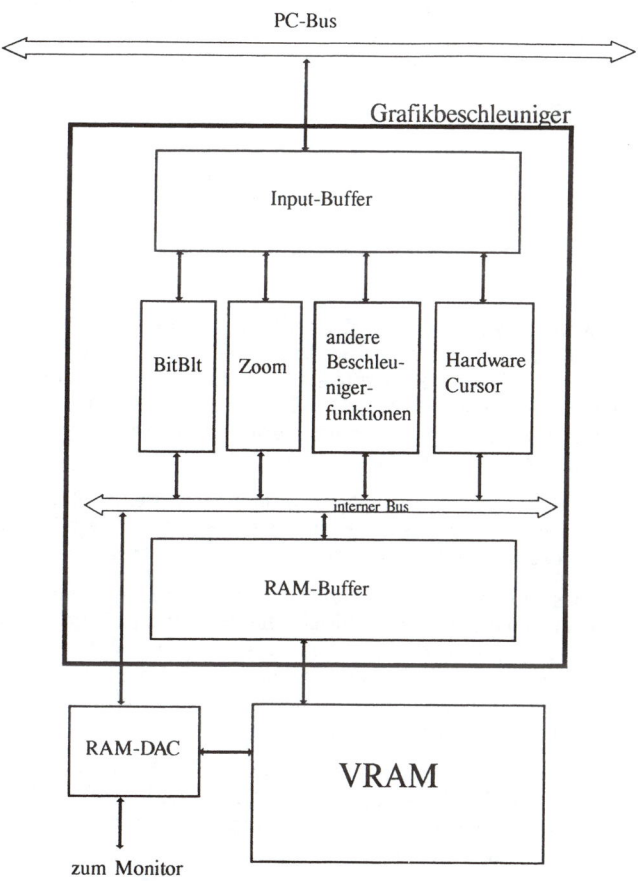

Bild 1.54: Eine Beschleunigerkarte mit VRAMs kann gleichzeitig neue Daten vom Bus empfangen und Daten zum RAMDAC ausgeben

Über den PC-Bus (ISA, PCI) wird das DRAM mit Daten gefüllt, und gleichzeitig kann das SAM die vorigen Daten zum RAMDAC ausgeben. Über eine serielle Datenleitung des SAM wird üblicherweise 1 Byte (nacheinander) zum RAMDAC gesendet. Ein RAMDAC mit einer Bitbreite von 64 Bit verfügt demnach über acht serielle Eingänge, wie beispielsweise der Typ BT489 der Firma Brooktree, deren RAMDACs auf zahlreichen Grafikkarten zu finden sind. Der weit verbreitete Typ BT489 ist abwärtskompatibel mit den Vorgängertypen BT484 und BT485 und kann mit einem maximalen Pixeltakt von 200 MHz arbeiten.

Ein typischer Wert für die VRAM-Datenbandbreite, die angibt, wie viele Bytes pro Sekunde zwischen Grafikchip und VRAM bzw. VRAM und RAMDAC übertragen werden können, beträgt ca. 90 MBps (Mbytes per Second) für jeden der beiden Datenports.

Da VRAMs einen höheren Preis (Faktor 2) gegenüber den Standard-DRAMs haben, gehen einige Hersteller einen anderen Weg zur schnelleren Grafikausgabe mit DRAMs. Die Firma Tseng Labs verwendet beispielsweise bei der ET4000W32i-Karte das Prinzip des Speicher-Interleavings (siehe auch Kapitel über Speicherbausteine)

Die dynamischen RAMs werden in zwei Bänken organisiert, wobei in der einen der Inhalt der geraden und in der anderen der Inhalt der folgenden (ungeraden) Adresse gespeichert wird. Somit kann bereits ein Byte zum RAMDAC ausgegeben werden, während das folgende bereits von der CPU adressiert wird. Ein typischer Wert, der mit dieser Konfiguration auf der ET4000 W32i-Karte erreicht werden kann, beträgt ca. 160 MBps.

Die DRAM-Interleaving-Arbeitsweise bietet ferner den Vorteil, dass die DRAM-Konfiguration entsprechend der gewählten Auflösung per Software (Treiber) optimiert werden kann. Bei der konventionellen VRAM-Arbeitsweise ist hingegen keine flexible Einstellung möglich. 90 MBps werden für die Aufnahme neuer Daten (Richtung: Bus-Chip) verwendet, und ebenfalls 90 MBps sind für den Datentransfer zum RAMDAC festgelegt.

Für die Arbeitsweise mit DRAM-Interleaving kann das folgende einfache Beispiel gelten. Wird Windows beispielsweise in einer Auflösung von 1024 x 768 Pixel mit 16 Farben betrieben, ist hierfür eine Datenbandbreite von ca. 60 MBps nötig. Es bleiben daher bei der ET4000-W32i-Karte 100 MBps für die Datenübertragung vom Chip zum RAMDAC übrig. Das optimale Verhältnis festzulegen, ist die Aufgabe des Softwaretreibers, der zur Karte mitgeliefert wird.

Eine noch höhere Datenbandbreite erhält man, wenn VRAMs im »Interleaving« betrieben werden, wie es die Firma Weitek mit dem Power-9000-Chip praktiziert. Die Datenbandbreite kann hier bis zu 200 MBps betragen.

Allerdings wird man Angaben zur Datenbandbreite in den Werten zu einer Grafikkarte eher selten finden, denn dies ist die theoretisch mögliche Rate, die der Grafikchip unter optimalen Bedingungen realisieren kann. Welchen Weg der Kartenhersteller bei seinem Design beschritten hat, steht demgegenüber auf einem anderen Blatt. Letztendlich sind hier die im Monitorkapitel (1.6.1) erläuterten Parameter wie der Pixeltakt ausschlaggebend.

Neben DRAM und VRAM-Bausteinen sind auf Grafikkarten auch Speicherchips zu finden, die als EDO-DRAM, SGRAM oder WRAM bezeichnet werden. Näheres zu diesen Bausteinen, wie auch allen anderen Speicherchips, findet sich im Teil 4 unter *Speicherbausteine und Module*.

Der Speicher auf einer Grafikkarte kann grundsätzlich in unterschiedlicher Bitbreite organisiert sein. Zum Bus des PC hin sind 16 Bit bei ISA oder 32 Bit bei PCI üblich, eben die maximal mögliche Adressierungsbreite, die das jeweilige Bussystem hergibt. Zur anderen Seite hin – zum RAMDAC – sind 32 Bit heutzutage unterer Standard; vielmehr sind hier 64 Bit wie etwa bei der bekannten Grafikkarte MACH64 der Firma ATI oder dem S3-Chip Vision864 üblich, der sich auf zahlreichen Grafikkarten unterschiedlicher Hersteller finden lässt.

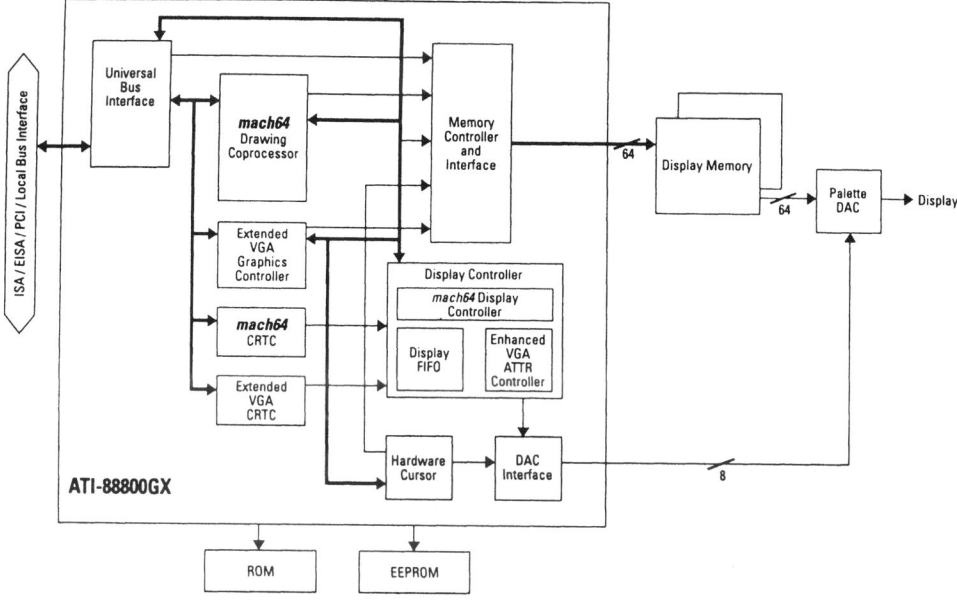

Bild 1.55: Die bekannte Grafikkarte MACH 64 der Firma ATI arbeitet mit einem eigenen ATI-Grafikchip und einem 64 Bit RAMDAC (Palette DAC)

Je breiter der Bus zwischen dem Grafikchip und dem Bildspeicher ausgeführt ist, desto schneller lassen sich die Bilder aufbauen, wobei der Grafikchip explizit für die jeweilige Bitbreite entwickelt sein muss. Insbesondere 3D-Anwendungen profitieren von den höheren Bitbreiten, wobei zur Zeit 128 Bit üblich sind, wie es etwa mit dem Chip RIVA 128 der Firma NVidea praktiziert wird, der mit SGRAM arbeitet.

Des Weiteren hängt es vom Schaltungsdesign der Grafikkarte ab, in welcher Form der Speicher organisiert ist, was nicht immer einfach festzustellen ist. Es kann beispielsweise der Fall sein, dass eine Grafikkarte mit 8 Mbyte erst mit einer Aufrüstung weiterer 8 Mbyte ihre Qualitäten zeigen kann, weil der Chip dann in 128 Bit-Breite auf den Speicher zugreift, während er dies ansonsten mit 64 Bit erledigen muss, was zu Lasten der Verarbeitungsgeschwindigkeit geht.

 Auch ein Grafikchip mit 128 Bit muss nicht zwangsläufig in dieser Breite arbeiten! Es hängt generell vom Design der Grafikkarte ab, welches auch bei identischem Grafikchip von Kartenhersteller zu Kartenhersteller variieren kann, bei welcher Speichergröße des Grafik-RAM sich eine optimale Performance ergibt.

Das Bild 1.56 zeigt, dass der Speicher beispielsweise bei einer Grafikkarte mit dem Chip *Vision964* der Firma S3 auf unterschiedliche Art und Weise aufgebaut sein kann. Die maximal mögliche 64-Bit-Datenbreite wird nur dann erreicht, wenn beide VRAM-Bänke bestückt sind, andernfalls erhält man lediglich einen 32-Bit-Datenzugriff. Auch wenn auf dieser Seite – zwischen Grafikchip und VRAM – 64 Bit gegeben sind, besagt dies noch nicht, dass die andere Seite – vom VRAM zum RAMDAC – ebenfalls in dieser Breite ausgeführt ist, sondern sie kann auch größer (128 Bit) oder kleiner (32 Bit) sein.

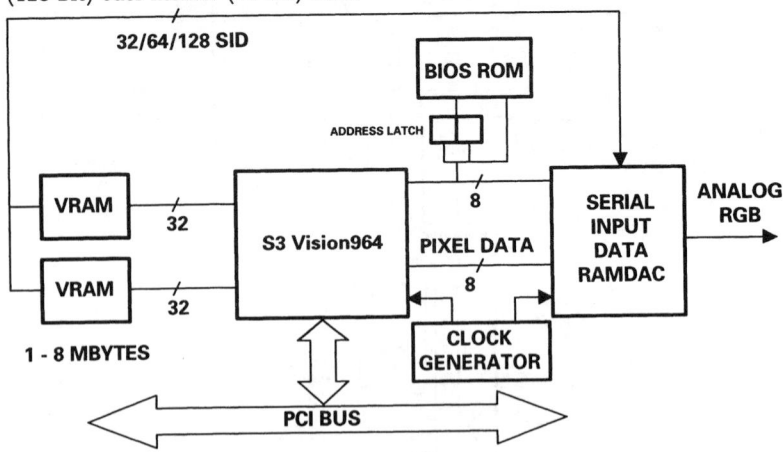

Bild 1.56: Die Applikation einer Grafikkarte mit »S3 Vision964« lässt einige Optionen für die Realisierung des Grafikspeichers offen

Aus diesen Erläuterungen wird ersichtlich, dass Grafikkarten verschiedener Hersteller, die alle auf dem gleichen Grafikchip basieren, nicht zwangsläufig die gleiche Performance erreichen können, wenn sich die Speicherarchitektur unterscheidet. Der zweite Punkt für unterschiedliche Qualitäten von scheinbar identischen Grafikkarten ist in der Verwendung der jeweiligen RAMDACs zu sehen, denn sie sind ein ganz gewichtiger Kostenpunkt. Je höher die maximale Pixelrate sein kann, desto teurer ist auch der RAMDAC. Das Bild 1.57 zeigt einen direkt zum *S3 Vision964* passenden RAMDAC, den Typ 86708 der Firma S3.

Das Innenleben des RAMDAC lässt erkennen, dass für jede Farbe (Analog Red, Analog Green, Analog Blue) ein eigener 8-Bit-A/D-Umsetzer vorhanden ist, wobei die digitalen Farbsignale über einen Multiplexer (Mux) geschaltet werden.

Für die Steuerung jeder Farbe ist vor dem Multiplexer (Mux) ein separater Speicher (Palette RAM) vorhanden, damit die Daten vom CPU-Bus-Interface zeitsynchron mit den vom Grafikspeicher gesendeten Pixeladressen (PA 15:0) zu verarbeiten sind. Dieser Schaltungsteil wird als *color look-up table* (CLUT) bezeichnet und bei *True Color* (24 Bit) schaltungstechnisch umgangen (bypass).

In Abhängigkeit von der jeweiligen Auflösung und der Geschwindigkeit der eingesetzten Speicherbausteine, können Pixel- (PCLK) und Speicher-Takt (CLK) unabhängig festgelegt werden, was eine weitgehend optimale Pixelrate ermöglicht, die bei diesem Typ bei 135 MHz liegt und eine Auflösung von 1280 x 1024 Bildpunkten mit einer Bildwiederholrate von 75 Hz gestattet.

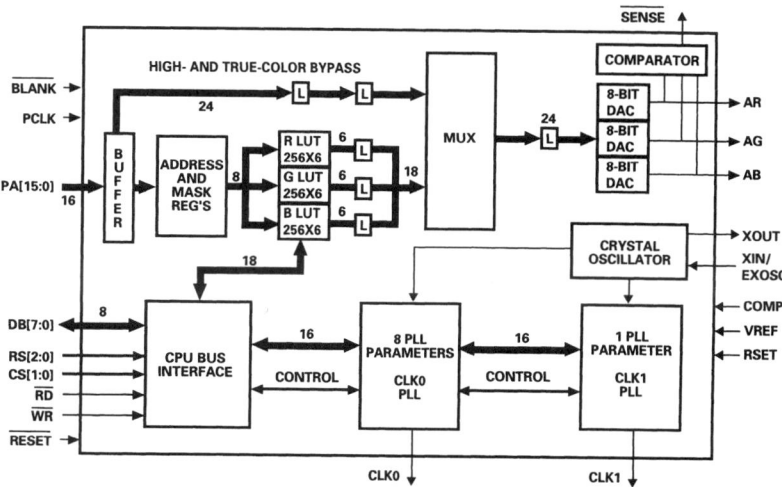

Bild 1.57: Der interne Aufbau eines RAMDAC zeigt die Verarbeitung der Grafikinformation

1.7.7 Grafikauflösungen und Speicherbedarf

Aktuelle Grafikkarten werden mit so viel Speicher (mindestens 8 Mbyte, typisch 16 Mbyte) ausgeliefert, wie vor gar nicht langer Zeit als Hauptspeicher in PCs eingebaut wurde. Das Aufrüsten des Speichers einer Grafikkarte ist daher nur noch bei älteren Modellen sinnvoll, wobei die Anschaffung einer neuen Grafikkarte – mit mehr Speicher als die alte – demgegenüber aber vielfach preiswerter kommt. Indes mag es erstaunlich sein, wie wenig Speicher man eigentlich für bestimmte Auflösungen benötigt, wie es die folgende Tabelle zeigt:

Auflösung (Bildpunkte)	Farbanzahl	Grafikspeicher (Minimum)
640 x 480	16	256 Kbyte
640 x 480	256	512 Kbyte
640 x 480	65536	1 Mbyte
640 x 480	16,7 Mio.	1 Mbyte
800 x 600	16	256 Kbyte
800 x 600	256	512 Kbyte
800 x 600	65536	1 Mbyte
800 x 600	16,7 Mio.	1,5 Mbyte
1024 x 768	16	512 Kbyte
1024 x 768	256	1 Mbyte
1024 x 768	65536	2 Mbyte
1024 x 768	16,7 Mio.	2,5 Mbyte

Fortsetzung der Tabelle:

Auflösung (Bildpunkte)	Farbanzahl	Grafikspeicher (Minimum)
1280 x 1024	16	1 Mbyte
1280 x 1024	256	1,5 Mbyte
1280 x 1024	65536	3 Mbyte
1280 x 1024	16,7 Mio.	4 Mbyte

Tabelle 1.12: Der Grafikspeicherbedarf in den üblichen Abstufungen für verschiedene Auflösungen

Der Grafikspeicher lässt sich generell nicht in beliebigen Stufen aufrüsten, sondern in bestimmten Schritten, was jeweils vom Typ der Grafikkarte abhängt. Der Speicherbedarf einer Grafikkarte kann allgemein nach der folgenden Formel berechnet werden:

$$\text{Speicherbedarf (in Byte)} = \frac{\textbf{Auflösung * Bitbreite für die Farbanzahl}}{8}$$

Die »Bitbreite für die Farbanzahl« – auch als Farbtiefe bezeichnet – gibt dabei an, wie viele Bit nötig sind, um jeweils die gewünschte Anzahl an Farben zu erhalten (siehe auch folgende Tabelle). Wird eine Farbtiefe von mindestens 24 Bit verwendet, spricht man vom True-Color-Modus.

Farbtiefe	Anzahl der Bits
2	1
4	2
16	4
256	8
65536	16
16,7 Mio.	24

Tabelle 1.14: Der Zusammenhang zwischen der Farbtiefe und der hierfür nötigen Anzahl der Bits. Zur Darstellung von 65.536 Farben werden beispielsweise 16 Bit benötigt (2^6)

Für die True-Color-Darstellung (24 Bit) bei einer Auflösung von 1280 x 1024 Bildpunkten (Pixeln) errechnet sich der Speicherbedarf (1 Kbyte = 1024 Byte) mit der obigen Formel wie folgt:

$$\frac{1280 \times 1024 \times 24}{8} = 3932160 \text{ Byte} = 3840 \text{ Kbyte} = 3,75 \text{ Mbyte}$$

Der Speicher müsste demnach über eine Kapazität von 4 Mbyte verfügen, da dies einer standardisierten Größe des Grafikspeichers entspricht. Eine Erweiterung des Grafikspeichers – beispielsweise von 4 Mbyte auf 8 Mbyte – bedeutet auch einen Geschwindigkeitszuwachs bei der Bilddarstellung, da sich dadurch quasi die Datenübertragungsrate erhöht, weil größere Teile der Grafikinformation im Speicher der Grafikkarte lokalisiert sind und nicht erst über den (PCI-)Bus geladen werden müssen.

 Das Erweitern des Grafikspeichers hat nicht nur höhere Auflösungen zur Folge, sondern kann auch für eine schnellere Grafikverarbeitung sorgen.

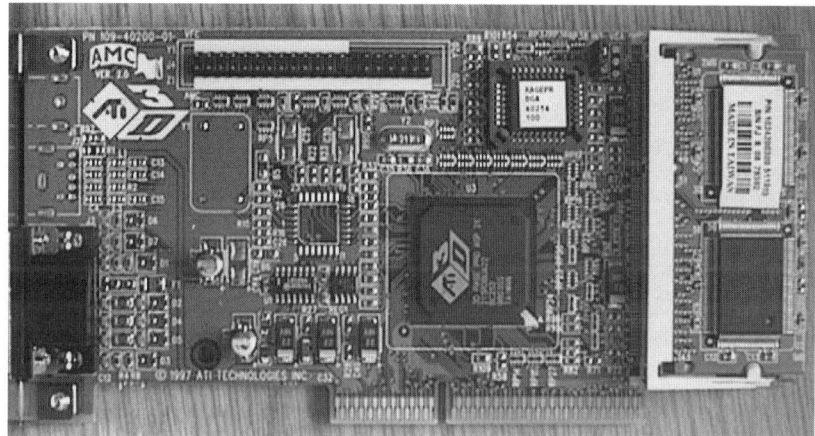

Bild 1.58: Die Grafikkarte ATI 3D Rage verwendet, wie viele andere Modelle auch, ein SO-DIMM (rechts) als Grafikspeicher

Der Grafikspeicher ist bei den verschiedenen Karten unterschiedlich aufgebaut und kann oftmals auch nur mit den speziell hierfür ausgelegten Modulen oder Chips erweitert werden. Einen gewissen Standard stellen immerhin die SO-DIMMs dar, die auch in Notebooks verwendet werden. Auf einigen – meist älteren – Grafikkarten ist ein Jumper vorhanden, welcher nach dem Einbau der Erweiterung umzusetzen ist, andernfalls wird der zusätzliche Speicher nicht erkannt. Ein Blick in das Handbuch zur Grafikkarte ist hier meist unerlässlich, was auch für die Identifizierung der einzusetzenden Speicherbausteine oder -module notwendig ist.

Die oben erläuterten Zusammenhänge für die jeweilige Größe des Grafikspeichers betreffen nicht die 3D-Karten, also Grafikkarten, die spezielle Funktionen zur dreidimensionalen Darstellung besitzen. Diese Kartentypen benötigen demgegenüber die 3- bis 4-fache Speichergröße (z.B. Z-Buffer für die Tiefeninformation) bei gleicher Auflösung im Vergleich zur einer 2D-Grafikkarte. Der Z-Buffer ist ein für 3D-Karten geltender zusätzlicher Speicherbereich, der für die Tiefeninformation verwendet wird. Zu jedem Bildpunkt gehört üblicherweise eine mit 16 Bit aufgelöste Tiefeninformation.

Da der Speicherbedarf vom Design der Karte und den zusätzlich erhältlichen Speichermodulen abhängig ist, kann man hier keine allgemein gültigen Aussagen treffen.
Zur Übersicht und zum Vergleich zeigt die folgende Tabelle die möglichen Auflösungen im 3D-Betrieb mit den üblichen Speichergrößen der Grafikkarte *Millenium*
der Firma Matrox.

Auflösung (Bildpunkte)	Farbanzahl	Grafikspeicher (Minimum)
640 x 480	65536	2 Mbyte
640 x 480	16,7 Mio.	4 Mbyte
800 x 600	256	2 Mbyte
800 x 600	65536	4 Mbyte
800 x 600	16,7 Mio.	8 Mbyte
1024 x 768	256	4 Mbyte
1024 x 768	65536	8 Mbyte
1024 x 768	16,7 Mio.	8 Mbyte
1280 x 1024	256	4 Mbyte
1280 x 1024	65536	8 Mbyte

Tabelle 1.15: Der Grafikspeicherbedarf für 3D-Anwendungen bei der Matrox Millenium

1.7.8 3D-Grafikkarten

Wer die Fortschritte bei den 3D-Grafikkarten für PCs nicht über die Jahre kontinuierlich verfolgt hat, wird den Errungenschaften auf diesem Gebiet (teilweise) mit
einem gewissen Unverständnis gegenüberstehen. Dies liegt wohl auch nicht zuletzt an der speziellen Terminologie für die zahlreichen 3D-Features, die von den
Herstellern verwendet und im folgenden Kapitel daher noch näher erläutert werden.

Das zweite Problem ist der Umstand, dass zwar alles Mögliche über 3D-Grafik erläutert
werden kann, letztendlich muss man es aber wirklich live erleben. Die 3D-Funktio-
nen sind (fast) nur für Spiele von Bedeutung, und die Innovationen auf dem Sektor
der Grafikkarten der letzten Jahre zielen auch (fast) ausschließlich hierauf ab.

Dies geht einher mit der Softwareentwicklung von Spielen, wobei gerade diejenigen,
die oftmals als *brutale Baller- und Mörderspiele* bezeichnet werden und auch teilweise
in Deutschland auf dem Index stehen, auf dem 3D-Gebiet Programmierstandards gesetzt haben und den 3D-Grafikkarten überhaupt deren Leistung entlocken können.

Für diese Spiele gibt es eine Reihe verschiedener *3D-Engines* (Software-Interfaces),
die definierte Programmierschnittstellen darstellen, sowie Level-Editoren und 3D-
Modelle. Diese Dinge bilden auch die Grundlage anderer Spiele wie Flugsimulatoren
oder Strategiespiele. Die Entwicklung eines 3D-Spiels, welches Features aktueller
3D-Karten nutzt, verschlingt ein Millionenbudget und wird von größeren Teams,
die sich aus Mathematikern, Grafikern, Musikern und natürlich Programmierern
zusammensetzen, unter enormem Zeitdruck durchgeführt, denn nach einem halben Jahr gilt das Spiel bereits als technisch veraltet.

1.7.9 Funktionen von 3D-Grafikkarten

Die dreidimensionale Bildschirmdarstellung (3D) stellt an eine Grafikkarte besonders hohe Anforderungen. Aus diesem Grunde sind hierfür spezielle 3D-Beschleunigerchips im Einsatz, die im Prinzip ähnlich wie die Chips auf den 2D-Beschleunigerkarten arbeiten. Die 3D-Beschleuniger enthalten – je nach Typ –mehr oder weniger Funktionen für die dreidimensionale Darstellung in »Silizium gegossen«. Die geometrischen Berechnungen übernimmt auch hier weiterhin die CPU des PCs und der 3D-Beschleuniger beschäftigt sich vorwiegend mit Renderoperationen und kümmert sich um die Oberflächentexturen, wobei der Trend in der Grafikkartenentwicklung in die Richtung geht, dass die 3D-Grafikkarte immer mehr Funktionen übernehmen soll, was somit zu einer Entlastung der CPU des PCs führen kann.

Texturen und Rendering
Als Texturen *bezeichnet man generell die Oberflächenstrukturen der darzustellenden 3D-Objekte und als* Rendering *das Ausfüllen und Schattieren derselben.*

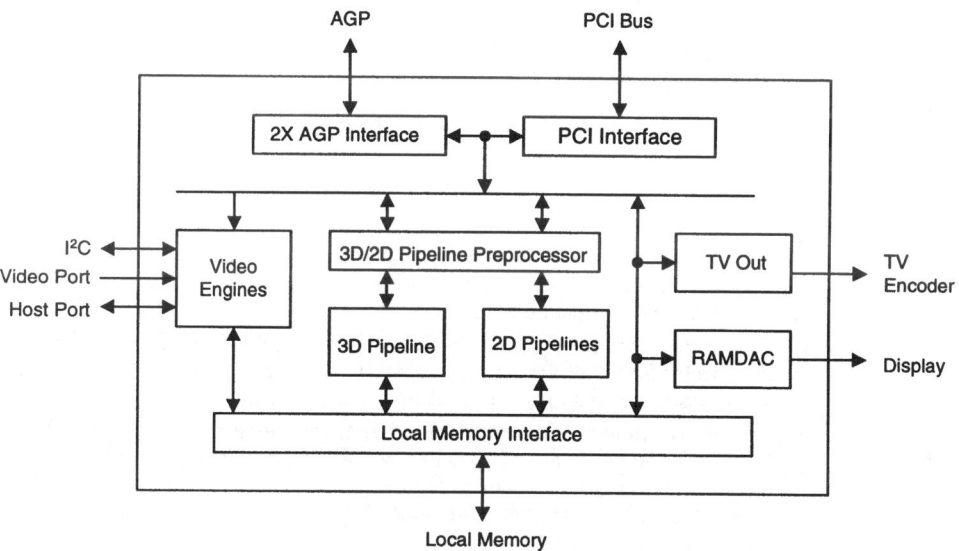

Bild 1.59: Der prinzipielle interne Aufbau eines Grafikchips, der üblicherweise für 2D- und 3D-Operationen jeweils eine eigene Pipeline besitzt

Alle neueren Grafikkarten enthalten neben dem 2D- auch einen 3D-Beschleunigerchip oder beide Bausteine sind in einem Gehäuse kombiniert untergebracht, was auch dem allgemeinen Stand der Technik entspricht. Daneben existieren auch reine 3D-Grafikkarten, die parallel zur vorhandenen Grafikkarte zu verwenden sind, wie als Beispiel die *Monster 3D* von Diamond mit dem Voodoo-Chipsatz der Firma *3Dfx Interactive*, der auf dem Gebiet der 3D-Grafik maßgebliche Standards gesetzt hat. In der Tabelle 1.13 sind verschiedene Grafikkarten mit den wichtigsten Daten angegeben.

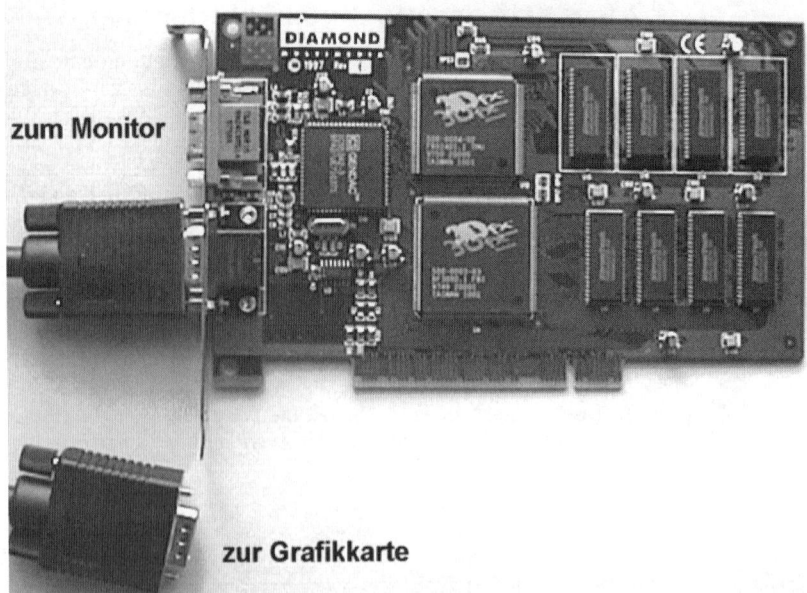

Bild 1.60: Die Monster 3D der Firma Diamond wird parallel zur vorhandenen Grafikkarte betrieben

Als Kriterium zur Beurteilung der Leistungsfähigkeit von 3D-Grafikkarten gilt natürlich die Darstellungsqualität. Der »Klötzcheneffekt« (runde Strukturen werden zu vieleckigen) sollte dabei möglichst nicht auftreten. Dazu bedient man sich des *bilinearen Filterings*, das die Texturen äußerst fein erscheinen lässt. Einige ältere 3D-Grafikkarten – wie etwa die Matrox Mystique – bieten dieses Feature allerdings nicht, während alle neueren diese Methode des Filterings wie auch das verbesserte *Trilineare Filtering* in der Hardware unterstützen.

Für die Auswahl einer 3D-Grafikkarte sollte man beachten, ob und welche der angegebenen Funktionen dabei vom 3D-Chip direkt unterstützt werden. Falls einige Funktionen nicht durch den Chip selbst zur Verfügung stehen, werden sie üblicherweise durch die (Treiber-)Software emuliert, was aber zu Lasten der Verarbeitungsgeschwindigkeit und damit der Darstellungsqualität geht.

Terminologien und Funktionen von 3D-Beschleunigern:

···⟩ **Alpha Blending**
Objekten werden Transparenz-Informationen zugeordnet.

···⟩ **Backdrop**
Ist eine Hintergrund-Bitmap einer Szene (in einer *Skybox*).

···⟩ **Bi- und Trilinear Filtering**
Filterfunktionen zur Erzeugung von weichen Verläufen innerhalb der Texturen und zur Vermeidung des »Klötzcheneffekts«. Bilineares Filtering hat den Nachteil, dass die Pixelstruktur beim Näherkommen an das Objekt erkennbar wird. Trilineares Filtering verwendet demgegenüber kleinere abgestufte Texturen durch die Interpolation benachbarter Stufen.

···⟩ **Binary Space Partitioning**
BSP ist ein Verfahren für 2D-Bitmaps zur Ermittlung verdeckter Flächen und Kanten

···> **Compressed Textures**
Einige 3D-Grafikkarten mit Chips wie beispielsweise dem Rage 128 Pro von ATI oder dem Savage 4 Xtreme von S3 können hochauflösende Texturen komprimiert speichern und »in Hardware« dekomprimieren, während andere Grafikkarten hierfür die CPU verwenden müssen. Bisher unterstützen jedoch nur recht wenige Spiele die HiRes-Texturen, was sich in Zukunft sicher noch ändern wird.

···> **Entity**
Eine Datenstruktur, die der Zuordnung bestimmter Eigenschaften auf Objekte dient.

···> **Flat Shading**
Färben von Polygonen, wodurch beispielsweise Kanten hart oder scharf wirken.

···> **Fogging**
Funktion zur Darstellung von sich entfernenden Objekten, sie verschwinden quasi im Nebel. Oder auch die tatsächliche Darstellung von Nebel, Qualm, Rauch und Ähnlichem.

···> **Frame**
Ein einzelnes Vollbild. Die Leistung eines 3D-Chips wird mit *Frames per Second* (fps) angegeben.

···> **Gourad Shading**
Der Farbverlauf ergibt sich aus der Interpolation der Farbeckwerte.

···> **Level**
Eine Szene oder auch *Welt*, wobei neuere Spiele auch mehrere Levels verbinden können, zwischen denen man sich bewegen kann.

···> **Lightmaps**
Lichteffekte für die MIP-Map-Texturen.

···> **Maps**
Bei älteren Spielen sind dies einfache, zweidimensionale Richtlinien für den Aufbau der Levels, während dies bei neueren zusammengesetzte 3D-Modelle sind, die mit *Entities* versehen werden können.

···> **MIP Mapping**
Eine Oberfläche wird mit mehreren Texturen hinterlegt, wodurch Objekte, die näher kommen, einen immer höheren Detailreichtum aufweisen und dabei möglichst keine Pixelstruktur erkennbar ist. Das Trilineare Filtering führt dieses Prinzip mit noch kleineren Stufen aus.

···> **MIP Map Texturen**
Die Grundstruktur eines Objektes in verschiedenen Auflösungen (typischerweise 16 x 16 bis 256 x 256 Pixel) für das MIP-Mapping.

···> **Prefabs**
Vorgefertigte Objekte wie Bäume oder Brücken im MAP-Format.

···> **Polyhedrons**
Aus Polygonen zusammengesetzte Körper.

···> **Radiosity**
Ein Beleuchtungsmodell, das den Umstand berücksichtigt, dass alle beleuchteten Flächen auch Lichtquellen sind. Erfordert einen hohen Rechenaufwand, bewirkt jedoch sehr realistisch wirkende Szenen.

···⟩ **Raycasting**
Einfaches Beleuchtungsmodell, das nur mit Lichtstrahlen arbeitet und im Prinzip durch das natürlichere *Radiosity* ersetzt werden kann.

···⟩ **Rendering**
Ausfüllen und Schattieren der 3D-Objekt-Oberflächenstrukturen.

···⟩ **Shading**
Damit gekrümmte Flächen möglichst echt aussehen, werden sie schattiert, was durch die Aufteilung in kleine Rechtecke erreicht wird.

···⟩ **Skybox**
Dies sind die sechs Flächen einer gesamten Szene.

···⟩ **Special Effects**
Abgekürzt als SFX sind dies spezielle Effekte wie Blitze oder Wasserfluten, die mit Hilfe der *Entities* realisiert werden.

···⟩ **Sprites**
2D-Bitmaps, wie etwa Gegenstände mit mehreren Ansichten und ggf. auch Bewegungsphasen.

···⟩ **Texture Mapping**
Oberflächen werden mit Mustern gefüllt (z.B. Ziegelwand), was zu einem realistischeren Eindruck als bei *Gourad Shading* führt.

···⟩ **Texturen**
Dies sind ganz allgemein die Oberflächenstrukturen der darzustellenden 3D-Objekte.

···⟩ **VRML**
Virtual Reality Modelling Language ist eine Programmiersprache zur Erzeugung dreidimensionaler Grafiken, die ursprünglich für Internetanwendungen gedacht war und von einigen Spielen verwendet wird.

···⟩ **Z-Buffer**
Speicherbereich, in dem für jeden Bildpunkt eine meist 16-Bit-aufgelöste Tiefeninformation gespeichert wird. Dient zur Information, ob ein neuer Objektpunkt sichtbar ist oder nicht.

Für die 3D-Darstellung sind spezielle Software-Interfaces entworfen worden, andernfalls würde wohl jeder Grafikkartenhersteller seine eigene 3D-Implemetierung realisieren, was einerseits einen hohen Programmieraufwand erfordern und andererseits keine Kompatibilität unterschiedlicher Karten ermöglichen würde.

···⟩ **Direct-3D**
Bestandteil von Direct X, Einsatz vorwiegend bei Spielen unter Windows 95, Direct X wird für Windows 95 nachträglich installiert. In der Praxis sorgt Direct X immer wieder für Probleme, da der Treiber, der zur Grafikkarte gehört, während der Installation von jedem Spiel überschrieben werden kann.

···⟩ **Open-GL**
Stammt von der Firma Silicon Graphics und ist für den professionellen Bereich (Konstruktion von 3D-Objekten, Computeranimationen wie etwa beim Film Independence Day) vorgesehen. Dieser Standard ist in Windows NT 4.0 automatisch implementiert und bei Windows 95 ab der Version OSR2 (mit V32FAT).

···⟩ **HEIDI**
Ist ein 3D-Standard für das Konstruktionsprogramm AUTOCAD sowie *3D Studio Max* der Firma AUTODESK und daher eher für die professionelle Nutzung ausgelegt. Das Software-Interface ist nachträglich zu installieren.

Ein weiteres wichtiges Kriterium für die Qualität von 3D-Karten ist ein flüssiger Bildaufbau, was insbesondere für Spiele relevant ist. Das Maß der Dinge ist dabei die *Framerate*, die in **f**rames **p**er **s**econd (fps) angegeben wird und kennzeichnet, wie viele Bilder pro Sekunde aufgebaut werden können, damit letztlich der Eindruck eines ablaufenden Videos entsteht.

Das störende Ruckeln ist erst ab einer Framerate von 25 fps für das menschliche Auge nicht mehr wahrzunehmen und ein typischer Standardwert sind 50 fps – wird beispielsweise von der Grafikkarte Fire GL 1000 erreicht –, der als optimaler Wert für einen flüssigen Bildaufbau und auch als Kompromiss an die notwendige Hardware (Speicher, RAMDAC) angesehen wird. Höhere Werte liefern hingegen keinen merklichen Beitrag mehr zu einer verbesserten Bildwiedergabe.

Bild 1.61: *Die Grafikkarte Fire GL 1000 der Firma Diamond gehört zu den leistungsfähigsten 3D-Grafikkarten, was durch die Verwendung des Chips Permedia 3D und 8 Mbyte SGRAM erreicht wird; der Speicher der Karte ist über Module erweiterbar*

Der Permedia-3D-Chip wird nicht nur von Diamond, sondern beispielsweise auch auf der Winner 2000/Office von ELSA oder der Dynamite 3D/GL von Hercules eingesetzt. Der Permedia-Chip enthält sowohl einen 3D-Beschleuniger mit den wichtigsten 3D-Funktionen als auch einen 2D-Beschleuniger mit den hier üblichen Funktionen.

Je nach Design besitzt eine Permedia-Card spezielle Videoeingänge und auch -Ausgänge, etwa für S-VHS und/oder FBAS, allerdings ist dann zusätzlich ein entsprechender PAL-Dekoder auf der Karte notwendig.

Video-Signale, von einem Videorecorder beispielsweise, können direkt eingespeist und auf dem PC-Monitor in einem Fenster dargestellt und auch auf der Festplatte abgespeichert werden. Die Bilddarstellung auf einem Fernseher ist via Videokartenausgang möglich. Zur Verarbeitung der Videoquellen werkelt im Inneren ein spezieller Stream-Prozessor, wie er auch in ähnlicher Form bei anderen 3D-Chips zum Einsatz kommt, wie dem Trio64V der Firma S3.

Monitor-Plug&Play laut DDC1 und DD2C (siehe Kapitel 1.6.12) unterstützt der Chip ebenfalls, sowie auch den I²C-Bus, wodurch automatische Konfigurationsmechanismen gegeben sind, die jedoch von Kartenhersteller zu Kartenhersteller unterschiedlich ausfallen können. Dies gilt ebenfalls für das Interface zum PC-Bus, das entweder als PCI oder als Accelerated Graphics-Port (AGP) ausgeführt sein kann.

Die Videowiedergabe laut MPEG ist in einer maximalen Auflösung von 1024 x 768 Pixeln bei 30 Frames per Second möglich, wofür der integrierte *Geometry Pipeline Processor* (100 MFLOP) zum Einsatz kommt, der auch den AGP als Busmaster bedienen kann.

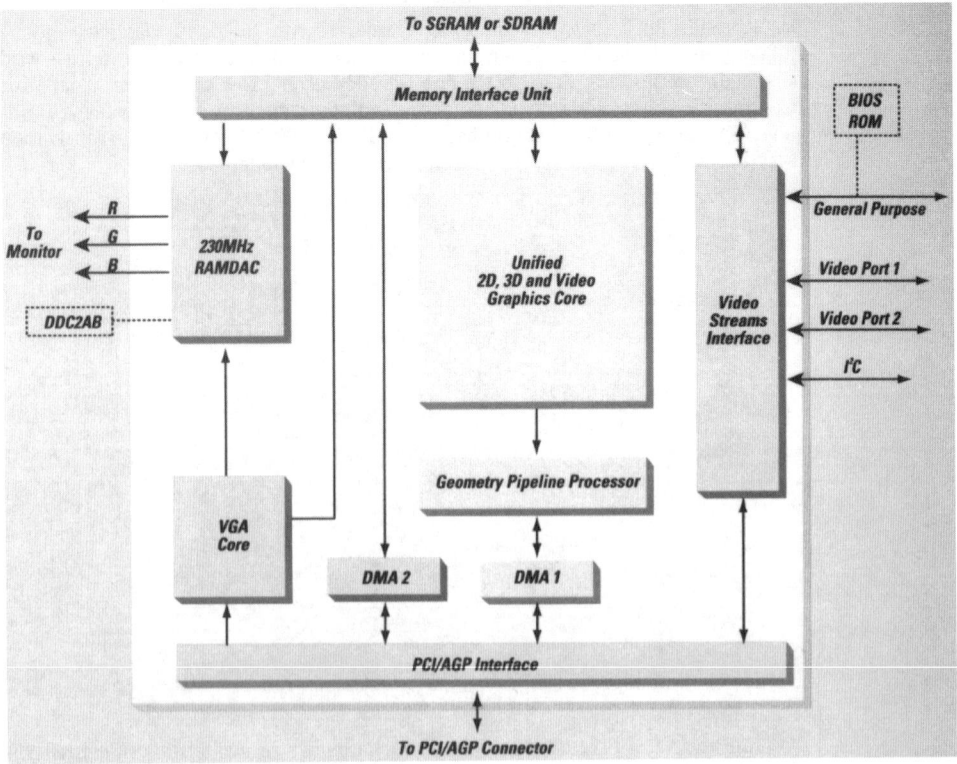

Bild 1.62: Das vereinfacht dargestellte Innenleben des Permedia-3D verdeutlicht seine vielfältigen Funktionsmöglichkeiten

In Echtzeit, Vollbild und mit 50 fps, laufende aktuelle Spiele verlangen von PCs eine Leistung, die vor Jahren kaum denkbar war, und die Darstellungsqualität kommt dabei fast an die von Trickfilmen heran. Die Performance der besten 3D-Grafikkarte bleibt aber auf der Strecke, wenn nicht das »PC-Umfeld« wie die CPU, die Größe des RAM-Speichers und die Geschwindigkeit der Festplatte hierzu »stimmig« sind.

Gebräuchliche 3D-Grafikkarten überlassen die Festlegung, wo die einzelnen Bildelemente zu liegen kommen sollen – also die Szenerie – der CPU des PCs, was als *Dreieck-Setup* bezeichnet wird, weil die Objekte in eine Vielzahl von einzelnen Dreiecken (Polygonen) zerlegt werden, die nachfolgend vom *Rasterizer* mit bunten Punkten auszufüllen sind.

Grafikkarten mit einem Banshee-Chip der Firma *3Dfx Interactice*, wie die 3D Blaster von Creative Labs, besitzen beispielsweise eine so genannte *Triangle Setup Engine*, die bis zu vier Millionen Polygone pro Sekunde verarbeiten kann, die von der CPU aber bereits »zerlegt« worden sind. Nur teure Grafikkarten (ab ca. DM 1000,-) besitzen auch eine integrierte Setup-Engine und entlasten somit die CPU von dieser Aufgabe.

Die Setup-Engine entfernt zunächst alle Polygone eines Objektes, die in der aktuellen Szene (zur Zeit) unsichtbar sind, was als *Backface Culling* bezeichnet wird und dafür sorgt, dass weniger Zeit und Speicherbandbreite zum Aufbau der Szenen benötigt wird. Diese Aufgabe übernimmt entweder der 3D-Chip selbst oder aber ein Treiber, der dann die CPU des PC hierfür verwendet, wie es beispielsweise die Riva-Chips praktizieren. Das führt dazu, dass sie auf eine möglichst schnelle CPU angewiesen sind, während die Banshee diese Aufgabe selbst ausführt und auch noch mit demgegenüber langsameren CPUs (Pentium 233 MHz) akzeptable Ergebnisse liefern kann. Andererseits belastet der Riva-Chip den Bus (AGP, PCI) aber nicht so stark, da die Anzahl der Dreiecke per Treiber bereits aussortiert worden sind, was letztlich auch dazu führt, dass ein Riva-Chip mit steigender CPU-Leistung auch immer bessere Resultate liefern kann.

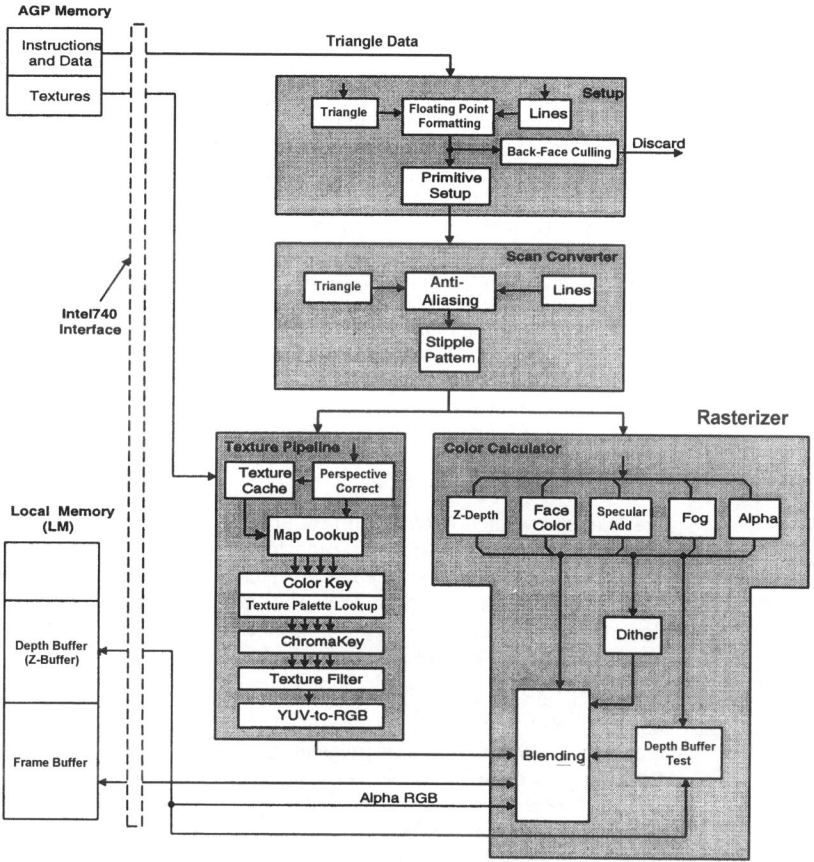

Bild 1.63: Der Aufbau der 3D-Pipeline beim Intel-740-3D-Chip (AGP)

Aus den bekannten Polygoneckpunkten werden daraufhin alle Zwischenwerte durch Interpolation errechnet (Floating Point) und für jeden zu interpolierenden Parameter ergeben sich jeweils eine X- und eine Y-Koordinate. Das Setzen der Pixel – die Rasterung – und die Bestimmung der Farbe eines jeden Pixels sind die darauf folgenden Operationen des Rasterizers, wobei der *Color Calculator* außerdem eine Reihe einzelner Pipelines verwendet, die je nach 3D-Chip unterschiedlich implementiert sein können und die Pixel mit Optionen (Fog = Distanzeindruck, Alpha = Transparenzeindruck, Specular = Akzentuieren) versieht. Da die Auflösung nicht beliebig erhöht werden kann, um auch kleinste Polygone entsprechend zu manipulieren, wird zuvor oftmals noch ein Näherungsverfahren (Anti-Aliasing im Scan Converter) angewendet, was die Pixelfarbe und den -kontrast für die weitere Verarbeitung verringert, wobei die 3D-Chips an dieser Stelle sehr unterschiedlich verfahren, was somit einen maßgeblichen Einfluss auf das Endergebnis hat.

Der *Rasterizer* muss überprüfen, ob sich Bildelemente vor oder hinter einem bereits gerenderten (ausgefüllten) Element befinden, was er mit Hilfe des Z-Buffers (Depth-Buffer) erledigt. Dieser Z-Buffer enthält die Tiefeninformation aller bereits zuvor gerenderten Polygone und ist oftmals mit dem so genannten Stencil-Buffer (Stencil = Schablone) kombiniert, der vorwiegend für die Aufgabe vorgesehen ist, bestimmte Bildbereiche vor dem Überschreiben durch später »gerenderte« Polygone zu schützen.

Für möglichst differenzierte Farbverläufe eines Objektes wären geradezu eine Unmenge von Polygonen notwendig, die entsprechend zu berechnen, mit Farbe zu füllen und mit Effekten (Schatten, Nebel) zu versehen wären. Hier kommt das *Texture Mapping* mit einer eigenen Pipeline ins Spiel, das Objekten (Image, Pattern, Video) quasi eine zweidimensionale Maske (U- und V-Koordinate) verpasst, d.h., ein bestimmtes Objekt wird einmal »zusammengebaut« und dann als Textur behandelt, dessen einzelne Texturpixel (Texel) in einem Texturspeicher abgelegt und bei Bedarf auf die passenden 3D-Polygonoberflächen gesetzt werden. Dabei sind auch Perspektivkorrekturen (Perspective Correct, W-Koordinate) durchzuführen, um Bildverzerrungen zu vermeiden, sowie bestimmte Farben oder Farbbereiche zu entfernen (ColorKey, Chroma Clear), was der Realisierung des räumlichen Effektes (z.B. Transparenzeffekt) dient.

Die dreidimensionale Struktur ist hiermit jedoch noch nicht optimal zu vermitteln, und daher wird bei einigen Chips auch noch das Bump-Mapping verwendet, das die Beleuchtung für die Objekte variiert und somit einen (noch besseren) 3D-Eindruck realisiert. Einer der ersten Chips, der Bump-Mapping in Hardware implementiert enthält, ist der G400 der Firma Matrox.

Die Texturen werden entweder direkt über den AGP vom 3D-Chip angefordert oder gelangen per PIO/DMA-Transfer zunächst in den lokalen Speicher der Karte und von dort dann in den Chip. Die heutigen 3D-Grafikkarten besitzen so viel Speicher, dass die Texturen nicht (mehr so häufig) aus dem Hauptspeicher des PC nachgeladen werden müssen, sondern aus dem *Local Frame Buffer* (Bildspeicher), der ohnehin schneller als der AGP ist, zur Verfügung stehen.

Alle aktuellen 3D-Grafikkarten unterstützen auch das *Multitexturing* und *Alpha Blending*. Multitexturing erlaubt das Überlagern mehrerer Texturen auf ein Polygon, was der Simulation von Umgebungsreflexionen und Lichtverteilungen dient. Grafikchips wie der Voodoo-2, der Riva TNT oder auch der Rage 128 besitzen gleich zwei *Texture Engines* und können daher gleichzeitig zwei Texturen bearbeiten. Beim Banshee wurde ein 2D-Chip mit der 3D-Engine des Voodoo-2 kombiniert, wobei jedoch die zweite Texture-Engine weggelassen wurde, was dazu führt, dass die Leistung bei Spielen mit Multitexturing hier gegenüber den anderen Chips schlechter ausfällt.

Alpha Blending
dient der Verknüpfung von bereits im Bildspeicher vorhandenen Polygonen mit der aktuellen Farbe. Ein Alpha-Wert (meist 8 Bit) fungiert dabei als Gewichtungsfaktor der beiden Farbanteile, wobei ein hoher Wert einen Pixel stark durchsichtig und ein geringer Wert den Transparenzeffekt dementsprechend vermindert erscheinen lässt.

Wie erwähnt, bringt eine 3D-Grafikkarte allein noch keine flüssige und realistisch erscheinende Szenerie zustande und falls der Rasterprozessor der 3D-Karte die Polygone schneller *pixelt*, als die CPU sie überhaupt zur Verfügung stellen kann, wird man die Leistung der 3D-Grafikkarte nicht ausnutzen können. Die mathematische Aufgabenbewältigung der CPU kann durch entsprechende Code-Erweiterungen wie etwa MMX (Multi Media Extensions) verbessert werden. MMX beschleunigt jedoch nur Ganzzahlberechnungen, während 3DNOW! ab den K6-CPUs der Firma AMD demgegenüber auch Gleitkommaoperationen beschleunigen kann, was auch für Intels KNI (Katmai New Instructions, neuerdings als ISSE für Internet Streaming SIMD Extension bezeichnet) gilt, die erstmals mit dem Pentium III zur Verfügung stehen.

Microsofts Direct X (Direct 3D) ist dabei die allgemeine Software-Schnittstelle zu diesen Features und sie ist für viele Spiele in Windows absolut notwendig. Daneben gibt es noch die Software-Schnittstelle *Glide*, die vom Hersteller 3Dfx für die Voodoo-Karten definiert wurde, und einige Spiele lassen sich sowohl mit Direct3D- als auch mit Glide-Unterstützung betreiben.

1.7.10 Accelerated Graphics Port

Trotz beachtlicher Leistungssteigerungen bei der Grafik- und Videodarstellung sind die PCs selbst mit der leistungsfähigsten 3D-Karte noch nicht in der Lage, wie etwa die Workstations von Hewlett Packard oder Silicon Graphics (SGI) arbeiten zu können, mit denen komplette Spielfilme hergestellt werden können.

Als Schwachstelle hat man seit Mitte 1996 den PCI-Bus ausgemacht, der für derartige Anwendungen nicht die notwendigen Datenströme liefern kann. Auf Initiative von Intel hat sich daher ein Konsortium von Herstellern für Grafikchips gebildet und den *Accelerated Graphics Port* (AGP) definiert, der seit Mitte 1997 in Form eines Steckplatzes (Slots) auf Mainboards eingebaut wird und allein für die Aufnahme einer entsprechenden AGP-Grafikkarte vorgesehen ist. Der AGP-Slot ist weder in elektrischer noch in mechanischer Hinsicht zum PCI-Slot kompatibel und mechanisch gesehen ein ganzes Stück kleiner.

Bild 1.64: Der – hier freie – AGP-Slot befindet sich neben den PCI-Slots

Eine AGP-Karte soll gegenüber einer PCI-Grafikkarte eine höhere Leistung zur Verfügung stellen, was insbesondere für 3D-Spiele von Bedeutung ist. Anwender, die damit nichts im Sinn haben, können immerhin davon profitieren, dass sie mit einer AGP-Karte eine sehr gute 2D-Leistung erhalten, was durch relativ große Grafikspeicher (typisch 16 Mbyte) und schnelle RAMDACs (typisch 250 MHz) auf den AGP-Grafikkarten erreicht wird und zu Auflösungen von 1280 x 1024 Bildpunkten mit 16 Bit Farbtiefe und einer Bildwiederholfrequenz von 85 Hz führt. Außerdem bleibt bei der Verwendung einer AGP- statt einer PCI-Grafikkarte ein zusätzlicher PCI-Steckplatz frei.

Der AGP ist kein Ersatz oder eine Erweiterung des PCI-Bus, sondern er wird eben in Form eines zusätzlichen Steckplatzes für eine Punkt-zu-Punkt-Verbindung (kein Bus) auf dem Mainboard realisiert. Der AGP ist wie der PCI-Bus 32 Bit breit, arbeitet demgegenüber jedoch mit 66 MHz, was, wenn beide Flanken des Taktsignals (2x-Mode) genutzt werden, zu einer maximalen Transferrate von 533 Mbyte/s führt. Sogar ein 4x-Modus wird bereits von einigen Grafikkarten geboten, dies nützt allerdings allein noch nichts, wenn der Chipset des Mainboards diesen Modus nicht ebenfalls kennt. Einer der Ersten der diesen Modus bietet, stammt nicht etwa von Intel, sondern von der Firma VIA Technologies und er trägt die Bezeichnung *Apollo Pro 133A*.

Trotz der genannten Unterschiede zwischen PCI und AGP werden einige PCI-Signale (Steuerleitungen) ebenfalls vom AGP verwendet und die Initialisierung der AGP-Grafikkarte wird zunächst komplett über PCI abgewickelt, bevor der AGP überhaupt in Aktion tritt. Die eigentlichen AGP-Funktionen werden nicht durch das BIOS, sondern durch das Betriebssystem (z.B. Direct Draw) aktiviert.

Der AGP ist als Bridge im Chipsatz integriert und von der CPU des PCs unabhängig, was somit erstmalig einen Parallelbetrieb von CPU und Grafikchip, der als Busmaster arbeitet, ermöglicht.

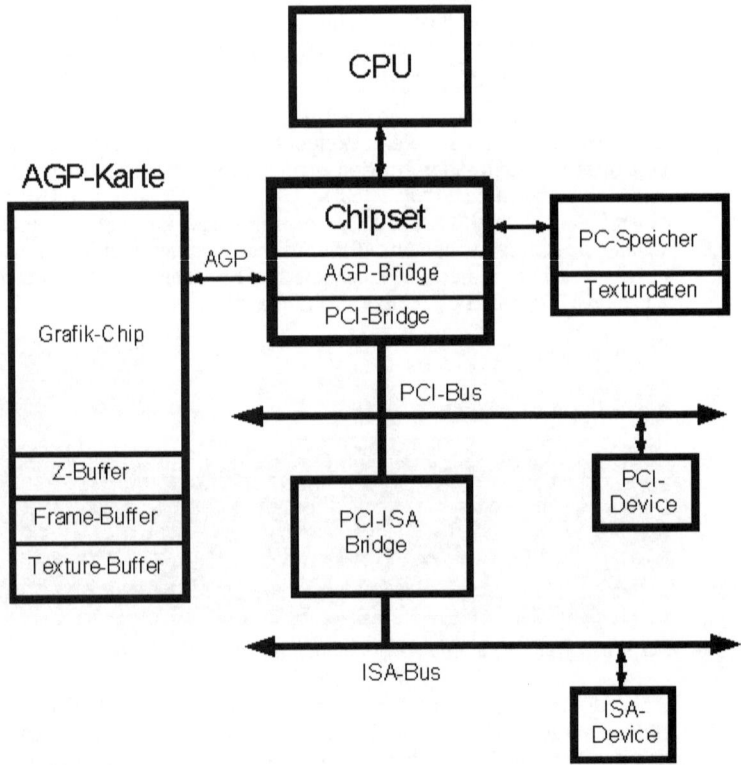

Bild 1.65: Die Integration des AGPs in der Mainboard-Elektronik; eine AGP-Grafikkarte kann einen Teil des PC-Speichers als Texture-Memory verwenden, wodurch eine AGP-Karte nicht zwangsläufig einen Texture-Buffer besitzen muss

3D-Anwendungen, vorwiegend die beliebten Spiele, sind auf einen möglichst großen Grafikspeicher angewiesen, der prinzipiell aus drei Bereichen besteht: Frame-Buffer, Z-Buffer und einem Bereich für die Texturdaten (Texture Buffer). Für die Texturen kann bei den AGP-Grafikkarten ein Teil des »normalen« PC-Speichers verwendet werden, um einen entsprechenden Speicher auf der Grafikkarte einsparen zu können. Die jeweilige Festlegung ist hierfür im BIOS-Setup zu treffen.

Laut dem AGP-Initiator Intel soll der Speicher bei Mainboards mit AGP aus SDRAMs, die mit einem Takt von mindestens 66 oder besser 100 MHz betrieben wird, bestehen. In der Praxis hat sich jedoch mittlerweile herausgestellt, dass sich die Grafikkartenhersteller nicht auf die Mainboardspeicher verlassen, und sie bauen ihre Karten typischerweise mit 16-Mbyte-SDRAM oder dem noch schnelleren SGRAM auf.

Der Speicherpfad auf einer AGP-Karte hat eine Breite von typischerweise 128 Bit, und die Speicherchips auf den Grafikkarten sind gegenüber denen auf dem Mainboard meist auch schneller, wobei hier Speichertakte von 130 MHz (z.B. Hercules Terminator Beast) keine Seltenheit mehr sind, was insgesamt dazu führt, dass der Hauptspeicher nicht zwangsläufig für den AGP »angezapft« werden muss, was möglicherweise sogar mit einem Performance-Verlust verbunden wäre.

 Ausführlichere Informationen zum AGP sind im Kapitel »Bussysteme« zu finden.

1.7.11 VESA Feature Connector

Zahlreiche VGA-, aber auch bereits einige EGA-Karten verfügen über einen *Feature-Connector*. Diese Steckverbindung wird benötigt, um beispielsweise die VGA-Signale auf eine andere Grafikkarte oder auch Video-Karte durchzuschleifen, die selbst keine VGA-Unterstützung bietet. Beispiele sind hierfür einige TIGA-Karten der Firma Texas Instruments oder auch 8514-Grafikadapter der Firma IBM.

Des Weiteren ist er für einige Videokarten (z.B. VideoBlaster) oder MPEG-Dekoderkarten notwendig, da diese direkt die Grafikkarte als Wiedergabekarte benötigen. Die Feature-Signale der Grafikkarte werden per Flachbandkabel auf die Video- oder Grafikkarte, die natürlich einen hierfür passenden Anschluss besitzen muss, geführt. Der Monitor wird dann oftmals statt an die VGA- an die zweite Karte (nicht die Standard-EGA/VGA) angeschlossen, wie es etwa bei den einfachen Videokarten der Fall ist, die ihr Signal mit in die Grafikdaten einschleusen.

Der Feature-Connector ist prinzipiell in zwei Ausführungen anzutreffen: Als 26-polige (2-reihige) Stiftleiste oder als Platinenstecker, wie er auch in verlängerter Form (34-polig) für 5,25-Zoll-Diskettenlaufwerke verwendet wird.

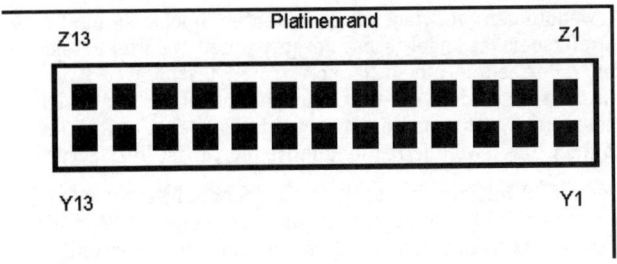

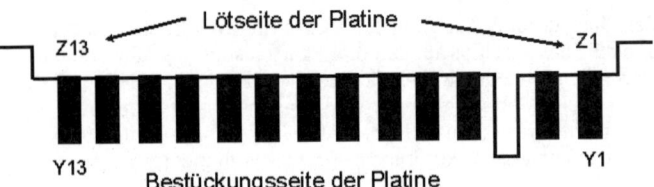

Bild 1.66: Die beiden Ausführungen des Feature-Connectors, wie er auf Grafikkarten zu finden ist

Es sei darauf hingewiesen, dass sich nicht alle Hersteller an die in der folgenden Tabelle angegebene Signalbelegung halten. Die Reihen Z und Y sind dann gegeneinander vertauscht. In der Regel ist bei einer derartigen Verpolung der Anschlüsse keine elektrische Beschädigung zu befürchten, die Karte wird nur nicht entsprechend funktionieren.

Außerdem kann es passieren, dass sich bei der Verwendung des Feature-Connectors die Qualität der Grafikwiedergabe verschlechtert und mitunter sogar ein Modus mit geringerer Auflösung und Farbtiefe eingeschaltet werden muss, damit überhaupt eine Bildwiedergabe möglich ist.

Pin Nr.	Funktion	Pin Nr.	Funktion
Z1	Masse	Y1	Pixeldaten 0
Z2	Masse	Y2	Pixeldaten 1
Z3	Masse	Y2	Pixeldaten 2
Z4	Enable (Low) Externe Pixeldaten	Y3	Pixeldaten 3
Z5	Enable (Low) Externe Synchronisation	Y5	Pixeldaten 4
Z6	Enable (Low) Externer Pixeltakt	Y6	Pixeldaten 5
Z7	Frei	Y7	Pixeldaten 6

Fortsetzung der Tabelle:

Pin Nr.	Funktion	Pin Nr.	Funktion
Z8	Masse	Y8	Pixeldaten 7
Z9	Masse	Y9	Pixeltakt
Z10	Masse	Y10	Schwarzstellen
Z11	Masse	Y11	Horizontale Synchronisation
Z12	Frei	Y12	Vertikale Synchronisation
Z13	Kein Pin	Y13	Masse

Tabelle 1.12: Die Signale des Feature-Connectors

Neben dem Feature-Connector gibt es mittlerweile einige andere (bessere) Möglichkeiten zur Verbindung von Grafik-, Video-, MPEG-, Capture- oder auch TV-Tunerkarten, wobei diese allerdings teilweise herstellerspezifisch sind und nur mit Karten desselben Herstellers funktionieren, etwa mit dem *Multimedia Channel* beim Hersteller ATI oder mit *Analog-Loop-Through* von Diamond.

Bereits vor Jahren hat sich die VESA weiterführende Gedanken zur Verbindung von derartigen *Bildkarten* gemacht, die in einer Spezifikation, dem *VESA Media Channel* (VMC), festgehalten wurden. Allerdings haben nur wenige Hersteller diesen Bus tatsächlich auf ihren Karten realisiert. Gewissermaßen als Ausnahme gilt die englische Firma VideoLogic, die einige ihrer Karten damit ausgestattet hat (VideoLogic 968 mit S3 Chip). Der VMC konnte sich jedoch nicht am Markt durchsetzen.

Bild 1.67: Der VESA-Feature-Connector ist bei dieser Grafikkarte als Platinenverbindung ausgeführt

Ob dies neueren Ansätzen wie dem SNI-Channel von Siemens-Nixdorf gelingt, der immerhin schon jetzt auf eine breitere Akzeptanz als der VMC gestoßen ist, bleibt allerdings noch abzuwarten, so dass der Feature-Connector immer noch den am weitesten verbreiteten Standard darstellt, wenn es gilt, verschiedene *Bildkarten* miteinander zu verbinden.

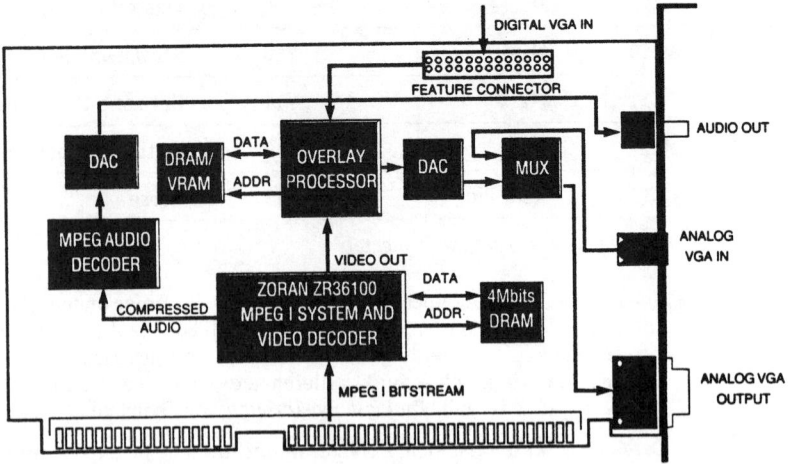

Bild 1.68: Auch MPEG-Decoderkarten verwenden den Feature-Connector als Verbindungsweg zur Grafikkarte

1.7.12 Digitale Interfaces

Neben dem 15-poligen VGA-Anschluss bieten einige neuere Grafikkarten, wie beispielsweise die Xpert-LCD der Firma ATI, einen DFP-Anschluss, was für *Digital Flat Panel* steht. Diese neue 20-polige Schnittstelle ist digital ausgeführt und für den Anschluss von Flüssigkeitskristall-Monitoren (LCD, TFT) gedacht, die intern rein digital arbeiten, denn es macht im Prinzip keinen Sinn, das Signal auf der Grafikkarte per RAMDAC in analoge Signale umzusetzen und per Kabel zum TFT-Monitor zu übertragen, der das analoge Signal dann intern wieder in ein digitales umsetzt. Diese Signalumsetzung könnte man sich also sparen, wobei eine Grafikkarte, die sowohl den analogen VGA- als auch den digitalen DFP-Anschluss besitzt, mit beiden Monitortypen (Röhre, TFT) umgehen kann.

Leider ist der DFP-Anschluss nicht der einzige digitale, denn die VESA hat bereits 1997 den *Plug&Display-Port* (P&D-Port) als Standard definiert, der neben den digitalen Signalen, die im Prinzip denen des DFP entsprechen, auch die analogen Monitorsignale überträgt und des Weiteren auch noch USB- und IEEE1394-Signale an einem gemeinsamen 34-poligen Molex-Anschluss bereitstellt. Im Grunde genommen nutzt bisher nur IBM den teureren Plug&Display-Port, an den sich – per Adapter – auch die üblichen analogen Monitore anschließen lassen.

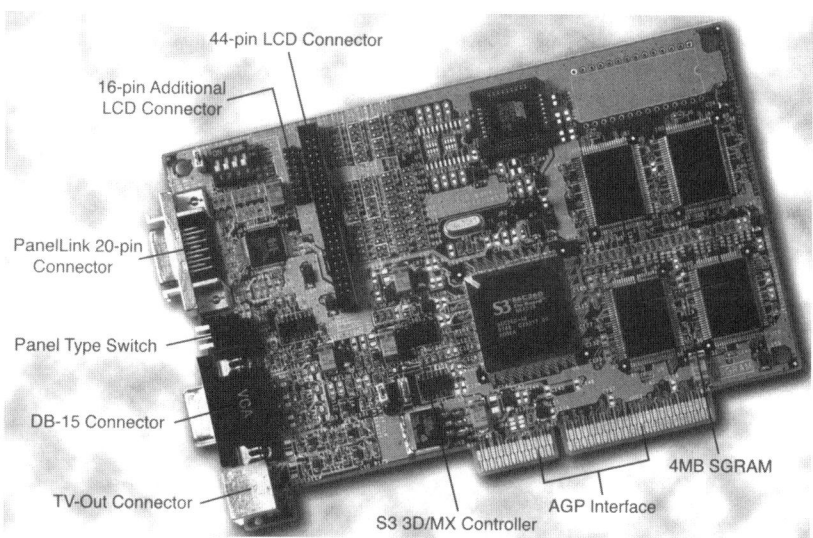

44-pin LCD Connector

16-pin Additional
LCD Connector

PanelLink 20-pin
Connector

Panel Type Switch

DB-15 Connector

TV-Out Connector

S3 3D/MX Controller

AGP Interface

4MB SGRAM

Bild 1.69: *Diese Grafikkarte bietet neben dem üblichen VGA-Anschluss gleich mehrere digitale An-schlüsse, wobei mit den DIP-Schaltern die jeweilige Betriebsart festzulegen ist*

Damit nicht genug, haben sich Hersteller wie etwa Compaq, Hewlett-Packard und Intel das *Digital Visual Interface* (DVI) ausgedacht. Es ist rein digital ausgeführt, besitzt einen 24-poligen Anschluss, bietet keine USB- und IEEE1394-Signale, dafür jedoch die Möglichkeit, Videodaten auf zwei Links à 3 Kanäle zu übertragen, und zwar bis zu einer maximalen Auflösung von 2048 x 1536 Bildpunkten, was somit auch HDTV (1920 x 1080 Bildpunkte) ermöglicht, während DFP auf maximal 85 Hz und eine Auflösung von 1280 x 1024 Bildpunkten begrenzt ist.
Alle drei Realisierungen basieren auf dem *Transition Minimized Differential Signaling-Protokoll* (TMDS) und als Digitalverbindung zwischen Grafikkarte und digitalem Monitor kommen spezielle Panel-Link-ICs zum Einsatz. Der Sender erzeugt aus den 24-Bit-Signalen drei serielle Signale, die differentiell (+/- 0,5 V) auf je zwei Leitzungen (RGB) übertragen werden, und zwei weitere Leitungen transportieren das Taktsignal. Im Monitor befindet sich ein Panel-Link-Empfänger, der wieder die ursprünglichen Video- und Steuersignale generiert.

Mittlerweile sind alle drei Realisierungen von der VESA standardisiert worden und da es bei DVI auch eine Combined-Version mit analogen Monitorsignalen (29-poliger Anschluss) sowie den Plug&Display-Port (30-poliger Enhanced Video Connector, EVC) auch ohne analoge Signale gibt, ist die ganze Angelegenheit noch unüber-sichtlicher geworden. Obwohl die meisten verfügbaren Produkte den Digital-Flat-Panel-Anschluss besitzen, scheint der Trend zu DVI zu gehen, und per Adapter oder auch speziellem Monitorkabel, sollen sich beide Anschlüsse kombinieren lassen.

1.7.13 Grafikkarten im Überblick

Im Grunde genommen sind alle heute erhältlichen Grafikkarten für 2D-Anwendun-gen gleichermaßen gut geeignet. Wer sich überhaupt nicht für Spiele interessiert, kann weiterhin mit seiner 4-Mbyte-PCI-Grafikkarte weiterarbeiten und braucht sich auch nicht mit 3D-Features zu beschäftigen. Wird ein neuer PC erworben, ist mit Sicherheit eine Grafikkarte eingebaut, die in ihrer Bezeichnung irgendwie ein *3D* führt, was ebenfalls zutrifft, wenn man eine neue Grafikkarte einzeln erwirbt.

Immerhin lässt sich auch bei den typischen Büroapplikationen von einem relativ großen Speicher performancetechnisch gesehen profitieren und außerdem sind – je nach Typ – einige nützliche Tools mit dabei, wie beispielsweise das Programm *Colorific*, das die oftmals vermisste Funktion zum Farbabgleich zwischen Monitor, Drucker und Scanner zur Verfügung stellt.

16 MByte SDRAM

Voodoo Banshee von 3Dfx
128-Bit-Grafik-Engine

Monitor-
Anschluß

PCI-Bus

Bild 1.70: Eine Grafikkarte mit Banshee-Chip (3Dfx) zählt bei 3D-Spielen zwar nicht zur Spitzengruppe, bietet dafür jedoch auch noch in älteren PCs eine angemessene Leistung.

Aktuelle Grafikkarten (PCI, AGP) lassen sich allgemein in drei Kategorien ordnen:

···⟩ Standard-Grafikkarten mit einem Speicher von 4-8 Mbyte zu Preisen um 100,–DM für Standardanwendungen (2D) und einfache 3D-Spiele.

···⟩ 3D-Grafikkarten mit einem Speicher von 16-32 Mbyte, basierend auf speziellen 3D-Chips der Firmen 3Dfx (Voodoo 3), NVidia (Riva TNT II), S3 (Savage4) oder Matrox (G400), die für die Unterstützung der aktuellen 3D-Spiele optimiert und zu Preisen von typischerweise 200,--400,- DM erhältlich sind. Die Geschwindigkeit der CPU spielt hierbei aber eine wichtige Rolle, denn nur dann kann die 3D-Grafikkarte überhaupt ihre Qualitäten ausspielen. Während Karten mit Banshee-Chip noch relativ gut mit Intel-Pentium-CPUs von 200 MHz (MMX) bzw. von AMD (3DNow!) zusammenarbeiten, sind für Karten mit einem RivaTNT oder Rage 128 schnelle Pentium-II- bzw. AMD-K6-CPUs (ab ca. 300 MHz) empfehlenswert.

···⟩ 3D-Grafikkarten für den professionellen Einsatz wie z.B. im CAD/CAM-Bereich, der Simulation und dem Modelling, etwa im Maschinenbau, in der Automobil- und der chemischen Industrie. Der Speicher besitzt hierfür eine typische Kapazität von 32-100 Mbyte. Derartige Karten (z.B. Diamond Fire GL, Elsa Gloria XXL) bewegen sich im Preissegment von DM 2000,--5000,- und sind für entsprechend leistungsfähige PC-Systeme (mit guter Floating-Point-Leistung wie mit Athlon, Pentium II/III, XEON) vorgesehen.

Eine AGP-Grafikkarte ist nicht zwangsläufig leistungsfähiger als eine PCI-Grafikkarte. Ein schlecht programmierter Treiber kann – wie bei anderen PC-Komponenten auch – die (vermeintlich) gute Leistung wieder zunichte machen, und außerdem hängt die Performance im Wesentlichen vom Typ des Grafikchips und der Realisierung (Größe, Chiptypen) des Speichers auf der Grafikkarte und weniger vom Bus- bzw. Port-Typ ab. Vielfach sind einige Grafikkarten sowohl als PCI- als auch als AGP-Version erhältlich, sie unterscheiden sich demnach *nur* in ihrem elektrischen Interface.

Die folgende Tabelle zeigt zur Orientierung die Daten von PCI-Grafikkarten, die teilweise auch für 3D-Funktionen ausgelegt sind und sich demnach auch zum Aufrüsten etwas älterer PCs eignen.

Hersteller/Typ	Speicher	Chipsatz	RAMDAC	2D/3D
ATI Videoboost	2 MB EDO DRAM	MACH64CT	135 MHz	2D
ATI 3D Charger	4 MB SGRAM	3D Rage II+	170 MHz	2D/3D
ATI 3D Xpression+	4 MB SGRAM	3D Rage II	170 MHz	2D/3D
ATI Pro Turbo PCTV	8 MB SGRAM	3D Rage II	230 MHz	2D/3D
Creative Labs 3D Blaster	4 MB EDO DRAM	Rendition Verite	135 MHz	2D/3D
Diamond Fire GL 1000 Pro	8 Mbyte SGRAM	Permedia 2	230 MHz	2D/3D
Diamond Stealth 2520	2 MB EDO DRAM	Alliance AT24	135 MHz	2D
Diamond Stealth 3D 2400	4 MB EDO DRAM	S3 Virge	135 MHz	2D/3D
Diamond Stealth 3D 2400 Pro	4 MB EDO DRAM	S3 Virge DX	170 MHz	2D/3D
Diamond Stealth 3D 3400	4 MB VRAM	S3 Virge VX	220 MHz	2D/3D
Diamond Monster 3D	4 MB EDO DRAM	3DFX Voodoo 3D	-	3D
Elsa Winner 2000 Office	4 MB SGRAM	Permedia 2	230 MHz	2D/3D
Hercules Dynamite 128 Video	2 MB MDRAM	Tseng Labs ET6000	135 MHz	2D
Hercules Terminator 3D/DX	4 MB EDO DRAM	S3 Virge DX	170 MHz	2D/3D
Hercules Stingray 128	6 MB EDO DRAM	AT3D Voodoo Rush	170 MHz	2D/3D
Matrox Mystique	4 MB SGRAM	MAG 1064 SG	170 MHz	2D/3D
Matrox Mystique 220	4 MB SGRAM	MAG 1064 SG	220 MHz	2D/3D
Matrox Millenium	4 MB WRAM	MAG 2064 W	220 MHz	2D/3D
Matrox Millenium II	4 MB WRAM	MAG 2164 W	250 MHz	2D/3D
Number Nine 9FX Reality 332	2 MB EDO DRAM	S3 Virge	135 MHz	2D/3D

Fortsetzung der Tabelle:

Hersteller/Typ	Speicher	Chipsatz	RAMDAC	2D/3D
Number Nine 9FX Reality 772	4 MB VRAM	S3 Virge VX	220 MHz	2D/3D
Number Nine Image 128	4 MB EDO VRAM	Imagine II	135 MHz	2D
STB Lightspeed 128	2 MB MDRAM	Tseng Labs ET6000	135 MHz	2D/3D
STB Nitro 3D	4 MB VRAM	S3 Virge GX	135 MHz	2D/3D
STB Velocity 3D	4 MB EDO VRAM	S3 Virge VX	135 MHz	2D/3D
Videologic GrafixStar 410	1 MB EDO DRAM	S3 Trio64/V2	135 MHz	2D
Videologic GrafixStar 450	2 MB EDO DRAM	S3 Virge	135 MHz	2D/3D
Videologic GrafixStar 550	4 MB EDO DRAM	Cirrus Logic Laguna	135 MHz	2D/3D
Videologic GrafixStar 750	4 MB VRAM	S3 Virge VX	220 MHz	2D/3D
Videologic Apocalypse 3D	4 MB EDO DRAM	NEC Power VR	220 MHz	2D/3D

Tabelle 1.13: Daten einiger PCI-Grafikkarten

Wie erläutert, kann die beste 3D-Grafikkarte ihre Leistung nicht ausspielen, wenn sich das »PC-Umfeld« wie die CPU und der Speicher demgegenüber als zu leistungsschwach herausstellt. Neben den Spielen ist das DVD-Playback eine typische 3D-Grafikkartenanwendung und auch in dieser Disziplin gibt es recht große Unterschiede, wie die verschiedenen Grafikkarten mit den CPUs harmonieren. Während eine ATI-Grafikkarte mit Rage 128 auf einem Pentium II mit 266 MHz bereits flüssige Videos bieten kann, benötigen Grafikkarten mit Riva TNT II-Chipset (NVidea) am besten eine 300 MHz-Pentium-II-CPU und Modelle mit GeForce 256-Chipset von NVidea oder auch die Millenium G400 von Matrox am besten CPUs mit mindestens 400 MHz, damit die DVD-Bilder nicht ins Stocken geraten. Daraus kann man für die Praxis durchaus schlussfolgern, dass jede neue Grafikkarten-Generation auch stets eine höhere CPU-Klasse benötigt.

Preislich gesehen gibt es zwischen einer PCI- und einer AGP-Grafikkarte keinen Unterschied mehr, so dass man einfach zu einer AGP-Karte statt zu einer PCI-Karte greift, damit noch ein weiterer PCI-Slot zur Verfügung steht. Zuweilen sind die AGP-Pendants sogar preiswerter als die entsprechenden PCI-Versionen und neue 3D-Grafikkarten werden auch nur noch als AGP-Version hergestellt.

Hersteller	Typ	Speicher	Chipsatz	RAMDAC
Asus	AGP-V3400TnTTV	16 Mbyte, SDRAM	Riva TNT, NVidia	250 MHz
ATI	Rage Fury	32 Mbyte, SGRAM	Rage 128, ATI	250 MHz
ATI	Rage Magnum	32 Mbyte, SGRAM	Rage 128GL, ATI	250 MHz
ATI	3D Charger	4 Mbyte, SGRAM	3D Rage II, ATI	170 MHz
Creative Labs	Graphics Blaster TNT	16 Mbyte, SDRAM	Riva TNT, NVidia	250 MHz
Creative Labs	3D Blaster Banshee	16 Mbyte, SDRAM	Banshee, 3Dfx	250 MHz
Diamond	Viper V550	16 Mbyte, SDRAM	Riva TNT, NVidia	250 MHz
Diamond	Monster Fusion	16 Mbyte, SGRAM	Banshee, 3Dfx	250 MHz
Elsa	Erazor II	16 Mbyte, SGRAM	Riva TNT, NVidia	250 MHz
Elsa	Victory	16 Mbyte, SGRAM	Banshee, 3Dfx	250 MHz
Guillemot	Maxi Gamer Phoenix	16 Mbyte, SGRAM	Banshee, 3Dfx	250 MHz
Hercules	Dynamite TNT	16 Mbyte, SGRAM	Riva TNT, NVidia	250 MHz
Hercules	Terminator Beast	8 Mbyte, SDRAM	Savage3D, S3	250 MHz
Matrox	Mystique G200	8 Mbyte, SDRAM	G200, Matrox	230 MHz
Matrox	Millenium G200	8 Mbyte, SDRAM	G200, Matrox	250 MHz
Number Nine	Revolution IV	16 Mbyte, SDRAM	Ticket-2-Ride IV, Number Nine	250 MHz
STB	Velocity 4400	16 Mbyte, SDRAM	Riva TNT, NVidia	250 MHz
STB	Lightspeed 3300	16 Mbyte, SGRAM	Banshee, 3Dfx	250 MHz

Tabelle 1.14: AGP-Grafikkarten im Überblick; einige Karten lassen sich durch zusätzliche Module in ihrem Grafikspeicher noch erweitern

Wichtig für die professionellen Anwendungen ist, dass die Karte die *Open Graphics Language* (OpenGL) unterstützt. Dieser Industriestandard der Firma Silicon Gaphics, der ursprünglich für spezielle Workstations entwickelt wurde und mittlerweile von vielen Plattformen wie LINUX, UNIX, OS/2 und den aktuellen Mircosoftbetriebssystemen Unterstützung erfährt, bietet die hierfür passende Software-Schnittstelle.

Die Microsoft-Schnittstelle *Direct-3D* ist demgegenüber allein Windows vorbehalten und findet für die genannten Anwendungen nur eine zögerliche Unterstützung, was von den Herstellern damit begründet wird, dass man sich hiermit zu stark an Windows bindet und Direct-3D einige Limitierungen mit sich bringt (z.B. APIs nicht eindeutig definiert, ungenügende Kontrollmöglichkeiten der Farbwerte), was für professionelle Anwendungen eben nicht geeignet erscheint.

Falls für eine PC-übliche 3D-Grafikkarte jedoch ein OpenGL-Treiber verfügbar ist (z.B. von NVidia), kann – mit gewissen Einschränkungen – auch mit einer relativ preiswerten 3D-Grafikkarte das Profisegment erschlossen werden. Diese Einschränkungen sind beispielsweise, dass keine »absolut flackerfreie« Farbdarstellung bei sehr hohen Auflösungen möglich ist, eine mangelnde Geschwindigkeit etwa bei der Darstellung von Drahtgittermodellen auftritt und zudem eine hohe Treiberstabilität und -zuverlässigkeit gefordert ist, wie man sie aus dem PC-Spielebereich eben nicht (immer) kennt.

Bild 1.71: Grafikkarten mit NVidias RIVA TNT 2 gibt es von zahlreichen Herstellern, wie dieses Modell der Firma Creative Labs; wer mit einer derartigen Karte auch professionelle Anwendungen erschließen will, sollte auf einen (funktionierenden) OpenGL-Treiber achten

Bei Grafikkarten, die für den Bereich der 3D-Spiele optimiert sind, gibt es zwischen den einzelnen Typen fast schon »Glaubenskriege«. Der eine stellt diese 3D-Funktion besser dar, der andere jene. Der »gewöhnliche« Anwender kann aber weder feststellen, welche der zahlreichen 3D-Funktionen überhaupt unterstützt und wie realisiert werden (per Chip oder per Treiber), noch welches Programm mit welchem Software-Interface (z.B. Glide, Direct X, OpenGL) den Chip bestmöglichst nutzen kann, und wahrscheinlich ist beim nächsten Treiberupdate oder spätestens beim nächsten 3D-Chip sowieso schon wieder alles anders.

Die Auswahl der passenden 3D-Karte für den optimalen Spieleeinsatz kann aber auch auf ganz pragmatische Art und Weise getroffen werden, nämlich nach den einzusetzenden 3D-Spielen – vielleicht nach dem jeweiligen Lieblingsspiel. Und wer noch keines hat, kauft eines der preislich interessanten Bundles, bei denen es mehrere Spiele zu der 3D-Grafikkarte dazugibt. Der Hersteller der Grafikkarte sollte schließlich am besten wissen, wie er sein Produkt optimal beim Kunden brillieren lässt und wird kaum ein Spiel dazugeben, das auf dem Chip der Konkurrenz viel besser aussieht. Wer einen Vergleich der Leistung und der Darstellungsqualität verschiedener 3D-Grafikkarten erhalten möchte, sollte dies am besten mit einem Spiel durchführen, das er bereits kennt, um somit einen realistischen Eindruck zu erhalten, denn was von den technischen Features letztendlich als Bild »herüberkommt«, ist, wie erläutert, von verschiedenen Faktoren (Typ, Speicher, Treiber, Software-Interface, jeweiliges Spiel) abhängig.

Laufwerke

PC-Werkstatt

Unter einem »Laufwerk« für einen PC versteht
man im einfachsten Fall ein Diskettenlaufwerk.
Im Laufe der Zeit sind verschiedene weitere
Typen hinzugekommen, die in diesem Teil des
Buches näher behandelt werden.

2

esktc
xplor
terne
enste
Speich
Verwal
form
nters
artm
atent
ennw
Protok
peich
ysten
enüb
egist
dner
omär
ower
esktc
xplor
erne
nste
eich
erwal
form
nters
artm
atent
ennw
rotok
peich
ysten
enüb
egist
rdner
omär
ower
xplor
terne
nste
eich
erwal
form
nters
artm
atent
ennw

2 Diskettenlaufwerke, LS120, ZIP

Ein Laufwerk, wobei es zunächst keine Rolle spielt, von welchem Typ es ist, unterscheidet sich von anderen Speichermedien oder »Massenspeichern«, wie etwa einem Speicher, der sich aus elektronischen Schaltkreisen (RAM, Cache) zusammensetzt, dadurch, dass es im Innern aus mehr oder weniger komplizierten mechanischen Komponenten besteht. Dieser Umstand hat zur Folge, dass ein Laufwerk in diesem Sinne einem (natürlichen) Verschleiß unterliegt, der mit fortschreitendem Betrieb irgendwann zu Fehlern oder auch totalem Versagen führen kann. Dies steht im Gegensatz zu den elektronischen Speichereinheiten, die üblicherweise nicht durch die eigentliche Benutzung Schaden nehmen können, sondern lediglich durch den unzulässigen Betrieb außerhalb ihrer Spezifikation (Übertaktung) oder äußere Einflüsse wie eine zu hohe Temperatur oder auch eine zu hohe Betriebsspannung eines defekten Netzteils. Ein System, welches mit mechanischen und rotierenden Elementen arbeitet, wie ein Diskettenlaufwerk oder eine Festplatte, nimmt natürlich äußere Einwirkungen wie etwa Fallenlassen oder auch Stöße während des Betriebes übel und kann dadurch ernsthaft beschädigt werden.

Diesen wichtigen Unterschied der Speichermedien sollte man immer im Hinterkopf behalten, denn es ist durchaus keine Seltenheit, dass sich Anwender auf den Datenerhalt allein auf ihrer Festplatte verlassen, was nur als glatter Leichtsinn bezeichnet werden kann. Näheres zur wichtigen Datensicherung findet sich in Kapitel 4.

2.1 Magnetische Aufzeichnungsverfahren

Bei Laufwerken unterscheidet man prinzipiell zwischen zwei verschiedenen Speicher- und damit auch Lesemethoden: magnetisch wie bei einer Diskette oder Festplatte und optisch wie bei einer CD-R. Daneben gibt es auch ein Verfahren, welches eine Kombination beider Methoden verwendet und dementsprechend als magneto-optisch (MO) bezeichnet wird. MO-Laufwerke und die verschiedenen Varianten der optischen Speicherung wie CD-R, CD-RW und DVD werden im Teil *Multimedia* behandelt, während im Folgenden zunächst die Diskettenlaufwerke erläutert werden, die ein magnetisches Aufzeichnungsverfahren verwenden.

Im übrigen lässt sich das jeweilige Speichermedium (magnetisch oder optisch) auch anhand der Bezeichnung identifizieren. Ein »k« steht eigentlich immer für magnetisch und ein »c« für optisch, beispielsweise *Floppy Disk* (Diskette), eben magnetisch, und *Compact Disc* (CD-ROM) für optisch.

Unterscheidung zwischen magnetischen und optischen Speichermedien: Disk mit »k«: magnetisch, Disc mit »c«: optisch

In jedem PC befindet sich ein spezieller Laufwerks-Controller, der meist sowohl die Diskettenlaufwerke als auch die Festplatte(n) steuert. Zum Controller werden (vom Chipsatz) die zu speichernden Datenbits als Nullen und Einsen gesendet, die in magnetische Impulse oder – genauer – Flusswechsel umgewandelt werden müssen, um dann auf der magnetisierbaren Oberfläche der Diskette oder Festplatte gespeichert werden zu können. Dabei genügt es aber nicht, nur die Daten der Reihe nach auf der Oberfläche abzulegen. Vielmehr muss noch gekennzeichnet werden, wann ein Bit beginnt und wann es aufhört. Dies kann nach verschiedenen Verfahren erfolgen:

···⟩ FM-Verfahren, Frequence Modulation

···⟩ MFM-Verfahren, Modified Frequence Modulation

···⟩ RLL-Verfahren, Run Length Limited

···⟩ ARLL-Verfahren, Advanced Run Length Limited

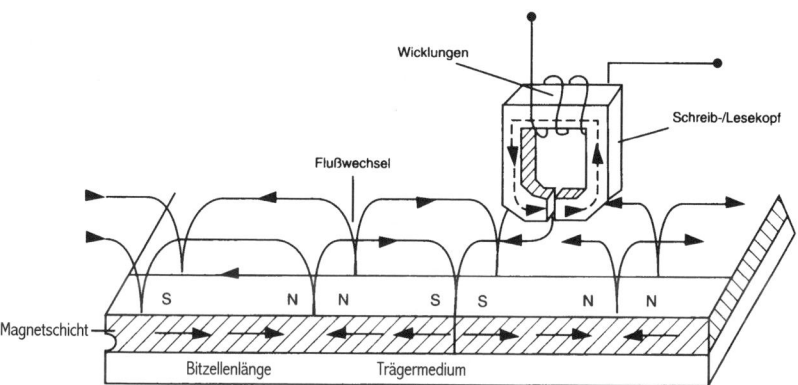

Bild 2.1: Das Prinzip der magnetischen Aufzeichnung. Die Flusswechsel repräsentieren den Informationsgehalt des Speichermediums

2.1.1 Das FM-Verfahren

Bei dem ältesten Verfahren – dem FM-Verfahren – wechselt die magnetische Flussrichtung immer bei einer 1, bei einer 0 hingegen bleibt sie konstant. Um feststellen zu können, an welcher Stelle ein bestimmtes Bit oder eine Folge von Einsen oder Nullen anfängt oder aufhört, ist noch ein Referenztakt nötig, der vor jedem Datenbit (egal ob 0 oder 1) gesendet wird. Damit werden für die Aufzeichnung einer »1« insgesamt zwei und für die Aufzeichnung einer »0« wird ein Flusswechsel benötigt.

Der Platz wird auf der Festplatte oder Diskette durch dieses Verfahren nicht optimal genutzt, da zu viele Flusswechsel stattfinden. Finden dagegen weniger Flusswechsel statt, steht auf der magnetischen Oberfläche mehr Platz für die eigentlichen Daten zur Verfügung. Das FM-Verfahren ist mittlerweile veraltet und findet nur noch für die alten IBM-Diskettenformate Verwendung.

2.1.2 Das MFM-Verfahren

Eine Verbesserung ergibt sich durch das modifizierte FM-Verfahren (MFM), denn dort wird das Taktsignal im Prinzip mit in das Datensignal aufgenommen. Setzt man einmal eine konstante Umdrehungsgeschwindigkeit für die magnetische Oberfläche voraus, so steht für jedes Bit ein gleich großer Bereich zur Verfügung. Beim MFM-Verfahren wird nun bei jeder »1« in der Mitte dieses Bereichs ein Flusswechsel durchgeführt. Eine »0« beginnt hingegen am Anfang dieses Bereichs, aber nur dann, wenn das vorige Bit keine »1« war.

Hiermit ergibt sich eine Steigerung der Datendichte um 100 Prozent gegenüber dem FM-Verfahren. Das MFM-Verfahren war jahrelang das am häufigsten verwendete Aufzeichnungsverfahren für Festplatten und wird für die Controller nach dem ST506/412-Standard verwendet, bei dem eine Datendichte von 17 Sektoren à 512 Byte erreicht wird. Bei den gängigen Diskettenlaufwerken (3,5" und 5,25") ist es heute noch üblich.

2.1.3 Die RLL-Verfahren

Eine weitere Verringerung der Flusswechselrate ergibt sich mit einem Verfahren, das sich einer Umkodierung der Daten bedient. Es werden Gruppen von Bits in einen Code variabler Länge umgesetzt. Die Umkodierung erfolgt nach der Vereinbarung:

Zwischen zwei Einsen muss immer eine bestimmte Anzahl von Nullen stehen!

Diese Verfahren – es existiert davon eine ganze Reihe – werden als RLL-Verfahren (**R**un **L**ength **L**imited) bezeichnet.

Beim RLL2.7-Verfahren werden zwischen zwei Einsen zwei bis sieben Nullen gesetzt und beim RLL3.9-Verfahren, welches auch unter der Bezeichnung **A**dvanced **RLL** (ARLL) firmiert, werden drei bis neun Nullen zwischen zwei Einsen platziert.

Bei IDE- und SCSI-Festplatten wird vorwiegend das RLL1.7-Verfahren oder auch eine Abwandlung davon verwendet. Die Tabelle 2.1 zeigt als Beispiel die Umsetzung einer Datenfolge in den RLL2.7-Code. Es existieren nur diese sieben Umsetzungen und keine weiteren Kombinationen!

Datenfolge	RLL2.7-Code
000	000100
10	0100
010	100100
0010	00100100
11	1000
011	001000
0011	00001000

Tabelle 2.1 Der Umsetzungscode für RLL2.7

Mit dem RLL2.7-Verfahren ergibt sich eine Speicherkapazitätssteigerung der Festplatte um 50 Prozent gegenüber dem MFM-Verfahren, denn statt 17 Sektoren pro Spur werden nun 26 Sektoren untergebracht. Mit dem RLL3.9-Verfahren ergibt sich eine Steigerung um 100 Prozent gegenüber dem MFM-Verfahren, denn hier werden 34 Sektoren pro Spur angelegt.

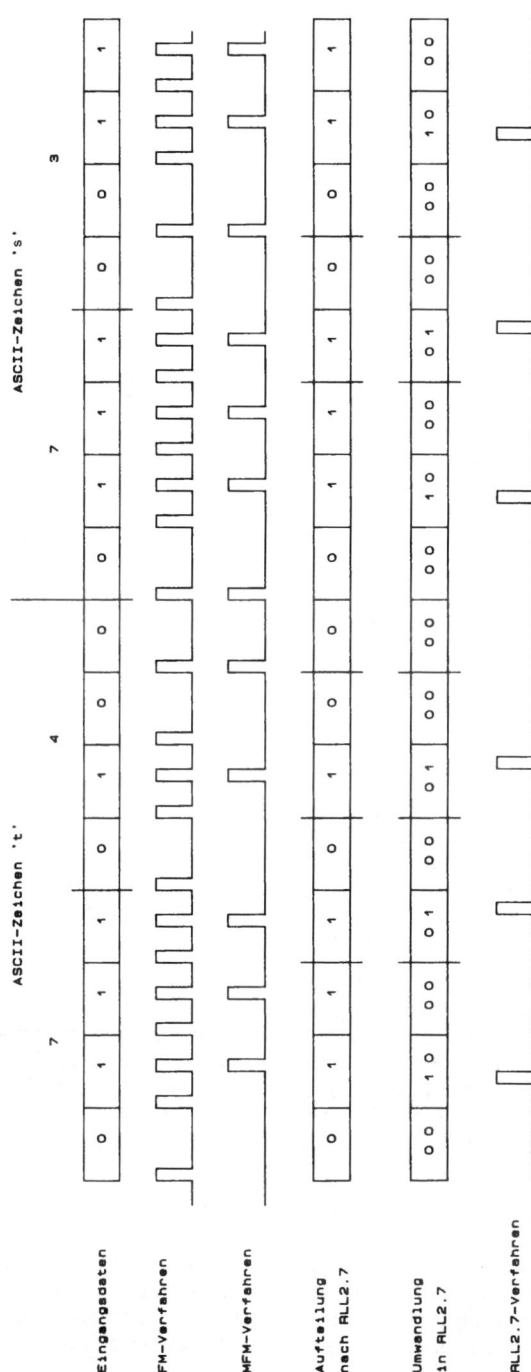

Bild 2.2: Die magnetischen Aufzeichnungsverfahren im Vergleich: Jeder Flusswechsel wird mit einem High-Impuls dargestellt; je weniger Flusswechsel stattfinden, desto mehr Daten »passen« auf die Oberfläche

2.2 Diskettenlaufwerke

Die Diskette ist immer noch das einfachste Speichermedium für PCs, wobei die
3,5"-Diskette mit einer maximalen Kapazität von 1,44 Mbyte üblich ist. Die Vorläufer, wie etwa die große Diskette (5,25 Zoll), werden heutzutage kaum mehr eingesetzt, und entsprechende Laufwerke sind nur noch bei älteren PCs zu finden.

Das Prinzip der Aufzeichnung und das Interface für den Anschluss der Diskettenlaufwerke hat sich über die Jahre nicht verändert, wenn man einmal davon absieht, dass sich der entsprechende Controller – und damit der Anschluss (FDD,
Floppy Disk Drive) – bei den heute üblichen PCs gleich mit auf dem Mainboard
befindet und hierfür keine extra Einsteckkarte (für den ISA-Bus) zum Einsatz kommt.

2.2.1 Diskettentypen und Speicherkapazität

Ein Diskettenlaufwerk gehört zur Standardausstattung eines PC, auch wenn seine
Speicherkapazität schon seit längerer Zeit nicht mehr zeitgemäß erscheint, da die
heute üblichen Programme nicht selten 30 oder mehr Disketten umfassen, und wer
möchte die alle nacheinander in der richtigen Reihenfolge einlegen und die
Programminstallation in dem damit verbundenen mäßigen Tempo vornehmen. Sicher niemand – zumindest nicht freiwillig –, und daher gehört auch ein Laufwerk
für CD-ROMs (Kapitel 11), die die ca. 450-fache Speicherkapazität einer Diskette
aufweisen, in einen jeden heute üblichen PC.

Allerdings ist eine Diskette immer noch das preiswerteste und am unproblematischsten zu handhabende Speichermedium, welches jeder PC-User verwenden kann.
Bevor der PC mit anderen Speichermedien wie Festplatten, ZIP- oder CD-RW-Laufwerken überhaupt umgehen kann, müssen erst einmal die nötigen Treiber hierfür
installiert werden, und dies geschieht eben über Disketten.

Neben dem üblichen 3,5-Zoll-Laufwerk für die Verwendung von 1,44-Mbyte-Disketten existieren zwar auch Laufwerke und dazugehörige Disketten, die höhere Speicherkapazitäten aufweisen (bis zu 20 Mbyte), doch haben sie sich aufgrund der
zahlreichen herstellerspezifischen Aufzeichnungs- und Anschlussverfahren sowie
der mangelhaften Softwareunterstützung nicht in dem Maße durchgesetzt, wie es
sich die Industrie gewünscht hat.

Dies gilt übrigens auch für die 2,88-Mbyte-Disketten, für die ein spezielles und
damit teureres Laufwerk benötigt wird als für die 1,44-Mbyte-Standarddisketten.
Zahlreiche BIOS-Versionen unterstützen zwar diesen Typ, der ebenfalls im 3,5 Zoll-Format aufgebaut ist und bereits seit der DOS-Version 5.0 standardmäßig verwendet werden kann, doch wurde hiervon kaum Gebrauch gemacht. Dies lag sicherlich
daran, dass es immer noch üblich ist, Disketten zum Datentausch an einen anderen
PC-User weiterzugeben, und mit einem 2,88-Mbyte-Laufwerk arbeiten eben die
wenigsten PC-Anwender.

Mit einer 2,88-Mbyte-Diskette lässt sich zwar die doppelte Menge an Daten gegenüber den Standarddisketten speichern, doch im Grunde genommen ist dies bei den
heute üblichen Dateigrößen von mehreren Mbyte immer noch viel zu wenig, als
dass sich diese Anschaffung lohnen würde. Man arbeitet dann doch lieber mit
Datenkomprimierungsprogrammen wie PKZIP, ARJ und anderen, damit sich die
gewünschten Daten dennoch auf einer Standarddiskette unterbringen lassen.

Erst mit dem ZIP- und dem LS120-Laufwerk (ab Kapitel 2.3) sind zwei Laufwerkstypen verfügbar, die auf eine breitere Unterstützung der verschiedenen PC-Hersteller gestoßen sind und daher auch die »alte« Diskette ersetzen könnten. Dies ist in der Praxis jedoch nicht so einfach zu realisieren, da diese Laufwerke nicht die Floppy-, sondern bevorzugt die EIDE-Schnittstelle verwenden, wie es noch genau erläutert wird.

Disketten mit 2,88-, 1,44- und 1,2-Mbyte-Speicherkapazität werden als *High-Density-Typen* bezeichnet, und beide Seiten der Disketten werden zur Datenaufzeichnung verwendet. Dies wird auf den Disketten mit HD für High-Density und DS für Double-Sided gekennzeichnet.

Daneben existieren noch ältere Formate, wie 360-Kbyte auf 5,25-Zoll-Disketten (Double Sided, Double Density) und 720-Kbyte auf 3,5-Zoll-Disketten, die ebenfalls mit DS/DD gekennzeichnet sind und meist nur noch von (ehemaligen) Atari-Freunden verwendet werden. In High-Density-Laufwerken können auch die älteren Formate verwendet werden, umgekehrt geht dies nicht.

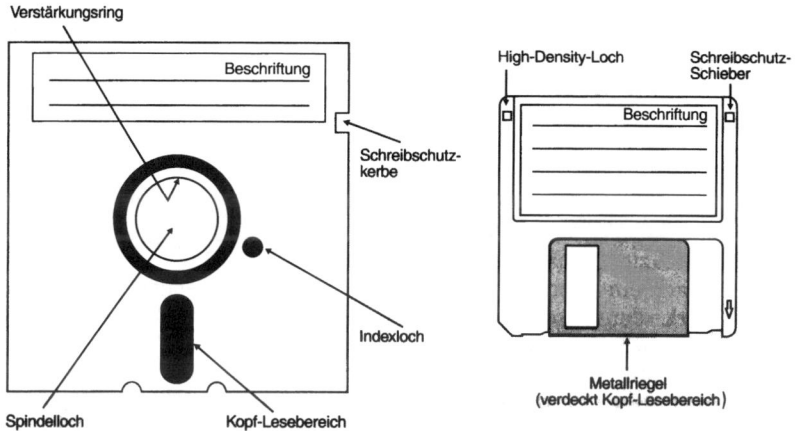

Bild 2.3: Eine 5,25-Zoll- und eine 3,5-Zoll-Diskette

Eine Diskette besteht grundsätzlich aus einer Umhüllung, in der sich eine Kunststoffscheibe befindet, die mit einem magnetischen Material beschichtet ist. Daher ist es wichtig, die Disketten nie in der Nähe von Magnetfeldern aufzubewahren, denn dadurch können Daten gelöscht werden. Disketten auf das PC-Gehäuse oder den Monitor zu legen, ist daher schon gefährlich.

Ähnlich riskant ist es bekanntlich, seine Audio-Cassetten auf einer großen Lautsprecherbox zu lagern, die dadurch erst einmal dumpf im Klang werden, bis schließlich gar nichts mehr zu hören ist. Bei Disketten reicht es dagegen schon, wenn ein einziges Bit »umkippt«, woraufhin die Diskette nicht mehr zu lesen ist. Wärme und Schmutz sind natürlich auch Gift für eine Diskette, weshalb sie immer am besten in der Papierhülle (5,25 Zoll-Diskette) oder in einer Diskettenbox im Schrank aufgehoben ist.

Die 5,25-Zoll-Disketten sind von einer flexiblen Plastikhülle umgeben. Ein Langloch in der Hülle gibt die Oberfläche des Datenträgers für die Schreib-/Leseköpfe frei. Hier sollte man die Diskette auf keinen Fall anfassen, denn selbst kleinste Fett- und Staubpartikel können die Diskette unbrauchbar machen. In der Mitte der

Diskette befindet sich ein Loch, welches bei besseren Disketten mit einem Verstärkungsring umrandet ist, da hier der Antrieb des Laufwerks ansetzt. Sowohl die Plastikhülle als auch der eigentliche Datenträger verfügen über ein Indexloch, welches dem Laufwerk zur Bestimmung der Nullposition dient. Hier sollte man natürlich auch nicht drauffassen.

Am Rand der »großen Diskette« befindet sich eine Kerbe, die, wenn sie mit einem nicht durchsichtigen Klebestreifen zugeklebt wird, vor unbeabsichtigtem Überschreiben schützt. Bei älteren Laufwerken erfolgte die Schreibschutzerkennung mechanisch, bei neueren hingegen mittels einer Lichtschranke, und daher nützt hier ein Stück Tesafilm keineswegs als Schreibschutz. Ist hingegen ein undurchsichtiger Klebestreifen auf die Diskette geklebt, kann auf ihr keine Datenspeicherung mehr vorgenommen werden. Installationsdisketten von Programmen besitzen in der Regel keine Kerbe, denn diese Disketten sollen natürlich nicht, auch nicht aus Versehen, überschrieben werden. Der Schreibschutz kann bei beiden Laufwerkstypen im Übrigen nicht per Programm oder auf sonstige Art und Weise übergangen werden, egal, ob die Überprüfung des Schreibschutzes im Laufwerk per Lichtschranke oder rein mechanisch erfolgt. Auf eine schreibgeschützte Diskette können demnach auch keine Viren übertragen werden.

Das Etikett für die 5,25-Zoll-Diskette sollte nicht mit einem Kugelschreiber beschriftet werden, wenn es sich bereits auf der Diskette befindet, denn durch den Druck kann der Datenträger beschädigt werden. Grundsätzlich sollte man Diskettenbeschriftungen daher mit einem Faserschreiber vornehmen, und ganz besondere Vorsicht ist bei der Beschriftung von CD-Rs (Kapitel 12) angebracht.

Die 3,5-Zoll-Diskette ist in der Handhabung erheblich unempfindlicher als die 5,25-Zoll-Diskette, denn der Datenträger ist in einem relativ stabilen Kunststoffgehäuse untergebracht, nicht von außen zugänglich und damit nicht zu berühren. Ein Metallriegel schirmt die Magnetschicht nach außen hin ab, und erst wenn die Diskette in das Laufwerk eingelegt wird, wird der Riegel vom Laufwerk beiseite geschoben.

Auf der Unterseite der Diskette befindet sich eine Metallscheibe, an der der Motor des Laufwerkes ansetzt. Der Schreibschutz wird hier durch ein eckiges Loch an der rechten oberen Ecke erkannt. Ein kleiner Plastikschieber kann von der Rückseite der Diskette über das Loch geschoben werden, wodurch der Schreibschutz ausgeschaltet ist. Dies ist genau umgekehrt als bei der 5,25-Zoll-Diskette, wo es gilt: Loch zu = schreibgeschützt.

Das Kunststoffgehäuse der 3,5-Zoll-Diskette ist – wie erwähnt – relativ stabil ausgeführt. Man kann die Disk zwar wie ein Stück Plastik behandeln, doch aktiviert man den Schreibschutz, indem man die Öffnung freigibt – den Plastikschieber mit einem spitzen Gegenstand (Kugelschreiber) bewegt –, kann eine billige Diskette dabei einfach auseinanderfallen. Die Diskette bricht an der Verklebung auseinander. Die allerbilligsten 3,5-Zoll-Disketten verfügen noch nicht einmal über den Plastikschieber, sondern zum Schreibschutz wird an dieser Stelle ein vorgestanztes Plastikstück herausgebrochen, und die Diskette ist dann unwiderruflich nicht mehr zu beschreiben.

Das Kunststoffgehäuse ist im Laufe der Zeit auch immer dünner geworden und hat längst nicht mehr die Qualität wie bei der Einführung des 3,5-Zoll-Typs im Jahre 1985. Hier lohnt es sich schon, etwas auf die Qualität zu achten, wenn man etwas sorgloser im Umgang mit Disketten ist.

Ein weiteres eckiges Loch – diesmal in der linken Ecke der 3,5-Zoll-Diskette – ist bei den üblichen HD-Disketten (Atari) angebracht. Die alten DD-Disketten weisen dieses Loch nicht auf, damit die Laufwerkselektronik beide Typen voneinander unterscheiden kann. Die beiden Diskettentypen verfügen über eine unterschiedliche Sektorenanzahl und werden daher vom Laufwerk auch unterschiedlich behandelt. Es ist im Prinzip möglich, eine DD-Diskette in eine HD-Diskette zu »verwandeln«, was in früheren Zeiten sehr oft praktiziert wurde, als so eine Diskette pro Stück noch über 10 DM kostete, indem man einfach ein Loch an die entsprechende Stelle der DD-Diskette bohrt, was allerdings auch nur mit den besseren DD-Disketten ohne nachfolgende Schreib- und Lesefehler funktionierte.

Disketten-größe	Disketten-typ	Spuren	Sektoren	horizontale Dichte	Kapazität
5,25"	SS/SD	40	9	48 TPI	180 Kbyte
5,25"	DS/DD	40	9	48 TPI	360 Kbyte
5,25"	DS/HD	80	15	96 TPI	1,2 Mbyte
3,5"	DS/DD	80	9	135 TPI	720 Kbyte
3,5"	DS/HD	80	18	135 TPI	1,44 Mbyte
3,5"	DS/HD	80	36	96 TPI	2,88 Mbyte

Tabelle 2.2: Die gebräuchlichsten 5,25- und 3,5-Zoll-Diskettenformate (SS steht für Single Sided, einseitige Diskette, und DS für Double Sided, zweiseitige Diskette)

Die Speicherkapazität einer Diskette ergibt sich erst durch das Formatieren. Der Platz auf der Diskette wird vom DOS dabei in Spuren und Sektoren aufgeteilt, wie es im Bild 2.4 gezeigt ist. Im Handel gibt es mittlerweile fast nur noch formatierte Disketten.

Der Vorgang des Formatierens ist deshalb jedoch nicht uninteressant geworden, denn in einigen Fällen benötigt man noch für einen älteren PC oder ein anderes Computersystem eine spezielle Formatierung, und falls eine Diskette mit bestimmten Viren verseucht wurde, ist dies der einzige Weg, sie einem erneuten Verwendungszweck wieder zuführen zu können. Durch eine Formatierung gehen grundsätzlich alle Daten – egal, auf welchem Speichermedium – verloren.

Die Spuren bestehen aus 40 oder maximal 80 konzentrischen Kreisen, wobei die Spurbreite – je nach Laufwerkstyp – zwischen 0,33 mm (360 Kbyte) und 0,115 mm (1,44 Mbyte) beträgt. Die Spuren werden durch die Sektoren in einzelne Abschnitte (wie Tortenstücke) unterteilt. Unter DOS beinhaltet ein Sektor immer 512 Byte.

Als Aufzeichnungsverfahren wird das MFM-Verfahren eingesetzt. Sogar das FM-Verfahren wird noch verwendet, und zwar für das alte IBM-180-Kbyte-Format. Durch den entsprechenden FORMAT-Befehl des Betriebssystems (DOS) wird das Laufwerk mit Hilfe des Disketten-Controllers zur Umschaltung in den FM-Mode angewiesen. Für die heute üblichen Formate wird jedoch ausschließlich das MFM-Verfahren eingesetzt.

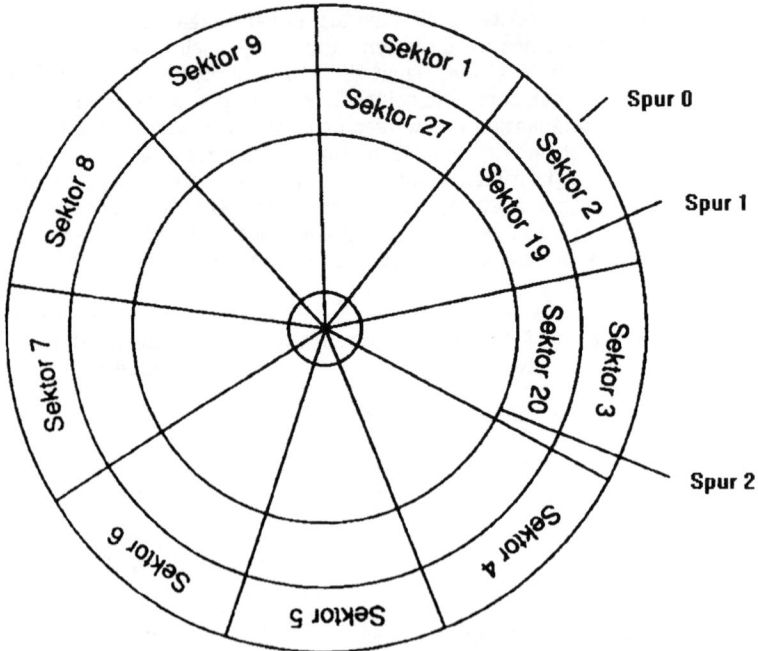

Bild 2.4: Die Aufteilung einer Diskette erfolgt in Spuren und Sektoren

Die mechanischen und elektronischen Eigenschaften des Laufwerks bestimmen die Anzahl der möglichen Spuren, wobei die angegebene Dichte das ausschlaggebende Kriterium ist. Man unterscheidet zwei Arten von Dichten: die horizontale, die sich aus der Anzahl der möglichen Spuren pro Zoll (Tracks per Inch, TPI) errechnet, und die lineare Dichte, die die Datenaufnahmefähigkeit einer einzelnen Spur angibt (Bits per Inch, BPI).

Die Speicherkapazität einer Diskette berechnet sich damit wie folgt:

**Speicherkapazität = Spuren pro Seite * Sektoren pro Spur * Bytes pro Sektor
* Seitenanzahl**

Für eine 1,44 Mbyte-Diskette gilt dann nach der obigen Tabelle:

**Speicherkapazität = 80 * 18 * 512 * 2 = 1474560 Byte oder 1440,0 Kbyte =
1,406 Mbyte**

Das Formatieren einer Diskette kann man mit verschiedenen Programmen erledigen, beispielsweise mit Windows oder auch direkt mit DOS. Im einfachsten Fall gibt man hier FORMAT A: ein, woraufhin die Diskette im Laufwerk A formatiert wird.

Handelt es sich um ein 3,5-Zoll-Laufwerk für 1,44 Mbyte-Disketten, wird sie auf dieses Format gebracht. Hat man als Laufwerk A ein 5,25-Zoll-Laufwerk für 1,2-Mbyte-Disketten eingebaut, wird sie automatisch auf 1,2 Mbyte formatiert. Der DOS-Format-Befehl ermöglicht durch die Angabe von optionalen Parametern, abweichende Formate zu schreiben um damit den Datenaustausch mit anderen, älteren PCs zu ermöglichen.

2.2.2 Technische Daten der Diskettenlaufwerke

Zum Datenvergleich der gebräuchlichsten Diskettenlaufwerke – denn elektrisch sind sie identisch – sind im Folgenden die Daten für ein typisches 3,5"- und ein 5,25"-Laufwerk angegeben, wie sie in PCs zu finden sind.

Daten	High Density (HD), 3.5"	High Density (HD), 5.25"
unformatierte Kapazität	2 Mbyte	1.67 Mbyte
Daten-Transfer-Rate	500 Kbit/s	500 Kbit/s
Umdrehungs-geschwindigkeit	300 Umdreh/Min.	360 Umdreh/Min.
Spurdichte	135 TPI	48 oder 96 TPI
Spannungsversorgung	+5V (± 5%)	+5V (± 5%)
Spur-zu-Spur-Zeit	3 ms	3 ms
Interface	TTL (Transistor-Transistor-Logik)	TTL (Transistor-Transistor-Logik)
Terminatorwiderstand	1 k0, (nicht entfernbar)	1 k0, (nicht entfernbar)
typische Lebensdauer	10.000 Stunden	10.000 Stunden

Tabelle 2.3: Die technischen Daten von Floppy-Laufwerken

Die Diskettenlaufwerke besitzen einen Anschluss für die Spannungsversorgung, der sich bei beiden Typen mechanisch voneinander unterscheidet, nicht jedoch elektrisch. In Bild 2.5 werden beide Laufwerkstypen gezeigt sowie ein Adapter, der den kleinen Spannungsanschluss des 3,5"-Laufwerks auf den des 5,25"-Laufwerks umsetzt.

Bild 2.5: Ein 3,5"- und ein 5,25"-Diskettenlaufwerk

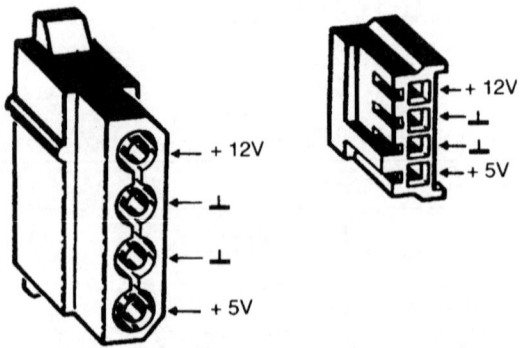

Bild 2.6: Der kleine und der große Spannungsanschluss für Disketten- und auch andere Laufwerke

Ein übliches PC-Netzteil bietet neben dem Spannungsanschluss für das Mainboard mehrere dieser *Laufwerksversorgungsanschlüsse*, die auch für alle anderen PC-Komponenten wie Festplatten- und CD-ROM-Laufwerke oder auch den CPU-Cooler verwendet werden. Adapterkabel von einem großen auf den kleinen Anschluss, wie auch im Bild 2.5 gezeigt, sind im Fachhandel zu erwerben.

Spannung	Anschlussnummer	Farbe
+ 5 V	1	Rot
GND	2	Schwarz
GND	3	Schwarz
+12 V	4	Gelb

Tabelle 2.4: Belegung und Farbzuordnung der Spannungsanschlüsse für Disketten- und andere Laufwerke in einem PC

2.2.3 Signale der Diskettenlaufwerks-Schnittstelle

Die Steckerbezeichnung und das Signalverhalten sind bei 3,5"- und 5.25"-Laufwerken identisch. Bei einem 5.25"-Laufwerk ist der Stecker als Platinenstecker ausgeführt, bei einem 3,5"-Laufwerk dagegen als zweireihige Kontaktleiste. Durch die vorkonfektionierten Kabelsätze sind Verwechslungen ausgeschlossen.

Die Kontakte mit den ungeraden Anschlussnummern sind alle als GND-Leitungen (Ground, Masse) ausgeführt. Die Störanfälligkeit (Übersprechen o.ä.) der Flachbandkabel-Verbindung zwischen Laufwerk und Controller nimmt dadurch ab, da sich zwischen den einzelnen Signalleitungen immer eine Masseleitung befindet.

Die Signale, die bei einem Low aktiv sind, d.h. die Aktionen, für die sie stehen, laufen bei einem Low-Pegel ab und werden mit einem vorangestellten »/« gekennzeichnet.

Der Anschluss 2 kann je nach Hersteller des Laufwerks, unterschiedliche Funktionen übernehmen. Die Funktion wird meist über Jumper auf dem Floppy-Laufwerk eingestellt und dient der Einstellung der Spurdichte oder auch Aufzeichnungsdichte – *Double Density* oder *High Density*. Eine gebräuchliche Jumper-Darstellung ist im folgenden Bild angegeben:

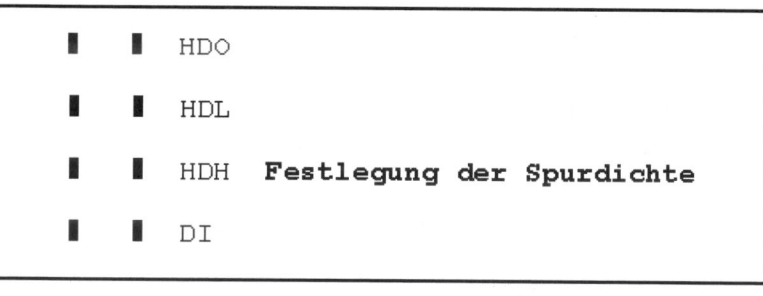

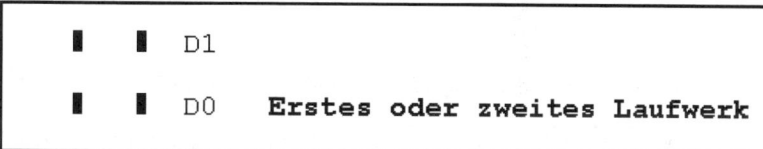

Bild 2.7: Die Jumper bei einem Diskettenlaufwerk

Die ON-Stellung ist jeweils bei gestecktem Jumper gegeben. Es darf lediglich ein einziger Jumper für HDO, HDL oder HDH gesteckt sein. Eine Ausnahme ist allerdings die Stellung DI, die in Kombination mit HDO zulässig ist. Ist nur der Jumper HDO gesteckt, wird mit einem High auf der HDIN-Leitung (Pin 2) der High-Density-Mode eingeschaltet. Bei gestecktem HDL-Jumper wird der High-Density-Mode mit einem Low auf dieser Leitung eingeschaltet.

Ist der DI-Jumper gesteckt, hat der Pin 2 keine Funktion, der Eingang ist offen (open), und die Spurdichte wird vom Laufwerk automatisch durch das High-Density-Loch in der Diskette erkannt, es erfolgt jedoch keine Rückmeldung zum Controller.

Sind dagegen DI und HDO eingeschaltet, funktioniert der Pin 2 als Ausgang, und dem Diskettencontroller wird durch ein High vom Laufwerk signalisiert, dass sich eine High-Density-Diskette im Laufwerk befindet, was die gebräuchlichste Einstellung darstellt.

Mit den Jumpern D0 und D1 wird festgelegt, unter welcher Bezeichnung – entweder als erstes oder als zweites Laufwerk des Systems – das Laufwerk angesprochen werden soll. Werden zwei Diskettenlaufwerke im PC verwendet, hat man zwei Einstellungsmöglichkeiten. Entweder setzt man das erste Laufwerk auf DS0 und das zweite auf DS1, oder man belässt beide Laufwerke auf der DS0-Einstellung, welche in der Regel die Voreinstellung eines Laufwerks ist, und verwendet dann ein »gedrehtes« Kabel. Üblicherweise sollten die Jumperstellungen in der vorgegebenen Einstellung verbleiben, da sie weder einheitlich noch deutlich beschriftet sind, und statt dessen kommt das übliche »gedrehte« Kabel zum Einsatz.

Nr.	Signal		Nr.	Signal	Eingang/ Ausgang
1	GND	▪ ▪	2	HDIN/OPEN/HDOUT	E/A
3	GND	▪ ▪	4	RESERVIERT	-
5	GND	▪ ▪	6	RESERVIERT, /DRIVE SELECT 3	E
7	GND	▪ ▪	8	/INDEX	A
9	GND	▪ ▪	10	/DRIVE SELECT 0	E
11	GND	▪ ▪	12	/DRIVE SELECT 1	E
13	GND	▪ ▪	14	RESERVIERT, /DRIVE SELECT 2	E
15	GND	▪ ▪	16	/MOTOR ON	E
17	GND	▪ ▪	18	DIRECTION SELECT	E
19	GND	▪ ▪	20	/STEP	E
21	GND	▪ ▪	22	WRITE DATA	E
23	GND	▪ ▪	24	/WRITE GATE	E
25	GND	▪ ▪	26	/TRACK 00	A
27	GND	▪ ▪	28	/WRITE PROTECT	A
29	GND	▪ ▪	30	/READ DATA	A
31	GND	▪ ▪	32	SIDE SELECT	E
33	GND	▪ ▪	34	DISK CHANGE	A

Tabelle 2.5: Die Signalbelegung der Diskettenlaufwerksschnittstelle

···⟩ **GND1-GND33**

Die Kontakte mit den ungeraden Anschlussnummern sind alle als GND- (Ground, Masse) Leitungen ausgeführt.

···⟩ **HDIN/OPEN/HDOUT**

Der Anschluss 2 kann, je nach Hersteller des Laufwerks, unterschiedliche Funktionen übernehmen, wie es oben erläutert ist.

···⟩ **Anschluss 4**

Der Anschluss 4 des Laufwerks ist nicht belegt und mit *Reserviert* bezeichnet.

···⟩ **DRIVE SELECT**

Je nach Aufbau des Diskettenlaufwerks und des Contollers kann ein Laufwerk als erstes, zweites, drittes oder viertes Laufwerk festgelegt werden. Angewählt werden die einzelnen Laufwerke über die Drive-Select-Signale (0 bis 3), die dann ein Low führen, wenn das jeweilige Laufwerk angewählt ist.

Konfiguriert werden die Laufwerke über Steckbrücken. /DRIVE SELECT 2 und /DRIVE SELECT 3 steuern ein drittes und viertes Diskettenlaufwerk. In den meisten Fällen sind jedoch nur zwei Diskettenlaufwerke (/DRIVE SELECT 0, /DRIVE SELECT 1) konfigurierbar. Daher werden zur Laufwerksauswahl nur die Anschlüsse 10 und 12 verwendet, während die übrigen zwei Pins (6, 14) mit *Reserviert* bezeichnet werden. Es hängt vom Controller und Laufwerkstyp ab, wie viele Laufwerke insgesamt in einem System installiert werden können. Üblich sind bei PCs zwei.

···⟩ **INDEX**

Über den INDEX-Ausgang (Pin 8) wird ein Impuls ausgegeben, wenn der Startpunkt einer Spur (Track) erreicht wird.

···⟩ **MOTOR ON**

Der Motor des Laufwerks wird über den Eingang MOTOR ON (Pin 16) mit einem Low eingeschaltet.

···⟩ **DIRECTION SELECT**

Wird vom Controller an den Eingang DIRECTION SELECT (Pin 18) ein High gegeben, bewegt sich der Schreib-/Lesekopf von der Mitte der Diskette nach außen. Ist es Low, wird der Kopf zur Mitte hin bewegt. Die einzelnen Impulse zur Bewegung des Kopfes werden dabei über den Eingang STEP (Pin 20) eingelesen.

···⟩ **WRITE DATA**

Die Daten werden über den Eingang WRITE DATA (Pin 22) auf die Diskette geschrieben und über den Ausgang READ DATA (Pin 30) von der Diskette gelesen.

···⟩ **WRITE GATE**

Über WRITE GATE (Pin 24) wird das Löschen der geschriebenen Daten eingeschaltet und das Schreiben neuer Daten wieder ermöglicht.

···⟩ **TRACK 00**

Am TRACK-00-Ausgang (Pin 26) liegt ein High, wenn sich der Kopf auf der Spur 0/ Sektor 0 befindet. Ist die Diskette bootfähig, befindet sich hier der Bootrecord der Diskette. Dies ist im Prinzip nichts anderes als ein Programm, welches versucht, die Dateien MSDOS.SYS und IO.SYS zu laden.

···⟩ WRITE PROTECT

Der Ausgang WRITE PROTECT (Pin 28) führt ein Low-Signal, wenn die Diskette schreibgeschützt ist. Eine 3,5"-Diskette ist schreibgeschützt, wenn das *Write Enable-Loch* offen ist, bei einer 5,25"-Diskette ist es genau umgekehrt.

···⟩ SIDE SELECT

Welche Seite der Diskette gelesen oder beschrieben werden soll, wird über den Eingang SIDE SELECT (Pin 32) bestimmt. Ist das Signal High, wird der Magnetkopf für die untere Seite selektiert. Bei einem Low wird der Magnetkopf für die obere Seite angewählt.

···⟩ DISK CHANGE

Falls der Diskettenschacht offen ist, d. h. sich keine Diskette im Laufwerk befindet, führt der Ausgang DISK CHANGE (Pin 34) ein Low-Signal.

2.2.4 Mechanischer Einbau und Anschluss

Der mechanische Einbau oder auch der Austausch eines Floppy-Laufwerks ist im Prinzip recht einfach und auch von der Konfigurierung her eine Sache von Minuten. Das Laufwerk darf generell nicht »über Kopf« – die Leiterplatte befindet sich dann oben – eingebaut werden, und ein schräger Einbau ist ebenfalls nicht zulässig. Das Bild 2.8 zeigt die erlaubten Einbaulagen.

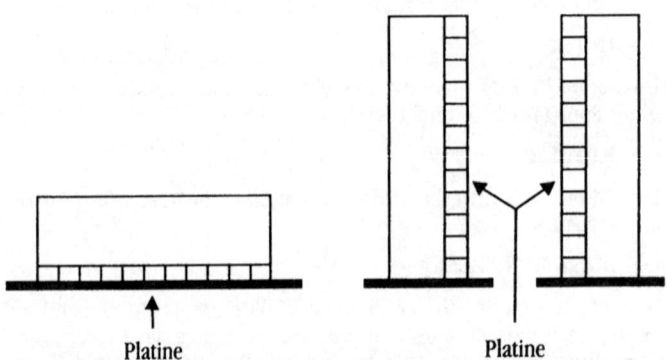

Platine   Platine

Bild 2.8: Zulässige Einbaulagen für Diskettenlaufwerke und Festplatten

Für die Nachrüstung eines 3,5"-Laufwerks in einem 5,25"-Ausschnitt gibt es prinzipiell zwei Möglichkeiten: Entweder werden Winkel an das Laufwerk geschraubt und ein Abdeckrahmen mit einen 3,5"-Ausschnitt verwendet, oder es wird ein spezieller Einbaurahmen benutzt. In Bild 2.9 sind beide Möglichkeiten gezeigt.

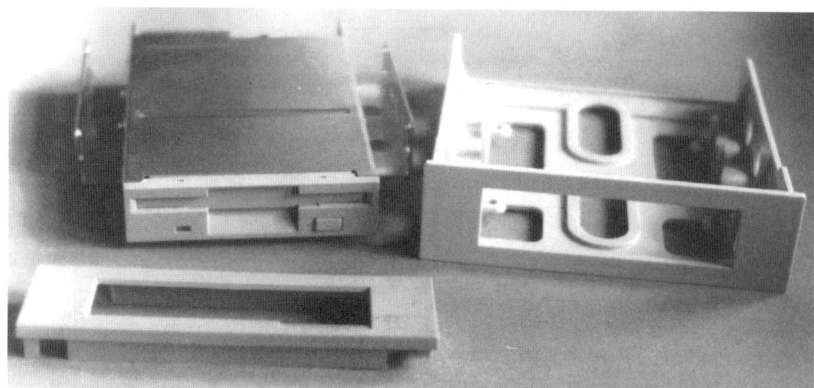

Bild 2.9: Für die Montage eines 3,5"-Laufwerks in einem 5,25"-Ausschnitt gibt es zwei Möglichkeiten

Ist das Laufwerk befestigt, werden die Kabel für die Stromversorgung und den Steueranschluss aufgesteckt. Der Anschluss der Stromversorgung ist problemlos, denn die Stecker besitzen einen Verpolungsschutz, der nur mit äußerster Gewalt überwunden werden kann. Hierfür kann jeder im PC »herumhängende« Versorgungsspannungsanschluss verwendet werden. Eventuell muss ein Adapter eingesetzt werden, wie er in Bild 2.5 gezeigt ist.

Ist bereits ein Laufwerk im PC eingebaut und soll ein zweites nachgerüstet werden, ist es nicht schwierig, das Steuerkabel zu erkennen, welches vom Controlleranschluss zum ersten Laufwerk verlegt ist. Besitzt das Steuerkabel nur einen Anschluss, muss man sich eines mit zwei Anschlüssen besorgen. In der Regel unterstützt der Diskettenlaufwerks-Controller zwei Diskettenlaufwerke.

· ·

 Das Laufwerk A wird üblicherweise mit dem gedrehten Anschluss verbunden, das Laufwerk B mit dem durchgehenden!

· ·

Es gibt grundsätzlich zwei Möglichkeiten, die Reihenfolge der Laufwerke (welches ist A: ?) festzulegen. Am einfachsten ist es, alle Jumper auf den Laufwerken in der von der Fabrik festgelegten Position zu belassen, denn die Laufwerke sind meist so eingestellt, dass sie als erstes Laufwerk angesprochen werden können. In diesem Fall wird für den Anschluss ein Kabel benötigt, bei dem die Leitungen 10 bis 16 gedreht sind.

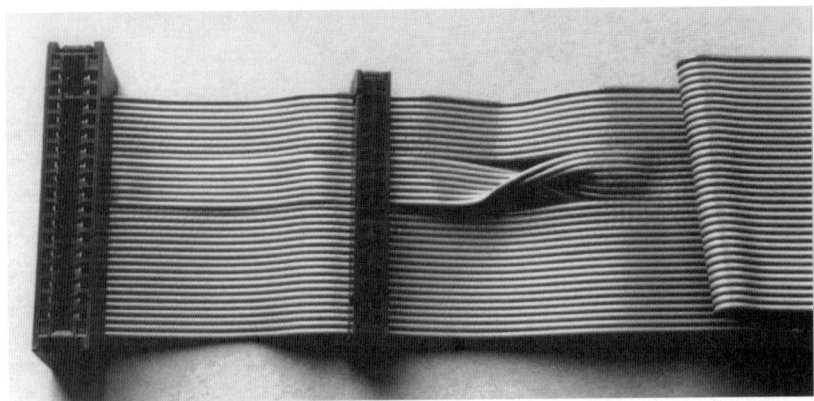

Bild 2.10: Ein »gedrehtes« Steuerkabel für Diskettenlaufwerke

Ein Kabel mit insgesamt 4 Anschlusssteckern kostet ungefähr 12 DM. Damit ist man in der Lage, sowohl ein 5,25"- als auch ein 3,5"-Laufwerk als A oder B festzulegen, denn beide Möglichkeiten sind durch die verschiedenen Anschlussstecker gegeben.

Eine Alternative bietet ein nicht gedrehtes Kabel. Wird solch ein Kabel verwendet, sind die Jumper (DS0, DS1) an den Diskettenlaufwerken entsprechend einzustecken (siehe 2.2.2). Das erste Laufwerk wird auf DS0 und das zweite auf DS1 »gejumpert«. Dabei ist es jedoch nicht immer einfach, den richtigen Jumper zu finden, denn die Bezeichnungen unterscheiden sich von Hersteller zu Hersteller, und die Unterlagen über die Laufwerke werden leider oft nicht mitgeliefert. Darüber hinaus kann es recht eng an einem Laufwerk zugehen (Bild 2.11), so dass das Jumperstecken ohne Lupe kaum noch möglich ist. Daher ist die erste Möglichkeit immer zu bevorzugen.

Bild 2.11: Anschlüsse und Jumper an einem 3.5"-Laufwerk

Wie die Leitungen an die Laufwerke angeschlossen werden, ist in den beiden folgenden Bildern für die üblichen Laufwerke gezeigt. Wichtig ist dabei, dass die Steuerkabelstecker richtig herum aufgesteckt werden, denn es gibt hier nicht immer einen Verpolungsschutz, der dies mechanisch verhindern könnte.

Der Kontakt 1 ist am Kabel zumeist rot gekennzeichnet, und am Laufwerk befindet sich ein entsprechender Aufdruck, der jedoch nicht immer einfach zu erkennen ist.

Am Controlleranschluss (auf dem Mainboard oder der Controllereinsteckkarte) ist der Kontakt 1 meist markiert, und am Anschluss des 5,25"-Diskettenlaufwerks befindet sich ein Schlitz, der ein Verdrehen des Kabels am Laufwerksanschluss verhindert, da sich im Anschlussstecker des Kabels üblicherweise ein entsprechender Steg befindet.

Doch es existieren leider auch Kabelstecker, die eben keinen Steg aufweisen, und es hat schon Kabel gegeben, bei denen der Steg falsch eingesetzt war. Daher sollte man sich lieber auf sich selbst verlassen und sich immer am Pin 1 orientieren. An den 3,5"-Laufwerken ist der Pin 1 meist auf der Platine gekennzeichnet.

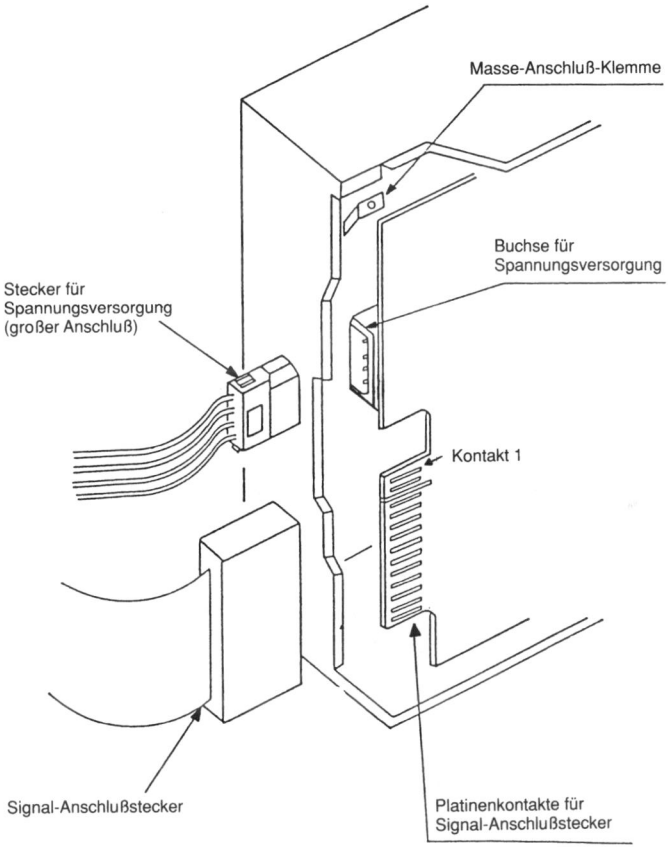

Bild 2.12: Anschluss eines 5,25"-Laufwerks

Vor dem Einbau eines Laufwerks sollte man eine Markierung am Gehäuse des Laufwerks dort anbringen, wo sich der Anschluss 1 befindet, denn nach dem Einbau kann die Beschriftung aufgrund der Enge im Gehäuse oft nicht mehr gelesen werden.

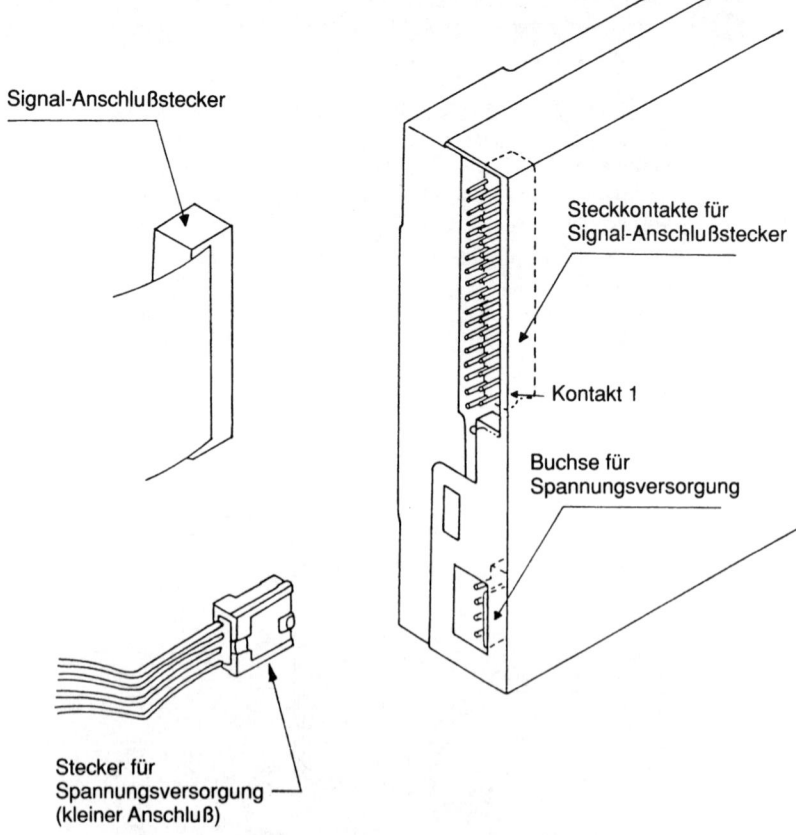

Signal-Anschlußstecker

Steckkontakte für
Signal-Anschlußstecker

Kontakt 1

Buchse für
Spannungsversorgung

Stecker für
Spannungsversorgung
(kleiner Anschluß)

Bild 2.13: Anschluss eines 3,5"-Laufwerks

2.2.5 Controller und PC-Ressourcen

Die Diskettenlaufwerke und auch die Festplatte(n) benötigen immer einen Controller, der die Kommunikation zwischen Platte/Laufwerk und der weiteren Mainboard-Elektronik übernimmt. Vielfach wird eine sogenannte Kombikarte eingesetzt, die sowohl den Festplattencontroller als auch den Controller für die Diskettenlaufwerke beinhaltet.

Der Diskettencontroller verwendet üblicherweise den Interrupt-Kanal 6 und den DMA-Kanal 2. Die jeweiligen Adressen und Register, wie sei vom PC-BIOS zur Verfügung gestellt werden, zeigt die folgende Tabelle.

| I/O-Adresse | | | |
Primär	Sekundär	Funktion beim Lesen	Funktion beim Schreiben
3F2h	372h	–	Ausgaberegister
3F4h	374h	Main-Statusregister	Main-Statusregister
3F5h	375h	Floppy-Datenregister	Floppy-Datenregister
3F6h	376h	Alt.-Statusregister	Festplattenregister
3F7h	377h	Eingaberegister	Floppy-Control-Register

Tabelle 2.6: Die Adressen und Register eines Combi-Controllers, wie sie vom PC-BIOS unterstützt werden

Controller, sei es für die Disketten- oder auch die Festplattenlaufwerke, werden zwar als Einsteckkarten angeboten (ISA, PCI), gleichwohl ist es üblich, dass sich der Controller mit auf dem Mainboard befindet. Dementsprechend finden sich auch dort die jeweiligen Anschlüsse, die leider nicht immer verwechslungssicher ausgeführt sind, d.h. man sollte auch hier immer auf den Kontakt 1 achten, um das Floppy-Kabel nicht falsch herum anzuschließen.

Eine Beschädigung der Elektronik ist bei einem Falschanschluss allerdings nicht zu befürchten. Das Diskettenlaufwerk wird aber dann natürlich nicht funktionieren, was sich oftmals am ständigen Leuchten der LED am Laufwerk feststellen lässt.

Bild 2.14: Der Anschluss für die Diskettenlaufwerke befindet sich hier direkt auf dem Mainboard unter denen für die EIDE-Festplatten und er ist als einziger 34-polig ausgeführt

Der Floppy-Einbau in Stichworten

···⟩ Mechanischer Einbau des Laufwerks, eventuell mit Einbaurahmen für 3,5"-Laufwerk.

···⟩ Anschluss der Spannungsversorgung, eventuell mit Adapter für 3,5"-Laufwerk.

···⟩ Anschluss des Steuerkabels, Pin 1 ist dort, wo sich die Markierung am Kabel befindet. Vom Werk her ist ein Laufwerk meist als erstes des Systems durch Jumper eingestellt, daher ein gedrehtes Kabel verwenden. Am gedrehten Stecker wird Laufwerk A angeschlossen.

···⟩ Anmelden des Laufwerks im Setup des PC falls es nicht schon automatisch erkannt wurde. Auf jeden Fall kontrollieren!

2.2.6 Anmeldung und Laufwerkskonfigurationen

Nach dem Einbau und dem Anschluss des Diskettenlaufwerks ist der nächste Schritt das Aufrufen des BIOS-Setup, der im Teil 7 ausführlich erläutert wird. An dieser Stelle soll es allein um die Anmeldung von Diskettenlaufwerken gehen und welche Optionen es hier üblicherweise gibt.

```
          ROM PCI/ISA BIOS (2A59GA29)
             STANDARD CMOS SETUP
            AWARD SOFTWARE, INC.

Date (mm:dd:yy)  : Fri, Jun  14 1996
Time(hh:mm:ss)   : 13 : 7 : 14
HARD DISKS     TYPE  SIZE  CYLS  HEAD  PRECOMP LANDZ SECTOR MODE
Primary Master :  Auto  0     0     0      0       0     0     Auto
Primary Slave  :  Auto  0     0     0      0       0     0     Auto
Secondary Master: Auto  0     0     0      0       0     0     Auto
Secondary Slave : Auto  0     0     0      0       0     0     Auto


Drive A : 1.44M,  3.5  in.        Base Memory       :        640K
Drive B : None                    Extended memory   :      64512K
Floppy 3 Mode Support : Disabled  Other Memory      :        384K
Video   : EGA/VGA                 -------------------------------
Halt On: All Errors               Total Memory      :      65536K
ESC  :  Quit            ↑↓→←:Select Item       PU/PD/+/- : Modify
F1   :  Help           (Shift) F2 : Change Color
```

Bild 2.15: Im Standard CMOS Setup sind die im PC eingebauten Diskettenlaufwerke anzumelden; solange hier nicht ein vorhandenes Laufwerk B: (Drive B:) angegeben wurde, kann es auch nicht funktionieren

Für zwei Diskettenlaufwerke, A und B, können wahlweise mit Hilfe der Pfeiltasten meist die folgenden Parameter eingestellt werden, wobei der heutige Standardtyp das 1,44 Mbyte-Modell ist:

···⟩ 360 Kbyte 5.25″

···⟩ 720 Kbyte 3.5″

···⟩ 1.2 Mbyte 5.25″

···⟩ 1.44 Mbyte 3.5″

···⟩ 2.88 Mbyte 3.5″

···⟩ None oder Not Installed (kein Laufwerk installiert)

In einigen BIOS-Versionen findet sich noch die Option *Floppy Mode 3 Support*, wobei diese Einstellung nur für japanische Sondermodelle gilt und daher für die in Europa üblichen Laufwerke nicht aktiviert werden sollte.

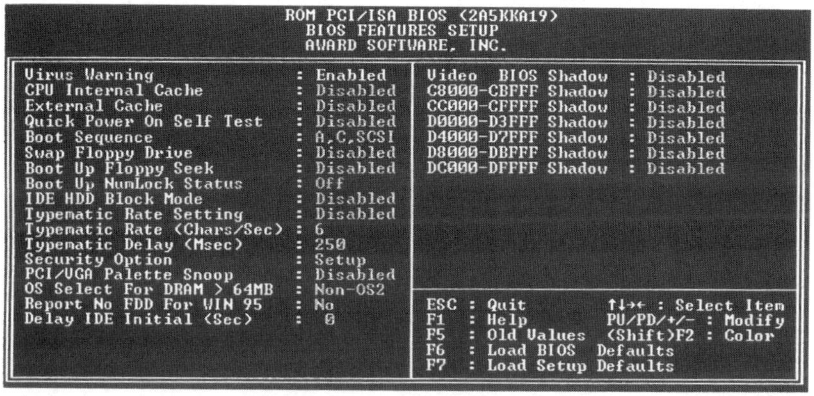

```
                   ROM PCI/ISA BIOS <2A5KKA19>
                         BIOS FEATURES SETUP
                        AWARD SOFTWARE, INC.

 Virus Warning            : Enabled    Video  BIOS Shadow  : Disabled
 CPU Internal Cache       : Disabled   C8000-CBFFF Shadow  : Disabled
 External Cache           : Disabled   CC000-CFFFF Shadow  : Disabled
 Quick Power On Self Test : Disabled   D0000-D3FFF Shadow  : Disabled
 Boot Sequence            : A,C,SCSI   D4000-D7FFF Shadow  : Disabled
 Swap Floppy Drive        : Disabled   D8000-DBFFF Shadow  : Disabled
 Boot Up Floppy Seek      : Disabled   DC000-DFFFF Shadow  : Disabled
 Boot Up NumLock Status   : Off
 IDE HDD Block Mode        : Disabled
 Typematic Rate Setting   : Disabled
 Typematic Rate <Chars/Sec> : 6
 Typematic Delay <Msec>   : 250
 Security Option          : Setup
 PCI/VGA Palette Snoop    : Disabled
 OS Select For DRAM > 64MB : Non-OS2
 Report No FDD For WIN 95 : No         ESC : Quit          ↑↓→← : Select Item
 Delay IDE Initial <Sec>  : 0          F1  : Help          PU/PD/+/- : Modify
                                       F5  : Old Values    <Shift>F2 : Color
                                       F6  : Load BIOS    Defaults
                                       F7  : Load Setup   Defaults
```

Bild 2.16: Im BIOS Features Setup befinden sich meist noch einige Optionen für Diskettenlauf-werke

Möglicherweise gibt es noch weitere (optionale) Einstellungsmöglichkeiten für die Diskettenlaufwerke, die jedoch meist nicht im *Standard CMOS Setup*, sondern auf einer weiteren Seite mit einer Bezeichnung wie *BIOS Features Setup* zu finden sind.

···⟩ **Boot Sequence**

Mit dieser Option wird festgelegt, in welcher Reihenfolge das BIOS auf den Lauf-werken nach dem Betriebssystem suchen soll. Üblicherweise ist hier *C, A* angege-ben, womit von der Festplatte aus gebootet wird, und erst wenn dies aus irgend-welchen Gründen fehlschlägt, wird auf das Diskettenlaufwerk A: zugegriffen, um dann das System von diesem Laufwerk aus zu laden. Es gibt hier noch weitere Optionen, die im Kapitel *Der Setup des PC* genau erläutert sind.

···⟩ **Swap Floppy Drive**

Üblicherweise entspricht das Diskettenlaufwerk A dem 3,5"-Typ und das mögli-cherweise noch vorhandene ältere Diskettenlaufwerk B dem 5,25"-Typ. Diese Laufwerksreihenfolge ist – wie erläutert – durch den Anschluss am Controller fest-gelegt. Soll diese Zuordnung vertauscht werden (swap), weil beispielsweise eine 5,25"-Diskette für eine Programminstallation im Laufwerk A erwartet wird, ist die-ser Menüpunkt zu aktivieren und die Verkabelung muss stattdessen nicht verän-dert werden. Bei PCs mit einem einzigen Diskettenlaufwerk wird diese Option logi-scherweise nicht eingeschaltet, denn es kommt eher selten vor, dass für A eben kein gedrehtes Laufwerkskabel zum Einsatz kommt.

⋯⟩ Boot Up Floppy Seek

Ist *Boot Up Floppy Seek auf Disabled* geschaltet, wird beim Bootvorgang nicht überprüft, um welchen Diskettenlaufwerkstyp es sich jeweils handelt. Da diese Maßnahme nur zur korrekten Detektierung eines alten 360-Kbyte-Laufwerks sinnvoll ist, sollte dieser Punkt hier auch auf *Disabled* eingestellt bleiben. Im Fehlerfall, wenn das Diskettenlaufwerk (scheinbar) nicht funktioniert, sorgt die Einstellung *Enabled* für einen kurzen Zugriff auf das Laufwerk und damit für ein kurzes Aufleuchten der Leuchtdiode, was eine nützliche Information zur Fehlerlokalisierung liefern kann.

Falls ein Diskettenlaufwerk nicht funktionieren sollte, ist auch daran zu denken, dass der Controller im BIOS-Setup meist komplett abgeschaltet werden kann und dann kann man unter den anderen Punkten für das Diskettenlaufwerk alles Mögliche einstellen. Es wird so lange nicht funktionieren, bis der entsprechende Menüeintrag (Onboard FDD Controller), der sich meist auf einer BIOS-Seite mit der Bezeichnung *Onboard I/O* oder auch *Integrated Peripherals* befindet, auf *Enabled* eingestellt wird.

In einigen Fällen kann es nützlich sein, dem PC mit den DOS-Driver-Optionen DRIVPARM oder DRIVER.SYS ein bestimmtes Laufwerk bzw. Laufwerksformat »vorzugaukeln«, was beispielsweise auch für Streamer oder optische Laufwerke möglich ist.

Der Unterschied zwischen DRIVPARM und DRIVER.SYS besteht darin, dass mit DRIVPARM die Parameter eines bereits bestehenden Laufwerks (im Setup angemeldet) verändert werden, während mit DRIVER.SYS dem System ein neues logisches Laufwerk mitgeteilt wird. Beide Einträge werden in die CONFIG.SYS-Datei geschrieben, wobei die Parameterangaben identisch sind.

DRIVPARM = /D:# [/C] [F:#] [/H:#] [/N] [/S:#] [/T:#] [/I]

/D:#   Angabe des Laufwerks (0-255), »0« entspricht LW A, »1« entspricht LW B.

[/C]   Legt fest, dass das Laufwerk erkennen kann, ob die Laufwerksverriegelung geschlossen ist.

[F:#]   Definiert den Laufwerkstyp

        0=160/180 kByte-LW, 5,25"

        0=360 kByte-LW, 5,25"

        1=1,2 Mbyte-LW, 5,25"

        2=720 kByte-LW, 3,5"

        5=Festplatte

        6=Bandlaufwerk, Streamer

        7=1,44 Mbyte-LW, 3,5"

        8=Optisches Laufwerk

        9=2,88 Mbyte-LW, 3,5"

    Der voreingestellte Wert ist 2.

[/H:#]   Anzahl der Schreib-Lese-Köpfe (1-99), 2 ist voreingestellt.

[/N]   Legt fest, dass es sich um einen nicht austauschbaren Datenträger handelt (Festplatte o.Ä.).

[/S:#] Bestimmt die Anzahl der Sektoren (1 bis 99), die Voreinstellung ist 9.

[/T:#] Legt die Anzahl der Spuren fest (1 bis 999), voreingestellt ist 80.

[/I]   Angabe, wenn das ROM-BIOS die 3,5"-Laufwerke nicht unterstützt.

Für den Fall, dass im BIOS-Setup ein 1,2-Mbyte-Laufwerk angemeldet wurde, welches physikalisch gesehen jedoch einem 1,44-Mbyte-Laufwerk entspricht, lautet der Eintrag in der Datei CONFIG.SYS dann:

DRIVPARM = /d:1 /f:7 /s:18

Das Laufwerk »B« (1) ist damit als 1,44-Mbyte-Laufwerk (7) mit 18 Sektoren angemeldet.

Soll ein drittes Laufwerk (C:) mit 1,44 Mbyte, welches nicht im Setup des PC angemeldet werden kann, verwendet werden, kann der Eintrag in der CONFIG.SYS so aussehen:

DEVICE = DRIVER.SYS /d:2 /C /f:7 /h:2 /s:18 / t:80

Ganz allgemein kann sich die Verwendung der speziellen Driver-Einträge als äußerst nützlich erweisen und das Einrichten auch spezieller Laufwerke ermöglichen. Genauere Informationen hierzu bietet die DOS-Hilfe.

2.3 Floppy-Alternativen im Überblick

Die Diskussion um die Nachfolge des 1,44 Mbyte-Laufwerks dauert mittlerweile schon mehrere Jahre, und zahlreiche Lösungen, wie etwa das 2,88-Mbyte-Laufwerk, sind dabei auch auf der Stecke geblieben. Je mehr Systeme sich dabei an einer Ablösung versuchen, desto unwahrscheinlicher erscheint es, dass es auch tatsächlich zu einer standardisierten, allgemein akzeptierten Lösung kommen wird. Wahrscheinlicher ist hingegen, dass eine Koexistenz verschiedener Laufwerke mittlerer Kapazität (ab 100 Mbyte) auf dem PC-Markt herrschen wird (und die grundlegenden Treiber dafür weiterhin auf einer 1,44-Mbyte-Diskette geliefert werden).

Die bekanntesten »Floppy-Alternativen« sind die im Folgenden angegebenen, die allesamt nicht kompatibel untereinander sind. Im Prinzip können eigentlich nur das LS120- und das HiFD-Laufwerk als Floppy-Nachfolger angesehen werden, denn diese Typen können auch die üblichen Disketten lesen und beschreiben und somit das alte Diskettenlaufwerk komplett ersetzen.

···⟩ LS120 oder A:Drive oder Superdisk, drei Bezeichnungen für ein und dasselbe Laufwerk, welches auch die alten Diskettenformate (720 Kbyte, 1,44 Mbyte) verarbeiten kann.

···⟩ ZIP-Laufwerk, spezielles »Diskettenlaufwerk« der Firma Iomega.

···⟩ UHC (Ultra High Capacity) Floppy Disk Drive, spezielles Laufwerk der Firma Mitsumi.

···⟩ HiFD (High Capacity Floppy Disk), eine Entwicklung der Firmen Sony und Fuji. Das Laufwerk kann auch das 1,44 Mbyte-Diskettenformat lesen und beschreiben.

Diese Laufwerke werden jedoch alle nicht am 34-poligen FDD-Connector angeschlossen, sondern werden aus Geschwindigkeitsgründen als ATAPI-Devices realisiert – demnach an einen EIDE-Port angeschlossen –, was für die Praxis einige Besonderheiten zur Folge hat. Beispielsweise verfügen erst PCs ab Baujahr Ende 1997 über ein BIOS, welches sowohl das ZIP- als auch das LS120-Laufwerk als ATAPI-Device (am EIDE-Port) unterstützt.

Daneben sind – je nach Modell – auch noch weitere Schnittstellen wie SCSI, USB oder der Parallel-Port (Druckerschnittstelle) möglich.

Das LS120 bietet, wie es die Bezeichnung impliziert, eine Speicherkapazität von 120 Mbyte und das UHC-Drive maximal 130 Mbyte. Der Typ HiFD (200 Mbyte) der Firma Sony wurde erst relativ spät auf der CeBit 1998 vorgestellt, und es ist fraglich, ob dieses Laufwerk sich überhaupt noch durchsetzen wird, denn das UHC-Drive hat es auch nicht geschafft.

Daten	Floppy	ZIP	LS120 (LS120-II)	HiFD
max. Speicherkapazität	1,44 Mbyte	100 Mbyte (250 Mbyte)	120 Mbyte	200 Mbyte
Speichermedien	übliche 3,5-Zoll-Floppy-Formate	ZIP-Disk	Floppy-Formate und LS120-Diskette	HiFD und 1,44-Mbyte-Diskette
Spuren pro Seite	80	1817	1736	1713
Spurführung	mechanisch	magnetisch mit Servo-Information auf dem Medium	mit Laseroptik	magnetisch
Spurabstand (µm)	187,5	12	10,2	9
Spurdichte	135 TPI	k. A.	2490 TPI	2822 TPI
Umdrehungen pro Minute	300	2945	720	3600
Übertragungsrate	63 Kbyte/s	1000 Kbyte/s (1360 Kbyte/s)	565 Kbyte/s	3600 Kbyte/s
Interfaces	Floppy-Drive Interface	Parallel Port ATAPI IDE SCSI, USB	Parallel Port ATAPI, USB	Parallel Port ATAPI SCSI

Tabelle 2.7: Technische Daten der verschiedenen Floppy-Systeme im Vergleich

2.4 Das LS120-Laufwerk

Bereits auf der CeBit 1996 wurde das LS120-Laufwerk vorgestellt, welches erst ein Jahr später erstmalig in PCs von Compaq und Vobis eingebaut wurde. Entwickelt wurde die Speichertechnologie des Laufwerks von der Firma O.R. Technology, Matushita (Panasonic) fertigt das Laufwerk, und die Medien stellen Imation und Maxell her. Ein wichtiges Ziel bei der Entwicklung war es, die Kompatibilität mit dem 1,44 Mbyte-Laufwerk zu wahren, und deshalb kann das LS120, welches mitunter auch als *A:Drive* oder auch als *Superdisk Drive Unit* bezeichnet wird, außerdem die (alten) 1,44- und 720-kByte-Disketten lesen und beschreiben. Ein Vorteil des LS120-Laufwerkes – im Gegensatz beispielsweise zu einem ZIP-Drive – ist, dass es den gleichen Formfaktor wie ein herkömmliches Diskettenlaufwerk besitzt und auch ohne Modifikationen für Notebooks verwendet werden kann.

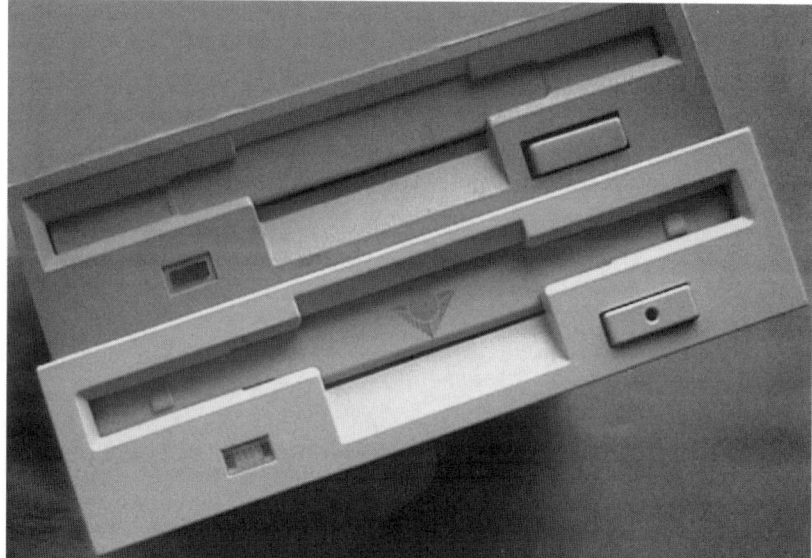

Bild 2.17: Zum Vergleich: oben das übliche Diskettenlaufwerk und darunter das LS120-Laufwerk. Sie sind beide gleich groß, obwohl es hier nicht so aussieht. Die Eject-Taste funktioniert beim LS120-Laufwerk nicht mechanisch, sondern elektronisch, und falls die Diskette einmal nicht aus dem Laufwerk herauszunehmen ist, gibt es hierfür in der Mitte der Taste eine Bohrung, in die mit einem spitzen Gegenstand hineinzustechen ist

Das LS-120-Laufwerk wurde inzwischen weiterentwickelt (in Tabelle 2.7 als LS-120-II bezeichnet) und bietet im Vergleich zum bisherigen Modell beim Lesen (!) eine doppelt so hohe Geschwindigkeit. Die heute erhältlichen LS-120-Laufwerke sollten alle der neueren Version entsprechen.

2.4.1 Das Speicherprinzip

Für die Speicherung von maximal 120 Mbyte ist eine andere Technologie als bei einer üblichen Floppy nötig, und das Laufwerk arbeitet daher mit zwei verschiedenen Schreib-/Leseköpfen unterschiedlicher Breite, wie es im übrigen auch das HiFD-Laufwerk von Sony praktiziert. Die breitere Kombination wird für den alten Weg der Aufzeichnung verwendet, während die schmalere für die speziellen LS120-Disketten vorgesehen ist.

Zur Erlangung der höheren Kapazität sind auf dem Medium wesentlich mehr Spuren unterzubringen, die dementsprechend kleiner ausfallen müssen. Die eine Seite der LS120-Diskette enthält daher spezielle Informationen zur Spursteuerung, die mit Hilfe einer Laseroptik ausgewertet werden und an einen **L**aser **S**ervo (LS, daher der Name) weitergeben werden, der die Köpfe damit entsprechend positionieren kann.

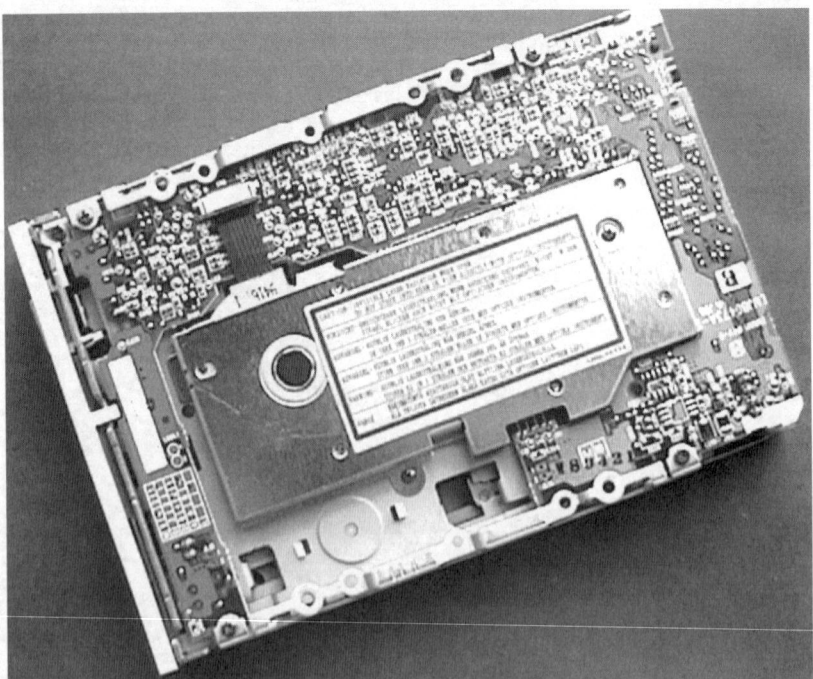

Bild 2.18: Das LS120-Laufwerk arbeitet mit einem Laser und ist deswegen weitaus komplexer als ein übliches 3,5"-Zollaufwerk aufgebaut, was auch den Preisunterschied von typisch 100 DM erklärt

Die Drehzahl des LS120 beträgt 720 U/min im Gegensatz zu 300 U/min bei einem 1,44-Mbyte-Laufwerk, womit sich eine Erhöhung der Datenübertragungsrate ergibt. Die 120-Mbyte-Diskette, die nicht wesentlich dicker ist und auch nicht stabiler erscheint als eine konventionelle Diskette, wird mittlerweile von verschiedenen Herstellern angeboten, wobei Imation der erste war und die Entwicklung maßgeblich vorantrieb.

Die LS120-Disketten sind bereits FAT-formatiert und können daher auch mit den gebräuchlichen Utilities unter DOS und Windows 9x bei Bedarf neu formatiert werden. Im Lieferumfang des Laufwerks befindet sich üblicherweise eine *konventionelle* 3,5"-Diskette mit Treibern für die bekannten Betriebssysteme, die jedoch nicht immer nötig ist, da beispielsweise Windows 98 und Windows NT 4.0 standardmäßig mit einem Superdisk-Laufwerk umgehen können. Auf der Diskette gibt es außerdem eine *Format Utility for SuperDisk*, die automatisch bei der Treiberinstallation mitinstalliert wird und einige zusätzliche Optionen bietet.

Bild 2.19: Das LS120-Medium hat die Größe einer üblichen 3,5"-Zoll-Floppy

Neben der Ausführung als einbaufähiges Laufwerk gibt es das LS120 auch als externes Gerät für den Anschluss an den Parallel-Port (LPT, Centronics), wobei diese Schnittstelle – je nach Einstellungsmöglichkeit im BIOS-Setup (siehe Kapitel 9, *Parallele Schnittstellen*) – eine mehr oder minder starke Limitierung der Datenübertragungsrate zur Folge hat, was ganz allgemein und daher auch für ZIP-Laufwerke am Parallel-Port gilt.

Bild 2.20: Das LS120-Laufwerk als externes Gerät für den Anschluss an den Parallel Port des PCs

2.4.2 Setup und Softwareunterstützung

Da das LS120 als Diskettenlaufwerk konzipiert wurde, sollte es zunächst auch an einem althergebrachten Floppy-Controller lauffähig sein. Dabei stellte sich jedoch heraus, dass dieser die höheren Übertragungsraten nicht verarbeiten kann. Statt dessen ist das Laufwerk mit einem ATAPI-Interface (EIDE, Kapitel 3) ausgestattet und wird wie eine EIDE-Festplatte angeschlossen.

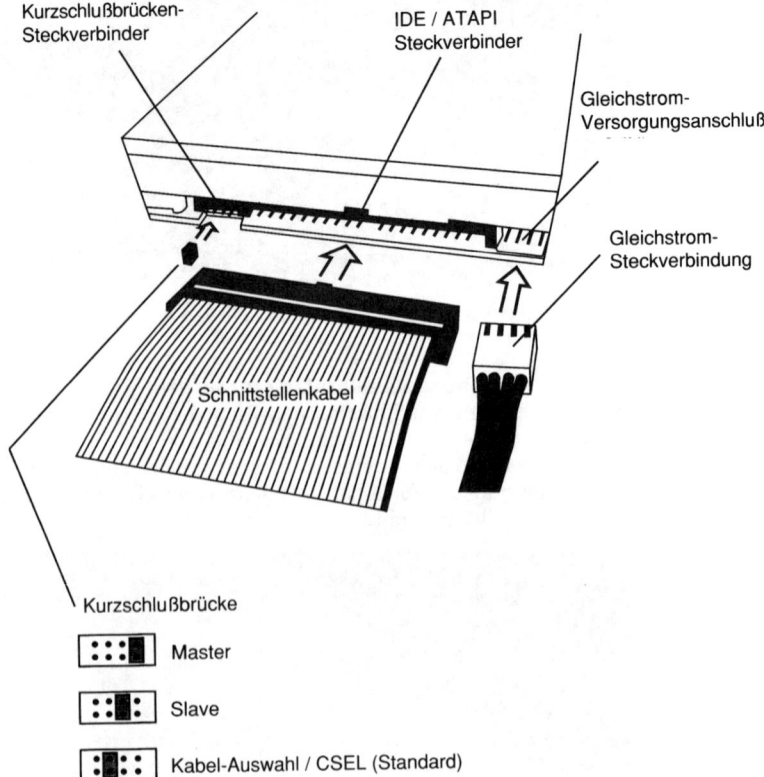

Bild 2.21: Die Konfiguration eines Superdisk-Laufwerks ist EIDE-üblich und es wird entweder als Master oder Slave »gejumpert«

Somit ist jedoch zunächst kein vollständiger Ersatz für das 1,44-Mbyte-Disketten-laufwerk gegeben, was wiederum eine Änderung des PC-BIOS zur Folge hat. Alle neueren PC-Modelle sollten mittlerweile jedoch über ein BIOS verfügen, welches sowohl mit dem LS120- als auch mit dem ZIP-Drive als ATAPI-Device umgehen kann.

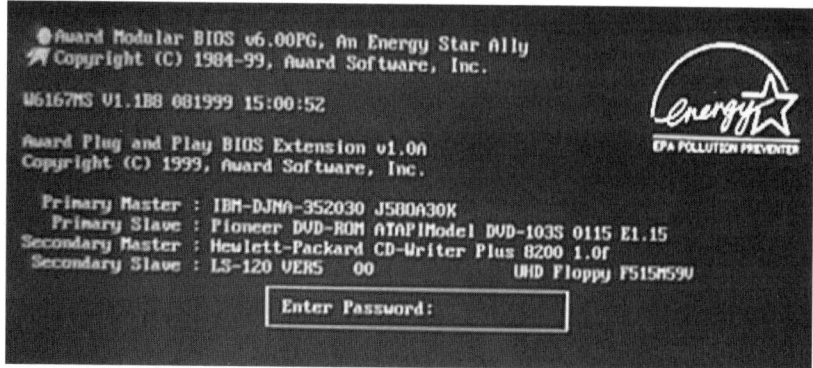

Bild 2.22: Das LS-120-Laufwerk wird als Slave am zweiten EIDE-Port beim Booten erkannt. Im BIOS-Setup wird der entsprechende Kanal auf AUTO eingestellt

Eine Anmeldung unter *Drive* (Diskettenlaufwerke) ist für ein LS120- oder auch ein ZIP-Laufwerk im BIOS-Standard-Setup nicht vorgesehen, da diese Laufwerke eben als ATAPI (EIDE) oder auch SCSI-Drives am entsprechenden Controller angeschlossen werden. Das BIOS setzt diese Laufwerkskonfiguration entsprechend um, damit das LS120-Laufwerk dann als Diskettenlaufwerk (Laufwerk A:) zu verwenden ist, was bedeutet, dass das Laufwerk dann auch bootfähig ist.

```
                    ROM PCI/ISA BIOS (2A59CG01)
                       BIOS FEATURES SETUP
                      AWARD SOFTWARE., INC.

Virus Warning              : Enabled      Video  BIOS Shadow : Enabled
CPU Internal Cache         : Enabled      C8000-CBFFF Shadow : Disabled
External Cache             : Enabled      CC000-CFFFF Shadow : Disabled
Quick Power On Self Test   : Enabled      D0000-D3FFF Shadow : Disabled
Boot Sequence(LS120/ZIP100): C,A          D4000-D7FFF Shadow : Disabled
Swap Floppy Drive          : Disabled     D8000-DBFFF Shadow : Disabled
Boot Up Floppy Seek        : Disabled     DC000-DFFFF Shadow : Disabled
Boot Up NumLock Status     : Off
Security Option            : Setup
PCI/VGA Palette Snoop      : Disabled


                                          ESC: Quit        ↓→↑←:Select Item
                                          F1 : Help         PU/PD/+/-:Modify
                                          F5 : Old Values  (Shift)F2 :Color
                                          F7 : Load Setup Defaults
```

Bild 2.23: Die Boot Sequence im BIOS Features Setup erlaubt bei neueren PCs die Aktivierung eines LS120- oder ZIP-Laufwerks als Boot-Device

Die Einstellung für die *Boot Sequence* findet sich meist im *BIOS Features Setup*, und an dieser Stelle ist die Boot-Reihenfolge entsprechend festzulegen, wobei je nach BIOS-Typ und -Version auch andere Kombinationen als die im Folgenden angegebenen möglich sein können.

⋯⋗ A, C, SCSI (default, Voreinstellung)

⋯⋗ C, A

⋯⋗ C, CDROM, A

⋯⋗ CDROM, C, A

⋯⋗ C Only

⋯⋗ LS/ZIP, C, A

Unterstützt der PC im BIOS-Setup ein LS120-Laufwerk aber nicht, ist ein zusätzlicher Treiber zum Betrieb notwendig, der dann erst von der Festplatte aus geladen werden muss, damit das Laufwerk in Aktion treten kann. Besser ist es daher, wenn ein BIOS-Update für das Mainboard verfügbar ist, welches dem LS120-Laufwerk damit auch die gewünschten Disketteneigenschaften verleihen kann.

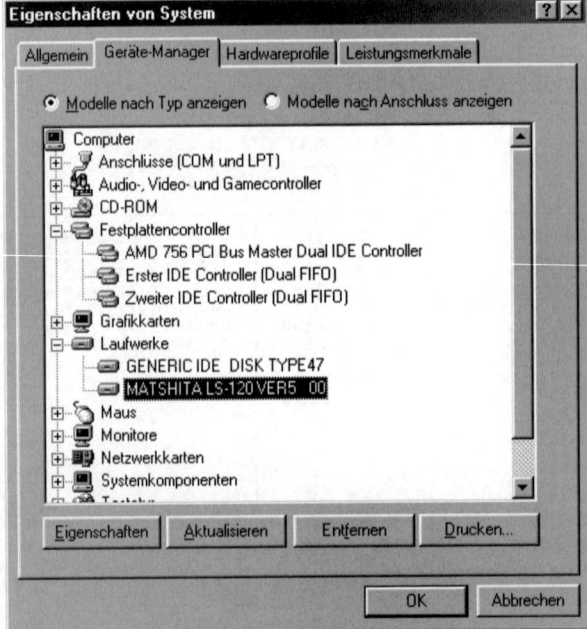

Bild 2.24: *Das LS120-Laufwerk unter Windows 98 setzt wie alle Geräte die am EIDE-Port verwendet werden, einen zum Mainboard passenden Controller-Treiber voraus, wie hier bei einem Athlon-Mainboard der Firma MSI*

Windows NT 4.0 kann bereits standardmäßig ATAPI-Wechselplatten und damit auch das LS120-Laufwerk verwenden, Windows 95 erst ab der B-Version, dem OEM Release 2.

2.5 ZIP-Laufwerke

Die Firma Iomega präsentierte bereits auf der CeBit 1994 ein Wechselplattenlaufwerk mit Namen *ZIP*. Nach der Einführung des LS120-Laufwerks entschloss sich Iomega, dieses Laufwerk nunmehr ebenfalls als neuen Floppy-Standard zu etablieren. Das ZIP-Drive ist aber nicht kompatibel mit den Diskettenlaufwerken und benötigt spezielle Speichermedien, die für ihre Kapazität verhältnismäßig teuer sind, wenn man diese mit anderen, z.B. magneto-optischen (MO) vergleicht, was im Übrigen auch für die LS120-Medien gilt, die preislich ungefähr auf dem gleichen Niveau liegen.

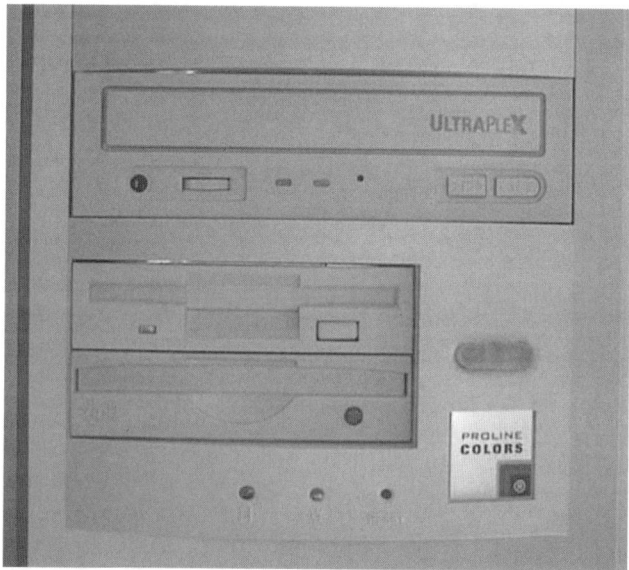

Bild 2.25: Bei diesem PC ist ein internes ZIP-Laufwerk standardmäßig unter dem Diskettenlaufwerk eingebaut, denn es kann das Diskettenlaufwerk nun mal nicht ersetzen

Im Gegensatz zu den bis dato verbreiteten Wechselplatten, die im Prinzip mit einer Festplattentechnologie arbeiten (siehe Kapitel 4), ist das ZIP-Medium aber einer Diskette ähnlicher und nur etwas größer und dicker als jene. Das Medium selbst ist ebenfalls flexibel wie eine Diskette, kann jedoch maximal 100 Mbyte oder auch 250 Mbyte mit dem ZIP-250-Laufwerk speichern.

Das ZIP-Drive gibt es mit verschiedenen Interfaces, wobei zunächst eine interne und eine externe SCSI-Version sowie eine externe für den Anschluss an den Parallel-Port realisiert wurden. Letztere ist besonders interessant, denn sie ermöglicht den Datenaustausch auch mit den einfacheren PCs und Notebooks, die eben keine SCSI-Schnittstelle besitzen. Sie funktioniert im Übrigen auch mit (alten) PCs, deren Druckerport nur im Standard-Mode (SPP), also nicht bidirektional, arbeiten kann.

Als Einbaulaufwerk (ATAPI) wird das ZIP-Drive ebenfalls angeboten, wofür man ein hierfür ausgelegtes BIOS (siehe auch LS120-Laufwerk) oder einfach einen Treiber benötigt. Ab Ende 1997 ist das *ZIP-Plus-Drive* erhältlich, welches als wesentliche Neuerung gegenüber dem externen Standard-Drive sowohl am Parallel-Port als auch als externes SCSI-Gerät betrieben werden kann. Der Anschluss erfolgt in beiden Fällen am gleichen 25-poligen Stecker am Laufwerk.

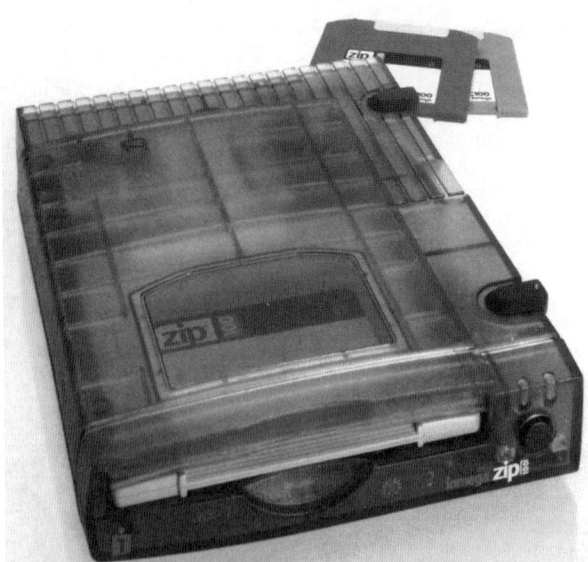

Bild 2.26: Das ZIP-Laufwerk mit USB-Interface ist auch für Macintosh-Computer geeignet, was schon mit dem durchsichtigen Plastikgehäuse (iMac-Design) signalisiert wird

Des Weiteren gibt es das ZIP-Laufwerk auch mit USB-Interface und seit einiger Zeit ein Modell für den Parallel-Port und eines für den SCSI-Bus (extern), welches 250 Mbyte-ZIP-Medien verwenden kann und abwärtskompatibel mit dem 100-Mbyte-Vorgänger ist. ZIP-Laufwerke werden außerdem auch in den PowerMacs der Firma Apple eingesetzt; es funktioniert demnach sogar auf unterschiedlichen Computerplattformen.

2.5.1 Das Speicherprinzip

Da das ZIP-Drive aus Kostengründen eben keine feste Magnetplatte – wie etwa die traditionellen Wechselplattensysteme der Firma SyQuest – verwenden sollte, wurde eine neue Technologie entwickelt. Es sind hohe Drehzahlen für hohe Datenübertragungsraten gefordert, was bei flexiblen Medien zu einem Problem bei der Stabilisierung und dem kontrollierten Abstand der Schreib-/Leseköpfe über dem Medium führt. Die Lösung besteht zunächst darin, dass das Medium mit hoher Geschwindigkeit (3000 U/min) über einer planen Fläche rotiert und durch den entstehenden Luftstrom von ihr angezogen wird. Das Medium wird dabei innerhalb der ZIP-Cartridge mechanisch stabilisiert, und durch einen nur 1,2 mm breiten Spalt können die federnd gelagerten Köpfe darauf zugreifen.

Für die exakte Spurführung – die Positionierung der Köpfe – wird das Medium selbst zu Hilfe genommen, auf welchem Servoinformationen aufgezeichnet sind, die sich zwischen den Nutzdaten befinden.

120-mal pro Umdrehung (alle 3 Grad) wird die Servoinformation gelesen und steuert damit die Position des Schreib-/Lesekopfes. Demnach ist hier nicht wie beim LS120-Laufwerk eine spezielle, teure und auch schwere Optik nötig, was letztlich auch zu niedrigeren Zugriffszeiten führt.

Die Servoinformation wird während der Herstellung des ZIP-Mediums geschrieben und nachfolgend nicht mehr verändert. Wird das Medium einem starken Magnetfeld ausgesetzt, sind nicht nur die Daten beschädigt oder auch komplett gelöscht, sondern auch die Servoinformation, und man kann die Cartridge dann nur noch wegwerfen.

 Falls die Servoinformation auf einer ZIP-Diskette beschädigt oder gelöscht ist, ist das Medium unwiederbringlich zerstört!

Einen mechanischen Schreibschutz – wie die üblichen und die LS120-Disketten – bietet eine ZIP-Diskette nicht. Um dennoch ein ZIP-Medium als schreibgeschützt zu markieren, gibt es ein Programm auf der zum Laufwerk mitgelieferten ZIP-Tools-Disk. Hiermit kann ein Password vergeben werden, um das Schreiben oder auch das Lesen zu unterbinden.

2.5.2 ZIP-Laufwerk am Parallel-Port

Am universellsten lässt sich das externe ZIP-Laufwerk für den Parallel-Port einsetzen, und es *kann* auch mit (alten) PCs, deren Druckerport nur im Standard-Mode (SPP), also nicht bidirektional arbeiten kann, verwendet werden. Allerdings gilt dies nicht ganz allgemein, denn nicht nur mir sind einige ältere PCs untergekommen, bei denen das ZIP-Laufwerk eben nicht am Parallel-Port funktionieren wollte.

Bild 2.27: Das externe ZIP-Laufwerk mit ZIP-Disk für den Anschluss an den Druckerport und das dazugehörige Steckernetzteil

Im einfachsten Fall und zum ersten Test wird einfach unter DOS das auf der Diskette mitgelieferte Programm GUEST aufgerufen, welches auch entsprechende Treiber lädt, so dass die komplette Disk und nicht nur das Programm GUEST notwendig ist.

Nach der Ermittlung des nächsten freien Laufwerksbuchstabens steht kurze Zeit später ein neues Laufwerk – das ZIP-Drive – unter dem neuen Laufwerksbuchstaben zur Verfügung. Falls sich der Parallel-Port als nicht ZIP-tauglich erweist, bleibt das Programm bei der Ermittlung des nächstmöglichen Laufwerks einfach stehen.

In diesem Fall sollte man im BIOS-Setup unter den Einstellungen für den Parallel-Port überprüfen, ob sich hier EPP und/oder ECP einstellen lässt, und ein erneuter Versuch unternommen werden. Bevor man das ZIP-Laufwerk nicht unter DOS zu fassen kriegt, braucht man es auch nicht erst unter Windows 9x, Windows NT oder OS/2, für die entsprechende Treiber und auch Utilities (z.B. für den Backup) mitgeliefert werden, auszuprobieren.

Im BIOS-Setup sollte nach Möglichkeit ein bidirektionaler Modus (EPP, ECP) eingestellt werden, was eine höhere Übertragungsrate als beim Standard-Parallel-Port-Mode (SPP) zur Folge hat.

Eine weitere Ursache für das Nichtfunktionieren des ZIP-Laufwerkes kann noch im Eintrag *Lastdrive* begründet liegen, der sich in der CONFIG.SYS befindet. Es muss noch ein Laufwerksbuchstabe frei sein, und falls hier mehrere Laufwerke eingebunden werden oder Lastdrive=z angegeben ist, steht dafür keiner mehr zur Verfügung, und das Programm GUEST bleibt ebenfalls stehen.

Das Netzteil ist beim ZIP-Drive nicht mit im Gehäuse eingebaut, sondern es wird hierfür ein Extrasteckernetzteil mitgeliefert, wie es auch bei Druckern eine leidige Praxis ist. Ärgerlich ist dabei, dass es ständig Strom verbraucht und das Laufwerk außerdem keinen Ein-/Ausschalter besitzt. Es ist also ratsam, das Steckernetzteil aus der Steckdose zu ziehen, falls man das ZIP-Drive nicht verwendet.

Erschwerend kommt hinzu, dass die Version für den Parallel-Port gleichzeitig mit dem PC oder kurz danach eingeschaltet werden muss, denn andernfalls wird das Laufwerk unter DOS nicht immer erkannt, was bedeutet, dass man ständig mit dem Steckernetzteil herumzuhantieren hat. Die Firma Iomega empfiehlt aus diesem Grund, eine Steckdosenleiste mit Schalter zu verwenden, um beide Geräte gleichzeitig einschalten zu können. Allerdings hat die Praxis gezeigt, dass dies nicht bei allen PCs zufriedenstellend funktioniert, da das Laufwerk erst *nach* dem PC eingeschaltet werden muss. Ein geübter Bastler sollte sich einen »Schnurschalter« in die Leitung der Spannungsversorgung einbauen oder besser (weil stromsparender) und einfacher (kein Basteln) ein Verlängerungskabel mit Schalter verwenden, um das ZIP-Drive bequemer ein- und ausschalten zu können.

Das ZIP-Drive für den Parallel-Port sollte kurz nach dem PC eingeschaltet werden, andernfalls wird es nicht immer erkannt.

Der Druckerport wird bei der Version für den Anschluss an den Parallel-Port im ZIP-Drive durchgeschleift und kann somit weiterhin für einen Drucker verwendet werden. Allerdings kann dies durchaus zu Problemen bei der Druckausgabe führen, und womöglich funktioniert der Drucker dann überhaupt nicht mehr, wie es bei einem Deskjet 500 der Firma Hewlett Packard der Fall ist. Abhilfe ist in solchen Fällen dadurch zu schaffen, dass entweder nur der Drucker oder nur das ZIP-Laufwerk verwendet wird, was ein ständiges Umstecken des Kabels bedeutet. Dies sollte aber grundsätzlich nur bei ausgeschaltetem PC erfolgen!

Besser ist es natürlich, wenn zwei Parallel-Ports im PC vorgesehen sind und der Drucker an die zweite Schnittstelle angeschlossen werden kann.

Gelbe Datenanzeige
(Blinkt, wenn das Laufwerk Daten überträgt)

Grüne Stromanzeige

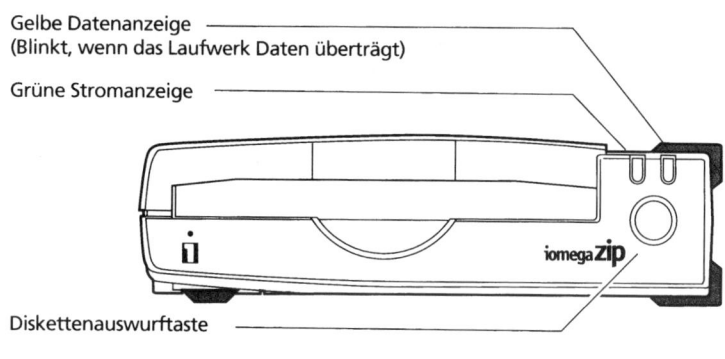

Diskettenauswurftaste

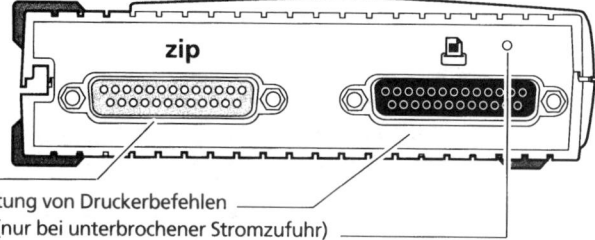

Zip-Datenanschluß
Anschluß für Durchleitung von Druckerbefehlen
Notauswurfsöffnung (nur bei unterbrochener Stromzufuhr)

Bild 2.28: Die Bedienelemente und Anschlüsse des ZIP-Laufwerks für den Parallel-Port. Die glei-
chen Anschlüsse sind ebenfalls beim ZIP-Plus-Drive vorhanden und werden dann auch
als SCSI-Verbindung genutzt. Falls sich die ZIP-Disk nicht mehr aus dem Laufwerk ent-
fernen lässt, gibt es auf der Rückseite eine Öffnung, in die man mit einem spitzen
Gegenstand hineindrückt

Das externe ZIP-Drive ist intern im Prinzip ebenfalls ein SCSI-Gerät, und daher
erscheint es im Gerätemanager von Windows 9x unter den SCSI-Adaptern. Wie
erwähnt, kann das Laufwerk in verschiedenen Modi am Parallel-Port arbeiten, und
selbst wenn im BIOS-Setup ein bidirektionaler Modus wie EPP oder ECP festgelegt
worden ist, stellt dies – zumindest nicht unter Windows 9x sicher –, dass dieser
auch tatsächlich Verwendung findet und nicht etwa der langsamste Modus (Nibble
Mode, siehe Kapitel IEEE1284).

Die optimale Einstellung der Parallel-Port-Betriebsart erfolgt nicht immer automa-
tisch, so dass sich durch eine manuelle Veränderung des Mode-Parameters ein
Geschwindigkeitsvorteil ergeben kann.

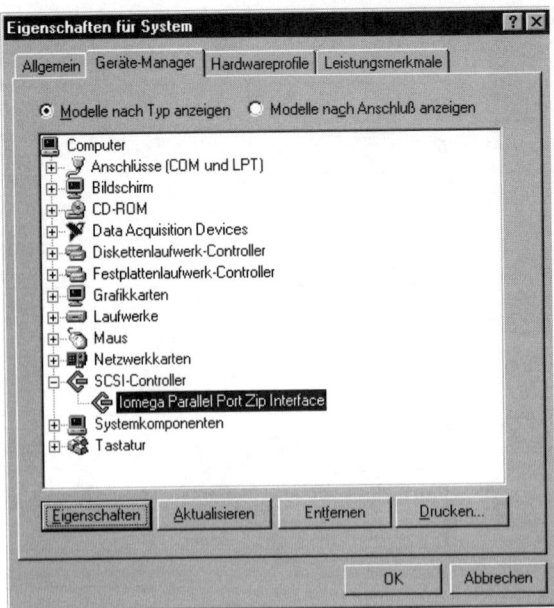

Bild 2.29: Das externe ZIP-Drive wird von Windows 9x generell als SCSI-Gerät behandelt

Ist das ZIP-Laufwerk unter Windows 9x verfügbar, wobei zunächst keineswegs ersichtlich ist, welcher Mode dabei Anwendung findet, sollten die Iomega-ZIP-Tools von der mitgelieferten ZIP-Disk installiert werden. Dabei wird ein Programm mit der Bezeichnung *Parallelport-Beschleuniger* installiert, welches danach aufzurufen ist.

Nach der Beendigung des Programms sollte sich unter *Eigenschaften für Iomega Parallel Port Zip Interface* ein entsprechender Eintrag finden, der üblicherweise – ohne Anwendung von *Parallelport-Beschleuniger* – keinen Eintrag enthält. Bei der automatischen Detektierung des (optimalen) Modes kann der PC allerdings auch hängen bleiben. Dann bleibt einem nichts anderes übrig, als mit dem standardmäßig zu Grunde gelegten Mode zu arbeiten, wobei aber sicherheitshalber noch einmal die BIOS-Einstellung für den Parallel-Port (SPP, ECP, EPP?) kontrolliert und eventuell angepasst werden sollte. Möglicherweise lässt sich der Test danach erfolgreich absolvieren.

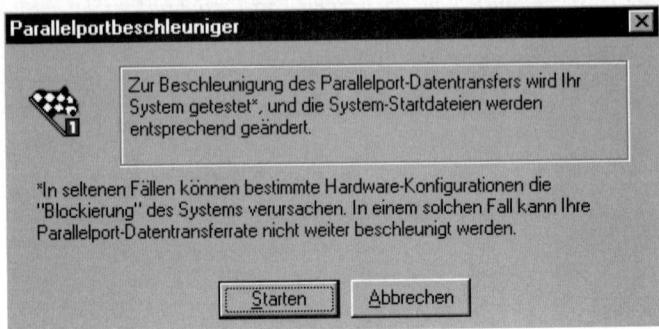

Bild 2.30: Die Detektierung der optimalen Betriebsart

Die optimale Mode-Einstellung kann eine ganz beachtliche Steigerung der Datenübertragungsrate zur Folge haben, so dass es sich eventuell lohnt, verschiedene Einstellungen auszuprobieren. Unter *Eigenschaften für Iomega Parallel Port Zip Interface* findet sich ein Feld mit den Adapter-Einstellungen, die an dieser Stelle verändert werden können. Der Eintrag *Speed* spezifiziert einen Parameter für die Geschwindigkeit, wobei 6 der höchsten und 1 der niedrigsten entspricht.

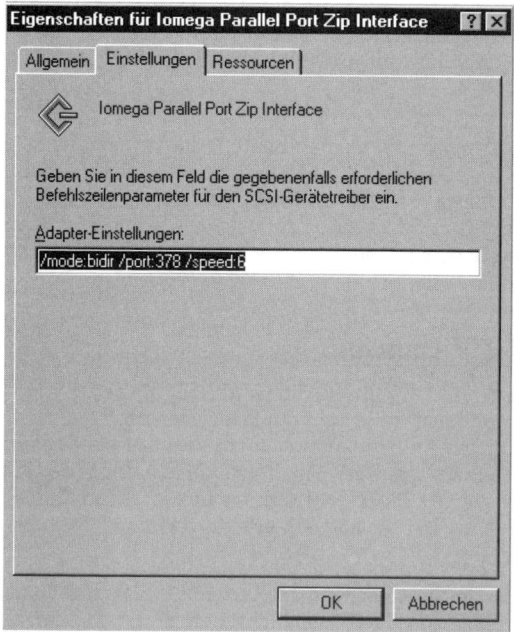

Bild 2.31: Hier hat die automatische Einstellung funktioniert. Der Mode-Parameter kann oftmals noch manuell optimiert werden

Des Weiteren ist neben der Port-Adresse, die üblicherweise 378 lautet und mit entsprechenden Einträgen im BIOS-Setup und unter den Windows-9x-Ressourcen übereinstimmen muss, die Betriebsart – der Mode – zu bestimmen. Die folgende Tabelle zeigt die hier möglichen Variationen für das ZIP-Drive.

Mode	Bedeutung/Funktion
bidr	8-Bit-Übertragung in beiden Richtungen, bidirektional
epp	EPP-Mode wird erzwungen
eppecr	EPP/ECP-Erkennung erfolgt automatisch
fast	automatische Erkennung der optimalen Betriebsart
mcbidir	bidirektionaler PS/2-Mode, wie er mit dem IBM MicroChannel eingeführt wurde
nibble	4-Bit-Übertragung, die langsamste Betriebsart
pc873epp	EPP-Modus für einen Super-I/O-Controller der Firma National Semiconductor
sl360	EPP-Modus für INTEL-Controller
smcepp	EPP-Modus für einen Super-I/O-Controller der Firma SMC

Tabelle 2.8: Festlegung der Betriebsart für ein ZIP-Laufwerk am Parallel-Port

Für Windows NT werden ebenfalls entsprechende Treiber mitgeliefert, so dass es – bis auf eine kleine Unannehmlichkeit – keine Schwierigkeiten mit dem externen ZIP-Drive gibt. Ist der Treiber für Windows NT installiert, jedoch kein ZIP-Drive angeschlossen, meldet Windows NT nämlich, dass ein Dienst nicht gestartet werden kann.

 Durch die Veränderung eines Eintrags in der Registrierung von Windows NT 4.0 kann die Fehlermeldung bei nicht angeschlossenem ZIP-Laufwerk beseitigt werden.

Abhilfe ist beispielsweise durch eine Änderung in der Registry möglich, und zwar unter HKEY_LOCAL_MACHINE\SYSTEM\CurrentControlSet\Services\ppa3nt. Unter dem Schlüssel *ErrorControl* ist bei der DWORD-Varibale standardmäßig eine 1 eingetragen, und dieser Wert ist durch 0 zu ersetzen, woraufhin Windows NT keinen Fehler mehr detektiert, egal, ob das Drive am Parallel-Port angeschlossen ist oder nicht.

2.5.3 ATAPI-ZIP-Laufwerk

Die Einbauversionen des ZIP-Drives für ATAPI (EIDE) besitzen im Gegensatz zur Parallel-Port-Version nicht die erwähnten Eigenarten für die Aktivierung und funktionieren praktisch auf Anhieb, wenn man mit dem Laufwerk genauso verfährt, als wenn es eine EIDE-Festplatte wäre. Eine Anmeldung unter *Drive* (Diskettenlaufwerke) ist daher für ein ATAPI-ZIP-Laufwerk im BIOS-Standard-Setup nicht vorgesehen, wie es auch beim LS120-Laufwerk erläutert wird.

Generell ist bei ATAPI-Devices zu beachten, an welchen Port sie sinnvollerweise angeschlossen und dementsprechend als Master oder Slave per Jumper einzustellen sind, damit die einzelnen Geräte möglichst mit der maximalen Geschwindigkeit arbeiten können.

Die Festplatte wird am besten als Master und ein CD-ROM- oder auch DVD-Laufwerk als Slave am ersten Port angeschlossen, für den der UDMA-Modus eingeschaltet werden kann, weil zumindest neuere DVD-ROM-Laufwerke diesen Modus ebenfalls unterstützen. Ein möglicherweise vorhandener ATAPI-CD-Writer wird dann als Master am zweiten Port und das ZIP-Laufwerk als Slave verwendet, wobei hier standardmäßig ein PIO-Mode zum Einsatz kommt.

Wie es auch beim LS120-Laufwerk erwähnt wird, ist der richtige Treiber für den IDE-Controller des Mainboards dabei äußerst wichtig, denn nur dann können die ATAPI-Devices korrekt eingesetzt werden. Es kann durchaus der Fall auftreten, dass die EIDE-Festplatten zwar einwandfrei funktionieren (kein MS-DOS-Kompatibilitätsmodus aktiv), sobald jedoch ein ATAPI-Gerät wie ein ZIP- oder auch ein CD-ROM-Laufwerk ins Spiel kommt, funktionieren sie eben nicht, weil der Treiber für den IDE-Controller hierfür nicht auf dem neuesten Stand ist. Der passende Treiber gehört zum Lieferumfang des Mainboards und ist oftmals nicht mehr auf dem aktuellen Stand, so dass man sich die neueste Version am besten vom Internet-Server des Mainboard-Herstellers beschafft.

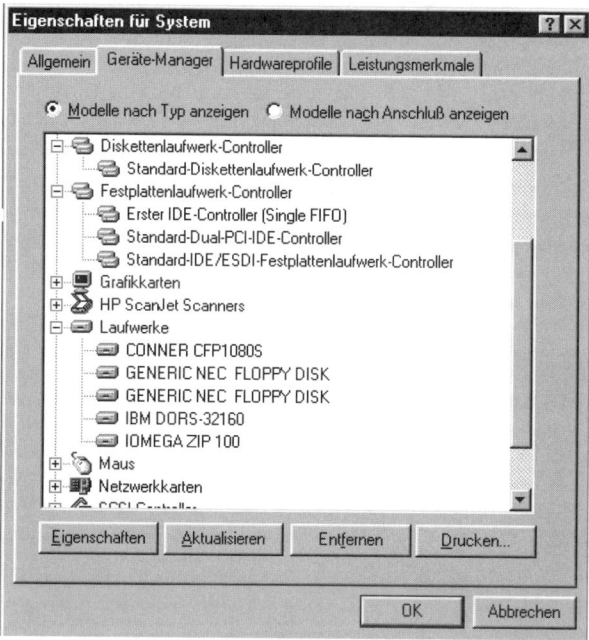

Bild 2.32: Die Einstellungen für ein ATAPI-ZIP-Laufwerk unter Windows 95; Wichtig ist dabei der richtige Treiber für den IDE-Controller

2.5.4 ZIP-Plus- und ZIP-SCSI-Laufwerk

Ab Ende 1997 ist das ZIP-Plus-Drive erhältlich, welches als wesentliche Neuerung gegenüber dem externen Standard Drive sowohl am Parallel-Port als auch als externes SCSI-Gerät betrieben werden kann. Der Anschluss erfolgt in beiden Fällen an den gleichen 25-poligen Stecker am Laufwerk.

Für den Betrieb am SCSI-Bus bedeutet dies, dass ein zusätzlicher Adapter zu erwerben ist, damit ein Übergang von 25-polig von DSUB-SCSI auf 50-polig- oder 68-polig-SCSI geschaffen werden kann, über den die üblichen SCSI-Hostadapter (z.B. Adaptec AHA-2940) verfügen.

Einige SCSI-Geräte, wie beispielsweise Scanner von Hewlett Packard (ScanJet) oder auch externe Tape Drives, besitzen ebenfalls einen 25-poligen SCSI-Anschluss, auf dem sich normalerweise der Terminatorstecker als Busabschluss befindet (das letzte Gerät am Busende wird immer terminiert, siehe Kapitel SCSI). In diesem Fall könnte das ZIP-Plus-Drive auch an dieser Stelle direkt angeschlossen werden.

Die Terminierung wird vom ZIP-Plus automatisch ein- oder ausgeschaltet, je nachdem, ob es sich am Busende oder zwischen zwei SCSI-Bus-Geräten befindet. Demnach kann der zweite 25-polige Anschluss am ZIP-Plus-Drive für den Anschluss weiterer SCSI-Geräte verwendet werden, oder es wird hier ein Terminierungsstecker angebracht, da die automatische Terminierungsfunktion am ZIP-Plus-Laufwerk leider auch nicht immer korrekt funktioniert.

Ob das Drive am Parallel-Port oder am SCSI-Bus angeschlossen ist, erkennt es selbsttätig und erlaubt im ersten Fall – wie beim konventionellen externen ZIP-Drive – den Anschluss eines Druckers, wobei es hier nach wie vor zu Problemen beim Drucken kommen kann. Als SCSI-Bus-Adresse kann nicht jede übliche Adresse (0-7) festgelegt werden, sondern typischerweise nur die Adresse 5 oder 6, wobei es hier (je nach Herstellungscharge) auch noch andere Möglichkeiten geben kann.

Das Steckernetzteil ist zwar gegenüber dem externen Standard-ZIP-Drive etwas handlicher geworden und es gibt auch einen vermeintlichen Ein-/Auschalter, der auch als »Auswurfknopf« für das Medium dient, gleichwohl ändert es nichts daran, dass bei eingestecktem Netzteil ständig Strom verbraucht wird.

3 Festplatten

*Im vorigen Kapitel wurde bereits das Verfahren der magnetischen Datenaufzeichnung erläutert, welches prinzipiell auch für Festplatten zum Einsatz kommt. Der wichtige Unterschied zwischen einer Diskette und einer Festplatte ist der, dass eine Festplatte aus einer oder mehreren (übereinanderliegenden) Aluminiumscheiben und nicht aus einem (einzigen) flexiblen Medium besteht – daher auch **Festplatte**.*

Ein PC ist ohne Festplatte heute kaum noch vorstellbar, und die kann bekannterweise gar nicht groß genug sein. Eine 10-Mbyte-Festplatte, wie sie 1983 in den IBM-XT eingebaut wurde, war damals schon gewaltig. Heute sind dagegen 10-Gbyte-Festplatten eher die Regel als die Ausnahme.

Die modernen Programme verlangen immer schnellere Prozessoren und Speichereinheiten (RAM, Cache). Der Festplatte wird im Gegensatz dazu nicht immer die Bedeutung geschenkt, die sie verdient, obwohl gerade sie ganz wesentlich die Performance des Computersystems bestimmt. Oft entpuppt sich im täglichen Betrieb gerade die Festplatte eines »von der Stange gekauften« PC als Schwachpunkt in puncto Geschwindigkeit und kann die gesamte PC-Leistung maßgeblich verschlechtern.

Die Festplatten sind im Laufe der Jahre mechanisch immer kleiner geworden und die Speicherkapazitäten dabei drastisch gestiegen. Das folgende Bild mag einen Eindruck von dieser rasanten Entwicklung vermitteln.

Bild 3.1:   Festplatten im Vergleich, sie besitzen die folgenden Kapazitäten (von links nach rechts): 10 Mbyte aus dem Jahre 1984, 40 Mbyte aus dem Jahre 1988 und 105 Mbyte aus dem Jahre 1992

3.1 Der Aufbau einer Festplatte

Festplatten gibt es in verschiedenen Baugrößen und mit vier verschiedenen Schnittstellen, wobei ebenfalls unterschiedliche Aufzeichnungsverfahren verwendet werden. Die Festplatten (Harddisks) lassen sich am einfachsten anhand ihrer jeweiligen Schnittstelle (Interface) identifizieren:

···⟩ ST506/ST412-Schnittstelle

···⟩ ESDI-Schnittstelle

···⟩ SCSI-Schnittstelle

···⟩ (E)IDE-Schnittstelle

Bei heutigen PCs ist die Standardfestplatte eine vom Typ EIDE (**E**nhanced **I**ntegrated **D**evice **E**lektronik) und die SCSI-Festplatten, von denen verschiedene Realisierungen mit unterschiedlichen Interfaces existieren (Teil 3), finden bei den leistungsfähigeren PCs (z.B. bei Servern) ihre Anwendung. Allerdings gibt es bei den modernen Festplatten zwischen beiden Varianten kaum mehr einen nennenswerten Performance-Unterschied und der Vorteil von SCSI-Festplatten liegt eher im Interface selbst begründet, welches bei Standard-SCSI für maximal sieben Geräte eingesetzt werden kann. Die damit verbundenen Konfigurationsmöglichkeiten sind weit flexibler als bei EIDE.

Vielfach werden bestimmte EIDE- und SCSI-Festplatten mit (fast) identischem, internen Aufbau – und demnach auch gleicher Kapazität – angeboten, lediglich das Interface ist unterschiedlich, weshalb nicht ganz einzusehen ist, dass SCSI-Festplatten zurzeit fast das Doppelte einer EIDE-Festplatte kosten.

Die anderen Festplattentypen sind veraltet und werden auch nicht mehr hergestellt, so dass auf diese Typen nicht mehr explizit eingegangen wird. Gleichwohl sind sie in PCs zu Massen eingebaut worden und verrichten auch heute noch ihre Dienste. Ersatz für diese Typen ist nur noch auf dem Flohmarkt zu bekommen, was ebenfalls für die entsprechenden Controller gilt.

Inwieweit sich ein PC mit einer neuen oder auch zusätzlichen Festplatte ausstatten lässt, hängt ganz wesentlich davon ab, von welchem Typ das jeweilige Interface ist, welches in diesem Zusammenhang ebenfalls näher erläutert wird. SCSI kann jedoch meist parallel zu allen anderen Festplattentypen verwendet werden, was somit auch ein Ausweg sein kann, falls man aus irgendwelchen Gründen seine alte Platte weiterhin verwenden möchte. ESDI (**E**nhanced **S**mall **D**evice **I**nterface) ist quasi der Vorläufer von SCSI und Nachfolger der MFM-Festplatten und verwendet eine Controllerkarte mit eigenem BIOS, was in diesem Zusammenhang ein Problem bereiten kann, wenn dieses BIOS die gleichen PC-Ressourcen – es wird auch Speicherbereich im Adaptersegment belegt – wie der SCSI-Hostadapter verwendet, was sich jedoch meist durch eine entsprechende »Umjumperung« aus der Welt schaffen lässt.

In diesem Buch werden einige Festplatten im geöffneten Zustand gezeigt – wie es auch immer wieder in der Anzeigen der Festplattenhersteller vorkommt –; dabei sei darauf hingewiesen, dass diese allesamt nicht mehr funktionsfähig sind!

Eine Festplatte darf niemals unter normalen Raumbedingungen geöffnet werden, denn damit ist sie auf jeden Fall defekt. Der Staub der Umgebung setzt sich sofort auf die Plattenoberflächen und sorgt damit für deren Unlesbarkeit durch den empfindlichen Schreib-/Lesekopf. Nur in geeigneten Reinräumen, über die beispielsweise einige spezielle Firmen zur Datenrettung verfügen, werden defekte Festplatten zur Reparatur geöffnet.

Wie bei einer Diskette wird auch bei Festplatten das Verfahren der magnetischen Datenaufzeichnung verwendet. Der wichtige Unterschied zwischen einer Diskette und einer Festplatte ist der, dass eine Festplatte aus einer oder mehreren (übereinanderliegenden) Aluminiumscheiben und nicht aus einem (einzigen) flexiblen Medium besteht – daher auch die Bezeichnung *Festplatte*.

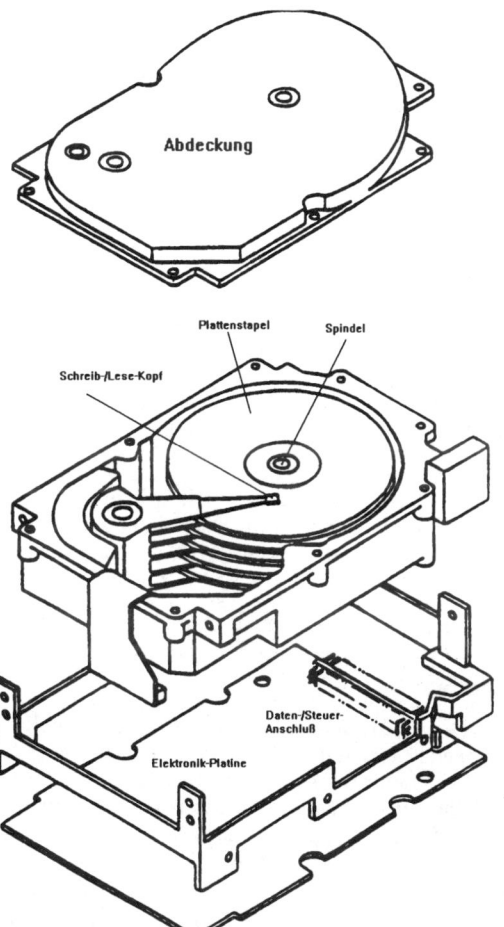

Bild 3.2: Der prinzipielle Aufbau einer Festplatte

Die Scheiben einer Festplatte sind mit einer magnetisierbaren Eisen-II- oder Eisen-III-Oxid-Schicht überzogen, die der Dateninformationsschicht entspricht. Die Scheiben verbleiben bei einer üblichen Festplatte im Gehäuse und bilden mit den Magnetköpfen quasi eine Einheit.

Bei Wechselplatten, die auf der Festplattentechnologie basieren, wie etwa das Jaz-Laufwerk von Iomega oder die SyQuest-Laufwerke, befinden sich die Scheiben in einer austauschbaren Cartridge, nur die Köpfe und die weitere Elektronik und Mechanik verbleiben im Gehäuse der Wechselplatte.

3.1.1 Festplattentechnologien

Die über die Jahre kontinuierliche Erhöhung der Festplattenkapazität ergibt sich zum einen durch den Einbau mehrerer Platten übereinander (Platters, Plattenstapel), was sich jedoch nur bis zu einem gewissen Grad kostengünstig realisieren lässt, denn die Anforderungen an die Plattenmechanik erhöhen sich dadurch immens und könnten mechanische und thermische Probleme hervorrufen. Zum anderen wurde die Aufzeichnungsdichte drastisch erhöht, was durch eine ständige Weiterentwicklung der Medien und der Schreib-/Leseköpfe erreicht wurde.

Die rein induktiv arbeitenden Köpfe, die damals so groß waren wie die eines Kassettenrekorders oder bei den entsprechenden »Riesenscheiben« noch größer, wurden zunächst auf Dünnschichttechnologie (Thin-Film, TF) umgestellt, eine Technologie, die auf Aufdampf- und Kathodenzerstäubungs- (Sputter-)Verfahren beruht, wodurch sich Strukturen unterhalb eines µm realisieren lassen.

Praktisch alle neueren Festplatten verwenden eine Weiterentwicklung dieses Verfahrens, die magnetoresistive (MR) Technologie, die im Gegensatz zu den TF-Köpfen eine niedrigere Induktion realisiert, was vorteilhaft auch zu höheren Datenfrequenzen führt. MR arbeitet mit separaten Schreib- und Leseelementen, wobei die Schreibkomponente ein Dünnfilmelement auf induktiver Basis ist, welches aus zwei Magnetpolen besteht. Zwischen diesen beiden Polen befindet sich die Lesekomponente, der MR-Sensor, der beim Lesevorgang mit einem Abtaststrom gespeist wird.

Beim Überfliegen der Platte ändert sich die MR-Schicht des Sensors je nach Magnetfeld der Platte, was als Widerstandsänderung detektiert wird und somit zu Impulsen, die die Bits der Platte repräsentieren, führt. Das Signal des MR-Elementes ist dabei unabhängig von der Umdrehungsgeschwindigkeit der Platte ausreichend stark und kann die sehr geringen Spurabstände detektieren. Beim Schreiben wird eine Spannung an die Magnetpole gelegt und dadurch ein Magnetfeld erzeugt, welches die magnetische Schicht der Plattenoberfläche entsprechend den zu schreibenden Bits ausrichtet.

Durch den Einsatz der MR-Technologie, mit deren Hilfe es möglich ist, gleich mehrere Gbyte auf einem Platter unterzubringen, kommen einige Modelle mit einer einzigen Platte aus. Das ungefähre Baujahr einer Festplatte lässt sich daher auch anhand ihrer Bauhöhe bei – vergleichbarer Kapazität – erkennen. Höhere Festplatten besitzen mehrere Platters und die niedrigen (z.B. nur 12 mm, Fujitsu MHG2102AT mit 10 Gbyte) eben nur eine, was sie durch die einfachere Mechanik preiswerter und auch zuverlässiger macht.

Im Gegensatz zur Diskette rotieren die Platten ständig und nicht nur dann, wenn sie angesprochen werden. Durch die hohe Geschwindigkeit von ca. 3.600–10.000 Umdrehungen pro Minute schweben die Magnetköpfe in einem Abstand von ungefähr 0,3-0,5 µm über der Plattenoberfläche. Die Köpfe dürfen während des Betriebs niemals die Oberfläche der Platte berühren. Erst beim Abschalten des PC werden die Köpfe auf die Parkspur der Platte abgesenkt. Falls die Köpfe während des Betriebs die Oberfläche berühren, hat man den gefürchteten Head-Crash erlebt, womit die Festplatte in den meisten Fällen unwiederbringlich zerstört ist.

Bild 3.3: *Neue EIDE-Festplatten sind nur 1" hoch und bieten hohe Speicherkapazitäten zu moderaten Preisen.*

3.2 Die Speicherkapazität

Die Speicherkapazität einer Festplatte kann nach der folgenden Formel berechnet werden:

Speicherkapazität = Anzahl der Zylinder * Sektoren pro Spur * Bytes pro Sektor * Anzahl der Köpfe

Eine Festplatte weist beispielsweise die folgenden Daten auf, wobei die Sektorgröße (Bytes pro Sektor) bei DOS generell 512 Byte beträgt.

16383 Zylinder, 16 Köpfe, 63 Sektoren

Mit diesen Daten hat die Festplatte eine Speicherkapazität von 16.383 * 16 * 63 * 512 = 7,8 Gbyte, was 8.455.200.768 Byte = 8.257.032 Kbyte = 8.063,5 Mbyte entspricht, wenn man mit »richtigen« Bytes rechnet, d.h. 1 Kbyte also 1.024 Byte entspricht und nicht etwa 1.000 Byte, was bei den Herstellern zuweilen unterschiedlich spezifiziert wird, wodurch sich die jeweiligen Kapazitätsangaben nicht immer 1:1 vergleichen lassen. Wichtig ist die Berechnung der Festplattenkapazität zur Überprüfung, ob das jeweilige BIOS überhaupt mit einer derartigen Kapazität umgehen kann, da es hier verschiedene Limitierungen gibt, wie es auch unter *Enhanced Integrated Disc Electronic* (Logical Block Addressing) erläutert ist.

IDE-Festplatten verwenden üblicherweise das Zone-Bit-Recording (Kapitel 3.3.2) oder ein ähnliches Verfahren, welches dafür sorgt, dass die Datendichte über der gesamten Oberfläche der Platte annähernd gleich bleibt, was somit eine unterschiedliche Anzahl von Sektoren pro Spur zur Folge hat. Für eine derartige Festplatte müsste daher eben eine unterschiedliche Anzahl von Sektoren pro Spur angegeben werden können, was jedoch im BIOS-Setup nicht möglich ist und auch kaum praktikabel erscheint.

Um dennoch eine IDE-Festplatte entsprechend konfigurieren zu können, verwenden die Platten einen so genannten *Translation-Mode*, der die physikalischen (tatsächlichen) Daten in logische Daten umsetzt, welche dann im BIOS-Setup angegeben werden können. Diese Angaben werden vom Hersteller geliefert und ermöglichen die bestmögliche Ausnutzung der Speicherkapazität. Als Beispiel sind im Folgenden die Daten für verschiedene IDE-Festplatten angegeben.

Parameter	Festplattentyp				
Hersteller	Quantum	Quantum	IBM	Seagate	Seagate
Typ	120AT	240AT	3342-A4	ST 3491A	ST 31220A
Speicherkapazität	120 Mbyte	240 Mbyte	327 Mbyte	428 Mbyte	1000 Mbyte
Logische Zylinder	901	723	872	899	1024
Logische Köpfe	5	13	16	15	16
Logische Sektoren	53	51	48	62	63
Logische Sektoren insgesamt	238.765	479.349	669.696	836.070	1.032.192

Tabelle 3.1: Das logische Format von IDE-Festplatten anhand einiger Beispiele

Die Angaben im BIOS-Setup für die Zylinder, Köpfe und Sektoren pro Spur entsprechen dabei nicht der tatsächlichen (physikalischen) Festplattenorganisation, so dass mit den Werten nahezu beliebige Kombinationen eingestellt werden können. Wichtig ist dabei nur, dass die maximale Anzahl der »logischen Sektoren insgesamt« nicht überschritten werden darf, denn diese ergibt sich durch die Multiplikation der einzelnen Angaben.

3.3 Festplattengrundlagen

Wie Disketten so werden auch Festplatten formatiert. Dabei sind jedoch drei unterschiedliche Verfahren zu berücksichtigen:

1. Low-Level-Formatierung (BIOS-Programm)

2. Aufteilung der Festplatte, Partitionieren (z.B. DOS-Programm FDISK)

3. Formatierung der Festplatte (DOS-Programm FORMAT)

Der erste Schritt ist prinzipiell die Low-Level-Formatierung (physikalische Formatierung), welche sich oftmals im BIOS-Setup des PC oder auch im SCSI-BIOS anwählen lässt.

Doch Vorsicht! Alle neuen Festplatten sind bereits vom Werk her entsprechend vorformatiert. Defekte Bereiche der Festplatte, die zwangsläufig bei der Herstellung entstehen und natürlich nicht für die Datenspeicherung verwendet werden dürfen, sind durch die Low-Level-Formatierung vom Hersteller gesperrt.

Formatiert man nun diese Festplatte noch einmal physikalisch, werden möglicherweise die als defekt markierten Bereiche wieder freigegeben, was sich erst viel später, wenn gerade diese defekten Bereiche verwendet werden, durch Datenausfälle bemerkbar machen kann.

 Alle neuen Festplatten sind im Gegensatz zu den alten Typen wie MFM oder ESDI bereits vom Hersteller Low-Level-formatiert. Diese Art der Formatierung sollte nur im absoluten Notfall (nochmals) angewendet werden, wenn sich die Festplatte nicht auf andere Art und Weise zum Funktionieren bewegen lässt.

Eine Low-Level-Formatierung ist nur dann nicht zu vermeiden, wenn die Festplatte mit besonderen Viren verseucht ist und alle anderen Verfahren zur Virenbekämpfung versagen oder die Festplatte aus einem anderen PC stammt, der die Daten in irgendeiner nicht konformen Art und Weise geschrieben hat. Ein schadhafter Controller oder auch das nicht korrekte Zusammenspiel von Controller und Festplatte können Gründe für eine derart beschädigte Festplatte sein.

Ein entsprechendes Formatierungsprogramm findet man gegebenenfalls im BIOS des PC, und es gibt diese Programme auch einzeln, wie beispielsweise den Disk Manager der Firma Ontrack.

Das DOS-Kommando FDISK formatiert die Festplatte nicht, sondern teilt sie erst nach erfolgter Low-Level-Formatierung in logische Laufwerke auf, was man auch als *Partitionieren* bezeichnet. Eine Festplatte kann derart aufgeteilt werden, dass es für den Anwender so erscheint, als wenn er über mehrere Festplatten verfügt. Sie werden daher über einen festgelegten Buchstaben C:, D:, E: usw. angesprochen. Im Kapitel 3.6.5 wird hierauf noch genauer eingegangen.

Die eigentliche Formatierung der Festplatte erfolgt nach der Partitionierung, beispielsweise durch das Kommando FORMAT C: /S, wobei das S ein optionaler Parameter ist, der dafür sorgt, dass das System, also die Dateien IO.SYS, MSDOS.SYS und COMMAND.COM, mit auf die Platte übertragen werden, damit sie anschließend bootfähig ist. Durch den Format-Befehl wird die Festplatte für DOS formatiert. Neben dem damit zugrunde gelegten DOS-File-System gibt noch einige weitere, die dementsprechend mit anderen Programmen angelegt werden, was in Kapitel 3.6.6 noch genau erläutert wird.

3.3.1 Interleave-Faktor

Die Sektoren werden durch die Low-Level- oder auch Vorformatierung mit dem ersten Sektor beginnend durchnummeriert, wobei jeder folgende Sektor um 1 erhöht wird. Es wäre optimal, wenn innerhalb einer Umdrehung der Platte alle Sektoren einer Spur gelesen werden könnten. Die Elektronik im PC muss dazu die von der Festplatte gelesenen Daten so schnell verarbeiten können, wie sie von der Festplatte geliefert werden.

Bei den Festplattencontrollern mit ST506/412-Schnittstelle und mit einem langsamen PC (8088/8086-Prozessor) gelingt dies jedoch nicht, denn während die gelesenen Daten gerade im PC verarbeitet werden, ist der nächste zu lesende Sektor bereits am Magnetkopf vorbeigelaufen. Der Controller wartet nun, bis der gewünschte Sektor wieder am Magnetkopf vorbeikommt, um dann die Daten lesen und weiterverarbeiten zu können. Währenddessen fliegen dann schon wieder die nächsten benötigten Sektoren am Magnetkopf vorbei. Es müssen also ein paar »Ehrenrunden« eingelegt werden, bis alle Sektoren gelesen worden sind. Dieser Sachverhalt hat einen direkten Einfluss auf die Datenübertragungsrate.

Nun liegt es nahe, die Sektoren nicht der Reihe nach (Sektor 1, Sektor 2 ...) auf der Festplatte anzuordnen, sondern eine Sektoranordnung zu finden, die die Verarbeitungsgeschwindigkeit des Controllers und der weiteren PC-Hardware berücksichtigt. Das wäre jedoch zu kompliziert, und daher ändert man lediglich die Nummerierung der Sektoren. Es wird eine *logische Sektornummerierung* eingeführt, die nicht mit der physikalischen (tatsächlichen) übereinstimmt. Die logische Sektornummer wird in dem so genannten Header eines Sektors gespeichert.

Das Verhältnis zwischen den beiden Nummerierungen wird als *Interleave-Faktor* bezeichnet. Ein Interleave-Faktor von 1:1 bedeutet, dass die Sektoren fortlaufend nummeriert sind. Ein Interleave-Faktor von 1:2 bedeutet, dass erst der übernächste Sektor die folgende Sektornummer erhält. Für einen Interleave von 4 (drei Sektoren werden übersprungen) werden die 17 Sektoren auf der Festplatte in der folgenden Art und Weise nummeriert und so gelesen, wie es gekennzeichnet ist.

1. Umdrehung:

1-14-10-6-**2**-15-11-7-**3**-16-12-8-**4**-17-13-9-**5**

2. Umdrehung:

1-14-10-**6**-2-15-11-**7**-3-16-12-**8**-4-17-13-**9**-5

3. Umdrehung:

1-14-**10**-6-2-15-**11**-7-3-16-**12**-8-4-17-**13**-9-5

4. Umdrehung:

1-**14**-10-6-2-**15**-11-7-3-**16**-12-8-4-**17**-13-9-5

Die Einstellung des Interleave-Faktors kann mit einem speziellen Programm zur Low-Level-Formatierung, wie beispielsweise *Speedstor*, vorgenommen werden. Der Interleave-Faktor muss genau stimmen, damit der User auch das letzte an Geschwindigkeit aus seiner Festplatte herausholen kann. Dabei ist zu beachten, dass der Interleave-Faktor nicht zu klein gewählt wird, denn dann erhöht sich wieder die Anzahl der nötigen Umdrehungen.

Es sollte schon genau überlegt werden, ob man sich die Mühe machen möchte, den optimalen Interleave-Faktor zu ermitteln, denn bei einigen der speziell hierfür ausgelegten Programme gehen dabei alle auf der Festplatte vorhandenen Daten verloren, und im Endeffekt bringt es bei den Festplatten mit ST506/412-Schnittstelle mit lediglich 17 Sektoren pro Spur nicht viel an Geschwindigkeitsgewinn. Bei Festplatten mit über 34 Sektoren pro Spur, wie sie bei den ESDI-Festplatten vorkommen, kann es dagegen schon anders aussehen.

Für die Festplatten mit (E)IDE- und auch mit SCSI-Schnittstelle ist ein Interleave von 1:1 vom Hersteller spezifiziert. Man sollte sich davor hüten, bei diesen Festplatten den Interleave-Faktor verändern zu wollen, denn es kann passieren, dass dann die Festplatte völlig ihren Dienst verweigert.

3.3.2 Zone-Bit-Recording

Bei den Festplatten mit ST506/412-Schnittstelle ist auf jeder Spur dieselbe Menge von Daten gespeichert. Das bedeutet, dass die Anzahl der Sektoren pro Spur auf den inneren Spuren genauso groß ist wie auf den äußeren. Die Länge der innersten Spur gibt also die maximale Anzahl von Sektoren pro Spur für die gesamte Plattenoberfläche vor. Dadurch wird auf den mittleren und äußeren Spuren sehr viel Platz verschenkt.

Durch das Zone-Bit-Recording wird die Plattenoberfläche in mehrere Zonen unterteilt. Die wenigsten Sektoren pro Spur werden auf dem inneren Bereich (z.B. Zone 15) und die meisten auf dem äußeren Bereich (z.B. Zone 0) untergebracht. Die Datendichte bleibt somit auf der gesamten Oberfläche annähernd gleich. Durch dieses Verfahren wird die Speicherkapazität um ca. 30% bei gleicher Plattenoberfläche vergrößert. Die Datenübertragungsrate nimmt jedoch zum Platteninnern hin ab.

Die Anforderungen an die Elektronik steigen durch das Zone-Bit-Recording ganz erheblich, denn für jede Zone muss die Lese-Schreib-Elektronik anders eingestellt werden. Daher wird dieses Verfahren erst bei den EIDE- und SCSI-Festplatten eingesetzt.

3.3.3 Kompensationen

Im BIOS-Setup und auch den Hilfsprogrammen für die Festplatteninstallation wie *DiskManager* oder auch *Speedstor* wird nach den Daten für »Precomp« oder »WPcom« gefragt.

»Precomp« steht für PRECOMPENSATION und »WPcom« für WRITE PRECOMPENSATION. Es handelt sich hierbei um zwei verschiedene Verfahren, mit denen die Datensicherheit auf den inneren Spuren erhöht werden kann.

Die Datendichte ist auf den inneren Spuren der Platte größer als außen, wenn kein Zone-Bit-Recording Verwendung findet, und daher ist es für einige Festplatten sinnvoll, den Schreibstrom für die inneren Spuren zu reduzieren. Dadurch wird sichergestellt, dass die magnetischen Flusswechsel eindeutig voneinander getrennt sind und die Datensicherheit nicht abnimmt.

Unter *Precomp* wird der Zylinder angegeben, ab dem der Schreibstrom verringert werden soll. Bei der ST506/412-Schnittstelle ist für die Steuerung ein Extraanschluss RWC (**R**educed **W**rite Current **C**ylinder) vorhanden.

Mit dem zweiten Verfahren werden die Daten vorkompensiert (Write Precompensation). Die Daten werden dann so umgesetzt, dass möglichst wenige Flusswechsel stattfinden. Unter WPcom wird dann der Zylinder angegeben, ab dem das Verfahren wirken soll.

In der Praxis wird entweder eine Angabe für *Precomp* oder *WPcom* verlangt, wobei die Werte meist für beide Verfahren identisch und in den seltensten Fällen kritisch sind.

Die Daten werden in der Regel nur für ältere Festplatten benötigt und sollten vom Hersteller zur Verfügung gestellt werden, wenn sie nötig sind. Ansonsten wird »0« eingegeben oder, falls man nicht sicher ist, die Hälfte der Anzahl der zur Verfügung stehenden Zylinder.

Bei allen neueren EIDE-Festplatten und einem BIOS, welches die Festplattendaten automatisch detektieren kann, werden die passenden Werte ohne weiteres Zutun des Anwenders im BIOS-Setup aktiviert.

3.3.4 Register der Festplattenschnittstelle

Die grundsätzliche Registerbelegung der PC-Festplattencontroller hat sich über die Jahre nicht verändert, auch wenn die Schnittstellen – ST506/412, ESDI, IDE – völlig anders arbeiten. Der BIOS-Interrupt 13h ist für die Unterstützung des Festplatten- und des Floppy-Controllers zuständig. Die Parameter werden von den Registern des Prozessors an die Funktionen dieses Interrupts übergeben und lösen damit die entsprechende Funktion im Controller aus.

In welchen Adressbereichen die Register liegen und welche Aufgaben sie in einem PC haben, zeigen die beiden folgenden Tabellen. Mit »Primär« werden die Controlleradressen für den ersten Controller des PC bezeichnet und mit »Sekundär« die eines zweiten Controllers.

I/O-Adresse		Funktion beim Lesen	Funktion beim Schreiben
Primär	Sekundär		
1F0h	170h	Datenregister	Datenregister
1F1h	171h	Fehlerregister	Write Precomp
1F2h	172h	Sektorzähler	Sektorzähler
1F3h	173h	Sektornummer	Sektornummer
1F4h	174h	Zylinder Low	Zylinder Low
1F5h	175h	Zylinder High	Zylinder High
1F6h	176h	Laufwerk/Kopf	Laufwerk/Kopf
1F7h	177h	Statusregister	Kommandoregister

Tabelle 3.1: Die allgemein gültigen Adressen des Festplattencontrollers in einem PC

Für den Festplattencontroller werden üblicherweise der Hardware-Interrupt 14 und der DMA-Kanal 3 verwendet. Mit EIDE (Kapitel 3.5.2) wird standardmäßig auch der sekundäre Kanal verwendet, der typischerweise den Interrupt 15 und den DMA-Kanal 5 belegt.

3.4 IDE-Festplatten

Die IDE-Schnittstelle – zuweilen auch AT-Bus-Schnittstelle genannt – löst den Standard, der mit der alten ST506/412-Schnittstelle gesetzt wurde, ab. IDE steht für *Integrated Device Electronic* und ist eine Entwicklung der Firma Conner. Fast jeder Festplattenhersteller hat Festplatten mit dieser Schnittstelle im Programm. Häufig wird eine Festplatte eines ansonsten identischen Typs wahlweise mit einem SCSI- oder (E)IDE-Interface angeboten. Die Erweiterung von IDE nennt sich Enhanced IDE (EIDE), ist in elektrischer Hinsicht im Prinzip mit IDE identisch und wird in Kapitel 3.5 näher betrachtet.

Der Grundgedanke bei der IDE-Schnittstelle ist, die gesamte Elektronik von der Controllerkarte weg auf die Festplatte zu setzen (Integrated Electronic). Damit wird der Bus praktisch vom AT-Slot (ISA) zur Festplatte hin verlängert. Daher rührt auch der Name AT-Bus-Schnittstelle.

Eine einfache IDE-Controllerkarte für den ISA-Bus ist für den Anschluss von zwei Festplatten und zwei Diskettenlaufwerken ausgelegt. Auf der Karte befinden sich lediglich ein Controllerbaustein für die Diskettenlaufwerke und eine Adressendekodierungsschaltung für die Portadressen sowie Daten- und Adressentreiber-Bausteine.

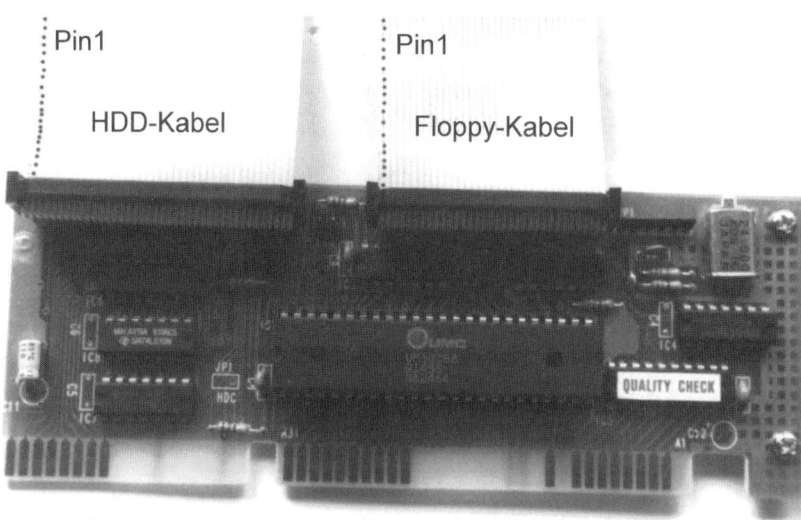

Bild 3.4: Eine einfache IDE-Controllerkarte mit ISA-Busanschluss für zwei Festplatten und zwei Diskettenlaufwerke

Es existieren auch IDE-Controllerkarten, die zusätzlich die serielle und die parallele Schnittstelle und möglicherweise auch den Gameport für den Anschluss eines Joysticks aufnehmen.

Die direkte Ankopplung an den AT-Bus ist jedoch auch mit Nachteilen verbunden, was in der Vergangenheit – und somit vorwiegend bei älteren PCs – des öfteren zu Problemen geführt hat. Das Bus-Timing ist nämlich nicht so einheitlich, wie es eigentlich sein sollte. Leichte Abweichungen der Signale /IOW und /IOR äußern sich so, dass die Festplatte zeitweise nicht bootet oder eine bestimmte Datei nicht gelesen werden kann. So kann es passieren, dass eine IDE-Festplatte in einem Mainboard einwandfrei funktioniert und in einem anderen wieder nicht. IDE-Festplatten, die über eine ISA-Controllerkarte betrieben werden, verkraften meist nicht mehr als einen ISA-Bustakt von maximal 10 MHz. Das Problem liegt dabei jedoch meistens im Controller und nicht in der Festplatte begründet.

Auch bei geringerem Bustakt kann es durchaus zu Problemen kommen. Aus diesem Grunde sollte im Fehlerfall als erstes im Advanced/Extended-Setup versucht werden, den ISA-Bustakt zu verringern und die Anzahl der I/O-Wartezyklen zu erhöhen.

Die Konfiguration einer IDE-Festplatte gestaltet sich ansonsten recht einfach. Im BIOS-Setup wird der entsprechende Festplattentyp anhand der vorliegenden Festplattendaten ausgewählt. Ab BIOS-Versionen, die für einen 386-PC vorgesehen sind, ist üblicherweise ein USER-Typ konfigurierbar, der die Angabe der einzelnen Parameter gestattet.

Einige IDE-Festplatten, die über 1.024 Zylinder verfügen, benötigen unter Umständen eine intelligente Controllerkarte, die ein eigenes BIOS besitzt und damit die DOS-Grenze von maximal 1.024 Zylindern umgeht. Derartige Controllerkarten gibt es sowohl für ISA als auch den Vesa Local Bus (VLB) und natürlich PCI.

Der weiterentwickelte Standard-EIDE (Enhanced IDE) und auch spezielle Programme wie etwa der *DiskManager* heben einige der erwähnten Limitierungen und Kompatibilitätsprobleme von IDE auf, wie es in Kapitel 3.5 erläutert wird. Im Folgenden soll es zunächst allein um IDE-Festplatten gehen, wie sie ab dem Jahre 1989 standardmäßig in PCs eingebaut wurden.

Parameter	Daten
Speicherkapazität	240 Mbyte (unformatiert) 234 Mbyte (formatiert)
Aufzeichnungsverfahren	RLL1.7
Anzahl der Zylinder	1818
Anzahl der Köpfe	4
Anzahl der Platten	2
Positionierzeit (durchschnittlich)	< 20 ms
Datenübertragungsrate	3,75 Mbyte/s
Aufzeichnungsdichte	38000 BPI
Spurdichte	1900 TPI
Umdrehungsgeschwindigkeit	4306 RPM
Startzeit	16 s
Stoppzeit	15 s
MTBF	70 000 h
Data Buffer (Cache)	256 Kbyte
Schnittstelle	IDE (AT-Bus)

Tabelle 3.2: Daten einer typischen (älteren) IDE-Bus-Festplatte (Quantum Pro Drive LPS 240AT)

Der Wert für die maximale Datenübertragungsrate der in der oben angeführten Festplatte *ProDrive 240* wird mit 3,75 Mbyte/s angegeben. Diese Angabe bezieht sich auf jene Zeit, welche die Festplatte zum Laden der Daten in den internen Speicher der Festplatte benötigt.

In der Festplatte wird das Zone-Bit-Recording (siehe Kapitel 3.3.2) verwendet. Die Plattenoberfläche wird in 16 Zonen aufgeteilt. Die Zone 0 befindet sich im äußeren Bereich der Plattenoberfläche und nimmt 148 Zylinder auf. Die mittleren Zonen (1 bis 14) nehmen jeweils 112 und die innerste Zone 102 Zylinder auf. Zusammen ergibt das 1.818 Zylinder für die ganze Platte. Die Zylinder (Zylinder = übereinander liegende Spuren) werden also nicht gleichmäßig über die Plattenoberfläche verteilt, wie es bei den ST506/412- und den ESDI-Festplatten der Fall ist. Die Aufzeichnungsdichte ist damit auf der gesamten Plattenoberfläche annähernd gleich.

IDE-Festplatten sollten nur dann Low-Level-formatiert werden, wenn sie ständig Daten-ausfälle zeigen und man ohnehin nichts mehr an ihnen verderben kann.

In der Zone 0 befinden sich 87 Sektoren pro Spur und in der Zone 15 lediglich 44. Die Datenübertragungsrate ist demnach ebenfalls unterschiedlich und außen (ca. 3 Mbyte/s) doppelt so hoch wie innen (ca. 1,6 Mbyte/s).

Eine IDE-Festplatte ist vom Hersteller bereits Low-Level-formatiert, und es wird ein Interleave-Faktor von 1:1 erreicht. Die defekten Sektoren der Platte werden auto-matisch gesperrt. Tritt während des Betriebs der Festplatte ein Defekt in irgendei-nem Sektor auf, versucht die interne Controllerlogik, den Inhalt mit Hilfe eines Korrekturcodes (ECC, **E**rror **C**orrection **C**ode) zu korrigieren. Die Korrekturdaten sind in den Headern jedes Sektors abgespeichert. Gelingt es, den Sektorinhalt da-mit zu ermitteln, wird er in den nächsten freien Sektor geschrieben. Der defekte Sektor wird gesperrt, und seine und auch die Nummer des Ersatzsektors wird in eine Liste auf der Festplatte eingetragen.

Aus diesem Grunde darf eine IDE-Festplatte niemals mit einem für ST506/412-Platten vorgesehenen oder ähnlichen Programm Low-Level-formatiert werden, denn dann werden die Herstellerdaten überschrieben oder defekte Sektoren für den Be-trieb (fälschlicherweise) freigegeben. Von diesem Grundsatz sollte nur dann abge-wichen werden, wenn der Hersteller ausdrücklich auf die Low-Level-Formatierung hinweist. Tückischerweise kann es nämlich passieren, dass die Festplatte erst Wo-chen oder Monate später Ausfälle zeigt, weil zufällig erst dann ein defekter Sektor beschrieben wird.

3.4.1 IDE-Festplattenanschluss

Der Anschluss einer IDE-Festplatte erfolgt über einen 40-poligen Anschluss (Bild 3.5), der mit dem Controlleranschluss auf einer eigenen Einsteckkarte oder direkt mit dem Anschluss, der sich auf dem Mainboard befindet, verbunden wird. Wichtig ist es, wieder auf die Markierung des Pin 1 zu achten, denn oftmals lässt sich der Stecker auch falsch herum einsetzen.

Eine Beschädigung der Elektronik ist dabei zwar nicht zu befürchten, allerdings erspart man sich möglicherweise eine Menge Arbeit, wenn man grundsätzlich auf die richtige Positionierung der Anschlüsse achtet.

Bild 3.5: Die Anschlüsse einer IDE-Festplatte. Durch die Einkerbung am Datenanschluss kann der Stecker hier nicht falsch herum aufgesteckt werden, was auf der anderen Seite – zum Controller hin – aber nicht immer gewährleistet ist

Durch Jumper wird an den betreffenden Festplatten eine Master-Festplatte und möglicherweise auch eine Slave-Festplatte festgelegt. Die Master-Festplatte, auf der sich auch das Betriebssystem befindet, ist die erste und die Slave-Festplatte die zweite im System, oder aber ein CD-ROM-Laufwerk wird als Slave-Device festgelegt.

Eine IDE-Festplatte nutzt nicht alle Signale des AT-Bus (ISA-Slot). Einige Signale werden durch die hierfür erforderliche Minimalelektronik auf dem Mainboard oder der Adapterkarte erzeugt, /CS0 und /CS1 zum Beispiel durch die Adressendekodierungsschaltung.

Für 2,5-Zoll-IDE-Festplatten, wie sie in Notebooks verwendet werden, ist ein 50-poliger Steckverbinder im 2-mm-Raster definiert, der teilweise auch nur als 44-polige Verbindung ausgeführt wird. Die Belegung der 40 Kontakte des Standard-IDE-Anschlusses bleibt dabei unverändert, es sind jedoch einige herstellerspezifische (meist vier) Signale hinzugekommen.

Bild 3.6: Verschiedene IDE-Festplatten wie sie in PCs und auch Notebooks verwendet werden

Im Handel sind entsprechende Adapterkabel verfügbar, um beispielsweise eine (kleine) 2,5-Zoll-Festplatte mit 50- oder 44-poligem Anschluss an einem 40-poligen IDE-Controlleranschluss betreiben zu können. Die möglicherweise vorhandenen herstellerspezifischen Signale, wie etwa für die Umschaltung in einen Stromsparmode, werden von den üblichen Adapterkabeln nicht unterstützt, da dies meist sowieso »Notebook-Spezialitäten« sind, die (fast) jeder Hersteller unterschiedlich handhabt.

Festplattenanschluss J1		AT-Bus (ISA)		
Pin Nr.	Signal-Name	Pin Nr.	Signal-Name	Eingang/Ausgang
1	/RESET	B2	RES DRV	E
2	GROUND	B31	GROUND	–
3	DB7	A2	SD7	E/A
4	DB8	C11	SD8	E/A
5	DB6	A3	SD6	E/A
6	DB9	C12	SD9	E/A
7	DB5	A4	SD5	E/A
8	DB10	C13	SD10	E/A

Fortsetzung der Tabelle

Festplattenanschluss J1		AT-Bus (ISA)		
Pin Nr.	Signal-Name	Pin Nr.	Signal-Name	Eingang/Ausgang
9	DB4	A5	SD4	E/A
10	DB11	C14	SD11	E/A
11	DB3	A6	SD3	E/A
12	DB12	C15	SD12	E/A
13	DB2	A7	SD2	E/A
14	DB13	C16	SD13	E/A
15	DB1	A8	SD1	E/A
16	DB14	C17	SD14	E/A
17	DB0	A9	SD0	E/A
18	DB15	C18	SD15	E/A
19	GROUND	B10	GROUND	-
20	KEYPIN	-	-	-
21	DMARQ	*	DRQx	A
22	GROUND	-	-	-
23	/DIOW	B13	/IOW	E
24	GROUND	B1	GROUND	-
25	/DIOR	B14	/IOR	E
26	GROUND	-	-	-
27	IORDY	A10	IO CH RDY	A
28	CABLE SELECT, SPINDLE SYNC	-	-	-
29	/DMAACK	*	/DACKx	E
30	GROUND	-	-	-
31	INTRQ	*	IRQx	A
32	/IOCS16	D2	/IOCS16	A
33	ADDR1	A30	A1	E
34	/PDIAG	-	-	E/A
35	ADDR0	A31	A0	E
36	ADDR2	A29	A2	E
37	/CS0	-	-	E
38	/CS1	-	-	E
39	/DASP	-	-	E/A
40	GROUND	-	-	-

Tabelle 3.3: Der signaltechnische Zusammenhang zwischen dem AT-Bus-(ISA) und dem IDE-Festplattenanschluss (*: je nach Konfiguration)

···⟩ **RESET**

Das RESET-Signal (Pin 1) für die Festplatte wird durch Invertierung aus dem RESET-Signal des ISA-Bus gewonnen. Die Festplatte ist nach dem Empfang dieses Signals betriebsbereit.

···⟩ **DB0-DB15**

Die Daten werden parallel über die 16 Datenleitungen (DB0-DB15) zwischen Bus und Festplatte ausgetauscht.

···⟩ **KEYPIN**

Der Anschluss KEYPIN (Pin 20) ist auf einigen Adapterplatinen an einen Jumper geführt und ermöglicht die Abschaltung des Interface. In einigen Fällen ist der Anschluss auch mit RESERVIERT bezeichnet, oder er wird nur als Steckschutz verwendet und ist dann nicht als (elektrischer) Kontakt ausgeführt.

···⟩ **DMARQ**

Die Übertragung der Daten erfolgt über den direkten Speicherzugriff DMA oder einen PIO-Mode (siehe Kapitel 3.5.3). Als DMA-Kanal wird meist der Kanal 1 oder auch der Kanal 3 verwendet, der dann mit der DMARQ-Leitung der Festplattenelektronik verbunden ist. Die Anforderung einer DMA-Übertragung wird von der Festplatte durch ein High an diesem Anschluss an den DMA-Controller gemeldet.

···⟩ **DIOW**

Das Schreibsignal /DIOW (Pin 23) wird bei einem Schreibzyklus aktiviert und ist mit dem Anschluss /IOW des AT-Bus identisch.

···⟩ **DIOR**

Das Lesesignal /DIOR (Pin 25) wird bei einem Lesezyklus aktiviert und ist mit dem Anschluss /IOR des AT-Bus identisch.

···⟩ **IORDY**

Falls die Festplatte noch nicht bereit ist, auf eine neue Datenübertragung zu reagieren, weil sie noch mit der Abarbeitung der vorherigen Daten beschäftigt ist, wird dies der CPU mit einem Low über die Leitung IORDY (Pin 27) mitgeteilt.

···⟩ **CABLE SELECT oder SPINDLE SYNCHRONISATION**

Dieser Anschluss kann von Hersteller zu Hersteller unterschiedliche Funktionen aufweisen, oder er ist einfach mit RESERVIERT bezeichnet. Bei der Firma Quantum heißt er z.B. CABLE SELECT. Ist der Pin 28 auf High, ist die Festplatte als DRIVE 1 festgelegt, ist er dagegen Low, ist sie als DRIVE 0 festgelegt. Andere Hersteller wiederum verwenden diesen Kontakt zur Spindelsynchronisation.

···⟩ **DMAACK**

Die Bestätigung für eine DMA-Datenübertragung wird der Festplatte über diesen Anschluss (/DMAACK, Pin 29) mit einem Low mitgeteilt (siehe auch oben DMARQ).

···⟩ **INTRQ**

Eine IDE-Festplatte verwendet standardmäßig den Interrupt 14 des PC, dessen Leitung dann auf den Anschluss INTRQ (Pin 31) des Festplatten-Anschlusssteckers geführt wird. Oftmals kann auch per Jumper und/oder BIOS-Setup ein anderer Interrupt-Kanal festgelegt werden.

···⟩ **IO CS16**

Die Daten zwischen der Platte und dem Mainboard können in 8-Bit-Breite oder 16-Bit-Breite übertragen werden. Legt die Festplattenelektronik den Anschluss /IO CS16 auf Low, ist die Datenbreite auf 16 Bit festgelegt. Eine DMA-Übertragung kann nur in 16-Bit-Breite ausgeführt werden.

···⟩ **ADDR0, ADDR1, ADDR2**

Die internen Datenregister der Festplatte werden mit den Leitungen ADDR0 (Pin 35), ADDR1 (Pin 33) und ADDR2 (Pin 36), die mit den entsprechenden Adressleitungen des ISA-Bus verbunden sind, adressiert.

···⟩ **PDIAG**

Der Anschluss /PDIAG (Pin 34) wird für den Selbsttest der Festplatte(n) benötigt. Sind zwei Festplatten im PC eingebaut, liefert sowohl die Master- als auch die Slave-Festplatte über ihren jeweiligen Anschluss die Information über die Beendigung des Selbsttests an die Adapterelektronik. Auf der Adapterelektronik findet eine Oder-Verknüpfung dieser beiden Festplattensignale statt, so dass erst dann Daten gesendet oder empfangen werden können, wenn die Tests erfolgreich abgeschlossen worden sind.

Diese Überprüfung ist jedoch nur bei älteren IDE-Festplatten von Bedeutung, und daher wird – quasi seitdem sich die Controller auf den Mainboards befinden – PDIAG nicht mehr in dieser Art und Weise eingesetzt. Vielmehr hat der PDIAG-Anschluss mit Ultra-DMA (ab Mode 3) eine neue Funktion (80-poliges Kabel eingesteckt?) erhalten.

···⟩ **CS0, CS1**

Zur Adressierung einzelner Befehlsregister werden außer den Leitungen ADDR0 und ADDR1 die Leitungen /CS0 und /CS1 (Pin 37, 38) verwendet, die durch eine Dekodierungsschaltung auf der Adapterkarte aus den Adressen erzeugt werden. Mit /CS0 werden die Command-Block-Register und mit /CS1 die Control-Block-Register angewählt.

···⟩ **DASP**

Der Anschluss /DASP (Pin 39) bedeutet DRIVE AKTIVE-SLAVE PRESENT. Ist eine Festplatte aktiv, wird dies über diese Leitung signalisiert. Auf der Adapterkarte wird das Signal dann ausgewertet und an eine Anschlussklemme (HD) geführt. Hier kann die Leuchtdiode, die an der Frontplatte des PC montiert ist, angeschlossen werden.

Das Signal /DASP dient auch der Identifizierung einer Slave-Festplatte. Nach einem Reset legt die Slave-Festplatte das Signal innerhalb von 400 ms auf Low und teilt damit dem PC die Anwesenheit einer zweiten Festplatte mit.

3.4.2 Register und Adressen – ATA

Wie bei der SCSI-Schnittstelle (Teil 3) gibt es auch für AT-Bus-Festplatten einen festgelegten Kommandosatz. Die Kommandos werden ebenfalls parallel und nicht – wie bei ESDI-Festplatten – seriell gesendet.

Sie beeinflussen im Wesentlichen ein SECTOR-COUNT- (SC-)Register, ein SECTOR-NUMBER- (SN-)Register, ein CYLINDER- (CY-)Register sowie ein DRIVE/HEAD- (DH-)-Register. In der folgenden Tabelle sind die entsprechenden IDE-Kommandos angegeben. Sie sind nachträglich in ATA umbenannt worden, was für *Advanced Technologie Attachment* steht und lediglich verdeutlichen soll, dass es sich hier um einen standardisierten Kommandosatz handelt.

Bei ATA handelt es sich also nicht um eine weitere elektrische Schnittstelle, sondern es ist lediglich eine sofwaretechnische Standardisierung von IDE. Entsprechendes gilt für ATAPI (**AT A**ttachment **P**acket **I**nterface), welches demgegenüber Kommandos für IDE-CD-ROM-Laufwerke (siehe Kapitel 13) festlegt.

Das »D« in der DH-Spalte der folgenden Tabelle bedeutet, dass nur der Drive-Parameter und nicht der Head-Parameter für das jeweilige Kommando gültig ist. Für einige Kommandos gibt es zwei unterschiedliche Codes, und eine IDE-Festplatte muss auch nicht zwangsläufig den gesamten Befehlssatz unterstützen.

Alle ab RECALIBRATE bis zum Kommando EXECUTE DRIVE DIAGNOSTIC (Code 09) sind jedoch zwingend. Diejenigen mit dem Code F0 zählen zu den erweiterten Kommandos, die herstellerspezifisch sind und demnach auch unterschiedlich verwendet werden können.

Name	Code	SC	SN	CY	DH
NOP	00				
Recalibrate	1x				D
Read Sectors, with retry	20	Y	Y	Y	Y
Read Sectors, no retry	21	Y	Y	Y	Y
Read Long, with retry	22		Y	Y	Y
Read Long, no retry	23	Y	Y	Y	Y
Write Sectors, with retry	30	Y	Y	Y	Y
Write Sectors, no retry	31	Y	Y	Y	Y
Write Long, with retry	32	Y	Y	Y	Y
Write Long, no retry	33	Y	Y	Y	Y
Read Verify Sectors, with retry	40	Y	Y	Y	Y
Read Verify Sectors, no retry	41	Y	Y	Y	Y
Format Track	50	Y		Y	Y
Seek	7x			Y	Y
Execute Drive Diagnostic	90				D
Initialize Drive Parameters	91	Y			Y
Check Power Mode	98, E5	Y			D
Read Multiple	C4	Y	Y	Y	Y
Write Multiple	C5	Y	Y	Y	Y
Set Multiple Mode	C6	Y			D
Read DMA, with retry	C8, 09	Y	Y	Y	Y
Read DMA, no retry	C9	Y	Y	Y	Y

Fortsetzung der Tabelle

Name	Code	SC	SN	CY	DH
Write DMA, with retry	CA	Y	Y	Y	Y
Write DMA, no retry	CB	Y	Y	Y	Y
Acknowledge Media Change	DB				
Boot-POST Boot	DC				
Boot-Pre Boot	DD				
Door Lock	DE				
Door Unlock	DF				
Read Buffer	E4				
Standby Mode	E0, 94				
Idle Mode	E1, 95				
Standby Mode-Auto Power Down	E2, 96				
Idle Mode-Auto Power Down	E3				
Read Buffer	E4				D
Sleep Mode	E6, 99				
Rest	E7				
Write Buffer	E8				D
Read Drive State	E9				Y
Restore Drive State	EA				
Identify Drive	EC				D
Set Features	EF				D
Read Defect List	F0	Y	Y	Y	Y
Read Configuration	F0	Y	Y	Y	Y
Set Configuration	F0	Y	Y	Y	Y

Tabelle 3.4: Die Kommandos für IDE-Festplatten nach dem ATA-Standard

3.5 Enhanced-IDE

Aufgrund der Kompatibilität mit dem ST506/412-Controller ist die maximale Speicherkapazität einer IDE-Festplatte auf 528 Mbyte begrenzt. Sie errechnet sich aus der maximalen Anzahl der Zylinder (1.024), Köpfe (16), Sektoren (63) und der Kapazität eines Sektors, der unter DOS immer über 512 Byte verfügt. Diese Daten miteinander multipliziert, ergeben eben 528 Mbyte oder auch richtiger 504 Mbyte, wenn man mit »echten« Bytes rechnet (1 Mbyte = 1.024 x 1.024 Byte).

Dies ließ die Hersteller, insbesondere die Firma Western Digital, die letztendlich aufgrund ihres Controllers (WD1003) für diese Begrenzung sorgte, nicht ruhen, zumal höhere Kapazitäten bis dahin ausschließlich von SCSI-Festplatten zur Verfügung gestellt werden konnten, die üblicherweise mit einer eigenen Controllerkarte (Hostadapter) und einem auf dem Adapter befindlichen eigenen BIOS arbeiten.

Im Jahre 1993 erschien daher die Enhanced-IDE-Spezifikation, die eine maximale Speicherkapazität von 8,4 Gbyte (oder 7,8 Gbyte in echten Bytes gerechnet) für IDE-Festplatten ermöglicht, indem nicht 16, sondern 255 Köpfe verwaltet werden. Dies entspricht der maximalen Anzahl an Köpfen, die über den BIOS-Interrupt 13 abgewickelt werden können.

Des Weiteren bietet EIDE die Möglichkeit, insgesamt vier – statt maximal zwei bei IDE – Geräte anzuschließen, was durch einen zweiten Port realisiert wird. Pro Port lässt sich jeweils ein Master- und ein Slave-Gerät konfigurieren.

3.5.1 Logical Block Addressing

Die Erhöhung der Speicherkapazität wird durch das **L**ogical **B**lock **Ad**dressing (LBA) erreicht. Die Kapazität einer IDE-Festplatte, welche LBA unterstützt, wird beim Booten über das Identify-Kommando (siehe Tabelle 3.4) vom BIOS ermittelt. Es setzt die Kapazität dann in eine bestimmte Anzahl logischer Blöcke um, die an das Betriebssystem in Form eines CHS-Formats übermittelt werden. CHS steht dabei für *Cylinder*, *Heads* und *Sectors* und kennzeichnet die Standardbetriebsart einer IDE-Festplatte.

Parameter	BIOS	IDE	LBA	CHS
Sektorgröße	512 Byte	512 Byte	512 Byte	512 Byte
Sektorenanzahl	63	255	63	63
Zylinderanzahl	1.024	65.536	1.024	1.024
Kopfanzahl	255	16	255	16
Maximale Kapazität	7,8 Gbyte	127 Gbyte	7,8 Gbyte	504 Mbyte

Tabelle 3.5: *Die maximalen Speicherkapazitäten, die durch das PC-BIOS und IDE gegeben sind. IDE kann zwar 65.536 Zylinder verwalten, aber nur maximal 16 Köpfe, während das PC-BIOS maximal 255 Köpfe, aber nur 1.024 Zylinder unterstützt*

Um Enhanced-IDE nutzen zu können, muss die Festplatte explizit den LBA-Mode unterstützen, und es wird ein Enhanced-IDE-Controller benötigt, der sich üblicherweise gleich mit auf dem Mainboard befindet.

Falls allerdings kein EIDE-BIOS vorhanden ist, kann man sich mit speziellen Programmen wie etwa dem *IDEnhancer* oder dem *DiskManager* der Firma Ontrack behelfen, die oftmals auch gleich mit der Festplatte auf Diskette ausgeliefert werden. Ist man im Besitz einer älteren BIOS-Version, tut man aber stets gut daran, auf die Auslieferung eines entsprechenden Tools zu bestehen, damit die maximale Kapazität einer EIDE-Festplatte auch ausgenutzt werden kann und man nicht im Nachhinein nach einem entsprechenden Programm suchen muss.

Der hier erwähnte DiskManager ist nicht identisch mit den älteren Versionen, wie sie in früheren Zeiten für Partitionen über 32 Mbyte benötigt wurden, und arbeitet auch völlig anders, denn die notwendige Umsetzungstabelle (CHS-LBA) schreibt der DiskManager direkt in den Bootsektor der Festplatte, und es werden keine speziellen Einträge in der CONFIG.SYS oder Ähnliches durchgeführt.

Spezielle Controllerkarten (z.B. Promise EIDE 2300Plus), die üblicherweise ein eigenes BIOS zur Unterstützung von EIDE-Festplatten besitzen, sind zwar auch verfügbar, doch bringt ihr Einsatz keinen unmittelbaren Vorteil gegenüber der Verwendung des DiskManagers oder eines ähnlichen Programms. Allerdings unterstützen sie – je nach Typ – möglicherweise die neuen EIDE-Modes (PIO, DMA, siehe weiter unten), was zu einer höheren Datenübertragungsrate zwischen Festplatte und Speicher führen kann. Die Anschaffung eines neuen Mainboards, welches gleich von Haus aus diese Betriebsarten bietet, ist demgegenüber jedoch schon aus Kostengründen empfehlenswerter.

3.5.2 EIDE-Anschlüsse

An einem IDE-Adapter können, wie erläutert, maximal 2 Laufwerke angeschlossen werden. Enhanced-IDE stellt eine Erweiterung gegenüber IDE in Form eines zweiten Ports dar, wodurch dann maximal vier Laufwerke zu verwenden sind. Die Ports werden als *Primär* und als *Sekundär* bezeichnet, und die Master-Slave-Topologie ist auch hier wieder gegeben. Der zweite Port verwendet standardmäßig den DMA-Kanal 5 und den IRQ 15. Elektrische Änderungen von IDE auf EIDE ergeben sich ansonsten nicht.

Bei einem EIDE-Adapter ist es sinnvoll, ein CD-ROM-Laufwerk als Master an die sekundäre Schnittstelle anzuschließen und nicht als Slave mit der Festplatte zu verbinden. Andernfalls würde die Festplatte, die an den primären Port als Master angeschlossen ist, durch die Daten für das CD-ROM-Laufwerk in ihrer Übertragungsgeschwindigkeit beeinträchtigt werden. Entsprechendes ist bei der Verwendung einer neuen (schnellen) und einer alten (langsamen) Festplatte an einem EIDE-Adapter zu beachten.

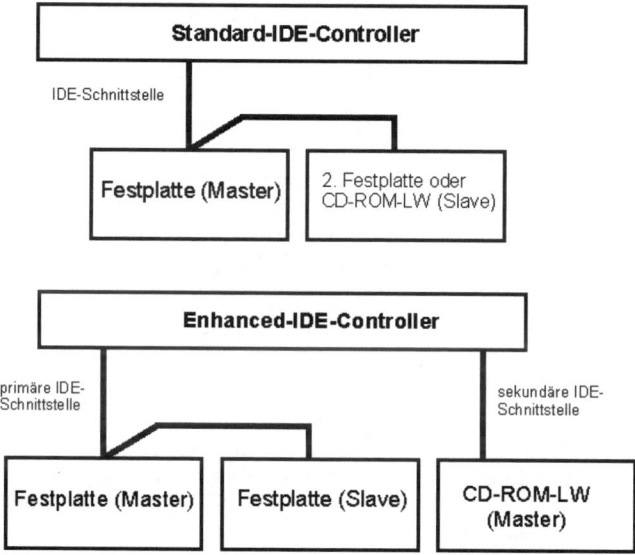

Bild 3.7: EIDE besitzt gegenüber IDE zwei Ports, wodurch maximal vier Laufwerke in der Master/Slave-Konstellation möglich sind

Eine weitere Neuerung von Enhanced-IDE ist die Anschlussmöglichkeit von ATAPI-Devices wie CD-ROM-, Streamer- oder ZIP-Laufwerken, die natürlich hierfür ausgelegt sein müssen. Sie müssen den erweiterten IDE-Befehlssatz unterstützen (ATAPI, Attachment Packet Interface), damit sie mit einem entsprechenden Enhanced-IDE-Controller kommunizieren können.

Prinzipiell sind ATAPI-Laufwerke auch an einem »normalen« IDE-Controller einsetzbar; gleichwohl gibt es hier in der Praxis immer wieder Probleme im Zusammenhang mit der Master/Slave-Konstellation, und es ist durchaus keine Ausnahme, dass selbst zwei Festplatten nicht zusammen an einem Port (IDE) funktionieren. Mit EIDE ist dies weitaus seltener der Fall, zumal man hier im Notfall auf zwei Ports ausweichen und die Geräte entsprechend austauschen kann.

Bild 3.8: Die beiden EIDE-Anschlüsse (IDE1, IDE2) auf einem Mainboard

3.5.3 PIO-, DMA- und Ultra-DMA-Modes

Mit IDE- und insbesondere EIDE-Festplatten sind verschiedene Übertragungsarten möglich, die vom Festplatten- und BIOS-Typ abhängig sind. In der folgenden Tabelle sind die üblichen *Modes* mit ihren typischen Zykluszeiten (ns) und maximalen Datenübertragungsraten (Mbyte/s) angegeben, die jedoch nichts über die tatsächliche Performance einer EIDE-Festplatte besagen, denn diese Daten beziehen sich allein auf die Datenübertragungsrate auf dem Bus zwischen Adapter und Laufwerks-elektronik. Letztendlich bestimmt die Festplatte durch ihre Geschwindigkeit und die Größe des internen Festplatten-Cache-Speichers, wie schnell die Daten verarbeitet werden können.

Aktueller Stand der Technik sind Übertragungsraten von ca. 15 Mbyte/s zwischen dem integrierten Controller und der Magnetplatte, was bereits mit Hilfe des PIO-Mode 4 bewältigt werden kann.

Die Standard-IDE-Betriebsart ist ein PIO-Mode (0-2), der im Polling-Betrieb ohne Handshaking zwischen der Festplatten- und der Mainboard-Elektronik ausgeführt wird. Die CPU des PC ist hier für jede Datenübertragung verantwortlich, während dies bei SCSI im Busmaster-DMA-Betrieb üblicherweise eigenständig vom SCSI-Host-Adapter erledigt wird.

```
                    ROM PCI/ISA BIOS (2A59CG01)
                        STANDARD CMOS SETUP
                       AWARD SOFTWARE., INC.

    Date (mm:dd:yy) : Mon, Apr 25 1996
    Time (hh:mm:ss) :  5: 31: 13


    HARD DISKS        TYPE   SIZE   CYLS   HEAD   PRECOMP  LANDZ SECTOR  MODE
    Primary Master  : User   1083    525     64         0   2099     63  AUTO
    Primary Slave   : None      0      0      0         0      0      0  ----
    Secondary Master: None      0      0      0         0      0      0  ----
    Secondary ave   : None      0      0      0         0      0      0  ----

    Drive A : 1.44M, 3.5 in.
    Drive B : None                  ┌────────────────────────────────┐
                                    │         Base Memory:     640K  │
    Video  : EGA/VGA                │     Extended Memory:   15360   │
    Halt On: All Errors             │        Other Memory:    384K   │
                                    │                                │
                                    │      Total Memory: 16384K      │
                                    └────────────────────────────────┘

    ESC : Quit            ↓→↑←   : Select Item      PU/PD/+/-: Modify
    F1  : Help       (Shift)F2 : Change Color
```

Bild 3.9: *Der BIOS-Setup bietet EIDE-konform die Möglichkeit, maximal vier Hard Disks oder auch allgemein EIDE-Devices (ATA, ATAPI) zu verwenden*

Standardmäßig verwendet eine (E)IDE-Festplatte einen PIO-Mode. Der optionale Busmaster-DMA-Mode sorgt in der Praxis meist für keine nennenswerte Leistungssteigerung und kann auch nachteilige Auswirkungen auf EIDE-Geräte, insbesondere CD-Writer, haben. Windows 98 aktiviert jedoch automatisch einen Busmastertreiber, der bei Problemen zu deaktivieren ist, die insbesondere in Kombination mit älteren Geräten auftreten.

Zur Beschleunigung der Datenübertragung wurden mit EIDE zwei neue PIO-Modi (3, 4) und zwei neue DMA-Modi (Mode 1, 2: Multiwort) eingeführt. Bei den PIO-Modi 3 und 4 wird zur Kennzeichnung, dass neue Daten verfügbar sind, die IORDY-Leitung des ISA-Bus als Meldeleitung (Handshake) verwendet.

Bei den DMA-Betriebsarten erfolgt die Kontrolle der Datenübernahme mit den bei IDE beschriebenen DMA-Leitungen, was nunmehr auch Busmaster-DMA ermöglicht, für deren Funktion zumeist nachträglich ein Treiber für das jeweilige Betriebssystem zu installieren ist, der zum Lieferumfang neuerer Mainboards gehört. In der Praxis tritt – zumindest bei Standardanwendungen – durch den EIDE-Busmastermodus allerdings keine merkliche Erhöhung der Datenübertragungsrate auf, so dass man diesen Treiber auch weglassen könnte. Außerdem kann dieser durchaus für Probleme mit anderen Geräten (ZIP-, CD-ROM-Laufwerk), die an EIDE angeschlossen sind, sorgen.

Typ	Mode 0	Mode 1	Mode 2	Mode 3	Mode 4
PIO	600 ns 3,33 Mbyte/s	383 ns 5,22 Mbyte/s	240 ns 8,33 Mbyte/s	180 ns 11,11 Mbyte/s	120 ns 16,6 Mbyte/s
Einzelwort DMA	960 ns 2,08 Mbyte/s	480 ns 4,16 Mbyte/s	240 ns 8,33 Mbyte/s	–	–
Multiwort DMA	480 ns 4,16 Mbyte	150 ns * 13,3 Mbyte	120 ns * 16,6 Mbyte/s	–	–
Ultra-DMA	240 ns 16,66 Mbyte/s	160 ns 25 Mbyte/s	120 ns 33,33 Mbyte/s	90 ns 44 Mbyte/s	60 ns 66 Mbyte/s

Tabelle 3.6: Kenndaten der (E)IDE-Übertragungsarten

Der letzte Standard der EIDE-Betriebsarten ist Ultra-DMA, wobei es hier *Ultra-DMA/33* und das neuere *Ultra-DMA/66* gibt, was zu maximalen Transferraten von 33 Mbyte/s bzw. 66 Mbyte/s führen soll. Diese Datenraten ergeben sich jedoch – wie immer – auf dem Bus und nicht etwa direkt zwischen PC-Elektronik und der Festplatte. Es können also nur solche EIDE-Festplatten von Ultra-DMA profitieren, für die sich der PIO-Mode 4 (16,6 Mbyte/s) als Bremse darstellt, und davon gibt es noch nicht sehr viele. Andere Geräte, außer Festplatten, sind von diesen Übertragungsraten ohnehin noch weit entfernt.

Mit Ultra-DMA wurde eine Fehlererkennung (CRC) eingeführt, wodurch Fehler in der Datenübertragung erkannt und die Daten erneut angefordert werden, was fehlerhafte Daten auf der Festplatte verhindern soll, doch bei der Verwendung eines PIO-Modes im Prinzip jederzeit wieder auftreten kann, da die Daten hier von der CPU ohne irgendwelche Kontrollmechanismen auf die Platte »geschaufelt werden«.

Des weiteren ist mit Ultra-DMA – oder auch Ultra-ATA, wie es bezeichnet wird – eine Terminierung der Signalleitungen eingeführt worden, was bei SCSI praktisch seit Anbeginn praktiziert wird. Laut Spezifikation darf das Verbindungskabel dann eine maximale Länge von 46 cm besitzen. Außerdem haben die Signale /DIOR, /DIOW und IORDY neue Funktionen erhalten, die nun für das Handshaking (die Steuerung der Datenübernahme) zuständig sind.

(E)IDE	Ultra DMA, Ultra ATA, DMA/33, DMA/66	
	Lesen	**Schreiben**
/DIOR	/HDMARDY (Daten)	HSTROBE (Schreibtakt)
/DIOW	Stop (Unterbrechung)	Stop (Unterbrechung)
IORDY	DSTROBE (Lesetakt)	/DDMARDY (Daten)

Tabelle 3.7: Mit Ultra-DMA erhielten drei IDE-Signale eine neue Bedeutung, wobei deren Funktion sich beim Lesen oder Schreiben der Festplatte ändert

Das Verbindungskabel und die Stecker bleiben für Ultra-DMA (zunächst) unverändert, was somit auch eine Rückwärtskompatibilität ermöglicht. Der EIDE-Controller, der im Chipset des Mainboards oder auf einer Extra-PCI-Einsteckkarte untergebracht ist, und die Festplatte müssen allerdings die entsprechenden Erweiterungen bieten, um Ultra-DMA nutzen zu können. Praktisch alle Chipsets ab dem 430TX für den Sockel 7 und auch alle Pentium-II-Chipsets unterstützen zumindest Ultra-ATA-33 (Mode 2).

Ab Ultra-ATA mit einer Transferrate größer 33 Mbyte/s (Mode 3, siehe Tabelle) ist allerdings ein spezielles Verbindungskabel vorgeschrieben. Es besitzt zwar ebenfalls 40-polige Stecker, das Kabel ist jedoch 80-polig, und zwischen jeder Signalleitung befindet sich eine Masseleitung.

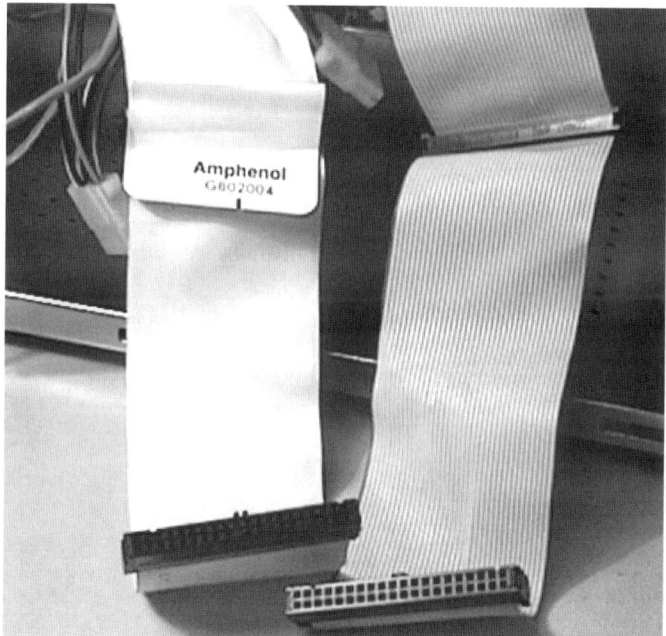

Bild 3.10: *Auf den ersten Blick kaum voneinander zu unterscheiden: links das 80-polige und rechts das herkömmliche 40-polige IDE-Kabel*

Das BIOS sollte nur dann die Ultra-DMA-Modi 3 und 4 zulassen, wenn ein 80-poliges Kabel eingesetzt wird, was anhand des PDIAG-Signals zu erkennen ist; es wird durch das 80-polige Kabel auf Masse gezogen. PDIAG diente ursprünglich der Signalisierung, dass die Festplatten ihren Selbsttest abgeschlossen haben. Auf die Verarbeitung dieser Information durch den Controller wird schon seit einiger Zeit verzichtet, so dass dieser Pin nunmehr eine neue Aufgabe hat. Ob diese Funktion aber tatsächlich durch das BIOS gegeben ist, lässt sich (noch) nicht allgemein feststellen.

Als nächster Festplattentyp wäre im folgenden Kapitel eigentlich SCSI an der Reihe. Da der SCSI-Bus aber nicht nur für Festplatten, sondern auch für andere Geräte wie Tape-Streamer oder Scanner eingesetzt werden kann und darüber hinaus verschiedene SCSI-Standards existieren, folgt SCSI in Teil 3, während im Folgenden einige allgemeine Installationshinweise und Tipps zu Festplatten angegeben sind, die auch für SCSI-Festplatten zutreffen.

3.6 Einbau und Konfiguration von Festplatten

Der mechanische Einbau einer Festplatte hängt von den jeweiligen Gegebenheiten des PC ab. Für die Einbaulage gilt das Gleiche wie bei den Diskettenlaufwerken (siehe auch Bild 2.8). Die Festplatte darf nicht schräg oder »überkopf« eingebaut werden.

3.6.1 Montage

Neuere Festplatten sind in mechanischer Hinsicht meist so klein, dass zu ihrer Befestigung Montagewinkel verwendet werden müssen, was zunächst sicher nichts Ungewöhnliches ist.

Allerdings sind hierfür zuweilen spezielle Winkel und Schrauben nötig, denn auf der Unterseite der Festplatte, wo sich die Elektronik befindet, ist meist wenig Platz, so dass sich die Befestigung etwas schwieriger gestalten kann, falls sich die passenden Befestigungsteile nicht im Lieferumfang der Festplatte befinden.

Bei der Befestigung von Festplatten muss unbedingt auf die richtige Schraubenlänge geachtet werden!

Beim Hineindrehen der Schrauben zwischen Winkel und Festplattengehäuse kann – je nach Bauweise der Festplatte – die Festplattenelektronik beschädigt werden, wenn nicht die richtigen Schrauben verwendet werden. Sind sie nämlich zu lang, können sie einzelne Bauelemente auf der Elektronikseite, die beim waagerechten Einbau ja nach unten zeigen sollte und somit nur schlecht sichtbar ist, wegdrücken. Im folgenden Bild ist ein typischer Fall gezeigt, bei dem die Schrauben gerade eben vor der Elektronik »halt machen«. Was da bei der Verwendung von längeren Schrauben passieren kann, ist sicherlich erkennbar.

Bild 3.11: Die Befestigungsschrauben für die Festplatte dürfen nicht zu lang sein, sonst wird hier die Elektronik beschädigt

3.6.2 Setzen der Jumper

Durch Jumper werden an den betreffenden Geräten pro Strang oder IDE-Port ein Master-Device (Festplatte) und ein Slave-Device festgelegt. Die Master-Festplatte, auf der sich üblicherweise das Betriebssystem befindet, ist die erste und die Slave-Festplatte die zweite im System.

Bei einem EIDE-Adapter ist es sinnvoll, ein CD-ROM-Laufwerk als Master an die sekundäre Schnittstelle anzuschließen und nicht als Slave mit der Festplatte zu verbinden. Andernfalls könnte die Festplatte, welche an den primären Port als Master angeschlossen ist, durch die Daten für das CD-ROM-Laufwerk in ihrer Übertragungsgeschwindigkeit beeinträchtigt werden. Entsprechendes ist bei der Verwendung einer neuen (schnellen) und einer alten (langsamen) Festplatte an einem EIDE-Adapter zu beachten. Auch wenn vielfach etwas anderes behauptet wird, tut man gut daran, sich an diese Konstellation zu halten, um Unverträglichkeiten zwischen Geräten und gegenseitigen Beeinflussungen aus dem Weg zu gehen.

Die Festlegungen der Master- und der Slave-Festplatte eines PC sind von Hersteller zu Hersteller recht unterschiedlich und als Beispiel wird im folgenden Bild eine Festplatte der Firma Quantum mit den hier wichtigen Jumperstellungen gezeigt.

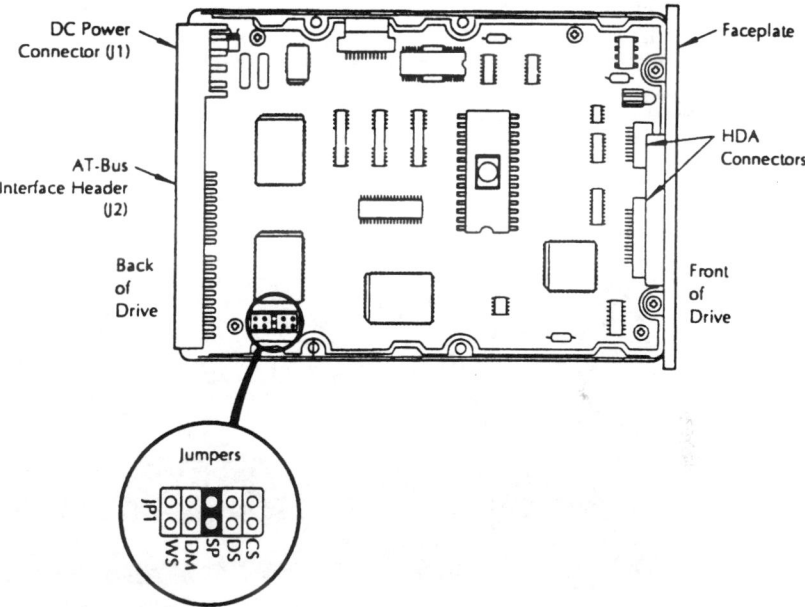

Bild 3.12: Die Jumper auf einer Quantum-ProDrive-Festplatte

Befindet sich lediglich eine einzige IDE-Festplatte im System, wird nur der Jumper DS (Drive Select) gesetzt. Damit ist die Festplatte, das Masterlaufwerk, die erste Festplatte im PC. Sind zwei Festplatten installiert, dann ist die erste das Master- und die zweite das Slave-Laufwerk. An der ersten Platte wird dann zusätzlich der SP-Jumper (Slave Present) gesteckt. Die Slave-Platte darf in diesem Fall aber nicht das /DASP-Signal (Pin 39) benutzen und so ihre Anwesenheit signalisieren.

Eine Quantum-Besonderheit ist der CS-Jumper (Cable Select). Ist dieser Jumper gesteckt, wird durch den Pin 28 des IDE-Interface eine Festplatte als Master (High) oder Slave (Low) festgelegt.

Im Handel sind immer wieder IDE-Festplatten aufgetaucht, die sich nicht als Slave-Festplatten festlegen lassen und somit auch nicht zur Aufrüstung eines PC mit einer zweiten Festplatte geeignet sind!

Eine weitere Besonderheit ist der DM-Jumper (Drive Mode), der gesteckt wird, wenn sich als zweite Festplatte ebenfalls eine ProDrive-Festplatte von der Firma Quantum im PC befindet. Die beiden verschiedenen Festplattentypen können dann gemeinsam an einem Controller betrieben werden. Denn es ist nicht selbstverständlich, dass zwei verschiedene IDE-Festplattentypen – auch wenn sie vom gleichen Hersteller stammen – am gleichen IDE-Controller betrieben werden können.

3.6.3 Geräteanschluss

Der Anschluss einer EIDE-Festplatte oder eines ATAPI-Gerätes (CD, DVD, Tape-Streamer) erfolgt über einen 40-poligen Anschluss, der mit dem Controlleranschluss auf einer eigenen Einsteckkarte oder direkt mit dem Anschluss, der sich auf dem Mainboard befindet, verbunden wird, wie es heute allgemein üblich ist. Das Kabel wird dann vom ersten Gerät (Master) an das zweite – soweit vorhanden – weitergeführt (Slave). Wichtig ist es, wieder auf die Markierung des Pin 1 zu achten, denn oftmals lässt sich der Stecker auch falsch herum einsetzen. Eine Beschädigung der Elektronik ist dabei zwar nicht zu befürchten, allerdings erspart man sich möglicherweise eine Menge Arbeit, wenn man grundsätzlich auf die richtige Positionierung der Anschlüsse achtet.

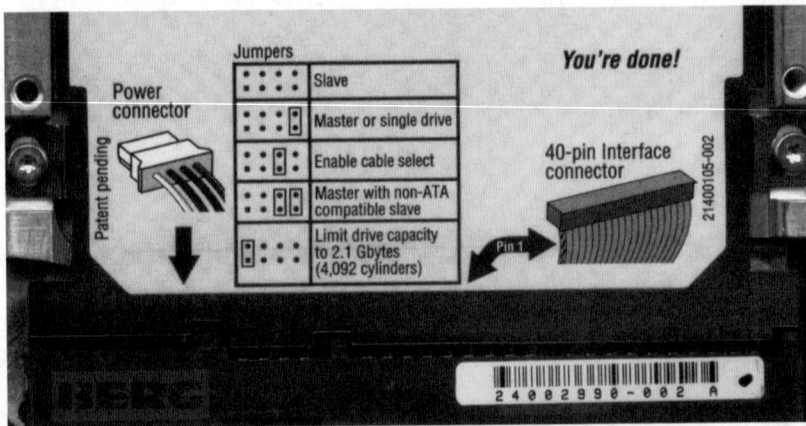

Bild 3.13: Leider ist nicht bei allen Geräten, wie hier bei einer EIDE-Festplatte, eindeutig ersichtlich, wie das Kabel anzuschließen ist und welche Bedeutung die einzelnen Jumper haben

Bei Ultra-ATA und der Verwendung eines 80-poligen Kabels mit drei Connectoren gehört der blau markierte Stecker an den Anschluss des Mainboards, der schwarze an die Master- und der graue an die Slave-Festplatte.

3.6.4 Konfiguration

Nach dem Einbau und dem Anschluss der Festplatte wird sie konfiguriert. Die notwendigen Schritte sind dabei:

···⟩ Anmelden im BIOS-Setup

···⟩ Partitionieren mit FDISK

···⟩ Formatieren mit FORMAT

···⟩ Betriebssystem installieren

Eine (E)IDE-Festplatte wird bei modernen Mainboards vom BIOS automatisch erkannt, wodurch manuelle Einstellungen – jedenfalls bei heutigen Festplatten – nicht nötig sind. Einen Blick in den BIOS-Setup zu werfen, ist im Problemfall jedoch die erste Maßnahme, bevor man den PC wieder aufschraubt oder weitere Überprüfungen vornimmt.

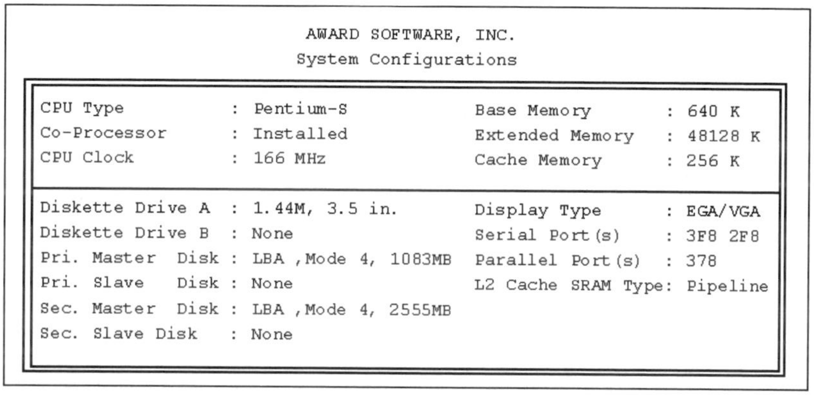

```
                    AWARD SOFTWARE, INC.
                   System Configurations

 CPU Type          : Pentium-S      Base Memory       : 640 K
 Co-Processor      : Installed      Extended Memory   : 48128 K
 CPU Clock         : 166 MHz        Cache Memory      : 256 K

 Diskette Drive A  : 1.44M, 3.5 in. Display Type      : EGA/VGA
 Diskette Drive B  : None           Serial Port(s)    : 3F8 2F8
 Pri. Master  Disk : LBA ,Mode 4, 1083MB  Parallel Port(s)  : 378
 Pri. Slave   Disk : None           L2 Cache SRAM Type: Pipeline
 Sec. Master  Disk : LBA ,Mode 4, 2555MB
 Sec. Slave Disk   : None
```

Bild 3.14: Die Anzeige beim Boot lässt die installierten Festplatten erkennen

Werden die Festplattendaten beim Boot des PC per BIOS-Meldung angezeigt, ist zunächst einmal alles soweit in Ordnung. Falls jedoch keinerlei Reaktion der Festplatte zu vernehmen ist, sind als Nächstes die Anschlüsse der Platte zu überprüfen. In Teil 7 *Der Setup des PC* gibt es weitere Erläuterungen zur Anmeldung einer EIDE-Festplatte und unter *SCSI,* wie mit SCSI-Festplatten zu verfahren ist.

Während bei den neueren BIOS-Versionen im BIOS-Setup meist ein Menüpunkt wie IDE HDD AUTO DETECTION vorhanden ist, der nach Anwahl die Parameter aus der Festplattenelektronik selbsttätig ausliest und diese daraufhin automatisch für die Hard-Disk-Einstellung übernimmt, ist dieser Punkt bei älteren BIOS-Versionen nicht vorhanden. Nebenbei bemerkt, versagt diese Funktion auch mit einigen Platten und daher befinden sich auf der beiliegenden CD mehrere Programme, die dies erledigen und die HD-Parameter aus der Festplatte ermitteln können.

Sind bei einem Komplett-PC oder bei einer bereits (anderswo) verwendeten IDE-Festplatte aus irgendeinem Grunde nicht die vom Hersteller vorgesehenen Festplattenparameter im BIOS-Setup angegeben worden, denn es sind ja fast beliebige Kombinationen möglich, kann man bis in alle Ewigkeit im BIOS-Setup herumprobieren, um eine derartige Festplatte (wieder) zum Laufen zu bringen.

Möglicherweise wird man zwar eine Einstellung finden, bei der von der Festplatte gelesen und auch auf sie geschrieben werden kann, allerdings kann man nicht von ihr booten. Dieses Verfahren wird leider von unseriösen Händlern praktiziert, damit der Kunde seinen »verkonfigurierten« PC im Geschäft reparieren lässt oder auch eine neue Festplatte erwirbt. Die im BIOS-Setup festgelegten Einstellungen sollte man aus diesem Grunde immer unbedingt notieren oder besser noch ausdrucken.

Das Ausdrucken der BIOS-Setup-Seiten funktioniert nur dann, wenn der PC bereits einmal »hochgelaufen« ist und dabei den angeschlossenen Drucker freigegeben hat. Nach einem Warmstart (Tasten: ⌈Strg⌉-⌈Alt⌉-⌈Entf⌉) und dem Aufruf des BIOS-Setups (meist mit der ⌈Entf⌉-Taste) können dann die Setup-Seiten per Druck-Taste ausgegeben werden.

▌ 3.6.5 Festplatteneinrichtung

Nachdem die Festplatte im BIOS-Setup angemeldet wurde, muss sie als Nächstes partitioniert – in logische Laufwerke aufgeteilt – und dann gemäß dem zu verwendenden Betriebssystem formatiert werden.

Das Programm FDISK ist standardmäßig von Microsoft für die Partitionierung von Festplatten vorgesehen und quasi ein Relikt aus alten DOS-Zeiten. Daneben gibt es durchaus leistungsfähigere Programme für diese Aufgabe, wie etwa Partition Magic, welches außerdem zerstörungsfrei arbeitet, also nicht die bereits auf der Platte vorhandenen Daten löscht.

Ist der Festplattentyp (EIDE) bereits im BIOS-Setup angegeben bzw. wurde die SCSI-Festplatte automatisch erkannt, aber noch kein Betriebssystem auf der Festplatte installiert, erhält man nach der Anwahl der Festplatte beispielsweise mit C: die folgende Meldung. Dabei wird vorausgesetzt, dass das Betriebssystem zuvor von der Diskette gebootet wurde:

UNGÜLTIGE LAUFWERKSANGABE oder aber

DRIVE NOT READY ERROR

Die Festplatte ist zwar vorhanden und angemeldet, d.h. das BIOS weiß von ihrer Existenz, doch DOS noch nicht. Die Festplatte muss zunächst partitioniert und anschließend (DOS-)formatiert werden. Zur Partitionierung wird das Programm FDISK verwendet, welches sich meist auf der MS-DOS-Diskette Nr. 2 befindet.

Ist bereits eine ältere DOS-Version auf der Festplatte vorhanden und wurde von dieser gebootet, muss auch die alte FDISK-Version verwendet werden, weil sonst eine Fehlermeldung wie »Falsche DOS-Version« ausgegeben wird.

```
                    Microsoft Windows 95
              Festplatten-Konfigurationsprogramm
           (C)Copyright Microsoft Corp. 1983 - 1995

                        FDISK-Optionen

    Aktuelle Festplatte: 1

    Wählen Sie eine der folgenden Optionen:

       1. DOS-Partition oder logisches DOS-Laufwerk erstellen
       2. Aktive Partition festlegen
       3. Partition oder logisches DOS-Laufwerk löschen
       4. Partitionierungsdaten anzeigen
       5. Aktuelle Festplatte wechseln

    Optionsnummer eingeben: [1]




    FDISK beenden mit ESC
```

Bild 3.15: Der FDISK-Hauptbildschirm

Nach dem Aufruf des FDISK-Programms von der Diskette erscheint der Haupt-
bildschirm des Festplatten-Installationsprogramms. Windows 9x besitzt ebenfalls
ein FDISK-Programm, welches sich im Windows-9x-Verzeichnis im Unterverzeichnis
COMMAND befindet. Beide Programmversionen (DOS und Windows 9x) arbeiten im
Prinzip identisch.

Was nun als Erstes zu tun ist, hängt davon ab, ob bereits Partitionen angelegt
worden sind oder nicht. Ist dies der Fall, wird zunächst die Nummer 3 angewählt
(Löschen einer Partition oder eines logischen Laufwerks), wodurch die Partition
und alle sich hier befindenden Daten gelöscht werden. Ist die Platte in mehrere
Partitionen aufgeteilt, sind die anderen entsprechend zu löschen. Hat man hingegen eine neue, unbenutzte Festplatte im PC, muss man natürlich gar nichts löschen, sondern ruft gleich den Punkt 1 *Erstellen einer DOS-Partition oder eines
logischen Laufwerks* auf.

Wichtig ist die Anzeige *Aktuelle Festplatte*. Der Menüpunkt (5) zur Umschaltung
auf eine andere Festplatte erscheint nur dann, wenn sich mehrere davon im PC
befinden. Es ist unbedingt darauf zu achten, dass man auch die gewünschte Festplatte selektiert hat, um nachfolgend nicht womöglich die falsche Platte einzurichten und damit alle Daten zu löschen. Erscheint wider Erwarten keine zweite
Festplatte, wird man mit FDISK nicht weiterkommen, und es ist der BIOS-Setup zu
überprüfen oder bei einer SCSI-Festplatte, ob sie überhaupt vom SCSI-BIOS erkannt
wird.

· ·

 *Mehrere logische Laufwerke können nur dann angelegt werden, wenn der Festplatten-
speicher nicht komplett der primären Partition zugewiesen wurde!*

· ·

Nach der Anwahl des entsprechenden Menüpunktes (1) erscheint die wichtige Frage, ob der maximal verfügbare Speicherplatz für die primäre DOS-Partition verwendet werden soll. Bei einem »Ja« wäre es nachfolgend nicht möglich, mehrere logische Laufwerke anzulegen, da die primäre Partition immer nur einem einzigen
Laufwerk zugeordnet werden kann. Sollen also mehrere davon angelegt werden, ist
diese Frage zu verneinen. Nachfolgend wird dann einzeln angegeben, über welche
Größe die einzelnen Partitionen verfügen sollen.

Durch die Betätigung der [Esc]-Taste kommt man, wenn es im jeweiligen Menü angegeben ist, immer zum FDISK-Optionen-Menü (Hauptmenü) zurück und kann gegebenenfalls eine falsch angelegte Partition wieder löschen. Die Eingaben sind dabei wie üblich mit der Eingabetaste zu bestätigen, damit der nächste für die jeweilige Aktion sinnvolle Bildschirm erscheint.

Nach kurzer Zeit wird die Meldung ausgegeben, dass die primäre Partition (PRI DOS) erstellt worden ist, und soll diese auch gleichzeitig die aktive Partition sein, indem sie das DOS enthalten und demnach auch von ihr aus gebootet werden soll, wird sie mit dem Menüpunkt 2 als solche festgelegt.

```
                        Partitionierungsdaten anzeigen

Aktuelle Festplatte: 1

Partition  Status   Typ      Bezeichnung      MB     System   Belegung
C: 1         A     PRI DOS   MS-DOS_6         1004   FAT16      33%
   2               EXT DOS                    2063              67%


Speicherplatz auf Festplatte insgesamt: 3067 MB (1 MB = 1.048.576 Bytes)

Die erweiterte DOS-Partition enthält logische DOS-Laufwerke.
Angaben über logische Laufwerke anzeigen (J/N)...............?[J]


Drücken Sie ESC, um zu den FDISK-Optionen zurückzukehren.
```

Bild 3.16: Diese Festplatte besitzt eine gesamte Kapazität von 3 Gbyte und ist in eine primäre bootfähige DOS-Partition von 1 Gbyte und eine erweiterte DOS-Partition, welcher der restliche Speicherplatz zugeteilt wurde, aufgeteilt

Der restliche Speicherplatz wird dann der erweiterten DOS-Partition zugewiesen. Im nächsten Schritt wird die erweiterte Partition (EXT DOS) beispielsweise zwei Laufwerken (D:, E:) zugeteilt. Das Erstellen der logischen Laufwerke erfolgt durch die Anwahl des entsprechenden Menüpunktes (1). Falls man sich zum Abschluss noch einmal im Überblick die einzelnen Daten anschauen möchte, geschieht dies durch die Anwahl des Menüpunktes (4) aus dem FDISK-Hauptmenü, nachdem man den Partitionierungsvorgang abgeschlossen hat. Nach der Betätigung der [Esc]-Taste kommt man vom FDISK-Hauptmenü zum DOS-Prompt zurück, woraufhin die DOS-Installation absolviert werden kann.

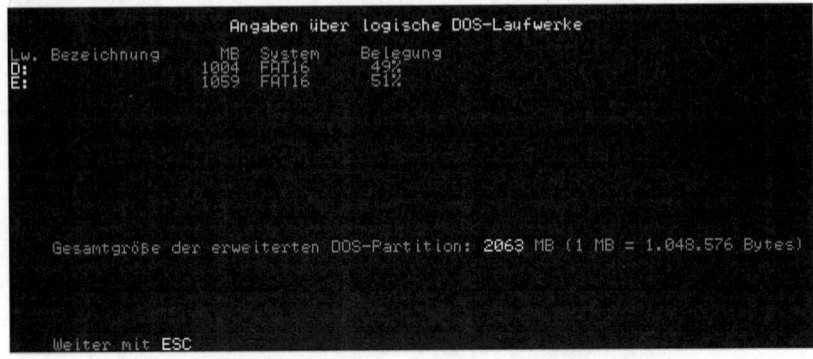

```
                    Angaben über logische DOS-Laufwerke

Lw. Bezeichnung        MB     System    Belegung
D:                    1004    FAT16       49%
E:                    1059    FAT16       51%




Gesamtgröße der erweiterten DOS-Partition: 2063 MB (1 MB = 1.048.576 Bytes)


Weiter mit ESC
```

Bild 3.17: Die erweiterte DOS-Partition enthält zwei logische Laufwerke (D: und E:)

Mit dem Aufruf SETUP vom Laufwerk A: meldet sich das DOS-Setup-Programm, welches feststellen wird, dass die Festplattenlaufwerke noch nicht formatiert worden sind, und diesen Vorgang als Nächstes vorschlägt. Das DOS-Setup-Programm wird nun – nach Bestätigung – der Reihe nach die einzelnen Festplattenlaufwerke formatieren und das Laufwerk C: zugleich bootfähig machen. COMMAND.COM und die weiteren Systemdateien (MSDOS.SYS und IO.SYS) werden hierhin kopiert, und nachfolgend wird das komplette DOS installiert.

Das Formatieren der Festplattenlaufwerke kann alternativ nach der Partitionierung und ohne das SETUP-Programm auch einfach mit dem FORMAT-Befehl durchgeführt werden:

····⟩ FORMAT C:/S (mit System)

····⟩ FORMAT D:

····⟩ FORMAT E:

Die beschriebene Vorgehensweise zum Einrichten von Festplatten gilt für DOS und Windows 95 (Release 1 mit FAT-16). Windows 95 selbst sollte nach der DOS-Installation (Dual Boot) installiert werden, was schon für eine spätere Fehlersuche sinnvoll ist.

Windows 95 mit FAT-32 (OEM Release 2) wird demgegenüber vom Hersteller installiert, wobei die Verwendung eines parallel dazu arbeitenden DOS standardmäßig nicht vorgesehen ist. Für die FAT-32-Partitionierung gibt es eine neue FDISK-Version, die im Prinzip wie das FAT-16-Pendant arbeitet, allerdings mit dem bedeutenden Unterschied, dass bei der Detektierung einer Festplatte mit einer Kapazität von mehr als 504 Mbyte automatisch nachgefragt wird, ob FAT-32 unterstützt werden soll. Wird dieser Vorschlag akzeptiert, kann man dies mit den von Microsoft mitgelieferten Tools nicht wieder rückgängig machen.

Obwohl FAT-32 Vorteile gegenüber FAT-16 bietet (siehe auch folgendes Kapitel), ist FAT-32 eine »Insellösung«, da kein anderes Betriebssystem damit umgehen kann, noch nicht einmal Windows NT, wie man es vielleicht erwartet hätte. Durch die neuere File-Struktur treten außerdem Fehler aufgrund von Inkompatibilitäten auf, etwa bei Programmen, die direkt auf die Festplatte zugreifen und kein FAT-32 kennen.

Wer weiterhin auf DOS-Datenbestände und -Programme zugreifen will, sollte daher stattdessen FAT-16 einsetzen. Eine Umsetzung des FAT-32 in FAT-16 ist nicht vorgesehen, so dass man bei einem PC mit installierter Windows-9X-Version Release 2 eine komplette Windows-9X-Neuinstallation vorzunehmen hat. Ein Programm wie *Partition Magic* kann allerdings FAT-32 in FAT-16 und umgekehrt konvertieren.

Windows NT kann während der Installation das mit FDISK angelegte FAT-16-Format in eine NTFS-Partition (siehe Kapitel 3.6.6) umsetzen und parallel dazu auch das »alte DOS« verwenden. Beim Windows-NT-Boot erscheint ein Bootmanager, der eine entsprechende Wahlmöglichkeit zulässt. Daher ist es möglich, Windows 98 und Windows NT parallel auf einem PC (der Festplatte) zu verwenden, wobei DOS und Windows 9x sinnvollerweise vor Windows NT zu installieren sind. Dies kann im einfachsten Fall wie folgt aussehen:

C:\ DOS und Windows 95

D:\ Windows NT

Falls man mit zwei oder noch mehr Betriebssystemen arbeitet, ist es sinnvoll, mehrere Primärpartitionen zu definieren. Da immer nur eine Primärpartition aktiv – sichtbar – sein kann, sind die anderen für das gerade verwendete Betriebssystem nicht sichtbar, was ein versehentliches Überschreiben von Daten verhindert.

Für das obige Beispiel könnte dies andernfalls bedeuten, dass bei einer Nachinstallation von Windows 9x der NT-Bootmanager derart manipuliert oder überschrieben wird, dass Windows NT nicht mehr verwendet werden kann. Dieses »Verstecken« von Partitionen kann ebenfalls mit *Partition Magic* vorgenommen werden. Dieses Programm ist vom Hersteller PowerQuest entwickelt worden, und mittlerweile gibt es auch einige »Nachahmer« wie *Partition It* von Quarterdeck mit ähnlichen Funktionen wie *Partition Magic*, welches für ca. 150 DM erhältlich ist und jedem Anwender empfohlen werden kann, der des öfteren Festplatten und unterschiedliche Betriebssysteme einzurichten hat.

Partition Magic kann unter OS/2, Windows 9x oder Windows NT installiert werden; beim nachfolgenden Aufruf wird der PC dann allerdings im DOS-Modus gestartet, was für ein derartiges systemnahes Tool sicher auch nicht weiter verwunderlich erscheint. Dennoch bietet es eine grafisch orientierte und übersichtliche Bedienoberfläche.

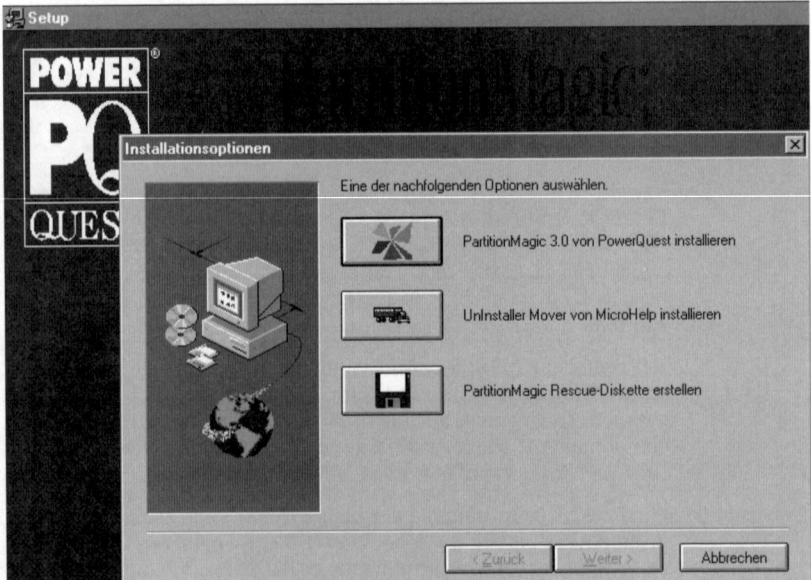

Bild 3.18: Partition Magic ist ein leistungsfähiges Werkzeug für die Einrichtung und Veränderung von Partitionen. Die Anfertigung einer Bootdiskette für den Notfall ist ebenfalls vorgesehen

Die Veränderung einer Partitionsgröße kann einfach per Schieben mit der Maus auf der Oberfläche durchgeführt werden, ohne dass dabei irgendwelche Daten zu Schaden kommen. Auch das Neuhinzufügen einer Partition ist ganz einfach mit Hilfe des Dialogfeldes *Logische Partition erstellen* durchzuführen, wobei dann das gewünschte Dateisystem anzugeben ist, wie beispielsweise FAT, HPFS oder NTFS.

Beim Ändern von Partitionen (verschieben, neu anlegen) oder auch der Neupositionierung von Laufwerken ist generell zu beachten, dass natürlich noch genügend Platz auf der Festplatte vorhanden sein muss, damit dieser Vorgang durchgeführt werden kann. Soll beispielsweise eine Partition mit 200 Mbyte irgendwie auf einer 1 Gbyte-Festplatte bewegt werden und sind davon bereits 800 Mbyte in Verwendung, funktioniert dies nicht ohne weiteres.

Es muss zunächst Platz geschaffen werden, damit diese Daten gespeichert werden können. In diesem Fall wird man die 800 Mbyte-Partition um 200 Mbyte reduzieren, was aber nur dann möglich ist, wenn sich hier maximal 600 Mbyte an Daten befinden. Unter Umständen wird man bei mehreren sich auf der Festplatte befindlichen Partitionen so lange hin und herschieben müssen, bis der notwendige Platz geschaffen worden ist, was jedoch fast leichter durchzuführen als zu beschreiben ist.

Nach dem Kopieren eines kompletten Datensatzes von einer Festplatte auf eine neue, sollte man vor dem Neustart die alte Festplatte aus dem PC ausbauen oder deaktivieren, damit das Betriebssystem beim Vorhandensein zweier primärer Partitionen nicht ins Schleudern kommt.

Durch die Veränderung einer FAT-Partitionsgröße ändert sich ebenfalls die zugrunde gelegte Clustergröße, was dementsprechend auch umgekehrt gilt. Die Funktion der in Partition Magic enthaltenen *Clusteranalyse* kann dabei für die Ermittlung der optimalen Cluster- oder Partitionsgröße dienlich sein.

Sollen mehrere identische PCs konfiguriert werden oder soll eine größere Festplatte statt einer vorhandenen kleineren verwendet werden, löst man einfach einen Kopiervorgang aus. Die komplette Software (das Betriebssystem, die Programme, die Anwenderdaten) ist damit ohne irgendwelche zusätzlichen Konfigurationsarbeiten vervielfältigt worden.

Die Firma Power Quest bietet diese Funktion auch als einzelnes Programm – *Drive Copy* – an, welches im Grunde genommen aus *Partition Magic* »herausgezogen wurde« und ungefähr zum halben Preis von Partition Magic erhältlich ist.

Für die Verwendung direkt unter DOS wird eine zweite Version (PQMAGIT) mitgeliefert, welche im DOS-Textmodus arbeitet und demnach nicht über die leichter zu bedienende grafische Oberfläche, ansonsten aber über die gleiche Funktionalität wie die hier kurz beschriebene Version verfügt.

Durch das Verschieben von Laufwerken kann es generell passieren, dass einige Programme nicht mehr funktionieren, weil die internen Programmverknüpfungen oder Verweise davon unberührt geblieben sind. Ein Textverarbeitungsprogramm startet beispielsweise nicht mehr, weil die dazugehörigen Programmdateien nunmehr auf dem Laufwerk D: statt auf dem Laufwerk C: lokalisiert sind. Auch hierfür bietet Partition Magic eine Lösung, und zwar in Form des *Drive Mapper*. Nach dessen Anwahl und der manuellen Angabe, ob sich ein oder mehrere Laufwerksbuchstaben geändert haben, und der alten und der neuen Laufwerksbezeichnung wird eine automatische Suche nach Verweisen gestartet und auf Wunsch eine Aktualisierung vorgenommen.

3.6.6 Dateisysteme im Detail

Wie bereits zuvor erwähnt, gibt es unterschiedliche Dateisysteme, die bestimmen, wie die Daten auf der Festplatte verwaltet werden, so dass die Festplatte dementsprechend zu partitionieren und formatieren ist. Die bei PCs verbreiteten Dateisysteme sind die folgenden:

···> **FAT – File Allocation Table (FAT-16)**
Dateisystem für DOS und Windows.

···> **V-FAT – Virtual File Allocation Table**
Dateisystem für Windows 95 mit der Unterstützung von langen Dateinamen, kompatibel mit dem FAT-16-Format.

···> **NTFS – NT File System**
Dateisystem für Windows NT (New Technology).

···> **HPFS – High Performance File System**
Dateisystem für das Betriebssystem OS/2.

···> **Netware Filesystem**
Das Dateiformat für die Netzwerkbetriebssysteme der Firma Novell (NetWare 3.x, Netware 4.x).

···> **Linux Ext2**
Dateisystem für das Linux-Betriebssystem – einer Freeware-Version des Unix-Betriebssystems –, welches eine maximale Partitionsgröße von 4 Tbyte erlaubt.

File Allocation Table (FAT-16)

Das FAT-Format ist das altbekannte Dateiformat von DOS und Windows, welches auch als *FAT-16* zur Unterscheidung gegenüber dem FAT-32-Format (siehe unten) bezeichnet wird. Das Betriebssystem verwaltet die Daten dabei in Clustern, die man auch als Zuordnungseinheiten bezeichnet und die sich aus mehreren nebeneinander liegenden Sektoren zusammensetzen. Ein Sektor besteht wiederum aus 512 Byte.

Das FAT-Dateisystem arbeitet mit einer 16-Bit-Adressierung, wodurch maximal 65.536 Sektoren verwaltet werden können. Multipliziert man diesen Wert mit der ursprünglichen Clustergröße von 2 Kbyte, ergibt sich dadurch die maximale Größe einer Partition von 65.536 x 2 Kbyte (2.048 Bit) = 128 Mbyte.

Durch *die feste 16-Bit-Verwaltung* verändert sich die Clustergröße mit der Größe der Festplattenpartition, was bedeutet, dass bei der maximalen Partitionsgröße von 2 Gbyte ein Cluster eine Größe von 32 Kbyte aufweist. Da nun ein Cluster die kleinste Speichereinheit darstellt, belegt selbst eine 1-Byte-große Datei immer einen Speicherplatz von 32 Kbyte, wenn man von der größtmöglichen Partitionsgröße von 2 Gbyte ausgeht. Die folgende Tabelle zeigt die jeweilige Clustergröße bei den maximal möglichen Partitionsgrößen.

Eine Ausnahme ist bei einer maximalen Partitionsgröße von 15 Mbyte gegeben, bei der eine 12-Bit-FAT-Adressierung stattfindet, was für die heute üblichen Festplattengrößen jedoch keine Rolle mehr spielt.

Partitionsgröße	Clustergröße pro Cluster	Sektoren	Fat-Typ
0-15 Mbyte	4 Kbyte	8	12 Bit
16-127 Mbyte	2 Kbyte	4	16 Bit
128-255 Mbyte	4 Kbyte	8	16 Bit
256-511 Mbyte	8 Kbyte	16	16 Bit
512-1.023 Mbyte	16 Kbyte	32	16 Bit
1.024-2.047Gbyte	32 Kbyte	64	16 Bit

Tabelle 3.8: *Die Abhängigkeit der Clustergröße von der Partitionsgröße beim FAT-Format*

Die Daten werden zunächst der Reihe nach in benachbarten Clustern abgelegt. Im Laufe der Zeit werden auf der Festplatte Daten gelöscht und wieder welche geschrieben, wobei die neuen Daten dann dorthin kommen, wo gerade noch Platz ist. Passen also die neuen Daten nicht in die noch freien Cluster – was in der Regel der Fall ist –, werden sie auf mehrere verteilt, die sich irgendwo auf der Festplattenoberfläche befinden. Dadurch entsteht die *Fragmentierung* (siehe auch Kapitel 3.6.7) einer Festplatte oder auch einer Diskette. Je häufiger Daten gelöscht und geschrieben werden, desto stärker wird die Festplatte fragmentiert und desto länger dauert es, bis eine Datei komplett gelesen werden kann.

Bei einer Festplatte, die eine Partitionsgröße von 128 Mbyte besitzt, ist die Datei CONFIG.SYS beispielsweise 0,5 Kbyte groß. Doch da ein Cluster hier immer 2 Kbyte groß ist, belegt diese Datei damit auch 2 Kbyte auf der Festplatte, was einer Verschwendung von 1,5 Kbyte Speicherplatz (Verschnitt) gleichkommt. Noch schlimmer sieht es bei einer Partitionsgröße von 1 Gbyte aus, denn hier besteht ein Cluster aus 32 Kbyte, und die gleiche CONFIG.SYS führt damit zu einem Verschnitt von 31,5 Kbyte.

Clustergröße	Durchschnittlicher Verschnitt pro Datei	Anzahl der Dateien	gesamter Verschnitt
2 Kbyte	1 Kbyte	2000	2 Mbyte
4 Kbyte	2 Kbyte	4000	8 Mbyte
8 Kbyte	4 Kbyte	8000	32 Mbyte
16 Kbyte	8 Kbyte	16.000	128 Mbyte
32 Kbyte	16 Kbyte	32.000	512 Mbyte

Tabelle 3.9: *Ein Beispiel dafür, wie der Speicherplatz auf einer Festplatte bei verschiedenen Clustergrößen möglicherweise nicht ausgenutzt wird*

Man kann sich sicher vorstellen, dass diese »Speicherplatzverschwendung« bei vielen relativ kleinen Dateien, wie sie beispielsweise bei Datenbanken häufig vorkommen, ganz beträchtlich ausfallen kann. Die Tabelle 3.9 zeigt zur Verdeutlichung noch ein Beispiel.

Virtual File Allocation Table (VFAT)

Mit Windows 95 wurde die Unterstützung von langen Dateinamen (max. 255) eingeführt, und die bis dato geltende Beschränkung auf acht Zeichen (plus drei Zeichen für die Extension) aufgehoben, was eine Änderung des FAT-Formats nötig machte. Das V-FAT-Format (Virtual File Allocation Table) ist kompatibel zum FAT-16-Format und arbeitet im Protected Mode unter Windows 95.

File Allocation Table 32

Die Windows-9X-Version OSR2 (OEM Service Release 2), die nicht einzeln, sondern ausschließlich mit einem neuen PC erworben werden kann, arbeitet mit dem FAT-32-Format, welches eine 32-Bit-Adressierung verwendet und deshalb auch nicht mehr zum FAT-16-Format kompatibel ist.

Maximale Partitionsgröße	Clustergröße
255 Mbyte	512 Byte
8 Gbyte	4 Kbyte
16 Gbyte	8 Kbyte
32 Gbyte	16 Kbyte
2 Tbyte	32 Kbyte

Tabelle 3.10: Die Clustergrößen sind bei FAT-32 wesentlich kleiner als bei FAT-16

FAT-32 erlaubt nunmehr eine maximale Partitionsgröße von 2 Tbyte (2.048 Gbyte). Was jedoch für den *Verschnitt* auf einer Festplatte interessant ist, ist die Tatsache, dass die einzelnen Clustergrößen geschrumpft sind und nicht mehr so viel Festplattenplatz wie mit FAT-16 verschwendet wird.

New Technology File System (NTFS)

Windows NT kann zwar auch für FAT-16 formatiert werden, bevorzugt sollte hierfür jedoch das leistungsfähigere **NT F**ile **S**ystem (NTFS) eingesetzt werden, denn es bietet eine höhere Sicherheit und Zuverlässigkeit. Die Dateien einer NTFS-Partition sind weder von einem DOS noch von einem HPFS-Datenträger (OS/2-Format) aus sichtbar und damit auch nicht zu manipulieren.

NTFS erfüllt die gleichen Standardanforderungen wie Unix (POSIX.1), beispielsweise die Vergabe von Zugriffsrechten, damit nur bestimmte Personen auf die zuvor vom Systemadministrator festgelegten Dateien Zugriff haben. NT unterscheidet bei den Dateinamen – im Gegensatz zu FAT – zwischen Groß- und Kleinschreibung und registriert eine zusätzliche Zeitangabe, wann die jeweilige Datei zuletzt aufgerufen wurde.

Auch für den Fehlerfall (Systemabsturz) sind besondere Vorkehrungen getroffen worden. Jede Änderung im Dateisystem wird dabei in eine Log-Datei geschrieben, die somit Informationen über alle korrekt absolvierten Transaktionen enthält. Nach einem Fehlerfall führt Windows NT beim nächsten Boot einen Check des Dateisystems (CHKDSK) aus und korrigiert gegebenenfalls die nicht korrekten Datenbestände mit Hilfe der Log-Datei bzw. lädt schadhafte Daten nicht erneut, falls keine Korrektur möglich sein sollte.

Ein weiterer, für die Sicherheit relevanter Bestandteil von Windows NT ist der *Master File Table* (MFT), in welchem für jede Datei auf der Festplatte ein mindestens 2 Kbyte großer Datensatz geführt wird. Das Betriebssystem legt gleich mehrere Kopien von dieser Datei an. Diese Sicherheit kostet natürlich Festplattenkapazität, und daher ist es auch kaum sinnvoll, Windows NT mit NTFS auf einer Festplatte zu installieren, die nicht mindestens über eine Kapazität von 600 Mbyte verfügt.

Auch Windows NT organisiert die Daten in Clustern, die entweder 512, 1024, 2048 oder 4096 Kbyte groß sind. Bei der Formatierung des Festplatte kann die gewünschte Größe optional angegeben werden. Standardmäßig verwendet NT bei der Formatierung eine von der Festplattenkapazität (Partition) abhängige Clustergröße, die in der Tabelle 3.11 angegeben ist.

Da Windows NT mit einem 64-Bit-Adressierungsschema arbeitet, beträgt die maximale Festplattenkapazität immense 2 hoch 64 oder 17 Milliarden Gbyte.

Maximale Partitionsgröße	Clustergröße
511 Mbyte	512 Byte
1 Gbyte	1.024 Byte
2 Gbyte	2.048 Byte
> 2 Gbyte	4.096 Byte

Tabelle 3.11: Die von Windows NT standardmäßig verwendeten Clustergrößen

High Performance File System (HPFS)

Das Betriebssystem OS/2 verwendet seit der Version 1.2 das **High Performance File System** (HPFS), welches auch von Windows NT bis zur Version 3.5 unterstützt wurde. Ähnlich wie das NTFS erlaubt HPFS lange Dateinamen (254 Zeichen) und bietet entsprechende Sicherheitsmechanismen, unterscheidet allerdings nicht zwischen der Groß- und der Kleinschreibung.

Einheit 1: 8-Mbyte-Datenbereich
Einheit 1: 2-Kbyte-Verwaltungsblock
Einheit 2: 2-Kbyte-Verwaltungsblock
Einheit 2: 8-Mbyte-Datenbereich
Einheit 3: 8-Mbyte-Datenbereich
Einheit 3: 2-Kbyte-Verwaltungsblock
Einheit 4: 2-Kbyte-Verwaltungsblock
Einheit 3: 8-Mbyte-Datenbereich

Tabelle 3.12: Die Organisation einer Festplatte mit dem HPFileSystem

HPFS verwendet keine Cluster, sondern arbeitet ausschließlich mit 512 Byte großen Sektoren und organisiert diese in 8 Mbyte großen Einheiten. Die Wahrscheinlichkeit, dass eine Datei nicht »zerstückelt«, sondern in einem zusammenhängenden Bereich auf der Festplatte lokalisiert wird, ist daher größer als beim FAT- oder auch beim NTFS-Format.

Einen Geschwindigkeitsvorteil gewinnt HPFS weiterhin durch einen 2 Kbyte großen Bereich, der sich zwischen den 8-Mbyte-Abschnitten befindet. Hier sind Dateiinformationen abgelegt, die es ermöglichen, dass der Schreib-/Lesekopf nicht immer erst zur Spur 0 bewegt werden muss, falls sich Dateien geändert haben. In der Spur 0 sind die Bootroutine und die Partitionstabelle lokalisiert, sie enthält also die grundlegenden Dateiformatinformationen.

Der erhöhte Verwaltungsaufwand des HPFSystems führt ebenfalls zu einem erhöhten Speicherplatzbedarf, der ungefähr dreimal größer ist als bei dem FAT-Format.

3.6.7 Festplatten testen und defragmentieren

Die bekannten Testprogramme (z.B. Norton Utilities, AMI-DIAG) zur Überprüfung der »Festplatten-Performance« sind nicht in der Lage, korrekte Festplattendaten wie etwa die Übertragungsrate zu liefern. Das »Vorgaukeln« logischer Parameter, die nicht mit den physikalischen übereinstimmen, und die Verwendung von integrierten Cache-Speichern machen es für die Testprogramme nahezu unmöglich, die tatsächlichen Daten zu ermitteln.

Die von den Testprogrammen angezeigten Leistungsdaten sind daher nur innerhalb einer bestimmten Systemkonfiguration als Vergleichswerte anzusehen und stellen keine absoluten Messdaten dar. Jedes speicherresidente Programm und jeder Memory-Manager beeinflussen in irgendeiner Weise die Ermittlung der PC-Leistungsdaten. Für den Vergleich verschiedener Festplattensysteme eignen sich die Testprogramme in der Regel also nicht, und es kann nur innerhalb einer Festplattenfamilie (SCSI, EIDE) eine vergleichende Aussage getroffen werden.

Das Programm *ScanDisk* ist die Microsoft-Standardanwendung für die Erkennung und Korrektur von Festplattenfehlern, womit hier Fehler in der Datenstruktur gemeint sind, wie verlorene Cluster oder Programmfragmente, die sich keinem Programm mehr zuordnen lassen, und nicht etwa Festplattenfehler, die in einem Hardware-technischen Phänomen begründet liegen.

Eine regelmäßige Anwendung von *ScanDisk* ist ein wichtiger Schritt zu einer aufgeräumten Festplatte, gefolgt von einem Programm zur Aufhebung der Fragmentierung. *ScanDisk* ist sowohl bei DOS als auch bei Windows 9x und Windows NT 4.0 in entsprechenden Versionen mit dabei.

Wird eine Festplatte mit der Zeit immer langsamer, ist das ein Zeichen dafür, dass die Festplatte einmal »aufgeräumt« werden sollte. Die Daten werden auf der Platte nicht nacheinander in benachbarte Cluster; (1 Cluster = mehrere – je nach Festplattengröße – Sektoren) geschrieben, sondern dorthin, wo gerade noch Platz ist.

Durch das Löschen einer Datei entstehen auf der Platte freie Cluster, die beim nächsten Speichern mit verwendet werden. Passen die neuen Daten nun nicht genau in diese freien Cluster – und das ist in der Regel der Fall –, werden sie auf mehrere verteilt, die sich aber irgendwo an den unterschiedlichsten Positionen auf der Plattenoberfläche befinden.

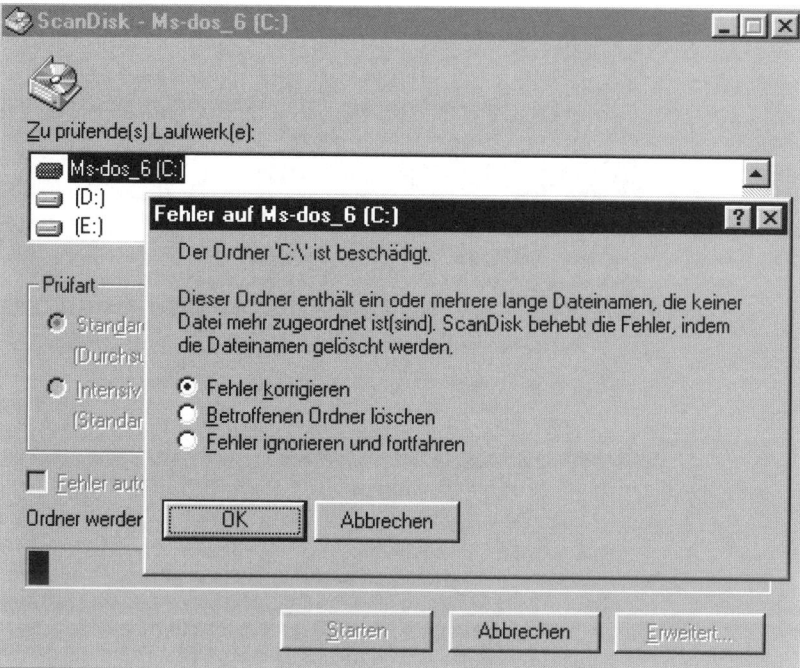

Bild 3.19: *Das Programm ScanDisk analysiert die Oberfläche der Festplatte und bietet auch Optionen zur Fehlerkorrektur an*

Dadurch entsteht die Fragmentierung, d.h. eine Datei wird nicht in zusammenhängenden Clustern abgelegt. Je häufiger Daten gelöscht werden, desto stärker ist die Platte fragmentiert und desto länger dauert es, bis eine Datei komplett gelesen werden kann.

Zahlreiche Utilities wie PC TOOLS oder die Norton Utilities liefern Funktionen zur Aufhebung der Fragmentierung. Ab DOS 6.0 wird dafür von Microsoft standardmäßig das Programm DEFRAG zur Verfügung gestellt.

Bei der Defragmentierung werden die Daten auf der Platte so angeordnet, dass sie in benachbarte Cluster kommen, wodurch die Zugriffszeit wieder optimiert wird. Die Fragmentierung ist ein ganz normaler Vorgang, der bei allen Festplatten- und Diskettentypen auftritt. Die regelmäßige Anwendung eines entsprechenden Defragmentierungsprogramms bringt daher für die Performance einer Festplatte mehr als beispielsweise die Einschaltung des EIDE-Busmaster-Modus oder andere vermeintlich leistungssteigernde Maßnahmen.

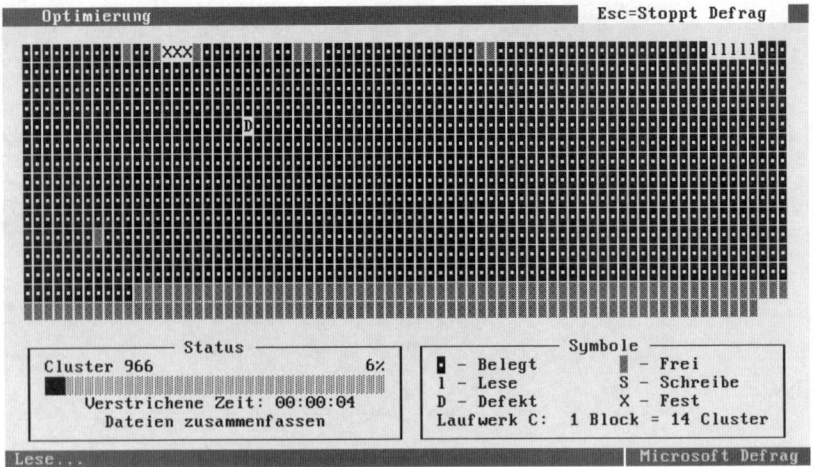

Bild 3.20: Das Programm DEFRAG optimiert die Zugriffszeiten von Festplatten durch die Aufhebung der Fragmentierung

Ein Defragmentierungsprogramm gibt es auch zu Windows 95 standardmäßig dazu, allerdings ist bei Windows NT 4.0 leider keines dabei. Die (Microsoft-) Argumentation, dass hier schließlich mit NTFS und nicht mit dem FAT-Format gearbeitet werden soll, bedeutet allerdings nicht, dass eine Festplatte mit NTFS nicht ebenfalls fragmentiert wird, wenn auch nicht so stark wie beim FAT-Format. Das für Windows NT mit NTFS bekannteste Defragmentierungsprogramm ist *Diskkeeper* der Firma *Execute Software*. Dieser *Diskkeeper* wird interessanterweise aber zu Windows NT 5.0 (Windows 2000) mitgeliefert.

3.6.8 Festplatten-Cache

Mit einem Festplatten-Cache-Programm wie SMARTDRV, welches ab DOS 4.0 mitgeliefert wird, können Festplatten-Lese- und Schreibzugriffe beschleunigt werden. Die Festplatte verwendet hierfür einen festgelegten RAM-Bereich als Zwischenspeicher (Cache). Sobald die Daten von der Festplatte gelesen werden, werden sie gleichzeitig im Cache-Bereich abgelegt. Da die Wahrscheinlichkeit sehr groß ist, dass sie wieder benötigt werden, stehen sie beim nächsten Zugriff aus dem schnelleren DRAM zur Verfügung und müssen nicht von der Platte gelesen werden.

Die Daten, die längere Zeit nicht verwendet wurden, werden automatisch aus dem Cache entfernt, so dass es zu keinem Speicherüberlauf kommen kann. *Smartdrive* arbeitet ohne Zutun des Anwenders automatisch im Hintergrund, für ihn und das Anwenderprogramm nicht erkennbar, was beispielsweise auch Windows 95 und andere Betriebssysteme in ähnlicher Art und Weise praktizieren.

Wird SMARTDRV durch »C:\DOS\SMARTDRV.EXE /X« in der AUTOEXEC.BAT angegeben, wobei zuvor HIMEM.SYS oder ein anderer Speichermanager in der CONFIG.SYS zu laden ist, werden einige automatische Einstellungen für den Cache vorgenommen. Durch die Eingabe von »smartdrv« vom DOS-Prompt aus kann man sich die jeweilige Konfiguration anzeigen lassen, wie in Bild 3.21 gezeigt.

```
Microsoft SMARTDrive, Festplatten-Cache-Programm, Version 5.0
Copyright 1991,1993 Microsoft Corp.

Größe des Cache: 1,048,576
Größe des Cache während der Ausführung von Windows:    262,144 Byte

           Festplatten-Cache-Status

Laufwerk   Lese-Cache   Schreib-Cache  Pufferung

    A:         ja           nein          nein
    B:         ja           nein          nein
    C:         ja           nein          nein
```

Bild 3.21: Die jeweilige Einstellung des Laufwerks-Cache wird unter DOS durch die Angabe von SMARTDRV angezeigt

Als RAM wird entweder Extended oder Expanded Memory verwendet. Das hängt davon ab, welche Parameter man SMARTDRV.EXE mit auf den Weg gibt. Wird hier nichts angegeben, wird automatisch Extended Memory verwendet. Die Größe des Festplatten-Cache kann ebenfalls festgelegt werden. Bei einer fehlenden Angabe für die Speichergröße wird generell 1 Mbyte für SMARTDRV verwendet, und bei PCs mit 6 Mbyte oder noch mehr RAM-Speicher werden automatisch 2 Mbyte für den Festplatten-Cache angelegt.

Unter »Win-Cache-Größe« wird angegeben, auf wie viel Kbyte der Cache bei der Verwendung von Windows bis zur Version 3.11 verkleinert werden darf (Windows 95 verwaltet den Festplatten-Cache automatisch), damit der dabei frei werdende RAM-Speicher als Windows-Arbeitsspeicher eingesetzt werden kann.

SMARTDRV [Laufwerk(e) ±] [Cache-Größe] [Win-Cache-Größe]

Mit dem Parameter /X wird der Cache nur für Lese-, nicht aber für Schreibvorgänge bei allen gefundenen Laufwerken aktiviert. Dies ist generell zu empfehlen, denn speichert man eine Datei (scheinbar) auf einem Laufwerk ab, ist sie nicht unmittelbar auf dem jeweiligen Laufwerk vorhanden, sondern wird erst zu einem späteren Zeitpunkt, wenn SMARTDRV es für nötig hält, auch tatsächlich dort abgelegt. Kommt es in der Zwischenzeit aber zu einem Systemabsturz oder hängt ein Programm, kann es nicht mehr vom RAM zum Laufwerk übertragen werden, und die Daten sind verloren. Da es mit Windows 3.1 und insbesondere mit Windows für Workgroups (3.11) in diesem Zusammenhang des öfteren Probleme gibt, sollte man sicherheitshalber den Schreib-Cache abschalten.

 Aus Sicherheitsgründen sollte der Cache für Schreibvorgänge bei SMARTDRV abgeschaltet werden!

Möchte man nicht für alle Laufwerke automatisch einen Cache-Speicher verwenden, wird dies mit einem »-« (abgeschaltet) oder nach jedem einzeln aufgeführten Laufwerk angegeben. Mit »+« hinter der Laufwerkskennung wird auch das Schreib-Cache für das jeweilige Laufwerk - mit den daraus folgenden Unsicherheiten - aktiviert.

Ist im PC ein CD-ROM-Laufwerk installiert, erkennt DOS dies ebenfalls automatisch und aktiviert SMARTDRV auch für dieses Laufwerk, was auf jeden Fall empfehlenswert ist.

Näheres zu SMARTDRV und den zahlreichen Parametern, die für die Einstellung des Cache sorgen und hier nicht weiter betrachtet werden sollen, kann man der DOS-On-Line-Hilfe (HELP SMARTDRV oder mit SMARTDRV/?) entnehmen.

3.6.9 Festplatten reparieren?

Der typische Anwender kann eine defekte Festplatte normalerweise nicht reparieren. Es wurde bereits darauf hingewiesen, dass das Öffnen des Gehäuses die Festplatte durch den Staub in der Luft auf jeden Fall unbrauchbar macht.

Was hingegen durchaus praktikabel ist und auch von einigen Computerfirmen durchgeführt wird, ist der Austausch einer defekten Festplattenelektronik, wobei die Festplatte nicht immer geöffnet werden muss. Allerdings wird hierfür eine funktionierende Festplatte des gleichen Typs benötigt. Die entsprechende Elektronik vom Hersteller zu beziehen, ist oftmals gar nicht möglich und es lohnt sich auch nicht, da eine neue Festplatte demgegenüber preiswerter ist. Nur in Notfällen, wenn sich auf der Festplatte »lebenswichtige« Daten befinden, wird dieser kostspielige und auch nicht immer mit Erfolg gekrönte Weg beschritten. Eine bekannte Firma, die in der Lage ist, die Daten von defekten Festplatten zu retten, ist beispielsweise Ontrack Data Recovery (www. ontrack.de).

Ein geübter Bastler kann jedoch versuchen, einen Fehler in der Elektronik zu beheben, denn vielfach ist nur eine elektronische Sicherung, eine (Schutz-)Diode oder auch ein Spannungsregler defekt, was mit einem einfachen Multimeter bei angeschlossener Festplatte leicht nachzumessen ist. Falls eine Festplatte keinerlei Anlaufgeräusche von sich gibt, liegt mit ziemlicher Wahrscheinlichkeit ein Fehler in dieser Sektion vor. Auf jeden Fall sollten zuvor natürlich die Anschlusskabel kontrolliert worden sein, und auch ein falsch herum aufgestecktes Datenkabel kann für die »Festplattenstille« verantwortlich sein.

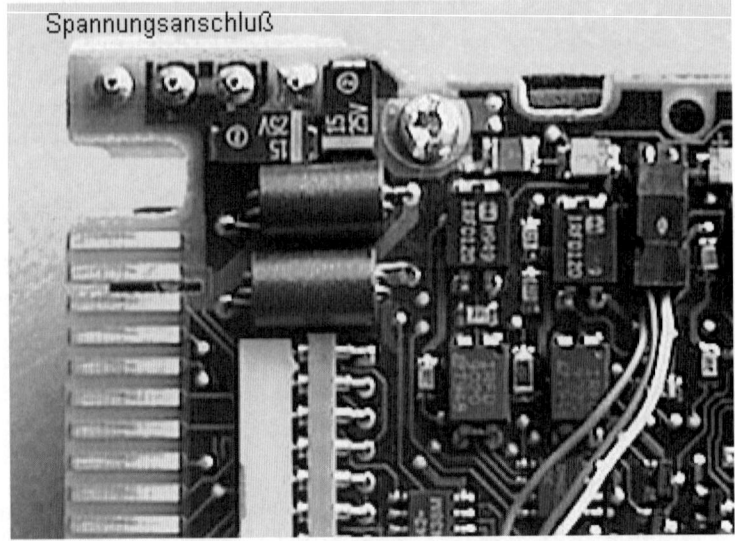

Bild 3.22: *In der Nähe des Spannungsanschlusses sind zumeist einige Bauelemente für die Spannungsversorgung einer Festplatte zu finden, die auch mit »Bastlermethoden« zu überprüfen sind*

Der Fall, dass eine Festplatte – quasi klanglos – von heute auf morgen ihren Dienst verweigert, ist jedoch nicht die Regel. Vielmehr kündigt sich ihr baldiges Ende schon eine Weile vorher durch bis dahin nicht aufgetretene Geräusche an. Klappern, schaben, rattern, Heulgeräusche und ständige Datenausfälle sind die typischen Anzeichen für eine nicht mehr zu reparierende Festplatte.

Wer bis zu diesem Zeitpunkt noch kein Backup (Kapitel 4) angefertigt hat, wird es dann meist auch nicht mehr schaffen und dieses Versäumnis (hoffentlich) nicht noch einmal begehen.

Keine Festplatte irgendeines Herstellers oder Typs ist davon ausgenommen, dass sie nicht komplett versagt, auch wenn der Anwender stets alle erforderliche Vorsicht walten lässt (korrekte Einbaulage, keine Erschütterungen oder Stöße). Leider existieren keine verlässlichen Angaben über die Ausfallraten bestimmter Festplatten, und in Computerzeitschriften, die mit derartigen Untersuchungen sicherlich auch überfordert sind, konzentriert man sich fast immer auf Geschwindigkeitsbetrachtungen, eine möglichst hohe Kapazität und einen niedrigen Preis.

Vielfach gelobte Festplatten, wie beispielsweise der Firma Quantum vom Typ *Fireball* oder *Atlas,* sind jedenfalls reihenweise innerhalb kürzester Zeit »gestorben« oder waren auf Grund von Herstellungsfehlern auch überhaupt nicht zu einem stabilen Betrieb zu bewegen.

SCSI-Festplatten, die explizit für einen Betrieb in einem Server ausgewiesen und daher auch teurer sind, bieten hier meist eine bessere Qualität, auch wenn sie nicht die schnellsten sind und teilweise auch recht hohe Laufgeräusche aufweisen. Mit SCSI-Festplatten der Firmen Fujitsu, DEC und Micropolis (mittlerweile in Konkurs gegangen) habe ich hingegen recht gute Erfahrungen machen können, was man aber sicher nicht verallgemeinern kann; vielleicht habe ich mit diesen Typen auch nur Glück gehabt.

Gleichwohl kann man aus derartigen Erfahrungen zumindest den Schluss ziehen, dass weder die Angaben der Festplattenhersteller noch die Festplattentests in den Computerzeitschriften irgend etwas Verwertbares über die Lebensdauer oder auch das längerfristige Stabilitätsverhalten einer Festplatte aussagen (können).

Bild 3.23: Diese 4-Gbyte-SCSI-Festplatte der Firma Quantum (Typ Atlas) ist leider nach drei Monaten Betriebszeit defekt. Wie sich nach dem Öffnen herausstellte, liegt hier ein mechanischer Schaden vor, der durch den nicht korrekt befestigten Stößel ausgelöst wurde. Er hatte zu viel Spiel und ließ die Köpfe im Betrieb an den Innenrand »knallen«, was unmittelbar ihr geräuschvolles Ende zur Folge hatte

3.6.10 Festplatten kühlen

Falls ein PC nur nach längerer Betriebszeit Datenausfälle bei einer Festplatte zeigt, kann dies auch eine behebbare Ursache haben: Die Festplatte wird womöglich zu heiß, was natürlich insbesondere auch an heißen Tagen auftreten kann. Dies tritt insbesondere mit Festplattentypen auf, die mit 7.200 oder gar 10.000 Umdrehungen pro Minute arbeiten.

Erst in jüngster Zeit haben dies auch einige Festplattenhersteller bemerkt und versehen ihre Festplatten mit einem entsprechenden Aufkleber, der besagt, dass die Festplatte eine Kühlung verlangt. Wie diese auszulegen ist, wird allerdings nicht verraten. Außerdem kann sich ein derartiger Vermerk auch in der zur Festplatte gehörenden Kurzanleitung befinden, die nicht immer vom Händler mitgeliefert wird.

Allgemein kann festgestellt werden, dass, je schneller eine Festplatte dreht, desto heißer wird sie auch. Des Weiteren spielt dabei auch ihre Baugröße eine Rolle. Größere Typen in der 5,25-Zoll-Bauweise können die Wärme dank ihrer größeren Oberfläche besser an die Umgebung abgeben als etwa diejenigen in der 3,5- oder 2,5"-Bauweise.

 Insbesondere »hochtourige« Festplatten können im Betrieb so heiß werden, dass sie Datenausfälle zeigen und dann noch nicht einmal zum Neuboot zu bewegen sind.

Wird eine Festplatte im Betrieb so heiß, dass man sich fast die Finger daran verbrennt, ist auf jeden Fall eine Kühlung anzuraten. Hierfür gibt es im Fachhandel spezielle Einschübe für den 5,25-Zoll-Einbauschacht. Dieser Einschub, der einen Lüfter beherbergt, wird dann unter die besagte Festplatte gesetzt, damit sie durch den Luftstrom entsprechend gekühlt wird.

Bild 3.24: Dieser Cooler wird in einem 5,25"-Ausschnitt des Gehäuses montiert und sorgt für eine zusätzliche Kühlung

Es geht jedoch auch preiswerter, indem einfach ein handelsüblicher Lüfter, der typischerweise mit 12V arbeitet, unter die Festplatte gesetzt wird. Eine Fixierung mit (strammen) Kabelbindern reicht dabei für die mechanische Befestigung völlig aus, wenn man weitere mechanische Arbeiten scheut.

Bild 3.25: *Nicht elegant aber effektiv: Unter einer Festplatte wurde in diesem Tower-Gehäuse nachträglich ein Lüfter zur Kühlung der Festplatte montiert.*

Zur Kühlung existieren auch »Lüfterkarten«, die in einen Slot des PC eingesetzt werden, jedoch keinen elektrischen Slot-Kontakt aufweisen und den Slot nur zur Halterung benötigen. Sie dienen eher der allgemeinen Kühlung des PC-Innenlebens. Wenn es sich um ein besseres Modell handelt, wird nicht nur die Luft im Gehäuse umgewälzt, sondern durch einen Slotblechausschnitt nach außen geblasen.

Beim Einbau einer Festplatte sollte generell darauf geachtet werden, dass sie nicht direkt unter- oder auch oberhalb eines anderen Gerätes sitzt. Es sollte, wenn möglich, immer ein Einschubplatz dazwischen frei bleiben, damit die Luft zirkulieren kann.

Ein *CD-ROM-Brenner*, der im Betrieb ebenfalls recht warm werden kann, direkt unter einer Festplatte montiert, die mit 10.000 Umdrehungen arbeitet, kann nicht nur für Datenausfälle der Festplatte, sondern auch für Probleme beim Brennen der CDs sorgen. Falls sich beim Brennen mehrerer CDs hintereinander oftmals erst ein Fehler bei der zweiten oder dritten CD einstellt, liegt mit ziemlicher Wahrscheinlichkeit ein Temperaturproblem vor, wobei es keine Rolle spielt, welche Fehlermeldung (SCSI Error o.Ä.) dabei womöglich erscheint. Näheres zum Brennen von CDs findet sich in Kapitel 11.

4 Wechselplatten und Bandlaufwerke

Als Wechselplatte wird ein Laufwerkstyp bezeichnet, bei welchem das Speicherme-dium – im Gegensatz zur einer Festplatte – gewechselt, also aus dem eigentlichen Laufwerk herausgenommen werden kann. Wird eine Festplatte derart modifiziert, dass sich das Speichermedium – die Magnetscheibe – in einer Cartridge und die Schreib-/Leseköpfe sowie die wesentliche Mechanik im Laufwerk befinden, hat man vereinfacht dargestellt den Prototypen einer Wechselplatte.

Vielfach werden Wechselplatten zwar als üblicher Massenspeicher verwendet, gleich-wohl dienen sie neben dem klassischen Backup-Gerät, dem Bandlaufwerk (Tape-Drive), der wichtigen Datensicherung – dem Backup.

4.1 Wechselplatten

Bei Wechselplatten gibt es prinzipiell drei unterschiedliche Verfahren:

⋯⟩ magnetische Aufzeichnung (SyQuest, Jaz, Orb)

⋯⟩ optische Aufzeichnung (PD-Laufwerke)

⋯⟩ magneto-optische Aufzeichnung (MO-Laufwerke)

4.1.1 Magnetische Wechselplatten

Für die Sicherung und den Austausch kleinerer Datenmengen (bis 100 Mbyte) eig-net sich beispielsweise schon das ZIP-Laufwerk (Kapitel 2) und für Datenmengen bis 1 bzw. 2 Gbyte das Jaz-Laufwerk, welches ebenfalls von der Firma Iomega her-gestellt wird. Weitere Hersteller wie SyQuest oder Nomai bieten ebenfalls Wechsel-plattensysteme an, die nach dem Prinzip einer Festplatte arbeiten, nur dass sich die Magnetscheibe nicht im Laufwerk, sondern in einer austauschbaren Cartridge befindet. Mittlerweile sind die beiden Firmen Syquest und Nomai in den Besitz von Iomega übergegangen und daher wird für diese »älteren« Laufwerke nur noch ein eingeschränkter Support geleistet.

Die Hersteller verwenden unterschiedliche Cartridges, die meist nicht miteinander kompatibel sind. Ein Jaz-Medium lässt sich nur in ein Jaz-Laufwerk einsetzen, allerdings sind einige Medien von Nomai und Syquest kompatibel miteinander, so dass immerhin zwischen diesen Geräten ein Datenaustausch möglich ist.

 Außer dem Nomai 750.c, welches auch bestimmte SyQuest-Medien verarbeiten kann, gibt es keine Kompatibilität zwischen den magnetischen Wechselplattensystemen der unterschiedlichen Hersteller.

Bild 4.1: Dieses Laufwerk der Firma Nomai kann eigene Disks mit einer maximalen Kapazität von 750 Mbyte, aber auch die 270 Mbyte- und 135 Mbyte-Cartridges der Firma SyQuest verwenden

Die Firma SyQuest kann zwar auf die längste Erfahrung mit magnetischen Wechselplatten verweisen, hatte jedoch mit ihren Modellen einen schweren Stand gegen Iomegas Jaz-Laufwerk, welches über eine maximale Kapazität von 1 Gbyte verfügt und am Markt äußerst beliebt ist. Im Frühjahr 1998 wurde von Iomega ein weiteres Jaz-Modell mit einer Kapazität von maximal 2 Gbyte vorgestellt, das auch mit den 1-Gbyte-Medien arbeiten kann.

Bild 4.2: Das Jaz-Laufwerk von Iomega mit den dazugehörigen Medien wie Cartridges und Brille

Ein Hauptanwendungsgebiet der SyQuest-Laufwerke war stets die Datenspeicherung bei Anwendungen, die relativ hohe Datenmengen verursachen und zwischen Firmen oder allgemein Anwendern ausgetauscht werden mussten. Jahrelang galt ein SyQuest-Laufwerk als Standard, wenn es darum ging, Grafiken oder komplette Bücher, beispielsweise vom Autor zum Verlag, zu transferieren. Dies hat sich mittlerweile etwas geändert, da es eben auch andere Firmen gibt, die vergleichbare Systeme anbieten, und um dem damit entstandenen Wirrwarr und den Inkompatibilitäten der verschiedenen Systeme zu entgehen, wird stattdessen lieber eine CD-ROM »gebrannt«, die daraufhin von jedem handelsüblichen CD-ROM-Laufwerk, über das heute (fast) jeder PC-Anwender verfügt, gelesen werden kann.

Ganz allgemein sind in den letzten Jahren jedoch einige Anwendungen neu hinzugekommen, die ein Wechselplattensystem, welches im Prinzip unbegrenzt wiederbeschreibbar ist, sinnvoll erscheinen lassen, wenn man den reinen Datenaustausch einmal beiseite lässt. Die Wechselplatte als Speichermedium für Audio, Video oder Desktop Publishing sind hierfür einige (speichergewaltige) Beispiele. Dabei spielt die Verarbeitungsgeschwindigkeit des Systems eine wichtige Rolle, damit nicht etwa das Video ruckelt oder Audio-Dateien mit Aussetzern wiedergegeben werden, weshalb ein ZIP-Laufwerk für derartige Anwendungen beispielsweise gleich ausscheidet.

Aus diesem Grund wird bei solchen Anwendungen üblicherweise auch SCSI als Schnittstelle zum Wechselplattensystem eingesetzt. Einige der Systeme gibt es in unterschiedlichen Ausführungen, als externe oder interne Geräte für den Anschluss an den Parallel-Port (Druckerschnittstelle) oder an die EIDE-Schnittstelle (ATAPI), was in der Praxis jedoch eher Probleme aufwirft als entsprechende Laufwerke mit SCSI-Bus-Anschluss.

Die Wechselplatten werden von der Softwareseite her im Prinzip wie eine normale Festplatte behandelt, was bedeutet, dass sie genauso zu partitionieren und formatieren sind, und es gibt auch keinen mechanischen Schreibschutz, sondern einen softwaretechnischen – z.B. per Passwort –. Demnach ist darauf zu achten, dass die Wechselplatte derart partitioniert wird (z.B. mit FDISK), dass die anderen PC-Laufwerksbezeichnungen nicht in unerwünschter Weise durcheinander geraten. Ist eine Festplatte vorhanden, die im PC in die Partitionen (Laufwerke) C: und D: aufgeteilt ist, und verfügt die Wechselplatte über eine primäre Partition, wird sich die Wechselplatte »vordrängeln« und als Laufwerk D: eingebunden, während das vorherige Laufwerk D: zum Laufwerk E: wird. Falls dies nicht erwünscht ist, weil die Programme aufgrund der veränderten Laufwerkszuordnung nicht mehr funktionieren, ist die Wechselplatte als erweiterte Partition anzulegen, die dann als Laufwerk E: erscheint.

Bild 4.3: Konkurrenz zu Iomegas Jaz-Laufwerk war eine Zeit lang das Modell SyJet der Firma SyQuest mit einer maximalen Kapazität von 1,5 Gbyte.

Es hängt natürlich vom Einsatzzweck ab, ob nicht doch eine primäre Partition für die Wechselplatte anzulegen ist. Dies ist beispielsweise dann sinnvoll, wenn mit verschiedenen Betriebssystemen gearbeitet werden soll. Je nach eingelegter Cartridge wird dann entweder mit Windows 95 oder mit Windows NT oder vielleicht auch mit Linux gebootet.

Werden auf einem PC zwei Betriebssysteme wie Windows 95 und Windows NT verwendet, kommt es häufig vor, dass einige Programme – z.B. Microsoft Office – mit beiden Betriebssystemen verwendet werden sollen. Dies würde bedeuten, dass sich auf der Festplatte zweimal eine identisch installierte Programmversion befindet, die im Prinzip jedoch nur unnötigen Platz auf der Festplatte belegt, denn es geht auch anders.

Da man wahlweise entweder mit dem einen oder dem anderen Betriebssystem arbeitet, wird (oder sollte) sich das eine Betriebssystem beispielsweise auf dem Laufwerk C: (DOS und Windows 95) und das andere auf dem Laufwerk D: (Windows NT) befinden. Hat man in weiser Voraussicht ein Laufwerk E: für die (Anwender-) Programme vorgesehen, wird Office eben hier unter Windows 95 installiert.

Nach einem Neustart, nun mit Windows NT, wird die gleiche Prozedur im selben Verzeichnis wiederholt, wodurch Office erneut installiert wird. Der Sinn ist dabei, dass zunächst die Konfigurationsdateien für Windows 95 um die Office-relevanten Einträge erweitert werden.

TIPP Zwei verschiedene Betriebssysteme können das gleiche Programm verwenden, ohne dabei unnötig Festplattenspeicherplatz zu belegen, wenn zuvor ein Extralaufwerk für Programme angelegt wurde.

Die Konfigurationsdateien (*.INI usw.) befinden sich immer auf dem Laufwerk des jeweiligen Betriebssystems. Im zweiten Schritt werden daher die entsprechenden Dateien für Windows NT aktualisiert, und beide voneinander unabhängigen Betriebssysteme können nun das gleiche Programm benutzen.

Tabelle 4.1 zeigt die wichtigen Daten einiger bekannter Wechselplatten, die auf magnetischer Basis arbeiten und prinzipiell auf die gleiche geschilderte Art und Weise zu benutzen sind.

Typ	Hersteller	max. Kapazität	Interfaces	Transferrate (Durchschnitt)	Zugriffszeit (Durchschnitt)	MTFB, Garantie
Jaz	Iomega	1 Gbyte, 2 Gbyte	SCSI	5,4 Mbyte/s	17 ms	250.000 h, 1 Jahr
SparQ	SyQuest	1 Gbyte	Parallel Port, IDE	5,8 Mbyte/s (EIDE)	12 ms (EIDE)	250.000 h, 1 Jahr
SyJet	SyQuest	1,5 Gbyte	Parallel Port, EIDE, SCSI	5,6 Mbyte/s (SCSI)	12 ms (SCSI)	250.000 h, 1 Jahr
EZFlyer	SyQuest	230 Mbyte	Parallel Port, EIDE, SCSI	5 Mbyte/s	13,5 ms (SCSI)	250.00 h, 1 Jahr
Quest 4,7	SyQuest	4,7 Gbyte	SCSI, Wide-SCSI	7,5 Mbyte/s (SCSI)	12 ms (SCSI)	350.000 h, 1 Jahr
Nomai 750c	Nomai	750 Mbyte	SCSI	5 Mbyte/s	10 ms	250.000 h, 1 Jahr
ORB	Castlewood	2 Gbyte	Parallel Port, EIDE, SCSI	12 Mbyte/s	12 ms (SCSI)	300.000 h, 5 Jahre
Clik!	Iomega	40 Mbyte	PCMCIA, Parallel Port	700 Kbit/s	30 ms	250.000 h, 1 Jahr

Tabelle 4.1: Daten aktueller magnetischer Wechselplatten im Vergleich

Zur CeBit 1998 ist etwas Bewegung in den Markt und damit in die Preise für magnetische Wechselplatten gekommen, ausgelöst durch die Modelle SparQ der Firma SyQuest und insbesondere ORB der relativ neuen Firma Castlewood, dessen Gründer (Syed Iftikar) vormals auch der *Chef* der Firma SyQuest war. Das Laufwerk ist ca. 250 DM preiswerter als ein Jaz-Laufwerk und die entsprechenden Medien (2,2 Gbyte) sind sogar nur halb so teuer wie ein Jaz-Medium von Iomega.

Bild 4.4: Ein kleines, aber 2,2 Gbyte fassendes Wechselplattensystem ist der Typ ORB der Firma Castlewood

Bei der Auswahl eines Wechselplattensystems sollte stets dem Preis im Verhältnis zur Speicherkapazität und dem Preis für das Laufwerk genaueste Beachtung geschenkt werden. Das ZIP-Laufwerk zeigt auf eindrucksvolle Weise, dass der Anwender offensichtlich eher relativ wenig für das Laufwerk und ca. 20 DM für ein Speichermedium, welches aber (nur) 100 Mbyte speichern kann, bezahlen möchte. Je höher die gewünschte Kapazität, desto unrentabler ist damit das ZIP-Laufwerk. Entsprechende Überlegungen sollten auf jeden Fall *vor* dem Erwerb eines Wechselplattensystems stattfinden.

 Vor dem Erwerb eines Wechselplattensystems sollte unbedingt anhand des beabsichtigten, bevorzugten Einsatzgebietes überprüft werden, welche ungefähren Datenmengen damit verarbeitet werden sollen, denn meist gilt das Prinzip: relativ geringer Laufwerkspreis gleich relativ hoher Preis für die Medien – in Bezug auf die jeweilige Speicherkapazität –. Entsprechendes gilt auch umgekehrt: relativ hoher Laufwerkspreis gleich relativ niedriger Preis für die Medien.

Auf ein anderes Marksegment als die zuvor genannten magnetischen Wechselplattensysteme zielt Clik! von Iomega, denn es bietet lediglich eine Kapazität von 40 Mbyte. Das Laufwerk bzw. die Cartridges sind allerdings so klein, dass sie in einen mitgelieferten PCMCIA-Adapter (Card-Bus) und damit in ein Notebook passen. Einen Adapter für den Parallel-Port gibt es außerdem.

Clik! wird von Iomega als preiswertere Alternative zu den Flash-Karten für Notebooks und auch Palmtops angesehen. Es gibt natürlich auch PCMCIA-Festplatten, die jedoch einen PCMCIA-Slot-Typ III benötigen und nicht in einen Typ-II-Slot passen, wie es bei Clik! der Fall ist. Clik! erscheint auf dem PC oder dem Notebook wie eine übliche Festplatte, die über die üblichen PCMCIA-Eigenschaften (siehe Kapitel 9) verfügt.

Bild 4.5: Clik! ermöglicht den Datenaustausch zwischen Notebooks, Digitalkameras und MP3-Playern

Insbesondere bei der magnetischen Aufzeichnung muss beachtet werden, dass die Medien besonders sorgsam behandelt werden müssen. Sie vertragen keinen rauhen Umgang, keine extreme Wärme (Sonneneinstrahlung) und auch keine stärkeren Magnetfelder.

Prinzipiell gelten diese Regeln auch für Festplatten, allerdings verlässt das Medium hier nie das Gehäuse, während die Cartridges der Wechselplatten weit empfindlicher sind. Außerdem sind auch staubige Umgebungen *Gift* für sie, da die Cartridges nie völlig geschlossen sind. Obwohl sie natürlich entsprechende Verriegelungen zum Schutz besitzen, kann – je nach Typ – mehr oder weniger Umweltstaub in die Cartridge gelangen. Dieses kann damit auch das Ende des Mediums bedeuten, welches womöglich auch noch die Schreib-/Leseköpfe beschädigt, womit dann die komplette Wechselplatte hinüber ist.

http://www.iomega.com
http://www.nomai.com
http://www.syquest.com
http://www.castlewood.com

Neben einer fehlerhaften mechanischen Lagerung oder Justierung der Laufwerksmechanik sind verschmutzte Medien bei Wechselplatten generell die häufigste Fehlerquelle, wobei man in beiden Fällen – außer durch Tausch des Mediums – keine Abhilfe schaffen kann. Fast jeder Hersteller, der Wechselplatten anbietet, wie etwa Iomega und SyQuest, haben schon einige Rückrufaktionen durchführen müssen, da die Laufwerke und Medien nicht das gehalten haben, was versprochen wurde. Der Anwender kann außer einer sehr pfleglichen Behandlung des Wechselplattensystems im Grunde genommen keine Vorsorge gegen den (teuren) Fehlerfall treffen.

Magnetische Wechselplattensysteme verlangen eine äußerst vorsichtige Behandlung, und selbst der Datenaustausch zwischen zwei identischen Laufwerken muss nicht immer funktionieren, da die Daten – meist durch mechanische Unwägbarkeiten – nicht immer so exakt geschrieben werden, wie es nötig wäre.

4.1.2 Die »selbstgebaute« Wechselfestplatte

Vielleicht ist der eine oder andere User aufgrund der geschilderten kostenintensiven Probleme, die mit den Wechselplattensystemen auftreten können, zu dem Entschluss gekommen, dass eine magnetische Wechselplatte doch nicht das Richtige ist. In den folgenden Kapiteln werden jedoch noch Alternativen aufgezeigt, und es gibt außerdem noch eine Variante der Wechselplatte, die sich als äußerst kostengünstig und zuverlässig darstellt: Eine »normale« SCSI-Festplatte wird in einem Wechselrahmen betrieben. Die Festplatte wird hierfür in ein spezielles Gehäuse, passend zum verwendeten Rahmen, eingebaut und mit den beiden dort vorgesehenen Anschlüssen (Spannungsversorgung, SCSI-Bus) verbunden.

Eine entsprechende Wechselrahmenkonstruktion wird auch für (E)IDE-Festplatten angeboten, von der jedoch eher abzuraten ist, da für eine IDE-Platte oft noch manuelle Einstellungen (Jumper Master/Slave, BIOS-Setup) zu treffen sind, was insbesondere für ältere Festplattenmodelle und BIOS-Versionen gilt.

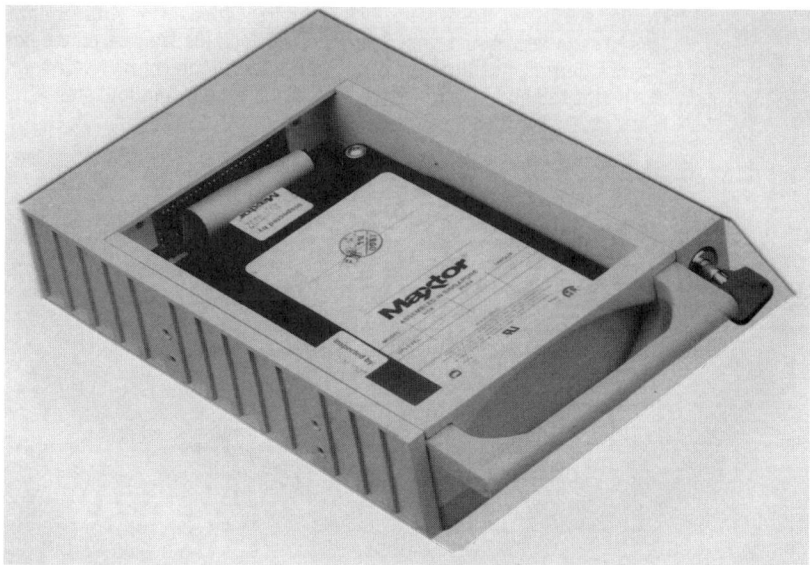

Bild 4.6: Eine übliche SCSI-Festplatte befindet sich im (offenen) Einschubgehäuse, welches in einen speziellen Wechselrahmen eingeschoben wird – fertig ist die Wechselplatte

Dieses Gehäuse – mit der integrierten Festplatte – wird in den Einbaurahmen eingeschoben, der an seiner Rückseite über den üblichen SCSI- und Spannungsanschluss verfügt. Ein Einbaurahmen mit dem Einschubgehäuse ist bereits ab DM 30 erhältlich. Allerdings gibt es auch hierfür unterschiedliche Ausführungen, die sich zwar nur in der Mechanik unterscheiden, dennoch sollten die für den Datenaustausch vorgesehenen PCs stets über den gleichen Rahmen verfügen.

Es ist auch darauf zu achten, dass man sich für den wechselseitigen Betrieb der Festplatte in mehreren PCs auf eine bestimmte SCSI-Bus-Adresse (z.B. die Nummer 6) einigt, die man am besten auf das Einschubgehäuse schreibt. Der Rahmen sollte am SCSI-Bus derart eingebaut werden, dass die *Wechselfestplatte* stets ohne interne Terminierung arbeiten kann, sich also zwischen den fest eingebauten SCSI-Bus-Geräten befindet.

Als SCSI-Festplatte für den Einbau in das Gehäuse des Wechselrahmens eignet sich im Grunde genommen jeder Standardtyp, der aber möglichst über eine geringe Bauhöhe verfügen sollte, damit im Einschubgehäuse noch etwas Luft bleibt und die Festplatte nicht zu warm wird. Eine mittlerweile nicht mehr ausreichend schnelle SCSI-Festplatte, die vielleicht auch nicht mehr über eine angemessene Kapazität verfügt, kann somit als *Wechselplatte* noch sinnvoll eingesetzt werden.

Unter Umständen ist für eine (ältere) SCSI-Festplatte im SCSI-BIOS-Setup (SCSI Device Configuration, Kapitel im Teil 3) die *Transfer Rate* zu reduzieren, damit sie ohne Probleme einsetzbar ist.

Die als Wechselplatte zu verwendende SCSI-Festplatte sollte nur über eine einzige Partition verfügen, die als *erweiterte* festzulegen ist, damit die auf den betreffenden PCs vorhandene Laufwerkszuordnung nicht »durcheinander gewürfelt« wird.

Windows 95 wird die Wechselplatte nicht sofort unter *Arbeitsplatz* zur Verfügung stellen, sondern sie ist dem System eben noch als Wechselplatte bekannt zugeben, was nur dann funktionieren kann, wenn die Festplatte im *Gerätemanager* erscheint, wie es im folgenden Bild gezeigt ist. Nach einem Neuboot von Windows 95 ist die Festplatte dann betriebsbereit.

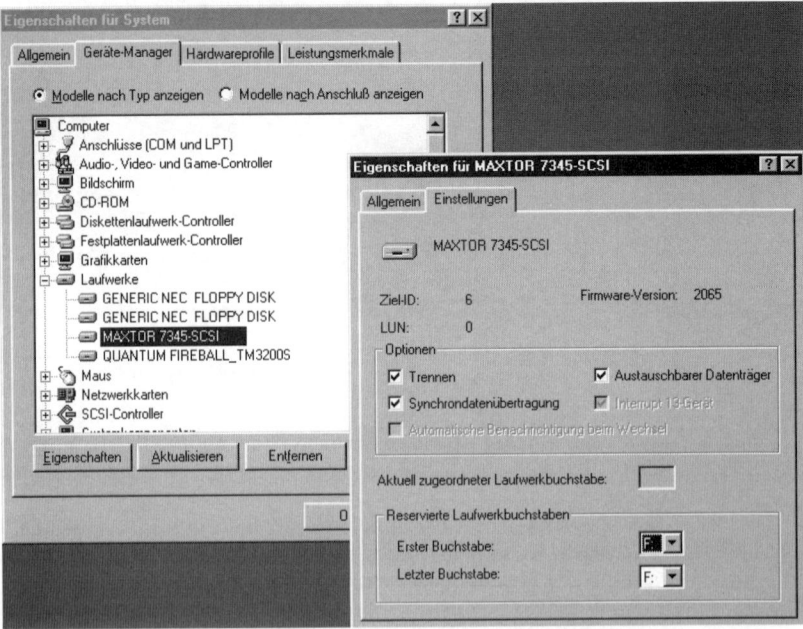

Bild 4.7: Die Wechselfestplatte – hier eine Maxtor-Festplatte – ist als »Austauschbarer Datenträger« festzulegen

Diese Vorgehensweise, eine Festplatte als *austauschbaren Datenträger* unter Windows 9x festzulegen, kann vielfach auch ganz allgemein dazu verwendet werden, eine »widerwillige« SCSI-Festplatte, die auf einem anderen PC formatiert wurde, einzusetzen. Dies gelingt meist einwandfrei, obwohl man sie unter DOS eben nicht »zu fassen bekommt«, weil sie möglicherweise über eine primäre Partition verfügt. Dies sorgt nämlich bei bereits vorhandener primärer Partition auf der ersten (Boot-) Festplatte dafür, dass die zweite nicht betrieben werden kann.

Eine Festplatte, die auf einem anderen PC verwendet wurde und unter DOS nicht zu »fassen« ist, kann unter Windows 9x eingesetzt werden, wenn sie als »austauschbarer Datenträger« konfiguriert wird.

4.1.3 PD-Laufwerke

Neben den Typen, die mit einer magnetischen Aufzeichnung arbeiten, gibt es auch optische Wechselplatten, beispielsweise den Typ LF1004BIC der Firma Panasonic oder das Modell PC00X von NEC, denen das Prinzip der Phasenwechseltechnologie (Phase Change) zugrunde liegt. Das Modell PC00X von NCE wird auch bei den wiederbeschreibbaren CDs (CD-RW) verwendet. Das Prinzip ist bereits seit den sechziger Jahren bekannt und funktioniert auf rein optischer Basis. Die Speicherkapazität beträgt wie bei der CD oder CD-RW maximal 650 Mbyte, und ein PD-Medium kann laut Herstellerangaben mehrere 100.000-mal beschrieben werden

Die PD-Laufwerke, wobei *PD* für **P**hasewriter **D**ual steht, können auf dem optischen Medium Daten speichern und (meist) auch die üblichen CDs lesen. Das PD-Medium befindet sich hier jedoch in einer schützenden Hülle – ähnlich einem Caddy –, ist ansonsten aber mit der CD-RW kompatibel (Kapitel 11.3).

PD-Laufwerke sind in der Praxis die störunempfindlichsten überhaupt. Magnetische Felder, Erschütterungen und Staub haben auf sie keinen negativen Einfluss. Es gibt allerdings nur wenige Hersteller, die PD-Laufwerke anbieten.

Bild 4.8: Ein PD-Laufwerk (Panasonic LF1004BIC) mit der speziellen PD-Cartridge

Der Träger des Mediums besteht aus Polycarbonat, es gibt eine Reflexionsschicht aus Aluminium und darüber eine Schutzschicht wie bei einer CD-ROM. Das »Geheimnis« der Wiederbeschreibbarkeit sind die zwischen dem Polycarbonat und dem Aluminium liegenden Schichten.

Die Struktur der Aufzeichnungsschicht wird beim Schreiben mit einem Laser, der zwei verschiedene Intensitätsstufen kennt, verändert. Das Material der Aufzeichnungsschicht besteht aus einem Gemisch verschiedener Komponenten wie beispielsweise Tellur, Selen und Germanium, wobei wichtig ist, dass es durch Erhitzung zwischen einem kristallinen (stabile, regelmäßige Struktur) und einem amorphen (metastabil, unregelmäßige Struktur) Zustand wechseln kann.

Der Schreiblaser erhitzt die Aufzeichnungsschicht punktuell mit zwei unterschied-lichen Temperaturen, wobei die daraufhin stattfindende Abkühlung in Abhängig-keit von der jeweils angelegten Temperatur kristalline und amorphe (höhere Tem-peratur) Bereiche entstehen lässt. Die kristallinen Bereiche sind danach aufgrund der dahinter liegenden Aluminiumschicht stark und die amorphen weniger stark reflektierend.

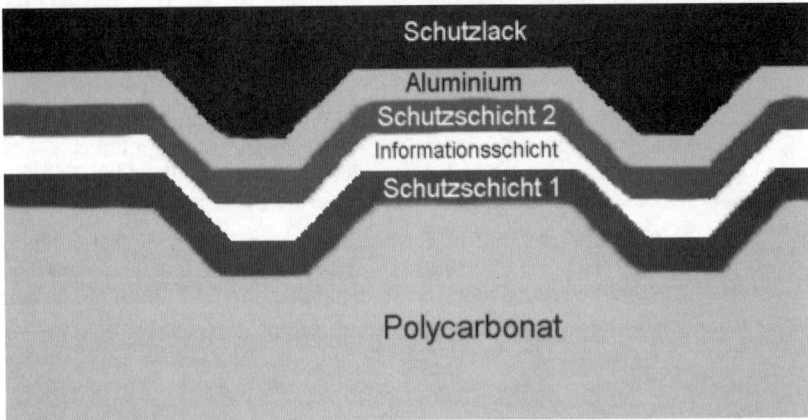

Bild 4.9: Der Aufbau eines Mediums für PD-Laufwerke und die wiederbeschreibbare CD (CD-RW)

Beim Lesevorgang – der Abtastung mit einem Laser –, der prinzipiell genauso funk-tioniert wie bei der CD-ROM oder CR-R (Detektierung der Pits und Lands), wird durch die Auswertung mit einer Photodiode wieder die digitale 1-0-Information gewonnen.

Allerdings ist der Informationsgehalt der kristallinen und amorphen Bereiche nicht so stark ausgeprägt wie bei den CD-ROMs oder auch CD-Rs und daher muss die Leseoptik demgegenüber empfindlicher sein.

Die Wiederbeschreibbarkeit ergibt sich einfach dadurch, dass die Wandlung vom amorphen in den kristallinen Zustand wieder umkehrbar ist. Dies wird dadurch erreicht, dass die amorphen Bereiche auf die niedrigere Temperatur erhitzt wer-den, wodurch erneut die Umwandlung in eine kristalline Struktur stattfindet. Es wird kein Extralöschvorgang oder ein anderer Mechanismus benötigt; das Medium kann einfach überschrieben werden.

Wesentlich für die Wiederbeschreibbarkeit und den sicheren Datenerhalt sind nicht nur die Materialeigenschaften der Aufzeichnungsschicht, sondern auch die beiden Schutzschichten, die dafür verantwortlich sind, wie schnell die Abkühlung erfolgt, und sich außerdem auch als optisch verstärkend beim Lesevorgang bemerkbar ma-chen. So verwundert es nicht, dass die Hersteller eine relativ lange Zeit mit ver-schiedenen Schichtmaterialien experimentieren mussten, um das Phase-Change-Verfahren einerseits sicher und anderseits auch nicht zu teuer werden zu lassen.

4.1.4 MO-Laufwerke

Eine weitere, stärker verbreitete Variante bei den Wechselplatten sind die MO-Laufwerke, die von zahlreichen Herstellern wie Plasmon, Sony oder auch Fujitsu angeboten werden.

http://www.fujitsu.com
http://www.hewlett-packard.de
http://www.discdirect.com
http://www.plasmon.co.uk
http://www.sony.com

Die Speicherkapazität von MO-Laufwerken beträgt von typisch 230 Mbyte bis 2,6 Gbyte, je nach Modell, wobei die Speichermedien auch hier nicht immer kompatibel miteinander sind. Üblich sind Medien im 5,25- und 3,5-Zoll-Format, und für den Datenerhalt werden typischerweise 30 Jahre angegeben.

Für MO-Laufwerke kommt überwiegend der SCSI-Bus zum Einsatz, wie es bei den in der Tabelle angegebenen Typen der Fall ist.

Typ	Hersteller	Medien (Mbyte)	Transferrate (SCSI-Bus)	Buffer (Kbyte)	MTFB, Garantie
DW260e	Plasmon	1.200, 1.300, 2.300, 2.600	4 Mbyte/s	4048	100.000, 1 Jahr
Dyna MO 640	Fujitsu	128, 230, 640, 640	10 Mbyte/s	2048	100.000, 1 Jahr
Power MO 230 II Universal	Olympus	215, 230	10 Mbyte/s	1024	100.000, 1 Jahr
Power MO 2600	Olympus	600, 650, 1.300, 2.300, 2.600	10 Mbyte/s	4096	100.000, 1 Jahr
Pro 2,6 GB	One Technologies	600, 1.000, 1.200, 2.300, 2.600	10 Mbyte/s	1024	200.000, 1 Jahr
RMO-S594-DW	Sony	1.200, 1.300 2.300, 2.600	5 Mbyte/s	4096	100.000,, 1 Jahr
Sure Store Optical 2600fx	Hewlett-Packard	1.200, 1.300, 2.300, 2.600	5 Mbyte/s	1024	100.000, 1 Jahr

Tabelle 4.2: Daten verschiedener MO-Laufwerke in der Übersicht

MO steht für *Magneto-optisch*. Es verbirgt sich dahinter also ein Verfahren, welches mit einer Kombination von magnetischer und optischer Speichertechnologie arbeitet. Die Datenspeicherung erfolgt dabei rein magnetisch und das Lesen rein optisch. Es ist demnach durchaus eine Empfindlichkeit gegenüber starken Magnetfeldern gegeben.

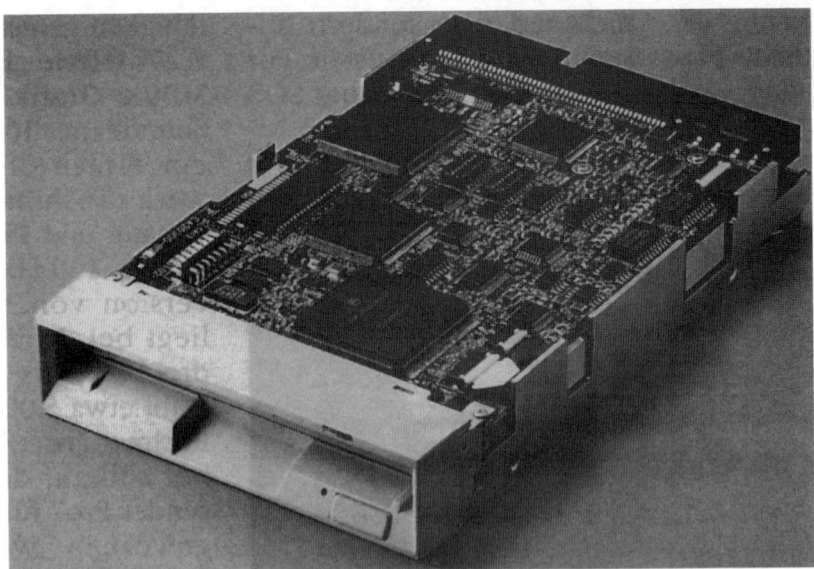

Bild 4.10: Das MO-Laufwerk (M 2513 A) der Firma Fujitsu unterstützt Datenträger mit Kapazitäten von 230, 540 und 640 Mbyte

Das magnetische Medium enthält zunächst binäre *Null-Informationen*. Um eine Ummagnetisierung vornehmen zu können, die aber punktuell erfolgen muss, da das Medium danach sonst nur Eins-Informationen enthalten würde, wird ein Laser zur Hilfe genommen. Dieser erhitzt das Medium also punktuell auf ungefähr 200 Grad, wodurch das Material an dieser Stelle seine magnetische Eigenschaft verliert. In der Abkühlungsphase wird dieser Bereich entsprechend dem angelegten Magnetfeld ummagnetisiert.

Beim Lesen kommt ein schwächerer Laserstrahl zum Einsatz, der von der Oberfläche in Abhängigkeit von der jeweiligen Magnetisierung unterschiedlich reflektiert wird (Kerr-Effekt), was ausreicht, um eine Null- von einer Eins-Information unterscheiden zu können.

4.2 Die Datensicherung – Backup

Die Speicherkapazität von Festplatten ist in den letzen Jahren enorm gewachsen. Dabei wird allerdings oft vergessen, dass die Daten auf der Festplatte keineswegs sicher sind und im Prinzip jederzeit beschädigt werden oder auch komplett verschwinden können. Virenverseuchung, Probleme von Betriebsystemen, instabile Software und natürlich auch Anwenderfehler sind die eine Seite der Gefahr, während die andere im Prinzip einer Festplatte selbst begründet liegt. Schließlich handelt es sich bei einer Festplatte in wesentlichen Teilen (der Datenaufzeichnung) um ein mechanisch arbeitendes System, welches empfindlich auf Erschütterungen und Temperaturschwankungen reagieren kann.

Die Festplattenhersteller schaffen es auch immer wieder, Modelle auf den Markt zu bringen, die sich in der täglichen Praxis recht schnell als defekt erweisen. Auch wenn eine Festplatte in einem Test als *besonders gut* abgeschnitten hat, bedeutet dies noch gar nichts für den zuverlässigen Datenerhalt über einen längeren Zeitraum, der eben nicht vorab getestet werden kann. Hohe Werte für die MTBF (**M**ean **T**ime **B**etween **F**ailure), die immer wieder gern von den Festplattenherstellern angeführt werden, besagen im Grunde nichts Konkretes, denn es handelt sich dabei um einen statistischen Wert. Die Festplatte kann aus diesem Grund bereits nach dem ersten Einschalten versagen oder auch erst nach 500.000 Stunden, wobei sicher niemand eine Festplatte 57 Jahre lang verwenden möchte.

Fällt eine Festplatte während der Garantiezeit aus, erhält man zwar einen Ersatz, doch die wichtigen Daten sind verschwunden. Dieser Schaden wiegt meist höher als der Anschaffungswert einer Festplatte. Datensicherung tut also Not, wobei man hier aber kein allgemein gültiges Verfahren anführen kann, da die Datenbestände und auch Arbeitsumgebungen der PC-Anwender einfach zu unterschiedlich sind. Welche Daten wichtig sind und welche nicht, muss letztlich jeder für sich selbst entscheiden und hierfür eine eigene Backup-Strategie entwickeln.

Das Mindeste ist die Sicherung der eigenen »Werke«, wie der Texte, Zeichnungen, Präsentationen oder auch der selbst geschriebenen Programme. Am wenigsten Aufwand entsteht, wenn man sich grundsätzlich angewöhnt, unmittelbar nach der Fertigstellung eines Projekts dieses gleich noch einmal auf einer zweiten Festplatte, einer CD-R oder einem anderen Medium (ZIP, Tape) abzuspeichern. Je mehr Kopien man sich anfertigt, um so besser. Es ergibt jedoch keinen Sinn, die Daten am gleichen Ort aufzubewahren. Feuer-, Wasser- oder andere Schäden könnten sie schließlich allesamt vernichten, wodurch nichts an Datensicherheit gewonnen wäre. Einen Datensatz in der Firma und einen zur Sicherheit daheim oder auch bei Freunden und Bekannten aufzubewahren, ist sicher keine schlechte Idee.

Ob man eine Komplettsicherung des PC-Systems durchführt – nebst dem Betriebssystem und allen Programmen – muss man, wie erwähnt, für sich selbst entscheiden. Erstens ist dies meist ein zeitaufwendiger Vorgang, und zweitens ist es auch nur bei regelmäßiger Durchführung sinnvoll, damit im Ernstfall nicht womöglich Datenbestände wiederhergestellt werden, die seit Wochen nicht mehr dem aktuellen Stand entsprechen. Alle modernen Betriebssysteme bieten jedoch die Funktion eines individuell konfigurierbaren Backups, der automatisiert und beispielsweise außerhalb der Arbeitszeit durchgeführt werden kann.

Zur Sicherheit ist es ratsam, mit mehreren Datensätzen zu arbeiten, die an verschiedenen Orten aufbewahrt werden.

Das klassische Backup-Medium ist ein Tape Drive, ein Bandlaufwerk, welches auch als *Streamer* bezeichnet wird. Neben Tape Drives eignen sich prinzipiell auch andere Medien wie die CD-RW oder auch Wechselplatten für die Datensicherung, wobei es hier die unterschiedlichsten Hersteller und Typen gibt.

Das für jeden Anwender optimale Backup-Gerät gibt es allerdings nicht. Die wichtigsten Kriterien für die Auswahl sind Geschwindigkeit, Sicherheit, Kompatibilität und natürlich auch die Kosten. Für größere Datenmengen (mehrere Gbyte) ist die Datenspeicherung auf einem Magnetband aber nach wie vor die preiswerteste Methode der Datensicherung.

Um eine Wechselplatte als Backup-Medium verwenden zu können, ist es wichtig, dass das jeweilige Backup-Programm dieses Gerät auch als Backup Device unterstützt, wie es beispielsweise bei dem Jaz-Laufwerk mit Hilfe der mitgelieferten Iomega-Tools der Fall ist.

Selbstverständlich können Programme und Daten zur Sicherheit 1:1 auf eine Wechselplatte kopiert werden, Systemdateien lassen sich jedoch nicht einfach kopieren, weil einige davon gerade in Benutzung sind. Demnach ist es dann auch nicht möglich, ein komplettes System (Partition) nebst aller geschützten und versteckten Dateien zu sichern, zumal die speziellen Optionen eines Backup-Programms außerdem nicht genutzt werden können.

4.2.1 Backup-Software im Überblick

Backup-Software sollte zum Lieferumfang des Streamers gehören, denn die Unterstützung, die durch die Betriebssysteme selbst zur Verfügung gestellt wird, ist vielfach recht eingeschränkt. Leider trifft dies meist auch auf die eventuell mitgelieferte Software zu, so dass gegebenenfalls noch zusätzliches Geld für ein geeignetes Backup-Programm einzukalkulieren ist.

Bekannte Programme hierfür sind Cheyenne Backup, Colorado oder auch Backup Exec (Seagate), wobei die Preise bei DM 100 beginnen und bis weit über DM 1000 reichen, wenn auch eine Netzwerkunterstützung gegeben sein soll.

Ab der DOS-Version 6.0 wird MSBACKUP mitgeliefert, doch dieses Programm kann nur Disketten und generell keine Bänder verarbeiten. Etwas besser sieht es bei Windows 95 aus, denn das hier integrierte Programm *Microsoft Backup* unterstützt verschiedene QIC-Laufwerke nach QIC-40, QIC-80 und QIC-3010, die an der Schnittstelle für die Diskettenlaufwerke oder auch am Printerport angeschlossen werden.

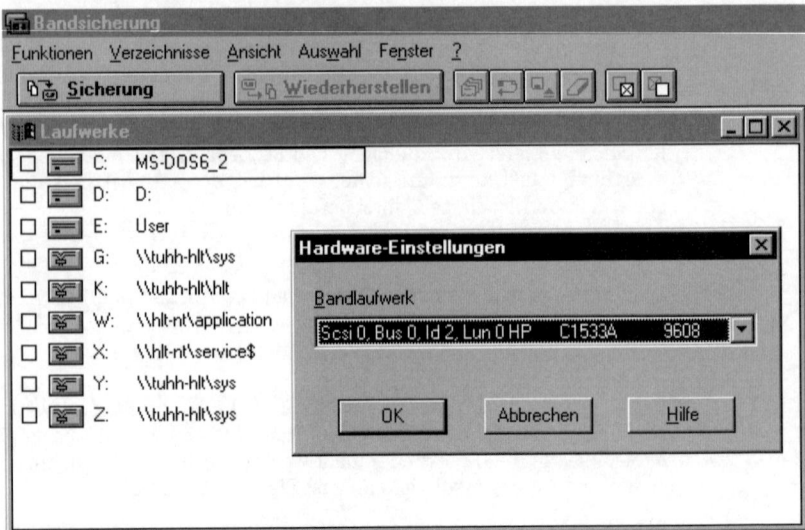

Bild 4.11: Der erste Schritt für die Durchführung eines Backups ist die Kontrolle, ob das angeschlossene Bandlaufwerk (hier DAT unter Windows NT 4.0) erkannt worden ist

Neuere QIC-Laufwerke (QIC-3020), Travan und solche Geräte, die am SCSI-Bus verwendet werden (DAT), können mit *Microsoft Backup* unter Windows 95 allerdings auch nicht verwendet werden. Diese Funktionalität bietet erst jenes Backup-Programm, das Bestandteil von Windows NT 4.0 ist.

Generell sollte ein Backup-Programm verschiedene Optionen bieten, wie beispielsweise die Möglichkeit zur Festlegung der Methode, nach der die Datensicherung erfolgen soll.

Das Programm von Windows NT 4.0 stellt hier die wichtigsten Möglichkeiten zur Verfügung. Mit der Einstellung *Normal* werden alle selektierten Dateien bzw. die Dateien in den jeweils selektierten Unterverzeichnissen gesichert. *Differenz* sichert nur die Dateien, die sich seit dem letzten Backup geändert haben, und die Festlegung *Hinzufügen* erweitert einen bereits bestehenden, gesicherten Datensatz um die neu ausgewählten Daten. Eine tägliche Datensicherung kann ebenfalls festgelegt werden.

Nach der Bestimmung der jeweiligen Sicherungsmethode lassen sich weitere Optionen wie die wichtige Einstellung *Nach Sicherung überprüfen* und einige weitere auswählen, wie es im folgenden Bild auch erkennbar ist. Leider kann dieses Backup-Programm keine Kataloge auf den Bändern führen, die die Angaben über die einzelnen gesicherten Daten enthalten. Daher muss vor einer Wiederherstellung der Daten erst von der Software festgestellt werden, um welche Daten es sich jeweils handelt, was einige Zeit in Anspruch nimmt.

Sowohl das Backup-Programm von Windows 95 als auch das von Windows NT stammt nicht von Microsoft selbst, sondern von der Firma Seagate, die unter der Bezeichnung *Seagate Exec* eine erweiterte (führt Kataloge auf dem Backup-Medium, Netzwerksupport) und verbesserte Backup-Software anbietet.

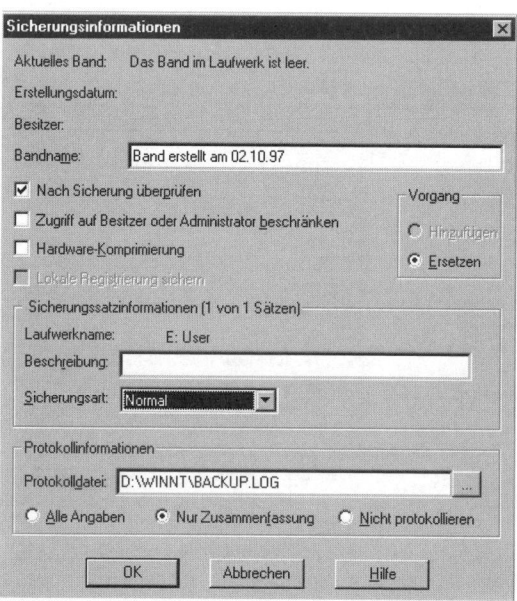

Bild 4.12: Die Einstellung der Datensicherung unter Windows NT. Die Protokolldatei wird auf die Festplatte geschrieben und enthält Informationen zum durchgeführten Backup.

Eine wichtige Funktion einer Backup-Software ist die Möglichkeit, *Notfalldisketten* anzufertigen, was mit dem Seagate-Programm und auch der preisgünstigen Software *NOVA Backup* möglich ist.

· ·

 Ein gutes Backup-Programm sollte die Möglichkeit zur Anfertigung einer »Notfall-diskette« bieten, damit die Daten im schwerwiegenden Fehlerfall – ohne funktionierendes Betriebssystem – zurückgeschrieben werden können.

· ·

Es kann natürlich der Fall eintreten, dass das Betriebssystem aufgrund eines Systemfehlers nicht starten kann und somit auch kein Zugriff auf das Backup-Programm möglich ist, damit die Daten vom Tape wieder zurückgeschrieben werden können (restore). Dieser nicht so unwahrscheinliche Fall führt dazu, dass Backup-Programme unter DOS durchaus noch eine Daseinsberechtigung haben, da DOS nicht so leicht zerstört oder beschädigt werden kann wie die Betriebssysteme, die mit einer grafischen Oberfläche arbeiten.

Ein nach wie vor einfach einzusetzendes Backup-Programm unter DOS ist beispielsweise *CP-Backup*, welches auch Bestandteil der Utility-Sammlung PCTOOLS (Symantec, jetzt TopWare) ist. Die Bedienung ist zwar nicht so bequem wie unter Windows, allerdings kommt das Programm mit allen üblichen Tape Drives zurecht und arbeitet – da unter DOS – auch recht schnell.

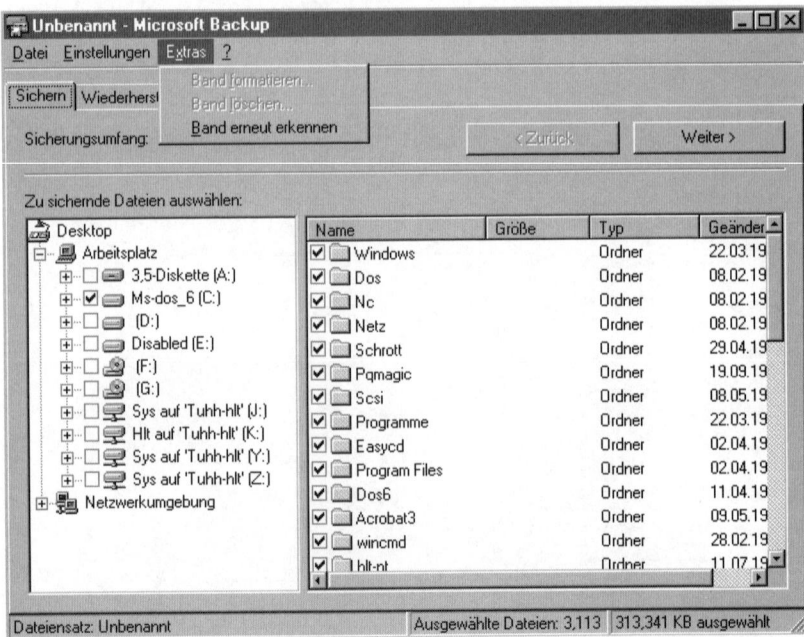

Bild 4.13: Unter Windows ist die Auswahl der zu sichernden Daten sehr einfach, allerdings arbeiten Backup-Programme unter DOS meist sehr viel schneller, auch wenn sie keine grafischen Bedienoberflächen besitzen

4.3 Tape Drives

Tape Drives – Bandlaufwerke – gibt es in verschiedenen Ausführungen, wobei hier üblicherweise keine Unterscheidung nach dem jeweiligen Aufzeichnungsformat oder dem Interface stattfindet, sondern nach dem Typ des Magnetbandes, mit dem diese Bandlaufwerke arbeiten. Die bekanntesten sind die folgenden:

···⁞ QIC: Quarter Inch Cartridge

···⁞ Travan: TR1-TR5

···⁞ MLR: Multi Channel Linear Recording

···⁞ DAT: Digital Audio Tape

···⁞ DLT: Digital Linear Tape

···⁞ AIT: Advanced Intelligent Tape

Verfahren/ Formate	Interface	max. Transfer- rate	max. Kapazität	MTFB	einige Hersteller	Einsatz (bevorzugt)
QIC/ 3,5 und 5,25 Zoll	Floppy IDE parallel SCSI	300 Kbyte/s	10 Gbyte	300.000	Iomega Tandberg	Home Small Office
Travan/ 3,5"-QIC	wie QIC	600 Kbyte/s	10 Gbyte	200.000	Iomega HP Seagate	Home Small Office
DAT, DDS	SCSI	1.200 Kbyte /s	20 Gbyte	150.000	HP Seagate Sony	Small Office Business Server
MLR/ QIC-5010 QIC-25 GB	SCSI Wide- SCSI	2.000 Kbyte/s	25 Gbyte	300.000	Tandberg	Business Server
DLT	SCSI	1.500 Kbyte/s	35 Gbyte	200.000	HP Quantum Seagate	Business Server
8mm	SCSI Wide- SCSI	3.000 Kbyte/s	20 Gbyte	200.000	Exabyte	Business Server
AIT	SCSI Wide- SCSI	3.000 Kbyte/s	25 Gbyte	200.000	Sony Seagate DEC	Business Server Libraries

Tabelle 4.3: Daten und Einsatzgebiete für Bandlaufwerke (alle Kapazitätsangaben beziehen sich auf eine unkomprimierte Datenspeicherung, Native Mode)

Vielfach werden die maximalen Speicherkapazitäten der Tapes und der Laufwerke einmal mit und einmal ohne Komprimierung angegeben. Dadurch sollte man sich keinesfalls beirren lassen und immer die tatsächliche (native) Kapazität miteinander vergleichen.

Bild 4.14: Verschiedene Bänder im Vergleich: 5,25-Zoll-QIC, Travan und DAT

Vereinfacht geben die meisten Hersteller einfach an, dass sich die Speicherkapazität mit Datenkomprimierung verdoppelt, wovon man in der Praxis aber keinesfalls
ausgehen kann. Einige Daten (z.B. Textdateien) lassen sich mehr, andere (Bild-
dateien) weniger gut komprimieren, und es kommt sogar vor, dass sich die Kapazität des Tapes verringert, wenn mit einer Komprimierung gearbeitet wird, beispielsweise, wenn diese Daten bereits gepackt sind (*.ZIP , *.ARJ usw.).

*Die Datenkomprimierung ist bei Bandlaufwerken nicht unproblematisch und sollte
daher möglichst nicht verwendet werden.*

Von einer Komprimierung der Daten auf einem Band sollte man daher absehen,
auch wenn bei einem Tape Drive mit einer so genannten Hardware-Komprimierung
– innerhalb des Laufwerks – gearbeitet wird, da dies in der Praxis oftmals zu Problemen führt und sich die Daten nicht wieder korrekt zurückschreiben lassen. Dies
passiert insbesondere dann, wenn das Laufwerk, für das Zurückschreiben gewechselt werden muss, etwa weil das Laufwerk mit dem die Datensicherung durchgeführt wurde, defekt ist. Auch wenn es sich dabei jeweils um das gleiche Modell
handeln sollte, kann man nicht allgemein davon ausgehen, dass dies korrekt funktioniert.

Ohnehin ist kein Verlass darauf, egal, um welches Backup-Medium es sich handelt,
dass sich die Daten im Fall der Fälle einfach wieder *restoren* lassen. Bei der Vorgehensweise »Backup durchgeführt, jetzt kann ich die Festplatte löschen, um mehr
Platz zu haben, und wenn ich die gelöschten Daten wieder benötige, werden sie
einfach wieder vom Tape geholt« sind schon viele Anwender auf die »Nase gefallen«.

Einen Backup ohne eine darauffolgende Verifizierung der gesicherten Daten, die meist als optionaler Schritt (Verify) in der Backup-Software zur Verfügung steht, durchzuführen, ist absoluter Leichtsinn. Im Verify-Betrieb werden die gesicherten Daten mit denen, die sich auf der Festplatte befinden, verglichen, wodurch Fehler bei der Datensicherung sofort erkannt werden. Dieser zusätzliche Schritt wird leider oft aus Zeitmangel, wie immer wieder angegeben wird, übergangen und wäre im Nachhinein ein kaum nennenswerter Vorgang gewesen.

 Ein Backup sollte zur Überprüfung der einwandfreien Funktion von Laufwerk und Tape zum Test öfter einmal zurückgeschrieben werden. Die Verify-Funktion der Back-up-Software sollte ebenfalls regelmäßig angewendet werden.

4.4 QIC-Tape

Die ersten für den PC-Bereich konzipierten Bandlaufwerke arbeiteten nach dem so genannten QIC-Standard – *Quarter Inch Cartridge* –, von dem es eine Vielzahl von Variationen gibt. Die wichtigsten Beispiele sind die folgenden:

···⟩ **QIC-40**
Für ein QIC-40-Laufwerk wird als Interface der Floppy-Controller (auf eigentümliche, serielle Art) verwendet. Die *Mini Data Cartridges* haben eine Kapazität von 40 Mbyte ohne Datenkomprimierung.

···⟩ **QIC-80**
Entspricht im Prinzip dem QIC-40-Standard, wobei hier ohne Datenkomprimierung maximal 80 Mbyte auf einer so genannten *High Density Mini Data Cartridge* Platz finden.

···⟩ **QIC-117, QIC-113**
QIC-117 definiert erstmalig einen einheitlichen Kommandosatz zur Steuerung eines Tape Drives. Dieser QIC-Standard ist somit der erste, der es ermöglicht, dass diesem Standard gehorchende Backup-Programme jedes QIC-konforme Format verarbeiten können. Wie die Daten dabei organisiert werden, beschreibt der Standard *QIC-113*, der automatisch vom Windows-9X-Backup-Programm verwendet wird.

···⟩ **QIC-3010, QIC-3080....QIC-5010**
Auf QIC-117/113 aufbauende Formate mit Speicherkapazitäten von 425 Mbyte bis 13 Gbyte.

Im Laufe der Jahre sind geradezu eine Unmenge verschiedener QIC-Bänder und Laufwerke auf dem Markt erschienen, die mehr oder weniger kompatibel miteinander sind, denn fast jeder Hersteller hat hierfür eigene Lösungen vorgestellt, so dass man hier nicht von einem Standard im eigentlichen Sinne sprechen kann.

Im Grunde genommen ist lediglich die Breite des Bandes (¼ Zoll = Quarter Inch, daher auch der Name) eindeutig definiert. Leider kann man aus der Bezeichnung der QIC-Typen nicht unmittelbar erkennen, welche maximale Speicherkapazität sie bereitstellen.

Bild 4.15: QIC-Tapes sind nach wie vor recht beliebt bei der Datensicherung, wobei für die heute üblichen Datenmengen jedoch erst die 3000-Typen geeignet erscheinen

4.4.1 Die QIC-Datenspeicherung

Die Datenspeicherung erfolgt auf einem Magnetband, welches hauptsächlich aus Eisenoxid besteht. Als Aufzeichnungsverfahren werden das MFM- oder RLL-Verfahren verwendet, welche bereits bei den Festplatten erläutert wurden. Die Verwandtschaft zu den Festplatten ist bei QIC außerdem dadurch zu erkennen, dass das Tape formatiert werden muss, Sektoren und Spuren angelegt werden und auch ein FAT-Format geführt wird.

Die Spuren (Tracks) sind hier jedoch völlig anders angeordnet als bei einer Festplatte und liegen auf dem Tape nebeneinander. Dies können 20 (QIC-40) oder auch 144 (QIC-5010) sein. Zunächst wird der Track 0 fortlaufend bis zum Ende des Bandes geschrieben, dann läuft das Band in der umgekehrten Richtung (zurück), wobei der Track 1 geschrieben wird und so weiter und so fort.

Dabei werden nicht nur Daten-, sondern auch Servospuren für die Kopfpositionierung auf dem Band abgelegt. Mit einem modernen QIC-Tape lassen sich heute maximal 16 Gbyte an Daten sichern. Es kommen dabei mehrere Schreib- und Leseköpfe zum Einsatz, was das gleichzeitige Scheiben bzw. Auslesen von verschiedenen Spuren ermöglicht.

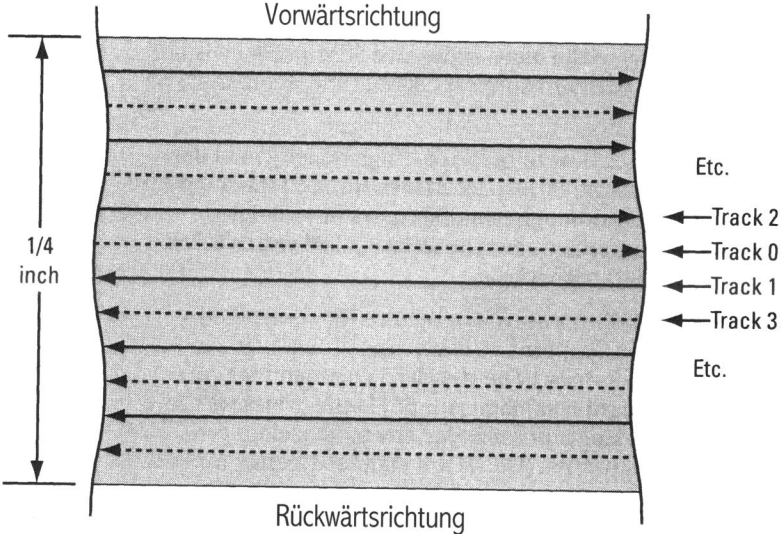

Bild 4.16: *Ein QIC-Tape-Drive arbeitet abwechselnd in beiden Richtungen, wobei die Tracks nacheinander einmal in der Vorwärts- und danach in der Rückwärtsrichtung geschrieben werden. Dieses Verfahren wird ebenfalls bei Travan und MLR eingesetzt*

Alle (älteren) QIC-Geräte verwenden als Interface die Diskettenlaufwerksschnittstelle, was sich als Schwachpunkt darstellt, denn die maximale Datenübertragungsrate beträgt hier maximal 500 Kbit/s, wenn man bereits von der Version für High-Density-Disketten (1,44 Mbyte) ausgeht. Dies ergibt eine Übertragungsmöglichkeit von 3,75 Millionen Byte pro Minute, was allenfalls für ältere PCs mit kleinen Festplatten (20 Mbyte) erträglich erscheint und außerdem auch nur als theoretischer Wert betrachtet werden kann. Zu einigen QIC-Geräten wurden daher auch herstellerspezifische Interface-Karten für den Anschluss der Bandlaufwerke mitgeliefert.

Neuere *QIC-Tape Drives* benutzen die IDE-, die SCSI-Schnittstelle oder auch den Printer Port als Interface, was zu moderaten Datenübertragungsraten (z.B. 36 Mbyte/Min beim Tandberg TDC 4222) führt und nicht die Schnittstelle, sondern das Tape Drive zum zeitbestimmenden Glied in der Übertragungskette macht.

Wie erwähnt, gibt es die unterschiedlichsten Streamer, die in irgendeiner Form das Kürzel *QIC* führen, wobei es müßig ist, hier Kompatibilitäten untereinander – welches Laufwerk kann welches QIC-Tape mit welcher Kapazität lesen *und* auch beschreiben – aufzuzeigen. Dies gilt insbesondere dann, wenn man die älteren Versionen beiseite (QIC-40 usw.) lässt, die für die heute üblichen Kapazitäten von Festplatten keine Rolle mehr spielen, wenn man nicht stapelweise einzelne Tapes einlegen will, um etwa 1 Gbyte zu sichern.

Es ist keineswegs sichergestellt, dass sich ein Band von einem anderen Tape Drive, auch wenn es sich um den gleichen Typ handelt, zurückgelesen werden kann.

Bei einem Tape Drive, selbst mit identischer QIC-Bezeichnung, kann keinesfalls davon ausgegangen werden, dass ein Backup von einem anderen Drive als von demjenigen, mit dem der Backup geschrieben wurde, auch gelesen werden kann. Die Aufzeichnungsformate, das Backup-Programm sowieso und die Interfaces können sich maßgeblich voneinander unterschieden. Dies gilt (leider) auch ganz allgemein für alle anderen Typen (Travan, DAT), wenn auch nicht in dem ausgeprägten Maße wie bei QIC.

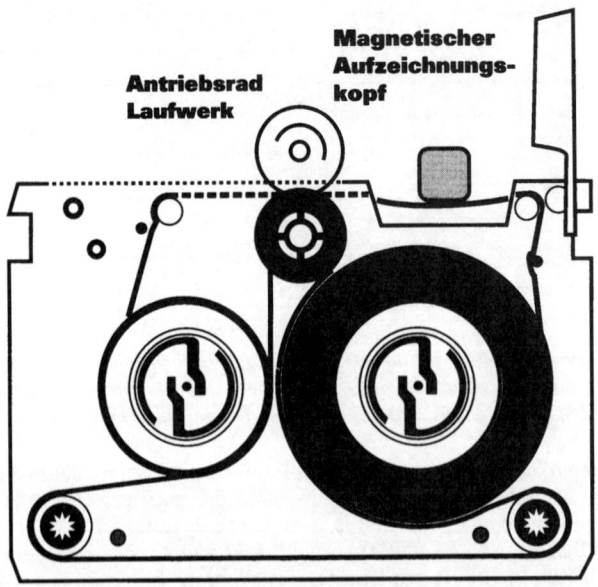

Bild 4.17: Der Aufbau einer QICartridge ähnelt der von Compact-Kassetten, wie sie aus dem Audiobereich bekannt sind. Das Band verlässt hier niemals das schützende Cartridge-Gehäuse

Die QIC-Medien sind im Gegensatz zu den DATapes (siehe Kapitel 4.6) teurer (Faktor 5 bis 6), allerdings lassen sie sich auch öfter verwenden, was im Aufbau der jeweiligen Cartridge begründet liegt.

Während für DATapes laut Spezifikation von einer 25- bis 100-maligen Verwendung ausgegangen wird, lassen sich QIC-Tapes laut Herstellerangaben bis zu über 1.000-mal einsetzen.

4.5 Travan

Der Erfinder der QICartridges – 3M – hat einen weiteren Standard für Bandkassetten entwickelt, der mittlerweile sehr verbreitet ist – *Travan*. In den als *Mini Cartridges* bezeichneten Kassetten lassen sich längere Bänder unterbringen als in den üblichen QICartridges.

Beide Varianten, sowohl die neueren QIC- (800, 3200) als auch die Travan-Tapes, sind im 3,5-Zoll-Format ausgelegt. Da einige Hersteller, wie beispielsweise Tandberg, die QIC-Laufwerke mit eigenen Weiterentwicklungen (MLR) versehen haben, ließ 3M sich Travan patentieren. Travan stellt den Standard im 3,5-Zoll-Format dar, den eine Vielzahl von Herstellern (Iomega, Hewlett Packard) unterstützen.

Travan zielt eher auf den Einsatz in Einzelplatz-PCs, ist kostengünstig und kann laut Spezifikation nach wie vor auch am Diskettenlaufwerkscontroller betrieben werden (TR-1 bis TR-3), wie sinnvoll dies auch immer sein mag. Die meisten Hersteller von Travan-Streamern verzichten daher meist auch auf diese Option und bieten ihre Geräte stattdessen mit IDE- oder Parallelport-Schnittstelle an. Die weiteren Daten der verschiedenen Travan-Standards zeigt die folgende Tabelle.

Travan Typ	TR-1	TR-2	TR-3	TR-4	TR-5
Kapazität	400 Mbyte	800 Mbyte	1,6 Gbyte	4 Gbyte	10 Gbyte
Datenrate (Mbyte/Min.)	3,75	7,5	15	33	72
Interface	Floppy	Floppy	Floppy	SCSI SCSI	EIDE EIDE
basiert auf	QIC-80	QIC-3010	QIC-3020	QIC-3095	–

Tabelle 4.4: *Die Daten der Travan-Standards*

 Jede Travan-Klasse ist abwärtskompatibel mit dem jeweiligen QIC-Standard, auf dem sie basiert.

Die Travan-Bänder sind bereits formatiert; eine erneute Formatierung ist nur bei Bändern nötig, die schon oft benutzt wurden und Fehler erzeugen. Ein Formatierungsvorgang eines TR-3-Bandes dauert mit einem Ditto 3200 fast sechs Stunden, was sicher ganz beträchtlich ist.

Bild 4.18: Diese Travan-Cartridges bieten Kapazitäten von 400 Mbyte bis 4 Gbyte (unkomprimiert)

Die Travan-Kassetten sind mechanisch gesehen äußerst stabil und besitzen an der Unterseite eine Metallplatte. Die Preise der Tapes liegen – je nach maximaler Kapazität – im Bereich von 40-60 DM.

Es gibt eine Reihe von Travan-Streamern mit verschiedenen Speicherkapazitäten (800 Mbyte bis 3,2 Gbyte) und mit unterschiedlichen Interfaces für den internen Einbau und auch den externen Anschluss, beispielsweise *Ditto* der Firma Iomega. Zum Lieferumfang gehört ein Backup-Programm für DOS, welches etwas gewöhnungsbedürftig in der Bedienung ist, und auch Software für Windows 95.

Bild 4.19: Der Streamer Ditto 3200 verwendet TR-3 Bänder. Er ähnelt im Aussehen dem ZIP-Laufwerk, wird ebenfalls am Printerport betrieben und besitzt leider ebenfalls keinen »richtigen« Ausschalter

4.5.1 Multi Channel Linear Recording

Die Tandberg-Weiterentwicklung des QIC-Standards nennt sich *Multi Channel Linear Recording* – oder kurz MLR-1 –, verwendet 5,25-Zoll QICartridges und setzt somit den QIC-Standard in dem größeren Bandformat fort, während Travan dies für die 3,5-Zoll-QIC-Bänder tut.

Diese beiden Versionen bieten eine gewisse Abwärtskompatibilität (eben QIC), haben jedoch unterschiedliche Zielgruppen. MLR-1 bietet eine maximale Speicherkapazität von 13 Gbyte, bei einer maximalen Datenübertragungsrate von 180 Mbyte/Min. Die Weiterentwicklung MLR3 bietet eine Kapazität von maximal 25 Gbyte. Als Schnittstelle kommen SCSi- oder Wide-SCSI zum Einsatz.

Die feststehende Kopfeinheit besteht aus vier Schreib- und acht Leseköpfen, was gleichzeitiges Lesen und Schreiben (Read While Write) ermöglicht.

Aus den Kapazitätsangaben und den höheren Anschaffungskosten (ab ca. DM 3.000) für ein MLR-Laufwerk wird ersichtlich, dass sich MLR vorwiegend für den Einsatz in Netzwerkservern und weniger im Home-Bereich empfiehlt.

Bild 4.20: Die MLR-Streamer der Firma Tandberg sind äußerst schnell und verwenden 5,25-Zoll-Bänder

4.6 DAT-Streamer

DAT steht für *Digital Audio Tape*, was darauf hindeutet, dass es sich hierbei um einen Standard handelt, der seinen Ursprung in der Audiotechnik hat, wie es prinzipiell ja auch bei den CD-ROMs der Fall ist, die auf der Basis der Audio-CD weiterentwickelt wurden.

Während sich DAT im HIFI-Sektor nur bei Enthusiasten durchgesetzt hat, sind diese Tapes als Backup-Medium äußerst beliebt. Die Kassetten sind klein (73 x 54 x 10,5 mm), fassen mit einem Standard-Tape (DDS-2) bis zu 4 Gbyte an Daten und sind bereits ab ungefähr 7 DM erhältlich. Allerdings sind die passenden Streamer nicht gerade preiswert und beginnen bei einem Preis von 1.000 DM. Als Interface wird bei DAT-Streamern üblicherweise die SCSI-Schnittstelle verwendet, was die Installation und Konfiguration gegenüber den anderen Systemen maßgeblich vereinfachen kann.

Bild 4.21: Ein DAT-Laufwerk (C1533A DDS-2) der Firma Hewlett Packard mit einem DATape

4.6.1 Die DAT-Standards

Es gibt mittlerweile vier DAT-Standards, die in der Datensicherung als *Digital Data Storage* (DDS 1-4) bezeichnet werden. Der erste – DDS1 – stellt eine um eine Fehlerkorrektur erweiterte Version der DAT-Audiokassette (60 m und maximal 1,3 Gbyte) dar. Die weiteren erlauben höhere Datendichten und längere Bänder und bieten meist auch eine höhere Datenübertragungsrate als Geräte nach DDS-1.

Standard	Bandlänge	Max. Kapazität
DDS-1	60 m	1,3 Gbyte
	90 m	2 Gbyte
DDS-2	120 m	4 Gbyte
DDS-3	125 m	8 Gbyte
DDS-4	150	20 Gbyte

Tabelle 4.5: Die wichtigsten Daten der verschiedenen Digital Data Storage Standards

Welchem Standard das jeweilige Tape Drive entspricht und welche DATapes demnach verwendet werden können, wird üblicherweise mit angegeben, wobei die Geräte rückwärtskompatibel sind. Ein DDS-3-Drive kann also auch Bänder nach DDS-1 und DDS-2 verarbeiten. Ein DDS-2-Gerät, wie beispielsweise der Typ HP C1533A der Firma Hewlett Packard, erlaubt eine maximale Datenübertragungsrate (Native Mode) von 30 Mbyte pro Minute, was ungefähr der Leistung eines Streamers nach TR-3 entspricht.

Neben den standardmäßig eingesetzten 4-mm-DAT-Bändern kommen mit speziellen Laufwerken (Mammoth, Fa. Exabyte) auch 8-mm-breite Tapes (Video Tapes) zum Einsatz, wobei hier die maximale Speicherkapazität ebenfalls bei 20 Gbyte (unkomprimiert wie alle Kapazitätsangaben) liegt.

4.6.2 Das DAT-Aufzeichnungsverfahren

Der interne Aufbau ist bei einer DAT-Cartridge schon aufgrund ihrer Größe anders als bei QIC bzw. Travan, und außerdem mag es erstaunlich sein, wie viele Daten auf diese kleinen Tapes passen. Der Grund dafür liegt im anderen Aufzeichnungsverfahren, welches als *Schrägspur-* oder auch *Helical-Scan-Verfahren* bezeichnet wird, begründet.

Das Magnetband bewegt sich verhältnismäßig langsam am Schreib-/Lesekopf vorbei, und die beiden Köpfe befinden sich auf einer sich schnell drehenden Kopftrommel, was zu einer hohen *relativen* Geschwindigkeit führt. Die Spuren werden dabei schräg aufgezeichnet und können, bedingt durch die schnelle Kopfrotation, sehr dicht beieinander angeordnet werden, was zu einer besseren Ausnutzung der Bandoberfäche und somit zu einer höheren Kapazität als bei den anderen Verfahren führt.

Bild 4.22: Das Schrägspurverfahren der DAT-Drives arbeitet im Gegensatz zu QIC mit einer rotierenden Kopftrommel

Das Schrägspurverfahren ist keine DAT-Spezialität, sondern auch vom Videorekorder her bekannt. Das Magnetband wird dazu von der Laufwerksmechanik aus der Kassette herausgefädelt und während des Betriebs um verschiedene Umlenkrollen zum Kopf und wieder zurück transportiert.

Dies ist auch gewissermaßen der Haken bei DAT, denn das Band wird einer relativ starken Belastung ausgesetzt, und die zahlreichen Bandführungs- und Umlenkrollen verstärken den Abrieb des Bandes. DATapes haben daher auch nicht die hohe Lebensdauer wie QIC- oder Travan-Bänder, die nie aus der Cartridge herausgeführt werden. Außerdem bestehen die DAT-Cartridges nur aus dünnem Plastik und zeigen sich auch nicht so robust gegenüber äußeren mechanischen und temperaturbedingten Einwirkungen.

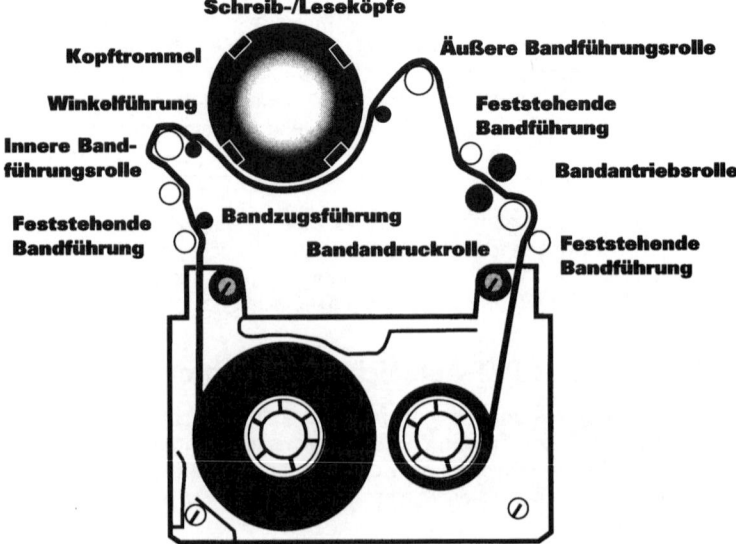

Bild 4.23: Die Cartridge und die Bandführung bei DAT-Streamern

Das Band bei DDS-3 ist, wie es aus der Tabelle 4.5 ersichtlich ist, lediglich 5 m länger als ein Band nach DDS-2 und hat doch die doppelte Kapazität (8 Gbyte), was sicher etwas verwunderlich erscheinen mag. Der Grund für die erhöhte Kapazität ist daher auch nicht in der Bandlänge zu suchen, sondern darin, dass bei DDS-3 – bei gleicher Mechanik und gleicher Kopfeinheit wie DDS-2 – zwei Bits gleichzeitig verarbeitet werden können, was zunächst einfach durch Verdoppelung des Schreib-/Lesetaktes realisiert wird.

Auf der gleichen Bandfläche, auf der sich zuvor ein Bit befand, befinden sich nunmehr zwei, wobei beide Informationen aber nur in einem einzigen Signal für die Elektronik resultieren. Zur Selektierung der korrekten Bitinformation kommt hier ein spezieller mathematischer Algorithmus unter Zuhilfenahme des Taktsignals zum Einsatz.

DDS-4 ist die neueste Entwicklung auf diesem Gebiet, und die Firma Sony hat das erste Modell hierfür vorgestellt – das SDT 10000 –, welches unkomprimiert 20 Gbyte Daten speichern kann. DDS-4 ist ebenfalls abwärtskompatibel mit den anderen DDS-Standards, und die höhere Speicherkapazität wurde dabei durch ein längeres Band (150 m) sowie durch eine Verringerung der Spurbreite von 9,1 auf 6,8µm erreicht.

Eine regelmäßige Reinigung des Schreib-/Lesekopfes der Tape Drives ist dringend anzuraten, insbesondere bei DAT. Hierfür gibt es spezielle Reinigungstapes. Für QIC und Travan benötigt man diese nicht unbedingt, weil der Schreib-/Lesekopf meist leicht mit einem Wattestäbchen (mit Spiritus oder spezieller Reinigungsflüssigkeit benetzt) zu erreichen ist.

4.6.3 Digital Linear Tape

Ein relativ neues Verfahren nennt sich DLT – Digital Linear Tape. DLT-Laufwerke, die beispielsweise von Hewlett Pachard und Quantum erhältlich sind, zeichnen die Daten ebenfalls mit einem linearen Verfahren auf.

Es arbeitet mit einem feststehendem Schreib-/Lesekopf, wobei jedoch gegenüber QIC, Travan und MLR eine geänderte Cartridge verwendet wird, die nur eine einzige Wickelspule besitzt, während sich die zweite im Laufwerk selbst befindet. Dies führt zu einer aufwendigeren Motorsteuerung und dazu, dass das Tape (wie bei DAT) aus der Cartridge herausgeführt werden muss.

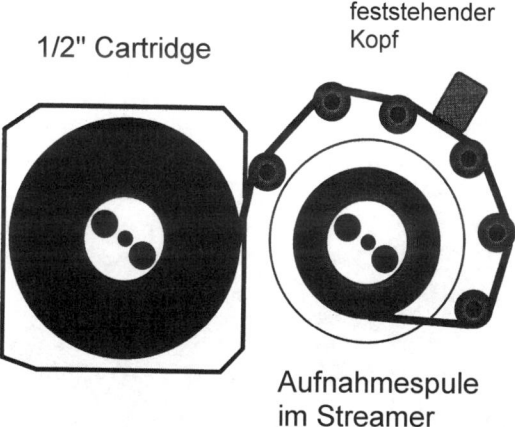

Bild 4.24: *Die Bandführung beim Digital Linear Tape*

Das Band ist mit einem halben Zoll doppelt so breit wie bei QIC oder auch MLR-Streamern, was dementsprechend zu höheren Kapazitäten (20-35 Gbyte) führt. DLT ist technologisch und preislich gesehen oberhalb von DAT und MLR angesiedelt und eignet sich aus diesem Grund bevorzugt für Serversysteme.

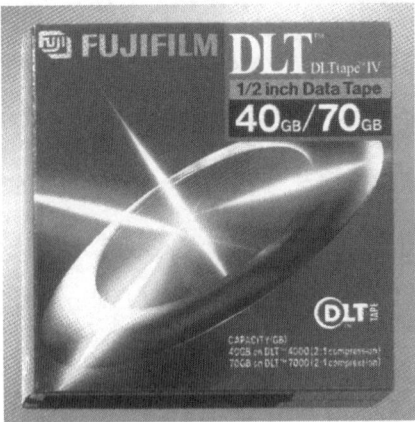

Bild 4.25: Ein DLTape kostet ca. 160 DM und kann maximal 35 Gbyte an Daten unkomprimiert sichern

4.6.4 Advanced Intelligent Tape

AIT ist eine Entwicklung von Sony und arbeitet – wie DAT – mit dem Helical-Scan-Verfahren. Es ist gewissermaßen als Konkurrenz zum *Digital Linear Tape* (DLT) von Quantum zu sehen. Das Band ist aber 8 mm breit und in einer 3,5-Zoll-Cartridge untergebracht.

Bild 4.26: Ein AIT-Laufwerk von innen; wie es beim Helical-Scan-Verfahren üblich ist, wird eine schräg stehende Kopftrommel verwendet

Mit einem AIT-Laufwerk können auf einem 170-m-Band bis zu 25 Gbyte an Daten gespeichert werden. Standardmäßig wird eine Datenkomprimierung nach dem **A**daptive-**L**ossless-**D**ata-**C**ompression-Verfahren (ALDC) von IBM vorgenommen, womit Kompressionsraten von 2,6:1 erreicht werden.

AIT-2 ist bereits eine Weiterentwicklung dieses Systems und wurde 1999 vorgestellt. AIT-2 bietet zu einem günstigeren Preis als AIT-1 jeweils die doppelte Kapazität (50 Gbyte) und auch Transferrate (6 Gbyte/s), wobei entsprechende Geräte wie das SDX-500C von Sony bisher noch relativ selten im Handel zu finden sind.

Bild 4.27: Die AIT-Cartridge mit MIC besitzt fünf Kontakte zur Kommunikation mit dem internen EEPROM

Die speziellen AIT-Cartridges weisen einige Besonderheiten auf: Zum einen kommt ein spezielles Band zum Einsatz, welches eine als **A**dvanced **M**etall **E**vaporate (AME) bezeichnete Technologie verwendet. Im Unterschied zu den herkömmlichen Bändern wird dabei kein Kleber verwendet, was zu einer erhöhten Bandstabilität führt, und durch eine aufgedampfte Schutzschicht wird fast jeglicher Abrieb verhindert. Die Lebensdauer der Medien wird typischerweise mit 20.000 Backups angegeben und die der Kopftrommel mit 30.000 Stunden, was von anderen Magnetband-basierten Systemen (noch) nicht erreicht wird.

Zum anderen kann sich – muss aber nicht zwangsläufig – in der AIT-Cartridge ein EEPROM (16 Kbit) befinden, welches die Header-Information enthält, die andernfalls auf das Band geschrieben und dementsprechend auch wieder gelesen werden müsste, was einiges an Hin- und Herspulen bedeuten würde.

Aufgabe	mit MIC	ohne MIC
Laden	20s	10s
Entladen	27s	17s
Suchgeschwindigkeit	225 Mbyte/s	450 Mbyte/s
Datenzugriff	57s	28s

Tabelle 4.6: Durch die Verwendung eines Speichers (MIC) in der Cartridge ergeben sich beschleunigte Verarbeitungszeiten des Laufwerks

Durch die Verwendung des MIC (**M**emory **I**n **K**assette) wird die Ladezeit des Bandes generell und insbesondere die Zeit für die Datensuche auf dem Band maßgeblich verkürzt und außerdem die Datensicherheit erhöht. Die Tabelle 4.6 zeigt hierfür einige Daten.

Bild 4.28: AIT-Laufwerke wie diese von Sony arbeiten üblicherweise an der SCSI- oder Wide-SCSI-Schnittstelle

Den genannten Vorteilen steht zur Zeit noch der relativ hohe Preis von ca. 4000 DM für ein AIT-Laufwerk und ca. 160 DM für ein 25 Gbyte-Tape mit MIC gegenüber. Der Einsatz von AIT ist somit eher im professionellen Bereich zu sehen. AIT ist durch die schnellen Wechsel- und Zugriffszeiten prädestiniert für Bandloader und Libraries.

SCSI-Bus und Weiterentwicklungen

SCSI bedeutet **S**mall **C**omputer **S**ystem **I**nterface und ist ursprünglich für Workstations und IBM-Großrechner entwickelt worden, mit dem Augenmerk auf einen schnellen Blocktransfer zwischen CPU und Peripherie. Der Vorläufer der SCSI-Schnittstelle ist die SASI-Schnittstelle (**S**hugart **A**ssociates **S**ystem **I**nterface), die von der Firma Seagate entwickelt wurde.

Die SCSI-Schnittstelle ist aber nicht nur eine Festplattenschnittstelle, sondern vielmehr eine busorientierte Geräteschnittstelle, an welcher sich verschiedene Geräte wie Band-, CD-ROM-Laufwerke und Scanner an einem so genannten *Hostadapter* betreiben lassen.

Mittlerweile existieren unterschiedliche SCSI-Implementierungen und die verschiedensten SCSI-Geräte, was SCSI für den Anwender einerseits immer unübersichtlicher macht, andererseits ist SCSI äußerst universell einzusetzen und nicht auf den Einsatz im PC beschränkt, sondern gilt auch bei anderen Computerarchitekturen als Standard.

3

5 Der SCSI-Bus

SCSI existiert im Prinzip bereits seit 1982 und ist seit 1986 als offizieller ANSI-Standard anerkannt, doch wurden die Qualitäten dieses Bussystems für die PC-Welt erst relativ spät entdeckt. Die ständige Weiterentwicklung dieses Bussystems und der entsprechenden Geräte – durch einige vorpreschende Hersteller – macht es selbst der ANSI schwer, mit den Normierungsarbeiten nachzukommen, und daher kommt es immer wieder vor, dass SCSI-Busgeräte auf dem Markt erhältlich sind, für die noch kein verbindlicher Standard existiert, und für bereits genau spezifizierte SCSI-Bus-Auslegungen existieren mitunter auch (noch) keine Geräte. Da ist es nicht verwunderlich, dass der PC-Anwender dem SCSI mitunter etwas skeptisch gegenübersteht und leicht die Orientierung verliert, was zusammenpasst und was nicht. Dieses Kapitel soll dabei weiterhelfen und auch die verschiedenen Weiterentwicklungen auf diesem Gebiet transparent machen.

5.1 SCSI-Bus-Einführung

Die SCSI-Schnittstelle ist eine busorientierte Geräteschnittstelle, an welcher sich verschiedene Geräte wie ZIP, Band-, CD-ROM-Laufwerke oder auch Scanner in der SCSI-Ausführung an einem so genannten *Hostadapter* betreiben lassen. Sie werden alle entsprechend mit dem SCSI-Bus verbunden und vom Hostadapter gesteuert.

Die Bezeichnung *Hostadapter* impliziert, dass er, im Gegensatz zu einem einfachen SCSI-Controller, wie er beispielsweise zu Scannern oder auch zu CD-Brennern mitgeliefert wird, ein eigenes BIOS besitzt und daher auch die Bootfähigkeit für SCSI-Festplatten zur Verfügung stellt. Demnach muss sich weder der Anwender noch das PC-System-BIOS, welches auch mit einigen Limitierungen bei der Verwendung bestimmter Festplattenkapazitäten (siehe IDE) aufwarten kann, um Köpfe, Zylinder oder Sektoren kümmern, sondern der Hostadapter initialisiert eine SCSI-Festplatte automatisch.

Für den PC sind die SCSI-Busgeräte ganz allgemein nur noch Quelle oder Ziel für eine bestimmte Anzahl von Blöcken, die mit Hilfe logischer Befehle angesprochen werden. Ein SCSI-Busgerät kann dabei grundsätzlich als »Initiator« oder als »Target« arbeiten. Der Initiator gibt Befehle aus, und das Target empfängt sie. In den meisten Fällen ist der PC mit seinem Host-Adapter der Initiator, während die Peripherie die Targets darstellt.

Da SCSI nicht aus dem PC-Bereich stammt, kann es praktisch parallel zu anderen Festplatten- und Controllertypen (ESDI, EIDE) verwendet werden.

SCSI ist von Hause aus busmasterfähig, was bedeutet, dass der Hostadapter von der CPU nur den Auftrag für eine Datenübertragung erhält und der eigentliche Vorgang daraufhin quasi zeitgleich mit anderen CPU-Arbeiten vom Hostadapter absolviert wird. Bei EIDE wird standardmäßig ein PIO-Mode (Programmed Input Output) verwendet, d.h. die CPU des PC ist für die Datenübertragung zuständig.

Da SCSI von Anbeginn für den gleichzeitigen Betrieb mehrerer Geräte ausgelegt worden ist, kann kein Gerät ein anderes in der Datenübertragungsgeschwindigkeit »ausbremsen«, wie es bei EIDE beispielsweise durch ein CD-ROM-Laufwerk als Slave an einer Masterfestplatte durchaus möglich ist. Ein SCSI-Gerät kann seine Datenübertragungsphase unterbrechen (disconnect) und den Bus für andere Geräte freigeben, während es beispielsweise gerade die Daten vom internen Puffer zur Platte schreibt. Ist dieser Vorgang beendet, nimmt das SCSI-Gerät die Verbindung dann automatisch wieder auf (reconnect).

Wie es noch in den folgenden Kapiteln ausführlich erläutert wird, ist es für eine fehlerfreie SCSI-Bus-Funktion unabdingbar, dass die einzelnen SCSI-Bus-Einheiten korrekt terminiert werden. Darunter versteht man die Herstellung eines Busabschlusses, was entweder durch Jumper oder einzelne Widerstandsarrays oder auch per SCSI-BIOS-Setup erfolgt. Jedes Bussystem – wie beispielsweise auch Ethernet mit Koaxialkabelverbindungen – ist dadurch gekennzeichnet, dass die Signale an den *Busenden* abgeschlossen werden müssen. Bei SCSI bedeutet dies, dass die beiden Geräte, die sich jeweils als letzte am Busstrang befinden, einen Busabschluss herzustellen haben.

In einem SCSI-Bussystem befinden sich immer nur in zwei Geräten, an den beiden Enden des Bussystems, die Abschlusswiderstände.

Je nach Ausführung des Hostadapters können maximal sieben oder 14 Geräte angeschlossen werden, denen jeweils eine eigene SCSI-Busadresse zuzuweisen ist. Es gibt im PC-Bereich kein anderes System, mit dem sich derart viele Geräte zusammen an einem Bus betreiben lassen. Außerdem belegt nur der Hostadapter Ressourcen vom PC (IRQ, I/O, MEM) und die SCSI-Busgeräte selbst keine davon, sondern nur die jeweile SCSI-Busadresse, über die sie selektiert werden.

Der frühere Geschwindigkeitsvorteil von SCSI-Festplatten gegenüber den EIDE-Festplatten ist mittlerweile nicht mehr gegeben, und wer außer Festplatten und einem CD/DVD-Laufwerk keine weiteren Geräte im PC benötigt, braucht im Grunde genommen auch kein SCSI, was sich jedoch ganz schnell ändert, wenn auch externe Geräte angeschlossen werden sollen, denn weder der Parallel-Port noch der USB bieten eine vergleichbare Performance und eine derart problemlose Konfiguration wie SCSI. In Serversystemen ist SCSI – der verschiedenen Auslegungen – außerdem das bevorzugte System und wird von allen (Netzwerk-)Betriebssystemen standardmäßig unterstützt.

5.2 Der 8-Bit-SCSI-Bus

Seit Mitte der achtziger Jahre ist der 8-Bit-breite SCSI-Bus *der* SCSI-Standard. Erst seit ca. 1995 findet die 16-Bit-breite Variante – *Wide-SCSI* – eine größere Verbreitung, dies allerdings nur für Festplatten, während CD-ROM- und Tape-Drives oder auch Scanner meist weiterhin über den 8-Bit-SCSI-Bus angeschlossen werden.

Der Standard-SCSI-Anschluss ist 50-polig, wobei neun Signale für die Bussteuerung und neun Datenleitungen vorhanden sind. Eine Datenleitung ist für die Paritätsprüfung zuständig. Die Leitungen mit einer ungeraden Anschlussnummer (mit Ausnahme der Leitung 25, die ist offen) sowie einige andere befinden sich auf Masse-Potential (GND, Ground), wie es im folgenden Kapitel noch genauer erläutert wird.

Jedem SCSI-Busgerät ist eine eigene SCSI-Adresse zuzuteilen, wobei der Hostadapter üblicherweise die Adresse 7 erhält, die bei neueren Hostadaptern per SCSI-BIOS-Setup festzulegen ist. Insgesamt lassen sich am Standard-SCSI-Bus maximal acht Geräte inklusive des Hostadapters betreiben und die Geräteadressen werden meist über DIP-Schalter oder Jumper an den einzelnen Geräten festgelegt.

Jedes SCSI-Busgerät kann wiederum bis zu 8 LUNs (Logical Units) beinhalten. Im PC-Bereich (Ausnahme RAID-Systeme, Kapitel 5.9) versteht sich in der Regel ein SCSI-Busgerät auch als eine einzige Logical Unit.

SCAM – die automatische Konfigurierung von SCSI-Busgeräten – funktioniert in der Praxis bei bestimmten Gerätekombinationen nicht immer korrekt und sollte bei Problemen im SCSI-BIOS-Setup des Hostadapters abgeschaltet werden.

Einigen neueren SCSI-Busgeräten kann auch automatisch vom Hostadapter eine SCSI-Busadresse zugewiesen werden (SCAM), was bei bestimmten Gerätekombinationen (z.B. IBM-DORS-Festplatte und Plextor-CD-ROM-Laufwerk) zu derartigen Problemen führen kann, dass die Adressen durcheinander gewürfelt werden und kein Geräte mehr funktioniert, so dass SCAM im Zweifelsfall dann lieber nicht verwendet werden sollte und im Hostadapter-Setup abzuschalten ist.

5.2.1 Die Signale des SCSI-Bussystems

Die Daten werden zwischen den SCSI-Busgeräten über die Data-Bus-Leitungen ausgetauscht. *Data Bus 7* ist das MSB (Most Significant Bit). Die Funktion des Parity-Bits (Data Bus Parity, Pin 18) kann gegebenenfalls abgeschaltet werden (meist über Jumper). Entweder ist bei allen Geräten der Parity-Check eingeschaltet oder bei keinem! Die Norm schreibt den Parity-Check auf jeden Fall vor.

Entweder wird der Parity-Check bei allen angeschlossenen SCSI-Geräten aktiviert oder bei keinem. Andernfalls kann es zu Kommunikationsproblemen kommen.

Die Daten werden entweder asynchron über ein definiertes Handshaking-Verfahren (signaltechnische Bestätigung der Datenübernahme) ausgetauscht, wobei die Signale *Request* (Pin 48) und *Acknowledge* (Pin 38) verwendet werden und eine Datenübertragungsrate von 2,5 Mbyte/s erreichbar ist oder im synchronen Betrieb ohne Handshaking mit einer maximalen Datenübertragungsrate von 5 Mbyte/s.

Die Kommandos und Statusinformationen werden ebenfalls über die Datenleitungen gesendet. Zur Unterscheidung gegenüber den Dateninformationen dient das Signal *Control-Data*, und die Richtung des Datentransfers wird mit dem Signal *Input-Output* bestimmt. Stehen Nachrichten auf dem Bus an, wird dies mit dem Message-Signal vom Target signalisiert. Der Initiator verwendet hierfür das Attention-Signal zum Target.

Bezeichnung	Pin Nr.		Pin Nr.	Bezeichnung	Zugriff durch
GND	1	▪ ▪	2	/Data Bus 0	Initiator/Target
GND	3	▪ ▪	4	/Data Bus 1	Initiator/Target
GND	5	▪ ▪	6	/Data Bus 2	Initiator/Target
GND	7	▪ ▪	8	/Data Bus 3	Initiator/Target
GND	9	▪ ▪	10	/Data Bus 4	Initiator/Target
GND	11	▪ ▪	12	/Data Bus 5	Initiator/Target
GND	13	▪ ▪	14	/Data Bus 6	Initiator/Target
GND	15	▪ ▪	16	/Data Bus 7	Initiator/Target
GND	17	▪ ▪	18	/Data Bus Parity	Initiator/Target
GND	19	▪ ▪	20	GND	-
GND	21	▪ ▪	22	GND	-
GND	23	▪ ▪	24	GND	-
OPEN	25	▪ ▪	26	Term. Power	-
GND	27	▪ ▪	28	GND	-
GND	29	▪ ▪	30	GND	-
GND	31	▪ ▪	32	/Attention	Initiator
GND	33	▪ ▪	34	GND	-
GND	35	▪ ▪	36	/Busy	Initiator/Target
GND	37	▪ ▪	38	/Acknowledge	Initiator
GND	39	▪ ▪	40	/Reset	Initiator
GND	41	▪ ▪	42	/Message	Target
GND	43	▪ ▪	44	/Select	Initiator/Target
GND	45	▪ ▪	46	/Control-Data	Target
GND	47	▪ ▪	48	/Request	Target
GND	49	▪ ▪	50	/Input-Output	Target

Tabelle 5.1: Die Belegung des 50-poligen SCSI-Anschlusses. Alle SCSI-Signale sind als low-aktiv zu verstehen

Ist der Bus belegt, wird das Signal *Busy* (Pin 36) gesetzt, um den Geräten damit mitzuteilen, dass zur Zeit kein weiteres am Datenverkehr teilnehmen kann. Da das Busy-Signal im Prinzip von jedem SCSI-Busgerät gesendet werden kann, findet über den Bus eine Oder-Verknüpfung der einzelnen Busy-Signale statt. Alle angeschlossenen SCSI-Bus-Einheiten werden über den *Reset-Anschluss* (Pin 40) zurückgesetzt.

Die notwendigen Busabschlusswiderstände werden über den Anschluss *Terminator Power* (Pin 26) gespeist. Man unterscheidet dabei auch zwischen *aktiver* und *passiver* Terminierung. Bei der passiven werden Widerstandsarrays verwendet, die entweder gesteckt oder aus dem Gerät entfernt werden müssen, während bei der aktiven Terminierung spezielle Bausteine (z.B. Dallas DS21S07A) eingesetzt werden, die meist per Software ein- oder abzuschalten sind, was somit die Konfigurierung maßgeblich erleichtert. Bei dem Beispiel in Bild 5.1 verfügt der Hostadapter über eine aktive Terminierung, die mittels des Jumpers ein- oder ausgeschaltet wird, was bei neueren Adaptern auch per Software möglich ist.

Üblicherweise speist nur ein einziges Gerät den SCSI-Bus über den Anschluss *Terminator Power,* wobei diese Funktion möglicherweise an den einzelnen Geräten (per Jumper) festgelegt werden kann. In den seltensten Fällen gibt es allerdings Probleme, wenn aus Versehen zwei Geräte über *Terminator Power* die 5V-Spannung für den SCSI-Bus generieren. Ein Gerät muss allerdings die Spannung ausgeben, was meistens automatisch geschieht, wenn die Terminierung in dem betreffenden Gerät aktiviert wird. Bei größeren Kabellängen sollte das vom Hostadapter am weitesten entfernte Gerät explizit ebenfalls TERMPWR liefern.

Ein SCSI-Busgerät wird über den Anschluss *Select* (Pin 44) angesprochen. Das Identify-Bit (ID), welches hierbei über den Datenbus gesendet wird, muss ebenfalls für das Gerät als gültig erkannt werden. Das ID-Bit wird durch die Adressen-Einstellung mit einem DIP-Schalter festgelegt. Es gilt die folgende Zuordnung der ID-Bits auf dem Datenbus:

Datenbus	DB(7)	DB(6)	DB(5)	DB(4)	DB(3)	DB(2)	DB(1)	DB(0)
Identify-Bits	ID7	ID6	ID5	ID4	ID3	ID2	ID1	ID0

5.2.2 Der Datenverkehr auf dem SCSI-Bus

Der SCSI-Bus befindet sich immer in einer von acht Phasen, wobei die Kommunikation nur zwischen zwei Geräten zur gleichen Zeit möglich ist.

⋯⊱ **Bus Free Phase**
Der Bus ist frei, kein SCSI-Busgerät verwendet den Bus, es werden keine Daten übertragen.

⋯⊱ **Arbitration Phase**
In der Arbitration Phase kann ein Gerät die Kontrolle über den Bus übernehmen und daraufhin als Initiator oder Target arbeiten. Das Gerät, das bei dem »Wettbewerb« (bei mehreren SCSI-Busgeräten) um die Kontrolle des Bussystems als zuständig erklärt worden ist, wird als *Winner* bezeichnet. Der Datenbus führt während dieser Phase jeweils ein Bit für ein Gerät (SCSI-ID) zur Selektion der einzelnen SCSI-Busgeräte.

⋯⋗ **Selection Phase**

Während dieser Phase wird es dem Initiator ermöglicht, eine Target-Funktion wie ein Read- oder Write-Kommando auszulösen.

⋯⋗ **Reselection Phase**

Diese Phase erlaubt es dem Target, die Verbindung mit dem Initiator nach Abbruch wieder aufzunehmen, damit eine zuvor eingeleitete Operation beendet wird. Eine vorzeitige Freigabe erfolgt beispielsweise dann, wenn die in der Einheit selbständig zu bearbeitende Funktion einige Zeit in Anspruch nimmt, wie beispielsweise die Positionierung der Plattenköpfe, und für diese Zeit kann dann der Bus von einer anderen Einheit belegt werden. *Reselection* kann nur von solchen Geräten ausgeführt werden, die über die Arbitration-Funktion verfügen.

⋯⋗ **Command Phase**

Ein Target erhält in der Command-Phase vom Initiator ein Kommando wie *Read* oder *Write* und wird damit zum Lesen oder Schreiben von Daten aufgefordert. Die Ausführung des Datentransfers erfolgt jedoch erst in der darauf folgenden Data-Phase. Die Übermittlung des momentanen Target-Status an den Initiator findet in der Status-Phase statt.

⋯⋗ **Data-Phase**

Die Daten werden in der Data-Phase gesendet oder empfangen, wenn das entsprechende Kommando zuvor in der Command-Phase gegeben wurde.

⋯⋗ **Status Phase**

Informationen über den Status (z.B. Good, Busy) des Targets werden während der Status-Phase an den Initiator gesendet.

⋯⋗ **Message Phase**

In der Message-Phase werden zur Abstimmung der Kommunikation sowohl vom Target an den Initiator als auch umgekehrt Statusinformationen gesendet, die auch als einfache Kommandos verstanden werden können. Einige Messages sind:

Abort: Wird vom Initiator zum Target gesendet, um die momentane Operation des Targets abzubrechen und in die Bus-Free-Phase zu schalten.

Command Complete: Wird vom Target zum Initiator gesendet und bedeutet, dass die Ausführung eines Kommandos beendet ist und das Target in die Bus-Free-Phase schaltet.

Message Reject: Kann sowohl vom Target als auch vom Initiator gesendet werden und bedeutet, dass der letzte Befehl zwar empfangen, aber nicht ausgeführt werden kann, weil er beispielsweise in dem betreffenden Gerät nicht implementiert worden ist.

Eine Übersicht über das Signalverhalten in den verschiedenen Bus-Phasen gibt die folgende Tabelle.

Bus-Phase	Busy	Select	Control/Data Input/Output Message Request	Acknowledge Attention	Data Bus
Bus Free	keines	keines	keines	keines	keines
Arbitration	alle	Winner	keines	keines	SCSI-ID
Selection	I & T	Initiator	keines	Initiator	Initiator
Reselection	I & T	Target	Target	Initiator	Target
Command	Target	keines	Target	Initiator	Initiator
Data In	Target	keines	Target	Initiator	Target
Data Out	Target	keines	Target	Initiator	Initiator
Status	Target	keines	Target	Initiator	Target
Message In	Target	keines	Target	Initiator	Target
Message Out	Target	keines	Target	Initiator	Initiator

Tabelle 5.2: Das Signalverhalten während der verschiedenen SCSI-Bus-Phasen

5.3 SCSI-Bus-Festplatten

Da der SCSI-Bus nicht nur für den Anschluss von ein oder zwei Festplatten gedacht ist – allein dafür benötigt man auch kein SCSI –, eine Reihe von Besonderheiten zu beachten sind und es gleich mehrere SCSI-Standards gibt, werden ab dem folgenden Kapitel die wichtigsten SCSI-Zusammenhänge erläutert. An dieser Stelle geht es in erster Linie nur um SCSI-Festplatten.

Im BIOS-Setup des PC werden für SCSI-Festplatten keine spezifischen Daten eingetragen, sondern für die jeweilige SCSI-Festplatte NOT INSTALLED – es wird also keine Festplatte im PC installiert. Die Festplattenparameter werden vom SCSI-Hostadapter (siehe Kapitel 5.7) »aus der Platte gelesen« und selbsttätig aktiviert.

Eine SCSI-Festplatte und eine IDE-Festplatte in einem PC parallel zu betreiben, bereitet in der Regel keinerlei Schwierigkeiten, wenn die SCSI-Festplatte (D: NOT INSTALLED) als zweite Festplatte angemeldet wird. Die IDE-Festplatte enthält dann das Betriebssystem, und von ihr wird demnach auch gebootet. Bei neueren BIOS-Versionen kann aber auch SCSI als Bootlaufwerk im Setup angegeben werden.

Zum Betrieb einer SCSI-Festplatte wird generell ein SCSI-Hostadapter benötigt, der mit dem (zusätzlichen) BIOS ausgestattet ist. Entweder ist der Hostadapter als Einsteckkarte realisiert, oder er ist bei einigen PCs gleich mit auf dem Mainboard untergebracht.

Bild 5.1: *Diese SCSI-Adapterkarte mit einem Controller der Firma NCR (Typ 53810) besitzt kein eigenes BIOS; auch auf einigen Mainboards findet sich dieser Controller, für den eine entsprechende (Boot-)Unterstützung in einigen System-BIOS-Versionen zur Verfügung steht*

Neben den Hostadaptern, wobei man bei dieser Bezeichnung davon ausgehen kann, dass sie ein eigenes BIOS mitbringen, gibt es auch einfache SCSI-Bus-Controllerkarten, wie sie beispielsweise bei Scannern oder CD-R-Brennern mitgeliefert werden. Diese sind nicht bootfähig, weil sie eben kein eigenes BIOS besitzen und erst mit Hilfe eines Softwaretreibers initialisiert werden. Mit diesen Typen kann demnach auch nicht gebootet werden, auch wenn hier eine SCSI-Festplatte angeschlossen ist.

Die Einstellungen für den SCSI-Hostadapter, wie etwa die zu verwendende I/O-Adresse oder der Interruptkanal (IRQ), werden bei den älteren ISA-Modellen vielfach über Jumper oder auch per Menü (ab Adaptec Typ 1542CF) festgelegt.

Bei allen neuen SCSI-Controllern (PCI) – zumindest des Marktführers Adaptec – wird nach der Meldung des PC-BIOS kurz eine Meldung aufgeblendet, und nach der Tastenbetätigung Strg+A gelangt man in den Setup des SCSI-BIOS. An dieser Stelle lassen sich SCSI-Optionen einstellen und auch die angeschlossenen Geräte überprüfen, was eine recht hilfreiche Funktion ist. In Kapitel 5.7 wird hierauf noch ausführlich eingegangen.

Parameter	Daten
Speicherkapazität	2.2 Gbyte
Anzahl der Zylinder	3.610
Anzahl der Köpfe	4
Anzahl der Platten	5
Positionierzeit (durchschnittlich)	22 ms
Datenübertragungsrate	maximal 10 Mbyte/s (synchron)
Aufzeichnungsdichte	92.000 BPI
Spurdichte	4000 TPI
Umdrehungsgeschwindigkeit	5.400 RPM
Startzeit	17 s
Stoppzeit	5 s
MTBF	50.000 h
Data Buffer (Cache)	512 Kbyte
Schnittstelle	SCSI (8 Bit)

Tabelle 5.3: Die Daten der SCSI-Festplatte C3725 der Firma Hewlett Packard

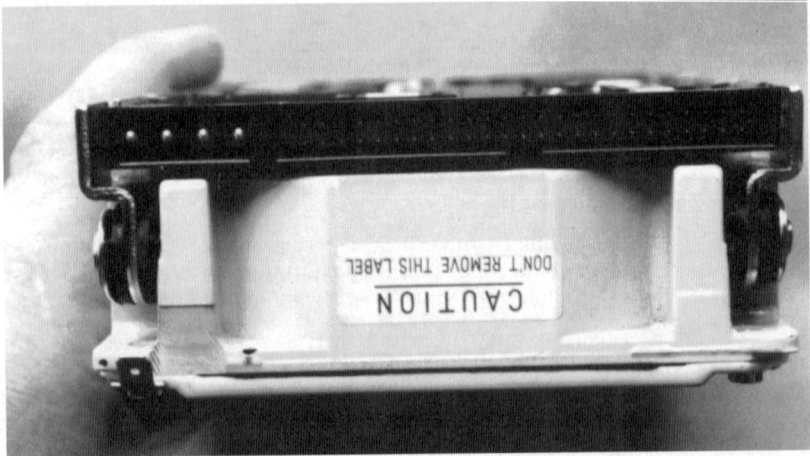

Bild 5.2: Eine SCSI-Bus-Festplatte mit dem 50-poligen (8 Bit) Signalanschluss, wobei sich der Pin 1 meist zur Außenseite (hier rechts) hin befindet

Für die Festlegung der SCSI-Adresse werden bei Festplatten meistens nach wie vor Jumper verwendet, die als ID0-ID2 oder ähnlich bezeichnet werden. Die folgende Tabelle zeigt die übliche Zuordnung der SCSI-Adressen bei einer SCSI-Festplatte.

SCSI-ID	Jumper ID2	Jumper ID1	Jumper ID0
0	offen	offen	offen
1	offen	offen	gesteckt
2	offen	gesteckt	offen
3	offen	gesteckt	gesteckt
4	gesteckt	offen	offen
5	gesteckt	offen	gesteckt
6	gesteckt	gesteckt	offen
7	gesteckt	gesteckt	gesteckt

Tabelle 5.4: Die Jumperstellungen für die SCSI-Adressen

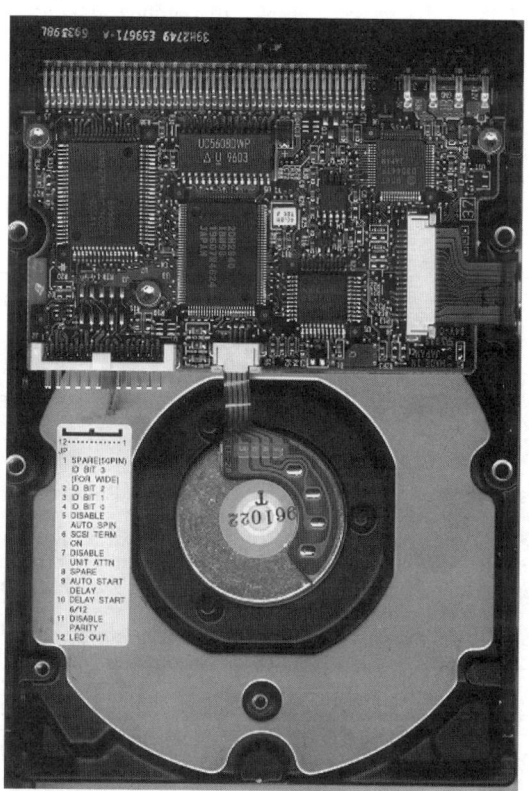

Bild 5.3: Bei dieser Festplatte sind die einzelnen Jumperstellungen auf einem aufgeklebten Zettel aufgedruckt, wodurch die Einstellung der korrekten SCSI-Busadresse kein großes Problem darstellt

5.4 SCSI-Standards im Überblick

Die erste SCSI-Standardisierung (nachträglich in SCSI-1 umbenannt) ANSI X3.131 definiert zwar die elektrischen Eigenschaften für ein SCSI-Bussystem, lässt den Herstellern jedoch einen großen Freiraum betreffs der zu implementierenden Befehle, denn zahlreiche Funktionen und Kommandos sind lediglich optional und nicht zwingend vorgeschrieben, was in der Vergangenheit zu häufigen Inkompatibilitäten zwischen Geräten unterschiedlicher Hersteller geführt hat.

Die Hersteller von SCSI-Geräten einigten sich aus diesem Grund auf einen verbindlichen Kommandosatz (CCS, **C**ommon **C**ommand **S**et), der eine Erweiterung gegenüber SCSI-1 darstellt, verbindlich für den Standard *SCSI-2* vorgeschrieben ist und im Jahre 1994 seinen Niederschlag im ANSI-Standard X3.131-1994 fand.

Code	Befehl	Funktion
00h	Test Unit Ready	Feststellen, ob das Gerät bereit ist
01h	Rezero Unit	Köpfe zum Zylinder 0/Kopf 0 bewegen
03h	Request Sense	Sense-Daten (Fehlerstatus) senden
04h	Format Unit	Platte formatieren
07h	Reassign Blocks	Inhalt defekter Blöcke verschieben
08h	Read	Daten lesen
0Ah	Write	Daten schreiben
0Bh	Seek	Suchen eines logischen Blocks
11h	Read Usage Counter	Nutzungszähler lesen
12h	Inquiry	Identifikationsparameter abfragen
15h	Mode Select	Betriebsart einstellen
16h	Reserve Unit	LUN für andere Initiatoren sperren
17h	Release Unit	LUN für andere Initiatoren freigeben
1Ah	Mode Sense	Geräte-Parameter zum Initiator senden
1Bh	Start/Stop Unit	Gerät für weitere Kommandos sperren oder freigeben
1Ch	Receive Diagnostic Results	Selbsttestergebnisse empfangen
1Dh	Send Diagnostics	Selbsttest durchführen
25h	Read Capacity	Plattenkapazität ermitteln
28h	Read Extended	Daten lesen (erweiterte Adresse)
2Ah	Write Extended	Daten schreiben (erweiterte Adresse)

Fortsetzung der Tabelle:

Code	Befehl	Funktion
2Bh	Seek Extended	Suchen eines logischen Blocks (erweiterte Adresse)
2Eh	Write and Verify	Daten schreiben und prüfen
2Fh	Verify	Gesendete Daten prüfen
37h	Read Defect Data	Defect-Liste lesen
3Bh	Write Buffer	Überprüfen des Datenzwischenspeichers, Daten schreiben
3Ch	Read Buffer	Überprüfen des Datenzwischenspeichers, Daten lesen
3Eh	Read Long	Block von 512 Byte lesen
3Fh	Write Long	Block von 512 Byte schreiben

Tabelle 5.5: Der standardisierte SCSI-Befehlssatz für Festplatten (CCS)

Für SCSI-Busgeräte sind im SCSI-2-Standard des weiteren mehrere Geräteklassen (Tabelle 5.5) festgelegt. Der jeweilige Code wird dabei durch das Inquiry-Kommando ermittelt. Zusätzlich zu diesen softwaretechnischen Festlegungen sind zur weiteren Vereinfachung und Vereinheitlichung mehrere Programmier- oder Softwareschnittstellen entworfen worden wie ASPI und CAM, was im Kapitel 5.8.1 noch etwas weiter ausgeführt wird. ,

Klasse	Code	Geräte
1	00h	Festplattenlaufwerke, allgemeine Plattenlaufwerke
2	01h	Streamer, Bandlaufwerke
3	02h	Drucker
4	03h	allgemeine Prozessorgeräte
5	04h	WORM (Write Once Read Many), einmal beschreibbare Laufwerke
6	05h	CD-ROM-Laufwerke
7	06h	Scanner
8	07h	MO-Laufwerke (Magneto Optical), optische Speicher
9	08h	Medium Change Devices, Medien-, Datenträgerwechsler
10	09h	Kommunikationsgeräte
	0Ah-1Eh	Reserviert
	1Fh	Unbekannter Gerätetyp

Tabelle 5.6: Die definierten SCSI-Geräteklassen

In SCSI-2 sind außerdem spezielle Kommandos für CD-ROM-Laufwerke und weitere SCSI-Peripherie sowie auch zwei neue Betriebsarten *Fast* und *Wide* (16 oder 32 Bit Busbreite) definiert.

Insgesamt stellt sich die Dokumentation zum SCSI-Standard als recht unübersichtliches Werk dar, da es sich aus einer Vielzahl von einzelnen Normschriften zusammensetzt, die laufend bearbeitet werden. Bis zur offiziellen Verabschiedung eines SCSI-Standards vergehen in der Regel mehrere Jahre, was für die relativ kurzen Innovationszeiten im Computerbereich ganz allgemein als nicht immer angemessen erscheint. Andererseits wird durch die Standardisierungsbestrebungen der »Wildwuchs« von herstellerspezifischen Lösungen zumindest reduziert.

Es kommt aber immer wieder vor, dass einige Hersteller bereits SCSI-Produkte auf den Markt bringen – wie es etwa bei Ultra SCSI der Fall war –, die auf noch nicht allgemein anerkannten Standards basieren, in der Hoffnung, dass sich die vorgestellte Lösung später aber als Standard etabliert. Gleichwohl enthalten die bereits verabschiedeten Standards durchaus SCSI-Auslegungen (z.B. 32-Bit-Wide-SCSI, Differential SCSI), die sich am Markt nur zögernd oder überhaupt nicht durchsetzen.

Da für den Anwender nicht immer leicht zu erkennen ist, welcher SCSI-Auslegung ein bestimmtes Gerät entspricht, ist im Folgenden eine kurze Übersicht der am Markt üblichen Implementierungen angegeben, wobei sich 32-Bit-Wide-SCSI bisher aber noch nicht in verfügbaren Produkten niedergeschlagen hat.

⋯⋗ **Standard SCSI:** Asynchrone 8-Bit-breite Datenübertragung mit Handshake.

⋯⋗ **Fast SCSI:** Synchrone 8-Bit-breite Datenübertragung ohne Handshake.

⋯⋗ **Fast-20-SCSI oder Ultra-SCSI:** Synchrone 8-Bit-breite Datenübertragung ohne Handshake und eine Erhöhung der Taktfrequenz gegenüber Fast-SCSI.

⋯⋗ **Wide-SCSI:** Erweiterung der Busbreite gegenüber Standard-SCSI auf 16 oder 32 Bit.

⋯⋗ **Differential SCSI:** Jedes SCSI-Signal wird auf zwei Leitungen (RS485) übertragen, statt in Bezug auf die Masse (GND), was zu einer erhöhten Störunempfindlichkeit führt und größere Kabellängen erlaubt. Diese Auslegung gibt es sowohl in 8- als auch in 16-Bit-breiter Ausführung.

⋯⋗ **Ultra2 oder Low Voltage Differential SCSI (LVDS):** Arbeitet mit einem geringeren Signalpegel (+/– 350 mV) gegenüber der Differentialauslegung und ist auch abwärtskompatibel mit Standard-, Fast- und Ultra-SCSI in der *nichtdifferentiellen* Ausführung. Üblich ist Ultra2 in der 16-Bit-Variante.

Fast-, Ultra(2)- und Wide-SCSI – auch in Kombination – finden vorwiegend bei Festplatten ihre Anwendung, während andere Peripherie meist der 8-Bit-Standard-Auslegung entspricht. Als Ausnahme gilt gewissermaßen das CD-ROM-Laufwerk PX-32 der Firma Plextor, das Ultra-SCSI unterstützt.

Es ist es wichtig, dass die verschiedenen SCSI-Realisierungen kombinierbar sind, wie es in der Praxis auch tatsächlich der Fall ist und letztendlich auf die verbindlichen Standards zurückzuführen.

Beispielsweise funktioniert eine Fast-SCSI-Festplatte auch an einem Ultra-SCSI-Adapter, ohne jedoch Ultra-SCSI selbst nutzen zu können, was nur einer entsprechenden Ultra-SCSI-Festplatte vorbehalten bleibt. Die Abstimmung darüber, welche Betriebsart vom betreffenden Gerät beherrscht wird, findet meist nach einem Reset des Bussystems statt und wird als *Sync Negotiation* bezeichnet.

Busbreite	Standard	Fast	Ultra (Fast-20)	Kabeltyp	Pins
8 Bit	5 Mbyte/s	10 Mbyte/s	20 Mbyte/s	A	50
16 Bit Wide	10 Mbyte/s	20 Mbyte/s	40 Mbyte/s	P	68
32 Bit Wide	20 Mbyte/s	40 Mbyte/s	80 Mbyte/s	P+Q	110

Tabelle 5.7: Kenndaten der verschiedenen SCSI-Bus-Auslegungen

Aufgrund der möglichen Kombinationen von SCSI-Geräten reduzieren sich die theoretisch möglichen Transferraten (siehe Tabelle 5.7) unter Umständen auf geringere Werte, und es ergibt sich nur dann die maximale Übertragungsrate, wenn alle Geräte jeweils explizit den spezifizierten Mode des Hostadapters (z.B. *Wide Fast-20*, Adaptec AHA-2940UW) beherrschen.

Des Weiteren sind Limitierungen in der Datenübertragungsrate dadurch gegeben, dass die Geräte die Daten gar nicht so schnell liefern und nur dann annähernd ein Optimum erreichen können, wenn sich die Daten bereits im internen Zwischenspeicher (Cache) des jeweiligen Gerätes befinden, der demnach über eine möglichst große Kapazität (> 1 Mbyte) verfügen sollte.

Aufgrund der immer höheren Datenübertragungsraten kommt der Terminierung und der Länge sowie der Güte des Verbindungskabels eine wichtige Rolle zu, damit sich Störungen und Reflexionen nicht negativ auswirken können. Die folgende Tabelle zeigt die zulässigen Kabellängen der verschiedenen SCSI-Implementierungen in Abhängigkeit von der Anzahl der verwendeten Geräte.

SCSI-Typ	Geräteanzahl	Kabellänge	Transferraten
Standard	8	6 m	< 5 Mbyte/s
Fast	8	3 m	10 Mbyte/s
Fast-20 (Ultra)	4	3 m	20 Mbyte/s
Fast-20 (Ultra)	8	1,5 m	20 Mbyte/s
Wide (16 Bit)	16	3 m	20 Mbyte/s
Wide Ultra (16 Bit)	4	3 m	40 Mbyte/s
Wide Ultra (16 Bit)	8	1,5	40 Mbyte/s
Wide Ultra differential	16	25	40 Mbyte/s
Ultra 2 (LVDS)	8	12 m	40 Mbyte/s
Wide Ultra (LVDS)	16	12 m	80 Mbyte/s

Tabelle 5.8: Beispiele für zulässige SCSI-Bus-Kabellängen

SCSI-3 – der letzte SCSI-Standard (X3T9.2/xx) – ist teilweise noch im Entstehen und spezifiziert unter anderem weitere Kommandos und Protokolle mit Hilfe einer Schichtarchitektur (SAM: **S**CSI **A**rchitecture **M**odell), die eine Fülle verschiedener Auslegungen erlaubt. Realisierungen gibt es bereits für den *Fibre Channel* und *Firewire* (IEEE-1394), wie es in den folgenden Kapiteln noch näher beschrieben wird.

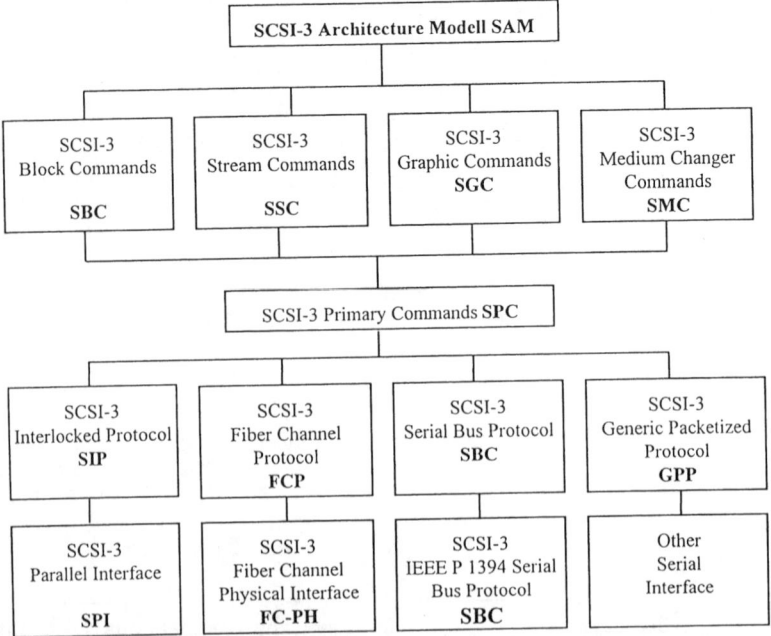

Bild 5.4: *Das Schichtenmodell der SCSI-3-Spezifikation schreibt die Modularisierung von Inter-faces, Kommandos und Protokollen für unterschiedliche Geräteklassen vor*

5.5 Wide-SCSI

Mit dem 8-Bit-breiten SCSI-Bus lassen sich wie erwähnt maximal acht Geräte (inklusive Hostadapter) und mit Wide-SCSI (16 Bit) dementsprechend 16 Geräte – jeweils inklusive Hostadapter – verwenden. 16-Bit-Wide-SCSI verwendet einen 68-poligen Anschluss, der alle nötigen Signalleitungen führt, und über entsprechende Adapter (P-A) lassen sich hiermit auch 8-Bit-Geräte einsetzen. Das Datenübertragungsprotokoll funktioniert dabei analog zu dem in Kapitel 5.2.2 erläuterten Verfahren, wie es bei 8-Bit-SCSI – auch als *narrow SCSI* bezeichnet – absolviert wird.

· ·

 Mit Hilfe geeigneter Adapter können sowohl Wide-SCSI-Festplatten am 8-Bit-SCSI-Bus (narrow SCSI) als auch 8-Bit-SCSI-Festplatten an einem Wide-SCSI-Adapter betrieben werden.

· ·

Für die »oberen« Data-Bus-Signale (Data Bus 8-15) kommen bei Wide-SCSI noch ein weiteres Parity-Signal (Data Parity 2) und zusätzliche Terminator-Power-Signale zum Einsatz.

Bezeichnung	Pin Nr.		Pin Nr.	Bezeichnung
GND	1	▐ ▌	35	DATA BUS 12
GND	2	▐ ▌	36	DATA BUS 13
GND	3	▐ ▌	37	DATA BUS 14
GND	4	▐ ▌	38	DATA BUS 15
GND	5	▐ ▌	39	DATA BUS PARITY 2
GND	6	▐ ▌	40	DATA BUS 0
GND	7	▐ ▌	41	DATA BUS 1
GND	8	▐ ▌	42	DATA BUS 2
GND	9	▐ ▌	43	DATA BUS 3
GND	10	▐ ▌	44	DATA BUS 4
GND	11	▐ ▌	45	DATA BUS 5
GND	12	▐ ▌	46	DATA BUS 6
OPEN	13	▐ ▌	47	DATA BUS 7
GND	14	▐ ▌	48	DATA BUS PARITY 1
GND	15	▐ ▌	49	GND
GND	16	▐ ▌	50	GND
Terminator Power	17	▐ ▌	51	TERMINATOR POWER
Terminator Power	18	▐ ▌	52	TERMINATOR POWER
Reserviert	19	▐ ▌	53	RESERVIERT
GND	20	▐ ▌	54	GND
GND	21	▐ ▌	55	ATTENTION
GND	22	▐ ▌	56	GND
GND	23	▐ ▌	57	BUSY
GND	24	▐ ▌	58	ACKNOWLEDGE
GND	25	▐ ▌	59	RESET
GND	26	▐ ▌	60	MESSAGE
GND	27	▐ ▌	61	SELECT
GND	28	▐ ▌	62	CONTROL-DATA
GND	29	▐ ▌	63	REQUEST
GND	30	▐ ▌	64	INPUT-OUTPUT
GND	31	▐ ▌	65	DATA BUS 8
GND	32	▐ ▌	66	DATA BUS 9
GND	33	▐ ▌	67	DATA BUS 10
GND	34	▐ ▌	68	DATA BUS 11

Tabelle 5.9: Die Signale des 68-poligen Anschlusses für 16-Bit-Wide-SCSI-Geräte

Viele Hostadapter, wie etwa der AHA-2940UW der Firma Adaptec oder auch der DC-2976UW von Dawicontrol, bieten sowohl einen 50-poligen-Anschluss (für Standard-SCSI) als auch einen 68-poligen. Des Weiteren ist ein externer SCSI-Anschluss üblich, der aber – je nach Hersteller und Hostadapter – als 50- oder 68-poliger Anschluss ausgeführt sein kann.

 Bei den gebräuchlichen Wide-SCSI-Adaptern sind nicht alle drei Anschlüsse gleichzeitig einsetzbar.

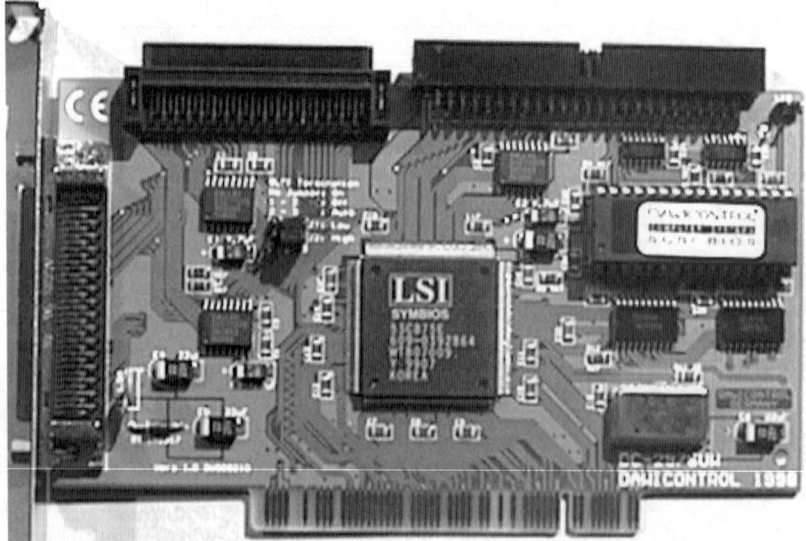

Bild 5.5: Der Hostadapter DC-2976UW besitzt einen externen und einen internen 68-poligen sowie einen internen 50-poligen Anschluss (rechts oben)

In der Regel ist es aber nicht möglich, alle drei Anschlüsse gleichzeitig zu verwenden, da die 16-Bit- und die 8-Bit-Signale nicht unabhängig voneinander sind. Jeder SCSI-Bus (8 *und* 16 Bit) muss stets als einzelner Strang verkabelt sein und es darf keine Y-Verbindung hergestellt werden.

Bei Wide-SCSI-Geräten sind das untere (Low-Byte) und das obere Byte (High-Byte) nur gemeinsam zu terminieren, während bei 8-Bit-SCSI nur das Low-Byte zur Verfügung steht und demnach bei Bedarf zu terminieren ist. Welche Kombinationsmöglichkeiten sich damit üblicherweise ergeben, zeigt Bild 5.6.

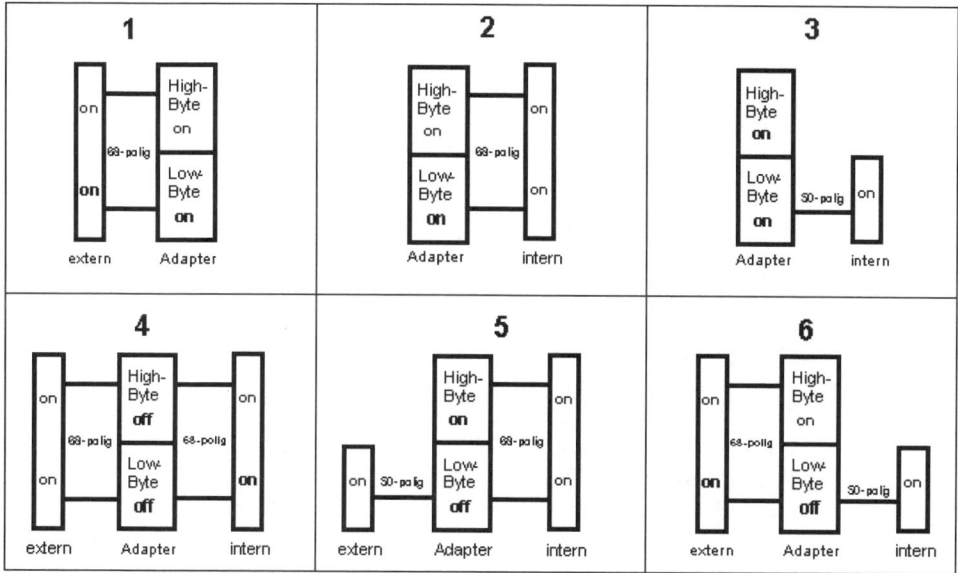

Bild 5.6: Die Terminierung ist entsprechend den Gerätekombinationen entweder auf »on« oder »off« zu schalten, wobei zu beachten ist, dass der 8-Bit-Bus nicht unabhängig vom 16-Bit-Bus ist, was daher nur bestimmte Gerätekombinationen an jeweils maximal zwei Anschlüssen erlaubt

Bei 16-Bit-Wide-SCSI wird für den Anschluss externer Geräte üblicherweise ein 68-poliger High-Density-Stecker verwendet, dessen Kontaktnummerierung in Bild 5.7 angegeben ist.

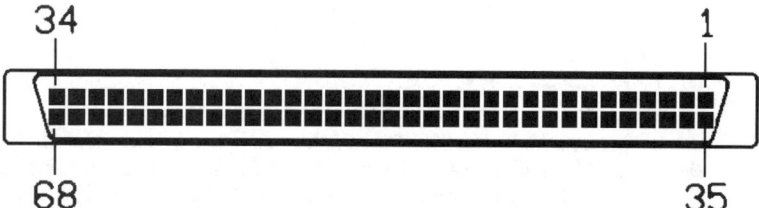

Bild 5.7: Der 68-polige High-Density-Stecker für Wide-SCSI (P-Kabel)

Daneben existiert für 16-Bit-Wide-SCSI außerdem ein 80-poliger SCSI-Anschluss, der als SCA bezeichnet wird. Er führt im Grunde genommen die gleichen Signale, nur gibt es hier einige zusätzliche, um das so genannte Hot-Plugging zu ermöglichen, also das Entfernen bzw. das Hinzufügen von SCSI-Geräten während des laufenden Betriebs, wie es etwa bei RAID-Systemen in Servern der Fall ist. Eine SCA-Festplatte ist mit Hilfe eines entsprechenden Adapters auch an einem üblichen Standard- oder- Wide-SCSI-Hostadapter einsetzbar.

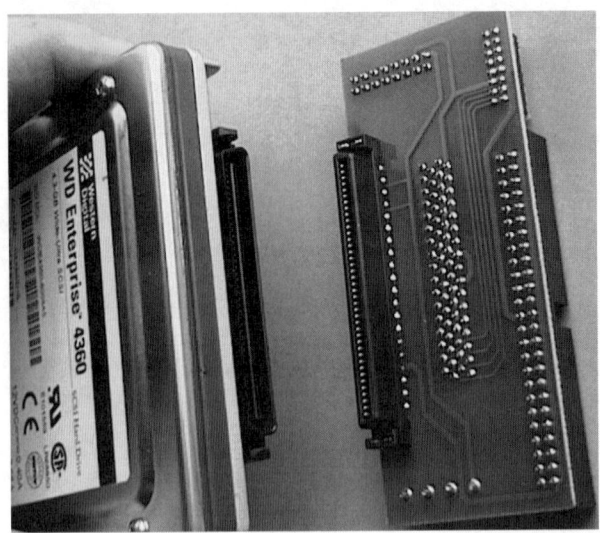

Bild 5.8: Eine SCA-Festplatte kann per Adapter auch an einem üblichen Wide-SCSI-Adapter be-trieben werden. SCA-Festplatten besitzen keinen eigenen Anschlussstecker für die Versorgungsspannung, da sich diese mit am Signal-Connector befindet, wie es für das Hot-Plugging notwendig ist

32-Bit-Wide-SCSI existiert bisher (fast) nur auf dem Papier. Als Anschluss werden zwei Lösungen diskutiert: Entweder kommt ein 68-poliges Kabel in Kombination mit dem 50-poligen (A-Kabel) zum Einsatz, wobei das 68-polige eine abweichende Belegung gegenüber dem für 16-Bit-Wide-SCSI üblichen Kabel aufweist und hier die zusätzlichen Signale führt, oder es wird ein 110-poliges (L-Kabel) verwendet, welches zusammengefasst alle SCSI-Signale führt.

5.6 Differential-SCSI

Die bisher erläuterten SCSI-Bussignale beziehen sich immer auf die Masse und führen einen TTL-Pegel. Diese Auslegung wird auch als *asymmetrisch* oder *Single-Ended* be-zeichnet. Es existiert aber auch eine SCSI-Busvariante, welche als *Differential-SCSI* oder auch *symmetrisch* bezeichnet wird. Für diese Lösung werden die Signale nach der RS485-Spezifikation eingesetzt, was damit zu einem störungssichereren System führt. Jedes Bussignal verwendet jeweils zwei Leitungen (+ und –), und es sind Leitungslängen von bis zu 25 m zulässig.

 Single-Ended- und Differential-SCSI-Einheiten dürfen niemals über ein gemeinsames Buskabel miteinander verbunden werden!

Die Dateninformation entspricht beim symmetrischen SCSI-Bus der Differenz des Spannungspegels, der auf beiden Leitungen übertragen wird. Ein auftretender Störimpuls beeinflusst somit den Spannungswert beider Signale gleichermaßen, wobei die Differenz und damit der Informationsgehalt unverändert bleiben. Das folgende Bild zeigt, wie sich ein Störimpuls bei beiden Realisierungen jeweils auf die Dateninformation auswirkt.

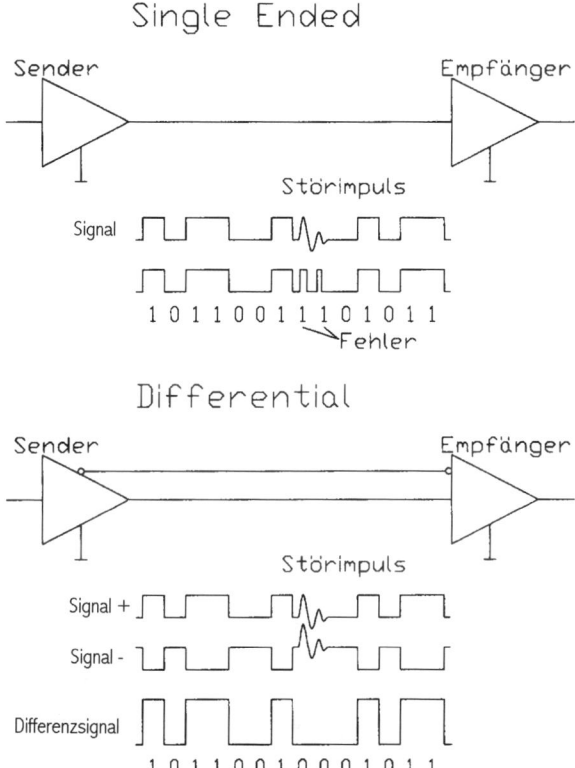

Bild 5.9: Ein Störimpuls bleibt bei Differential-SCSI im Gegensatz zu Single-Ended ohne negative Auswirkungen auf die Dateninformation

Aufgrund der unterschiedlichen Treiberelektronik ist es nicht zulässig, wenn diese beiden Ausführungen innerhalb eines SCSI-Bussystems gemeinsam verwendet werden, und führt zur Zerstörung der Interface.

Bezeichnung	Pin Nr.			Pin Nr.	Bezeichnung
GND (Shield)	1	▮	▮	2	GND
+ Data Bus 0	3	▮	▮	4	- Data Bus 0
+ Data Bus 1	5	▮	▮	6	- Data Bus 1
+ Data Bus 2	7	▮	▮	8	- Data Bus 2
+ Data Bus 3	9	▮	▮	10	- Data Bus 3
+ Data Bus 4	11	▮	▮	12	- Data Bus 4
+ Data Bus 5	13	▮	▮	14	- Data Bus 5
+ Data Bus 6	15	▮	▮	16	- Data Bus 6
+ Data Bus 7	17	▮	▮	18	- Data Bus 7
+ Data Bus Parity	19	▮	▮	20	- Data Bus Parity
Diff-Sense	21	▮	▮	22	GND
GND	23	▮	▮	24	GND
Terminator Power	25	▮	▮	26	Terminator Power
GND	27	▮	▮	28	GND
+ Attention	29	▮	▮	30	- Attention
GND	31	▮	▮	32	GND
+ Busy	33	▮	▮	34	- Busy
+ Acknowledge	35	▮	▮	36	- Acknowledge
+ Reset	37	▮	▮	38	- Reset
+ Message	39	▮	▮	40	- Message
+ Select	41	▮	▮	42	- Select
+ Command/Data	43	▮	▮	44	- Command/Data
+ Request	45	▮	▮	46	- Request
+ Input/Output	47	▮	▮	48	- Input/Output
GND	49	▮	▮	50	GND

Tabelle 5.10: Die Signalbelegung bei Differntial-SCSI (internes A-Kabel) für den 8-Bit-SCSI-Bus

Differential-SCSI gibt es nicht nur für den 8-Bit-SCSI-Bus, sondern auch in der Wide-SCSI-Ausführung. Allerdings spielen beide Differentialversionen – aufgrund der höheren Preise – im PC-Bereich kaum eine nennenswerte Rolle; man findet sie eher in speziellen Workstations und Servern.

Bezeichnung	Pin Nr.		Pin Nr.	Bezeichnung
+ Data Bus 12	1	▪ ▪	35	- Data Bus 12
+ Data Bus 13	2	▪ ▪	36	- Data Bus 13
+ Data Bus 14	3	▪ ▪	37	- Data Bus 14
+ Data Bus 15	4	▪ ▪	38	- Data Bus 15
+ Data Bus Parity 2	5	▪ ▪	39	- Data Bus Parity 2[*]
+ Data Bus 0	6	▪ ▪	40	- Data Bus 0
+ Data Bus 1	7	▪ ▪	41	- Data Bus 1
+ Data Bus 2	8	▪ ▪	42	- Data Bus 2
+ Data Bus 3	9	▪ ▪	43	- Data Bus 3
+ Data Bus 4	10	▪ ▪	44	- Data Bus 4
+ Data Bus 5	11	▪ ▪	45	- Data Bus 5
+ Data Bus 6	12	▪ ▪	46	- Data Bus 6
+ Data Bus 7	13	▪ ▪	47	- Data Bus 7
+ Data Bus Parity 1	14	▪ ▪	48	- Data Bus Parity 1
GND	15	▪ ▪	49	GND
DIFF SENS	16	▪ ▪	50	GND
Terminator Power	17	▪ ▪	51	Terminator Power
Terminator Power	18	▪ ▪	52	Terminator Power
Reserviert	19	▪ ▪	53	Reserviert
GND	20	▪ ▪	54	GND
+ Attention	21	▪ ▪	55	- Attention
GND	22	▪ ▪	56	GND
+ Busy	23	▪ ▪	57	- Busy
+ Acknowledge	24	▪ ▪	58	- Acknowledge
+ Reset	25	▪ ▪	59	- Reset
+ Message	26	▪ ▪	60	- Message
+ Select	27	▪ ▪	61	- Select
+ Control-Data	28	▪ ▪	62	- Control-Data
+ Request	29	▪ ▪	63	- Request
+ Input-Output	30	▪ ▪	64	- Input-Output
+ Data Bus 8	31	▪ ▪	65	- Data Bus 8
+ Data Bus 9	32	▪ ▪	66	- Data Bus 9
+ Data Bus 10	33	▪ ▪	67	- Data Bus 10
+ Data Bus 11	34	▪ ▪	68	- Data Bus 11

Tabelle 5.11: Die Signalbelegung bei Differntial-SCSI für den 16-Bit-SCSI-Bus

5.7 Ultra2-SCSI

Neben den beiden klassischen Differential-Auslegungen (8 und 16 Bit) existiert seit Ende 1997 der Ultra2-Standard, der auch als **L**ow **V**oltage **D**ifferential **S**CSI (LVDS) bezeichnet wird.

Die Kontaktbelegung ist zwar mit dem klassischen Differential-SCSI (Kapitel 5.6) identisch, allerdings gibt es hierzu zwei wichtige Unterschiede: Der Signalpegel ist niedriger (typischerweise +/– 350 mV statt +/– 1,5 V), was die Treiberelektronik preiswerter macht, und die Verwendung des DIFF SENS-Signals (Pin 21) ist vorgeschrieben, was erstmalig auch den Betrieb eines Single-Ended-SCSI-Gerätes an einem Differential-Adapter erlaubt.

DIFF SENS wird von einem angeschlossenen Single-Ended-SCSI-Gerät auf Low gezogen, woraufhin die Treiberbausteine automatisch in den Single-Ended-Mode geschaltet werden, ohne dass es dabei zu elektrischen Beschädigungen kommen kann.

Falls nur ein einziges nicht Ultra2-fähiges Gerät an einen Ultra2-Adapter angeschlossen wird, arbeitet der komplette SCSI-Bus im Standard- (Wide-)Mode.

Demnach ist ein Mischbetrieb von Differential- und Single-Ended-Geräten möglich, was allerdings dazu führt, dass bei Vorhandensein eines einzigen Single-Ended-Gerätes der gesamte SCSI-Bus in dieser Art und Weise arbeiten muss.

Ultra2 ist für zwei Ausführungen definiert: 8-Bit- und 16-Bit-SCSI (Wide), wobei letztere die üblichere ist. Die Datenübertragungsraten betragen 40 Mbyte/s bzw. 80 Mbyte/s in der Wide-Ausführung und es kommt ein 50-poliger bzw. ein 68-poliger Anschluss zum Einsatz. Als maximale Kabellänge wird 12 m angegeben.

Es sei noch einmal darauf hingewiesen, dass Ultra2-SCSI-Geräte keineswegs mit den klassischen Differential-SCSI-Geräten identisch sind. Für Ultra2 werden dementsprechend ein Ultra2-Hostadapter und Ultra2-Geräte benötigt. Ein *Mix* mit Differential-SCSI kann zur Zerstörung der Elektronik führen, und Single-Ended-Geräte am Ultra2-Adapter ergeben zumindest performancetechnisch gesehen keinen Sinn.

Die ersten beiden PCI-Hostadapter für Ultra2 stammen von Adaptec und Symbios Logic (ehemals NCR). Der Symbios-Adapter SYM8951U kann ausschließlich Ultra2-Geräte verwenden und bietet hierfür einen internen und einen externen 68-poligen Anschluss in der 16-Bit-Variante (Wide-SCSI). Entsprechend der Ultra2-Spezifikation schaltet der Symbios-Adapter in den Single-Ended-Mode, sobald ein derartiges Gerät angeschlossen wird. Für diese Geräte wäre daher aus leistungstechnischen Gründen ein zweiter SCSI-Hostadapter nötig.

Der Hostadapter AHA-2940U2W von Adaptec kombiniert auf der Karte praktisch zwei SCSI-Stränge (Single Ended, Ultra2) und bietet insgesamt vier Anschlüsse. Zwei 68-polige – einmal intern, einmal extern – für Ultra2-Geräte (Wide-LVD), einen internen 68-poligen für Wide-SCSI (Single-Ended, Ultra) und einen weiteren internen 50-poligen für den Anschluss der üblichen SCSI-Peripherie, wie beispielsweise eines CD-ROM-Laufwerks.

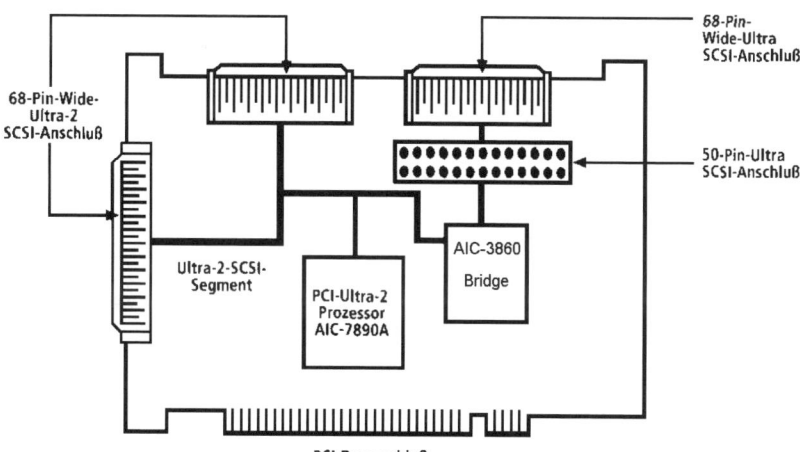

Bild 5.10: *Der Adaptec-Hostadapter 2940 U2W erlaubt den Parallelbetrieb von Ultra2- (LVD), Wide- und Standard-SCSI-Geräten*

Auf dem 2940 U2W arbeitet der PCI-Ultra2-Chip AIC-7890A, der das LVD-Segment bildet, welches mit Hilfe eines Bridge-Bausteins vom Typ AIC-3860 auf single-ended umgesetzt wird.

http://www.adaptec.com

http://www.advansys.com

http://www.dawicontrol.com

http://www.symbios.com

http://www.seagate.com

http://www.quantum.com

Die ersten Festplatten mit Ultra2-Interface gab es zunächst von Seagate (Chetah, Baracuda) und Quantum (Atlas III, Viking II), und mittlerweile werden fast alle Wide-SCSI-Festplatten mit diesem Interface hergestellt.

Alle aktuellen Wide-SCSI-Festplatten besitzen ein Ultra2-Interface. Derartige Festplatten lassen sich ohne Probleme auch an einem klassischen Wide-Interface oder – per Adapter – an einem 8-Bit-SCS-Interface betreiben.

Im Gegensatz zu den anderen SCSI-Ausführungen haben Ultra2-Festplatten üblicherweise intern keine Terminierungsmöglichkeit, so dass demnach entsprechende Terminator-Adapter oder -Kabel zur Herstellung der Busabschlüsse verwendet werden müssen. Die folgende Tabelle zeigt zur Orientierung die Daten der Baracuda 9LP von Seagate, die auch in einer Single-Ended-Ausführung erhältlich ist.

Parameter	Daten (Seagate Baracuda 9LP)
Speicherkapazität	9,2 Gbyte
Bytes per Sektor	512
Anzahl der Köpfe	10
Anzahl der Platten	5
Positionierzeit (durchschnittlich)	10 ms
Track-To-Track	1,5 ms
Datenübertragungsrate	maximal 100 Mbyte/s (16 Bit, LVDS)
Aufzeichnungsverfahren	16/17 EPR4
Umdrehungsgeschwindigkeit	7.200 RPM
MTBF	1.000.000 h
Data Buffer (Cache)	1.024 Kbyte
Schnittstellen	Ultra, Ultra2, LVD (16 Bit)

Tabelle 5.12: Die Daten einer typischen Ultra2-SCSI-Festplatte

5.8 SCSI-Bus-Hostadapter

SCSI kann durch den PC-Hostadapter viele zusätzliche Einsteckkarten im PC ersetzen. Festplatten, Scanner und CD-ROM-, ZIP- und Streamerlaufwerke werden dann alle mit dem SCSI-Bus verbunden. Unabdingbar ist ein SCSI-Hostadapter, der meist als Einsteckkarte realisiert wird.

Es gibt eine ganze Reihe von Herstellern von SCSI-Hostadaptern wie Symbios Logic, Dawicontrol oder Adaptec, um hier nur einige Markenhersteller zu nennen. Daneben existieren zahlreiche weitere, wobei auch hier – wie bei den anderen PC-Komponenten – unbedingt darauf zu achten ist, dass die Hersteller einen angemessenen Treiber-Support für die unterschiedlichen Betriebssysteme bieten. Gerade bei einem SCSI-Hostadapter sollte man aus diesem Grunde den preiswert erscheinenden No-Name-Modellen mit Skepsis begegnen, denn wenn überhaupt ein Support geboten wird, sind diese Firmen nach einiger Zeit vielfach wieder vom Markt verschwunden.

Die Versuchung, beim SCSI-Hostadapter Geld zu sparen, ist relativ groß, denn ein erwiesenermaßen gutes Modell hat schon immer um die 300 DM gekostet. Um es noch einmal zu verdeutlichen: Hier ist die Rede von einem SCSI-Hostadapter, also einer SCSI-Controllerkarte mit eigenem BIOS.

Die einfachen SCSI-Controllerkarten, wie sie mit Scannern oder anderen SCSI-Busgeräten ausgeliefert werden, bleiben hier außen vor, da sie nicht bootfähig und somit auch nur eingeschränkt einsetzbar sind. Auf einer derartigen Karte ist die Terminierung fest eingeschaltet und nicht zu verändern, da davon ausgegangen wird, dass sich hier das eine Ende des SCSI-Bus befindet.

Bild 5.11: Eine typische SCSI-Controllerkarte, wie sie beispielsweise zu Scannern oder CD-ROM-Brennern mitgeliefert wird, ist kein SCSI-Hostadapter, was man wie hier am nicht vorhandenen BIOS-Baustein erkennen kann

Es gibt allerdings auch Hostadapter als PCI-Einsteckkarten, die ohne ein eigenes BIOS ausgestattet sind. Dazu zählen einige der Symbios- oder NCR-Hostadapter, die im Gegensatz zu anderen Typen, z.B. von der Firma Adaptec, recht preisgünstig und bereits ab ca. 100 DM erhältlich sind. Im Bild 5.12 ist beispielsweise der SCSI-Controller 53C810 erkennbar, der sich auf einer PCI-Einsteckkarte oder auch auf einigen Mainboards befinden kann.

Das Prinzip des SCSI-BIOS ist in beiden Fällen das gleiche, es befindet sich nämlich mit im System-BIOS. Zahlreiche Mainboard-Hersteller wie ASUS oder Gigabyte bieten in den entsprechenden BIOS-Versionen diese SCSI-Bus-Unterstützung, auch wenn man zuweilen noch nicht einmal dem Heft zum Mainboard einen entsprechenden Vermerk entnehmen kann.

Zahlreiche BIOS-Versionen beinhalten bereits die Unterstützung für SCSI-Busgeräte, so dass ein relativ preisgünstiger Symbios-SCSI-Controller (ohne eigenes BIOS) eingesetzt werden kann.

Falls in den Mainboard-Unterlagen von einem NCR-BIOS oder SDMS-Support (**S**CSI **D**evice **M**anagement **S**oftware) im Zusammenhang mit dem System-BIOS die Rede ist, befindet sich auf jeden Fall ein SCSI-BIOS für die NCR-Controller mit im System-BIOS, welches auch einige spezielle SCSI-Optionen zur manuellen Konfigurierung enthalten kann.

Allerdings sind diese Optionen meist nicht so vielfältig wie bei den Hostadaptern mit eigenem BIOS, und einige werden nur über eine Diskette, die zum Lieferumfang des Adapters gehört, zur Verfügung gestellt, was ebenso für die notwendigen Treiber gilt. Es gibt auch Mainboards, beispielsweise der Firma IWILL, die einen Adaptec-Contoller (2940U-kompatibel) besitzen.

Das Preis-Leistungs-Verhältnis ist bei diesen Mainboards meist als sehr gut zu bewerten, wenn man dabei die Anschaffungskosten für einen separaten Hostadapter berücksichtigt. Leider mangelt es ihnen manchmal an der Kompatibilität im Vergleich zu den einzeln erhältlichen Hostadaptern und ihren Einstellungsmöglichkeiten im SCSI-BIOS-Setup.

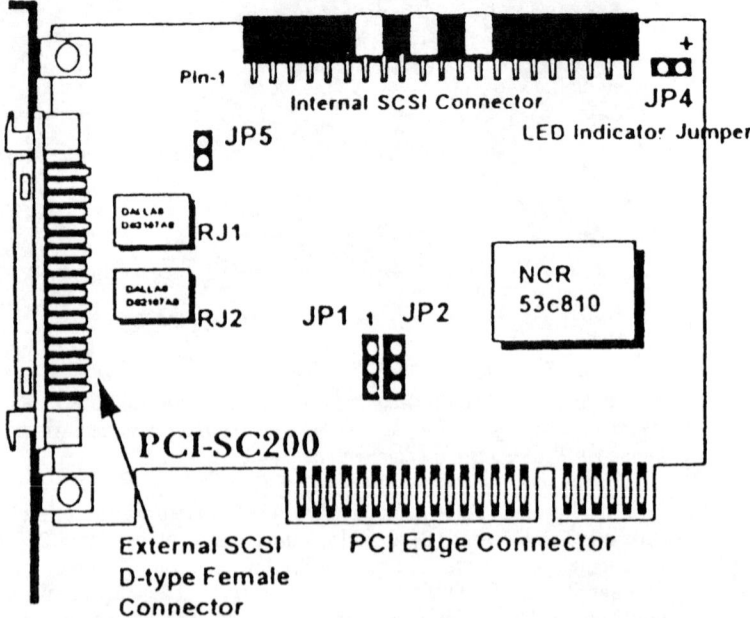

Bild 5.12: *Obwohl diese SCSI-Controllerkarte über kein eigenes SCSI-BIOS verfügt, kann sie als vollwertiger Hostadapter verwendet werden, wenn das System-BIOS auf dem Mainboard hierfür ausgelegt ist*

Der bekannteste Hersteller von SCSI-Hostadaptern ist die Firma Adaptec, die auch zahlreiche Tools und zusätzliche Programme zur Unterstützung verschiedener SCSI-Busgeräte für unterschiedliche Betriebssysteme anbietet. Im folgenden sind einige verbreitete Modelle der Firma Adaptec angegeben. Andere Hersteller wie Dawicontrol oder auch Advance versehen ihre Hostadapter teilweise mit Bezeichnungen, die denen von Adaptec zum Verwechseln ähnlich sind, was sicher kein Zufall ist, sondern gewissermaßen auch die Akzeptanz der Adaptec-Hostadapter am Markt signalisiert.

Die Adapter mit einer »42« in der Bezeichnung besitzen zusätzlich einen Controller für die Diskettenlaufwerke, was bei den Modellen mit einer »40« nicht der Fall ist. Da diese aber ansonsten baugleich sind, werden sie nicht extra mit angeführt.

···⟩ **AHA-1542B**

ISA-Hostadapter, der komplett per Jumper konfiguriert wird.

···⟩ **AHA-1542CF**

ISA-Hostadapter mit menügeführter Konfiguration im SCSI-BIOS, dennoch sind hier Jumper für die Terminierung und die I/O- und die Memory-Adresse zu stecken.

···⟩ **AHA-1640**

Hostadapter für den MicroChannel, der automatisch mit Hilfe der dazugehörigen Adapter-Definitions-Datei (ADF) konfiguriert wird.

···⟩ **AHA-1742**

EISA-Hostadapter, der EISA-konform mit Hilfe der EISA Configuration Utility (ECU) konfiguriert wird.

···⟩ **AHA-2842 VL**

VLB-Hostadapter, der komplett per Jumper konfiguriert wird.

···⟩ **AHA-2940 und AHA-2940/Ultra**

PCI-Hostadapter, der automatisch vom PCI-BIOS konfiguriert wird. Die »SCSI-Seite« wird per SCSI-BIOS eingestellt. Die Ultraversion unterstützt den Fast-20-Mode.

···⟩ **AHA-2940/Wide und AHA-2940/Ultra Wide**

PCI-Hostadapter, der automatisch vom PCI-BIOS konfiguriert wird. Die »SCSI-Seite« wird per SCSI-BIOS eingestellt. Der Adapter entspricht der SCSI-Wide-Auslegung und unterstützt sowohl 8-Bit- als auch 16-Bit-SCSI-Geräte. Wide-SCSI gestattet den Anschluss von maximal 15 SCSI-Geräten und der 8-Bit-Anschluss derer sieben (jeweils ohne Hostadapter), wie es bei Standard-SCSI generell möglich ist. Es können jedoch insgesamt (8- plus 16-Bit-Geräte) nicht mehr als maximal 15 SCSI-Busgeräte verwendet werden.

···⟩ **AHA-2940A/Ultra**

Der Nachfolger des AHA-2940/2940Ultra. Die Platine ist kleiner, und die Leuchtdiode auf der Platine für die Signalisierung der SCSI-Bus-Aktivität ist hier leider wegrationalisiert worden. Dieser Adapter benötigt, anders als der Vorgänger, einen weiterentwickelten Treiber, der von Windows 95 (Version 1.0), nicht aber von Windows NT 4.0 mitgeliefert wird. Läuft unter NT 4.0 jedoch nur mit installiertem Service Pack 3 stabil.

···⟩ **AHA-2940U2W**

PCI-Hostadapter für Ultra2, Wide- und Standard-SCSI-Geräte. Bietet insgesamt vier SCSI-Busanschlüsse.

···⟩ **AHA-3940(U)**

Hostadapter für den PCI-Bus mit zwei getrennten SCSI-Kanälen (MultiChannel Hostadapter). Es lassen sich maximal 14 SCSI-Busgeräte (je sieben pro Strang) anschließen. Der Adapter wird meist in Servern eingesetzt. Viele ältere PCI-Mainboards können mit diesem Typ nicht korrekt zusammenarbeiten.

···⟩ **AHA-3940UW**

Entspricht in der Funktion dem Typ AHA-3940(U), ist demgegenüber in 16-Bit-Wide-SCSI ausgeführt. Es lassen sich maximal 30 SCSI-Busgeräte (beide Stränge) betreiben.

···⟩ **AVA-1505**

Einfacher, nicht bootfähiger ISA-SCSI-Controller, der per Jumper zu konfigurieren ist, mit externem 25-poligen SCSI-Anschluss (DSUB).

···⟩ **AVA-1515**

Bootfähiger ISA-SCSI-Controller, der per Jumper zu konfigurieren ist, mit externem 25-poligen SCSI-Anschluss (DSUB).

Bild 5.13: Der Adaptec AHA-2940AU ist gegenüber der Vorgängerversion (AHA-2940) schaltungstechnisch und mechanisch gesehen verkleinert worden; beide Typen sind untereinander nicht voll softwarekompatibel

5.9 SCSI-Bus-Konfiguration

Zunächst ist zu klären, um welches SCSInterface es sich bei den einzusetzenden Geräten jeweils handelt. Im einfachsten Fall befindet sich im PC ein Hostadapter, an den eine einzige Festplatte angeschlossen ist, wobei beide über den gleichen Anschluss verfügen (50-polig, narrow und/oder 68-polig wide). Dieser Minimalzustand sollte im vermeintlichen Fehlerfall auch bewusst hergestellt werden, falls die Festplatte oder der Hostadapter in Verdacht stehen, das SCSI-System aus dem Tritt gebracht zu haben.

Grundsätzlich ist es bei der SCSI-Fehlersuche sinnvoll zu versuchen, das Problem zu isolieren, also Geräte zunächst vom Bus »abzuhängen«, denn ein einziger Fehler in irgendeinem Gerät kann das komplette System »lahmlegen«.

Im BIOS-Setup des PC werden für SCSI-Festplatten keine spezifischen Daten eingetragen, sondern für die jeweilige SCSI-Festplatte NOT INSTALLED – also keine Festplatte im PC installiert. Die Festplattenparameter werden stattdessen vom SCSI-Hostadapter »aus der Platte gelesen« und selbständig aktiviert.

Ohne Verwendung eines Gerätetreibers können mit einem üblichen Adapter zwei SCSI-Festplatten betrieben werden. Treiber werden in die CONFIG.SYS geschrieben und für die folgenden Konfigurationen benötigt:

···⋗ DOS-Programme, die im Protected Mode arbeiten

···⋗ Für jedes andere Betriebssystem außer DOS

···⋗ Wenn mehr als zwei Festplatten verwendet werden sollen

···⋗ Für jedes andere SCSI-Gerät wie CD-ROM oder Streamer

Der ASPI-MSDOS-Manager, wie er zu Adaptec-Hostadaptern mitgeliefert wird, wird mit den folgenden Einträgen in der CONFIG.SYS geladen:

DEVICE = ASPI4DOS.SYS

DEVICE = ASPIDISK.SYS

Mit dem ASPI-Manager sind zahlreiche Hilfsprogramme für SCSI-Geräte verfügbar, so zum Beispiel das Programm AFDISK, welches hier zum Partitionieren und Formatieren der dritten und jeder weiteren Festplatte benötigt wird. Sowohl Windows 95 als auch Windows NT besitzen einen eigenen ASPI-Treiber, so dass der obengenannte allein für DOS benötigt wird. In der neueren Version heißt er auch ASPI8DOS.SYS, wie er ab dem Adapter AHA-2940 standardmäßig im Adaptec-Kit mitgeliefert wird.

Ist bereits eine Festplatte (z.B. EIDE) im System installiert und im Setup angegeben, wird die SCSI-Festplatte automatisch als Laufwerk »D« eingebunden. Bei älteren PCs kann grundsätzlich nur dann von einer SCSI-Platte aus gebootet werden, wenn sich keine andere Festplatte im PC befindet. Nach dem System wird immer auf der ersten Platte gesucht. Bei allen neueren PCs kann die gewünschte Bootsequenz im BIOS-Setup eingestellt werden.

Für das Zusammenspiel des Adapters mit einer SCSI-Festplatte, die bereits mit einer anderen Adapterkarte partitioniert und formatiert wurde, ist in vielen Fällen eine Neuformatierung notwendig. Beispielsweise verwenden Adaptec- und Symbios-Adapter ein unterschiedliches Mapping, was zur Folge hat, dass eine Festplatte, die mit einem Adaptec-Adapter formatiert wurde, nicht an einem Symbios-Adapter korrekt funktioniert. Mitunter – je nach Adaptertyp – ist sie »nur« nicht mehr bootfähig, d.h. man kommt noch an die Daten heran, wenn man stattdessen von Diskette oder einem anderen Device bootet.

Verlassen kann man sich aber nicht darauf und es kann durchaus zu recht merkwürdigen Fehlermeldungen kommen, bei denen man nicht unbedingt auf den Adapter und die Festplatte tippt. Beim ersten Lesezugriff auf die noch nicht angepasste Platte, wonach sich der PC aufhängt, lautet solch eine Fehlermeldung beispielsweise wie folgt:

NO ROM BASIC

SYSTEM HALTED

In solch einem Fall ist eine Neuformatierung der Festplatte notwendig und zuweilen sogar eine Low-Level-Formatierung, die meist im SCSI-BIOS-Setup angewählt werden kann.

Im folgenden Bild ist ein Beispiel für die SCSI-Software-Konfiguration gezeigt. Besonders interessant ist in diesem Zusammenhang der Menüpunkt »Dynamically Scan SCSI Bus for BIOS-Devices«, welcher mit »Disabled« voreingestellt ist. Mit dieser Einstellung werden Festplatten, die eine von 0 oder 1 abweichende SCSI-Adresse besitzen, nicht erkannt. Nach einer Wartezeit von bis zu einigen Minuten erscheint dann die Meldung »No Interrupt 13 Device«, womit das SCSI-BIOS mitteilt, dass es sich bei dem vorhandenen SCSI-Gerät eben nicht um eine Festplatte handelt. Alle Disketten- und Festplattenoperationen werden üblicherweise über diesen Interrupt abgewickelt.

```
               Adaptec AHA-1540CF/1542CF  SCSISelect(TM) ▸ Utility v2.02

    ╔═══════════════════ AHA-1540CF/1542CF at Port 330h ═══════════════════╗
    ║                    Advanced Configuration Options                     ║

      Floppy Controller I/O Port (AHA-1542CF only)................. 3F0h-3F7h
      Reset SCSI Bus at Power-On................................... Enabled

        ───── Options Listed Below Have NO EFFECT if the BIOS is Disabled ─────

      Host Adapter BIOS (Configuration Utility Reserves BIOS Space).. Enabled
      System Boot (INT 19h) Controlled by Host Adapter BIOS.......... Enabled
      Extended BIOS Translation for DOS Drives > 1 GByte............. Disabled
      Support Removable Disks Under BIOS as Fixed Disks............. Disabled
      Dynamically Scan SCSI Bus for BIOS Devices.................... Enabled
      BIOS Support for More Than 2 Drives (MS-DOS(R) 5.0 and above).. Disabled
      Immediate Return On Seek Command............................. Enabled
      Display <Ctrl><A> Message During BIOS Initialization.......... Enabled

      BIOS Support for Floptical Drives............................ Disabled
    ╚══════════════════════════════════════════════════════════════════════╝

      Arrow keys to move cursor, <Enter> to select option, <Esc> to exit (*=default)
```

Bild 5.14: Die SCSI-Konfiguration bei einem ISA-Hostadapter

Schaltet man den obigen Menüpunkt auf *Enabled*, funktioniert die Identifizierung der Festplatten mit beliebigen SCSI-Adressen (0–6) ohne Probleme. Dies ist im Grunde ein Feature einiger Hostadapter, denn bei älteren Modellen (z.B. AHA1542B) werden ohne zusätzliche Treiberprogramme ausschließlich Festplatten mit den Adressen 0 oder 1 erkannt. Falls man keine Unterlagen zu seiner SCSI-Festplatte besitzt, kann man sich auch mit einem älteren SCSI-Hostadapter in vielen Fällen dadurch helfen, dass man alle Adress-Jumper auf der Festplatte entfernt, wodurch dann meist die SCSI-Adresse 0 festgelegt ist.

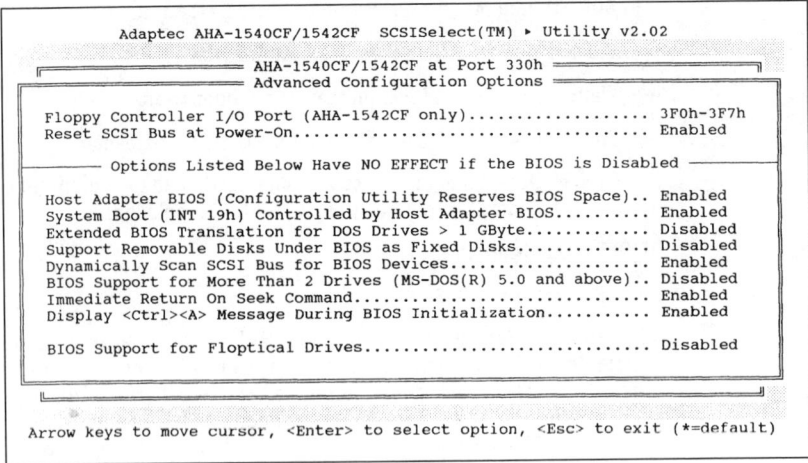

```
Initialize Plug and Play Cards...
Card-01: AW35 (Resource R2.0-D7)
Card-02: 3Com 3C509B EtherLink III
PNP Init Completed


DC-2976UW SCSI BIOS Vers 4.15
Copyright (C) 1994-99 Dawicontrol GmbH
All Rights Reserved.

ROM Address...: C800h
I/O Address...: D400h
Interrupt.....: IRQ 10

Initiator ID..: 7

Target ID  0..: QUANTUM  LIGHTNING 365S    Drive C (64 Heads, 32 Sectors)
Target ID  1..: CONNER   CFP2105S  2.14GB  Drive D (67 Heads, 62 Sectors)
Target ID  2..: PLEXTOR  CD-ROM PX-8XCS
Target ID  3..: PLEXTOR  CD-R   PX-R412C

SCSI BIOS installed.
```

Bild 5.15: Hier werden sowohl der Hostadapter als auch alle daran angeschlossenen Geräte erkannt; welche PC-Ressourcen (ROM, I/O, Interrupt) der Adapter belegt, wird hier ebenfalls angezeigt, was nicht bei allen PCI-Modellen praktiziert wird

Damit Festplatten automatisch vom BIOS (nahezu) beliebiger SCSI-Hostadapter erkannt werden, sollte die Adresse 0 oder 1 für sie festgelegt werden.

Stand der Technik sind SCSI-Hostadapter für den PCI-Bus, die ohne Jumper komplett per SCSI-BIOS-Setup konfiguriert werden. Die Konfiguration beschränkt sich dabei auf SCSI-spezifische Festlegungen, während die Vergabe der PC-Ressourcen (Adressen, IRQ, DMA) automatisch durch das PCI-BIOS (Plug&Play) erfolgt. Dies ist bei den älteren ISA-Modellen nicht möglich, sondern hier sind entweder Jumper zu stecken oder die PC-Ressourcen-Einstellungen finden sich ebenfalls im SCSI-BIOS-Setup.

Nach dem Einbau eines PCI-SCSI-Hostadapters sollte sich zunächst das SCSI-BIOS melden, und falls bereits Geräte angeschlossen sind, sollten diese ebenfalls selektiert werden, was im Folgenden noch genauer erläutert wird.

5.9.1 Standard- und Wide-SCSI

In diesem Kapitel geht es vorwiegend um die beiden Adaptec-Hostadapter AHA-2940U und AHA-2940U(2)W, wobei die Erläuterungen im Prinzip auch für andere Modelle gültig sind, da sich andere Hersteller – wie erwähnt – vielfach an den Adaptec-Terminologien orientieren.

Wer sich noch nicht mit der Terminierung, also der grundsätzlichen SCSI-Bus-Konfigurierung und dem Anschluss von SCSI-Busgeräten auskennt, sollte sich daher zunächst das Kapitel 5.9.3 näher ansehen.

Wie es aus dem Bild 5.16 erkennbar ist, sind die beiden Adaptec-Hostadapter ähnlich aufgebaut. Für die Terminierung des *AHA-2940 Ultra* ist im SCSI-BIOS-Setup *Automatic* als Voreinstellung gesetzt. Falls während des Betriebs etwas mit dem SCSI-Bus nicht stimmen oder ein Gerät nicht erkannt werden sollte, ist nach der Kontrolle der Terminierungen bei den einzelnen Geräten als Nächstes der Menüpunkt *Host Adapter Termination* explizit auf *Enabled* oder *Disabled* zu setzen.

Beim Wide-SCSI-Adapter (2940UW) gibt es eine Besonderheit zu beachten. Die Voreinstellung für die Terminierung ist hier *Low ON* und *High ON*, was für den Standard- *und* den Wide-SCSI-Bus Auswirkungen hat. Denn es können, wie unter *Wide-SCSI* erläutert, nicht alle drei Anschlüsse (extern 68-polig, intern 68-polig, intern 50-polig) gleichzeitig verwendet werden, da die beiden SCSI-Busstränge bei diesem Adapter eben nicht unabhängig voneinander arbeiten und andernfalls auch 15 (Wide) plus sieben SCSI-Geräte hätten verwendet werden können. Die folgende Tabelle (vergl. auch Bild 5.6) zeigt die hier möglichen Kombinationen.

Geräte am Anschluss	WideTermination	
	Low	High
68 Pin, extern	On	On
68 Pin, intern	On	On
50 Pin, intern	On	On
68 Pin, intern und extern	Off	Off
50 Pin, extern und 68 Pin, intern	Off	On
50 Pin, intern und 68 Pin, extern	Off	On

Tabelle 5.13: Beim Wide-SCSI-Adapter sind die beiden SCSI-Busse nicht unabhängig voneinander, so dass hier nur die angegebenen Kombinationen möglich sind. Die Voreinstellung ist »Low on« und »High on«

Die besagte Einschränkung in den Anschlussmöglichkeiten und die Tatsache, dass der externe Anschluss 68-polig und nicht wie üblich 50-polig ist, kann sich in der Praxis als äußerst ärgerlich herausstellen. Zum einen besitzen alle gebräuchlichen externen SCSI-Geräte wie Scanner oder Tape Drives einen 50-poligen Anschluss, was also einen entsprechenden Adapter oder ein spezielles Kabel (68 Pin auf 50 Pin) erfordert, die, wenn überhaupt, zu recht stolzen Preisen erhältlich sind.

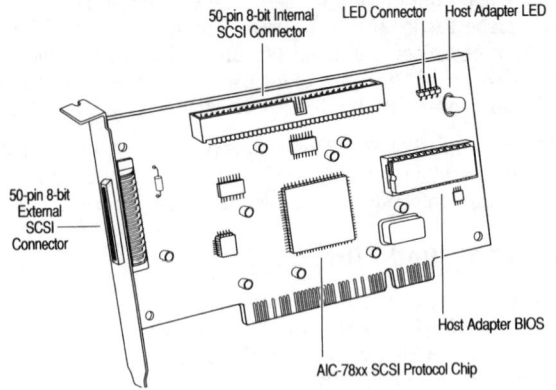

AHA-2940 Layout

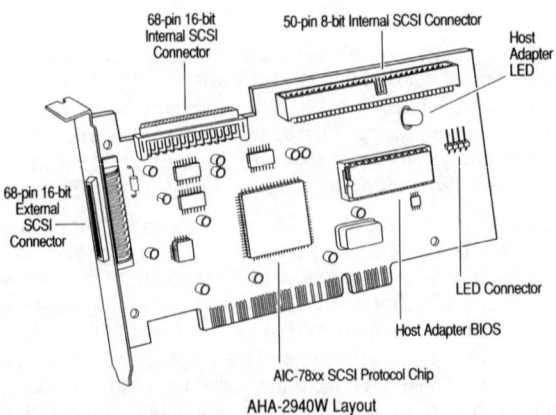

AHA-2940W Layout

Bild 5.16: *Der Hostadapter »AHA-2940 Ultra Wide« besitzt anders als der »AHA-2940 Ultra« einen zusätzlichen internen 68-poligen Connector zum Anschluss von Wide-SCSI-Geräten (16 Bit); der externe Connector ist hier ebenfalls 68-polig, was den Anschluss von solchen externen Geräten erschwert, die üblicherweise den 50-poligen Connector besitzen*

Zum anderen kann dann zwar intern eine Wide-SCSI-Festplatte an den 68-poligen Connector angeschlossen werden, doch weder eine Standard-SCSI-Festplatte (50-polig) noch ein CD-ROM-Laufwerk. Auch hier müsste mit einer vergleichsweise teuren Adapterlösung gearbeitet werden.

Diese Konstellation ist gewiss nicht ungewöhnlich, doch es gibt hier glücklicherweise eine preiswertere Lösung. Sind intern beispielsweise ein CD-ROM-Laufwerk (50-polig) und eine Wide-SCSI-Festplatte (68-polig) angeschlossen (Termination Low: Off, High: On, siehe Tabelle 5.12), können extern dennoch externe Geräte adaptiert werden, wenn man den 50-poligen Anschluss aus dem PC-Gehäuse herausführt und an dieser Stelle dann die Geräte nacheinander anschließt. Das hier letzte Gerät wird terminiert, das davor liegende (hier CD-ROM-Laufwerk) nicht.

Zum Herausführen des 50-poligen Kabels gibt es prinzipiell zwei Möglichkeiten. Entweder wird das Kabel einfach durch ein Loch (Slotblech herausnehmen) aus dem Gehäuse geführt, oder man wählt die elegantere Methode und besorgt sich ein Slotblech mit zwei beidseitigen, 50-poligen Anschlüssen (einmal intern, einmal extern).

Das interne Kabel wird auf den Anschluss am Slotblech gelegt, und extern können wie beim herkömmlichen Adapter die externen Geräte angeschlossen werden. Allerdings wird man ein derartiges Slotblech eher im Electronic- als im Computerladen finden, beispielsweise bei Conrad Electronic für ca. 25 DM, und um eine gewisse Bastelei nicht herumkommen.

Im Zusammenhang mit dem Übergang vom Standard-SCSI- auf den Wide-SCSI-Bus gibt es ein wahres Wirrwarr von Anschlüssen, Kabeln, Zwischenstücken und Terminierungsadaptern, so dass man gleich beim Kauf eines Hostadapters oder SCSI-Busgerätes an die entsprechenden zusätzlichen Komponenten denken sollte, die den Gesamtpreis des Systems ganz beträchtlich steigern können.

Eine besonders große Auswahl an unterschiedlichen SCSI-Bus- und Terminierungssteckern sowie SCSI-Buskabeln führt die Firma Reichelt Elektronik, deren Adresse im Anhang zu finden ist. Die im folgenden Bild gezeigte Lösung hat sich in der Praxis bewährt und ist zudem noch recht preiswert zu realisieren.

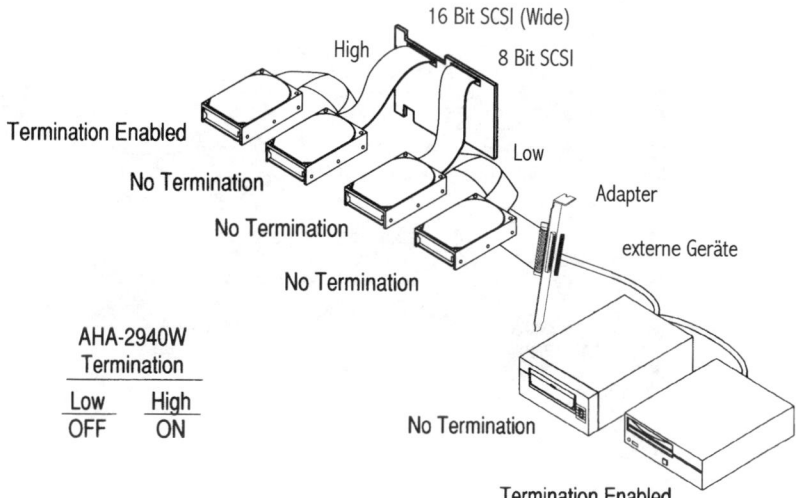

Bild 5.17: Der Aufbau eines SCSI-Bussystems mit dem Adaptec 2640UW; durch einen zusätzlichen Adapter können nun auch externe 8-Bit-Geräte richtig angeschlossen werden

5.9.2 Hostadapter-Setup

Mit dem Erscheinen der SCSI-BIOS-Meldung »»» Press <Ctrl> <A> for SCSI SelectTM Utility !«« und der Betätigung der Tasten [Strg] und [A] wird der SCSI-BIOS-Setup aufgerufen. Der erste Bildschirm bietet hier zwei Optionen, und mit der [Esc]-Taste kann man den Setup auch gleich wieder beenden:

···➔ **Configure/View Host Adapter Settings**

···➔ **SCSI Disk Utilities**

Nach der Anwahl der *SCSI Disk Utilities* werden alle angeschlossenen und erkannten SCSI-Busgeräte mit ihren jeweiligen SCSI-Adressen angezeigt, was somit der erste Schritt zur Überprüfung der Einstellungen sein sollte. Wird eine Festplatte an dieser Stelle selektiert, erscheinen wieder zwei Optionen, und zwar *Format Disk*, was man wie erwähnt nur im Notfall anwenden sollte, denn der Inhalt der Festplatte wird danach komplett gelöscht, weil hier eine Low-Level-Formatierung durchgeführt wird, und *Verify Disk Media*. Diese Option ist ebenfalls nur bei Verdacht auf einen Schaden der SCSI-Festplatte anzuwenden, denn sie führt zu einer Überprüfung der Festplattenoberfläche, was bei einer größeren Festplatte schon mal eine Stunde dauern kann. Allerdings kann der Test auch während der Laufzeit abgebrochen werden.

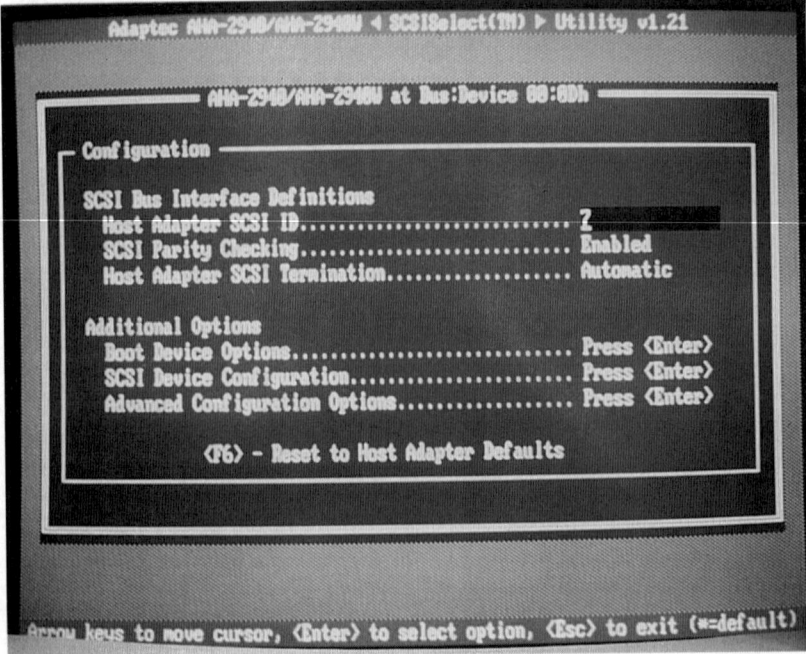

Bild 5.18: Der erste Bildschirm des Configuration-Setups für die Adaptec-SCSI-Controller erlaubt die grundlegenden Einstellungen

Die *Configure/View Host Adapter Settings* bieten eine Fülle an Einstellungsmöglichkeiten. Welche Einträge man hier findet und was sie im Einzelnen bedeuten, ist im Folgenden für die beiden Adaptec Hostadapter AHA-2940U und AHA-2940UW (Standard und Wide) angegeben, wobei die Erläuterungen (teilweise) auch für andere Modelle zutreffend sind. Mittlerweile wird bei der SCSI-BIOS-Setup bei einigen Modellen (z.B. AHA-2940AU) auch in deutscher Sprache präsentiert, was die Einstellungen durchaus erleichtern kann, doch vielfach auch zu Verwirrung führt, da sich die speziellen SCSI-Terminologien kaum sinnvoll ins Deutsche übersetzen lassen.

SCSI Bus Interface Definitions

Host Adapter SCSI ID
Angabe der SCSI-Busadresse für den Hostadapter, üblicherweise die Nummer 7.

SCSI Parity Checking
Diese Fehlererkennung ist meist eingeschaltet, sollte jedoch nur dann verwendet werden, wenn alle angeschlossenen SCSI-Busgeräte diese Option unterstützen.

Host Adapter Termination
Einschalten der Terminierung im Hostadapter. Die Voreinstellung ist Automatic (2940U) und Low On, High On beim 2940UW.

Additional Options – Boot Device Options

Boot Target ID
Angabe der SCSI-Busadresse für die Bootfestplatte, üblicherweise 0 oder 1.

Boot LUN Number
Ein SCSI-Busgerät kann prinzipiell mehrere Logical Units (LUNs, logische Einheiten) beinhalten, wie es beispielsweise bei RAID-Systemen der Fall ist. Üblicherweise entspricht ein SCSI-Gerät aber einer einzigen LUN, so dass hier 0 stehen muss.

Additional Options – SCSI Device Configuration

Diese Optionen gelten für jedes einzelne Gerät, d.h. für acht Geräte bei Standard-SCSI und 16 Geräte bei Wide-SCSI.

Initiate Sync Negotiation
Ist hier Yes (Enabled) angegeben, wird davon ausgegangen, dass das Gerät selbst bekanntgeben kann, ob der asynchrone oder der synchrone Übertragungsmodus unterstützt wird. Für ein älteres SCSI-Busgerät ist diese Option auf No (Disabled) zu schalten.

Initiate Wide Negotiation
Diese Option gilt nur für den 2940UW bzw. findet sich ausschließlich bei Wide-SCSI-Hostadaptern. Ist hier Yes (Enabled) für das betreffende Gerät angegeben, versucht der Adapter automatisch festzustellen, ob die Datenübertragung in 8- oder 16-Bit-Breite erfolgen kann. Ist über einen Adapter am Wide-Anschluss ein älteres 8-Bit-SCSI-Busgerät angeschlossen, ist dieser Punkt auf No (Disabled) zu schalten.

Maximum Sync Transfer Rate
Die Voreinstellung von typischerweise 20 Mbyte/s bzw. 40 Mbyte/s (Ultra Wide, z.B. 2940UW) sollte nur dann für ein Gerät herabgesetzt werden, wenn es im Betrieb »aussteigen« sollte, weil es diese (hohen) Transferraten nicht unterstützt.

Enable Disconnection
Diese Einstellung hat einen gewissen Einfluss auf die SCSI-Bus-Performance und steht nur dann auf No, wenn sich ein einziges Gerät am SCSI-Bus befindet. Bei Yes wird es dem jeweiligen Gerät ermöglicht, sich bei Nichtbenutzung aus dem SCSI-Datenverkehr »auszuklinken«, was somit eine schnellere Datenübertragung zur Folge haben kann.

Send Start Unit Command
Üblicherweise starten die SCSI-Busgeräte automatisch nach dem Einschalten und benötigen kein Start-Kommando (Disabled). Bei einigen Festplatten, wie sie in Workstations eingesetzt werden, kann per Jumper festgelegt werden, dass sie erst nach einem Startkommando »hochlaufen«, was im PC-Bereich jedoch eher unüblich ist.

Additional Options – Advanced Configuration Options

Plug and Play SCAM Support
SCSI Configured AutoMatic (SCAM) ist die Plug&Play-Funktion für SCSI-Busgeräte, die automatisch eine Adresse zugewiesen bekommen können. Einige (neuere) Festplatten und auch CD-ROM-Laufwerke von Plextor unterstützen diese Option, so dass dann keine Jumper für die jeweilige SCSI-Busadresse zu setzen ist und sie vom Adapter automatisch vergeben wird. Üblicherweise kann dieser Eintrag auf Enabled stehen, auch wenn sich keine SCAM-Geräte im System befinden. Sollte es hiermit Probleme geben – und nicht nur bei älteren Geräten kann dies der Fall sein –, dann sollte auf Disabled umgestellt werden.

Host Adapter BIOS
Normalerweise ist hier Yes (Enabled) angegeben und der Hostadapter daher bootfähig. Falls sich zwei bootfähige SCSI-Bus-Hostadapter im PC befinden, ist bei einem das BIOS auf Disabled zu schalten.

Support Removable Disks under BIOS as fixed Disks
Eine Einstellung für Wechselplatten mit mehreren Optionen, wobei hier Boot Only als Voreinstellung zu finden ist. Dies bedeutet, dass nur eine bootfähige Wechselplatte als Festplatte behandelt wird. Mit *All Disks* gilt dies für alle Devices und mit Disabled für keines.

Extended BIOS Translation for DOS Devices > 1 Gbyte
Die Unterstützung für Festplatten unter DOS mit einer Kapazität größer als 1 Gbyte wird mit dieser Option eingeschaltet, was auch der üblichen Voreinstellung entspricht.

Display <Ctrl A> Message during BIOS Initialization
Soll aus irgendeinem Grund keine Meldung zum Aufruf des SCSI-BIOS-Setups erscheinen, wird dieser Punkt auf Disabled geschaltet.

Multiple LUN Support
Diese Einstellung gilt nur für SCSI-Geräte, die aus mehreren LUNs bestehen (siehe auch Boot LUN Number).

BIOS Support for more than 2 Drives
Die übliche Einstellung ist Enabled, wodurch maximal acht Geräte (Festplatten) verwaltet werden können. Eventuell vorhandene IDE-Festplatten werden hier mitgezählt.

BIOS Support for bootable CD-ROM
Die Unterstützung eines bootfähigen CD-ROM-Laufwerks wird hier eingeschaltet. Die CD-ROM muss aber speziell hierfür ausgelegt sein. Einige »Brennprogramme« bieten die Option, bootfähige CDs zu erstellen.

BIOS Support for Int 13 Extensions
Über den Software-Interrupt 13 werden unter DOS die Festplattenzugriffe gesteuert, und Enabled bedeutet hier, dass eine Unterstützung für Festplatten mit mehr als 1.024 Zylindern gegeben ist.

5.9.3 Festplatten konfigurieren

Im BIOS-Setup des PC darf bei Verwendung einer SCSI-Festplatte kein Typ (NOT INSTALLED) für das betreffende Festplattenlaufwerk angegeben werden. Der Festplatte und den eventuell vorhandenen weiteren SCSI-Geräten wird – meist über Jumper – eine SCSI-Identifikationsnummer (0–7) zugewiesen. Wichtig ist, dass nicht aus Versehen zwei Geräten die gleiche Nummer zugewiesen wird, denn dann werden beide Geräte nicht erkannt.

Bild 5.19: Nicht immer einfach zu finden: die Jumper für die Festlegung der Adresse auf einer SCSI-Festplatte

Verwendet man lediglich eine einzige SCSI-Festplatte, können die vom Hersteller getroffenen Voreinstellungen beibehalten werden, und der Abschlusswiderstand bleibt in der Plattenelektronik sowie im Hostadapter aktiviert. Gedrehte Kabel zur Konfiguration wie bei den Diskettenlaufwerken oder den alten MFM-Festplatten (ST506/412) gibt es beim SCSI-Bus grundsätzlich nicht.

Die Abschlusswiderstände dürfen sich generell nur jeweils im letzten am Bus angeschlossenen SCSI-Gerät befinden, also an den beiden Busenden, wie es bereits zuvor erwähnt wurde. Gleichwohl kommt es immer wieder vor, dass dieses im Grunde recht einfache Prinzip nicht konsequent beherzigt wird und im Nachhinein die merkwürdigsten Phänomene auftreten können, wie beispielsweise der gefürchtete »blaue Bildschirm« bei Windows NT.

Unabhängig von der Geräteanzahl und der Komplexität eines SCSI-Bussystems wird die Terminierung grundsätzlich nur bei zwei Geräten aktiviert, und zwar bei denjenigen, die sich jeweils an den beiden Busenden befinden, wobei externe Geräte (Scanner o.Ä.) dabei ebenfalls zu berücksichtigen sind.

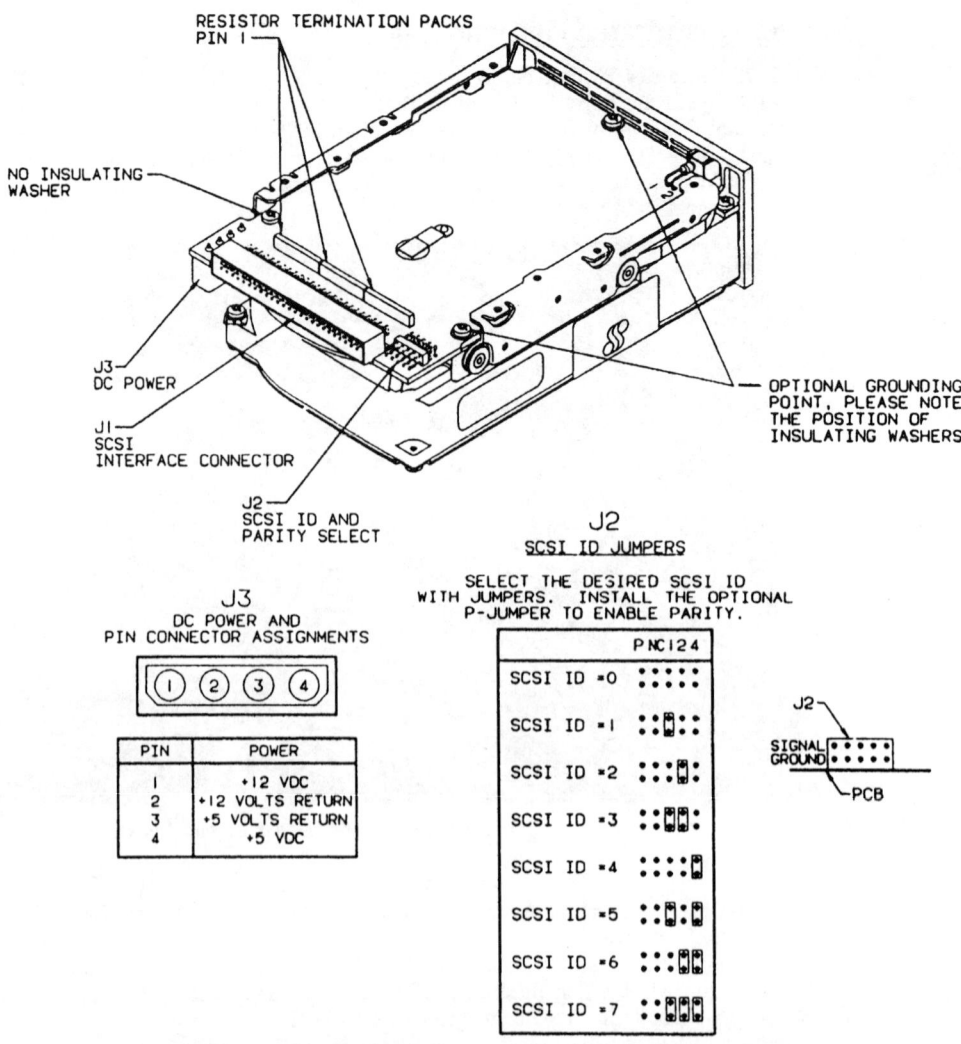

Bild 5.20: *Die Anschlüsse und Jumper bei einer SCSI-Festplatte. Die Terminatorwiderstände sind hier in Form dreier Arrays ausgeführt und bleiben nur dann gesteckt, wenn sich die Festplatte an einem Ende des SCSI-Bus befindet*

Selbst einige PC-Hersteller beachten nicht die korrekte Terminierung, was auch daran liegen mag, dass ein SCSI-Bussystem durchaus funktionieren *kann*, wenn beispielsweise in drei oder vier Geräten die Widerstände aktiviert sind. Ärger gibt es spätestens dann, wenn externe SCSI-Busgeräte ins Spiel kommen, denn dabei machen sich die größeren Kabellängen bemerkbar (Reflexion), und man sucht nach allem Möglichen und denkt nicht an die (unscheinbaren) Abschlusswiderstände.

Bild 5.21: Bei dieser Festplatte ist ein Widerstandsarray im DIP-Gehäuse für die Terminierung zuständig, welches bei Bedarf zu entfernen ist

Alle am SCSI-Bus angeschlossenen Geräte und die nötigen Parameter werden vom Hostadapter automatisch erkannt und eingestellt. Zumindest sollte dies der Fall sein, wobei gegebenenfalls noch Anpassungen im Hostadapter-Setup nötig sind, wo man auch nach den einzelnen Geräten suchen kann (siehe auch Kapitel 5.8.3).

Konfiguration einer SCSI-Festplatte in Kurzform

···❖ SCSI-Busadresse, Parity-Check kontrollieren und eventuell Jumper einstellen

···❖ Korrekte Terminierung in Abhängigkeit von der Lage am SCSI-Bus herstellen

···❖ Anmelden der SCSI-Festplatte im BIOS-Setup als NOT INSTALLED

···❖ Festplatte formatieren und das Betriebssystem installieren

Standardmäßig – mit Hilfe des Hostadapter-BIOS – kann ein üblicher Hostadapter maximal zwei Festplatten verwalten, denen die SCSI-Adressen 0 und 1 zugewiesen sein müssen, damit sie standardmäßig erkannt werden.

Bei neueren Hostadaptern werden alle erkannten SCSI-Geräte am Monitor angezeigt, und die Festplatten dürfen auch von 0 und 1 abweichende Geräteadressen besitzen, wenn sie bootfähig sein sollen. Für alle anderen SCSI-Geräte und nicht DOS-Betriebssysteme ist ein zusätzlicher Treiber nötig, denn das SCSI-BIOS ist nicht in der Lage, x-beliebige SCSI-Geräte zu unterstützen. Falls angeschlossene Geräte nicht vom SCSI-BIOS erkannt werden, hat es keinen Zweck, irgendwelche Treiber zu laden. Für die Überprüfung von unterschiedlichen SCSI-Busgeräten befinden sich einige Testprogramme auf der beiliegenden CD.

Leider kommt es auch vor, dass das SCSI-Bussystem trotz korrekter Adresseneinstellung, Terminierung und durchgeführtem SCSI-BIOS-Setup nicht zufriedenstellend arbeitet. Falls die einzelnen Geräte im SCSI-Setup zu »fassen« sind und sie beim Booten erkannt werden, ist als Nächstes eine genauere Kontrolle der Anschlüsse und der zulässigen Kabellängen anzuraten. Der Mindestabstand zwischen SCSI-Geräten sollte immer 10cm betragen, denn andernfalls kann dies im laufenden Betrieb zu merkwürdigen, kaum reproduzierbaren Effekten führen.

```
Adaptec AHA-2940 BIOS v.1.21

  1995 Adaptec, Inc. All Rights Reserved

  <<< Press <Ctrl><A> for SCSISelect(TM) Utility >>>


  ID 00   HP        C2247-300          -Drive C: (80h)

  ID 01   TOSHIBA CD-ROM XM-3401-TA

  ID 02   HP        C2500A

  BIOS Installed Successfully!
```

Bild 5.22: Die Meldung des SCSI-BIOS und die Anzeige der erkannten Geräte bei einem Host-adapter der Firma Adaptec (AHA-2940)

Es gibt allerdings auch immer wieder SCSI-Geräte, die erst im Zusammenspiel mit anderen SCSI-Einheiten Probleme zeigen. Hierfür bekannte Typen sind einige (ältere) SCSI-CD-ROM-Laufwerke, wie sie häufig in den Multimedia-Kits (CD-ROM-Laufwerk plus Soundkarte) angeboten wurden. Am SCSI-Controller der Soundkarte funktionieren sie zwar, aber nicht unbedingt, wenn sie an einem Hostadapter zusammen mit anderen SCSI-Geräten betrieben werden. Das Bus-Timing kann durch eine mangelhafte Interface-Elektronik des CD-ROM-Laufwerks unzulässigerweise verfälscht werden, so dass der SCSI-Bus »aus dem Tritt« kommt.

Bild 5.23: Die IBM-Festplatte DORS »benimmt« sich am SCSI-Bus nicht immer dem Standard entsprechend und kann für Systemabstürze und »zerschossene« CD-Rohlinge verantwortlich sein

Einige Typen der IBM-Festplatte DORS haben ebenfalls für derartige Probleme gesorgt, was bei mir im Zusammenhang mit einen SCSI-CD-ROM-Brenner zahlreiche verschossene CD-Rohlinge zur Folge hatte. Welches der SCSI-Geräte eventuell das Bus-Timing negativ beeinflusst, lässt sich nur durch die schrittweise Isolierung der einzelnen Geräte ermitteln, was ein äußerst mühsamer Vorgang sein kann.

5.9.4 Terminierung und Anschlüsse

SCSI-Busgeräte werden üblicherweise im terminiertem Zustand ausgeliefert, doch leider gibt es hier auch Ausnahmen. So kann es passieren, dass man stundenlang nach einem Fehler im SCSI-Bussystem sucht, denn wer würde schon vermuten, dass beispielsweise ein Tape Drive (HP C1533A, DDS2) der Firma Hewlett Packard, welches explizit für den Einbau in das PC-Gehäuse vorgesehen ist, überhaupt nicht zu terminieren ist. In solch einem Fall muss man ein spezielles Kabel verwenden, das am Ende mit Terminierungswiderständen versehen ist, oder es wird ein spezieller Terminierungsblock auf das Kabelende gequetscht.

Für beide Varianten ist zusätzliches Geld auszugeben, falls sich diese Teile überhaupt beschaffen lassen, so dass man das Tape Drive dann besser in den SCSI-Bus zwischen zwei andere SCSI-Geräte einbaut, wo es dann eben terminiert werden muss. Generell gibt es verschiedene Terminierungselemente:

···⟩ Widerstandsarrays im Gerät

···⟩ Jumper oder Schalter für eine aktive Terminierung

···⟩ Spezieller Terminierungsstecker (für externe Geräte)

···⟩ Terminierung im Kabel

Vor dem Einbau und/oder Anschluss der Geräte sollte man unbedingt mit dem – hoffentlich vorhandenen – Handbuch klären, in welcher Form der Busabschluss jeweils vorzunehmen ist. Hat nämlich erst einmal der Einbau stattgefunden, kommt man meist gar nicht mehr an Elemente heran und kann möglicherweise wieder alles ausbauen.

 Die Widerstandsarrays müssen richtig herum eingesteckt werden. Der Array-Pin 1 (der gemeinsame Widerstandskontakt) ist meist durch einen Punkt oder Strich markiert, was auch bei der Elektronik des SCSI-Gerätes der Fall sein sollte.

Beim Einsetzen von Widerstandsarrays ist zu beachten, dass es nicht egal ist, in welcher Richtung dies geschieht. Die internen Widerstände eines Arrays für den SCSI-Bus haben alle einen gemeinsamen Pin, der meist durch einen Punkt auf der Array markiert ist. Auf der Platine des SCSI-Busgerätes findet man ebenfalls eine entsprechende Beschriftung. Pin 1 gehört also wieder an Pin 1.

Bild 5.24: Verschiedene Terminierungselemente in Form eines speziellen Steckers, wie er für exter-ne Geräte verwendet wird, und von Widerstandsarrays, die oftmals in SCSI-Festplatten und CD-ROM-Laufwerken zu finden sind

Der im obigen Bild abgebildete Stecker (SCSI Terminator) passt auf eine 25-polige Buchse (DSUB), die mit den Apple-Macintosh-Computern als SCSI-Anschluss einge-führt und prinzipiell in keinem SCSI-Standard definiert wurde. Allerdings kommt dieser Anschluss ebenfalls im PC-Bereich, beispielsweise bei Scannern zum Einsatz.

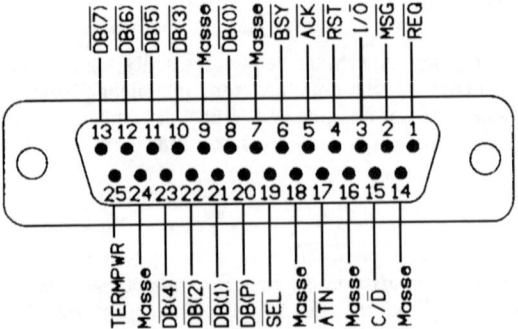

Bild 5.25: Die Belegung des 25-poligen SCSI-DSUB-Anschlusses

Wie bereits aus den vorigen Kapiteln erkennbar, gibt es eine Vielzahl von unter-schiedlichen SCSI-Busanschlüssen, wobei insbesondere durch *Wide-SCSI* einige zu-sätzliche Verwirrung entstanden ist, denn es sind auch entsprechende Adapter beispielsweise von Wide- auf Standard-SCSI notwendig. Im folgenden Bild sind die wichtigsten SCSI-Busanschlüsse zur Übersicht angegeben; sie bedeuten im einzel-nen:

1. **Typ IDC50M**
   50-poliger Stecker – M steht für Male, männlich – für interne 8-Bit-Verbindungen.

2. **Typ IDC50F**
   50-polige Buchse – F steht für Female, weiblich – für interne 8-Bit-Verbindungen.

3. **IDC68M**
   68-poliger Stecker für interne Wide-SCSI-Verbindungen.

4. **C50M**
   50-poliger Stecker (Centronics-Typ) für externe 8-Bit-Verbindungen.

5. **C50F**
   50-polige Buchse (Centronics-Typ) für externe 8-Bit-Verbindungen. Der klassische Anschluss, wie er beispielsweise beim Adapter AHA-1542 verwendet wird.

6. **HD50M**
   High-Density-Stecker unterschiedlicher Belegung für externe 8-Bit-SCSI-Verbindungen. Entspricht einer miniaturisierten Ausführung des Centronics-Anschlusses. Ist bei allen neueren Adaptern (AHA-2640) als Standard anzusehen.

7. **DB25M**
   Der 25-polige DSUB-Anschluss für externe SCSI-Busgeräte. Typisch bei Low-Cost-Adaptern und Scannern.

8. **DB50M**
   50-poliger DSUB-Anschluss für externe 8-Bit-Geräte. Ist mittlerweile als veraltet anzusehen.

9. **HDC60M**
   High-Density-Anschluss mit 60 Polen, wie er im Workstation-Bereich (z.B. IBM, RS6000) verwendet wird.

10. **HD68M-Clip**
    68-poliger High Density-Anschluss für Wide SCSI-Verbindungen, mit Haltebügeln wie beim Typ C50F.

Aufgrund der Tatsache, dass es eine Vielzahl von verschiedenen SCSI-Anschlüssen gibt, kommt man vielfach um eine gewisse »Bastelei« nicht herum, um die gewünschten Verbindungen herstellen zu können, wie es auch beim Hostadapter AHA-2940UW zu sehen ist.

Geeignete Adapter- oder auch Adapterkabel sind nicht immer leicht erhältlich und zudem oftmals auch völlig überteuert. In den meisten Fällen wird ein 50-poliges Flachbandkabel als Verbindungsleitung verwendet, welches als »Meterware« im Elektronikfachhandel, etwa bei Conrad Electronic, noch relativ preisgünstig erhältlich ist, was auch für die entsprechenden Stecker und Buchsen gilt.

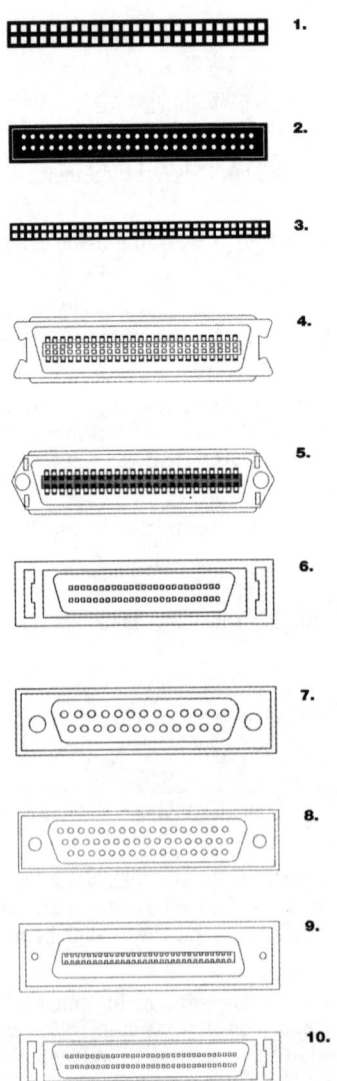

Bild 5.26: Übliche SCSI-Anschlüsse in der Übersicht

Wer des öfteren PCs mit SCSI-Bus umbaut, sollte daher immer ein paar Meter dieses Kabels und die passenden Steckverbindungen parat haben. Zum Aufquetschen der Stecker verwendet man im einfachsten Fall einen Schraubstock. Der Stecker wird auf dem Kabel an der passenden Stelle positioniert, wobei man am besten mit einem Filzstift die exakte waagerechte Lage auf dem Kabel markiert, denn beim Quetschen, wozu man eigentlich immer eine Hand zu wenig hat (Schraubstock bedienen, Kabel festhalten, Stecker und seine Abdeckung festhalten) verrutscht man leicht und der Stecker sitzt dann schief auf dem Kabel, wodurch ein Kurzschluss im Kabel verursacht wird.

Dass stets auf den Pin 1 geachtet werden sollte (Markierung am Kabel, Nummer am Stecker), ist sicher klar, allerdings kommt es immer wieder vor, dass unbeabsichtigt Leitungsverdrehungen erzeugt werden, wodurch dann das komplette SCSI-Bussystem nicht mehr funktioniert. Typischer Fall: Das SCSI-Kabel ist ein Stück zu kurz, am Ende befindet sich der SCSI-Anschluss (Buchsenkontakte, weiblich), und man hat gerade noch ein weiteres SCSI-Bus-Kabel, welches man als Verlängerung nutzen möchte. Da hier Buchse auf Buchse trifft, kommt man schnell auf die Idee, einfach ein Zwischenstück (Stecker auf Stecker) zu verwenden oder auch selbst eines anzufertigen (einfach Drahtenden in die Buchsenkontakte stecken), was somit zur Verdrehung der Leitungen führt und keinesfalls praktiziert werden sollte. Also lieber ein neues Verbindungskabel anfertigen, wobei man generell auf kurze Verbindungswege zwischen den Geräten achten sollte. Ein Abstand zwischen den Anschlüssen von ca. 10–12 cm ist jedoch mindestens einzuhalten, weil es sonst ebenfalls (wie auch bei zu langen Leitungen) zu Signalverfälschungen auf dem Bus kommen kann.

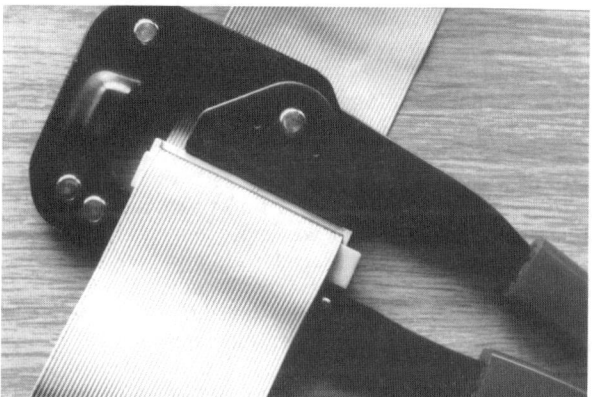

Bild 5.27: Das Aufquetschen eines SCSI-Anschlusses auf ein Flachbandkabel geht am einfachsten mit einer speziellen Quetschzange vonstatten

Auf die Dauer ist das Aufquetschen des SCSI-Kabels mit einem Schraubstock doch sehr lästig, zumal das Kabel stets aus dem PC ausgebaut werden muss. Einfacher geht es mit einer speziellen Zange, die für ca. 30–40 DM, z.B. auch bei der Firma Conrad Electronic, erhältlich ist und jedem empfohlen werden kann, der des öfteren selbst mechanisch optimale SCSI- und auch andere Flachbandkabel-Verbindungen herstellen möchte.

Das Flachbandkabel kann auch problemlos für externe SCSI-Verbindungen verwendet werden; es ist zwar durch seine Breite etwas sperrig in der Handhabung, doch um vieles preiswerter als ein spezielles Rundkabel, welches zugegebenermaßen aber über eine bessere Abschirmung verfügt. Doch mit Flachbandkabellängen von bis zu ca. 2 m habe ich jedenfalls noch keine Schwierigkeiten gehabt. Wie schon vielfach erwähnt, spielt aber die richtige Terminierung (beispielsweise Terminierung im Scanner aktiviert, da es das letzte Gerät am SCSI-Bus ist) eine ausschlaggebende Rolle.

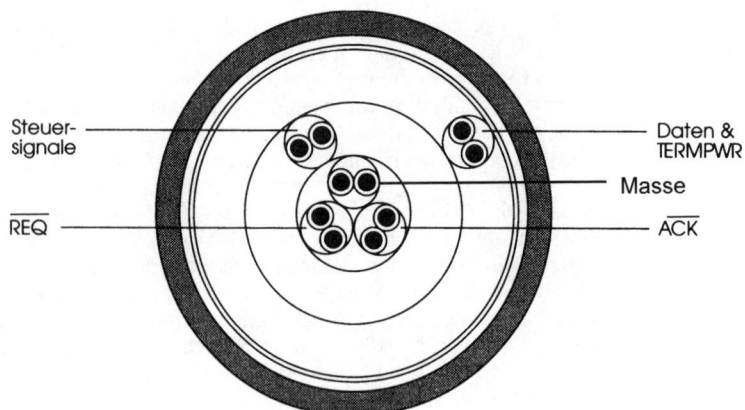

*Bild 5.28: Das SCSI-Rundkabel bietet aufgrund der eingebetteten Abschirmungen einen störungs-
sichereren Aufbau als ein Flachbandkabel*

In jüngster Zeit gibt es des öfteren Probleme mit dem Anschließen von preiswerten
Scannern mit SCSI-Bus-Anschluss, wie sie beispielsweise von Firmen wie Microtek,
Mustek oder Umax angeboten werden. Im Lieferumfang befindet sich meist eine
eigene SCSI-Controllerkarte (kein Hostadapter) wie der Typ AHA-1505 (ISA) von
Adaptec. In der Anleitung zum Scanner findet sich die Angabe, dass die Terminierung automatisch eingestellt wird, was leider so nicht richtig ist, denn sie ist stets
aktiviert, und zwar sowohl im Scanner als auch auf der (angepassten) SCSI-
Controllerkarte, und kann nicht verändert werden. Diese Terminierung ist zwar
prinzipiell korrekt, doch leider lassen sich dadurch keine weiteren SCSI-Busgeräte
wie ein CD-ROM-Laufwerk an dieser Controllerkarte betreiben, denn dann müsste
die Terminierung auf der Controllerkarte deaktiviert werden. Auch dieser Umstand
mag nicht weiter schlimm sein, allerdings funktioniert der Scanner möglicherweise
ausschließlich an der mitgelieferten SCSI-Controllerkarte und beispielsweise nicht
an einem AHA-2940U oder ähnlichem Hostadapter, und dies ist der ärgerliche Punkt,
denn dies bedeutet, dass man unter Umständen zwei SCSI-Adapter im PC verwenden muss.

*Im Handel gibt es SCSI-Scanner, die ausschließlich mit der mitgelieferten
Controllerkarte funktionieren!*

5.9.5 SCSI-Gerätekombinationen

Im Folgenden sollen verschiedene Geräte an den SCSI-Bus angeschlossen und konfiguriert werden. Als Hostadapter soll als Beispiel der Typ PCI-SC200 der Firma Symbios Logic (ehemals NCR) eingesetzt werden, wobei die grundlegenden Dinge auch auf andere Hostadapter zutreffen. Dieser Adapter arbeitet allerdings nicht mit ASPI, sondern mit CAM (siehe Kapitel *SCSI-Software*), was für den späteren Betrieb zwar keinen Unterschied ergibt, sondern bei der (Treiber-) Konfiguration zu beachten ist.

Bei einigen neueren Hostadaptern wie etwa dem Typ DC-2976UW der Firma Dawicontrol – auf den in diesem Kapitel ebenfalls eingegangen wird – befindet sich ein so genannter CAM/ASPI-Treiber im Lieferumfang, d.h. dieser Hostadapter kann demnach mit beiden SCSI-Software-Interfaces umgehen.

Auf der PCI-SC200-Einsteckkarte sind keine Terminator-Widerstände vorgesehen, sondern stattdessen zwei spezielle Bausteine (Dallas DS2107AS), die eine so genannte *aktive* Terminierung realisieren. In Abhängigkeit vom Jumper JP5 wird eine entsprechende Ein- bzw. Abschaltung der Abschlusswiderstände – die sich im Prinzip in den Dallas-Bausteinen befinden – vorgenommen. JP5 OFFEN, welches der Voreinstellung entspricht, bedeutet dabei, dass die Widerstände eingeschaltet sind. Dementsprechend bedeutet JP5 GESTECKT, dass die Widerstände auf der Adapterkarte abgeschaltet sind. Je nach Adaptertyp kann die Terminierung des Hostadapters auch per SCSI-BIOS-Setup entsprechend eingestellt werden, oder aber es gibt beide Möglichkeiten (z.B. beim DC-2976UW), wobei dann die jeweilige Jumperstellung Vorrang von der softwareseitigen Einstellung im SCSI-BIOS-Setup hat.

Ein gesteckter Terminierungs-Jumper bedeutet nicht zwangsläufig, dass die Terminierung in dieser Stellung eingeschaltet ist, es kann auch genau anders herum sein!

Als Beispiel sollen hier intern eine Festplatte und ein CD-ROM-Laufwerk (Anschluss: Internal SCSI Connector) und extern ein HP-ScanJet-Scanner (Anschluss: External SCSI Connector) angeschlossen werden. Das interne SCSI-Flachbandkabel wird von der Adapterkarte auf die Festplatte und dann weiter auf das CD-ROM-Laufwerk geführt (»durchgeschleift«).

Da das CD-ROM-Laufwerk auf dieser Seite das letzte am Bus befindliche Gerät ist, werden hier also die Widerstände belassen und an der Festplatte entfernt. Bei dieser Gelegenheit werden per Jumper beispielsweise die SCSI-Adresse 0 für die Festplatte und die Adresse 1 für das CD-ROM-Laufwerk eingestellt.

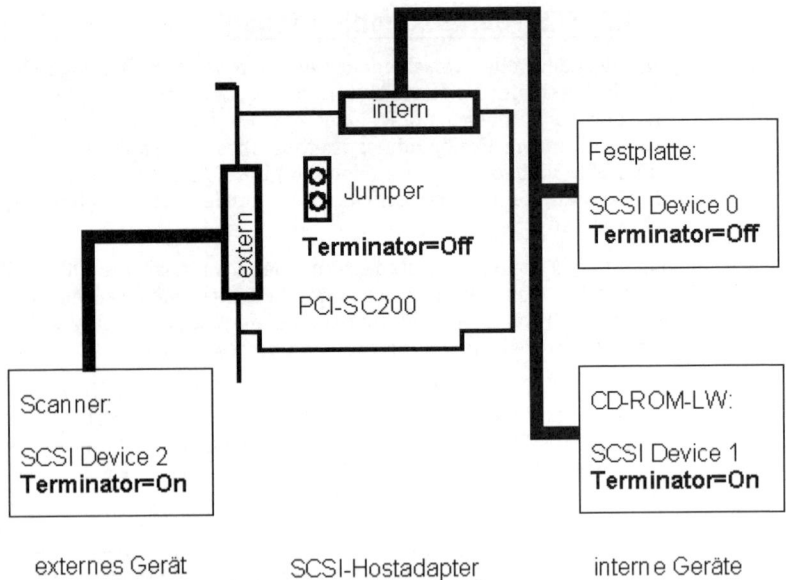

externes Gerät   SCSI-Hostadapter   interne Geräte

Bild 5.29: *Eine typische SCSI-Bus-Konfiguration mit einer Festplatte, einem CD-ROM-Laufwerk und einem Scanner*

Die externe Verbindung von der Adapterkarte zum Scanner wird über ein zum Scanner mitgeliefertes Kabel hergestellt. Der Scanner ist demnach auf der anderen Seite das letzte am Bus befindliche Gerät, so dass hier wieder Terminatorwiderstände anzubringen sind. Die Adapterkarte darf also keinen Busabschluss aufweisen, es ist der Jumper JP5 zu stecken (siehe oben).

Hewlett Packard hat für den zweiten SCSI-Anschluss am Scanner einen 25-poligen DSUB-Anschluss vorgesehen und liefert die Terminatorwiderstände in Form eines hier passenden Steckers. Im folgenden Bild sind die Anschlüsse und die per Drehschalter eingestellte SCSI-Adresse 2 zu erkennen.

Bild 5.30: *Die SCSI-Anschlüsse am Hewlett Packard Scanner. Als SCSI-Busadresse ist hier die Nummer 2 eingestellt*

Nach dem Einschalten des PC meldet sich das SCSI-BIOS. Es befindet sich entweder in einem extra ROM (NCR SCSI BIOS) oder mit im System-BIOS-ROM des Mainboards:

```
Waiting SCSI devices powered up .....

NCR SDMS (TM) V3.0 PCI SCSI BIOS, PCI REV. 2.0     (1)

Copyright 1996 NCR Corporation

NCRPCI-3.05.00
```

Mit SDMS wird das **SCSI D**evice **M**anagement **S**ystem der Firma NCR (oder Symbios Logic) bezeichnet, welches auf der einen Seite die Kommunikation der Hardware mit dem SCSI-Controller (83C810) und auf der anderen Seite mit dem zu ladenden Softwaretreiber für die SCSI-Geräte ermöglicht.

Nachdem sich das NCR-SCSI-BIOS gemeldet hat, stellt es automatisch die an den Bus angeschlossenen SCSI-Geräte fest. Bei dem hier als Beispiel herangezogenen PC sind dies eine Hewlett-Packard-Festplatte (HP C2247-300) mit der Adresse 0, ein CD-ROM-Laufwerk der Firma Toshiba (CD-ROM XM-3481TA) mit der Adresse 1 und ein HP-Scanner ScanJet IIcx (C2500A) mit der Adresse 2, wie es zuvor erläutert wurde.

Falls die angeschlossenen Geräte an diesem Punkt nicht erkannt werden, sollten die an den Geräten eingestellten SCSI-Adressen, die Kabelverbindungen und die Abschlusswiderstände überprüft werden.

```
ID 00    HP        C2247-300

ID 01    TOSHIBA CD-ROM XM-3401-TA     (2)

ID 02    HP        C2500A
```

Bis zu diesem Schritt sind die Abläufe noch von dem verwendeten Betriebssystem unabhängig, und erst jetzt kommen die SCSI-Treiberprogramme ins Spiel. Sie sind aber nur dann nötig, wenn andere Geräte als SCSI-Festplatten verwendet werden sollen. Zum Adapter gehören üblicherweise eine oder auch mehrere Disketten, die die Treiber für DOS, OS/2, SCO Unix, Novell NetWare, Windows NT und Windows 9x enthalten.

Für die folgenden Betrachtungen wird davon ausgegangen, dass DOS als Betriebssystem verwendet wird. Dementsprechend gelten diese Festlegungen auch für Windows bis zur Version *Windows for Workgroups 3.11*. Demgegenüber unterstützen Windows 95 und auch Windows NT standardmäßig den Symbios-Hostadapter, obwohl hierfür auch keine speziellen Eintragungen in den Konfigurationsdateien (CONFIG.SYS, AUTOEXEC.BAT) vorzusehen sind.

In Bild 5.31 wird gezeigt, wie die einzelnen Treiber mit dem SCSI-Adapter kommunizieren. Einige der Treiber arbeiten in Verbindung miteinander, andere kommunizieren direkt mit dem SCSI-BIOS.

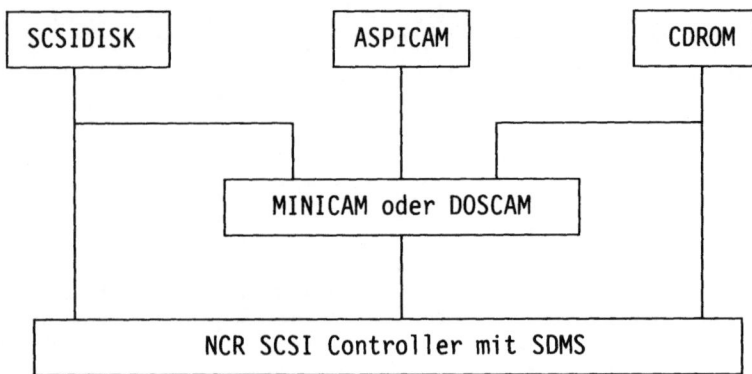

Bild 5.31: *Die Gerätetreiber für die Kommunikation mit dem SCSI-BIOS*

MINICAM und DOSCAM stellen softwaretechnisch gesehen die Verbindung zum SCSI-Adapter her, worauf die weiteren Treiber aufsetzen. Es ist lediglich einer der beiden CAM-Treiber zu laden, und zwar bevor ein weiterer Treiber (z.B. ASPICAM) hinzugefügt wird. MINICAM.SYS und DOSCAM.SYS sind von der Funktion her identisch. DOSCAM bietet jedoch einen höheren Kompatibilitätsgrad und unterstützt darüber hinaus auch FAST- sowie WIDE-SCSI. In der Regel sollte daher DOSCAM verwendet werden.

SCSIDISC wird lediglich dann benötigt, wenn mehr als sieben SCSI-Laufwerke unter DOS verwendet werden sollen.

CDROM ist das CD-ROM-Treiberprogramm für den SCSI-Bus und wird in Verbindung mit dem Microsoft-CD-ROM-Treiber MSCDEX verwendet.

ASPICAM stellt den ASPI-Manager dar und wird immer dann benötigt, wenn eine ASPI-Applikation wie beispielsweise »Corel SCSI!« oder »Central Point Backup« eingesetzt werden soll.

Da die CAM-Treiber automatisch eine Unterstützung für den **V**irtual **DMA S**ervice (VDS) bieten, sollte zur optimalen Leistung der Laufwerke (Festplatte, CD-ROM) die »Double Buffer-Option« von SMARTDRV.EXE oder anderen Laufwerks-Cache-Programmen grundsätzlich nicht eingeschaltet sein.

Die Installation der SCSI-Treiberprogramme von der Treiberdiskette auf die Festplatte kann einfach per COPY-Befehl oder per Installationsprogramm (z.B. DOSINST, INSTALL) vorgenommen werden. Die Treiber in der CONFIG.SYS sehen dann beispielsweise aus wie folgt:

```
DEVICE=C:\DOS\HIMEM.SYS

DEVICE=C:\DOS\EMM386.EXE NOEMS

DOS=HIGH,UMB

DEVICEHIGH=C:\SCSI\DOSCAM.SYS

DEVICEHIGH C:\SCSI\CDROM.SYS /D:CDROM0

DEVICEHIGH=C:\DESKSCAN\SJIIX.SYS
```

Die übrigen, notwendigerweise in der CONFIG.SYS vorhandenen Eintragungen (z.B. Country, Lastdrive) wie auch die in der AUTOEXEC.BAT bleiben hier unberücksichtigt, denn es sollen lediglich die SCSI-spezifischen Angaben von Belang sein.

Laut der obigen CONFIG.SYS werden nach dem Laden der Speichermanager und dem »Hochladen« von DOS als erster SCSI-spezifischer Treiber DOSCAM und daraufhin der CD-ROM-Treiber geladen. Das »/D:« hinter dem CDROM.SYS-Eintrag gibt kein Laufwerk an, sondern weist darauf hin, dass der Name des CD-ROM-Laufwerks folgt, der hier mit CDROM0 gewählt wurde.

Das CD-ROM-Laufwerk erhält als Laufwerksbuchstaben automatisch immer denjenigen, der der letzten Festplatte – oder allgemein dem letzten Laufwerk – im PC folgt. Hierfür sind also keine Angaben während der Konfiguration nötig, außer vielleicht, dass man die LASTDRIVE-Angabe in der CONFIG.SYS entsprechend zu verändern hat.

Der letzte Eintrag in der CONFIG.SYS ist an dieser Stelle gewissermaßen ein Vorgriff, denn er wird erst während der Installation der Scannersoftware des HP-Scanjet IIcx automatisch eingetragen. SCIIX.SYS stellt dabei den gerätespezifischen SCSI-Scannertreiber dar.

In der Datei AUTOEXEC.BAT ist nun lediglich noch der MSCDEX-Treiber, der zum Lieferumfang von MS-DOS gehört, für das CD-ROM-Laufwerk anzugeben:

```
C:\DOS\MSCDEX.EXE /D:CDROM0 /M:64
```

Wichtig ist dabei, dass hier der gleiche Name für das CD-ROM-Laufwerk wie in der CONFIG.SYS verwendet wird (CDROM0). Mit der Angabe /M:64 werden 64 Sektorenbuffer für das CD-ROM-Laufwerk reserviert, was für die meisten Laufwerke angemessen erscheint.

Damit ist im Prinzip die Konfiguration für die drei SCSI-Geräte abgeschlossen, und nachdem die beiden oben angegebenen Meldungen (Meldung 1, 2, siehe oben) auf dem Bildschirm ausgegeben wurden, erscheinen wie üblich der BIOS-Setup-Bildschirm und die Meldung »Starten von MS-DOS ...«. Daraufhin werden die beiden Konfigurationsdateien ausgeführt. Die SCSI-spezifischen Eintragungen liefern dabei die folgende Anzeige:

```
NCR SDMS (TM) V3.0 SCSI-CAM Driver

Copyright 1993 NCR Corporation. All Rights Reserved.

DOSCAM-3.01.06

Board Count = 0001

Path 0 is a V3.0 SDMS (TM) BIOS at 0000EC000 with
IRQ=09 DMA=0

Path 0, ID  0, LUN 0 is HP        C2247-300

Path 0, ID  1, LUN 0 is TOSHIBA CD-ROM XM-3481TA

Path 0, ID  2, LUN 0 is HP        C2500A

NCR SDMS (TM) V4.0 SCSI CD-ROM Driver

Copyright 1996 NCR Corporation. All Rights Reserved.
```

```
CDROM-3.01.03

Path 0, ID  1, LUN 0 is TOSHIBA CD-ROM XM-3481TA3353


HP ScanJet II ASPI/CAM-Treiber für DOS

Version 1.00

CAM-Verwaltungsprogramm gefunden

Installation von SJIIx.SYS erfolgreich

Scanner gefunden an SCSI-Adresse 2
```

Die von DOSCAM gelieferten Meldungen bieten Informationen über die verwendeten PC-Ressourcen (Adresse EC000, Interrupt 9, DMA-Kanal 0), die bei diesem Hostadapter vom Mainboard-Design her oder auch per Jumperstellung (je nach Version)
auf dem Adapter vorgegeben sind, sowie über die Adressen der drei angeschlossenen SCSI-Geräte.

Daraufhin werden die Treiber für das CD-ROM-Laufwerk und den HP-Scanner geladen, was durch die entsprechenden Meldungen auf dem Monitor kenntlich gemacht
wird.

Der MSCDEX-Treiber, der in der AUTOEXEC.BAT eingetragen ist, liefert bei erfolgreicher Initialisierung des Laufwerks die folgende Anzeige:

```
MSCDEX Version 2.23

Copyright (c) Microsoft Corp. 1986-1993. Alle Rechte
vorbehalten

Laufwerk F: = Treiber CDROM0 Gerät 0
```

Damit ist die Installation beendet und alle Geräte sollten nunmehr einsatzbereit
sein. Bei Windows (9x, NT) ist es nicht unbedingt notwendig, zusätzliche Treiber
zu installieren, weil Windows sie möglicherweise bereits standardmäßig mitbringt.
Nach dem »Hochlaufen« von Windows wird die neue Hardware – der Hostadapter –
erkannt und im Bedarfsfall nunmehr der Windows-eigene bzw. der meist aktuellere
Treiber des Hostadapter-Herstellers *von Diskette* installiert.

Wie erwähnt ist für alle Nicht-Windows 9x/NT-Betriebssysteme wie etwa DOS eine
separate Treiberinstallation notwendig, die mit *Dosinst* oder *Install* oder auch ähnlich aufgerufen wird. Je nach Setup-Programm lassen sich hier verschiedene Treiber bestimmen, die geladen werden sollen und vom Programm dann automatisch in
die CONFIG.SYS und in die AUTOEXEC.BAT geschrieben werden.

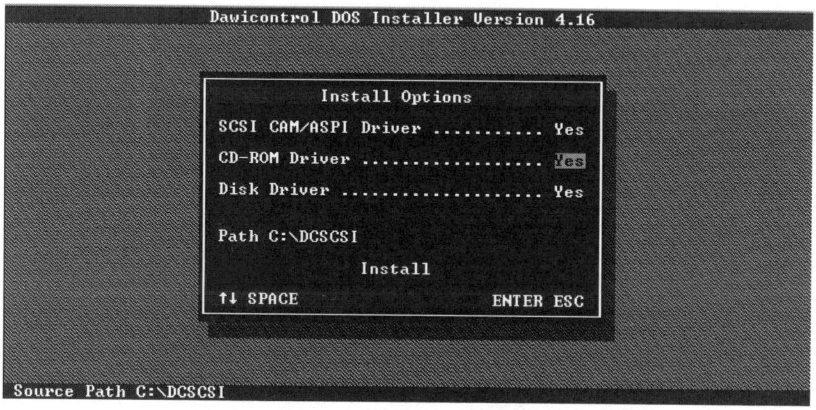

Bild 5.32: Zu den SCSI-Hostadaptern der Firma Dawicontrol gibt es das Programm Dosinst, mit dessen Hilfe sich die für DOS notwendigen Treiber installieren lassen

Der SCSI CAM/ASPI-Treiber ist die Voraussetzung für alle weiteren Treiber, die auf dieser Softwareschnittstelle aufsetzen, wie der CD-ROM-Driver oder auch der Disk-Driver, der jedoch nicht für die Festplatten benötigt wird, denn diese werden direkt vom SCSI-BIOS unterstützt, sondern für Wechselplatten. Wer keine derartigen Platten verwendet, sollte diesen Treiber daher auch nicht laden.

Wie die einzelnen Treiber jeweils heißen, ist herstellerabhängig, und als ein weiteres Beispiel sind im Folgenden die Treiber für einen Hostadapter (DC-2976UW) der Firma Dawicontrol angegeben.

CONFIG.SYS:

```
DEVICEHIGH=C:\DCSCSI\DC2976.SYS

DEVICEHIGH=C:\DCSCSI\CDROM.SYS /D=CDROM001

DEVICEHIGH=C:\DCSCSI\DISKDRV.SYS
```

AUTOEXEC.BAT:

```
LOADHIGH MSCDEX /D:CDROM001
```

Den einzelnen Treibern können u.U. verschiedene Aufrufparameter (z.B. DISKDRV /R=x) »mit auf den Weg« gegeben werden, um bestimmte Geräteoptionen einzustellen, die jedoch herstellerabhängig sind und in der Anleitung zum Adapter beschrieben sein sollten, was ebenfalls für die möglicherweise mitgelieferten Tools zur Formatierung verschiedener Laufwerke, zur Performancemessung oder für den Backup gilt.

5.10 SCSI-Software

In Kapitel 5.4 wurde der standardisierte SCSI-Kommandosatz für Festplatten (CCS) sowie die verschiedenen Geräteklassen vorgestellt. An dieser Stelle finden sich noch weitere Erläuterungen zur SCSI-Software und den SCSI-Befehlen.

Ein üblicher SCSI-Hostadapter mit eigenem BIOS (bootfähig) unterstützt nur Festplattenlaufwerke, da diese Funktionalität im BIOS des Hostadapters implementiert ist. Für alle anderen SCSI-Busgeräte wird daher ein spezieller Treiber benötigt, der außerdem auf den jeweiligen Hostadapter ausgelegt sein muss. Da dies in der Praxis kaum durchführbar ist, wurde bereits vor einiger Zeit das *Advanced SCSI Programming Interface* von der Firma Adaptec entwickelt. Der Vorteil von ASPI ist, dass die Gerätehersteller lediglich einen Gerätetreiber für das ASP-Interface erstellen müssen, welches im Grunde von allen aktuellen Betriebssystemen automatisch zur Verfügung gestellt wird. ASPI ist allgemein eine Softwareschnittstelle für die Unterstützung von SCSI-Busgeräten.

Eine andere SCSI-Softwareschnittstelle neben ASPI ist die CAM-Schnittstelle (**C**ommon **A**ccess **M**ethod), der ANSI, welcher insbesondere mit den SCSI-Bus-Controllern der Firma NCR (Symbios Logic) eine weite Verbreitung gefunden hat. Beide Systeme sind nur bedingt miteinander kompatibel, Windows (95/98, NT) kann jedoch mit beiden umgehen und aktuelle Hostadapter unterstützen beide Softwareinterfaces auch unter DOS.

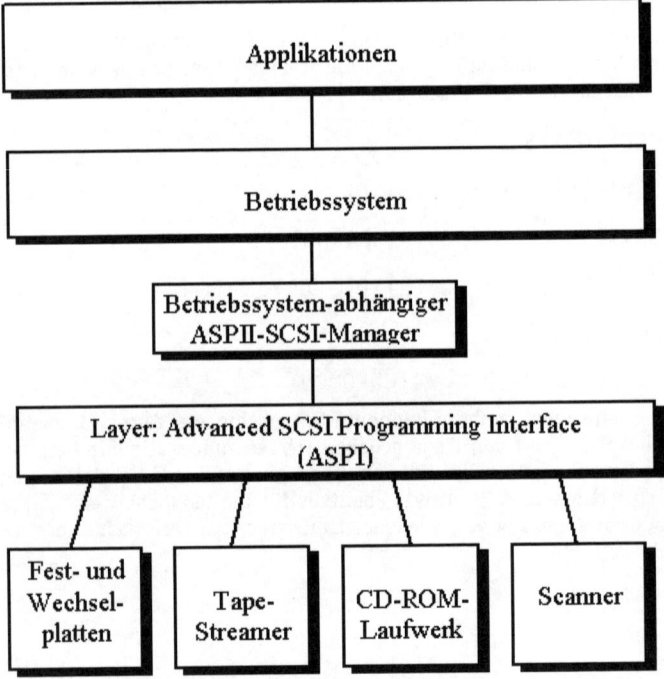

Bild 5.33: Der ASPI-Layer stellt eine plattformübergreifende Schnittstelle zwischen dem Betriebssystem und den SCSI-Geräten dar

Die jeweiligen Gerätetreiber werden als Module bezeichnet. Sie stellen die Verbindung zu einem (ASPI-)Layer her und beziehen sich auf das jeweilige SCSI-Gerät. Der Layer selbst ist dagegen hardwareunabhängig und muss nur zum Hostadapter passen. Die Verbindung zwischen Layer und Hostadapter wird als *Manager* bezeichnet und ist adapterspezifisch. Somit ist es möglich, dass beispielsweise alle Adaptec-Hostadapter die gleichen Gerätetreiber verwenden und eine große Anzahl von Treibern für die unterschiedlichsten SCSI-Geräte verfügbar ist.

Es gibt eine Vielzahl von SCSI-Befehlen, die bestimmten Geräteklassen (CD-ROM, Scanner, siehe auch die folgenden Tabellen) zugeordnet sind. Sie werden mit Hilfe von ASPI – oder auch CAM – über den ASPI-Layer (mit Hilfe dessen Kommandos) abgesetzt. SCSI-Testprogramme setzen genauso auf ASPI auf und kommunizieren nicht direkt mit den Geräten. Die folgenden Tabelle zeigen die wichtigsten ASPI- und CAM-Kommandos, über die die Gerätekommunikation stattfindet.

Code	Funktion
00h	Host-Adapter ermitteln
01h	Einheitentyp (Target, Initiator) ermitteln
02h	SCSI-Kommando ausführen
03h	SCSI-Kommando abbrechen
04h	SCSI-Einheit zurücksetzen
05h	Host-Adapter-Parameter festlegen
06h	Reserviert (Target)
07h-7Fh	Reserviert (Erweiterung)
80h-FFh	Herstellerabhängig

Tabelle 5.14: ASPI-Kommandos im Überblick

Code	Funktion
00h	Keine Funktion
01h	I/O-Funktion ausführen
02h	Einheitentyp feststellen
03h	SCSI-Struktur ermitteln
04h	Warteschlange freigeben
05h	Asynchrone Bestätigung
06h	Einheitentyp festlegen
07h-0Fh	Reserviert
10h	SCSI-Befehl abbrechen
11h	SCSI-Bus zurücksetzen
12h	SCSI-Einheit zurücksetzen
13h	I/O-Vorgang abbrechen
14h-1Fh	Reserviert
20h	Einheit abfragen
21h	Einheit bedienen
22h-2Fh	Reserviert
30h	LUN aktivieren
31h	Target-I/O-Funktion ausführen
32h-7Fh	Reserviert
80h-FFh	Herstellerabhängig

Tabelle 5.15: CAM-Befehle im Überblick

Wird beispielsweise ein Hostadapter der Firma Adaptec erworben, gehört keine Software (ASPI oder andere Treiber) zum Lieferumfang, so dass unter DOS – und Windows bis zur Version 3.11 – lediglich zwei Festplatten am Adapter betrieben werden können. Aus diesem Grunde gibt es die so genannten *Kits*, zu denen zusätzlich zum jeweiligen Adapter die Software EZ-SCSI gehört. Da sie auf CD geliefert wird, nützt einem dies in dieser Form allerdings auch nicht viel, weil ein SCSI-CD-ROM-Laufwerk ohne Treiber (s.o.) eben noch gar nicht funktionieren kann. Daher sollten zum Kit auch Disketten gehören, damit zunächst die grundlegenden Treiber installiert werden können. Leider werden diese Disketten schon mal vom Händler »vergessen«, und es werden auch PCs mit SCSI-Bus ohne Kitsoftware verkauft (die so genannten OEM-Versionen).

Windows 95 und Windows NT unterstützen den betreffenden Adapter möglicherweise standardmäßig, und in diesem Fall ist prinzipiell keine weitere Software nötig; allerdings kann man sich darauf nicht unbedingt verlassen, was insbesondere für neuere Modelle wie etwa den 2940AU gilt. Wer sich des öfteren mit Adaptec-Adaptern beschäftigt, sollte mindestens eine EZ-SCSI-Version erworben haben, die üblicherweise auch per Adaptec-Internet-Seite update-fähig ist. EZ-SCSI enthält jeweils Treiber für alle bis dahin erschienenen Hostadapter und für die gebräuchlichen Betriebssysteme sowie zusätzliche Testprogramme wie zur Ermittlung der Festplatten-Performance (SCSI Bench) und auch Utilities, beispielsweise für den Backup oder zum »Brennen« von CD-Rs.

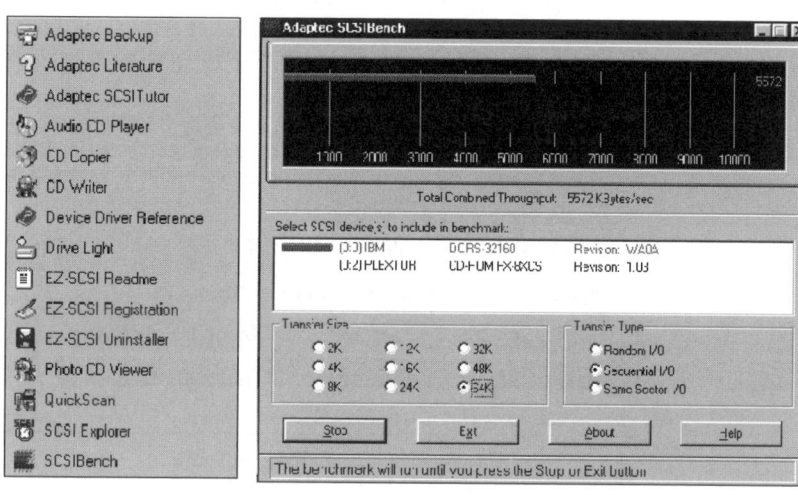

Bild 5.34: Beim Erwerb eines Hostadpterkits der Firma Adaptec gehört die EZ-SCSI-Software dazu, die eine Unterstützung für alle verfügbaren Adaptec-Hostadapter bietet

Die ASPI-Treiber werden unter DOS in die CONFIG.SYS geschrieben, was automatisch durch die SCSI-Installationssoftware (EZ-SCSI auf Diskette) vonstatten geht. Die betreffenden Einträge, mit Unterstützung für ein SCSI-CD-ROM-Laufwerk, sehen in der CONFIG.SYS dann beispielsweise wie folgt aus:

```
DEVICE=C:\SCSI\ASPI8DOS.SYS /D

DEVICE=C:\SCSI\ASPICD.SYS /D:ASPICD0
```

In der AUTOEXEC.BAT wird lediglich der CD-ROM-Treiber MSCDEX eingetragen, wobei ASPICD0 der (wählbare) Name des CD-ROM-Laufwerks ist, der mit der jeweiligen Bezeichnung in der CONFIG.SYS übereinstimmen muss:

```
C:\SCSI\MSCDEX /D:ASPICD0  /M:12 /L:F
```

SCSI-Einträge haben nur in den beiden Startdateien für DOS zu stehen und keinesfalls etwa in denen für Windows 9x, denn üblicherweise lädt Windows 9x eigene Treiber; andernfalls kann es zu einem instabilen System kommen, was sich insbesondere beim »Brennen« von CDs bemerkbar machen kann.

Nur falls Windows 95 keine direkte Unterstützung für den betreffenden Adapter bietet, bleibt einem nichts anderes übrig, als Einträge, (ähnlich, je nach Typ) wie oben gezeigt, zu laden. Dieses Prinzip, statt der Protected-Mode-Treiber die (alten) Real-Mode-Treiber zu laden, kann im Übrigen für sehr viele Hardwarekomponenten – beispielsweise auch für ISDN- und Netzwerkkarten – verwendet werden, für die es eben keine passenden Windows-9x-Treiber gibt. Es ist allerdings nur ein Behelf für den Notfall.

Die SCSI-Befehlscodes, die über, ASPI/CAM abgesetzt werden, sind entweder 6, 10 oder 12 Byte lang. Aus diesem Grund gibt es einige Befehle, die (scheinbar) mehrfach vorkommen, allerdings ist ihre Länge dabei unterschiedlich. Die folgende Tabelle zeigt alle SCSI-Befehle auf einen Blick, wobei diese für die unterschiedlichen SCSI-Geräte der verschiedenen Geräteklassen (Festplatten, CD-ROM-Laufwerke, Streamer, Drucker, Scanner usw.) gelten.

Nicht jedes SCSI-Gerät muss (natürlich) alle SCSI-Befehle unterstützen. Eine Vielzahl davon ist nur optional, also nicht zwingend vorgeschrieben, und es gibt auch einige herstellerspezifische Realisierungen. Verbindlich sind für jedes SCSI-Target lediglich die folgenden vier Befehle:

···⟩ Inquiry   Abfrage

···⟩ Request   Sense Parameter anfordern

···⟩ Send Diagnostic   Testprogramm, Diagnose ausführen

···⟩ Test Unit Ready   Prüfung auf Betriebsbereitschaft

6-Byte-Befehle		
Code	**Befehl**	**Funktion**
00h	Test Unit Ready	Feststellen, ob das Gerät bereit ist
01h	Rezero Unit	Köpfe zum Zylinder 0/Kopf 0 bewegen
01h	Rewind	Zurückspulen
03h	Request Sense	Sense-Daten (Fehlerstatus) senden
04h	Format	Formatieren
04h	Format Unit	Einheit formatieren
05h	Read Block Limits	Lesen der Blockgrenzen
07h	Reassign Blocks	Blocks neu zuweisen, Inhalt (defekter) Blöcke verschieben
08h	Get Message	Meldung lesen
08h	Read	Daten lesen
08h	Receive	Empfangen
0Ah	Print	Drucken
0Ah	Send Message	Meldung senden

Fortsetzung der Tabelle:

Code	Befehl	Funktion
	6-Byte-Befehle	
0Ah	Send	Daten senden
0Ah	Write	Daten schreiben
0Bh	Seek	Suchen eines logischen Blocks
0Bh	Slew and Print	Vorschub und drucken
0Fh	Read Reverse	Rückwärts lesen
10h	Synchronize Buffer	Datenzwischenspeicher synchronisieren
10h	Write Filemarks	Dateikennung schreiben
11h	Space	Auf Lücke positionieren
11h	Read Usage Counter	Nutzungszähler lesen
12h	Inquiry	Identifikationsparameter abfragen
13h	Verify	Überprüfen
14h	Recover Buffered Data	Zwischengespeicherte Daten zurückholen
15h	Mode Select	Betriebsart einstellen
16h	Reserve	Reservieren
16h	Reserve Unit	LUN für andere Initiatoren sperren
17h	Release Unit	LUN für andere Initiatoren freigeben
18h	Copy	Kopieren
19h	Erase	Löschen
1Ah	Mode Sense	Geräteparameter zum Initiator senden
1Bh	Load/Unload	Laden/Entladen
1Bh	Scan	Abtasten, scannen
1Bh	Start/Stop Unit	Gerät für weitere Kommandos sperren oder freigeben
1Bh	Stop Print	Drucken beenden
1Ch	Receive Diagnostic Results	Selbsttest-Ergebnisse empfangen
1Dh	Send Diagnostics	Selbsttest durchführen
1Eh	Prevent/ Allow Medium Removal	Wechsel des Datenträgers verhindern oder erlauben

Fortsetzung der Tabelle:

		10-Byte-Befehle
Code	Befehl	Funktion
24h	Set Window	Fensterbereich festlegen
25h	Get Window	Fensterdaten lesen
25h	Read Capacity	Kapazität ermitteln (Festplatten)
25h	Read CD-ROM Capacity	CD-ROM-Kapazität lesen
28h	Get Message	Meldung holen
28h	Read Extended	Daten lesen (erweiterte Adresse)
29h	Read Generation	Maximale Adresse abfragen
2Ah	Send Message	Meldung senden
2Ah	Send	Daten senden
2Ah	Write Extended	Daten schreiben (erweiterte Adresse)
2Bh	Locate	Positionieren
2Bh	Position to Element	Auf Element positionieren
2Bh	Seek Extended	Suchen eines logischen Blocks (erweiterte Adresse)
2Ch	Erase	Löschen
2Dh	Read Updated Block	Aktualisierten Block schreiben
2Eh	Write and Verify	Daten schreiben und prüfen
2Fh	Verify	Gesendete Daten prüfen
30h	Search Data High	Nach höheren Daten suchen
31h	Object Position	Objekt positionieren
31h	Search Data Equal	Nach gleichen Daten suchen
32h	Search Data Low	Nach niedrigen Daten suchen
33h	Set Limits	Begrenzung festlegen
34h	Get Data Buffer Status	Zustand des Datenzwischenspeichers lesen
34h	Pre Fetch	Vorab lesen
34h	Read Position	Position lesen
35h	Synchronize Cache	Datenzwischenspeicher mit Daten überprüfen

Fortsetzung der Tabelle:

10-Byte-Befehle		
Code	**Befehl**	**Funktion**
36h	Lock/Unlock Cache	Datenzwischenspeicher sperren/freigeben
37h	Read Defect Data	Defekt-Liste lesen
38h	Medium Scan	Datenträger abtasten
39h	Compare	Daten vergleichen
3Ah	Copy and Verify	Daten kopieren und überprüfen
3Bh	Write Buffer	Überprüfen des Datenzwischenspeichers, Daten schreiben
3Ch	Read Buffer	Überprüfen des Datenzwischenspeichers, Daten lesen
3Dh	Update Block	Block aktualisieren
3Eh	Read Long	Block lesen
3Fh	Write Long	Block schreiben
40h	Change Definition	Definition ändern
42h	Write Same	Wiederholtes schreiben
42h	Read Sub Channel	Unterkanal lesen
43h	Read TOC	Inhaltsverzeichnis lesen
44h	Read Header	Kopf lesen
45h	Play Audio	Audio wiedergeben
47h	Play Audio MSF	Audio wiedergeben (MSF)
48h	Play Audio Track Index	Audio wiedergeben nach Spurindex
49h	Play Audio Relative	Audio relativ zum Start wiedergeben
4Bh	Pause Resume	Pause/Wiederaufnahme
4Ch	Log Select	Aufzeichnung auswählen
4Dh	Log Sense	Aufzeichnung lesen
55h	Mode Select	Betriebsparameter einstellen
5Ah	Mode Sense	Betriebsparameter ermitteln

Fortsetzung der Tabelle:

12-Byte-Befehle		
Code	**Befehl**	**Funktion**
A5h	Move Medium	Datenträger bewegen
A5h	Play Audio	Audio wiedergeben
A6h	Exchange Medium	Datenträger wechseln
A8h	Get Message	Meldung holen
A8h	Read	Lesen
A9h	Play Track Relative	Wiedergeben relativ zum Start
AAh	Send Message	Meldung senden
AAh	Write	Daten schreiben
ACh	Erase	Daten löschen
AEh	Write and Verify	Daten schreiben und überprüfen
AFh	Verify	Daten überprüfen
B0h	Search Data High	Nach höheren Daten suchen
B1h	Search Data Equal	Nach gleichen Daten suchen
B2h	Search Data Low	Nach niedrigen Daten suchen
B3h	Set Limits	Begrenzung festlegen
B5h	Send Volume Tag	Datenträgerkennung senden
B7h	Read Defect Data	Fehlerdaten lesen
B8h	Read Element Status	Zustand lesen

Tabelle 5.16: Die SCSI-Befehlscodes im Überblick

5.11 RAID-Systeme

Nicht für den heimischen PC, sondern für die professionelle Anwendung in Fileservern, wie sie in Netzwerkumgebungen zum Einsatz kommen, sind RAID-Systeme vorgesehen. Die Bezeichnung RAID steht für den Begriff **R**edundant **A**rray of **I**ndependent **D**isks. Oftmals wird auch die Kurzbezeichnung *Disk Array* verwendet, was bereits signalisiert, dass es sich dabei um ein System handelt, welches sich aus mehreren Festplatten zusammensetzt. Von der Gesamtkapazität eines RAID-Systems wird ein Teil für die Speicherung redundanter Daten verwendet, wodurch erreicht werden kann, dass die Daten beim Ausfall einer Festplatte wieder her zu stellen sind. RAID-Systeme kommen insbesondere bei Datenbanken zum Einsatz oder allgemein Anwendungen, bei denen eine hohe Verfügbarkeit des Datenbestandes gewährleistet sein muss.

RAID-Systeme werden üblicherweise mit SCSI-Geräten aufgebaut, wobei seit einiger Zeit auch SSA- und Fibre-Channel-Devices (ab Kapitel 5.13) zum Einsatz kommen, die man jedoch auch zu den SCSI-Geräten rechnen kann, da sie ebenfalls in der SCSI-Spezifikation (SAM, siehe Bild 5.4) definiert sind. Daneben gibt es auch RAID-Lösungen, die auf EIDE basieren, wie etwa *Fasttrack* der Firma Promise, wobei diese Realisierungen jedoch nicht die bei SCSI übliche Funktionalität aufweisen (können) und nur die RAID-Level 0 und 1 unterstützen, welche im folgenden noch genau erläutert werden.

Wenn eine der Festplatten im RAID-System ausfällt, meldet das System diesen Umstand zunächst mit einem optischen und/oder akustischen Signal, wobei üblicherweise auch eine Meldung für das Netzwerk generiert wird. Ab diesem Zeitpunkt ist Gefahr im Verzug, denn das System läuft nunmehr ohne Fehlertoleranz. Gleichwohl arbeitet das System weiter, und es können Daten gelesen und geschrieben werden, doch eine zweite Festplatte darf nun nicht mehr ausfallen. Man wird es sicher nicht zu diesem Fall kommen lassen und schleunigst die defekte Festplatte austauschen, was gegebenenfalls auch im laufenden Betrieb erfolgen kann. Ob dies möglich ist, hängt vom elektrischen Aufbau des RAID-Systems ab.

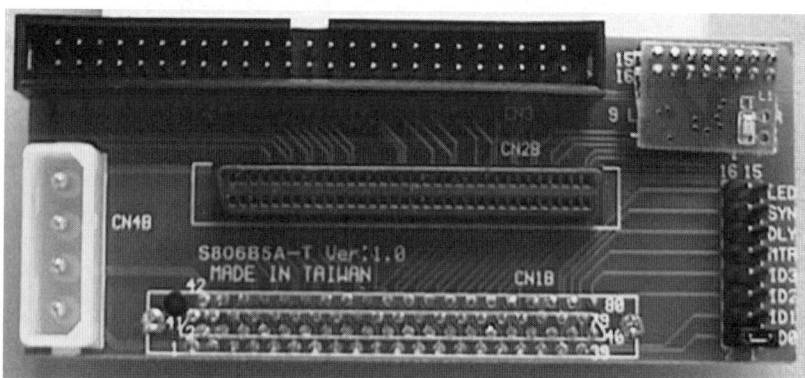

Bild 5.35: Oben der übliche 50-polige SCSI-Anschluss und darunter ein SCA-Connector

Demnach kommen für ein RAID-System üblicherweise nicht Standard-SCSI-Hostadapter zum Einsatz, sondern es erfordert einiges mehr an Eigenintelligenz (Multi-Host-Fähigkeit) eines RAID-Systems, und falls es das *Hot Plugging* oder *Hot Swapping* unterstützt, wovon man bei einer explizit als RAID-System bezeichneten Anlage ausgehen kann, können die Festplatten auch während des laufenden Betriebs ausgetauscht werden.

Die Festplatten, bei denen es sich vorwiegend um SCA-Festplatten handelt (siehe auch Wide-SCSI), werden hierfür in speziellen Einbaurahmen untergebracht und sie müssen desselben Typs sein, was in der Praxis bedeutet, dass man sich eine oder auch gleich mehrere »Notfallfestplatten« auf Vorrat besorgen sollte, denn im Fall der Fälle ist die benötigte Festplatte mit ziemlicher Sicherheit nicht mehr erhältlich.

Die verschiedenen Realisierungen von RAID-Systemen (siehe folgende Kapitel) basieren auf Untersuchungen, die bereits im Jahre 1987 an der University of California in Berkeley durchgeführt wurden. Allgemein gilt für RAID-Systeme, dass die **M**ean **T**ime **B**etween **F**ailure (MTBF) der gleichen Zeitspanne wie für ein Festplattenlaufwerk entspricht, allerdings dann dividiert durch die Anzahl der im Disk Array vorhandenen Festplatten.

Bild 5.36: Ein RAID-Controller, wie hier ein Typ der Firma DTP, verwendet einen Intel-960-RISC-Prozessor und übliche SIMMs (rechts) als Cache-Speicher

Entsprechende RAID-Controller (ab ca. 1.000 DM bis typisch 3.000 DM) werden von Firmen wie Distributed Processing Technology (DTP), Mylex, Symbios Logic, Adaptec und GDT (firmiert auch unter Intelligent Computer Peripherals, ICP) angeboten. Diese Controller arbeiten üblicherweise mit einem eigenen RISC-Prozessor (z.B. Intel 960) und besitzen einen On-Board-Speicher, der – je nach Modell – eine unterschiedliche Kapazität aufweisen kann und mitunter auf bis zu 64 Mbyte aufzurüsten ist. Dieser Speicher übernimmt die wichtige Aufgabe eines Cache-Speichers, was für eine adäquate RAID-Leistung von immanenter Bedeutung ist, denn die Daten für die einzelnen Festplatten müssen entsprechend aufbereitet und zwischengespeichert werden. Der On-Board-Prozessor benötigt außerdem eine ganz beträchtliche Rechenleistung, wobei die Parity-Berechnung hier den größten Anteil der Leistung beansprucht.

```
GDT - PCI        Disk Array Controller BIOS
Copyright (C) 1991-97 by ICP vortex Computersysteme GmbH
All rights reserved!
BIOS located at 0x000E0000 - 0x000E1FFF
1 Controller(s) found, Selftests OK, scanning SCSI Bus ...
[PCI 0/3] DPMEM at 0x000D0000 - 0x000D3FFF   INTA = IRQ10
[PCI 0/3] GDT6527RP -- HWL0 -- 16 MB RAM  - 512kB/0kB Flash-RAM
[PCI 0/3] Serial-No. 00123412 -- RAIDYNE-FW-Version 2.19.00-R009
[PCI 0/3] CHN:A ID:0 LUN:0 -- QUANTUM  XP34300W
[PCI 0/3] CHN:B ID:0 LUN:0 -- DLT2000XT


►►► Press <CTRL> <G> to enter GDTSETUP ◄◄◄
```

Bild 5.37: Die Boot-Anzeige mit einem RAID-System der Firma GDT

Es existieren unterschiedliche *logische Aufbauten* von RAID-Systemen, die so genannten RAID-Level, anhand derer ein RAID-System üblicherweise qualifiziert wird. Gleichwohl können bestimmte RAID-Level-Konfigurationen mit handelsüblichen Hostadaptern und mehreren Festplatten realisiert werden. Netzwerkbetriebssysteme wie etwa Novell ab der Version 3.x oder auch Windows NT unterstützen einige der RAID-Level (per Software), ohne dabei natürlich die Features (Ausfallsicherheit, Hot Plugging, interne Cache-Speicher) aufzuweisen, die ein *Hardware-RAID-System* beherrscht.

Unabhängig davon, welcher der RAID-Level zum Einsatz kommt, erscheint das Disk-Array-System üblicherweise als ein einziges logisches Laufwerk, was bedeutet, dass weder die Programme noch der Anwender etwas von der speziellen Funktionalität des Systems bemerken wird.

Bild 5.38: RAID-Systeme, die die Level 0, 3 und 5 beherrschen, in verschiedenen Ausführungen

5.11.1 RAID Level 0

Der RAID Level 0 – Disk Striping – ist im eigentlichen Sinne gar kein RAID-Verfahren, denn die Daten werden ohne Redundanz über die vorhandenen Festplatten verteilt. Diese Aufzeichnung in »Datenstreifen« wird als *Disk Striping* bezeichnet. Die Fehlertoleranz wird dabei nicht erhöht, es ist lediglich ein schnellerer Datenzugriff möglich, da auf alle Festplatten gleichzeitig zugegriffen werden kann.

Die Daten werden hierfür in Segmentgröße sequentiell über die Festplatten verteilt, wodurch die Gefahr von Datenverlusten gegenüber der Verwendung einer einzigen Festplatte erhöht wird, denn die Wahrscheinlichkeit, dass beispielsweise eine von vier Festplatten ausfällt, ist größer als der Ausfall einer einzigen Festplatte.

Generell bietet RAID 0 im Vergleich mit allen anderen RAID-Levels die höchste Performance und Effizienz bei der Datenspeicherung.

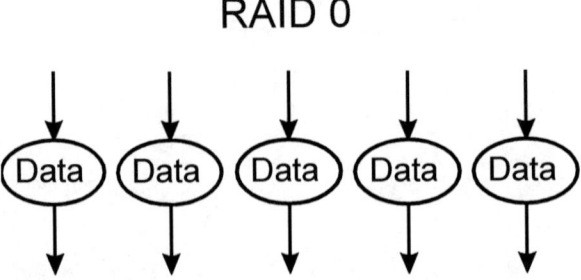

Es ist gleichzeitiges Lesen und Schreiben mit mehreren Laufwerken möglich.

Bild 5.39: RAID-Level 0 arbeitet ohne Redundanz, dafür aber sehr schnell

5.11.2 RAID Level 1

Beim RAID-Level 1 werden Spiegelplatten (mirror = Spiegel) verwendet, und aus diesem Grund ist RAID-1 auch unter der Bezeichnung *Disk Mirroring* bekannt. Die einfachste Ausführung besteht aus einem Adapter und zwei Festplatten.

Die Daten werden immer gleichzeitig auf diesen beiden Platten gespeichert. Fällt eine aus, läuft das System weiter, da die Daten noch auf der zweiten vorhanden sind. Beim Ausfall des Adapters versagen natürlich beide Festplatten, und aus diesem Grund wird RAID-1 in einigen Fällen auch mit zwei Adaptern verwendet, was dann als *Duplexing* bezeichnet wird.

Die gesamte Scheibleistung bei RAID-1 ist nicht wesentlich schlechter als bei der Verwendung einer einzigen Festplatte, allerdings kann die Leseleistung demgegenüber verbessert werden, weil die Daten derjenigen Festplatte verwendet werden, auf der sie zuerst gefunden wurden.

Außerdem kann das System möglicherweise für den Multitaskingbetrieb konfiguriert werden, so dass quasi zwei Lesevorgänge gleichzeitig stattfinden können. RAID-Level-1 ist relativ einfach ohne speziellere Geräte zu konfigurieren, und ein Netzwerkbetriebssystem wie etwa Novell 3.12 unterstützt das *Mirroring* bereits standardmäßig.

RAID-1 bietet in einer Multitasking-Konfiguration die beste Performance aller RAID-Systeme. Der Nachteil ist höchstens in den höheren Kosten für die Verdoppelung der Festplattenkapazität zu sehen, da die Daten exakt dupliziert werden müssen.

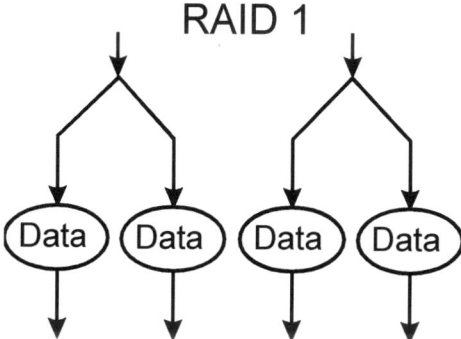

Bild 5.40: *Der RAID-Level 1 benötigt zur Datenspiegelung die doppelte Anzahl von Festplatten*

5.11.3 RAID Level 2

Beim RAID Level 2 – Disk Striping mit ECC – werden mehrere Festplatten des Disk Arrays zur Verarbeitung von ECC-Daten (**E**rror **C**orrection **C**odes) eingesetzt. Eine typische Konfiguration sind dabei fünf Festplatten für die Daten und drei für die Fehlerkorrekturinformationen.

Die Daten werden während des Schreibens auf die Platten verteilt (Disk Striping, prinzipiell wie beim RAID-Level 0), was hier allerdings nicht sektorweise, sondern Bit für Bit (Interleaving) erfolgt. Für jedes Datenbyte wird gleichzeitig der Fehlerkorrektur-Code (Hamming-Code) auf alle drei Prüffestplatten geschrieben. Die Datenübertragungsrate ist dabei sehr hoch, weil die Daten parallel verarbeitet werden können.

Beim RAID-Level-2 dürfen sogar maximal zwei Festplatten ausfallen, ohne dass es zu einem Datenverlust kommt. Auf Grund seiner Komplexität hat sich dieser Level allerdings nicht in der Praxis durchgesetzt. Außerdem verwenden moderne Festplatten eigene Fehlerkorrektur-Codes, und durch die zusätzlichen Hamming-Codes, für die schließlich typischerweise drei eigene Festplatten benötigt werden, erscheint RAID-Level 2 auch als überdimensioniert.

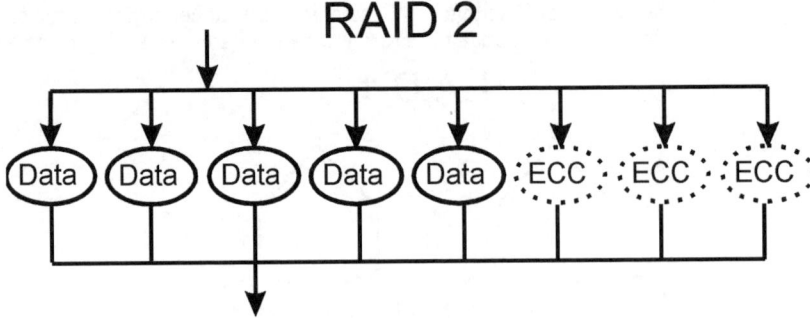

Jeder Schreib- und Lesezugriff betrifft immer alle Festplatten.

Bild 5.41: Der RAID-Level 2 stellt sich als zu komplex und auch als überdimensioniert dar

5.11.4 RAID-Level 3

RAID-3 – Parallele Disk Arrays mit Parität – verwendet statt der Fehlerkorrektur-Codes (des Level-2) Paritätsbits, für die explizit nur eine Festplatte nötig ist. Es gibt mindestens zwei Datenlaufwerke, und die Daten werden über die vorhandenen Festplatten Byte für Byte geschrieben.

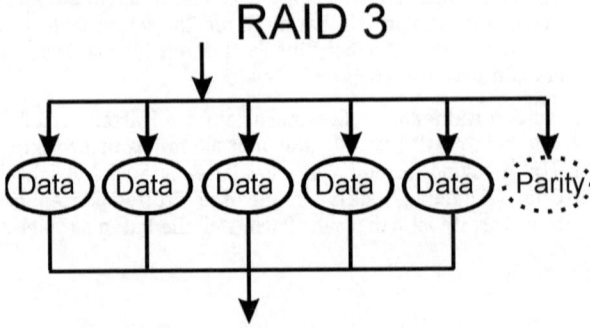

Jeder Schreib- und Lesezugriff betrifft immer alle Festplatten.

Bild 5.42: Eine Festplatte enthält beim RAID-Level 3 die Paritätsinsformation

Die Datenübertragungsrate entspricht dabei derjenigen, wie sie auch mit RAID-2 erreicht wird. Bei jedem Schreib-/Lesevorgang sind immer alle Festplatten beteiligt, so dass immer nur eine einzige und keine parallele Datenübertragung stattfinden kann. RAID-3 eignet sich am besten für Daten großer Kapazität, etwa für die Bildverarbeitung (CAD, DTP), und weniger für kleinere Datensätze wie bei Datenbanken, denn dann kommt die Such- oder Positioniergeschwindigkeit der Festplatten maßgeblich ins Spiel und die prinzipiell recht hohe Datenübertragungsrate kann nicht ausgenutzt werden.

5.11.5 RAID-Level 4

Auch die RAID-Level-4–Implementierung – Sektor Striping – verwendet wie der RAID-Level-3 ein eigenes Laufwerk für die Verarbeitung der Paritätsinformation. Im Gegensatz dazu wird hier aber *Sektor-Striping* eingesetzt, was bedeutet, dass hier nicht Bit für Bit (RAID-2) oder Byte für Byte (RAID-3) verarbeitet wird, sondern Sektor für Sektor. Der erste Datenblock befindet sich auf der ersten Datenfestplatte, der zweite Datenblock auf der zweiten usw.

RAID 4

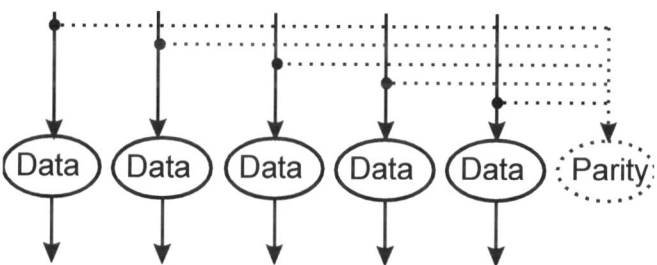

Es ist gleichzeitiges Lesen möglich. Jeder Schreibzugriff aktualisiert die Paritätsfestplatte.

Bild 5.43: *Da der RAID-Level 4 sektorweise arbeitet, stellt sich die Parity-Festplatte als »Bremse« des Systems dar*

Ein Lesevorgang betrifft unter optimalen Bedingungen daher immer nur ein einziges Laufwerk, und in einem Multitasking-System (Novell, Windows NT) können daher mehrere Read-Kommandos gleichzeitig ausgeführt werden. Es kann aber immer nur ein einziger Schreibvorgang stattfinden, auch wenn er sich auf eine einzige Datenfestplatte bezieht, denn es ist stets notwendig, die Paritätsinformation auf die ausgewählte Festplatte zu schreiben.

Diese erweist sich in der Praxis dann als Flaschenhals, wenn das Verhältnis von Lese- zu Schreibzugriffen nicht sehr hoch ist. Da in vielen Anwendungen eine nicht vorhersehbare Anzahl von Lese- und Schreibzugriffen erfolgt, trifft man auf RAID-4 in der Praxis eher selten.

5.11.6 RAID-Level 5

Im Gegensatz zu den vorigen Stufen werden hier keine speziellen Paritätsfestplatten verwendet, sondern die Paritätsinformation wird immer zwischen die Datenblöcke geschrieben, was auch als *Sektor-Striping mit verteilter Parität* bezeichnet wird. Wie beim RAID-Level-4 kommt aber auch hier das Sektor-Striping (Ablage der Datenblöcke der Reihe nach auf jeder Festplatte) zum Einsatz.

Jede Festplatte des Disk Arrays kann beim Ausfall einer beliebigen Festplatte die Daten wiederherstellen, da die Paritätsinformation gleichmäßig über alle Platten verteilt liegt.

Besteht das System beispielsweise aus vier Festplatten, wird der Fehlerkorrekturblock jeweils nach jedem dritten Schreibvorgang auf die folgende Festplatte geschrieben, was sich in dieser Art und Weise fortsetzt und somit zur Verteilung der Paritätsinformation führt. Auf Grund des Fehlens einer dedizierten Paritätsfestplatte ist es möglich, zeitgleich mehrere Lese- und Schreibzugriffe auszuführen.

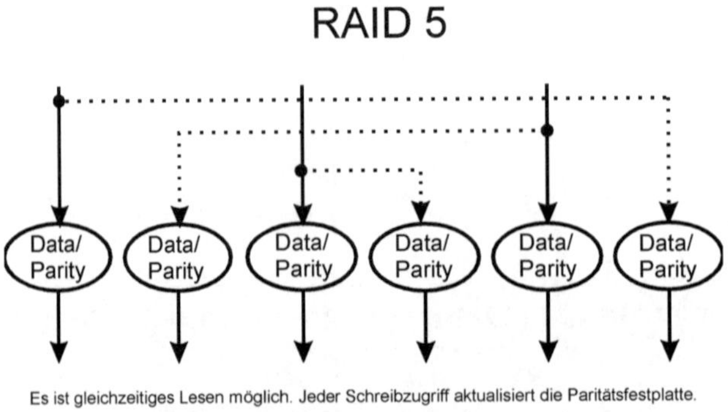

RAID 5

Es ist gleichzeitiges Lesen möglich. Jeder Schreibzugriff aktualisiert die Paritätsfestplatte.

Bild 5.44: Die Paritätsinformation befindet sich beim RAID-Level 5 zwischen den Datenblöcken

5.11.7 RAID-Level 6 und 10

Die RAID-Level 6 und 10 sind in Umgebungen zu finden, die ein Höchstmaß an Ausfallsicherheit benötigen. RAID-Level 6 verwendet Mehrfach-Parity, wodurch die Daten auch nach Ausfall zweier Festplatten wiederhergestellt werden können. Gegenüber dem verwandten Level-5 wird jedoch die Schreibleistung verringert.

RAID-10 stellt sich prinzipiell als eine Kombination aus RAID 0 und RAID 5 dar. Hierfür werden zwei 5er-Arrays zusammengeschaltet und über die Daten aller Festplatten wird das Disk-Striping angewendet. Dies entspricht einer Kombination von zwei 5er-Plattensystemen und wird daher eben als RAID-10 bezeichnet.

RAID-Level-Einsatz in Kurzform:

···⟩ Die Verwendung eines RAID-Systems macht die regelmäßige Datensicherung (z.B. per Tape Drive) nicht überflüssig, denn vor einem versehentlichen Löschen der Daten, vor Softwarefehlern oder auch vor Viren kann es nicht schützen.

···⟩ Die Angaben zur Ausfallsicherheit (z.B. MTBF) basieren darauf, dass Fehler statistisch unabhängig voneinander auftreten, was in der Praxis jedoch häufig nicht der Fall ist, wenn man an Ereignisse wie Feuer oder Blitzschlag denkt. Auch aus diesen Gründen ist ein Backup der wichtigen Daten, die dann an einem geschütztem Ort aufbewahrt werden, wichtig.

···⟩ RAID-Level 0 bietet zwar die höchste Performance, jedoch keinerlei Fehlerschutzmechanismen.

···⟩ RAID-Level 1 kommt in Umgebungen zum Einsatz, bei denen eine hohe Performance und auch Fehlersicherheit gefordert ist.

···⟩ RAID-Level 2 wird üblicherweise nicht verwendet, da es sich als zu überdimensioniert darstellt.

···⟩ RAID-Level 3 ist vorwiegend für Systeme geeignet, bei denen sich der Datenbestand aus relativ großen Dateien (CAD, DTP, keine Datenbanken) zusammensetzt.

···⟩ RAID-Level 4 bietet keine Vorteile gegenüber RAID-Level 5 und unterstützt keine simultanen Schreiboperationen.

···⟩ RAID-Level 5 ist die erste Wahl für Anwendungen, bei denen viele gleichzeitige Lesezugriffe, wie beispielsweise bei Datenbanken, auftreten. Schreibvorgänge werden langsamer als bei RAID-0, RAID-1 und RAID-3 absolviert.

5.12 SCSI-Weiterentwicklungen im Überblick

Parallele Bussysteme wie SCSI erscheinen mittlerweile schon aufgrund der Vielzahl von Leitungen (Fast-32-Bit-Wide-SCSI mit einem 110-poligen Kabel) kaum mehr praktikabel, insbesondere wenn man hier auch an externe Verbindungen denkt. Der Qualität und der Kabellänge und damit der Störsicherheit sind in einem verstärkten Maß Rechnung zu tragen und der Aufbau des parallel arbeitenden Interfaces macht einen Großteil der Kosten aus.

In der SCSI-3-Spezifikation (Kapitel 5.4) sind verschiedene serielle Bussysteme definiert, wie der *Fibre Channel* und *Firewire* (IEEE-1394). Sie haben vom Ansatz her gemeinsam: preiswertere Interfaces, einfache Verkabelung, eine automatische Konfigurierung via Plug&Play, die Anschlussmöglichkeit unterschiedlicher Gerätetypen und möglichst hohe Datenübertragungsraten. Eine Terminierung ist vom Anwender für diese Systeme nicht herzustellen.

Des Weiteren sollen die seriellen Bussysteme – zumindest längerfristig und zunächst wohl auch nur bei professionellen Systemen – die kabelintensive SCSI-Verdrahtung ersetzen und sich an das SCSI-Protokoll halten, was laut Herstellerangaben sowohl beim Fibre Channel als auch bei Firewire durch relativ einfache Code-Anpassungen der unteren Protokollschichten vollzogen werden kann.

Für Firewire wird das **S**erial **B**us **P**rotocol (SBP, vergl. Bild 5.4) eingesetzt, welches einer seriellen Implementierung des SCSI-3-High-Speed-Protokolls entspricht. Alternative High-Speed-Protokolle werden vom **F**ibre **C**hannel (FC) und der **S**erial **S**ystems **A**rchitecture (SSA) realisiert, auf die in den folgenden Kapiteln noch näher eingegangen wird.

Der IEEE P1394-Standard wird auch mit der Bezeichnung *Firewire* gleichgesetzt. Genau genommen ist *Firewire* jedoch lediglich *eine* mögliche Implementierung, die diesem Standard gehorcht. Allerdings ist Firewire zur Zeit die einzig interessante IEEE-1394-Realisierung, die Chancen hat, auch eine Bedeutung im PC-Segment zu erlangen.

Der IEEE-Standard 1394 stammt ursprünglich aus dem Jahre 1987, initiiert von der Firma Apple. Bereits die Spezifikation des Nubus90, der in den Macintosh-Quadra-Modellen und in leicht abgewandelter Form auch in den NeXT-Computern eingebaut war, sah einen derartigen seriellen *Hilfsbus* vor.

Mit dem Ende dieser Modelle schien (zunächst) auch IEEE-1394 in Vergessenheit zu geraten und wurde erst wieder interessant, als die Diskussion um die seriellen Peripheriebussysteme (IEEE-1394, USB, SSA, Fibre Channel) einsetzte. Auch wenn diese vier Systeme hier in einem Atemzug genannt werden, sind sie von ihrem vorgesehenen Einsatzzweck und der Leistung her jedoch recht unterschiedlich, wie in den jeweiligen Kapiteln beschrieben. Einen Überblick gibt zunächst die folgende Tabelle:

Interface	Transferrate (Mbyte/s)	max. Kabellänge zwischen Einheiten	max. Geräteanzahl
Firewire	25–50	4,5m	63
FC-AL	100 (single loop) 200 (dual loop)	30 m (Kupfer) 10 km (LWL)	127
SSA	20-40 (point to point) 80 (loop)	40 m (Kupfer) 600 m (LWL)	27
USB USB 2.0	1,5 60	5 m	127

Tabelle 5.16: Daten serieller Bussysteme im Überblick

5.13 Firewire

Um *Firewire* zu einem Erfolg zu verhelfen, bedarf es neben der Festschreibung eines Standards einer möglichst breiten Unterstützung durch bedeutende Hersteller, die auch tatsächlich Chips und Geräte hierfür anbieten. Im Jahre 1994 bildete sich daher die *1394 Trade Organization*, deren Mitgliederanzahl mittlerweile auf über 50 angewachsen ist. Es finden sich hier Firmen wie Adaptec, AMD, Intel und Microsoft, aber auch Sony, JVC, Yamaha und Creative Labs, was bereits darauf hindeutet, dass Firewire für Video- und Audio-Applikationen geeignet erscheint.

Außerdem wird Firewire von (Messtechnik-)Firmen wie Hewlett-Packard oder National Instruments als möglicher Nachfolger des über 30 Jahren alten IEC-Bus (IEEE-488) für die computergestützte Messtechnik angesehen. Windows 98 sowie Windows NT 5.0 sind standardmäßig mit einer Firewire- und auch USB-Unterstützung ausgestattet.

5.13.1 Topologie und Architektur

Der Standard umfasst sowohl Definitionen für eine Backplane- als auch für eine Kabelverbindung von IEEE-1394-Einheiten, wobei für den PC-Markt die kabelorientierte Verbindung eher von Bedeutung ist, während die Backplane-Version in Industriesystemen ihre Anwendung findet.

Zur Zeit sind drei Datenübertragungsraten spezifiziert: 100, 200 und 400 Mbit/s. Das langsamste aktive Gerät am Bus bestimmt dabei die maximal mögliche Rate, Die 1394 Trade Association arbeitet aber bereits an der Festlegung einer definierten Setup-Funktion, damit der Busmaster (PCI-Firewire-Hostadapter) Geräte unterschiedlicher Auslegung erkennen und mit passenden Datenraten betreiben kann.

Firewire verwendet eine 64-Bit-breite Adressierung und hält sich an das Control- und Status-Register-Management für Mikrocomputer-Busse (IEEE-1291). Die oberen 16 Bit werden für die Geräteadressierung (Nodes) und die übrigen 48 Bit für die Register- und Speicherimplementierung verwendet. Im IEEE-1394-Standard werden zwei verschiedene Adressierungsarten (Node IDs) unterschieden, die entweder die Selektierung von 63 (6-Bit-Node-) oder 1023 (10-Bit-Node-) Knoten innerhalb des Gesamtsystems ermöglichen, wobei sie generell als Memory-Mapped-Devices angesprochen werden.

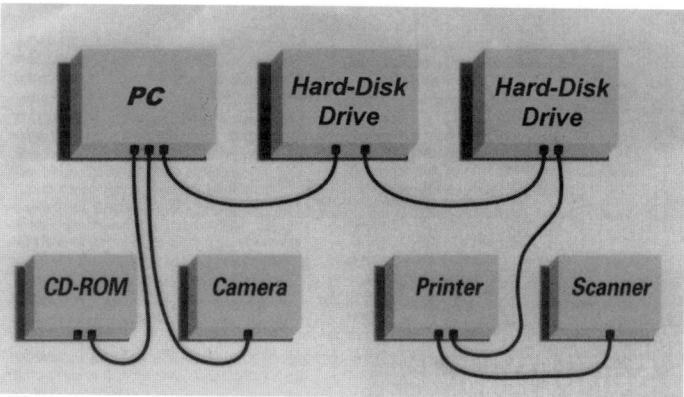

Bild 5.45: Der mögliche Aufbau eines Firewire-Systems; ein PC mit einem Firewire-Hostadapter dient als Busmaster und verfügt über mehrere Ports zum Aufbau verschiedener Gerätestränge

Die Verkabelung zwischen den Geräten wird nicht in einer Schleife ausgeführt, sondern es sind mehrere Stränge (Ports) möglich, wobei pro Port 16 Knoten in »Hintereinanderschaltung« (Daisy Chained) angeschlossen werden können. Die gesamte Kabellänge eines Stranges darf mit dem (dünnen) spezifizierten Kabel 72 m nicht überschreiten, und zwischen den einzelnen Knoten (mit Repeater-Funktion) sind 4,5 m als Maximum spezifiziert.

Firewire ist selbstkonfigurierend und weist den Geräten (Knoten) nach einem Bus-Reset physikalische Adressen zu. Die Geräte dürfen während des laufenden Betriebs angeschlossen oder entfernt werden, eine Neuorganisierung der Adressen findet dabei jedoch nicht statt, sondern das System muss hierfür neu gestartet werden. Das Verbindungskabel für IEEE-1394-Geräte ist etwas dünner als das vom Ethernet her bekannte Koaxialkabel und auch wesentlich flexibler. Sowohl die Steckverbindung als auch das leicht verdreh- und schlingbare Kabel der Firma Nintendo (Game Boy, Nintendo 64) sollen hier Pate gestanden haben.

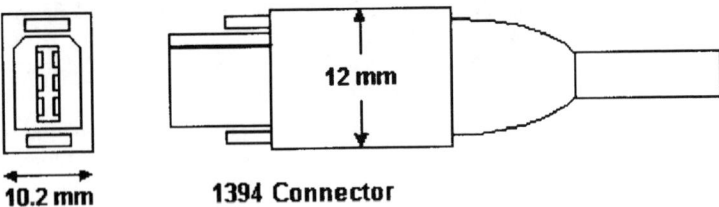

10.2 mm   **1394 Connector**

Bild 5.46: Die Firewire-Steckverbindung

Die Voraussetzung für die höhere Datenrate bei Verwendung eines dünneren Kabels beruht auf dem besonderen Design und der Abschirmung. Im P1394-Kabel finden sich zwei als Twisted Pair realisierte Verbindungen, wobei eine Twisted-Pair-Anordnung jeweils von einer gemeinsamen Abschirmung umschlossen ist, wodurch eine geringe Störanfälligkeit erreicht wird.

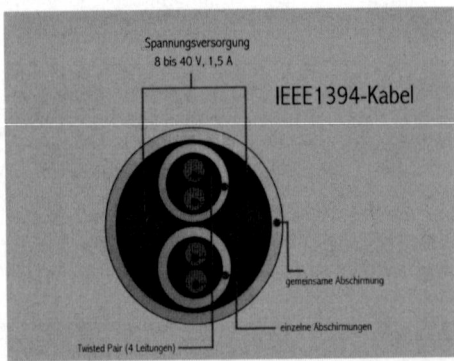

Bild 5.47: Der spezielle Aufbau eines IEEE-1394-Kabels ermöglicht relativ hohe Datenübertragungsraten bei einem kleineren Durchmesser als das übliche Ethernet-Kabel, wie es für Netzwerkverbindungen verwendet wird

Die beiden Leitungen für die Spannungsversorgung, die 8 bis 40 V bei maximal 1,5 A betragen kann, sind in das IEEE-1394-Kabel mit eingebettet, und die gesamte Kabelanordnung ist mit einer weiteren (gemeinsamen) Abschirmung versehen. Die Spannungsversorgung kann, muss aber nicht, von einem Firewire-Gerät verwendet werden und ist bei stationären Geräten im Gerät selbst eingebaut.

5.13.2 Das Protokoll

Das IEEE-1394-Protokoll umfasst drei Schichten: den Transaction, den Link und den Physical Layer, wie es im folgenden Bild zu sehen ist. Der Transaction Layer bildet mit seinen Standard-Control- und Status-Registern die Verbindung zu einem parallelen Bus – üblicherweise PCI.

Der Link Layer setzt die Registerinformationen des Transaction Layer um und handhabt die Paketbildung und die Steuerung (Cycle Control) des Isochronous-Betriebs. Für die Initialisierung der Knoten und die Durchführung des Arbitrationsprozesses ist der Physical Layer zuständig, welcher auch die serielle Datenumsetzung für den Link Layer übernimmt.

Für Audio- und insbesondere für Videoanwendungen ist es wichtig, dass eine garantierte Datenbandbreite und somit ein kontinuierlicher Datenfluss gegeben ist, wie es generell für Echtzeitanwendungen Voraussetzung ist. Ein übliches Netzwerk wie Ethernet oder Token Ring arbeitet asynchron, was bedeutet, dass Datenpakete, die zuerst auf das Netzwerk gelangen, auch zuerst transportiert werden und nachfolgend eine Verzögerung erfahren (müssen), die vom Anwender im Prinzip ignoriert werden kann, da sie für den Informationsgehalt unerheblich ist.

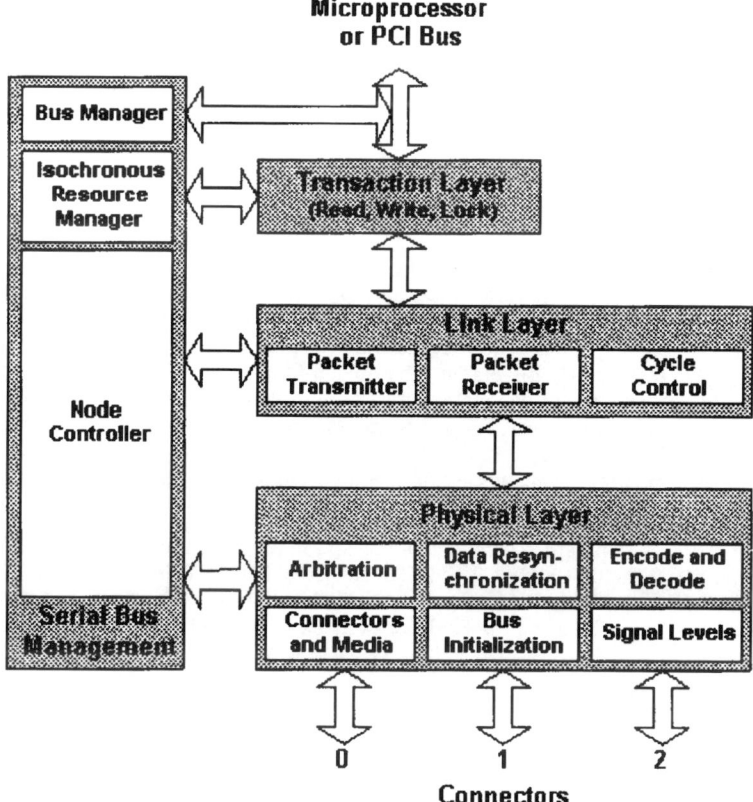

Bild 5.48: Das IEEE-1394-Protokoll setzt sich aus den Schichten Transaction, Link und Physical zusammen

Die Verzögerung eines Video-Frames ist hingegen in unerwünschter Weise – vom Bildflackern bis zur Bildunterbrechung – wahrnehmbar. Ein Bussystem für Videoanwendungen muss daher über einen Mechanismus verfügen, der dies verhindert. Firewire sieht hierfür den Isochronous-Mode vor. Ein Begriff (aus dem Griechischen), der besagt, dass einer Datenübertragung eine gleichbleibende Zeitdauer oder ein Intervall eingeräumt wird, wodurch eine garantierte Bandbreite zur Verfügung steht. Dies ist eines der wesentlichen Merkmale von Firewire, welches zwar auch für den Universal Serial Bus (vergl. USB) definiert ist, jedoch bei einer wesentlich geringeren Datenbandbreite (12 Mbit/s statt 200 Mbit/s).

Das folgende Bild zeigt den Aufbau eines asynchronen 1394-Datenpakets, wobei der Header typischerweise aus 4-5 Quadlets (32 Bit) besteht. Die erreichbare Datenblockgröße wird durch die maximale Paketzeit von 62µs bestimmt, was bei einer 200 Mbit/s-Realisierung zu einer Größe von höchstens 256 Quadlets, also 1 Kbyte führt.

Im Isochronous-Betrieb beträgt die maximale Paketzeit demgegenüber 125µs und diese Pakete besitzen einen Header von zwei Quadlets und können einen von 64 Kanälen adressieren.

62 µs (Paketzeit)

Arbitration	Data-Prefix	Header mit CRC	Data 0-256 Quads	CRC	DataEnd	ACK-Gap	Data-Prefix	ACK 1 Byte	DataEnd

Bild 5.49: Der Aufbau eines asynchronen 1394-Datenpakets

5.13.3 Firewire-Realisierungen

Ein Firewire-Chipset besteht – fast protokollkonform – üblicherweise aus zwei Bausteinen, die als Link Layer Controller und Physical Interface (PHY) bezeichnet werden. Apple – der Initiator von Firewire – und Texas Instruments haben bereits beim Apple Macintosh (NuBus) zusammengearbeitet, und daher liegt es nahe, dass Texas Instruments die ersten erhältlichen Chips für Firewire anbieten konnte, die sich nunmehr auf den ersten Firewire-Hostadaptern (Adaptec AHA-8940) und auch auf Videokarten wie beispielsweise von den Firmen *Fast Multimedia* und *Miro* (jetzt Pinnacle) wiederfinden lassen. Videokameras mit Firewire-Anschluss – auch als »i.Link« bezeichnet – sind schon seit einiger Zeit auf dem Markt wie etwa von Sony und Panasonic.

Da sich bei Firewire noch einiges in der Entwicklungsphase befindet, sind zur Abschätzung der möglichen Leistungsfähigkeit der Geräte und zur Orientierung die wichtigsten Daten der gebräuchlichen Firewire-Chipsets in der folgende Tabelle angegeben und die Funktionsweise wird anhand eines Beispiels verdeutlicht.

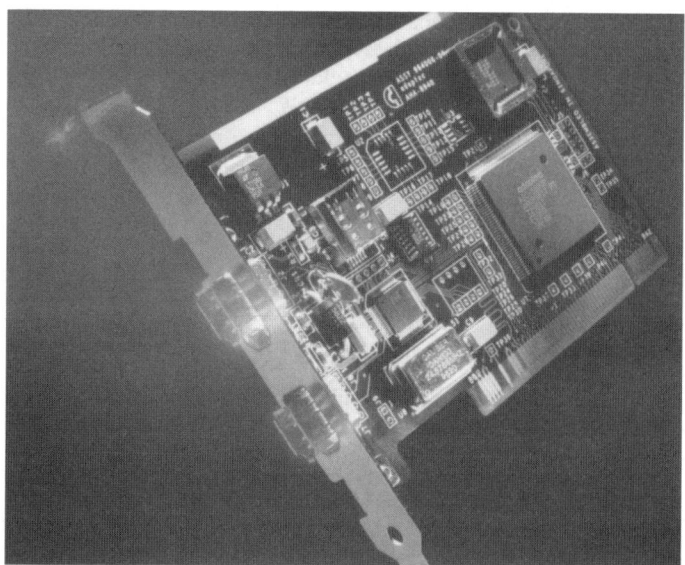

Bild 5.50: Der erste verfügbare Firewire-Hostadapter ist der Typ AHA-8940 der Firma Adaptec; er verfügt über zwei externe und einen internen Firewire-Anschluss und bietet eine maximale Datenübertragungsrate von 200 Mbit/s

Typ	Funktion/Daten
TSB12C01A	Link Layer Controller mit universellem 32-Bit-Interface (400 Mbit/s)
TSB12LV21	Link Layer Controller mit PCI-Bus-Interface (400 Mbit/s)
TSB11C01	Physical Interface, Transceiver/Arbiter für 3 Ports (100 Mbit/s) in 5V-Logik
TSB11LV01	Physical Interface, Transceiver/Arbiter für 1 Port (100 Mbit/s) in 3V-Logik
TSB21LV03	Physical Interface, Transceiver/Arbiter für 3 Ports (200 Mbit/s) in 3V-Logik
TSB11LV01	Physical Interface, Transceiver/Arbiter für Backplanes (100 Mbit/s) in 3V-Logik
AIC-5800	Link Layer Controller mit PCI-Bus-Interface (400 Mbit/s)
21S750	Physical Interface, Transceiver/Arbiter (200 Mbit/s)

Tabelle 5.18: Bauelemente für Firewire der Firma Texas Instruments (TSB); der AIC-5800 stammt von der Firma Adaptec und der 21S750 von IBM, die beide auf dem Hostadapter AHA-8940 verwendet werden

Firewire unterstützt sowohl asynchrone als auch isochrone Transfers. Für Video ist eine garantierte Datenbandbreite nötig, die im isochronen Modus zu erreichen ist. Jeder Knoten, der diese Übertragungsart unterstützt, verfügt hierfür über einen speziellen Cycle Timer, mit dessen Hilfe ein derartiger Zyklus detektiert und dementsprechend weiterverarbeitet wird.

Der Controller TSB12C01A, der als Busmaster fungiert, enthält beispielsweise einen solchen Timer und zwei Sende-FIFOs, wobei einer für die asynchrone (ATF) und einer für die isochrone Datenübertragung (ITF) verwendet wird. Des Weiteren ist ein FIFO für die Verarbeitung der empfangenen Daten (GRF) zuständig. Ein interessantes Feature ist dabei, dass die jeweilige Speichertiefe der einzelnen FIFOs im Verhältnis zueinander (insgesamt max. 512 x 33 Bit) per Software festgelegt und somit – je nach Anwendung und Gerätetyp – eine möglichst optimale Datenzwischenspeicherung erreicht werden kann.

Der Controller (Link Layer) ist einerseits mit dem Systembus (z.B. PCI) und andererseits über ein Link Interface mit einem Transceiver wie dem TSB11C01 verbunden, der das Physical Interface (PHY) zum IEEE1394-Bus darstellt. Das Link Interface besteht aus den folgenden Signalen:

⋯⟫ **D[0:7]** stellen die bidirektionalen Datenleitungen dar. Pakete mit 100 Mbit/s verwenden die Leitungen D[0:1], Pakete mit 200 Mbit/s D[0:3] und Pakete mit 400 Mbit/s D[0:7].

⋯⟫ **CTL[0:1]** spezifizieren die jeweilige Busfunktion (Idle, Status, Receive, Transmit).

⋯⟫ **LREQ** signalisiert den Transfertyp (Request Type) wie Isochronous, Priorty, Fair, Read und Write sowie die Adresse des PHY-Registers und die hier hineinzuschreibenden Daten. Ein Start- und ein Stop-Bit kennzeichnen dabei den Beginn und das Ende des Request-Zyklus.

⋯⟫ **SCLK** ist der Systemtakt von typischerweise 49,152 MHz.

⋯⟫ **/ISO** schaltet den Link Controller und/oder das Physical Interface in den Isolation Status.

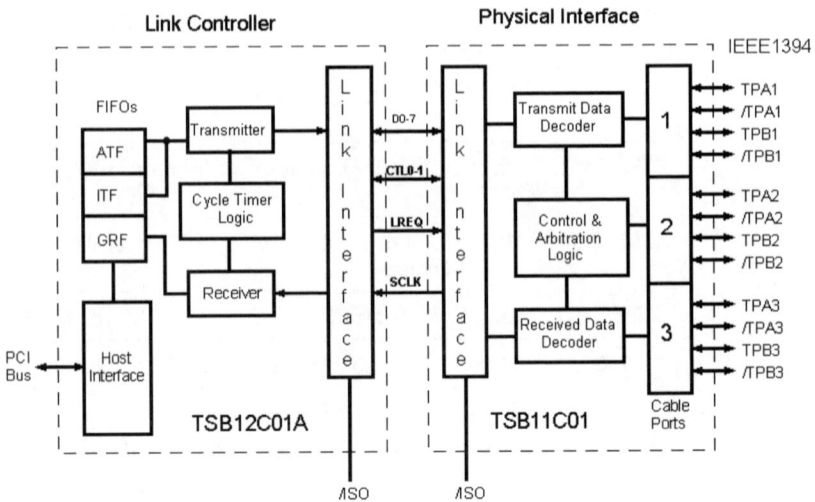

Bild 5.51: Der Aufbau eines Firewire-Adapters mit einem Chipsatz der Firma Texas Instruments. Bei Firewire wird generell eine schaltungstechnische Trennung von Controller und Transceiver vorgenommen, wobei beide Bausteine über ein Link Interface miteinander verbunden werden

Neben der Signalumsetzung zwischen dem Controller und einem oder mehreren Firewire-Ports, die jeweils aus vier Leitungen (Twisted Pair, Differential) bestehen, übernimmt der PHY-Baustein die Businitialisierung und die Durchführung des Arbitrationsvorgangs – das Aushandeln des aktuellen Busmasters. Die Zuteilung erfolgt dabei nach dem Fairness-Schema. Es gibt dabei keine feste Prioritätszuordnung, wodurch alle Geräte die gleichen Rechte besitzen, um auf den Bus zugreifen zu können.

Zur Zeit erreicht man in Serienmodellen noch nicht die propagierte Transferrate von 400 Mbit/s, wobei das Physical Interface die Limitierung darstellt, wie es auch der obigen Tabelle zu entnehmen ist. In der IEEE-1394-Spezifikation ist außerdem zur Vermeidung von Masseschleifen und für den Betrieb von Controller und PHY auf unterschiedlichen Potentialen eine Isolationsschaltung vorgesehen, die mit einem R/C-Netzwerk, Transformatoren oder Optokopplern aufgebaut wird und dementsprechend zwischen diesen beiden Bausteinen vorzusehen ist, was das Erreichen höherer Transferraten als die zur Zeit maximal 200 Mbit/s sicherlich noch schwieriger gestaltet. Dennoch sind bereits Bestrebungen (IEEE-1394.2) im Gange, Firewire bis zu einer Datenübertragungsrate von 800 Mbit/s auszulegen.

5.14 Serial Storage Architecture

SSA beruht auf der Serial Link Architecture von IBM, die bereits seit 1989 in Systemen wie der IBM 9333 eingesetzt wird. Seit Juni 1995 bietet IBM sowohl SSA-Adapter als auch -Festplatten an. Die RISC/6000-Familie mit dem Betriebssystem AIX stellt dabei die Gruppe der ersten Systeme dar, die diese Technologie (ANSI-Norm X3T10.1) nutzen können.

SSA ist als eine Zwei-Ebenen-Architektur realisiert, wobei die physikalische Schicht (SSA-PHx) für den Datentransport zuständig und die logische (SSA-SxP) SCSI-2-konform ausgelegt ist und dementsprechend mit SCSI-2-Kommandos arbeitet. Das SCSI-Protokoll musste hierfür lediglich an den seriellen Betrieb angepasst werden, was durch die Veränderung von ca. 15 Prozent des SCSI-Codes gelungen sein soll.

Bild 5.52: Dieser SSA-Hostadapter der Firma Pathlight Technology verfügt über eine Bandbreite von 80 Mbyte/s und arbeitet auch mit DOS-CAM-Software

Der SSA-Förderverein (SSA-UIG) umfasst eine Liste von ca. 30 Herstellern wie IBM, VLSI oder auch Siemens Nixdorf, wobei SSA-Chips von IBM, Symbios Logic und VLSI erhältlich sind. Zur Integration der SSA-Funktionalität wird ein Preis von $10 angegeben. Die meisten SSA-Geräte sind Festplatten und stammen von IBM. Für den PCI-Bus existieren SSA-Adapterkarten von IBM, Symbios Logic und Pathlight Technology, deren Stream-Line-PCI-Karte in Bild 5.52 zu sehen ist.

Im Gegensatz zu herkömmlichem SCSI werden bei SSA zwei getrennte Write- und Read-Kanäle verwendet, und es sind sowohl Point-To-Point als auch Loop- und Switch-Topologien möglich. Als maximale Bandbreite wird von IBM 80 Mbyte/s angegeben, die jedoch nur in einer Ring-Topologie bei gleichzeitigem Lesen und Schreiben über beide Loop-Seiten realisierbar ist. In einer direkten Point-To-Point-Verbindung zweier Geräte wie bei einer Adapter-Festplattenkopplung sind 20 Mbyte/s bei gleichzeitigem Senden und Empfangen möglich. Die letzte SSA-Spezifikation (Next Generation SSA) sieht verdoppelte Transferarten mit 4 x 40 Mbyte/s vor.

Die Daten werden als Frames übertragen, wobei ein Datenfeld maximal 128 Byte enthalten kann. Eine Taktleitung existiert bei SSA nicht, sondern der Takt wird mit Hilfe der 8B/10B-Kodierung aus den Daten zurückgewonnen. Diese Kodierung wird ebenfalls bei FDDI und dem Fibre Channel (FC) verwendet. Durch die Paketübertragung und das Protokoll reduziert sich die effektive Datenrate jedoch etwas, da auch ein gewisser Verwaltungsaufwand nötig ist, um die Daten wieder zusammenzusetzen, wobei hier ein Wert von ca. 6 Prozent genannt wird. Die Datenübertragung wird wie beim SCSI-Bus (Standard-SCSI) anhand von Handshake-Signalen gesteuert. Eine Busarbitrierung gibt es hier nicht, sondern die Daten der Geräte werden in den laufenden Datenstrom eingefügt.

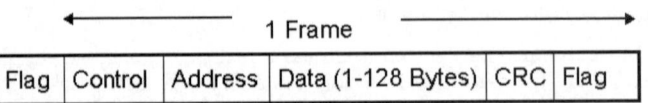

Bild 5.53: *Ein SSA-Frame ist relativ einfach aufgebaut und wird von Flags eingerahmt*

Eine typische SSA-Adapterkarte bedient zwei SSA-Stränge mit einer maximalen Länge von jeweils 20 m. Als Verbindungsleitungen sind Twisted-Pair-Kabel im Einsatz, und Glasfaserverbindungen sind hier eher selten anzutreffen.

SSA ist selbstkonfigurierend, und dementsprechend müssen keine Geräteadressen manuell festgelegt werden. Terminierungswiderstände sind nicht zu setzen, da stets eine Point-To-Point – auch in einer Loop-Konfiguration (Bild 5.54) – realisiert wird.

Alle SSA-Leitungen besitzen in den Geräten eine feste Terminierung von 150Ω. Durch die doppelte Ausführung von Read- und Write-Kanälen eignet sich SSA insbesondere für RAID-Systeme mit bis zu 128 Geräten, die bevorzugt in der Ringtopologie verbunden werden. Wie es für RAID-Systeme üblich ist, wird das Hot-Plugging – Hinzufügen oder Entfernen von SSA-Einheiten während des laufenden Betriebs – von SSA standardmäßig unterstützt.

Serial Storage Architecture

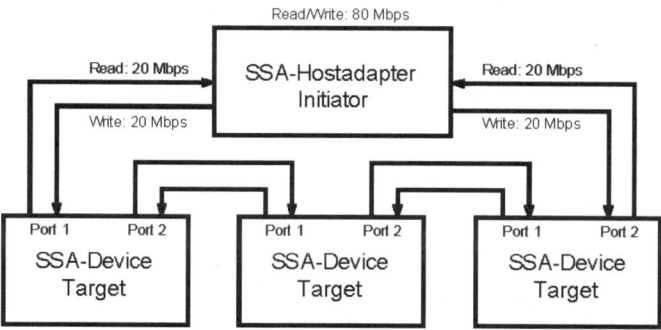

Bild 5.54: *SSA-Devices unterstützen zwei Ports für das gleichzeitige Senden und Empfangen in einer Point-To-Point-Verbindung. In einer Loop-Verbindung werden die Geräte hintereinander geschaltet, was eine Gesamt-Datenbandbreite von 80 Mbyte/s ermöglicht*

5.15 Fibre Channel

Vereinfacht kann man sich FC-AL (Fibre Channel Arbitrated Loop) als ein leistungsfähigeres SSA vorstellen. Es sind hier ebenfalls sowohl Point-To-Point als auch Loop-Topologien möglich. FC-AL bietet die höchste Performance aller drei konkurrierenden seriellen Systeme (IEEE-1394, SAA, FC-AL) und ist daher wohl (auch noch) das teuerste.

Da der Fibre Channel ähnlich wie die Serial Storage Architecture arbeitet, demgegenüber aber leistungsfähiger ist, sind die Firmen IBM und Seagate im Jahre 1997 übereingekommen, SSA und FC-AL zu vereinen, was seither unter *Fibre Channel Enhanced Loop* firmiert.

Entgegen der Bezeichnung ist das bevorzugte FC-AL-Übertragungsmedium jedoch nicht Glasfaser (LWL, Licht-Wellen-Leiter), sondern Kupfer (Twin Axial), wie bei den anderen Systemen auch. Die Fiber-Channel-Technologie ist im LAN-Bereich nichts Neues, erscheint aber für relativ kurze Übertragungswege, wie beispielsweise zu Festplatten, und relativ wenige Geräte als zu überdimensioniert und wird daher das traditionelle, parallel arbeitende SCSI auf diesem Gebiet nicht ersetzen, sondern findet seine Anwendung in netzwerkartigen (max. 126 Nodes pro Kanal, bis zu 10 km Entfernung bei LWL) Speicherstrukturen wie beispielsweise bei Internet-Suchmaschinen.

Seagate fertigt bereits seit einiger Zeit eine Reihe von Festplatten (z.B. Elite 23, mit einer Kapazität von 23 Gbyte) mit diesem Interface, die Firma Digital (Compaq) verschiedene Array-Controller (RAID) und auch andere Firmen, die insbesondere im RAID-Segment aktiv sind, bieten entsprechende Controller an.

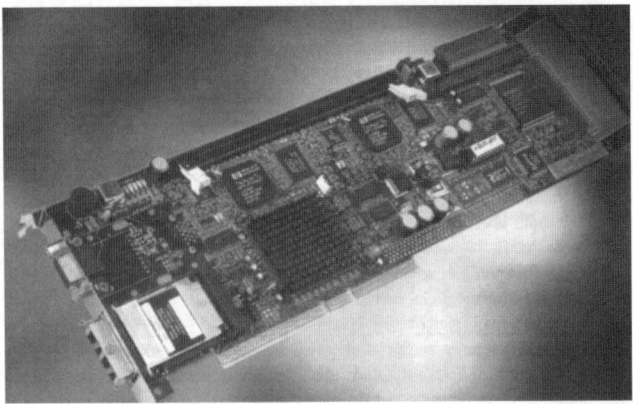

Bild 5.55: Ein Fibre-Channel-Adapter der Firma ICP-Vortex für den 64-Bit-PCI-Bus

Wie bei SSA sind direkte Point-To-Point-Verbindungen vorgesehen, allerdings nicht mit 20 Mbyte/s (jeweils Senden und Empfangen), sondern mit bis zu 100 Mbyte/s. Der wesentliche Unterschied zu SSA ergibt sich durch den hier vorgesehenen Arbitrationsmechanismus. FC-AL erlaubt zeitgleich nur einen einzigen Datentransfer in der Schleife, welcher mit dem jeweils selektierten Gerät durchgeführt wird und dem dann auch die volle Bandbreite zur Verfügung steht.

Fibre Channel Point-to-Point

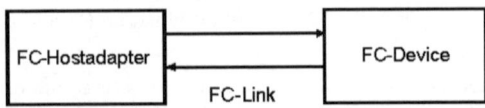

Fibre Channel Arbitrated Loop

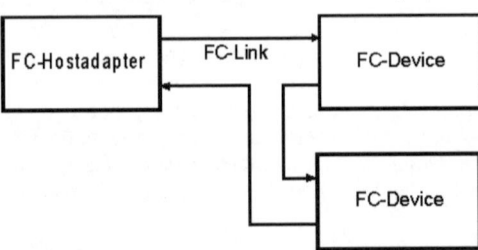

Bild 5.56: FC-AL kann in einer Point-To-Point-Topologie eingesetzt werden oder in einem Arbitrated Loop, der unter Verwendung eines Arbitrationsschemas einem einzelnen Gerät die volle Bandbreite zur Verfügung stellt

Darüber hinaus ist in der Spezifikation (X3T11) eine Dual-Loop-Implementierung vorgesehen, welche entweder für eine erhöhte Fehlertoleranz eingesetzt werden kann, denn eine Schleifenunterbrechung führt hier zu einem Ausfall des gesamten Systems, oder aber für die Erhöhung der Datenbandbreite auf 200 Mbyte/s. Bei derart hohen Datentransferraten stellt sich der 32-Bit-breite PCI-Bus mit maximal

132 Mbyte/s bereits als »Nadelöhr« heraus, so dass dann vorzugsweise der neue 64-Bit-breite PCI-Bus (theoretisch 264 Mbyte/s) zum Einsatz kommt. Dieser ist abwärtskompatibel mit dem 32-Bit-PCI-Bus, was bedeutet, dass eine 64-Bit-Karte auch in einem 32-Bit-Slot und umgekehrt verwendet werden kann.

Das folgende Bild zeigt den Aufbau eines FC-AL-Frames. Die Nutzdaten werden in einem variablen Rahmen (0-2112 Bytes) übertragen (Payload), wobei der Frame-Header die Quell- und Ziel-Adresse des Datenpakets enthält. Jede Sequenz wird anhand einer Kennung (Seq_ID) identifiziert, und jeder Frame innerhalb einer Sequenz erhält eine eigene Nummer (Sequence Count, Seq_Cnt).

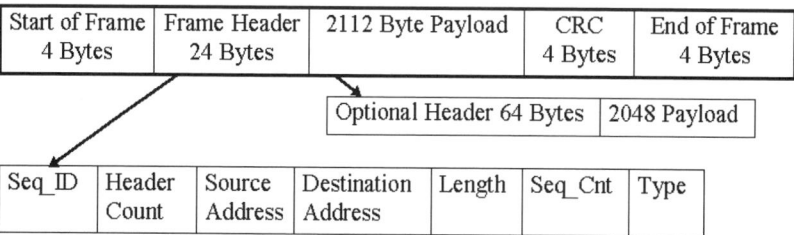

Bild 5.57: Der Aufbau des FC-AL-Frames

Der FC-AL-Frame stellt die kleinste zu übertragende Informationseinheit dar und ähnelt vom Aufbau her den in (FDDI-)Netzwerken üblichen Telegrammen. Dem Fibre Channel liegt eine fünfstufige Schichtarchitektur zu Grunde. In der untersten Schicht (FC-0) ist die serielle Datenübertragung definiert, es folgt die 8B/10B-Kodierung/Dekodierung, und über FC-2 wird die Datensteuerung wie etwa die Frame-Bildung ausgeführt.

FC-3 bietet *Common Services* für die Unterstützung der Kommandoebene (FC-4). Hier sind Protokolle wie SCSI, IP oder auch ATM definiert. FC-AL ist so gesehen eine äußerst universelle Architektur und eignet sich sowohl für kanalorientierte Schnittstellen (SCSI, IPI) als auch für Netzwerke (IEEE 802.2, ATM).

Mainboard-Elektronik

PC-Werkstatt

Ein Personal Computer setzt sich intern aus
verschiedenen Einheiten zusammen wie den
Laufwerken, dem Netzteil und dem Mainboard –
auch als Hauptplatine oder Motherboard bezeichnet –, welches üblicherweise verschiedene
Einsteckkarten (z.B. Grafikkarte), den Mikroprozessor und die Speicherbausteine (DRAM,
Cache) aufnimmt. Das Mainboard stellt gewissermaßen das Herz eines PC dar und bestimmt
somit auch dessen Leistungsfähigkeit. In
diesem Kapitel wird die Elektronik von
Mainboards näher betrachtet. Die verschiedenen Mikroprozessoren und Speicher werden in
den beiden nachfolgenden Kapiteln behandelt.

4

6 Mainboard-Elektronik

Da ein übliches Mainboard meistens für einen bestimmten Mikroprozessortyp oder auch eine Mikroprozessorfamilie (verschiedene 486-CPUs) entwickelt wurde, lässt sich ein PC auch anhand des jeweiligen Mainboard-Typs qualifizieren.

6.1 PC-Mainboard-Konzepte

Es gibt verschiedene Konzepte, nach denen ein PC aufgebaut sein kann und die durchaus ihre Vor- und Nachteile haben, wie es noch näher erläutert wird:

····∴ Konventionelles (traditionelles) Mainboard mit Mikroprozessor, welches durch Einsteckkarten um zusätzliche Elektronik (Schnittstellen, Grafikkarte) erweitert wird.

····∴ Mainboard mit Mikroprozessor und diversen On-Board-Komponenten wie den üblichen Schnittstellen (RS232, LPT) oder auch einem Grafik-, Modem- oder Soundchip.

····∴ Mainboard mit steckbaren Prozessormodulen, wie sie bereits in früheren Zeiten von verschiedenen Herstellern (z.B. AMI Flex-CPUs) realisiert wurden. Mit dem Pentium-II-Mikroprozessor hat dieses Konzept eine neue Bedeutung gewonnen.

····∴ Slot-CPUs: Es kommt ein »passives Mainboard« zum Einsatz, welches im wesentlichen nur über Slots und den Netzteilanschluss verfügt. Der Mikroprozessor und die weitere Elektronik, die sich sonst auf dem Mainboard befindet, sind auf einer Slot-CPU-Karte untergebracht. Ansonsten lassen sich in den Slots die PC-üblichen Einsteckkarten einsetzen.

····∴ Industrie-PCs sind in Rack-Bauweise (Einschubtechnik, z.B. im 19-Zoll-Gehäuse) aufgebaut. Es gibt hier kein Mainboard, sondern eine *Backplane* (passive Rückwandplatine), die einzelne Module wie CPU, Speicher, Grafikkarte, und Schnittstellen aufnimmt.

····∴ Embedded-PCs sind miniaturisierte spezielle PC-Realisierungen (z.B. mit PC/104-Modulen), wie sie vorwiegend für die Mess-, Steuer- und Regelungstechnik zum Einsatz kommen.

6.1.1 Konventionelles Mainboard

Das konventionelle Mainboard ist prinzipiell wie beim Ur-PC aufgebaut. Auf dem Mainboard befinden sich der Prozessor des Systems und die weitere grundlegende Elektronik mit Speicher sowie Interrupt-, DMA- und Tastatur-Controller. Die Grafik-, die Schnittstellen- und die Laufwerkscontroller-Karte wird in die Steckleisten (Slots) eingesteckt und macht den PC somit erst komplett.

*Bild 6.1: Ein konventionelles Mainboard aus einem 386-PC, wie es in eine Vielzahl von PCs einge-
baut wurde, wie beispielsweise in die der Firma Vobis (Highscreen)*

Das 80386-Board in Bild 6.1 kann mit 80386-SIMM-Platinen bis auf maximal 32
Mbyte ausgestattet werden. Über einen speziellen Slot ist der Anschluss einer zusätzlichen Speichererweiterungskarte möglich. Diese herstellerspezifischen Erweiterungskarten hat es in der Vergangenheit in einer Vielzahl von verschiedenen
Versionen – auch als Grafikkarten – gegeben. Sie sind nicht miteinander kompatibel und explizit für einen bestimmten Mainboard- bzw. Slottyp ausgelegt. Aus
diesem Grund wurde von ihnen auch kaum Gebrauch gemacht, und man hat sich
auf die Verwendung der ISA-Slots beschränkt.

Da alle anderen Komponenten wie Grafikkarte und Festplattencontroller in die
Slots eingesteckt werden und dadurch einfach ausgetauscht werden können, ist
ein derartiges Mainboard, welches von seinem prinzipiellen Aufbau her auch für
486-CPUs realisiert wurde, für viele verschiedene PC-Konfigurationen einsetzbar.

6.1.2 Mainboard mit On-Board-Devices

In Bild 6.2 ist ein PC-Mainboard abgebildet, welches neben den Grundkomponenten
wie CPU und Speicher auch eine serielle und eine parallele Schnittstelle sowie
einen integrierten Laufwerkscontroller beherbergt. Da es sich hier um ein älteres
Mainboard mit einem 8088-Prozessor handelt, sind die Slots auch nur als 8-Bit-
Slots ausgeführt und die Speicherbausteine (512 Kbyte) fest eingelötet. Für die
Konfigurierung der Mainboard-Einstellungen ist hier ein DIP-Schalterblock vorhanden, wie es typischerweise bei älteren Mainboards der Fall ist. Bei diesem Board
wird lediglich noch die Grafikkarte benötigt, die in einen Slot gesteckt wird.

Bild 6.2: Ein älteres PC-Mainboard mit integrierter serieller und paralleler Schnittstelle und Laufwerkscontroller

Mainboards mit integrierten Komponenten (Grafik, Modem, Sound, Netzwerk), die sich typischerweise auf Einsteckkarten befinden, sind generell in den einfacheren kompakten PCs (z.B. Compaq Presario, einige Scenic-Modelle der Firma Siemens) zu finden. Die Erweiterungsmöglichkeiten sind stark eingeschränkt, da der integrierte Grafik- oder der Soundcontroller nicht einfach abgeschaltet werden kann, um ihn durch einen neuen zu ersetzen, welcher dann als Einsteckkarte in einen Slot gesteckt wird. Zu dieser Art PC-Typ gehören im Prinzip auch die Laptops und Notebooks, die für einen speziellen Zweck gut geeignet sind, sich jedoch gar nicht oder nur sehr schwer um- und aufrüsten lassen.

Das oben gezeigte Mainboard stammt bereits aus dem Jahre 1986, und interessanterweise wurde dieses Konzept der integrierten zusätzlichen Einheiten (On-Board-Komponenten) erst wieder mit den PCI-Mainboards aufgenommen. Außerdem befinden sich hier die Anschlussbuchsen für die Schnittstellen direkt auf dem Mainboard, wie es auch bei der neuesten PC-Mainboard-Architektur – ATX (siehe Kapitel 6.2) – der Fall ist. Gleichwohl entspricht das alte Mainboard keiner standardisierten Größe (BAT oder ATX), und auch die Lage der Anschlüsse ist individuell vom Hersteller festgelegt worden, was zur Folge hat, dass derartige Mainboards nur in einem ganz speziellen Gehäuse verwendet werden können.

Wenn man einmal von den speziellen Kompakt-PCs absieht (s.o.), die meistens kaum oder auch gar nicht erweitert oder umgebaut werden können, ist es mit dem Erscheinen der 486-PCI-Mainboards üblich und gilt seit den Pentium-Mainboards als allgemeiner Standard, dass sich die Controller für die üblichen Schnittstellen und Laufwerke und dementsprechend die dazugehörigen Anschlüsse mit auf dem Mainboard befinden.

Bild 6.3: Dieses Pentium-Mainboard bietet die heute üblichen Onboard-Devices; die Buchsen für die Schnittstellen (RS232, LPT) befinden sich auch hier direkt auf dem Mainboard (unten), wie es bei ATX-Boards generell der Fall ist

Es gibt zwar auch einige Standard-Mainboards mit integriertem Grafikchip, die den »normalen« PC-Speicher (RAM) als Grafikspeicher verwenden können, was je nach gewünschter Größe sogar konfigurierbar ist, allerdings ist der notwendige Treiber-Support hierfür meist ungenügend (organisiert), und wie bei den Kompakt-PCs kann hier vielfach nicht einfach eine leistungsfähigere Grafikkarte bei Bedarf nachgerüstet werden.

- -

Shared Memory System
Bezeichnet Mainboards oder allgemein Chipsets, bei denen für den Grafikspeicher Teile des Systemspeichers verwendet werden.

- -

In der Mehrzahl der PC-Ausführungen beschränkt man sich jedoch auf die oben angegebenen On-Board-Devices, die mitunter auch nicht immer abschaltbar sind, wie es wünschenswert wäre, wenn sie sich einmal als defekt erweisen sollten. Demnach benötigt man gleich ein neues Mainboard, auch wenn vielleicht nur der Parallel-Port (LPT) für den Drucker defekt sein sollte.

Da diese Mainboard-Realisierung mit den typischen On-Board-Devices nun einmal dem heute üblichen PC-Standard entspricht, wird auf die hier wichtigen Zusammenhänge noch in den folgenden Kapiteln näher eingegangen. Es ist jedoch immer anzuraten, einen PC zu erwerben, der mit einem als Standard geltenden Mainboard (BAT, ATX) aufgebaut ist, weil sich dies in der Praxis als die flexibelste Lösung herausgestellt hat.

6.1.3 Mainboard mit steckbaren Prozessormodulen

Es gibt eine Reihe von PC-Ausführungen, die nicht über einen PGA- oder ZIF-Sockel – Näheres hierzu im Kapitel 7 – für die Aufnahme der CPU auf dem Mainboard verfügen, sondern über einen speziellen herstellerspezifischen Slot, der eben auch ein spezielles Prozessormodul aufnimmt. Die Firma AMI hatte beispielsweise ihre so genannten Flex-CPUs im Programm. Dies sind im Prinzip konventionelle Platinen, auf denen sich neben der CPU der Cache-Speicher oder auch noch ein mathematischer Coprozessor befinden. Das Mainboard selbst ist aber in konventioneller Bauweise, also mit Slots und dem Chipsatz, realisiert.

Je nach Version ist dieses Modul mit einem anderen Mikroprozessor (verschiedene 386- und 486-CPUs) und einigen dazugehörigen Peripheriechips bestückt. Für ein CPU-Upgrade ist daher nur dieses Modul zu ersetzen, es sind keine Jumper zu stecken oder sonst irgendwelche Veränderungen am System vorzunehmen. Nicht nur die Firma AMI, sondern auch zahlreiche weitere wie beispielsweise ALR haben mit diesem Konzept jahrelang gearbeitet. Da dies jedoch jeweils einer herstellereigenen Auslegung entsprach, war keine Kompatibilität zwischen den Modulen unterschiedlicher Hersteller gegeben, und diese Systeme verschwanden wieder vom Markt.

Bild 6.4: Bereits lange vor dem Pentium II gab es verschiedene Prozessor-Module für Mainboards, wie hier von der Firma ALR

Die Firma Intel hat dieses Prinzip allerdings im Jahre 1997 wieder aufgenommen, und zwar mit ihrem *Slot One*, der ab dem Pentium II verwendet wird. Neben der eigentlichen Pentium-II-CPU sind auf diesem Modul auch der Cache-Speicher und noch einige weitere »CPU-nahe« Komponenten lokalisiert. Ausführliche Erläuterungen zum Pentium II sind im Kapitel 7.10 zu finden.

Da dieser Slot für die Aufnahme des Pentium-II-Moduls von Intel definiert wurde, ist diese Lösung zwar längerfristiger Natur, gleichwohl bietet allein die Firma Intel hierfür passende CPU-Module an. Der Slot One sollte laut Intel die endgültige Abkehr vom bis dato als Standard geltenden Sockel 7 markieren, für den auch andere Hersteller wie AMD, Cyrix oder IDT entsprechende Mikroprozessoren herstell(t)en.

Diese Strategie hat Intel jedoch nicht lange durchgehalten und ist mit dem Celeron im PPGA-Gehäuse wieder zu einer Sockellösung zurückgekehrt, die nicht mit dem Sockel 7 kompatibel ist. Des Weiteren hat AMD mit dem Athlon den Slot A eingeführt, der zwar mechanisch, jedoch nicht elektrisch mit dem Slot One identisch ist.

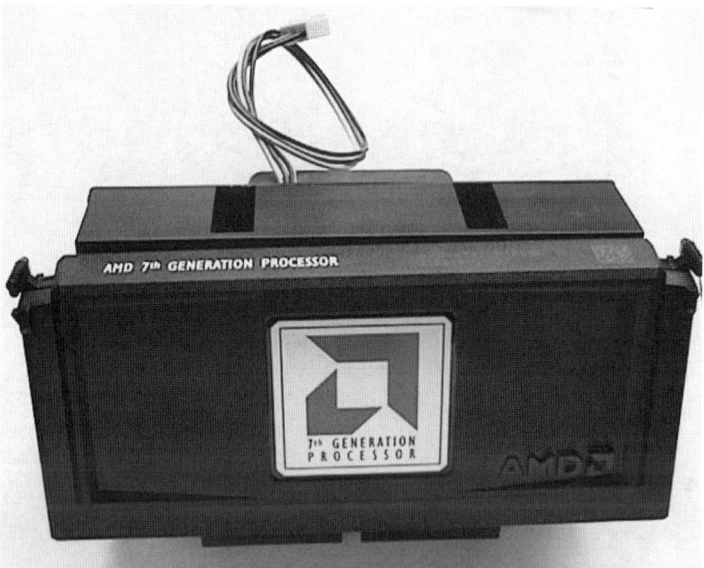

Bild 6.5: CPUs für den Slot One, oder auch wie hier die Athlon-CPU für den Slot A, befinden sich in einer Cartridge mit einem montierten Lüfter (hinten)

6.1.4 Slot-CPU-Karten und Backplane-Systeme

PCs, die mit einer als Slot-CPU-Karte bezeichneten Einheit aufgebaut sind, verfügen über ein (rein) passives Mainboard. Das bedeutet, dass sich auf dem Mainboard ausschließlich die Slots und keine weitere Elektronik befindet. Lediglich ein Tastatur- und der Spannungsanschluss sind vorhanden, und daher ist die Bezeichnung »Mainboard« hier eigentlich auch nicht mehr zutreffend.

Die normalerweise auf dem Mainboard lokalisierte Elektronik befindet sich auf einer Slot-CPU-Karte, wofür in Bild 6.6 ein Beispiel gezeigt wird, welches auch die wesentlichen Elektronikkomponenten erkennen lässt. Entsprechende Slot-CPU-Karten gibt es mittlerweile natürlich auch mit PCI-und ISA-Busanschluss, einer Pentium-CPU und in noch kleineren Dimensionen. Die grundsätzliche Funktion ist allerdings stets mit der eines konventionellen Mainboards identisch.

Soll ein derartiges System auf- oder umgerüstet werden, braucht weder das Mainboard noch alle anderen Komponenten ausgebaut zu werden. Es wird lediglich die Slot-CPU-Karte gegen eine leistungsfähigere ausgetauscht, was eine Sache von wenigen Minuten ist.

Eine Slot-CPU-Karte und dementsprechend ein passives Mainboard kommen durchaus auch in üblichen PCs zum Einsatz, was von außen nicht erkennbar ist. Das Haupteinsatzgebiet einer Slot-CPU-Karte ist aber vielmehr in speziellen PC-Systemen, wie sie in der Kommunikations- und der Medizintechnik und ganz besonders in der Industrieautomation vorkommen.

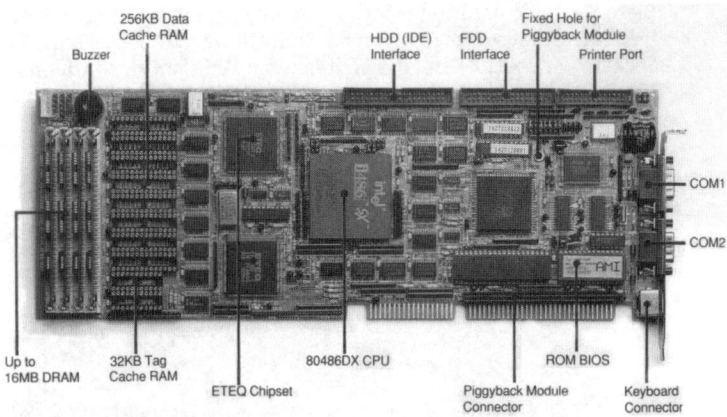

Bild 6.6: *Diese Slot-CPU-Karte enthält die wichtigsten Einheiten eines PC allesamt auf einer ein-*
zigen ISA-Einsteckkarte

Da ein handelsübliches Mainboard preiswerter ist als eine Slot-CPU-Karte, lohnt es
sich vom Kostenaspekt her aber nicht, ein derartiges PC-System (für den Büro-
gebrauch) umzubauen. Im folgenden Bild ist ein PC mit einem (flachen) Slim-Line-
Gehäuse der Firma Siemens gezeigt, der eben mit einer Slot-CPU-Karte ausgestattet
ist. Es ist erkennbar, dass diese Anordnung keinem typischen PC-Standard entspricht und auch das Netzteil eine spezielle Bauform besitzt. Slot-CPUs werden
insbesondere in (sehr) flachen PC-Gehäusen einsetzt, wobei diese Konstellation
aber vor einiger Zeit durch den NLX/LPX-Standard (siehe Kapitel 6.2) abgelöst
wurde.

Bild 6.7: *Dieser PC arbeitet mit einer Slot-CPU-Karte und ist kaum sinnvoll umzubauen oder*
aufzurüsten

Bei den industriellen Anwendungen werden dann auch spezielle Gehäuse und Tastaturen sowie Grafikanzeigen verwendet, die in der rauhen Industrieumgebung
bestehen können.

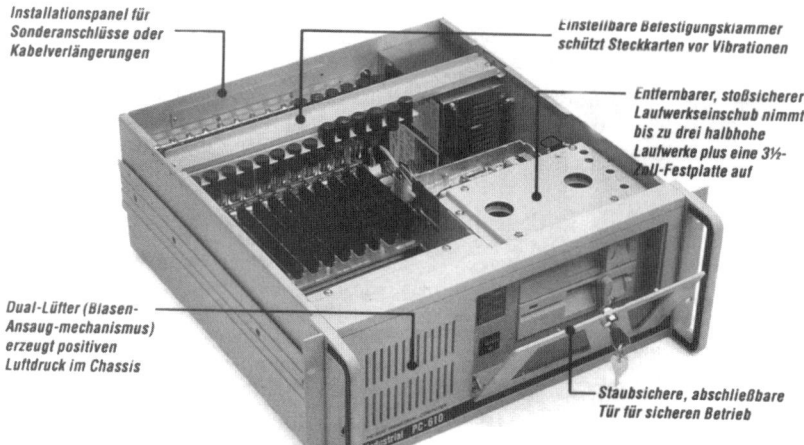

Bild 6.8: Ein Gehäuse für einen Industrie-PC ist mechanisch stabiler, elektrisch besser gegen Störungen abgeschirmt, verfügt über Luftfilter sowie einige andere besondere Ausstattungsmerkmale und ist für den Einsatz einer Slot-CPU-Karte ausgelegt

Ein so genannter Industrie-PC kann in der erläuterten Art und Weise aufgebaut sein, allerdings ist es auch möglich, dass – wie oben erwähnt – eine *Backplane* zum Einsatz kommt, also eine Rückwandplatine, die dann die Einsteckkarten aufnimmt. Demnach können hier keine konventionellen PC-Einsteckkarten mit ISA- oder PCI-Bus zum Einsatz kommen, sondern spezielle, die für den Backplane-Anschluss ausgelegt sind. Industrieversionen (19 Zoll) des ISA-Bus sind der AT96-Bus der Firma Siemens sowie der ISA96-Bus, die beide eine unterschiedliche Anschlussbelegung aufweisen, elektrisch aber dem altbekannten ISA-Bus entsprechen. Die Weiterentwicklung des AT96-Bus ist der SMP-16-Bus, der demgegenüber als *gepuffertes* Bussystem ausgelegt ist, was zu einem störungssichereren und schnelleren System führt. Wie es allgemein für industrielle Systeme üblich ist, sind die einzelnen Einsteckkarten nicht wie bei ISA oder PCI mit Platinenkontakten ausgestattet, sondern es kommen kontaktzuverlässigere ISO-Steckverbindungen zum Einsatz.

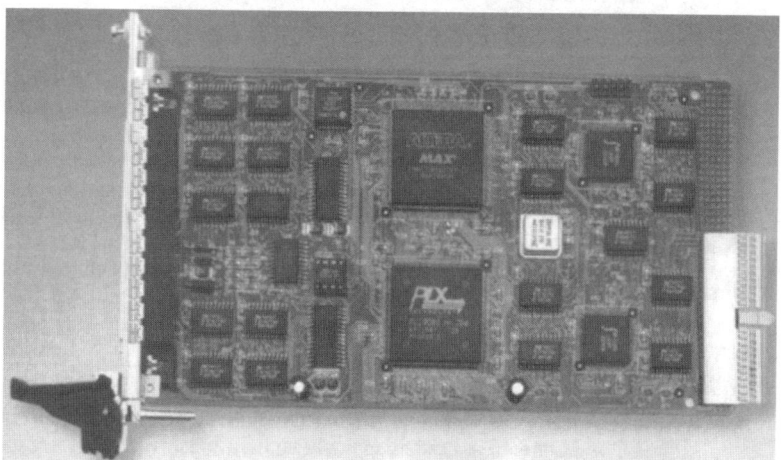

Bild 6.9: Compact-PCI-Karten werden in industriellen Systemen eingesetzt und unterscheiden sich Interface-technisch nicht von den üblichen PCI-Einsteckkarten

Industrielle PCI-Implementierungen gibt es ebenfalls, und zwar *Industrial-PCI* (IPCI) der deutschen Herstellervereinigung SIPS und Compact PCI der Industrial Manufacturers Group (PCIMG). Compact PCI (cPCI) setzt sich in zunehmendem Maße am Markt durch, und von zahlreichen Herstellern sind hierfür entsprechende Karten erhältlich. Sie sind im Europakartenformat ausgelegt, und als Steckverbindung kommt ein Anschluss mit 7 x 25 Kontakten im 2-mm-Raster zum Einsatz.

6.1.5 Embedded-PCs

Besonders kompakte PC-kompatible Systeme, welche für die Mess-, Steuer- und Automatisierungstechnik eingesetzt werden, ergeben sich durch die Verwendung von PC/104-Modulen (Embedded-PC-Standard), die über eine Platinengröße von lediglich 3,6 x 3,8 Zoll verfügen und von zahlreichen Herstellern in unterschiedlichen Ausführungen (I/O-, IEEE-488-, CPU-Module) angeboten werden. Eine Standardisierung ist hierfür in IEEE-P996.1 *Standard for Compact Embedded-PC-Modules* festgeschrieben. Daneben gibt es zahlreiche weitere Varianten von Embedded-PC-Realisierungen, die allerdings herstellerspezifisch sind und sich nicht mit Modulen unterschiedlicher Hersteller kombinieren lassen.

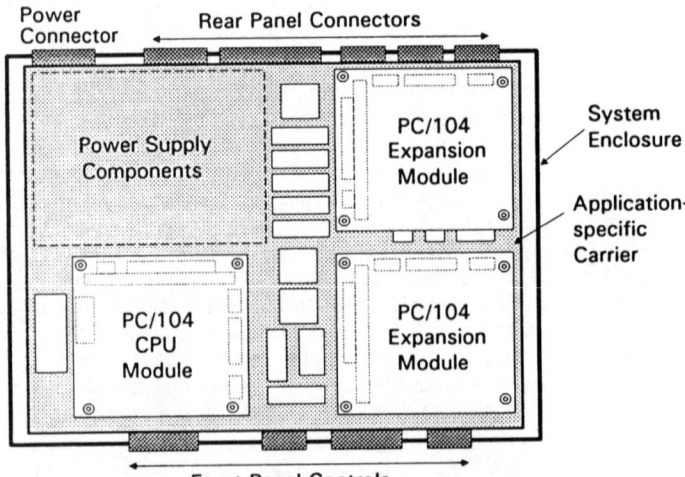

Bild 6.10: Als Standard für den Aufbau von kleinen PC-Systemen in der MSR-Technik stellen sich PC-104-Module dar, die in speziellen Gehäusen nebeneinander oder auch übereinander platziert werden können

Unabhängig davon, woraus sich ein PC-System im Einzelnen zusammensetzt, ob nun mit einem Standard-Mainboard oder aus PC/104-Modulen, ist die Gemeinsamkeit der zu verwendenden Software gegeben. DOS, Windows und Anwenderprogramme können – müssen aber nicht zwangsläufig – auf diesen unterschiedlichen PC-Architekturen in der gleichen Art und Weise lauffähig sein.

Der Schlüssel zu dieser Kompatibilität ist das BIOS, welches einerseits, je nach System, die Verbindung zur unterschiedlichen Hardware herstellt und andererseits die üblichen Softwareschnittstellen bietet, auf die die Programme aufsetzen. Der große Vorteil PC-basierender Systeme ist generell der, dass zur Softwareentwicklung die PC-üblichen Programmiersprachen und Tools verwendet werden können. Bei anderen Industriesystemen wie etwa dem VMEBus oder auch den zahlreichen herstellerspezifischen Bussen sind die Entwicklungstools demgegenüber meist sehr viel teurer, da sie eben nicht wie die PCs den Massenmarkt abdecken.

6.2 BAT, ATX und andere Standards

Mittlerweile gibt es für Mainboards und die dazu passenden Gehäuse verschiedene Standards, wobei der älteste als AT (Advanced Technology) bezeichnet wird. Im Laufe der Jahre sind die Mainboards mechanisch immer kleiner geworden, was zum *Baby AT-Standard* (BAT) geführt hat, unter dem auch die noch kleineren Boards wie etwa *Mini-Baby* firmieren.

An der Spannungsversorgung hat sich dabei jedoch nichts geändert, die bei all diesen Boards über zwei Stecker (P8, P9) hergestellt wird. Erst mit dem ATX- und dem NLX-Standard ist auch dieser Anschluss sowie einige weitere Dinge (siehe folgende Kapitel) überarbeitet worden.

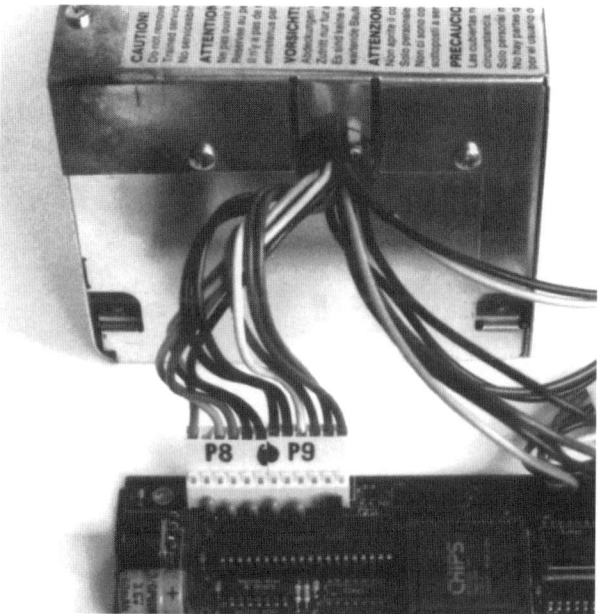

Bild 6.11: Der Spannungsanschluss bei Mainboards nach dem BAT-Standard

Die wichtigsten Daten für die PC-Mainboard-Größen sind in der folgenden Tabelle angegeben, wobei sich das Maß der Mainboard-Breite auf die Seite mit dem Tastaturanschluss bezieht, der damit auch die Lage des Mainboards im PC-Gehäuse eindeutig bestimmt.

Mainboard-Typ	Abmessungen in mm (Breite x Länge)	Übliche Anwendungen (PC-Typen)
AT-Board	305 x 335	alte 8088-486-PCs, EISA-PCs
Baby-Board	220 x 330	ISA-, EISA-, PCI-PCs
¾ Baby	220 x 275	ISA-, PCI-, VLB-PCs
Mini-Baby	220 x 220	ISA-, VLB-PCs

Tabelle 6.1: Die Abmessungen der üblichen Mainboards nach dem (B)AT-Standard

Vor der Weiterverwendung eines bereits vorhandenen Gehäuses oder eines Mainboards zum Aufbau eines (Zweit-)PC sollten zunächst die mechanischen Gegebenheiten überprüft werden, wobei einem das folgende Bild eine Orientierung bieten kann. Es sollten die üblichen Bohrungen und Schlitze (Langlöcher), in denen die Halteschrauben und die Abstandshalter aus Plastik für das Mainboard ihren Platz finden, vorhanden sein.

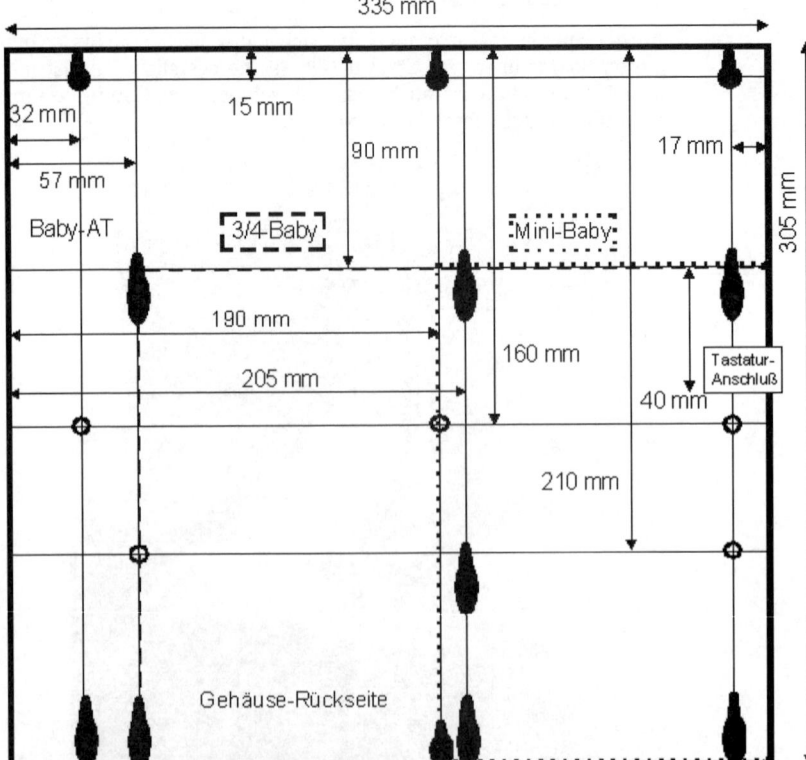

Bild 6.12: Für die unterschiedlichen Mainboard-Größen sind in den PC-üblichen Gehäusen (Desktop, Tower) verschiedene Bohrungen und Aussparungen (Langlöcher) vorgesehen

Ob nun beispielsweise ein Desktop-Gehäuse (siehe auch Bild 6.21) ein paar Millimeter höher oder tiefer ist, spielt für die Montage eines Mainboards nicht *die* ausschlaggebende Rolle. Vielmehr ist unbedingt darauf zu achten, dass das Mainboard auch problemlos in das Gehäuse hineinpasst und zu befestigen ist. Falls etwa zusätzliche Löcher gebohrt und Öffnungen im Gehäuse hergestellt werden müssen, sollte man von einem Umbau Abstand nehmen, denn es werden mit großer Wahrscheinlichkeit weitere Probleme auftreten, wie etwa, dass die Laufwerke nicht befestigt werden können. Außerdem kann dabei die Gehäusestabilität sowie die elektrische Sicherheit (Erdung) auf der Stecke bleiben.

Gehäusetyp	Höhe	Breite	Tiefe	Netzteil	Mainboards
Super Slim Line	76	406	390	150 W	Mini-Baby, NLX, LPX
Slim Line	110	435	420	180-200 W	Mini-Baby, NLX, LPX
Desktop	160	430	420	200-230 W	AT, BAT, ATX, mini ATX, micro ATX
Mini-Tower	350	180	430	180-230 W	BAT, ATX, mini ATX, micro ATX
Midi-Tower	480	170	400	180-230 W	BAT, ATX, mini ATX, micro ATX
Tower	620	190	430	200-230 W	AT, BAT, ATX, mini ATX, micro ATX
Big Tower	680	230	450	230-300 W	AT, BAT, ATX, mini ATX, micro ATX

Tabelle 6.2: Typische Maße von Gehäusetypen und welche Mainboards sowie Netzteile dabei Verwendung finden

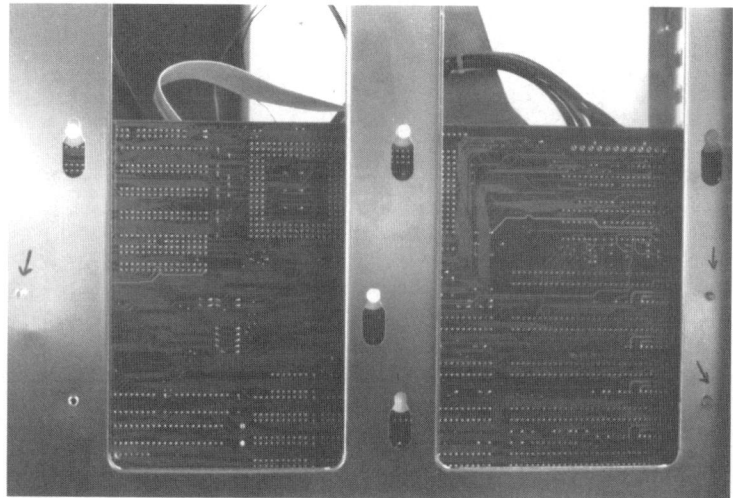

Bild 6.13: Ein BAT-Mainboard in einem Tower-Gehäuse; bei der Montage wird das Mainboard mit den montierten Plastikabstandshaltern in die Langlöcher hineingeschoben und an den markierten Stellen mit Abstandsbolzen und Schrauben am Gehäuse befestigt

Die Schnittstellenverbindungen werden bei BAT-Boards mit Flachbandkabeln zu den entsprechenden Slotblechanschlüssen geführt, wobei man keineswegs davon ausgehen kann, dass die jeweilige Pinbelegung auf dem Mainboard bei den unterschiedlichen Herstellern übereinstimmt.

Am Slotblechanschluss sind die standardisierten Signale selbstverständlich mit der üblichen Anschlussbelegung vorhanden, allerdings ist das Flachbandkabel möglicherweise unterschiedlich ausgeführt und funktioniert nur an demjenigen Mainboard, für welches es vorgesehen ist. Bei einigen Mainboards von Intel ist beispielsweise das interne Kabel für RS232 anders belegt als bei Mainboards der Firma Gigabyte, so dass diese Kabel auch nicht untereinander austauschbar sind.

Bei BAT-Boards sollten stets die mitgelieferten Kabel für die Schnittstellen verwendet werden, denn man keinesfalls davon ausgehen, dass die Kabelbelegungen von Hersteller zu Hersteller identisch sind.

Generell führt diese Kabelverlegung – insbesondere, wenn sich die Controller und Schnittstellen auf einer Einsteckkarte befinden – nicht selten zu einem Kabelwirrwarr und auch zu Problemen mit den EMV- und CE-Richtlinien, weil die Kabel hier quasi als Antennen wirken und elektrische Störungen verursachen können.

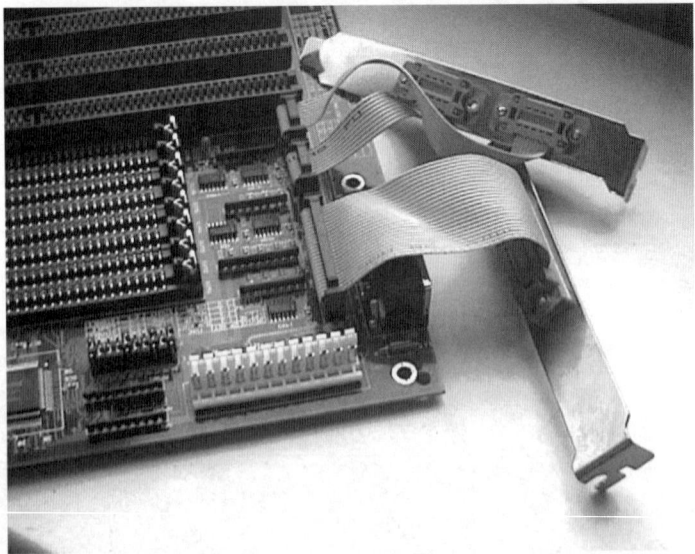

Bild 6.14: Bei den meisten Mainboards im BAT-Format sind die Schnittstellen integriert und werden per Flachbandkabel auf die passenden Slotbleche geführt

6.2.1 ATX-Board-Standard

Seit dem Jahre 1995 gibt es den ATX- und LPX- und seit 1996 den NLX-Standard. Alle drei Versionen definieren neue Formfaktoren für Mainboards und Netzteile, die weder untereinander noch mit dem BAT-Standard kompatibel sind. Allerdings sind die Netzteile für NLX- und ATX- mitunter austauschbar, denn beide verwenden den gleichen Spannungsanschluss für das Mainboard, und es gibt Mainboards und auch Gehäuse, die sowohl für ATX als auch für BAT geeignet sind. Verlassen kann man sich darauf aber nicht.

Mit ATX wurde ein Baby-AT-Board mechanisch um 90° gedreht, und die Anschlüsse für den Drucker (IEEE1284), die beiden RS232-Schnittstellen und die Maus (PS/2) sind nun direkt auf dem Mainboard platziert, wodurch keine Flachbandkabel vom betreffenden Mainboard-Anschluss zu den jeweiligen Slotblechbuchsen mehr geführt werden müssen. Weitere Anschlüsse, wie für den Universal Serial Bus (USB), Firewire (IEEE-1394) oder auch Audioverbindungen, sind hier ebenfalls üblich.

Bild 6.15: Bei ATX-Boards sind die Schnittstellenanschlüsse gleich auf dem Mainboard integriert, und daher müssen hierfür keine Flachbandkabel verlegt werden

Den nicht vertauschungssicheren Anschluss (P8, P9) für die Spannungsversorgung des Mainboards gibt es bei ATX nicht mehr, und die für PCI-Systeme notwendige 3,3V-Spannung, für die verschiedene herstellerspezifische Lösungen existieren, ist mit ATX nunmehr klar definiert worden. Ein Problem ist beim BAT-Standard, dass nicht alle Slots mit längeren Steckkarten belegt werden können, weil der Kühlkörper des Prozessors oder diverse Schnittstellenanschlüsse den Einbau mechanisch verhindern.

Die Slots sollten bei ATX auch von Einsteckkarten, die in voller Länge ausgelegt sind, nutzbar sein, und die Laufwerke (3.5", 5.25") befinden sich (ATX-Desktop) außerhalb des Mainboard-Bereichs.

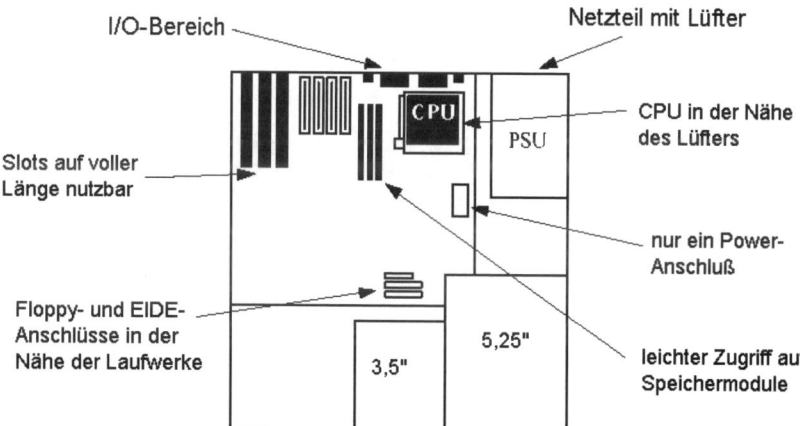

Bild 6.16: Die Anordnung der einzelnen PC-Komponenten ist bei ATX optimiert worden, wodurch sich der Einbau von Erweiterungen vereinfacht

Das Netzteil (siehe *Spannungsversorgung*) wurde ebenfalls elektrisch und mechanisch überarbeitet, und der Luftstrom des Netzteillüfters wird bei ATX-Systemen über die Mainboardelektronik geleitet, was sich insgesamt positiv auf die Temperaturentwicklung auswirkt. Ist der Mikroprozessor mit einem genügend hohen Kühlkörper versehen, darf der Lüfter – je nach CPU-Typ – hierfür sogar entfallen. Vielfach wird die CPU dennoch mit einem Extralüfter ausgestattet, weil sich die PC-Hersteller nicht allein auf den Netzteillüfter verlassen (wollen und können).

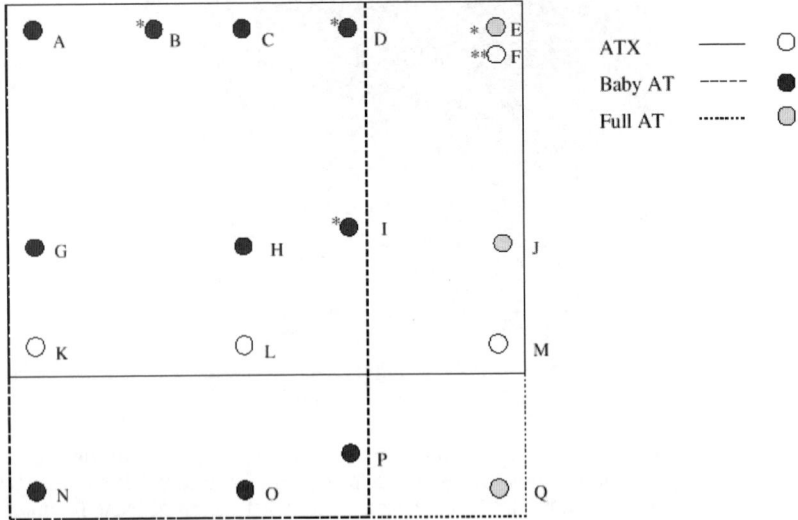

Bild 6.17: Die Bohrlöcher für die Befestigung von ATX-Boards im Vergleich mit denen, die für AT-Boards definiert sind. Langlöcher wie bei BAT gibt es bei ATX nicht mehr, und Gehäuse, in die sowohl ATX- als auch BAT-Boards passen, sind kein Standard

Es empfiehlt sich generell, keine Kombination von (Baby-)AT- und ATX-Komponenten vorzusehen, und so hilfreich, wie er erscheint, ist der ATX-Standard in der Praxis leider auch nicht immer, da es mittlerweile mehrere Versionen davon gibt und der I/O-Bereich (158 x 44 mm), wo sich die Anschlüsse für die auf dem Board integrierten Schnittstellen befinden, zwar definiert ist, es aber versäumt wurde, die dafür notwendigen Ausschnitte im Gehäuse festzulegen.

 Allgemein gibt es für ATX-Systeme unterschiedliche Abdeckbleche für den I/O-Bereich der Mainboards. Dementsprechend sollte darauf geachtet werden, dass passende Bleche zum Gehäuse bzw. zum Mainboard mitgeliefert werden.

Die Folge davon ist, dass die Hersteller zahlreiche unterschiedliche Abdeckbleche für unterschiedliche Mainboards bereitstellen müssen. Beim Kauf eines ATX-Gehäuses und/oder -Mainboards ist also unbedingt darauf zu achten, dass das I/O-Blech zu den Anschlüssen des Mainboards passt. Erst mit der ATX-Spezifikation 2.1 wurde eine universell verwendbare I/O-Blende definiert, doch leider kann man nicht unmittelbar erkennen, welchem ATX-Standard die Komponenten jeweils entsprechen.

Bild 6.18: Das Abdeckblech für den ATX-I/O-Bereich muss zum Mainboard und zum Gehäuse passen

6.2.2 LPX- und NLX-Standard

Für kleine, flache Gehäuse wie Slim-Line oder auch Mini-Tower ist der LPX-Standard vorgesehen, wobei diese Spezifikation noch weniger ausgereift als ATX erschien und daher auch nach kurzer Zeit durch NLX ersetzt wurde. Aus diesem Grund sind Systeme auf der Basis von LPX auch kaum am Markt in Erscheinung getreten.

Das Kernstück von LPX und auch NLX bildet eine *Riser-Card*, die die Einsteckkarten (waagerecht liegend) aufnimmt und über einen speziellen Steckplatz auf dem Mainboard montiert wird. Die Slots (ISA, PCI) befinden sich also nicht auf dem Mainboard, sondern an der Seite einer Riser-Card.

PCs auf Basis von LPX sind oftmals nicht untereinander kompatibel, erst der NLX-Standard schreibt die einzelnen Signale der Riser-Card genau vor, was aber nicht bedeutet, das ein NLX-PC-System zwangsläufig alle Signale unterstützen muss.

Bei LPX befindet sich der Riser-Card-Steckplatz direkt auf dem Mainboard und bei NLX seitlich vom Mainboard, so dass sich hier auch das Mainboard quasi auf der Riser Card befindet, was einen Platzgewinn in der Höhe ergibt und zu sehr flachen Gehäusen führt.

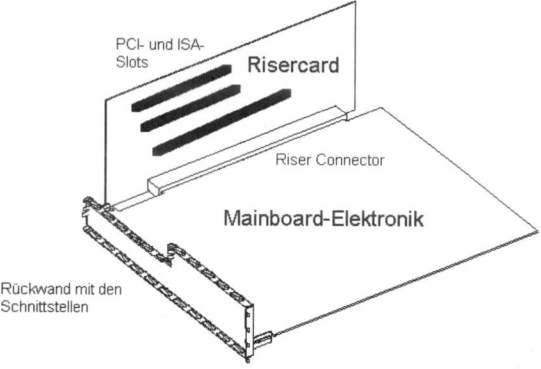

Bild 6.19: NLX ist für Systeme in flachen Gehäusen vorgesehen; die Slots für die Einsteckkarten befinden sich auf einer Riser-Card, die seitlich an das Mainboard gesteckt wird. Der Bereich für das Abdeckblech der Anschlüsse ist hier genau definiert und größer als bei ATX

Bei LPX ist jedoch im Gegensatz zu NLX keine Standardisierung der Riser-Card-Signale durchgeführt worden, so dass es zahlreiche herstellerspezifische Lösungen gibt, die nicht untereinander kompatibel sind. Bei NLX hingegen sind die Signale genau definiert, was den Einsatz von Komponenten verschiedener Hersteller gestattet.

Die Signale sind in zwei Reihen zu je 170 Anschlüssen aufgeteilt, bieten ein PCI-, ein ISA- und ein IDE/Floppy/Front-Panel-Segment und sind auch für neuere Entwicklungen wie den Firewire ausgelegt. Die Riser-Card besitzt dementsprechend insgesamt 340 Kontakte, deren Signale den einzelnen Gruppen zugeordnet werden, wie sie aus dem PC-Bereich her bekannt (ISA, PCI usw.) und ausführlich im Kapitel *Bussysteme* erläutert sind.

Signalübersicht für NLX-Riser-Card	
Signale/Bezeichnung	**Signalanzahl**
Gruppe: PC Speaker, 2 Pins insgesamt	
PCSPKR_RT, PCSPKR_LFT	2
Gruppe: PCI-Signale, 69 Pins insgesamt	
/PCIINT0-3	4
PCICLK	5
REQ-/GNT0-4	10
AD0-31	32
/CBE3-0	4
MISC (diverse)	14
Gruppe: Power-Signale, 69 Pins insgesamt	
5 V	13
3,3 V	13
Sense 3,3 V	1
–5 V	1
–12 V	1
+ 12 V	1
Ground	31
Power On/Off	1
Soft On/Off	1
Powergood	1
5V Stand By	1
IEEE-1394	2

Fortsetzung der Tabelle:

Gruppe: ISA-Signale, 88 Pins insgesamt	
IRQ/DMA	26
ISA MISC	19
SD0-15	16
SA0-19	20
LA17-23	7
Gruppe: IDE-Signale, 2 x 30 = 60 Pins insgesamt	
ADDR, DATA	19
Control	11
Gruppe: Floppy-Signale, 19 Pins insgesamt	
Logic/Control	19
Gruppe: Misc- und Front-Panel-Signale, 33 Pins insgesamt	
Infra-Red	5
Front Panel Sleep	1
Power LED	1
Modem Wake Up	1
LAN Wake Up	1
LAN Activity	1
Front Panel Reset	1
USB	6
Fan Control	4
Tamper Detection (Gehäuse offen?)	1
VBAT	1
Message Waiting	1
Serial Bus	2
Reserviert	7

Tabelle 6.3. Die Signale des NLX-Connectors

Bei NLX wurden von vornherein eine entsprechende Abdeckblende für die Anschlüsse der Schnittstellen, die größer ist als bei ATX, und spezielle Bleche und Blechfedern eingeführt, damit die Systeme die CE-Prüfung absolvieren können.

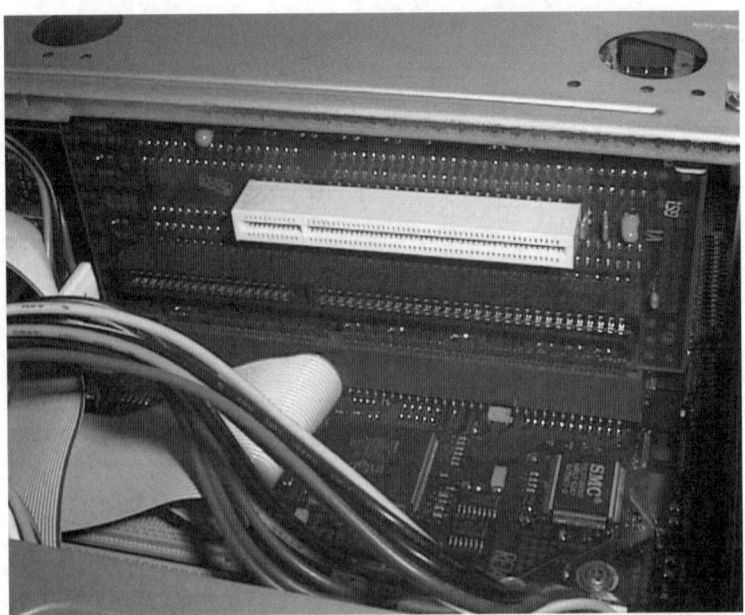

Bild 6.20: Sowohl LPX- als NLX-Systeme verwenden eine spezielle Riser-Card, auf der sich die Slots befinden und die demnach nicht auf dem Mainboard selbst zu finden sind

6.2.3 Die Spannungsversorgung

Das PC-Netzteil versorgt das Mainboard und die weiteren Komponenten, wie die Laufwerke, mit den notwendigen Spannungen, wobei verschiedene Netzteiltypen existieren, die sich im Wesentlichen in ihrer Bauform und ihrer Leistung voneinander unterscheiden. Dies wird spätestens dann relevant, wenn ein defektes Netzteil ausgetauscht werden muss. Es sollte natürlich versucht werden, das defekte Netzteil durch ein möglichst identisches zu ersetzen, was jedoch bei älteren PCs zum Problem werden kann, da der betreffende Typ nicht mehr erhältlich ist.

Der jeweilige Hersteller des Netzteils spielt dabei keine große Rolle, denn es gibt davon eine Vielzahl. Es darf aber keines mit einer geringeren Leistung als das ursprünglich im PC vorhandene eingebaut werden, und es muss auch genau so wie das alte in den PC passen und entsprechend eingebaut werden können.

Eine grobe Unterteilung der Netzteiltypen kann anhand des Gehäusetyps erfolgen. Bei einem großen Gehäusetyp wie dem *Tower* ist das Netzteil (meist) für eine höhere Leistung ausgelegt, als es in einem Desktop oder Slim-Line-Gehäuse der Fall ist, da man bei diesem Typ davon ausgeht, dass zusätzliche Komponenten wie Laufwerke und andere Peripherie eingebaut werden, welche natürlich ebenfalls mit Strom versorgt werden müssen.

Bild 6.21: *Verschiedene Gehäusetypen für PCs im Überblick. Von links nach rechts sind dies: Mini-Tower, Big-Tower, Middle-Tower, Slim-Line (oben) und Desktop-Gehäuse. Wie der PC im Inneren jeweils aufgebaut ist (BAT, ATX, NLX), kann man nicht ohne Weiteres ersehen*

Je größer das Gehäuse, desto leistungsfähiger und somit größer ist auch das integrierte Netzteil ausgelegt. »Je größer, desto besser« kann man hier jedoch nicht allgemein konstatieren, denn die damit einhergehende Geräuschentwicklung des Lüfters im Netzteil kann als sehr störend empfunden werden.

Temperaturgesteuerte Lüfter, die sich erst dann einschalten, wenn eine bestimmte Temperatur im Netzteil überschritten worden ist, und einem nicht ständig auf die Nerven fallen, sind leider immer noch nicht standardmäßig vorgesehen. Dies gilt nach wie vor trotz immer mehr stromsparenderer PCs. Daher kann man davon ausgehen, dass bei größeren (leistungsfähigeren) Netzteilen eher mit störenden Lüftergeräuschen zu rechnen ist als bei kleineren. Ist der Austausch des Netzteils notwendig, sollte daher – wenn möglich – gleich eines gewählt werden, welches über einen temperaturgesteuerten Lüfter verfügt.

Es ist leider keine Seltenheit, dass bei einigen PCs ein recht schwach dimensioniertes Netzteil eingesetzt wird, wie etwa beim Aldi-PC vom November 1999 mit einer Leistung von lediglich 145 W. Ob ein Netzteil zu »schwach« ist, stellt sich meist erst dann heraus, wenn zusätzliche Komponenten wie eine Festplatte oder auch eine besonders »leistungshungrige« Grafikkarte hinzugefügt werden. Die Fehler, die dann auftreten, sind äußerst vielfältig und reichen von unvermittelten Systemabstürzen über den Abbruch von Modemverbindungen und der Aufnahme von Störgeräuschen beim Samplen mit einer Soundkarte bis hin zu einem Komplettversagen des PC.

Für PCs mit einer Athlon-CPU, die eine recht hohe Stromaufnahme hat, ist ein Netzteil mit 300 W empfehlenswert.

Ein typisches Standardnetzteil liefert 150-200 Watt und findet in den Gehäuse-typen Desktop, Slim-Line und Mini-Tower Verwendung. In einem Tower-Gehäuse ist meist ein 250-Watt- oder ein noch größeres Netzteil eingebaut. Problematisch beim Ersatz eines Netzteils sind stets herstellerspezifische PCs, wie beispielsweise von den Firmen Compaq, SNI oder auch Hewlett-Packard, bei denen die Netzteile zum einen meist überteuert und zum anderen auch nicht immer leicht zu beschaffen sind.

Eine weitere Unterteilung der Netzteiltypen ergibt sich dadurch, ob sie für BAT-, ATX- oder auch NLX-Gehäuse vorgesehen sind, wie es in den folgenden Kapiteln genau erläutert wird.

BAT-Netzteile – Daten und Anschlüsse

Von einem Netzteil nach dem Baby-AT-Standard, kurz BAT, werden generell die Spannungen +5 V, –5 V, +12 V und –12 V geliefert. Wie viel Strom die einzelnen Ausgänge abgeben können, hängt von der angegebenen Watt-Zahl (W) des Netz-teils ab. Sie errechnet sich aus der Multiplikation der jeweiligen Spannung mit dem entsprechenden Strom und der Addition aller Watt-Angaben.

Spannung	Strom	Watt	Kabelfarbe
+5 V	20 A	100	rot
–5 V	0,5 A	2,5	weiß
+12 V	8 A	96	gelb
–12 V	0,5 A	6	blau

Tabelle 6.4: Die Daten und die Farbkennzeichnung eines 200-W-Netzteils, die für alle PC-Netzteile nach dem BAT-Standard üblich sind

Die schwarzen Kabel des Netzteils sind die Masseleitungen (GND, Ground). Für die Laufwerke und möglicherweise auch das Anzeige-/Bedien-Panel sind die anderen Kabel des Netzteils mit den Farben Gelb, Schwarz und Rot vorgesehen. Sie sind zusammengefasst an großen und kleinen Steckern befestigt.

Der Netzschalter

Bild 6.22: Zwei BAT-Netzteile unterschiedlicher Bauform. Das rechte Netzteil besitzt den üblichen externen Netzschalter, der üblicherweise an der PC-Gehäusefront montiert ist, während der Schalter beim linken älteren Netzteil direkt angebracht ist, welches daher im Handel auch kaum mehr zu finden ist

Die Anschlüsse sind dabei so konfektioniert, dass Verwechslungen eigentlich ausgeschlossen sind und nur dann mit Gewalt hervorgerufen werden können, wenn versucht wird, den Verpolungsschutz zu überwinden. Es empfiehlt sich daher, an diesen Kabeln keine Änderungen vorzunehmen. Adapterkabel, die von einem großen Anschluss, der für 5,25"-Disketten- und Festplattenlaufwerke vorgesehen ist, den Übergang zu einem kleinen schaffen, der vorwiegend für 3,5"-Disketten- und CD-ROM-Laufwerke eingesetzt wird, sind im Handel für ein paar Mark zu haben.

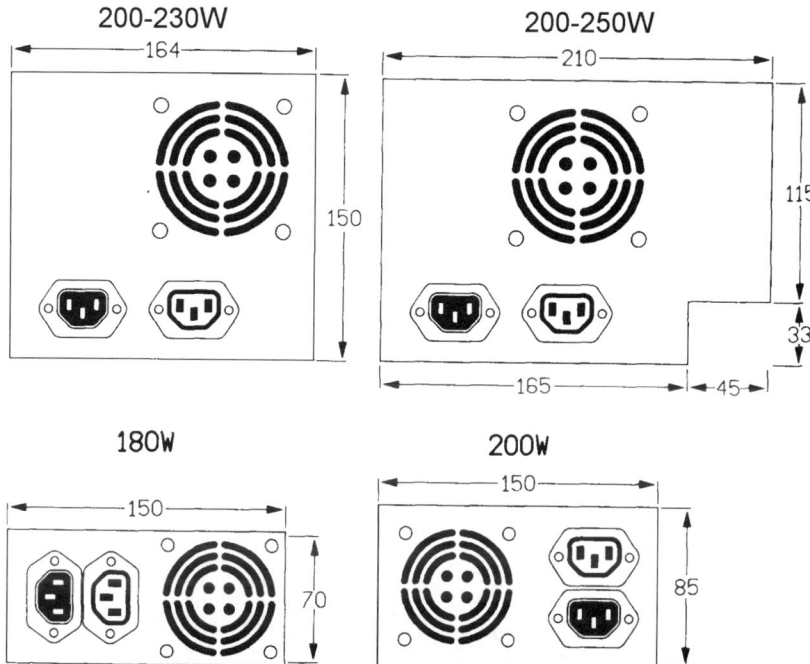

Bild 6.23: Bauformen und Maße üblicher PC-Netzteile nach dem BAT-Standard

Der Spannungsanschluss für ein BAT-Mainboard besteht, wie auch in Bild 6.11 erkennbar, aus den beiden Steckern P8 und P9, die nie vertauscht werden dürfen, da dies die Mainboard-Elektronik zerstören würde. Entweder merkt man sich, dass sich die schwarzen Leitungen der beiden Stecker immer innen gegenüberstehen müssen, oder man bringt sich hier einfach eine Markierung an.

Ein weiteres Kabel, das üblicherweise *orange* ist, führt das Power-Good-Signal, welches von der PC-Elektronik signalisiert (über Pin 1 an P8), dass sich die Spannungen im vorgeschriebenen Toleranzbereich befinden. Auf dem Mainboard wird das Power-Good-Signal üblicherweise von einem Controllerbaustein (Chipsatz) ausgewertet, der die Adress- und Datenleitungen abschaltet, falls das Signal nicht in Ordnung ist, was anhand eines Low-Signals (0V) erkannt wird.

Eine Überspannung ist erreicht, wenn der +5-V- oder der +12-V-Ausgang seinen Wert um 200% überschreitet, ein Überstrom dann, wenn einer der Ausgänge den Nennwert um 130% überschreitet.

Die Ausgänge sind gegen zu hohe Spannungen oder einen zu hohen Strom bei Kurzschluss und gegen Übertemperatur geschützt. Wird einer dieser Zustände erreicht, schaltet das Netzteil sofort ab und kann erst wieder eingeschaltet werden, wenn die Fehlerquelle beseitigt ist.

Spannung	unterer Wert	oberer Wert
+ 5 V	+ 4,0 V	+ 5,9 V
- 5 V	- 4,0 V	- 5,9 V
+ 12 V	+ 9,6 V	+ 14,2 V
- 12 V	- 9,6 V	- 14,2 V

Tabelle 6.5: *Der definierte Toleranzbereich für die Versorgungsspannungen eines BAT-PC-Netzteils*

Die +12 V werden vorwiegend für die Laufwerke verwendet, während die +5V für das Mainboard und ebenfalls für die Laufwerke eingesetzt werden. Die negativen Spannungen werden nur für speziellere Peripherie wie Modem- oder Datenerfassungskarten benötigt, so dass diese Ausgänge auch nur einen maximalen Strom von typischerweise 0,5 A liefern können.

ATX- und NLX-Netzteile

Für ein ATX-Mainboard sind auch ein ATX-Gehäuse und ein entsprechendes ATX-Netzteil nötig, wobei man das Gehäuse üblicherweise zusammen mit einem bereits eingebauten Netzteil erwirbt. Der Einbau eines Baby-AT-Boards in ein ATX-Gehäuse ist, von einigen Ausnahmen abgesehen, in der Regel nicht möglich, und nur relativ wenige ATX-Netzteile und Mainboards bieten einen Power-Anschluss in den beiden Varianten (P8, P9 und ATX).

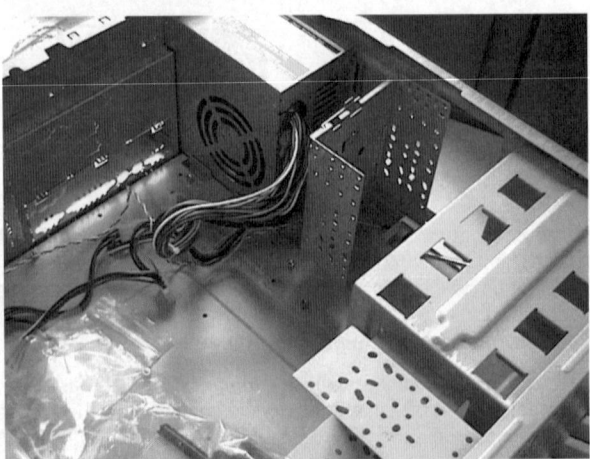

Bild 6.24: *Der PC wird zusammengebaut: ein ATX-Gehäuse mit dem passenden Netzteil*

Eine geschaltete Netzbuchse für den Anschluss eines Monitors – wie es bei einigen PCs nach dem BAT-Standard gegeben ist – gibt es weder bei ATX noch NLX. Das NLX-Netzteil entspricht elektrisch und auch mechanisch gesehen im Prinzip dem eines ATX-Systems, lediglich einige Befestigungselemente und die Lüftungsöffnung sind hier leicht verändert worden, so dass das Netzteil – zumindest bei einigen Herstellern – sowohl in einem ATX- als auch in einem NLX-System verwendet werden kann. Für die folgenden Kapitel wird davon ausgegangen, dass die Erläuterungen auf beide Standards zutreffen, auch wenn von ATX die Rede ist.

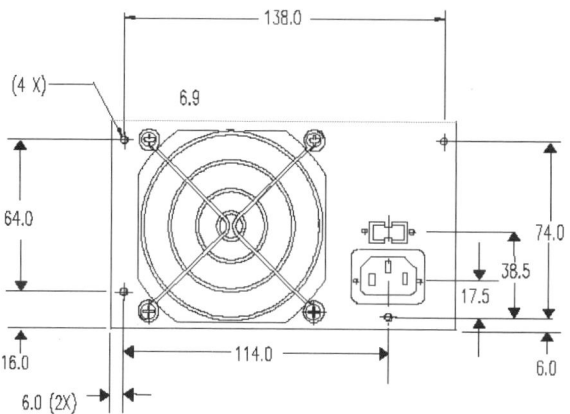

Bild 6.25: Die Maße eines ATX-Netzteils, wobei ein Netzschalter nicht immer vorhanden ist

Der Netzschalter ist im Netzteil selbst eingebaut. Leider gibt es aber ATX-Systeme, die keinen netztrennenden Schalter auf der PC-Rückseite besitzen, was dazu führt, dass der PC ständig Strom verbraucht, auch wenn er von der PC-Frontplatte her als ausgeschaltet erscheint. Der Ein-/Ausschalter an der PC-Frontplatte ist bei ATX nämlich eigentlich ein Taster, wie es noch genauer erläutert wird.

Der nicht vertauschungssichere Anschluss (P8, P9) für die Spannungsversorgung des Mainboards wurde bei ATX durch einen neuen ersetzt und die für PCI-Systeme notwendige 3,3-V-Spannung hinzugefügt. Entgegen der landläufigen Meinung (und im Prinzip auch entgegen der PCI-Spezifikation) sind die 3,3-V für die PCI-Slots erst bei einem ATX- und üblicherweise nicht bei einem BAT-System vorhanden.

Bild 6.26: Bei ATX wird der Luftstrom des Netzteillüfters über die Mainboard-Elektronik geleitet. Rechts davon ist der ATX-Mainboardanschluss, der nunmehr aus einem einzigen Stecker besteht, zu erkennen

Wie bereits erwähnt, wurde der Stecker für die Spannungsversorgung des Mainboards neu definiert. Neben den üblichen Spannungen +5 V, –5 V, +12 V, –12 V, mehreren Masseleitungen (COM = common = gemeinsam) und dem Power-Good-Signal (PW-OK) sind nunmehr auch 3,3 V vorhanden sowie die neuen Signale Power-On (PS-ON) und 5V-Standby (5VSB).

Nur einige ATX-Netzteile und Mainboards bieten den Power-Anschluss in zwei Varianten (P8, P9 und ATX). Es empfiehlt sich jedoch generell, keine Kombination von Baby-AT- und ATX-Komponenten vorzusehen, denn auch das Gehäuse ist im Standard mit einbezogen, und mit dieser Komponente kann es (mechanische) Schwierigkeiten beim Einbau des Mainboards geben.

orange	3.3V	⑪ ⑴	3.3V	orange
blau	-12V	⑫ ⑵	3.3V	orange
schwarz	COM	⑬ ⑶	COM	schwarz
grün	PS-ON	⑭ ⑷	5V	rot
schwarz	COM	⑮ ⑸	COM	schwarz
schwarz	COM	⑯ ⑹	5V	rot
schwarz	COM	⑰ ⑺	COM	schwarz
weiß	-5V	⑱ ⑻	PW-OK	grau
rot	5V	⑲ ⑼	5VSB	lila
rot	5V	⑳ ⑽	12V	gelb

Bild 6.27: Der Spannungsanschluss und die einzelnen Signale des ATX-Mainboard-Anschlusses mit den Farben der einzelnen Kabel

Die Spannungsanschlüsse für die Laufwerke sind die gleichen wie beim BAT-Standard, während die Toleranzbereiche der Spannungen etwas strenger gefasst sind, als dies beim BAT-Standard üblich ist. Die »neuen« 3,3 V dürfen sich im Bereich von 3,17–3,43 V befinden, was für die Versorgung der verschiedenen Pentium-CPUs jedoch nicht genau genug ist und daher auch bei ATX zusätzliche Spannungsregler auf dem Mainboard nötig macht.

Spannung	unterer Wert	oberer Wert
+ 5 V	+ 4,75 V	+ 5,25 V
- 5 V	- 4,75 V	- 5,25 V
+ 12 V	+ 11,4 V	+ 12,6 V
- 12 V	- 11,4 V	- 12,6 V
+ 3,3 V	+ 3,17 V	+ 3,43 V
+ 5VSB	+ 4,75 V	+ 5,25 V

Tabelle 6.6: Toleranzbereiche der Spannungen bei ATX und NLX-Netzteilen

Das Signal PS-ON dient der An- und Abschaltung des Netzteils und befindet sich üblicherweise mit Hilfe einer Zusatzschaltung auf dem Mainboard auf High-Potential. Wird das Signal auf Masse gezogen, werden damit die Spannungen des Netzteils aktiviert. Ein ATX-Netzteil ist deswegen auch nicht völlig abgeschaltet, wenn nicht der netztrennende (!) Schalter auf der Gehäuserückwand ausgeschaltet ist. Das PS-ON-Signal wird vielfach dazu genutzt, den PC, etwa nach dem Herunterfahren von Windows, automatisch abzuschalten.

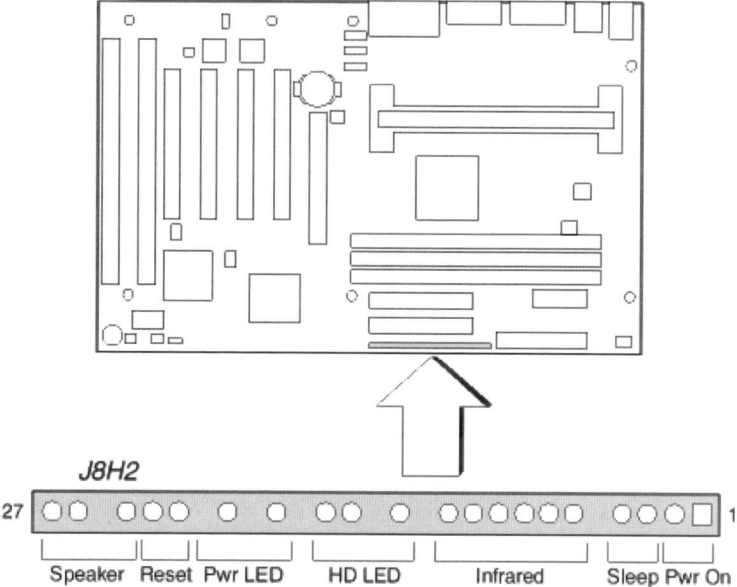

Bild 6.28: Der ATX-PC startet nur dann, wenn die beiden PwrOn-Kontakte bei diesem Mainboard kurzzeitig überbrückt werden, wie es der Taster an der PC-Frontplatte erledigt

Die 5-V-Standby-Leitung (5VSB) ist ebenfalls nicht spannungslos, wenn der PC nicht via Netzschalter oder schaltbarer Steckdosenleiste, die sehr empfehlenswert ist, falls der Schalter am PC nicht vorhanden sein sollte, ausgeschaltet ist. Die 5VSB-Leitung wird unterschiedlich oder auch gar nicht verwendet. Eine typische Anwendung ist das Einschalten des PC mit Hilfe eines Fax-Modems, welches eingehende Rufe auch bei ausgeschaltetem PC erkennen und das Hochfahren des PC dadurch initiieren kann. Entsprechendes kann auch mit einer Netzwerkkarte praktiziert werden, die hierfür ebenfalls einen entsprechenden Anschluss besitzen muss, der dort auch als *Wake On LAN* bezeichnet wird.

 Ein ATX-Netzteil ist nicht völlig stromlos, auch wenn es abgeschaltet ist. Daher sollte bei Arbeiten am PC grundsätzlich der Netzstecker gezogen werden, um nicht nur das eigene Leben, sondern auch nicht das des ATX-PC zu gefährden.

Laut ATX-Spezifikation muss die 5-V-StandBy-Schaltung lediglich maximal 10 mA liefern können, was jedoch nicht immer ausreicht, um ein FAX-Modem oder eine Netzwerkkarte zu versorgen, und einfach dazu führt, dass die Wake-On-(LAN)-Funktion nicht arbeitet. In der neueren ATX-Spezifikation ist aus diesem Grund ein maximaler Strom von 720 mA definiert, dabei ist jedoch den Angaben zum ATX-Netzteil meist nicht zu entnehmen, welche maximale Leistung gegeben ist.

6.3 Der Chipsatz

Bestanden die PCs in früheren Zeiten aus geradezu einer Unmenge von einzelnen elektronischen Bauelementen, sind diese mittlerweile zu einigen wenigen Chips integriert worden (die Bilder im Kapitel 6.1 mögen davon auch einen Eindruck vermitteln), die zusammengefasst üblicherweise als *Chipset* oder auch *Chipsatz* bezeichnet werden. Grundlage der gesamten PC-Entwicklung bildet der IBM-PC der Firma IBM. Auch wenn heute weder der Original-IBM-PC noch die Nachfolger wie der XT (e**X**tended **T**echnology) oder der AT (**A**dvanced **T**echnology) auf dem Markt noch irgendeine Rolle spielen, sind die damals getroffenen Festlegungen des PC-Aufbaus auch heute noch gültig und erklären so manche »unschöne« PC-Eigenart, wie etwa die Art der Speicherverwaltung und die relativ knapp bemessenen PC-Ressourcen (IRQs, DMAs).

Die Kompatibilität eines PC, die es bei keinem anderen Computersystem gibt und praktisch dafür sorgt, dass selbst ein uraltes Programm, welches für einen 8088-Prozessor (4,7 MHz, Taktfrequenz) geschrieben wurde, auch auf einem Pentium-III oder Athlon mit 600 MHz funktioniert – egal wie sinnvoll dies auch sein mag –, hat zur Folge, dass der über die Jahre gewachsene PC-Standard immer nur abwärtskompatible Erweiterungen und keine grundlegende Veränderung erfahren hat.

6.3.1 Der IBM-PC und IBM-XT

Der IBM-PC wurde am 11. August 1981 offiziell vorgestellt, und damit legte die Firma IBM den Grundstein für einen Standard, der bis heute Gültigkeit hat. Dieser *Tischcomputer* wies ein bis dahin noch nicht erreichtes Preis-Leistungs-Verhältnis auf und entstand in nur einem Jahr unter der maßgeblichen Beteiligung der Firmen Intel, die den Mikroprozessor und zahlreiche Peripheriebausteine lieferte, und der damals noch kleinen Firma Microsoft, die das Betriebssystem DOS (**D**isc **O**perating **S**ystem) entwickelte.

Aus dem Innenleben dieses Rechners wurde nicht, wie bis dahin bei IBM üblich, ein Geheimnis gemacht, sondern im Gegenteil: Durch Offenlegung der Schaltung und der Betriebssystem-Programmierung wurden andere Firmen dazu aufgefordert, eigene Entwicklungen für den PC durchzuführen.

Erst Jahre später versuchte IBM mit dem MicroChannel, der nicht mit dem bis dahin verbreiteten ISA-Bus kompatibel ist, Nachbauten zu unterbinden und sich durch die Vergabe von Lizenzen wieder stärker auf dem PC-Markt zu behaupten. Da sich der MicroChannel jedoch nicht am PC-Massenmarkt durchsetzen konnte und die so genannten *Clones* – die PC-Nachbauten – IBM-technologisch gesehen längst eingeholt haben, besann sich IBM erst wieder im Jahre 1996 auf seine (uralten) Patente.

Laut IBM verletzt jeder PC-Anbieter, der Computer auf den Markt bringt, ohne die Patente lizenziert zu haben, eben die IBM-Patente und kann dafür zur Kasse gebeten werden. Ein PC-Anbieter kann dabei einer der großen amerikanischen Hersteller sein, wie etwa Compaq oder Dell oder aber auch der kleine Computerladen um die Ecke, der PCs selbst zusammenschraubt. Die Patente werden dann in Anspruch genommen, wenn die Einzelteile wie Mainboard, CPU und Laufwerke zu einem Gerät zusammengebaut werden. Erst durch die Hilfe dieser Patente erkennt der PC nämlich laut IBM die einzelnen Komponenten und tauscht mit ihnen Daten aus. Die Patente werden bei Einsatz bestimmter Einzelteile und in bestimmten Fällen in Anspruch genommen:

···⟩ Die Schnittstelle zwischen PC und Tastatur. Sobald die Tastatur mit dem Mainboard verbunden wird.

···⟩ Eine CPU arbeitet mit einem *Raster Video Display*. Es wird beispielsweise in Windows eingesetzt.

···⟩ Darstellung von Buchstaben auf dem Bildschirm, wenn eine CPU, ein Monitor und ein *Darstellungsauffrischpufferspeicher* zum Einsatz kommen, wie es bei jedem PC der Fall ist.

···⟩ Die CPU erkennt automatisch anhand der vom Laufwerk übertragenen Datenrate, welches Diskettenformat im PC verwendet wird, was jeder PC in dieser Art und Weise erledigt.

···⟩ Die CPU überprüft, ob eine Diskette im Laufwerk eingelegt ist, was ebenfalls jeder PC durchführt.

Bis zu 5% des Wertes eines jeden Personalcomputers beansprucht IBM für sich, wenn diese Patente (es gibt noch weitere) zum Einsatz kommen. Fordert IBM einen Hersteller auf, einen PC zur Patentüberprüfung zu schicken, kann diese Überprüfung mit 25.000 Dollar zu Buche schlagen. Die ersten Patente des IBM-PC laufen im Jahre 2001 aus.

Der Original-PC enthält einen 8088-Mikroprozessor, der intern mit einer Datenbreite von 16 Bit arbeitet und extern mit 8 Bit. Seine weiteren Daten in Kurzform:

···⟩ Intel 8088-Mikroprozessor mit 4,7 MHz Taktfrequenz

···⟩ Adressbus 20-Bit-Breite

···⟩ 8-Bit-I/O-Bus (Input/Output)

···⟩ 256 Kbyte-dynamisches RAM (eingelötet)

···⟩ BASIC-Interpreter im ROM

···⟩ Sockel für mathematischen Coprozessor 8087

···⟩ Steckplätze (PC-Slots), zwei belegt durch Grafikkarte und Floppy-Controller

···⟩ Eine parallele Schnittstelle für den Druckeranschluss

···⟩ Maximal zwei 5,25"-Diskettenlaufwerke mit einer Kapazität von 360 Kbyte

···⟩ Eine CGA-Grafikkarte

···⟩ Anschluss für einen KassettenRekorder als Massenspeicher

···⟩ Netzteil mit einer Leistung von 63,5 Watt

Die elektrischen Verbindungen zu den Einsteckkarten, die beispielsweise die Schnittstellen und die Grafikkarte aufnehmen, erfolgen über Verbindungsstecker, die als *Slots* bezeichnet werden. Hier verhalten sich beide Prozessoren (8088, 8086), die in den PC der ersten Generation eingebaut wurden, wie ein 8-Bit-System.

Der 8086-Prozessor besitzt einen 16 Bit breiten Datenbus, der 8088 einen 8 Bit breiten. Da beide Prozessoren intern mit 16 Bit breiten Registern arbeiten, benötigt der 8088 immer zwei Zugriffe, um beispielsweise Befehle oder Daten aus dem Speicher zu lesen. Die interne Kommunikationsgeschwindigkeit eines 8088-Systems ist dadurch um ca. 25% niedriger als bei einem 8086-System.

Der Adressbus ist in beiden Fällen 20 Bit breit, womit sich 1 Mbyte (1.024 Kbyte) Speicherzellen adressieren lassen. Für die Programme stehen jedoch nur maximal 640 Kbyte (RAM) zur Verfügung, da der obere Bereich für die Grafikkarten und das ROM-BIOS verwendet wird.

Beide Prozessoren liefern ihre Daten und Adressen über einen gemeinsamen Adressen-/Datenbus in gemultiplexter Form. Zur Trennung wird ein Adressen-/Daten-Latch mit dem ALE-Signal (**A**ddress **L**atch **E**nable) des Bus-Controllers (8288) verwendet.

Zahlreiche weitere Bausteine sind für einen PC notwendig. Einen groben Überblick über die wichtigsten Komponenten eines PC liefert die folgende Aufstellung in Verbindung mit dem Bild 6.9. Als *Systembus* werden hier, wie es auch generell üblich ist, die zusammengefassten Daten-, Adressen- und Steuerleitungen bezeichnet.

Die Chips eines IBM-PC-Systems:

···⟩ Mikroprozessor: 8086 oder 8088
CPU (**C**entral **P**rocessing **U**nit) des Systems

···⟩ Coprozessor: 8087
Mathematischer Prozessor zur Beschleunigung von Rechenoperationen

···⟩ RAM: **R**andom **A**ccess **M**emory
»Speicher mit wahlfreiem Zugriff«, Schreib-/Lese-Speicher, Arbeitsspeicher, bestückt mit dynamischen RAM-Bausteinen bis 1 Mbyte maximal

···⟩ BIOS-ROM: **B**asic **I**nput **O**utput **R**ead **O**nly **M**emory
»Nur-Lese-Speicher«, enthält das Basic-Input-Output-System, die Software-routinen für die grundlegenden Systemoperationen (Boot, Softwareinterfaces)

···⟩ Bus-Controller: 8288
Dekodierung der Prozessor- und Erzeugung der Bussignale (ALE, /AEN ..)

···⟩ Taktgenerator: 8284
Erzeugung des Systemtaktes, Hardware-Reset-Logik, Ready-Signal-Erzeugung (Prozessor erhält die Information, ob die Peripherie zur Datenverarbeitung bereit ist)

···⟩ Interrupt-Controller: 8259
Steuerung der Unterbrechungslogik

···⟩ DMA-Controller: 8237
Direct-Memory-Access-Controller, Steuerung des direkten Speicherzugriffs; Übertragung von Daten, z.B. von der Festplatte zum Speicher, ohne die Beteiligung des Mikroprozessors

···⟩ Timer/Counter: 8253
Systemuhr und Zähler für verschiedene Signale der Mainboard-Elektronik sowie für die Ausführung des Refresh-Zyklus, um den Inhalt der dynamischen RAMs »aufzufrischen«; der 8253 arbeitet bis 2,6 MHz

···⟩ PIO: 8255
Parallel-Input-Output, Einlesen von DIP-Schalterstellungen, Ansteuerung des Lautsprechers, Kommunikation mit der Tastatur

···⟩ Prozessor in der Tastatur: 8048
Auswertung der Tastaturmatrix und Umwandlung in serielle Daten

Im Jahre 1983 wurde ein verbesserter PC vorgestellt, der IBM-XT (e**X**tended **T**echnology). Von der Funktion und der Bedienung her sind beide Computer identisch. Die Hauptunterschiede bestehen darin, dass hier erstmals eine Festplatte (10 Mbyte) angeboten wurde und sich der Hauptspeicher auf der Hauptplatine (Mainboard) auf 640 Kbyte erweitern ließ. Die Speicherbausteine waren jetzt auch gesockelt, so dass bei einem Defekt die entsprechenden Bausteine leicht ausgetauscht werden konnten. Durch die Verwendung eines größeren Netzteils (135 Watt) ließen sich zahlreiche Erweiterungskarten in den von fünf auf acht erweiterten Steckplätzen betreiben.

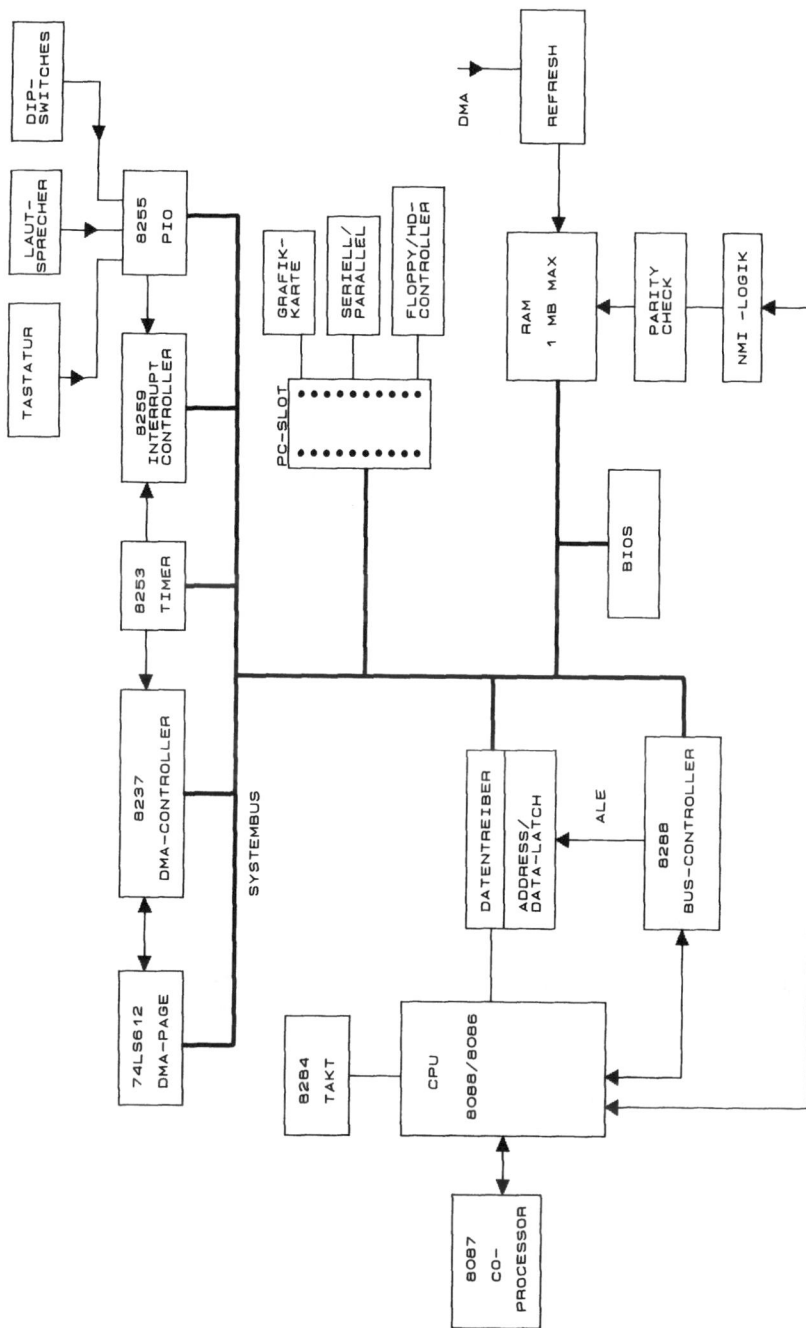

Bild 6.29: Der prinzipielle Aufbau eines Original-PC-Mainboards

Der IBM-XT wurde im Laufe der Zeit in zahlreichen verschiedenen Versionen angeboten (erweiterte Tastatur, 20-Mbyte-Festplatte, serielle Schnittstelle) und ver-
drängte rasch den ursprünglichen PC, der sich aufgrund seines schwachen Netzteils
ohnehin kaum sinnvoll ausbauen ließ.

6.3.2 Der IBM-AT

Einen wirklichen Fortschritt gab es im Jahre 1984, als der IBM-AT (**A**dvanced **T**echnology) vorgestellt wurde. In ihm verbirgt sich ein »richtiger« 16-Bit-Prozessor – der 80286 –, der auch extern 16-Bit-breite Zugriffe ermöglicht.

Die Diskettenlaufwerke und Festplatten wurden in ihrer Kapazität erheblich erweitert und eine Grafikkarte mit einer höheren Auflösung (EGA) war erhältlich. Auch von diesem Modell gab es im Laufe der Zeit zahlreiche verschiedene Ausführungen. Eine typische sei im folgenden angegeben:

- Intel-80286-Mikroprozessor mit 6 oder 8 MHz Taktfrequenz
- Adressbus 24-Bit-Breite
- 640 Kbyte dynamisches RAM
- 16-Bit-I/O-Bus
- Sockel für optionalen mathematischen Coprozessor 80287
- Fünf 16-Bit-Steckplätze (AT-Slot) und drei 8-Bit-Steckplätze (PC-Slot)
- Uhr/Kalenderbaustein und CMOS-RAM mit Batteriepufferung zur Speicherung der Konfiguration
- Eine serielle und eine parallele Schnittstelle
- 5,25"-Diskettenlaufwerk mit 1,2 Mbyte Kapazität
- 3,5"-Diskettenlaufwerk mit 720 Kbyte oder 1,44 Mbyte Kapazität (ab 1986)
- Festplatte mit 20 Mbyte oder 30 Mbyte Kapazität
- EGA-Grafikkarte
- Netzteil mit 157 Watt

Ein so genannter AT-Computer kann mit verschiedenen Prozessoren bestückt sein. Im traditionellen AT ist ein 80286 eingebaut. Ein Rechner mit einem 80286 ist bis zu sechsmal schneller als ein 8086-Computer. Der passende mathematische Coprozessor ist der 80287.

Ein AT-Computer ist im Prinzip lediglich ein erweiterter PC, wie man anhand des Blockschaltbildes (Bild 6.30) erkennen kann.

Der Datenbus ist zwar wie bei einem PC mit einem 8086-Prozessor 16 Bit breit, jedoch nicht nur intern, sondern jetzt auch extern für die I/O-Slots. Der Adressbus ist außerdem 24 Bit breit. Dadurch können bis zu 16 Mbyte (16.384 Kbyte) direkt adressiert werden.

Die Adressen und Daten werden vom Prozessor nicht gemultiplext (Daten/Adressen) ausgegeben, sondern es stehen einzelne Anschlüsse zur Verfügung. Daher ist der 80286 auch nicht in einem DIP-Gehäuse wie der 8086/8088 erhältlich. Verschiedene Gehäuseformen wie PGA oder PLCC sind hier möglich.

Für den erweiterten Bus ist ein neuer Buscontroller-Baustein (82288) notwendig. Der 80286-Prozessor benötigt auch einen anderen Taktgenerator (82284), welcher im Prinzip jedoch die gleichen Funktionen erfüllt wie der 8284 in einem PC. Um die DMA- und Interrupt-Fähigkeiten zu erweitern, werden in einem AT jeweils zwei entsprechende Controller (8237, 8259) – die gleichen wie in einem PC – verwendet.

Eine Echtzeituhr ist in einem AT serienmäßig vorhanden, und es muss nicht wie beim PC eine Erweiterungskarte nachgerüstet werden, damit das manuelle Stellen der Uhr nach dem Booten des Rechners entfallen kann. Als Uhrenbaustein wird nicht wie bei den anderen Bauelementen auf einen Intel-Baustein zurückgegriffen, sondern es wird die Echtzeituhr 146818 der Firma Motorola verwendet. Damit die

Uhr auch bei ausgeschaltetem Rechner weiterläuft, wird sie durch einen Akku *gepuffert*. Der Uhrenbaustein enthält ein RAM, das auch unter dem Begriff CMOS-RAM firmiert und in dem die jeweilige Computerkonfiguration abgespeichert wird.

Die Einstellung der Systemkonfiguration erfolgt bei einem AT erstmalig über ein menügeführtes Setup-Programm, in dem die vorhandenen Laufwerke, die Größe des Speichers und der Grafikkartentyp angegeben werden, wie es heute bei jedem PC üblich ist. Bei dem ursprünglichen PC hingegen wird die Konfiguration durch Steckbrücken (Jumper) und Schalter vorgenommen.

Die Tastaturschnittstelle wird in einem AT nicht mit dem PIO-Baustein 8255 realisiert, sondern mit Hilfe eines speziellen Mikrocontrollers, dem 8042. Dadurch ist es möglich, Daten an die Tastatur zu senden – sie ist somit programmierbar – und den Tasten können bestimmte Funktionen zugeordnet werden. Der 8042 übernimmt weiterhin das Einlesen der Schlüsselschalter-Stellung (Key-Lock) sowie die Ermittlung der Jumperstellungen (die sich auf dem Mainboard befinden) für die Taktfrequenz und die Grafikkarte (Color oder Mono). Darüber hinaus hat der 8042-Controller die Aufgabe der wichtigen »Gate-A20-Umschaltung«, die dafür sorgt, dass die unterschiedliche Adressendarstellung (8088/8086 = Real Mode, ab 80286 = Protected Mode) entsprechend angepasst wird, wie es auch in Kapitel 6.10.1 näher beschrieben ist.

Die Chips eines IBM-AT-Systems:

- ⋯⋙ Mikroprozessor: 80286
  CPU (Central Processing Unit) des Systems

- ⋯⋙ Coprozessor: 80287
  Optionaler mathematischer Prozessor zur Beschleunigung von Rechenoperationen

- ⋯⋙ RAM: Random-Access-Memory
  Speicher mit Schreib-/Lese-Zugriff. Arbeitsspeicher bestückt mit dynamischen RAM-Bausteinen; 16 Mbyte maximal

- ⋯⋙ BIOS-ROM: Read-Only-Memory
  »Nur-Lese-Speicher«, enthält das Basic-Input-Output-System für die grundlegenden Systemoperationen

- ⋯⋙ Bus-Controller: 82288
  Dekodierung der Prozessor- und Erzeugung der Bussignale (ALE, /AEN ..)

- ⋯⋙ Taktgenerator: 82284
  Erzeugung des Systemtaktes, Hardware-Reset-Logik, Ready-Signal-Generierung (Prozessor erhält die Information, ob die Peripherie zur Datenverarbeitung bereit ist)

- ⋯⋙ Zwei Interrupt-Controller: 8259
  Steuerung der Unterbrechungslogik; im Gegensatz zum PC beinhaltet der AT zwei Interrupt-Contoller und damit 16 Kanäle

- ⋯⋙ Zwei DMA-Controller: 8237
  Direct-Memory-Access-Controller für den direkten Speicherzugriff, Übertragung von Daten z.B. von der Festplatte zum Speicher ohne Mikroprozessorbeteiligung; im Gegensatz zum PC beinhaltet der AT zwei DMA-Controller und damit nur 16 Kanäle

- ⋯⋙ Timer/Counter: 8254
  Zähler für verschiedene Signale der Mainboard-Elektronik und für die Ausführung des Refresh-Zyklus, um den Inhalt der dynamischen RAMs »aufzufrischen«; der 8254 arbeitet bis 10 MHz

···❯ Tastaturschnittstelle: 8042
Umsetzung der Codes für den 8048-Mikrocontroller im Keyboard; die Tastatur
kann nunmehr durch die Verwendung des 8042 programmiert werden, die Stellung des Schlüsselschalters und der Jumper (Taktfrequenz, Grafikkarte) werden außerdem eingelesen

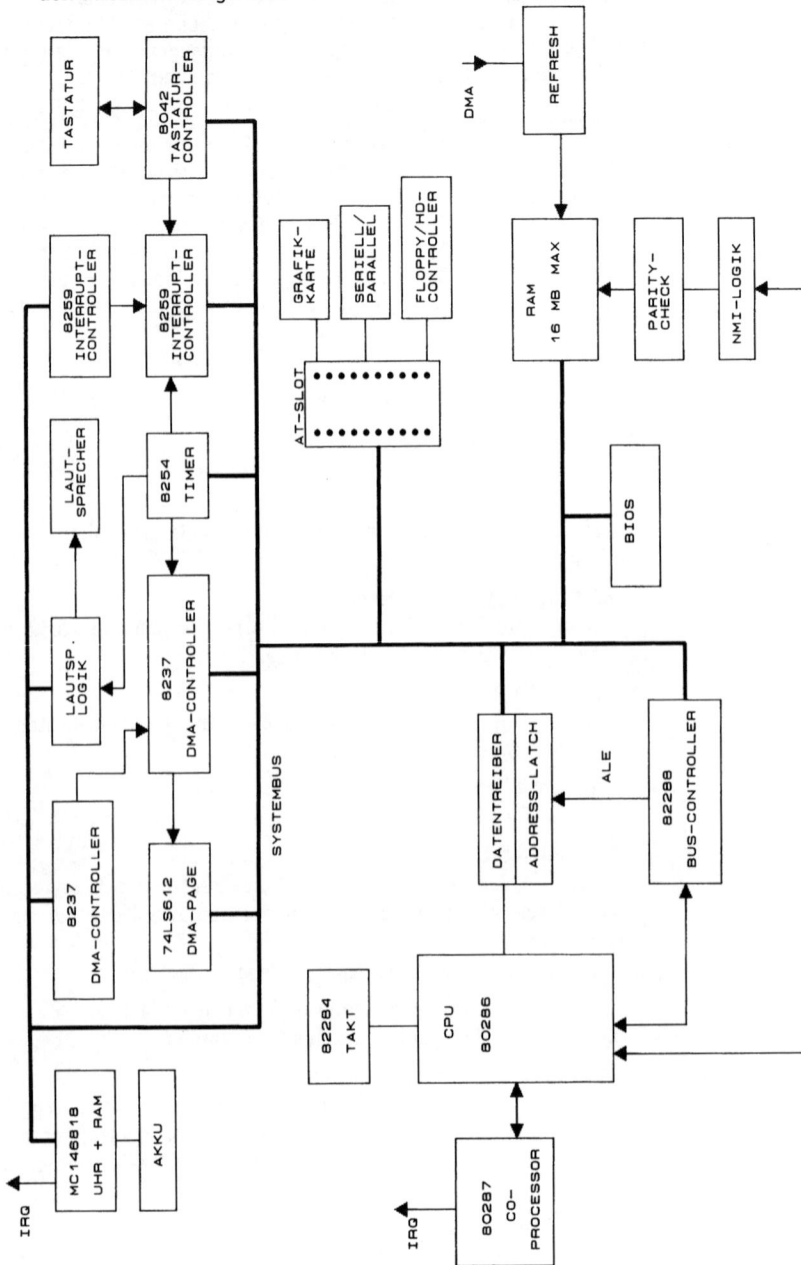

*Bild 6.30: Der prinzipielle Aufbau eines AT-Mainboards, welches den heutigen Standard grundle-
gend definiert hat*

···⟩ Prozessor in der Tastatur: 8048
Auswertung der Tastaturmatrix und Umwandlung in serielle Daten

···⟩ Echtzeituhr: Motorola MC146818
Batteriegepufferte Echtzeituhr mit RAM, welches zur Speicherung der Computerkonfiguration verwendet wird (CMOS-RAM für BIOS-Setup)

Die Unterscheidung in PC-, XT- oder AT-Computer ist schon seit längerer Zeit nicht mehr üblich, und es wird allgemein von einem PC (**P**ersonal **C**omputer) gesprochen, wenn ein IBM-kompatibler Computer gemeint ist. Die Bezeichnungen der Prozessoren werden stattdesssen der PC-Bezeichnung vorangestellt (z.B. Pentium-PC).

6.3.3 Chipset-Weiterentwicklung

Die oben kurz erläuterten Bauelemente eines PC (oder AT) sind die wichtigsten auf den entsprechenden Mainboards, und auch die damaligen *PC-Clones* haben diese in der gleichen Art und Weise verwendet. Dabei kommen jedoch noch zahlreiche weitere Chips in üblicher TTL-Logik zum Einsatz, wie beispielsweise Treiber und Latches für die Datenumsetzung zwischen den einzelnen Bussystemen auf dem Mainboard, die hier der Einfachheit halber aber keine Rolle spielen.

Mit den 286-Mainboards begannen neben Intel auch weitere Hersteller wie beispielsweise Chips&Technologies damit, sich der Standardbauelemente (8237, 8254 usw.), die auch heute noch einzeln in jedem gut sortierten Elektronikladen erhältlich sind, auf den Mainboards zu entledigen und deren Funktionen zu einigen wenigen speziellen Chips zusammenzufassen. Mehr Funktionen mit immer weniger Bauelementen ist dabei die Devise, die durch die rasche Fortentwicklung der Halbleitertechnologie erreicht wurde.

Was mit den 286-Mainboards begann, wurde mit den folgenden Generationen konsequent weitergeführt und resultiert in einer Vielzahl unterschiedlicher Chipsätze von verschiedenen Herstellern, die hardwaretechnisch gesehen prinzipiell recht unterschiedlich ausgelegt sein können, wobei das BIOS sie alle für die Softwareseite angleicht.

Insbesondere 486-Mainboards gibt es in zahlreichen Varianten mit Chipsätzen beispielsweise der Firmen Opti, UMC, ETEQ, SiS und natürlich Intel, die allerdings erst wieder mit den Pentium-Chipsets an die Konkurrenz technologisch aufschließen konnten, und bis zu diesem Zeitpunkt spielten Chipsätze von Intel am Markt keine bedeutende Rolle.

Das folgende Bild zeigt die prinzipielle Schaltung eines recht häufig auf ISA-Mainboards eingesetzten Chipsatzes der Firma SiS.

Neuere Chipsätze – für Pentium-CPUs – (Kapitel 6.12) kommen noch mit weit weniger Bauelementen aus, da sie über einen höheren Integrationsgrad verfügen. Der SiS-Chipsatz besteht aus den folgenden drei Chipset-Bauelementen und enthält die angegebenen Schaltungseinheiten bzw. realisiert die entsprechenden Funktionen:

SiS85C401: CPU-Control Interface

···⟩ Cache Controller

···⟩ DRAM-Controller

···⟩ Shadow-RAM-Einstellung

···⟩ Fast-Gate A20-Umschaltung

···⟩ Interleave und Page-Mode-Einstellung

···⟩ Interface für optionalen Weitek-Coprozessor (4167)

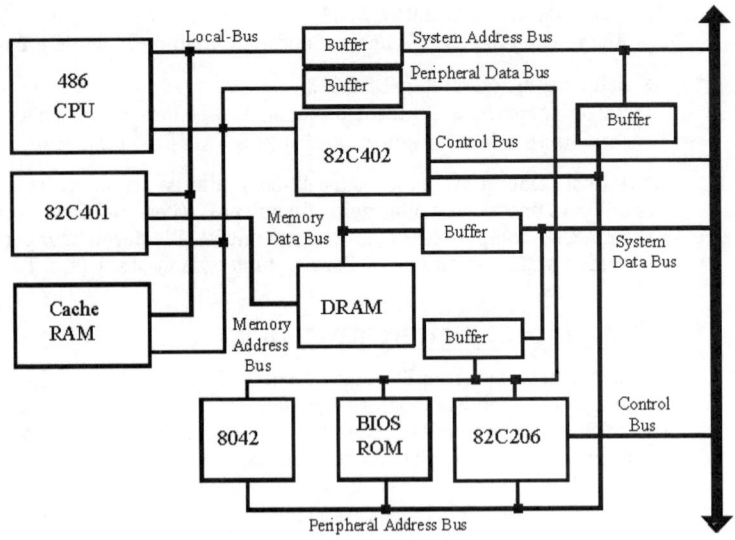

Bild 6.31: Das Blockschaltbild eines Mainboards mit einem sehr gebräuchlichen Chipsatz der Firma SiS

SiS85C402: Bus-Controller/Data Buffer

···⟫ ISA-Bus-Steuerung

···⟫ Bustakt-Einstellung

···⟫ Parity Logik

···⟫ NMI-Logik

···⟫ Wait State Logik

SiS-85C206-Peripherie-Controller

···⟫ Zwei Interrupt-Controller 8259

···⟫ Zwei DMA-Controller 8237

···⟫ 74LS612 Memory-Mapper für DMA-Controller

···⟫ Timer/Counter 8254

···⟫ Uhr/CMOS-RAM MC146818

···⟫ Diverse Interfaces für die Anpassung an den Peripherie-Bus (Peripheral-Bus)

Der Peripherie-Controller 85C206 ist auch von anderen Herstellern (Opti, Chips&-Technologies) auf Mainboards zu finden, wobei die Zahl 206 stets in der hersteller-spezifischen Chipbezeichnung geführt wird. Er stellt den Standard-Peripherie-Chip auf 486-Mainboards dar. Die oben angegebenen integrierten Funktionen des Controllers zeigen im Vergleich mit dem Aufbau eines AT-Mainboards (Bild 6.30) recht deutlich, dass hier eine ganze Reihe von einzelnen Bauelementen des ursprünglichen PC/AT-Designs »in diesen Chip gewandert sind«.

Des Weiteren sind auch hier für die Kopplung der unterschiedlichen Bussysteme auf dem Mainboard einige Treiber (Buffer) nötig. Ein Tastatur-Controller zur Datenumsetzung der von einer Tastatur gelieferten Daten (und auch für deren Programmierung) befindet sich üblicherweise auf jedem Mainboard, wie beispielsweise der erwähnte Typ 8042, der 8742 oder auch ein vergleichbarer Baustein, der im Prinzip bis heute der »alte« geblieben und kein Bestandteil des eigentlichen Chipsatzes ist.

Nach diesen Chipsatz-Betrachtungen werden in den folgenden Kapiteln die wichtigsten Peripherie-Chips näher erläutert, und auch wenn sich diese nicht auf einem Mainboard wiederfinden lassen, da sie eben in den Chipsatz-spezifischen Bauelementen enthalten sind, arbeitet ein PC genauso, als wenn sie auf dem Mainboard als einzelne Chips realisiert wären.

Ausführliche Erläuterungen zu den aktuellen Chipsätzen finden sich ab Kapitel 6.12.

6.4 Das Basic Input Output System

Da die Palette der PCs mittlerweile von solchen mit 8088-Prozessor bis zu denjenigen mit Pentium-Prozessor reicht, sind die Unterschiede in der Hardware natürlich sehr groß. Es existiert besonders für Computer mit einem 386- oder einem 486-Prozessor eine Vielzahl verschiedener Chipsätze, die einen hohen Integrationsgrad aufweisen. Wurden für die älteren PCs noch einzelne Bausteine für den Interrupt-Controller (8259), den DMA-Controller (8237), den Timer (8253/8254) und die Uhr/CMOS-RAM (MC146818) verwendet, so enthält heute ein einziger Baustein diese Elemente. Die Hersteller der BIOS-Software passen die BIOS-Routinen an die verschiedenen Chipsätze an, so dass sich für den Anwender von der Softwareseite her keine Unterschiede ergeben. Das BIOS eines PC ist somit auch der Schlüssel zur PC-Kompatibilität.

6.4.1 BIOS-Speicherbausteine

In jedem PC befinden sich ein oder mehrere ROMs (bis zu vier auf einigen älteren Boards), die die grundlegende Software für die Kommunikation des Betriebssystems mit der Hardware enthalten – das BIOS. Der Inhalt der ROMs ist nicht veränderbar. Wird einmal eine neue Version benötigt, die beispielsweise neuere Laufwerke unterstützt, dann müssen die Bausteine ausgetauscht werden. Befinden sich zwei ROMs im System, ist das eine meist mit EVEN oder LOW und das andere mit ODD oder HIGH bezeichnet.

Das EVEN-ROM wird mit den geraden Adressen (den unteren) und das ODD-ROM mit den ungeraden Adressen des Mikroprozessors angesteuert. Die Software im ROM, welche auch als *Firmware* bezeichnet wird, kann bei allen neueren Mainboards mit Hilfe des Diskettenlaufwerks in das ROM »heruntergeladen« werden, wenn die Installierung einer neueren Version nötig sein sollte. Neuere Mainboards verwenden üblicherweise nur einen einzigen Speicherbaustein für das BIOS.

Auf dem Mainboard befinden sich in diesem Fall ein EEPROM (**E**lectrically **E**rasable **P**rogrammable **R**ead **O**nly **M**emory) oder ein Flash-Speicher; beide Typen sind elektrisch löschbar. Die »normalen« ROMs sind demgegenüber nicht löschbar, da das Programm praktisch in den Chip »eingebrannt« ist. Die elektrisch löschbaren Speicherbausteine kann man sich vereinfacht als Kombination aus einem RAM, das sowohl gelesen als auch beschrieben werden kann, und einem Nur-Lese-Speicher (ROM) vorstellen, dessen Inhalt demnach nach dem Abschalten der Versorgungsspannung erhalten bleibt.

Nur durch UV-Licht eines speziellen Löschgerätes sind hingegen die EPROMs löschbar, die ein Fenster besitzen, welches meist mit dem BIOS-Aufkleber zugedeckt ist, und ebenfalls als BIOS-Speicherbausteine verwendet werden. Letzteres trifft jedoch nur für ältere Mainboards zu, denn die Flash-Memories enthalten außerdem Plug&Play-Informationen, die vom System automatisch aktualisiert werden, was bei der Verwendung von PROMs oder EPROMs nicht möglich ist. Aus diesem Grund lässt sich zwar der Inhalt eines Flash-Speichers – per speziellem Programmiergerät – prinzipiell auch in ein EPROM programmieren, doch wird nachfolgend der Plug&Play-Mechanismus nicht korrekt funktionieren. Wenn sich ein BIOS als Plug&Play-Version (während der Initialisierung des PC) zu erkennen gibt, kann man mit Sicherheit davon ausgehen, dass ein Flash-Speicher auf dem Mainboard für das BIOS verwendet wird.

Bild 6.32: Aktuelle PCs besitzen nur einen einzigen Flash-Baustein, in welchem sich die BIOS-Software befindet

Die Flash-Speicher sind eine Weiterentwicklung der EEPROMs und verwenden daher im Prinzip auch die gleiche Technologie. Die zusätzliche Dekodierlogik, mit der sich der Inhalt blockweise und nicht immer nur komplett ändern lässt (wie z.B. bei EPROMs), ein Zustandsautomat (State Machine) für die Programmierung und Ladungspumpen für die Erzeugung der Programmierspannung sind in einem EEPROM teilweise und bei einem Flash-Speicher komplett im Baustein selbst integriert. Die EEPROMs benötigen daher – je nach Typ – etwas an Zusatzlogik, die auf dem Mainboard realisiert ist, während Flash-Memories ohne diese auskommen.

Ob sich auf dem Mainboard ein EEPROM oder ein Flash-Speicherbaustein befindet, ist aus diesem Grund für ein BIOS-Update (siehe Kapitel 6.4.5) im Prinzip nicht weiter von Bedeutung. Wichtig ist jedoch – neben der Unterstützung durch ein geeignetes Writer-Programm – die Programmierspannung, die entweder 12 V oder 5 V beträgt, was vom jeweiligen Bausteintyp abhängig ist. Die folgende Tabelle zeigt eine Reihe verschiedener EEPROM- und Flash-Typen mit den jeweils definierten Programmierspannungen.

Vielfach unterstützt ein Mainboard nur einen bestimmten wiederbeschreibbaren Speichertyp für das BIOS und damit entweder nur 5 V oder nur 12 V. Es gibt jedoch auch Ausnahmen, und dann findet sich auf dem Mainboard ein Jumper, der mit *Flash ROM Voltage Selector* oder ähnlich bezeichnet ist und – je nach Stellung – beide Programmierspannungen zur Verfügung stellen kann.

Hersteller	Typ	Programmierspannung
AMD	Am28F010	12 V
AMD	Am28F010A	12 V
AMD	Am29F010	5 V
Atmel	AT28C010	5 V
Atmel	AT28MC010	5 V
Atmel	AT29CC010	5 V
Atmel	AT29LC010	5 V
Catalyst	CAT28F010	12 V
Catalyst	CAT28F010V5	5 V
Fujitsu	28F010	12 V
Hitachi	HN28F101	12 V
Hitachi	HN29C010	12 V
Hitachi	HN29C010B	12 V
Hitachi	HN58C1000	5 V
Hitachi	HN58C1001	12 V
Hitachi	HN58V1001	12 V
INTEL	A28F010	12 V
INTEL	28F001BX-B	12 V
INTEL	28F001BX-T	12 V
INTEL	28F010	12 V
Mitsubishi	M5M28F101FP	12 V
Mitsubishi	M5M28F101P	12 V
Mitsubishi	M5M28F101RV	12 V
Mitsubishi	M5M28F101VP	12 V
SEEQ	DQ28C010	5 V
SEEQ	DQM28C010	5 V

Fortsetzung der Tabelle:

Hersteller	Typ	Programmierspannung
SEEQ	DQ28C010A	5 V
SEEQ	DQ47F010	12 V
SEEQ	DQ48F010	12 V
SGS Thomson	M28F010	12 V
SGS Thomson	M28F1001	12 V
Texas Instuments	TMS28F010	12 V
Texas Instuments	TMS29F010	5 V
Winbond	W27F010	12 V
Winbond	W29EE011	5 V
XICOR	X28C010	5 V
XICOR	XM28C010	5 V

Tabelle 6.7: Wiederbeschreibbare Speichertypen, wie sie auf Mainboards für das BIOS zum Einsatz kommen

6.4.2 Das Shadow-RAM für das BIOS

Neuere PCs verwenden im Gegensatz zu einigen älteren Modellen stets nur einen einzigen BIOS-Baustein, der über den X-Bus – auch *Peripheral Bus* genannt – ange-steuert wird. An diesem Bus sind ebenfalls der Keyboard-Controller und ein Peri-pherie-Controller angeschlossen, wie es auch im Bild 6.31 erkennbar ist. Der X-Bus ist in einer Datenbreite von *nur* 8 Bit ausgeführt. Das heißt, dass jeder Zugriff auf das BIOS demnach in 8-Bit-Breite erfolgt.

Aus diesem Grunde hat es durchaus Sinn, den BIOS-Inhalt in ein *Shadow-RAM* zu kopieren, wie es üblicherweise im BIOS-Setup festgelegt werden kann. Das Shadow-RAM ist ein spezieller Bereich im PC-Arbeitsspeicher, auf den bei allen 486-CPUs in einer Breite von 32 Bit und bei den Pentium-PCs mit 64 Bit zugegriffen wird, was eine beschleunigte Datenausgabe gegenüber dem Transfer direkt aus dem BIOS-ROM zur Folge hat.

Die Einschaltung von Shadow-RAM für das Systembios erlaubt statt eines 8-Bit-brei-ten Zugriffs einen 32 oder gar 64 Bit breiten auf die BIOS-Routinen, was zu einer schnelleren Datenübertragung führt.

Diese beschleunigte Datenverarbeitung der BIOS-Routinen ist üblicherweise nur unter DOS von spürbarem Gewinn, denn moderne Betriebssysteme wie etwa Win-dows 95 greifen nur in Ausnahmefällen auf die BIOS-Software zu, da sie eigene leistungsfähigere Software mitbringen. Die Software des BIOS-ROM wird daher le-diglich für den Start des PC benötigt, bis das Betriebssystem geladen ist.

6.4.3 Aufbau des BIOS

Das BIOS besteht aus einzelnen Modulen, auf die nicht mit Hilfe einer Adresse zugegriffen wird, sondern aus Gründen der Kompatibilität über Softwareinterrupt-Einsprünge. Die Adressen dieser Einsprünge werden während des Bootens als Tabelle (Interrupt Vector Table) in das RAM des PC im Bereich von 0000h–03FFh geladen. Der Datentransfer vom Programm zum BIOS-Interrupt erfolgt dabei über die Prozessorregister. In der folgende Tabelle sind einige der BIOS-Interrupts zur Übersicht angegeben.

BIOS-Interrupt	Funktion
INT 00h	Divisionsfehler
INT 01h	Einzelschrittmodus
INT 02h	Non Maskable Interrupt
INT 03h	Unterbrechung, Breakpoint
INT 04h	CPU-Überlauf
INT 05h	Print Screen
INT 06h	ungültiger Opcode
INT 07h	für CPU
INT 08h	IRQ0, System Timer
INT 09h	IRQ1, Tastaturdaten verfügbar
INT 0Ah	IRQ2, Drucker 2, IRQ 9
INT 0Bh	IRQ3, COM2
INT 0Ch	IRQ4, COM1
INT 0Dh	IRQ 5, Festplatte
INT 0Eh	IRQ6, Diskettenlaufwerk
INT 0Fh	IRQ7, Drucker 1
INT 10h	Grafikkarte
INT 11h	Systemkonfigurationstest
INT 12h	Speichergröße
INT 13h	Laufwerke
INT 14h	serielle Schnittstellen
INT 15h	diverses, Systemservice
INT 16h	Tastatur
INT 17h	Drucker

Fortsetzung der Tabelle:

BIOS-Interrupt	Funktion
INT 18h	Boot-Fehler, diverses
INT 19h	Urlader, Bootstrab Loader
INT 1Ah	Echtzeituhr mit Kalender, PCI-I/O
INT 20h-FFh	DOS- und Treiber-Interrupts

Tabelle 6.8: BIOS-Interrupts im Überblick

Als Beispiel sei die Ansteuerung der Grafikkarte mit Hilfe des Interrupt 10h angegeben. Enthält das Prozessorregister AH=2, ist dies die Funktion zum Positionieren des Cursors. Mit den Registern DH und DL wird der Cursor an die gewünschte Stelle auf der Seite gesetzt, die durch den Inhalt des Registers BH bestimmt wird.

```
MOV AH, 2; Setze-Cursor-Funktion

MOV BH, 0; Seite 0

MOV DH, 2; Zweite Reihe

MOV DL,12; Zwölfte Spalte

INT 10H  ; Interrupt 10h
```

6.4.4 PC-Initialisierung und -Speicheraufteilung

Nach dem Einschalten des PC oder der Betätigung der Tasten [Strg], [Alt] und [Entf] wird die Hardware initialisiert und der Selbsttest durchgeführt. Hierzu wird die Adresse FFFE0h angesprungen, die CPU-Startadresse im BIOS-ROM. Das BIOS-ROM liegt im Bereich von FFFFFh-EFFFFh, wenn sich das BIOS in einem 27512 ROM/EPROM befindet. Bei anderen ROMs ist der Bereich entsprechend kleiner oder größer, er beginnt aber immer bei der Adresse FFFFFh.

*Der Selbsttest wird als **P**ower **O**n **S**elf **T**est – kurz POST – bezeichnet und überprüft die einzelnen Bestandteile des PC. Mit Hilfe einer speziellen POST-Code-Karte können die einzelnen Codes angezeigt werden, die im Fehlerfall Aufschluss über die jeweilige Fehlerursache (DRAM, Cache usw.) liefern.*

Während der Initialisierung wurde in das RAM des PC die bereits oben erwähnte Tabelle für die Interrupts geladen. Die nachfolgend angegebenen Adressen sind nicht bei jedem BIOS identisch, die Tabelle 6.8 und die Interruptnummern sind jedoch bindend.

Im Bereich von 00000h–0003Ch befinden sich allgemeine Interrupts, beispielsweise unter der Adresse 00014h der Interrupt für die Print-Screen-Funktion. Ab der Adresse 00020H lassen sich diejenigen Interrupts finden, die sich auf Hardware-Komponenten beziehen (IRQ0-IRQ7). So befindet sich der Interrupt IRQ 7 für die erste parallele Schnittstelle (Interrupt 0Fh) unter der Adresse 003Ch.

Die BIOS-Interrupt-Vektoren sind zwischen Adresse 00040h und Adresse 0007Fh abgelegt. Der wichtigste ist der BIOS-Urlader-Interrupt (Interrupt 19h). Er ist unter der Adresse 00064h zu finden. Beim Aufruf dieses Interrupts wird versucht, das Betriebssystem von Diskette oder Festplatte zu laden.

In diesem Buch wird bei der Angabe von Adressen teilweise mit der verkürzten Schreibweise und nicht mit der längeren 32-Bit-Angabe gearbeitet. Die längere kommt immer dann zur Anwendung, wenn es für den Zusammenhang von Bedeutung ist.

Neben den BIOS-Softwareinterrupts gibt es außerdem die DOS-Interrupt-Vektoren, die im Prinzip genauso wie die BIOS-Interrupts geladen und eingesetzt werden. Sie beziehen sich nicht direkt auf das BIOS, sondern demgegenüber auf DOS-Funktionen. Zu den DOS-Interrupt-Vektoren (00080h-000FFh) gehört beispielsweise der Aufruf für das Beenden eines DOS-Programms (Interrupt 20h) unter der Addresse 00080h.

Zu den allgemeinen Interrupts zählen beispielsweise derjenige für den Disketten-Typ (Adresse 00100h, Interrupt 40h) und auch die Hardware-Interrupts (IRQ8-IRQ15) sowie ab der Adresse 001C0h der Interrupt 70h für die Echtzeituhr/CMOS-RAM.

Zur Ablage verschiedener Schnittstellenparameter wird ein BIOS-Datenbereich benötigt, der sich ab der Adresse 00400h befindet. So findet man unter dieser Adresse diejenige für die erste serielle Schnittstelle. An diesen BIOS-Datenbereich (00400h-004FFh) schließt sich der DOS-Datenbereich (00500h-005FFh) an. Hier befinden sich die Daten und Adressen für das DOS-Betriebssystem.

Die eigentlichen Programme werden ab Adresse 00600h abgelegt. Besitzt der PC lediglich einen Arbeitsspeicher von 640 Kbyte, reicht dieser Bereich bis zur Adresse 09FFFh. Oberhalb diese Bereiches schließen sich das RAM und das BIOS der Grafikkarte an. Der Bereich von C0000h-FFFFFh kann üblicherweise als Shadow-RAM benutzt werden. In dieses RAM können das System-BIOS-, das BIOS der Grafikkarte und das BIOS von weiteren Karten mit eigenem BIOS, wie beispielsweise von einem SCSI-Laufwerkscontroller, geladen werden. Ermöglicht wird diese Funktion über den BIOS-Setup des PC. Was sich im Einzelnen ab der Adresse C8000h bis hin zum System-BIOS befindet, hängt von der jeweiligen PC-Ausstattung ab und kann nicht ohne Weiteres verallgemeinert werden. Nicht benutzte Bereiche können für das Hochladen von Treibern (Loadhigh, Devicehigh) verwendet werden, damit der Arbeitsspeicher bis 640 Kbyte nicht unnötigerweise verkleinert wird. Jedes zu ladende Betriebssystem (DOS, Windows 3.x, Windows 95) verlangt hier mindestens einen freien Speicher von typisch 450 Kbyte, damit es überhaupt noch booten kann.

Das Hochladen von Treibern und Programmen sorgt für einen möglichst großen Hauptarbeitsspeicher, der insbesondere für DOS-Spiele notwendig ist. Genaue Informationen finden sich hierfür im Kapitel 8.

Bei PCs, die nicht mit einem Flash-Speicher als BIOS-Chip arbeiten, sondern typischerweise mit einem EPROM (Typ 27512, 64k x 8 Bit), ergibt sich dadurch ein Vorteil für das Hochladen von Treibern, da ein Flash-Speicher (Typ 28F001 o.Ä. siehe Tabelle 6.1) die doppelte Kapazität aufweist (128 K x 8 Bit) und dementsprechend 64 Kbyte zusätzlich belegt.

Gerade in der Übergangszeit von den Mainboards mit EPROM zu denen mit Flash-Speicher und der Verwendung von DOS/Windows 3.x hat dies zu Problemen geführt, denn was zuvor problemlos »hochgeladen« werden konnte (Soundkarten-, Netzwerk- und SCSI-Treiber), passte nun nicht mehr gemeinsam in den Bereich oberhalb des Arbeitsspeichers, was zur Folge hatte, dass das Betriebssystem aus Speichermangel nicht mehr starten konnte.

Glücklicherweise hat sich dies durch die Verwendung von Windows 95, das eigene Treiber (32 Bit) für diese Komponenten mitbringt, geändert, denn es lädt diese erst, wenn der Bootvorgang des Betriebssystems eingesetzt hat, und nicht wie bei DOS vorher via CONFIG.SYS und AUTOEXEC.BAT, wie es zum Start von Windows 3.x nötig ist.

Bei PCs, die nicht mit einem Flash-Speicher arbeiten, ist der Bereich zum Hochladen von Treibern typischerweise um 64 Kbyte größer, was sich als Vorteil bei DOS und Windows-3.x-Anwendungen erweist.

Als letzten Schritt des Selbsttests/der Initialisierung aktiviert das BIOS-ROM den Interrupt 19h. Er ist für das Booten, d.h. das Laden des Betriebssystems, zuständig. Der Boot-Record wird vom Laufwerk A (Seite 0, Spur 0, Sektor 1) in den Speicher ab Adresse 07C00h geladen. Ist das Laufwerk nicht verriegelt – es ist keine Diskette eingelegt –, wird versucht, von der Festplatte zu booten. Im Boot-Record sind ein Programm zum Laden des DOS enthalten sowie Parameter der Diskette oder Festplatte. Mit Hilfe dieser Parameter wird die Position der Dateizuordnungstabelle (**F**AT, **F**ile **A**llocation **T**able), quasi das Datenformat und das Inhaltsverzeichnis der Diskette oder Festplatte, ermittelt. Dann kann die erste Datei geladen werden. Dies ist die versteckte Datei IO.SYS, mit der zusätzliche BIOS-Routinen installiert sowie Informationen über die Laufwerke abgelegt werden.

Danach wird die ebenfalls als versteckt markierte Datei MSDOS.SYS geladen, die für die Umsetzung der DOS-Befehle in BIOS-Aufrufe verantwortlich ist. Sie stellt den eigentlichen Kern des Betriebssystems dar. Nach dem Laden des Kommando-interpreters COMMAND.COM, dem Manager des Betriebssystems, ist der Bootvorgang im Prinzip abgeschlossen und das Betriebssystem initialisiert. Die Speicheraufteilung stellt sich dann, wie in Tabelle 6.9 angegeben, dar.

Adressen/Hex	Verwendung
00000-0003C	allgemeine und Hardware-Interrupt-Vektoren
00040-0007F	BIOS-Interrupt-Vektoren
00080-000FF	DOS-Interrupt-Vektoren
00100-003FF	allgemeine und Hardware-Interrupt-Vektoren
00400-004FF	BIOS-Datenbereich
00500-005FF	DOS-Datenbereich
00600-09FFF	frei für Anwenderprogramme, üblicher Arbeitsspeicher
A0000-BFFFF	VGA-Grafik-RAM
C0000-C7FFF	VGA-BIOS
C8000-C9FFF	RAM oder ROM von Erweiterungen (z.B. BIOS für SCSI)
CA000-DFFFF	RAM (auch EMS-Fenster) oder BIOS von Erweiterungen
E0000-EFFFF	RAM oder BIOS von Erweiterungen wie BOOT-ROM für Netzwerkkarte und Ähnliches, System-BIOS bei Flash-Memory
F0000-FFFFF	System-BIOS-ROM (27512) + oberer Bereich bei Flash-Memory (28F001 o.Ä.)
100000-?	RAM bis theoretisch maximal 4 Gbyte, praktisch beispielsweise bis 128 Mbyte (8000000h)

Tabelle 6.9: Die allgemeine Speicheraufteilung nach der PC-Initialisierung

6.4.5 BIOS-Update

Wie erwähnt, ist es bei allen heutigen PCs üblich, dass sich das BIOS in einem Flash-Speicherbaustein befindet, der im Gegensatz zu einem ROM per spezieller Software, die üblicherweise auf einer Diskette zum Mainboard mitgeliefert wird, neu beschrieben werden kann. Der Vorteil ist der, dass eine notwendige Aktualisierung des BIOS-Inhalts relativ einfach durchgeführt werden kann, was in früheren Zeiten oftmals sehr beschwerlich war, da die »gebrannten ROMs« – wenn überhaupt – meist nur unter großen Mühen vom Hersteller des BIOS zu beziehen waren.

Ein BIOS-Update ist dann notwendig, wenn eine neuere BIOS-Version vom Hersteller vorliegt, die gegenüber der eingebauten Version um Funktionen erweitert worden ist oder bei der auch einige Fehler der vorigen Version »ausgebügelt« worden sind. Am einfachsten bringt man in Erfahrung, ob eine neue Version vorliegt, indem die WWW-Seite (Internet) des Mainboard-Herstellers angewählt wird, von welcher die benötigte Version meist auch »heruntergeladen« werden kann.

http://www.abit.com

http://www.aopen.com.tw

http://www.atrend.com.tw

http://www.asuscom.de (ASUS)

http://www.biostar.com.tw

http://www.dfiweb.com (DFI)

http://www.ecs.com (Elitegroup)

http://www.epox.com

http://www.elito.com (Freetech)

http://www.fica.com (FIC)

http://www.giga-byte.com (Gigabyte)

http://www.intel.com

http://www.jetway.com.tw

http://www.msi-computer.de (MSI)

http://www.qdi.nl

http://www.sni.de (Siemens Nixdorf)

http://www.soyo.com

http://www.zida.com

Man sollte sich außerdem davor hüten, *nur so aus Spaß* die BIOS-Software zu aktualisieren, denn es kann durchaus passieren, dass danach gar nichts mehr funktioniert, denn ohne korrektes BIOS ist der PC »tot«. Ist man mit der Funktion der vorhandenen BIOS-Version zufrieden, sollte man auch keinen weiteren Gedanken an den BIOS-Update verschwenden. Eine Garantie, dass eine neue BIOS-Version besser funktioniert als die vorige, kann ohnehin niemand geben.

Die BIOS-Version muss explizit für das vorhandene Mainboard (Chipset) ausgelegt sein, und keinesfalls darf eine vermeintlich ähnliche Version verwendet werden.

Seit Flash-Speicher für das BIOS verwendet werden, kann man feststellen, dass es von diesem Zeitpunkt an geradezu eine Flut von BIOS-Updates gibt, was wohl auch daran liegt, dass die BIOS-Versionen mittlerweile unter immensen Zeitdruck entwickelt werden müssen und sich dadurch Fehler einschleichen, die durch (schnell) folgende Versionen wieder zu bereinigen sind. Dieser Umstand ist auch der häufigste Fall, warum sich ein Update überhaupt empfiehlt. Auf den WWW-Seiten der Mainboard-Hersteller ist meist zu jeder BIOS-Version eine Datei zu finden, die näher beschreibt, was im Einzelnen geändert worden ist.

Natürlich gibt es neben der reinen Fehlerbeseitigung noch weitere Gründe, die für einen BIOS-Update sprechen, so etwa, wenn neue Funktionen wie der DMA/33-Mode (Ultra DMA) für EIDE-Festplatten mit der neueren Version unterstützt werden.

Ein Programm, das die Programmierung des Flash-Speichers durchführt, ist beispielsweise *AWDFlash.exe* der Firma Award oder auch ein *Flash Memory Writer* der Firma Asus, wenn es sich um ein Mainboard dieser Firma handelt. Für Mainboards, die mit einem AMI-BIOS arbeiten, heißt das entsprechende Writer-Programm *AMI-Flash.exe*, und je nach BIOS- oder Mainboard-Hersteller können diese Programme auch anders lautende Bezeichnungen führen.

Auf der Utility-Diskette zum Mainboard befinden sich beispielsweise die folgenden Dateien:

···⟩ PFLASH.EXE – das Flash Memory Writer-Programm

···⟩ README oder FILELIST.TXT – eine Textdatei mit Anleitungen und zusätzlichen Informationen zur Software

···⟩ TX5Ixxxx – die BIOS-Datei der vorhandenen BIOS-Version. Es kann auch der Fall sein, dass diese Datei erst noch herzustellen ist, wie es im Folgenden noch erläutert wird.

Der Programmiervorgang ist in den meisten Fällen ohne Probleme durchführbar, was man von einigen älteren Versionen (meist aus der Anfangszeit der Flash-Speicherprogrammierung auf Mainboards, ab ca. 1993) allerdings nicht immer behaupten kann. Wie erwähnt, sollten aber immer gute Gründe für eine Neuprogrammierung vorliegen, denn es kann auch völlig daneben gehen, und eine erneute Möglichkeit der Programmierung ist meist nicht gegeben. Nur relativ wenige Mainboards wie beispielsweise einige der Firma Intel (z.B. mit 82430HX-Chipset, Typ: Marl) besitzen die Funktion *BIOS-Recovery*, die es erlaubt, bei fehlgeschlagener Programmierung wieder ein funktionierendes BIOS herzustellen. Einige Hersteller wie etwa Gigabyte bauen sogar zwei BIOS-Chips auf ihre Mainboards, damit das zweite im Fehlerfall wieder für einen funktionierenden PC sorgen kann.

Bild 6.33: Das Flash-PROM – hier in einer weiteren üblichen Bauform – enthält das System-BIOS. Daneben die Beschriftung für den nützlichen Jumper, der die BIOS-Recovery-Funktion (Flash RCVRY) auslöst, falls der BIOS-Update doch nicht funktioniert hat

Vor der Programmierung sollte zunächst nach einem Jumper auf dem Mainboard Ausschau gehalten werden, der zwei Stellungen kennt, die als *Enable Programming* und *Disable Programming/Normal Read* o.Ä. bezeichnet sind. Die letztere Stellung ist für den Normalbetrieb des Mainboards vorgesehen, und daher muss der Jumper in die Stellung *Enable Programming* gesetzt werden, damit die Programmierung nachfolgend durchgeführt werden kann. Nach Absolvierung dieses Vorgangs sollte man aber nicht vergessen, den Jumper wieder in die Normalstellung zurückzusetzen. Über die jeweilige Jumperstellung sollte auch das Manual zum Mainboard Auskunft geben oder eine mitgelieferte README-Datei.

Viele Mainboards besitzen allerdings nicht diesen Jumper für die Aktivierung der Flash-Programmierung und demnach kann man mit der Programmierung im Prinzip sofort loslegen, ohne den PC aufzuschrauben. Dies kann sich jedoch als nachteilig herausstellen, denn es existieren einige Virusversionen, die eben genau den Flash-Baustein umprogrammieren bzw. löschen, womit der PC ruiniert ist.

Der PC wird daraufhin gestartet, und zwar im Real Mode (DOS), also ohne das Laden irgendwelcher Speichermanager (HIMEM.SYS, EMM386) und keinesfalls in einem Windows-Mode. Am besten startet man den PC von einer Diskette, die außer dem System auch keine CONFIG.SYS-Datei enthält und bei der in der AUTOEXEC.BAT lediglich der Tastaturtreiber (Keyb gr) geladen wird. Auf der Diskette sollten sich des Weiteren das Flash-Writer-Programm und die neue BIOS-Datei befinden, die, wenn sie aus dem Internet bezogen wurde, möglicherweise noch zu dekomprimieren (zu entpacken) ist.

Eine komplette BIOS-Datei hat typischerweise eine Größe von 128 Kbyte (131.072 Byte) und passt daher auch problemlos mit auf die Diskette. Falls die BIOS-Datei aber kleiner sein sollte, stimmt mit ihr etwas nicht, und man sollte noch einmal überprüfen, ob man tatsächlich die richtige (Binär-)Datei erwischt hat und ob sie auch in entpackter Form vorliegt.

Die aktuellen Flash-Writer-Programme verweigern automatisch ihren Dienst und geben eine entsprechende Fehlermeldung aus, falls beim Start dennoch irgendwelche Treiber geladen werden, die die korrekte Programmierung verhindern könnten. Dieses leisten die älteren Flash-Writer-Programme nicht immer, was somit auch zur Folge haben kann, dass der Flash-Speicher nicht korrekt zu programmieren ist und der PC nachfolgend nur noch ein schwarzes Bild auf dem Monitor produziert.

Damit von der Diskette gebootet werden kann, ist im BIOS-Setup möglicherweise zunächst das Booten vom Laufwerk A: oder die festgelegte Bootreihenfolge (A:, C:) entsprechend zu ändern. Als Nächstes wird das Writer-Programm (PFLASH.EXE o.Ä.) von der Utility-Diskette gestartet, woraufhin beispielsweise das folgende Bild erscheint.

Falls unter der Angabe *Flash Type* die Bezeichnung *unknown* auftaucht, ist entweder gar kein Flash-Speicher oder ein Typ auf dem Mainboard eingebaut, der nicht mit dem vorhandenen Flash-Writer-Programm zusammenarbeiten kann.

Unter *Current BIOS Revision* sollte sich ebenfalls eine sinnvoll erscheinende Bezeichnung finden lassen und nicht etwa #FFFF oder Ähnliches, was ebenfalls darauf hindeutet, dass man das Programm gleich wieder durch die Betätigung der Esc-Taste verlassen sollte, da sich keine Programmierung durchführen lässt.

Eine Anzeige wie die im obigen Bild ist daher der erste Schritt für eine erfolgreiche BIOS-Neuprogrammierung. Bevor diese aber durchgeführt wird, sollte zunächst die im Speicherbaustein vorhandene Version in eine Datei geschrieben werden (Menüpunkt 1), wofür automatisch das aktuelle Verzeichnis der Diskette verwendet wird. Falls die neue Version doch nicht so wie gewünscht arbeiten sollte, kann die vorherige dann wieder »zurückgespielt werden«. Als Name für die Datei sollte sinnvollerweise die Bezeichnung der jeweiligen BIOS-Version (z.B. TX5I0104.AWD) angegeben werden.

```
                    ASUSTek PNP BIOS

                 FLASH MEMORY WRITER V1.5

           Copyright (c) 1995, ASUSTek Computer Inc.


    Flash Type - SST 29EE010

    Current BIOS Revision: #401A0-0104

    Choose one of the following:



    1. Save Current BIOS to File

    2. Update BIOS Main Block From File

    3. Advanced Features



    Enter Choice: [1]



    Press ESC To Exit
```

Bild 6.34: *Die Anzeige eines Flash-Writer-Programms zur Aktualisierung des BIOS-Inhalts*

Im Prinzip könnten auch alle benötigten Dateien auf die Festplatte kopiert werden, allerdings kann es passieren, dass man bei missglückter Programmierung nicht mehr an die Daten herankommt, was natürlich auch für das Diskettenlaufwerk gilt, aber unwahrscheinlicher ist. Außerdem hat man für den Fall der Fälle immer noch die Daten auf der Diskette parat. Mit einem entsprechenden Programmiergerät könnte das Flash-PROM dann mit den Daten der Diskette programmiert werden.

Die Programmierung des Flash-Bausteins wird durch den Punkt *Update BIOS Main Block From File* ausgelöst, und die zu programmierende Datei muss sich auch hier im aktuellen Verzeichnis der Diskette befinden. Nach der Anwahl dieser Funktion erscheint die Frage nach dem Dateinamen des BIOS-Files, der dann an dieser Stelle anzugeben ist, wie etwa TX5I0105.AWD. Nach der Betätigung der ⏎-Taste wird das BIOS daraufhin aktualisiert, und falls keine Fehlermeldung erscheint, ist das Schlimmste überstanden.

Erscheint sie dennoch, ist Gefahr im Verzug, und der PC sollte jetzt keinesfalls neu gestartet oder ausgeschaltet werden. Stattdessen ist ein erneuter Programmierversuch durchzuführen. Gelingt dies ebenfalls nicht, sollte nun mit der auf der Diskette gesicherten (alten) BIOS-Version noch ein Versuch unternommen werden. Bei erneutem Fehlschlag bleibt nur noch eine Möglichkeit, und zwar die, dass sich der Jumper (Enable Programming) nicht in der richtigen Stellung befindet. Da der PC aber nicht ausgeschaltet werden darf, muss er bei laufendem PC in die richtige Stellung gesetzt werden, wobei natürlich äußerste Vorsicht geboten ist.

Hat alles nichts gefruchtet, ist der PC nunmehr auszuschalten, und man hat möglicherweise ein ernsthaftes Problem erzeugt, was übrigens auch bei scheinbar korrekt verlaufendem Update auftreten kann – der PC versagt jeglichen Dienst. Glück im Unglück, wenn das Mainboard den Recovery-Modus (s.o.) beherrscht.

Es kann aber auch der nicht ganz so tragische Fall auftreten, dass die Programmierung durch die folgende Meldung (zunächst) unterbrochen wird:

```
Boot Block of New BIOS is different from old one !!!
Please Use ´Advanced Features´ to Flash whole BIOS
```

Was nun zu tun ist, wird gleich im folgenden Text erläutert, zunächst aber noch ein paar Anmerkungen zum Verständnis: Ein Flash-PROM ist intern in Blöcke aufgeteilt, die je nach Hersteller eine unterschiedliche Größe aufweisen können. Für ein BIOS macht man sich diesen Umstand zunutze und teilt die BIOS-Software ebenfalls in Blöcke auf. Wie dies beispielsweise bei einem Standardtyp wie dem 28F001BX-T der Firma Intel aussehen kann, zeigt die folgende Tabelle:

Adressen/Hex	Größe	Anwendung
FE000-FFFFF	8 Kbyte	Boot-Block
FD000-FDFFF	4 Kbyte	Plug&Play-Speicherbereich, ESCD
EC000-FCFFF	4 Kbyte	OEM-Logo für Anzeige
E0000-FBFFF	112 Kbyte	System-BIOS

Tabelle 6.10: Die typische Belegung eines Flash-PROMs (128 Kbyte x 8 Bit)

Der Boot-Block enthält – wie es der Name andeutet – Informationen für den Bootvorgang des PC, der separat zur eigentlichen BIOS-Software im Flash-PROM geführt wird. Sowohl der Boot-Block als auch die weiteren BIOS-Routinen müssen aufeinander abgestimmt sein (Versionsnummer), und bei der Vielzahl der möglichen Versionen kann der Fall auftreten, dass auch der Boot-Block mit aktualisiert werden muss, wie es der obigen Fehlermeldung zu entnehmen ist, die auch mit der Meldung *Boot Block Error* o.Ä. in Erscheinung treten kann. Für diesen Fall enthält ein modernes Flash-Writer-Programm einen speziellen Menüpunkt, der sich meist unter den *Advanced Features* (Bild 6.34) verbirgt und nach dem Aufruf die in Bild 6.35 gezeigten Optionen bietet.

Falls das verwendete Flash-Writer-Programm diesen Punkt allerdings nicht zur Verfügung stellen sollte, ist man zunächst am Ende des vermeintlichen BIOS-Update angelangt, und das Programm sollte mit der [Esc]-Taste beendet werden.

Nur wenn der Hersteller (des Mainboards oder des BIOS) ein neueres, zum Mainboard passendes Writer-Programm auf seinem WWW-Server bieten kann, ist ein späterer erneuter Programmierversuch anzuraten, ansonsten sollte man lieber die Finger davon lassen.

```
                        Advanced Features


Flash Type — SST 29EE010

Current BIOS Revision: #401A0-0104

Choose one of the following:



1. Clear PNP ESCD Parameter Block

2. Update BIOS Including Boot Block and ESCD

Enter Choice: [2]



Press ESC To Exit
```

Bild 6.35: Die Advanced Features eines Flash-Writer-Programms erlauben das Löschen der aktuellen Plug&Play-Parameter und einen kompletten BIOS-Update

Durch Anwahl des Punktes 2 wird das BIOS inklusive des Boot-Blocks komplett neu programmiert. Dabei sind die gleichen Dinge zu beachten, wie es oben bei der Aktualisierung des BIOS ohne den Boot-Block beschrieben worden ist. Dieser Update führt hier auch zur Löschung des **E**xtended **S**ystem **CMOS D**ata**RAM** (ESCD), der die (Ressourcen-)Informationen über die verwendeten Plug&Play-Devices enthält.

Dieser Parameterblock lässt sich auch einzeln mit Hilfe des ersten Menüpunktes löschen. Die Anwendung dieser Funktion, die im Grunde genommen nichts mit einem BIOS-Update oder einer Neuprogrammierung zu tun hat, kann sich als äußerst nützlich erweisen, wenn der PC aus irgendwelchen Gründen mit bestimmten Plug&Play-Devices nicht zurecht kommt und daher nicht mehr korrekt starten kann. Dieser erweiterte CMOS-RAM-Bereich liegt nicht etwa im üblichen CMOS-RAM (kombiniert mit dem Kalender-/Uhren-Chip), sondern eben im BIOS-Flash-Memory, und dieser Bereich wird durch die Anwahl des genannten Punktes gelöscht.

ESCD
*Aktuelle BIOS-Versionen verwenden ein **E**xtended **S**ystem **CMOS D**ata**RAM**, welches für die Speicherung der (konfigurierten) Plug&Play-Devices verwendet wird.*

Die ESCD-Parameter, die sich in diesem erweiterten Bereich befinden, werden nachfolgend beim Neuboot – in Abhängigkeit von den jeweils eingesetzten Plug&Play-Devices – wieder automatisch neu geschrieben. Stellt sich bei dem betreffenden PC tatsächlich ein Problem mit einer Plug&Play-Komponente heraus, ist es sinnvoll, eine *Isolierung* vorzunehmen, um den Übeltäter leichter feststellen zu können. Es werden zunächst nur die Plug&Play-Karten in den PC eingebaut, die für den Boot absolut notwendig sind, und dann wird so lange ein Device nach dem anderen hinzugefügt, bis das Problem wieder auftaucht. Daraufhin ist die betreffende Karte wieder auszubauen und der *PNP ESCD Parameter Block* mit Hilfe des Flash-Writer-Programms zu löschen. Nach einem Neuboot sollte der PC dann soweit wieder funktionieren.

Beim Update des ESCD-Bereiches werden sowohl die automatisch festgestellten Parameter der einzelnen Karten berücksichtigt als auch eventuell im BIOS-Setup manuell festgelegte Parameter und ebenfalls unter Windows 9x getroffene Parameterfestlegungen für die betreffenden Hardwarekomponenten. Der Update-Vorgang lässt sich meistens am Monitor durch die Meldung *Updating ESCD* beobachten.

Allerdings sollte diese Art der Plug&Play-Konfigurierung – also mit dem Löschen der Flash-Memory-Informationen – nur in Notfällen vorgenommen werden, wenn sich mit keiner anderen Methode bestimmte Plug&Play-Hardwarekomponenten im PC einsetzen lassen.

Die Neuprogrammierung des BIOS-Bausteins wird je nach Hersteller des Flash-Writers unterschiedlich dargestellt, wobei oftmals eine Fortschrittsanzeige in Form eines Laufbalkens erscheint, die mit der Meldung *Programming Flash Memory – OK* beendet ist. Durch die Betätigung der [Esc]-Taste wird das Writer-Programm beendet, und nach einem Neustart des PC sollte nunmehr das neue BIOS aktiviert sein.

Kalt- und Warmstart
Kaltstart: Aus- und Wiedereinschalten des PC, Warmstart: Tastenkombination [Strg]+
[Alt]+[Entf]

Der nun folgende Neustart ist dabei als *Kaltstart* auszuführen, also durch Aus- und Wiedereinschalten des PC. Im Gegensatz zum Warmstart (Tastenkombination [Strg]+[Alt]+[Entf]) führt immer nur ein kompletter Reset (Kaltstart) des PC zu einer vollständigen Neuinitialisierung des Systems.

Entgegen der landläufigen Meinung erfolgt nach der Betätigung der [Reset]-Taste am PC keineswegs eine vollständige Neuinitialisierung des PC, was allerdings auch davon abhängt, wie die Hardware der angeschlossenen Einheiten jeweils realisiert wurde, also in welcher Art und Weise deren Hardware auf den Reset-Impuls reagiert. Bei Geräten am SCSI-Bus, wie etwa einem Jaz-Laufwerk, reicht der Reset über die Taste nicht aus, was nachfolgend zu einem (erneuten) Fehlverhalten führen kann.

Nur durch das Aus- und Wiedereinschalten des PC erfolgt stets eine komplette Neuinitialisierung!

Nach dem Erscheinen der (neuen) BIOS-Meldung ist zunächst der BIOS-Setup auszuführen und dabei sind die Standardwerte mit *Load Setup Defaults* aufzurufen (z.B. mit der [Del]- bzw. [Entf]-Taste). Dieser Vorgang verhindert, dass Einträge der alten BIOS-Version womöglich falsch interpretiert und außerdem alle grundlegenden Einstellungen zunächst aktiviert werden. Wenn soweit alles in Ordnung ist, wird der PC wieder ausgeschaltet und der Jumper (Disable Programming/Normal Read) in die Normalstellung gebracht.

Danach folgt ein vollständiger Boot des PC, und man geht erst jetzt daran, die einzelnen BIOS-Setup-Einträge zu optimieren, also die *Setup Defaults* wieder zu ersetzen.

Es kommt durchaus vor, dass für ein und dasselbe Mainboard BIOS-Versionen verschiedener Hersteller verfügbar sind, beispielsweise von den Firmen Award und AMI. Unter Umständen ist es sinnvoll, hier einen Wechsel vorzunehmen, wobei zuvor eine Kontrolle der jeweiligen Features – üblicherweise anhand einer README-Datei oder als Text auf dem WWW-Server der betreffenden Firma – vorzunehmen ist. Es muss dabei beachtet werden, dass auch das passende Flash-Writer-Programm zum Einsatz kommt, was bedeutet, dass beispielsweise bei einem installierten AMI-BIOS auch ein Flash-Writer von AMI zu verwenden ist, um das BIOS der Firma Award damit zu programmieren. Entsprechendes gilt auch in umgekehrter Konstellation.

Vorgehensweise zum BIOS-Update in Kurzform:

1. Genau überlegen, ob ein Update überhaupt sinnvoll ist.

2. Überprüfen des Flash- oder des EEPROM-Typs auf dem Mainboard.

3. Handbuch dahingehend zu Rate ziehen, welche Typen zum Einsatz kommen können.

4. Neue BIOS-Version und eventuell Flash-Writer, am besten aus dem Internet, besorgen.

5. Eventuell Jumper für die richtige Programmierspannung (5 V oder 12 V) setzen.

6. Kontrollieren, ob das Mainboard/BIOS einen *Recovery Mode* beherrscht, was eine gewisse Sicherheit bei nachfolgenden Problemen während der Programmierung bietet.

7. Boot-Diskette mit allen benötigten Dateien anfertigen.

8. Im BIOS-Setup die Bootreihenfolge auf A:, C: ändern.

9. Eventuell (wenn vorhanden) den Jumper auf dem Mainboard in die Stellung *Enable Programming* setzen.

10. PC von Diskette starten und das Flash-Writer-Programm aufrufen.

11. Nur fortfahren, wenn sowohl der auf dem PC befindliche BIOS-Baustein als auch die BIOS-Version richtig erkannt werden.

12. Den aktuellen BIOS-Inhalt in eine Datei sichern.

13. Starten der Neuprogrammierung, wobei möglicherweise die *Advanced Features* (Update BIOS Including Boot Block) aktiviert werden müssen.

14. Beenden des Flash-Writer-Programms und PC-Kaltstart ausführen.

15. BIOS-Setup aufrufen und *Load Setup Defaults* aktivieren.

16. Jumper (wenn vorhanden) wieder in die Normalstellung zurücksetzen.

17. PC neu starten und die (optimierten) Einstellungen im BIOS-Setup vornehmen.

6.5 Das Interrupt-System

Bereits im vorigen Kapitel wurde kurz die Verwendung von Interrupts für das BIOS aufgezeigt. An dieser Stelle soll genauer auf das Interrupt-System eines PC eingegangen werden.

6.5.1 Die grundsätzliche Funktionsweise

Ein Computer hat zahlreiche Aufgaben zu erledigen, die er teilweise scheinbar gleichzeitig bewältigt. Eine wichtige Rolle spielen dabei die Interrupt-Verarbeitung und der direkte Speicherzugriff (DMA).

Wenn es keine Interrupt-Verarbeitung gäbe, müsste der Prozessor immer in einer Schleife arbeiten. Er würde beispielsweise entweder feststellen, ob eine Taste gedrückt ist oder eine Schnittstelle etwas sendet oder ob der Monitor etwas anzeigen solle. Dieses Arbeiten wäre sehr ineffektiv, da der Prozessor die meiste Zeit nur »nachschauen« und die eigentlichen Aktionen vielleicht gerade dann ausführen würde, wenn bereits eine andere Aktion an der Reihe wäre.

Bei der Interrupt-Verarbeitung hingegen wird der Prozessor in seiner momentanen Arbeit unterbrochen (interrupted). Dies könnte gerade beim Darstellen einiger Zeichen auf dem Bildschirm geschehen, damit er stattdessen beispielsweise ein Zeichen von der Tastatur einliest.

Beim Betätigen einer Taste wird ein Interrupt ausgelöst, der den Prozessor veranlasst, den Tastencode einzulesen und eine entsprechende Aktion auszuführen. Nach Erledigung dieser Aktion wird das Programm an der Stelle fortgesetzt, wo es zuvor unterbrochen wurde. Damit der Prozessor weiß, mit welcher Arbeit er vor dem Auftreten des Interrupts beschäftigt war, werden der logische Zustand des Prozessors und die Inhalte der Register zuvor automatisch abgespeichert. Sie werden auf dem Stapelspeicher (Stack) gelegt und später wieder eingelesen.

Man kann sich die Interrupt-Verarbeitung auch als eine asynchrone Unterprogrammverarbeitung vorstellen. Asynchron deshalb, weil eine Interrupt-Anforderung theoretisch zu jeder beliebigen Zeit auftreten kann.

Es existieren in einem PC prinzipiell zwei verschiedene Arten von Interrupts: zum einen die Hardware-Interrupts und zum anderen die Software-Interrupts. Letztere sind für bestimmte Funktionen (BIOS-, DOS-Interrupts) zuständig, während die Hardware-Interrupts für bestimmte Hardware-Komponenten vorgesehen sind.

Den Software-Interrupts sind demnach keine Systemkomponenten zugeordnet, sondern festgelegte Funktionen. So wird etwa durch die Betätigung von [Strg]+[Unter] ([Ctrl]+[Break]) auf der Tastatur der Interrupt »23h« ausgelöst, was zu einem Abbruch einer Programmbearbeitung führt.

Gleichwohl werden die Hardware-Interrupts ebenfalls über Software-Interrupts abgebildet, die jedoch im Folgenden keine weitere Rolle spielen sollen.

6.5.2 Die Interrupt-Kanäle

In einem heute üblichen PC existieren insgesamt 16 Hardware-Interrupt-Kanäle, demgegenüber besitzt der ursprüngliche PC (mit 8088/8086-CPU) lediglich derer acht. Aus diesem traditionellen Grund gibt es in einem PC zwei Interrupt-Controller, denn mit dem AT (ab 286-CPU) ist ein zweiter Baustein für weitere acht Kanäle eingeführt worden, wobei der eine den *Master-Controller* und der andere (der neue) den *Slave-Controller* darstellt.

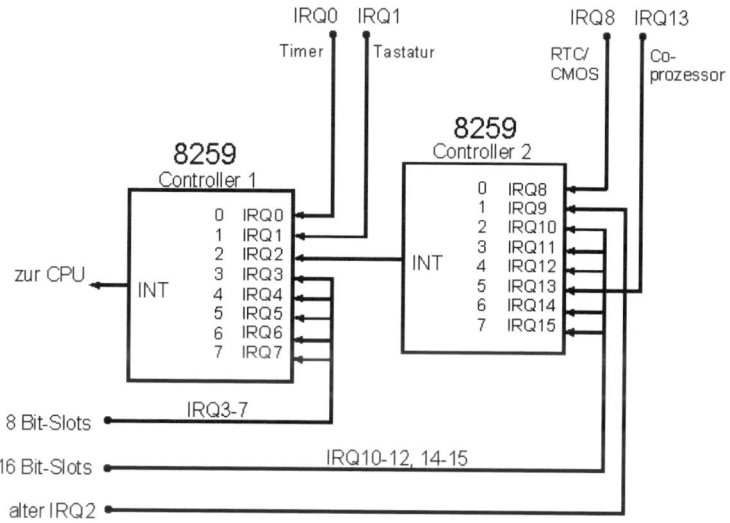

Bild 6.36: *Die prinzipielle Schaltung der beiden Interrupt-Controller, die sich bei heutigen Mainboards innerhalb des Chipsatzes befinden, jedoch die gleiche Funktionalität wie hier gezeigt haben*

Mit Hilfe des Interruptkanals 2 spricht der zweite Controller (Slave) den ersten Controller (Master) an. Der ursprüngliche Interrupt 2 wird auf den Interrupt 9 des Slaves umgeleitet. An der ursprünglichen Prioritätenreihenfolge hat sich dadurch nichts geändert, da die neuen Interrupts vor den »alten« Interrupt 3 platziert werden, wie es auch in der folgenden Tabelle gezeigt wird.

Als einzelne Bausteine sind die beiden Interrupt-Controller schon seit ungefähr zehn Jahren nicht mehr in PCs zu finden. Ihre Aufgabe wird von einem Schaltungsteil (z.B. ISA-Bridge) des Chipsatzes ausgeführt, damit sich aber alles als kompatibel darstellt, wird die alte Konstruktion einfach nachgebildet.

IRQ-Kanal	IRQ-Vektor	Verwendung
0	08h	Timer (Mainboard)
1	09h	Tastatur (Mainboard)
2	0Ah	Kaskadierung für den zweiten Controller (meist nicht verwendbar)
8	70h	Echtzeituhr (Mainboard)
9	71h	frei oder SCSI-Controller (PCI-Mainboard)
10	72h	frei
11	73h	frei
12	74h	frei oder Maus-Port (PS/2)
13	75h	frei oder mathematischer Coprozessor
14	76h	erster Festplattencontroller (E)IDE
15	77h	frei oder zweiter Festplattencontroller EIDE
3	0Bh	COM2 (zweite serielle Schnittstelle)
4	0Ch	COM1 (erste serielle Schnittstelle)
5	0Dh	LPT2 (zweite Druckerschnittstelle)
6	0Eh	Controller für die Diskettenlaufwerke
7	0Fh	LPT1 (erste Druckerschnittstelle)

Tabelle 6.11: Die Interrupt-Kanäle in einem PC

Die Ausführung einer Interrupt-Verarbeitung wird durch eine ansteigende Signalflanke an einem der IRQ-Anschlüsse (**I**nterrupt-**Re**Quest Interrupt-Anforderung) eingeleitet. Wenn einer dieser Interrupts durch einen Baustein angefordert wird, verzweigt das Programm zu der entsprechenden Interrupt-Vektor-Adresse im RAM (00000h-003FFh), wo es die Adresse für die dazugehörige Interrupt-Routine findet, die daraufhin ausgeführt wird.

Da die Art der Flankentriggerung (Edge-Triggering) jedoch nicht unkritisch ist, denn Störimpulse können durchaus zur fälschlichen Auslösung einer Interruptanforderung führen, hat man bereits mit EISA- und MCA-PCs (PS/2-PCs von IBM) ein Level-Triggering für die Interrupts eingeführt. *Level-Triggering* wird daher auch für PCI-Einheiten verwendet, denn erst wenn ein bestimmter Signalpegel (TTL-High) an einem IRQ-Anschluss erreicht worden ist, wird dies als Interrupt-Anforderung interpretiert.

Im BIOS-Setup, beispielsweise unter *PCI Configuration Setup*, ist gegebenenfalls die Möglichkeit vorgesehen, zwischen Level- und Edge-Trigger-Methode umzuschalten. Üblicherweise verwenden die (alten) ISA-Karten *Edge* und die PCI- und auch ISA-Plug&Play-Karten *Level* als »Interrupt-Auslöser«. Die letztere Methode stellt sich in der Praxis als unproblematischer dar, allerdings kommen möglicherweise alte ISA-Karten damit nicht zurecht, so dass nur diese Karten mit *Edge-Triggering* betrieben werden.

Nur alte ISA-Karten – mit Jumpern – verwenden Edge-Triggering und für alle neueren sollte im BIOS-Setup daher Level-Triggering festgelegt werden.

Die Interrupt-Kanäle 0, 1, 2 und 8 liegen fest und werden von der Mainboard-Elektronik belegt, während die anderen – je nach Ausstattung des PC – unterschiedlich verwendet werden können. In der obigen Tabelle ist zu sehen, wie diese Zuordnung üblicherweise aussieht. Die Verarbeitung von Interrupt-Anforderungen – es können zeitgleich auch mehrere auftreten – erfolgt nach einer festgelegten Priorität, wobei der Timer auf dem Mainboard die höchste innehat und die erste Druckerschnittstelle die niedrigste.

Eine noch höhere Priorität als der Timer hat der so genannte NMI (**N**on **M**askable Interrupt), der aber nicht wie die anderen in irgendeiner Weise beeinflusst werden, d.h. nicht maskiert, also per Programmierung unterdrückt werden kann. Kritische Systemfehler wie eine nicht korrekte Parität im RAM-Speicher führen beispielsweise zur Auslösung des NMIs, wodurch der PC zum Stillstand gekommen ist (Systemabsturz).

Bei einigen PCs sind die Stromsparfunktionen (Green PC) noch über dem NMI oder auch direkt darunter angesiedelt, was von den Herstellern jedoch unterschiedlich gehandhabt wird. Auch hierauf hat der Anwender, wenn man vom BIOS-Setup einmal absieht, bei dem die unterschiedlichsten *Green Functions* konfiguriert oder auch komplett abgeschaltet werden können, keinen Einfluss.

Die Zuweisung der Interrupt-Kanäle zu den einzelnen Hardwarekomponenten (Controller-, Schnittstellenkarten) erfolgt vielfach über Jumper oder DIP-Schalter auf den jeweiligen Einsteckkarten, wenn es sich um Standard-ISA-Einsteckkarten handelt. ISA-Plug&Play-Karten bekommen vom Plug&Play-BIOS und/oder Windows 9x automatisch einen Interrupt-Kanal (oder auch mehrere, je nach Typ) zugewiesen. Entsprechendes gilt auch für PCI-Devices, wobei es hier noch eine Besonderheit zu beachten gilt, wie es im folgenden Kapitel näher erläutert wird.

Jeder Interrupt-Kanal darf in der Regel immer nur einer Einheit zugewiesen werden. In der Praxis passiert es jedoch oftmals, dass beispielsweise der IRQ7, der standardmäßig für die erste Druckerschnittstelle vorgesehen ist, auch als (Vor-) Einstellung für eine Soundblasterkarte verwendet wird. Probleme sind im Prinzip nur dann zu erwarten, wenn versucht wird, während der Soundausgabe zu drucken.

Sicherheitshalber sollte man von solchen Interrupt-Konstellationen jedoch Abstand nehmen, was insbesondere für Windows 9x gilt (Multitasking). Windows 9x würde während der manuellen Kartenkonfigurierung zwar einen Konflikt melden, doch auf welchen Kanal die Soundblasterkarte tatsächlich »gejumpert« ist, wird es nicht feststellen können.

6.5.3 PCI-Interrupts

Bei PCI-PCs (Peripheral Component Interconnect, siehe auch Kapitel *Bussysteme*) sind die Verwendung und die Einstellung der Interrupts eine etwas undurchsichtige Sache. PCI definiert zwar vier neue Interrupts, doch wie sie für Komponenten auf dem Mainboard oder einer PCI-Einsteckkarte einzustellen sind, wird von den Mainboard-Herstellern unterschiedlich realisiert, so dass auf diese Interrupts hier noch gesondert eingegangen wird.

Die zuvor erläuterten Interrupts können sowohl für die ISA- als auch für die PCI-Karten verwendet werden. Zur Unterscheidung, ob der jeweilige Interrupt für ISA- oder PCI-Einsteckkarten eingesetzt wird, bezeichnet man ISA-Interrupts mit IRQ und PCI-Interrupts im Gegensatz hierzu mit INT.

Auf den meisten PCI-Mainboards können die Interrupts Nr. 5, 9, 11, 14 und 15 jeweils einer Systemkomponente (Einsteckkarte, On-Board-Controller) zugewiesen werden. Befindet sich auf dem Mainboard bereits ein SCSI-Controller, ist diesem oftmals der Interrupt 9, der auf einem normalen ISA-Mainboard nicht zugänglich ist, fest zugeordnet.

Jedem PCI-Slot und jeder PCI-Einsteckkarte kann nun einer von vier INTs (INTA, INTB, INTC, INTD) per Jumper auf dem Board und der Einsteckkarte zugeordnet werden. Der jeweilige INT muss sowohl auf dem Mainboard als auch auf der Einsteckkarte identisch sein! Dabei reicht es oftmals nicht aus, nur Jumper zu stecken, sondern im BIOS-Setup muss dies ebenfalls angegeben werden.

Welcher INT nun letztendlich welchem IRQ entsprechen kann, ist vom Design des Mainboards her vorgegeben, so dass beliebige Kombinationen nicht möglich sind. Eine übliche Zuordnung, wie sie beim PCI/I-486P3-Board der Firma Asus realisiert worden ist, zeigt die folgende Tabelle:

Slot	INT	IRQ
PCI-Slot 1	INTA	5 oder 14
PCI-Slot 2	INTB	11 oder 14
PCI-Slot 3	INTC	15
PCI-SCSI	INTD	9

Tabelle 6.12: Eine beispielhafte Interrupt-Zuordnung bei einem PCI-Mainboard

Wenn sich in einem PCI-Slot keine Einsteckkarte befindet, muss diesem auch kein Interrupt zugeordnet werden. Wie man sich die Zuordnung an einem Beispiel vorstellen kann, ist im folgenden Bild gezeigt.

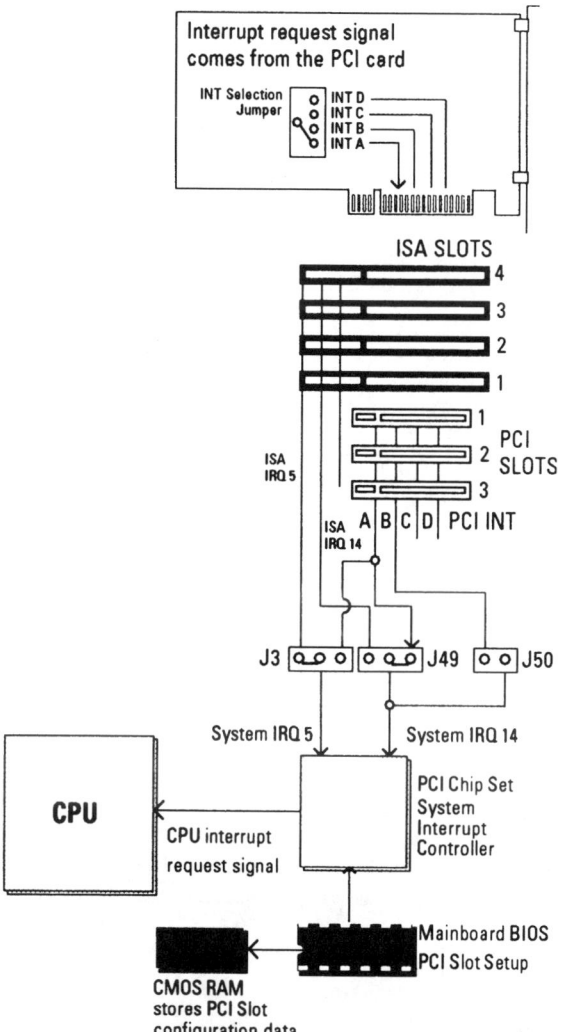

Bild 6.37: Die Zuordnung der PCI-Interrupts (INT) zu den IRQs. Hier ist der IRQ5 mit dem Jumper J3 den ISA-Slots zugeordnet. Auf der PCI-Karte ist der INTA aktiviert, und sie wird in den PCI-Slot Nr. 1 eingesetzt. Sie verwendet daher INTA, der wiederum per Jumper J49 dem IRQ14 zugeordnet wird. Im BIOS-Setup ist der IRQ14 ebenfalls INTA zuzuordnen

Diese doch etwas verwirrende Art der Interrupt-Konfiguration bei PCI-PCs hat sich im Laufe der Zeit jedoch glücklicherweise vereinfacht und gilt daher nur noch für wenige neuere und generell für ältere PCI-Mainboards. Die Vereinfachung besteht darin, dass alle PCI-Karten grundsätzlich nur den INTA verwenden, dass heißt, alle PCI-Slots sind mit INTA verbunden, und auf welchen IRQ sie jeweils »geroutet« werden, ist allein im BIOS-Setup festzulegen. Dass sich mehrere PCI-Devices einen INT teilen können (shared Interrupt), ist aber nur durch das Level-Triggering (siehe voriges Kapitel) möglich, mit Edge-Triggering funktioniert dies nicht.

Prinzipiell können mehrere PCI-Devices einen Interrupt-Kanal gemeinsam verwenden. In der Praxis scheitert dies oftmals aber daran, dass die jeweiligen Gerätetreiber dieses Feature nicht unterstützen.

Jumper auf dem PCI-Mainboard und auf den PCI-Einsteckkarten sind aufgrund dieser Vereinfachung nicht mehr zu stecken, was im Grunde genommen ja auch kaum als Plug&Play-konform gelten kann. Allerdings kann es durchaus passieren, dass auf dem Mainboard oder einer Einsteckkarte optional die Veränderung des INT-Kanals per Jumper vorgesehen ist.

Aus diesem Grund sollte man stets daran denken, dass die jeweilige PCI-Karte und der dazugehörige Slot auf dem Mainboard den gleichen INT-Kanal (A, B, C oder D) verwenden müssen und dass die PCI-Interrupts letztendlich immer über irgendeinen IRQ abgewickelt werden und die in der Tabelle 6.12 angegebene Interrupt-Zuordnung daher noch um diejenige für die PCI-Devices zu ergänzen wäre.

Außerdem lassen sich keine beliebigen Kombinationen herstellen, denn durch die Kombination von Mainboard-Typ, PCI-Karte und BIOS-Setup ergeben sich Einschränkungen. Es kann durchaus passieren, dass eine PCI-Karte auch nur in einem bestimmten PCI-Slot funktioniert, was insbesondere auf ältere PCI-Mainboards zutrifft. Bei diesen ist einerseits eine starre (nicht veränderbare) INT-Zuordnung zu den Slots vorgegeben und anderseits ist nicht jeder Slot masterfähig, sondern womöglich nur ein einziger. Eine masterfähige PCI-Karte kann statt der CPU des PC Datentransfers durchführen, wobei die häufigsten Vertreter SCSI-Hostadapter sind, wie etwa der Typ AHA-2940 der Firma Adaptec.

```
                ROM PCI/ISA BIOS (P/I-SP3G)
                     CMOS SETUP UTILITY
                   PCI CONFIGURATION SETUP


  Slot 1 (RIGHT)                  Note :
     Latency Timer : 80 PCI Clock All of PCI adapters should use INTA.
     Using IRQ     : 10           BIOS will route each INTA# to
     Trigger Method: Level (Auto) corresponding IRQ automaticalley.

  Slot 2 (MIDDLE)
     Latency Timer : 80 PCI Clock
     Using IRQ     : 11
     Trigger Method: Level (Auto)

  Slot 3 (LEFT)
     Latency Timer : 80 PCI Clock
     Using IRQ     : 15
     Trigger Method: Level (Auto)

  NCR Latency Timer: 80 PCI Clock  ESC: Quit        ↓→↑←:Select Item
  NCR Using IRQ    : 9             F1 : Help        PU/PD/+/-:Modify
                                   F5 : Old Values (Shift)F2 :Color
                                   F7 : Load Setup Defaults
```

Bild 6.38: Im PCI Configuration Setup lassen sich neben der Interrupt-Zuordnung auch PCI-spezifische Dinge festlegen

Wenn bei einer (unwilligen) PCI-Einsteckkarte nicht unmittelbar ersichtlich ist, ob sie tatsächlich den INTA und keinen anderen verwendet, kann man dies selbst durch die Überprüfung der angeschlossenen PCI-Signalleitungen auf der Platine feststellen, die im PCI-Kapitel im Einzelnen beschrieben sind. Ausführlichere Informationen zu Plug&Play und dem hierfür notwendigen BIOS-Setup sind außerdem im Kapitel *Der Setup des PC* angegeben.

6.5.4 Der Interrupt-Controller 8259A

Der Original-Interrupt-Controller 8259A (Intel, AMD, Harris) kann mit verschiedenen Prozessoren zusammenarbeiten und stellt hierfür mehrere Betriebsarten zur Verfügung. Er funktioniert nicht nur mit den üblichen PC-Prozessoren, sondern auch mit den Typen 8080/8085 und besitzt daher einige zusätzliche Funktionen. Diese Prozessoren sind technologisch gesehen die 8-Bit-Vorläufer der PC-Prozessoren und werden in IBM-(kompatiblen) PCs nicht eingesetzt. Allerdings wird der 8080 interessanterweise in der Marssonde *Pathfinder* verwendet. Ob der 8259 dabei ebenfalls zum Einsatz kommt, ist nicht bekannt (es ist aber sehr wahrscheinlich).

Gleichwohl ist er als einzelner Baustein in unzähligen Controllerschaltungen und auch auf einigen PC-Einsteckkarten (ISDN, Modem) und natürlich auch auf den alten Mainboards zu finden. Wie bereits erwähnt, ist die 8259-Funktionalität auf den Mainboards mittlerweile mit anderen Funktionen (DMA-Controller, Timer) kombiniert worden und somit Bestandteil des jeweiligen Chipsatzes.

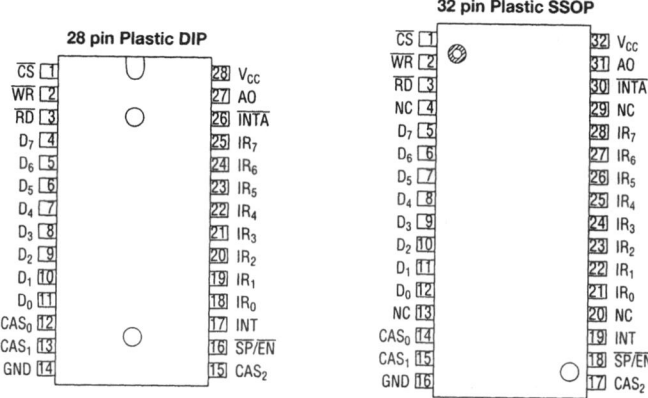

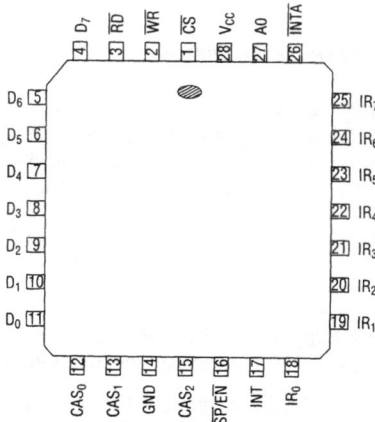

Bild 6.39: Die verschiedenen Gehäuse und Anschlussbelegungen des Interrupt-Controllers 8259A

Die Interrupt-Anforderung einer Einheit (IR0-IRQ7, Bild 6.20) wird im *Interrupt-Request-Register* gespeichert und mit dem Byte im *Interrupt-Mask-Register* verglichen. Wenn der aufgetretene Interrupt im *Interrupt-Mask-Register* nicht durch ein High gesperrt ist, wird mit dem *Priority Resolver* festgestellt, ob nicht noch eine weitere Interrupt-Anforderung ansteht. Die Anforderungen werden dann entsprechend ihrer Priorität ausgeführt.

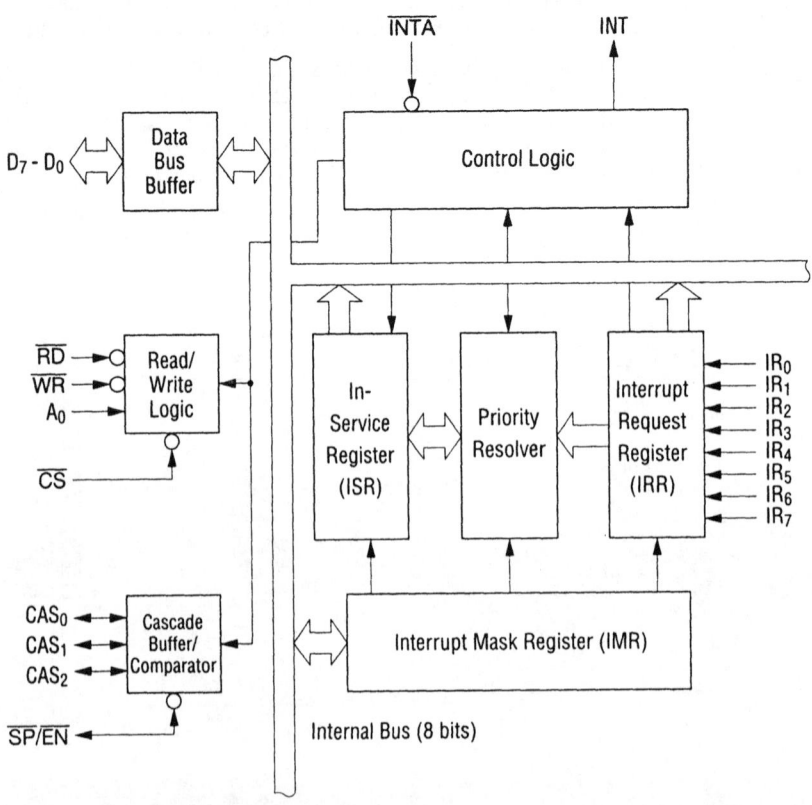

Bild 6.40: Der Interrupt-Controller 8259A bildet die Grundlage jeder PC-Interrupt-Schaltung

Wenn ein Interrupt zur Ausführung freigegeben ist, wird dies über die INT-Leitung dem Prozessor mitgeteilt, der dann wiederum auf den /INTA-Eingang des Controllers als Bestätigung für den Empfang einer Anforderung zwei Impulse gibt. (Achtung: INT hat hier nichts mit den PCI-Interrupts zu tun).

Durch den ersten Impuls wird der Controller veranlasst, den Zustand des Interrupt-Request-Registers festzuhalten, wodurch dann noch auftretende Interrupts nicht mehr verarbeitet werden. Der aktuelle Interrupt wird im Interrupt-Service-Register gespeichert. Mit dem zweiten Impuls wird dem Prozessor der zu diesem Interrupt gehörende Vektor mitgeteilt. Mit Hilfe der Interrupt-Vektor-Tabelle im System-RAM wird dann die Adresse der entsprechenden Routine ermittelt und ausgeführt.

Der Interrupt-Controller im PC benötigt für die Kommunikation mit der CPU die I/O-Adressen 20Hh und 21Hh. Die Umschaltung der Register erfolgt durch die Adressleitung »A0«.

Aktiviert ist der 8259A, wenn am /CS-Eingang ein Low-Signal ansteht. Dieses Signal wird üblicherweise aus einer Adressendekodierungsschaltung (20-21h) gewonnen. Die Register werden gelesen oder geschrieben, wenn die /RD- bzw. die /WR-Leitung aktiv (Low) ist.

Die Anschlüsse CAS0-CAS2 dienen der Kommunikation mit einem zweiten Interrupt-Controller, wie es bei PCs üblich ist und zuvor erläutert wurde.

Die Leitung /SP/EN dient im »Buffered-Mode« der Weitergabe der Vektornummer an die Datentreiber. Im PC wird über dieses Signal bestimmt, ob der Master- oder der Slave-Controller des Systems jeweils der aktuelle ist.

Zur Initialisierung des Bausteins werden von der CPU verschiedene Bytes gesendet. Diese Bitkombinationen werden als Initialisierungswörter (ICWs, Initialization **C**ommand **W**ords) bezeichnet. Es existieren außerdem Steuerwörter, mit denen man die Programmierung des Controllers während des Betriebs ändern kann. Sie werden als OCWs (**O**peration **C**ontrol **W**ords) bezeichnet.

6.5.5 Interrupt-Programmierung

Aufgrund der vielfältigen Möglichkeiten, die der Interrupt-Controller prinzipiell bietet, soll im Folgenden die Verwendung des 8259A-Controllers in einem PC unter dem (einfachen) 8088/8086-Mode verdeutlicht werden.

Als erstes werden 3 Byte zur Initialisierung gesendet, ICW1, ICW2 und ICW4. ICW3 wird nur dann benötigt, wenn mit einer Kaskadierung eines zweiten Interrupt-Controllers gearbeitet wird. Beim Beschreiben der einzelnen Register ist eine bestimmte Reihenfolge einzuhalten, wie es im folgenden Listing auch gezeigt wird. Nur die Einhaltung der definierten Reihenfolge stellt sicher, dass die verschiedenen ICWs und OCWs auch als solche von Controller korrekt interpretiert werden können, denn es werden nur zwei I/O-Adressen (20-21h) zur Kommunikation verwendet. ICW2, ICW3, ICW4 und OCW1 werden beispielsweise alle über die Adresse 21h angesprochen.

ICW1 (I/O-Adresse: 20H):

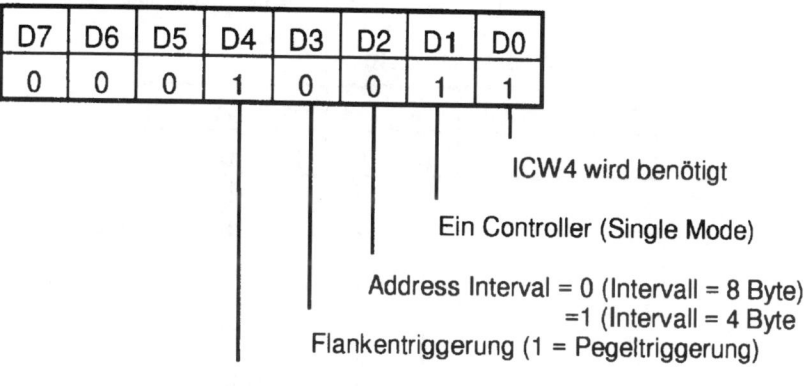

D7	D6	D5	D4	D3	D2	D1	D0
0	0	0	1	0	0	1	1

ICW4 wird benötigt

Ein Controller (Single Mode)

Address Interval = 0 (Intervall = 8 Byte)
=1 (Intervall = 4 Byte)
Flankentriggerung (1 = Pegeltriggerung)

immer »1«

Die Bits D5-D7 sind nur für den 8080/8085 Mode gültig.

ICW2 (I/O-Adresse: 21H):

D7	D6	D5	D4	D3	D2	D1	D0
0	0	0	0	1	0	0	0

im 8088/8086-Mode = 0

Interrupt-Vektor-Adresse für IRQ0

Durch die Angabe D3=1 wird die Interrupt-Vektor-Adresse 08H für den Interrupt »0« festgelegt. Die Adressen für die folgenden Interrupts sind damit automatisch fixiert und entsprechen der PC-typischen Anordnung.

ICW3 (I/O-Adresse: 21H):

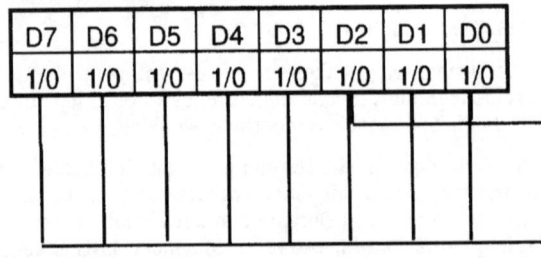

D7	D6	D5	D4	D3	D2	D1	D0
1/0	1/0	1/0	1/0	1/0	1/0	1/0	1/0

Für Slave:
Kanal des Masters
(z.B. 010 = IRQ2)

Für Master:
Kanal des Slaves
(z.B. 0000 0010 = IRQ2)

ICW3 wird ausschließlich für eine Master/Slave-Konfiguration benötigt und dann zweimal verwendet. Ein gesetztes Bit (D0-D7) legt für den Master-Controller fest, dass an diesem IRQ ein Slave-Controller angeschlossen ist. Die Bits D0-D2 bestimmen beim Slave-Controller den Kanal (IRQ 0-7), der beim Master belegt wird, wobei die oberen Bits (D3-D7) dabei keine Bedeutung haben.

ICW4 (I/O-Adresse: 21H):

D7	D6	D5	D4	D3	D2	D1	D0
0	0	0	0	0	X	0	1

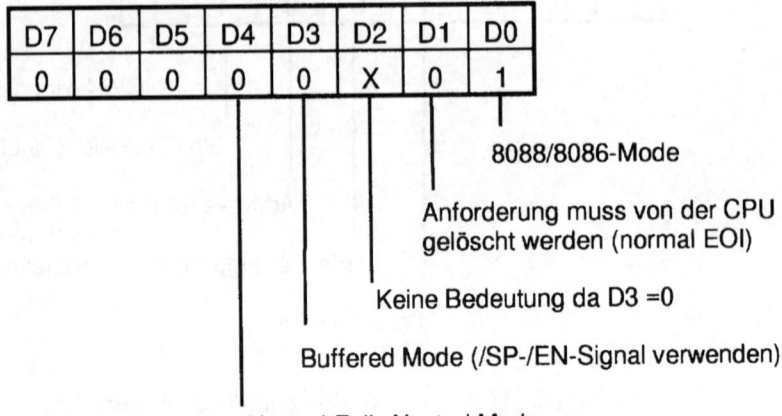

8088/8086-Mode

Anforderung muss von der CPU
gelöscht werden (normal EOI)

Keine Bedeutung da D3 =0

Buffered Mode (/SP-/EN-Signal verwenden)

Normal Fully Nested Mode

Die Bits D5-D7 werden bei ICW4 immer auf Low gesetzt.

Die Interrupt-Maske des Interrupt-Mask-Registers wird durch das OCW1 (Operation Control Word 1) gesetzt. Eine »1« sperrt den entsprechenden Interrupt.

OCW1 (I/O-Adresse: 21H):

D7	D6	D5	D4	D3	D2	D1	D0
IRQ7	IRQ6	IRQ5	IRQ4	IRQ3	IRQ2	IRQ1	IRQ0

Durch ein gesetztes Bit wird der entsprechende IRQ zugelassen, beispielsweise mit OCW1=DBH der IRQ5 und auch der IRQ2. Wenn ein Interrupt aufgetreten ist, wird so lange kein neuer verarbeitet, bis die vorige Anforderung gelöscht wird. Dazu muss der Controller eine »End Off Interrupt«- (EOI-)Nachricht vom Prozessor empfangen, was durch OCW2 geschieht.

OCW2 (I/O-Adresse: 20H):

D7	D6	D5	D4	D3	D2	D1	D0
0	0	1	0	0	0	0	0

Durch OCW2=20H wird der EOI-Befehl zum Interrupt-Controller gesendet.

Ein Programm, der die obigen Befehle ausführt, also den Controller in den 8088/8086-Mode versetzt, die Interrupts IRQ2 und IRQ5 zulässt und den EOI-Befehl sendet, kann dann in Assembler, wie im folgenden Listing angegeben, aussehen:

Programmlisting: Interrupt-Initialisierung in Assembler

```
MOV AL,13H      ;ICW1
OUT 20H,AL      ;in Port 20H
MOV AL,8        ;ICW2
OUT 21H,AL      ;in Port 21H
MOV AL,9        ;ICW4
OUT 21H,AL      ;in Port 21H
MOV AL,0DBH     ;OCW1=DBH
OUT 21H,al      ;in Port 21H
STI             ;setze Interrupts
MOV AL,20h      ;EOI senden
OUT 20H,AL      ;in Port 20H
```

Diese Routine ist in dieser oder ähnlicher Form in jedem PC implementiert.

Ein Beispiel für die Interrupt-Anforderung einer Peripherie ist im Folgenden in Turbo Pascal angegeben. Wenn an den Anschluss IRQ3 (B25) ein High (ansteigende Flanke) angelegt wird, wird ein Interrupt ausgelöst, und auf dem Bildschirm erscheint INTERRUPT ANFORDERUNG. Andernfalls wird so lange »O.K.« ausgegeben, bis eine Taste betätigt wird. Dann muss sich der IRQ-Anschluss auf Low-Potential befinden, denn ein offener Eingang wirkt wie ein High.

Programmlisting Interrupt-Anforderung in Turbo Pascal:

```
PROGRAM INT_TEST;

USES CRT, DOS;


{—— INTERRUPT-SERVICE-ROUTINE ————}
PROCEDURE INT_ROUTINE;INTERRUPT;

BEGIN

    WRITELN('INTERRUPT ANFORDERUNG');
    Port[$20]:=$20;           { OCW2, END OF INTERRUPT }
END;

{———— PROGRAMM ————}

BEGIN

  SETINTVEC($0B, @INT_ROUTINE);

                          { INTERRUPT VEKTOR, INTERRUPT 3 }

PORT[$21]:=PORT[$21] AND $F7; { OCW1: IRQ3 freigeben }

  WHILE (NOT(KEYPRESSED)) DO
  BEGIN

   WRITELN ('O.K.'); { AUSGABE, WENN KEIN INTERRUPT }
  END;

  PORT[$21]:=PORT[$21] OR 8;    { OCW1: IRQ3 sperren }

END.
```

Dieser Interrupt (3) wird ebenfalls von der zweiten seriellen Schnittstelle standardmäßig benutzt. Wenn stattdessen der Interrupt 2 verwendet werden soll, lauten die Einstellungen:

```
SETINTVEC($0A, @INT_ROUTINE); { INTERRUPT 2 }
PORT[$21]:=PORT[$21] AND $FB; { OCW1: IRQ2 freigeben }
Port[$21]:=Port[$21] OR 4;    { OCW1: IRQ2 sperren }
```

6.6 Direkter Speicherzugriff (DMA)

In einem PC ist ein spezieller Baustein für den Datentransfer zwischen Speicher (DRAM) und Peripherie vorhanden. Dieser Baustein versetzt den PC in die Lage, Daten mit *relativ* hohen Geschwindigkeiten zu übertragen. Diese Betriebsart nennt man **D**irect **M**emory **A**ccess (DMA), direkten Speicherzugriff.

Nicht mehr der Prozessor hat in dieser Betriebsart den Zugriff auf die Daten-, Adress- und Steuerleitungen (den Systembus), sondern der DMA-Controller. In einem Original-IBM-PC ist ein Intel-8237-Baustein vorhanden, der vier DMA-Kanäle zur Verfügung stellt. Ab einem AT sind zwei dieser Bausteine auf dem Mainboard enthalten und somit acht Kanäle vorhanden, was auch dem aktuellen Standard entspricht.

Der erste DMA-Controller wird wie bei den Interrupt-Controllern als *Master,* der zweite als *Slave* bezeichnet, und beide werden entsprechend verschaltet. In der DMA-Betriebsart können 64- oder auch 128-Kbyte-große Datenblöcke direkt in den Speicher des PC transferiert werden. Die Geschwindigkeit der Datenübertragung ist dabei ungefähr sechsmal höher als bei der Übertragung mit Hilfe der CPU des PC.

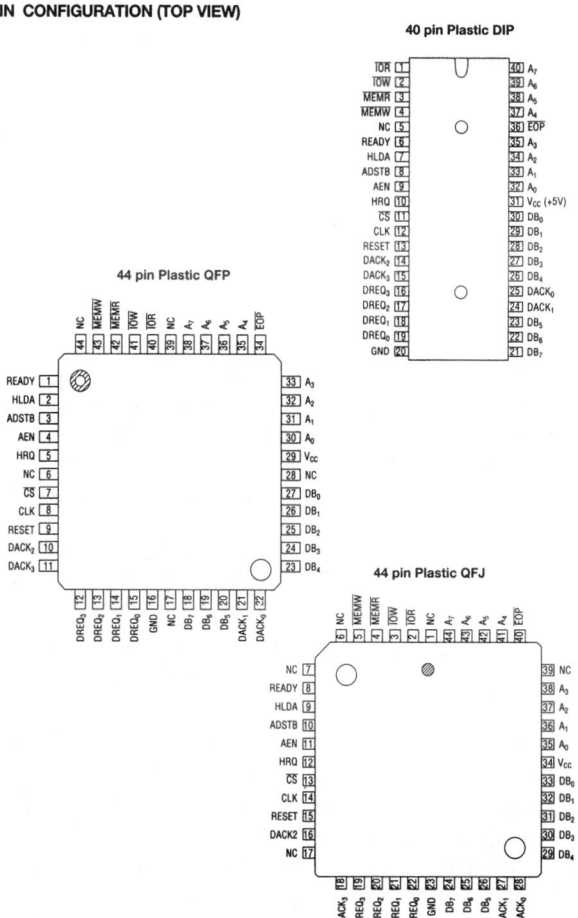

Bild 6.41: Die verschiedenen Gehäuseformen und Anschlussbelegungen des DMA-Controllers 8237A

Dieser Geschwindigkeitszuwachs durch die DMA-Übertragung ergibt sich allerdings nur bei den älteren PC-Modellen, denn bereits 486-CPUs können im Polling-Mode höhere Geschwindigkeiten zur Verfügung stellen. Im Polling-Mode, wie er beispielsweise standardmäßig für IDE-Festplatten (die PIO-Modes) durchgeführt wird, ist demgegenüber die CPU allein für die Datenübertragung zuständig.

Aus diesem Grunde ist der Vorteil der DMA-Betriebsart vom heutigen Standpunkt aus gesehen eher kein Zuwachs an Geschwindigkeit, sondern die »ungestörte« Übertragung von definierten Datenblöcken (64 oder 128 Kbyte bei ISA), die nicht durch andere Aktionen unterbrochen werden kann. Die CPU kann sich außerdem während einer laufenden DMA-Übertragung anderen Aufgaben widmen.

Die SCSI-Hostadapter der Firma Adaptec praktizieren die DMA-Übertragung praktisch von Anbeginn (AHA-1542, ISA-Karte) der PC-Technik, verwenden den auf dem Mainboard befindlichen DMA-Controller jedoch nur zur Initiierung des Transfers, während die Datenübertragung ein eigener DMA-Controller auf der Adapterkarte übernimmt. Dieses Verfahren nennt man üblicherweise *Busmaster-DMA*, und es ist leistungsfähiger als die vom PC mit Hilfe des DMA-Controllers realisierbare DMA-Übertragung.

ISDN-, Netzwerk- und insbesondere Soundkarten verwenden (mindestens) einen DMA-Kanal des auf dem Mainboard befindlichen DMA-Controllers, der mittlerweile wie der Interrupt-Controller Bestandteil des Chipsatzes auf dem Mainboard ist.

6.6.1 Die DMA-Kanäle

Für jeden DMA-Kanal werden im Gegensatz zur Interrupt-Verarbeitung zwei Signalleitungen verwendet, die am PC- und ISA-Slot (siehe Kapitel 10) als DRQx und DACKx (x steht für den jeweiligen DMA-Kanal) zur Verfügung stehen. DRQ steht dabei für **DMA ReQ**uest, also die Anforderung einer DMA-Übertragung durch eine Peripherieeinheit, die als Bestätigung für die Bereitschaft zur Durchführung einer Übertragung auf dem spezifizierten Kanal das korrespondierende DACK-Signal (**DMA-ACK**nowledge) aktiviert.

Meistens sind in einem traditionellen PC (er besitzt nur vier DMA-Kanäle) bis auf den Kanal »1« bereits alle Kanäle belegt. Der Kanal »1« dient eventuell aber der Kommunikation mit einer Synchronous-Data-Link-Karte (SDLC), einer speziellen seriellen Schnittstellenkarte der Firma IBM.

Der DMA-Kanal »0« wird für das Auffrischen der dynamischen Speicherbausteine (DRAM) verwendet. Der Zählerbaustein (8253) des Systems erzeugt alle 72 Taktzyklen (15µS beim PC) einen Impuls, der über ein Daten-Flip-Flop die DRQ0-Leitung des 8237-Controllers anspricht. Das Flip-Flop wird mit der DACK0-Leitung des DMA-Controllers wieder gelöscht.

Ab einem 286-PC wird der Refresh für die dynamischen RAMs mit Hilfe des NMIs (Non Maskable Interrupt) oder auch auf andere Weise (im Chipsatz) vorgenommen, so dass hierfür kein DMA-Kanal zur Anwendung kommt.

Für die Datenübertragung vom Speicher zum Diskettenlaufwerk, zur Festplatte oder auch umgekehrt werden die Kanäle 2 und 3 verwendet.

Da den einzelnen DMA-Kanälen, wie bei der Interrupt-Verarbeitung, eine bestimmte Priorität zugeordnet ist, wird zunächst die Anforderung mit der höchsten Priorität verarbeitet. DRQ0 hat die höchste, DRQ7 hat die niedrigste Priorität.

Welcher DMA-Kanal für den Festplattencontroller verwendet wird, ist bei den heute üblichen PCs leider nicht (mehr) eindeutig definiert. In den meisten Fällen wird es jedoch der DMA-Kanal 7 und für den zweiten Kanal eines EIDE-Controllers der Kanal 5 sein. Unter Umständen wird überhaupt kein DMA-Kanal vom Festplattencontroller verwendet, und die Datenübertragung erfolgt in einem PIO-Mode, der im BIOS-Setup des PC festgelegt wird.

DMA-Kanal	I/O-Adresse Page-Register	Verwendung
Master:		
0	87h	Refresh beim 8088/8086-PC oder frei, Kaskadierung für den Slave-Controller
1	83h	frei, evtl. SDLC-Karte beim 8088/8086-PC
2	81h	Controller für die Diskettenlaufwerke
3	82h	Enhanced Parallel Port (IEEE1284), Festplattencontroller beim 8088/8086-PC oder frei
Slave:		
4	8Fh	Kaskadierung für Master-Controller
5	8Bh	EIDE-Controller, zweiter Kanal oder frei
6	89h	frei
7	8Ah	(EIDE-)Festplattencontroller oder frei

Tabelle 6.13: Die übliche Verwendung der DMA-Kanäle in einem PC

Viele ISA-PCs (auch 486-PCs) können die unteren Kanäle (0–3) nur in 8-Bit-Breite nutzen, während die oberen generell in 16-Bit-Breite zu verwenden sind, was einer Blockgröße von 128 Kbyte statt 64 Kbyte entspricht und für eine schnellere Datenübertragung sorgt. Aus diesem Grund sollte für 16-Bit-Einsteckkarten möglichst einer von diesen oberen Kanälen gewählt werden, damit eine schnelle Datenübertragung gewährleistet ist.

Der PCI-Bus kennt keine DMA-Übertragung im eigentlichen Sinne, sondern arbeitet stattdessen mit Burst-Übertragungen, so dass hierfür auch keine speziellen Kanäle zu reservieren sind. Die Vergabe der DMA-Kanäle ist lediglich für die vorhandenen ISA-Karten zu beachten, wobei dies möglicherweise – je nach Mainboard-Typ und BIOS-Version – im BIOS-Setup unter *PNP/PCI Configuration* oder einer ähnlichen Menübezeichnung (siehe Kapitel *Der Setup des PC*) durchzuführen ist.

6.6.2 Der DMA-Controller 8237A

Der erste DMA-Controller (Master) verwendet die I/O-Adressen 000-00FH und der zweite die I/O-Adressen 0C0h-0DEh. Die Bereiche sind üblicherweise von 000h-01Fh und von 0C0h-0DFh festgelegt, da hier keine vollständige Dekodierung der benötigten Adressen erfolgt. Von den DMA-Controllern werden aber immer nur jeweils 16 I/O-Adressen (vergl. *I/O-Adressen in einem ISA-System*) belegt, so dass in diesen »verschenkten« Bereichen bei neueren PCs auch chipsatzspezifische Register zu finden sind, wobei dann eine vollständige Dekodierung realisiert wurde.

Die Anforderung für eine DMA-Übertragung wird durch eine Peripherie eingeleitet, indem diese ein High an die entsprechende DREQ-Leitung legt. Da wie bei der Interrupt-Verarbeitung den einzelnen Kanälen eine bestimmte Priorität zugeordnet ist, wird die Anforderung mit der höchsten Priorität verarbeitet. DRQ0 hat die höchste und DRQ7 hat die niedrigste Priorität.

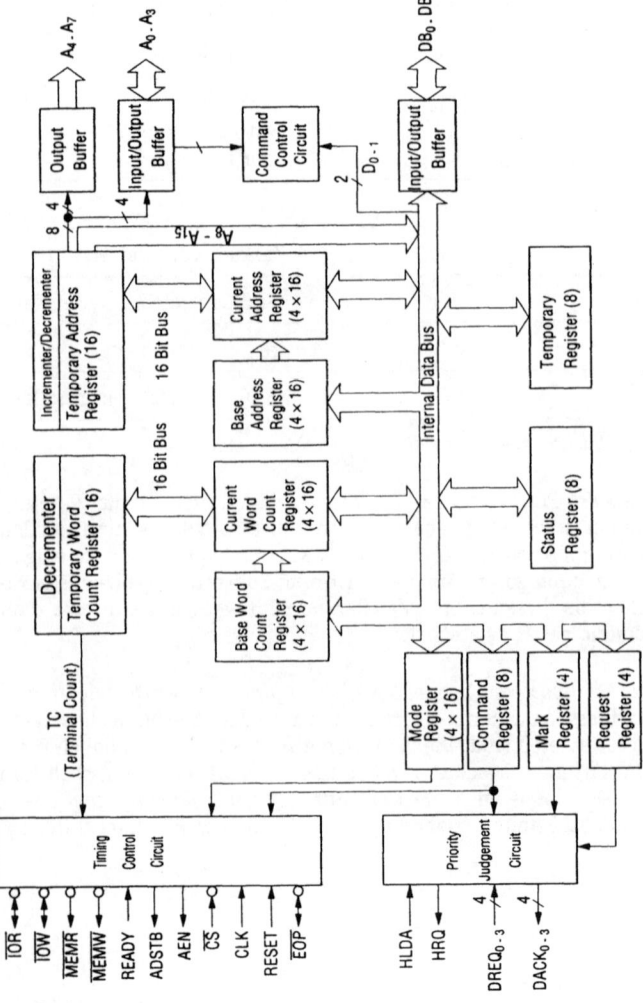

Bild 6.42: Das Innenleben und die Anschlüsse des DMA-Controllers 8237A

Mit Hilfe des Signals HRQ (**H**old **ReQ**uest) leitet der DMA-Controller die Anforderung an die CPU weiter, welche nach Beendigung ihres momentanen Befehlszyklus die Kontrolle des Daten-, Adress- und Steuerbus an den DMA-Controller abgibt, indem sie ihre Ausgänge hochohmig schaltet und dies dem DMA-Controller mit dem Signal HLDA (**H**old **A**cknowledge) mitteilt.

Der DMA-Controller legt nun eine Adresse auf den Adressbus und aktiviert die /MEMW-Leitung (in den Speicher schreiben) und die /IOR-Leitung (von der Peripherie lesen). Diese Aktion wird der Peripherie durch das /DACK-Signal (DMA-Acknowledge) mitgeteilt, welche nun ihr Datum in die angewählte Speicherzelle schreiben kann.

Das Adressregister wird bei entsprechender Programmierung inkrementiert und das Zählregister dekrementiert. Nach diesem Prinzip funktioniert ein Input-Transfer, ein Output-Transfer entsprechend umgekehrt.

Damit andere Peripherie-Komponenten die vom DMA-Controller ausgesendete Adresse nicht als I/O-Adresse interpretieren, wird die AEN-Leitung auf High gesetzt. Daher muss diese Leitung auch in jede I/O-Adressendekodierung mit einbezogen werden.

Es wurde bereits erwähnt, dass der DMA-Controller im traditionellen PC maximal 64 Kbyte große Datenbereiche übertragen kann. Dies liegt daran, dass er lediglich 16 Bit breite Register besitzt. Um dennoch im gesamten Adressbereich arbeiten zu können, verwendet er ein DMA-Page-Register (74LS612, siehe Tabelle 5.7), welches die fehlenden Adressbits für jeden DMA-Kanal zwischenspeichert.

Eine DMA-Übertragung kann in verschiedenen Modi erfolgen. Vom angewählten Mode und der Programmierung hängt es ab, wann der DMA-Prozess abgeschlossen ist. Die HRQ-Leitung wird dann vom 8237 zurückgenommen, so dass die CPU wieder die Kontrolle übernehmen und mit ihrer Arbeit fortfahren kann.

Der Anschluss /EOP (**E**nd **O**f **P**rocess) ist bidirektional und kann zum einen für den Abbruch einer DMA-Aktion dienen; zum anderen kann der interne Zähler, der die Anzahl der DMA-Durchläufe registriert, über diesen Anschluss auch einen Impuls ausgeben. Dies ist dann der Fall, wenn die programmierte Bytezahl übertragen wurde oder ein Überlauf des Zählers stattfindet. Der Zähler springt bei einem Überlauf von FFFFh auf 0000h. Dann ist die 64/128-Kbyte-Grenze erreicht, und die Adressen werden mit einem neuen Wert beschrieben. Der Anschluss T/C (**T**erminal **C**ount) des PC/ISA-Slots stellt das /EOP-Signal zur Verfügung.

Eine DMA-Übertragung kann generell in den folgenden Betriebsarten erfolgen:

⋯⟩ **Single Transfer Mode**
Die Daten werden einzeln übertragen.

⋯⟩ **Block Transfer Mode**
Die Daten werden in einem Block (z.B. 512 Byte) übertragen.

⋯⟩ **Demand Transfer Mode**
Die Übertragung findet so lange statt, bis die entsprechende Anforderung über die DRQ-Leitung zurückgenommen oder die /EOP-Leitung auf LOW gezogen wird, bis es zu einem DMA-Überlauf kommt oder eine Anforderung höherer Priorität ansteht.

⋯⟩ **Cascade Mode**
Dieser Mode wird für die Kaskadierung des zweiten DMA-Controllers im AT benötigt.

Um die Kompatibilität mit einem ISA-PC zu wahren, kann ein EISA-PC ebenfalls diese Betriebsarten unterstützen. Darüber hinaus ist mit dem EISA-DMA-Controller ein 32-Bit-DMA-Datentransfer möglich, der mit einer maximalen Übertragungsrate von 33 Mbyte pro Sekunde (Burst Cycle) arbeitet. Bis zu sechs DMA-Master können sich in einem EISA-System auf den Einsteckkarten befinden. Die höchste Priorität hat der DMA-Controller auf dem Mainboard, gefolgt von den Mastern (0-5) auf den Einsteckkarten.

Adresse	Funktion DMA-Controller1/2
Basisadresse	DMA-Kanal-0-Address-Register (R/W) DMA-Kanal-4-Address-Register (R/W)
Basisadresse + 1	DMA-Kanal-0-Word-Count-Register (R/W) DMA-Kanal-4-Word-Count-Register (R/W)
Basisadresse + 2	DMA-Kanal-1-Address-Register (R/W) DMA-Kanal-5-Address-Register (R/W)
Basisadresse + 3	DMA-Kanal-1-Word-Count-Register (R/W) DMA-Kanal-5-Word-Count-Register (R/W)
Basisadresse + 4	DMA-Kanal-2-Address-Register (R/W) DMA-Kanal-6-Address-Register (R/W)
Basisadresse + 5	DMA-Kanal-2-Word-Count-Register (R/W) DMA-Kanal-6-Word-Count-Register (R/W)
Basisadresse + 6	DMA-Kanal-3-Address-Register (R/W) DMA-Kanal-7-Address-Register (R/W)
Basisadresse + 7	DMA-Kanal-3-Word-Count-Register (R/W) DMA-Kanal-7-Word-Count-Register (R/W)
Basisadresse + 8	DMA-Status-Register (R): Bit 7: DRQ3, DRQ7 Bit 6: DRQ2, DRQ6 Bit 5: DRQ1, DRQ5 Bit 4: DRQ0, DRQ 4 Bit 3: Terminal Count DMA 3/7 (1) Bit 2: Terminal Count DMA 2/6 (1) Bit 1: Terminal Count DMA 1/5 (1) Bit 0: Terminal Count DMA 0/4 (1)
Basisadresse + 8	DMA-Command-Register (W): Bit 7: DACK-Pegelbit (0) Bit 6: DRQ-Pegelbit (0) Bit 5: Extended Write (0) Bit 4: Priorität (0: rotierend, 1: fest) Bit 3: Takt (0: normal) Bit 2: Controller-Aktivierung (1) Bit 1: Address Hold (0) Bit 0: Speicher/Speicher-Transfer (0)

Fortsetzung der Tabelle:

Basisadresse + 9	DMA-Request-Register (W):

Bit 7-3: Reserviert (0)
Bit 2: Request-Bit setzen (1)

Bit 1	Bit 0	Kanalwahl
0	0	0, 4
0	1	1, 5
1	0	2, 6
1	1	3, 7

Basisadresse + A	DMA-Channel-Mask-Register (R/W):

Bit 7-3: Reserviert
Bit 2: Maskenbit freigeben (0)

Bit 1	Bit 0	Kanalwahl
0	0	0, 4
0	1	1, 5
1	0	2, 6
1	1	3, 7

Basisadresse + B	Mode-Register (W):

Bit 7	Bit 6	Mode
0	0	Demand
0	1	Single
1	0	Block
1	1	Cascade

Bit 5: Adresszähler inkrementieren (0)
Bit 4: Autoinitialize (1)

Bit 3	Bit 2	Transfer
0	0	Verify
0	1	Write to Memory
1	0	Read to Memory
1	1	Reserviert

Bit 1	Bit 0	Kanal
0	0	0, 4
0	1	1, 5
1	0	2, 6
1	1	3, 7

Basisadresse + C	Pointer-Flip-Flop löschen (W), Befehl
Basisadresse + D	DMA-Master-Clear (W), Befehl
Basisadresse + E	Mask-Register-Clear (W), Befehl
Bassiadresse + F	DMA-Write-Mask-Register (W): Bit 7-4: Reserviert (0) Bit 3-0: Maskenbit für DMA-Kanal setzen/löschen (1, 0)

Tabelle 6.14: *Die Register der beiden DMA-Controller im Überblick*

6.6.3 DMA-Register programmieren

Die wichtigen Register für die Programmierung einer einfachen DMA-Übertragung zwischen dem Speicher eines PC und einer Peripherie werden im Folgenden erläutert. Eine komplette Übersicht der Register ist in der obigen Tabelle angegeben.

DMA-Adresszähler (Address Register)

Die Adresse für die DMA-Verarbeitung wird in dieses Register geschrieben. Nach jeder Übertragung wird es, entsprechend der Angabe im Mode-Register, entweder inkrementiert oder dekrementiert. Da es sich um ein 16-Bit-Register handelt, wird zuerst das untere und dann das obere Byte geschrieben. Für jeden Kanal gibt es ein derartiges Register.

DMA-Kanal	I/O-Adresse
0	00h
1	02h
2	04h
3	06h

Tabelle 6.15: Die DMA-Address-Register

DMA-Durchlauf-Register (Word Count Register)

In dieses Register (Base Word Count Register) wird die Anzahl der DMA-Durchläufe geschrieben. Da es ebenfalls ein 16-Bit-Register ist, wird mit dem ersten Schreibzugriff das untere und mit dem zweiten das obere Byte geschrieben. Bei jeder Übertragung wird das Register dekrementiert. Im Statusregister kann festgestellt werden, ob ein *Terminal Count* aufgetreten ist. Für jeden Kanal existiert ein eigenes Durchlaufregister.

DMA-Kanal	I/O-Adresse
0	01h
1	03h
2	05h
3	07h

Tabelle 6.16: Die Base-Word-Count-Register

DMA-Status-Register

Im Status-Register steht die Information über den aktuellen Status des DMA-Controllers. Welcher Kanal eine DMA-Anforderung (DREQ) erhalten hat, steht in den Bits D7 bis D4.

Die Bits D3 bis D0 signalisieren, dass im Durchlaufregister – hier steht die Anzahl der DMA-Durchläufe – ein *Terminal Count* (TC) stattgefunden hat. Dies ist der Fall, wenn die programmierte Anzahl der Bytes übertragen wurde oder ein Überlauf im Durchlaufregister stattgefunden hat.

Status-Register (I/O-Adresse 08h):

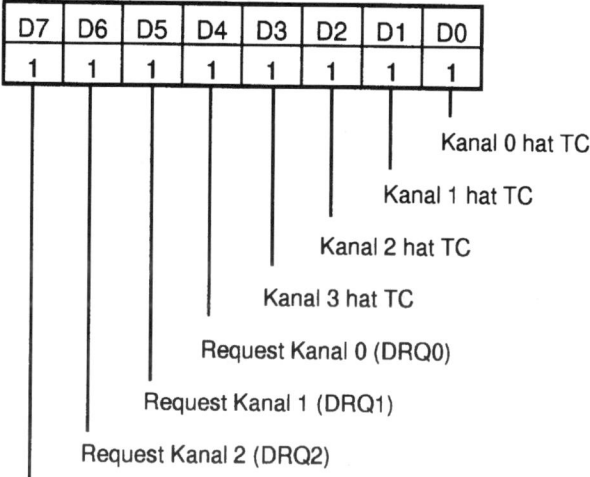

D7	D6	D5	D4	D3	D2	D1	D0
1	1	1	1	1	1	1	1

- Kanal 0 hat TC
- Kanal 1 hat TC
- Kanal 2 hat TC
- Kanal 3 hat TC
- Request Kanal 0 (DRQ0)
- Request Kanal 1 (DRQ1)
- Request Kanal 2 (DRQ2)
- Request Kanal 3 (DRQ3)

DMA-Mask-Register (DMA Channel Mask Register)

Im DMA-Maskenregister können DMA-Anforderungen unterdrückt werden. Eine DMA-Anforderung wird dann nicht vom DMA-Controller bedient. Der selektierte DMA-Kanal ist mit D2=1 von der DMA-Verarbeitung ausgeschlossen.

Mask-Register-1 (I/O-Adresse 0Ah):

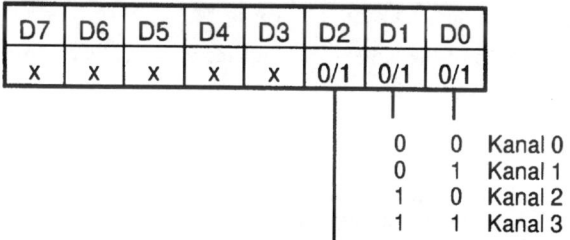

D7	D6	D5	D4	D3	D2	D1	D0
x	x	x	x	x	0/1	0/1	0/1

0	0	Kanal 0
0	1	Kanal 1
1	0	Kanal 2
1	1	Kanal 3

Maskenbit löschen (0), setzen (1)

DMA-Mode-Register

In dem Mode-Register wird die Betriebsart festgelegt. Das Register kann nicht gelesen werden.

Mode-Register (I/O-Adresse 0Bh):

D7	D6	D5	D4	D3	D2	D1	D0
0/1	0/1	0/1	0/1	0/1	0/1	0/1	0/1

0	0	Kanal 0
0	1	Kanal 1
1	0	Kanal 2
1	1	Kanal 3

0	0	Verify Transfer
0	1	Input Transfer
1	0	Output Transfer
1	1	Verboten

0 Kein Auto-Initialize
1 Auto-Initialize

0 Adresszähler dekrementieren
1 Adresszähler inkrementieren

0	0	Demand Mode
0	1	Single Mode
1	0	Block Mode
1	1	Cascade Mode

DMA-High-Low-Flip-Flop (I/O-Adresse 0Ch)

Wie bereits erwähnt, sind einige Register des DMA-Controllers 16 Bit breit, während der 8088/86-PC am I/O-Slot nur acht Datenleitungen besitzt. Daher wird in zwei Schritten in ein 16-Bit-Register geschrieben. Zuerst wird das untere Byte geschrieben, dann wird das High-Low-Flip-Flop umgeschaltet, wonach das zweite Byte geschrieben und das Flip-Flop wieder zurückgeschaltet wird. Vor jedem Schreibzugriff auf ein 16-Bit-breites Register sollte das Flip-Flop gelöscht werden, weil man nicht immer sicher sein kann, ob das Flip-Flop wirklich zurückgeschaltet wurde.

Zum Löschen des Flip-Flops wird einfach irgendein Wert auf die Adresse 0Ch geschrieben.

DMA-Page-Register

Das DMA-Page-Register gehört nicht direkt zum DMA-Controller, ist aber dennoch hier angeführt, da es für die Programmierung der DMA-Übertragung von Bedeutung ist. In einem 4*4-Register (74LS612) werden die höherwertigen vier Bit für die vier DMA-Kanäle gespeichert, damit 1 Mbyte (20 Adressleitungen) und nicht nur 64 Kbyte (16 Adressleitungen) Speicher angesprochen werden können, wie es der 8237 »von Haus« aus nur beherrscht.

Wird der DMA-Controller angesprochen, werden vom DMA-Page-Register die fehlenden Adressbits ausgegeben. Den DMA-Kanälen sind folgende Seiten zugeordnet:

DMA-Kanal	I/O-Adresse Page-Register
0	87h
1	83h
2	81h
3	82h

Tabelle 6.17: Die DMA-Page-Register

Ein einfaches DMA-Test-Programm

Das folgende Turbo-Pascal-Programm verdeutlicht die Funktion eines DMA-Datentransfers. Drei Werte sollen mit dem DMA-Kanal 1 zu einer Peripherie übertragen werden. Es handelt sich damit um einen Speicher-I/O-Transfer, was einem Output-Transfer für den DMA-Controller entspricht.

Ist der DRQ1 (Pin B18 des PC-Slots) auf High, was bedeutet, dass er sich auf 5 V befindet oder offen ist, findet die Übertragung statt. Wenn die Routine installiert ist, muss sich der Pin auf Masse befinden, was üblicherweise durch eine angeschlossene Schaltung realisiert wird. Nachdem diesem Pin ein High gegeben wird, startet die Übertragung.

Eine mögliche Anwendung ist beispielsweise die Übertragung von Daten zu einer Erweiterungskarte. Dies kann mit einem Timer ohne Verwendung der CPU erfolgen. Der Timer setzt den DRQ1-Anschluss zu bestimmten Zeiten auf High. Sodann wird ein Wert, der sich im Speicher des Rechners befindet, zur Erweiterungskarte übertragen. Über den Anschluss T/C (B27) kann festgestellt werden, ob die DMA-Übertragung abgeschlossen ist. Dann wird ein High-Impuls über diesen Anschluss ausgegeben.

Eine Übertragung in der umgekehrten Richtung, also ein I/O-Speicher-Transfer, ist genauso einfach. Hierfür müssen lediglich die Bits D2 und D3 im Mode-Register auf Input-Transfer gesetzt werden.

Programmlisting DMA-Transfer:

```
PROGRAM DMA_TEST;

USES CRT;

VAR
    Wert : Array [1..3] of Byte;
    TempAdr : LongInt;
    PageAdr : Byte;

BEGIN

Wert[1] := $11; {Diese Werte sollen übertragen werden }
Wert[2] := $22;
Wert[3] := $0F;

Port[$0A] := $5; { Mask Register 1 }
                 { Kanal 1 maskieren, Kanal ist gesperrt }

Port[$0B] := $89;      { Mode Register: 1010 1001 }
                 { Block Mode, Adresszähler dekrementieren }
                 { Kein Auto-Initialize, Output Transfer }
                 { Kanal 1 }

TempAdr := (Seg(Wert)*$10 + Ofs(Wert)) and $FFFF;

                            { Adresse für Adresszähler}

PageAdr := (Seg(Wert) and $F000) div $1000;

                       { Adresse für DMA-Page-Register }

Port[$83] := PageAdr;    { Pageregister laden }
Port[$0C] := $00;        { High-Low-Flip-Flop löschen }
Port[$02] := Lo(TempAdr);
                       {Adress-Register laden, Low Byte }

Port[$02] := Hi(TempAdr);
                       { Adress-Register laden, High Byte }

Port[$0C] := $00;        { High-Low-Flip-Flop löschen }
Port[$03] := 2;          { Durchlaufregister, Low Byte }
Port[$03] := 0;          { Durchlaufregister, High Byte }

Port[$0A] := 1;          { Mask Register 1 }
                       { Kanal 1 demaskieren, freigeben }

 REPEAT
 UNTIL (Port[$08] and $02) > 0;
                       { Status Register abfragen }
                       { Hat Kanal 1 Terminal Count ? }

 END.
```

6.7 Der CMOS-RAM/Clock-Baustein

Der Original-IBM-PC besitzt keinen eingebauten Uhrenbaustein. Damit das manuelle Stellen der Uhr nach dem Einschalten entfallen kann, mussten hier eine Erweiterungskarte, meist gleich mit Speichererweiterung, und eben ein Uhrenbaustein nachgerüstet werden. Ab dem AT (ab 286-CPU) ist ein Uhrenbaustein (RTC, Real Time Clock) serienmäßig auf dem Mainboard eingebaut.

Die jeweilige Konfiguration wird bei diesen Computern in einem RAM (CMOS-RAM) festgehalten, welches die individuellen PC-Einstellungen, die hier per BIOS-Setup und nicht wie zuvor über Jumper erfolgen, speichert.

Bild 6.43: *Der Uhr-/RAM-Baustein MC146818 (hier HD146818P) benötigt zum Datenerhalt einen Akku sowie eine Ladeschaltung*

Für beide Funktionen ist ein einziger Baustein zuständig. Im Original-IBM-AT ist das der Baustein MC146818 der Firma Motorola, der in sehr vielen Computern zu finden ist. Da der Inhalt des RAM nach dem Ausschalten gelöscht wird, ist ein Akku zur Spannungsversorgung des Chips auf dem Mainboard vorhanden.

Eine Ladeschaltung sorgt bei eingeschaltetem PC für das Aufladen des Akkus. Näheres zum Akku selbst und den verschiedenen CMOS-RAM-Bausteinen findet sich im folgenden Kapitel. Das RAM verfügt meist über 50 Byte zum Speichern der BIOS-Konfiguration und 14 Byte für die interne Uhrenfunktion, also über eine Gesamtspeicherkapazität von 64 Byte.

Die beiden I/O-Adressen 70h und 71h werden zur Kommunikation mit dem Baustein verwendet. Die erste Adresse stellt den so genannten *Index-Port* dar. An diese Stelle wird die gewünschte zu selektierende Adresse des CMOS-RAMs geschrieben, während die Adresse 71h den dazugehörigen *Data Port* darstellt, also den zu schreibenden oder zu lesenden Wert.

Im Laufe der Zeit ist das CMOS-RAM in seiner Funktionalität und damit auch Kapazität erweitert worden, was jedoch von System zu System (EISA-, PS/2-, PCI-PC) und auch in Abhängigkeit vom jeweiligen Hersteller unterschiedlich ausfallen kann. Die einzelnen Bytes und deren Bedeutung, wie sie für viele unterschiedliche PC-Typen gelten, zeigt die folgende Tabelle.

Byte	Bedeutung
00h	Sekunden der Uhr, Bit 7 nur lesbar
01h	Sekunden der Alarmzeit
02h	Minuten der Uhr
03h	Minuten der Alarmzeit
04h	Stunden der Uhr: 00–23: 24 Stunden-Anzeige 01–12: AM-Anzeige 81–92: PM-Anzeige
05h	Stunden der Alarmzeit
06h	Wochentag (01=Sonntag)
07h	Tag des Monats (01–31)
08h	Monat (01–12)
09h	Jahr (00–99)
0Ah	Statusregister A: Bit 7: Time Update (nur lesbar) Bit 6-4: Time Base (010b = 32,755 kHz) Bit 3-0: Interrupt Rate Selection 0000b: keine 0011b: 122 µs 0110b: 976,56 µs 1111b: 500 µs
0Bh	Statusregister B: Bit 7: Cycle Update Enable (1) Bit 6: Periodic Interrupt Enable (1) Bit 5: Alarm Interrupt Enable (1) Bit 4: Update Ended Interrupt Enable (1) Bit 3: Square Wave Output Enable (1) Bit 2: Data Mode, 0: BCD, 1: binär (1) Bit 1: 24/12 Hour Selection, 1: 24h (1) Bit 0: Daylight Saving Enable (1)
0Ch	Statusregister C (nur lesbar): Bit 7: Interrupt Request Flag (IRQ8) Bit 6: Periodic Interrupt Flag Bit 5: Alarm Interrupt Flag Bit 4: Update Ended Flag
0Dh	Statusregister D (nur lesbar): Bit 7: Battery Good Status (1)
0Eh	Diagnostic Status Byte
0Fh	Reset Code

Fortsetzung der Tabelle:

Byte	Bedeutung
10h	Diskettenlaufwerke: Bit 7-4: erstes Laufwerk Bit 3-0: zweites Laufwerk 0h: kein LW 1h: 360 kB, 5.25" 2h: 1.2 MB, 5.25" 3h: 720 kB, 3.5" 4h: 1.44 MB, 3.5" 5h: 2.88 MB, 3.5"
11h	Reserviert (PS/2) oder AMI-BIOS: Keyboard Typematic Data Bit 7: 1-Enable Typematic Bit 6-5: Typematic Delay 00b: 250ms 01b: 500 ms 10b: 750 ms 11b: 100 ms Bit 4-0: Typematic Rate 00000b: 300 char/s -11111b: 20 char/s
12h	Festplattendaten: Bit 7-4: Erste Festplatte Bit 3-0: Zweite Festplatte 00h: keine 01-0Eh: Type 1-14 0Fh: Type 16-255
13h	Reserviert (PS/2) oder AMI-BIOS: Advanced Setup Bit 7: Mouse Enabled Bit 6: Memory Test > 1 MB Bit 5: Clicks during Memory Test Enable Bit 4: Enable Memory Parity Check Bit 3: Display KEY FOR SETUP Bit 2: User Data (IDE) at Memory Top Bit 1: F1 Keypressed on Boot Error
14h	Geräte-Byte: Bit 7-6: Anzahl der Diskettenlaufwerke 00b: 1 LW 01b: 2 LW 10b: 3 LW (nicht immer) 11b: 4 LW (nicht immer) Bit 5-4: Grafikkartentyp 00h: EGA,VGA 01b: 40 x 25 CGA 10b: 80 x 25 CGA 11b: MDA Bit 3: Display Enabled Bit 2: Keyboard Enabled Bit 1: Co-Prozessor Enabled Bit 0: Diskettenlaufwerke Enabled

Fortsetzung der Tabelle:

Byte	Bedeutung
15h	Base Memory Size Low Byte in Kbyte
16h	Base Memory Size High Byte in Kbyte
17h	Extended Memory Size Low Byte in Kbyte
18h	Extended Memory Size High Byte in Kbyte
19h	Erster Festplattentyp (Extended) 0-Fh: Nicht verwendet 10-FFh: Type 16-255 oder MCA-Slot 1 ID (PS/2)
1Ah	Zweiter Festplattentyp (Extended) 0-Fh: Nicht verwendet 10-FFh: Type 16-255 oder MCA-Slot 0 Adapter ID (PS/2)
1Bh	Erste Festplatte Type 47 (LSB), Zylinder oder MCA-Slot 1 Adapter ID (PS/2)
1Ch	Erste Festplatte Type 47 (MSB), Zylinder oder MCA-Slot 1 Adapter ID (PS/2)
1Dh	Erste Festplatte Type, Kopfanzahl oder MCA-Slot 2 Adapter ID (PS/2)
1Eh	Erste Festplatte Type 47, Write Precompensation (LSB) oder MCA-Slot 2 Adapter ID (PS/2)
1Fh	Erste Festplatte Type 47, Write Precompensation (MSB) oder MCA-Slot 2 Adapter ID (PS/2)
20h	Erste Festplatte Typ 47, Control Byte Bit 7-6: immer 1 Bit 5: Bad Sector Map Bit 4: immer 0 Bit 3: mehr als 8 Köpfe Bit 2-0: immer 0 oder Phoenix-BIOS: erste Festplatte Typ 48, Zylinder (LSB) oder MCA-Slot 3 Adapter ID (PS/2)
21h	AMI-BIOS: erste Festplatte Type 47, Landing Zone (LSB) oder PHOENIX-BIOS: erste Festplatte Typ 48, Zylinder (MSB) oder POS Byte 2 (PS/2)
22h	AMI-BIOS: erste Festplatte Type 47, Landing Zone (MSB) oder PHOENIX-BIOS: erste Festplatte Typ 48, Kopfanzahl oder POS Byte 3 (PS/2)

Fortsetzung der Tabelle:

Byte	Bedeutung
23h	AMI-BIOS: erste Festplatte Type 47, Anzahl Sectors per Track oder PHOENIX-BIOS: erste Festplatte Typ 48, Write Precompensation (LSB) oder POS Byte 4 (PS/2)
24h	AMI-BIOS: zweite Festplatte Type 47, Zylinderanzahl (LSB) oder PHOENIX-BIOS: erste Festplatte Typ 48, Write Precompensation (MSB) oder POS Byte 5 (PS/2)
25h	AMI-BIOS: zweite Festplatte Type 47, Zylinderanzahl (MSB) oder PHOENIX-BIOS: erste Festplatte Typ 48, Parking Zone (LSB)
26h	AMI-BIOS: zweite Festplatte Type 47, Kopfanzahl oder PHOENIX-BIOS: erste Festplatte Typ 48, Parking Zone (MSB)
27h	AMI-BIOS: zweite Festplatte Type 47, Write Precompensation (LSB) oder PHOENIX-BIOS: erste Festplatte Typ 48, Sectors per Track
28h	AMI-BIOS: zweite Festplatte Type 47, Write Precompensation (MSB)
29h	AMI-BIOS: zweite Festplatte Type 47, Control Byte
2Ah	AMI-BIOS: zweite Festplatte Type 47, Landing Zone (LSB)
2Bh	AMI-BIOS: zweite Festplatte Type 47, Landing Zone (MSB)
2Ch	AMI-BIOS: zweite Festplatte Type 47, Sectors per Track
2Dh	AMI-BIOS: Configuration Options Bit 7: Weitek Coprocessor installed (1) Bit 6: Floppy Drive Seek Bit 5: Boot Order, 0: C dann A 1: A dann C Bit 4: Boot Speed, 0: Low, 1: High Bit 3: External Cache Enable (1) Bit 2: Internal Cache Enable (1) Bit 1 Fast Gate A20 after Boot (1) Bit 0: Turbo Switch On (1)
2Eh	Standard CMOS Checksum (MSB)
2Fh	Standard CMOS Checksum (LSB)
30h	Extended Memory Size in Kbyte (LSB) (festgestellt durch POST)

Fortsetzung der Tabelle:

Byte	Bedeutung
31h	Extended Memory Size in Kbyte (MSB) (festgestellt durch POST)
32h	Jahrhundert (Uhr) in BCD (19) oder Configuration CRC (LSB), PS/2
33h	Information Flag oder Configuration CRC (MSB), PS/2
34h	AMI-BIOS: Shadow RAM & Passwort Bit 7-6: Passwort 00b: Disable 01b: Enable 10b: Reserviert 11b: On Boot Bit 5: C8000 Shadow (1) Bit 4: CC000 Shadow (1) Bit 3: D0000 Shadow (1) Bit 2: D4000 Shadow (1) Bit 1: D8000 Shadow (1) Bit 0: DC000 Shadow (1)
35h	AMI-BIOS: Shadow RAM Bit 7: E0000 Shadow (1) Bit 6: E4000 Shadow (1) Bit 5: E8000 Shadow (1) Bit 4: EC000 Shadow (1) Bit 3: F0000 Shadow (1) Bit 2: C0000 Shadow (1) Bit 1: C4000 Shadow (1) Bit 0: Reserviert oder Phoenix-BIOS: zweite Festplatte Typ 48, Zylinderanzahl (LSB)
36h	Phoenix-BIOS: zweite Festplatte Typ 48, Zylinderanzahl (MSB)
37h	Phoenix-BIOS: zweite Festplatte Typ 48, Kopfanzahl oder Jahrhundert (Uhr), PS/2
38h–3Dh	AMI-BIOS: verschlüsseltes Passwort
38h	Phoenix-BIOS: zweite Festplatte Typ 48, Write Precompensation (LSB)
39h	Phoenix-BIOS: zweite Festplatte Typ 48, Write Precompensation (MSB)
3Ah	Phoenix-BIOS: zweite Festplatte Typ 48, Parking Zone (LSB)

Fortsetzung der Tabelle:

Byte	Bedeutung
3Bh	Phoenix-BIOS: zweite Festplatte Typ 48, Parking Zone (MSB)
3Ch	Phoenix-BIOS: zweite Festplatte Typ 48, Sectors per Track
3Eh	AMI-BIOS: Extended CMOS Checksum (MSB)
3Fh	AMI-BIOS: Extended CMOS Checksum (LSB) Ende des Standard-64-Byte-Bereiches. Die folgenden Adressen gelten für das AMI-Hi-Flex BIOS
40h	Reserviert
41h	Bit 7-6: IOR/IOW Wait States Bit 5-4: 16 Bit DMA Wait States Bit 3-2: 8 Bit DMA Wait States Bit 1: EMR Bit Bit 0: DMA Clock Source
42h–43h	Reserviert
44h	Bit 4: NMI Power Fail Bit 3: NMI Local Timeout
45h	Bit 7-6: AT Bus 32 Bit Delay Bit 5-4: AT Bus 16 Bit Delay Bit 3-2: AT Bus 8 Bit Delay Bit 1-0: AT Bus I/O Delay
46h	Bit 7-6: AT Bus 32 Bit Wait States Bit 5-4: AT Bus 16 Bit Wait States Bit 3-2: AT Bus 8 Bit Wait States Bit 1-0: AT Bus Clock Source
47h–50h	Reserviert
51h	Bit 7: Bank 0/1 RAS Precharge Bit 6: Bank 0/1 Access Wait States Bit 7: Bank 0/1 Wait States
52h	Reserviert
53h	Bit 7: Bank 2/3 RAS Precharge Bit 6: Bank 2/3 Access Wait States Bit 7: Bank 2/3 Wait States

Tabelle 6.18: Die Register des CMOS-RAMs und der Echtzeituhr

6.7.1 CMOS-RAM-Bausteine und Akkus

Wichtig für den Datenerhalt des CMOS-RAM ist seine einwandfreie *Pufferung*, während der PC ausgeschaltet ist, also die Spannungsversorgung des Chips, für die ein Akku oder auch eine Batterie vorgesehen ist. In Bild 6.43 ist der Akku zu erkennen, der meist sehr einfach auf dem Mainboard zu finden ist, da er oft mit einer hellblauen Ummantelung versehen ist.

Die Spannung des Akkus oder der Batterie muss mindestens 3 V (typisch bis 3,6 V) betragen, damit der Inhalt des CMOS-RAM nicht verloren geht, was durchaus vorkommt, wenn der PC über längere Zeit nicht eingeschaltet wurde und der Akku bereits etwas altersschwach ist. In diesem Fall sind die Einstellungen, die im BIOS-Setup vorgenommen wurden, auf die Default-Werte (Voreinstellungen) reduziert worden, und die Uhr funktioniert ebenfalls nicht korrekt.

Hat der Computer einmal sein Gedächtnis verloren und es ist ein neuer BIOS-Setup durchzugeführen, deutet dies auf einen mittlerweile gealterten Akku oder auch einen Fehler in der Ladeschaltung hin. Vielfach ist ein »müder« Akku unmittelbar zu erkennen, wenn sich beispielsweise an den Polen Kristalle gebildet haben oder sie auch grün/blau angelaufen sind. Ein eindeutiges Indiz für einen defekten Akku ist dies allerdings nicht, gleichwohl sollten die Kontakte von den Verschmutzungen befreit werden, wozu man am besten etwas Kontaktspray und einen Wattestab oder etwas Ähnliches verwendet.

Die Überprüfung des Akkus kann leicht mit einem Voltmeter vorgenommen werden; die beiden Pole sind entsprechend mit »+« und »–« beschriftet. Die Spannungsmessung muss aber bei ausgeschaltetem PC durchgeführt werden, denn andernfalls würde der Akku durch das PC-Netzteil (über das Mainboard) gespeist werden und man misst die Ladespannung und nicht die des Akkus selbst.

Stellt man fest, dass der Akku tatsächlich eine zu geringe Spannung aufweist, kann man ihn relativ einfach ersetzen. Er ist in Elektonikläden wie etwa bei Conrad-Electronic erhältlich. Ein geübter »Löter« mag sich nicht scheuen, auf dem Mainboard herumzulöten und den defekten Akku herauszuhebeln, doch davor sei gewarnt, denn das Mainboard ist üblicherweise in Mehrlagentechnik ausgeführt (Multilayer, die Leiterbahnen befinden sich nicht nur auf den beiden Platinenseiten, sondern auch übereinander in mehreren Lagen, typischerweise 4-fach-Multilayer). Sehr leicht könnten bei dieser Prozedur darunter liegende Leiterbahnen beschädigt werden, und das Mainboard wäre damit unwiederbringlich defekt.

 Beim Ersatz eines festgelöteten Akkus sollte nicht auf dem Mainboard herumgelötet werden, sondern der Akku wird stattdessen mit einem Seitenschneider »gekappt« und an die verbleibenden Kontakte wird der neue angelötet.

Besser ist es die Kontakte, die auf dem Mainboard festgelötet sind, nicht anzugehen, sondern sie stehen zu lassen und den Akku einfach mit einem Seitenschneider abzukneifen. Auf diese beiden Kontakte lötet man dann den neuen Akku einfach auf, wobei natürlich unbedingt die richtige Polung beachtet werden muss.

Falls der Ersatz des Akkus (längerfristig gesehen) nicht zum Erfolg geführt hat und der PC immer noch sein »Gedächtnis verliert«, liegt vermutlich ein Fehler in der Ladeschaltung vor. Hier sollte sich nur ein geübter Bastler heranwagen, wobei meist eine defekte Diode oder ein Kondensator, die sich in unmittelbarer Nähe des Akkus befinden, die »Übeltäter« sind.

Bild 6.44: Bei diesem Mainboard wird kein Akku, sondern eine Batterie zur »Pufferung« des CMOS-RAM verwendet; im Fehlerfall ist sie problemlos auszutauschen

Nicht immer befindet sich auf dem Mainboard ein Akku für das CMOS-RAM, sondern es kann durchaus auch eine Batterie (Lithium) zum Einsatz kommen, die oftmals im Gehäuse mit Klettband festgeklebt ist. Das Ersetzen der Batterie lässt sich dann sehr einfach ohne Löterei durchführen.

Für den Uhr/RAM-Baustein MC146818 werden noch einige externe Bauelemente benötigt: ein Quarz, der den Takt für die Uhr erzeugt, und die Bauelemente für die erwähnte Ladeschaltung sowie der Akku. Aus diesem Grund ist dieser Baustein schon seit längerer Zeit nicht mehr auf Mainboards zu finden, sondern der Typ DS1287 der Firma Dallas oder auch ein ähnlicher, wie der DS12886, der DS12887, der Bq328MT der Firma Benchmarq oder auch der ODIN OEC12C887(A), um nur die gebräuchlichsten Typen zu nennen.

Diese Chips beinhalten eine Batterie, die für einen Datenerhalt von mindestens zehn Jahren sorgt; sie benötigen keine externen Bauelemente und verfügen prinzipiell über die gleichen Funktionen wie der MC146818. Wie erwähnt, ist die Funktionalität des CMOS-RAMs im Laufe der Zeit erweitert worden, und es hängt somit vom Mainboard-Typ und auch der BIOS-Version ab, welcher der genannten Bausteine verwendet wird, die nicht immer untereinander kompatibel sind.

Dallas	Benchmarq	Odin
DS1287	–	–
DS1287A	–	–
DS12887	bq3287MT	OEC12C887
DS12887A	bq3287AMT	OEC12C887A

Tabelle 6.19: Die CMOS-RAM-Bausteine für die Speicherung des Setups mit interner Echtzeituhr und Batterie

Der Nachteil dieser Bausteine ist, dass man bei einem vermeintlichen Batterie-problem im Prinzip gleich das komplette Mainboard »abschreiben« kann. Einige Typen lassen sich allerdings öffnen, so dass die Batterie ausgetauscht werden kann. Falls man nicht mit einem Schraubendreher – ohne größere Gewalt – das Gehäuse aufhebeln kann, hat man leider Pech gehabt und man muss sich einen neuen Chip besorgen, was eine beschwerliche Angelegenheit sein kann, denn er ist – wenn überhaupt – nur bei den offiziellen Distributoren der jeweiligen Firmen (Dallas, Benchmarq, ODIN) erhältlich und meist nicht beim Mainboard-Hersteller.

Bild 6.45: Dieser Baustein enthält das CMOS-RAM, die Uhr und auch die Batterie, auf dem Mainboard ist daher keine weitere Peripherie für diesen Chip nötig

Auf einigen Mainboards der neueren Generationen (z.B. ASUS TX97 ab Intel 430 TX-Chipset) wird man keinen speziellen Baustein als CMOS/Clock-Chip entdecken können. In diesem Fall ist er im Chipsatz selbst integriert, wie beispielsweise im PIIX4 (Chip 82371, PCI-ISA-Bridge).

Im PIIX4 sind neben dem CMOS-RAM (256 Byte, ein erweiterter Typ) und der Real Time Clock zahlreiche weitere Elemente enthalten, wie beispielsweise die beiden DMA- (8237) und Interrupt-Controller (8259) sowie der Timer (8254, siehe folgendes Kapitel), zwei USB-Ports und ein EIDE-Controller für Festplatten. Näheres zum PIIX4 und den anderen Bausteinen der Intel-Chipsets findet sich in Kapitel 6.12.

Zum Erhalt der Dateninformation (BIOS-Setup) wird bei diesen neueren Boards kein Akku, sondern eine (etwas größere) Knopfzellenbatterie verwendet, die eine Spannung von typisch 3 V liefert. Als Lebensdauer werden hierfür drei Jahre angegeben (meist findet sich allerdings überhaupt keine Angabe im Manual zum Mainboard), und spätestens dann ist auch ein Austausch der Zelle nötig, wenn man BIOS-Setup-Speicherproblemen aus dem Weg gehen will.

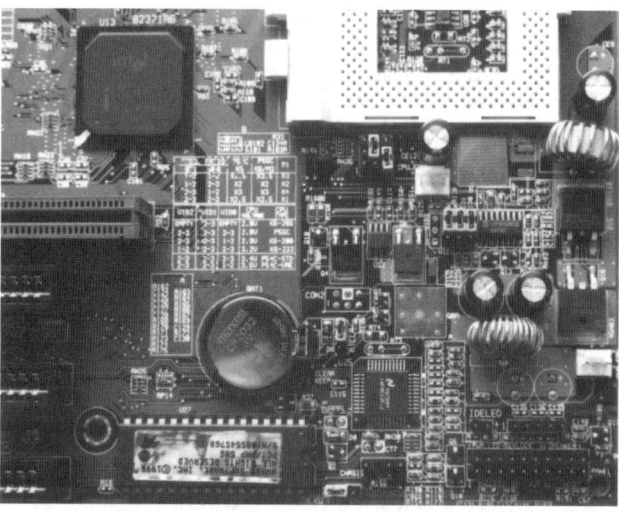

Bild 6.46: Bei aktuellen Pentium-Mainboards wird für die »Pufferung« des CMOS-RAM, welches sich im PCI-ISA-Bridge-Baustein (links oben) befindet, eine Knopfzellenbatterie verwendet

6.7.2 Löschen des CMOS-RAM

In einigen Fällen ist es nötig, das CMOS-RAM zu löschen, wofür es im Wesentlichen zwei Gründe gibt:

····⫸ Der PC ist im BIOS-Setup aus irgendeinem Grund völlig »verkonfiguriert« worden und startet nicht mehr korrekt.

····⫸ Man hat das Passwort vergessen, kann daher den PC nicht starten und kommt auch nicht an den BIOS-Setup heran.

Der erste Fall tritt in der Praxis seltener auf und ist eher bei nicht ausgereiften BIOS-Versionen möglich. Gleichwohl kommt er vor und stellt sich als sehr ärgerlich dar, denn der PC ist nicht mehr einzusetzen, was auch auf den zweiten Fall zutrifft. Die Lösung des Problems ist in beiden Fällen gleich: Das CMOS-RAM muss gelöscht werden.

Der PC kann vielfach mit einem Passwort geschützt werden, was meist über den Punkt *Passwort Setting* im BIOS-Setup erfolgt. Des Weiteren kann unter *Security Option* oder einem ähnlich lautenden BIOS-Setup-Eintrag festgelegt werden, ob eine Passwort-Abfrage bei jedem Booten (System) oder nur beim Aufruf des BIOS-Setups (Setup) erfolgen soll. Diese *Security Option* ist generell der einfachste Weg, den PC vor fremden Zugriffen zu schützen.

Allerdings hat es auch schon *liebe Kollegen* gegeben, die nur so aus Spaß ein PC-Passwort festgelegt haben – welches man natürlich nicht kennt –, oder man hat ein gebrauchtes Mainboard mit aktiviertem Passwort erworben oder man hat es auch schlicht einfach vergessen, was schon mal vorkommt, wenn das Passwort nur für den BIOS-Setup aktiviert ist.

Das Passwort kann man aber nur dann löschen, wenn man den Inhalt des CMOS-RAM komplett löscht. Hierfür ist auf einigen Mainboards ein spezieller Jumper vorgesehen, und wenn dieser für einige Zeit (mehrere Minuten) von der Position *Normal* in die Position *Discharge* gebracht wird, wird der gesamte CMOS-RAM-Inhalt auf die Standardwerte zurückgesetzt. Man muss sich dann die Mühe machen, alle vorigen Eintragungen wieder im BIOS-Setup einzugeben.

Es kommt allerdings auch vor, dass eben kein entsprechender Jumper auf dem Mainboard vorgesehen ist, was das Löschen des Passworts erschweren kann. Wird das CMOS-RAM in diesem Fall von einem externen Akku gespeist, wird dieser einfach einmal vom Anschluss des Mainboards abgezogen. Entsprechendes gilt für Mainboards, die mit einer Batterie (Knopfzelle) arbeiten.

Es ist ebenfalls möglich, dass der Akku (meist blau) auf das Mainboard gelötet ist. In diesem Fall kneift man einen Kontakt ab und lötet ihn nach einiger Zeit wieder an. Falls kein Jumper, jedoch ein Baustein wie der *Dallas DS12887* auf dem Mainboard vorhanden ist, greift keine dieser Methoden, denn die Batterie befindet sich, wie im vorigen Kapitel erläutert, im Baustein selbst und kann meist eben nicht herausgenommen werden. Die Typen mit einem A in der Bauteilbezeichnung (vergl. Tabelle 6.19) besitzen allerdings einen RAM-Clear-Anschluss am Pin 21, der auf Masse gelegt werden kann, wodurch der RAM-Inhalt dann gelöscht ist. Diese Prozedur führt man am besten mit ausgebautem Baustein aus, wenn er sich in einem Sockel befindet und sich somit vom Mainboard entfernen lässt.

Falls es allein darum geht, das Paßwort zu verändern, damit man (wieder) an den PC herankommt, können die vom BIOS-Hersteller vorgesehenen Default-Passworts ausprobiert werden. Die bekannten lauten:

AMI-BIOS: AMI

AWARD-BIOS: AWARD_SW (Eingabe AWARD?SW) oder auch AWARD_PW oder auch 589589

Beim Award-BIOS wird nicht direkt das Passwort abgespeichert, sondern lediglich eine 2-Byte-Prüfsumme und aus diesem Grund sind prinzipiell mehrere Möglichkeiten gegeben, bei denen die Eingabe als gültiges Passwort interpretiert wird.

Das BIOS ermittelt beim Boot eine Prüfsumme über die Daten im CMOS-RAM und vergleicht diese mit der im CMOS-RAM abgelegten Checksumme (2E, 2F, Tabelle 6.18). Falls diese Werte nicht übereinstimmen, werden automatisch die BIOS-Default-Daten geladen (ohne Passwort). Demnach wird einfach ein beliebiges Byte in das CMOS-RAM geschrieben, um diesen Effekt auszulösen, was natürlich nur dann funktionieren kann, wenn der PC bootet, das Passwort also nur für den BIOS-Setup festgelegt wurde. Eine Veränderung der CMOS-RAM-Checksumme kann mit DEBUG beispielsweise wie folgt ausgeführt werden:

```
debug
o 70, 2E
o 71, 0
q
```

Alternativ kann auch das Programm KILLCMOS verwendet werden, das sich auf der beiliegenden CD befindet. Dieses Programm ist wie die manuelle Veränderung mit DEBUG natürlich nicht ungefährlich (erneute Eingabe aller Setup-Parameter), es funktioniert leider auch nicht mit allen Mainboards und ist gewissermaßen nur für den absoluten Notfall vorgesehen.

Das Programm KILLCMOS im Verzeichnis Utilities löscht den Inhalt des CMOS-RAMs.

6.8 Die Timer/Counter 8253 und 8254

Der Baustein 8253 ist ein programmierbarer Timer/Counter und wird auch als PIT bezeichnet. PIT steht für **P**rogrammable **I**nterval **T**imer. In einem PC wird er beispielsweise für die Systemuhr, den Tongenerator und für den korrekten zeitlichen Ablauf des Refresh der dynamischen RAMs eingesetzt.

Ab PCs mit einer 286-CPU ist der 8254 eingebaut, der Frequenzen bis zu 10 MHz verarbeiten kann, aber voll abwärtskompatibel mit dem 8253 ist, welcher lediglich bis 2,6 MHz spezifiziert ist. Seltener sind zwei 8254-Chips auf Mainboards zu finden. Der erste arbeitet dann wie in einem PC üblich, und vom zweiten wird lediglich der erste Zähler für die Programmierung des NMI (**N**on **M**askable **I**nterrupt) verwendet, während die beiden anderen Zähler praktisch brachliegen.

Neben dem Einsatz auf den älteren Mainboards (auch dieser Chip ist mittlerweile im Chipsatz selbst implementiert, z.B. im PIIX4) ist der Timer 8253/54 auf zahlreichen PC-Einsteckkarten zu finden, insbesondere auf Messkarten (A/D-, D/A-Wandler, Timerkarten) und gilt allgemein als Standard-Chip für Zähl- und Timerfunktionen schlechthin.

In ihrem internen Aufbau und von ihrer prinzipiellen Funktion her sind der 8253 und der 8254 identisch. Darüber hinaus verfügt der Typ 8254, im Gegensatz zum Vorgänger, über ein zusätzliches Kommando (Read Back Command), mit dem es möglich ist, den aktuellen Status des Bausteins auszulesen, was sich als äußerst praktisch erweist, wie es noch erläutert wird.

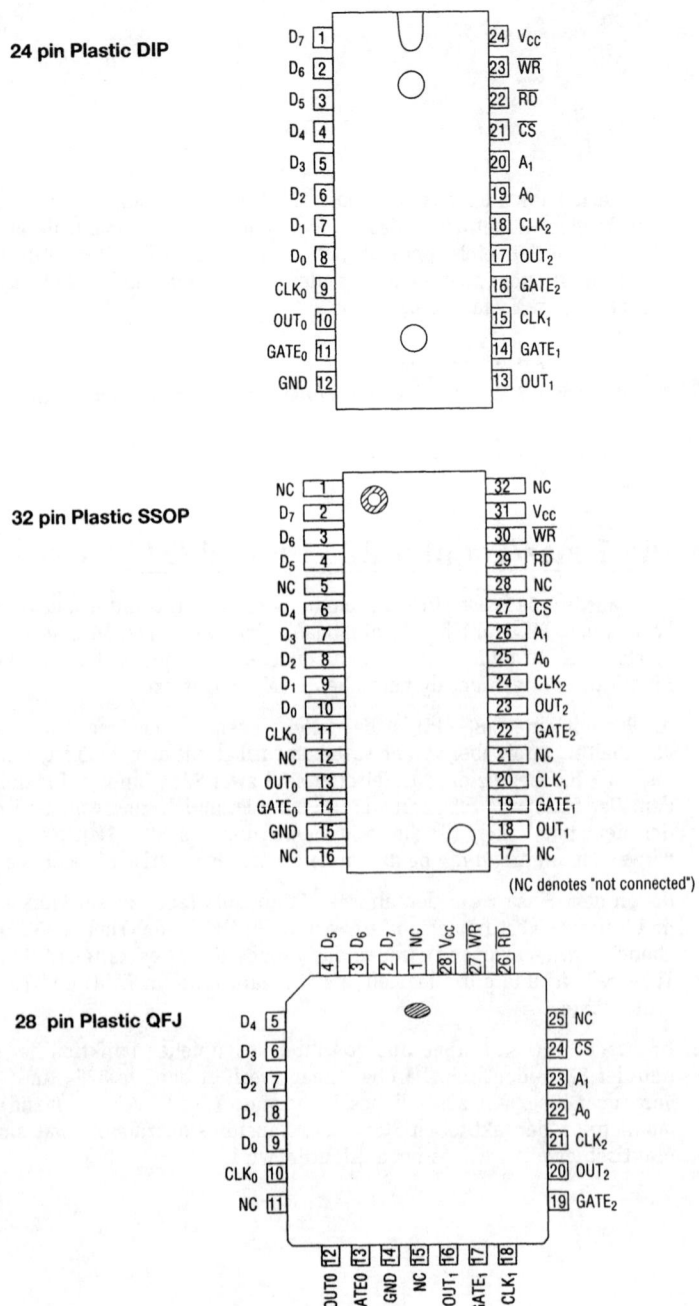

Bild 6.47: Die verschiedenen Gehäuseformen und Anschlussbelegungen des PIT 8253/8254

Der PIT enthält drei voneinander unabhängige 16-Bit-Abwärtszähler, die über eigene Gate- (GATE) und Clock-Eingänge (CLK) sowie -Ausgänge (OUT) verfügen. Im folgenden Bild ist das Innenleben des PIT angegeben.

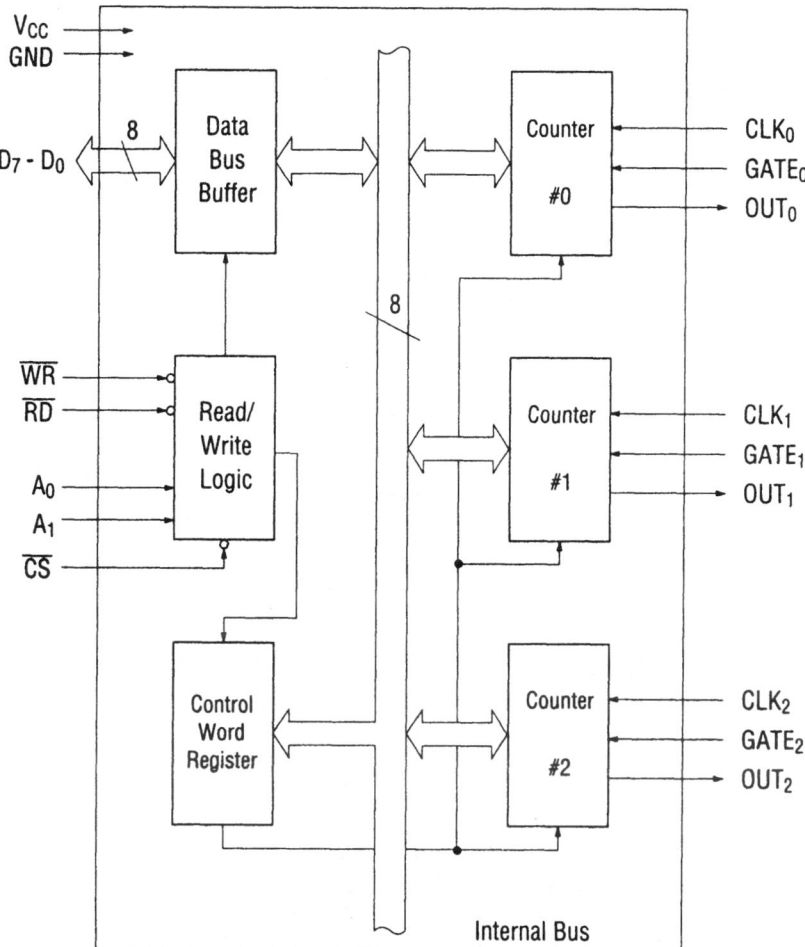

Bild 6.48: Der programmierbare Interval-Timer verfügt über drei unabhängige Counter

Der Zähler 0 wird im PC für den Timer-Interrupt (IRQ 0) verwendet, der für die Software-Uhr in einem 8088/86-PC benötigt wird. Das Auffrischen der dynamischen RAMs wird vom Zähler 1 gesteuert, der alle 15 µs den DMA-Kanal 0 triggert. Der Zähler 2 ist für die Tonerzeugung zuständig und kann im Gegensatz zu den anderen Zählern auch für andere Aufgaben verwendet (programmiert) werden.

I/O-Adresse	Bedeutung	Anwendung
40h	Counter 0	IRQ 0 auslösen, Systemzeit
41h	Counter 1	Refresh mit DMA-Controller steuern
42h	Counter 2	Tonerzeugung für Lautsprecher
43h	Control Word Register	Steuerregister

Tabelle 6.20: Adressen und Funktionen des PIT 8253/8254 in einem PC

Die Zählerstände werden in die ersten drei Counter-Register geschrieben. Zur Adressierung werden die Adressleitungen A0 und A1 verwendet. Geschrieben oder gelesen wird mit Hilfe der Leitungen /WR und /RD.

Der Baustein wird mit einem Low am /CS-Pin aktiviert. Dieses Signal wird von einer Adressendekodierungs-Schaltung generiert.

Die Datenleitungen D0-D8 sind direkt mit einem Datenbus verbunden, weil der Datenbuffer (Data Bus Buffer) mit /CS = High hochohmig geschaltet werden kann (Tri-State).

Über den entsprechenden GATE-Eingang kann der Zähler gestartet, angehalten oder zurückgesetzt werden. Der Takt wird über den Eingang CLK zugeführt. Wann der Zähler den Wert 0 erreicht hat, ist am Ausgang (OUT) feststellbar.

6.8.1 Das Steuerregister

Durch das *Control Word Register* wird die jeweilige Betriebsart (Mode) festgelegt und der aktive Zähler bestimmt. Weiterhin wird festgelegt, wie die Übergabe der Zählerstände erfolgen und in welchem Format (BCD oder dezimal) der angewählte Zähler arbeiten soll.

Control Word Register (I/O-Adresse 43h):

D7	D6	D5	D4	D3	D2	D1	D0
SC1	SC0	RL1	RL0	M2	M1	M0	BCD

0 BCD-Zähler
1 Dezimal-Zähler

Mode:

0	0	0	0
0	0	1	1
X	1	0	2
X	1	1	3
1	0	0	4
1	0	1	5

Funktion:

0	0	Zählerstand speichern
0	1	Lesen/Schreiben des MSB
1	0	Lesen/Schreiben des LSB
1	1	Lesen/Schreiben des LSB vor MSB

Zähler:

0	0	0
0	1	1
1	0	2
1	1	verboten

Das Register kann nicht gelesen, sondern nur beschrieben werden. Der entsprechende Zähler wird durch die Bits SC0 und SC1 selektiert. Die Festlegung der gewünschten Betriebsart (Mode) erfolgt mit den Bits M0-M2, und das Bit D0 (BCD) legt fest, ob der Zähler als 16-Bit-Binärzähler (Low) oder als Dezimalzähler (High) arbeiten soll.

6.8.2 Die Betriebsarten des 8253/8254

Der Zähler 2 kann vom Anwender für sechs verschiedene Betriebsarten programmiert werden. Ein typischer Wert für die Frequenz an den Clock-Eingängen ist 1,19 MHz, die von einem Taktgenerator auf dem Mainboard erzeugt wird.

Der Gate-Eingang des Zählers 2 wird von Bit 1 des Ports B des PIO-Bausteins gesteuert, der im folgenden Kapitel näher beschrieben wird.

Der Mode 0, Interrupt bei Zählernulldurchgang

Der Ausgang des Zählers (Output Interrupt) geht nach Empfang des Control Word auf Low. Der Zählvorgang beginnt nach dem Laden des Zählerstands, getaktet durch CLK, und der Ausgang wird High, wenn der Zählerstand »Null« erreicht wird. Im obigen Bild wurde ein Zählerwert von 4 eingegeben. In diesem Zustand verharrt der Ausgang, bis ein neuer Zählerstand geladen wird.

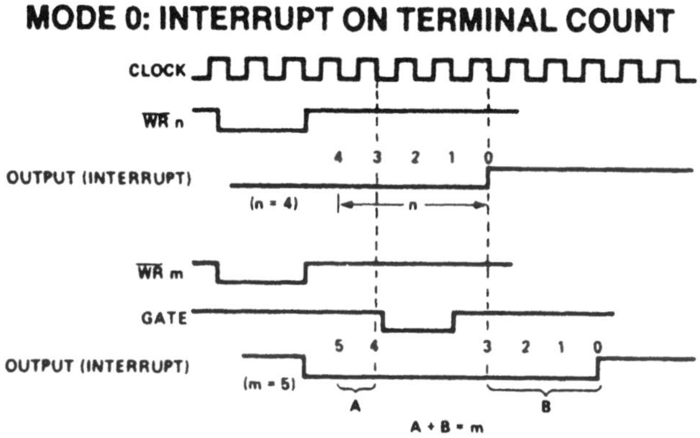

MODE 0: INTERRUPT ON TERMINAL COUNT

Bild 6.49: Der PIT-Mode 0

Der Zähler kann durch ein Low am GATE-Eingang unterbrochen werden. Der Zählerstand wird »festgehalten«, und durch ein High wird wieder weitergezählt. Im unteren Teil des Bildes ist dieses Verhalten zu erkennen.

Der Mode 1, retriggerbares Monoflop

Der Ausgang (OUTPUT) ist zu Beginn High. Der Zähler wird durch eine ansteigende Flanke am GATE-Eingang (Trigger) gestartet, und der Ausgang geht auf LOW. Nach Erreichen des Zählerstandes »Null« stoppt der Zähler, und der Ausgang geht wieder auf High. Das Verhalten entspricht dem einer monostabilen Kippstufe.

Der Zählerstand kann nun neu gesetzt werden und wird wieder mit einer ansteigenden Flanke an GATE (Trigger) übernommen.

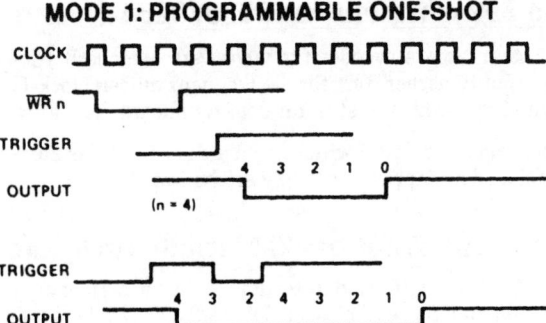

MODE 1: PROGRAMMABLE ONE-SHOT

Bild 6.50: *Der PIT-Mode 1*

Wenn ein Gate-Impuls angelegt wird, bevor der Zählerstand »Null« geworden ist, hat dies keinen Einfluss auf die laufende Funktion, denn der neue Wert wird erst nach Ablauf des Zählers und dem folgenden Triggerimpuls aktiviert. Diese Verhaltensweise ist dem Bild 3.16 zu entnehmen.

Der Mode 2, Frequenzteiler

Der Ausgang wird für eine Periode des CLK-Signals Low. Die Periode von einem Ausgangsimpuls bis zum nächsten entspricht dem Anfangszählerstand. Wenn das Zählregister zwischen zwei Impulsen neu geladen wird, ist die Änderung erst in der nächsten Periode wirksam. Der Zähler wird bei Nulldurchgang automatisch neu gesetzt und gestartet, der Vorgang setzt sich laufend fort.

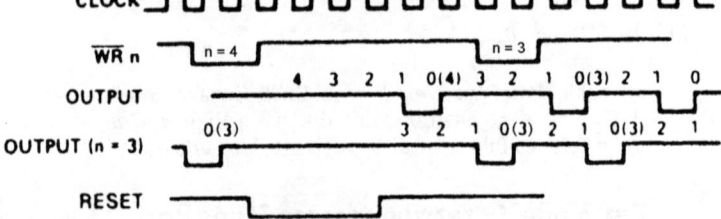

MODE 2: RATE GENERATOR

Bild 6.51: *Der PIT-Mode 2*

Der GATE-Eingang kann zur Synchronisation des Zählers verwendet werden. Durch eine fallende Flanke an GATE (Reset) wird der Zählvorgang abgebrochen, und der Ausgang geht auf High. Eine steigende Flanke an GATE startet einen neuen Zyklus.

Der Mode 3, Generator mit symmetrischem Ausgangssignal

Der Mode 3 entspricht im Prinzip dem Mode 2 mit dem Unterschied, dass die Eingangsfrequenz in eine kleinere geteilt wird. Der Anfangswert des Zählers wird durch zwei geteilt, wodurch ein nahezu gleiches Verhältnis von der High- zur Low-Signaldauer erreicht wird.

MODE 3: SQUARE WAVE GENERATOR

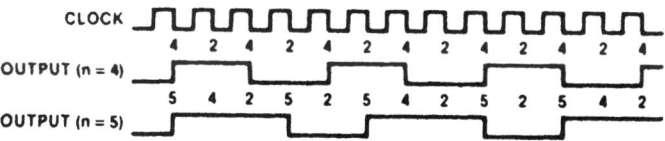

Bild 6.52: Der PIT-Mode 3

Der Ausgang bleibt so lange auf High, bis der halbe Zähleranfangswert erreicht ist, und wird Low für die andere Hälfte der Zeit. Bei ungeraden Anfangswerten liegt der Ausgang eine Taktperiode länger auf High- als auf Low-Pegel. Ein neuer Zyklus wird automatisch gestartet.

Der Mode 4, softwaregesteuerter Triggerimpuls

Nach dem Laden des Zählerstands startet der Zähler. Der Ausgang ist zu Beginn High und wird dann für die Dauer einer Taktperiode Low, wenn der Zählerstand »Null« erreicht ist. Der Vorgang wiederholt sich nicht automatisch, sondern muss durch erneutes Laden des Zählerstandes eingeleitet werden.

Ein neuer Wert für den Zählerstand kann während des Zählens geladen werden und wird beim nächsten CLK-Impuls aktiviert. Durch ein Low am GATE-Eingang wird der Zähler angehalten, mit einem High am GATE-Eingang wird weitergezählt.

MODE 4: SOFTWARE TRIGGERED STROBE

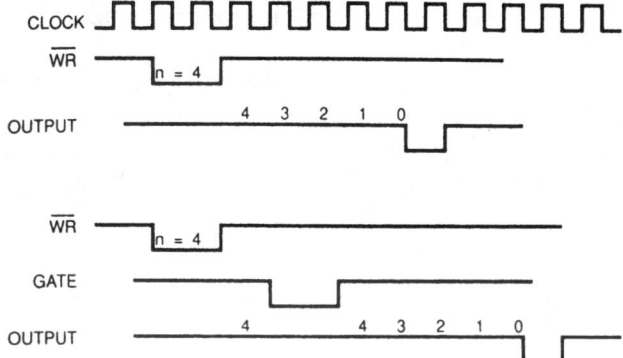

Bild 6.53: Der PIT-Mode 4

Der Mode 5, hardwaregesteuerter Triggerimpuls

Der Mode 5 entspricht dem Mode 4, allerdings mit dem Unterschied, dass der Zähler mit der steigenden Flanke am GATE-Eingang gestartet wird. Durch jede ansteigende Flanke am GATE startet der Zähler erneut (retriggerbar).

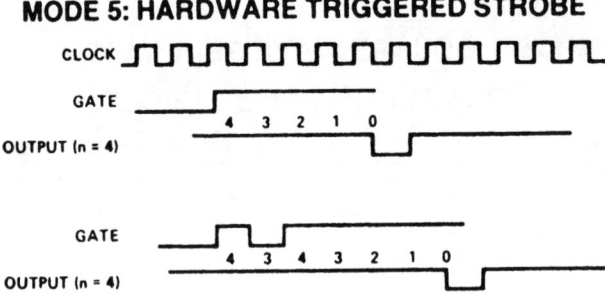

Bild 6.54: *Der PIT-Mode 5*

6.8.3 Programmierung der Zähler

Der erste Schritt ist das Einschreiben der Konfiguration in das Steuerregister (Control Word Register). Der Zähler wird mit SC1 und SC0 festgelegt (siehe Tabelle). Welches Byte geschrieben werden soll (MSB, LSB), wird mit RL1 und RL0 bestimmt. Die Betriebsart wird mit M2-M0 und die Zählerart mit dem Bit BCD bestimmt. Danach wird der gewünschte Zählerstand in das Zähler-Register-2 (Counter 2) geschrieben.

Wichtig ist, dass immer alle drei Zähler konfiguriert sein müssen, auch wenn nur ein Zähler benötigt wird, denn andernfalls zeigt der Baustein ein Fehlverhalten.

Wird ein 16-Bit-Zähler gewünscht, wird normalerweise im ersten Schritt das LSB (**L**east **S**ignificant **B**it) geschrieben, danach das MSB (**M**ost **S**ignificant **B**it). Dafür wird zuvor in das Kontrollregister für RL1 und RL0 jeweils eine »1« geschrieben. Nach zweimaligem Schreiben ist der Zählerstand dann geladen. Die Übernahme in das Zählregister erfolgt aber erst, wenn ein positiver Impuls am Takteingang angelegen hat.

Für den Betrieb als Binärzähler ist der höchste Wert 10.000 und für den Dezimalzähler 65.536. Der Wert wird bei jedem Taktimpuls um eins erniedrigt (dekrementiert).

Die Reihenfolge der Programmierung – zuerst Kontrollregister, dann Zählerstand schreiben – ist nicht zwingend. Es können auch zuerst dreimal das Kontrollregister (einmal für jeden Zähler) beschrieben und dann die drei Zählerstände angegeben werden.

Eine Applikation mit dem Timer 8253/8254 wird im Teil 11 beschrieben, und dort befindet sich auch ein Listing, welches die Programmierung noch etwas verdeutlicht.

6.8.4 Zählerstand und Status ermitteln

Das Lesen der Zählerstände kann auf verschiedene Arten erfolgen:

···ᴤ In den Betriebsarten 0, 2, 3 und 4 durch ein Low am GATE-Eingang. Dadurch wird der Zählerstand »festgehalten«, und man kann ihn auslesen. Im ersten Lesezugriff wird das LSB, im zweiten das MSB ausgelesen.

···ᴤ RL0 und RL1 werden im Kontrollregister auf Low gesetzt, dann wird der Zählerstand gespeichert und kann ausgelesen werden.

···ᴤ Ohne den Zähler zu beeinflussen, kann der Zählerstand durch eine Zwischenspeicherung des aktuellen Wertes ausgelesen werden. Nach dem Schreiben eines speziellen Befehls in das Steuerregister wird der Zählerstand zwischengespeichert und kann mit einem normalen Lesebefehl ausgelesen werden.

Dieser spezielle Befehl zum Auslesen des Zählerstandes hat das folgende Format:

Latching Counter Command:

D7	D6	D5	D4	D3	D2	D1	D0
SC1	SC0	0	0	X	X	X	X

Mit SC1 und SC0 wird der Zähler angewählt, dessen Stand gespeichert werden soll. D5 und D4 = 0 signalisieren dem Zähler, dass eine Zwischenspeicherung stattfinden soll.

Der 8254-PIT verfügt über einen zusätzlichen Befehl (Read Back Command), mit dessen Hilfe der Mode und der Zählerstand eines jeden Zählers abgefragt werden können. Hierfür wird das folgende Byte in das Kommandoregister geschrieben:

Read Back Command (nur 8254):

D7	D6	D5	D4	D3	D2	D1	D0
1	1	/Count	/Status	CNT2	CNT1	CNT0	0

Mit den CNTx-Bits wird der gewünschte Zähler ausgewählt. Es können gleichzeitig alle drei Zählerwerte (CNT0-CNT2=1) *gelatched* werden. Der Read-Back-Befehl ist daher mit der Ausführung dreier Latching-Counter-Befehle identisch. Die Werte werden so lange im jeweiligen Counter-Latch festgehalten, bis sie ausgelesen worden sind. Für das Auslesen der Zählerstände müssen sich das Bit D5 (/Count) auf LOW und das Bit D4 (/Status) auf HIGH befinden.

Für das Auslesen der programmierten Betriebsart (Status) und des Ausgangs (OUTx) wird hingegen das Bit D5 (/COUNT) auf HIGH und das Bit D4 (STATUS) auf LOW gesetzt. Auch hier können mittels der CNTx-Bits mehrere Zähler ausgewählt werden. Das jeweilige Statusbyte eines Zählers kann daraufhin durch einen Lesebefehl an das entsprechende Counter-Register ermittelt werden. Hierfür gilt ebenfalls, dass die zuvor angewählten Zähler ausgelesen werden müssen (!), damit die Latches wieder gelöscht werden. Das Statusbyte hat das folgende Format:

Status-Byte der Zähler (nur 8254):

D7	D6	D5	D4	D3	D2	D1	D0
Output	Null Count	RL1	RL0	M2	M1	M0	BCD

Das Manko des 8253, dass nicht kontrolliert werden kann, ob der programmierte Mode auch wirklich vom PIT korrekt übernommen worden ist und in welchem Zustand sich die einzelnen Zählerausgänge befinden, ist durch die Lesemöglichkeit der Statusbytes ausgeräumt worden.

Die Bits D0 bis D5 entsprechen der Belegung des Control Word Register. Das Bit D6 (Null Count) signalisiert, ob der zuletzt geschriebene Zählerwert bereits in den Zähler gelangt ist. Das Lesen eines Counters ist erst dann sinnvoll und liefert auch erst dann einen aktuellen Wert, wenn dieses Bit = LOW ist.

Das Bit D7 (Output) enthält den Zustand des jeweiligen Zählerausgangs (OUTX-Pin). Ist es HIGH, befindet sich der entsprechende Zählerausgang auf High-Potential.

6.9 Der Portbaustein 8255

Der Baustein 8255 ist lediglich auf den Mainboards mit einem 8088 oder 8086 zu finden. Er übernimmt das Einlesen von Schalterstellungen wie Speichergröße und Laufwerkstyp und die Kommunikation mit der Tastatur. In Computern mit mindestens einem 80286-Prozessor (AT) ist er nicht zu finden, denn hier übernimmt ein Mikrocontroller die Tastatursteuerung, und das CMOS-RAM enthält die Angaben für die Systemkonfiguration.

Der 8255 ist dennoch ein sehr interessantes Bauelement, welches als Standardelement für die parallele Aus- und Eingabe von Daten dient. Die Druckerschnittstelle (Centronics) ist mit dem 8255 oder einem hiermit kompatiblen Baustein aufgebaut. Im Teil 11 wird dieser Chip in verschiedenen Applikationen eingesetzt.

In der Version 8255A ist er bis zu einer Frequenz von 4 MHz zu verwenden. Mit dem 8255-2-Baustein können dagegen Frequenzen bis zu 8 MHz verarbeitet werden. Als CMOS-Version – in der stromsparenden Version – ist er ebenfalls erhältlich.

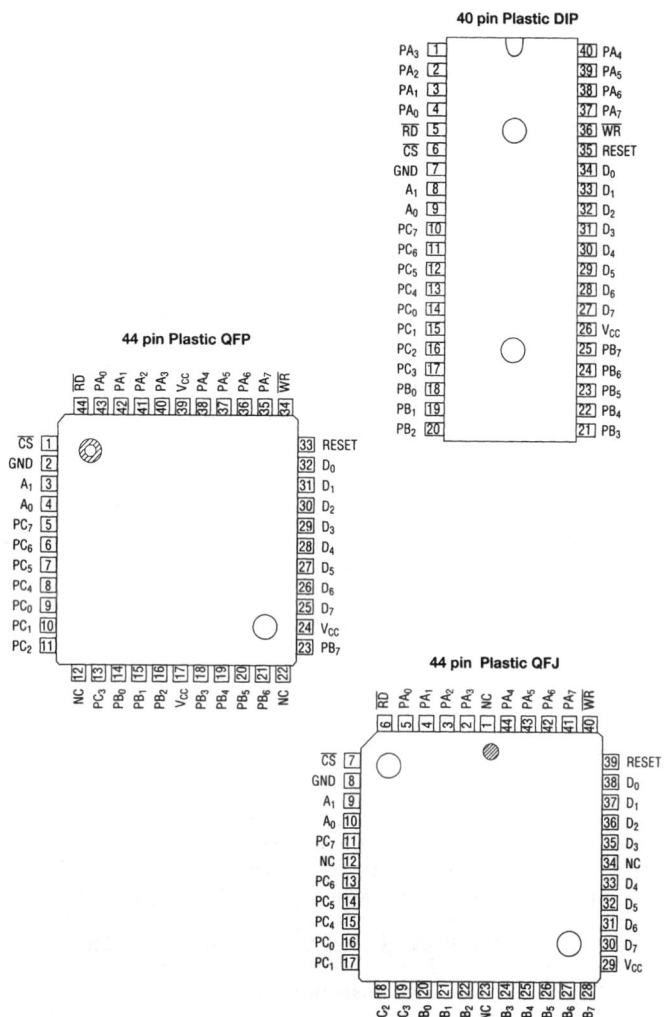

Bild 6.55: Den Portbaustein 8255 gibt es von verschiedenen Herstellern (Intel, AMD, NEC, OKI) und in unterschiedlichen Gehäusetypen

6.9.1 Anschlüsse und Betriebsarten

Der Port-Baustein 8255 – auch als PIO, **P**arallel **I**nput **O**utput-Chip, bezeichnet – stellt insgesamt 24 TTL-Ein-/Ausgabeleitungen zur Verfügung. Diese Leitungen sind in drei Ports zu je 8 Bit aufgeteilt. Die Ports heißen Port A, Port B und Port C und können verschieden konfiguriert werden, wie es noch genau erläutert wird.

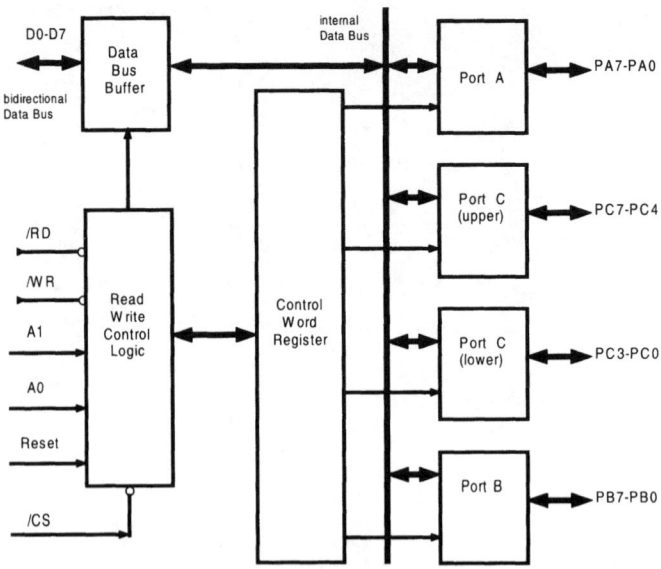

Bild 6.56: *Der Portbaustein 8255, (PIO, Parallel Input Output) ist das Standardbauelement für den Aufbau von parallelen Schnittstellen und wird für die unterschiedlichsten PC-Karten verwendet*

Signal	Bedeutung/Funktion
A0 und A1	Adressenleitungen, die in Verbindung mit den Lese- und Schreib- signalen (/RD, /WR) die einzelnen Register selektieren.
/CS	Chip Select. Ein Low aktiviert den Baustein. Das Signal wird durch eine Adressendekodierungsschaltung erzeugt.
D0-D7	Datenleitungen zur Verbindung des Bausteins mit dem Adressbus.
GND	Ground, der Masseanschluss.
PA0-PA7	Signale des Port A.
PB0-PB7	Signale des Port B.
PC0-PC7	Signale des Port C.
Reset	Ein High löscht alle Ports und das Control Word Register.
/RD	Lesesignal. Ein Low bedeutet, dass Daten vom 8255 zur CPU gesen- det werden.
VCC	Versorgungsspannungsanschluss (5V).
/WR	Schreibsignal. Ein Low bedeutet, dass Daten von der CPU zum 8255 gesendet werden.

Tabelle 6.21: *Anschlussbeschreibung PIO 8255*

Selektiert ist der 8255 bei einem Low am /CS-Eingang (Chip Select), und ein High-Impuls am Reset-Eingang löscht alle Ports sowie den Inhalt des Control Word Registers. Leider ist das Reset-Signal, welches sich auch am PC-Slot befindet, bei den Intel-typischen Prozessoren Low-aktiv. Für den Port-Baustein muss das Signal daher invertiert werden, was somit zusätzliche Logik – einen Inverter – erfordert.

Mit Hilfe der Adressleitungen A0 und A1 werden jeweils die vier einzelnen Register angewählt, die mit einem aktiven (Low) Signal an /WR (Write) beschrieben und mit einem Low an /RD (Read) über die Datenleitungen (D0-D7) gelesen werden.

Die erwähnte Aufteilung der Ports sowie die Einstellung einer von drei möglichen Betriebsarten (Mode 0–Mode 2) wird im Control Word Register vorgenommen, das nur beschrieben, jedoch (leider) nicht gelesen werden kann, was ein direktes Überprüfen der korrekten Datenübernahme ausschließt.

···⟩ **MODE 0**

Port A und Port B können jeweils als 8-Bit-Ein- oder -Ausgang programmiert werden. Port C ist noch einmal in zwei Gruppen zu 4 Bit unterteilt, die wiederum als Eingang oder Ausgang programmiert werden können. Die Ausgänge sind *gelatched* (es erfolgt eine Zwischenspeicherung der Daten), die Eingänge hingegen nicht.

···⟩ **MODE 1**

Port A und Port B können als Ein- oder Ausgang programmiert werden. Port C stellt jeweils drei Handshake-Signale und ein Interrupt-Signal für Port A und Port B zur Verfügung. Die *Handshake-Leitungen* werden üblicherweise für die Kontrolle der Datenübernahme eingesetzt (von/zur Peripherie). Es kann beispielsweise festgestellt werden, ob die Daten von der angeschlossenen Peripherie übernommen worden sind, wodurch die Übertragungssicherheit generell erhöht wird.

···⟩ **MODE 2**

Port A wird als bidirektionaler Bus mit fünf Handshake-Signalen verwendet, welche Port C liefert. Die drei anderen Leitungen des Port C können dann noch als universelle I/O-Leitungen verwendet werden oder als »Handshake-Leitungen« für Port B, wenn er im Mode 1 verwendet wird. Der Port B kann als I/O-Port für Mode 1 oder Mode 2 verwendet werden.

Zu jedem Port gehört außerdem ein eigenes Register, welches die zu sendenden oder die empfangenen Daten enthält. Demnach sind insgesamt vier Adressen für den Baustein von der Hardwareseite her zu dekodieren, was typischerweise wie folgt aussieht:

Beispiel für die PIO-Anwendung auf einer PC-Karte:

300H: Port A

301H: Port B

302H: Port C

303h: Control Word Register

Die Tabelle 6.22 zeigt das Verhalten des 8255 in Abhängigkeit von den Adress- und Steuersignalen.

/CS	A1	A0	/RD	/WR	Funktion
0	0	0	1	0	Schreiben Port A
0	0	1	1	0	Schreiben Port B
0	1	0	1	0	Schreiben Port C
0	1	1	1	0	Schreiben Control Word
0	0	0	0	1	Lesen Port A
0	0	1	0	1	Lesen Port B
0	1	0	0	1	Lesen Port C
0	1	1	0	1	keine (verboten)
1	X	X	X	X	3 State (hochohmig)
0	X	X	1	1	3 State (hochohmig)

Tabelle 6.22: Die Funktionen des 8255 im Überblick

6.9.2 Festlegung der Betriebsart

Der Inhalt des Control Word Register bestimmt neben der gewünschten Betriebsart die Übertragungsrichtung der Daten für die einzelnen Ports. Das Bit 7 (Mode Set Flag = MSF) aktiviert mit einer 1 die jeweils angegebene Konfiguration.

Control Word Register:

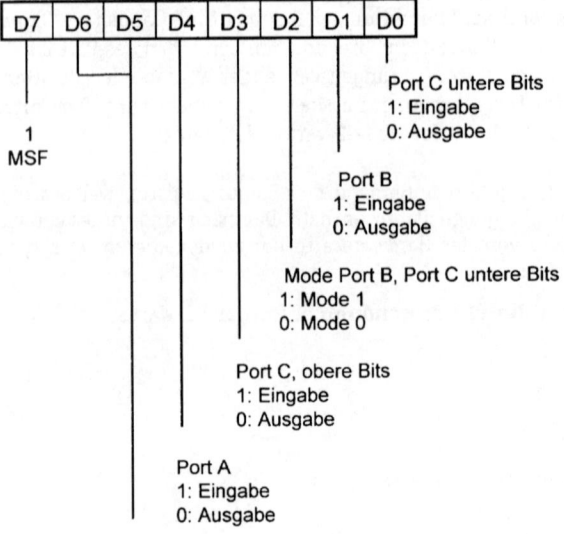

Nachdem das Bit 7 (Mode Set Flag) auf 0 gesetzt worden ist, können *einzelne* Bits und somit Signalleitungen des Ports C gesetzt oder zurückgesetzt werden. Die Anwahl erfolgt mit den Bits D1, D2 und D3. Durch D0 wird dabei bestimmt, ob das angewählte Bit gesetzt oder gelöscht werden soll.

Setzen einzelner Bits mit MSF = 0 im Control Word Register:

D7	D6	D5	D4	D3	D2	D1	D0
0	X	X	X				

1: Bit setzen
0: Bit löschen

0	0	0	Bit 0
0	0	1	Bit 1
0	1	0	Bit 2
0	1	1	Bit 3
1	0	0	Bit 4
1	0	1	Bit 5
1	1	0	Bit 6
1	1	1	Bit 7

6.9.3 Der Mode 0

Der Mode 0 ist die Betriebsart für einfache I/O-Aufgaben. In der folgenden Tabelle sind alle möglichen Kombinationen im Mode 0 für die Bits angegeben, die die Übertragungsrichtung bestimmen.

Die Bits D2, D5 und D6 bleiben hier unberücksichtigt, da sie die jeweilige Betriebsart festlegen (vergl. Belegung des Control Word Register).

D4	D3	D1	D0	PORT A	PORT C (oben)	PORT B	PORT C (unten)
0	0	0	0	Ausgang	Ausgang	Ausgang	Ausgang
0	0	0	1	Ausgang	Ausgang	Ausgang	Eingang
0	0	1	0	Ausgang	Ausgang	Eingang	Ausgang
0	0	1	1	Ausgang	Ausgang	Eingang	Eingang
0	1	0	0	Ausgang	Eingang	Ausgang	Ausgang
0	1	0	1	Ausgang	Eingang	Ausgang	Eingang
0	1	1	0	Ausgang	Eingang	Eingang	Ausgang
0	1	1	1	Ausgang	Eingang	Eingang	Eingang
1	0	0	0	Eingang	Ausgang	Ausgang	Ausgang
1	0	0	1	Eingang	Ausgang	Ausgang	Eingang

Fortsetzung der Tabelle:

D4	D3	D1	D0	PORT A	PORT C (oben)	PORT B	PORT C (unten)
1	0	1	0	Eingang	Ausgang	Eingang	Ausgang
1	0	1	1	Eingang	Ausgang	Eingang	Eingang
1	1	0	0	Eingang	Eingang	Ausgang	Ausgang
1	1	0	1	Eingang	Eingang	Ausgang	Eingang
1	1	1	0	Eingang	Eingang	Eingang	Ausgang
1	1	1	1	Eingang	Eingang	Eingang	Eingang

Tabelle 6.23: Konfigurationsmöglichkeiten für den 8255-Baustein im Mode 0

6.9.4 Der Mode 1

In dieser Betriebsart wird der Port C für das Handshaking eingesetzt, und die Ports A und B arbeiten als I/O-Ports. Die Eingänge und auch die Ausgänge sind jeweils *gelatched*. Durch das Control Word Register wird wie üblich festgelegt, ob die Ports dabei jeweils als Ein- oder als Ausgang arbeiten sollen. Es sind damit im Mode 1 vier verschiedene Portkonfigurationen möglich. Mit jeweils einem gesonderten Bild wird im Folgenden verdeutlicht, welche Bedeutung dann die Leitungen des Port C haben. Wie im Mode 0 aktiviert das Bit 7 (Mode Set Flag) mit einer 1 die eingegebene Konfiguration. Mit einer 0 sind einzelne Bits des Ports C (jeweils mit C in der Registerbeschreibung angegeben) zu setzen oder zu löschen.

Mode 1: Port A empfängt Daten mit Handshaking

Wenn der Port A als Eingangs-Port arbeiten soll – Daten von ihm gelesen werden sollen –, wird das folgende Datenbyte in das Control Word Register geschrieben.

Control Word Register:

D7	D6	D5	D4	D3	D2	D1	D0
1	0	1	1	C	X	X	X

High: PC6, PC7 = Eingänge
Low: PC6, PC7 = Ausgänge

Die folgenden Leitungen des Port C arbeiten für den Port A als Handshaking-Signale bei Datenempfang:

PC 3, INTRA
Interrupt-Ausgang; mit diesem Ausgang kann von der CPU eine Interrupt-Verarbeitung angefordert (Interrupt Request) werden. Der Interrupt wird durch PC4 *enabled* (INTEA).

PC 4, /STBA
Strobe-Eingangsleitung; mit einer ansteigenden Flanke werden die Daten in den Zwischenspeicher übernommen. Ob der Speicher voll ist, kann mit dem Signal IBFA festgestellt werden.

PC 5, IBFA

Input-Buffer-Full; bei einem High ist der Zwischenspeicher (Latch) gefüllt. Zurückgesetzt wird der Ausgang durch einen Leseimpuls (/RD).

PC 6, 7

Diese Datenleitungen werden nicht für das Handshaking benutzt und können als universelle Ein- oder Ausgabeleitungen verwendet werden.

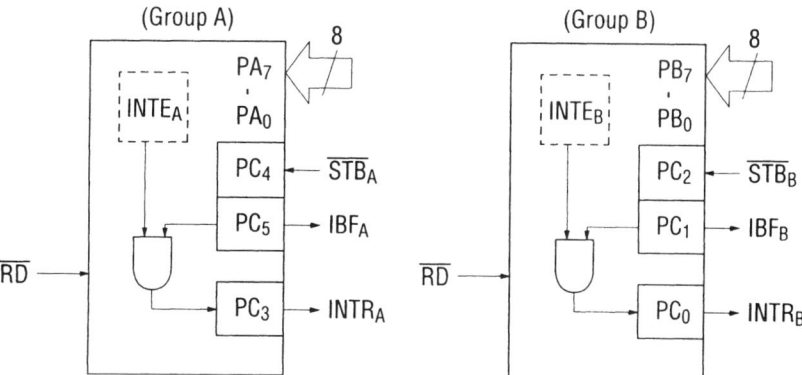

Bild 6.57: Die Konfiguration des Ports C im Handshake-Mode für Port A und Port B als Eingänge

Mode 1: Port B empfängt Daten mit Handshaking

Wenn der Port B als Empfänger arbeiten soll – Daten von ihm gelesen werden sollen –, ist das folgende Datenbyte in das Control Word Register zu schreiben.

Control Word Register:

D7	D6	D5	D4	D3	D2	D1	D0
1	X	X	X	X	1	1	X

Die folgenden Leitungen des Ports C arbeiten für den Port B als Handshaking-Signale bei Datenempfang:

PC 0, INTRB

Interrupt-Ausgang, mit diesem Ausgang kann von der CPU eine Interrupt-Verarbeitung angefordert (Interrupt Request) werden. Der Interrupt wird durch PC2 *enabled* (INTEB).

PC 1, IBFB

Input-Buffer-Full; bei einem High ist der Zwischenspeicher gefüllt. Zurückgesetzt wird der Ausgang durch einen Lesezugriff.

PC 2, /STBB

Strobe-Eingangsleitung; mit einer ansteigenden Flanke werden die Daten in den Zwischenspeicher (Latch) übernommen. Ob der Speicher voll ist, kann mit dem Signal IBFB festgestellt werden.

Mode 1: Port A sendet Daten mit Handshaking

Wenn der Port A als Sende-Port arbeiten soll – Daten von ihm ausgegeben werden sollen –, wird das folgende Datenbyte in das Control Word Register geschrieben.

Control Word Register:

D7	D6	D5	D4	D3	D2	D1	D0
1	0	1	0	C	X	X	X

High: PC4, PC5 = Eingänge
Low: PC4, PC5 = Ausgänge

Die folgenden Leitungen des Ports C arbeiten für den Port A als Handshaking-Signale beim Senden von Daten:

PC 3, INTRA
Interrupt-Ausgang; mit diesem Ausgang kann von der CPU eine Interrupt-Verarbeitung angefordert (Interrupt Request) werden. Der Interrupt wird durch PC6 *enabled* (INTEA).

PC 6, /ACKA
Acknowledge-Eingangsleitung; mit einem Low wird die Datenübernahme gekennzeichnet und der Ausgang /OBFA zurückgesetzt.

PC 7, /OBFA
Output-Buffer-Full; der Ausgang wird Low, wenn die Daten zum Port A ausgegeben wurden. Zurückgesetzt wird der Ausgang durch eine abfallende Flanke von /ACKA.

PC 4, 5
Diese Datenleitungen werden nicht für das Handshaking benutzt und können als universelle Ein- oder Ausgabeleitungen Verwendung finden.

Mode 1: Port B sendet Daten mit Handshaking

Wenn der Port B als Sender arbeiten soll – Daten von ihm ausgegeben werden sollen –, wird das folgende Datenbyte in das Control Word Register geschrieben.

Control Word Register:

D7	D6	D5	D4	D3	D2	D1	D0
1	X	X	X	X	1	0	X

Die folgenden Leitungen des Port C arbeiten für den Port A als Handshaking-Signale beim Senden von Daten:

PC 0, INTRB
Interrupt-Ausgang mit diesem Ausgang kann von der CPU eine Interrupt-Verarbeitung angefordert (Interrupt Request) werden. Der Interrupt wird durch PC2 *enabled* (INTEB).

PC 1, /OBFB

Output-Buffer-Full; der Ausgang wird Low, wenn die Daten zum Port B ausgegeben wurden. Zurückgesetzt wird der Ausgang durch eine abfallende Flanke von /ACKB.

PC 2, /ACKB

Acknowledge-Eingangsleitung; mit einem Low wird die Datenübernahme gekennzeichnet und der Ausgang /OBFB zurückgesetzt.

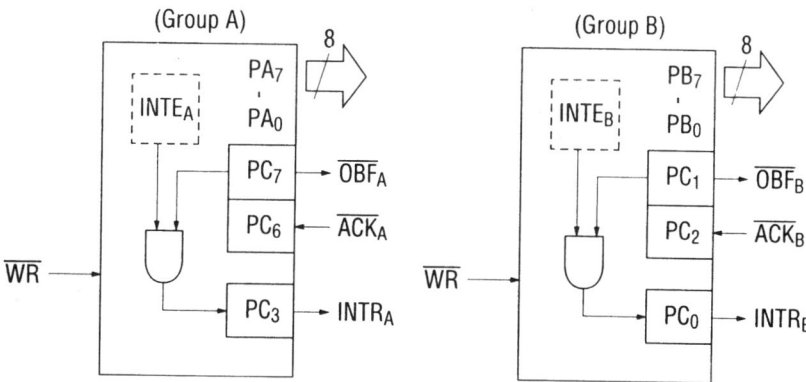

Bild 6.58: Die Konfiguration des Ports C im Handshake-Mode für Port A und Port B als Ausgänge

Mode 1: Lesen von Port C

Der Port C kann jederzeit gelesen werden und gibt Aufschluss über den aktuellen logischen Zustand des Bausteins.

Port C im Mode 1, Port A und B als Eingänge:

D7	D6	D5	D4	D3	D2	D1	D0
I/0	I/0	IBFA	INTEA	INTRA	INTEB	IBFB	INTRB

Port C im Mode 1, Port A und B als Ausgänge:

D7	D6	D5	D4	D3	D2	D1	D0
/OBFA	INTEA	I/0	I/0	INTRA	INTEB	/OBFB	INTRB

6.9.5 Der Mode 2

Im Mode 2 wird der Port A bidirektional betrieben, und das Lesen sowie Schreiben von Daten ist jeweils mit Handshaking möglich. Die oberen Bits des Ports C sind für das Handshaking zuständig. Die Ein- und Ausgänge sind *gelatched*.

Die Bits PC0-PC2 und der Port B können außerdem im Mode 0 oder im Mode 1 betrieben werden. Um den Mode 2 einzustellen, wird das folgende Konfigurationsbyte in das Control Word Register geschrieben:

Control Word Register:

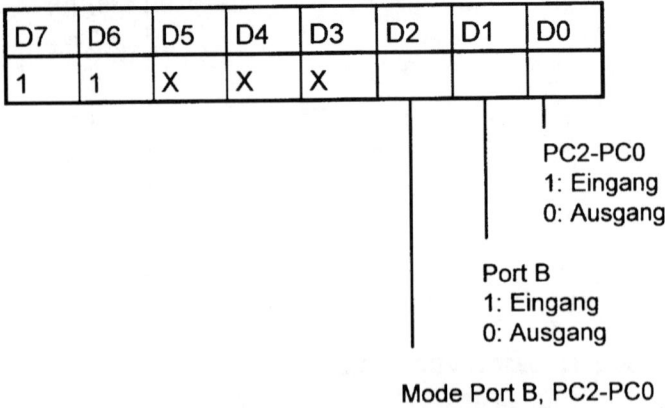

Wie in Bild 6.59 zu erkennen ist, weichen die Signalbedeutungen im Mode 2 von denen im Mode 1 ab. Daher werden sie im folgenden noch näher erläutert.

PC 3, INTRA
Interrupt-Ausgang (aktiv High) mit diesem Ausgang kann von der CPU eine Interrupt-Verarbeitung (Interrupt Request) angefordert werden und dies sowohl bei Einals auch bei Ausgabe von Portdaten. Der Interrupt ist für die Eingabe *enabled*, wenn PC6 gesetzt ist (INTE1), und wirkt dann bei IBFA=High. Für die Ausgabe ist er *enabled*, wenn PC4 gesetzt ist, und wirkt bei /OBFA=Low (INTE2).

PC 4, /STBA
Strobe-Eingangsleitung; mit einer ansteigenden Flanke werden die Daten in den Zwischenspeicher übernommen.

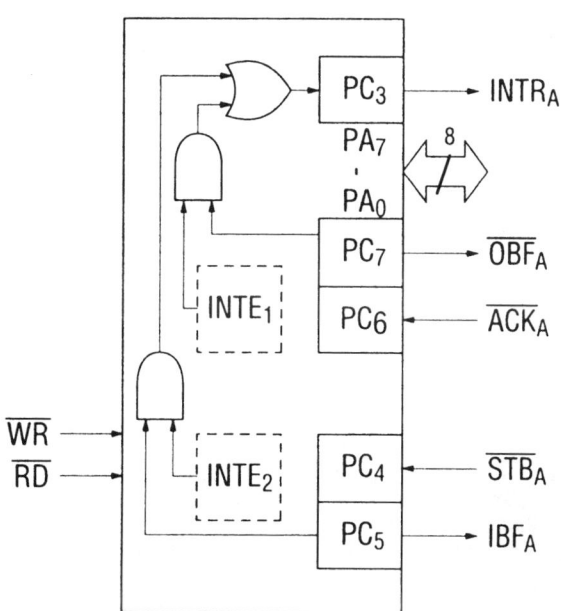

Bild 6.59: Die Bedeutung der Port-C-Signale im Mode 2

PC 5, IBFA

Input-Buffer-Full; bei einem High ist der Zwischenspeicher (Latch) gefüllt, die Daten wurden übernommen.

PC 6, /ACKA

Acknowledge-Eingangsleitung; mit einem Low sind die Ausgänge zum Senden der Daten freigegeben. Bei einem High sind sie hingegen hochohmig.

PC 7, /OBFA

Output-Buffer-Full; der Ausgang wird Low, wenn die Daten zum Port A ausgegeben wurden. Zurückgesetzt wird der Ausgang durch eine abfallende Flanke von /ACKA.

Mode 2: Lesen von Port C

Der Port C kann im Mode 2 ebenfalls zur Abfrage des aktuellen Zustands des Bausteins gelesen werden. Die einzelnen Bits haben dabei die im folgenden angegebenen Bedeutungen.

Port C im Mode 2, Port A im bidirektionalen Betrieb:

D7	D6	D5	D4	D3	D2	D1	D0
/OBFA	INTE1	IBFA	INTE2	INTRA	?	?	?

Die Bits D0-D2 (?) sind durch den Mode 0 oder den Mode 1 für die niederwertigen Bits (PC0-2) des Ports C oder des Ports B festgelegt, wie es oben im Control Word Register für den Mode 2 angegeben ist.

6.10 Der Tastatur-Controller

In einem PC wird die Kommunikation mit der Tastatur über den Portbaustein 8255 auf dem Mainboard abgewickelt. In einem AT (ab 286-CPU) steht hierfür hingegen ein Mikrocontroller (z.B. 8042) zur Verfügung. Der Mikrocontroller hat sein Programm fest in seinem Speicher (ROM) »eingebrannt«, und der Inhalt des Bausteins ist somit nicht veränderbar.

Der Tastatur-Controller kann verschiedene Bezeichnungen tragen, wie VIA VT82C42 oder AMIKEY-2, allerdings führt er oftmals die »42« in der Bezeichnung und ist bei aktuellen Mainboards meist der einzige 40-polige-Baustein im DIP-Gehäuse, was somit seine Identifizierung erleichtert.

Bild 6.60: Der Tastatur-Controller (hier VT82C42N) ist auf (fast) jedem Mainboard zu finden

Der Tastatur-Controller ist sowohl in einem Computer mit einem 286- als auch in einem Computer mit einem neuen Pentium-Prozessor zu finden, und seine Arbeitsweise ist bei allen Systemen (fast) gleich.

Daher ist es oftmals möglich, einen defekten Controller durch einen aus einem anderen Mainboard zu ersetzen. Ist man im Besitz eines Boards, bei dem sich eine Reparatur nicht mehr lohnt, sollte man sicherheitshalber den Baustein aufheben. Dann hat man für den Fall der Fälle einen Ersatzbaustein mit dem integrierten Programm, den man so nicht im Handel erwerben kann.

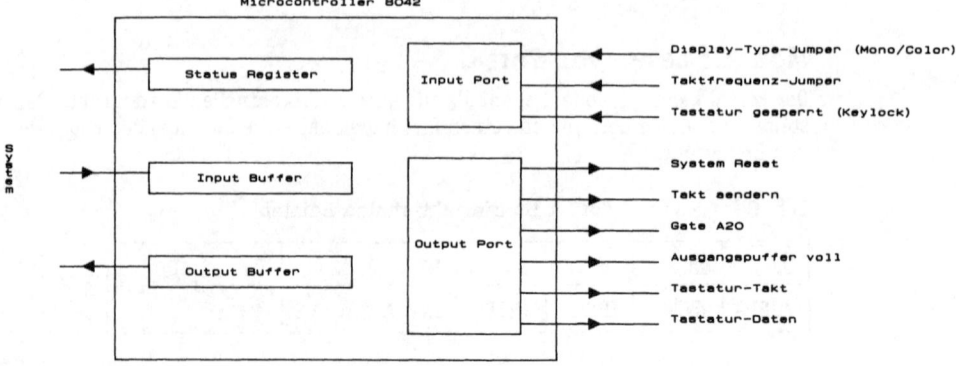

Bild 6.61: Der Tastatur-Controller hat verschiedene Aufgaben zu erledigen und dient nicht allein der Kommunikation mit der Tastatur

Leider funktioniert das einfache Austauschen nicht immer, denn das Programm im Tastatur-Controller kommuniziert natürlich mit dem System-BIOS, und diese beiden Komponenten müssen korrekt »zusammenspielen«. Es hängt daher vom BIOS- und Mainboard-Hersteller ab, ob ein defekter, relativ neuer Controller gegen einen von einem älteren Mainboard ersetzt werden kann. Einen Versuch ist es aber auf jeden Fall wert.

Das Senden von Daten an die Tastatur und damit die Programmierung derselben ist erst durch die Verwendung des Mikrocontrollers möglich geworden. Er ist weiterhin für das Einlesen der Schlüsselschalterstellung (Keylock) nötig und für das Lesen der Jumper-Stellungen, die die Taktfrequenz der CPU und den Bildschirmadapter (Display-Type) festlegen. Eine weitere Aufgabe ist die unter dem Stichwort »Gate_A20-Umschaltung« bekannte Umschaltung der Adressleitung A20.

Bei neueren Mainboards übernimmt diese erweiterten Funktionen meist ein Baustein des Chipsatzes, was jedoch nicht allgemein gilt und vom Mainboard-Typ abhängt.

6.10.1 Die Gate-A20-Umschaltung

In 8088/86-PCs sind die Adressleitungen A0 bis A19 vorhanden, mit denen nur ein Speicher von maximal 1 Mbyte angesprochen werden kann. Die Adresse wird immer aus der Segment- und einer Offset-Adresse gebildet. Die Segmentadresse wird dabei um 4 Bit nach links geschoben, was einer Multiplikation mit 16 entspricht. Daraufhin wird die Offset-Adresse addiert. In einem 8088/86-System ist damit theoretisch der maximale Wert von 10FFEFh möglich (1 Mbyte + 64 Kbyte !).

```
  0FFFF0 h   Segmentadressse
+ 00FFFF h   Offsetadresse
  ────────
  10FFEF h   20-Bit-Adresse
```

Der Übertrag wird jedoch durch den Prozessor ignoriert und im Bereich von 0h bis FFEFh abgebildet. Ein 80286-Prozessor hat 24 Adressleitungen und kann daher im Real-Mode nach dem gleichen Verfahren auch tatsächlich die Adresse 10FFEFh auf den Adressbus legen, was dementsprechend auch für die darauf folgenden Prozessoren bis hin zum Pentium zutrifft, der eine Adressbusbreite von 32 Bit hat.

Der zusätzlich nutzbare Speicherbereich beträgt gerade mal 64 Kbyte, was sich für heutige Verhältnisse als eine geradezu verschwindend geringe Speichergröße darstellt. Allerdings ist dieser Bereich (High Memory Area, HMA) keineswegs unwichtig, denn er erlaubt, dass Treiber hierhin geladen werden können (Stichwort: *Hochladen*), die andernfalls den Hauptspeicherbereich (bis 640 Kbyte) belasten würden. Genauere Erläuterungen zur Verwaltung des PC-Speichers finden sich in Kapitel 8.3.

Diese Art der »Speicherverschwendung« wäre jedoch bei den heute üblichen Betriebssystemen, die nicht auf DOS aufsetzen, nicht weiter tragisch. Der eigentliche »Knackpunkt« ist jedoch der, dass sich für ein Programm, das sowohl auf einem (alten) PC als auch auf einem AT und dementsprechend sowohl im Real- als auch im Protected-Mode funktionieren soll, die Adressen unterschiedlich darstellen. Aus Kompatibilitätsgründen wird diese Konstruktion auch heute noch nachgebildet.

Um dieser Problematik zu begegnen, wurde mit Hilfe des 8042-Controllers – dem Tastaturcontroller – eine zusätzliche Schaltung auf dem Mainboard realisiert, die als *Gate-A20-Control* bezeichnet wird. Eine Ausgangsleitung des Controllers wird mit der Adressleitung A20 »UND-verknüpft«, so dass durch die entsprechende Programmierung des Mikrocontrollers das A20-Signal ausmaskiert wird und im Real Mode die oben beschriebene Adressenabbildung (0h bis FFEFh) stattfindet. Bei einer Umschaltung vom Real- in den Protected-Mode wird durch den 8042-Controller die Adressleitung A20 freigegeben. Dies geschieht jedoch relativ langsam, da das entsprechende Statusregister ständig dahingehend abgefragt werden muss, ob die Umschaltung auch bereits erfolgt ist.

Ab Chipsätzen für 386-CPUs wird für diese Umschaltung ein Extrabaustein (Latch) eingesetzt, welcher ohne einen nennenswerten Zeitverlust arbeitet. Diese Art der Umschaltung wird oft als *Fast A20-Control* oder ähnlich bezeichnet und taucht in einigen Setup-Programmen und auch während der Initialisierung des Systems am Bildschirm auf.

Es ist durchaus keine Seltenheit, dass diese Umschaltung selbst bei 486-Mainboards nicht korrekt funktioniert, was man daran erkennen kann, dass ein Speichermanager wie HIMEM.SYS nicht zu laden ist. Es erscheint daraufhin eine Fehlermeldung wie etwa *Gate A20 Control Error*. Im BIOS-Setup ist dann mitunter eine andere Gate-A20-Einstellung nötig, was jedoch nicht bei allen Mainboards vorgesehen ist.

Außerdem können für den Speichermanager – je nach Computertyp, wie beispielsweise HP-Vectra oder auch bei einigen Modellen von Compaq oder Dell – optionale Parameter mit angegeben werden, wodurch das Problem ebenfalls beseitigt werden kann. Gleichwohl sind mir schon einige Modelle untergekommen, bei denen HIMEM.SYS nie geladen werden konnte und Abhilfe erst durch die Verwendung eines alternativen Speichermanagers wie *Qemm* (Quarterdeck) zu schaffen war, der generell auch »widerwillige« Mainboards umzuschalten vermag.

Windows 3.x lässt sich nur im (veralteten) Standardmode betreiben, wenn der nötige Speichermanager aufgrund einer fehlerhaften Gate-A20-Einstellung nicht zu aktivieren ist. Wenn ausschließlich Windows-Programme eingesetzt werden, die zudem einwandfrei funktionieren, ist das *Gate-A20-Problem* offensichtlich nicht gegeben.

Doch bereits das Umschalten in den DOS-Modus (Real-Mode), beispielsweise für ein Spiel, kann dieses Problem wieder hervorrufen und für ein Versagen verantwortlich sein, was dann auch für Windows 9x gilt. Hier kann der Einsatz eines zusätzlichen Speichermanagers, der unter Windows 95 für das betreffende DOS-Spiel aktiviert wird, Abhilfe schaffen. Falls ein Mainboard schon mit HIMEM.SYS für Windows 3.x nicht zurechtkam, ist die Wahrscheinlichkeit äußerst gering, dass sich mit Windows 9x hieran etwas ändert, was zumindest für DOS und 16-Bit-Windows-Applikationen gilt.

Als ein letzter Ausweg bleibt dann ein BIOS-Update oder natürlich ein neues Mainboard übrig. Ab einer 486-DX-CPU ist die Gate-A20-Problematik maßgeblich entschärft, da diese CPU erstmalig ein eigenes A20-Controll-Signal besitzt und keine Behelfsschaltung notwendig ist.

6.11 Takterzeugung und -Tuning

Auf jedem Mainboard werden verschiedene Taktfrequenzen benötigt, mit deren Hilfe der Timer und die weitere Elektronik auf einem Mainboard sowie die Grafikkarte und auch andere Einsteckkarten mit dem nötigen »Arbeitstakt« versorgt werden.

Auf jedem Mainboard befindet sich ein Quarz oder auch ein Quarzoszillator mit einer Frequenz von 14,31818 MHz. Im Prinzip spielt es keine Rolle, ob ein einzelner Quarz oder ein Quarzoszillator Verwendung findet. Der Unterschied ist lediglich der, dass bei der Verwendung eines Quarzes noch etwas Peripherie benötigt wird (mindestens zwei Kondensatoren) und der Quarz an einen Baustein angeschlossen ist (z.B. 8254 o.ä.), der intern die weitere Takterzeugungsschaltung enthält. Ein Quarzoszillator kommt demgegenüber ohne zusätzliche Bauteile aus. Durch Anlegen von typisch 5 V generiert er die auf seinem Gehäuse angegebene Frequenz selbsttätig und stellt sie an einem separaten Anschluss zur Verfügung.

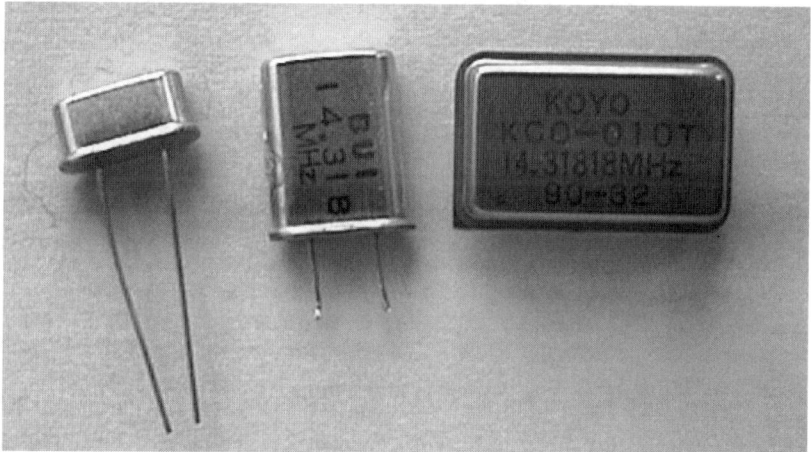

Bild 6.62: Zwei einzelne Quarze unterschiedlicher Bauform, die zum Schwingen eine zusätzliche Schaltung benötigen, und ein Quarzoszillator (rechts), der die aufgedruckte Frequenz selbsttätig erzeugt

Die Frequenz von 14,31818 MHz steht nicht nur auf dem Mainboard selbst, sondern auch am PC-Slot (Anschluss OSZ, Kontakt B30) zur Verfügung, damit sich, wie erwähnt, die Einsteckkarten dieses Taktes bedienen können. Da kaum überschaubar ist, welche Karten dieses Signal verwenden, hat sich daran auch über die Jahre nichts geändert. Einige Kartenhersteller verlassen sich allerdings nicht darauf, dass diese Frequenz auch tatsächlich in der korrekten Form von der Mainboard-Elektronik zur Verfügung gestellt wird, und setzen auf ihre Karten einen eigenen 14,31318-MHz-Quarz.

Die Taktfrequenz der CPU und des Mainboards – der Systemtakt – hat (zunächst) nichts mit diesem »Hilfstakt« zu tun. Der Systemtakt eines Mainboards ist derjenige, mit dem die gesamte Elektronik (Chipsatz, DRAM, Cache usw.) bis auf die CPU und die Bussysteme (ISA, PCI) für die Aufnahme von Einsteckkarten getaktet werden. Die maximale Taktfrequenz eines ISA-Mainboards beträgt 50 MHz, wobei 33 MHz aber weitaus gebräuchlicher sind.

6.11.1 Normal oder Turbo?

Für die Erzeugung des Systemtaktes ist auf den älteren Mainboards mindestens ein Quarzoszillator (neben dem Hilfstakt) vorgesehen. Meist sind jedoch derer zwei vorhanden. Einer tritt in der Normalstellung des auf der Frontplatte des PC-Gehäuses vorhandenen Turboschalters in Funktion, während der andere in der Turbostellung aktiviert wird. Die Bezeichnung *Normal* bzw. *Turbo* mag verwirrend sein, denn sie stammt aus den Anfangstagen der PC-Technik. Nur in der Turbostellung arbeitet der PC nämlich mit seinem vorgesehenen (maximalen) Arbeitstakt, während er in der Normalstellung demgegenüber reduziert wird. Die Verhältnisse sind also genau anders herum: die Turbostellung ist die Normalstellung.

Bild 6.63: Die beiden Quarzoszillatoren für den Turbo- und den Normal-Mode auf einem Mainboard

Der Grund für diese »Verdrehung« liegt in der Tatsache begründet, dass es (damals, beim Übergang vom 8088/8086- zum 286-PC) durchaus Programme gab, die ausschließlich in der Normalstellung funktionierten, da die *rasante* Geschwindigkeit des AT – 8 MHz gegenüber 4,7 MHz, eben Turbo – noch als sehr ungewöhnlich galt. Diese verquere Nomenklatur hat sich über die Jahre allerdings nicht verändert, und man findet eine entsprechende Turbo-Taste, mit der erläuterten Funktion selbst noch bei einigen Pentium-PCs, wobei die neueren Modelle auf die Taste verzichten.

Die Turbostellung bei einem PC ist diejenige, bei der der PC mit der maximalen Taktfrequenz arbeitet, während in der Normalstellung mit einem niedrigeren Takt gearbeitet wird. Der Turbo-Mode ist daher als Normal-Mode zu verstehen.

6.11.2 CPU- und Bustakt

Die im obigen Bild gezeigten Quarzoszillatoren mit Frequenzen von 50 MHz und 40 MHz werden jedoch bei älteren PCs (bis typisch 386-PC) nicht direkt zur Taktung des Mainboards oder der CPU verwendet, sondern noch verringert, was auf den Mainboards allerdings unterschiedlich gehandhabt wird. Üblich ist eine Teilung zunächst durch den Faktor zwei, was zur Taktung der CPU verwendet wird (siehe unten). Im jeweiligen BIOS-Setup sind dann oftmals – etwas verwirrende – Einstellungsmöglichkeiten für Takte, die als CLK2IN, ATCLK BCLK oder auch DMACLK bezeichnet sind, zu finden. Diese leiten sich letztlich aus der Oszillatorfrequenz ab und werden innerhalb des Chipsatzes entsprechend per BIOS-Setup konfiguriert. Diese Art der Takteinstellung stellt sich zwar als recht flexibel dar, ist jedoch fehlerträchtig, wenn der Anwender nicht genau beurteilen kann, was er da eigentlich einstellt. Andererseits kann ein derartiger PC durch einen optimalen BIOS-Setup zu einer bis dahin ungeahnten Leistung gebracht werden.

So ist es beispielsweise durchaus möglich, für den ISA-Bustakt (BCLK), der für 8 bis 8,3 MHz spezifiziert ist, Frequenzen von 10, 12 oder gar 16 MHz festzulegen. Der DMA-Takt (DMACLK) kann ebenfalls auf Werte jenseits der Spezifikation konfiguriert werden, wobei es jedoch nicht nur passieren kann, dass dann gar nichts mehr funktioniert, sondern auch, dass ein Chip bei längerem Betrieb mit einem zu hohen Takt »stirbt«, wie etwa der Peripherie-Chip vom Typ 82C206.

ISA-Karten mit einem höheren Takt als 8 MHz zu betreiben ist demgegenüber ungefährlicher, und falls eine Karte nicht mehr funktionieren sollte, wird der Takt einfach auf den Wert festgelegt, bei dem der PC noch stabil läuft. Viele ISA-IDE-Controllerkarten versagen beispielsweise ihren Dienst ab einem Bustakt von 10 MHz, wodurch die Festplatte dann nicht mehr booten kann.

 Bei einem ISA-Bustakt größer als 10 MHz fallen viele (meist ältere) IDE-Controllerkarten aus!

Gleichwohl kann eine Tuning-Maßnahme allein per Setup eine deutlich wahrnehmbare Steigerung der PC-Geschwindigkeit bewirken, was in einem PCI-PC nicht möglich ist, denn hier genießt der ISA-Bus nur eine untergeordnete Priorität, und in den seltensten Fällen (bei Pentium-Chipsätzen von VIA etwa, bei keinem von Intel) lässt sich der ISA-Bustakt auf höhere Werte als 8,3 MHz festlegen. Aus diesem Grund zeigen ISA-Karten in einem optimal konfigurierten ISA-PC eine höhere Leistung als in einem PCI-PC, denn hier verhindert die PCI-ISA-Bridge diese Optimierungsmethode.

6.11.3 Takteinstellungen für die optimale PC-Leistung

Für den Takt einer CPU sind die Verhältnisse noch etwas anders als beim Systemtakt (Mainboard-Takt). So verlangt beispielsweise eine CPU vom Typ 386DX-25 einen externen Takt von 50 MHz, denn sowohl ein 286- als auch ein 386-Mikroprozessor halbieren intern generell die externe Frequenz, die stets dem Oszillatortakt entspricht.

Bei einer 486-CPU sieht es wieder anders aus, denn diese CPU halbiert den externen Takt eben nicht, sondern verlangt exakt diese Frequenz auch als Arbeitstakt, was auch für den Pentium der ersten Generation gilt, der mit 60 oder 66 MHz getaktet wird.

Moderne 486- und Pentium-CPUs arbeiten intern mit einer Taktvervielfachung, sie verdoppeln oder verdreifachen – je nach Typ gibt es auch noch andere Möglichkeiten – die externe Oszillatorfrequenz, worauf noch genau in den entsprechenden Kapiteln über die jeweiligen CPUs eingegangen wird.

Die erläuterte Konstellation mit verschiedenen Quarzoszillatoren auf einem Mainboard wurde häufig verwendet. Dabei ist es keineswegs unüblich, dass hier bis zu vier Stück auf einem Mainboard zum Einsatz kommen, wenn einer für den Normal-, einer für den Turbo-Mode, einer für den Hilfstakt (14,31818 MHz) und einer für den ISA-Bustakt (8 MHz) verwendet wird.

Eine altbekannte und preiswerte Methode, einem Prozessor zu mehr Geschwindigkeit zu verhelfen, ist, seinen Arbeitstakt zu erhöhen. Diese Methode wird zwar von keinem Hersteller direkt empfohlen, doch in der Praxis stellt sich dies als relativ unproblematisch dar, wenn man es nicht gleich übertreibt und zudem für eine gute Kühlung der CPU sorgt. Die Kühlung in PCs spielt generell eine wichtige Rolle, der nicht immer die nötige Aufmerksamkeit geschenkt wird, was oftmals zu einem Fehlverhalten des PC führt.

Ist auf dem Mainboard ein Quarzoszillator (oder auch zwei), wie in Bild 6.64 gezeigt, vorhanden, kann man ihn beispielsweise bei einer 486DX-33MHz CPU (auf dem Mainboard ist in diesem Fall ein 33-MHz-Quarzoszillator vorhanden) entfernen und stattdessen einen mit 40 MHz einsetzen. Voraussetzung dafür ist allerdings, dass sich der Oszillator in einer Fassung befindet. An eingelötete »Takterzeuger« sollte sich nur ein geübter »Löter« heranwagen.

Bild 6.64: *Hier befindet sich der Quarzoszillator in einer Fassung und ist mit einem Kabelbinder befestigt; das Ausprobieren eines anderen Taktes ist hier besonders leicht, da ein Sockel noch frei ist (rechts), der in der Normalstellung des Turboschalters aktiviert wird, links oben ist auch der Quarz mit der Frequenz von 14,3181 MHz zu erkennen*

Bevor man aber an den Austausch des Oszillators denkt, sollte man auf jeden Fall überprüfen, ob nicht auf dem Mainboard entsprechende Jumper für die Einstellung eines höheren CPU-Taktes zu finden sind, denn dann ist die ganze Aktion in ein paar Minuten erledigt. Die Oszillatoren gibt es standardmäßig in bestimmten Frequenzabstufungen von jeweils ca. 20 Prozent (Tabelle 6.24). Dies bedeutet keine relevante Einschränkung für das Höhertakten, denn die CPU wird damit in der Regel auch nicht zu hoch getaktet.

Vom Höhertakten ist nicht nur der Prozessor betroffen, sondern auch andere Bausteine werden dadurch mit einem höheren Takt betrieben, was bei einigen Mainboards durchaus zu Problemen führen kann. Ein Peripherie-Controller, der unter anderem den Interrupt- und den DMA-Controller enthält, kann die Höhertaktung oftmals nicht verkraften und versagt oft nach ein paar Wochen oder auch erst nach Monaten.

Bei VLB- und PCI-PCs ist der CPU-Takt normalerweise mit dem Bustakt gekoppelt. Daher sollte man beim Höhertakten der CPU überprüfen, ob spezielle Jumper auf dem Mainboard oder Einstellungsmöglichkeiten im BIOS-Setup für die Beeinflussung des Bustaktes gegeben sind. Aus Sicherheitsgründen sollte der Bustakt aber nicht höher als 33 MHz eingestellt werden.

Die Einstellungen für den DMA- und den Buscontroller sowie auch für den Cache- und DRAM-Speicher sind im Setup gegebenenfalls auf höhere Wait-State-Werte einzustellen, damit sie bei einem höheren Takt dem schnelleren Prozessor auch noch »hinterherkommen«.

Der Bus, der für die Anbindung der Einsteckkarten im PC sorgt, ist, wie erwähnt, ebenfalls mehr oder weniger vom CPU-Takt abhängig. In den meisten ISA-PCs sind im BIOS-Setup hierfür entsprechende Einstellungen wie CLK/2 oder CLK/4 zu finden, die besagen, dass der Bustakt der Hälfte oder einem Viertel des CPU-Taktes entspricht. Hier kann man also entsprechend herumexperimentieren, bis man den optimalen Wert gefunden hat, mit dem die Einsteckkarten vom BIOS erkannt werden und daraufhin auch einwandfrei funktionieren.

Bei PCs mit VESA-Local-Bus-Slots hingegen findet man im BIOS-Setup recht selten entsprechende Konfigurationsmöglichkeiten, sondern eher Jumper auf dem Mainboard, die den Bustakt in Abhängigkeit vom CPU-Takt beeinflussen. Der VLB (**V**ESA **L**ocal **B**us) arbeitet immer mit dem externen CPU-Takt, der aus Sicherheitsgründen nicht größer als 33 MHz sein sollte. Nicht alle VLB-Einsteckkarten vertragen die oftmals propagierten 40 oder gar 50 MHz und versagen bei einem höheren Takt einfach ihren Dienst. Das bedeutet natürlich auch generell eine Einschränkung für die Verwendung von echten 40 oder 50 MHz-CPUs in einem VLB-PC. Aus diesem Grund werden bei VLB-PCs eher DX2-Prozessoren verwendet, die intern mit einer Taktverdoppelung arbeiten.

Bei PCI-Systemen ist der Bustakt laut PCI-Spezifikation nicht vom CPU-Takt abhängig. Er wird jedoch üblicherweise bei den Intel-Chipsätzen für PCs (z.B. Saturn, Mercury, Triton) mit dem externen CPU-Takt gekoppelt. Der PCI-Bustakt arbeitet synchron mit dem CPU-Takt, so dass hier ebenfalls die gleiche Einschränkung gilt wie beim VLB. Ebenso können bei einem PCI-Mainboard in den meisten Fällen auch keine 486SX-20- oder 486DX-50-Prozessoren verwendet werden, da dies eine notwendige Veränderung des Taktoszillators auf dem Mainboard bedeuten würde, der PCI-Bustakt jedoch auf 25-33 MHz festgelegt ist.

Einen Versuch ist das Höhertakten allemal wert, denn läuft die CPU mit einem um 20% höheren Takt, bedeutet das zumindest für einen Benchmark-Test (z.B. mit Landmark Speed Test), dass dieser ebenfalls um 20% schneller abläuft. In der Praxis hängt die Leistungssteigerung natürlich nicht allein von der CPU ab, sondern von der jeweiligen Anwendung. Faktoren wie die Beanspruchung der Festplatte oder die Durchführung intensiver Grafikoperationen haben oft einen größeren Einfluss auf die Performance des PC als die CPU-Taktfrequenz.

Die folgende Tabelle zeigt ein paar Beispiele für praktikable Werte zum Höhertakten einer CPU. Bei Pentium-Mainboards (Ausnahme: einige mit 60 oder 66 MHz)
werden üblicherweise keine Quarzoszillatoren verwendet, sondern PLL-Bausteine,
die im folgenden Kapitel näher behandelt werden.

Das Höhertakten ab Pentium-CPUs ist generell etwas problematisch, denn es kann,
muss aber nicht funktionieren, während 486-CPUs demgegenüber meist noch ein
paar Leistungsreserven haben. Ob das Höhertakten funktioniert, hängt maßgeblich von der Revisionsnummer (Herstellungscharge) des Prozessors ab. Man kann es
natürlich einfach ausprobieren; dabei sollte man es jedoch nicht übertreiben und
im Rahmen der Werte bleiben, wie sie in der Tabelle angegeben sind. Allgemein gilt
für Pentium-kompatible CPUs von AMD und Cyrix, dass hier die Aussichten für eine
funktionierende *Übertaktung* nicht so aussichtsreich wie bei den CPUs von Intel
sind.

CPU/Takt	Neuer Takt
Intel 386DX-33 MHz	40 MHz
AMD 486DX-40 MHz	50 MHz
Cyrix 486DX-50 MHz	60 MHz
Intel 486DX2-66 MHz	80 MHz
AMD K5-100	133 MHz
Intel Pentium-90 MHz	100 MHz
Intel Pentium-133 MHz	166 MHz
Intel Pentium-166 MHz	200 MHz
Intel Celeron-333 MHz – Slot 1	500 MHz

Tabelle 6.24: Beispiele für erprobte »Taktanhebungen« bei unterschiedlichen CPUs

Das Erscheinungsbild der auf den Mainboards verwendeten Oszillatoren hat sich im
Laufe der Zeit auch etwas verändert. Sie besitzen nicht immer das in den obigen
Bildern gezeigte Blechgehäuse, sondern sind oftmals auch in einem Plastikgehäuse
untergebracht, welches sich auf den ersten Blick nicht von dem Gehäuse unterscheidet, wie es bei TTL-Bausteinen üblich ist. Manchmal sind sie auch kaum auszumachen, denn sie sind als miniaturisierte SMD-Typen (**S**urface **M**ounted **D**evices)
ausgelegt.

Im Gegensatz zu denjenigen im Blechgehäuse bieten die Oszillatoren im Plastikgehäuse den Vorteil, dass der Anschluss 1 der Abschaltung des Oszillatorsignals
dient. Wenn man diesen Pin – per zusätzlich eingelöteter Leitung – auf Masse legt,
liefert der Baustein kein Ausgangssignal mehr. Das ist sehr praktisch, denn nun
lässt sich über einen eingelöteten Quarzoszillator ein neuer im Blechgehäuse, der
zudem preiswerter und leichter erhältlich ist, darüberlöten, wie es im folgenden
Bild zu sehen ist.

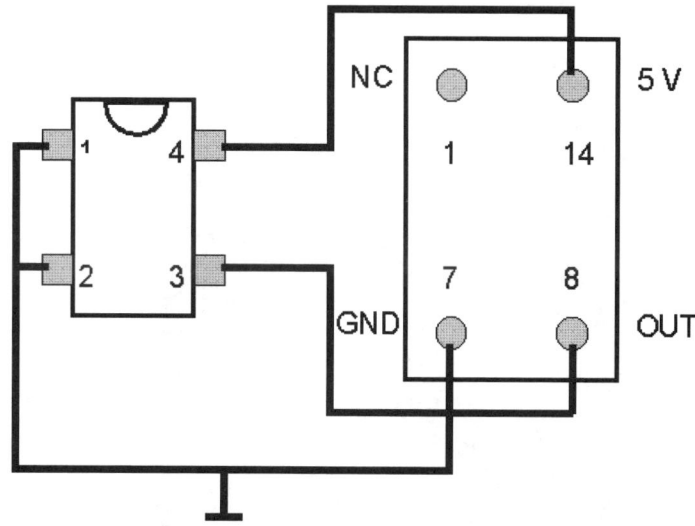

Bild 6.65: Der auf dem Mainboard befindliche Oszillator wird durch GND am Pin 1 abgeschaltet, und nun kann ein »schnellerer« darübergelötet werden (die Abbildung ist als Draufsicht zu verstehen!)

Gemeinsam ist den Oszillatoren im SMD- und Blechgehäuse die grundsätzliche Funktionsweise und ihr relativ hoher Preis (im PC-Bereich zählt jeder Pfennig, der gespart werden kann). Außerdem wird das Mainboard-Design durch die Verwendung quasi identischer Bauelemente, die sich nur in der Ausgangsfrequenz voneinander unterscheiden, auch platz- und verdrahtungstechnisch unnötig »aufgebläht«. Abhilfe schaffen hier die PLL-Chips, wie sie auf allen aktuellen Mainboards zu finden sind.

6.11.4 PLL-Chips auf Mainboards

Aus den zuvor genannten Gründen verwendet man auf neueren Mainboards nur noch einen einzigen preiswerten Quarz (keinen Quarzoszillator), und zwar den ursprünglichen mit der Frequenz von genau 14,31818 MHz.

Zur Erzeugung der verschiedenen Taktfrequenzen kommt dann ein PLL-Baustein zum Einsatz. PLL steht für **P**hase **L**ocked **L**oop, womit ein Schaltkreis gemeint ist, mit dessen Hilfe eine Ist-Frequenz exakt auf eine Soll-Frequenz geregelt werden kann. Dieses Prinzip macht man sich auf dem Mainboard zunutze und schließt den 14,3-MHz-Quarz an diesen PLL-Baustein an, der in Abhängigkeit von bestimmten Jumperstellungen daraus die für die Mainboard-Elektronik und die CPU notwendigen Frequenzen generiert.

Dies ist eine äußerst praktische Konstruktion, denn lediglich durch das Stecken von Jumpern lassen sich die unterschiedlichsten Frequenzen festlegen. In Anbetracht der Vielzahl der unterschiedlich zu taktenden 486- und erst recht Pentium-CPUs, die mittlerweile erschienen sind, scheint dies auch die einzig praktikable Möglichkeit zur Frequenzfestlegung zu sein. Außerdem ist das Höhertakten, der Betrieb einer CPU außerhalb ihrer Spezifikation, somit äußerst leicht auszuprobieren.

Bild 6.66: Die Ausgangsfrequenz eines PLL-Bausteins – hier der Typ MX8315 – wird über Jumper festgelegt; er befindet sich meist in der Nähe des CPU-Sockels

Im BIOS-Setup findet man bei der Verwendung von PLLs üblicherweise keine speziellen Einstellungsmöglichkeiten für die unterschiedlichen Taktfrequenzen (CPU, DMA, Bus). Als Ausnahmen gelten allerdings einige Mainboards der Firmen Abit und QDI, die komplett ohne Jumper auf dem Mainboard auskommen und auch sogar die Einstellung der CPU-Versorgungsspannungen per BIOS-Setup erlauben, was natürlich nicht ganz ungefährlich ist, denn falsche Einstellungen könnten den Prozessor ruinieren.

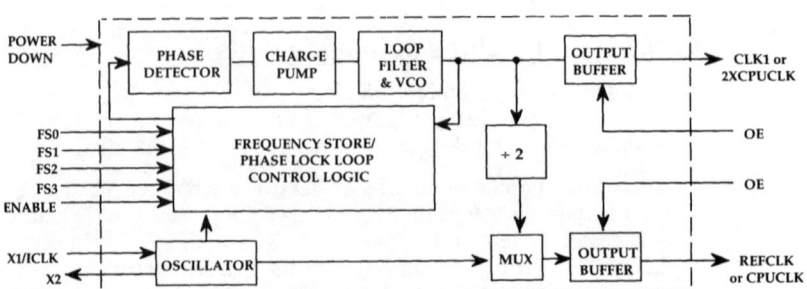

Bild 6.67: Der interne Aufbau des PLL-Chips AV9107 ist in allen vier Versionen der gleiche, es werden aber je nach Typ und Gehäuseform unterschiedliche Signale nach außen auf die Anschlüsse geführt

Es gibt eine ganze Reihe verschiedener PLL-Bausteine, die auf Mainboards verwendet werden. Sehr verbreitet ist beispielsweise der PLL-Chip AV9107 der Firmen AVASEM und ICS, den es in vier unterschiedlichen Versionen gibt. Es sind natürlich auch verschiedene PLL-Bausteine anderer Hersteller, wie beispielsweise MaxCom, International Microcircuits oder VIA, auf Mainboards zu finden. Die folgenden Tabellen zeigen die gebräuchlichsten.

An den Kontakt X1/ICLK ist der 14,318 MHz-Oszillator angeschlossen, an VDD die 5-V-Betriebsspannung, an GND die Masse, und CLK1 liefert das Ausgangssignal. REFCLK stellt das Eingangssignal in signalverstärkter Form (*gepuffert*, höher belastbar) zur Verfügung und wird an die anderen Bauelemente auf dem Mainboard wie Timer usw. geführt. Der Baustein ist durch ein Low am Power-down-Eingang abschaltbar, wovon auf den üblichen Mainboards allerdings kein Gebrauch gemacht wird.

Die Jumper auf dem Mainboard sind mit den FS0-FS3-Eingängen verbunden und bestimmen damit die jeweilige Ausgangsfrequenz des Chips. Befindet sich der jeweilige Anschluss auf GND, entspricht dies der »1«, befindet er sich auf 5 V, entspricht dies einer »0« (negative Logik), da im Design des Chips Pull-up-Widerstände vorgesehen sind. Diese Pegel ergeben sich dann auch bei einer direkten Messung am Chip auf dem Mainboard.

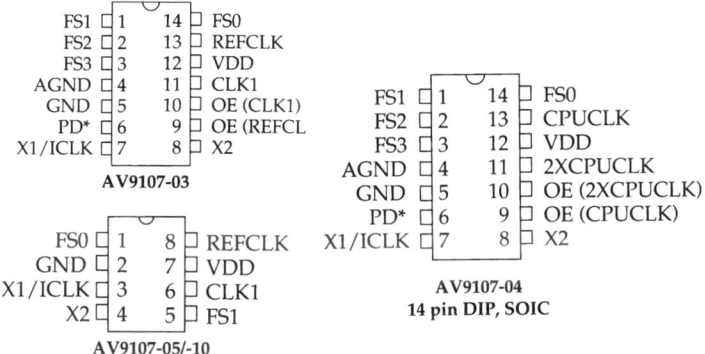

Bild 6.68: *Die Anschlussbelegungen der weit verbreiteten PLL-Chips der AV9107-Familie*

Die Typen AV9105-5 und AV9107-10 besitzen nur die Konfigurationspins FS0 und FS1 und lassen daher weniger Kombinationsmöglichkeiten für die Ausgangsfrequenz zu als die beiden anderen Vertreter dieser PLL-Familie.

Pin Nr.	AV9107-3	AV9107-4	AV9107-5 AV9107-10	MX8315PC	IMI425 VT8225
1	FS1	FS1	FS0	AGND	TS
2	FS2	FS2	GND	X2	X1
3	FS3	FS3	X1/ICLK	X1	X2
4	AGND	AGND	X2	XOUT	FS0
5	GND	GND	FS1	CLK1	FS1
6	PD (5V)	PD (5V)	CLK1	PD (5V)	PD (5V)
7	X1/ICLK	X1/ICLK	VDD	DGND	GND
8	X2	X2	REFCLK	CLK2	CLK1
9	OE (REFCLK)	OE (CPUCLK)	-	DVDD	FS3

Fortsetzung der Tabelle:

Pin Nr.	AV9107-3	AV9107-4	AV9107-5 AV9107-10	MX8315PC	IMI425 VT8225
10	OE (CLK1)	OE (2x CPUCLK)	-	DGND	FS2
11	CLK1	2 x CPUCLK	-	FS0	/PWDN
12	VDD	VDD	-	FS1	XOUT
13	REFCLK	CPUCLK	-	FS2	XOUT
14	FS0	FS0	-	AVDD	VDD

Tabelle 6.25: Die Anschlüsse verschiedener PLL-Chips in der Übersicht

Die in der Tabelle 6.25 angegebenen Werte für die Ausgangsfrequenzen in Abhängigkeit von den FSx-Signalen (Jumperstellungen) gelten jeweils für die Eingangsfrequenz von 14,31818 MHz. Die Bausteine können prinzipiell auch mit anderen Frequenzen »gefüttert« werden. Der Zusammenhang zwischen Ein- und Ausgangsfrequenz ist generell der folgende:

$$\text{Eingangsfrequenz} = \text{Ausgangsfrequenz} * \frac{A}{B}$$

A= 2, 3, 4, 5, 6, 7, 8,9, 10, 11, 12, 13, 14, 15, 16, 17, 18, 19, 20, 21... 128

B= 2, 3, 4, 5, 6, 7, 8, 9, 10, 11, 12, 13, 14, 15, 16, 17, 18, 19, 20, 21.... 32

Als Beispiel soll eine Frequenz von 44,900 MHz (Grafik) mit Hilfe der Eingangsfrequenz von 14,31818 MHz erzeugt werden. Es wird demnach ein Faktor von 3,13 benötigt, der sich am nächsten durch 69/22 ergibt. Die genaue Ausgangsfrequenz beträgt damit 44,906 MHz, was einer Abweichung von 0,02% von der gewünschten Frequenz entspricht.

Die Einstellung des durch den Baustein realisierbaren Faktors (es gelten immer die oben genannten Möglichkeiten für A und B) erfolgt bei der Herstellung des Chips. Laut Hersteller sind kundenspezifische Faktoren für einen geringen Aufpreis innerhalb weniger Wochen realisierbar. Lediglich die für PCs typischen 16 Frequenzen, wie sie in Tabelle 6.25 gezeigt werden, sind standardmäßig intern im Baustein (maskenprogrammiertes ROM) festgelegt.

Einige der PLL-Chips können an einem separaten Ausgang (2x) auch die doppelte Frequenz ausgeben, wie es aus der Tabelle und den Pinbelegungen ersichtlich ist. Auf den üblichen PCI-Mainboards wird die Pentium-CPU zumeist mit CLK1 getaktet und der Chipsatz mit der doppelten Frequenz des zweiten Ausgangs (2 x CLK).

Die OE-Anschlüsse (**O**utput **E**nable) der Bausteine sind als Eingänge geschaltet und für die Aktivierung der entsprechenden Taktausgänge zuständig. Auf den Mainboards sind die OE-Anschlüsse üblicherweise fest verdrahtet, was auch – je nach Mainboard-Design – für einige der FSx-Leitungen gilt.

Vielfach werden einige der möglichen FS-Leitungen überhaupt nicht verwendet, um bestimmte Frequenzen zu unterbinden, die sich für die CPU und/oder die Mainboard-Elektronik als unverträglich darstellen könnten. Andererseits kommt es vor, dass ein Mainboard-Hersteller aus Unbedacht oder auch absichtlich – schließlich soll man ja auch öfter mal ein neues Mainboard erwerben – eine bestimmte Frequenz, die man gern für eine neue CPU einstellen möchte, nicht per Jumperstellung anbietet.

Gleichwohl wird sich ein »geübter Bastler« davon nicht abschrecken lassen, und er kann anhand der angegebenen Pinbelegungen der PLLs die fehlende Leitung entsprechend nachrüsten, wobei unter Umständen eine andere durchtrennt werden muss. Dabei ist natürlich äußerste Vorsicht angesagt, um dem Mainboard keinen ernsthaften Schaden zuzufügen.

FS3	FS2	FS1	FS0	AV 9107-3	AV 9107-4	AV 9107-5	AV 9107-10	MX-8315PC	IMI425 VT8225
0	0	0	0	16	40/80	40	25	10/20	
0	0	0	1	40	33,3/66,6	50	33,3	12,5/25	
0	0	1	0	50	25/50	66,6	40	30/60	
0	0	1	1	80	20/40	80	50	40/80	50
0	1	0	0	66,6	50/100			25/50	
0	1	0	1	100	16,7/33,3			33,3/66,6	66,6
0	1	1	0	8	16/32			20/40	80
0	1	1	1	4	12,5/25			16,7/33,3	
1	0	0	0	8	32/64				12
1	0	0	1	20	Input/ 2 x Input				16
1	0	1	0	25	1,5 x Input/ 3 x Input				20
1	0	1	1	40	4 x Input/ 8 x Input				25
1	1	0	0	33,3	0,25 x Input 0,5 x Input				40
1	1	0	1	50	0,125 x Input 0,25 x Input				
1	1	1	0	4	60/120				33,3
1	1	1	1	2	65/130				PD

Tabelle 6.26: Die Festlegung der Ausgangsfrequenzen in MHz bei den verschiedenen PLL-Bausteinen; die Angaben hinter dem »/«-Zeichen gelten jeweils für den Ausgang, der die doppelte Frequenz gegenüber CLK1 ausgibt

6.12 Chipsets und Mainboards

Ein Chipsatz (Chipset) setzt sich aus mehreren elektronischen Bauelementen zusammen und verbindet die verschiedenen Einheiten wie beispielsweise die CPU, den RAM-Speicher, die Schnittstellen und das Bussystem für die Einsteckkarten miteinander. Unter der Kontrolle der CPU ist er für alle Vorgänge des PC verantwortlich. Bestanden die ersten Mainboards aus bis zu über einhundert verschiedenen Bauelementen, sind aufgrund der stark fortgeschrittenen Halbleitertechnologie heute nur noch relativ wenige Bauelemente auf den Mainboards zu finden, die zahlreiche Funktionseinheiten beinhalten.

Es wurde bereits darauf hingewiesen, dass die verschiedenen Chipsätze durch das jeweils angepasste BIOS kompatibel mit der Software(seite) sind. Das heißt, dass sie, auch wenn sich auf einem Mainboard beispielsweise nicht die erläuterten DMA- und Interrupt-Controller entdecken lassen, weil sie im Chipsatz funktionell integriert sind, dennoch unter den in den vorherigen Kapiteln erläuterten Adressen zu finden und demnach auch genauso zu programmierbar sind. Im Gegensatz zum einführenden Kapitel über Chipsätze (Kapitel 6.3, *Der Chipsatz*) geht es im Folgenden um Chipsätze mit PCI-Bus.

6.12.1 486-PCI-Chipset

Mit der Einführung von PCI (**P**eripheral **C**omponents **I**nterconnect, siehe Kapitel 10) und der Implementierung der dazugehörigen PCI-Slots für die Aufnahme der Einsteckkarten wurde die Architektur der Chipsätze grundlegend verändert. Vom PC- zum ISA- über EISA- und VLB- hin zum PCI-Bus, so lautet die Reihenfolge der Entwicklung.

Da Intel der maßgebliche Entwickler von PCI ist, hat diese Firma auch die ersten Chipsätze für PCI vorweisen können, die zunächst für 486-CPUs bestimmt waren. Auch diese sind heute – zumindest technologisch betrachtet – als veraltet anzusehen, und stattdessen sind Chipsätze für Pentium-CPUs unterschiedlicher Bauart, der heutige Standard.

Einer der ersten PCI-Chipsätze für 486-CPUs ist unter der Bezeichnung *Saturn*, (Typ 82420) bekannt, und er stammt (natürlich) von Intel. Er setzt sich aus den folgenden Chips zusammen:

···⟩ **82424TX:** Cache/DRAM-Controller, (CDC, 82424TX)
Der CDC verbindet den CPU-Bus mit dem PCI-Bus, stellt die Adressen- und Control-Signale zur Verfügung und enthält einen Cache- sowie einen DRAM-Controller. Er arbeitet unmittelbar in Verbindung mit der DPU, die für die Datensteuerung zuständig ist. Aufgrund der zahlreichen Anschlüsse werden beide Bausteine jedoch nicht in einem Gehäuse kombiniert untergebracht.

···⟩ **82423TX:** Data-Path-Unit, (DPU, 82423TX)
Die Data-Path-Units stellen im Prinzip die Datenbustreiberbausteine dar und sind bei anderen Chipsets mit im Systemcontroller integriert.

···⟩ **82378IB:** System-I/O (SIO, 82378IB)
Das Interface zwischen dem PCI- und dem ISA-Bus wird durch den SIO-Baustein (System-I/O) realisiert. Er enthält die Standardbauelemente, wie sie in ISA- und EISA-PCs verwendet werden, also den Timer und die Interrupt- und DMA-Controller, damit die ISA-Karten ebenfalls in einem PCI-Computer verwendet werden können, wofür auf dem Mainboard typisch drei bis vier Slots vorgesehen sind.

Wie erwähnt, genießt der ISA-Bus in einem PCI-PC eine untergeordnete Priorität, wie es auch im folgenden Bild deutlich erkennbar ist, welches außerdem die Lage und Funktion der verschiedenen Bussysteme in einem PC verdeutlicht.

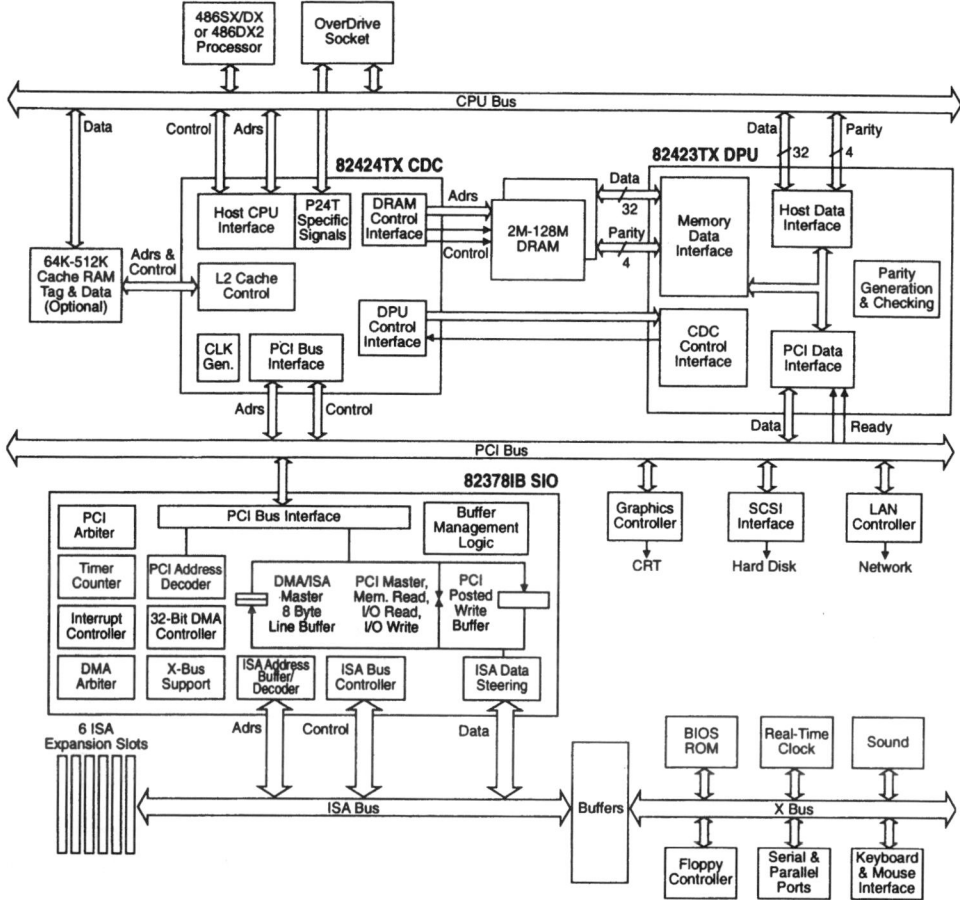

Bild 6.69: Der Aufbau eines PCI-Computers mit Intel Saturn-Chipsatz

Des Weiteren enthält der SIO-Baustein den PCI-Bus-Arbiter, der neben dem CDC zwei weitere PCI-Master verwalten kann. Der allererste Peripherie-Chip für PCI, der als PCI-Busmaster arbeiten konnte, war im Übrigen der SCSI-Controller 53C810 der Firma NCR (heute Symbios Logic).

6.12.2 Intel-Pentium-Chipsets für den Sockel 7

Der Übergang von einem PCI-Chipsatz für eine 486-CPU zu einem für eine Pentium-CPU wurde von Intel sehr rasch vollzogen. Allerdings blieb dabei die Performance auf der Strecke. Der Mercury-Chipsatz, bestehend aus 82434LX, 82378IB und zwei 82433FX, war der erste für die Pentium-CPUs, die mit 60 oder 66 MHz arbeiten – die Pentium-CPUs der ersten Generation.

Dieser Chipsatz wie auch die 60/66 MHz-CPUs waren technologisch gesehen eine Sackgasse und boten keine bessere Leistung als ein gutes 486-DX2-System, welches damals (ca. 1993) die preiswertere Alternative darstellte. Ein DX2-System kann problemlos auch eine leistungsfähigere CPU wie den 486DX4 aufnehmen, wobei – je nach Mainboard-Typ – möglicherweise ein Zwischensockel für die CPU erforderlich ist, der die notwendige Spannungsumsetzung von 5 V auf 3,3 V vornimmt.

Mit dem Pentium-System ist kein sinnvoller Upgrade-Weg möglich, denn die von Intel etwas später vorgestellten Overdrive-Prozessoren, die speziell hierfür ausgelegt sind, sind zu teuer, weil ein neues Mainboard mit neuer Pentium-CPU demgegenüber weit günstiger kommt. Der Mercury-Chipsatz ist außerdem keineswegs für die Pentium-Features (siehe Kapitel 7) entwickelt worden, sondern im Grunde genommen nur eine (geringfügige) Veränderung des 486-PCI-Chipsatzes.

Viele Anwender, die ein Pentium-System der ersten Generation erworben haben, werden sich schwarz geärgert haben, dass sie relativ viel Geld für ein unausgegorenes System ausgegeben haben, denn sie wären mit einem guten 486-PC besser bedient gewesen.

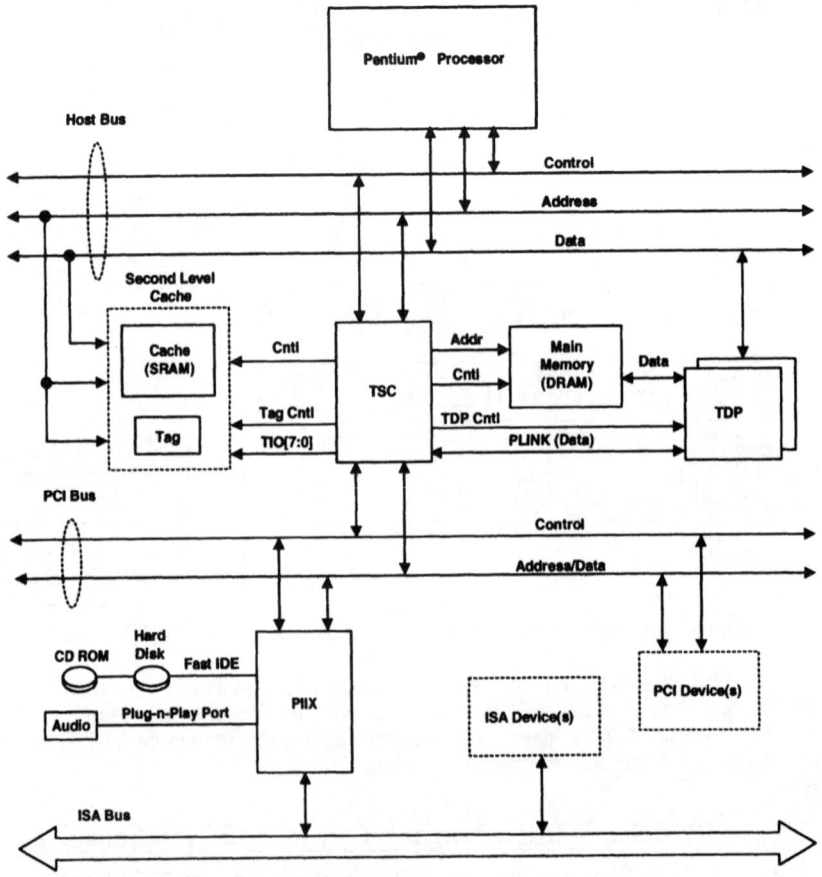

Bild 6.70: *Das Blockschaltbild des Intel-Triton-Chipsatzes*

Der erst relativ spät (in Anbetracht der Tatsache, dass es bereits seit 1–2 Jahren Pentium-CPUs gab) vorgestellte Triton-Chipsatz (siehe Bild 6.70) war der erste »richtige« Chipsatz für ein Pentium-PCI-System. Die offizielle Bezeichnung hierfür lautet 82430FX, und der Chipsatz besteht aus vier Bausteinen:

···⟫ **S82437FX:** Triton System-Controller (TSC)
Enthält die DRAM- und Cache-Memory-Controller-Einheit. Der TSC ist die Steuereinheit für die Datenübertragung zwischen der CPU, dem Cache, dem DRAM und dem PCI-Bus. Der integrierte 2-Level-Cache-Controller unterstützt Write-

Back-Cache bis zu einer maximalen Kapazität von 512 Kbyte. Der Cache-Speicher kann mit Standard-, Burst- oder Pipeline-Burst-SRAMs (statische RAMs) realisiert werden.

····⋗ **S82438FX:** Triton Data Paths (TDP)
Die beiden TDPs liefern in Zusammenarbeit mit dem TSC die Unterstützung von bis zu 128 Mbyte Standard- oder EDO-RAMs. Die TDPs sind für die Datenbuspufferung (Treiber- und Entkopplungsfunktion) aller Memory- und I/O-Transfers zuständig.

····⋗ **S82371FB:** PCI ISA IDE Xcelerator (PIIX)
Der PIIX ist die so genannte PCI-ISA-Bridge und der Nachfolger des SIO-Bausteins (s.o.). Dieser Baustein verbindet das PCI-Bus-Design des Mainboards mit dem aus traditionellen Gründen vorhandenen ISA-Bus. Der PIIX ist für die gesamte ISA-Bus-Kommunikation verantwortlich und enthält des Weiteren die beiden DMA- und Interrupt-Controller, den Timer/Counter, die Stromsparfunktionen und ein Enhanced-IDE-Interface für den Anschluss von Festplatten und/oder CD-ROM-Laufwerken (maximal vier Geräte).

Der Triton-Chipsatz wurde von Intel in recht schneller Abfolge in verschiedenen aktualisierten Versionen vorgestellt, die sich in ihrer Bezeichnung kaum voneinander unterscheiden. Diese Chipsätze führen in ihrer Kennzeichnung stets 82430, gefolgt vom bestimmenden Kürzel (FX = Triton 1, HX = Triton 2, VX = Triton 3, TX = Triton 4, inoffizielle Bezeichnungen). Die folgende Tabelle zeigt die wichtigsten Daten der vier Chipsätze im Überblick:

Daten	430FX	430HX	430VX	430TX
System Controller	82437FX	82439HX	82437VX	82439TX
Data Path Unit	82438FX	im 82439HX	82438VX	im 82439TX
Maximaler Speicher	128 Mbyte	512 Mbyte	128 Mbyte	256 Mbyte
Max. L2-Cache	512 Kbyte	512 Kbyte	512 Kbyte	512 Kbyte
Cacheable Area	64 Mbyte	512 Mbyte	64 Mbyte	64 Mbyte
USB-Unterstützung	nein	ja	ja	ja
SDRAM-Unterstützung	nein	nein	ja	ja
Ultra DMA/33	nein	nein	nein	ja
IDE Xcelerator	PIIX (82371FB)	PIIX3 (82371SB)	PIIX3 (82371SB)	PIIX4 (82371AB)
PCI-Spezifikation	2.0	2.1	2.1	2.1

Tabelle 6.27: Daten der Intel-Chipsätze für Pentium-CPUs

Ein wichtiger technologischer Schritt zur Platzeinsparung auf dem Mainboard war die Integration der Data-Path-Bausteine im System-Controller (siehe Tabelle), der in einem speziellen Gehäuse (BGA) hergestellt wird und somit auf dem Mainboard relativ leicht zu identifizieren ist (siehe auch folgendes Bild).

Die Funktionen des Bridge-Bausteins (PIIX) sind kontinuierlich erweitert worden. Der PIIX3 bietet gegenüber dem PIIX die Unterstützung für den **U**niversal **S**erial **B**us, der in Kapitel 10 näher erläutert wird.

Im Nachfolger – dem PIIX4 – sind auch noch die Real Time Clock und das CMOS-RAM untergebracht, und er beherrscht außerdem die Ultra-DMA/33-Übertragung für geeignete EIDE-Festplatten. Zur Nutzung eines DMA-Modus für EIDE-Festplatten ist grundsätzlich ein zusätzlicher Treiber (Bus Master Device Driver) zu laden, der zum Lieferumfang des Mainboards gehört und auf der Diskette für verschiedene Betriebssysteme (Win NT, Win 3.1, Win 95/98, OS/2, Novell) enthalten ist.

Erst Windows 98 lädt und aktiviert den zum Chipset passenden *Bus Master Device Driver* automatisch, natürlich aber nur dann, wenn Windows 98 den jeweiligen Chipsatz identifizieren kann. In der Praxis bedeutet dies – wie so häufig –, dass das Internet für die Beschaffung eines aktuellen Treibers vom Mainboard-Hersteller zu bemühen ist.

Bild 6.71: Dieses Mainboard verwendet den Intel 82430HX-Chipsatz, erkennbar am Systemcontroller im BGA-Gehäuse (82439HX, links neben den SIMM-Steckplätzen)

Mit den ersten Mainboards, die den PIIX4 verwenden, können in der Praxis einige Probleme im Zusammenhang mit ISA-Einsteckkarten auftreten, denn hier wurde erstmalig der Signalpegel von typisch 5 V auf 3,3 V abgesenkt. Beide Werte entsprechen zwar dem gültigen TTL-Pegel für ein High, gleichwohl kann es aufgrund von Bauteiltoleranzen oder auch einem nicht konsistenten Design passieren, dass eine ISA-Einsteckkarte in einem derartigen Mainboard eben nicht funktioniert. Insbesondere einige ISDN-Karten – beispielsweise der Firma AVM (FritzCard) – stellen sich hier als Problemfälle dar.

Des Weiteren betrifft die »Spannungsabsenkung« nicht nur den ISA-Bus, sondern auch den integrierten EIDE-Controller, was zum Nichtfunktionieren bestimmter Festplatten führen kann. Einige Modelle der Firma Seagate (ST31720, ST33240, ST32531) sind beispielsweise davon betroffen.

Der Intel 430TX-Chipsatz arbeitet nicht mehr mit 5 V-, sondern mit 3,3 V-Signalen, was demnach auch für den PIIX4 gilt und zur Folge hat, dass einige ISA-Karten und auch EIDE-Festplatten möglicherweise nicht mehr funktionieren.

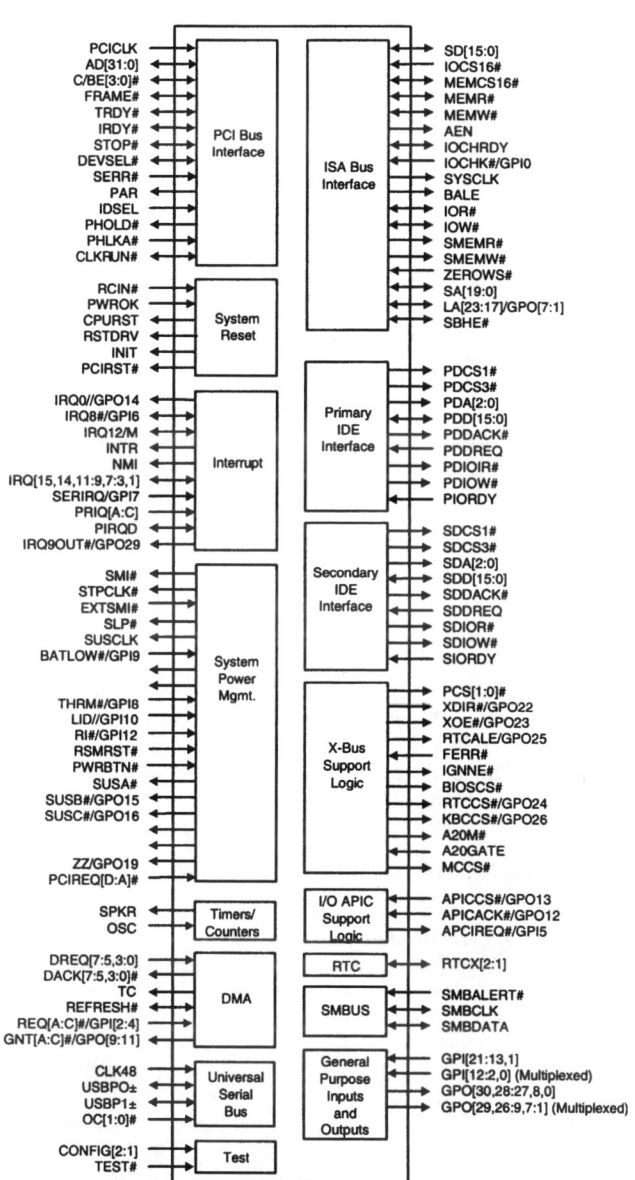

Bild 6.72: Der PIIX4 (Southbridge) ist Bestandteil vieler Intel-Chipsets und enthält die PCI-ISA-Bridge, den Interrupt-, DMA- und USB-Controller, den Timer, zwei IDE-Interfaces, die Echtzeituhr (RTC) mit dem CMOS-RAM sowie eine Schaltung für das Powermanagement und den SMBUS für den Anschluss eines System-Monitoring-Chips zur Parameterüberwachung wie beispielsweise der Temperaturen

Im Hinblick auf die PC-Spezifikation (PC-98/99) von Microsoft, die versucht, einen *neuen* PC-Standard zu definieren, ist im PIIX4 ein I²C-Bus-Controller integriert. Damit ist beispielsweise die Überwachung der Spannungen, der Lüfter und verschiedener Temperaturen (CPU, interne Umgebung) möglich. Im Fehlerfall wird ein entsprechender Alarm (akustisch und/oder optisch) ausgegeben. Das Mainboard TX97 der Firma Asus unterstützt als eines der ersten beispielsweise diese Funktionen und wird mit zusätzlicher Software zur Überprüfung des augenblicklichen PC-Zustands (CPU-Temperatur, Lüfter aktiv usw.) ausgeliefert, was mit Hilfe des Intel-LAN-Managers, der sich ebenfalls im Lieferumfang befindet, sogar von einem anderen PC aus über ein Netzwerk möglich ist.

Ab dem Chipsatz 430VX ist eine Unterstützung für die schnellen synchronen DRAMs (SDRAM) gegeben, was den 2-Level-Cache-Speicher überflüssig machen soll. Die Praxis zeigt hier jedoch etwas anderes, denn ein optimal konfiguriertes System mit EDO-RAM und 2-Level-Cache-Speicher ist dem mit alleinigem SDRAM überlegen.

Mit dem Chipsatz 430VX wurde eine Neuerung eingeführt, die aber keineswegs als Fortschritt gegenüber den Vorgängerversionen betrachtet werden kann. Der Cache kann hier *nur* auf einen maximalen DRAM-Bereich von 64 Mbyte zugreifen, was in der obigen Tabelle als *Cacheable-Area* angegeben ist. Falls der PC mit mehr als 64 Mbyte DRAM bestückt ist, ist der Cache-Speicher ab diesem Bereich nicht aktiv, und die Daten müssen immer aus dem langsameren DRAM geladen werden, was die Performance ganz erheblich beeinträchtigt. Unter Windows 95 oder auch Windows NT 4.0 ist ein derartiger PC mit 128 Mbyte-DRAM sogar langsamer als einer, der nur mit 64 Mbyte ausgestattet ist.

Der Speicherausbau ist bei einem PC, der mit dem Intel 430VX oder TX-Chipsatz aufgebaut ist, nur bis zu einer Größe von 64 Mbyte sinnvoll.

Demnach ist der (ältere) Intel-430-HX-Chipsatz immer noch eine gute Wahl, da er diese Einschränkung prinzipiell nicht aufweist. Laut Intel ist diese Limitierung allerdings gewollt (Marketing), da man bei Speichergrößen über 64 Mbyte ohnehin mindestens auf einen Pentium II, der über eine Cacheable-Area von 512 Mbyte verfügt, umsteigen sollte.

6.12.3 Alternative Sockel-7-Chipsets

Andere Chipsatz-Hersteller (ALI, VIA, ETEQ) haben sich im Gegensatz zu Intel noch nicht von Chipsets, die für den Sockeltyp Nr. 7 vorgesehen sind, verabschiedet. Sie haben ihre Chipsätze (z.B. Aladin, Apollo VPX/VP-2) derart entwickelt, dass die Cacheable Area 512 Mbyte – im Gegensatz zu den Intel-Chipsets (siehe voriges Kapitel) – abdecken kann; *kann* deshalb, weil keineswegs sichergestellt ist, dass ein Mainboard, welches einen Chipsatz verwendet, der mehr als 64 Mbyte Cacheable Area bieten kann, dies auch tatsächlich zu leisten vermag. Wie in dem Kapitel über den Cache-Speicher noch genauer erläutert wird, spielt die Adressierungsbreite und -tiefe des verwendeten Cache-TAG-RAM hierfür eine wichtige Rolle.

Die Mainboard-Hersteller versuchen an diesem Chip ein paar Mark zu sparen und verwenden oftmals nur einen mit einer Breite von 8 Bit, was somit wieder zu einer maximalen Cacheable-Area von 64 Mbyte führt. Üblicherweise sind ein 10 Bit breites TAG-RAM für 256 Mbyte und eines mit 11 Bit für die 512 Mbyte notwendig. In einigen Fällen, so bei einigen Mainboards der Firma Gigabyte, ist allerdings ein »breiteres« TAG-RAM nachrüstbar.

Wie die folgende Tabelle zeigt, sind einige Mainboards in der Lage, mit einem Systemtakt von 75 oder sogar 83 MHz (Aladin von ALI) zu arbeiten und nicht nur mit 66 MHz, wie es bei Intel-Boards für den Pentium (Sockel 7) üblich ist.

• •

Southbridge und Northbridge
Die beiden wichtigen Bausteine eines Chipsets werden allgemein als Northbridge (System Controller) und Southbridge (Peripheral Controller) bezeichnet. Ersterer enthält die direkten Schaltungseinheiten für die CPU (Cache-, DRAM-Controller, Data Paths), während die Southbridge die weiteren Peripherieelemente (PCI-ISA-Bridge, Interrupt- und DMA-Controller, Real Time Clock, EIDE- und USB-Controller) beherbergt.

• •

Daten:	AMD	ALI	ALI	ETEQ	SiS	SiS
Chipsatz	AMD-640	Aladdin IV Aladdin IV+	Aladdin V	Apollo VPX	5581/2	5597/8
System Controller, Northbridge	AMD-640	M1531 M1541	M1541	EQ82C6618	5581	5587
Data Path Unit	im AMD-640	im M1531 im M1541	im M1541	EQ82C6617	im 5581	im 5587
Maximaler Speicher	768 Mbyte	1 Gbyte	1 Gbyte	512 Mbyte	384 Mbyte	384 Mbyte
Max. L2-Cache	2 Mbyte	1 Mbyte	1 Mbyte	2 Mbyte	512 Kbyte	512 Kbyte
Max. Cacheable Area	2 Gbyte	512 Mbyte	1 Gbyte	512 Mbyte	128	128 Mbyte Mbyte
USB-Support	ja	ja	ja	ja	ja	ja
SDRAM-Support	ja	ja	ja	ja	ja	ja
AGP-Support	nein	nein ja	ja	nein	nein	nein
Ultra DMA/33	ja	ja	ja	ja	ja	ja
Max. Takt	66 MHz	83 MHz	100 MHz	75 MHz	75 MHz	75 MHz
Southbridge (ISA, EIDE, USB)	AMD-645	M1543	M1543	EQ82C6619	im 5581	im 5587

Fortsetzung der Tabelle:

Daten:	VIA	VIA	VIA	VIA	PC-Chips
Chipsatz	Apollo VP-2	Apollo VPX	Apollo VP-3	Apollo MVP3	VXPro
System Controller Northbridge	VT82C595	VT82C585VP	VT82C597	VT82C598	PC82C437VX+
Data Path Unit	im VT82C595	VT82C587VP	im VT82C597	im VT82C598	PC82C438VX+
Maximaler Speicher	512 Mbyte	512 Mbyte	512 Mbyte	512 Mbyte	512 Mbyte
Max. L2-Cache	2 Mbyte	2 Mbyte	2 Mbyte	2 Mbyte	2 Mbyte
Max. Cacheable Area	512 Mbyte	512 Mbyte	512 Mbyte	512 Mbyte	512 Mbyte
USB-Support	ja	ja	ja	ja	ja
SDRAM-Support	ja	ja	ja	ja	ja
AGP-Support	Nein	nein	ja	ja	nein
Ultra DMA/33	ja	ja	ja	ja	ja
Max. Takt	75 MHz	75 MHz	66 MHz	100 MHz	75 MHz
Southbridge (ISA, EIDE, USB)	VT82C586A	VT82C586A	VT82C586B	VT82C586B	PC82C371USB

Tabelle 6.28: Kenndaten von Pentium-Chipsätzen für den Sockel Nr. 7 unterschiedlicher Hersteller

Ein höherer Systemtakt als 66 MHz ist nicht unproblematisch, denn unter Umständen wird dadurch der PCI-Bus, der mit 33 MHz (Systemtakt/2) spezifiziert ist, zu hoch getaktet (37,5 MHz, bzw. 41,5 MHz), wodurch einige PCI-Karten dann nicht mehr funktionieren wie beispielsweise der SCSI-Hostadapter 2940U(W) der Firma Adaptec. Aus diesem Grund ist bei einigen Chipsets keine »feste« Kopplung zwischen System- und PCI-Bustakt implementiert worden, wobei zwei unterschiedliche Verfahren angewendet werden.

Entweder arbeitet der PCI-Bus asynchron zum Systemtakt, wie es zum Beispiel beim VIA-Apollo-VPX-Chipsatz der Fall ist, oder es erfolgt bei der Verwendung eines Taktes von 75 oder 83 MHz eine Teilung durch den Faktor 2,5, wie es etwa bei dem Chipsatz Aladdin 4+ der Firma ALI praktiziert wird. Dann läuft der PCI-Bus mit einem Takt von 30 bzw. 33,2 MHz. Die Verwendung eines Systemtaktes von 75 MHz führt somit einerseits zu einem Geschwindigkeitszuwachs der Mainboard-Elektronik (CPU, DRAM, Cache usw.), andererseits aber zu einem Geschwindigkeitsverlust beim PCI-Bus.

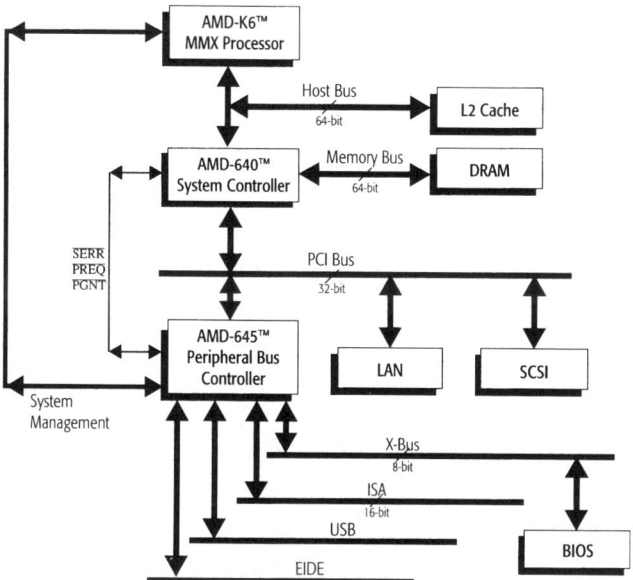

Bild 6.73: Der Chipsatz AMD-640 eignet sich für alle üblichen Pentium-CPUs für den Sockel Nr. 7; er bietet alle mittlerweile als Standard geltenden Features, wie beispielsweise USB- und SDRAM-Unterstützung

Außerdem ist der maximale Takt für die CPU zu beachten. Die meisten Sockel-7-Pentium-CPUs sind lediglich für eine externe Frequenz von 66 MHz spezifiziert, und per Jumper auf dem Mainboard wird ein Faktor beispielsweise von 2,5 oder 3 (166 MHz, 200 MHz) festgelegt, der dann die Frequenz bestimmt, für die die CPU ausgelegt ist.

Der Typ 6x86 P200 (Cyrix, IBM) gilt dabei gewissermaßen als eine Ausnahme, denn er verlangt 75 MHz als externen Takt (man kann ihn natürlich auch mit 66 MHz takten, dabei verschenkt man allerdings einiges an Leistung).

Pentium-CPUs, die mit einem Takt von 75 oder gar 83 MHz getaktet werden, werden somit außerhalb ihrer Spezifikation betrieben, was nicht immer funktioniert. Um beispielsweise eine 233-MHz-CPU auf einem Mainboard mit 75 MHz zu verwenden, wird man den Faktor 3 (75 x 3) einstellen müssen, wodurch die CPU *nur* mit 225 MHz läuft, denn bei 83 x 3, also 250 MHz, wird sie wahrscheinlich nicht mehr stabil funktionieren. Eine 200-MHz-CPU, die mit 83 x 2,5 (208 MHz) konfiguriert wird, ist demgegenüber ein relativ sicherer Kandidat und wird mit diesem (leicht) erhöhten Takt auch noch arbeiten.

Des Weiteren muss der Speicher (DRAM) für diesen erhöhten Takt ausgelegt sein, was man im Setup zwar meist noch in Grenzen wieder nach »unten schrauben« kann, über eine Zugriffszeit von mindestens 60 ns sollten die RAMs jedoch verfügen, und bei 83 MHz sind auf jeden Fall SDRAMs (siehe Kapitel 8) notwendig.

Entsprechendes gilt auch für die Zugriffszeit des Second-Level-Cache-Speichers, die bei einem Takt von 83 MHz am besten 5 oder 4 ns betragen sollte, wohingegen man bei 75 MHz vielleicht gerade noch mit 7 ns-Typen (Standard 6 oder 7 ns) auskommt.

Wie in der Tabelle 6.72 zu erkennen ist, sind die Daten des ETEQ- und des VIA-Apollo-VPX-Chipsatzes identisch, was seinen Grund darin hat, dass der ETEQ-Chipsatz lediglich ein umbeschrifteter VPX-Chipsatz ist. Daher ist in der Tabelle auch in beiden Fällen *Apollo VPX* angegeben. Der Aladin 4+ wird ebenfalls von der Firma PC-Chips angeboten und heißt in diesem Fall dann TXPro (PC82C439TX).

Es ist durchaus eine gängige Praxis der Hersteller, die Chips mit unterschiedlichen Bezeichnungen und Namen zu versehen, auch wenn sich ein und derselbe Chipsatz dahinter verbirgt. Ähnlichkeiten mit den Bezeichnungen der Intel-Chipsets sind dabei oftmals recht auffällig. Das im Teil 7 vorgestellte PCI-Testprogramm ist in der Lage, die tatsächlich in den Registern abgelegten Herstellerdaten auszulesen, was eine Identifizierung des Chipsatzes ermöglicht, ohne dass man sich auf die Baustein-beschriftung verlassen muss.

Bild 6.74: Der Chipsatz SiS 5582 für Pentium-Mainboards (z.B. GA-586S2 der Firma Gigabyte) besteht aus einem einzigen Chip im BGA-Gehäuse

Die SiS-Chipsets 5581 bzw. 5582 sind im Prinzip identisch; die Chips besitzen lediglich unterschiedliche Anschlussbelegungen, was ebenfalls auf die SiS-Chipsets 5597 bzw. 5598 zutrifft, die als Besonderheit gegenüber allen anderen in der Tabelle angegebenen Typen über einen integrierten Grafikcontroller verfügen. Diese beiden Chipsets werden auch als *Super TX* bezeichnet. Als Grafikspeicher werden Teile des Systemspeichers verwendet, was unter der Bezeichnung *Shared Memory System* firmiert. Per Setup kann der Bildspeicher in seiner Größe konfiguriert werden, dementsprechend geht dieser Speicher natürlich als Systemspeicher verloren.

Die betrachteten Chipsätze für Pentium- und kompatible CPUs bieten zwar unterschiedlich leistungsfähige Optionen, was aber der Mainboard- und der BIOS-Hersteller letztendlich mit dem Chipsatz »anstellen«, steht auf einem ganz anderen Blatt. Aus diesem Grund kommt es durchaus vor, dass zwei Mainboards, die den gleichen Chipsatz verwenden, sehr unterschiedliche Leistungen bieten können. Eines der größten Probleme ist dabei, dass die Hersteller mehr oder weniger gute Optionen im BIOS-Setup zur Konfigurierung bereitstellen. Auf diese Problematik wird im Kapitel *Der Setup des PC* näher eingegangen.

6.12.4 PentiumPro- und Pentium II-Chipsets

Bei den Chipsätzen für einen PentiumPro oder den Pentium II ist nach wie vor die Firma Intel tonangebend. Der erste Chipsatz für den PentiumPro ist der Typ 82440KX, der unter der inoffiziellen Bezeichnung *Orion* bekannt ist. Er besteht aus insgesamt acht Chips, den Controllern 82452KX, 82453KX und 82454KX, der PCI/ISA-Bridge PIIX (82371), wie sie auch bei den zuvor erläuterten Pentium-Chipsets verwendet wird, und vier Data-Path-Bausteinen vom Typ 82451KX.

Die mit diesem Chipsatz gebotene Leistung ist für Desktop-Systeme im Prinzip ebenso enttäuschend, wie es mit dem ersten Chipsatz für Pentium-CPUs der Fall war, allerdings ist der Orion besser für Multiprozessor-Systeme – wie dem Einsatz in einem Server – geeignet. Daher stellte Intel auch nach kurzer Zeit den PentiumPro-Chipsatz 82440FX (Natoma) vor, der demgegenüber eine Performance bietet, die er auch in Desktop-Systemen auszuspielen vermag.

Der Natoma-Chipsatz setzt sich aus den folgenden Bauelementen zusammen:

···⟩ **SB82441FX:** PCI and Memory-Controller (PMC)
Der PMC (208 Pins) enthält die DRAM-Controllereinheit und unterstützt bis 1 Gbyte DRAM vom Typ **F**ast **P**age **M**ode (FPM), **E**xtended **D**ata **O**ut (EDO) und **B**urst **EDO** (BEDO), die als SIMMs oder DIMMs ausgeführt sein können. Der PMC ist für den PCI-Bus-Datentransfer und die Steuerung des **D**ata **B**us **A**ccelerator (DBX) zuständig, der mit ihm zusammen die Host-to-PCI-Bridge bildet.

···⟩ **SB82442FX:** Data Bus Accelerator (DBX)
Der DBX (208 Pins) ist im Gegensatz zum PMC nicht derart komplex aufgebaut und bildet im Wesentlichen den 64-Bit-breiten CPU-to-Memory-Datenpfad. Des Weiteren enthält er einen (privaten) 16 Bit breiten Datenbus, der für die Steuerung der PCI-Transaktionen und der PMC-Register zuständig ist.

···⟩ **S82371SB:** PCI ISA IDE Xcelerator (PIIX3)
Der PIIX3 ist die bereits von den Pentium-Chipsets her bekannte PCI-ISA-Bridge mit den entsprechenden internen Einheiten wie z.B. dem Interrupt-, dem DMA- und dem USB-Controller.

Die Steuerung des Host-Bus (Prozessorbus, 64 Bit, GTL+) wird ebenfalls vom PMC durchgeführt und erlaubt durch die Verwendung eines so genannten I/O-APICs (**A**dvanced **P**rogrammable **I**nterrupt **C**ontroller) das *Enhanced Interrupt Processing*, welches mit Hilfe der PCI-ISA-Bridge (PIIX3) durchgeführt wird. Dadurch ist der Einsatz von mehreren PentiumPro-CPUs auf einem Mainboard möglich. Standardmäßig wird der Chipsatz jedoch als Single-Prozessor-Chipset auf dem Mainboard realisiert, wie beispielsweise auf dem GA-686NX-Mainboard der Firma Gigabyte.

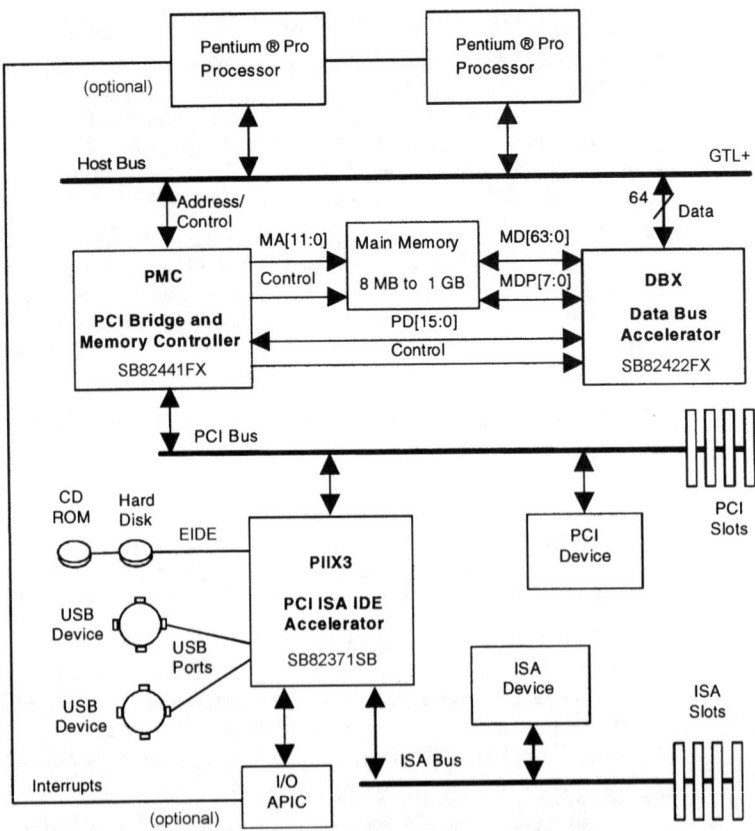

Bild 6.75: *Der Aufbau eines Mainboards mit Intel-PentiumPro-Chipsatz 82440FX; als Multiprozessor-plattform ist er ebenfalls geeignet, standardmäßig wird er allerdings meist nur mit einer PentiumPro-CPU und demnach auch ohne I/O-APIC realisiert*

Einen Cache-Controller bietet der Chipsatz nicht, da die PentiumPro-CPU selbst diesen wie auch den First- und den Second-Level-Cache beinhaltet, was in Kapitel 7 genau erläutert ist.

Da ein Pentium II nach außen hin – zum externen Prozessorbus – im Prinzip einem PentiumPro (mit MMX-Erweiterung) entspricht, ist auch der erste Chipsatz für einen Pentium II ein 82440FX. Der augenfällige Unterschied besteht im Slot-One-Steckplatz für die CPU, während der PentiumPro in einem Sockeltyp Nr. 8 zu verwenden ist. Ansonsten macht es Chipsatz-technisch gesehen keinen relevanten Unterschied, ob ein PentiumPro oder ein Pentium II zum Einsatz kommt.

Im Herbst 1997 erschienen die ersten Mainboards für den Pentium II mit dem Nachfolger des 82440FX, dem 82440LX. Er bietet als Verbesserung die Unterstützung des schnellen SDRAM, wobei die DIM-Module allerdings mit einem EEPROM-Chip ausgestattet sein müssen, wie es laut Intel auch für alle Nachfolgemodelle notwendig ist. Die bei diesem Chipsatz verwendete PCI-ISA-Bridge vom Typ PIIX4 liest über den integrierten I²C-Bus die Parameter der Speicherchips aus dem EEPROM und soll daraufhin automatisch die optimalen Timing-Parameter einstellen, wodurch die manuelle Optimierung per BIOS-Setup entfallen soll, was jedoch (immer noch) nicht mit allen Mainboards korrekt funktioniert.

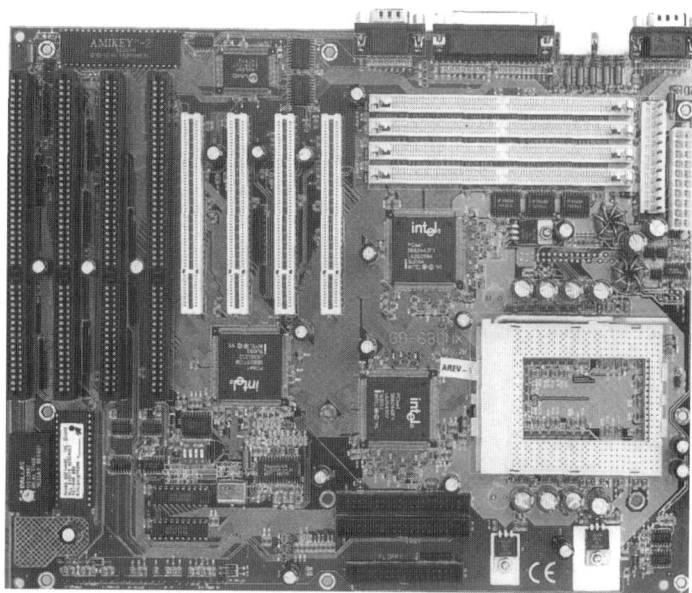

Bild 6.76: Dieses Mainboard im ATX-Format der Firma Gigabyte verwendet den Intel-82440FX-Chip-satz für die PentiumPro-CPU, die als einzige in einen Sockel Typ Nr. 8 eingesetzt wird

 Ab Mainboards mit dem 82440LX-Chipsatz für den Pentium II sind laut Intel nur DIMMs mit EEPROM zulässig und es hängt vom jeweiligen Mainboard-Design ab, ob überhaupt noch andere Speicher als SDRAMs verwendet werden können.

Da auch beim 82440LX, wie erstmalig beim Pentium-Chipsatz 82430TX (vergl. Kapitel 6.12.2), der PIIX4 verwendet wird, kann bei diesem Chipsatz ebenso der Fall auftreten, dass – dank 3,3 V statt 5 V – einige ISA-Einsteckkarten und (E)IDE-Festplatten nicht mehr funktionieren, die auf anderen Boards zuvor keine Probleme bereiteten.

EEPROM 24C02

Bild 6.77: Die DIM-Module, wie hier bei einem 32 Mbyte-Typ, müssen über ein EEPROM (rechts oben) verfügen, damit sie vom 82440LX-Chipsatz korrekt unterstützt werden können

Ob ein Mainboard mit dem 82440LX auch noch mit EDO-RAMs (3,3-V-Typen) – mit FPM-RAMs sowieso nicht – oder ausschließlich nur noch mit SDRAMs umgehen kann, hängt vom jeweiligen Mainboard-Hersteller ab, was man daher unbedingt kontrollieren sollte, wenn man gedenkt, mit seinen EDO-DIMMs auf ein derartiges Mainboard »umzuziehen«.

Von der Speicher-Performance her gesehen, die bei Verwendung von SDRAM in der Praxis nicht merklich über der der EDO-RAMs liegt, macht es keinen Unterschied, ob ein 82440LX- oder der ältere 82440FX-Chipsatz zum Einsatz kommt.

Die üblichen SDRAMs mit einer Zugriffszeit von 10 ns machen den Second-Level-Cache-Speicher keineswegs überflüssig, was ganz allgemein für Pentium-Designs gilt.

Der 82440LX-Chipsatz bietet erstmalig eine AGP-Unterstützung. Der **A**ccelerated **G**raphics **P**ort, auf den im Kapitel 10 noch genau Bezug genommen wird, hat als Einsatzzweck die Beschleunigung von 3D-Grafik zum Ziel und ist allein für die Aufnahme einer AGP-Grafikkarte vorgesehen.

Daten	Intel	Intel	Intel	Intel
Chipsatz	440FX	440LX	440GX/KX	450NX
System Controller Northbridge	SB82441FX	82443LX	82443GX/KX	82451-3NX
Maximaler Speicher	512 Mbyte	1 Gbyte EDO 512 SDRAM	GX: 4 Gbyte KX: 1 Gbyte	8 Gbyte
USB-Support	nein	ja	ja	ja
SDRAM-Support	nein	ja	ja	ja
AGP-Support	nein	ja	ja	nein
Ultra DMA/33	nein	ja	ja	ja
Max. Takt	66 MHz	66 MHz	66 MHz	100 MHz
Southbridge (ISA, EIDE, USB)	SB82371SB (PIIX3)	82371AB (PIIX4)	82371EB (PIIX4E)	82371EB PIIX4E)
Anmerkungen	kommt vom PentiumPro	erster PII-Chipset	optimiert für XEON GX: 4 CPUs KX: 2 CPUs	optimiert für XEON, maximal 4 CPUs

Tabelle 6.29: Kenndaten von Chipsätzen für Pentium II-CPUs; die Chipsets 440GX/KX/NX sind für Multiprozessoranwendungen mit Pentium-XEON-CPUs vorgesehen

Der 82440LX-Chipsatz besteht im Prinzip nur aus einem einzigen Chip – dem 82443LX –, wenn man einmal den bereits bekannten PIIX4 beiseite lässt. In einem 492-poligen BGA-Gehäuse vereint er im Wesentlichen den DRAM-Controller *nebst Data Buffering*, das PCI-Bus- und das AGP-Interface. Er wird auch als PAC, was für *PCI AGP Controller* steht, bezeichnet. Einen Cache-Controller oder einen externen Cache-Speicher wird man auf einem Pentium-II-, wie auch bei einem PentiumPro-Mainboard ebenfalls nicht finden, denn dies ist alles in der CPU – hier im **S**ingle **E**dge **C**ontact-Gehäuse (SEC) – untergebracht.

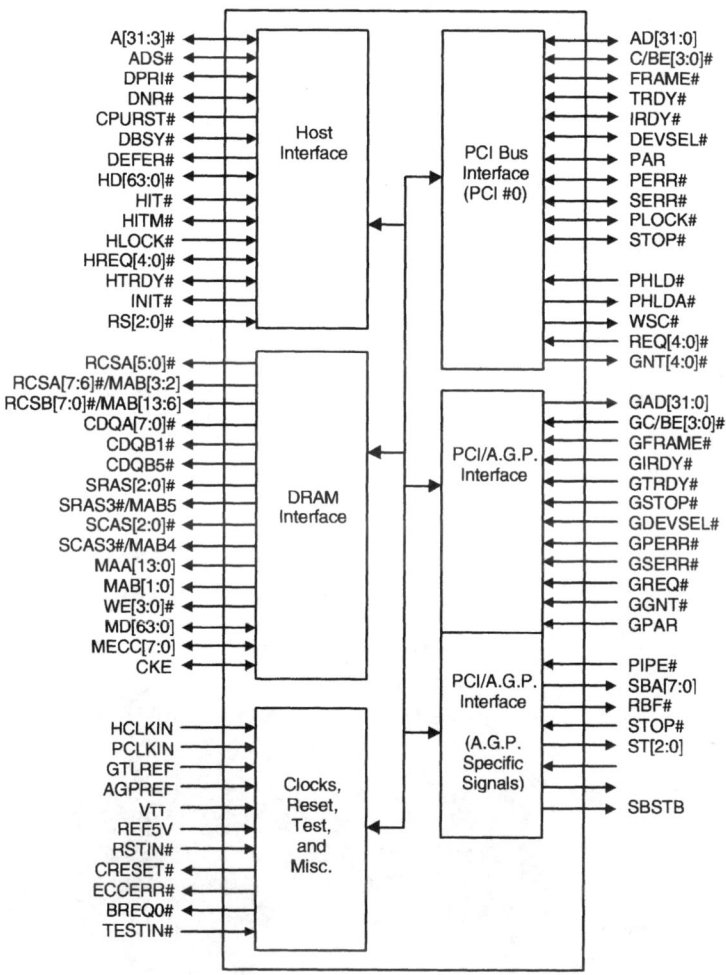

Bild 6.78: Der 82443LX (Northbridge) des LX-Chipsets benötigt nur noch den PIIX4, womit der Chipsatz mit AGP-Unterstützung bereits komplett ist

■ 6.12.5 Pentium-II/III- und Celeron-Chipsets

Ausgehend vom LX-Chipsatz hat Intel im April 1998 zwei weitere Chipsätze für Pentium-II-CPUs und deren Nachfolger vorgestellt: den 440 BX und den 440 EX. Der BX-Chipsatz unterstützt eine Pentium-II-CPU, die mit einem Takt von 400 MHz (oder höher) arbeitet, während der Vorgänger – der LX – maximal eine 333-MHz-Pentium-II-CPU verwenden kann. Die CPU-Bridge trägt die Bezeichnung 82443BX, und als PCI/ISA-Bridge kommt auch hier ein PIIX4 (PIIX4e) zum Einsatz.

Der Systemtakt beträgt beim BX stets 100 MHz statt 66 MHz wie beim Vorgänger, was Auswirkungen auf den zu verwendenden SDRAM-Speicher hat, der nunmehr explizit für 100 MHz ausgelegt sein muss. Die passenden DIM-Module hierfür werden als *PC100-DIMMs* bezeichnet und müssen (!) über ein entsprechendes EEPROM (Bild 6.77) als Konfigurationsspeicher verfügen.

Die Taktzuordnungen sind synchron ausgelegt, d.h. beispielsweise, dass der Takt für den PCI-Bus durch drei dividiert wird, was somit die spezifizierten 33 MHz ergibt. Der BX-Chipsatz erlaubt auch die Verwendung der (älteren) Pentium-II-CPUs, die einen Systemtakt von 60 oder 66 MHz benötigen, wenn diese Möglichkeit im BIOS-Setup vorgesehen ist, wovon in der Regel jedoch ausgegangen werden kann.

Der Standard-Chipsatz für Pentium-II/III- und Celeron-CPUs ist der Intel 440BX, auf dessen Basis es eine Vielzahl von Mainboards gibt. Mit Hilfe eines Slot-1-Adapters lässt sich hier auch eine Celeron-CPU im 370-Pin-Gehäuse problemlos verwenden, wobei bei etwas älteren Mainboards möglicherweise ein BIOS-Update notwendig ist, falls die Celeron- oder die Pentium-III-CPU noch nicht unterstützt werden sollte.

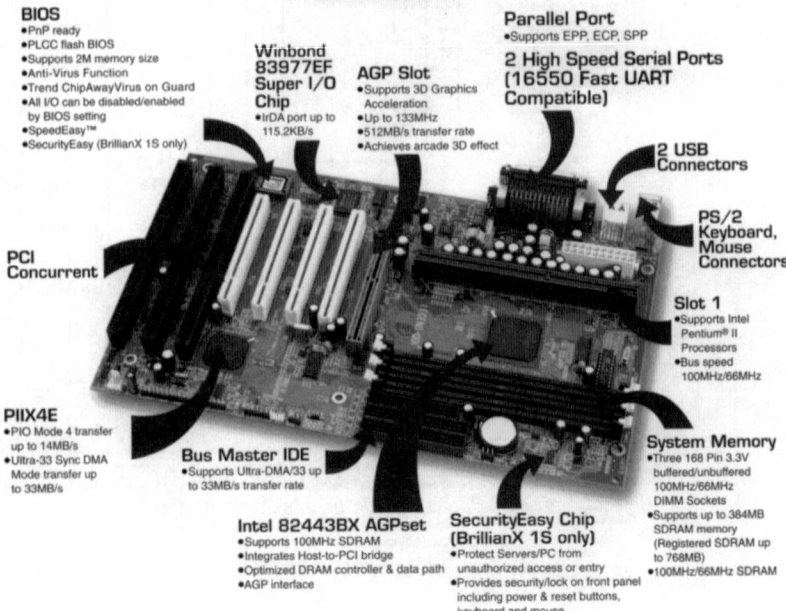

Bild 6.79: Dieses Mainboard der Firma QDI verwendet – wie viele andere auch – den Intel-BX-Chipset und bietet die Unterstützung für alle Pentium-II/III- und Celeron-CPUs

Der 440 EX weist demgegenüber in eine andere Richtung und ist für die Celeron-CPU (66 MHz Systemtakt) vorgesehen. Der 440EX ist zwar pinkompatibel mit dem LX-Chipsatz, verfügt jedoch über einige Einschränkungen, wie etwa, dass er nur für Single-Prozessor-Systeme geeignet ist, keine ECC-Fehlerkorrektur für den Speicher unterstützt und nur drei statt fünf PCI-Slots sowie nur zwei DIMM-Steckplätze zur Verfügung stehen.

Daten	Intel	Intel	Intel	Intel
Chipsatz	440BX	440EX	440ZX	810
System Controller Northbridge	82443BX	82443EX	82443ZX	82810-DC-100
Maximaler Speicher	1 Gbyte	256 Mbyte	512 Mbyte	256 Mbyte
USB-Support	ja	ja	ja	ja
SDRAM-Support	ja	ja	ja	ja
AGP-Support	ja	ja	ja	ja
UDMA-Modus 2	ja	nein	ja	ja
Max. Takt	100 MHz	66 MHz	100 MHz	100 MHz
Southbridge (ISA, EIDE, USB)	82371AB (PIIX4)	82371AB (PIIX4)	82371EB (PIIX4E)	82801AA (ICH)
Anmerkungen	Standard-PII-Chipset	nur 2 DIMMs und 3 PCI-	nur 2 DIMMs und 3 PCI-	Integrierte
Anmerkungen	Standard-PII-Chipset	nur 2 DIMMs und 3 PCI-Slots maximal	nur 2 DIMMs und 3 PCI-Slots maximal	Integrierte AGP-Grafik keine ISA-Slots

Tabelle 6.30: Kenndaten von Chipsätzen der Firma Intel für Pentium-II-, Pentium-III- und Celeron-CPUs

Mit ähnlichen Einschränkungen wartet der 440ZX-Chipsatz auf, den es prinzipiell in einer 66-MHz- und einer 100-MHz-Version gibt. Letzterer wurde mit einem Pentium III (500 MHz) beispielsweise im Aldi-PC vom November 1999 auf einem Mainboard der Firme MSI verbaut. Sowohl der 440EX als auch der 440ZX werden von zahlreichen Mainboard-Herstellern häufig mit einer On-Board-Grafik (ATI, Nvidia) und auch mit On-Board-Sound (Crystal, Creative Labs) kombiniert, was somit zu recht kompakten Systemen führt. Dementsprechend wird dann an der Anzahl der Slots gespart, und so ist beim Aldi-PC daher weder ein AGP-Slot – da On-Board-AGP-Grafik – noch ein ISA-Slot vorhanden, wobei man auf den letzteren mittlerweile noch am ehesten verzichten kann.

Derartige Systeme müssen leistungstechnisch gesehen nicht schlechter sein als solche, die aus bekannten Einzelkomponenten bestehen, wenn man dabei das Preis-Leistungs-Verhältnis im Auge behält. Allerdings ergeben sich Einschränkungen beim Erweitern und Umbauen, da sich die Onboard-Einheiten beispielsweise nicht immer korrekt abschalten lassen und dann bei Bedarf durch eine leistungsfähigere Einsteckkarte zu ersetzen sind. Die Netzteile sind außerdem für Erweiterungen oft zu knapp bemessen und der gewünschte Speicherausbau kann an der eher geringen

Anzahl der vorhandenen Modulspeicherplätze scheitern. Mechanische Probleme kommen dabei ebenfalls vor, weil es im PC-Gehäuse meist recht eng und gedrängt zugeht.

Dass sich eine relativ preiswerte Celeron-CPU auch in einem erwiesenermaßen guten Mainboard mit BX-Chipset im Slot-1 verwenden lässt, hat Intel von Anfang an nicht gefallen, denn schließlich soll hier bevorzugt ein Pentium III seinen Platz finden, der zwar um einiges teurer, aber nicht entsprechend leistungsfähiger ist.

Bild 6.80: Ein »370-Pin to Slot-1-Adapter« (Slocket) erlaubt ohne negative Einbußen in der Leistung den Betrieb eines preiswerten 370-poligen Celeron in Slot-1-Mainboards

Die Mainboard-Hersteller haben sich daher nach dem raschen Aussterben des Celerons mit Slot-1-Anschluss den ca. 30 DM teuren *370-Pin to Slot-1-Adapter* ausgedacht, der somit auch einen kostengünstigen CPU-Upgrade (vom Celeron zum Pentium III) ohne Mainboard-Austausch ermöglicht.

Intel 810-Chipset – Whitney –

Für kostengünstige PC-Systeme auf der Basis der 370-Pin-Celeron-CPUs hat Intel den Chipset 810 (Whitney) vorgesehen, was einige Mainboard-Hersteller aber nicht darin hindert, auch 810-Mainboards mit einem Slot-1 auszustatten, wie beispielsweise die Firma DFI mit ihrem PW64-D-Mainboard.

Ab diesem Chipsatz hat sich einiges Grundlegendes geändert, was sich auch anhand der neuen Intel-Terminologie erkennen lässt, denn es wird nicht mehr von einer *Northbridge* und einer *Southbridge* im zuvor erläuterten Sinne gesprochen. Der Whitney-Chipset besteht aus den folgenden Einheiten:

···⟩ **82810 (DC-100): Graphics and Memory Controller Hub** (GMCH)
Der GMCH (421 Pin, BGA) enthält, wie zuvor die Northbridge, die Memory-
Controllereinheit. Darüber hinaus sind in diesem Chip eine 2D- und eine 3D-
Grafikeinheit mit TV-Ausgang sowie ein MPEG-Decoder enthalten. Dadurch wird
die Grafik nicht mehr über den AGP oder den PCI-Bus mit Daten bedient, was
einen AGP-Slot überflüssig macht und den PCI-Bus zudem von diesen Transfers
entlastet. Diese Form der AGP-Ankopplung wird als *Direct AGP* bezeichnet und
erlaubt maximal den 4x-AGP-Modus.

···⟩ **82801A(A/B): I/O-Controller Hub** (ICH)
Der ICH (241 Pin, BGA) erfüllt zunächst die Aufgaben, die bei den Vorgängern
die Southbridge (EIDE, USB, DMA, IRQ, RTC usw.) erledigt hat. Außerdem
enthält dieser Chip nunmehr auch die PCI-Bus-Steuerung und ein AC97-Inter-
face für Audio- und Modemfunktionen. Dieses Interface ist oftmals in Form
eines neuen Slots (AMR-Slot) auf einem 810-Mainboard auszumachen. Ein Su-
per-I/O-Controller (siehe Kapitel 6.12.8) ist aber nach wie vor noch zusätzlich
nötig.

···⟩ **82802 (AB/AC): Firmware Hub** (FWH)
Der Firmware-Hub (32 Pin, PLCC oder 40 Pin TSOP) ist im Prinzip ein Flash-
PROM und enthält das System-BIOS sowie das Grafik-BIOS für den GMCH. Als
Neuerung existiert hier ein *Random Number Generator* (RNG), der Zufallszahlen
für Sicherheitsanwendungen (Datenverschlüsselung u.Ä.) erzeugen kann.

Etwas verwirrend mag die hier verwendete *Hub-Bezeichnung* der Chips sein, denn
mit einem Hub (Sternverteiler), wie man ihn aus der Netzwerktechnik kennt, haben diese Bausteine nichts gemein. Die Hub-Interfaces der beiden Controller-Chips
sind 11-Bit- und die des FWH 4-Bit-breit, und es kommen dabei – ähnlich wie beim
AGP – Strobe-Signale bzw. ein Frame-Signal für die Steuerung der Datenübernahme
zum Einsatz. Die Hub-Interfaces sind als *Private Bus* zu verstehen, über die allein
die Hubs kommunizieren und keine anderen Devices einen Zugriff haben.

Die auf der Basis des Whitney-Chipsets realisierten Mainboards können unterschiedliche Leistungsmerkmale aufweisen, was zum einen in den verschiedenen Varianten (AB, AC) des 810-Chipsets begründet liegt, zum anderen sind einige »Leistungs-
bremsen« bereits im Konzept des Chipsets manifestiert, da er für kostengünstige
PC-Komplettsysteme vorgesehen ist, bei denen sich (fast) alles bereits On-Board
befinden soll.

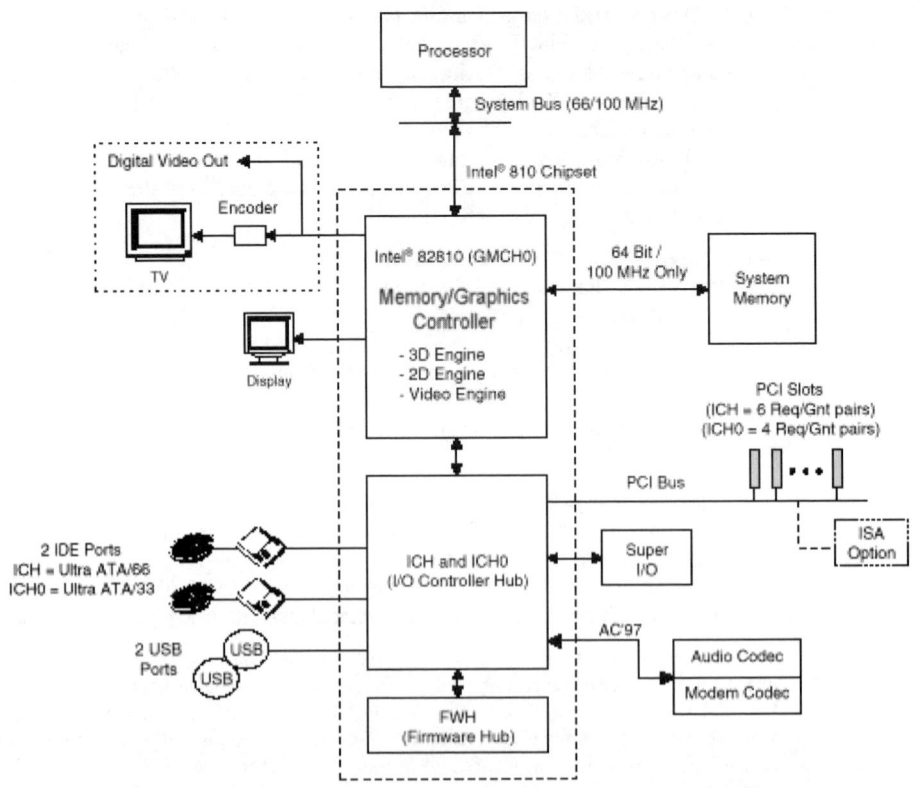

Bild 6.81: Das Prinzipschaltbild des Intel-810-Chipsets; der ISA-Bus, für den zusätzlich ein PCI-ISA-Bridge-Baustein benötigt wird, ist lediglich als Option vorgesehen und daher sind ISA-Slots auf den meisten Mainboards mit diesem Chipsatz nicht mehr zu finden

Den 810-Chipset gibt es sowohl für einen Systemtakt von 66 MHz als auch für 100 MHz, wobei in beiden Fällen (!) aber PC-100-DIMMs zum Einsatz kommen müssen.

Als Grafikspeicher wird der Arbeitsspeicher »angezapft«. Beim Booten wird hierfür zunächst 1 Mbyte reserviert, das sich unter Windows entsprechend der eingestellten Auflösung erhöht, und der Grafiktreiber belegt allein 10 Mbyte RAM. Auf einigen Mainboards befindet sich zwar ein als *Display Cache* bezeichneter Speicher, der wird allerdings nur für die 3D-Funktionen als Z-Buffer herangezogen und kommt ansonsten nicht zum Einsatz.

Dieses als UMA (Unified Memory Architecture) bezeichnete Konzept hat generell den Nachteil, dass die zur Verfügung stehende Bandbreite für die Speichertransfers und andere Busmaster sowie natürlich der nutzbare DRAM-Speicher dadurch verringert werden. Außerdem ist der Grafikteil für »Spielernaturen« eher ungeeignet, denn selbst 100-MHz-Speichertakt sind im Vergleich mit *richtigen* Grafikkarten, die beispielsweise mit 166 MHz arbeiten (z.B. Matrox Millenium G400), ein eher geringer Wert. Ob die TV-Option überhaupt genutzt werden kann, hängt vom jeweiligen Mainboard ab, denn vielfach befindet sich weder die notwendige Software im Lieferumfang, noch sind entsprechende Anschlüsse auf dem Mainboard vorhanden.

Das mit dem Whitney-Chipset eingeführte AC97-Interface erlaubt die kostengünstige Integration von Sound- und Modemfunktionen, wobei dann nur noch eine Minimalelektronik notwendig ist, da die CPU die notwenige Rechenarbeit, etwa für die Synthesizer-Funktionen, übernimmt. Bei Soundkarten ist hierfür ein eigener Chip vorhanden (z.B. OPL4), während die Audio-Unterstützung auf den bekannten 810-Mainboards mit einem einzigen Chip (CODEC, A/D-, D/A-Wandler) realisiert wird. Die Instrumente werden hier praktisch erst während der Laufzeit errechnet und stehen nicht mehr oder weniger vorgefertigt aus einem Synthesizer-Chip zur Verfügung.

Bild 6.82: Eines der ersten Mainboards mit dem Chipset 810 von Intel stammt von der Firma QDI und ist für die Celeron-CPU im 370-Pin-Gehäuse vorgesehen

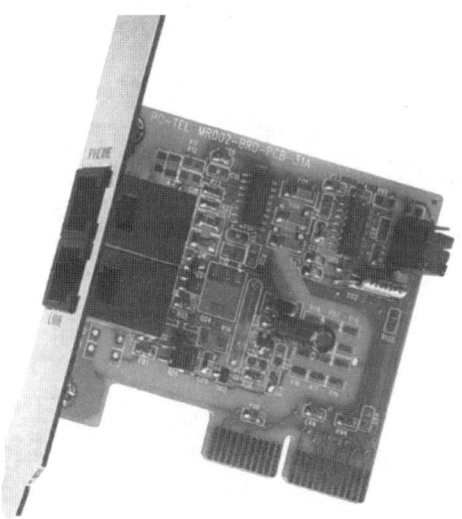

Bild 6.83: Eine Modemkarte für den AMR-Slot

Der neue Audio-Modem-Riser-Slot (AMR) ist für die Aufnahme einer speziellen Modemkarte vorgesehen, die im Grunde genommen nur das Line-Interface (zum Telefonnetz) enthält, und die gesamte sonst übliche Elektronik wird der CPU ebenfalls als »Rechenaufgabe« übergeben. Insgesamt bürdet man somit dem Mikroprozessor Dinge auf (Grafik, Sound, Modem), die als Kartenlösungen zwar teurer, jedoch universeller, leistungsfähiger und auch weniger CPU-belastend sind.

Die notwendigen Treiber für diese integrierten Lösungen stellen sich in der Praxis vielfach als fehlerträchtig dar, und ein entsprechender Support, wie ihn die bekannten Grafik-, Sound- und Modemkartenhersteller bieten, ist hier nicht gegeben.

Gegen die Verwendung der On-Board-Einheiten spricht außerdem die Tatsache, dass sie sich nicht immer abschalten lassen und sie (wertvolle) PC-Ressourcen belegen, obwohl sie vielleicht gar nicht benötigt werden. PCs auf der Basis derartiger Chips – es gibt auch noch andere, wie etwa den SiS 620 – erlauben kaum sinnvolle Umbauten oder Erweiterungen, wozu auch die Beschränkung auf typischerweise zwei DIMM-Speicherplätze zählt und wo sich mitunter – je nach Mainboard-Typ – nur maximal 128 Mbyte installieren lassen.

Mittlerweile gibt es den Intel-810-Chipset 810E, der als wesentliche Änderung gegenüber dem Vorgänger mit einem Systemtakt von 133 MHz arbeiten kann. Nötig wurde dies für die Pentium-III-CPUs (533B, 600B, die B-Typen), die sich extern mit 133 MHz statt wie bisher mit maximal 100 MHz takten lassen. Der Whitney-Chipset eignet sich aufgrund seiner On-Board-Einheiten und der damit verbundenen Limitierungen (s.o.) doch eher für Büroanwendungen und scheint nicht das optimale »Umfeld« für die vergleichsweise teuren neuen Intel-CPUs mit Slot-1 zu sein, zumal sich hier nur PC-100-DIMMs und keine 133-MHz-Typen einsetzen lassen.

Intel 820-Chipset – Camino –

Der Intel 820 (Camino) ist für die leistungsstärksten Intel-CPUs entwickelt worden und verwendet erstmalig RAMBus-Speicher (RDRAM, siehe Kapitel 8.2), allerdings hat es hiermit zahlreiche Probleme gegeben, so dass der Camino vom Markt genommen werden musste, obwohl bereits eine ganze Reihe von Mainboards mit diesem Chipset existieren.

Der Camino-Chipset ist der Nachfolger des Whitney-Cipsets. Er besitzt jedoch keine integrierte Grafik, sondern stattdessen einen 4x-fähigen AGP-Slot, und das AC97-Interface – nebst AMR-Slot – ist nur noch optional. Standardmäßig arbeitet Camino nicht mit SD-, sondern dem wesentlich teureren RD-RAM, welches den versprochenen Performance-Schub bisher schuldig geblieben ist.

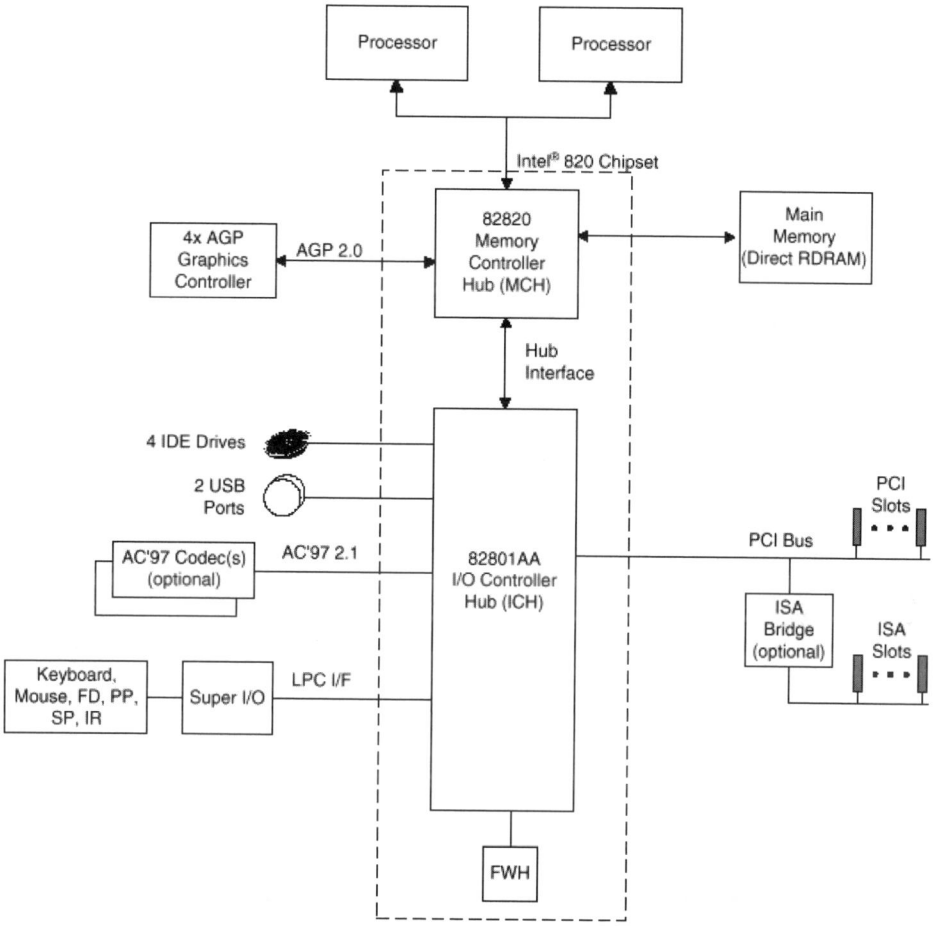

Bild 6.84: Der Camino-Chipset bietet als erster die Unterstützung für RAMBus-Speicherchips (Direct RDRAM)

Die erwartete Korrektur des fehlerhaften Camino-Speichersystems wurde allerdings nicht durchgeführt, sondern Intel definiert einfach, dass nunmehr lediglich zwei statt drei RAMBus-Speichersockel erlaubt seien. Der Camino setzt sich aus den folgenden Chips zusammen:

···✈ **82820 Memory Controller Hub** (MCH)

Der MCH (324 Pin, BGA) enthält das CPU- sowie das Speicher- und AGP-Interface. Eine integrierte Grafik wie beim i810 gibt es hier nicht, und der Chip entspricht daher im Wesentlichen einer typischen Northbridge. Den MCH gibt es auch in einer erweiterten Version (82820DP), und er erlaubt den Einsatz zweier Prozessoren mit einem maximalen Speicher von 1 Gbyte, wobei hier erstmalig RAMBus-Module zum Einsatz kommen.

···⟩ **82801: I/O-Controller Hub** (ICH)

Der ICH (241 Pin, BGA) ist der gleiche wie beim 810-Chipsatz (EIDE, USB, DMA, IRQ, RTC usw.) und enthält hier ebenfalls die PCI-Bus-Steuerung sowie ein AC97-Interface.

···⟩ **82802: Firmware Hub** (FWH)

Der Firmware-Hub (32 Pin, PLCC oder 40 Pin TSOP) ist prinzipiell ebenfalls mit der Version vom 810-Chipsatz identisch. Er beinhaltet jedoch lediglich das System-BIOS und den *Random Number Generator* (RNG).

RAMBus-Speicher ist für Intel die neue zukunftweisende Speichertechnologie, während die Konkurrenz vorwiegend auf PC-133 und PC-266-DIMMs (DDR-RAM, Kapitel 8.1.7) setzt. RAMBus ist nicht kompatibel mit PC-100 oder der konsequenten Weiterentwicklung, eben PC-133, und erfordert ein völlig neues Speicherdesign (als Bus, Kapitel 8.2), was sich in den wesentlich höheren Kosten für die entsprechenden Module (PC-600, PC-700, PC-800) niederschlägt. In der Praxis hat sich RAMBus im Vergleich zum PC-133-Speicher bisher jedoch nicht als die überlegene Technologie dargestellt, zumal der (alte) BX-Chipset fast genauso schnell ist.

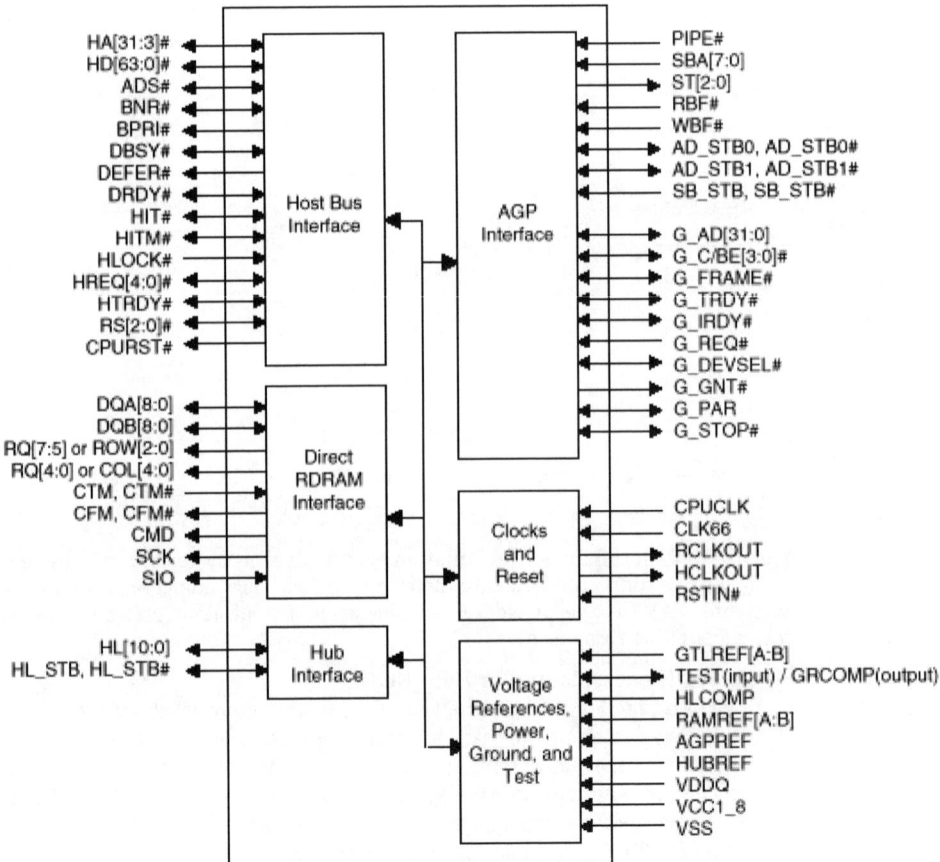

Bild 6.85: Die Verbesserungen des Camino-Chipsets sind im MCH (82820) zu finden, wie das 4x-AGP- und das RDRAM-Interface

Intel 840-Chipset – CARMEL –

Der Nachfolger des Camino steht gewissermaßen auch schon fest. Es ist der Intel-840-Chipset, der bis auf den neuen MCH (82240) die gleichen Chips wie die Vorgänger verwendet. Der 82240 erlaubt eine größere Flexibilität im Mainboard-Design, denn drei neue Hubs *können* ihm zur Seite stehen: Der 82806 ist ein 64-Bit-PCI-Controller, der 82803 ein eigener RDRAM-Memory-Repeater, damit die erwähnten RAMBus-Probleme nicht mehr auftreten, und der 82204 ist ein SDRAM-Memory-Repeater, der das RDRAM-Protokoll auf das SDRAM-Protokoll (welche Überraschung) umsetzen kann.

Bild 6.86: Mit dem Intel-840-Chipset stehen einige Neuerungen ins Haus, wie die Unterstützung von RD- plus SD-RAM (!) und 64-Bit-PCI

Da entsprechende Mainboards mit 840-Chipset noch eher selten am Markt anzutreffen sind – schließlich muss der Camino erst einmal abgearbeitet werden –, gibt es einige Mainboards (z.B. Asus P3C-E), bei denen sich auch SDRAM (PC-100-DIMMs) verwenden lässt. Schließlich ist es preislich durchaus interessant, mit bereits vorhandenen (älteren) DIMMs auf ein aktuelleres Mainboard »umziehen« zu können. Damit dies überhaupt funktioniert, ist eine DIMM-Riser-Card notwendig, die in einen RD-RAM-Sockel gesetzt wird und mehrere herkömmliche DIMMs aufnehmen kann, wobei sich auf der Card der SDRAM-Memory-Repeater (82204) für die notwendige Protokollumsetzung befindet.

▮ 6.12.6 Slot-1-Chipsets unterschiedlicher Hersteller

Nach einiger Zeit – es waren Lizenzverhandlungen mit Intel notwendig – konnten auch die »alternativen« Hersteller wie SiS, VIA und Acer Labs (Ali) eigene Chipsets für den Slot 1 vorstellen, die eine mit dem Intel-BX-Chipsatz vergleichbare Leistung bei günstigen Preisen bieten. Der Apollo-Pro-BX-Chipsatz ist sogar mit dem Intel-Chipsatz pinkompatibel.

Daten	Ali	SiS	VIA	VIA
Chipsatz	Aladdin Pro II	5600/5595	Apollo Pro	Apollo Pro BX
System Controller Northbridge	M1621	5600	VT82C691	VT82C692BX
Maximaler Speicher	512 Mbyte	384 Mbyte	512 Mbyte	512 Mbyte
USB-Support	ja	ja	ja	ja
SDRAM-Support	ja	ja	ja	ja
AGP-Support	ja	ja	ja	ja
UDMA-Mode 2	ja	ja	ja	ja
Max. Takt	133 MHz	100 MHz	124 MHz	133 MHz
Southbridge (ISA, EIDE, USB..)	M1533 M1543	5595	VT82C586B	VT82C596
Anmerkungen	M1543 enthält zusätzlich die Floppy- und Schnitt-stellen-Interfaces	IDE-Controller befindet sich in der North-bridge Maximal nur 3 DIMM-Steckplätze	Kann auch mit 66 MHz-DIM-Modulen betrieben werden	Chipsatz ist Intel-BX kompatibel Kann auch mit 66 MHz-DIM-Modulen betrieben werden

Tabelle 6.31: Kenndaten von Pentium-Chipsätzen für den Slot-One unterschiedlicher Hersteller

Wie es auch schon bei den Chipsets für den Pentium (Sockel 7) praktiziert wurde, werden die in der Tabelle angegebenen Chips von einigen Firmen unter anderen Bezeichnungen verwendet, beispielsweise heißt der VIA-Apollo-Pro-Chipset bei der Firma PC-Chips *BXPro* und der Ali-Chipsatz *BXcel*.

Der neueste VIA-Chipset, der Apollo Pro 133 (82C693), ist insbesondere für Pentium-III-CPUs geeignet (die B-Typen, s.o.), die einen externen Takt von 133 MHz benötigen. Er wird auf zahlreichen Mainboards der bekannten Hersteller (Asus, DFI, Soyo usw.) eingesetzt, denn im Gegensatz zum Intel-Camino verwendet er standardmäßig PC133-SDRAM-Module und kann außerdem auch noch mit den älteren SDRAMs umgehen.

Bild 6.87: *Der VIA-Chipset Apollo Pro BX besteht aus der Northbridge VT82C692BX und der South-*
bridge VT82C596; er ist pinkompatibel mit dem Intel-BX-Chipsatz und kann darüber
hinaus sogar mit älteren DIMMs (66 MHz) umgehen

6.12.7 Athlon-Chipsets

Mit dem Athlon ist es der Firma AMD erstmalig gelungen, eine CPU zu entwickeln, die in allen Disziplinen leistungsfähiger als ein aktuelles Intel-Pendant (Pentium III) und bei vergleichbarer Leistung auch noch preiswerter ist. Wie in Kapitel 7 erläutert, wird für diese CPU ein spezieller Chipset benötigt, da der Athlon nur äußerlich dem Pentium II oder Pentium III ähnlich ist, denn er verwendet ein anderes Busprotokoll (EV6 statt GTL+).

Da man einen neuen Mikroprozessor schlecht auf den Markt bringen kann, ohne hierfür einen adäquaten Chipset parat zu haben (das kann sich nur Intel leisten), hat AMD den Irongate-Chipset (AMD-750) entwickelt, in der Hoffnung, dass die anderen Hersteller wie VIA oder AcerLabs bald mit eigenen und leistungsfähigeren Chipsets folgen werden. Diese Entwicklung schreitet jedoch eher zögerlich voran, was auch für die Verfügbarkeit von Athlon-Mainboards gilt. Das erste Athlon-Mainboard stammt von MSI (MS6167), und mittlerweile gibt es auch welche der Firmen Asus (K7M), Gigabyte (GA-71X9), FIC (SD11) und Biostar (M7MKA).

Interessanterweise verschweigen einige Hersteller die Existenz ihrer Athlon-Mainboards, und selbst im Internet findet man bei den Herstellern teilweise keinerlei Informationen, geschweige denn BIOS-Updates und Treiber für die im Handel zweifellos vorhandenen Mainboards. Einzig die Firma Biostar hat sich von Anfang an zu ihrem Produkt bekannt und liefert hierfür auch den üblichen Support. Diese Verhaltensweise ist bisher geradezu einmalig, denn in Anbetracht der Tatsache, dass sich diese Hersteller keineswegs scheuen, auch mal völlig unausgereifte Produkte auf den Markt zu werfen, und dafür auch noch fleißig Werbung betreiben, handelt es sich bei dem Irongate-Chipsatz um ein stabiles und ausgereiftes Produkt, welches auf den oben genannten Mainboards zum Einsatz kommt. Als Erklärung wird hierfür stets die Firma Intel genannt, denn bisher verdienen die meisten Mainboard- und Chipset-Hersteller das meiste Geld, wenn sie sich im »Intel-Feld« bewegen, und Intel will man wohl lieber nicht verärgern.

Wie dem folgenden Bild auch zu entnehmen ist, folgt das Design des AMD-Chipsets dem bekannten Northbridge- und Southbridge-Prinzip.

···⟩ **AMD-751: System-Controller, Northbridge**

Der AMD-751 (492 Pin, BGA) enthält das CPU- sowie das Speicher- und AGP-Interface (maximal 2-Modus), und außerdem übernimmt er die Steuerung des PCI-Bus. Als Besonderheit findet der Speicherdatentransport auf zwei Signalflanken statt, was zu der Aussage *200 MHz High-Speed Channel* führt, wobei jedoch übliche PC-100-DIMMs zum Einsatz kommen. Es werden maximal drei Speicherslots unterstützt, was eine maximale Speicherkapazität von 768 Mbyte ermöglicht.

···⟩ **AMD-756: Peripheral-Controller, Southbridge**

Der AMD-756 enthält die üblichen Southbridge-Einheiten (EIDE mit Ultra ATA/66 USB, DMA, IRQ, RTC usw.) sowie den Keyboard-Controller und eine ISA/PCI-Bridge.

 Die Praxis hat gezeigt, dass bei einigen Athlon-Mainboards (z.B. von MSI) kein stabiler Betrieb mit PC-100-DIMMs zu erreichen ist. Woran dies im Einzelnen liegen mag, ist nicht zweifelsfrei festzustellen, allerdings gehen die unterschiedlichen BIOS-Versionen teilweise sehr ungewöhnlich mit den zur Verfügung stehenden Speichereinstellungsoptionen um, was im Prinzip nicht der PC-100-Spezifikation entspricht, denn eigentlich müsste hier die automatische Einstellung (per EEPROM auf dem Modul) der korrekten Speicherparameter greifen. Am problemlosesten ist der optimale Betrieb mit PC-133-Modulen (unbuffered) zu realisieren.

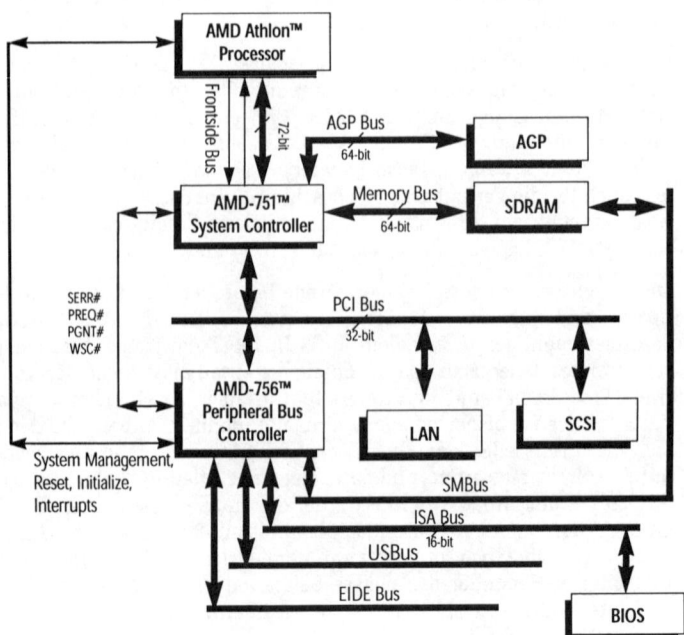

Bild 6.88: Das Prinzipschaltbild des AMD-750-Chipsets für Athlon-CPUs

Einige Hersteller wie *First International Computer* (FIC) oder Asus verwenden bei ihren Mainboards jedoch nicht die AMD-Southbridge, sondern den VIA-Typ VT82C686A, der demgegenüber auch die Hardware-Monitoring-Funktionalität und ein AC97-Interface mit Soundblasterkompatibilität beinhaltet.

Da dieser VIA-Chip auch auf Slot-1-Mainboards zum Einsatz kommt, wird deutlich, dass lediglich die Northbridge-Seite zur CPU eine Neuentwicklung nötig macht und zur anderen Seite hin im Grunde genommen (fast) alles so bleibt, wie es auch bei den anderen Chipsets für Intel-CPUs der Fall ist. Die ersten Mainboards mit einer verbesserten Southbridge, die auch PC-133-DIMMs optimal nutzen kann und den 4x-AGP-Modus unterstützt, soll Anfang 2000 von VIA (KX133) auf den Mainboards zu finden sein.

6.12.8 Mainboard-Peripherieeinheiten

Für jedes Mainboard – quasi Chipsatz-unabhängig – sind noch die im folgenden angegebenen Einheiten notwendig, die mit unterschiedlichen Bausteinen realisiert sein können. Einige davon werden als Beispiele mit angegeben, nachdem sie teilweise bereits in den vorigen Kapiteln erläutert wurden.

···⟩ **Taktgenerator:** IMI 42C25 oder AV9107 oder MX8315 oder PhaseLink 52C59
Versorgt die CPU und die weitere Elektronik (z.B. Timer, Bus) mit dem Arbeitstakt, der auf dem Mainboard über Steckbrücken (Jumper) für die jeweils verwendete CPU festgelegt wird. Meist wird hierfür ein Baustein verwendet, der eine Eingangsfrequenz von 14,318 MHz, die durch einen Quarz erzeugt wird, entsprechend umsetzt (PLL-Schaltung).

···⟩ **BIOS-ROM:** 28F001BXT und kompatible
Enthält den Basisprogammcode für die CPU, der für den Start des PC sorgt und zahlreiche Funktionen für das Ansprechen der einzelnen Komponenten (Laufwerke, Grafikkarte) zur Verfügung stellt. Der Speicherbaustein ist meist mit einem Aufkleber, der den Hersteller und die Version des ROM-Codes identifiziert (z.B. Award, AMI), versehen.

···⟩ **Tastaturcontroller (Keyboardcontroller):** INTEL 8042 oder VIA VT82C42 oder AMIKEY-2
Dieser Controller ist für die Kommunikation der angeschlossenen Tastatur mit der weiteren Mainboard-Elektronik zuständig und setzt die gesendeten Befehle entsprechend um. Des Weiteren übernimmt er gegebenenfalls die Unterstützung eines vorhandenen Maus-Interface (PS/2-Typ).

···⟩ **CMOS-RAM und Real Time Clock:** Dallas DS12886 oder Benchmarq bq328MT oder ODIN OEC12C887
Die jeweilige Konfiguration des PC wird im CMOS-Setup – auch BIOS-Setup genannt – festgelegt. Hier sind beispielsweise das Datum, die Uhrzeit oder der Diskettenlaufwerkstyp und weitere wichtige Dinge festzulegen. Die Speicherung dieser Daten erfolgt im CMOS-RAM, dessen Inhalt auch nach dem Abschalten des PC erhalten bleibt, da es von einem Akku oder einer Batterie versorgt wird. Entweder ist der Akku auf dem Mainboard unmittelbar zu erkennen, oder er ist im Baustein integriert. Des Weiteren enthält er die Real Time Clock (RTC, Echtzeituhr) mit Kalenderfunktion.

Bei allen neueren Mainboards ist ein RTC/CMOS-RAM-Chip nicht mehr zu finden, denn er ist mittlerweile in der Southbridge untergebracht. Eine Batterieknopfzelle auf dem Mainboard sorgt dabei für den Datenerhalt des integrierten CMOS-RAM.

⋯⟩ **Multi I/O-Controller, Super I/O-Controller:** National Semiconductor 87307 oder SMC FDC37C665GT oder UM8569F der Firma UMC oder Winbond W83977 Wurden zu früheren Zeiten zusätzliche ISA-Einsteckkarten benötigt, die die seriellen Schnittstellen (RS232), einen Drucker- und einen Gameportanschluss sowie einen Controller für die Disketten- und Festplattenlaufwerke zur Verfügung stellten, ist hierfür mittlerweile nur noch ein einziger Baustein wie beispielsweise der Typ UM8569F notwendig, der gleich mit auf dem Mainboard integriert ist. Von diesen Bausteinen gibt es die unterschiedlichsten Varianten.

Bild 6.89: Der PC87307-Super-I/O-Controller (rechts neben dem PIIX4) wird auf dem Intel-AL440LX-Mainboard eingesetzt, welches unter anderem in den zweiten PC von Aldi (266 MHz-Pentium-II-CPU) eingebaut wurde

Der PC87332VLJ ist ein weit verbreiteter Multi-I/O-Controller und bietet in einem 100-poligen Gehäuse zwei RS232-Ports, eine parallele Schnittstelle (IEEE1284) sowie ein Floppy-Disc-Drive- und ein Hard-Disc-Interface (ohne die 16-Bit-Buffer).

Derartige I/O-Controller sind schaltungstechnisch betrachtet als Ergänzung zur Southbridge auf dem Mainboard zu verstehen, arbeiten demgegenüber aber oftmals als 8 Bit breites Device am X-Bus, was für die eher langsame Peripherie, die hier angeschlossen wird, von der Leistung her auch keine Rolle spielt. Gleichwohl gibt es auch die *Super-I/O-Controller*, die am PCI-Bus oder am I/O-Controller-Hub (ab Intel-810-Chipset) angeschlossen sind, wie es bei neueren Mainboards generell der Fall ist.

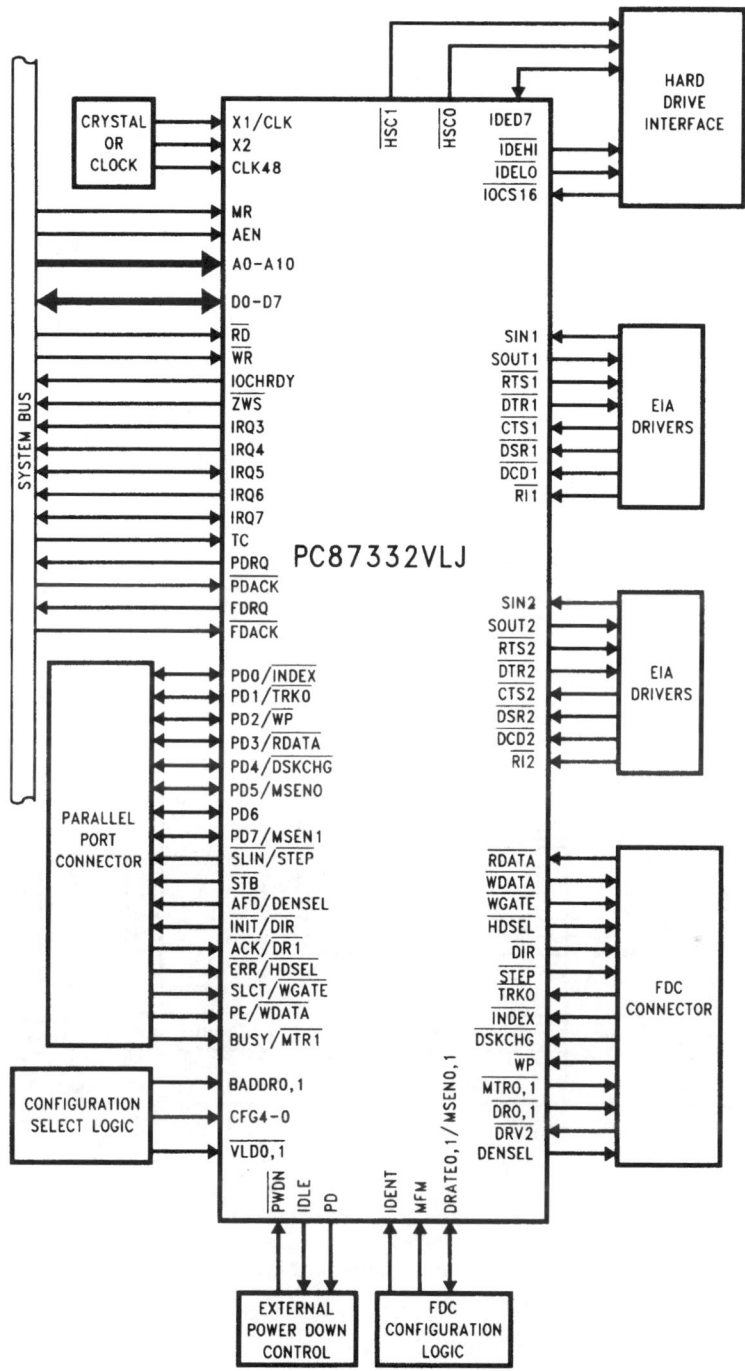

Bild 6.90: Der PC87332VLJ der Firma National Semiconductor bietet in einem Gehäuse alle üblichen Interfaces, die in früheren Zeiten über Einsteckkarten im PC realisiert wurden

···> **System-Monitoring, Supervisory-Chips, System Health-Chips:** National Semiconductor LM78, LM75, Winbond W83781D

Bei neueren Mainboards finden sich ein oder auch mehrere Bausteine, die für
die Überwachung von Spannungen, die Kontrolle der Lüfteraktivität und für
die Messung verschiedener Temperaturen (CPU, interne Umgebung) vorgesehen sind. Der erste bekannte Baustein für diese Aufgaben ist der Typ LM78 der
Firma National Semiconductor, welcher beispielsweise auf dem TX97-Mainboard
der Firma Asus zum Einsatz kommt. Der LM78 besitzt integrierte Watchdog-
Register, die beim Überschreiten der festgelegten Grenzwerte zwei Interrupt-
Ausgänge (/SMI, NMI/IRQ) aktivieren können.

Als Interfaces zum Chipsatz ist eines vom Typ ISA und ein serielles vorgesehen.
Üblicherweise wird das serielle Interface, bestehend aus dem Taktsignal SCL und
dem Datensignal SDA, verwendet, welches auch als SMB (**S**ystem **M**anagement **B**us)
bezeichnet wird. Der SMB entspricht in seiner Funktionalität im Prinzip dem I²C-
Bus und wird von einem Funktionsblock der Southbridge (z.B. PIIX4, AMD-756)
gesteuert. Das EEPROM, welches sich auf dem SDRAM-DIMM befindet, ist im übrigen ebenfalls am SMB angeschlossen.

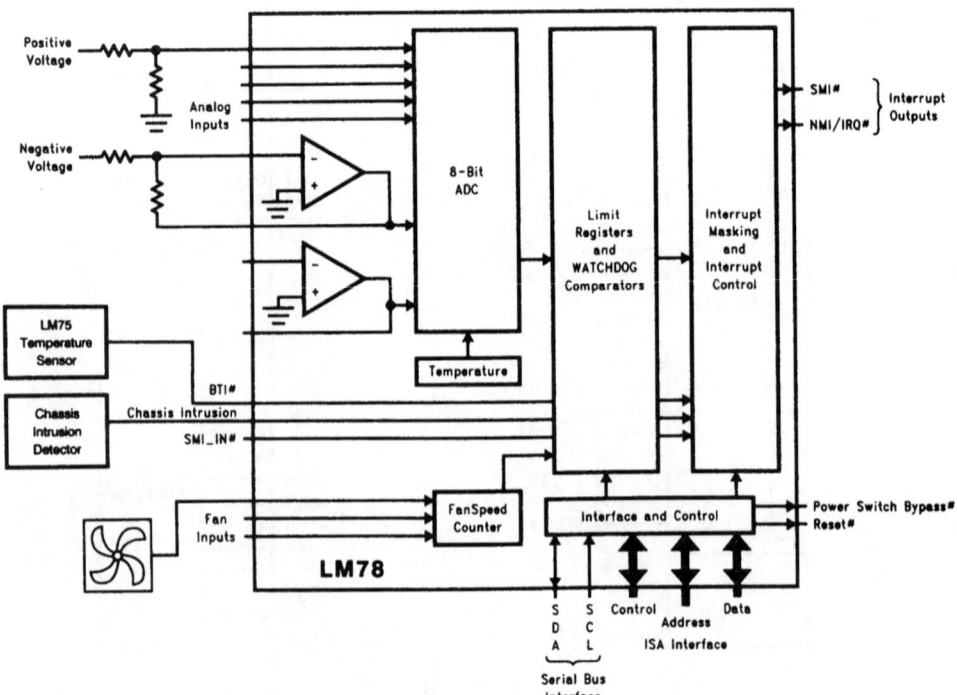

*Bild 6.91: Der LM78 verfügt über verschiedene Überwachungsfunktionen und veranlasst im Fehler-
fall ein rechtzeitiges Herunterfahren des PC.*

Der LM78 verfügt über neun Register sowie über ein 32 Byte großes POST- und ein 64 Byte großes Value-RAM. Das POST-RAM (**P**ower **O**n **S**elf **T**est) kann die vom BIOS gesendeten POST-Codes speichern, und das Value-RAM enthält die Ergebnisse der einzelnen Überwachungseinheiten sowie die Watchdog-Einstellungen – die festgelegten Grenzwerte. Zur Selektierung des LM78 werden ein Adressregister (typisch 295h) und ein Datenregister (typisch 296h) verwendet, wobei sich die verwendeten I/O-Ports des Mainboards durchaus von Hersteller zu Hersteller unterscheiden können.

In Designs mit dem LM78 kommt meist auch ein Temperatursensor vom Typ LM75 zum Einsatz, der sich unter der CPU (im Sockelhohlraum) befindet und elektrisch direkt mit dem LM78 verbunden ist. Auf Grund des Abstandes des Temperatursensors von der CPU ist diese Messung jedoch nicht besonders präzise und hängt in ihrer Genauigkeit zudem vom Mainboard-Design und auch der eingesetzten CPU ab. Im BIOS wird daher eine Tabelle geführt, die für den jeweils verwendeten Prozessor einen *Aufschlag* zum gemessenen Wert addiert, der keineswegs von Mainboard zu Mainboard identisch ist. Für den Sensor selbst wird ein Messbereich von –55 bis 125 °C bei einem maximalen Fehler von 3°C angegeben.

Eine drohende Überhitzung der CPU lässt sich jedoch auch frühzeitig anhand der Lüfterdrehzahl erkennen, wofür der LM78 drei »Tachometer-Eingänge« besitzt. Demnach werden hierfür spezielle Lüfter benötigt, die typischerweise zwei Impulse pro Umdrehung generieren. Zur Überwachung verschiedener Analogspannungen verfügt der LM78 insgesamt über fünf Eingänge für positive und zwei für negative Spannungen. Im einfachsten Fall werden hiermit die Versorgungsspannungen des PC-Netzteils gemessen, die vom LM78 intern mit einem 8-Bit-A/D-Wandler verarbeitet werden.

Des Weiteren enthält der LM78 einen Eingang (Chasis Intrusion) für einen Sensor, der das Öffnen des PC-Gehäuses detektieren kann. Allerdings unterstützen diese Möglichkeit nicht alle Mainboards, die über einen LM78 oder auch ähnlichen Baustein verfügen. Ein Problem ist dabei, dass der PC normalerweise im ausgeschalteten Zustand aufgeschraubt wird. Demnach muss der Schalter auch ohne Spannung das Öffnen feststellen können und nach dem Wiedereinschalten des PC diese Information an den LM78 übergeben. Zurzeit gibt es hierfür verschiedene Lösungen wie etwa mechanische Schalter, die jedoch leicht zu manipulieren sind, und optische Sensoren mit integriertem, batteriegepuffertem Speicher. Der LM78 wird üblicherweise mit von der Batterie, die für das CMOS-RAM verwendet wird, versorgt.

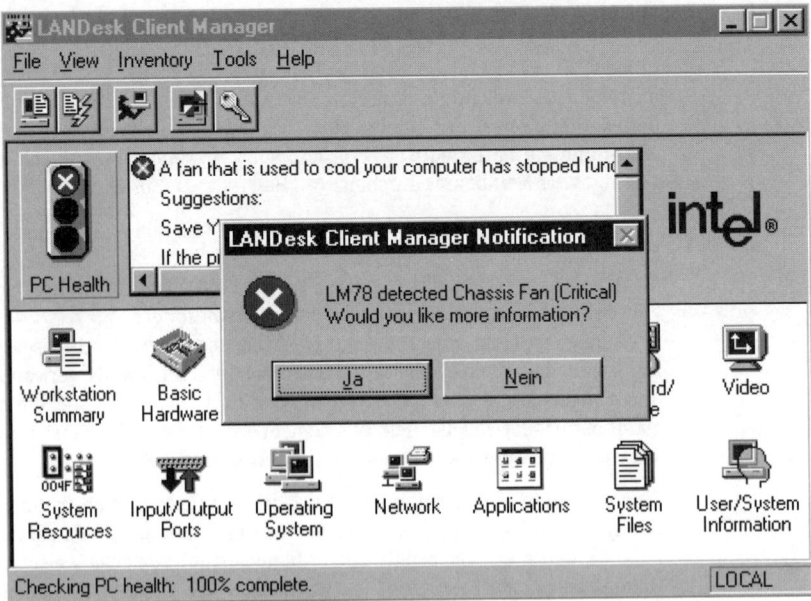

Bild 6.92: Die Meldung des CPU-Lüfterausfalls wird mit Hilfe der LANDesk-Client-Manager-Software visualisiert und über das Netzwerk gesendet.

Zu Mainboards, die mit einem Supervisory-Chip ausgestattet sind, gehört ein entsprechender Treiber und eine mehr oder weniger komfortable Software zur Konfigurierung und Anzeige der einzelnen »Überwachungsdaten«. Zum Asus-TX97-Board wird beispielsweise eine Software auf der Basis des Intel-LAN-Desk-Managers mitgeliefert (LDCM), die es ermöglicht, die Daten des PC auch über ein Netzwerk abzufragen, und im Fehlerfall wird außerdem ein entsprechender Alarm über das Netzwerk gesendet.

7 Mikroprozessoren für PCs

*Der Mikroprozessor wird vielfach zur Klassifizierung eines PC verwendet, wobei jedoch nicht vergessen werden darf, dass der Prozessor (CPU, Central Processing Unit) nur eine Komponente von vielen verschiedenen innerhalb eines PC ist, die erst im Zusammenspiel die **PC-Performance** ergeben.*

Ein verhältnismäßig schneller Prozessor und ein relativ kleiner RAM-Speicher oder auch eine langsame Festplatte machen leistungstechnisch keinen Sinn und können die Gesamtleistung eines PC durchaus auf das Niveau einer älteren CPU-Leistungsklasse herabsetzen. Des Weiteren hängt es auch maßgeblich von der Art der verwendeten Software ab, ob die Prozessorleistung überhaupt ausgenutzt werden kann. Bestimmend für die Leistung eines PC sind im Wesentlichen die folgenden Komponenten oder Kriterien:

···⁘ Der Typ des Mikroprozessors

···⁘ Die Taktfrequenz des Mikroprozessors

···⁘ Die Größe des RAM-Speichers

···⁘ Die Größe des Cache-Speichers

···⁘ Die Mainboard-Architektur (Chipsatz)

···⁘ Das Bussystem (ISA, EISA, PCI)

···⁘ Die Festplatte (Typ, Kapazität)

···⁘ Die Grafikkarte (Typ, Kapazität des Grafikspeichers)

···⁘ Die Funktionalität des BIOS (optimaler Setup?)

···⁘ Das Betriebssystem (Single User, Multi-User/Multitasking)

···⁘ Die verwendete Software (DOS, Windows, Emulationen)

Der erste Mikroprozessor, der in einem PC eingesetzt wurde – der 8088 –, ist mittlerweile 20 Jahre alt und es ist klar, dass gerade auf diesem Gebiet eine besonders rasante Weiterentwicklung stattgefunden hat, wie es die Tabelle 7.1 anhand der Anzahl der verwendeten Transistoren verdeutlichen mag. Was vielleicht aber nicht so klar ist, ist die Tatsache, dass die mit dem ersten PC geschaffenen Standards und auch Eigentümlichkeiten bis heute einen maßgeblichen Einfluss selbst auf die neuesten Mikroprozessoren und Mainboard-Architekturen für PCs ausüben.

Prozessor	Anzahl der Transistoren	Erscheinungsjahr
8086	29.000	1980
80286	130.000	1982
80386DX	280.000	1985
80386SX	275.000	1987
486DX	1,2 Mio	1989
486SX	1,185 Mio	1991
486DX2	1,2 Mio	1992
Pentium	3,2 Mio	1993
486DX4	1,6 Mio	1994
PentiumPro	5 Mio	1995
Pentium MMX	4,5 Mio	1996
Pentium II	7,5 Mio	1997
AMD K6	8,8 Mio	1997
Celeron	7,5 Mio	1998
Pentium III	90,5 Mio	1999
AMD Athlon (K7)	22 Mio	1999

Tabelle 7.1: Die Anzahl der verwendeten Transistoren (ohne L2-Cache) in den Prozessoren verdeutlicht die rasante technologische Weiterentwicklung der Mikroprozessoren

Die Mikroprozessoren für Personal Computer werden in immer kürzeren Zeitintervallen immer leistungsfähiger, was eine höhere Taktfrequenz und Komplexität bedeutet und sich in einer Vielzahl an verwendeten Transistoren in der CPU niederschlägt. Alle Prozessoren für Personal Computer sind für die Software jedoch grundsätzlich abwärtskompatibel. Das bedeutet, dass ein Programm, welches für einen 8088 geschrieben wurde, auch auf einem Pentium III funktionieren wird – wie sinnvoll dies auch immer sein mag –, nur wesentlich schneller und ohne dabei natürlich die neuen Features des leistungsfähigeren Prozessors nutzen zu können. Bisher hat kein neuer PC-Prozessor radikal mit der Tradition der vorhergehenden gebrochen und die mit dem jeweiligen Prozessor eingeführten Features werden bei der nächsten Generation weitergeführt.

7.1 Die 8088/8086-Mikroprozessoren

Der Siegeszug des PC begann mit dem Original IBM-PC im Jahre 1981, welcher einen 8088-Prozessor der Firma Intel verwendete. Dieser Prozessor arbeitet intern mit einer Datenbreite von 16 Bit, extern jedoch nur mit 8 Bit. Der Datenbus hat also lediglich eine Breite von 8 Bit. Ein Prozessor mit 16-Bit-Datenbus war bereits seit 1978 verfügbar. Dieses ist der 8086, doch zum damaligen Zeitpunkt entschied man sich bei IBM für den »abgespeckten« und damit preisgünstigeren 8088, der voll kompatibel zum 8086 ist.

Zum PC-Bus hin – zum Slot, der die Einsteckkarten aufnimmt – verhalten sich beide Typen völlig identisch, es existiert lediglich eine unterschiedliche Datenbusbreite zum Speicher (DRAM). Da sowohl der 8086 als auch der 8088 intern mit 16-Bit-breiten Registern arbeiten, benötigt der 8088 immer zwei Zugriffe, um Befehle oder Daten aus dem Speicher lesen zu können. Die interne Kommunikationsgeschwindigkeit eines 8088-Systems ist dadurch um etwa 25% niedriger als bei einem 8086-System.

Damals war sicherlich nicht abzusehen, in welch rasantem Tempo sich die für den Prozessor notwendigen Peripherie-Chips entwickeln würden, so dass man stattdessen ebenso gut den leistungsfähigeren 8086 hätte einsetzen können. Ein weiterer Grund für die Verwendung des 8088 war sicherlich auch, dass das Layout des Mainboards einfacher gehalten werden konnte, da ein 16-Bit-Datenbus plus entsprechender Steuerungssignale nun mal ein Vielfaches an Leitungen gegenüber einem 8-Bit-Design benötigen.

Bild 7.1: *Der Mikroprozessor 8088 befindet sich auf einem PC-Standard-Mainboard in einem 40-poligen DIP-Gehäuse (Dual-In-Line-Package). Für den zusätzlichen mathematischen Coprozessor ist ebenfalls ein entsprechender Sockel vorgesehen*

Beide CPU-Typen besitzen einen 20 Bit breiten Adressbus, womit 1 Mbyte (1024 Kbyte) Speicherzellen adressierbar sind. Für die Programme stehen jedoch lediglich 640 Kbyte zur Verfügung, da im oberen Bereich das System-BIOS, die Grafikkarte und weitere Adressen und Register für die PC-Hardware reserviert sind. Diese Begrenzung auf einen (unter DOS, Real Mode) direkt adressierbaren Speicher von 640 Kbyte rührt genau aus dieser Tatsache und dieser Umstand ist selbst beim Pentium II gültig.

Beide Prozessoren können grundsätzlich in zwei Betriebsarten betrieben werden, die mit Minimal- beziehungsweise mit Maximalmodus bezeichnet sind. Mit dem Signal MN/MX (Pin 33) kann zwischen beiden Modi umgeschaltet werden, wobei für PCs der Maximalmodus üblich ist, denn hierbei werden über die Kontakte 24-32 Statussignale an einen nachgeschalteten Buscontrollerbaustein gesendet, welcher die Kommunikation über den Bus steuert.

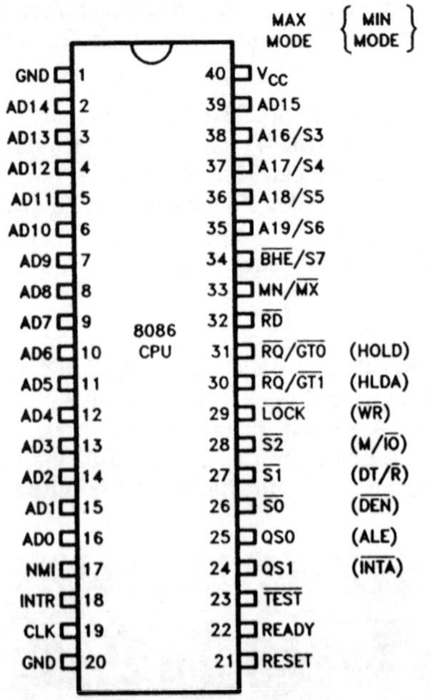

```
                        MAX  { MIN  }
                        MODE { MODE }

    GND ☐ 1          40 ☐ Vcc
   AD14 ☐ 2          39 ☐ AD15
   AD13 ☐ 3          38 ☐ A16/S3
   AD12 ☐ 4          37 ☐ A17/S4
   AD11 ☐ 5          36 ☐ A18/S5
   AD10 ☐ 6          35 ☐ A19/S6
    AD9 ☐ 7          34 ☐ B̄H̄Ē/S7
    AD8 ☐ 8          33 ☐ MN/M̄X̄
    AD7 ☐ 9    8086  32 ☐ R̄D̄
    AD6 ☐ 10   CPU   31 ☐ R̄Q̄/Ḡ̄T̄Ō   (HOLD)
    AD5 ☐ 11         30 ☐ R̄Q̄/Ḡ̄T̄1̄   (HLDA)
    AD4 ☐ 12         29 ☐ L̄Ō̄C̄K̄     (W̄R̄)
    AD3 ☐ 13         28 ☐ S̄2̄       (M/Ī̄Ō̄)
    AD2 ☐ 14         27 ☐ S̄1̄       (DT/R̄)
    AD1 ☐ 15         26 ☐ S̄0̄       (D̄Ē̄N̄)
    AD0 ☐ 16         25 ☐ QS0       (ALE)
    NMI ☐ 17         24 ☐ QS1       (Ī̄N̄T̄Ā̄)
   INTR ☐ 18         23 ☐ T̄Ē̄S̄T̄
    CLK ☐ 19         22 ☐ READY
    GND ☐ 20         21 ☐ RESET
```

Bild 7.2: Die Anschlüsse der 8086-CPU

Die Adressen und Daten werden sowohl vom 8088 als auch vom 8086 über einen gemultiplexten Bus (ADx) zur Verfügung gestellt. Zur Trennung dieser Informationen wird ein externes Adressen/Daten-Latch verwendet, welches durch das Prozessorsignal ALE (**A**ddress **L**atch **E**nable) gesteuert wird. Da der 8088 extern lediglich 8 Bit breit ist, führen bei diesem Typ die oberen Leitungen (A8-A19) lediglich die Adressen- aber keine Dateninformation.

Bezeichnung	Pin-Nr.	Richtung	Bedeutung/Funktion
GND	1	–	Masse
AD15-AD0	2-16, 39	Eingänge Ausgänge	Adress-Datenbus. Bei einem Low an ALE (Adress Latch Enable) werden Daten übertragen. ALE wird im PC-üblichen Max-Modus mit Hilfe des Buscontrollers (8288) generiert. Der 8088 verwendet als Datensignale lediglich AD7-AD0.
NMI	17	Eingang	Non Maskable Interrupt. Bei Auslösung verzweigt die CPU zum Interrupt-Vektor Nr.2.

Fortsetzung der Tabelle:

Bezeichnung	Pin-Nr.	Richtung	Bedeutung/Funktion
INTR	18	Eingang	Interrupt Request, Anforderung eines Interrupts (vom 8259)
CLK	19	Eingang	CPU-Taktsignal (5, 8, 10 MHz)
GND	20	–	Masse
RESET	21	Eingang	Initialisierung durch High-Impuls
READY	22	Eingang	Bereit für weitere Daten
/TEST	23	Eingang	Anhalten der CPU für Testzwecke (Wait-Befehl)
QS1 QS0	24 25	Ausgänge	Queue-Status, zeigt den internen Zustand der CPU-Instruction-Queue an. **QS1 QS0 Status** 0　0　keine Operation 0　1　erstes Byte ist übertragen 1　0　Queue wird gelöscht 1　1　weiteres Byte ist übertragen
/S0 /S1 /S2	26 27 28	Ausgänge	Statussignale für den Buscontroller **S2 S1 S0 Zugriff** 0　0　0　Interrupt Acknowledge 0　0　1　Read I/O-Port 0　1　0　Write I/O-Port 0　1　1　Halt-Zyklus 1　0　0　Befehlszyklus (Code Access) 1　0　1　Read Memory 1　1　0　Write Memory 1　1　1　kein aktiver Zyklus
/LOCK	29	Ausgang	Signalisiert mit einem Low, dass kein anderer Bus-Master auf den Systembus zugreifen darf.
HLDA	30	Ausgang	HOLD Acknowledge, Bestätigung der HOLD-Anforderung (Min Mode); Steuerung des Bus-Controllers im Max Mode.
HOLD	31	Eingang	Dient externer Einheit (Bus Master) zur Anforderung der Bus-Kontrolle (Min Mode); Steuerung des Bus-Controllers im Max Mode.

Fortsetzung der Tabelle:

Bezeichnung	Pin-Nr.	Richtung	Bedeutung/Funktion
/RD	32	Ausgang	Umschaltung zwischen Lesen und Schreiben
MN-/MX	33	Eingang	Umschalten zwischen Minimal- und Maximal-Modus; bei PCs ist der Pin auf GND (Max-Mode), da ein eigener Bus-Controller (8288) verwendet wird.
/BHE-/S7	34	Ausgang	Bus High Enable kennzeichnet mit A0 die Breite des jeweiligen Datenzugriffs.

<table>

/BHE A0 Zugriff

0 0 16 Bit

0 1 8 Bit High-Byte

1 0 8 Bit Low-Byte

1 1 nicht definiert

/S7 ist ein Statussignal und Low beim ersten Interrupt-Acknowledge-Zyklus. Beim 8088 wird dieses Signal als /SS0 bezeichnet und ist stets High.

A19-/S6	35	Ausgänge	Adressbus und Statussignale,
A18-/S5	36		ALE gibt mit High den Adressbus
A17-/S4	37		frei (Memory-Transfers),
A16-/S3	38		S3-S4 dienen der Segment-Erkennung durch einen 8087, S5 zeigt den Status des Interrupt-Enable-Bits an bei /ALE =High; S6 ist immer Low.
A15	39	Ausgang	(siehe AD15-AD0)
VCC	40	Eingang	Versorgungsspannung +5V

Tabelle 7.2: Die Signale der 8088/8086-Prozessoren

Der 8086-Prozessor hat sich in Deutschland besonders durch die Computer der Firmen Schneider und Amstrad (PC1512, PC1640) sowie mit dem Modell 30 der Firma IBM verbreitet.

In 8088/86-Laptops wurden bevorzugt die stromsparenden CMOS-Versionen 80C88 oder 80C86 verwendet und für mathematische Anwendungen wurde ein passender Coprozessor – ein 8087 – vielfach nachgerüstet.

Die Prozessoren V20 (μPD70108) und V30 (μPD70116) der Firma NEC sind ebenfalls CMOS-Prozessoren mit einem größeren Leistungsumfang (erweiterter Befehlssatz, schneller, 8080-Programme können ausgeführt werden) und kompatibel zum 8088 bzw. 8086. Durch den Austausch eines 8088-Prozessors gegen einen V20-Prozessor kann ohne weitere Modifikationen eine Steigerung der Verarbeitungsgeschwindigkeit erzielt werden.

Eher selten wurden in Personal Computern der 80186 oder der 80188 eingesetzt, die im Prinzip den Prozessoren 8086 und 8088 entsprechen. Sie beinhalten zusätzlich einige Bausteine (Taktgenerator, Interrupt-Controller, DMA-Controller), welche sich in einem traditionellen PC als einzelne Bauelemente auf dem Mainboard befinden. Durch diese Erweiterungen sind sie jedoch nicht voll hardwarekompatibel zum Original-PC und werden daher (auch heute noch) eher für Spezialanwendungen, wie in der Mess-, Steuerungs-, und Regelungstechnik eingesetzt. Zahlreiche »aktive« ISDN-Karten verwenden beispielsweise einen 80186 und bei Embedded-PC-Systemen wird immer wieder auf diesen Typ zurückgegriffen.

7.2 Der 80286-Mikroprozessor

Als Weiterentwicklung des traditionellen PCs versteht sich der XT, der erstmalig einen *richtigen* 16-Bit-Prozessor – den 80286 – verwendete. Der 8088 und der 8086 verwenden die Real-Mode-Betriebsart, die der 80286 zwar ebenfalls beherrscht, gleichwohl werden dabei seine 16-Bit-Qualitäten nicht ausgespielt.

Der 80286 beherrscht zusätzlich den Protected Mode, in welchem er Multitasking und eine virtuelle Adressierung unterstützt. Physikalisch kann der 80286 einen maximalen Speicher von 16 Mbyte adressieren, virtuell bis zu 1 Gbyte, was bedeutet, dass Teile der Software, die 16 Mbyte überschreiten, automatisch auf die Festplatte ausgelagert werden. *Multitasking* heißt, dass quasi mehrere Programme gleichzeitig ausgeführt werden können, was praktisch durch ein Umschalten zwischen den einzelnen Aufgaben (Tasks) erfolgt. Allerdings sind diese Features unter DOS nicht nutzbar, sondern beispielsweise erst mit OS/2 oder Windows.

Bild 7.3: Ein 80286-Prozessor mit 16 MHz-Taktfrequenz im 68-poligen PLCC-Gehäuse (Plastic Leaded Chip Carrier); daneben ist ein 40-poliger DIP-Sockel für den mathematischen Coprozessor (80287) vorhanden

Der Datenbus ist zwar wie beim 8086-Prozessor 16 Bit breit, jedoch ist der Adressbus auf 24 Bit erweitert worden, was eben die Adressierung von 16 Mbyte erlaubt. Außerdem werden die Adressen und Daten vom 80286 nicht wie beim 8088/8086 gemultiplext ausgegeben, sondern es stehen jeweils einzelne Anschlüsse für Adressen (A0-A23) und Daten (D0-D15) zur Verfügung, was eine schnellere Kommunikation mit den weiteren Schaltungselementen, wie dem Speicher (RAM), ermöglicht. Ein PC mit 80286-Prozessor ist daher bis zu sechsmal schneller als ein 8086-Computer.

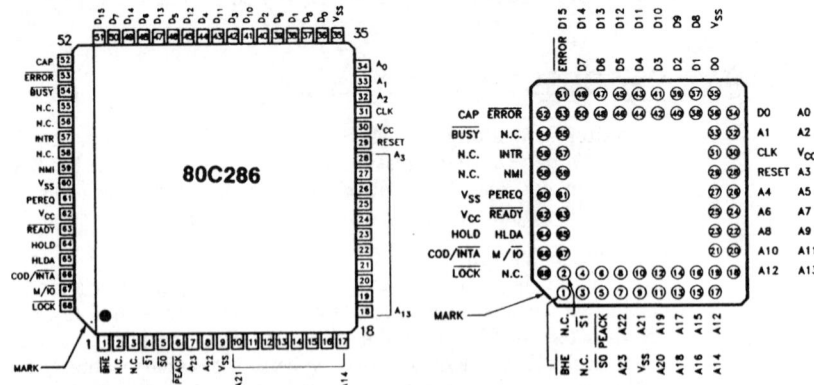

Bild 7.4: Die Gehäuseformen und Anschlüsse des 80286-Prozessors

Da beim 80286 mehr Anschlüsse als bei den Vorgängertypen benötigt wurden, musste die Gehäuseform des Prozessors geändert werden. Es sind verschiedene wie PGA (**P**in **G**rid **A**rray) oder PLCC (**P**lastic **L**eaded **C**hip **C**arrier) möglich. Ursprünglich für eine maximale Taktfrequenz von 12,5 MHz vorgesehen, existieren auch zahlreiche 286-Prozessoren anderer Hersteller, beispielsweise von der Firma Harris, deren 80286-Prozessoren mit bis zu 25 MHz getaktet werden können.

Bezeichnung	Pin-Nr. (PLCC)	Richtung	Bedeutung/Funktion
/BHE	1	Ausgang	Bus High Enable kennzeichnet mit A0 die Breite des jeweiligen Datenzugriffs auf den oberen Datenbusleitungen (D15-D8).

/BHE A0 Zugriff

/BHE	A0	Zugriff
0	0	16 Bit
0	1	8 Bit, D15-D8
1	0	8 Bit, D7-D0
1	1	nicht definiert

Bezeichnung	Pin-Nr. (PLCC)	Richtung	Bedeutung/Funktion
N.C.	2, 3, 55, 56	–	No Connection, nicht angeschlossen

Bezeichnung	Pin-Nr. (PLCC)	Richtung	Bedeutung/Funktion
/S1, /S0	4, 5	Ausgänge	Signalisiert den Bus Cycle Status in Verbindung mit COD-/INTA und M-/IO.

COD-/INTA	M-/IO	/S1	/S0	Bedeutung
0	0	0	0	Interrupt Acknowledge
0	0	0	1	tritt nicht auf
0	0	1	0	tritt nicht auf
0	0	1	1	kein Status-Zyklus
0	1	0	0	Halt (A1=1), sonst Shutdown
0	1	0	1	Memory Data Read
0	1	1	0	Memory Data Write
0	1	1	1	kein Status-Zyklus
1	0	0	0	tritt nicht auf
1	0	0	1	I/O Read
1	0	1	0	I/O Write
1	0	1	1	kein Status-Zyklus
1	1	0	0	tritt nicht auf
1	1	0	1	Memory Instruction Read
1	1	1	0	tritt nicht auf
1	1	1	1	kein Status-Zyklus

Bezeichnung	Pin-Nr. (PLCC)	Richtung	Bedeutung/Funktion
/PEACK	6	Ausgang	Processor Extension Operand Acknowledge, Bestätigung für die PEREQ-Anforderung.
A23-A0	7, 8, 10-17, 18-28, 32-34	Ausgänge	24-Bit-Adressbus, während I/0-Transfers sind A23-A16 immer Low.
Vss	9	–	Masse, GND
RESET	29	Eingang	Initialisierung der CPU durch High-Impuls.
VCC	30	–	5V-Anschluss
CLK	31	Eingang	CPU-Taktsignal (12, 16, 25 MHz), wird intern durch zwei dividiert.
VSS	35,	–	Masse, GND
D15-D0	51-36	Eingänge Ausgänge	Der 16 Bit breite Datenbus
CAP	52	Eingang	Kondensatoranschluss (0,047 uF) für die HMOS-Version des 80286. Nicht angeschlossen beim Standardtyp.
/ERROR	53	Eingang	Ein Low-Signal löst einen Interrupt in einem Fehlerfall (z.B. von 80287) aus.
/BUSY	54	Eingang	Anhalten der CPU, vergleichbar mit dem Test-Pin beim 8088/8086.

Fortsetzung der Tabelle:

Bezeichnung	Pin-Nr. (PLCC)	Richtung	Bedeutung/Funktion
N.C.	55, 56, 58	–	No Connection, nicht angeschlossen
VSS	60 35,	–	Masse, GND
NMI	59	Eingang	Non-Maskable-Interrupt. Bei Auslösung verzweigt die CPU zum Interrupt-Vektor Nr.2.
PEREQ	61	Eingang	Processor Extension Operand Request, Anforderung zur Ausführung einer erweiterten Prozessor-Kommunikation (Memory, Protection).
VCC	62	Eingang	Versorgungsspannung +5V
/READY	63	Eingang	Bereit für weitere Daten
HOLD	64	Eingang	Dient externer Einheit (Bus Master) zur Anforderung der Bus-Kontrolle.
HLDA	65	Ausgang	HOLD Acknowledge, Bestätigung der HOLD-Anforderung
COD-/INTA	66	Ausgang	Code-Interrupt Acknowledge, gibt die Interrupt-Bestätigung aus und signalisiert zusammen mit /S1, /S0 und M-/IO den Bus-Cycle-Status (siehe unten).
M-/IO	67	Ausgang	Memory IO Select, signalisiert einen Speicher- (High) oder I/O-Zugriff (Low).
/LOCK	68	Ausgang	Signalisiert mit einem Low, dass kein anderer Bus-Master auf den Systembus zugreifen darf.

Tabelle 7.3: Die Signale des 80286-Prozessors

Ab einem PC mit einer 80286-CPU sind die Slots generell in 16 Bit Breite ausgeführt. Die PC-Slot-Signale haben einige zusätzliche Signale erhalten, was gemeinhin unter *ISA-Bus* – Industry Standard Architecture (vergl. Kapitel über die Bussysteme) firmiert. Entsprechende ISA-Slots finden sich beispielsweise auch noch auf Pentium II-Mainboards.

Wenn man so will, ist der mit dem 80286-Prozessor im Jahre 1983 eingeführte ISA-Bus – wie viele Dinge im PC-Bereich – »ein alter Hut«, der für 80386-Systeme im Prinzip schon nicht mehr ausreicht, und mit dem beim 8088/8086 für DOS manifestierten Real Mode sind dies bereits zwei wesentliche Dinge, die als PC-Altlasten immer noch mit herumgeschleppt werden (müssen).

Bei Mainboards mit einem 8088/8086-Prozessor hat man noch eine Vielzahl von Standard-Bausteinen (TTL) verarbeitet und bereits mit der 80286-CPU wurde dazu übergegangen, auch spezielle PC-Chipsätze zu entwickeln. Welche Bausteine hierfür in Frage kommen, ist im Kapitel 6.3 näher beschrieben.

7.3 Die 386-Mikroprozessoren

Im Jahre 1986 stellte als erste die Firma Compaq einen Personal Computer mit einem 32-Bit-Prozessor – dem i80386DX – vor, womit die Rechenleistung noch einmal drastisch erhöht wurde. Ab diesem CPU-Typ hat es sich bei den CPU-Bezeichnungen eingebürgert, dass die zuvor vorangestellte Zahl 80 bei Intel durch ein »i« – eben Intel – ersetzt wurde. Andere Hersteller, die mit 386-CPUs verstärkt auf dem Markt traten, führen entsprechende Firmenkürzel in der jeweiligen Bezeichnung mit, wie etwa *Advanced Micro Devices* – AMD 386.

Bild 7.5: *Der 386-Prozessor befindet sich in einem 132-poligen PGA-Gehäuse (Pin Grid Array) auch auf diesem Mainboard ist ein Sockel für einen mathematischen Coprozessor (80387) vorgesehen*

Physikalisch können mit einer 386-CPU maximal 4 Gigabyte, virtuell 16 Terabyte, Speicher adressiert werden. Der 386-Prozessor kann nicht nur in den beiden Betriebsarten des 80286 arbeiten, sondern ebenfalls in einem neuen Mode, dem *Virtual Real Mode*. Diese Betriebsart verbindet die Vorteile des Real und des Protected Mode miteinander, weil mehrere Programme gleichzeitig im Real Mode arbeiten können, wodurch man gewissermaßen mehrere 8086-Prozessoren zur Verfügung hat, was von DOS jedoch auch leider wieder nicht verwendet werden kann.

Übliche Taktfrequenzen für eine 386-CPU sind 20, 25 und 33 MHz, wobei AMD den schnellsten Vertreter mit einem Takt von 40 MHz entwickelt hat, der sich auf zahlreichen Mainboards in einem eingelöteten PLCC-Gehäuse befindet. Dem Erscheinen der 386-AMD-CPU im Jahre 1991 ging allerdings ein längerer Rechtsstreit mit Intel voraus, womit jedoch ein Stein ins Rollen gebracht wurde, und weitere Hersteller wie etwa IBM, Cyrix, UMC und Texas Instruments brachten (mehr oder weniger) eigene 386-CPUs auf den Markt. Intel hatte sich zu dieser Zeit aber bereits von der 386-CPU (technologisch gesehen) verabschiedet und den i486DX und den i486SX favorisiert. Immerhin war die Konkurrenz ab diesem Zeitpunkt Intel auf den Fersen, was den Preisen zu gute kam; einen technologischen Vorsprung gewann AMD jedoch erst sehr viel später mit dem K6 im Jahre 1997.

Bei einem derartig hohen CPU-Takt von 40 MHz, der für heutige Verhältnisse im PC-Bereich schon längst nicht mehr adäquat erscheint, war es aber bereits zwingend notwendig, dass ein zusätzlicher Speicher zwischen die CPU und das DRAM geschaltet werden musste – der Cache-Speicher. Fehlt der Cache, muss die CPU in zahlreichen Wartezyklen (Waitstates) verharren, da das dynamische RAM gegenüber der CPU einfach zu langsam ist. Der Cache besteht bei 386-Mainboards aus schnellen einzelnen statischen RAM-Bausteinen.

Der Adressbus des 80386 verfügt über die Signale A2-A31, wobei die zwei niederwertigen Adresssignale (A0,A1) aus den Signalen BE0-BE3 (**B**yte **E**nable) ermittelt werden und somit bis zu 4 Gigabyte Adressraum zu adressieren ist. Die Byte-Enable-Signale kennzeichnen generell, welches Byte oder welche Bytes für den jeweiligen Buszyklus gültige Daten enthalten. Ist beispielsweise lediglich /BE0 gleich Low (aktiv), enthält das Byte D0-D7 die Dateninformation. Die dazugehörigen Datenleitungen stehen direkt als D0-D31 an den entsprechenden Anschlüssen zur Verfügung.

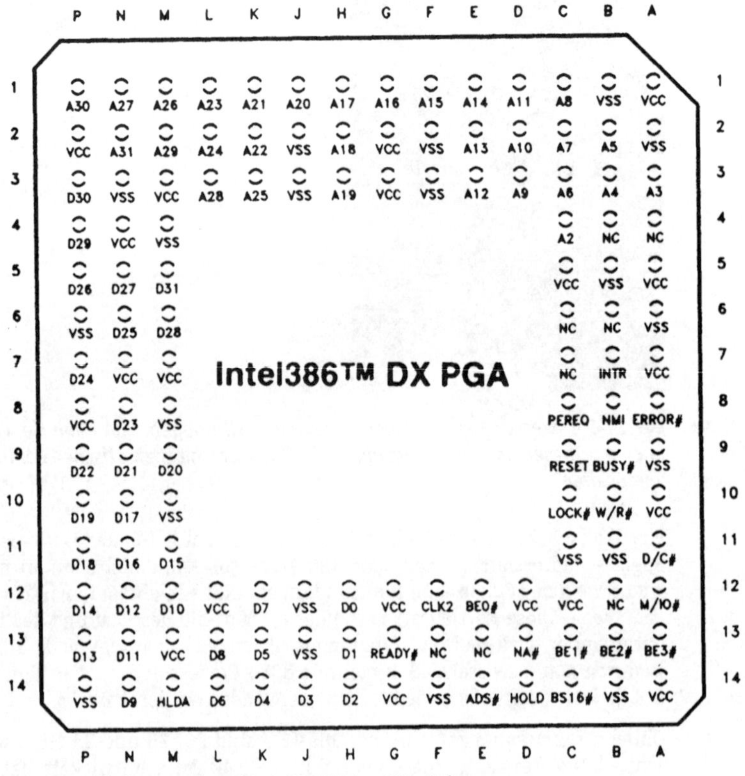

	P	N	M	L	K	J	H	G	F	E	D	C	B	A	
1	A30	A27	A26	A23	A21	A20	A17	A16	A15	A14	A11	A8	VSS	VCC	1
2	VCC	A31	A29	A24	A22	VSS	A18	VCC	VSS	A13	A10	A7	A5	VSS	2
3	D30	VSS	VCC	A28	A25	VSS	A19	VCC	VSS	A12	A9	A6	A4	A3	3
4	D29	VCC	VSS									A2	NC	NC	4
5	D26	D27	D31									VCC	VSS	VCC	5
6	VSS	D25	D28									NC	NC	VSS	6
7	D24	VCC	VCC			Intel386™ DX PGA						NC	INTR	VCC	7
8	VCC	D23	VSS									PEREQ	NMI	ERROR#	8
9	D22	D21	D20									RESET	BUSY#	VSS	9
10	D19	D17	VSS									LOCK#	W/R#	VCC	10
11	D18	D16	D15									VSS	VSS	D/C#	11
12	D14	D12	D10	VCC	D7	VSS	D0	VCC	CLK2	BE0#	VCC	VCC	NC	M/IO#	12
13	D13	D11	VCC	D8	D5	VSS	D1	READY#	NC	NC	NA#	BE1#	BE2#	BE3#	13
14	VSS	D9	HLDA	D6	D4	D3	D2	VCC	VSS	ADS#	HOLD	BS16#	VSS	VCC	14
	P	N	M	L	K	J	H	G	F	E	D	C	B	A	

Bild 7.6: Die Signalbelegung des Intel-386DX im PGA-Gehäuse

Bezeichnung	Pin-Nr. (PLCC)	Richtung	Bedeutung/Funktion
A31-A2	N2, P1, M2, L3, N1, M1, K3, L2, L1, K2 K1, J1, H3, H2, H1, G1, F1, E1, E2, E3, D1, D2, D3, C1, C2, C3, B2, B3, A3, C4	Ausgänge	Der Adressbus des 80386 für Memory- und I/O-Transfers. Es ist ein Memory-Bereich von 4 Gbyte und ein I/O-Bereich von 64 kByte selektierbar. A0 und A1 stehen nicht zur Verfügung, da ein Datenwort 32 Bit breit ist.
/ADS	E14	Ausgang	Signalisiert einen gültigen Address-Zyklus.
/BE3 /BE2 /BE1 /BE0	A13 B13 C13 E12	Ausgänge	Byte Enable signalisieren die jeweils gültigen Datenbytes. /BE3: D24-D31 /BE2: D16-D23 /BE1: D8-D15 /BE0: D0-D7
/BS16	C14	Eingang	Erkennung der Datenbusbreite. Bei aktivem /BS16-Signal (Low) erfolgt eine 16 Bit breite Übertragung.
/BUSY	B9	Eingang	Der Coprozessor signalisiert über diesen Pin mit einem Low, dass er noch mit der Datenverarbeitung beschäftigt ist.
CLK2	F12	Eingang	CPU-Takt (16, 25, 33, 40 MHz), wird intern durch zwei dividiert.
D-/C	A11	Ausgang	Data-/Control, unterscheidet Datenzyklen (I/O, Memory) von Controll-Zyklen (Interrupt, Halt).

Fortsetzung der Tabelle:

Bezeichnung	Pin-Nr. (PLCC)	Richtung	Bedeutung/Funktion
D31-D0	M5, P3, P4, M6, N5, P5, N6, P7, N8, P9, P10, P11, N10, N11, M11, P12, P13, N12, N13, M12, N14, L13, K12, L14, K13, K14, J14, H14, H13, H12	Eingänge Ausgänge	Der 32-Bit-Datenbus des 80386DX
/ERROR	A8	Eingang	Der Coprozessor signalisiert über diesen Pin mit einem Low, dass ein Fehler aufgetreten ist.
HLDA	M14	Ausgang	Bus Hold Acknowledge, Bestätigung der HOLD-Anforderung.
HOLD	D14	Eingang	Dient externer Einheit (Bus Master) zur Anforderung der Bus-Kontrolle.
INTR	B7	Eingang	Interrupt-Request, Anforderung eines Interrupts (vom 8259).
/KEN	F15	Eingang	Cache Enable ermittelt, ob die augenblicklichen Daten in den Cache übertragen werden können. Falls dies der Fall ist, wird der Lesezyklus auf einem Cache-Fill-Zyklus erweitert.
/LOCK	N15	Ausgang	Signalisiert mit einem Low, dass kein anderer Bus-Master auf den Systembus zugreifen darf.
M-/IO	N16	Ausgang	Memory-I/O unterscheidet Speicher- von I/O-Zyklen.
NMI	B8	Eingang	Non Maskable Interrupt. Bei Auslösung verzweigt die CPU zum Interrupt-Vektor Nr.2.
/NA	D13	Eingang	Next Address, wird für die Anforderung des Adress-Pipelinings verwendet.
N.C.	A4, B4, B6, B12, C6, C7, E13, F13	–	No Connection, diese Pins sind nicht angeschlossen.

Fortsetzung der Tabelle:

Bezeichnung	Pin-Nr. (PLCC)	Richtung	Bedeutung/Funktion
PEREQ	C8	Eingang	Processor Extension Request, Anforderung zur Datenübertragung durch Coprozessor (80287).
/READY	G13	Eingang	Bus Ready, beendet mit einem Low den Buszyklus.
RESET	C9	Eingang	Initialisierung der CPU durch High-Impuls.
VCC	A1, A5, A7, A10, A14, C5, C12, D12, G2, G3, G12, G14, L12, M3, M7, M13, N4, N7, P2, P8	–	Versorgungsspannung +5V
VSS	A2, A6, A9, B1, B5, B11, B14, C11, F2, F3, F14, J2, J3, J12, J13, M4, M8, M10, N3, P6, P14	–	Masse, GND
W-/R	B10	Ausgang	Write-Read, unterscheidet Schreib- von Lesezyklen.

Tabelle 7.4: Die Signale des 386DX-Prozessors

7.3.1 Die 386SX-CPU

Die genaue Bezeichnung der 32-Bit-CPU lautet i386DX, wobei das »Anhängsel« DX nicht unwichtig ist, denn es gibt auch die 386SX-CPU, die extern nur einen 16- statt 32 Bit breiten Datenbus besitzt. Dieses Prinzip von einem Mikroprozessor kurze Zeit später eine abgemagerte Version und damit leistungsschwächere CPU auf den Markt zu bringen, scheint ein grundsätzliches Verfahren von Intel zu sein, wie es ja bereits mit dem 8088, der aus dem 8086 entstanden ist, praktiziert wurde. Für diese Vorgehensweise gibt es jedoch noch weitere Beispiele, wie es die folgende Tabelle zeigt.

Ursprünglicher Typ	Ableger	Änderung gegenüber ursprünglichem Typ
8086	8088	nur 8 Bit Datenbus
386DX	386SX	nur 16 Bit Datenbus
486DX	486SX	kein Coprozessor
486DX/2	486SX/2	kein Coprozessor
Pentium II	Celeron	kein Second-Level-Cache (bis zum 300 MHz-Typ)

Tabelle 7.5: Die wichtigsten Unterschiede zwischen den ursprünglichen und den eingeschränkten CPU-Versionen

Der 386SX ist gewissermaßen als Lösung zwischen einer 80286- und einer 80386- CPU zu sehen. Er arbeitet intern zwar mit 32 Bit und kann daher die 32-Bit-Software eines jeden 80386 verwenden, aber extern arbeitet er lediglich mit 16 Bit und stellt sich damit nach außen hin zur Mainbordelektronik wie ein 80268-Prozessor dar. Die meisten Chipsätze für eine 386SX-CPU waren daher auch nur minimal veränderte 286-Chipsätze, wodurch diese PCs eine vergleichsweise schlechte Performance zeigten. Es war damals aber wichtig, dass immerhin *386* auf dem PC- Gehäuse stand auch wenn der PC schlechter war als ein guter 286-PC (z.B. mit NEAT-Chipsatz von Chips&Technologies).

Bild 7.7: Der i386SX befindet sich in einem 100-poligen PQFP-Gehäuse (Plastic Quad Flat Package) und ist auf das Mainboard gelötet; darunter ist ein passender mathematischer Coprozessor (3C87SX) – von der Firma ITT – in einem PLCC-Sockel eingesetzt

Der 386SX verfügt also lediglich über einen 16 Bit breiten Datenbus (D0-D15) und 24 Adressleitungen (A1-A24), wodurch er nach außen hin eben wie ein 286-Prozessor wirkt. Über die drei Byte-Enable-Signale (BE0-BE3) des 386DX verfügt der 386SX deshalb nicht, sondern er verwendet stattdessen zur Kennzeichnung der gültigen Dateninformation die Signale BHE (Byte High Enable = D7-D15) und BLE (Byte Low Enable = D8-D15). Die weiteren Signaländerungen gegenüber der 386DX-CPU können der folgenden Tabelle entnommen werden.

Bezeichnung	Pin-Nr. (PLCC)	Richtung	Bedeutung/Funktion
A23-A1	80-79, 76-72, 70, 66-64, 62-58, 56-51, 18	Ausgänge	Der Adressbus des 80386SX für Memory- und I/O-Transfers
/ADS	16	Ausgang	Signalisiert einen gültigen Address-Zyklus.
/BHE, /BLE	19,17	Ausgänge	Byte High Enable und Byte Low Enable signalisieren die jeweils gültigen Datenbytes.

/BHE /BLE
0   0   16-Bit-Transfer
0   1   D15-D8
1   0   D7-D0
1   1   tritt nicht auf

Fortsetzung der Tabelle:

Bezeichnung	Pin-Nr. (PLCC)	Richtung	Bedeutung/Funktion
/BUSY	34	Eingang	Der Coprozessor signalisiert über diesen Pin mit einem Low, dass er noch mit der Datenverarbeitung beschäftigt ist.
CLK2	15	Eingang	CPU-Takt (12, 16, 20 MHz), wird intern durch zwei dividiert.
D-/C	24	Ausgang	Data-/Control, unterscheidet Datenzyklen (I/O, Memory) von Control-Zyklen (Interrupt, Halt)
D15-D0	81-83, 86-90, 92-96, 99-100, 1	Eingänge Ausgänge	Der 16-Bit-Datenbus des 80386SX
/ERROR	36	Eingang	Der Coprozessor signalisiert über diesen Pin mit einem Low, dass ein Fehler aufgetreten ist.
/FLT	28	Eingang	Float schaltet mit einem Low alle Signale in den Tri-State (hochohmig, für Testzwecke).
HLDA	3	Ausgang	Bus Hold Acknowledge, Bestätigung der HOLD-Anforderung
HOLD	4	Eingang	Dient externer Einheit (Bus-Master) zur Anforderung der Bus-Kontrolle.
INTR	40	Eingang	Interrupt-Request, Anforderung eines Interrupts (vom 8259)
/LOCK	26	Ausgang	Signalisiert mit einem Low, dass kein anderer Bus-Master auf den Systembus zugreifen darf.
M-/IO	23	Ausgang	Memory-I/O unterscheidet Speicher- von I/O-Zyklen.
NMI	38	Eingang	Non Maskable Interrupt. Bei Auslösung verzweigt die CPU zum Interrupt-Vektor Nr.2.
/NA	6	Eingang	Next Address, wird für die Anforderung des Adress-Pipelinings verwendet.
N.C.	20, 27, 29-31, 43-47	–	No Connection, diese Pins sind nicht angeschlossen.
PEREQ	37	Eingang	Processor Extension Request, Anforderung zur Datenübertragung durch Coprozessor (80387).

Fortsetzung der Tabelle:

Bezeichnung	Pin-Nr. (PLCC)	Richtung	Bedeutung/Funktion
/READY	7	Eingang	Bus Ready, beendet mit einem Low den Buszyklus.
RESET	33	Eingang	Initialisierung der CPU durch High-Impuls
VCC	8-10, 21, 32, 39, 42, 48, 57, 69, 71, 84, 91, 97	Eingang	Versorgungsspannung +5V
VSS	2, 5, 11-14, 22, 35, 41, 49-50, 63, 67-68, 77-78, 85, 98	Eingänge	Masse, GND
W-/R	25	Ausgang	Write-/Read, unterscheidet Schreib- von Lesezyklen.

Tabelle 7.6: Die Signale des 386SX-Prozessors

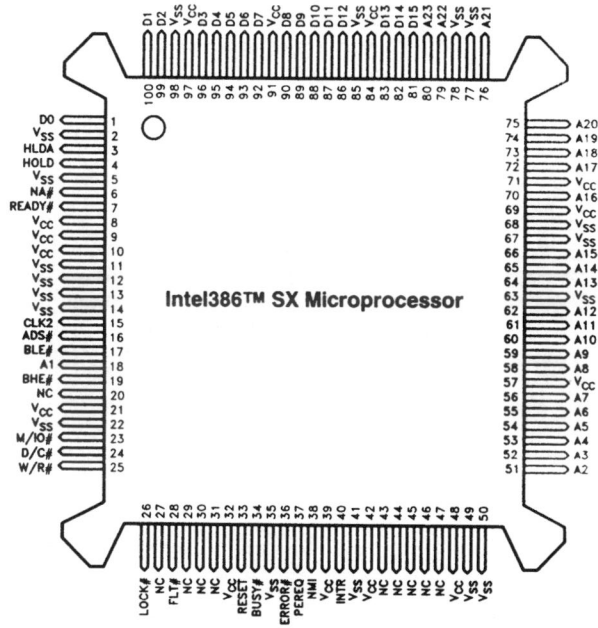

Bild 7.8: Die Anschlüsse des 386SX

7.4 Die 486-Mikroprozessoren

Der 486-Mikroprozessor stellt im Prinzip eine erweiterte 386-CPU dar, die demgegenüber zwar keine neuen Betriebsarten, aber sechs neue Befehle kennt. Wichtiger ist allerdings, dass die 486-CPU zusätzlich einen mathematischen Coprozessor, einen Controllerbaustein zur Steuerung des Cache-RAMs sowie einen eigenen Cache-Speicher mit einer Kapazität von 8 Kbyte enthält. Im Prinzip wurden hier einfach mehrere, zuvor separat auf dem Mainboard vorhandene Bauelemente, miteinander in einem Gehäuse kombiniert, wodurch die 486-CPU auch nicht Anschluss-kompatibel zu einer 386-CPU ist.

Bild 7.9:   Dieses Mainboard mit einem Chipsatz der Firma UMC kann sowohl eine 386- als auch eine 486-CPU aufnehmen, was vielleicht verdeutlicht, dass die technischen Unterschiede zwischen beiden Typen so groß wohl nicht sein können

Allerdings hat es auch einige Mainboards gegeben, die wahlweise mit einem 386- oder 486-Mikroprozessor zu bestücken sind, wie es im Bild 7.9 gezeigt ist und den Übergang von einer CPU-Generation zur nächsten (preislich) etwas erleichtert haben – erst das neue Mainboard, dann die 486-CPU.

Der in der 486-CPU integrierte Cache-Speicher wird nunmehr als First-Level-Cache (1-Level) bezeichnet, und der für die Leistung ebenfalls wichtige, aber externe Cache-Speicher, der sich auf dem Mainboard befindet (hinten rechts im Bild 7.9), demnach als Second-Level-Cache (2-Level), wobei dessen übliche Kapazität hier 256 Kbyte beträgt. Beide Cache-Speicher werden vom integrierten Cache-Controller gesteuert.

7.4.1 Die 486DX-CPUs

Da der 486-Prozessor neu hinzugekommene Steuerleitungen zur Cache-Steuerung (AHOLD, EADS, KEN, Flush), zur Paritätskontrolle (DP0-DP3, PCHK) sowie zur Steuerung des Burst-Modus (BLAST, BRDY) besitzt, ist er nicht pinkompatibel zum 386DX.

Bild 7.10: Der i486DX-Prozessor befindet sich in einem 168-poligen PGA-Gehäuse (Pin Grid Array); bei diesem Mainboard kann in den zweiten PGA-Sockel ein mathematischer Coprozessor der Firma Weitek (4167) nachgerüstet werden, der zwar leistungsfähiger ist, als der in der 486-CPU integrierte, aber auf Grund des relativ hohen Preises wurde er eher selten eingebaut

Eine weitere Neuerung, die erstmalig mit dem i486DX verwirklicht wurde, betrifft den Taktsignaleingang des Prozessors (CLK). Während beispielsweise ein 386DX-25 einen externen Takt von 50 MHz verlangt, weil die Frequenz intern um den Faktor zwei reduziert wird, verwendet ein 486DX auch exakt die externe Frequenz als Arbeitstakt.

Der Grund für die Taktreduzierung bei den vorherigen CPUs liegt darin, dass sie die Taktfrequenz – je nachdem, auf welchen internen Bus (z.B. Memory-Bus, Peripherie-Bus) zugegriffen wird – selbsttätig reduzieren können muss, damit die Speicherbausteine (RAMs) und beispielsweise die Peripherie-Controller (DMA-, Interrupt-Controller) dem ansonsten relativ schnellen Prozessorzyklus folgen können.

Aus diesem Grunde finden sich auch in den BIOS-Setups der älteren PCs teilweise sehr verwirrende Einstellungsmöglichkeiten für die unterschiedlich einzustellenden Takte (z.B. CLK2IN, ATCLK, SCLK, SYSCLK), die sich letztendlich aus der externen Taktfrequenz ableiten. Beim 486DX ist es nun aber nicht mehr möglich den Takt während des Betriebes herunterzuschalten, was insbesondere für die Kommunikation mit dem VESA-Local-Bus (VLB), der immer mit dem externen Prozessortakt arbeitet, von Bedeutung ist. Kommt der VLB nicht mit der Geschwindigkeit, welche die CPU vorgibt, zurecht, muss daher der Prozessortakt per Jumper auf dem Mainboard reduziert werden, denn in den BIOS-Setups findet man eher selten VLB- Einstellungsmöglichkeiten.

Des Weiteren ist in der CPU nunmehr eine Signalleitung (A20M) hinzugefügt worden, die das Signal für das Adressbit A20 kontrolliert, wodurch die Umschaltung zwischen Real- und Protected-Mode problemlos funktioniert und der Prozessor nicht mehr auf eine externe (Behelfs-)Schaltung mit dem Tastaturcontroller angewiesen ist, der diese wichtige Umschaltung bei den vorherigen CPUs gesteuert hat.

Bezeichnung	Pin-Nr. (PGA)	Richtung	Bedeutung/Funktion
A31-A2	Q1, P3, P2, R1, S1, S2, R2, Q6, S3, Q7, Q5, Q8, Q4, R5, Q3, Q9, R7, S5, Q10, S7, R12, S13, Q11, R13, Q13, S15, Q12, S16, R15, Q14	A31-A4: Ausgänge und Eingänge A3-A2: Ausgänge	Der Adressbus des 486DX für Memory- und I/O-Transfers. A31-A2 bestimmen im Zusammenhang mit den Signalen /BE0-/BE3 den jeweiligen Bereich. A31-A4 dienen der Mitteilung ungültiger Cache-Adressen (vom externen Busmaster) an die CPU (verg. Signale AHOLD, /EADS).
/A20M	D15	Eingang	Ist Address Mark 20 auf Low, wird das Adressbit intern maskiert (Address Wrap around für 8086, Real Mode).
/ADS	S17	Ausgang	Address Status signalisiert einen gültigen Address-Zyklus.
AHOLD	A17	Eingang	Address Hold erlaubt einem externen Busmaster die Ausführung eines Cache-Invalidation-Zyklus (Herstellung der Datenübereinstimmung zwischen DRAM und Cache, siehe auch /EADS-Signal).
/BE3 /BE2 /BE1 /BE0	F17 J15 J16 K15	Ausgänge	Byte Enable signalisieren die jeweils gültigen Datenbytes. /BE3: D24-D31 /BE2: D16-D23 /BE1: D8-D15 /BE0: D0-D7
/BS8	D16	Eingang	Bus Sizing signalisiert eine 8 Bit breite Datenübertragung.

Fortsetzung der Tabelle:

Bezeichnung	Pin-Nr. (PGA)	Richtung	Bedeutung/Funktion
/BS16	C17	Eingang	Erkennung der Datenbusbreite (s.o.). Bei aktivem /BS16-Signal (Low) erfolgt eine 16 Bit breite Übertragung.
/BLAST	R16	Ausgang	Burst Last, kennzeichnet, dass der Burst-Zyklus beim nächsten /BRDY-Signal abgeschlossen ist.
/BOFF	D17	Eingang	Ein aktives Backoff-Signal hat zur Folge, dass beim nächsten Takt die 486-Pins hochohmig geschaltet werden. Durch ein High an /BOFF erfolgt das Zurückschalten in den aktiven Modus.
/BRDY	H15	Eingang	Burst Ready hat die gleiche Funktion für einen Burst-Zyklus, wie das /RDY-Signal bei einem normalen (Non Burst-) Zyklus. Die adressierte Peripherie signalisiert mit einem Low, dass die Daten empfangen oder gesendet worden sind.
BREQ	Q15	Ausgang	Das Signal (Bedeutung: Internal Cycle Pending) signalisiert die Generierung einer 486-internen Busanforderung (Bus Request), gleichgültig, ob diese auf den externen Bus durchgeschaltet wird oder aber nicht.
CLK	C3	Eingang	CPU-Takt (25, 33, 50 MHz), der direkt verwendet wird (kein internes Dividieren durch 2 wie beim 80386).
D-/C	M15	Ausgang	Data-/Control unterscheidet Datenzyklen (I/O, Memory) von Control-Zyklen (Interrupt, Halt, siehe auch W-/R).
D31-D0	B8, C9, A8, C8, C6, C7, B6, A6, A4, A2, B2, A1, B1, C2, D3, J3, F3, K3, D2, G3, C1, E3, D1, F2, L3, L2, J2, M3, H2, N1, N2, P1	Eingänge Ausgänge	Der 32-Bit-Datenbus des 486DX, der durch die Signale /BS8 und /BS16 auch als 8- oder 16-Bit-Bus konfiguriert werden kann.

Fortsetzung der Tabelle:

Bezeichnung	Pin-Nr. (PGA)	Richtung	Bedeutung/Funktion
DP0-DP3	N3, F1, H3, A5	Eingänge Ausgänge	Data Parity (gerade Parität) für jedes Byte des Datenbusses
/EADS	B17	Eingang	External Address Status kennzeichnet, dass eine gültige externe Adresse anliegt. Wird für die Cache-Invalidation verwendet (verg. AHOLD).
/FERROR	A8	Ausgang	Floating Point Error, der interne Coprozessor, signalisiert über diesen Pin mit einem Low, dass ein Fehler aufgetreten ist.
/FLUSH	C15	Eingang	Cach Flush, wenn ein externes System dieses Signal aktiviert, wird der Cache-Inhalt in das DRAM geschrieben.
HLDA	P15	Ausgang	Bus Hold Acknowledge, Bestätigung der HOLD-Anforderung
HOLD	E15	Eingang	Dient externer Einheit (Bus Master) zur Anforderung der Bus-Kontrolle (Bus-Arbitration).
/IGNNE	A15	Eingang	Wenn Ignore Numeric Error aktiviert ist, werden vom 486 alle Fehler des mathematischen Coprozessors ignoriert und nur diejenigen Befehle ausgeführt, die nicht die Gleitkommaeinheit betreffen.
INTR	A16	Eingang	Interrupt-Request, Anforderung eines Interrupts
/LOCK	C10	Ausgang	Signalisiert mit einem Low, dass kein anderer Bus-Master auf den Systembus zugreifen darf.
M-/IO	A12	Ausgang	Memory-I/O unterscheidet Speicher- von I/O-Zyklen (siehe auch W-/R).
NC	A3, A10, A12, A13; A14; B10, B12, B13, B14, B16, C10, C11, C12, C13, G15, R17, S4		No Connection, diese Pins sind nicht angeschlossen (teilweise von den 486-Weiterentwicklungen verwendet).
NMI	B15	Eingang	Non Maskable Interrupt. Bei Auslösung verzweigt die CPU zum Interrupt-Vektor Nr.2.

Fortsetzung der Tabelle:

Bezeichnung	Pin-Nr. (PGA)	Richtung	Bedeutung/Funktion
PCD	J17	Ausgang	Page Cache Disable signalisiert mit PWT den Status der Page Attribute Bits.
PWT	L15	Ausgang	Page Write Through signalisiert mit PCD den Status der Page Attribute Bits.
/PLOCK	Q16	Ausgang	Pseudo Lock signalisiert, dass die aktuelle Datenübertragung mehr als einen Buszyklus benötigt.
/RDY	F16	Eingang	Non Burst Ready wird zur Detektierung, ob der Buszyklus beendet ist, verwendet.
RESET	C16	Eingang	Initialisierung der CPU durch High-Impuls (15 us)
VCC	B7, B9, B11, C4, C5, E2, E16, G2, G16, H16, J1, K2, K16, L16, M2, M16, P16, R3, R6, R8, R9, R10, R11, R14	–	Versorgungsspannung +5V
VSS	A7, A9, A11, B3, B4, B5, E1, E17, G1, G17, H1, H17, K1, K17, L1, L17, M1, M17, P17, Q2, R4, S6, S8, S9, S10, S11, S12, S14	–	Masse, GND

Fortsetzung der Tabelle:

Bezeichnung	Pin-Nr. (PGA)	Richtung	Bedeutung/Funktion
W-/R	N17	Ausgang	Write-Read, unterscheidet Schreib- von Lesezyklen. Hat in Verbindung mit den Signalen D-/C und M-/IO die folgenden Bedeutungen:

M-/IO	D-/C	W-/R	
0	0	0	Interrupt Acknowledge
0	0	1	spezieller Zyklus
0	1	0	I/O-Port Read
0	1	1	I/O-Port Write
1	0	0	Befehl aus Speicher lesen
1	0	1	reserviert
1	1	0	Memory Read
1	1	1	Memory Write

Tabelle 7.7: Die Signale der 486DX-CPUs mit 25 und 33 MHz Takt

Die üblichen Taktfrequenzen eines 486DX sind 25 und 33 MHz. Eine relativ kurze Zeit war auch der 486DX-50, der mit 50 MHz arbeitet, verfügbar. Diese CPU wird auf Mainboards verwendet, bei denen die weitere Elektronik (Speicher, Controller) ebenfalls mit 50 MHz betrieben wird. Dies stellte zur damaligen Zeit (1992) allerdings eine besondere Herausforderung für die Mainboardhersteller dar, denn eine zuverlässige Arbeitsweise des Systems musste gewährleistet sein, obwohl zahlreiche Systeme mit dieser relativ hohen Arbeitsfrequenz ihre Probleme hatten und nicht stabil liefen.

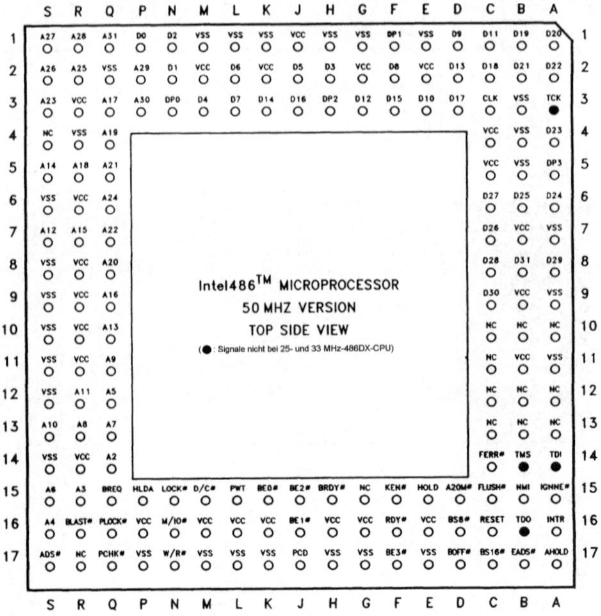

Bild 7.11: Die Signalbelegung der 486DX-CPU für einen Takt von 50 MHz, die gegenüber den Typen mit 25 und 30 MHz einige zusätzliche Anschlüsse besitzt

Auf der anderen Seite bieten *echte* 486DX50 MHz-PCs, wenn sie optimal konfiguriert sind und die weitere Umgebung (Speicherausbau, Grafikkartentyp) »stimmig« ist, eine vergleichsweise immer noch akzeptable Leistung. Die 486DX-Version mit 50 MHz besitzt vier zusätzliche Anschlüsse, die bei den CPUs mit 25 und 33 MHz nicht belegt sind. Diese Signale sind für den JTAG Boundary Scan (Testfunktion) vorgesehen.

Bezeichnung	Pin-Nr. (PGA)	Richtung	Bedeutung/Funktion
TCK	A3	Eingang	Test Clock, das Taktsignal
TDI	A14	Eingang	Test Data Input, serieller Dateneingang
TDO	B16	Ausgang	Test Data Output, serieller Datenausgang
TMS	B14	Eingang	Test Mode Select zur Selektierung der jeweiligen JTAG-Testfunktion

Tabelle 7.8: Die zusätzlichen Signale des 486DX-50

Dem 486DX-50 war kein langes Leben vergönnt, denn die Firma Intel brachte kurz darauf die 486DX2-Prozessoren auf den Markt, die extern mit maximal 33 MHz getaktet werden und diesen Takt intern verdoppeln (486DX/66). Dabei konnte die Mainboardelektronik im »alten« 33-MHz-Design belassen werden, was sich für die Hersteller als äußerst günstig erwies.

Bild 7.12: Der »echte« 486-Prozessor mit 50 MHz-Takt war nur kurze Zeit auf dem Markt und wurde von den 486-CPUs verdrängt, die intern den angelegten Takt verdoppeln

7.4.2 Die 486SX- und 487SX-CPU

Als die Firma AMD im Jahre 1991 mit ihrem schnellen 386-Prozessor (Am386DX-40) auf den Markt kam, konterte Intel mit dem i486SX, der Billigversion des i486DX. Bei diesem Typ ist der integrierte mathematische Coprozessor deaktiviert, aber ansonsten ist er funktionell identisch mit dem i486DX. Des Weiteren beträgt die Taktfrequenz typischerweise 16, 20 oder maximal 33 MHz und ist demnach beim SX geringer als beim i486DX, der maximal einen Takt von 50 MHz verarbeiten kann. Wie bei den vorherigen CPU-Generationen hat Intel damit aus einem leistungsfähigen Prozessor einen abgemagerten Ableger (vergl. Tabelle 7.5) hergestellt.

Der 486SX wird wie der 486DX sowohl im 168-poligen PGA-Keramik-Gehäuse als auch im preiswerteren 196-poligen Plastikgehäuse angeboten (Plastic Quad Flat Pack). In der PQFP-Version ist er auf dem Mainboard festgelötet.

In der PGA-Version ist er fast mit dem 486DX identisch, jedoch leider nur fast. Ihm fehlen die – wohl verzichtbaren – vier Testpins der 50 MHz-Version (TCK, TDI, TDO, TMS) und die Signale FERR (Floating Point Error) sowie IGNNE (Ignore Numeric Error), welche aufgrund des fehlenden Coprozessors beim 486SX auch nicht benötigt werden.

Aber unverständlicherweise hat man das NMI-Signal, welches eine nicht maskierbare Interrupt-Anfrage (z.B. Speicherfehler) an die CPU leitet, an den ursprünglichen IGNNE-Pin geführt. Dadurch ist es also nicht möglich, eine 486SX- einfach gegen eine 486DX-CPU auszutauschen (was wohl der Sinn dieser veränderten Belegung ist), sondern auf dem Mainboard muss hierfür ein Jumper vorhanden sein, der die Leitungen entsprechend umschaltet, und den besitzen leider nicht alle Mainboards.

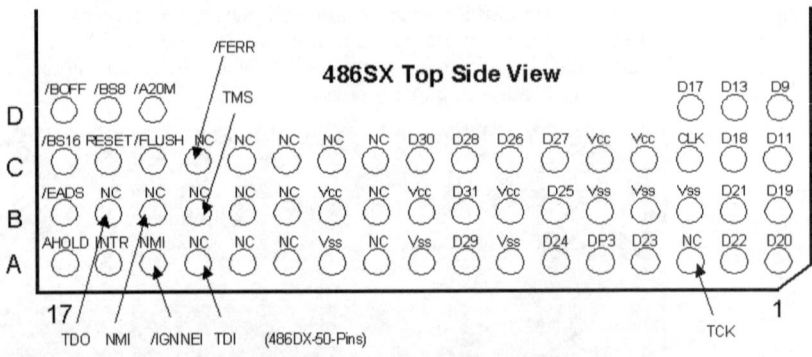

Bild 7.13: Die gegenüber einer 486DX-CPU geänderten Signale der 486SX-CPU

Darüber hinaus besitzt der 487SX einen zusätzlichen Pin, passend für den Overdrive-Sockel (Kapitel 7.5). Dieser Pin (D4) ist als *Key* ausgeführt, besitzt keine elektrische Funktion und soll lediglich das versehentliche Einstecken eines 487SX in einen 486DX-Sockel mechanisch verhindern.

Wie Tests gezeigt haben, ist ein i486SX mit 20 MHz keineswegs schneller als ein 80386DX mit 33 MHz und externer Cache-Elektronik bei gleicher Cache-RAM-Größe. Ein Vergleich mit dem 386DX-AMD-Typ mit 40 MHz zeigt eine Überlegenheit dieses Typs zum i486SX-20, und erst die 25 MHz-Version zieht mit der Leistung des Am386DX-40 gleich.

Bild 7.14: Das Intel-Overdrive-Konzept, das einiges an Verwirrung bei Anwendern und auch bei Herstellern erzeugte, begann mit dem 486SX und dem Overdrive-Sockel

Auf vielen 486SX-Mainboards, bei denen der Prozessor sich im PQFP-Gehäuse befindet und daher festgelötet ist, findet sich neben dem 486SX oftmals ein so genannter Overdrive-Sockel, der über 169-Anschlüsse verfügt. Dieser Sockel kann einen 487SX, einen Overdrive 486SX oder einen Overdrive 486SX/2 aufnehmen. Diese Sockelbelegung weicht von der üblichen 486DX-Belegung ab, wie es im Bild 7.13 gezeigt ist. Näheres zu den Overdrive-Prozessoren findet sich im Kapitel 7.5.

Da der 486SX keinen mathematischen Coprozessor enthält, wird von INTEL ein Zusatzprozessor angeboten. In der Tradition der Bezeichnungen für Coprozessoren trägt er die Bezeichnung 487SX. Doch diese Bezeichnung allein trügt, denn es handelt sich dabei um einen kompletten (!) 486DX-Prozessor.

 Die Belegung des Intel-Overdrive-Sockels weicht von der üblichen 486DX- und 486DX2-Belegung ab und entspricht dem Layout des 487SX.

Wird der 487SX in den Overdrive-Sockel gesteckt, wird damit der vorhandene 486SX komplett abgeschaltet und der vermeintliche Coprozessor übernimmt komplett dessen Funktionen. Wenn sich der 486SX in einem PGA-Gehäuse befindet, sollte man ihn vom Mainboard entfernen, was insbesondere für mobile PCs (Laptops) sinnvoll ist, denn er verbraucht nur unnötig Strom.

Intel487™ SX Math CoProcessor
169-Pin PGA Pinout
TOP SIDE VIEW

Bild 7.15: Die Anschlussbelegung der 487SX-CPU

Für die Abschaltung des 486SX durch den 487SX besitzt der 487SX den zusätzlichen Anschluss MP (Math Present), der einen Low-Pegel liefert. Dieses Signal wird an den UP-Anschluss (Upgrade Present) des 486SX gelegt, woraufhin sich dieser abschaltet.

Der UP-Anschluss ist aber lediglich in der 486SX-PQFP-Version vorhanden, so dass für die PGA-Version auf dem Mainboard eine kleine Zusatzschaltung mit zwei AND-Gattern realisiert werden muss, die die Signale BOFF und FLUSH mit dem MP-Signal verknüpft.

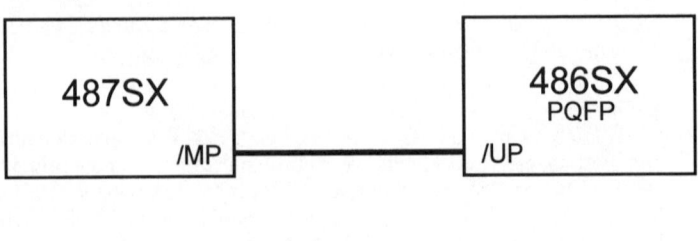

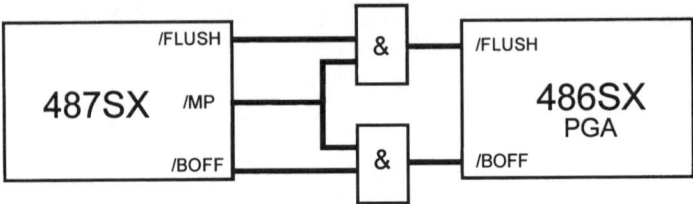

Bild 7.16: Die Abschaltung eines 486SX durch einen 487SX

Für unerschrockene Bastler

Möchte man aus irgendeinem Grunde einen 487SX in einem 486DX-PGA-Sockel verwenden, wofür auf dem Mainboard aber keine Jumpermöglichkeit zu finden ist, braucht man, sofern man den Umgang mit dem Lötkolben nicht scheut, lediglich eine Drahtbrücke von C14 auf A13 zu löten, damit das FERR-Signal getauscht wird. Das ist schon alles, denn der jeweils andere Pin (vergl. Bilder 7.13, 7.15) ist nämlich nicht angeschlossen. Der Jumper auf dem Mainboard muss dann aber auf jeden Fall auf die 486DX-Stellung gesetzt werden. Diese Möglichkeit ist ebenfalls für einen Overdrive-Prozessor (Kapitel 7.5) in einem 486DX-Sockel anwendbar.

Da das NMI-Signal vertauscht werden muss, ist eine Brücke von A15 auf B14 auf dem Mainboard zu löten, oder aber man verwendet einen entsprechend gelöteten Zwischensockel. Da man nicht sicher sein kann, ob der IGNNE-Pin nicht doch verwendet wird, weil der Coprozessor im 486SX nicht komplett lahmgelegt ist, sollte man diesen Pin (A15) am Prozessor oder Zwischensockel sicherheitshalber abkneifen.

Die Angaben der Pinnummern beziehen sich auf das Layout eines PGA-Sockels!

Bild 7.17: Der 486SX wurde hier vom Hersteller auf eine Platine gelötet, damit er in einen üblichen PGA-Sockel passt; daneben ist ein freier Sockel für einen mathematischen Coprozessor der Firma Weitek vorhanden (kein Wunder, dass das Mainboard nicht läuft, siehe abgefallenen Jumper)

7.4.3 Die 486DX2-CPUs

Im Jahre 1992 führte Intel den 486DX2 ein, wiederum eine Variante des 486DX. Aus dem Anschlusswirrwarr der SX-Versionen hat man offensichtlich etwas gelernt und daher ist der 486DX2 völlig pinkompatibel zum 486DX. Das Besondere der 486DX2-CPUs ist die Tatsache, dass die angelegte Taktfrequenz auf diesem Chip intern verdoppelt wird. Damit ist es leicht möglich, die Leistung eines 486-PCs, der beispielsweise mit 25 MHz läuft, zu steigern: Der Prozessor wird gegen einen 486DX2/50 ausgetauscht, was – je nach Anwendung – eine Leistungssteigerung von 50-95% zur Folge haben kann, wem man allein die CPU-Leistung betrachtet.

Dabei bleibt die übrige Hardware des PC unverändert und es ist kein Overdrive-Sockel nötig. Der ausgetauschte alte Prozessor kann dann in einem anderen PC weiterverwendet werden und liegt nicht etwa auf dem Mainboard neben dem neuen Prozessor brach. Nach der Umrüstung brauchen keine Jumperstellungen verändert zu werden.

Der echte 50-MHz-Prozessor (486DX-50) war nur eine relativ kurze Zeit auf dem Markt und wurde durch die 486DX2-CPUs ersetzt. Ein Computer mit einem 486DX2-50 ist demnach (s.o.) kein echter 50MHz-PC, sondern die Elektronik des Mainboards arbeitet hier lediglich mit 25 MHz, was zu einem merklichen Performance-Verlust gegenüber einem 486DX-50 führt.

Interessanterweise ist es jedoch nicht möglich, Windows 98 auf einem PC zu installieren, bei dem ein 485DX-50 »werkelt«, mit dem 486DX/2 (66 MHz) hingegen funktioniert dies einwandfrei. Dieses Phänomen gibt es bei Windows 95 jedoch nicht.

Generell ist es bei der Umrüstung auf einen DX2-Prozessor ratsam, auf die Kühlung der CPU zu achten. Dies gilt generell für alle mit Taktfrequenzen ab 33 MHz betriebenen CPUs, die eine Gehäusetemperatur von bis zu 85 Grad aufweisen können. Näheres zur CPU-Kühlung findet sich in Kapitel 7.10.

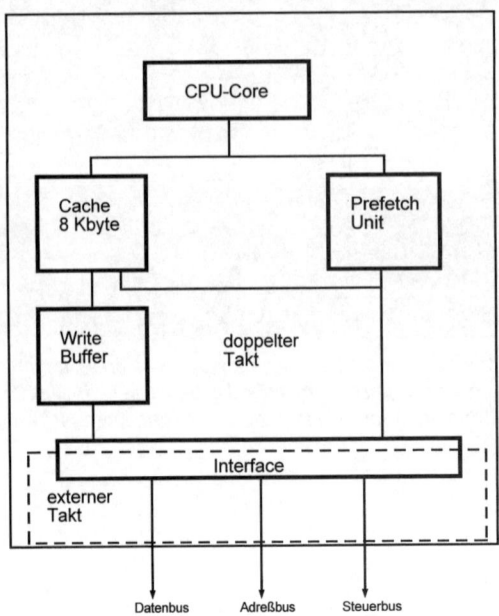

Bild 7.18: Das vereinfacht dargestellte Innenleben einer 486DX2-CPU

Die 486-DX/2-Prozessoren arbeiten intern mit dem doppelten externen Takt und können ohne irgendwelche durchzuführenden Änderungen (Setup, Jumper) einen 486DX ersetzen.

Da das Bus-Interface einer 486DX2-CPU nicht mit dem doppelten externen Takt arbeitet, erscheint der Prozessor für die übrige Elektronik wie ein normaler 486DX, allerdings mit dem wichtigen Unterschied, dass er Befehle zweimal so schnell ausführt.

Die Firmen Cyrix und AMD haben ebenfalls pinkompatible Typen zu den INTEL-DX2-Prozessoren gefertigt. Während sich die Intel- und die AMD-Typen bis zu den 66 MHz-Versionen nicht voneinander unterscheiden, bietet der Cyrix-Typ demgegenüber einen Cache, der im leistungsfähigeren Write-Back-Modus betrieben werden kann, wenn dies der Mainboard- beziehungsweise BIOS-Hersteller berücksichtigt hat. Der AMD 486DX2 mit einer internen Taktfrequenz von 80 MHz wird ausschließlich in der 3,3-Version (DXLow Power) gefertigt.

DX/2-CPU-Typ	ersetzt 486DX	Hersteller
40 MHz	16, 20 MHz	Intel
50 MHz	25 MHz	Intel, AMD, Cyrix
66 MHz	33 MHz	Intel, AMD, Cyrix, SGS
80 MHz	40 MHz	AMD (DXL-Typ), Texas Instruments, SGS

Tabelle 7.9: DX2-Prozessoren in der Übersicht. Achtung: Die Prozessoren arbeiten mit unterschiedlichen Betriebsspannungen (5V, oder 3,3V)

Ein 486DX2-Prozessor hat bis auf eine Ausnahme dieselbe Anschlussbelegung wie ein 486DX-50, was jedoch die oben beschriebene Umrüstung nicht behindert; er ist bereits für eine Umrüstung auf einen noch leistungsfähigeren Typ ausgelegt. Dies ist der 1995 vorgestellte P24T, der als *Pentium-Overdrive* bezeichnet wird (Kapitel 7.5).

Die erwähnte Ausnahme in der Signalbelegung betrifft den Anschluss C11, der bei allen *normal* getakteten 486DX-Ablegern nicht verwendet wird (NC). Beim 486DX2 wird er mit UP bezeichnet, was für *Upgrade Present* steht. Befindet sich dieser Anschluss auf Low-Potential, schaltet der Prozessor alle Ausgangssignale ab und geht in den Power-Down-Mode, d.h., der alte Prozessor »wird ruhig gestellt«, wie es bereits bei der 486SX-487SX-Kombination beschrieben ist.

Bild 7.19: Der 486DX2-Prozessor arbeitet in einem ZIF-Sockel 2 oder 3, wobei der Sockel 3 bereits die Unterstützung für den DX4 bietet, der gegenüber den vorherigen 486-CPUs mit 3,3 V arbeitet

7.4.4 Die 486DX4-CPU

Im Jahre 1994 wurde von Intel der 486DX4-Prozessor eingeführt. Anders als man in Analogie zum 486DX2 vielleicht vermuten würde, arbeitet dieser Typ intern jedoch nicht mit einer Taktvervierfachung, sondern mit einer Taktverdreifachung. Er generiert aus einem externen Takt von 33 MHz (genauer 33,33 MHz) etwa 100 MHz. Gerüchte besagen, dass der Name DX4 deshalb verwendet wurde, weil diese CPU summa summarum die vierfache Leistung eines *normalen* 486DX zur Verfügung stellen soll.

Der DX4 ist pinkompatibel zum 486DX. Er besitzt aber einige zusätzliche Anschlüsse (vergl. Tabelle 7.10), über die ihm beispielsweise signalisiert wird, welche externe Taktfrequenz verwendet wird. Weiterhin ist ein zusätzlicher Pin (VOLTDET) für eine Spannungserkennung vorgesehen, denn der DX4 arbeitet nicht wie die Vorgänger mit 5 V, sondern mit 3,3 V.

Daher ist es für den DX4 tödlich, wenn er direkt gegen einen 486DX oder 486DX2 ausgetauscht wird, was aber ansonsten prinzipiell möglich wäre. Ein DX4 darf nur auf solchen Mainboards verwendet werden, die über einen zusätzlichen 3,3-Spannungsregler verfügen. Oftmals wird dafür der Typ LT1085 oder der LT1086 eingesetzt, der sich in unmittelbarer Nachbarschaft des CPU-Sockels befindet.

Ein DX4-taugliches Mainboard, wie beispielsweise das Mainboard PCI/I-486SP3G der Firma Asus, muss also explizit den DX4 unterstützen und über entsprechende Jumper verfügen. Alternativ dazu kann auch ein DX4-Zwischensockel eingesetzt werden, welcher einen 3,3-V-Spannungsregler enthält, wie er im folgenden Bild gezeigt ist.

Bild 7.20: Ein Zwischensockel mit Spannungsregler für den Einbau einer 486DX4-CPU in einen Sockel, der mit 5 V versorgt wird

Als Gehäuse für den DX4 ist ebenfalls der 168-Pin-PGA-Typ üblich und es gibt den DX4 auch in einem SQFP-Gehäuse mit 208 Anschlüssen. Der Aufbau des Oszillators im DX4 ist eine der wesentlichen Änderungen gegenüber den Vorgängermodellen, denn die externe Taktfrequenz kann nun wahlweise um den Faktor 2, 2,5 oder eben 3 angehoben werden.

Des Weiteren arbeitet der DX4 wie erwähnt mit 3,3 V und nicht 5 V wie die vorherigen CPUs und es ist ein System-Management-Mode (SMM) implementiert, der vom zuvor entwickelten Pentium übernommen wurde. Diese Neuerungen machen eben die erwähnten zusätzlichen Signalanschlüsse notwendig, die bei den Vorgängerversionen nicht belegt sind. Die anderen Signale stimmen mit denen den 486DX überein.

Bezeichnung	Pin-Nr. (PGA)	Richtung	Bedeutung/Funktion
/SMI	B10	Eingang	System-Management-Interrupt-Eingang zur Einschaltung des SMModus
SRESET	C10	Eingang	Reset-Signal, welches im Gegensatz zu Reset das Register für den System-Managemant-Modus nicht zurücksetzt.
/SMIACT	C12	Ausgang	System-Management-Interrupt-Active-Ausgang zur Signalisierung, dass der SMModus aktiviert ist.
/STPCLK	G15	Eingang	Bei einem High-Signal wird der interne Oszillator angehalten. Dieses Signal wird als Interrupt mit der niedrigsten Priorität implementiert.

Fortsetzung der Tabelle:

Bezeichnung	Pin-Nr. (PGA)	Richtung	Bedeutung/Funktion
Vcc5	J1	Eingang	Referenzspannungsanschluss, wird mit 5 V versorgt, wenn die Mainboardelektronik mehr als 3,3 V an die CPU anlegt. Bei Boards in reiner 3,3-Volt-Technik befinden sich hier 3,3 V.
VOLTDET	S4	Ausgang	Signalisiert der Mainboard-Elektronik die Versorgungsspannung der CPU.

VOLTDET   CPU-Typ

0   3,3 V, 486DX4
1   5 V, 486DX2

Tabelle 7.10: Die zusätzlichen Signale des 486DX4 gegenüber den 486DX- und 486DX2-Prozessoren

Aufgrund der niedrigeren Spannungsversorgung ist die Verlustleistung, die sich in Wärme äußert, nicht so hoch wie bei anderen 486-CPUs, so dass der DX4 laut Intel nur einen passiven CPU-Cooler (ohne Lüfter) in Form eines einfachen Kühlkörpers benötigt. Allerdings ist es immer ratsam, sicherheitshalber doch einen »aktiven Kühlkörper« zu verwenden, da es auch stark vom jeweiligen Innenleben und dem Gehäuse eines PC abhängt, wie optimal die Wärmeabfuhr ausfällt.

Bild 7.21: Der Intel DX4 befindet sich in einem 237-poligen PGA- oder auch in einem 169-poligen Plastik-Gehäuse

Als weitere Neuerung gegenüber den 486-Vorgängern wurde im DX4 der Cache-Speicher auf 16 Kbyte verdoppelt, was ihn in der Leistung (fast) auf eine Stufe mit einem 66-MHz-Pentium stellt, der ebenfalls jeweils einen 8-Kbyte-Cache für Daten und für Befehle enthält. Der interne Cache des 486DX4 kann im Gegensatz dazu üblicherweise nur im Write-Through-Mode betrieben werden. Es gibt jedoch auch hier Ausnahmen:

Sowohl der 486DX4 als auch der 486DX2 (P24D) wurden in einigen Versionen mit einer veränderten 1-Level-Cache-Implementierung hergestellt. Statt des standard-mäßigen Write-Through wurde das leistungsfähigere Write-Back bei den durch das aufgedruckte Kürzel -WB erkennbaren CPUs realisiert. Hierfür sind vier weitere Signalleitungen /INV (A10), /HITM (A12), /CACHE (B12) und WB-/WT (B13) not-wendig. Diese CPU-Versionen sind am Markt jedoch eher selten anzutreffen und auch nicht alle Mainboards für 486DX2-CPUs unterstützen diesen Typ.

Allein von der Firma Intel gibt es insgesamt 13 verschiedene 486-CPUs mit unter-schiedlicher Signalbelegung und andere Hersteller wie AMD und Cyrix haben eben-falls verschiedene 486-Versionen hergestellt, was somit auch die Vielzahl von Jum-pern auf dem 486-Mainboards für die unterschiedlichen Einstellungen erklärt. Die wichtigsten 486-Vertreter mit den unterschiedlichen Signalbelegungen zeigt die folgende Tabelle.

Pin	DX/DX2 Intel, AMD	DX4	SX	487, ODP	DX2-WB, DX4-WB	Cyrix 486	Cyrix 5x86	PODB
A3	(TCK)	TCK	–	–	TCK	–	TCK	B4: –
A10	–	–	–	–	–	/SUSPA	INVAL	N1: INV
A12	–	–	–	–	/HITM	/SMI	/HITM	U1: /HITM
A13	–	–	–	/FERR	–	RPLSRT1	/SUSPA	B14: /FERR
A14	(TDI)	TDI	–	–	TDI	–	TDI	B15: –
A15	/IGNNE	/IGNNE	NMI	/IGNNE	/IGNNE	/IGNNE	/IGNNE	B16: /IGNNE
B10	–	/SMI	–	–	/SMI	–	/SMI	C11: /SMI
B12	–	–	–	–	/CACHE	–	/CACHE	G1: /CACHE
B13	–	–	–	–	WT/WB	WM-RST	–	T1: WT/WB
B14	(TMS)	TMS	–	MP	TMS	CLKMUL	TMS	C15: MP
B15	NMI	NMI	–	NMI	NMI	NMI	NMI	C16: NMI
B16	(TDO)	TDO	–	–	TDO	–	TDO	C17: –
C10	–	SRESET	–	–	SRESET	/SMADS	WM_RST	F19: INIT
C11	(/UP)	/UP	–	–	/UP	/UP	/UP	D12: –
C12	–	/SMIACT	–	–	/SMIACT	RPLSTR0	/SMADS	D13: SMIACT
C13	–	–	–	–	–	/RPLVAL	–	D14: –
C14	/FERR	/FERR	–	–	/FERR	/FERR	/FERR	D15: –
G15	–	/STPCLK	–	–	/STPCLK	/SUSP	/SUSP	H16: /STPCLK

Fortsetzung der Tabelle:

Pin	DX/DX2 Intel, AMD	DX4	SX	487, ODP	DX2-WB, DX4-WB	Cyrix 486	Cyrix 5x86	PODB
J1	Vcc	Vcc5	Vcc	Vcc	Vcc5	–	–	K2: Vcc5
R17	–	CLKMUL	–	–	CLKMUL (nur DX4)	/HITM	CLKMUL	S18: Vcc5
S4	–	VOLT DET	–	–	VOLT DET (nur DX4)	INVAL	VOLT DET	T5: VOLTDET

Tabelle 7.11: Die verschiedenen Signalbelegungen der 486-CPUs; beim Pentium Overdrive (PODP, P24T) ist eine von den 486-CPUs abweichende Nummerierung gegeben (A1=B2 usw.), da er über einen größeren Anschlusssockel verfügt

7.5 Overdrive und CPU-Upgrade

Im Kapitel 7.4.2 wurde bereits der mit dem 486SX bzw. 487SX eingeführte Overdrive-Sockel erwähnt, der von Intel speziell für ein CPU-Upgrade vorgesehen ist. Daneben gibt es natürlich andere Möglichkeiten, wie die vorhandene CPU gegen eine leistungsfähigere auszutauschen, um eine höhere Performance zu erreichen. Welche Wege dabei beschritten werden können, hängt vom Mainboardtyp, dem vorhandenen Sockel und dem installierten Prozessor ab, was in diesem Kapitel noch näher erläutert wird.

7.5.1 Intel-Overdrive und -Replacement

Der Overdrive-Sockel, der für die Aufnahme spezieller Overdrive-Prozessoren gedacht ist, besitzt – wie erläutert – eine von der Standard-486-CPU abweichende Pinbelegung. Diese Prozessoren führen üblicherweise das Kürzel ODP (**O**ver **D**rive **P**rocessor) in ihrer jeweiligen Bezeichnung.

Der Unterschied zwischen einem taktvervielfachenden Prozessor (DX2, DX4) und einem Overdrive-Prozessor, der von seiner Intention her ebenfalls nach diesem Prinzip arbeitet, ist allerdings kaum technischer Natur, wenn man einmal das veränderte Anschlusslayout beiseite lässt. Von Intel war ursprünglich vorgesehen, dass die DX2- und DX4-CPUs nur an PC-Hersteller ausgeliefert werden und nicht an den Endkunden, der stattdessen die teureren Overdrive-Typen einsetzen sollte. Für die Overdrive-CPUs, die in einer bunten Verpackung daherkamen, gehört üblicherweise eine Kompatibilitätsliste, ein CPU-Cooler, möglicherweise auch ein Zwischensockel und mitunter auch ein Aushebelwerkzeug für die alte CPU, welches jedoch nur für CPUs benötigt wird, die sich nicht in einem Nullkraftsockel (ZIF-Sockel, Kapitel 7.5.3) befinden.

Zur Aufrüstung von 486DX-Systemen wurde der *Pentium-Overdrive* (P24T) von Intel vorgestellt. Er besitzt im Gegensatz zum Pentium nur einen 32 Bit breiten Datenbus, dafür jedoch einen doppelt so großen Cache (32 Kbyte) und wird mit dem 2,5-fachen externen Takt betrieben. Der P24T benötigt einen externen Takt von 25 oder auch 33 MHz und arbeitet in der 3,3-V-Logik. Aus diesem Grunde ist er als funktionale Einheit mit einem Spannungsregler (5 V auf 3,3 V) und einem Lüfter konzipiert. Der Pentium-Overdrive verdoppelt gegenüber einem der 486DX-66-Prozessor die Rechenleistung und liefert unter Windows eine Leistungssteigerung von bis zu 30 Prozent.

Bild 7.22: Der Pentium-Overdrive für 486DX-Systeme wird intern mit 83 MHz getaktet (33 MHz x 2,5)

Der Pentium-Overdrive-Sockel (Sockel 2) verfügt insgesamt über 238 Kontakte. Interessant dabei ist, dass die inneren drei Anschlussreihen mit der Kontaktbelegung des 169-poligen Upgrade-Sockels und nicht mit dem 486DX-Sockel identisch sind. Da sich hier nun die unterschiedlichsten Overdrive-Prozessoren einsetzen lassen können, wird meist auch dieser Sockel und nicht der 169-polige auf zahlreichen Mainbaords verwendet.

Neben den ODP-Modellen hat es von Intel auch noch Typen mit der Bezeichnung ODPR, was für **O**ver **D**rive **P**rocessor **R**eplacement steht, gegeben, die ebenfalls mit einigem Zubehör wie die ODProzessoren ausgeliefert wurden. Allerdings sind die Replacement-Typen wiederum nicht pinkompatibel mit den Overdrive-Modellen, denn sie besitzen das Layout der 486DX-Standardtypen, passen demnach nicht in den speziellen Overdrive-Sockel, sondern in die üblichen 486-Fassungen.

Prozessor On-Board	Overdrive-Sockel	Overdrive/Replacement-Typ
486SX	Ja	ODP486SX
486SX	Nein	ODPR486DX
486DX	Ja	ODP486DX
486DX	Nein	ODPR486DX

Tabelle 7.12: 486-Overdrive- und -Replacement-Typen für Systeme mit oder ohne speziellem Overdrive-Sockel

Die Firma Intel hat zahlreiche weitere Overdrive-Sockel und -Typen definiert, die jedoch teilweise nie erschienen sind, wie etwa der *PentiumPro-Overdrive*. Gemein ist diesen Lösungen jedoch der relativ hohe Preis, was auch teilweise auf die im Folgenden gezeigten Lösungen anderer Hersteller zutrifft. Der Preis ist dabei in Relation zu einem neuen Mainboard plus neuer CPU im Gegensatz zum Upgrade- oder Overdrive-Prozessor zu sehen.

Andererseits ist der Austausch des Prozessors weit einfacher durchzuführen als ein Tausch des Mainboards, was jedoch auch wieder den Vorteil haben kann, dass dieses gleich weitere nützliche Neuerungen mit sich bringt wie beispielsweise On-Board-Schnittstellen und die BIOS-Unterstützung von aktuellen Laufwerkstypen (LS-120, ZIP). Es sollte daher genau abgewägt werden, welche der beiden Wege zu beschreiten sind.

7.5.2 CPU-Upgrade-Module

Es hat im Laufe der Zeit – im Grunde ab der 80286-CPU – immer wieder spezielle Upgrade-CPUs und -Module gegeben, wobei die bekanntesten von den Firmen Kingston und Evergreen stammen, die im Grunde für (fast) jede CPU-Generation einen Upgrade-Pfad parat haben.

· ·

CPU-Upgrade-Module

http://www.evertech.com

http://www.kingston.com/prod/procesor

· ·

Kingston verwendet bei den älteren Modellen keine Overdrive-Prozessoren, sondern kleine Prozessorplatinen, die neben der CPU einige Peripherie-Bausteine, beispielsweise den Taktgenerator und gegebenenfalls einen Cache-Controller, beinhalten. Es werden dabei unterschiedliche CPUs von Intel, AMD oder IBM verwendet. Für ein Upgrade von einer 80286-CPU sind insbesondere die folgenden Varianten durch Kingston bekannt geworden, die zeigen, dass man sich selbst für eine derartig (alte) CPU recht pfiffige Lösungen hat einfallen lassen:

···> Das Modul SLC/NOW! ist für IBM/PS2s mit MicroChannel-PCs und 286-CPU vorgesehen. Der Original-Prozessor wird aus der Fassung herausgenommen und stattdessen das Modul (mit 386-kompatiblem Prozessor) eingesetzt.

···> Ein Modul mit 386SLC-Prozessor, 20 MHz oder 25 MHz Taktfrequenz und 8 Kbyte internem Cache. Ein mathematischer Coprozessor (387SX) kann auf dem Modul nachgerüstet werden.

···> Ein Modul mit 486SLC2-50 MHz-Prozessor, der mit interner Taktverdoppelung arbeitet und einen 16 Kbyte großen Cache besitzt. Mit diesem Modul wird eine Verzehnfachung der Leistung (Landmark Speed Test) gegenüber der Original-286-CPU erreicht.

Im Lieferumfang der Module befindet sich üblicherweise ein Aushebelwerkzeug für die alte CPU, ein gut gestaltetes Handbuch, das die Umrüstung detailliert beschreibt, sowie bei einigen Modellen auch eine Diskette mit Treiberprogrammen, wie etwa für Initialisierung des (speziellen) Cache-Speichers. Der Treiber wird beispielsweise für DOS mit DEVICE=C:\SLCCARD.SYS in die CONFIG.SYS eingetragen.

Bild 7.23: Die Firma Kingston ist insbesondere durch ihre speziellen CPU-Upgrade-Module bekannt geworden, wobei es hier die unterschiedlichsten Module und Aufrüstwege gibt

Ab den 386-PCs bieten sich vielfältigere Möglichkeiten zum Aufrüsten der CPU als bei 286-Systemen an: Zum einen ebenfalls durch Kingston-Module, zum anderen durch MicroMaster-Einsteckkarten, was aber nur bei PS/2-Computern funktioniert, oder aber auch mit Hilfe von speziellen CPUs der Firma Cyrix. Des Weiteren kann natürlich auch die Slot-CPU ausgetauscht werden, wenn der PC hierfür entsprechend ausgelegt ist.

Die Firma Cyrix ist in das CPU-Geschäft mit Upgrade-Prozessoren für 386SX und 386DX-Systeme eingestiegen. Im Gegensatz zu den Kingston-Modulen, die für spezielle PC-Modelle vorgesehen sind, sind die Cyrix-Lösungen – zumindest theoretisch – für beliebige 386SX- und 386DX-PCs geeignet.

Theoretisch deshalb, weil die Umschaltung der A20-Leitung bei den verschiedenen Chipsätzen unterschiedlich gelöst ist und für Probleme sorgen kann. Ob mit Schwierigkeiten zu rechnen ist, darüber gibt ein mitgeliefertes Testprogramm recht zuverlässig Auskunft.

Der Cyrix-Prozessor 486DLC ist zwar entgegen seiner Bezeichnung kein 486-Prozessor, denn er enthält keinen Coprozessor und lediglich einen 1 Kbyte großen Cache, ist aber pinkompatibel zum 386DX, was ihn als CPU-Upgrade für 386-Systeme empfiehlt. Auf der Basis dieses Typs hat Cyrix verschiedene CPUs entwickelt, die intern mit einer Taktverdoppelung arbeiten. Sie sind in der folgenden Tabelle angegeben.

Eingebaute CPU	Cyrix-Upgrade-CPU
386SX-16	Cx486SRx2-16/32
386SX-20	Cx486SRx2-20/40
386DX-25	Cx486SRx2-25/50
386DX-20	Cx486DRx2-20/40
386DX-25	Cx486DRx2-25/50
386DX-33	Cx486DRx2-33/66

Tabelle 7.13: Einige (ältere) Upgrade-Prozessoren der Firma Cyrix

Zu den Cyrix-Upgrade-CPUs gehört ein Aushebelwerkzeug für die CPU, eine Anleitung sowie, wie bei den Kingston-Modulen, Treiberprogramme für den Cache-Speicher. Darüber hinaus wird ein Kühlkörper mitgeliefert, ohne den die taktverdoppelnden CPUs nicht auskommen. Bevor man sich an das Upgrade macht, sollte man sicherheitshalber die Testfunktion der Software ausführen, und erscheint die Meldung »Your System is a candidate for Upgrade«, steht der Umrüstung nichts im Wege.

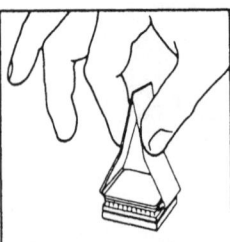 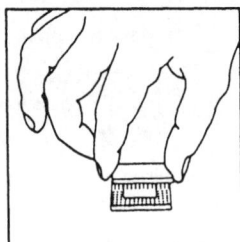 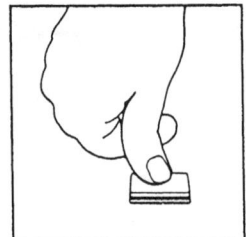

Bild 7.24: Der Austausch einer CPU geht mit dem speziellen Blech zum Herausnehmen der CPU einfach vonstatten; beim Einsetzen der neuen CPU muss man lediglich auf die Orientierung des Pin 1 achten und danach den Kühlkörper aufkleben

Für eingelötete 386SX-CPUs hat sich Cyrix eine besonders trickreiche Lösung einfallen lassen. Die Cx486SRx2-CPU wird einfach auf die alte CPU aufgesteckt, die somit über den Float-Anschluss (FLT#, Pin. Nr. 28) einfach abgeschaltet wird.

Der Upgrade-Prozessor wird so aufgesetzt, dass seine Beschriftung in die gleiche Richtung zeigt wie die des alten. Durch einen kräftigen, ruckartigen Druck rasten die speziellen Greifer ein und drücken die Kontakte auf die darunter liegenden der 386SX-CPU. Man muss aber schon genau hinschauen, ob die Kontakte richtig sitzen, sonst ist es möglicherweise um die neue CPU geschehen, wenn man danach den PC einschaltet.

Hat die richtige Kontaktaufnahme nicht gleich geklappt, kann man das spezielle mitgelieferte Werkzeug ansetzen, das die Greifer bei einem relativ hohen Kraftaufwand wieder spreizt und ein nochmaliges Ausrichten der CPU ermöglicht. Danach ist hier ebenfalls der beiliegende Kühlkörper auf der CPU festzukleben.

Bei Notebooks kann diese Aufrüstmöglichkeit aus Platzgründen oftmals leider nicht verwendet werden, da der aufgeschnappte Cx486SRx2 eine Höhe von ca. 2,4 cm beansprucht. Für gesockelte 386SX-CPUs kann der Cyrix-Cx486SRx2-Prozessor nicht verwendet werden, sondern hier ist stattdessen ein doppelgetakteter 486SLC2 vorgesehen.

Wichtig ist die korrekte Aktivierung des Cache-Speichers, für den verschiedene Treiberprogramme, wie für DOS, Windows und OS/2, im Kit mit dabei sind. Die getroffenen Einstellungen werden in einer Konfigurationsdatei oder direkt in die CPU-Register geschrieben.

Generell ist bei der Cache-Konfiguration der Kingston-Module und auch der Cyrix-Upgrade-CPUs an eine Besonderheit zu denken, die im Zusammenhang mit der oben erwähnten A20-Umschaltung steht, denn der Cache erhält keine Information darüber, wie die A20-Leitung geschaltet ist. Der Cache und damit der PC kann völlig aus dem Tritt geraten, wenn diese Adressleitung umgeschaltet wird. Die Cache-Treiber sollten daher erst dann geladen werden, wenn sich die CPU bereits im Protected Mode befindet, was man durch das Laden eines Speichermanagers wie EMM386 oder Qemm erreicht, denn in diesem Fall ist die A20-Leitung freigeschaltet.

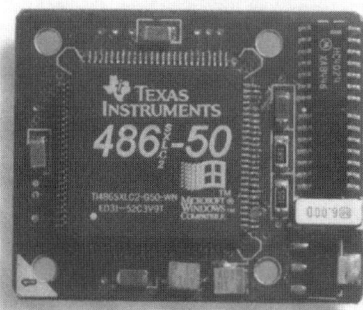

Bild 7.25: Mit dem Make-it-Modul der Firma Texas Instruments können selbst 286- und 386-Systeme zu einem 486-PC mit einem CPU-Takt von 50 MHz aufgerüstet werden

Da es, wie erwähnt, mit den Bezeichnungen bei den 386- und den (vermeintlichen) 486-CPUs der verschiedenen Herstellern etwas durcheinander geht, zeigt die folgende Tabelle die wichtigsten Vertreter und zu welchen Typen sie jeweils pinkompatibel sind.

Hersteller/Chip	int. Cache	SMM	pinkompatibel zu
AMD 386SX/SXL	–	–	i386SX
AMD 386DX/DXL	–	–	i386DX
AMD 386SXLV	–	Ja	i386SX
AMD 386DXLV	–	Ja	i386DX
AMD 486SX	8 Kbyte		i486SX
AMD 486SX2 *	8 Kbyte	Ja	i486SX
AMD 486DX	8 Kbyte	–	i486DX
AMD 486DX2 *	8 Kbyte	–	i486DX
AMD 486SXLV	8 Kbyte	Ja	i486SX
AMD 486DXLV	8 Kbyte	Ja	i486DX
AMD 486DX4 *	8 Kbyte	Ja	i486DX
Cyrix 486SLC	1 Kbyte	–	i386SX
Cyrix 486DLC	1 Kbyte	–	i386DX
Cyrix 486DR2 *	1 Kbyte	–	i386DX
Cyrix 486S	2 Kbyte	Ja	i486SX
Cyrix 486SV	2 Kbyte	Ja	i486SX
Cyrix 486S2 *	2 Kbyte	Ja	i486SX

Fortsetzung der Tabelle:

Hersteller/Chip	int. Cache	SMM	pinkompatibel zu
Cyrix 486DX2 *	8 Kbyte	Ja	i486DX
IBM 386DX	–	–	i386DX
IBM 386SLC	8 Kbyte	Ja	i386SX
IBM 486SLC2 *	16 Kbyte	Ja	i386SX
IBM 486DLC3 *	16 Kbyte	Ja	AMD 386DXLV
INTEL 386SX	–	–	386SX
INTEL 386DX	–	–	386DX
INTEL 386SL	–	Ja	386SX
INTEL 486SX	8 Kbyte	–	486SX
INTEL 486SX2 *	8 Kbyte	–	486SX
INTEL 486DX	8 Kbyte	–	486DX
INTEL 486DX2 *	8 Kbyte	–	486DX
INTEL 486DX4 *	16 Kbyte	–	486DX
INTEL 486SXSL	8 Kbyte	Ja	486SX
INTEL 486DXSL	8 Kbyte	Ja	486DX
INTEL 486DX2SL*	8 Kbyte	Ja	486DX

Tabelle 7.14: Gebräuchliche 386- und 486-CPUs der verschiedenen Hersteller, die jedoch mit unterschiedlichen Betriebsspannungen arbeiten, was beim CPU-Austausch unbedingt beachtet werden muss; meist ist eine entsprechende Kennzeichnung auf der CPU-Ober- oder Unterseite aufgedruckt

Wie es Cyrix mit ihren 486-CPUs, die zu 386-CPUs pinkompatibel sind, bereits vorexerziert hat, wurde dieses Prinzip, über die Bezeichnung eine höhere CPU-Leistungsklasse zu suggerieren, weitergeführt und eine 5x86 ist nicht etwa Pentium-, sondern 486-kompatibel, wie es das Beispiel im folgenden Bild zeigt.

Bild 7.26: Dieses Upgrade-Kit mit Lüfter und Aushebelwerkzeug für die alte CPU ist für 486DX-Systeme vorgesehen, die keine 3,3 V-Unterstützung bieten, und unter der Cyrix-CPU befindet sich ein entsprechender Spannungsregler im Sockel; dieser CPU-Typ entspricht im Prinzip einem 486DX4

7.5.3 Coprozessoren

Ab den 486DXs-Prozessoren ist ein mathematischer Coprozessor bereits in der CPU selbst integriert, so dass die Coprozessoren nur für die CPU-Vorgänger interessant sind. Der Vollständigkeit halber soll dennoch kurz auf diese eingegangen werden.

Die Rechenleistung eines anderen PC-Typs, beispielsweise mit einem 8088-, 80286- oder 80386-Mikroprozessor, kann durch einfaches Hinzufügen eines entsprechenden Coprozessors gesteigert werden. In den meisten Fällen ist hierfür auf dem Mainboard ein Sockel vorgesehen, der den zusätzlichen Prozessor aufnimmt. Ein Jumper ist in der Regel nur bei den älteren 8088/8086-Computern zu stecken, um dem BIOS die Anwesenheit des Coprozessors zu signalisieren. Ab einem 286-Prozessor wird der Coprozessor automatisch detektiert, was man oftmals anhand der BIOS-Meldung nach dem Einschalten des PC erkennen kann.

Selbstverständlich kann natürlich auch die normale CPU die Rechenarbeit übernehmen. Dazu setzt sie die verschiedenen mathematischen Operationen in ganzzahlige Teilrechnungen um und berechnet dann Schritt für Schritt das Endergebnis, während ein mathematischer Coprozessor bereits entsprechende Rechenfunktionen in »Silizium gegossen« auf dem Chip enthält. Er kann daher wesentlich schneller als die normale CPU, die lediglich eine Integer- statt einer Floating-Point-Einheit besitzt, Berechnungen durchführen.

Es profitieren also nur diejenigen Programme vom zusätzlichen Prozessor, die intensive mathematische Berechnungen bewältigen. Bei einer Textverarbeitung wird man daher keinen Geschwindigkeitsgewinn feststellen können, bei einem CAD-Programm (z.B. AutoCAD) hingegen schon. Einige CAD-Programme verweigern übrigens ohne Coprozessor von vornherein ihren Dienst. Der Programmhersteller möchte den Kunden in diesen Fällen wohl keine relativ langen Wartezeiten zumuten, oder aber die Programmerstellung hat sich durch die Verwendung eines Coprozessors einfacher dargestellt.

Wie hoch der Geschwindigkeitsgewinn ausfällt, kann leider nicht allgemein festgestellt werden, denn es hängt im Wesentlichen vom Aufbau des jeweiligen Programms ab, inwieweit der Coprozessor ausgenutzt wird.

Die Taktfrequenz der CPU bestimmt dabei ebenfalls die für den zusätzlichen Prozessor notwendige Frequenz. Beim Höhertakten einer CPU – dem Betrieb der CPU mit höherer Taktrate, als spezifiziert – muss beachtet werden, dass der Coprozessor dann ebenfalls zu hoch getaktet wird, was diese Prozessoren weit weniger vertragen als die üblichen CPUs und dabei durchaus beschädigt werden können.

Die mathematischen Prozessoren sind von zahlreichen Herstellern wie natürlich Intel, AMD, Cyrix aber auch IBM, IIT oder Chips & Technologies entwickelt worden. In der Regel sind die Coprozessoren leicht zu identifizieren, da sie in ihrer Bezeichnung eine »87« führen. In der folgenden Tabelle ist angegeben, welcher Coprozessor-Typ zu welcher CPU passt. Da einige IBM- und Cyrix-CPUs entgegen ihrer 486-Bezeichnung intern keinen Coprozessor besitzen und damit nicht der üblichen Bezeichnungsweise entsprechen, sind die wichtigsten Typen dieser beiden Firmen ebenfalls mit angeführt.

CPU-Typ	Coprozessor
8086,8088	8087
80286	80287
80386DX	80287, 80387
80386SX	80387SX
486DX	eingebaut
486SX	487SX=486DX
Cyrix 486SLC	Cx387SLC
Cyrix 486DLC	CX487DLC
Cyrix 486DR2	i386DX
Cyrix 486S	CX487S
Cyrix 486SV	CX487S
Cyrix 486S2	CX487S
IBM 386SLC	i386SX
IBM 486SLC2	i386SX
IBM 486DLC3	i387DX
IBM 486DLC3	i387DX

Tabelle 7.15: Mathematische Coprozessoren für verschiedene CPUs in der Übersicht

Die Rechenleistung eines 486DX-Systems kann häufig durch einen zusätzlichen mathematischen Coprozessor der Firma Weitek (Typ 4167) gesteigert werden, für den auf vielen Mainboards noch ein entsprechender Sockel zusätzlich vorhanden ist. Von dieser Möglichkeit wurde jedoch in den seltensten Fällen Gebrauch gemacht, da er verhältnismäßig teuer war.

7.5.4 Die Sockeltypen – ZIF –

Mit den 486DX2-Prozessoren wurde von Intel ein so genannter ZIF-Sockel, (Zero Insertion Force, Nullkraft-Sockel) eingeführt, der sich dadurch auszeichnet, dass die CPU hier im Gegensatz zu anderen Sockeltypen (z.B. PGA) leicht ausgetauscht werden kann.

Bild 7.27: Der Sockel Nummer 5 ist für die Aufnahme von Pentium-CPUs mit einem Takt von 75 bis 133 MHz geeignet

An der Seite des Sockels befindet sich ein Hebel, der beim Hochziehen die Kontakte der CPU freigibt, so dass sie ohne ein Spezialwerkzeug leicht herauszunehmen ist. Im Laufe der Zeit sind eine ganze Reihe verschiedener ZIF-Sockeltypen für unterschiedliche CPUs von Intel definiert worden. Die folgende Tabelle zeigt, welcher Sockeltyp – eine entsprechende Beschriftung findet man üblicherweise am Rand des Sockels – jeweils für welche Prozessoren geeignet ist.

Typ	Pins	Für CPU
Socket 1	169	487SX, DX2-Overdrive, SX2-Overdrive
Socket 2	238	486DX, 486DX2, Pentium-Overdrive (P24T)
Socket 3	237	wie für Socket 2, aber mit 3,3-V-Unterstützung für 486DX4
Socket 4	273	Pentium 60/66 MHz (5 V), Pentium-Overdrive
Socket 5	320	Pentium ab 75 MHz (3,3 V), Pentium-Pro-Overdrive, maximal ist ein Takt von 133 MHz möglich, da hier nur ein BF-Jumper vorhanden ist. Es ist entweder ein Faktor von x1,5 oder x2 einstellbar.
Socket 6	235	DX4, Pentium-Overdrive (wurde nie verwendet)
Socket 7	320	wie für Sockel 5 mit zweiter Versorgungsspannung (MMX-CPUs)
Socket 8	387	Pentium Pro
PGA 370	370	Celeron
Slot One	242	Pentium II, Celeron, Pentium III
Slot Two	330	Pentium II-XEON, Pentium III-XEON
Slot A	242	Athlon

Tabelle 7.16: *Die verschiedenen Sockeltypen bieten eine Unterstützung für unterschiedliche Prozessoren; der Vollständigkeit halber sind hier ebenfalls die Daten für die verschiedenen CPU-Slots, die nicht untereinander kompatibel sind, angegeben*

Der am weitesten verbreitete Sockeltyp ist der *Socket 7*, der im Prinzip dem Typ 5 entspricht. Dieser bietet jedoch nicht die für einige CPUs (Pentium MMX, K6) benötigte getrennte Spannungsversorgung für den CPU-Kern und die CPU-Ausgangstreiber. Allerdings kann man auch nicht automatisch davon ausgehen, dass ein Mainboard mit Sockel 7 beide Spannungen bietet.

In einigen Fällen ist hier ein optionales *Voltage Regulation Module* – VRM – nötig, das oftmals herstellerspezifisch ausgeführt ist und demnach nur vom betreffenden Mainboardhersteller zu beziehen ist.

Bild 7.28: Der Sockel 7 (links) kann eine Reihe unterschiedlicher Pentium-CPUs aufnehmen, während der Sockel 8 (rechts) allein dem Pentium Pro vorbehalten ist

Da die Pentium-CPUs – abhängig vom jeweiligen Typ (siehe ab Kapitel 7.6) unterschiedliche Spannungen benötigen, hat Intel auch hierfür eine Standardisierung in der Bezeichnung definiert, die sich auf der Ober- oder Unterseite der CPU befinden sollte, was leider weder von Intel noch den anderen Firmen (AMD, Cyrix) konsequent gehandhabt wird.

Spezifikation	Bezeichnung	Nennwert
STD	Standard	3,30 V
VR	Voltage Reduced	3,38 V
VRE	Voltage Reduced Extended	3,5 V

Tabelle 7.17: Die Standards für die Kennzeichnung der benötigten CPU-Spannung

Nachdem sich Intel technologisch mit der Pentium-II-CPU vom Sockel 7 verabschiedet hat, galt der Slot-One als die zukunftsweisende Mikroprozessor-Verbindung zum Mainboard – zumindest aus der Sicht Intels. Nach einiger Zeit wurde jedoch aus Kostengründen wieder eine CPU für einen Sockel auf den Markt gebracht.

Bild 7.29: *Der PGA-370-Sockel sieht dem Sockel 7 zwar sehr ähnlich, ist aber nicht zu ihm kompatibel und für Celeron-CPUs vorgesehen*

Der Celeron im PPGA-Gehäuse ist nicht kompatibel zum Sockel 7 und benötigt eine neue Variante, einen 370-poligen Sockel, wobei hier nicht nur die Signalleitungen unterschiedlich sind, sondern auch ein anderes Busprotokoll (das vom Pentium II, GTL+) zum Einsatz kommt und daher auch keine Adapterlösungen hierfür in Frage kommen können.

Von der ursprünglichen Idee, den Celeron nur mit maximal 66 MHz zu takten und die Pentium-II/III-CPUs demgegenüber mit 100 und 133 MHz, ist Intel mittlerweile auch wieder abgewichen, und der zum PGA370-kompatible Sockel, der einen Systemtakt von 100 MHz erlaubt, heißt dann FC-PGA.

In Zukunft soll es von Intel weitere Mikroprozessoren, wieder für einen neuen Sockel den FC-PGA2 geben, der auch eine Multiprozessorunterstützung bietet.

Die Firmen VIA (Joshua) und Rise-Technologies (Tiger-370) haben mittlerweile eigene CPUs für den 370-poligen Sockel entwickelt, die mit mindestens 433 MHz arbeiten und als Konkurrenz zum Celeron zu sehen sind.

7.6 Die Pentium-Prozessoren

Wie es die Vergangenheit gezeigt hat, lassen Zahlen sich nicht als Markennamen schützen und deshalb nannte Intel den 486-Nachfolger nicht etwa i586, sondern *Pentium*. Die Firma wollte damit verhindern, dass, wie bei den vorherigen Prozessoren praktiziert, andere Hersteller ihre eigenen CPUs unter der gleichen Bezeichnung wie Intel anbieten.

Bild 7.30: Eine Pentium-CPU – hier mit einem Takt von 133 MHz – benötigt zur Kühlung einen Kühlkörper mit Lüfter

Welches sind nun, neben den höheren Taktraten, die den Prozessor ohnehin schneller arbeiten lassen, die wesentlichen Unterschiede zwischen einer 486- und einer Pentium-CPU? Der interne Aufbau wurde zum großen Teil völlig neu entwickelt, und es wurden nicht nur ein paar Dinge hinzugefügt wie beim Übergang vom 386 zum 486.

Superscalar-Technologie

Der Pentium ist als erster PC-Prozessor in der *Superscalar-Technologie*, wie sie von Intel bezeichnet wird, ausgelegt. Wichtigster Bestandteil dieser Technologie sind zwei parallel arbeitende Ausführungseinheiten (Pipelines), die das gleichzeitige Abarbeiten zweier Befehle während eines einzelnen Taktzyklus ermöglichen. Die Pipelines werden als U- und V-Pipeline bezeichnet (Bild 7.31), wobei die U-Pipeline auch für Gleitkomma-Befehle (Floating-Point-Unit, FPU) vorgesehen ist.

Da die Floating-Point-Unit neu entwickelt wurde, hatte dies leider zur Folge, dass die ersten Pentium-Prozessoren (60 und 66 MHz) nicht fehlerfrei rechneten, was zu einer bis dahin (1993) nicht gekannten Rückrufaktion führte, dem Erfolg dieses Prozessors letztlich jedoch keinen Abbruch tat.

Die Superscalar-Technik führt in der Praxis jedoch nicht zwangsläufig zum propagierten Performance-Schub gegenüber einer 486-CPU, was ganz einfach daran liegt, dass der Pentium Software-kompatibel zu den Vorgängertypen ist, die diese Technik (die beiden Pipelines) nicht besitzen.

Ein Programm, das nicht speziell für die paarweise Befehlsausführung des Pentiums ausgelegt (kompiliert) wurde, arbeitet daher lediglich mit der U-Pipeline. Leider kann man üblicherweise nicht erkennen, ob ein Programm nun dieses Pentium-Feature nutzen kann oder nicht, doch kann man bei einer Vielzahl von Programmen davon ausgehen, dass dies (leider) nicht der Fall ist.

64-Bit-Datenbus

Die Pentium-CPU besitzt einen 64 Bit breiten Datenbus und verdoppelt somit den Datenpfad zum Speichersystem (CACHE, DRAM) gegenüber einem 486-Mikroprozessor. Der Pentium ist aber keine 64-Bit-CPU, sondern arbeitet wie eine 486-CPU intern mit 32 Bit und kann demnach auch »nur« maximal 4 Gbyte adressieren.

Aufgrund des 64-Bit-Datenbusses sind für die Minimalbestückung des RAM-Speichers eines Pentium-PCs immer zwei SIM-Module (32 Bit breit) oder ein DIM-Modul nötig, welches ebenfalls in 64-Bit-Breite organisiert ist. Die verschiedenen RAM-Bestückungsmöglichkeiten sind im Kapitel 8 ausführlich erläutert.

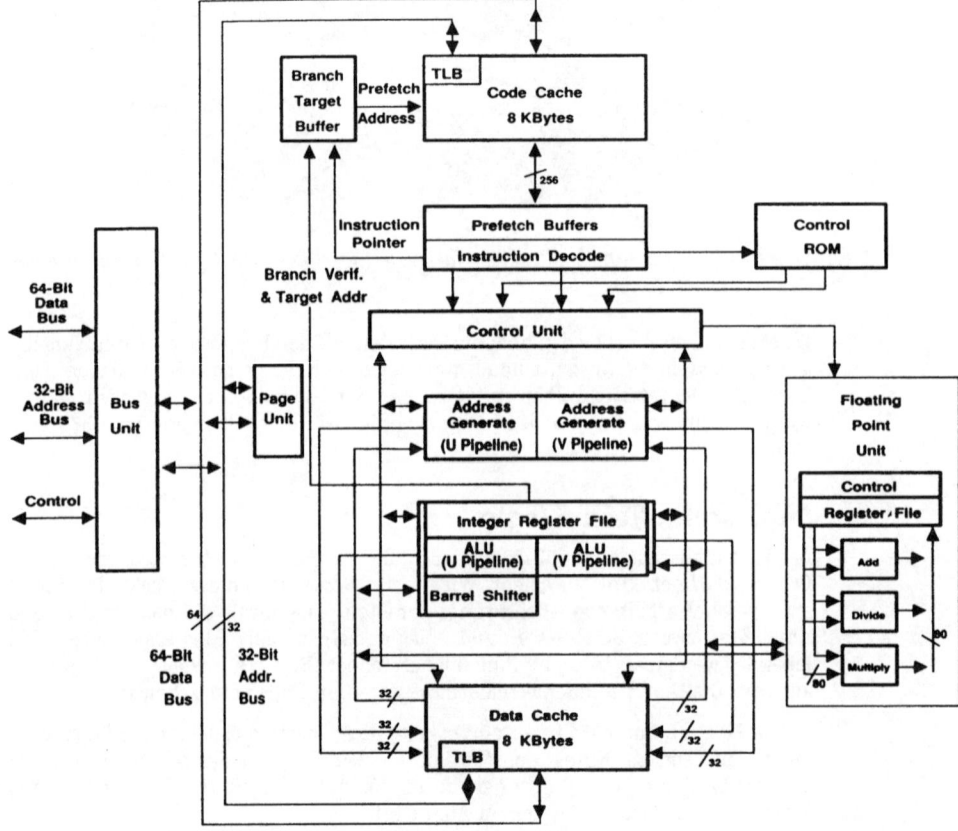

Bild 7.31: Das Innenleben eines Pentium-Prozessors lässt die wichtigsten Neuerungen erkennen, wie die beiden parallel arbeitenden Pipelines, die Branch Prediction Unit, den neu konzipierten Coprozessor (Floating Point Unit), die beiden Cache-Speicher (Code, Data) und den 64-Bit-Datenbus

Branch Prediction Unit

Eine weitere Neuerung, die mit der Pentium-CPU eingeführt wurde, ist die *Branch Prediction Unit* (Sprungvorhersage), deren wesentliche Einheiten (Branch Target Buffer, Branch Verify & Target Address, Prefetch Buffer) ebenfalls im obigen Bild erkennbar sind.

Diese Einheit speichert die Adressen und Sprungziele von bereits abgearbeiteten Programmverzweigungen und führt eine Liste über die Häufigkeit ihres Auftretens, um sie nachfolgend dem *Prefetch Buffer* zu melden, der daher bereits die (wahrscheinlichste) folgende Zieladresse bereithalten kann, ohne dass diese erst ermittelt werden muss, was somit ebenfalls zu einer Erhöhung der Verarbeitungsgeschwindigkeit (ca. 25 %) führen kann.

Cache-Speicher

Eine Pentium-CPU besitzt zwei interne Cache-Speicher, einen für Daten (Data-Cache) und einen für Befehle (Code-Cache), die beide über eine Kapazität von jeweils 8 Kbyte verfügen. Jede Cache-Einheit besitzt einen eigenen *Translation Lookaside Buffer* (TLB) zur Umsetzung der linearen Adressen in physikalische (externe in interne).

Im Gegensatz zu den 486-CPUs kann der Daten-Cache hier sowohl als Write-Trough- als auch im (leistungsfähigeren) Write-Back-Mode betrieben werden. Der Daten-Cache ist komplizierter als der Befehls-Cache aufgebaut, denn er ist als Dual-Port ausgeführt, so dass es möglich ist, gleichzeitig auf die U- und die V-Pipeline zuzugreifen.

Pentium-Abkürzungen

In den Handbüchern zu den Mainboards sind des Öfteren Kurzbezeichnungen für Pentium-CPUs zu finden, wobei nicht immer klar ist, welcher Typ damit jeweils gemeint ist. Die folgende Tabelle zeigt die hier üblichen Zuordnungen.

Kürzel	Pentium-Typ
P24T	Pentium-Overdrive für 238-poligen Upgrade-Sockel von 486DX-Systemen
P54	Pentium-CPU der ersten Generation (60, 66 MHz)
P54C	Pentium-CPU der zweiten Generation (ab 75 MHz)
P54CM	Pentium-CPU der zweiten Generation mit verbesserter Multiprozessorunterstützung
P55C	Pentium-CPU der dritten Generation (MMX)
P54CTB	Pentium-MMX-Overdrive für Mainboards, die lediglich eine Spannung von 5 V liefern

Tabelle 7.18: Diese Pentium-CPUs verbergen sich hinter den Kurzbezeichnungen

Spannungen und Taktraten

Lediglich die alten Pentium-CPUs, die mit 60 MHz und 66 MHz getaktet werden, benötigen eine Betriebsspannung von 5 V, alle anderen 3,3 V oder auch eine hiervon abweichende Spannung.

Bild 7.32: Ein Mainboard mit einem Pentium-66 kann außer mit einem speziellen Overdrive-Prozessor mit keinem leistungsfähigeren Mikroprozessor bestückt werden

Außerdem arbeiten die Pentium-CPUs ab der zweiten Generation stets mit einer internen Taktvervielfachung, was bei den ersten Versionen (60, 66 MHz) nicht der Fall ist, so dass auch aus diesem Grund kein unmittelbares Aufrüsten von einem 66-MHz-PC auf 75 MHz oder mehr möglich ist. Dies ist nur mit den speziellen Overdrive-Prozessoren (Kapitel 7.5.1) gegeben, wobei ein neues Mainboard mit Prozessor allerdings preisgünstiger zu haben ist.

Insbesondere vor dem Einsatz einer Pentium-kompatiblen CPU (AMD, Cyrix) sollte man anhand des Handbuches zum Mainboard stets genau überprüfen, welche Spannungen und Taktmöglichkeiten zur Verfügung stehen, auf die im Laufe dieses Kapitels noch genau eingegangen wird.

7.6.2 Pentium der ersten Generation

Die ersten Pentium-Prozessoren mit 60 und 66 MHz arbeiten mit einer Betriebsspannung von 5 V in einem Sockel Nummer 4 (PGA) mit 273 Pins, während die Pentium-CPUs ab 75 MHz in einem Sockel Nummer 5 oder 7 (mit zweiter Spannungsversorgung für MMX) zu verwenden sind, die jeweils über 320 Anschlüsse verfügen. Beide Sockeltypen und damit Pentium-Typen sind untereinander nicht pinkompatibel.

Außerdem verfügen die ersten beiden Pentium-Typen über einige Signale, die bei den folgenden Versionen (siehe folgendes Kapitel) nicht mehr verwendet werden. Des Weiteren besitzen diese Typen keinen APIC (Advanced Interrupt Controller), wie er für den Dual-Prozessor-Mode notwendig ist, kennen daher auch keinen Dual-Prozessor- sowie System-Management-Mode (SMM) und demnach sind die hierfür notwendigen Signale auch nicht vorhanden.

Eine genaue Beschreibung der einzelnen Pentium-Signale findet sich im folgenden Kapitel, während die Tabelle 7.19 zunächst die Pentium-60-/66-eigenen Signale zeigt.

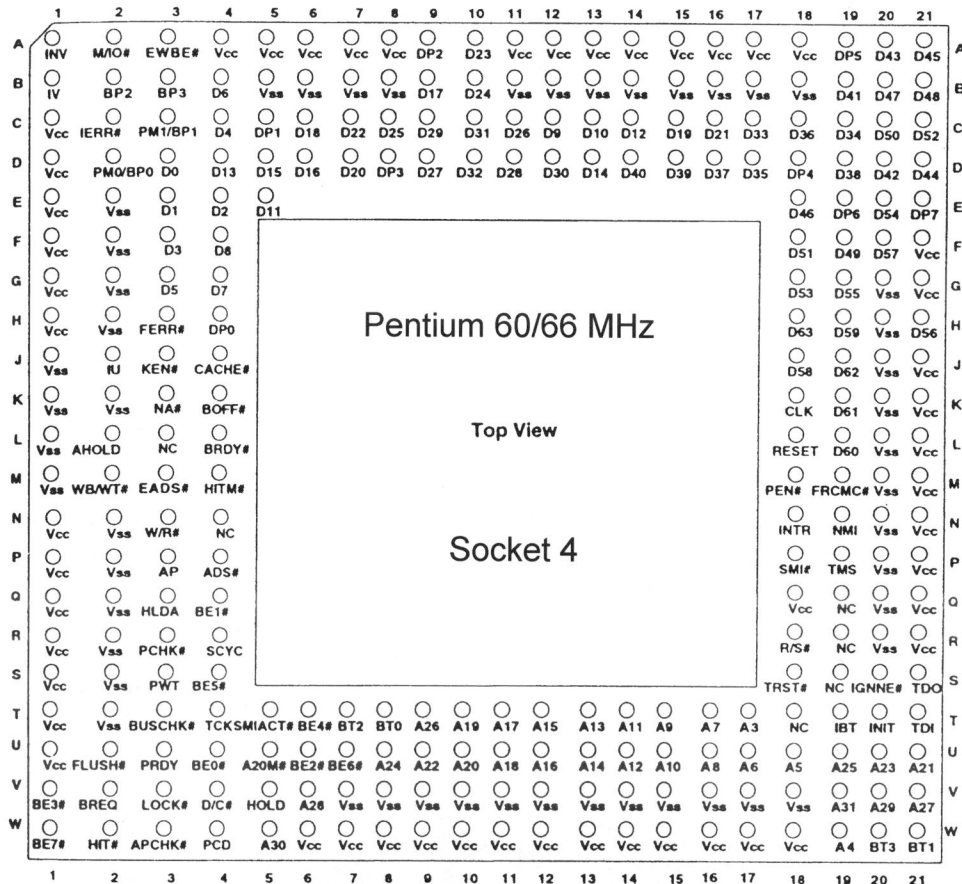

Bild 7.33: Die Anschlüsse und Signale der Pentium-60- und Pentium-66-CPU

Bezeich-nung	Pin-Nr.	Richtung	Bedeutung/Funktion
BT3-BT0	W20, T07, W21, T08	Ausgänge	Branch Trace zur Signalisierung (A2-A0) der Verzweigungsadresse (linear address)
IBT	T19	Ausgang	Instruction Branch, signalisiert mit einem High, dass der Pentium eine Verzweigung ausführt.
IU	J02	Ausgang	U-Pipe Instruction complete, wird für einen Taktzyklus High, wenn der Befehl in der U-Pipe beendet wurde.
IV	B01	Ausgang	V-Pipe Instruction complete, wird für einen Taktzyklus High, wenn der Befehl in der V-Pipe beendet wurde.

Tabelle 7.19: Die speziellen Signale der Pentium-Prozessoren mit 60 oder 66 MHz

7.6.3 Pentium der zweiten Generation

Die Pentium-CPUs, die mit einem Takt von mindestens 75 MHz arbeiten, werden zur zweiten Pentium-Generation gerechnet, die wie die 486DX2- und 486DX4-Typen den extern angelegten Takt intern vervielfachen. Die folgende Tabelle zeigt die hier gültigen Zusammenhänge zwischen dem Takt auf dem Mainboard – auch Systemtakt genannt – und dem Arbeitstakt des betreffenden Prozessors. Die entsprechende Einstellung wird in der Regel mit Hilfe von Steckbrücken (Jumpern) oder auch DIP-Schaltern auf dem Mainboard vorgenommen.

Auf vielen Mainboards und auch Einsteckkarten wimmelt es geradezu von diesen Einstellungselementen, und wenn man Glück hat, sind die Bedeutungen der einzelnen Stellungen in der Nähe der Elemente auf der Karte oder dem Mainboard aufgedruckt. Vielfach gibt aber nur das Handbuch zum Mainboard Aufschluss über die Interpretation der jeweiligen Einstellungen, so dass man grundsätzlich beim Erwerb eines PC oder einer Komponente auf die entsprechenden Unterlagen – die gern mal vom Händler vergessen werden – bestehen sollte.

Bild 7.34: So übersichtlich wie bei diesem Mainboard lässt sich leider nicht immer der benötigte Takt einstellen

Der Takt des Mainboards ist allerdings nicht mit demjenigen zu verwechseln, mit dem das jeweilige Bussystem für die Einsteckkarten wie Grafik- oder auch Netzwerkkarte arbeitet. Der ISA-Bus, der bereits mit den 80286-Prozessoren eingeführt wurde, verwendet standardmäßig 8,33 MHz und der PCI-Bus (PCI-Revison 1), über den alle aktuellen Mainboards verfügen, maximal 33 MHz.

Von der PCI-Spezifikation her arbeitet die CPU mit einem von der übrigen Mainboardelektronik unabhängigen Takt. Gleichwohl ist durch das bei PCs übliche Design der PCI-Mainboardelektronik eine eindeutige Beziehung zwischen dem Mainboard-, dem PCI-Bus-, dem ISA- und dem CPU-Takt gegeben.

Taktzuordnungen eines Mainboards:

···⟩ Mainboard- oder Systemtakt (Grundtakt)

···⟩ CPU-Takt als Vielfaches des Systemtaktes

···⟩ PCI-Bustakt als Teiler des Systemtaktes

···⟩ ISA-Bustakt als Teiler des PCI-Bustaktes

Das Bild 7.35 verdeutlicht den Takt-Zusammenhang. Das Signal eines 14,318-MHz-Quarzes, der auf jedem Mainboard vorhanden ist, wird üblicherweise auf einen PLL-Baustein (Phase Locked Loop) geführt, der in Abhängigkeit von einer Jumperstellung – die mit *System Speed* oder ähnlich bezeichnet ist – eine Ausgangsfrequenz von 25, 30 oder 33 MHz generiert. Diese wird auf den PCI-Bus geführt und fungiert dementsprechend als PCI-Bus-Takt.

Bestandteil eines PCI-Chipsatzes ist eine PCI-ISA-Bridge, die aus dem PCI- den ISA-Takt erzeugt. Daher steht der ISA-Takt in einer bestimmten Beziehung – üblicherweise dividiert durch 4 – zum PCI-Bustakt.

Der PLL-Baustein gibt an einem zweiten Ausgang (Out x 2) jeweils die doppelte Frequenz gegenüber *System Speed* aus, die als Mainboard-Takt verwendet wird und maximal 66 MHz betragen kann. Als Ausnahme ist der Pentium-kompatible Prozessor *6x86 P200+* der Firma Cyrix anzusehen, welcher intern mit 150 MHz arbeitet und aufgrund seiner internen Taktverdopplung einen externen (Mainboard-)Takt von 75 MHz benötigt. Nicht jedes Pentium-Mainboard bietet jedoch die Möglichkeit dieser Frequenzeinstellung.

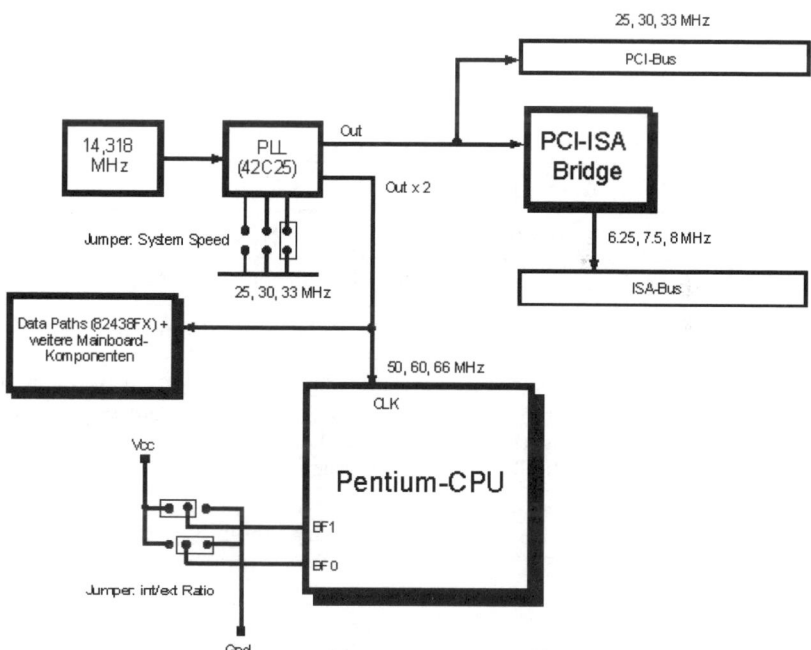

Bild 7.35: Die Taktverhältnisse eines PCI-Mainboards sind ausschlaggebend für die Gesamtperformance eines PC

Die Mainboard-Taktfrequenz wird auf die CPU geführt, wobei ein oder mehrere Jumper der verwendeten CPU die notwendige Multiplikationsfrequenz signalisieren.

Die Pentium- und auch 486-CPUs besitzen entsprechende Anschluss-Pins (CLKMUL bei 486, BF = Bus Frequency [0,1] bei Pentium-CPUs), die hierfür vorgesehen sind.

Die BF-Jumper sind für die Festlegung des Multiplikationsfaktors (Systemtakt * x = CPU-Takt) notwendig, wobei nur Pentium-kompatible CPUs von AMD und Cyrix die BF2-Jumperstellung (Pin W35) auswerten, Intel-CPUs unterstützen diesen Pin nicht und demnach findet man einen BF2-Jumper erst bei den Super-7-Mainboards (siehe unter AMD-K6-2 und AMD-K6-3).

Interessanterweise lässt sich der letzte Intel-Vertreter im Sockel-7-Design – der Pentium MMX-233 – in einem Sockel-7-Mainboard gar nicht optimal (66 MHz x3.5) jumpern, da bei einem derartigen Mainboard maximal der Faktor x3 eingestellt werden kann.

Leider interpretieren selbst die Pentium-CPUs von Intel (Standard oder MMX?) die BF-Jumperstellungen unterschiedlich, wie es die folgende Tabelle zeigt.

BF2	BF1	BF0	Pentium	Pentium MMX
0	0	0	–	–
0	0	1	–	–
0	1	0	–	–
0	1	1	–	–
1	0	0	x 2,5	x 2,5
1	0	1	x 3	x 3
1	1	0	x 2	x 2
1	1	1	x 1,5	x 3,5

Tabelle 7.20: Die BF-Jumper für die Einstellung des Multiplikationsfaktors

In der Tabelle 7.20 ist angegeben, mit welchen Multiplikationsfaktoren die jeweiligen Pentium-CPUs arbeiten, und in Zusammenhang mit Bild 7.35 wird sicher deutlich, dass sich in einem PCI-PC mehr oder weniger gute Kombinationsmöglichkeiten durch die Taktverteilung ergeben.

CPU-Typ	CPU-Multiplikator	Mainboard-Takt
Pentium 60	1x	60
Pentium 66	1x	66
Pentium 75	1,5x	50
Pentium 90	1,5x	60
Pentium 100	1,5x	66

Fortsetzung der Tabelle:

CPU-Typ	CPU-Multiplikator	Mainboard-Takt
Pentium 120	2x	60
Pentium 133	2x	66
Pentium 150	2,5x	60
Pentium 166	2,5x	66
Pentium 180	3x	60
Pentium 200	3x	66
Pentium 233-MMX	3,5x	66

Tabelle 7.21: Der Zusammenhang zwischen dem CPU- und dem Mainboard-Takt

Bei einer Pentium-75-MHz-CPU arbeitet die Mainboardelektronik mit 50 MHz, der PCI-Bus mit 25 MHz und der ISA-Bus lediglich mit 6,25 MHz. Eine Anhebung des ISA-Bus-Taktes via BIOS-Setup ist im Gegensatz zu ISA-PCs aufgrund der PCI-ISA-Bridge in den meisten Fällen nicht möglich. Dies trifft zumindest auf die Mainboards von Intel zu, und gewissermaßen als Ausnahme gelten die Designs mit SiS-Chipset (5511-5513), die demgegenüber im Setup den Eintrag *ISA Bus Clock Frequency* führen (default PCICLK/4) und an dieser Stelle gegebenenfalls eine Anpassung erlauben, wenn der Eintrag nicht gesperrt ist.

Bild 7.36: Der PLL-Baustein (M42C25), der takterzeugende Quarz, und die Jumper (JP4, JP5) für die Einstellung des Mainboard-Taktes (System Speed)

Für die Auswahl einer Pentium-CPU kann man daher empfehlen, dass das »Jumpern« des Mainboard-Taktes auf 66 MHz möglich sein sollte, was somit die maximalen Taktraten sowohl für den PCI- (33 MHz) als auch für den ISA-Bus (8,25 MHz) ermöglicht.

Beim Erwerb eines Pentium-PCs oder auch eines einzelnen Mikroprozessors, sollte aus Performance- und Kostengründen darauf geachtet werden, dass der maximale Mainboard-Takt eingestellt werden kann!

Die Pentium-CPUs mit 100, 133, 166, 200 und 233 MHz erlauben dies, während alle anderen CPUs bzw. die sich daraus ergebenden Taktverteilungen, Leistungseinbußen mit sich bringen. So arbeitet beispielsweise ein Pentium mit 180 MHz lediglich mit einem PCI-Takt von 30 MHz und einem ISA-Takt von 7,5 MHz, was seine Gesamtleistung, die sich natürlich auch aus Ein-/Ausgabe-Operationen (z.B. mit der Grafikkarte) ergibt, unter Umständen auf das Niveau eines mit 166 MHz getakteten PCs oder noch schlechter reduziert.

 Die BF-Jumperstellungen werden von den Standard- und den MMX-Pentium-CPUs von Intel unterschiedlich interpretiert. Wie die CPUs der anderen Hersteller (AMD, Cyrix) dies handhaben, ist im Kapitel 7.7 angegeben.

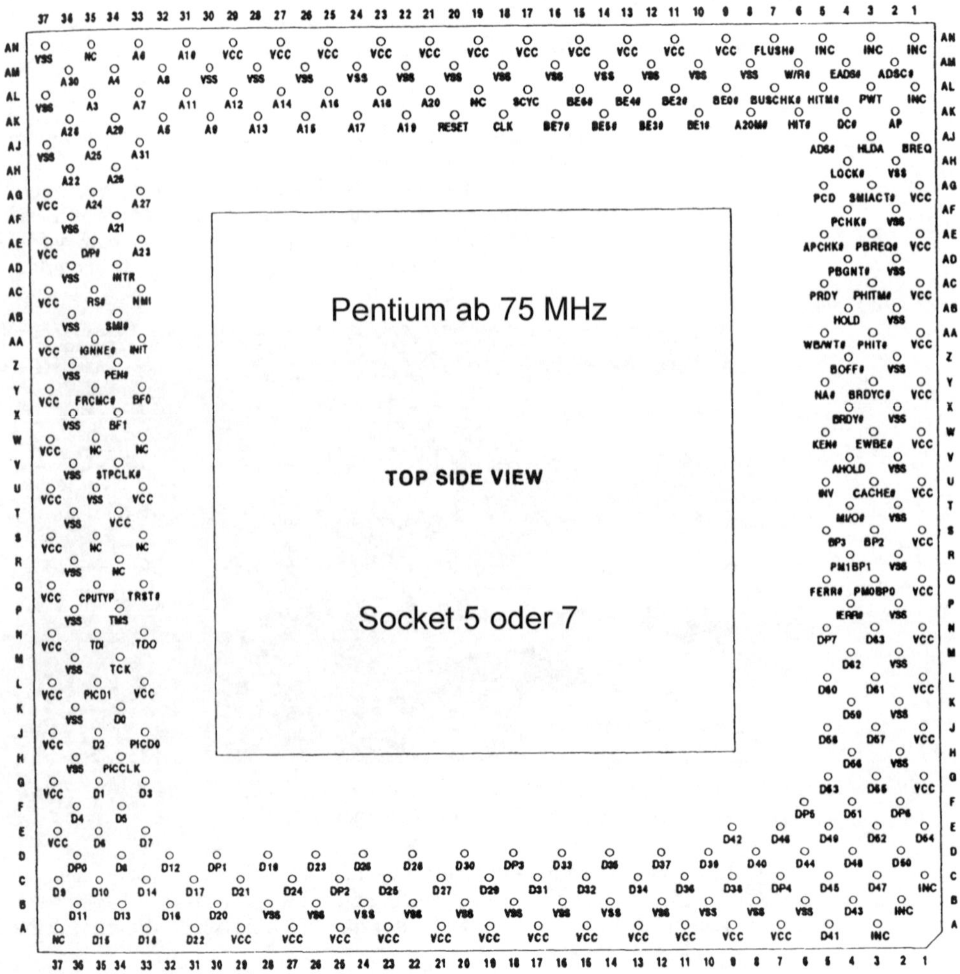

Pentium ab 75 MHz

TOP SIDE VIEW

Socket 5 oder 7

Bild 7.37: Die Anschlüsse und Signale der zweiten Pentium-Generation

Bezeichnung	Pin-Nr.	Richtung	Bedeutung/Funktion
A31-A3	AJ33, AM36, AK34, AK36, AG33, AH34, AJ35, AG35, AE33, AH36, AF34, AL21, AK22, AL23, AK24, AL25, AK26, AL27, AK28, AL29, AL31, AN31, AK30, AM32, AL33, AN33, AK32, AM34, AL35	A31-A5: Ausgänge und Eingänge	Der Adressbus des Pentiums für Memory- und I/O-Transfers. A31-A3 bestimmen im Zusammenhang mit den Signalen /BE0-/BE7 den jeweiligen Bereich. Als Eingänge werden die Adressleitungen für die Cache-Invalidierung verwendet.
/A20M	AK08	Eingang	Ist Address Mark 20 auf Low, wird das Adressbit intern maskiert (Address Wrap around für 8086, Real Mode).
/ADS	AJ05	Ausgang	Address-Status signalisiert einen gültigen Address-Zyklus.
/ADSSC	AM02	Ausgang	Funktion wie /ADS
AHOLD	V04	Eingang	Address Hold erlaubt einem externen Busmaster die Ausführung eines Cache-Invalidation-Zyklus (Herstellung der Daten-übereinstimmung zwischen DRAM und Cache, siehe auch /EADS-Signal).
AP	AK02	Eingang/ Ausgang	Address Parity, Paritätsgenerierung und -Kontrolle (gerade Parität) für den Adressbus
/APCHK	AE05	Ausgang	Address Parity Check, ein Low signalisiert einen Paritätsfehler.
APICEN, PICD1	L35	Eingang	Advanced Programmable Interrupt Controller Enable, Ein- bzw. Abschalten des APICs, aktiviert bei einem High nach einem Reset.
/BE7-/BE5	AK16, AL15, AK14,	Ausgänge	Byte Enable kennzeichnen die jeweils gültigen Byte-Gruppen. /BE0 entspricht D7-D0 bzw. /BE7 D63-D56.
/BE4-BE0	AL13, AK12, AL11, AK10, AL09	Eingänge/ Ausgänge	/BE3-/BE0 sind außerdem nach einem Reset als APIC-ID-Inputs zu verstehen. /BE4: Flush, im Dual Processing Mode

Fortsetzung der Tabelle:

Bezeichnung	Pin-Nr.	Richtung	Bedeutung/Funktion
BF[1:0]	X34, Y33	Eingänge	Bus Frequency, Festlegung des Taktverhältnisses extern, intern. Der Sockel 5 verwendet nur BF0 und damit nur die Multiplikatoren x1,5 und x2.
/BOFF	Z04	Eingang	Back Off, ein aktives Backoff-Signal hat zur Folge, dass beim nächsten Takt die Pins hochohmig geschaltet werden. Durch ein High an /BOFF erfolgt das Zurückschalten in den aktiven CPU-Modus.
BP[3:2]	S05, S03	Ausgänge	Break Point, signalisieren den Status der Debug-Register.
/BRDY	X04	Eingang	Burst Ready, die adressierte Peripherie signalisiert mit einem Low, dass die Daten empfangen oder gesendet worden sind.
/BRDYC	Y03	Eingang	Gleiche Funktion wie /BRDY
BREQ	AJ01	Ausgang	Bus Request, signalisiert die Generierung einer internen Busanforderung, gleichgültig, ob diese auf den externen Bus durchgeschaltet wird oder aber nicht.
/BUSCHK	AL07	Eingang	Bus Check dient der Erkennung eines unvollständigen Bus-Zyklusses (Low).
/CACHE	U03	Ausgang	Signalisiert, dass der aktuelle Zyklus im Cache verarbeitet werden kann.
CLK	AK18	Eingang	Der (externe) CPU-Takt (50, 60, 66 MHz), der intern in Abhängigkeit von BF[1:0] vervielfacht wird.
CPUTYP	Q35	Eingang	Unterscheidet Single- vom Dual-Prozessorsystem. Ist beim Single-System auf Vcc-Level.
D-/C	AK04	Ausgang	Data-/Code, unterscheidet Datenzyklen von Code-Zyklen (vergl. W-/R).
D-/P	AE35	Ausgang	Dual/Primary Prozessor, der Primary-Prozessor setzt dieses Signal auf Low, wenn er auf den Bus zugreift.

Fortsetzung der Tabelle:

Bezeichnung	Pin-Nr.	Richtung	Bedeutung/Funktion
D63-D0	N03, M04, L03, L05, K04, J05, J03, H04, G03, E01, G05, E03, F04, D02, E05, D04, C03, E07, C05, D06, B04, E09, A05, D08, D10, C09, D12, C11, D14, C13, D16, C15, C17, D20, C19, D22, C21, D24, C23, C27, D26, A31, C29, B30, D28, A33, C31, B32, A35, C33, B34, D32, B36, C35, C37, D34, E33, E35, F34, F36, G33, J35, G35, K34	Eingänge Ausgänge	Der 64-Bit-Datenbus des Pentiums
DP0-DP7	N05, F02, F06, C07, d18, C25, D30, D36	Eingänge Ausgänge	Data Parity für jedes Byte des Datenbusses. /DP0 gehört zu D7-D0 und /DP7 dementsprechend zu D63-D56.
/DPEN, PICD0	J33	Eingang, Ausgang	Dual Processor Enable entspricht einem Eingang beim Primary-Prozessor und einem Ausgang beim Dual-Prozessor.
/EADS	AM04	Eingang	External Address Status kennzeichnet, dass eine gültige externe Adresse anliegt.
/EWBE	W03	Eingang	External Write Buffer Empty, kennzeichnet mit einem High, dass ein Schreibzyklus im externen System stattgefunden hat.
/FERROR	Q05	Ausgang	Floating Point Error, der interne Coprozessor signalisiert über diesen Pin mit einem Low, dass ein Fehler aufgetreten ist.

Fortsetzung der Tabelle:

Bezeichnung	Pin-Nr.	Richtung	Bedeutung/Funktion
/FLUSH	AN07	Eingang	Cache Flush, wenn ein externes System dieses Signal aktiviert, wird der Cache-Inhalt in das DRAM geschrieben.
/FRCMC	Y35	Eingang	Functional Redundancy Checking Master/Checker, bestimmt, ob die CPU im (normalen) Master- oder Checker-Modus arbeiten soll. Im Checker-Modus schaltet die CPU alle Ausgänge hochohmig.
/HIT	AK06	Ausgang	Kennzeichnet einen Cache-Hit, wenn die Daten im Prozessor-Cache gespeichert sind (Cache-Invalidierung).
/HITM	AL05	Ausgang	Hit to a Modified Line, wie HIT, hier jedoch für eine bereits modifizierte Cache-Line.
HLDA	AJ03	Ausgang	Bus Hold Acknowledge, Bestätigung der HOLD-Anforderung.
HOLD	AB04	Eingang	Dient externer Einheit (Bus Master) zur Anforderung der Bus-Kontrolle (Bus-Arbitration).
/IERR	P04	Ausgang	Internal Error, kennzeichnet einen aufgetretenen internen Fehler.
/IGNNE	AA35	Eingang	Wenn Ignore Numeric Error aktiviert ist, werden vom Pentium Fehler des mathematischen Coprozessors ignoriert und nur diejenigen Befehle ausgeführt, die nicht die Gleitkommaeinheit betreffen.
INIT	AA33	Eingang	Initialization, im Prinzip wie ein Reset, aber mit dem Unterschied, dass der Cache, die Write Buffer und die Floating-Pont-Register nicht zurückgesetzt werden.
INTR/LINT0	AD34	Eingang	Interrupt-Request, Anforderung eines Interrupts. Bei Verwendung des APICs entspricht dieser Pin Local Interrupt 0.
INV	U05	Eingang	Invalidation, übergibt den internen Cache-Line-Status.
/KEN	W05	Eingang	Cache Enable, kennzeichnet, ob der aktuelle Zyklus zu cachen ist.
LINT1/NMI	AC33	Eingang	Bei Verwendung des APICs entspricht dieser Eingang dem Local Interrupt 1. Andernfalls dem NMI-Signal (Non Maskable Interrupt).
/LOCK	AH04	Ausgang	Signalisiert mit einem Low, dass kein anderer Bus-Master auf den Systembus zugreifen darf.

Fortsetzung der Tabelle:

Bezeichnung	Pin-Nr.	Richtung	Bedeutung/Funktion
M-/IO	T04	Ausgang	Memory-I/O unterscheidet Speicher- von I/O-Zyklen (vergl. W-/R).
/NA	Y05	Eingang	Next Address, signalisiert, dass der externe Speicher für einen neuen Buszyklus bereit ist.
NC/INC	AN35, AN05, AN03, AN01, AL19, AL01, W35, W33, S35, S33, R34, C01, B02, A37, A03	–	No Connection, diese Pins sind nicht angeschlossen.
/PBGNT	AD04	Eingang, Ausgang	Private Bus Grant für Dual-Prozessor-Mode, wird bei Verwendung einer CPU nicht eingesetzt.
/PBREQ	AE03	Eingang, Ausgang	Private Bus Request für Dual-Prozessor-Mode, wird bei Verwendung einer CPU nicht eingesetzt.
PCD	AG05	Ausgang	Page Cache Disable signalisiert den Status des PCD-Bits.
/PCHK	AF04	Ausgang	Parity Check, Ergebnis des Parity Checks beim Datenlesen.
/PEN	Z34	Eingang	Parity Enable, bestimmt den Typ der Parity-Funktion (Data, Read Cycle)
/PHIT	AA03	Eingang, Ausgang	Private HIT beim Dual-Prozessor-Mode (vergl. /HIT)
/PHITM	AC03	Eingang, Ausgang	Private Modified Hit beim Dual-Prozessor-Mode (vergl. /HITM)
PICCLK	H34	Eingang	Programmable Interrupt Controller Clock, Eingang für seriellen APIC-Data-Clock
PICD0-D1, /DPEN, APICEN	J33, L35	Eingänge, Ausgänge	Programmable Interrupt Controller Data Lines, Datenleitungen des APIC-Busses oder /DPE- APICEN-Signale (s.o)
PM/BP[1:0]	R04, Q03	Ausgänge	Performance Monitoring-Funktion oder Kontrolle der Debug-Register (vergl. BP, oben)
PRDY	AC05	Ausgang	Probe Ready, signalisiert, dass die CPU die normale Verarbeitung als Reaktion auf R-/S beendet hat.

Fortsetzung der Tabelle:

Bezeichnung	Pin-Nr.	Richtung	Bedeutung/Funktion
PWT	LAL03	Ausgang	Page Write Through signalisiert den Status des PWT-Bits.
R-/S	AC35	Eingang	Run/Stop, zum Anhalten der CPU
RESET	AK20	Eingang	Initialisierung der CPU, Zurücksetzen aller Register
SCYC	AL17	Ausgang	Split Cycle kennzeichnet, dass mehr als zwei Zyklen als locked (/LOCK) übertragen werden.
/SMI	AB34	Eingang	System-Management-Interrupt-Eingang zur Einschaltung des SMModus
/SMIACT	AG03	Ausgang	System-Management-Interrupt-Active-Ausgang zur Signalisierung, dass der SMModus aktiviert ist.
/STPCLK	V34	Eingang	Stop Clock, Anhalten des Taktes (Stromsparmodus).
TCK	M34	Eingang	Test Clock, das Taktsignal (Boundary Scan, TAP)
TDI	N35	Eingang	Test Data Input, serieller Dateneingang
TDO	N33	Ausgang	Test Data Output, serieller Datenausgang
TMS	P34	Eingang	Test Mode Select zur Selektierung der jeweiligen JTAG-Testfunktion
/TRST	Q33	Eingang	Test Reset, asynchrone Initialisierung des TAPs
VCC	AN29, AN27, AN25, An23, AN21, AN19, AN17, AN15, AN13, AN11, AN09, AG37, AG01, AE37, AE01, AC37, AC01, AA37, AA01, Y37, Y01, W37, W01, U37, U33, U01, T34, S37, S01, Q37, Q01, N37, N01, L37, L33, L01, J37, J01,	Eingänge	Versorgungsspannung +3,3 V, insgesamt 53 Anschlüsse

Fortsetzung der Tabelle:

Bezeichnung	Pin-Nr.	Richtung	Bedeutung/Funktion
	G37, G01, E37, A29, A27, A25, A23, A21, A19, A17, A15, A13, A11, A09, A07		
VSS	AN37, AM30, AM28, AM26, AM24, AM22, AM20, AM18, AM16, AM14, AM12, AM10, AM08, AL37, AJ37, AH02, AF36, AF02, AD36, AD02, AB36, AB02, Z36, Z02, X36, X02, V36, V02, U35, T36, T02, R36, P02, M36, M02, K36, K02, H36, H02, B28, B26, B24, B22, B20, B18, B16, B14, B12, B10, B08, B06	–	Masse, GND, insgesamt 53 Anschlüsse
W-/R	AM06	Ausgang	Write-Read, unterscheidet Schreib- von Lesezyklen. Ist beim gleichen Takt wie /ADS gültig. Im Zusammenhang mit D-/C und M-/O ergeben sich die folgenden Zusammenhänge:
WB-/WT	AA05	Eingang	Write Back Write Through, Festlegung der Cache-Betriebsart

Zusammenhänge für W-/R:

M-/IO	D-/C	W-/R	
0	0	0	Interrupt Acknowledge
0	0	1	spezieller Zyklus
0	1	0	I/O-Port Read
0	1	1	I/O-Port Write
1	0	0	Befehl aus Speicher lesen
1	0	1	reserviert
1	1	0	Memory Read
1	1	1	Memory Write

Tabelle 7.22: Die Signale der Pentium-Typen ab einem CPU-Takt von 75 MHz

7.6.4 Pentium der dritten Generation – MMX

Die dritte Pentium-Generation – Pentium MMX – baut, anders als allgemein erwartet, nicht auf dem Pentium Pro (Kapitel 7.8), sondern auf einer Standard-Pentium-CPU auf. MMX steht dabei für **M**ulti **M**edia E**X**tension und kennt 57 neue Befehle, die insbesondere für Bildbearbeitungsprogramme und für Video- und Sound-Unterstützung – kurz für Multimedia-Applikationen – implementiert worden sind. Die Befehle werden dabei nicht in RISC-Operationen umgesetzt, wie beim Pentium Pro, sondern sind direkt im Chip implementiert (Native Code).

Automatisch ist die MMX-Unterstützung jedoch nicht gegeben, sondern die Programme müssen speziell für diese neuen Befehle ausgelegt sein. Nach der Einführung der MMX-CPUs im Januar 1997 gingen die Software-Firmen eher zögerlich an die Umsetzung dieser neuen Möglichkeiten und bei einem x-beliebigen Programm kann man nicht ohne weiteres erkennen, ob es MMX tatsächlich verwendet oder aber nicht.

Wovon jedoch alle Programme profitieren können, ist der vergrößerte interne Cache-Speicher (L1-Cache). Er wurde gegenüber einer Standard-Pentium-CPU verdoppelt und bietet nunmehr 16 Kbyte für Daten und ebenfalls 16 Kbyte für Befehle.

Einen integrierten L2-Cache gibt es bei einer Pentium-MMX-CPU nicht. Er wird extern auf dem Mainboard untergebracht. Vom Pentium Pro wurde für die MMX-CPU allerdings die verbesserte *Branch Prediction Unit* (BPU) übernommen. Die Einstiegsversion der Pentium-MMX wird dabei mit 166 MHz getaktet und entspricht in ihrer Leistungsfähigkeit in etwa einem Standard-Pentium, der mit 200 MHz getaktet wird, was in erster Linie dem vergrößerten L1-Cache zu verdanken ist.

Sowohl für die Standard- (ab 75 MHz) als auch die MMX-Pentium-CPUs wird der gleiche Sockeltyp (Typ 7) verwendet und äußerlich ist der Unterschied zwischen einer Standard- und einer MMX-Pentium-CPU nur durch die MMX-Beschriftung festzustellen.

Eine Neuerung der MMX- gegenüber einer Pentium-Standard-CPU ist jedoch die Spannungsversorgung, die nun nicht mehr typisch 3,3 V beträgt, sondern die sich in eine Spannung für den CPU-Kern (2,8 V) und eine für die CPU-Ausgangstreiber (I/O, 3,3 V) aufteilt. Zu beachten ist die entsprechende Aufteilung der Anschlüsse von (ehemals) Vcc auf nunmehr Vcc2 (Core) und Vcc3 (I/O).

Das für eine MMX-CPU passende Mainboard muss demnach diese beiden Spannungen liefern (Dual Voltage), so dass das Aufrüsten mit einer MMX-CPU bei Mainboards, die im Jahre 1996 und teilweise auch noch 1997 hergestellt worden sind, nicht ohne Weiteres möglich ist.

Intel hat jedoch auch hierfür einen speziellen MMX-Overdrive-Prozessor (P54CTB) entwickelt, der in dem herkömmlichen Sockel 7 und auch dem Sockel 5 arbeitet. Entsprechende Adaptersockel mit integrierter Spannungsumsetzung sind allerdings ebenfalls verfügbar.

Für die Aufrüstung von einer Standard- auf eine MMX-Pentium-CPU muss beachtet werden, dass das Mainboard die zweite Versorgungsspannung von normalerweise 2,8 V liefern kann und das »Jumpern« auf 166 oder 200 oder 233 MHz – je nach einzusetzender MMX-CPU – möglich ist.

Bezeichnung	Pin-Nr.	Richtung	Bedeutung/Funktion
/FRCMC	Y35	Eingang	Functional Redundancy Checking wird bei den MMX-CPUs nicht mehr verwendet. Dieser Pin ist üblicherweise nicht belegt (NC) oder mit einem Pull-Up-Widerstand an Vcc3 angeschlossen.
NC/INC	AN35, AN05, AN03, AN01, AL19, W35, W33, S35, S33, R34, C01, B02, A37, A03	–	No Connection, diese Pins sind nicht angeschlossen.
Vcc2	A17, A15, A13, A11, A09, A07, G01, J01, L01, N01, Q01, S01, U01, W01, Y01, AA01, AC01, AE01, AG01, AN09, AN11, AN13, AN15, AN19	Eingänge	Die Versorgungsspannung (2,8 V) für den CPU-Kern
/Vcc2DET	AL01	Ausgang	Dieser Anschluss signalisiert der Mainboard-Elektronik die Anwesenheit einer MMX-CPU.
Vcc3	A19, A21, A23, A25, A27, A29, E37, G37, J37, L37, L33, N37, Q37, S37, T34, U33, U37, W37, Y37, AA37, AC37, AE37, AG37, AN29, AN27, AN25, AN23, AN21	–	Die Versorgungsspannung (3,3 V) für die CPU-Ausgangstreiber (I/O)

Tabelle 7.23: Die gegenüber einer Standard-Pentium-CPU veränderten Signale einer Pentium-MMX-CPU

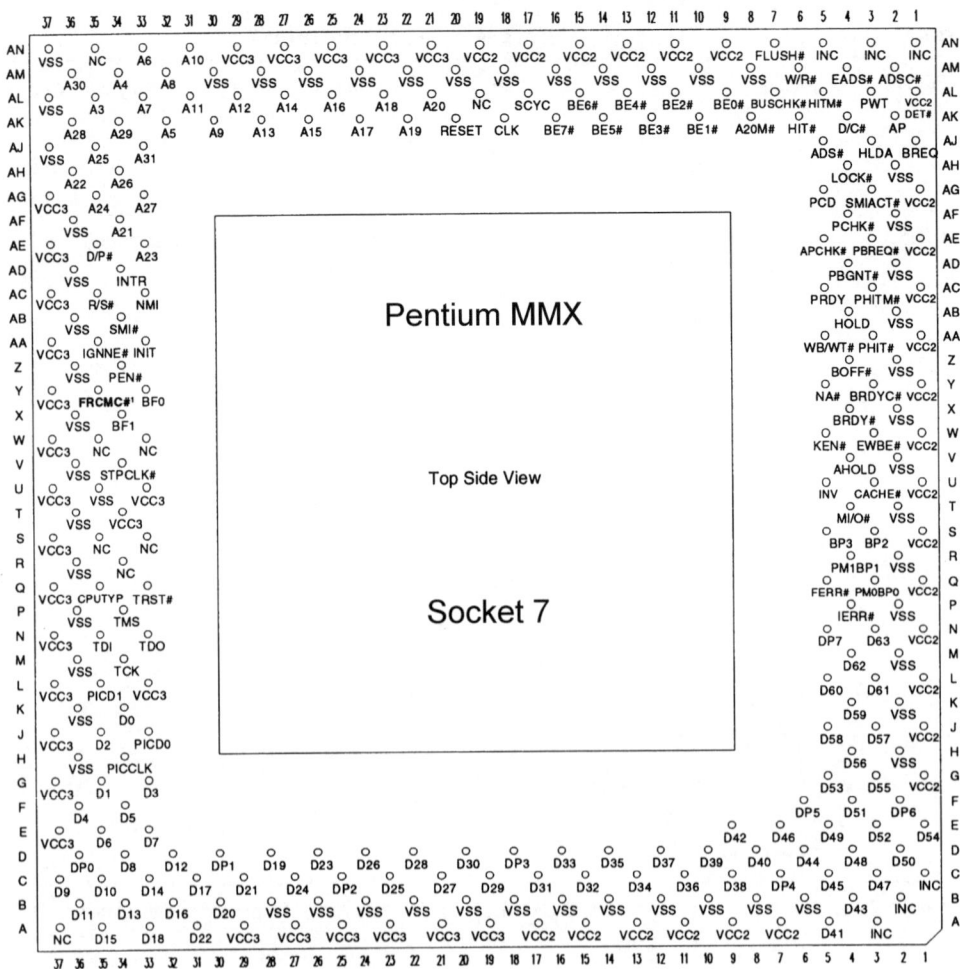

Bild 7.38: *Die Anschlüsse und Signale einer Pentium-MMX-CPU unterscheiden sich im Wesentlichen nur in der Spannungsversorgung und dem neuen Anschluss Vcc2DET (Pin AL1) von der Pentium-Standard-CPU*

7.7 Pentium-kompatible Prozessoren

Sowohl die Firma **A**dvanced **M**icro **D**evices (AMD) als auch die Firma Cyrix bieten seit mehreren PC-Generationen Mikroprozessoren für PCs an, die zu denen von Intel kompatibel und bei vergleichbarer Leistung außerdem preiswerter sind. Allerdings kamen diese Prozessoren zeitlich immer nach den Intel-Prozessoren auf den Markt, wenn Intel bereits eine neue CPU-Generation avisiert hatte, so dass sich diese Firmen technologisch immer einen Schritt hinter Intel befanden. Besonders interessant waren und sind diese kompatiblen Prozessoren zum Aufrüsten älterer PC-Modelle, an denen Intel kein Interesse mehr hat, wohl aber der preisbewusste Anwender.

7.7.1 Cyrix 6x86 und Cyrix 6x86MX – M1

Der erste Pentium-kompatible Prozessor, der nicht von der Firma Intel stammte, nennt sich mit Codenamen M1 und ist unter der Bezeichnung *Cyrix 6x86* bekannt. Die Firma IBM hat diesen Prozessor ebenfalls unter eigenem Namen produziert, es ist aber eine Entwicklung der Firma Cyrix, die keine eigenen Produktionsstätten besitzt und ihre Prozessoren bei IBM und auch SGS fertigen lässt. Die Version *6x86 P200+* arbeitet mit einem CPU-Takt von 150 MHz, was zunächst etwas verwirrend erscheinen mag. Der Grund für eine von der tatsächlichen Taktfrequenz abweichende Prozessorkennzeichnung ist im so genannten *P-Rating* (Pentium-Rating) zu sehen.

7.7.2 Der 6x86 und das P-Rating

Zur Beurteilung und damit zum Vergleich der Leistungsfähigkeit verschiedener Mikroprozessoren gibt es verschiedene Benchmarkprogramme (Maßstab), die aus einer Sammlung typischer Applikationen bestehen, wie Textverarbeitung, Grafik, Tabellenkalkulation, Desktop-Publishing und weitere mehr. AMD, Cyrix, IBM und SGS haben sich gemeinsam auf ein Benchmarkprogramm (»Winstone« von Ziff Davis) geeinigt, welches die Gleichrangigkeit zum *Original-Pentium* bewertet und wonach sich dann die Bezeichnung ergibt – das P-Rating. Demnach ist der mit 150 MHz getaktete Cyrix-Prozessor so leistungsfähig wie ein Pentium, der mit 200 MHz getaktet ist. Die folgende Tabelle zeigt die weiteren Zuordnungen.

Takt einer Cyrix-CPU	6x86-Bezeichnung	Pentium-Äquivalent
100 MHz	P120+	120 MHz
110 MHz	P133+	133 MHz
120 MHz	P150+	150 MHz
133 MHz	P166+	166 MHz
150 MHz	P200+	200 MHz

Tabelle 7.24: *Der Zusammenhang zwischen den tatsächlichen CPU-Taktfrequenzen der Cyrix 6x86-CPUs und denen der Pentium-CPUs aufgrund des P-Ratings; das Zeichen »+« steht dabei für »besser als«*

Tests und Messungen haben gezeigt, dass die 6x86-CPUs tatsächlich eine Leistung entsprechend des angegebenen P-Ratings erzielen, allerdings fallen sie bei Gleitkommaoperationen hinter die entsprechenden Pentium-CPUs zurück (der Winstone-Benchmark verwendet lediglich Integer- und keine Gleitkommaoperationen).

Der L1-Cache besitzt wie beim Standard-Pentium eine gesamte Kapazität von 16 Kbyte, die aber nicht für Daten und Befehle aufgeteilt sondern gemeinsam verwendet wird (unified Cache), was bereits darauf hindeutet, dass ein 6x86 im internen Aufbau von einer Pentium-CPU abweicht. Nach außen hin – zur Software – ist er jedoch dazu kompatibel, wobei allerdings noch ein paar Besonderheiten beim Einsatz zu berücksichtigen sind.

Der Prozessor kann einen Strom von bis zu 7,5 A beanspruchen (ca. 3 A mehr als ein Pentium), was die Spannungsregler auf einigen Mainboards nicht verkraften und daher »abrauchen«. Wichtig ist daher eine sehr gute Kühlung sowohl der CPU als auch des Spannungsreglers. Die neueren Versionen 6x86L (L für Low Power) begnügen sich mit einer geringeren Leistungsaufnahme und werden demgegenüber (statt 3,3 - 3,6 V) mit einer Spannung von 2,8 V versorgt.

Bild 7.39: *Die 6x86-Prozessoren der Firma Cyrix arbeiten intern immer mit dem doppelten Takt des Mainboards*

Des Weiteren benötigt der 6x86-P200+ einen Mainboard-Takt von 75 MHz (die 6x86-CPUs arbeiten intern alle mit einer Taktverdoppelung), was einige Modelle (z.B. Mainboards von Intel mit 66 MHz) nicht bieten.

Außerdem können bei einem Takt von 75 MHz Probleme mit dem RAM-Speicher auftreten und der PCI-Bus wird außerhalb der Spezifikation (mit 37,5 MHz statt 33 MHz) betrieben. Dies kann dazu führen, dass einige PCI-Karten nicht mehr funktionieren, wie es beispielsweise bei dem SCSI-Hostadapter AHA-2940 der Firma Adaptec vorkommt.

Da der L1-Cache im Aufbau von dem einer Pentium-CPU abweicht, kann es auch passieren, dass der Cache vom BIOS oder Betriebssystem (Windows NT) nicht korrekt initialisiert wird. Falls dies der Fall sein sollte, wird man es sehr schnell feststellen, denn der PC wird recht langsam arbeiten, und ein Testprogramm, von denen sich einige auf der beiliegenden CD befinden, kann in solch einem Fall näheren Aufschluss bieten. Man sollte beim beabsichtigten Einsatz einer 6x86-CPU unbedingt darauf achten, dass das Mainboard und damit auch das BIOS explizit für den entsprechenden Cyrix-Typ vorgesehen ist.

In der Mehrzahl der Fälle kann man davon ausgehen, dass Mainboardmodelle ab Mitte 1996 für die Cyrix-CPUs ausgelegt sind, wenn auch nicht unbedingt für alle verfügbaren Typen, wie beispielsweise das verbreitete Mainboard GA-586HX der Firma Gigabyte, welches lediglich den 6x86L-P150+- und den 6x86L-P166+-Typ (2,8 V) unterstützt. Ein anders Beispiel ist das Mainboard P/I-XP55TP4 der Firma Asus, welches nur den 6x86 P166+ verwenden kann. Die Revisionsnummer der Cyrix-CPU muss dabei mindestens einer 2,7 oder einer Nummer gleich oder größer G8DC6620A entsprechen. Man findet sie auf der Unterseite der CPU.

Leider kann man den Herstellerangaben zu den Mainboards nicht immer trauen, auch wenn eine 6x86-Unterstützung im Handbuch angegeben ist, wie es bei dem Mainboard GA-586ATV der Fall ist. Dieses Mainboard ist zwar für den Einsatz von CPUs geeignet, die zwei Versorgungsspannungen (CPU-Kern, CPU-I/O) benötigen (Pentium-MMX-Prozessoren), allerdings sind die Spannungen hier fest auf 2,8/3,3 V eingestellt und können nicht verändert werden.

Die 6x86-CPUs (sie verwenden allerdings nur eine Spannung) arbeiten jedoch nicht immer stabil bei 3,3 V, was zu ständigen Systemabstürzen führen kann. Die benötigte Versorgungsspannung sollte oben auf dem CPU-Gehäuse aufgedruckt sein, doch davon kann leider nicht generell ausgegangen werden.

Als allgemeine Empfehlung kann man allerdings konstatieren: Wenn das Mainboard eine Spannung von 3,45 V bietet, funktionieren sowohl die Pentium-, die 6x86- als auch die K5-Prozessoren von AMD einwandfrei, wie es beispielsweise bei den zu Tausenden (z.B. bei Escom) verbauten Mainboards der Firma Elitegroup (PT5-R2) der Fall ist, auch wenn die Pentium-CPUs dabei mit einer höheren Spannung als spezifiziert arbeiten müssen.

7.7.3 Cyrix 6x86MX – M2

Einige Monate nach der Vorstellung des AMD-K6 folgte auch Cyrix mit einem Pentium-MMX-kompatiblen Mikroprozessor – dem 6x86MX–, der auch unter dem Codenamen M2 bekannt ist. Im Prinzip ist dies ein 6x86 mit erweiterter Multimediafunktionalität (MMX).

Bild 7.40: Der Cyrix M2 wird auch als 6x86MX bezeichnet und zählt zu den MMX-fähigen Mikroprozessoren

Der L1-Cache ist wie beim Vorgänger *unified* ausgeführt, bietet demgegenüber jedoch eine doppelte Kapazität von 64 Kbyte. Wie alle Pentium-MMX-kompatiblen CPUs benötigt der 6x86MX eine zweifache Spannungsversorgung, die für den Kern 2,8 V und 3,3 V für die Ausgangstreiber (I/O) beträgt.

Einige Varianten des 6x86MX setzen einen Mainboard-Takt von 75 MHz oder auch 83 MHz voraus, was, wie erwähnt, nicht alle Mainboards bieten. Die meisten Mainboards arbeiten mit maximal 66 MHz, wodurch die Verwendbarkeit etwas eingeschränkt wird. Bei der Kennzeichnung kommt auch wieder das P-Rating ins Spiel, was bedeutet, dass die CPUs mit einer vom Aufdruck abweichenden Jumperstellung zu versehen sind. Die folgende Tabelle zeigt die hier wichtigen Zusammenhänge.

6x86MX-Bezeichnung	Takt einer 6x86MX-CPU	Faktor Mainboard/CPU	Pentium-Äquivalent
P166+	150 MHz	2x (75 MHz)	166 MHz
P200+	166 MHz	2,5x (66 MHz)	200 MHz
P233+	187,5 MHz	2,5x (75 MHz)	233 MHz
P266+	200 MHz	3x (66 MHz)	266 MHz
P300+	225 MHz	3x (75 MHz)	300 MHz
P333+	250 MHz	3x (83 MHz)	333 MHz

Tabelle 7.25: *Der Zusammenhang zwischen den tatsächlichen CPU-Taktfrequenzen, dem Mainboard-Takt und der Bezeichnung entsprechend des P-Ratings*

Die letzte CPU, die unter der Cyrix-Bezeichnung erhältlich ist und einen »krummen« Systemtakt voraussetzt, trägt die Bezeichnung *M-II-333*. Diese Pentium-kompatible CPU arbeitet mit einem Systemtakt von 83 MHz in einem Sockel 7 und erbringt eine höhere Leistung als der Celeron mit 300 MHz und dies bei einem geringeren Preis. Die höher getakteten CPUs (PR350, PR400) arbeiten demgegenüber mit einem Systemtakt von 100 MHz.

Cyrix wurde zunächst an National Semiconductor (NS) verkauft, wobei der Markenname erhalten blieb. Trotz eines Markanteils bei Einsteiger-PCs, die mit Cyrix-CPUs ausgestattet sind, von bis zu 30 %, sah NS keine Chance mehr, mit dieser Produktlinie schwarze Zahlen zu schreiben, und verkaufte die Cyrix-Technologie nach ca. zwei Jahren an den bekannten taiwanesischen Chip-Hersteller VIA, der ebenfalls die WinChip-Mikroprozessoren von IDT übernommen hat.

Auf der Basis der M-II-Chips hat VIA die Joshua-CPU für den 370-poligen Sockel als Konkurrenz zum Celeron entwickelt. Die jeweiligen Bezeichnungen (433-500) ergeben sich dabei auch wieder aus dem Pentium-Rating. Die Joshua-CPUs unterstützen einen Systemtakt von 66, 100 und 133 MHz und besitzen einen integrierten L2-Cache von 256 Kbyte.

Daneben hat auch die Firma *Rise Technologies* eine CPU für den 370-poligen Sockel entwickelt (Tiger-370), die bei der Chipset-Firma *Silicon Integrated Systems* (SiS) vom Band laufen soll.

Bild 7.41: Der Tiger soll den Celeron attackieren

7.7.4 AMD-K5

Die Firma AMD hatte den schnellsten 386-Prozessor, der mit 40 MHz (Intel maximal 33 MHz) getaktet wird, hergestellt und eine ganze Palette von 486-Prozessoren, wie z.B. den AMD 486DX4. Vom Preis her ist auch die Version AMD 5x86 PR75 interessant, die allerdings nicht Pentium-kompatibel ist, sondern in 486-Mainboards ihren Platz findet. Sie benötigt 3,3 V und demnach ein entsprechendes Mainboard oder einen Zwischensockel mit einem Spannungswandler von 5 V auf 3,3 V.

Die Bezeichnung *5x86 PR75* impliziert, dass diese CPU die Leistungsfähigkeit einer Pentium-CPU bietet, die mit 75 MHz getaktet wird (P-Rating, s.o.). Sie arbeitet mit einem externen Takt von 33 MHz, der intern vervierfacht wird (133 MHz), und hat schon so manchem betagten 486-Mainboard zu einer besseren Performance verholfen.

Die erste »richtige« Pentium-kompatible CPU von AMD wird als K5x86 oder kurz K5 bezeichnet. In einigen Handbüchern zu Mainboards findet man auch die Bezeichnung *AMD5k86*. Das Spektrum reicht von 75 MHz bis 133 MHz, wobei auch hier, wie bei den Cyrix-CPUs, wieder eine Bezeichnung laut P-Rating verwendet wird und der Typ AMD K5x86 PR166 intern demnach mit 133 MHz arbeitet.

Wie die 6x86-Prozessoren von Cyrix sind auch die K5-Prozessoren von AMD eine Eigenentwicklung und intern aus lizenzrechtlichen Gründen in einigen Punkten abweichend zum Pentium aufgebaut.

Sie zeigen bei Gleitkommaoperationen im Verhältnis zum entsprechenden Pentium-Typ allerdings ebenfalls eine geringere Leistung. Der L1-Cache ist im Gegensatz zum 6x86 in einen Befehls- und einen Daten-Cache aufgeteilt und doppelt so groß (je 16 Kbyte) wie beim Standard-Pentium. Dies hat zur Folge, dass es hier nicht die Probleme bei der Initialisierung des Caches gibt wie eventuell beim Cyrix 6x86. Eine K5-CPU funktioniert in (fast) jedem üblichen Pentium-Mainboard, was auch daran liegt, dass die Stromaufnahme nicht größer ist als die eines Standard-Pentium-Prozessors.

Als Besonderheit besitzt der K5 einen superskalaren Kern und arbeitet intern nach dem RISC-Prinzip wie der Pentium Pro und der Pentium II, wobei die µOps hier ROPs = RISC Operations heißen.

Bild 7.42: Eine AMD-K5-CPU findet ihren Platz auf Mainboards in einem Sockel Nr. 7; ein stabiler Betrieb ist bei einer Versorgungsspannung von 3,52 V gewährleistet

Als Warnung beim Einsatz sei hier das Gleiche erwähnt wie bei den 6x86-Prozessoren von Cyrix. Die AMD-CPUs laufen nicht immer stabil mit 3,3 V, allerdings findet sich bei den K5-CPUs auch die korrekte Spannungsangabe von 3,52 V auf der CPU aufgedruckt, so dass man bei einem Nichtfunktionieren beim Mainboardhersteller und nicht bei AMD die Schuld suchen müsste.

7.7.5 AMD-K6

Als Überraschung stellte AMD im April 1997 den K6 vor. Überraschung deshalb, weil er als erster Pentium-kompatibler Prozessor mit der MMX-Erweiterung ausgestattet, in einem Sockel 7 zu verwenden ist und zudem die Leistung eines Pentium II bietet. Der K6 ist daher ein preiswerterer Weg zu höheren Leistungen, da kein neues Mainboard mit einem *Slot One* (siehe Pentium II) benötigt wird.

Bild 7.43: Der K6 bringt Pentium II-Leistung für Systeme mit einem Sockel 7; die Oberfläche der CPU ist nicht plan, was mitunter zu Schwierigkeiten bei der Montage des Lüfters führt; zur besseren Ableitung der Wärme zwischen CPU und Kühlkörper sollte Wärmeleitpaste eingesetzt werden

Die K6-Technologie stammt ursprünglich von der Firma NexGen, die den Prozessor Nx686 entwickelt hat. Dieser konnte sich jedoch trotz guter Leistung nicht am Markt durchsetzen, da er einen speziellen Sockel, Chipsatz und demnach auch ein besonderes Mainboard voraussetzt.

Die Firma AMD hat NexGen aufgekauft und die Nx686-Technologie mit einem Gehäuse, das in den Sockel 7 passt und demnach Pentium-kompatibel ist, versehen. Aufgrund eines Abkommens mit Intel darf der K6 sogar die MMX-Bezeichnung führen, wobei es sich aber um eine AMD-eigene MMX-Implementierung handelt.

Typ	K6-166	K6-200	K6-233	K6-266	K6-300
Takt extern	66 MHz	66 MHz	66 MHz	66 MHz	66 MHz
Takt intern	166 MHz	200 MHz	233 MHz	266 MHz	300 MHz
Multiplikator	2,5x	3x	3,5x	4x	4,5x
I/O-Spannung	3,3 V	3,3 V	3,3 V	3,3 V	3,3 V
Core-Spannung	2,9 V	2,9 V	3,2 V	2,2 V	2,2 V
max. Stromaufnahme	6,7 A	8 A	10 A	7 A	7,5 A

Tabelle 7.26: Die wichtigsten Daten der K6-CPUs im Überblick

Ein Unterschied zum Vorgänger K5 betrifft die genaue Bezeichnung, denn beim K6 bezieht sich die angegebene Taktfrequenz auch direkt auf die jeweils notwendige Jumperstellung.

Ein K6-PR166 wird demnach auch wie eine 166-MHz-CPU und der K5x86 PR166 wie eine 133-MHz-CPU gejumpert. Der L1-Cache ist in einen Bereich für Befehle und in einen für Daten aufgeteilt, und beide Zwischenspeicher besitzen eine Kapazität von 32 Kbyte.

Der L1-Cache ist also doppelt so groß wie beim Pentium MMX und Pentium II. Der CPU-Kern ist in RISC-Technologie ausgeführt und kann pro Takt vier RISC86-Ops ausführen. Wie die Intel-MMX-Prozessoren benötigt der K6 eine geteilte Spannungsversorgung für den CPU-Kern (Core) und die I/O-Ausgangstreiber, wobei diese Spannungen nicht für alle K6-Typen identisch sind.

AMD hat für die K6-CPUs einen weiteren BF-Jumper (siehe folgende Tabelle) vorgesehen, der jedoch erst für Versionen mit einer Taktvervielfachung von 4 (K6-266) benötigt wird und daher auf den für diesen Typ vorgesehenen Mainboards vorhanden sein muss.

7.7.6 AMD-K6-2 und AMD-K6-3 mit Super 7

Die K6-CPUs sind für einen Systemtakt von 66 MHz ausgelegt und der Nachfolger – der AMD-K6-2 – demgegenüber für maximal 100 MHz. Die weiteren wichtigen Neuerungen gegenüber dem Vorgänger K6 sind die Verbesserung der Floating-Point-Einheit, sowie eine 3D-Befehlserweiterung mit der Bezeichnung 3DNOW!, die auch nur dann Auswirkungen zeigen kann – wie bei MMX –, wenn die Programme die entsprechende Befehle unterstützen, wie es beispielsweise ab Directx 6.0 von Microsoft der Fall ist.

Bild 7.44: Der K6-2 ist die erste AMD-CPU für einen Systemtakt von 100 MHz

Die Einführung von 100-MHz-CPUs im Sockel-7-Layout, führte zur Definition des *Super-Sockel 7* oder kurz *Super 7*. Dabei handelt es sich jedoch nicht um einen mechanisch oder elektrisch geänderten Sockel 7, sondern mit *Super 7* wird eine 100-MHz-Mainboard-Architektur mit den zuvor schon bei den Slot-1-Boards eingeführten Features definiert. Dazu gehören die Funktionsmerkmale wie der USB, AGP, SDRAM, Ultra-DMA und ACPI. Da Super 7 als Konkurrenz zu Intel (Pentium II, Celeron, Pentium III) zu sehen ist, kommen hier keine Chipsätze von Intel zum Einsatz, sondern solche von Firmen wie Ali, VIA oder auch SiS.

Ein Super-7-Mainboard, sollte möglichst auch einen Mainboard-Takt von 95 MHz bieten, denn diesen benötigen die AMD-CPUs vom Typ 333 MHz (95 MHz x3,5) und 380 MHz (95 MHz x4).

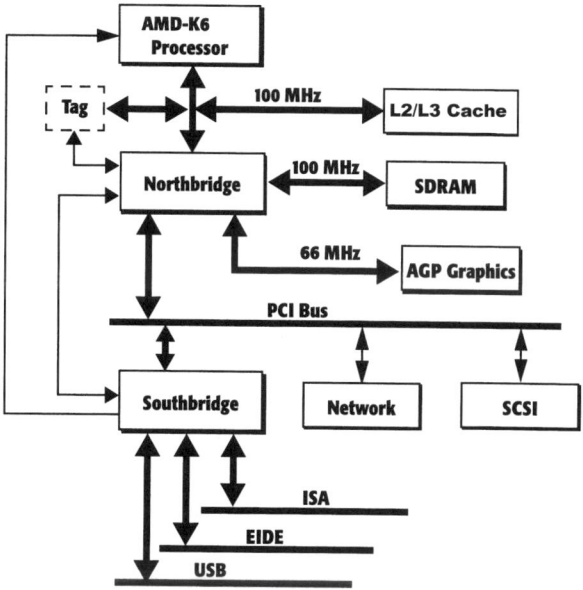

Bild 7.45: Super 7 definiert keinen Sockel, sondern eine Mainboard-Architektur mit 100-MHz-Systemtakt; bei der Verwendung einer K6-III-CPU, kann der On-Board-L2-Cache als L3-Cache fungieren

Der jüngste Vertreter der AMD-K6-Line, der K6-III (Sharptooth) ab 450 MHz, besitzt wie der Vorgänger einen L1-Cache von je 32 Kbyte für Daten und Befehle sowie als Neuerung auch einen integrierten L2-Cache von 256 Kbyte, der mit dem vollen CPU-Takt arbeitet. Der Cache-Speicher auf den Super-7-Boards kann daher als L3-Cache verwendet werden.

Super-7-Mainboards bieten einen »verdrahteten« BF2-Anschluss, womit sich dann zusätzlich auch die Faktoren x4, x4.5, x5 und x5.5 jumpern lassen.

BF2	BF1	BF0	Funktion
0	0	0	x 4.5
0	0	1	x 5
0	1	0	x 4
0	1	1	x 5.5
1	0	0	x 2.5
1	0	1	x 3
1	1	0	x 2
1	1	1	x 1.5 (3,5)

Tabelle 7.27: Die (theoretisch) möglichen BF-Jumperstellungen, die den Taktfaktor für die CPU bestimmen

Leider interpretieren die verschiedenen CPUs diese Jumperstellungen unterschied-lich, wie es in der folgenden Tabelle zu erkennen ist. Außerdem ist leider kein Verlass darauf, dass beispielsweise ein Sockel-7-Mainboard auch die Stellung x3 bietet oder aber Super-Sockel-7-Mainboards die Stellung x5.5, was schaltungstech-nisch gesehen überhaupt kein Problem wäre. Gleichwohl soll man ja ab und zu auch mal ein neues Mainboard erwerben.

BF2	BF1	BF0	Pentium	Pentium MMX	Cyrix/IBM 6x86	Cyrix/IBM M2	AMD K5	AMD K6(-2)	IDT C6 WinChip
0	0	0	–	–	–	–	–	4,5x	–
0	0	1	–	–	–	–	–	5x	5x
0	1	0	–	–	–	–	–	4x	4x
0	1	1	–	–	–	–	–	5,5x	–
1	0	0	2,5x	2,5x	1x	2,5x	1,75x	2,5x	–
1	0	1	3x	3x	4x	3x	–	3x	3x
1	1	0	2x	2x	2x	2x	1,5x	2x	2x
1	1	1	1,5x	3,5x	3x	3,5x	–	3,5x	4x

Tabelle 7.28: Die BF-Jumperstellungen werden von den verschiedenen Prozessoren unterschiedlich interpretiert. Der BF2-Jumper wird von Intel-Pentium-CPUs nicht ausgewertet und ist bei einigen Mainboards daher auch gar nicht verdrahtet

7.7.7 IDT Win Chip C6

Die Firma IDT kam im Jahre 1997 mit einem eigenen Pentium-kompatiblen Prozes-sor auf den Markt, der wie auch die CPUs von Cyrix bei der Firma IBM gefertigt wurde. Den *WinChipC6* gibt es mit Taktfrequenzen von 180, 200 und 225 MHz und er benötigt stets eine Takteinstellung von *Systemtakt x 3*, was bedeutet, dass bei 225 MHz ein Systemtakt von 75 MHz einzustellen ist.

Die 200-MHz-Version ist dabei sicherlich am interessantesten, denn hierfür wird ein Systemtakt von 66 MHz benötigt. Diesen unterstützen die meisten Mainboards und dabei treten in der Praxis (PCI-Takt) die wenigsten Probleme auf. Der *WinChipC6* eignet sich insbesondere für die Aufrüstung älterer Pentium-Systeme mit einem Sockel 7 oder sogar 5 und kommt – obwohl er MMX bietet – mit einer einzigen Betriebsspannung von 3,5 V aus.

Der Hersteller empfiehlt – je nach CPU-Typ –, eine dieser beiden Spannungen zu verwenden. Im Test mit dem WinChip 200 konnte jedoch festgestellt werden, dass dieser Prozessor mit beiden Alternativen zurechtkommt. Eine Weiterentwicklung sind die WinChip2-Typen, die gegenüber der ersten Generation auch 3DNOW! (AMD) sowie MMX (Intel) unterstützen.

Die interne Cache-Größe beträgt jeweils 32 Kbyte für Daten und 32 Kbyte für den Programmcode, wodurch der C6 das Fehlen einer Sprungvorhersage und einer Floa-ting-Point-Einheit etwas auffängt. Andererseits ist er sehr preiswert und wird auch längst nicht so heiß wie die anderen Pentium-(kompatiblen) Modelle.

Bild 7.46: Die WinChips eignen sich insbesondere zum Aufrüsten älterer PC-Modelle, die keine zweite CPU-Spannung bieten; der 200-MHz-Typ ist ideal für einen Mainboard-Takt von 66 MHz mit einem Faktor x 3. Da das Namensrecht »WinChip« in Deutschland bereits für einem anderen Hersteller reserviert ist, mussten die CPUs seit Mitte 1999 exklusiv für den deutschen Markt eine andere Bezeichnung (IDT) führen

Die 300-MHz-CPU erlaubt zudem auch einen Mainboard-Takt von 100 MHz. Welche WinChips es gibt und mit welchen Daten sie zu betreiben sind, zeigt die Tabelle im Kapitel *Takt und Spannungseinstellungen.*

Bei Boards mit einem Sockel 5 ist zu beachten, dass hier lediglich die Faktoren x1,5 und x2 zu jumpern sind und die Jumperstellung x1,5 von einem WinChip als x4 interpretiert wird, wie es auch in der obigen Tabelle angegeben ist. Der 240-MHz-WinChip (60 MHz x 4) wäre hierfür also die beste Wahl.

Die Firma IDT hat sich mittlerweile von diesen Chips getrennt und die Technologie komplett an die Chipset-Firma VIA Technologies verkauft, die ebenfalls die CPUs der Firma Cyrix (6x86MX, MII) von National Semiconductor erworben hat.

7.8 CPU-Troubleshooting

Bevor man daran geht, eine CPU gegen eine leistungsfähigere auszutauschen oder auch wenn man einen vermeintlichen Fehler suchen muss, sollten die folgenden Punkte zunächst beachtet werden:

···⋗ Ist die CPU korrekt eingebaut?

···⋗ Ist die nötige Spannungsversorgung vorhanden?

···⋗ Lässt sich der korrekte Takt einstellen?

···⋗ Ist der Spannungsregler ausreichend dimensioniert?

···⋗ Ist eine ausreichende Kühlung der CPU und des Spannungsreglers gegeben?

···⋗ Bietet das BIOS die Unterstützung für die gewünschte CPU?

Bevor es um die genannten Punkte geht, folgen zunächst einige Anmerkungen zur CPU-Kompatibilität, denn vielfach wird einer Pentium-kompatiblen CPU die Schuld an einem PC-Fehlverhalten gegeben, was aber ganz andere Ursachen haben kann.

7.8.1 Zur CPU-Kompatibilität

Wie den vorherigen Erläuterungen zu den einzelnen CPUs zu entnehmen ist, gibt es eine Reihe von unterschiedlichen Pentium- und Pentium-kompatiblen Mikroprozessoren, die unterschiedliche Features und einen unterschiedlichen Aufbau aufweisen. In einigen Fällen schneiden die AMD- und Cyrix-CPUs bei Gleitkommaoperationen schlechter ab als die entsprechenden Typen der Firma Intel, wobei die kompatiblen wiederum in anderen Bereichen (Integer-Berechnungen, Cache-Operationen) eine bessere Leistung zeigen.

Als Beurteilungskriterium werden oftmals Benchmarkprogramme herangezogen, deren Ergebnisse man für die Praxis allerdings nicht ganz so ernst nehmen sollte, doch irgendwie muss man die Leistung schließlich – zumindest theoretisch – vergleichen können.

Intel favorisiert als Testprogramm das *iComp-Rating* oder den *Media-Bench* für MMX, die Konkurrenz das *P-Rating*, was bereits darauf hindeutet, dass die Hersteller die Tests auf die gewünschten CPUs hin optimiert haben oder sich zumindest denjenigen Test aussuchen, bei dem ihre Prozessoren vor den Mitbewerbern liegen.

Der Anwender sollte sich nicht durch derlei Angaben, die die neueste CPU-Generation ohnehin immer als viel leistungsstärker als die vorherige präsentieren, beeindrucken lassen und sich eher an seinen tatsächlichen Bedürfnissen und seinem Geldbeutel orientieren.

Wichtiger ist vielmehr, welche Leistung in der Praxis erzielt wird, und die ist bekanntermaßen nicht allein von der CPU und ihrem Aufbau abhängig. Ein schlecht programmierter Treiber für die Grafikkarte, ein nicht optimaler BIOS-Setup oder eine relativ lahme Festplatte wirken sich hier weit mehr aus als beispielsweise der Umstand, dass die CPU mit einem getrennten oder einem *unified 1-Level-Cache* arbeitet. Aus diesem Grunde sollte man die Prozessoren von anderen Herstellern durchaus als Alternative zu denen von Intel sehen, zumal sie bei vergleichbarer Leistung oftmals auch noch preiswerter sind.

Oftmals ist zu lesen, dass die AMD- und Cyrix-CPUs nicht uneingeschränkt kompatibel zu den Intel-Prozessoren sind. Ich selbst habe *alternative* CPUs bereits seit den 386-Zeiten in zahlreichen PCs verbaut und natürlich hat es dabei auch Fehlfunktionen gegeben, die beim Einsatz einer Intel-CPU nicht auftraten. Bei genauerer Analyse stellte sich jedoch in den meisten Fällen eine nicht korrekte – da von den Intel-CPUs abweichende – Jumperstellung als Ursache heraus.

Leider ist auch zu beobachten, dass (Software-)Hersteller bei Problemen, die von geplagten Anwendern an sie herangetragen werden, erst einmal die Frage aufwerfen, ob denn auch eine Original-Intel-CPU und nicht etwa ein hierzu kompatibler Prozessor Verwendung findet. Falls es sich dann nicht um eine Intel-Version handelt, lehnen sie eine Problemlösung einfach ab. Dieses Verfahren ist bei einigen Herstellern sicher als »Abwimmelungstaktik« zu interpretieren und erinnert an die alten Zeiten, als es die Original-IBM-PCs und die hierzu kompatiblen Nachbauten (Clones) gab, denn damals wurde genauso argumentiert, um sich vor der Behebung selbstverschuldeter Inkompatibilitäten herumzudrücken. Heute gibt es so gesehen fast nur noch PC-Clones und da kommen die alternativen Pentium-CPUs als Ausrede gerade recht.

Insbesondere die Spannungsversorgung ist oftmals als tatsächlicher Übeltäter zu entlarven. Sie ist nämlich keineswegs so genau, wie es in den Handbüchern zu den Mainboards zu lesen ist. Statt angegebener 3,3 V sind auch schon mal 3,1 V oder auch 3,5 V vorhanden, womit eine CPU schon Ausfallerscheinungen zeigen kann. Insbesondere vor dem Einbau einer *alternativen* CPU sollte man daher unbedingt die zur Verfügung stehenden Spannungen im Handbuch oder sicherheitshalber mit einem Voltmeter selbst überprüfen.

Nimmt man das Handbuch – besser auch noch das Mainboard –, welches explizit eine Unterstützung eines M2 oder K6 bestätigt, mit zu einem seriösen Händler seines Vertrauens und kauft dort eine CPU, wird er die CPU auch umtauschen, falls sie doch nicht stabil läuft. Ganz klar ist dabei, dass man äußerste Vorsicht walten lässt (statische Aufladung, korrekte Jumperstellung), um die CPU nicht zu zerstören. Der Händler wird sie oftmals auch selbst ohne Aufpreis in das Mainboard einbauen und die »Jumperung« vornehmen.

Insbesondere mit den ersten K5-Versionen bin ich des Öfteren gescheitert. Sie wurden jedoch anstandslos umgetauscht, da sie tatsächlich teilweise nicht der Spezifikation entsprachen. Bei Intel-CPUs kann man nebenbei bemerkt auch nicht immer sicher sein, dass sie in jedem hierfür spezifizierten Mainboard fehlerfrei arbeiten.

Nach diesen Betrachtungen zum Einsatz von (alternativen) CPUs soll jedoch auch nicht verschwiegen werden, dass es durchaus Software gibt, die sich beharrlich weigert, mit einer AMD- oder Cyrix-CPU zu arbeiten. Allerdings sind dies keine Standardprogramme wie etwa Office oder Corel Draw, sondern eher spezielle, die direkt die Features des CPU-Kerns (spezielle CPU-Register) nutzen, der sich bei den CPUs der verschiedenen Hersteller, wie beschrieben, voneinander unterscheidet. Diese Art der Programmierung ist zwar keine zu bevorzugende Methode, doch vielfach lässt sich die benötigte Leistung nicht anders aus den CPUs »herauskitzeln«.

Als Beispiele seien hierfür der Softsynthesizer von Yamaha und ein Teil der Software zur Soundkarte AWE64 genannt, die nicht mit Cyrix-CPUs arbeiten. Beide Sound-Programme erfordern eine hohe CPU-Leistung, da sie für die Berechnung von Instrumentenklängen verwendet werden, die quasi unmittelbar (Echtzeit) erklingen müssen. Laut des Herstellers Creative Labs ist dieses Problem jedoch mit einem neuen Treiber bereits beseitigt.

Besonders ältere Spiele und auch einige speziellere Programme sind leider so programmiert worden, dass sie nur mit Intel-Pentium-CPUs funktionieren. Abhilfe schafft hier oftmals ein Update auf eine neuere Programm- oder Treiber-Version.

Probleme kann es auch mit (vorwiegend älteren) Spielen geben, die die CPU-Kennung, welche den jeweiligen Typ identifiziert, aus dem Prozessor oder auch aus dem Betriebssystem (z.B. Windows 95) lesen. Falls dieser Typ (noch) nicht erkannt wird, verweigert das Spiel den Start. Windows 95, welches vor dem Erscheinen der 6x86-CPU geschrieben wurde, kann diesen Typ demnach auch nicht kennen und identifiziert ihn als 486-Mikroprozessor, was den Einsatz – bis auf die erwähnten spezielleren Programme – als kompatiblen Pentium-Prozessor jedoch nicht beeinträchtigt.

7.8.2 Das Einsetzen einer CPU

Bei dem Herausnehmen und Einsetzen einer CPU ist immer größte Vorsicht walten zu lassen. Aus einem ZIF-Sockel ist sie nach dem Hochziehen des seitlichen Hebels zwar meist problemlos zu entfernen, doch beim Einsetzen können schon Zweifel auftreten, wie herum sie einzusetzen ist. Daher auch hier, wie schon an anderer Stelle, wieder der Hinweis: Immer auf den Pin 1 achten!

Er sollte sowohl am Sockel als auch auf der CPU gekennzeichnet sein, doch im Eifer des Gefechts wird dies schon mal übersehen und nicht alle CPUs und hierfür geeignete Sockel verhindern ein falsches Einsetzen der CPU, die dann meist nach dem Einschalten des PC sofort »das Zeitliche segnet«. Mit etwas Gewalt schafft man es übrigens, auch die CPU falsch herum einzusetzen, auch wenn der Sockel dies im Prinzip mechanisch verhindert. Die Bilder in den vorigen Kapiteln zu den einzelnen Sockelbelegungen helfen hier sicher auch weiter, die richtige Position festzustellen.

Die entsprechenden Tipps zum Einbau und zur Kühlung von Pentium-II-, Pentium-III-, Celeron- und Athlon-CPUs sind ab dem Kapitel 7.10 zu finden.

Bild 7.47: Beim Einsetzen einer CPU ist immer die Lage des Pin 1 zu beachten; falls wie hier keine entsprechende Beschriftung auf dem Mainboard vorhanden ist, sollte sicherheitshalber im Handbuch nachgeschaut werden, wo der Pin 1 sitzt

Das Berühren der Anschlussbeine sollte unbedingt vcermieden werden, denn durch die statische Aufladung, die wohl jeder von der Rolltreppe im Kaufhaus kennt, kann die CPU ebenfalls leicht zerstört werden. Ein Antistatik-Armband zur Ableitung statischer Aufladung, welches mit der Erdung (Wasserleitung, Heizung) zu verbinden ist, ist jedoch herausgeschmissenes Geld, obwohl dies immer wieder empfohlen wird. Einen Computerladen, bei dem die Techniker derart angekettet ihre PC-Arbeiten verrichten, wird man übrigens auch kaum entdecken können.

Grundsätzlich nicht die Kontakte einer CPU anzufassen und sicherheitshalber vor dem Anfassen des CPU-Gehäuses einen geerdeten Metallgegenstand (Metallampe) zur eigenen Entladung zu berühren, reicht völlig aus, um keinen Schaden auf Grund statischer Elektrizität hervorzurufen.

7.8.3 Dimensionierung der Spannungsregler

Ob der Spannungsregler ausreichend dimensioniert ist, was insbesondere für die leistungshungrigen 6x86-CPUs von Cyrix und AMD (K6) von Belang ist, lässt sich leider nicht so einfach feststellen, wenn sich hierfür keine Angabe (für welche CPU geeignet oder auch Watt-Angabe) im Handbuch findet. Man sollte zunächst versuchen, den oder die Regler auf dem Mainboard zu lokalisieren. Sie befinden sich meist in unmittelbarer Nähe des CPU-Sockels. Falls sie nach kurzer Betriebsdauer sehr heiß werden, so dass man sich womöglich die Finger daran verbrennt, sollte ein zusätzlichen Lüfter eingebaut werden, der direkt auf die Regler zu richten ist. Die Wahrscheinlichkeit, dass die Spannungsregler ausreichend dimensioniert sind, ist recht hoch, wenn relativ große Kühlkörper für die Regler oder auch ein Schaltregler vorgesehen ist, wie die folgenden Bilder zeigen.

Bild 7.48: Bei diesem Mainboard sind die Spannungsregler mit relativ großen Kühlkörpern versehen, die im Bedarfsfall auch problemlos mit einem zusätzlichen Lüfter gekühlt werden können

Mainboards, die einen so genannten Schaltregler auf dem Mainboard besitzen und nach dem Prinzip des (PC-)Schaltnetzteils arbeiten, sind bei neueren Mainboards üblich und auch für diejenigen CPUs geeignet, die über eine relativ hohe Leitungsaufnahme verfügen.

Der Regler ist mit Hilfe einer oder auch mehrerer Spulen (einige kupferfarbene Drahtwindungen über einem runden Eisenkern) aufgebaut, wodurch die Regelschaltung auch noch bei hoher Belastung kühl bleibt.

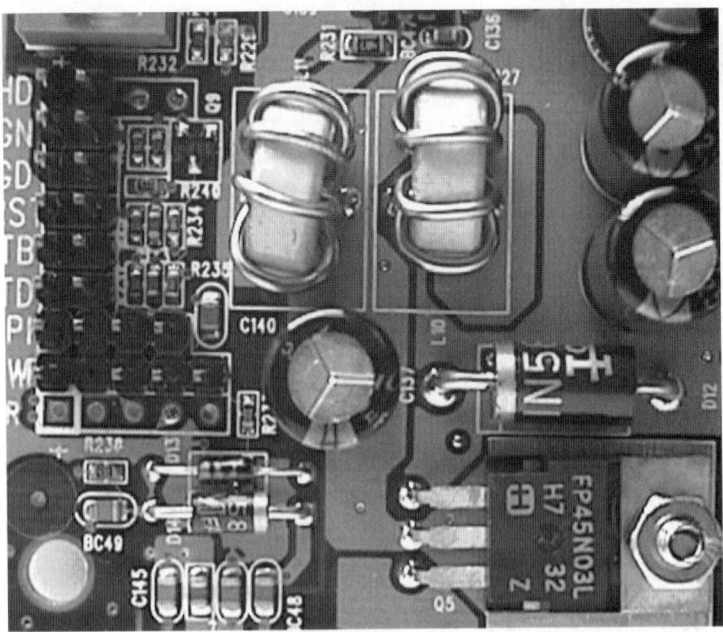

Bild 7.49: Bei neueren Mainboards wird für die Spannungsumsetzer oftmals ein Schaltregler verwendet, was hier an den beiden Spulen erkennbar ist

7.8.4 CPU-Kühlung

Die Kühlung der CPU wird durch einen Kühlkörper mit Lüfter sichergestellt, der als Einheit auf der CPU montiert wird. Im Zusammenhang mit dem Einsatz von AMD- oder Cyrix-Mikroprozessoren sei an dieser Stelle darauf hingewiesen, dass diese CPUs keine plane Oberfläche, sondern eine Erhebung besitzen. Dadurch liegt ein Kühlkörper, der für eine Pentium-CPU passend ist, bei diesen Typen nicht vollflächig auf, was sich für eine optimale Wärmeabfuhr als äußerst ungünstig erweisen kann. Allerdings sind im Handel entsprechende Kühlkörper mit einer passenden Aussparung erhältlich, die speziell für die AMD- oder Cyrix-CPUs ausgelegt sind.

 Einige Cyrix- und insbesondere AMD-CPUs benötigen zur optimalen Wärmeabfuhr einen speziellen CPU-Kühler.

CPU-Kühler für Pentium- und auch 486-Prozessoren gibt es in zahlreichen verschiedenen Ausführungen und zu unterschiedlichen Preisen. Die besonders preisgünstig (erscheinenden) Modelle sind dabei meist auch recht schnell defekt, was sich oftmals mit einem lästigen Geräusch ankündigt.

Kugelgelagerte Kühler sind dagegen robuster, auch wenn sie ein paar Mark teurer sind. Es lohnt sich jedoch, der Qualität des CPU-Kühlers etwas mehr Beachtung zu schenken, denn eine Pentium-CPU, bei der der Lüfter ausgefallen ist, kann innerhalb weniger Minuten den »Hitzetod sterben«.

Des Weiteren gibt es auch CPU-Kühler mit eingebauter Alarmfunktion, die bei Stillstand einen akustischen Alarm ausgeben, den man jedoch im »Multimedia-Gewitter« auch überhören kann. Die sicherste Lösung ist mit einem speziellen CPU-Lüfter gegeben, der über einen Tachometerausgang verfügt und die Drehzahl an einen Supervisory-Chip (z.B. LM78) ausgibt, oder auch durch die Temperaturüberwachung der CPU mit Hilfe eines Sensors, wie es im Kapitel 6.12.8 erläutert ist.

Die Qualität eines CPU-Kühlers äußert sich nicht nur in seiner Zuverlässigkeit, sondern auch wie er zu befestigen ist, und auch hier unterscheiden sich die einzelnen Typen durchaus voneinander. Eine Befestigung mit einer Plastikhalterung kann bereits beim Einbau auseinander brechen und wird durch die Wärme im Laufe der Zeit auch brüchig, wodurch der Kühlkörper einfach abfallen kann, was besonders tragisch in einem Tower-Gehäuse ist, weil der Kühlkörper dann irgendwo im Gehäuse baumelt und keinerlei CPU-Berührung mehr hat.

Bild 7.50: *Vor der Montage des Kühlkörpers ist hier ein Plastikrahmen unter die CPU zu setzen, der auf der Oberseite ebenfalls mit Plastikteilen gehaltert wird; von diesen Modellen sollte man eher keinen Gebrauch machen, zumal hier auch eher die Gefahr des Berührens der Kontakte gegeben ist*

Die etwas besseren CPU-Kühler werden mit Metallklammern am CPU-Sockel befestigt, der hierfür zwei entsprechende »Nasen« am Rand aufweist, wie es auch im Bild 7.48 erkennbar ist. Die Klammern müssen einerseits recht stramm sitzen, damit dies einen guten wärmeleitenden Kontakt zwischen den Metallen (CPU-Kühlblech) zur Folge hat, andererseits sind sie manchmal auch leider so stramm, dass sie sich nur mit äußerster Mühe über die »Nasen« des CPU-Sockels setzen lassen.

Bild 7.51: Die eine Seite des Kühlers (die Klammer) ist am Sockel eingerastet und jetzt heißt es etwas Kraft aufwenden, um die zweite Seite ohne Beschädigung des Mainboards »einzuschnappen«

Die eine Seite wird einfach an der Nase des Sockels eingehängt und der Kühlkörper heruntergedrückt, um die zweite Klammer am Sockel einrasten zu lassen. Falls dies nicht gleich klappt, sollte aber auf keinen Fall versucht werden, dies mit einem Schraubendreher zu erledigen, denn wenn man dabei abrutscht, rammt man den Schraubendreher unmittelbar auf das Mainboard, und wer dabei schon mal eine Leiterbahn beschädigt hat, wird dies sicherlich nicht noch einmal versuchen.

Die noch besseren CPU-Kühler verfügen über zwei *federnde* Klammern und die Befestigung geht hier weit einfacher und auch ohne großen Kraftaufwand vonstatten.

Bild 7.52: Dieser »CPU-Kühlturm« ist relativ leicht zu befestigen, da er zwei federnde Klammern besitzt

7.8.5 Takt- und Spannungseinstellungen

Wichtig für die korrekte Einstellung der Taktrate ist der Systemtakt und der Multiplikationsfaktor, was bei Sockel-7-Systemen meist über Jumper und ab den Pentium-II-CPUs im BIOS-Setup festgelegt wird.

Einige CPUs von AMD und Cyrix benötigen – wie erwähnt – eine Takteinstellung, die nicht der jeweiligen Beschriftung auf dem Gehäuse entspricht, was am Kürzel PR erkennbar ist und für *Pentium-Rating* steht. PR kennzeichnet, dass beispielsweise der Cyrix-Typ 6x86MX-PR166 die Leistung erbringt wie ein Intel-Pentium-MMX mit 166 MHz, obwohl der Cyrix-Typ nur mit einem internen Takt von 133 MHz arbeitet und daher auch so zu jumpern ist.

Die folgende Tabelle zeigt zusammengefasst die Daten für die Takt- und Spannungseinstellungen gebräuchlicher Pentium-CPUs der verschiedenen Hersteller. Der Vollständigkeit halber sei noch einmal angemerkt, dass es neben den gezeigten Einstellungen für den Systemtakt und den Faktor (Taktrate) weitere Kombinationsmöglichkeiten gibt, um den gewünschten CPU-Takt festzulegen. Letztendlich sind die Daten, die auf der CPU aufgedruckt sind, relevant, und an die sollte man sich auch halten.

Prozessor-Typ	Mainboard (Systemtakt)	Interner Takt	Taktrate	Spannungen (I/O-Core)
AMD 5x86 PR75	33 MHz	133 MHz	x 4	3,5 V
AMD K5x86 PR 90	60 MHz	90 MHz	x 1,5	3,45 V
AMD K5x86 PR100	66 MHz	100 MHz	x 1,5	3,45 V
AMD K5x86 PR120	60 MHz	90 MHz	x 1,5	3,45 V
AMD K5x86 PR133	66 MHz	100 MHz	x 1,5	3,45 V
AMD K5x86 PR150	60 MHz	105 MHz	x 1,75	3,45 V
AMD K5x86 PR 166	66 MHz	116 MHz	x 1,75	3,45 V
AMD K5x86 PR 200	66 MHz	133 MHz	x 2	3,45 V
AMD K6 166	66 MHz	166 MHz	x 2,5	3,3 V - 2,9 V
AMD K6 200	66 MHz	200 MHz	x 3	3,3 V - 2,9 V
AMD K6 233	66 MHz	233 MHz	x 3,5	3,3 V - 3,2 V
AMD K6 300	100 MHz	300 MHz	x 3	3,45 V - 2,2 V
AMD K6-2 266	66 MHz	266 MHz	x 4	3,2 V - 2,2 V
AMD K6-2 300	100 MHz	300 MHz	x 3	3,2 V - 2,2 V
AMD K6-2 333	95 MHz	333 MHz	x 3,5	3,2 V - 2,2 V
AMD K6-2 350	100 MHz	350 MHz	x 3,5	3,2 V -2,2 V
AMD K6-2 380	95 MHz	380 MHz	x 4	3,2 V - 2,2 V

Fortsetzung der Tabelle:

Prozessor-Typ	Mainboard (Systemtakt)	Interner Takt	Taktrate	Spannungen (I/O-Core)
AMD K6-2 400	100 MHz	400 MHz	x 4	3,2 V - 2,2 V
AMD K6-2 450	100 MHz	450 MHz	x 4,5	3,2 V - 2,3 V
AMD K6-3 450	100 MHz	450 MHz	x 4,5	3,2 V - 2,3 V
AMD K6-3 550	100 MHz	550 MHz	x 5	3,2 V - 2,3 V
Cyrix/IBM 6x86 PR 166+	66 MHz	133 MHz	x 2	3,5 V
Cyrix/IBM 6x86 PR 200+	75 MHz	150 MHz	x 2	3,5 V
Cyrix/IBM 6x86MX-PR166	66 MHz	133 MHz	x 2	3,3 V - 2,9 V
Cyrix/IBM 6x86MX-PR200	75 MHz	150 MHz	x 2	3,3 V - 2,9 V
Cyrix/IBM 6x86MX-PR233	66 MHz	200 MHz	x 3	3,3 V - 2,9 V
Cyrix/IBM 6x86MX-PR266	66 MHz	233 MHz	x 3,5	3,3 V - 2,9 V
IBM/Cyrix M II PR300	66 MHz	233 MHz	x 3,5	3,3 V - 2,9 V
IBM/Cyrix M II PR333	83 MHz	250 MHz	x 3	3,3 V - 2,9 V
IBM/Cyrix M II PR350	100 MHz	300 MHz	x 3	3,3 V - 2,9 V
IBMCyrix M II PR400	100 MHz	350 MHz	x 3,5	3,3 V - 2,9 V
IDT WinChip C6 180	60 MHz	180 MHz	x 3	3,3 V
IDT WinChip C6 200	66 MHz	200 MHz	x 3	3,3 V
IDT WinChip C6 225	75 MHz	225 MHz	x 3	3,3 V
IDT WinChip2 240	60 MHz	240 MHz	x 4	3,3 V
IDT WinChip2 250	83 MHz	250 MHz	x 3	3,3 V
IDT WinChip2 266	66 MHz	266 MHz	x 4	3,3 V
IDT WinChip2 300	100 MHz	300 MHz	x 3	3,3 V
Intel Pentium 120	60 MHz	120 MHz	x 2	3,5 V
Intel Pentium 133	66 MHz	133 MHz	x 2	3,3 V
Intel Pentium 150	60 MHz	150 MHz	x 2,5	3,3 V
Intel Pentium 166	66 MHz	166 MHz	x 2,5	3,3 V
Intel Pentium 200	66 MHz	200 MHz	x 3	3,3 V
Intel Pentium MMX 166	66 MHz	166 MHz	x 2,5	3,3 V - 2,8 V
Intel Pentium MMX 200	66 MHz	200 MHz	x 3	3,3 V - 2,8 V

Fortsetzung der Tabelle:

Prozessor-Typ	Mainboard (Systemtakt)	Interner Takt	Taktrate	Spannungen (I/O-Core)
Intel Pentium MMX 233	66 MHz	233 MHz	x 3,5	3,3 V - 2,8 V
Intel Pentium Pro 150	60 MHz	150 MHz	x 2,5	3,1 V
Intel Pentium Pro 166	66 MHz	166 MHz	x 2,5	3,3 V
Intel Pentium Pro 180	60 MHz	180 MHz	x 3	3,3 V
Intel Pentium Pro 200	66 MHz	200 MHz	x 3	3,3 V

Tabelle 7.29: Die Daten für die Einstellung von Pentium-CPUs (Sockeltypen) in der Übersicht

Wie es bereits im Kapitel bei den Pentium-MMX-CPUs erläutert wurde, interpretieren die verschiedenen CPUs die BF-Jumperstellungen unterschiedlich. Dies hat leider zur Folge, dass eine Reihe vom Mainboards existieren – aus der Zeit kurz vor MMX – die zwar eine Intel-Pentium-MMX-Unterstützung versprechen, allerdings wurden die Jumper hierfür nicht richtig verdrahtet, was zur Folge hat, dass die MMX-Prozessoren nicht mit ihrem optimalen, spezifizierten Takt arbeiten können.

Im Übrigen kommt es auch laufend vor, dass die Jumper-Beschriftungen auf den Mainboards nicht mit der tatsächlichen BF-Stellung übereinstimmen. Es ist jedoch kein Problem, mit Hilfe der in den vorigen Kapiteln angegeben Sockelbelegungen und einem Multimeter die jeweils richtige Jumperung (und natürlich auch die Betriebsspannungen) nachzumessen.

Das Potential an den BF-Kontakten der CPU wird durch die jeweilige BF-Jumperstellung beeinflusst, die sich entsprechend der Jumperstellung verändern muss, wobei ein High (1) ungefähr 2 - 3,3 V und ein Low (0) ca. 0 - 0,8 V entspricht. In der Tabelle sind die einzelnen BF-Jumperstellungen angegeben und was dies für den Takt der verschiedenen Pentium-CPUs bedeutet.

Um bestimmte BF-Stellungen zu erzwingen, die vom Mainboard-Design her im Prinzip nicht möglich sind, da eine fehlerhafte oder auch fehlende Verdrahtung vorliegt, lötet man am besten vom jeweiligen BF-Pin entsprechende Widerstände mit einem typischen Wert von 3,3 - 4,7 kO entweder an Masse (pull-down) oder Vcc (pull-up), je nach dem, ob der betreffende BF-Pin auf 1 oder 0 liegen soll.

Die jeweiligen Jumper sind dann natürlich nicht zu stecken. Ungeübte »Löter« sollten von dieser Aktion lieber Abstand nehmen, denn es wird schon etwas Fingerspitzengefühl beim Löten benötigt, um einerseits keinen Kurzschluss zum benachbarten Pin herzustellen und andererseits keine »kalte« Lötstelle zu produzieren.

Bild 7.53: Damit die Pentium-MMX-200-MHz-CPU mit dem richtigen Takt arbeitet, ist bei diesem Mainboard ein Pull-up-Widerstand zwischen BF1 (Pin X34) und Vcc gelötet worden

Ein übliches Mainboard für eine Sockel-7-Pentium-CPU kann meist Spannungen im Bereich von 2,5 V bis 3,5 V in verschiedenen Abstufungen bereitstellen, wobei bei MMX-CPUs (Ausnahme der WinChip C6 der Firma IDT) grundsätzlich eine für die I/O-Treiber und eine separate (kleinere) für den CPU-Kern (Core) notwendig ist. Möglicherweise ist ein zusätzlicher Spannungsregler (herstellerspezifisches Modul) auf dem Mainboard für die zweite CPU-Spannung nachrüstbar.

Einen gewissen Standard für ein derartiges Spannungsregler-Modul ist unter der Bezeichnung VRM (**V**oltage **R**egulation **M**odul) bekannt, für welches auf zahlreichen Mainboards ein entsprechender Sockel vorhanden ist, wie es das Bild 7.54 zeigt.

Pin	Reihe A	Reihe B
1	Vss	Vss
2	Vss	Vss
3	NC	$V_{I/0}$
4	$V_{I/0}$	$V_{I/0}$
5	3,3 V	3,3 V
6	3,3 V	3,3 V
7	V_{core}	V_{core}
8	V_{core}	V_{core}
9	Vss	V_{core}
10	V_{core}	V_{core}

Fortsetzung der Tabelle:

Pin	Reihe A	Reihe B
11	PWR GOOD	/UPVRM
12	Sense	Disable
13	Vss	Vss
14	5 V	5 V
15	5 V	5 V

Tabelle 7.30: Die Signalbelegung des VRM-Sockels

Bild 7.54: Neben dem CPU-Sockel befindet sich auf einigen Mainboards ein Sockel für ein Voltage-Regulation-Modul; hier ist mit den beiden Jumpern die Spannung von 3,3 (Kontakte 6-7) für den CPU-Kern und die I/O-Treiber aktiviert

7.8.6 Kurze BIOS-Betrachtung

Falls man die zu Beginn des Kapitels genannten Punkte der Checkliste für den CPU-Einsatz als erfüllt betrachten kann, bleibt nur noch zu überprüfen, ob das BIOS die CPU unterstützt.

Enthält das Handbuch zum Mainboard die entsprechende Angabe zur CPU, sollte die optimale Unterstützung gesichert sein, was in der Praxis jedoch nicht immer der Fall ist. Dies liegt oftmals einfach darin begründet, dass das BIOS zu einem Zeitpunkt erstellt worden ist, als die betreffende CPU noch gar nicht erhältlich war und daher gar keine oder auch eine fehlerhafte Unterstützung der gewünschten CPU bietet. Erfreulicherweise haben alle neuen Mainboards das BIOS in einem Flash-PROM abgespeichert, welches relativ einfach aktualisiert werden kann, wie es im ersten Teil des Buches beschrieben ist.

Aber auch, wenn nach dem Einschalten des PC die eingesetzte CPU nicht detektiert und am Bildschirm als kurze Meldung angezeigt wird, bedeutet dies keineswegs, dass sie nicht einwandfrei funktionieren wird. Hier hilft dann allerdings nur noch Ausprobieren, wobei aber auch ein Testprogramm nicht unbedingt den richtigen Typ anzuzeigen vermag, wenn es vor dem Erscheinen der CPU geschrieben wurde. Auf der beiliegenden CD sind einige geeignete Testprogramme und Patches der CPU-Hersteller zu finden, mit denen Überprüfungen und Optimierungen von Prozessoren für unterschiedliche Betriebssysteme durchgeführt werden können.

7.9 Der PentiumPro

Der Mikroprozessor *PentiumPro* (P6) wurde im Jahre 1995 als leistungsfähige Weiterentwicklung des Standard-Pentiums (P5, ohne MMX) von Intel vorgestellt. Es handelt sich hierbei ebenfalls um einen 32-Bit-Prozessor, allerdings ist er explizit für 32-Bit-Betriebssysteme wie Windows NT ausgelegt und zeigt in 16-Bit- oder auch gemischten 32/16-Bit-Applikationen (Windows 95) bei gleicher Taktfrequenz wie ein Pentium demgegenüber eine geringere Leistung.

Das augenfälligste Merkmal einer PentiumPro-CPU ist zunächst ihre Größe, denn sie setzt sich im Prinzip aus zwei Chips zusammen, die erst im Gehäuse miteinander kombiniert werden. Neben dem eigentlichen Prozessor enthält der Pentium Pro einen Second-Level-Cache (L2-Cache) mit einer Kapazität von – je nach Typ – 256 oder auch 512 Kbyte. Um die Ausbeute bei der Produktion der CPU zu erhöhen, wird der Cache-Chip einzeln hergestellt und später mit der eigentlichen CPU elektrisch verbunden.

Bild 7.55: Der PentiumPro setzt sich aus der eigentlichen CPU (rechts) und einem Second-Level-Cache (links) zusammen, der mit dem vollen Prozessortakt arbeitet und mindestens eine Kapazität von 256 Kbyte besitzt

Wie die Standard-Pentium-CPUs ist der P6 mit einem First-Level-Cache von 16 Kbyte (8 für Daten und 8 für Befehle) ausgestattet. Der Datenbus ist ebenfalls 64 Bit breit und der L2-Cache wird dabei mit dem vollen CPU-Takt betrieben. Dies unterscheidet den P6 maßgeblich von einer Pentium-, Pentium-MMX- und auch einer Pentium-II/III-CPU, bei denen der L2-Cache nur mit dem halben CPU-Takt arbeitet.

Mainboards mit einer PentiumPro-CPU besitzen meist auch keinen extern aufgebauten Cache-Speicher, zumindest nicht in der Mehrzahl der Fälle. Gleichwohl ist es bei einigen Mainboards für den P6 dennoch möglich, den L2-Cache zu erweitern. Die Versionen mit 166 MHz und 200 MHz sind ebenfalls mit einem internen L2-Cache von 512 Kbyte statt 256 Kbyte erhältlich.

CPU-Takt	Mainboard-Takt	CPU-Spannung
150 MHz	60 MHz	3,1 V
166 MHz	66 MHz	3,3 V
180 MHz	60 MHz	3,3 V
200 MHz	66 MHz	3,3 V

Tabelle 7.31: Die Kurzdaten der PentiumPro-Prozessoren

Der Adressbus des Pentium Pro wurde von 32 auf 36 Bit erweitert, wodurch sich nunmehr ein Speicher von 64 Gbyte direkt adressieren lässt. Der Befehlssatz ist gegenüber einer Pentium-CPU jedoch nur um einen einzigen Befehl angewachsen, so dass speziell für den P6 keine neuen Programmversionen nötig sind. Für eine PentiumPro-CPU wird auf Grund ihrer Größe und einer abweichenden Signalbelegung gegenüber einer Pentium-CPU ein anderer Sockel (Typ 8) als bei einer Pentium-CPU (Typ 7) benötigt.

Die Abarbeitung der x86-Befehle erfolgt beim PentiumPro grundsätzlich auf andere Art und Weise als beim Pentium und damit auch den Vorgängermodellen. Ein (komplexer) x86-Befehl wird hier in einzelne Teile – die µOps – zerlegt, welche dann in der Ausführungseinheit parallel (5fach) bearbeitet werden können. Dieses Prinzip ist von der RISC-Technik her bekannt.

Prozessoren, die nach der *Reduced Instruction Set Computer*-Technik arbeiten, besitzen, wie es die Bezeichnung andeutet, einen reduzierten Befehlssatz. Die Grundidee von RISC ist dabei der Umstand, dass eine relativ kleine Anzahl von Befehlen überdurchschnittlich oft verwendet wird. Die RISC-Architektur, wie sie beispielsweise bei Workstations wie den RS-6000-Systemen von IBM oder auch den SPARC-Stations von Sun Verwendung findet, weist also einen relativ kleinen Befehlssatz auf, der jedoch schnell verarbeitet werden kann. Komplexere Abläufe müssen dabei allerdings durch eine ganze Reihe einfacherer Befehle zusammengesetzt werden.

Im Gegensatz dazu werden die Intel-Chips für PCs unter den *Complex Instruction Set Computern* (CISC) eingeordnet, die weit mehr Befehle von Hause aus – quasi fest verdrahtet, in Silizium gegossen – beherrschen, für deren Verarbeitung aber höherer Zeitaufwand nötig ist. Der Pentium Pro verbindet so gesehen beide Prinzipien, indem die Befehle zur Programmseite hin als CISC- und intern als RISC-typisch (Microcode) angesehen werden können. Dies hat einerseits eine einfachere Programmierbarkeit zur Folge, als dies bei einem Computer nach RISC gegeben ist, weil man sich hier eines großen Befehlssatzes bedienen kann, und andererseits werden die Befehle dabei in einfachen µOps (Microcode) verarbeitet. Teile des Microcodes werden erst beim Start des PC vom BIOS in den Pentium Pro geladen, was für die eventuell nötige Fehlerbehebung der CPU ausgenutzt werden kann, so dass dann kein neuer Chip erforderlich ist.

Der Pentium Pro bedient sich noch einer weiteren RISC-Technik, um die Anzahl der parallel zu verarbeitenden µOps zu erhöhen, der *Speculative Execution*. Dabei wird mit Hilfe der bereits vom Pentium her bekannten *Branch Prediction Unit* der folgende wahrscheinlichste Programmschritt im Buffer bereitgehalten. Der *Branch Target Buffer* kann hier bis zu 512 Einträge enthalten und ist damit doppelt so groß wie beim Pentium. Die interne RISC-Umsetzung wird auch bei den CPUs AMD K5, AMD K6 und bei Intel mit dem Pentium II weitergeführt.

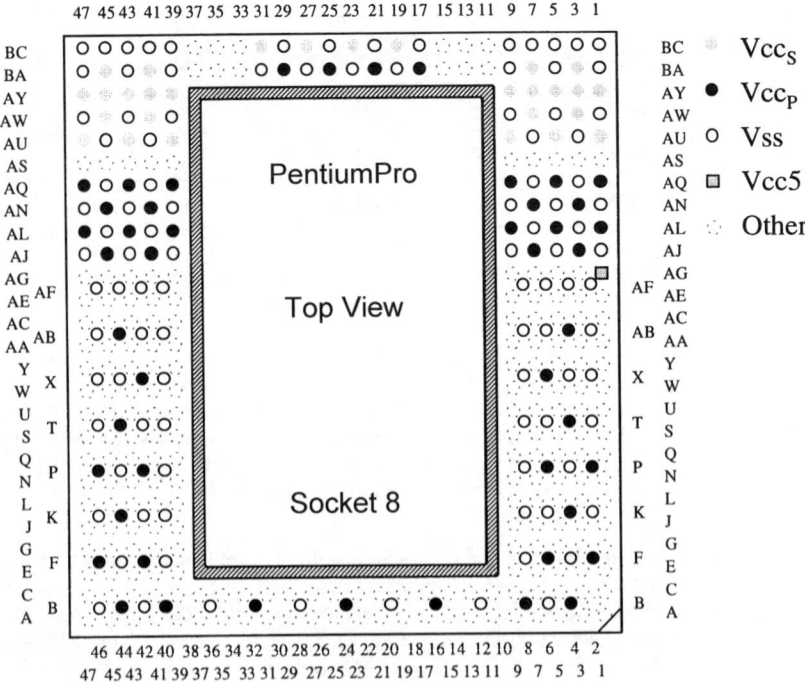

Bild 7.56: Der Sockel 8 ist allein für den PentiumPro vorgesehen

Bezeichnung	Pin-Nr.	Richtung	Bedeutung/Funktion
A35-A3 in	C1, E9, E7, E5, G9, E3, E1, J9, G5, G7, L9, G3, J7, G1, J3, J5, J1,L7, N9, L3, L5, N3, N7, N1, N5, Q9, Q1, Q7, Q3,S1, Q5, S3, S5	Ausgänge Eingänge	Der Adressbus des PentiumPro. Der adressierbare Speicherbereich beträgt 2^{36} Byte. I/O-Operationen sind definiert mit /REQ[4:0]= 1000X und der Bereich ist 64 kByte + 3 Byte. Die Adresssignale werden zwei Request-Takten übertragen, wobei die beiden AP-Signale der Paritätsprüfung dienen.
/A20M	A11	Eingang	Ist Address Mark 20 auf Low, wird das Adressbit intern maskiert (Address Wrap around für 8086).
/ADS	AE3	Ausgang	Signalisiert einen gültigen Address-Zyklus

Fortsetzung der Tabelle:

Bezeichnung	Pin-Nr.	Richtung	Bedeutung/Funktion
/AERR	AE9	Eingang Ausgang	Address Parity Error signalisiert einen Paritätsfehler des Adressbus und initiiert einen Parity-Check der Agents.
/AP[1:0]	S9, U1	Eingänge Ausgänge	Address Parity Signals geben die Parity-Daten aus, High bei gerader und Low bei ungerader Parität.
/ASZ[[1:0] REQ[4:3]	W5, Y1	Eingänge Ausgänge	Address Space Size, die Signale werden mit REQ[4:3] übertragen und kennzeichnen den jeweiligen Adressbereich. **/ASZ1 /ASZ0 Bereich** 0 0 0<=A[35:3]< 4 Gbyte 0 1 4 GB <= A[35:3] < 64 GB 1 x Reserviert
BCLK	A19	Eingang	Bus Clock (Mainboard-Takt) der intern in Abhängigkeit von den LINT-Signalen vervielfacht wird.
/BERR	C5	Eingang Ausgang	Bus Error, signalisiert einen nicht behebbaren Busfehler bzw. gibt ein entsprechendes Error-Signal aus.
/BINIT	AC43	Eingang Ausgang	Bus Initialization signalisiert Buszugriffe, denen weitere Informationen folgen.
/BNR	U7	Eingang Ausgang	Block Next Request (Arbitration) dient zur Verlängerung eines Zyklus, für einen nicht bereiten Agent zur Verhinderung eines Überlaufs.
/BP[3:2]	AC39, AE43	Eingänge Ausgänge	Break Point, signalisieren den Status der Debug-Register (Breakpoint).
/BPM[1:0]	AA39, AC41	Eingänge Ausgänge	Break Point More, signalisieren den Status der Breakpoint-Register und der internen Counter.
/BPRI	U5	Eingang	Bus Priority Request, Signal zur Anforderung (Arbitration), dass eine Busmasterzuteilung erfolgt.
/BR0, /BR[3:1]	AC5, U9, AA1, W3	Eingänge Ausgänge	Bus Request (/BREQ[3:1]), sind die Request-Pins, die die /BREQ-Signale treiben und die mit den entsprechenden CPU-Pins verbunden sind. Hiermit erfolgt nach einem Reset die Zuteilung der Agents. **Signal Agent0 Agent1 Agent2 Agent3** /BREQ0 /BR0 /BR3 /BR2 /BR1 /BREQ1 /BR1 /BR0 /BR3 /BR2 /BREQ2 /BR2 /BR1 /BR0 /BR3 /BREQ3 /BR3 /BR2 /BR1 /BR0

Fortsetzung der Tabelle:

Bezeichnung	Pin-Nr.	Richtung	Bedeutung/Funktion
/CPURES	B2	Eingang	Das Reset-Signal für die CPU, Zurücksetzen aller Register.
D63-D0	W43, Y47, W45, U43, S39, W47, S41, U45, U47, S43, S45, Q41, Q39, S47, Q43, Q45, N43, Q47, N41, N39, L43, N45, N47, L41, L47, J43, L39, L45, J41, J47, J45, J41, J47, J45, J39, G47, G43, G41, G45, G39, E47, E43, E45, E41, E39, C47, C41, C45, C43, C39, A45, C37, A37, A43, C35, A41, A39, A35, A33, C33, C31, C29, A29, C27, A27, C25	Eingänge Ausgänge	Der 64 Bit breite Datenbus des PentiumPro
/DBSY	AA5	Eingang Ausgang	Data Bus Busy signalisiert, dass gerade die Daten auf dem Bus verarbeitet werden.
/DEFER	Y5	Eingang	Defer-Signal, wird von einem Agent aktiviert (Snoop Phase), um zu kennzeichnen, dass die aktuelle Transaktion noch nicht beendet ist.
/DEP[7:0]	AA3, Y45, AA47, W41, AC47, W39, Y43, AC45	Eingänge Ausgänge	Die ECC (Error Correcting Codes) des Datenbusses. ECC kann einzelne Bitfehler erkennen und korrigieren und 2-Bit-, 4-Bit-Fehler erkennen.
/DRDY	AA3	Eingang Ausgang	Data Ready signalisiert gültige Daten auf dem Datenbus.
/FERR	C17	Ausgang	Floating Point Error, der interne Coprozessor signalisiert über diesen Pin mit einem Low, dass ein Fehler aufgetreten ist.
/FLUSH	A15	Eingang	Cache Flush, wenn ein externes System dieses Signal aktiviert, wird der Cache-Inhalt in das DRAM geschrieben.
/FRCERR	C9	Eingang Ausgang	Functional Redundancy Check Error signalisiert einen Fehler in einer Dual-PentiumPro-Konfiguration, wenn keine Datenübereinstimmung gegeben ist.
/HIT	AC3	Eingang Ausgang	Kennzeichnet einen Cache-Hit, ob die Daten im Prozessor-Cache gespeichert sind (Cache-Invalidierung).

Fortsetzung der Tabelle:

Bezeichnung	Pin-Nr.	Richtung	Bedeutung/Funktion
/HITM	AA7	Ausgang	Hit to a Modified Line, wie HIT, hier jedoch für eine bereits modifizierte Cache-Line.
/IERR	C3	Ausgang	Internal Error kennzeichnet einen aufgetretenen internen Fehler.
/IGNNE	A9	Eingang	Wenn Ignore Numeric Error aktiviert ist, werden vom PentiumPro Fehler des mathematischen Coprozessors ignoriert und nur diejenigen Befehle ausgeführt, die nicht die Gleitkommaeinheit betreffen.
/INIT	C11	Eingang	Initialization, im Prinzip wie ein Reset, aber mit dem Unterschied, dass der Cache, die Write Buffer und die Floating-Point-Register nicht zurückgesetzt werden.
INTR/LINT0	AG43	Eingang	Interrupt-Request, Anforderung eines Interrupts. Beim Power-Up dient dieser Pin der Takterkennung (Jumper: LINT0, LINT1).
NMI/LINT1	AG41	Eingang	Das NMI-Signal (Non Maskable Interrupt). Beim Power-Up dient dieser Pin der Takterkennung (Jumper: LINT0, LINT1).

Core/ Bus-Clock	LINT1	LINT0	/IGNNE	/A20M
2	0	0	0	0
2	1	1	1	1
3	0	0	1	0
4	0	0	0	1
5	0	0	1	1
5/2	0	1	0	0
7/2	0	1	1	0
9/2	0	1	0	1
11/2	0	1	1	1
Reserviert	alle anderen Kombinationen			

Bezeichnung	Pin-Nr.	Richtung	Bedeutung/Funktion
/LOCK	AA9	Eingang Ausgang	Signalisiert mit einem Low, dass kein anderer Bus-Master auf den Systembus zugreifen darf.
PICCLK	AA43	Eingang	Programmable Interrupt Controller Clock, Eingang für seriellen APIC-Data-Clock
PICD[1:0]	AE41, AA41	Eingänge, Ausgänge	Programmable Interrupt Controller Data Lines, Datenleitungen des APIC-Bus
PLL1, PLL2	C19, C23	Eingänge	Anschlüsse der Phase Locked Loop (interner Taktgenerator) für Kondensatoren (0,1uF)
/PRDY	Y39	Ausgang	Probe Ready signalisiert, dass die CPU die normale Verarbeitung beendet hat.

Fortsetzung der Tabelle:

Bezeichnung	Pin-Nr.	Richtung	Bedeutung/Funktion
/PREQ	AA45	Eingang	Probe Request, Anforderung für Dual-Prozessor-Mode
PWRGOOD	AG7	Eingang	Signalisierung vom Chipset, dass die Spannungen und der Takt in Ordnung sind.
REQ[4:0]	W5, Y1, Y3, W7, W9	Eingänge Ausgänge	Request-Command-Signale werden vom Busmaster während zwei Taktzyklen (/REQ a,b) für unterschiedliche Funktionen verwendet. Für einige dieser Funktionen sind beim Pentium oder auch 486 einzelne Leitungen vorgesehen. /ASZ[1:0]: Memory Address Space Size /BE[7:0]: Byte Enable /ATTR[7:0]: Attribut-Signale /EXF[4:0]: /DEN, SMM-Mode /DSZ[1:0]: Data Size /DID[7:0]: Deferred Identifier /LEN[1:0]: Data Length I/O-Read, I/O-Write, MEM-Read, MEM-Write Interrupt Acknowledge
RESERVED	A21, L1, AC1, AE1, AE45, AG5, AG9, AG39, AG47, AS9, AS47, BA11, BA35, BC11, BC35	–	Diese Pins sind nicht angeschlossen.
/RESET	Y41	Eingang	Initialisierung der CPU, Zurücksetzen aller Register und des Cache-Speichers
/RP	AC7	Eingang Ausgang	Request Parity, Paritysignal über /ADS und /REQ[4:0]
/RS[2:0]	AE7, AE5, AC9	Eingänge	Response-Status wird vom aktuellen Agent gesendet.

/RS[2:0]	Status	/HITM	/DEFER
000	Idle	-	-
001	Retry	0	1
010	Defer	0	1
011	Reserved	0	1
100	Hard Failure	x	x
101	Normal, ohne Daten	0	0
110	Transfer Modified Cache Line	1	x
111	Normal, mit Daten	0	0

Fortsetzung der Tabelle:

Bezeichnung	Pin-Nr.	Richtung	Bedeutung/Funktion
/RSP	U3	Eingang	Response Parity wird, vom aktuellen Agent ausgelöst, zur Signalisierung der Parität verwendet (High: gerade, Low: ungerade).
/SMI	W1	Eingang	System-Management-Interrupt-Eingang zur Einschaltung des SMModus
/STPCLK	A3	Eingang	Stop Clock, Anhalten des Taktes (Stromsparmodus).
TCK	A5	Eingang	Test Clock, das Taktsignal (Boundary Scan, TAP)
TDI	A13	Eingang	Test Data Input, serieller Dateneingang
TDO	C13	Ausgang	Test Data Output, serieller Datenausgang
TESTHI	A23, A25, AE39	Ausgänge	Test-Pins, werden über Pull-Up-Widerstände mit Vcc verbunden
TESTLO	C21, AS39, AS41, AS43, AS45, BA13, BA15, BA33, BA37, BC13, BC15, BC33, BC37	Ausgänge	Test-Pins werden über Pull-Down-Widerstände mit Vss verbunden.
/THERMTRIP	A17	Ausgang	Ausgang der internen Temperaturüberwachung. Die CPU stoppt bei einer Temperatur größer als 135 °C und signalisiert dies mit /THERMTRIP.
TMS	C15	Eingang	Test Mode Select zur Selektierung der jeweiligen JTAG-Testfunktion
/TRDY	Y9	Eingang	Target Ready zur Signalisierung, dass das Target für eine Datenübertragung bereit ist.
/TRST	A7	Eingang	Test Reset, asynchrone Initialisierung des TAPs (Test Access Port)
/UP	AG3	Ausgang	Upgrade Present, normalerweise offen, denn eine Overdrive-CPU für den PentiumPro gibt es nicht.
VCC	(siehe Bild 7.56)	Eingänge	Versorgungsspannung, insgesamt 76 Anschlüsse, die wie folgt unterteilt werden: VccS: Spannung für die CPU VccP: Spannung für den L2-Cache Vcc5: für den CPU-Kühler, nicht verwendet Die eigentliche CPU und der L2-Cache benötigen bei einigen PentiumPro-Versionen unterschiedliche Spannungen, wohingegen bei neueren Versionen 3,3 V für beide Einheiten verwendet werden.

Fortsetzung der Tabelle:

Bezeichnung	Pin-Nr.	Richtung	Bedeutung/Funktion
VID[3:0]	AS7, AS5, AS3, AS1	Ausgänge	Voltage Identification, Signalisierung, welche CPU-Spannung zu verwenden ist
VREF0-VREF6	C7, S7, Y7, A47, AE47, U41, AG45	Eingänge	Referenz-Signale für die Open-Drain-Treiber der Gunning Transceiver Logic (GTL-Bus), die der PentiumPro verwendet. Verbunden werden VREF3-0 und VREF4-7, die mit Widerständen den Low- und High-Pegel bestimmen.
VSS	(siehe Bild 7.56)	Eingänge	Masse, GND, insgesamt 111 Anschlüsse

VID [3:0]	Spannung	VID [3:0]	Spannung
0000	3,5 V	1000	2,7 V
0001	3,4 V	1001	2,6 V
0010	3,3 V	1010	2,5 V
0011	3,2 V	1011	2,4 V
0100	3,1 V	1100	2,3 V
0101	3,0 V	1101	2,2 V
0110	2,9 V	1110	2,1 V
0111	2,8 V	1111	keine CPU

Tabelle 7.32: Die Signale des PentiumPro

Der Standard-Chipsatz für einen PentiumPro ist der Natoma (VS440FX), der ebenfalls für die erste Pentium-II-Version zum Einsatz kommt. Andere Hersteller haben keinen eigenen Chipsatz für den PentiumPro vorgestellt und alle Mainboards verwenden daher den Intel-Natoma-Chipset.

Der Nachfolger des PentiumPro, der über eine entsprechende Multiprozessorunterstützung verfügt, wird von Intel als *Xeon* bezeichnet und je nach Typ bildet ein Pentium-II- oder ein Pentium-III-Kern hierfür die Basis. Dabei kommt nicht etwa ein Sockel 8 zum Einsatz, sondern wie beim Pentium II ein spezieller Slot, der aber nicht abwärtskompatibel ist zum Slot-1 des Pentium II und daher als Slot-2 bezeichnet wird. Der 2-Level-Cache in der großen CPU-Cartridge, in der sich der Xeon verbirgt, hat eine Kapazität von 512 Kbyte, 1 Mbyte oder 2 Mbyte, womit sich diese CPU, die mit mindestens 400 MHz arbeitet, bevorzugt für Serveraufgaben empfiehlt.

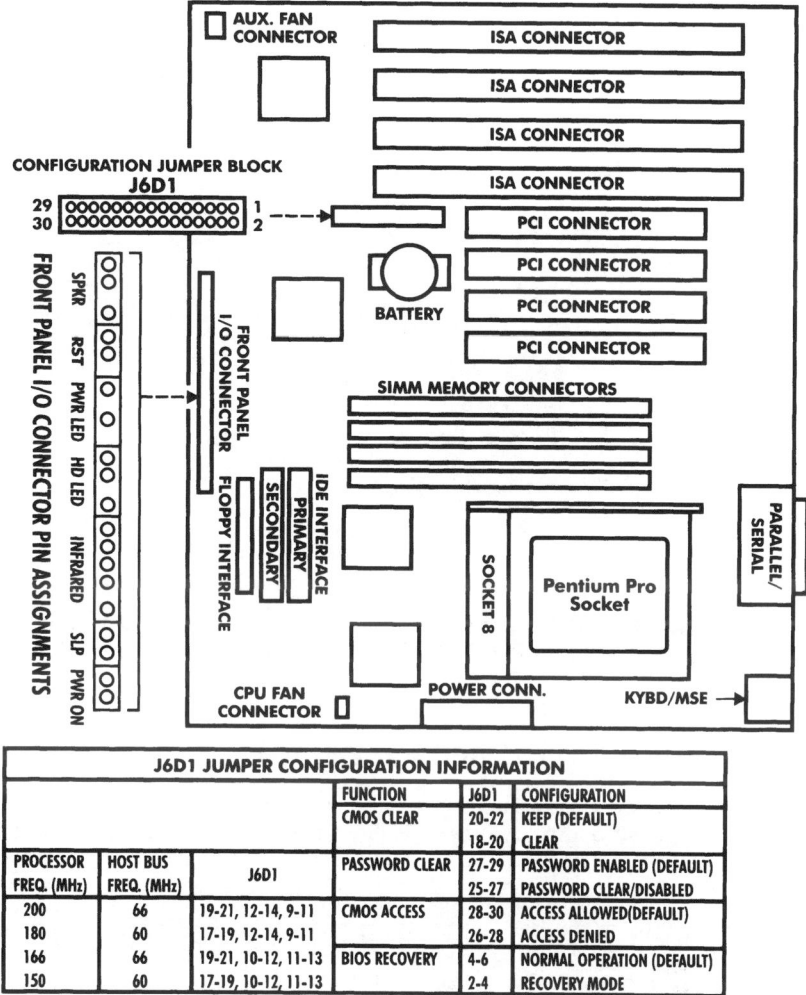

J6D1 JUMPER CONFIGURATION INFORMATION					
			FUNCTION	J6D1	CONFIGURATION
			CMOS CLEAR	20-22	KEEP (DEFAULT)
				18-20	CLEAR
PROCESSOR FREQ. (MHz)	HOST BUS FREQ. (MHz)	J6D1	PASSWORD CLEAR	27-29	PASSWORD ENABLED (DEFAULT)
				25-27	PASSWORD CLEAR/DISABLED
200	66	19-21, 12-14, 9-11	CMOS ACCESS	28-30	ACCESS ALLOWED(DEFAULT)
180	60	17-19, 12-14, 9-11		26-28	ACCESS DENIED
166	66	19-21, 10-12, 11-13	BIOS RECOVERY	4-6	NORMAL OPERATION (DEFAULT)
150	60	17-19, 10-12, 11-13		2-4	RECOVERY MODE

Bild 7.57: Das Layout und die Bedeutung der einzelnen Jumper beim Intel VS440FX-Mainboard für den PentiumPro

*Bild 7.58: Eine XEON-CPU verwendet eine recht große Cartridge und ist für Multiprozessoran-
wendungen (z.B. mit LX-Chipset) vorgesehen*

7.10 Pentium II und Pentium III

Der erste Pentium II (Klamath) wurde von Intel kurz nach den MMX-CPUs vorgestellt und besitzt ebenfalls die entsprechenden Multimediaerweiterungen (MMX).
Im Prinzip steckt im Pentium II der Kern eines PentiumPro mit MMX-Befehlssatz.

Der L1-Cache wurde wie schon bei den MMX-CPUs von je 8 Kbyte auf je 16 Kbyte
(Daten und Programmcode) vergrößert. Der L2-Cache, dem der PentiumPro zum
großen Teil seine Leistungsfähigkeit verdankt, befindet sich nun allerdings nicht
mehr im gleichen Gehäuse wie der CPU-Kern, sondern sitzt in einem separaten Chip
mit dem eigentlichen Prozessor zusammen auf einer speziellen Einsteckkarte, die
ihren Platz in einem speziellen Slot auf dem Mainboard findet.

Dieser Steckplatz wird als *Slot One* bezeichnet und besteht aus insgesamt 242 Kontakten. Die bisher üblichen Sockel oder genauer die hierfür passenden CPUs waren
damit aus der Sicht von Intel zum baldigen Aussterben verurteilt, was dann auch
für den PentiumPro (mit Sockel-8-Layout) galt, der demgegenüber jedoch über
eine Multiprozessorunterstützung verfügt, während Pentium-II-Systeme maximal
zwei CPUs unterstützen können. Außerdem wird der L2-Cache beim Pentium II – im
Gegensatz zum PentiumPro – nur mit dem halben CPU-Takt betrieben.

Der Grund für die Rückkehr zur Auslagerung des L2-Cache aus dem CPU-Chip ist
wohl allein in den Herstellungskosten zu sehen, denn wenn bei der Montage des
Pentium Pro – dem Einbau und dem Verdrahten (bonden) der CPU mit dem L2-
Cache – eine Beschädigung auftrat, konnte man den kompletten Chip nur noch
wegwerfen.

Bild 7.59: *Der Pentium II mit entferntem SEC-Gehäuse – er setzt sich aus der eigentlichen CPU, dem L2-Cache-Controller und einem L2-Cache von 512 Kbyte zusammen; diese Bauelemente befinden sich auf einer beidseitig bestückten Platine*

Auf der Pentium-II-Einsteckkarte befinden sich der Prozessor (GC80522PX), der aus vier Bausteinen aufgebaute L2-Cache mit einer Gesamtkapazität von 512 Kbyte sowie das dazugehörige TAG-RAM (S82459AB), die einzeln getestet und auf herkömmlichem Wege (löten) auf die Platine (siehe Bild 7.59) gesetzt werden können, was den Ausschuss bei der Herstellung maßgeblich reduziert.

Die Pentium-II-Platine befindet sich in einem recht klobig wirkenden Gehäuse, welches als **S**ingle **E**dge **C**ontact (SEC) bezeichnet wird und mit einem Kühlkörper versehen ist. Das Prinzip, die CPU und den Cache-Speicher sowie weitere Elektronik auf einer speziellen Karte unterzubringen, ist allerdings nicht neu und wurde schon vor Jahren von anderen Firmen wie AMI (Flex CPUs) oder ALR (CPU-Card) praktiziert, die sich jedoch alle aufgrund ihrer herstellerspezifischen Lösungen nicht am Markt durchsetzen konnten.

Eine Verbesserung gegenüber dem PentiumPro wurde beim Pentium II allerdings auch vorgenommen: Um den Leistungseinbruch bei 16-Bit-Applikationen zu beheben, wurden *Segment-Register-Caches* implementiert. Jede CPU für PCs muss insbesondere im 16-Bit-Betrieb laufend zwischen verschiedenen (Speicher-) Segmenten umschalten, was weniger Zeit kostet, wenn diese Registerinhalte zwischengespeichert werden können, wie es nunmehr beim Pentium II praktiziert wird.

Bild 7.60:   Der Pentium II im Größenvergleich zu einer Pentium-CPU

Die zweite Pentium-II-Generation wurde im Frühjahr 1998 von Intel präsentiert und wird auch als *Deschutes* bezeichnet. Die CPU-Taktrate wurde von zuvor maximal 300 MHz auf 333, 350 oder 400 MHz – je nach CPU-Typ – gesteigert, wobei die Versionen mit 350 und 400 MHz einen Systemtakt von 100 MHz (statt 66 MHz) und dementsprechende PC100-DIMMs benötigen.

Der Deschutes verwendet zwar die gleiche Platine wie der Klamath, allerdings werden hier für den 2-Level-Cache schnellere Pipelined-Burst-Chips mit einer Zugriffszeit von 5ns eingesetzt, beispielsweise die Typen KM736V604MT-5 der Firma Samsung, die, wie die eigentliche CPU, vom Kühlklotz des Pentium II eine ausreichende Kühlung erfahren müssen. Der höhere Takt gegenüber einem Klamath führt zwar zu einer höheren Transferrate, was in der Praxis jedoch kaum spürbar ist, da die PC-typische Systemleistung eher durch den L2-Cache als durch die Bustransfers bestimmt wird. Die L2-Cache-Größe beträgt sowohl beim Klamath als auch beim Deschutes 512 Kbyte. Auch funktionell sind beide Pentium-II-Versionen ansonsten identisch.

Etwas aufwendig mutet die gesamte Mechanik rund um den Pentium II an. Auf dem Mainboard sind zwei Halterungen und am Pentium II ein Kühlkörper zu montieren, der üblicherweise auch noch einen Lüfter besitzt. Die eine Halterung, die sich vor dem Slot 1 befindet, nimmt dann den »Pentium-II-Klotz« auf und die zweite dient zur Abstützung des Klotzes nach hinten. Von einigen Mainboards wird ein Temperatursensor unterstützt, der mit einem Klebeband am Kühlkörper zu montieren ist und für einen Alarm bei einer zu hohen Temperatur sorgt.

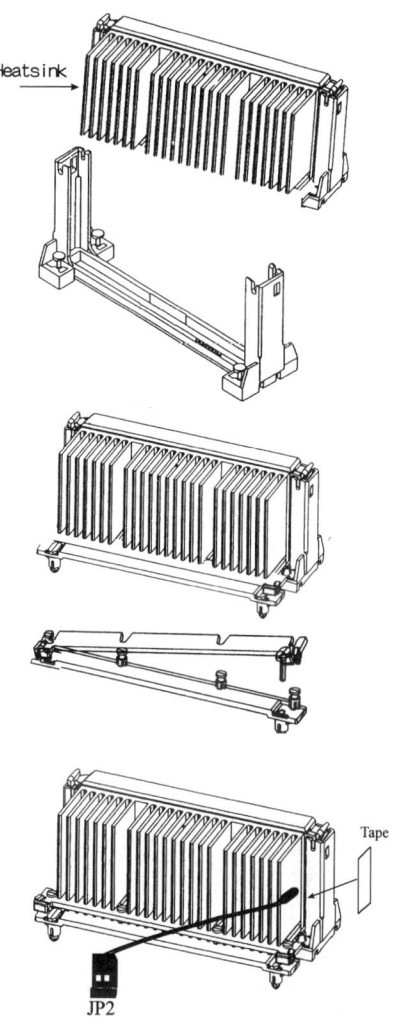

Heatsink

Tape

JP2

Bild 7.61: Die Montage eines Pentium II ist recht aufwendig und erfordert einiges Zubehör, das zum Lieferumgang des Mainboards gehört

Bild 7.62: Der Slot 1 und die montierten Halterungen auf einem Pentium-II-Mainboard; unter der Halterung für die Abstützung des Kühlkörpers befindet sich der 82443LX, der mit dem PIIX4 zusammen den kompletten Pentium-II-Chipsatz darstellt

An der Pentium-II-Cartridge sind auch noch einige Montagearbeiten vorzunehmen, bevor sie auf das Mainboard in den Slot 1 eingesetzt werden kann. Ein Plastikrahmen ist »aufzuschnappen« und darauf gehört der Kühlkörper, der mit einer Klammer am »Pentium-II-Klotz« zu befestigen ist, wie es im folgenden Bild erkennbar ist.

Bild 7.63: Für die Pentium-II-CPU wird ein Plastikrahmen und ein Kühlkörper mit Lüfter benötigt

Einen Upgrade-Pfad von einem PC mit Pentium-CPU (Sockel 7) zu einem Pentium-II-System gibt es im Prinzip nicht. Es wird auf jeden Fall ein neues Mainboard (mit Slot One) benötigt, welches vorzugsweise in der ATX-Bauform hergestellt wird und was daher möglicherweise auch ein neues Gehäuse mit ATX-Netzteil erfordert. Neue Speicherbausteine sind meist auch noch nötig, da Pentium-II-Systeme eben DIMMs erfordern und in der Regel keine PS/2-SIMMs mehr aufnehmen können.

 Der Schritt von einen Pentium- zu einem Pentium-II-System will gut überlegt sein, ist aus leistungstechnischen Gründen jedoch nicht unbedingt nötig, da insbesondere die Firma AMD CPU-Alternativen (z.B. AMD-K6-3) anbietet, die sich in einem Sockel 7 betreiben lassen.

Bild 7.64: Der montierte Pentium II

Das Slot-1-Konzept ist auf jeden Fall relativ aufwendig und damit in der Herstellung auch weit teurer als ein System mit einem Sockel 7. Nicht ohne Grund hat Intel nach kurzer Zeit auch den Celeron (siehe folgendes Kapitel) auf den Markt gebracht und auch die Cartridge für den Pentium II und den Nachfolger Pentium III geändert.

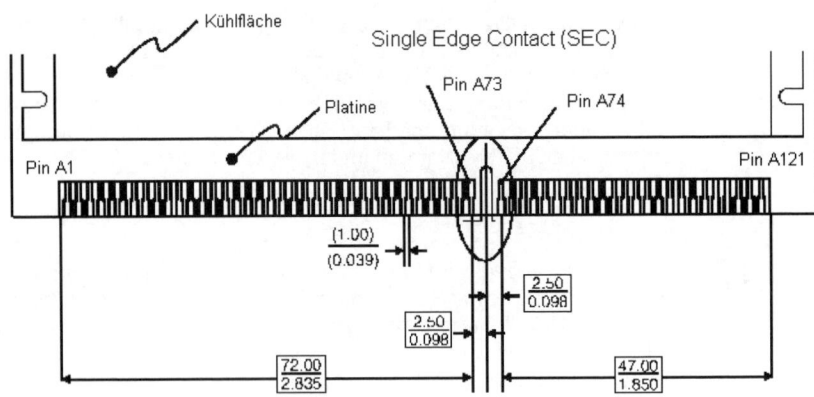

Bild 7.65: Das Layout des Slot One und die Kontaktnummerierung

Bezeichnung	Pin-Nr.	Richtung	Bedeutung/Funktion
A35-A3	B78, A80, A79, A83, A81, B80, B84, A84, B82, B88, B83, A87, A85, B87, B86, A89, A91, B91, A92, B90, A95, A93, B94, B92, A96, A99, B95, B96, B99, A97, A100, B98	Ausgänge Eingänge	Der Adressbus des Pentium II. Der adressierbare Speicherbereich beträgt 2^{36} Byte. I/O-Operationen sind definiert mit /REQ[4:0]= 1000X und der Bereich ist 64 Kbyte + 3 Byte. Die Adresssignale werden in zwei Request-Takten übertragen, wobei die beiden AP-Signale der Paritätsprüfung dienen.
/A20M	A5	Eingang	Ist Address Mark 20 auf Low, wird das Adressbit intern maskiert (Address Wrap around für 8086, Real Mode).
/ADS	A115	Ausgang	Signalisiert einen gültigen Address-Zyklus
/AERR	B118	Eingang Ausgang	Address Parity Error signalisiert einen Paritätsfehler des Adressbus und initiiert einen Parity-Check der Agents.
/AP[1:0]	B116, A117	Eingänge Ausgänge	Die Address Parity Signals geben die Parity-Daten aus, High bei gerader und Low bei ungerader Parität.
/ASZ[[1:0] REQ[4:3]	B104, A108	Eingänge Ausgänge	Address Space Size, die Signale werden mit REQ[4:3] übertragen und kennzeichnen den jeweiligen Adressbereich.

/ASZ1 /ASZ0 Bereich

    0   0   0<=A[35:3]< 4 Gbyte

    0   1   4GB <= A[35:3] < 64 GB

    1   x   Reserviert

Fortsetzung der Tabelle:

Bezeichnung	Pin-Nr.	Richtung	Bedeutung/Funktion
BCLK	A75	Eingang	Bus Clock (Mainboard-Takt), der intern in Abhängigkeit von den LINT-Signalen vervielfacht wird.
/BERR	A77	Eingang Ausgang	Bus Error, signalisiert einen nicht behebbaren Busfehler bzw. gibt ein entsprechendes Error-Signal aus.
/BINIT	A24	Eingang Ausgang	Bus Initialization signalisiert Buszugriffe, denen weitere Informationen folgen.
/BNR	A101	Eingang Ausgang	Block Next Request (Arbitration) dient zur Verlängerung eines Zyklusses, für einen nicht bereiten Agent zur Verhinderung eines Überlaufs.
/BP[3:2]	A21, B19	Eingänge Ausgänge	Break Point, signalisieren den Status der Debug-Register (Breakpoint).
/BPM[1:0]	B24, A23	Eingänge Ausgänge	Break Point More, signalisieren den Status der Breakpoint-Register und der internen Counter.
/BPRI	A103	Eingang	Bus Priority Request, Signal zur Anforderung (Arbitration), dass eine Busmasterzuteilung erfolgt.
/BR[1:0]	B24, A23	Eingänge Ausgänge	Bus Request (/BREQ[1:0]), sind die Request-Pins, die die /BREQ-Signale treiben und die mit den entsprechenden CPU-Pins verbunden sind. Hiermit erfolgt nach einem Reset die Zuteilung der Agents. Im Gegensatz zum PentiumPro erlaubt der Pentium II nur zwei Agents.
			Signal Agent0 Agent1
			/BREQ0 /BR0 /BR1
			/BREQ1 /BR1 /BR0
/BSEL	B21	Eingang Ausgang	Bus Select ist mit GND verbunden und für zukünftige Slot-CPUs vorgesehen.

Fortsetzung der Tabelle:

Bezeichnung	Pin-Nr.	Richtung	Bedeutung/Funktion
D63-D0	B32, B30, A32, A35, B38, B31, A37, B34, A33, B36, A36, B40, A41, B35, A40, B39, B43, A39, A44, B44, A48, A43, B42, B47, A45, B50, A49, B46, A52, B48, A51, B51, A53, A55, B54, B52, A56, B55, B56, A57, A59, B58, A60, B62, B59, B60, B63, A61, B64, A67, A63, B66, A64, A65, A68, A69, B67, B68, A71, B70, A72, B71, A73, B72,	Eingänge Ausgänge	Der 64 Bit breite Datenbus des Pentium II
/DBSY	A111	Eingang Ausgang	Data Bus Busy signalisiert, dass die Daten auf dem Bus gerade verarbeitet werden.
/DEFER	A105	Eingang	Defer-Signal wird von einem Agent aktiviert (Snoop Phase), um zu kennzeichnen, dass die aktuelle Transaktion noch nicht beendet ist.
/DEP[7:0]	B28, A31, A29, B27, A28, B26, A27, A25	Eingänge Ausgänge	Die ECC (Error Correcting Codes) des Datenbusses. ECC kann einzelne Bitfehler erkennen und korrigieren und 2-Bit-, 4-Bit-Fehler erkennen.
/DRDY	B107	Eingang Ausgang	Data Ready signalisiert gültige Daten auf dem Datenbus.
EMI	B100, B81, B61, B41, B1		EMI-Management, werden mit GND über Zero-Ohm-Widerstände direkt am Slot 1 verbunden.
/FERR	A7	Ausgang	Floating Point Error, der interne Coprozessor signalisiert über diesen Pin mit einem Low, dass ein Fehler aufgetreten ist.
/FLUSH	B2	Eingang	Cache Flush, wenn ein externes System dieses Signal aktiviert, wird der Cache-Inhalt in das DRAM geschrieben.
/FRCERR	B76	Eingang Ausgang	Functional Redundancy Check Error signalisiert einen Fehler in der Floating-Point-Unit, entspricht dem /ERROR-Signal des 386/486 und ist für die DOS-Kompatibilität implementiert.

Fortsetzung der Tabelle:

Bezeichnung	Pin-Nr.	Richtung	Bedeutung/Funktion
GND	A2, A6, A10, A14, A18, A22, A26, A30, A34, A38, A42, A46, A50, A54, A58, A62, A66, A70, A74, A78, A82, A86, A90, A94, A98, A102, A106, A110, A114, A118	Eingänge	Die Masseleitungen (Vss) des Pentium II.
/HIT	B110	Eingang Ausgang	Kennzeichnet einen Cache-Hit, ob die Daten im Prozessor-Cache gespeichert sind (Cache-Invalidierung).
/HITM	A109	Eingang Ausgang	Hit to a Modified Line, wie HIT, hier jedoch für eine bereits modifizierte Cache-Line
/IERR	A4	Ausgang	Internal Error kennzeichnet einen aufgetretenen internen Fehler.
/IGNNE	A8	Eingang	Wenn Ignore Numeric Error aktiviert ist, werden vom Pentium II Fehler des mathematischen Coprozessors ignoriert und nur diejenigen Befehle ausgeführt, die nicht die Gleitkommaeinheit betreffen.
/INIT	B4	Eingang	Initialization, im Prinzip wie ein Reset, aber mit dem Unterschied, dass der Cache, die Write Buffer und die Floating-Point-Register nicht zurückgesetzt werden.
INTR/LINT0	A17	Eingang	Interrupt-Request, Anforderung eines Interrupts. Beim Power-Up dient dieser Pin der Takterkennung (Jumper: LINT0, LINT1).
NMI/LINT1	B16	Eingang	Das NMI-Signal (Non Maskable Interrupt). Beim Power-Up dient dieser Pin der Takterkennung (LINT0, LINT1).

Core/Bus-Clock	LINT1	LINT0	/IGNNE	/A20M
2	0	0	0	0
4	0	0	1	0
3,5	0	1	0	1
4,5	0	1	1	0
2	1	1	1	1

Bezeichnung	Pin-Nr.	Richtung	Bedeutung/Funktion
/LOCK	B106	Eingang Ausgang	Signalisiert mit einem Low, dass kein anderer Bus-Master auf den Systembus zugreifen darf.
PICCLK	B18	Eingang	Programmable Interrupt Controller Clock, Eingang für seriellen APIC-Data-Clock

Fortsetzung der Tabelle:

Bezeichnung	Pin-Nr.	Richtung	Bedeutung/Funktion
PICD[1:0]	B22, A19	Eingänge, Ausgänge	Programmable Interrupt Controller Data Lines, Datenleitungen des APIC-Bus
PLL1, PLL2	C19, C23	Eingänge	Anschlüsse der Phase Locked Loop (interner Taktgenerator) für Kondensatoren (0,1uF)
/PRDY	B23	Ausgang	Probe Ready signalisiert, dass die CPU die normale Verarbeitung beendet hat.
/PREQ	A20	Eingang	Probe Request, Anforderung für die Debug-Funktion
PWRGOOD	A12	Eingang	Signalisierung vom Chipset, dass die Spannungen und der Takt in Ordnung sind (typ. 2,5 V).
REQ[4:0]	B104, A108, A197, B103	Eingänge Ausgänge	Request-Command-Signale, werden vom Busmaster während zwei Taktzyklen (/REQ a,b) für unterschiedliche Funktionen verwendet. /ASZ[1:0]: Memory Address Space Size /BE[7:0]: Byte Enable /ATTR[7:0]: Attribut-Signale /EXF[4:0]: /DEN, SMM-Mode /DSZ[1:0]: Data Size /DID[7:0]: Deferred Identifier /LEN[1:0]: Data Length I/O-Read, I/O-Write, MEM-Read, MEM-Write Interrupt Acknowledge
RESERVED	A16, A47, A88, A113, A116, B12, B14, B15, B20, B112	–	Diese Pins sind nicht angeschlossen und für Weiterentwicklungen reserviert.
/RESET	B74	Eingang	Initialisierung der CPU, Zurücksetzen aller Register und Cache-Speicher
/RP	B114	Eingang Ausgang	Request Parity, Paritysignal über /ADS und /REQ[4:0]
/RS[2:0]	B111, A112, B108	Eingänge	Response-Status wird vom aktuellen Agent gesendet.

/RS[2:0]	Status	/HITM	/DEFER
000	Idle	–	–
001	Retry	0	1
010	Defer	0	1
011	Reserved	0	1
100	Hard Failure	x	x
101	Normal, ohne Daten	0	0
110	Transfer Modified Cache Line	1	x
111	Normal, mit Daten	0	0

Fortsetzung der Tabelle:

Bezeichnung	Pin-Nr.	Richtung	Bedeutung/Funktion
/RSP	B115	Eingang	Response Parity wird vom aktuellen Agent zur Signalisierung der Parität verwendet (High: gerade, Low: ungerade).
/SLOTOCC	B101	Eingang	Ist mit GND verbunden, wenn der Pentium 2 in den Slot-One eingesteckt ist.
/SLP	B8	Eingang	Sleep-Signal, bei einem Low wird die CPU in den Sleep-Modus versetzt, nach einem Reset oder /SLP=High läuft die CPU wieder im Normalmodus.
/SMI	B3	Eingang	System-Management-Interrupt-Eingang zur Einschaltung des SMModus.
/STPCLK	B6	Eingang	Stop Clock, Anhalten des Taktes (Stromsparmodus)
TCK	B7	Eingang	Test Clock, das Taktsignal (Boundary Scan, TAP)
TDI	A9	Eingang	Test Data Input, serieller Dateneingang
TDO	A11	Ausgang	Test Data Output, serieller Datenausgang
TESTHI	A13	Ausgang	Test-Pin wird über Pull-Up-Widerstand mit 2,5 V verbunden.
/THERMTRIP	A15	Ausgang	Ausgang der internen Temperaturüberwachung. Die CPU stoppt bei einer Temperatur größer als 130° C und signalisiert dies mit dem Signal /THERMTRIP.
TMS	B10	Eingang	Test Mode Select zur Selektierung der jeweiligen JTAG-Testfunktion
/TRDY	A104	Eingang	Target Ready, zur Signalisierung, dass das Target für eine Datenübertragung bereit ist.
/TRST	B11	Eingang	Test Reset, asynchrone Initialisierung des TAPs (Test Access Port)
VCC_CORE	B13, B17, B25, B29, B33, B37, B45, B49, B53, B57, B65, B69, B73, B77, B85, B89, B93, B97, B105	Eingänge	Versorgungsspannung für den CPU-Kern
VCC_L2	B113, B117, B121	Eingänge	Betriebsspannung für den L2-Cache
VCC5	B109	Eingang	Üblicherweise nicht verwendet und nur für den Intel-Debug-Mode notwendig.
VID[4:0]	A121, B119, A119, A120, B120	Ausgänge	Voltage Identification, Signalisierung, welche CPU-Spannung zu verwenden ist. Wird von der Mainboard-Elektronik ausgewertet, dient mit /SLOTOCC der CPU-Detektierung.

Tabelle 7.33: Die Signalbeschreibung des Pentium II

Der Mitte 1999 vorgestellte Pentium III ist logischerweise eine Weiterentwicklung des Pentium II, wobei sich die Neuerungen im Wesentlichen auf 72 neue Befehle beschränken, die als *Internet Streaming Single Instruction Multiple Data Extensions* oder kürzer als ISSE bezeichnet werden. Dies ist im Grunde nichts anderes als ein erweitertes MMX (Multi Media Extensions), wobei ISSE jedoch nicht auf Integer-Operationen beschränkt ist, sondern auch auf Gleitkommaoperationen angewendet werden kann, wie es AMD bereits mit 3DNOW! beim AMD-K6-2 vorgemacht hat.

Gemein ist allen drei Multimedia-Erweiterungen, dass die Software die entsprechenden Extensions unterstützen muss, was insbesondere für Spiele von Bedeutung ist. Ab Microsofts DirectX Version 6.1 soll dies der Fall sein, ob ein bestimmtes Spiel dies jedoch ausnutzt oder nicht (einige Spiele umgehen aus Leistungsgründen DirectX), steht auf einem anderen Blatt.

Umstritten ist ein weiteres Pentium-III-Feature: Die Security-Architektur. Jeder Pentium III besitzt eine eigene Kennung, die beispielsweise zur Lizenzierung von Software und E-Commerce zum Einsatz kommen soll. Somit ist es aber theoretisch kein Problem, genaue Benutzerprofile der Internet-Surfer zu erstellen, was einigen Datenschutzorganisationen doch zu weit ging und die daher zum Boykott des Pentium III aufgerufen haben. Wenig später hat Intel daher die Empfehlung an die BIOS- und Mainboard-Hersteller ausgegeben, dass die Seriennummer-Einschaltung nur optional vorgesehen werden soll und per Voreinstellung auf *Disabled* stehen soll. In den üblichen BIOS-Setups findet man einen entsprechenden Eintrag zur Freigabe – wozu das auch immer gut sein soll.

Bild 7.66: Für aktuelle Pentium-II- und Pentium-III-CPUs wird nur noch das flachere SEC2-Gehäuse verwendet, was die Montage etwas vereinfacht

Ansonsten hat sich außer der »Einstiegstaktfrequenz« (450 MHz) gegenüber dem Pentium II nichts Wesentliches geändert: Er arbeitet mit einem Systemtakt von 100 MHz bzw. die neuesten Modelle (Coppermine) mit 133 MHz, es gibt einen L1-Daten- und -Befehls-Cache mit je 16 Kbyte und der L2-Cache verfügt über eine Kapazität von 512 Kbyte, wobei dieser auch nur mit dem halben Prozessortakt arbeitet. Seine höhere Leistung gegenüber einen Pentium II erreicht der Pentium III daher durch seine höhere Taktfrequenz.

Pentium II, Pentium III und der Celeron benötigen – je nach Version – unterschiedliche Halterungen und Kühlkörper. Während die Kühlkörper einzeln zu erwerben sind, gehören die Halterungen üblicherweise zum Lieferumfang des Mainboards. Beim Kauf sollte man unbedingt darauf achten, dass die für die einzusetzende CPU benötigte Halterung mit dabei ist.

Die Familie auf der Basis des Pentium II wird immer größer, wobei zur Unterscheidung oftmals die Code-Namen (Tabelle 7.34) verwendet werden, die zwar keine offizielle Bezeichnung sind, jedoch die Unterscheidung vereinfachen.

Bezeichnung	Typ	Takt/MHz	Features
Klamath	Pentium II	233, 266, 300	Standard-Pentium II, 66 MHz-Systemtakt
Deschutes	Pentium II	333, 350, 400	100 MHz-Systemtakt
Katmai	Pentium III	ab 450	100 MHz-Systemtakt, ISSE, Security-Architektur
Coppermine	Pentium III	B-Typ	ab 500 133 MHz-Systemtakt, 256 Kbyte-Cache, wird mit dem vollen CPU-Takt betrieben
Covington	Celeron	266, 300	kein L2-Cache
Mendocino	Celeron (A)	ab 300	128 Kbyte-Cache, wird mit dem vollen CPU-Takt betrieben

Tabelle 7.34: Daten der Pentium-II-Familie

Beim Pentium-III-Coppermine ist der L2-Cache nur noch 256 Kbyte groß, dafür ist er jedoch im Chip (Die) integriert und wird nicht diskret auf der CPU-Platine aufgebaut. Er wird (wie beim Celeron) mit dem vollen CPU-Takt betrieben.

Es gibt dabei mehrere unterschiedliche Varianten, was aus der jeweiligen Bezeichnung erkennbar ist, denn es wird sowohl der neuere Coppermine (Typ E) als auch der Katmai für einem Systemtakt von 133 MHz (statt wie bisher 100 MHz) angeboten, was dann noch durch ein »B« gekennzeichnet wird.

7.11 Der Celeron

Ein Ableger der Pentium-II-CPU ist der Celeron, der zunächst ohne L2-Cache realisiert wurde und daher vom Markt nicht in dem Maße angenommen wurde, wie es sich Intel vorgestellt hatte. Die Möglichkeit der Nachrüstung eines L2-Caches ist weder auf dem CPU-Modul noch auf dem Mainboard vorgesehen, da der hierfür vorgesehene 440EX-Chipsatz dies nicht unterstützt. Der Celeron besitzt jedoch wie die anderen Pentium-II-CPUs einen L1-Cache von jeweils 16 Kbyte für Daten und Befehle.

Der Celeron ist ganz bewusst als »Pentium-II-Billigattacke« gegen die Konkurrenz (AMD, Cyrix) konzipiert worden und erbringt bei 266 MHz nur knapp die Leistung eines Pentium-MMX bei einem Takt von 233 MHz. Der Celeron arbeitet mit einem Systemtakt von 66 MHz.

Bild 7.67: Auf der Platine des Celeron (266, 300 MHz) sind statt des Cache-Speichers zahlreiche Abschlusswiderstände zu finden

Das aufwendige vom Pentium II her bekannte Gehäuse gibt es beim Celeron nicht, er kommt quasi als »nackte Platine« daher, wie sie im Bild 7.67 gezeigt ist. Diese Konstruktion wird von Intel als *Single Edge Processor Package* (SEPP) bezeichnet.

Das Layout ist Slot-1-kompatibel und demnach passt die Celeron-Platine sowohl elektrisch als auch mechanisch in den Slot 1 hinein. Der Haken dabei ist jedoch, dass sie hier – auf Grund des fehlenden Gehäuses – keine Befestigung mehr erhält, und demnach werden für den Celeron neue Halterungen und ein anderes Kühlblech benötigt, die aber nicht auf ein übliches Pentium-II-Mainboard passen. Erst bei neueren Mainboards, die eine universelle (URM) oder auch mehrere Halterungen zur Auswahl mitliefern, gibt es diese Problematik nicht mehr.

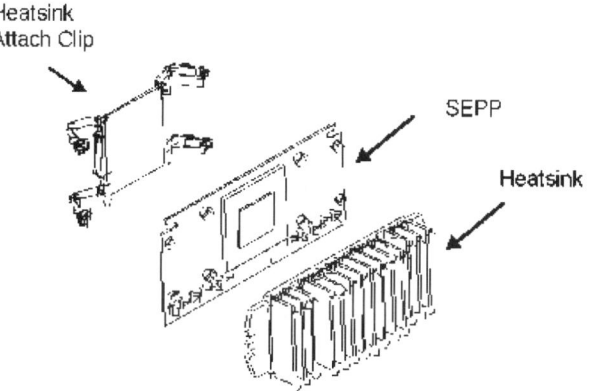

Bild 7.68: Der Kühlkörper für den Celeron wird mit einer speziellen Klammer, die durch vier Löcher des SEPPs gesteckt wird, befestigt

 Zum Mainboard mit Slot 1 sollte ein Universal Retention Modul (URM) gehören, welches laut Intel allen Slot-CPUs eine optimale Halterung bietet.

Die glücklose L2-Cache-Celeron-Variante, die es mit 266 und 300 MHz gibt, wurde wenig später mit einem Cache von 128 Kbyte ausgestattet, was bei der 300-MHz-Version durch ein »A« in der Bezeichnung erkennbar ist. Alle darauf folgenden Celeron-CPUs besitzen diesen L2-Cache, der im Gegensatz zum Pentium II und Pentium III mit dem vollen CPU-Takt arbeitet. Dadurch ist er bei gleicher Taktfrequenz fast genauso schnell wie ein Pentium II/III, obwohl der L2-Cache bei diesen CPUs eine Kapazität von 512 Kbyte besitzt. In der Praxis wird man dennoch kaum einen merklichen Unterschied in der Performance feststellen können.

Bild 7.69: Der Celeron mit Slot-1-Anschluss wurde durch den Typ im PPGA-Gehäuse abgelöst

In Anbetracht der Tatsache, dass ein Pentium II/III fast doppelt so teuer ist, ist der Celeron ein echtes Schnäppchen. Da dies wiederum den Verkauf der teureren CPUs behindert, stellt Intel den Celeron seit einiger Zeit nur noch im 370-poligen PPGA-Gehäuse her und er soll allein für »Einstieg-PCs« zum Einsatz kommen.

Der kostenbewusste Anwender wird sich dadurch jedoch nicht irritieren lassen und ein »ordentliches« Slot-1-Mainboard (z.B. mit BX-Chipset) sowie eine Slot-1-to-370-Pin-Adapterplatine (siehe Bild 6.80) erwerben, die sich die Mainboard-Hersteller ausgedacht haben und für ca. DM 30 erhältlich ist. Somit ist es möglich, mit einem preiswerten Celeron zu arbeiten, und man kann im späteren Bedarfsfall auch eine leistungsfähigere Slot-1-CPU einsetzen.

Das einzige Problem, das dabei auftreten kann, ist, dass das BIOS eines älteren Pentium-II-Mainboards möglicherweise mit einem Celeron nicht klarkommt und – je nach Version – in bestimmten CPU-Mainboard-Kombinationen ebenfalls Probleme auftreten können, die sich in der Regel jedoch durch ein BIOS-Update beheben lassen. Dies ist allerdings nicht immer ganz einfach, wenn der PC mit der *neuen* CPU erst gar nicht starten will. Das Update ist demnach zunächst mit der passenden CPU durchzuführen und die neuere CPU ist danach einzubauen, was natürlich nur dann funktionieren kann, wenn man im Besitz einer zum Mainboard bzw. BIOS passenden CPU ist. Es erfordert andernfalls einen zweiten PC mit identischem Mainboard, um hiermit (mit dem eingesetzten alten BIOS) ein Update durchführen zu können.

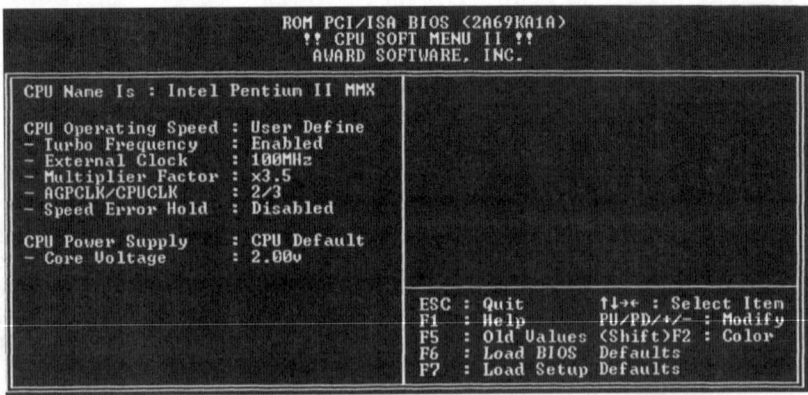

Bild 7.70: Die Einstellung der CPU-Parameter erfolgt per BIOS-Setup

Die Einstellung der Takte und der Spannungsversorgung erfolgt bei Pentium-II/III- und Celeron-CPUs üblicherweise nicht durch Jumper auf dem Mainboard, sondern per BIOS-Setup (siehe Kapitel 14). Diese CPUs besitzen spezielle *Voltage Identification Pins* (VID, Tabelle 7.33), mit der der Mainboard-Elektronik die jeweils benötigte Spannung signalisiert und daraufhin aktiviert wird. Viele der Intel-CPUs sind intern fest auf einen bestimmten Faktor (Systemtakt x CPU-Takt) verdrahtet, so dass es keine Rolle spielt, was hierfür möglicherweise im BIOS-Setup eingestellt wird. Der Systemtakt (66, 100, 133 MHz) bleibt daher im Grunde als einziger variabler Parameter übrig. Bei einigen Mainboards ist aus Sicherheitsgründen zunächst ein Jumper umzusetzen, damit sich die CPU-Parameter im BIOS-Setup verändern lassen.

 Auch wenn sich die CPU-Einstellungsdaten bequem per BIOS-Setup festlegen lassen, sollte mit Bedacht vorgegangen werden, denn eine zu hohe Spannung kann die CPU durchaus zerstören.

Die I/O-Spannung für die CPU beträgt üblicherweise 3,3 V und ist auf dem Mainboard meist nicht zu verändern. Lediglich die Core-Spannung lässt sich manipulieren und die folgende Tabelle zeigt hierfür die passenden Daten, wobei auch die für den Athlon von AMD gleich mit dabei sind, der im folgenden Kapitel behandelt wird.

Prozessor-Typ	Mainboard (Systemtakt)	interner Takt	Taktrate	Core-Spannung
Intel Pentium II 233	66 MHz	233 MHz	x 3,5	2,9 V
Intel Pentium II 266	66 MHz	266 MHz	x 4	2,9 V
Intel Pentium II 300	66 MHz	300 MHz	x 4,5	2,9 V
Intel Pentium II 333	66 MHz	333 MHz	x 5	2,18 V
Intel Pentium II 350	100 MHz	350 MHz	x 3,5	2,18 V
Intel Pentium II 400	100 MHz	400 MHz	x 4	2,18 V
Intel Pentium II 450	100 MHz	450 MHz	x 4,5	2,18 V
Intel Celeron 266 (ohne L2-Cache)	66 MHz	266 MHz	x 4	2 V
Intel Celeron 300 (ohne L2-Cache)	66 MHz	300 MHz	x 4,5	2 V
Intel Celeron 300A	66 MHz	300 MHz	x 4,5	2 V
Intel Celeron 333	66 MHz	333 MHz	x 5	2 V
Intel Celeron 366	66 MHz	366 MHz	x 5,5	2 V
Intel Celeron 400	66 MHz	400 MHz	x 6	2 V
Intel Celeron 433	66 MHz	433 MHz	x 6,5	2 V
Intel Celeron 466	66 MHz	466 MHz	x 7	2 V
Intel Celeron 500	66 MHz	500 MHz	x 7,5	2 V
Intel Pentium III 450	100 MHz	450 MHz	x 4,5	2 V
Intel Pentium III 500	100 MHz	500 MHz	x 5	2 V
Intel Pentium III 533B	133 MHz	533 MHz	x 4	1,8 V
Intel Pentium III 550	100 MHz	550 MHz	x 5,5	2 V
Intel Pentium III 600 E	100 MHz	600 MHz	x 6	2 V
Intel Pentium III 600 EB	133 MHz	600 MHz	x 4,5	1,8 V
Intel Pentium III 667 EB	133 MHz	667 MHz	x 5	1,6 V

Fortsetzung der Tabelle:

Prozessor-Typ	Mainboard (Systemtakt)	interner Takt	Taktrate	Core-Spannung
Intel Pentium III 700 E	100 MHz	700 MHz	x 7	1,6 V
Intel Pentium III 733 EB	133 MHz	733 MHz	x 5,5	1,6 V
AMD Athlon 500 MHz	100 MHz	500 MHz	x 5	1,55 V
AMD Athlon 550 MHz	100 MHz	550 MHz	x 5,5	1,55 V
AMD Athlon 600 MHz	100 MHz	600 MHz	x 6	1,55 V
AMD Athlon 650 MHz	100 MHz	650 MHz	x 6,5	1,55 V
AMD Athlon 700 MHz	100 MHz	700 MHz	x 7	1,55 V
AMD Athlon 800 MHz	100 MHz	800 MHz	x 8	1,55 V

Tabelle 7.35: Die Daten für die CPU-Einstellungen in der Übersicht; die jeweiligen Core-Spannungen können durchaus – je nach Typ und Herstellungscharge – variieren, wobei das BIOS optimalerweise die korrekte Spannung automatisch einstellen sollte

7.12 Der Athlon

Der Firma AMD ist es mit dem Athlon (Codename K7) erstmalig gelungen, den Marktführer mit seinem aktuellen Mikroprozessor Pentium III in allen wichtigen Disziplinen zu schlagen, was auch für die oft bemängelte Floating-Point-Leistung gilt, die insbesondere für »leistungshungrige« Spiele von Bedeutung ist.

Der Athlon verwendet das bereits vom Pentium II her bekannte Gehäuse und auch den in mechanischer Hinsicht identisch aufgebauten Slot. Elektrisch gesehen sind der Slot One von Intel und der Slot A von AMD allerdings völlig unterschiedlich, so dass ein Athlon nicht in einem Pentium-III-Mainboard zu verwenden ist, und es werden für den Athlon auch spezielle Chipsets (Kapitel 6.12.7) und demnach Mainboards benötigt.

Bild 7.71: Der Athlon verwendet ein ähnliches Gehäuse wie der Pentium II

Intel verwendet zur CPU-Kommunikation das GTL+-Protokoll (Gunning Transceiver Logic) und AMD das EV6-Protokoll, das von der Firma Digital, die dieses Protokoll bereits seit Jahren für ihre Alpha-CPUs verwendet, für den Athlon lizenziert wurde. EV6 bzw. der Athlon sind für einen Systemtakt von bis zu 200 MHz ausgelegt, was dadurch erreicht wird, dass auf beiden Seiten der Taktflanke gearbeitet wird (Double Data Rate). Die neueren DDR-RAMs (Kapitel 8) wären hierfür optimal einzusetzen.

EV6 ist sogar bis zu 400 MHz zu verwenden, was somit auch genügend »Spiel« für Weiterentwicklungen bereitstellt und insbesondere für Multiprozessorsysteme geeignet ist. Während sich beim GTL+-Bus die verwendeten Prozessoren die Busbandbreite teilen müssen, arbeitet EV6 ähnlich wie ein Switch in einem Netzwerk und stellt eine (virtuelle) Punkt-zu-Punkt-Verbindung zwischen einer CPU und dem Speicher her.

Für seine hervorragende Rechenleistung kommen beim Athlon gleich drei voneinander unabhängige Gleitkommaeinheiten (FPUs) zum Einsatz, wobei diese jeweils für eine bestimmte Rechenart spezialisiert sind. FMUL ist für die Multiplikationen, FADD für Additionen und FStore im Wesentlichen für das Speichern von Gleitkommazahlen vorgesehen.

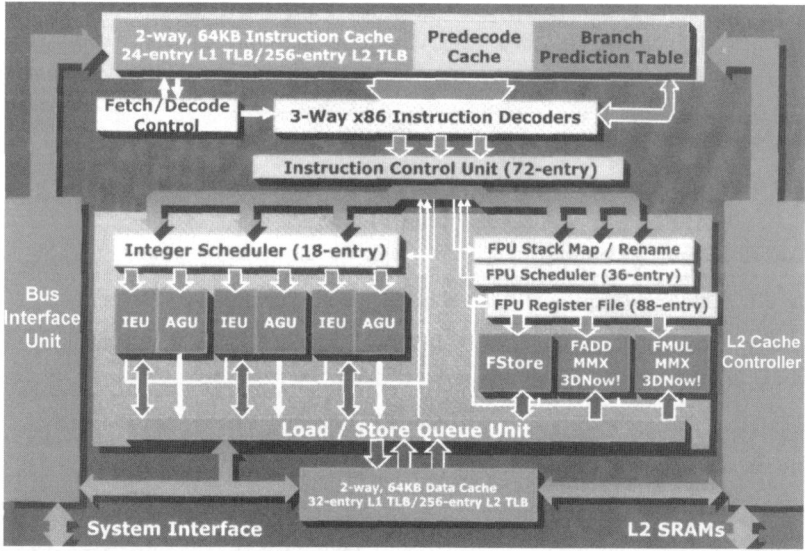

Bild 7.72: *Der Athlon arbeitet mit drei unabhängigen Floating-Point-Units, die für Gleitkomma- und Multimedia-Befehle ausgelegt sind*

Der Pentium III besitzt demgegenüber nur zwei FPUs – FADD und FMUL –, die jedoch nicht unabhängig voneinander arbeiten können, und daher verliert der Pentium III in dieser Rechendisziplin gegenüber dem Athlon – bei jeweils gleicher Taktfrequenz – um bis zu 30 %, wozu auch der viermal größere L1-Cache (128 Kbyte statt 32 Kbyte) seinen Beitrag leistet. Der Cache-Controller befindet sich im Chip (Die) selbst und kann maximal eine Cache-Größe von 8 Mbyte verwalten.

Der L2-Cache von zur Zeit 512 Kbyte wird mit dem vollen CPU-Takt betrieben, was Intel erst mit dem Pentium-III-Coppermine (128-Kbyte-L2-Cache) praktiziert. Die L2-Taktrate wird bei den Athlon-Modellen mit 750 und 800 MHz (zunächst) auf 2/5 bzw. 1/3 des Prozessortaktes festgelegt.

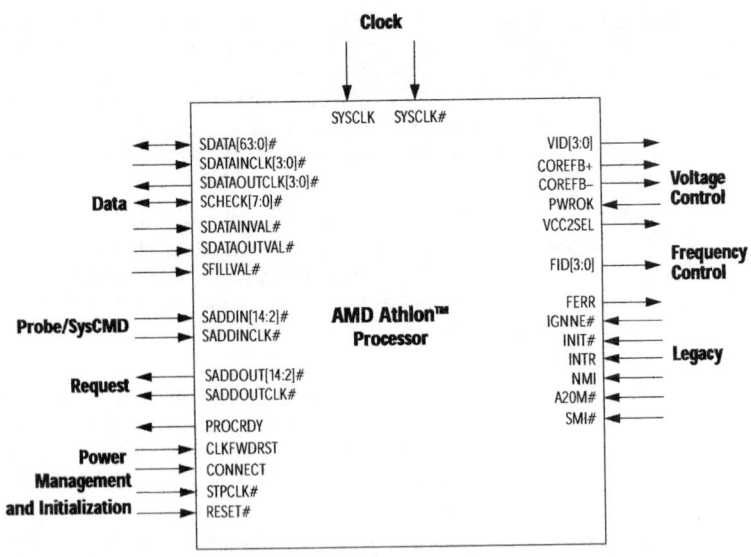

Bild 7.73: Die den einzelnen Funktionsgruppen zugeordneten Signale der Athlon-CPU

Bezeichnung	Richtung	Bedeutung/Funktion
/A20M	Eingang	Ist Address Mark 20 auf Low, wird das Adressbit intern maskiert (Address Wrap around für 8086).
CLKFWDRST	Eingang	Reset-Signal für das System und die CPU
CONNECT	Eingang	Das Signal dient dem Power-Management.
COREFB+ COREFB-	Ausgänge	Hiermit wird der Mainboard-Elektronik die aktuelle Core-Spannung bekanntgegeben.
FERR	Ausgang	Signalisiert einen numerischen Fehler
FID[3:0]	Ausgänge	Diese Pins signalisieren der Mainboard-Elektronik den aktuellen Systemtakt sowie den Multiplikationsfaktor.
/IGNNE	Eingang	Wenn *Ignore Numeric Error* aktiviert ist, werden numerische Fehler (der FP-Einheiten) vom Athlon ignoriert.
/INIT	Eingang	Initialization, im Prinzip wie ein Reset, aber mit dem Unterschied, dass nur die Integer-Register und nicht der Cache sowie die Floating-Point-Register zurückgesetzt werden.
INTR	Eingang	Interrupt-Request, Starten der Interrupt-Verarbeitung
NMI	Eingang	Auslösen eines *Non Maskable Interrupts*
PROCRDY	Ausgang	Ausgang für das Power-Management und die Taktsynchronisierung beim Reset

Fortsetzung der Tabelle:

Bezeichnung	Richtung	Bedeutung/Funktion
PWROK	Eingang	Signalisiert der Mainboard-Elektronik, dass sich die Core-Spannung im spezifizierten Bereich befindet.
/RESET	Eingang	Initialisierung der CPU, Zurücksetsen aller Register und der Cache-Speicher
/SADDIN[14:2]	Eingänge	Kommando- und Test-Port (empfangen)
/SDDINCLK	Eingang	Das synchrone Taktsignal für /SADDIN
/SADDOUT[14:2]	Ausgänge	Kommando- und Test-Port (senden)
/SDDOUTCLK	Ausgang	Das synchrone Taktsignal für /SADDOUT
/SCHECK[7:0]	Eingang Ausgang	Enthält die ECC-Bits für die Daten über SDATA
/SDATA[63:0]	Eingänge Ausgänge	Der 64-Bit-Datenbus
/SDATAINCLK [3:0]	Eingang	Taktsignale für das Einlesen von Daten. Jedes der vier Signale ist einem 16-Bit-Wort zugeordnet.
/SDATAINVAL	Eingang	Signalisiert die Gültigkeit der angelegten Daten
/SDATAOUT CLK[3:0]	Ausgang	Taktsignale für die Ausgabe von Daten. Jedes der vier Signale ist einem 16-Bit-Wort zugeordnet.
/SDATAOUTVAL	Ausgang	Signalisiert die Gültigkeit der gesendeten Daten
/SFILLVAL	Eingang	Die Mainboard-Elektronik signalisiert die Gültigkeit eines Datentransfers
/SMI	Eingang	Einschalten des System Management Modes
/STPCLK	Eingang	Umschalten in einen Stromsparmodus
SYSCLK /SYSCLK	Eingänge	Die differentiellen Takteingangssignale vom Mainboard-Taktgenerator
VCC2SEL	Ausgang	Signalisiert der Mainboard-Elektronik die Core-Spannung für den L2-Cache. High: 2,5 V Low: 3,3 V
VID[3:0]	Ausgänge	Voltage Identification, Signalisierung, welche CPU-Spannung zu verwenden ist.

VID[3:0]	Spannung	VID[3:0]	Spannung
0000	2,05 V	1000	1,65 V
0001	2.00 V	1001	1,60 V
0010	1,95 V	1010	1,55 V
0011	1,90 V	1011	1,50 V
0100	1,85 V	1100	1,45 V
0101	1,80 V	1101	1,40 V
0110	1,75 V	1110	1,35 V
0111	1,70 V	1111	1,30 V

Tabelle 7.36: Die Signale des Athlons

Die Handhabung eines Athlons unterscheidet sich im Prinzip nicht von der einer Intel-CPU, was sowohl die Montage als auch den Setup betrifft.

Erläuterungen zum BIOS-Setup des Athlons sind im Kapitel 14 zu finden.

Die passenden Mainboards (siehe auch Kapitel 6.12.7) verfügen alle über die heute üblichen Features. Prinzipiell *werkelt* hier neben einer speziellen Northbridge nur die PC-übliche Peripherie.

Bild 7.74: Athlon-Mainboards – wie hier eines der Firma FIC – sind weder anschlusstechnisch noch mechanisch anders als die üblichen Pentium-II/II-Mainboards aufgebaut

Gemein ist allen Mikroprozessoren, die mit einem relativ hohen Takt ab ca. 500 MHz arbeiten, dass sie über eine besonders gute Kühlung verfügen müssen. Sowohl für den Athlon als auch für den Pentium III reichen viele übliche Kühler nicht mehr aus, so dass man hier auf besonders leistungsfähige Exemplare zurückgreifen sollte, bei denen am besten gleich zwei Lüfter zum Einsatz kommen.

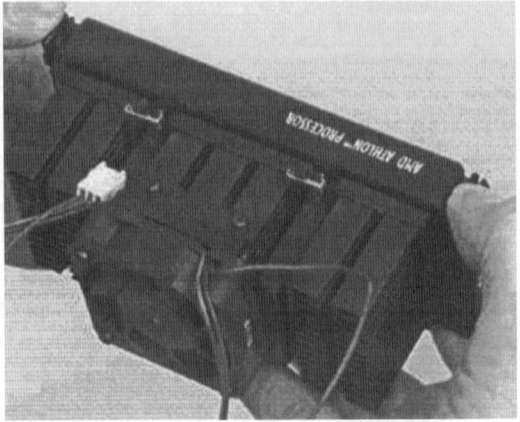

Bild 7.75. Der Kühler wird auf die CPU-Cartridge »geschnappt«

8 Speicherbausteine und -Module

Der Original-IBM-PC war für damalige Zeiten mit einem »gigantischen« Speicher von 256 Kbyte ausgestattet, während für heutige Systeme, die mit Windows 9x oder Windows NT arbeiten, 64 Mbyte (fast) der Mindestausstattung entsprechen. Mittlerweile gibt es zahlreiche verschiedene Speichertypen, die nicht miteinander kompatibel sind, und man findet sie sowohl als Module und auch als einzelne Bausteine, wobei die einzelnen Chips nur auf den alten Mainboards und auf Grafikkarten sowie als Chips für den Cache eingesetzt werden.

Die grundsätzliche Unterscheidung zwischen Speicherbausteinen für PCs erfolgt zunächst danach, ob sie als DRAMs (**D**ynamic **R**andom **A**ccess **M**emory) oder als SRAMs (**S**tatic **R**andom **A**ccess **M**emory) ausgelegt sind. Der Arbeitsspeicher ist mit DRAMs aufgebaut, die in bestimmten Zeitintervallen einen Refresh-Impuls benötigen, damit sie nicht ihre Ladung und damit ihre Speicherinformation verlieren, während die schnelleren und damit auch teureren SRAMs ihre gespeicherte Information so lange behalten, bis der PC ausgeschaltet wird. Der Cache-Speicher des PC ist beispielsweise mit SRAMS aufgebaut.

Die weitere (grobe) Unterscheidung ergibt sich daraus, ob es sich um Schreib/Lese-Speicher (RAM) oder um »Nur-Lesespeicher« handelt, die dementsprechend als **R**ead **O**nly **M**emories (ROMs) bezeichnet werden. Das BIOS des PC, das von Grafikkarten oder auch das von bootfähigen SCSI-Adaptern ist in einem Nicht-ROM oder auch Flash-PROM untergebracht, das auch eine Aktualisierung per Software erlaubt.

8.1 Der DRAM-Speicher

Bei älteren Mainboards (< 386 CPU) setzt sich der Speicher aus einzelnen Bausteinen zusammen, die in zahlreichen Fassungen auf dem Mainboard selbst ihren Platz finden. Üblich sind schon seit längerer Zeit Module, die eine bestimmte Anzahl von einzelnen dieser DRAM-Bausteine beherbergen. Diese Module werden entsprechend ihrer Auslegung als SIPs, SIMMs, PS/2-SIMMs und DIMMs bezeichnet, worauf im Laufe dieses Kapitels noch genau eingegangen wird.

 Der Speicher ist bei PCs grundsätzlich in Bänken organisiert, wobei eine Bank mit identischen Bausteinen oder Modulen zu bestücken ist. Eine Teilbestückung einer Bank ist ebenfalls nicht zulässig und führt zum Nichterkennen des Gesamtspeichers oder auch völligem PC-Ausfall.

Die alten AT-Computer sind mit mindestens 1 Mbyte Speicher ausgerüstet. Wie dieser Speicher aufgerüstet werden kann, hängt vom Mainboard ab. Ist der Speicher auf dem Mainboard bereits voll bestückt, kann eine Speichererweiterungskarte noch mehr RAM zur Verfügung stellen. Entweder wird die Karte in einen I/O-Slot des Computers gesteckt, oder aber es befindet sich ein herstellerspezifischer Anschluss (Local-Bus) für eine Speichererweiterungskarte auf dem Board. Einige dieser alten Mainboards erkennen bereits automatisch die Größe des Arbeitsspeichers »On Board«, während dies bei anderen noch über DIP-Schalter eingestellt werden muss. Auf einer Speichererweiterungskarte wird ebenfalls mit einem DIP-Schalter festgelegt, ab welcher Adresse der Zusatzspeicher beginnt und wie groß er ist.

Durch die Verwendung von SIM- oder SIP-Modulen ist die Speicheraufrüstung in der Regel eine Sache von Minuten. Ist eine gemischte Bestückung sowohl von Modulen als auch von einzelnen DRAMs möglich, wird bei einigen Mainboards durch Jumper festgelegt, an welchem Ort – Modul-Sockel oder RAM-Sockel – das System den Speicher findet. Eine Bank kann dann entweder mit Modulen oder auch mit einzelnen DRAM-Bausteinen bestückt werden.

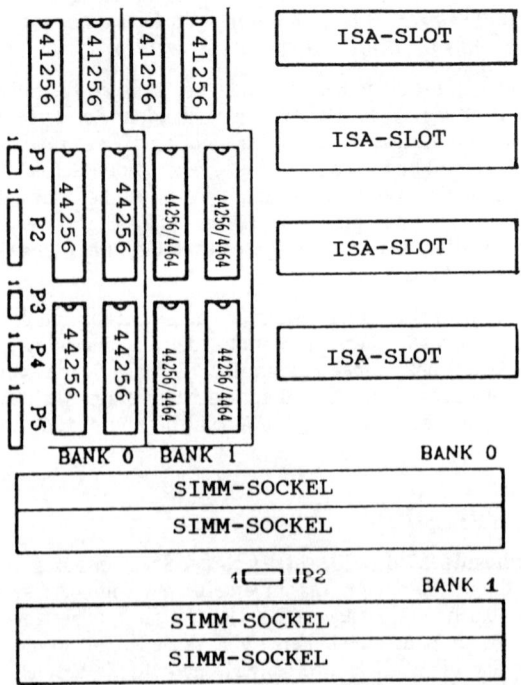

Bild 8.1: Die DRAM-Bestückung auf einem 80286-Mainboard ist hier wahlweise mit einzelnen Bausteinen oder SIM-Modulen möglich

Im Bild 8.1 ist gezeigt, wie die Anordnung der Speicherplätze auf einem 80286-Mainboard aussehen kann. Eine Bank besteht hier aus 2 SIM-Modulen oder aber 6 DRAM-Bausteinen. Als SIMM-Bausteine können entweder 256-Mbyte- oder 1-Mbyte-Typen verwendet werden. Der maximale Speicher beträgt damit 4 Mbyte.

Der DRAM-Typ 41256 ist als 256 KBit mal 1 Bit organisiert. Das bedeutet, dass 262.144 (1024 x 256) Speicherzellen in einem Baustein vorhanden sind und die Datenbreite 1 Bit beträgt. Diese Bausteine werden hier für die Parity-Fuktion verwendet und können möglicherweise auch weggelassen werden, wenn das Mainboard hierfür ausgelegt ist und die Parity-Funktion im BIOS-Setup für die Speicher abgeschaltet werden kann.

In einem Parity-Baustein wird eine Checksumme der Daten geführt und hier befindet sich die Angabe darüber, ob die Checksumme des momentanen Speicherinhalts gerade ist (Even) oder ungerade (Odd). Die Parität wird außerdem durch eine Hardware-Logik ermittelt und muss mit der im Parity-Speicher stehenden identisch sein. Ist sie es nicht, so liegt ein Speicherfehler vor, d.h., ein Speicherbaustein ist defekt, und vom System wird in diesem Fall ein NMI (Non Maskable Interrupt;) erzeugt und der PC wird daraufhin angehalten.

Die Speicherbausteine 44256 sind organisiert als 262.144 Speicherzellen mal 4 Bit. Mit zwei Bausteinen hat man demnach 256 Kbyte zur Verfügung, doch da nur eine vollständige Bestückung einer Bank zulässig ist, werden mindestens vier Bausteine benötigt, womit die minimal mögliche Speichergröße 512 Kbyte beträgt.

In der Bank 1 kann auch der DRAM-Typ 4464 eingesetzt werden, der 65.536 Speicherzellen (1024 x 64) mal 4 Bit beherbergt. Mit 4 Bausteinen dieses Typs sind im System 128 Kbyte vorhanden. Zusammen mit den 512 Kbyte in der Bank 1 sind dann 640 Kbyte installiert.

Bank 0	Bank 1	Gesamt-Speicher
256 Kbyte + 256 Kbyte	–	512 Kbyte
256 Kbyte + 256 Kbyte	256 Kbyte + 256 Kbyte	1 Mbyte
256 Kbyte + 256Kbyte	64 Kbyte + 64 Kbyte	640 Kbyte
256 Kbyte + 256 Kbyte	1 Mbyte + 1 Mbyte	2,5 Mbyte
1 Mbyte + 1 Mbyte	–	2 Mbyte
1 Mbyte + 1 Mbyte	1 Mbyte + 1 Mbyte	4 Mbyte

Tabelle 8.1: Mögliche Speicherkonfigurationen bei einem 80286-Mainboard

8.1.1 DRAM-Bausteine

Obwohl die einzelnen DRAM-Bausteine schon seit geraumer Zeit nicht mehr auf Mainboards verwendet werden, bestehen die Speichermodule aber ihrerseits prinzipiell aus den gleichen DRAMs. Die Identifizierung einzelner DRAM-Bausteine ist nicht immer ganz einfach, da es zahlreiche verschiedene Typen und Hersteller gibt. Auf den Gehäusen der Bausteine befinden sich unterschiedliche Bausteinbezeichnungen, auch wenn sie sich im Prinzip nicht voneinander unterscheiden. Neben der Speicherkapazität ist es in diesem Zusammenhang wichtig, wie sie intern organisiert sind – wie viele Bits sie parallel verarbeiten können und welche Zugriffszeit sie besitzen. Für die 64-KBit-RAMs übliche Bezeichnungen sind beispielsweise :

···⟩ HM4864-XX   (Hitachi)

···⟩ MCM6665AL-XX   (Motorola)

···⟩ TMS4164-XX   (Texas Instruments)

Die Bezeichnung »XX« gibt die Zugriffszeit der RAMs an, die bei älteren Bausteinen 200 ns (nano Sekunden) und bei den neueren typischerweise 60 ns beträgt.

Typ	Speichergröße	Organisation in Bits x Bitbreite
416	16 Kbit	16384 x 1
4164	64 Kbit	65536 x 1
41256	256 Kbit	262144 x 1
411000	1024 Kbit	1048576 x 1
421000	1024 Kbit	1048576 x 1
511000	1024 Kbit	1048576 x 1
424100	4096 Kbit	4194304 x 1
4464	256 Kbit	65536 x 4
44256	1024 Kbit	262144 x 4
44400	4096 Kbit	1048576 x 4
424400	4096 Kbit	1048576 x 4
514400	4096 Kbit	1048576 x 4

Tabelle 8.2: Daten von DRAMs in der Übersicht

Die Zugriffszeit von DRAMs steht, wenn kein Cache Verwendung findet, in direkter Beziehung zum externen CPU-Takt (Systemtakt, Mainboard-Takt).

CPU-Takt	DRAM-Zugriffszeit
4,7 MHz	150 ns
8 MHz	120 ns
10-12 MHz	100 ns
16-20 MHz	80 ns
25 MHz	70 ns
33 MHz und höher	60 ns

Tabelle 8.3: Die DRAM-Zugriffszeit steht im Verhältnis zum Mainboard-Takt

Die DRAMs werden in unterschiedlichen Gehäuseformen hergestellt. Für Mainboards sind sie meist im Dual-In-Line- (DIP) oder im SOJ- (Small Out-Line J-Lead) Gehäuse ausgeführt und befinden sich auf Speichermodulen (z.B. SIMM, Single-In-Line Memory Module), die in entsprechende Sockel auf dem Mainboard gesteckt werden.

Auf Grafikkarten findet man die Bausteine auch häufig im Zig-Zag-In-Line-Package (ZIP, meist bei VRAMs), was eine höhere Packungsdichte auf den Platinen erlaubt.

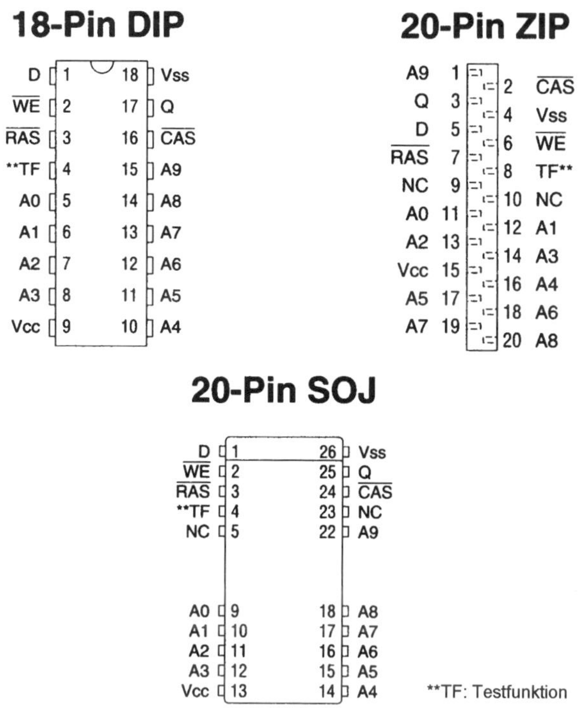

18-Pin DIP

```
        D  [ 1   ‿  18 ]  Vss
       WE  [ 2       17 ]  Q
      RAS  [ 3       16 ]  CAS
     **TF  [ 4       15 ]  A9
       A0  [ 5       14 ]  A8
       A1  [ 6       13 ]  A7
       A2  [ 7       12 ]  A6
       A3  [ 8       11 ]  A5
      Vcc  [ 9       10 ]  A4
```

20-Pin ZIP

```
       A9   1          2   CAS
        Q   3          4   Vss
        D   5          6   WE
      RAS   7          8   TF**
       NC   9         10   NC
       A0  11         12   A1
       A2  13         14   A3
      Vcc  15         16   A4
       A5  17         18   A6
       A7  19         20   A8
```

20-Pin SOJ

```
       D  [ 1       26 ]  Vss
      WE  [ 2       25 ]  Q
     RAS  [ 3       24 ]  CAS
    **TF  [ 4       23 ]  NC
      NC  [ 5       22 ]  A9

      A0  [ 9       18 ]  A8
      A1  [ 10      17 ]  A7
      A2  [ 11      16 ]  A6
      A3  [ 12      15 ]  A5
     Vcc  [ 13      14 ]  A4
```

**TF: Testfunktion

Bild 8.2: Übliche Gehäuseformen von DRAMs

Eine DRAM-Speicherzelle ist relativ einfach aufgebaut und besteht im Wesentlichen aus einem Transistor und einem Kondensator, der bei einem High geladen und bei einem Low entladen ist. Aufgrund der Selbstentladung eines Kondensators, muss dieser typischerweise alle 2ms -10µs mit einem Impuls *aufgefrischt* (Refresh) werden, d.h., es ist eine spezielle Schaltung notwendig, die diesen Impuls entsprechend generiert. Der Memory-Controller auf dem Mainboard steuert diesen Vorgang automatisch. Im BIOS-Setup sind mitunter Einstellungsmöglichkeiten für die Refresh-Einstellung zu finden.

Ein RAM-Baustein wird durch die Adressleitungen (A0-AX) adressiert. Die Speicherzellen im Innern sind in Spalten und Zeilen angeordnet. Zum Adressieren einer bestimmten Zelle werden zwei Adressen – eine für die Zeile und eine für die Spalte – benötigt. Um nun die Anzahl der Anschlüsse am RAM-Baustein gering zu halten, werden die Adressen über gemeinsame Anschlüsse gesendet (A0-AX), und die Unterscheidung in Zeile und Spalte erfolgt mit den Signalen /RAS (Row Address Strobe) und /CAS (Column Address Strobe).

Ist /RAS gleich Low, befindet sich die Adresse der Zeile auf dem Adressbus, ist /CAS gleich Low, befindet sich dort die Adresse der Spalte. In internen Zwischenspeichern (Buffers) werden die beiden Teiladressen gespeichert und adressieren somit das Memory-Array. Ein Refresh-Zyklus wird über einen Low/High/Low-Impuls mit Hilfe des RAS-Signals ausgeführt.

Die Unterscheidung, ob Daten geschrieben oder gelesen werden, erfolgt mit dem /Write-Enable-Signal (/WE). Bei aktivem (Low) /WE-Signal wird die am Dateneingang (D) liegende Information eingelesen und in die adressierte Speicherzelle geschrieben. Ist das Signal /WE gleich High, werden die Daten über den Datenausgang (Q) ausgegeben.

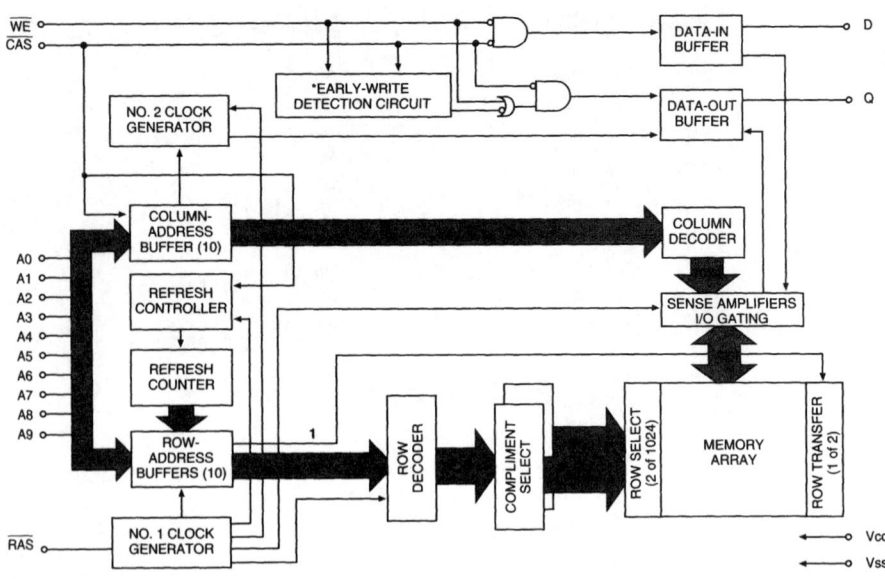

Bild 8.3: Das Innenleben eines DRAMs vom Typ 1 Mbit x 1 Bit. Zur Realisierung eines PC-üblichen Moduls werden acht dieser Bausteine (oder 9 mit Parity) benötigt, damit sich eine Datenbreite von einem Byte ergibt

Ein 1-Mbit-Baustein (Bild 8.3) besitzt 10 Adressleitungen (A0-A9), mit denen sich $2^{10} = 1024$ Speicherzellen ansprechen lassen. Da sich die Adresse aus zwei Teiladressen bildet, die mit /RAS und /CAS übernommen werden, sind 1024 x 1024 = 1048576 (1 Mbit) Speicherzellen adressierbar. Durch Hinzunahme einer weiteren Adressleitung (A11) vervierfacht sich die Speicherkapazität auf 4 Mbit. Wird noch eine weitere Adressleitung (A12) hinzugefügt, beträgt die Speicherkapazität 16 Mbit.

Anschlüsse	Funktion/Bedeutung
A0-Ax	Die Anschlüsse für die Adressleitungen
/CAS	Column Address Strobe, Impulseingang für Spaltenadressierung
D oder Din	Data Input, Dateneingang
DQ oder Dout	Data Output, Datenausgang, wird auch mit Din kombiniert
I/Ox	Input/Output, gemeinsamer Daten-Eingang/Ausgang. Die Unterscheidung findet dann mit dem Signal *Write-Enable* statt.
NC	No Connection. Diese Pins sind nicht angeschlossen.
/OE oder /G	Output Enable. Ist der Eingang Low, werden Daten ausgegeben. Ist nur bei RAMs mit 4-Bit-Datenbreite vorhanden.
/RAS	Row Address Strobe, Impulseingang für Zeilenadressierung
Vcc oder Vdd	Versorgungsspannung (5 V)
Vss oder GND	Masseanschluss, Ground
/WE	Write Enable. Eingang für Schreibimpuls

Tabelle 8.4: Die Bedeutung und Funktion der DRAM-Signale

Es existieren natürlich auch DRAM-Bausteine, die nicht als »Kapazität x 1 Bit«, sondern x 4, x 8 oder x 16 organisiert sind, wodurch sich die DRAM-Bausteinanzahl für Speichersysteme erheblich reduziert, was gerade für Grafikkarten sinnvoll ist, da diese aus Kostengründen bei der Platinenherstellung mechanisch möglichst klein gehalten werden sollten. DRAMs mit einer Organisation von mehr als 4 Bit parallel werden oftmals auch als *WIDE-DRAMs* bezeichnet.

Der Aufbau eines DRAMs, wie es häufig auf Grafikkarten zum Einsatz kommt, ist in Bild 8.4 angegeben. Es ist als 256k x 16 Bit organisiert und wird beispielsweise auf der Hercules Dynamite mit ET4000/W32p-Chip eingesetzt. Durch die Verwendung von zwei Bausteinen erhält man einen Grafikspeicher; von 1 Mbyte (512 x 16 = 1024 x 8).

Damit die Speicherzellen 8-Bit-weise angesprochen werden können, wird das Schreibsignal bei Wide-DRAMs auf zwei Leitungen aufgeteilt. Ist /WEL (Write Enable Lower Byte) = Low, wird ein Schreibzyklus in das *Lower Byte* (D1-D8) ausgeführt.

Mit /WEH (Write Enable Higher Byte) = Low wird dementsprechend ein Schreibzyklus auf D9-D16 ausgeführt. Zur Selektion der Spaltenmatrix in 8-Bit-Breite sind ebenfalls einzelne Signale (/CASL, /CASH) vorgesehen.

Dieses Wide-DRAM kann also sowohl in 8-Bit- als auch in 16-Bit-Datenbreite, dann unter Verwendung von /WE und /CAS, eingesetzt werden.

Während eines Lesezyklus wird an den Anschluss /OE (Output Enable) vom Grafikchip oder der CPU ein Low gelegt, wodurch die Daten dann aus dem RAM-Buffer auf den Ausgang (DQ1-DQ16) des Speicherbausteins gelangen.

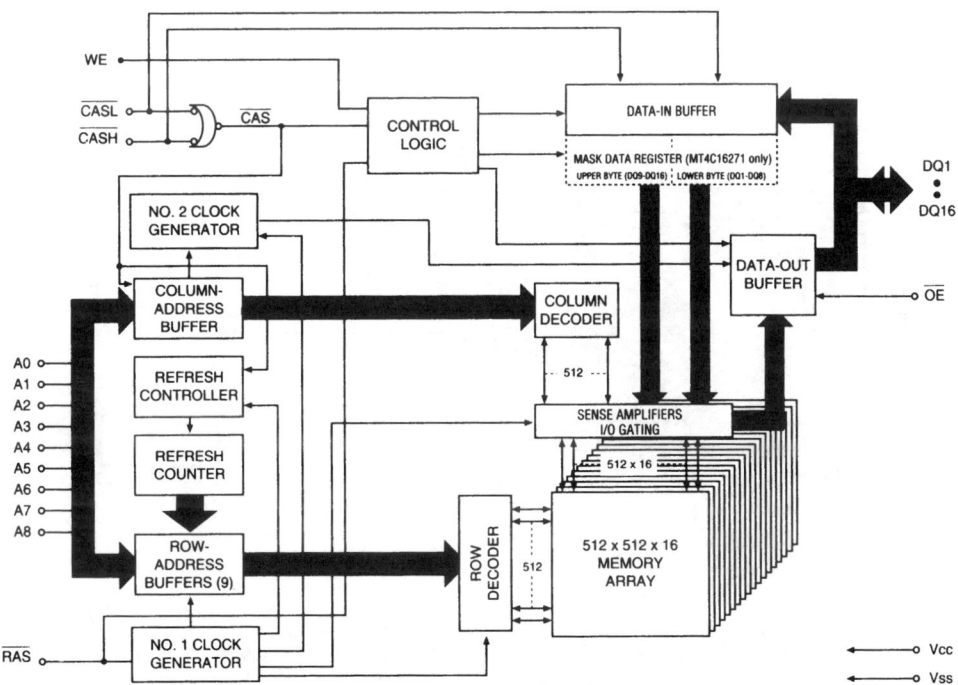

Bild 8.4: Das Innenleben eines 256k x 16 Bit-DRAMs. Dieser Typ (4C16256DJ-70) wird beispielsweise auf Grafikkarten eingesetzt

8.1.2 VRAMs

Im Kapitel über die Grafikkarten im Teil 1 wurde bereits kurz auf Video-RAMs (VRAMs) eingegangen. An dieser Stelle soll deren Aufbau und Funktion noch etwas näher erläutert werden.

Ein VRAM ist speziell für die Anwendung in Grafikschaltungen optimiert, daher wird es auch als Video-RAM bezeichnet. Es enthält einen DRAM-Kern, der genauso wie ein konventionelles DRAM aufgebaut ist. In Bild 8.5 ist das Innenleben eines VRAMs, welches als 256k x 8 Bit organisiert ist, abgebildet. Man erkennt sicherlich die Übereinstimmung einiger Signale mit denen eines DRAMs.

Das Besondere eines VRAMs ist nun, dass es neben dem DRAM über ein *Serial Access Memory* – kurz SAM – verfügt. Das SAM ist ein 8 Bit breiter serieller Port, der mit SC (Serial Clock) getaktet wird. Dieser Takt entspricht praktisch dem Pixeltakt des RAMDACs und ist nach außen hin völlig unabhängig vom DRAM.

Serielles Lesen oder Schreiben ist dann möglich, wenn sich das *Serial Port Enable-Signal* (/SE) auf Low befindet. Die Daten werden intern bidirektional zwischen beiden Speichereinheiten automatisch ausgetauscht. Das DRAM benötigt wie üblich einen Refresh-Impuls, der intern durch den REFRESH COUNTER erzeugt wird und ebenfalls als Schreibimpuls für den Datentransfer zwischen DRAM und SAM verwendet wird.

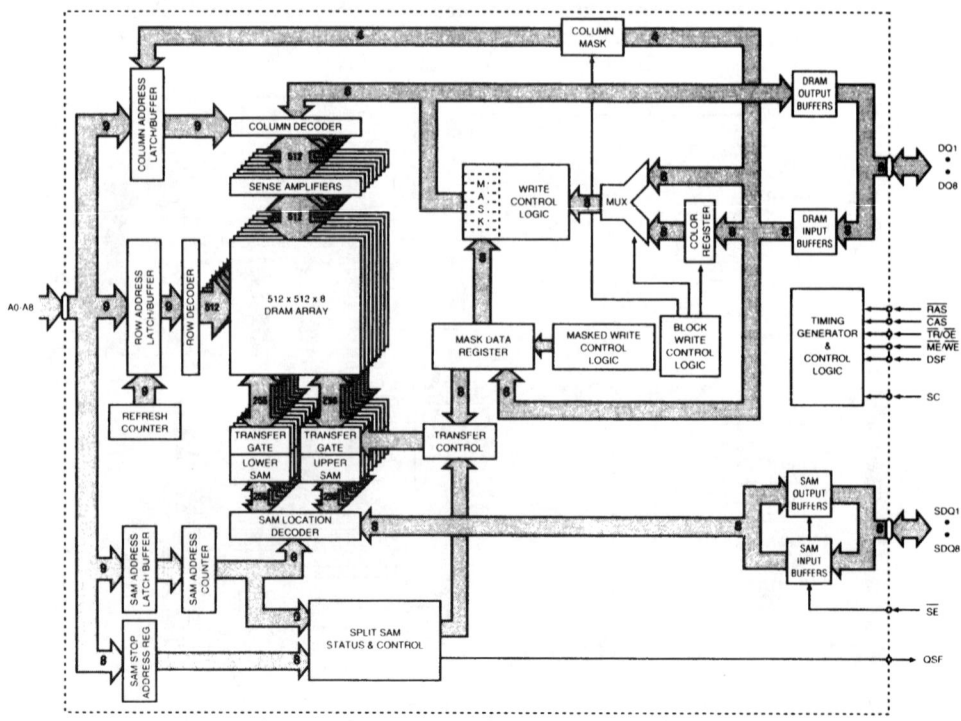

Bild 8.5: Das Innenleben eines 256k x 8 Bit-VRAMs; dieser Typ (MT42C8256) wird beispielsweise häufig mit dem Grafikbeschleunigerchip P86928 der Firma S3 eingesetzt

Mit dem Signal QSF wird extern angezeigt, auf welche Hälfte des SAMs momentan zugegriffen wird: Ist es Low, auf die Zellen 0-255, bei High auf die Zellen 256-511.

Die Datenanschlüsse DQ1-DQ8 vom internen DRAM werden mit dem Grafikbeschleunigerchip verbunden und die des SAMs (SDQ1-SDQ8) mit dem RAMDAC. Jeder der beiden Ports kann asynchron und unabhängig voneinander gelesen und beschrieben werden.

Die bereits vom normalen DRAM her bekannten Anschlüsse /WE und /OE haben noch zusätzliche Funktionen. /TR (Transfer Enable) – gekoppelt mit /OE – aktiviert im Zusammenhang mit /RAS einen internen Datentransfer zwischen DRAM und SAM.

/ME (Mask Enable) – gekoppelt mit /WE – generiert, ebenfalls im Zusammenhang mit /RAS, einen maskierten Schreibzyklus (Masked Write). In dieser Betriebsart wird kein kompletter neuer Lesezyklus durchgeführt, wenn lediglich Bits innerhalb eines Bytes verändert werden müssen, was zu einem schnelleren Datentransfer führt. Das hier beschriebene VRAM »MT42C8256« wird beispielsweise bei der SPEA-Mercury- und der Videologic-928-Movie-Karte eingesetzt, die beide mit dem Chip P86928 der Firma S3 arbeiten.

8.1.3 DRAM-Module

Wie eingangs erwähnt, ist der DRAM-Speicher nur auf alten Mainboards mit einzelnen Bausteinen aufgebaut, während seit den 386-PCs Speichermodule üblich sind, die es in verschiedenen Ausführungen gibt, wie es die folgende Tabelle zeigt.

Bezeich-nung	Bedeutung	Kontakte, Ausführung	Breite
SIP	Single In Line Memory Package	30-polig, Stiftkontakte	8 Bit
SIMM	Single In Line Memory Module	30-polig, Platinenkontake	8 Bit
PS/2-SIMM	Personal System 2-SIMM	72-polig, Platinenkontakte	32 Bit
DIMM	Double In Line Memory Module	168-polig, Platinenkontakte	64 Bit

Tabelle 8.5: Kennzeichnung und Ausführung der verschiedenen Speichermodule

Bild 8.6: Ein SIP-Modul (oben) unterscheidet sich von einem SIMM lediglich durch den elektrischen Anschluss, nicht aber in der Funktionsweise oder einer anderen Bausteinbestückung

Die SIPs unterscheiden sich von den SIMMs nur durch ihren elektrischen Anschluss und besitzen statt Kontaktflächen herausgeführte Anschlussbeinchen, die direkt von oben in eine entsprechende SIP-Fassung auf dem Mainboard hineingesteckt werden.

Die SIPs sind praktisch mit der Einführung der 486-Mainboards ausgestorben und nur noch in alten 286- und 386-PCs zu finden.

Beide Module im Bild 8.6 verfügen über eine Kapazität von jeweils 1 Mbyte, wofür hier neun Bausteine vom Typ 511000 (1024 KBit x 1) zum Einsatz kommen, was damit einen 8 Bit breiten Zugriff ermöglicht und der jeweils neunte Baustein ist für die Parity-Funktion zuständig.

8.1.4 Standard-SIMMs

Die 30-poligen SIMMs stellten jahrelang den Standard dar und wurden im Zuge der immer höheren notwendigen Speicherkapazitäten durch die 72-poligen Typen ersetzt. Einige Mainboards bieten Steckfassungen für 30- und für 72-polige SIMMs.

Grundsätzlich können die SIMMs mit unterschiedlichen DRAMs bestückt sein und die Parity-Funktion bieten, oder aber nicht. Einige neuere Mainboards (prinzipiell ab Triton-Chipsatz) unterstützen nicht mehr die Paritätsprüfung, die ohnehin nur dafür sorgt, dass der PC angehalten wird, eine automatische Korrektur ist hiermit nicht möglich. Dies funktioniert bei 1-Bit-Fehlern mit einem anderen Verfahren – ECC (Error Correction Codes), welches 2-Bit-Fehler jedoch nicht mehr korrigieren, sondern nur noch detektieren kann. Dieses Verfahren wird ab 486-PCs verwendet.

Ein 1-Mbyte-Modul (30-polig) kann beispielsweise mit drei Chips bestückt sein, wobei einer für die Paritätsprüfung zuständig ist. Die Organisation der verwendeten DRAMs ist dann vier Bit breit. Oder aber das Modul ist mit neun Chips bestückt – einer wieder für die Paritätsprüfung – und die einzelnen DRAMs sind in 1-Bit-Breite organisiert.

Gerade beim Aufrüsten von älteren Mainboards kommt es mit SIM-Modulen immer wieder zu Problemen. Sie bewirken, dass der PC nicht mehr bootet und man gar nicht an den BIOS-Setup herankommt, um hier gegebenenfalls unkritischere Werte (z.B. Refresh Cycle, DRAM Wait State) für die DRAMs festlegen zu können.

Der installierte Speicher wird nicht korrekt identifiziert und angezeigt oder es erscheint eine Fehlermeldung wie *Parity Error*. Beliebte Kandidaten dafür sind Module, die DRAMs verwenden, die eine interne Organisation von 4 Bit besitzen. Solche Module sind daran zu erkennen, dass sie nicht über 9 Bausteine verfügen (z.B. 8 Bausteine á 1 Mbit = 1 Mbyte + ein Baustein für das Parity-Bit zur Fehlererkennung), sondern nur über drei.

Bild 8.7: *Verschiedene SIM-Module unterschiedlicher Organisation und Bauform im Vergleich*

Zwei DRAM-Bausteine auf solch einem Modul ergeben zusammen ebenfalls 1 Mbyte (z.B. mit dem Typ 514400), während der dritte Baustein für das Parity-Bit zuständig ist, wie es auch in Bild 8.7 (unten) zu erkennen ist. Das mittlere Modul im Bild besitzt die gleiche Kapazität, ist demgegenüber jedoch mit den 4 Bit breiten DRAMs aufgebaut. Auch hier ist wieder ein Baustein für die Parity-Funktion vorgesehen. Das oberste Modul ist ein 72-poliges PS/2-SIMM, allerdings ohne Parity-Prüfung, was daran erkennbar ist, dass hier nur acht Bausteine bestückt sind.

 Einige ältere Mainboards arbeiten mit SIMMs, die DRAMs in 4-Bit-Breite verwenden, nicht fehlerfrei.

Laut Angabe der Hersteller sollte es eigentlich keine Rolle spielen, mit welchen Typen die Module aufgebaut sind, doch die Praxis zeigt etwas anderes. Damit die Speicheraufrüstung nicht zum ärgerlichen Geduldsspiel wird, sollte man daher bei einem älteren Mainboard sicherheitshalber nicht SIM-Module verwenden, die mit 4 Bit breiten DRAMs arbeiten, sondern stattdessen lieber die älteren Typen mit neun DRAM-Bausteinen einsetzen.

Der 30-polige Anschluss der Module ist standardisiert und die Anschlussbezeichnungen der Module entsprechen im Prinzip denen der einzelnen RAM-Chips (siehe Anschlussbeschreibung für dynamische RAMs). In Bild 8.8 ist ein 1-Mbyte-SIM-Modul mit Paritychip gezeigt. Für diesen Chip werden zusätzlich für das Parity-Bit die Anschlüsse Din9 (Pin29), Dout9 (Pin 26) und /CAS9 (Pin 28) für die Übernahme der Spaltenadresse benötigt. Im Handel gibt es sowohl Module mit als auch ohne Parity-Bit-Chip.

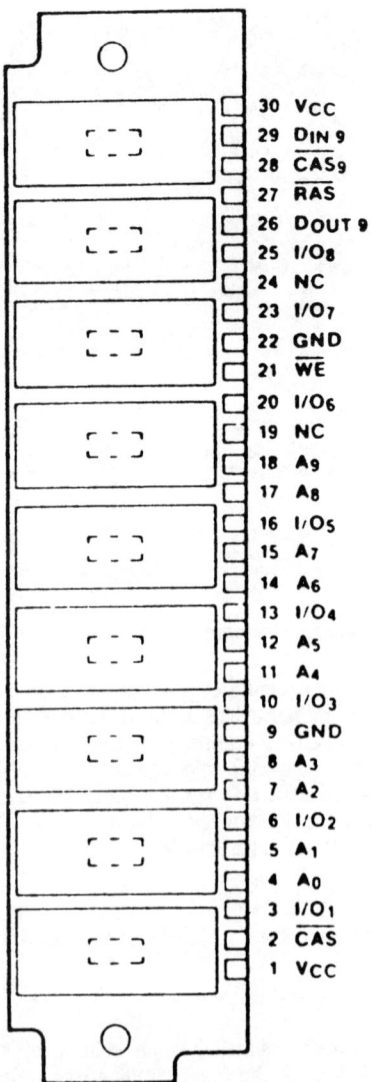

Bild 8.8: Die Anschlüsse eines 1 Mbyte-SIMMs

Zwei Anschlüsse sind mit NC (No Connection) gekennzeichnet und werden erst bei einem 4-Mbyte-Modul für die Adressleitung A10 (Pin 19) und bei einem 16-Mbyte-Modul für die Adressleitung A11 (Pin 24) verwendet. 16-Mbyte-SIM-Module sind im PC-Bereich jedoch nicht zu finden.

Bei einem 256-Kbyte-Modul sind die Adressleitungen A9 und A10 nicht angeschlossen (Pins 18, 19) und bei einem 1-Mbyte-Modul ist es dementsprechend die Adressleitung A10 (Pin 19). Falls das Modul keine Parität unterstützt, sind die Kontakte 26, 28, und 29 ebenfalls nicht angeschlossen.

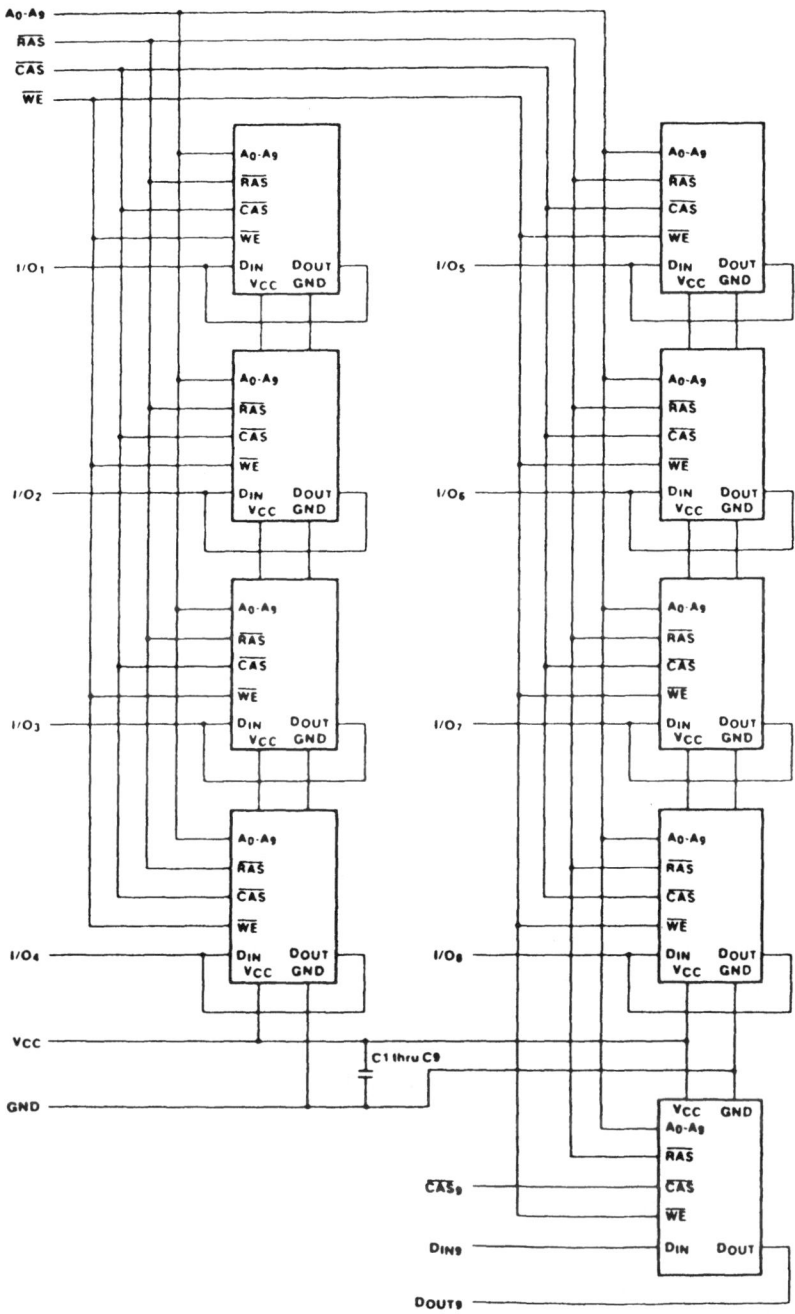

Bild 8.9: Die Verschaltung eines 1-Mbyte-Speichermoduls

Ein Speichermodul wird – wie erwähnt – aus einzelnen dynamischen RAMs aufgebaut. Wie so ein 1-Mbyte-Modul verschaltet wird, ist in Bild 8.9 gezeigt. Die Kondensatoren (Abblockkondensatoren, C1-C9) sind auf der Platine meist nicht erkennbar, weil sie sich unter den RAMs befinden.

Anschluß Nr.	Signal
1	VCC (5 V)
2	/Column Address Strobe
3	Data Bit 0
4	Address Bit 0
5	Address Bit 1
6	Data Bit 1
7	Address Bit 2
8	Address Bit 3
9	GND
10	Data Bit 2
11	Address Bit 4
12	Address Bit 5
13	Data Bit 3
14	Address Bit 6
15	Address Bit 7
16	Data Bit 4
17	Address Bit 8
18	Address Bit 9
19	Address Bit 10
20	Data Bit 5
21	/Write Enable
22	GND
23	Data Bit 6
24	NC oder Address Bit 11
25	Data Bit 7
26	Data Bit 8 Out Parity
27	/Row Address Strobe
28	/Column Address Strobe Parity
29	Data Bit 8 In Parity
30	VCC (5 V)

Tabelle 8.6: Die Signalbelegung eines 30-poligen SIMMs oder SIPs

Der Speicher wird auf Mainboards mit einem 286-Prozessor in 16-Bit-Breite und der bei einem Mainboard mit mindestens einem 386-Prozessor (kein 386SX) in 32-Bit-Breite angesprochen. Die SIMMs mit den 30-poligen Anschlüssen sind stets in 8-Bit-Breite organisiert und mit Speicherkapazitäten von 256 Kbyte, 1 Mbyte und 4 Mbyte erhältlich.

Für einen RAM-Speicher von 1 Mbyte werden demnach vier 256-Kbyte-Module benötigt, die bei einem Mainboard mit 286-Prozessor zwei Bänke belegen. Solch ein Mainboard ist damit bereits voll bestückt und soll der Speicher aufgerüstet werden, ist dies nur durch den Austausch der 256-Kbyte- gegen 1-Mbyte-Module möglich, wodurch man einen RAM-Speicher von 4 Mbyte erhält.

Wie es auch für die einzelnen DRAMs gilt, ist eine Bank immer komplett zu bestücken, am besten nicht nur mit völlig identischen Modulen, nicht nur betreffs der Organisation, sondern auch mit der gleichen Zugriffszeit. Die Einstellung im BIOS-Setup für den DRAM-Speicher muss sich dabei immer am langsamsten Modul orientieren, was jedoch auch nicht immer zum gewünschten Erfolg führt. Eine gemischte Bestückung von beispielsweise 80-ns- und 70-ns-Typen kann durchaus dazu führen, dass gar nichts mehr geht, obwohl im BIOS-Setup die Werte für 80 ns konfiguriert sind.

Speichergröße	Bank 0		Bank 1	
	Modul 1	Modul 2	Modul 3	Modul 4
512 Kbyte	256 Kbyte	256 Kbyte	–	–
1 Mbyte	256 Kbyte	256 Kbyte	256 Kbyte	256 Kbyte
2 Mbyte	1 Mbyte	1 Mbyte	–	–
2.5 Mbyte	1 Mbyte	1 Mbyte	256 Kbyte	256 Kbyte
4 Mbyte	1 Mbyte	1 Mbyte	1 Mbyte	1 Mbyte
8 Mbyte	4 Mbyte	4 Mbyte	–	–

Tabelle 8.7: *Die üblichen SIMM-Bestückungsmöglichkeiten bei einem 286- und einem 386SX-Mainboard*

Bei Mainboards mit mindestens einem 386-Prozessor sind üblicherweise nicht zwei Bänke, sondern insgesamt maximal vier, also maximal sechzehn SIMM-Steckplätze verfügbar. Da der Speicher hier in 32-Bit-Breite angesprochen wird, gilt als Mindestausstattung: vier 256-Kbyte-Module, die in die erste Bank (Bank 0) eingesteckt werden. Der maximale Speicher kann daher durch die Verwendung von sechzehn 4-Mbyte-Modulen insgesamt 64 Mbyte betragen.

Gesamt-Speichergröße	Bank 0 4 Module á	Bank 1 4 Module á	Bank 2 4 Module á	Bank 3 4 Module á
1 Mbyte	256 Kbyte	–	–	–
2 Mbyte	256 Kbyte	256 Kbyte	–	–
3 Mbyte	256 Kbyte	256 Kbyte	256 Kbyte	–
4 Mbyte	256 Kbyte	256 Kbyte	256 Kbyte	256 Kbyte
5 Mbyte	256 Kbyte	1 Mbyte	–	–
6 Mbyte	256 Kbyte	256 Kbyte	1 Mbyte	–
12 Mbyte	1 Mbyte	1 Mbyte	1 Mbyte	–
16 Mbyte	1 Mbyte	1 Mbyte	1 Mbyte	1 Mbyte
16 Mbyte	4 Mbyte	–	–	–
20 Mbyte	1 Mbyte	4 Mbyte	–	–
32 Mbyte	4 Mbyte	4 Mbyte	–	–
64 Mbyte	4 Mbyte	4 Mbyte	4 Mbyte	4 Mbyte

Tabelle 8.8: Einige Bestückungsmöglichkeiten mit Standard-SIMMs für Mainboards mit einem 386- oder 486-Prozessor

8.1.5 PS/2-SIMMs

Ab Mainboards mit 486-CPU werden statt der 30-poligen Module 72-polige Module verwendet, die mitunter auch als *Big-SIMMs* oder häufiger als *PS/2-SIMMs* bezeichnet werden, da dieser Speichertyp erstmalig bei den IBM-Systemen mit MicroChannel – den PS/2-PCs – eingesetzt wurde.

Die Bezeichnung PS/2 steht für *Personal System 2*, dem von IBM als PC-Nachfolger vorgestellten Computer, der sich jedoch aufgrund der Inkompatibilität zum ISA-Bus nicht durchsetzen konnte. Damals sahen die ersten Speicherchips für PS/2-PCs bei IBM allerdings – zumindest für heutige Verhältnisse – noch etwas ungewöhnlich aus, wie es das folgende Bild zeigt.

Bild 8.10: Die ersten »neuen« Speicherchips bei den IBM-PS/2-Systemen

Die PS/2-SIMMs sind grundsätzlich 32 Bit breit organisiert und übliche Speichergrößen sind 1 Mbyte, 2 Mbyte, 4 Mbyte, 8 Mbyte, 16 Mbyte und 32 Mbyte, wodurch
zahlreiche Speicherkonfigurationen möglich sind. Weniger verbreitet sind 64-Mbyte-
und 128-Mbyte-Module, die jedoch erst von (einigen) Mainboards aus dem Jahre
1997 unterstützt werden.

PS/2-SIMMs für PCs sind meist einseitig bestückt, d.h. es werden auch nur die 72
Kontakte der Vorderseite verwendet. Daneben gibt es aber auch die PS/2-D-SIMMs
(Double-Sided SIMMs, Double RAS SIMM oder auch Double Bank-SIMMs), die jedoch
nicht in jedem als geeignet erscheinenden Mainboard funktionieren. Das Handbuch zum Mainboard sollte genau darüber Auskunft geben, ob und welche D-SIMMs
in der PS/2-Ausführung (keine DIMMs!) eingesetzt werden können.

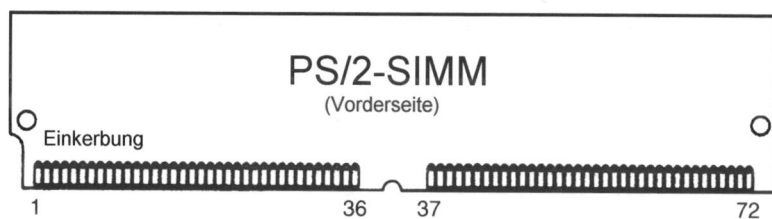

Bild 8.11: Das Layout und die Kontaktnummerierung der 72-poligen PS/2-SIMMs

Wie bei den 30-poligen SIMMs, werden auch die PS/2-SIMMs mit unterschiedlichen
DRAMs bestückt. Das Bild 8.12 zeigt hierfür ein Beispiel.

Das untere Modul besitzt eine Speicherkapazität von 32 Mbyte, ist beidseitig be-stückt und unterstützt die Parity-Funktion (36 Bausteine). Das obere Modul hat eine Kapazität von 4 Mbyte, weil die einzelnen Bausteine hier nicht jeweils über eine Bitbreite von einem, sondern von vier Bit verfügen. Die vier waagerechten Chips sind dabei für die Parity-Funktion zuständig.

Bild 8.12: Ein PS/2-SIMM mit einer Kapazität von 4 Mbyte (oben) und eines mit einer Kapazität von 32 Mbyte (unten)

Die Zugriffszeit der SIMMs geht üblicherweise direkt aus der Bezeichnung der auf den Modulen verwendeten DRAM-Bausteine – aus der letzten Zahl – hervor. Hier findet man beispielsweise eine Beschriftung auf den Bausteinen wie 514100-70 oder 4C1004-7, wobei die *70* für 70 ns steht und beim zweiten Beispiel nicht etwa für 7 ns, sondern ebenfalls für 70 ns, weil die Bezeichnung leider vom jeweiligen Hersteller der Chips abhängig ist. Entsprechendes gilt für die Bezeichnung der Bausteine mit einer Zugriffszeit von 60 oder 80 ns.

Des Weiteren ist zu beachten, ob das Mainboard Speicher-Module mit oder ohne Parity-Funktion verlangt. Falls im Handbuch zum Mainboard nicht etwas anderes angemerkt ist, kann meist zu den preiswerteren Modulen ohne diese Funktion gegriffen werden. Für ältere Boards, die 30-polige SIMMs verlangen, sind in der Regel jedoch SIMMs mit Parity-Verarbeitung notwendig.

In den Handbüchern zum Mainboard findet man zur Kennzeichnung, dass das Modul als Parity-fähig ausgelegt sein muss, beispielsweise eine Angabe wie 8 x 36 (8 Mbyte x 36 Bit). Ein vergleichbares Modul ohne Parity-Funktion wird demgegen-über mit 8 x 32 (8 Mbyte x 32 Bit) angegeben. Die vier zusätzlichen Bits des ersten Moduls sind die Parity-Signale, wobei immer für 8 Bit (1 Byte) ein Parity-Bit vorge-sehen ist.

Wenn es sich nicht um ein geschlossenes Speichermodul handelt, kann man meist selbst feststellen, ob das betreffende Modul die Parity-Funktion unterstützt oder nicht. Man zählt dabei einfach die vorhandenen Bausteine. Allerdings muss man die Organisation der Bausteine noch beachten, wie es zuvor bereits für die Stan-dard-SIMMs erläutert wurde.

Vereinfacht kann man jedoch feststellen, dass ein Modul mit Parity-Funktion über 9 (8 Chips = 32 Byte + 1 Parity), 12 (8 Chips = 32 Byte + 4 Parity) oder 36 (32 Chips = 32 Byte + 4 Parity) Bausteine, eines ohne Parity hingegen über 8, 16 oder 32

Bausteine verfügt. Die folgende Tabelle zeigt einige Beispiele für Modulorganisationen mit und ohne Parity-Funktion.

Modul	Organisation mit Parity	Organisation ohne Parity
1 Mbyte	256 Kbyte x 36 Bit	256 Kbyte x 32 Bit
2 Mbyte	512 Kbyte x 36 Bit	512 Kbyte x 32 Bit
4 Mbyte	1 Mbyte x 36 Bit	1 Mbyte x 32 Bit
8 Mbyte	2 Mbyte x 36 Bit	2 Mbyte x 32 Bit
16 Mbyte	4 Mbyte x 36 Bit	4 Mbyte x 32 Bit
32 Mbyte	8 Mbyte x 36 Bit	8 Mbyte x 32 Bit

Tabelle 8.9: Beispiele für die Organisation von PS/2-SIMMs

Bei geschlossenen Speichermodulen – sie sind vergossen und/oder mit einer Abdeckung zugeschweißt – muss man sich auf die jeweiligen Angaben auf dem Modul selbst verlassen, denn meist sind die Module nicht zerstörungsfrei zu öffnen, und selbst wenn, tragen die Chips nicht unbedingt eine (aussagekräftige) Beschriftung.

• •

 Geschlossene Speichermodule, die nicht die einzelnen Bausteine erkennen lassen, setzen sich oftmals aus unterschiedlichen DRAM-Bausteinen zusammen, die bereits bei einem Test durchgefallen sind. Derartigen Modulen, die auch immer wieder nicht korrekt spezifiziert werden, sollte man generell mit Skepsis begegnen.

• •

Diese geschlossenen Module (Bild 8.13) sind in der Vergangenheit des Öfteren negativ aufgefallen, weil sie sehr leicht gefälscht werden können, es ist nur ein anderer Zettel auf das Modul zu kleben und schon wird aus einem 70-ns-Modul eines mit 60 ns, was dann im Betrieb mit Timing-Problemen einhergehen kann. Im BIOS-Setup sind dann die Werte für das DRAM-Timing entsprechend zu reduzieren, wodurch der PC nicht mit der vorgesehenen Geschwindigkeit zu arbeiten vermag.

Bild 8.13: Vergossene Speichermodule lassen nicht unmittelbar erkennen, ob sie mit oder ohne Parity-Funktion arbeiten und über welche Zugriffszeit sie verfügen; allein der aufgeklebte – und leicht auszutauschende Zettel – gibt einige Informationen preis

Die Tabelle 8.11 zeigt die Bedeutung der einzelnen Signale eines 72-poligen PS/2-Moduls mit Parity-Funktion, wobei den Presence-Detect-Signalen (Pins 67-70) eine besondere Bedeutung zukommt, denn mit ihrer Hilfe kann der Mainboard-Elektronik signalisiert werden, wie die DRAMs organisiert sind und über welche Zugriffszeit sie verfügen, wie es zunächst die folgende Tabelle anhand einiger Beispiele zeigt.

PDB4	PDB3	PDB2	PDB1	PS/2-Typ
NC	NC	NC	NC	8 MB, 60 ns
NC	NC	NC	GND	1 MB, 120 ns
NC	NC	GND	NC	2 MB, 120 ns
NC	NC	GND	GND	2 MB, 70 ns
NC	GND	NC	NC	8 MB, 70 ns
NC	GND	NC	GND	1 MB oder 16 MB, 70 ns
NC	GND	GND	NC	2 MB, 80 ns
NC	GND	GND	GND	8 MB, 80 ns
GND	NC	NC	NC	Reserviert
GND	NC	NC	GND	1 MB, 85 ns
GND	NC	GND	NC	2 MB oder 32 MB, 80 ns
GND	NC	GND	GND	4 MB, 70 ns
GND	GND	NC	NC	4 MB, 85 ns
GND	GND	NC	GND	1 MB, 100 ns
GND	GND	GND	NC	2 MB, 100 ns
GND	GND	GND	GND	4 MB oder 64 MB, 50 oder 100 ns

Tabelle 8.10: Funktion und Bedeutung der Presence-Detect-Signale

Nur wenn das BIOS und das Mainboard die Presence-Detect-Signale auswerten, ist im BIOS-Setup auch die AUTOMATIC-Funktion für das optimale DRAM-Timing korrekt anwendbar. Gleichwohl ist dies leider nicht immer der Fall, was auch an den SIMMs liegen kann, und dann müssen die optimalen Werte – der PC läuft einerseits stabil, aber andererseits auch mit maximaler Geschwindigkeit – manuell festgelegt werden.

Anschluss Nr.	Signal
1	GND
2	Data Bit 1
3	Data Bit 19
4	Data Bit 2
5	Data Bit 20
6	Data Bit 3

Fortsetzung der Tabelle:

Anschluss Nr.	Signal
7	Data Bit 21
8	Data Bit 4
9	Data Bit 22
10	VCC (5 V)
11	NC oder /CAS-Parity
12	Address Bit 0
13	Address Bit 1
14	Address Bit 2
15	Address Bit 3
16	Address Bit 4
17	Address Bit 5
18	Address Bit 6
19	Address Bit 10
20	Data Bit 5
21	Data Bit 23
22	Data Bit 6
23	Data Bit 24
24	Data Bit 7
25	Data Bit 25
26	Data Bit 8
27	Data Bit 26
28	Address Bit 7
29	NC oder Block Select 0
30	VCC (5 V)
31	Address Bit 8
32	Address Bit 9
33	/Row Address Strobe 3
34	/Row Address Strobe 2
35	Data Bit 27

Fortsetzung der Tabelle:

Anschluss Nr.	Signal
36	Data Bit 9
37	Data Bit 18
38	Data Bit 36
39	GND
40	/Column Address Strobe 0
41	/Column Address Strobe 2
42	/Column Address Strobe 3
43	/Column Address Strobe 1
44	/Row Address Strobe 0
45	/Row Address Strobe 1
46	NC oder Block Select 1
47	/Write Enable
48	NC
49	Data Bit 10
50	Data Bit 28
51	Data Bit 11
52	Data Bit 29
53	Data Bit 12
54	Data Bit 30
55	Data Bit 13
56	Data Bit 31
57	Data Bit 14
58	Data Bit 32
59	VCC (5 V)
60	Data Bit 33
61	Data Bit 15
62	Data Bit 34
63	Data Bit 16
64	Data Bit 35

Fortsetzung der Tabelle:

Anschluss Nr.	Signal
65	Data Bit 17
66	NC oder Block Select 2
67	Presence Detect Bit 1
68	Presence Detect Bit 2
69	Presence Detect Bit 3
70	Presence Detect Bit 4
71	NC oder Block 3
72	GND

Tabelle 8.11: Die einzelnen Signale der PS/2-SIMMs mit Parity-Funktion

Bei Mainboards mit einem Pentium-Prozessor (kein Pentium Overdrive), der extern über eine Datenbusbreite von 64 Byte verfügt, werden auf jeden Fall immer mindestens zwei PS/2-SIM-Module benötigt, was auch für einige 486-Mainboards gilt, obwohl hier theoretisch eines als Mindestausstattung ausreichen würde. Es hängt dabei vom Mainboard-Typ ab, wie die Speicherbänke jeweils verdrahtet worden sind.

Die folgende Tabelle zeigt einige Beispiele für die Bestückungsmöglichkeiten von Pentium- und 486-Mainboards. Die in der Tabelle mit einem »*« gekennzeichneten Module können als D-SIMMs (Double RAS SIMM) ausgeführt sein und sind üblicherweise beidseitig bestückt. Diese Typen funktionieren jedoch nicht in jedem Mainboard, und man sollte daher unbedingt vor dem Kauf anhand des Handbuchs zum Mainboard genau überprüfen, welche Typen verwendet werden können. In den Handbüchern sind hierfür oftmals die Angaben *Single-* und *Double-Sided* (beidseitig) oder auch *Single-* und *Double Bank-SIMMs* zu finden. Eine einheitliche Bezeichnung hat sich leider nicht durchgesetzt.

PS/2-SIMMs gibt es in zahlreichen verschiedenen Ausführungen, wobei insbesondere die Double-Typen *recht kritisch sind und nicht in allen hierfür geeignet erscheinenden Mainboards funktionieren.*

Pentium-Mainboards – ohne DIMM-Steckplätze! – besitzen nur noch vier PS/2-SIMM-Steckplätze, was zwei Bänken entspricht, die dann allerdings auch mit den 128-Mbyte-SIMMs bestückbar sind, was somit zu einem maximalen Speicher von 512 Mbyte führt.

Gesamt-Speichergröße bei 486-CPU	Bank 0 1 Modul á	Bank 1 1 Modul á	Bank 2 1 Modul á	Bank 3 1 Modul á
Gesamt-Speichergröße bei Pentium-CPU	**Bank 0 2 Module á**		**Bank 1 2 Module á**	
2 Mbyte	1 Mbyte	1 Mbyte	–	–
4 Mbyte	1 Mbyte	1 Mbyte	1 Mbyte	1 Mbyte
4 Mbyte	2 Mbyte*	2 Mbyte*	–	–
8 Mbyte	2 Mbyte*	2 Mbyte*	2 Mbyte*	2 Mbyte*
8 Mbyte	4 Mbyte	4 Mbyte	–	–
16 Mbyte	4 Mbyte	4 Mbyte	4 Mbyte	4 Mbyte
16 Mbyte	8 Mbyte*	8 Mbyte*	–	–
24 Mbyte	4 Mbyte	4 Mbyte	8 Mbyte*	8 Mbyte*
24 Mbyte	8 Mbyte*	8 Mbyte*	4 Mbyte	4 Mbyte
32 Mbyte	8 Mbyte*	8 Mbyte*	8 Mbyte*	8 Mbyte*
32 Mbyte	16 Mbyte	16 Mbyte	–	–
40 Mbyte	4 Mbyte	4 Mbyte	16 Mbyte	16 Mbyte
40 Mbyte	16 Mbyte	16 Mbyte	4 Mbyte	4 Mbyte
48 Mbyte	16 Mbyte	16 Mbyte	8 Mbyte	8 Mbyte
64 Mbyte	16 Mbyte	16 Mbyte	16 Mbyte	16 Mbyte
64 Mbyte	32 Mbyte*	32 Mbyte*	–	–
66 Mbyte	1 Mbyte	1 Mbyte	32 Mbyte*	32 Mbyte
68 Mbyte	32 Mbyte*	32 Mbyte*	2 Mbyte*	2 Mbyte*
72 Mbyte	4 Mbyte	4 Mbyte	32 Mbyte*	32 Mbyte*
80 Mbyte	32 Mbyte*	32 Mbyte*	8 Mbyte*	8 Mbyte*
96 Mbyte	32 Mbyte*	32 Mbyte*	16 Mbyte	16 Mbyte
128 Mbyte	32 Mbyte*	32 Mbyte*	32 Mbyte*	32 Mbyte
144 Mbyte	8 Mbyte	8 Mbyte	64 Mbyte	64 Mbyte
160 Mbyte	16 Mbyte	16 Mbyte	64 Mbyte	64 Mbyte
192 Mbyte	32 Mbyte	32 Mbyte	64 Mbyte	64 Mbyte
256 Mbyte	64 Mbyte*	64 Mbyte*	64 Mbyte*	64 Mbyte

Tabelle 8.12: Übliche PS/2-SIMM-Bestückungsmöglichkeiten bei 486- und Pentium-Mainboards mit vier Bänken

8.1.6 PS/2-SIMM-Adapter

Für die Weiterverwendung 30-poliger SIMMs in PS/2-SIMM-Steckplätzen gibt es spezielle Adapterplatinen, die ab ca. DM 20,- erhältlich sind. Diese Adapter werden immer in zwei verschiedenen Ausführungen angeboten, je nachdem, nach welcher Seite (links, rechts) die kleinen SIMMs herausragen sollen, damit der benachbarte PS/2-SIMM-Steckplatz nicht verbaut wird.

Bild 8.14: Ein SIMM-Adapter für den Einsatz von vier 30-poligen SIMMs in einem PS/2-SIMM-Steckplatz; der Adapter muss immer mit vier identischen Typen bestückt werden und die DIP-Schalter am rechten Rand bestimmen den zu verwendeten SIMM-Speichertyp (1 Mbyte, 4 Mbyte)

Für Pentium-Systeme (64-Bit-Datenbus) würde man zwei dieser Adapter (einmal links, einmal rechts) benötigen, um eine Bank komplettieren zu können, was bei der Verwendung von insgesamt acht 4-Mbyte-Standard-SIMMs einen maximalen Speicher von 32 Mbyte ergibt.

SIMM-Adapter sollten nach Möglichkeit nicht in Pentium-PCs, sondern nur in 486-PCs verwendet werden.

Allerdings sind diese Adapter nicht unkritisch und können das DRAM-Timing derart beeinflussen, dass es zu Speicherfehlern oder auch zu einem Totalausfall des PC kommen kann. Im BIOS-Setup sind dann die Festlegungen für das DRAM auf schlechtere Werte einzustellen, was die Performance des PC somit negativ beeinflusst. Dies ist insbesondere dann der Fall, wenn kein unterschiedliches Timing für die Speicherbänke im BIOS-Setup konfigurierbar ist. Die alten SIMMs bestimmen dann das Timing und nicht etwa die schnelleren PS/2-SIMMs, die gegebenenfalls in der zweiten Bank zum Einsatz kommen, denn die BIOS-Einstellung muss sich am langsamsten Speicherbaustein orientieren.

8.1.7 Speichertypen und Betriebsarten

Auch wenn Speichermodule von außen identisch erscheinen, können sie nach verschiedenen Technologien aufgebaut sein und in unterschiedliche Betriebsarten arbeiten.

Speicherinterleave

Der Arbeitsspeicher wird – wie erwähnt – in Bänke aufgeteilt. Wird ein Wort (16 Bit) im RAM abgelegt, wird zuerst die Bank 0 und dann die Bank 1 gefüllt. Bei einigen Mainboards, die beispielsweise Chipsätze von OPTI, Headland oder SIS verwenden, kann der so genannte Speicherinterleave eingeschaltet werden.

Dadurch liegen die Wörter abwechselnd in der Bank 0 und in der Bank 1. Die beiden Bytes (8 Bit) 00000H und 00001H, die zu einem Wort gehören, liegen in der Bank 0 und die Bytes 00002H und 00003H, die zum nächsten Wort gehören, in der Bank 1. Da sich die Speicheradresse in der Regel lediglich um eins erhöht, wird bei jedem Zugriff die Bank gewechselt. Wenn auf die Bank 0 zugegriffen wird, wird bereits die zweite Bank adressiert, und in den meisten Fällen liegen hier auch die nächsten Daten. Es wird also genau die Zeit eingespart, die für das Ansprechen einer Bank benötigt wird.

Die DRAM-Speicher benötigen weiterhin eine gewisse Erholungszeit (Zeit zwischen 2 Refreshzyklen), die *Precharge Time* (Trp), um erneut adressiert werden zu können. Aus diesen bei den Zeiten, »Ansprechen einer Bank« und »Erholungszeit«, errechnen sich die Wartezyklen (Waitstates), die im BIOS-Setup festzulegen sind.

Ein dynamisches RAM ist intern bekanntermaßen aus Zeilen und Spalten aufgebaut. Mit der einen Hälfte der Adressbits wird eine Zeile und mit der anderen Hälfte eine Spalte im RAM adressiert. Für die Spaltenadressierung wird das Signal /CAS (Column Address Strobe) und für die Reihenadressierung das Signal /RAS (Row Address Strobe) verwendet. Im Bild 8.15 wird für zwei Bänke gezeigt, wie das Timing im Interleave-Mode abläuft. Die /RAS-Signale (/RAS0 für Bank 0 und /RAS1 für Bank 1) sind hier interleaved. Das heißt, während der Erholungszeit (Trp) der RAMs einer Bank wird die zweite Bank angesprochen. Die Daten werden sequentiell aus beiden Bänken gelesen oder geschrieben. Das Interleave-Prinzip ist nicht nur auf zwei, sondern genauso auf 4 oder 8 Speicherbänke anwendbar. Für den Speicherinterleave müssen aber immer mindestens zwei Speicherbänke bestückt sein.

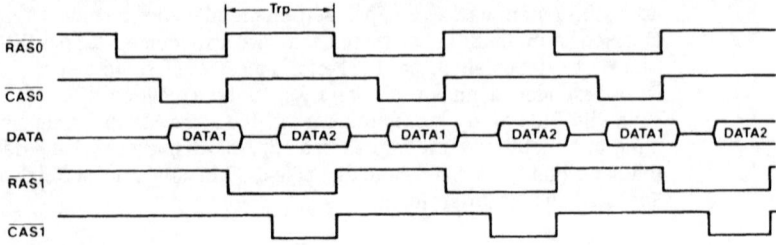

Bild 8.15: RAM-Interleave für zwei Speicherbänke (0 und 1)

Page Mode

Noch mehr Zeit bei der Adressierung der DRAMs lässt sich mit dem Page Mode einsparen. Wenn eine Reihe mit /RAS adressiert ist (Low aktiv), ist es möglich, mehrere Spalten mit dem sich ändernden /CAS-Signal anzusprechen. Das /RAS-Signal bleibt dabei unverändert. Die *CAS Precharge Time* (Tcp) ist hier die Erholungszeit der DRAMs. Die verwendeten DRAMs müssen also explizit für den Page Mode ausgelegt sein und besitzen hierfür intern eine spezielle Logik.

Es kann auf so viele Bits zugegriffen werden, wie in einer Reihe untergebracht sind. Bei einem 256-KBit-RAM hat jede Reihe 512 Bit. Ist der Speicher einer Bank mit 18 Chips des Typs 256 KBit x 1 Bit bestückt, enthält eine Seite (Page) 512 x 2 Byte = 1 Kbyte (ohne Parity-Bits). Je größer eine Seite ist, desto wahrscheinlicher ist es, dass sich die Daten in der gleichen Page befinden, die typischerweise 512 Byte groß ist.

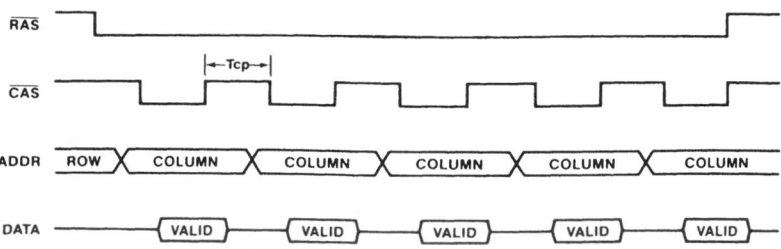

Bild 8.16: Der Page Mode: Für die Daten einer Seite ändert sich lediglich das CAS-Signal, die Daten sind gültig (valid)

Die Zeit für die Adressierung einer Reihe entfällt demnach, wenn die benötigten Bits in einer Reihe liegen. Erst wenn diejenigen Bits benötigt werden, die in einer anderen Reihe liegen, oder wenn ein Refresh des Speichers durchgeführt wird, wird der Page Mode abgebrochen und es wird ein /RAS-Signal generiert, was bedeutet, dass das Page-Mode-DRAM dann wie ein konventionelles DRAM arbeitet.

Durch die Kombination des Page Modes mit dem RAM-Interleave entfallen die sonst vorhandenen Wartezeiten, in denen der Prozessor nur damit beschäftigt ist, auf seine Daten zu warten. Die Page-Mode-RAMs sind die Standard-Bausteine ab 286-Mainboards und arbeiten typischerweise bis zu Frequenzen von 33 MHz.

Fast Page Mode

Fast Page Mode DRAMs sind eine Weiterentwicklung der Page-Mode-DRAMs. Die Page-Mode-DRAMs schreiben nach **jedem** CAS den Inhalt der Lese/Schreib-Buffer zurück, was die Fast-Typen erst dann praktizieren, wenn die Page gewechselt wird – das CAS-Signal sich also ändert, was somit zu einem Geschwindigkeitsvorteil führt.

Fast-Page-Mode-DRAMs sind die Standard-Bausteine ab Mainboards mit einer 486-CPU und arbeiten typischerweise bis zu Frequenzen von 50 MHz.

Extended Data Out – EDO-RAM

Eine weitere Erhöhung der Verarbeitungsgeschwindigkeit gegenüber einem Fast-Page-Mode DRAM ergibt sich mit EDO-RAMs, wobei hier eine Entkopplung der CAS-Funktion erfolgt, denn dieses Signal zeigt mit der fallenden Flanke die Gültigkeit der Spaltenadresse an und mit der ansteigenden, dass die Daten übernommen wurden (valid data).

Nach einer Wartezeit (CAS Precharge, t_{PC}) wird dann die nächste Spaltenadresse angelegt. EDO-RAMs können jedoch die nächste Adresse bereits lesen, bevor die aktuellen Daten intern verarbeitet worden sind, was durch zusätzliche Ausgangs-register realisiert wird.

EDO-RAMs haben nur einen Geschwindigkeitsvorteil beim Lesen und nicht beim Schrei-ben von Daten und funktionieren typischerweise mit Frequenzen bis zu 66 MHz. Ältere (486-)Mainboards arbeiten nicht mit EDO-RAMs und der Performancegewinn ergibt sich auch nur dann, wenn der PC (das BIOS) EDO-RAMs explizit unterstützt.

Viele 486-Mainboards können nicht mit EDO-RAMs umgehen, so dass hierfür die – mittlerweile sogar teureren – Fast-Page-Mode-Typen verwendet werden müssen.

Burst Extended Data Out – BEDO-RAM

BEDO-RAMs verbessern sowohl die Lese- als auch die Schreibleistung und arbeiten im Burst-Modus, d.h., dass nur eine Adresse gefolgt von mehreren Daten (-Blöcken) verarbeitet werden kann. Es werden also Adressierungszyklen eingespart, weil ein BEDO-RAM selbsttätig die Adresseninformation inkrementiert. Hierfür ist allerdings eine gegenüber EDO abweichende Funktion des CAS-Signals notwendig.

Nach der Signalisierung der gültigen Spaltenadresse wird es als Takt für den Burst-Zähler verwendet, womit keine Abwärtskompatibilität zu EDO oder Fast-Page-Mode gegeben ist. Da Intel sich für SDRAMs statt BEDO entschieden hat, erfährt BEDO im PC-Bereich auch nahezu keine Unterstützung mehr.

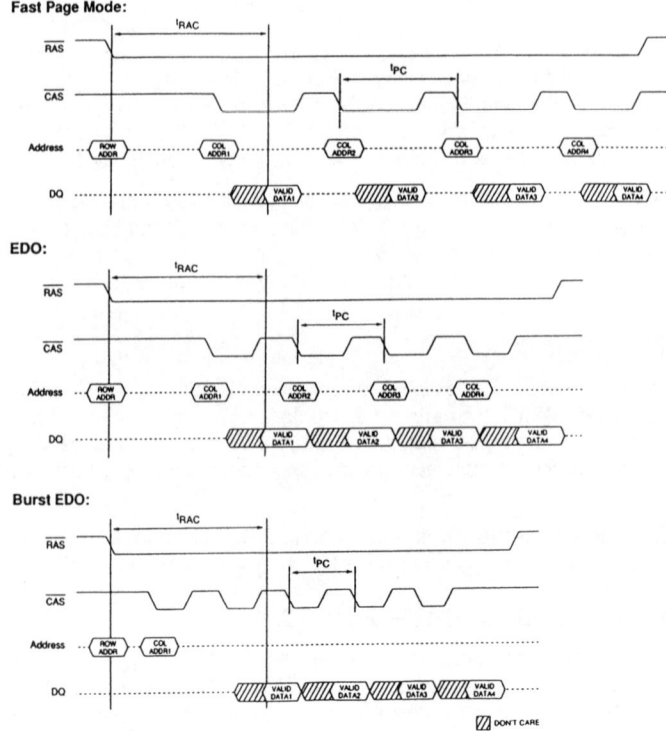

Bild 8.17: Das Timing von Fast-Page-Mode-, EDO- und BEDO-RAM im direkten Vergleich

Synchronous Dynamic RAM – SDRAM und DDR-RAM

Für SDRAM-Module werden als Speichermodule 168-polige Steckplatinen (die DIMMs, siehe folgendes Kapitel) verwendet, die eine Datenbreite von 64 Bit aufweisen. Demnach ist für eine Pentium-CPU in der Minimalausstattung auch nur ein einziges DIMM notwendig.

SDRAMs arbeiten wie BEDOs im Burst-Modus und zwar mit einem synchronen Takt (Mainboard-, Systemtakt) und nicht wie die anderen mit einem unterschiedlichen CAS- und RAS-Timing.

Die entsprechenden RAS-, CAS-, WE- und CE-Signale gibt es zwar auch bei SDRAMs, allerdings werden mit ihnen Kommandos wie Write, Read oder Burst Stop übergeben. Die RAS-, CAS- usw. Signale werden als *Command-Bus* zusammengefasst, wie es auch im folgenden Timing-Diagramm (Bild 8.18) zu erkennen ist.

SDRAM-Module sind spezifiziert von 66 bis hin zu typischerweise 133 MHz und es existieren hier zwei unterschiedliche Varianten, die entweder mit einem zusätzlichen seriellen EEPROM versehen sind oder aber nicht.

Das EEPROM, das meist vom System Management Bus (SMB, siehe auch Kapitel 6.12) gesteuert wird, enthält Daten über den Modultyp, die Organisation der verwendeten DRAMs und über das jeweilige Timing-Verhalten, was somit eine automatische optimale Einstellung für SDRAMs ermöglichen soll. In Anlehnung an den Erkennungsmechanismus bei den SIMMs mit Hilfe der Presence-Detect-Signale (PD) wird das EEPROM als *SPD-EEPROM* (Serial Presence Detect) bezeichnet.

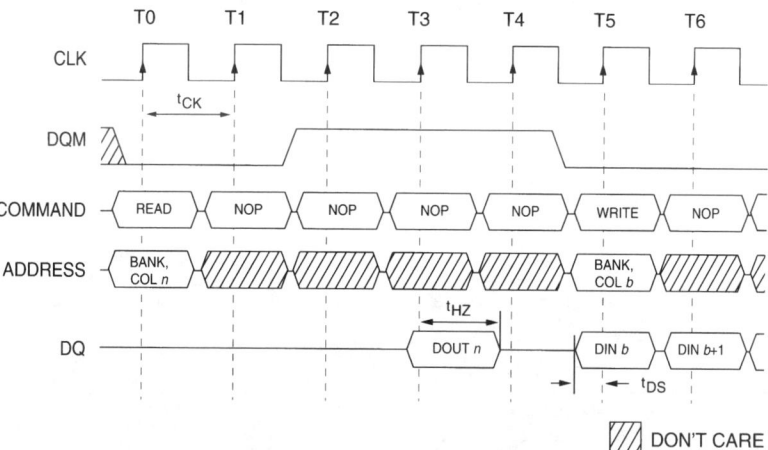

Bild 8.18: Ein Read-Burst-Zyklus eines SDRAMs gefolgt von einem Read-Zyklus; bei aktivem DQM-Signal (Input/Output Mask) sind die Read-Daten (DOUT) gültig

Besitzt das SDRAM aber kein EEPROM, sind die optimalen Werte weiterhin manuell im BIOS-Setup einzustellen. Im PC-Bereich gibt es beide SDRAM-Versionen, was dazu führt, dass nicht jedes Modul in jedem als geeignet erscheinenden Mainboard funktioniert. Der Einsatz von SDRAMs erscheint aus Kosten-/Nutzen-Sicht erst ab Taktfrequenzen von 100 MHz sinnvoll.

Es gibt SDRAM-Module sowohl mit als aber auch ohne EEPROM und es hängt vom Mainboardtyp und der BIOS-Version ab, welche Typen unterstützt werden. Ab einem Systemtakt von 100 MHz ist ein EEPROM laut PC100-Spezifikation vorgeschrieben.

Eine Verdoppelung der Datenübertragungsrate ergibt sich, wenn die Daten nicht nur auf der ansteigenden CLK-Flanke, sondern auch auf der abfallenden Flanke übertragen werden. Genau dieses Prinzip wenden die *Double Data Rate DRAMs* (DDR-RAMs) an. Es handelt sich somit um eine neue, aber abwärtskompatible Speicherlösung – im Gegensatz zum RAMBus (Kapitel 8.2), was zu den PC-266-Modulen führt.

Insbesondere der Athlon, der bereits standardmäßig das DDR-Protokoll »fährt«, kann hiervon profitieren. Der VIA-Apollo-Chipset KX133 für den Athlon kann DDR-RAMs verwenden, aber auch weiterhin mit PC-100-DIMMs umgehen. Der Speicherchiphersteller Micron, von dem auch die ersten DDR-RAMs stammen, hat für den Pentium III eine eigene Northbridge entwickelt, damit auch Intel-Boards in den Genuss dieser Technologie kommen können, denn Intel favorisiert stattdessen RAMBus-Speicher.

Synchronous Graphic RAM – SGRAM

Für den Speicher auf Grafikkarten werden auch so genannte SGRAMs – *Synchronous Graphic Random Access Memory* – verwendet, die im Prinzip wie die SDRAMs arbeiten, auch wenn sich die einzelnen Signalbezeichnungen beider Typen voneinander unterscheiden.

Die wichtigsten Unterschiede dabei sind, dass die SDRAMs für eine möglichst hohe Speicherkapazität optimiert sind und die SGRAMs für eine möglichst hohe Datenübertragungsrate. Die SGRAMs kennen gegenüber den SDRAMs auch andere Befehle (z.B. Block Write, Write per Bit), wie sie speziell für Grafik- und Videoanwendungen sinnvoll eingesetzt werden können.

Bild 8.19: Diese AGP-Grafikkarte der Firma ATI (Rage 3D) verwendet als Grafikspeicher ein SODIMM (rechts)

SGRAMs und auch andere Speichertypen für Grafikkarten werden seit einiger Zeit als 72-polige SODIMMs (Small Outline DIMM) gefertigt und zahlreiche Grafikkarten bieten hierfür einen entsprechenden Steckplatz. Damit ist erstmals ein gewisser »Standard-Steckplatz« für den Grafikspeicher geschaffen worden, denn bis dato hat hier fast jeder Hersteller seinen eigenen Anschluss für seine eigenen Module verwendet. Die SODIMMs – beispielsweise als EDO-Typ – werden schon seit längerem in mobilen PCs und auch in Workstations verwendet.

8.1.8 DIMMs

Neuere Pentium-Systeme besitzen überhaupt keine PS/2-SIMM-Steckplätze mehr, sondern Steckplätze für **D**ouble **I**nline **M**emory **M**odule – kurz DIMMs. Sie sind nicht zu verwechseln mit den D-SIMMs (Double SIMMs, beidseitig bestückt). Einige Pentium-Mainboards bieten jedoch beide Möglichkeiten der Bestückung, wie es auch das folgende Bild zeigt.

Bild 8.20: Dieses Pentium-Mainboard kann sowohl vier PS/2-SIMMs als auch zwei DIMMs (oben) aufnehmen

Die 168-poligen DIMMs verfügen über eine Breite von 64 Bit, wobei jedes DIMM jeweils einer Bank entspricht, so dass für Pentium-PCs in der Mindestausstattung nur ein einziges DIMM notwendig ist. Als Bausteine werden auf den DIMMs vorwiegend die SDRAMs (siehe voriges Kapitel) eingesetzt, die mit 3,3 V betrieben werden.

Allerdings gibt es auch DIMMs, die keine SDRAMs, sondern EDO-RAMs verwenden, und die benötigen eine Spannung von 5 V. Nach einem fälschlichen Betrieb mit 5 V sind die SDRAMs defekt, während die EDO-DIMMs mit 3,3 V überhaupt nicht oder nur fehlerhaft arbeiten, dabei jedoch nicht zerstört werden. Bei einigen Mainboards findet sich ein entsprechender Jumper, der eine entsprechende Einstellung der Spannung erlaubt.

Nicht jedes Speichermodul, das als DIMM ausgelegt ist, verwendet auch SDRAMs. Bei einigen besonders günstig erscheinenden PCs und Speichermodulen sind stattdessen EDO-RAMs auf den DIMMs eingebaut.

Die SDRAMs (Synchronous DRAM) besitzen eine typische Zugriffszeit von lediglich 8-15 ns und können synchron mit dem Systemtakt arbeiten, der typisch 66 MHz und zur Zeit bei maximal 133 MHz liegt. Die EDO-RAMs hingegen besitzen in der Mehrzahl der Fälle eine Zugriffszeit von 50-60 ns. Allerdings fällt der Unterschied in der Praxis nicht so drastisch ins Gewicht, wie man vielleicht vermuten würde. Der L2-Cache-Speicher spielt dabei eine gewichtige Rolle und fängt die schlechtere EDO-Performance gewissermaßen wieder auf. Der Celeron (Pentium II ohne 2-Level-Cache) ist daher auch zwingend auf SDRAM angewiesen und würde andernfalls wahrscheinlich auf das Niveau eines 486-PCs »absacken«.

Erst bei einem Systemtakt von 100 MHz kommt generell der Geschwindigkeitsvorteil der SDRAMs gegenüber den EDO-DRAMs zum Tragen, der allerdings von vielen älteren Chipsätzen überhaupt nicht ausgespielt werden kann.

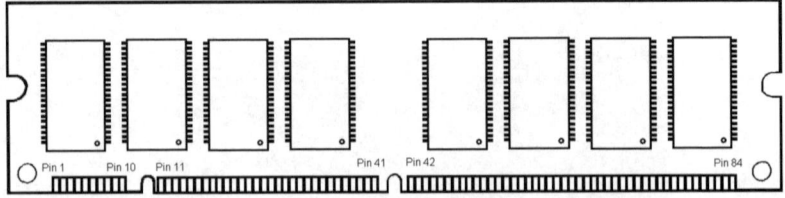

Bild 8.21: *Die Kontaktbelegung der DIMMs; die Einkerbungen sollen das Einstecken von nicht geeigneten Modulen (5 V oder 3,3 V) bei einem Mainboard verhindern*

Die DIMMs mit EDO-RAMs sind nur eine kurze, schnell vorübergehende Erscheinung und man sollte bei aktuellen PCs davon ausgehen können, dass eingebaute DIMMs auch tatsächlich mit SDRAM bestückt sind, denn einen preislichen Unterschied gibt es hier eigentlich nicht (mehr).

Signal	Anschluss-Nr.	Richtung	Bedeutung/Funktion
A0-A11	33-38, 117-121, 123	Eingänge	Die Adresseingänge für die Spalten- und Zeilenadressierung
BA0, BA1	122, 39	Eingänge	Bank Address, bestimmen die jeweilige interne Speicherbank für die Read-, Write- und Precharge-Kommandos
CLK0-CLK3	42, 79, 125, 163	Eingänge	Clock-Signale, der Systemtakt, alle Eingangssignale werden auf der ansteigenden Flanke des Clocks getriggert, wobei der Burst-Counter automatisch inkrementiert wird.
CKE0, CKE1	63, 128	Eingänge	Clock Enable, aktivieren (High) oder deaktivieren (Low, für Power down) die Clock-Signale.

Fortsetzung der Tabelle:

Signal	Anschluss-Nr.	Richtung	Bedeutung/Funktion
DQ0-DQ63	2-5, 7-11, 19, 20, 153-156, 158-161	Eingänge, Ausgänge	Der 64-Bit-breite Datenbus
DQMB0-DQMB7	28, 29, 46, 47, 112, 113, 130, 131	Eingänge, Ausgänge	Input/Output Mask, Maskierungssignale für Schreibzugriffe und Freigabesignale für Lesezugriffe
/RAS, /CAS, /WE	27, 111, 115	Eingänge	Eingänge für die SDRAM-Kommandos
/CS0, /CS2, /CS3	30, 45, 129	Eingänge	Chip Select-Signale, die den internen Kommando-Dekoder aktivieren (Low) oder deaktivieren (High).
NC	24, 25, 31, 44, 48, 50, 51, 61, 62, 80,81, 108, 109, 126, 132, 145, 146, 147,	–	No Connection, diese Pins sind nicht angeschlossen.
SA0-SA2	165-167	Eingänge	Presence Detect Address, werden für die Modulkonfigurierung (EEPROM) verwendet und vom Chipsatz entsprechend gesendet.
SDA	82	Eingang, Ausgang	Serial Presence Detect Data, für das Senden und Empfangen der Modul-Daten des integrierten EEPROMs.
SCL	83	Eingang	Serial Clock, das Taktsignal für Serial Presence Detect Data (SDA)
Vcc	6, 18, 26, 40, 41, 49, 59, 73, 84, 90, 102, 110, 124, 133, 143, 157, 168	–	Spannungsversorgung von 3,3 V (+/-0,3 V).
Vss	1,12, 23, 32, 43, 54, 64, 68, 78, 85, 96, 107, 116, 127, 138, 148, 152, 162	–	Die Masseleitungen (GND, Ground)

Tabelle 8.13: Die Signalbeschreibung für DIMMs mit SDRAMs

Eine gemischte Bestückung von SIMMs und DIMMs ist auf einem geeigneten Mainboard zwar meist zulässig, wenn man sich immer an die Komplettbestückung einer Bank hält, allerdings ist meist aber **nicht** möglich, dass sowohl alle vorhandenen PS/2-SIMM- als auch die DIMM-Steckplätze gleichzeitig verwendet werden können. Die folgende Tabelle zeigt hierfür ein typisches Beispiel.

Viele Pentium-Mainboards lassen keine Vollbestückung aller vorhandenen PS/2-SIMM-und DIMM-Steckplätze zu.

Bank 0 SIMM1 + SIMM2	Bank 1 SIMM3+SIMM4	Bank 2 DIMM1	Bank 3 DIMM3
Module eingesetzt	–	–	–
–	Module eingesetzt	–	–
Module eingesetzt	Module eingesetzt	–	–
–	–	Modul eingesetzt	–
–	–	–	Modul eingesetzt
–	–	Modul eingesetzt	Modul eingesetzt
Module eingesetzt	–	–	Modul eingesetzt
Module eingesetzt	–	Modul eingesetzt	–
Module eingesetzt	–	Modul eingesetzt	Modul eingesetzt
–	Module eingesetzt	Modul eingesetzt	Modul eingesetzt
Module eingesetzt	Module eingesetzt	–	Modul eingesetzt
Module eingesetzt	Module eingesetzt	Modul eingesetzt	–

Tabelle 8.14: Typische Kombinationsmöglichkeiten von PS/2-SIMM und DIMM-Speichermodulen bei einem Pentium-Mainboard

Falls das Mainboard ausschließlich über DIMM-Steckplätze verfügt, sind meistens derer drei vorhanden, womit typischerweise ein gesamter Speicher von 384 Mbyte, bei Verwendung der heute am besten erhältlichen maximal 128 Mbyte großen Module, möglich ist.

Gesamt- speichergröße	Bank 0 DIMM1	Bank 1 DIMM2	Bank 2 DIMM3
8 Mbyte	8 Mbyte	–	–
8 Mbyte	–	8 Mbyte	–
8 Mbyte	–	–	8 Mbyte
16 Mbyte	8 Mbyte	8 Mbyte	–
16 Mbyte	–	8 Mbyte	8 Mbyte
16 Mbyte	8 Mbyte	–	8 Mbyte

Fortsetzung der Tabelle:

Gesamt-speichergröße	Bank 0 DIMM1	Bank 1 DIMM2	Bank 2 DIMM3
16 Mbyte	16 Mbyte	-	-
16 Mbyte	-	16 Mbyte	-
16 Mbyte	-	-	16 Mbyte
24 Mbyte	8 Mbyte	8 Mbyte	8 Mbyte
24 Mbyte	8 Mbyte	16 Mbyte	
32 Mbyte	-	16 Mbyte	16 Mbyte
32 Mbyte	16 Mbyte	-	16 Mbyte
32 Mbyte	32 Mbyte	-	-
32 Mbyte	-	32 Mbyte	-
32 Mbyte	-	-	32 Mbyte
48 Mbyte	16 Mbyte	16 Mbyte	16 Mbyte
48 Mbyte	32 Mbyte	16 Mbyte	-
48 Mbyte	32 Mbyte	8 Mbyte	8 Mbyte
56 Mbyte	8 Mbyte	16 Mbyte	16 Mbyte
64 Mbyte	32 Mbyte	32 Mbyte	-
64 Mbyte	-	32 Mbyte	32 Mbyte
64 Mbyte	64 Mbyte	-	-
96 Mbyte	64 Mbyte	32 Mbyte	-
128 Mbyte	64 Mbyte	64 Mbyte	-
128 Mbyte	128 Mbyte	-	-
192 Mbyte	64 Mbyte	64 Mbyte	64 Mbyte
192 Mbyte	128 Mbyte	64 Mbyte	-
224 Mbyte	128 Mbyte	64 Mbyte	32 Mbyte
256 Mbyte	128 Mbyte	128 Mbyte	-
384 Mbyte	128 Mbyte	128 Mbyte	128 Mbyte

Tabelle 8.15: Die DIMM-Bestückungsmöglichkeiten bei Pentium-II-Mainboards

8.2 RAMBus-Speicher

Intel favorisiert als neue PC-Speichertechnologie RAMBus, die erstmalig auf Mainboards mit dem Camino–Chipset (i820) verwendet werden kann. Der Nachfolger-Chipset – OR840 – ist zudem mit einem Zweikanal-RAMBus-Speicherinterface ausgestattet, was bei zwei RIMMs (**R**ambus **I**nline **M**emory **M**odule) pro Kanal somit zu einem Speicher von 1 GByte führt. Diese Module gibt es in Kapazitäten von 64, 128 und 256 Mbyte.

Bild 8.22: Ein RIM-Modul der Firma Kingston

Der »Wirbel«, der um diese Technologie gemacht wird, ist eigentlich nicht ganz verständlich, denn sie ist im Grunde genommen ein alter »Hut«. Per Definition wird mit einem maximalen Takt von 400 MHz gearbeitet, was oftmals zu der Angabe »800 MHz« führt, wobei dann aber unterschlagen wird, dass hier – wie bei DDR-RAM – auf beiden Taktflanken gearbeitet wird. Andere standardisierte Frequenzen sind 350 und 300 MHz.

Während Intel die neuere Implementierung *Direct RAMBus* mit einem 16 Bit breiten Datenbus verwendet, hat es zuvor bereits zwei andere Versionen, nämlich *Base* und *Concurrent* gegeben, die maximal einen 9 Bit breiten Bus vorsehen und beispielsweise im Nintendo 64 zum Einsatz gekommen sind. Außerdem war RAMBus schon vor Jahren auf einigen Grafikkarten zu finden, wie es das folgende Bild zeigt.

high bandwidth
RAMBUS DRAM

Terminierung

AGP BUS

Cirrus Logic GD 5465 AGP
hardware 3D accelerator

Bild 8.23: Diese Grafikkarte der Firma Pine aus dem Jahre 1996 verwendet RAMBus-Chips

Das Besondere bei RAMBus ist, dass sich – wie es die Bezeichnung *Bus* bereits impliziert – die gesamte Speicherarchitektur als ein Bussystem darstellt. Auf der einen Seite befindet sich der Controller, dazwischen die Speicherchips (RDRAMs) und an dem anderen Ende eine Terminierung.

Direct RAMBus kann maximal 32 RDRAM-Chips verwenden, d.h., die mögliche Speicherbegrenzung entsteht nicht in erster Linie durch die Anzahl der vorhandenen Steckplätze, sondern vielmehr muss man die Chips, die sich auf den vorhandenen Modulen befinden (sollen), durchzählen – mehr als 32 dürfen es eben nicht sein. Des Weiteren darf kein RIM-Steckplatz frei bleiben, denn sonst würde der Bus unterbrochen werden, und es funktioniert dann gar nichts mehr. Zur Abhilfe gibt es die CRIMM-Steckplatinen (Continuity RIMM), die keinerlei Elektronik beinhalten, sondern nur für das »Durchschleifen« der Signale benötigt werden.

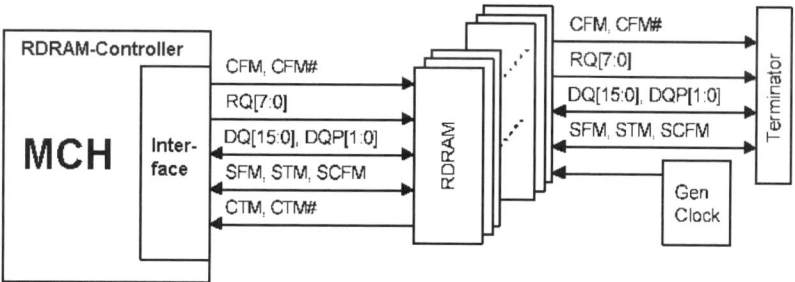

Bild 8.24: Das Prinzip der RAMBus-Speicherarchitektur

Auf dem 16 Bit breiten Datenbus (DQ) werden die Nutzdaten übertragen und ein blockorientiertes Protokoll ausgeführt. Der notwendige Takt wird von einem Clock-Generator erzeugt und differentiell auf den CTM- (Clock To Master) und CFM-Leitungen (Clock From Master) übertragen, wobei das Taktsignal praktisch vom Generator (bei der Terminierung lokalisiert) zum Controller und wieder zurück läuft. Dies hat zur Folge, dass die Speicherchips, die im Wesentlichen in herkömmlicher DRAM-Technik aufgebaut sind, denjenigen Takt auswählen können, der für sie jeweils in die gleiche Richtung läuft, was zu entsprechend großen Datenblöcken in einem »Rutsch« führt. Die RQ-Signale dienen der Speicherzeilenadressierung und die Sxx-Signale der Kommunikation mit den implementierten Controll-Registern.

RAMBus ist bisher allerdings den Beweis schuldig geblieben, dass sich in der Praxis merkliche Steigerungen in der Transferrate gegenüber PC-133 ergeben, und in Tests wurde zudem nachgewiesen, dass die PC-266-Speicher (DDR-RAM) demgegenüber sogar noch schneller sind.

Gegen RAMBus-Speicher spricht z.Zt. auch der ganz stattliche Betrag von ca. 1000,-DM für ein 64-Mbyte-Modul (600 MHz-Typ), wobei es mit den Speicherpreisen bekanntlich immer eine ganz besondere Sache ist und kaum jemand vorhersagen kann, wie sie sich entwickeln werden. Gleichwohl sieht es nicht so aus, dass sich RAMBus zur Standard-Speichertechnologie für übliche PCs eignet, sondern eher in speziellen Workstations und Servern zum Einsatz kommen wird.

8.3 Speicher-Einbau und Fehlerbehebung

Für Bausteine im DIP-Gehäuse gilt generell, dass die Anschluss-Beine noch nicht richtig gebogen sind. Den Chip fasst man daher mit beiden Händen jeweils zwischen Daumen und Zeigefinger an und drückt die Beine von einer Seite auf einer planen Fläche (Tisch) ein kleines Stück (ca. 2-3 mm) nach innen.

Bevor man jedoch einen Baustein in die Hand nimmt, sollte man sich sicherheitshalber an einem geerdeten Metallgegenstand (Metalllampe) entladen, denn statische Aufladungen, die besonders bei synthetischer Kleidung auftreten, können einen Baustein (insbesondere einen CMOS-Baustein) leicht zerstören.

Der Baustein wird dann in die Fassung hineingedrückt, wobei darauf zu achten ist, dass auch alle Beine in den für sie vorgesehenen Platz treffen.

Der Chip muss natürlich auch richtig herum eingesetzt werden. Der Anschluss »1« eines jeden DIP-Bausteins befindet sich links oben und ist entweder durch eine Markierung (Punkt) gekennzeichnet oder durch eine Einkerbung (Notch) oben. Die Sockel besitzen ebenfalls dort eine Einkerbung, wo sich der Pin 1 befindet.

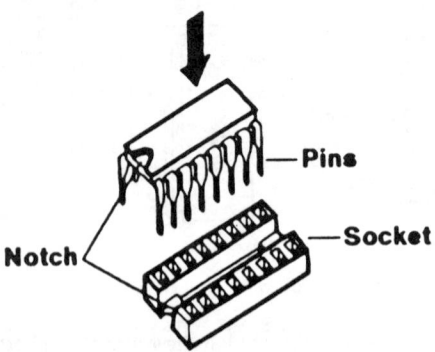

Bild 8.25: *Das Einsetzen von Bausteinen im DIP-Gehäuse*

Der Einbau oder genauer das Einsetzen der Module ist demgegenüber weit einfacher. Allerdings muss bei einigen PCs (kleine Gehäuse, z.B. Slim-Line) zuvor das Netzteil oder ein Laufwerk entfernt werden, damit man an die Steckplätze für die Module überhaupt herankommt.

Bild 8.26: *Bei einigen PCs muss zunächst das Netzteil ausgebaut werden, damit man an die Speichersteckplätze herankommt*

Nur mit Gewalt lassen sich die Module falsch einsetzen. Ein Modul wird leicht schräg gehalten, unten in die Fassung eingesetzt und dann aufgerichtet. Das funktioniert nur, wenn die Kontakte richtig fassen, wobei die Platine nur dann in die Verriegelung des Sockels einschnappt, wenn die beiden Löcher des Moduls in die hervorstehenden Plastikstöpsel des Sockels treffen. Die SIM-Module besitzen an einer Seite eine Einkerbung (vergl. Bild 8.11), die beim Einsetzen der Module zu beachten ist, und auf einigen Mainboards befindet sich auch eine entsprechende Beschriftung (Pin1 oder Markierung mit einem Punkt).

Wenn sich – wie es die Regel ist – mehrere Sockel hintereinander befinden, ist die Reihenfolge, nach der die Module eingesetzt werden, nicht unwichtig. Zuerst wird immer in den hinteren Steckplatz ein Modul eingesteckt, da sich sonst die Module nicht mehr schräg einsetzen lassen, weil sie durch die bereits installierten behindert werden.

Vor einem Eingriff in den PC muss unbedingt der Netzstecker aus dem PC gezogen werden. Bevor man ein Speichermodul in die Hand nimmt, wobei man grundsätzlich nie auf die Kontakte fasst, sollte man sich an einem geerdeten Gegenstand wie einer Metalllampe entladen – indem man sie kurz berührt –, um eine eventuell vorhandene statische Aufladung zu beseitigen.

Eine Bank ist immer komplett zu bestücken, und in den meisten Fällen sind die Steckplätze einer Bank direkt benachbart. Allerdings gibt es bei einigen Mainboards mit PS/2-SIMM-Sockeln auch Ausnahmen, und hier setzt sich dann die Bank 0 beispielsweise aus den Steckplätzen 1 und 3 sowie die Bank 1 aus den Steckplätzen 2 und 4 zusammen, oder es kann auch noch anders aussehen, wie es dem Bild 8.27 zu entnehmen ist (Bank 0: Steckplatz 1 und 4).

Man sollte immer zuerst die Bank 0, bei der folgenden Aufrüstung die Bank 1 usw. mit Modulen ausstatten. Diese Vorgehensweise ist bei älteren Mainboards zwingend, während es bei den neueren (manchmal) egal ist, ob die Bank 0 oder die Bank 1 verwendet wird. Man geht jedoch möglichen Problemen von vornherein aus dem Weg, wenn man die Bänke der Reihe nach bestückt.

Das Einstecken der SIM-Module ist bei den verschiedenen Varianten im Prinzip immer gleich, allerdings ist man bei doppelseitigen SIMMs manchmal im Zweifel, wie herum das Modul nun in den Sockel gehört. Die Orientierung am Pin 1 ist aber generell möglich, da alle Module an dieser Seite eine zusätzliche Einkerbung besitzen. In Bild 8.12 ist dies erkennbar. Das obere Modul hat die Kerbe links, das untere rechts.

Wenn das Modul im Sockel aufgerichtet wird, kann dies zuweilen etwas schwer gehen, da sich die Metallbügel an den Seiten der Sockel zur Seite drücken lassen müssen. Das Herausnehmen ist meist etwas schwieriger, so dass man einen Schraubendreher zur Hilfe nehmen muss, um die Bügel zur Seite zu drücken. Wenn nichts im Wege ist, kann man auch versuchen, die Bügel mit beiden Daumen nach außen zu bewegen, damit das Modul von der Halterung freigegeben wird.

Bild 8.27: Das Einsetzen der PS/2-SIMMs erfolgt aus einer Schräglage und das Modul muss in den Metallhalterungen einschnappen

Besondere Vorsicht ist beim Einsetzen der SIMMs dann geboten, wenn nicht die stabilen Metall-, sondern Plastikbügel für die Halterung der SIMMs vorhanden sind. Das Abbrechen einer Halterung kommt schon einmal vor, was zur Folge hat, dass das SIMM nicht richtig in der Fassung sitzen kann und der Speicher damit »verpfuscht« ist.

In solch einem tragischen Fall kann man sich mitunter damit helfen, dass das hintere Modul das vordere, bei dem die Halterung beschädigt ist, mit festhält. Ein Stück Plastik – kein Metall (leitet) oder Holz (leicht brennbar) – wird dann einfach zwischen die Module geklemmt.

Die DIMMs besitzen am Platinenrand keine Einkerbung wie die SIMMs und ein falsches Einstecken wird durch die Sockel bzw. Module selbst verhindert – durch die Aussparungen in der Kontaktreihe – (vergl. Bild 8.21).

Bild 8.28: Ein DIM-Modul wird direkt von oben in den Sockel hineingedrückt

Bild 8.29: Das DIMM sitzt richtig im Sockel, wenn die Plastikverriegelung nach oben schnappt

8.3.1 DRAM-Speicherprobleme beseitigen

Wenn alle Module eingesetzt sind, sind in den meisten Fällen keine Einstellungen per Setup oder Jumper zu treffen, da die Speicherkapazität vom BIOS automatisch ermittelt wird. Nach dem Einschalten des PC zeigt das BIOS die Kapazität des Speichers am Monitor an, beispielsweise so, wenn 32 Mbyte eingesetzt worden sind:

Memory Test: 32768K OK

Bei älteren Mainboards (286, 386SX, 386DX) sind oft dann Jumper zu stecken, wenn sie sowohl einzelne DRAMs als auch Module aufnehmen können. Der Jumper signalisiert dann dem BIOS, wo es den Speicher zu suchen hat. Entsprechendes gilt wiederum auch für die Boards, die sowohl SIMM- als auch DIMM-Steckplätze besitzen.

Bei einigen BIOS-Versionen, beispielsweise der Firma AMI, erscheint nach jeder Veränderung des Arbeitsspeichers erst einmal eine Fehlermeldung wie *Memory Size Error Run Setup*. Das BIOS hat dann die Veränderung des Speichers gegenüber dem letzten Einschalten bemerkt. Ruft man daraufhin das BIOS-Setup-Programm auf und verlässt es gleich wieder, ohne irgendwelche Einstellungen zu verändern, mit WRITE TO CMOS AND EXIT, wird die neue Speicherkapazität akzeptiert, und die Fehlermeldung wird zukünftig nicht mehr erscheinen.

Erst wenn das BIOS die richtige Speichergröße detektiert, ist der RAM-Speicher korrekt installiert worden.

Es kann natürlich auch passieren, dass eben nicht die korrekte Größe des Speichers detektiert wird oder der Monitor sogar dunkel bleibt. Bevor das BIOS nicht die korrekte Größe anzeigt, hat es generell keinen Sinn, irgendwelche Testprogramme zu Rate zu ziehen, stattdessen kann die folgende Liste zu Hilfe genommen werden.

RAM-Speicherfehler beseitigen:

···❯ Falls der PC nach der Aufrüstung gar nicht mehr funktioniert, sollten zunächst die Spannungsversorgung (P8-P9, ATX-Anschluss), der Sitz der Einsteckkarten und die Anschlüsse überprüft werden.

···❯ Kontrolle, ob die Module richtig in den Sockeln sitzen

···❯ Anhand des Handbuchs zum Mainboard die Bankanordnung kontrollieren

···❯ Überprüfung der DRAM-Zugriffszeiten

···❯ Sind Module mit Parity oder ECC oder aber ohne Korrekturmechanismus notwendig?

···❯ Falls man an den BIOS-Setup herankommt, sollten probeweise die schlechtesten Werte (Waitestates, siehe BIOS-Setup) für den Speicher festgelegt werden

···❯ Es sollte keine Mischung unterschiedlicher (FPM, EDO) Typen innerhalb einer Bank vorgenommen werden! Bei einigen Mainboards betrifft dies auch beide Bänke.

···❯ Falls nur der Speicher einer Bank nicht funktioniert, probeweise die Module in den Sockeln vertauschen, um das fehlerhafte Modul dann schrittweise zu ermitteln

···❯ Verbietet das Mainboard bestimmte Modulkombinationen?

···❯ Werden eingesetzte Double-SIMMs vom Mainboard überhaupt unterstützt?

···❯ Einen eingesetzten SIMM-Adapter gegebenenfalls entfernen

···❯ Bei der Aufrüstung mit 30-poligen SIMMs deren Organisation (4 Bit breit?) überprüfen

···❯ Falls sowohl PS/2-SIMMs als auch DIMMs verwendet werden, die dazugehörige Jumperstellung und die Spannungsversorgung (3,3 V oder 5 V) überprüfen

···❯ Sind die Sockel (PS/2, DIMM) auf dem Mainboard für eine Komplettbestückung ausgelegt?

8.4 Die Speicherverwaltung

DOS arbeitet ausschließlich im Real Mode, der mit dem Original-PC (8088-CPU) aus dem Jahre 1981 eingeführt wurde. Bereits der IBM-AT mit einem 80286-Prozessor ist jedoch in der Lage, im Protected Mode zu arbeiten und mehr Speicher als maximal 1 Mbyte direkt zu adressieren, nämlich 16 Mbyte. Des Weiteren spielen das *Multitasking*, das verschiedene Betriebsarten kennt, und das mit Windows 95 eingeführte *Multithreading* für zeitgemäße und kompatible Software eine wichtige Rolle.

8.4.1 Real- und Protected-Mode

Auch wenn noch so viel Speicher in einem Pentium-III-PC eingebaut ist, er lässt sich überhaupt erst unter Zuhilfenahme von Speichermanagerprogrammen unter DOS ansprechen. Für die Anwenderprogramme steht außerdem nur der Bereich bis maximal 640 Kbyte zur Verfügung, wie es im Bild 8.30 angegeben ist.

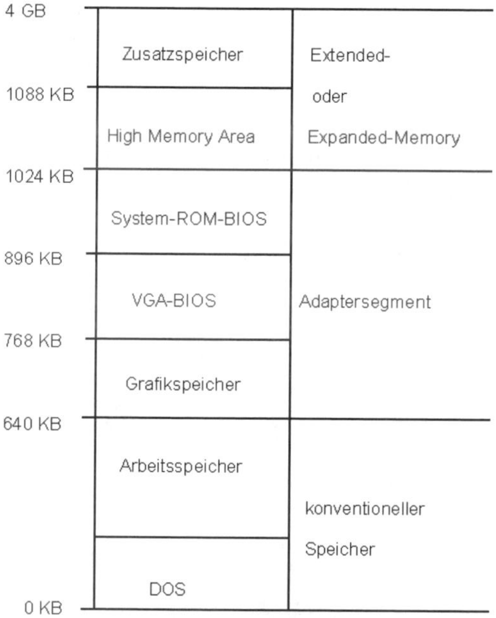

Bild 8.30: *Die Aufteilung des Speicherbereichs unter DOS*

Speichermanager sind die beiden Programme HIMEM.SYS und EMM386, die standardmäßig mit DOS ausgeliefert werden. Es gibt jedoch auch effektivere Manager wie Qemm von der Firma Quarterdeck (jetzt Symantec), der möglichst viele Treiber in das Adaptersegment verlagert, damit dann vielleicht effektiv noch 620 Kbyte im konventionellen Speicherbereich (bis 640 Kbyte) zur Verfügung stehen.

Der Speicher ab 1 Mbyte bis zur maximalen Größe kann prinzipiell entweder als *Extended* oder *Expanded Memory* verwaltet werden, was davon abhängig ist, in welcher Form das jeweilige DOS-Programm diesen Speicher zu adressieren vermag. Der Treiber HIMEM.SYS verwaltet Extended Memory laut der e**X**tended **M**emory **S**pecification (XMS) ab 1 Mbyte und wird in der CONFIG.SYS geladen. HIMEM.SYS kann prinzipiell drei Bereiche verwenden:

⋯▷ High Memory Area

Die High Memory Area (HMA) besteht aus den ersten 64 Kbyte oberhalb von 1 Mbyte (1024-1088 Kbyte). Hiermit wird es DOS ermöglicht, neben dem konventionellen Speicher (bis 640 Kbyte) zusätzlichen Speicher zu adressieren und auch Programme auszuführen. Meist wird die HMA zur Auslagerung (Hochladen) von Treibern (Maus, CD-ROM u.ä.) und Teilen des Betriebssystems verwendet, wie etwa durch den Befehl DOS=HIGH.

⋯▷ Upper Memory Blocks

Die Upper Memory Blocks (UMBs, 64 Kbyte) liegen oberhalb von 640 Kbyte (allgemein im Adaptersegment), beispielsweise ab C0000h und werden prinzipiell genauso wie die HMA verwendet. Die DOS-Programme können ebenfalls die UMBs automatisch nach dem Laden des HIMEM.SYS-Treibers in der CONFIG.SYS verwenden.

⋯▷ Extended Memory Blocks

Der Speicher oberhalb der HMA wird in EMBs (Extended Memory Blocks) aufgeteilt. Dieser Bereich kann nur von (DOS-)Programmen verwendet werden, wenn sie hierfür explizit ausgelegt sind. Je nach DOS-Programm kann die zur Verfügung stehende Speichergröße variieren.

EMM386.EXE ist hingegen ein **E**xpanded **M**emory **M**anager für EMS (**E**xpanded **M**emory **S**ystem), der ebenfalls in der CONFIG.SYS – meist nach HIMEM.SYS – als Eintrag zu finden ist. Die Firmen Lotus, Intel und Microsoft haben diese Spezifikation entworfen, die daher auch als LIM-Standard bezeichnet wird.

Zur Verwaltung des Speichers laut EMS wird im Adaptersegment, also oberhalb der 640-Kbyte-Grenze, ein 64 Kbyte großes Fenster angelegt, mit dessen Hilfe der Speicher ab 1 Mbyte »scheibchenweise« im Adaptersegment eingeblendet wird. Es muss hier also ein entsprechend großer Bereich frei sein, der nicht von einem ROM belegt sein darf. Üblicherweise wird hierfür der Bereich von D0000 bis DFFFFh verwendet.

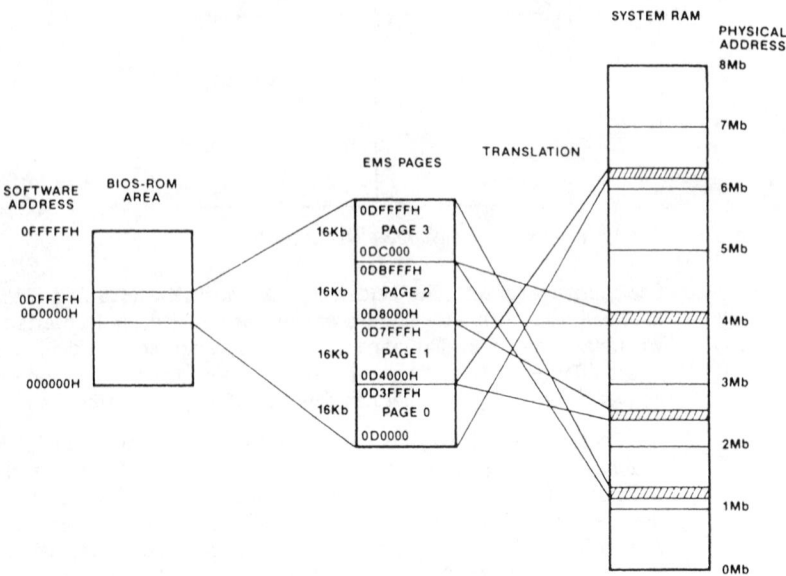

Bild 8.31: Die Einblendung von Expanded Memory

Erfolgt der EMM386-Eintrag nach HIMEM.SYS, wird das Extended Memory quasi in Expanded Memory umgesetzt. Da Windows 3.x kein eigenständiges Betriebssystem darstellt, sondern auf DOS aufsetzt, ist diese eigenwillige Verwaltung des Speichers auch für Windows 3.x von Bedeutung.

Windows 3.x selbst benötigt im Prinzip aber kein Expanded Memory, sondern nur dann, wenn entsprechende DOS-Programme dies unter Windows verlangen. Die Praxis hat jedoch gezeigt, dass es sinnvoll ist, EMM386.EXE NOEMS (also Speichermanager, aber ohne EMS) nach HIMEM.SYS für ein DOS/Windows-3.x-System zu spezifizieren, denn in diesem Fall wird es Windows weitgehend selbst überlassen, in welcher Art und Weise der Speicher für die Programme zur Verfügung gestellt wird. Zudem erhält man dadurch ein *Mehr* an freiem Arbeitsspeicher. Für Windows 3.x ist HIMEM jedoch absolut notwendig, damit nachfolgend (unter Windows) in den Protected Mode umgeschaltet werden kann, was ab PC-Typen mit einem 386-Prozessor standardmäßig funktioniert.

Die Umschaltung in den Protected Mode funktioniert aber nicht korrekt, wenn ein Speichermanager wie HIMEM.SYS nicht geladen werden kann, was mitunter durch die Fehlermeldung *Gate A20 Control Error* signalisiert wird. HIMEM.SYS können jedoch – je nach Computertyp wie Compaq, Dell oder HP-Vectra – unterschiedliche Schalterparameter mit auf den Weg gegeben werden, wodurch in einigen Fällen Abhilfe geschaffen werden kann. Windows 3.x lässt sich nur im (veralteten) Standardmode betreiben, wenn der nötige Speichermanager auf Grund einer (fehlerhaften) Gate A20-Einstellung (siehe auch Gate-A20-Schaltung) nicht zu aktivieren ist.

Oftmals ist auch ein alternativer Speichermanager wie *Qemm* die Lösung, der statt HIMEM.SYS verwendet und auch »besonders widerwillige« Mainboards umzuschalten vermag.

Entgegen der landläufigen Meinung arbeitet ein PC (ab 486) mit optimal konfiguriertem Windows 95 tatsächlich merklich schneller, als wenn ein älteres Windows 3.x eingesetzt wird.

Windows 9x entschärft glücklicherweise diese Speicherproblematik, vorhanden ist sie aber dennoch, wenn dies auch nicht immer unmittelbar ersichtlich ist. Die Speichermanager und andere Eintragungen, die bisher in der CONFIG.SYS und in der AUTOEXEC.BAT zu finden waren, sind lediglich in die Datei IO.SYS gewandert.

Die Festlegungen in der IO.SYS werden eigentlich nur für DOS-Programme (unter Windows 9x) benötigt, allerdings kann es auch hier wieder zu den zuvor erwähnten Speicherquerelen kommen, wenn auch (nachfolgend) in der CONFIG.SYS für Windows 9x wieder Speichermanager geladen werden. Daher sollten diese Einträge, wie auch andere (CD-ROM-Treiber u.ä.), die im Prinzip überflüssig sind, weil Windows 9x hierfür eigene Treiber mitbringt, gelöscht oder mit einen REM (Remark, Kommentar) versehen werden.

Erst Windows NT setzt überhaupt nicht mehr auf DOS auf und macht mit dieser antiquierten Speicherverwaltung endlich Schluss.

8.4.2 Multitasking und Multithreading

Unter DOS kann immer nur ein Programm zur Zeit (Single Tasking) im Real Mode verarbeitet werden. Windows 9x arbeitet im *Protected Virtual Address Mode* und erlaubt die (scheinbar) gleichzeitige Abarbeitung mehrerer Programme, was allgemein als *Multitasking* bezeichnet wird.

Da Windows 9x jedoch keine Unterstützung für Mehrprozessorsysteme (Multiprozessor) bietet, laufen die Anwendungen auf ein und demselben Prozessor und müssen sich aus diesem Grunde die Prozessorleistung aufteilen.

Windows 3.x unterstützt ausschließlich das *kooperative Multitasking*, das sich dadurch auszeichnet, dass ein Programm so lange den Prozessor in Anspruch nehmen kann, bis es selbst die Kontrolle an das Betriebssystem (freiwillig) zurückgibt. In der Praxis bedeutet dies, dass eine fehlerhaft verlaufende Anwendung das komplette System blockieren kann.

Das *präemptive Multitasking* wird hingegen vom Betriebssystem (Windows 95/98) gesteuert. Hierzu wird die Prozessorleistung quasi in kleine Einheiten – Zeitscheiben – zerlegt – und auf die einzelnen Anwendungen verteilt. Eine wichtige Rolle spielt dabei der *Virtual Machine Manager* (VMM), der hierfür die entsprechenden Festlegungen trifft und mit Hilfe seines Prozess-Schedulers die einzelnen Prozesse verwaltet.

Die jeweilige Anwendung wartet auf die ihr zugeteilte Zeitscheibe und arbeitet bei Aktivierung den nächsten Befehl aus der ihr zugeordneten Nachrichtenschlange (Message Queue) ab. Im Gegensatz zu den vorherigen Windows-Versionen verwaltet Windows 95 das Multitasking nicht mit einer einzigen, sondern mit mehreren Nachrichtenschlangen, je nachdem, wie viele Anwendungen (gleichzeitig) zu bearbeiten sind.

Falls nun eine DOS- oder 32-Bit-Anwendung nicht mehr reagiert, hat dies keine Auswirkung auf das Gesamtsystem, da sie durch die Tastenkombination STRG+ALT+ENTF beendet werden kann. Eine fehlerhafte 16-Bit-Anwendung kann jedoch nicht nur sich selbst, sondern auch andere 16-Bit-Anwendungen zum Absturz bringen, da sie sich generell selbst beenden können muss (kooperatives Multitasking). Ein kurzer Blick auf die Privilegstufen im folgenden Kapitel mag diese Zusammenhänge noch verdeutlichen und die Hintergründe etwas erhellen.

Windows 95 unterstützt neben dem präemptiven Multitasking auch das *Multithreading*, was aber auch nur für echte 32-Bit-Anwendungen gilt. Eine 32-Bit-Anwendung stellt sich aus der Sicht des Betriebssystems als ein Prozess dar. *Threads* (engl. Faden, Programmstrang) sind als einzelne Programmteile anzusehen, die einem bestimmten Prozess zugeordnet sind und denen jeweils eine eigene Zeitscheibe zugewiesen werden kann. Dadurch sind mehrere Threads quasi gleichzeitig ausführbar. Für ein Windows-9X-Textverarbeitungsprogramm bedeutet dies beispielsweise, dass ein Thread für die Texteingabe, einer für die im Hintergrund laufende Rechtschreibprüfung und einer für einen ablaufenden Druckvorgang zuständig sein kann, was somit die Parallelverarbeitung einzelner Aktionen innerhalb *eines* Programms optimiert.

8.4.3 Privilegstufen

Mit dem 286-Prozessor wurden vier Privilegstufen (hierarcial Protection Levels, PL) für multitaskingfähige Betriebssysteme spezifiziert, um die einzelnen Prozesse voneinander isolieren und voreinander schützen zu können. Hierfür ist keine zusätzliche Hardware erforderlich, sondern die in der CPU integrierte Memory Management Unit (MMU) übernimmt diese Protection-Funktion. Man kann sich diese Stufen als Ringe vorstellen, wie es im Bild 8.32 gezeigt ist. Dabei gilt grundsätzlich:

⋯⋗ Auf Daten kann nur von demjenigen Programmcode aus zugegriffen werden, der sich in gleichen oder darüber liegenden Privilegstufen befindet.

⋯⋗ Ein Programmcode kann nur von einen Programm (Task) ausgeführt werden, das sich in der gleichen oder darunter liegenden Privilegstufe befindet.

Die höchste Privilegstufe und somit den Zugriff auf alle weiteren Programme der darüber liegenden Ringe hat der innerste Ring (PL=0), wo sich das eigentliche Betriebssystem und auch die virtuellen Gerätetreiber (VxDs) befinden. Hier auftretende Fehler können daher das gesamte System zum Absturz bringen.

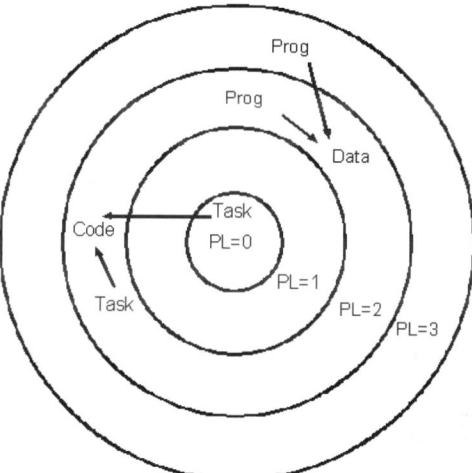

Bild 8.32: Mikroprozessoren ab dem 286-Typ verwenden zur Abwicklung des Multitaskings eine hierarchische Ringstruktur

Im Ring 1 können sich Software-Interfaces zur Verbindung des Betriebssystems mit dem Ring 2 befinden, in welchem beispielsweise Betriebssystemerweiterungen lokalisiert sind, und im Ring 3 liegen dann die eigentlichen (Anwender-)Programme.

Ein Task-Aufruf beispielsweise vom Ring 3 auf den Ring 0 ist grundsätzlich nicht möglich, so dass eine fehlerhafte Anwendung keinen Betriebssystemabsturz verursachen kann.

Eine rege Kommunikation würde sich bei vielen Vorgängen zwischen der Applikation und den Software-Interfaces (Ring 3 auf 1) einstellen, doch aus Gründen der Geschwindigkeit arbeitet Windows 95 nur in den Ringen 0 und 3. Im Ring 3 sind beispielsweise die wesentlichen Teile der grafischen Windows-Umgebung (GDI, USER, KERNEL) abgelegt und hier laufen auch die Windows- und DOS-Programme ab, was durchaus zu Problemfällen führen kann.

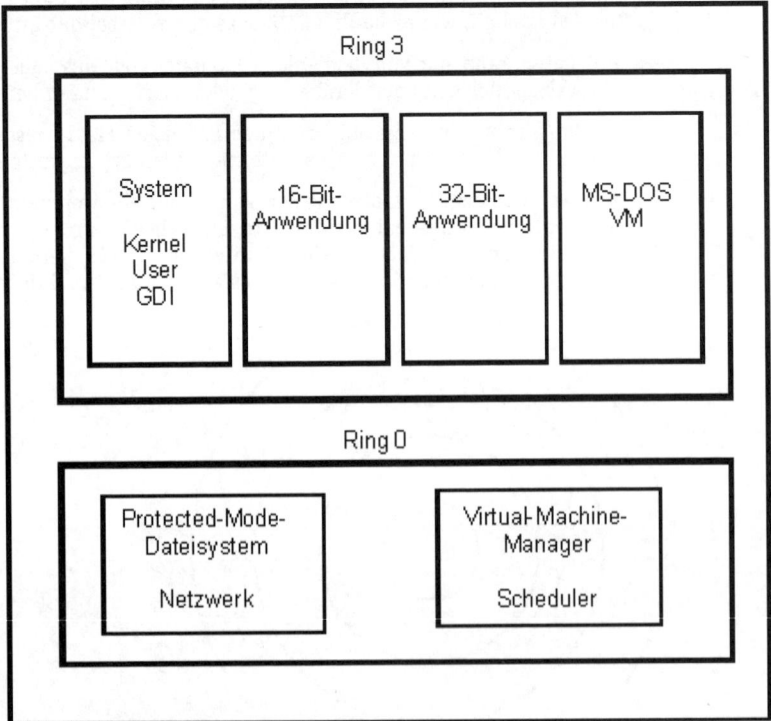

Bild 8.33: Das Prinzip der Windows-95-Architektur

8.5 Der Cache-Speicher

Bei 386DX-PCs ab einer Taktfrequenz von 25 MHz ist zusätzlich zum Hauptspeicher ein Cache-RAM (Zwischenspeicher) zu finden, denn die »normalen« DRAMs sind im Verhältnis zur CPU-Taktfrequenz zu langsam, wodurch die CPU in zusätzlichen Wartezyklen verharren muss, um auf die Daten aus dem DRAM zu warten. Aus diesem Grunde wird quasi zwischen dem DRAM und der CPU ein schneller statischer Speicher (SRAM) realisiert, dessen Zugriffszeit üblicherweise zwischen 10-25 ns beträgt. Das folgende Bild zeigt einige typische Daten der drei wichtigen Speichereinheiten und das Zusammenspiel von Cache, DRAM und Festplatte.

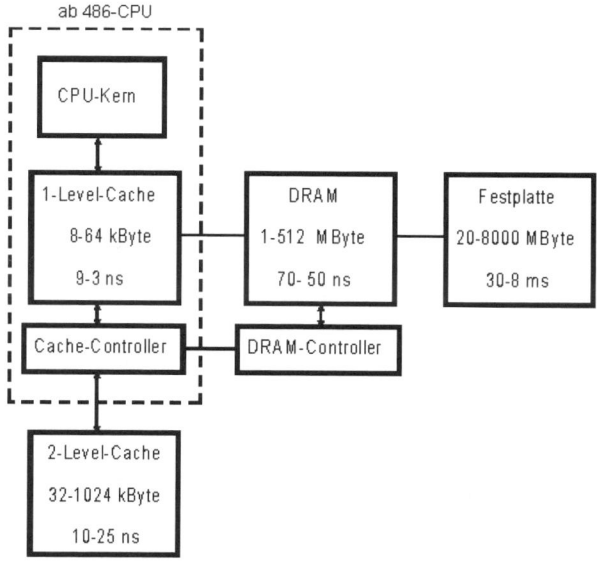

Bild 8.34: *Das Speicherprinzip mit Cache; die langsamste Einheit ist die Festplatte, die über die größte Kapazität verfügt, die schnellste der 1-Level-Cache, der demgegenüber die kleinste Speicherkapazität besitzt*

Der Cache-Speicher ist, wie in den vorigen Kapiteln bereits angesprochen, für die Leistung eines PC von großer Bedeutung. Hierfür sei ein praktisches Beispiel genannt: Wird der Cache-Speicher bei einer 100-MHz-Pentium-CPU abgeschaltet und dann ein Benchmark-Programm wie *Sysinfo* (Norton Commander, Symantec) angewendet, kann man feststellen, dass die Ergebnisse etwa gleichauf liegen mit dem dort angegebenen Referenztyp Compaq 386/33 MHz. Leider bieten weder die meisten PC-Testprogramme noch die Systeminformationen der Betriebssysteme (Windows 95) einen genauen Aufschluss über die Cache-Speicher-Konfiguration, so dass es nötig ist, sich auch mit dieser Materie etwas näher zu beschäftigen.

Ab einem 80486DX-Prozessor sind ein 8 Kbyte großer Cache-Speicher und der dafür notwendige Controller gleich mit eingebaut. Dieser interne Cache-Speicher wird als *First-Level-Cache* (1-Level, L1-Cache) bezeichnet und besitzt, je nach CPU-Typ, eine unterschiedliche Kapazität, wie es in den Kapiteln zu den einzelnen CPUs beschrieben ist.

Der Cyrix-Typ 6x86MX bietet beispielsweise einen 1-Level-Cache mit einer Kapazität von 64 Kbyte. Bei den Cyrix-CPUs ist der 1-Level-Cache nicht wie bei den anderen Prozessoren in einen für Daten und einen für Befehle aufgeteilt, sondern wird für beide Typen gleichermaßen verwendet, was als *unified* bezeichnet wird. Dies ist bei Cyrix-CPUs etwas problematisch, da das BIOS speziell diese Art der Cache-Auslegung unterstützen muss, damit der Speicher korrekt eingesetzt werden kann. Cyrix (jetzt VIA) stellt daher für Systeme, die den Cache (noch) nicht in der vorgesehenen Art und Weise initialisieren können, ein spezielles Treiberprogramm zur Verfügung, das diese Funktion übernimmt. Es befindet sich neben einigen anderen CPU-Tools auf der diesem Buch beiliegenden CD.

Es gibt noch einen weiteren Cache, der als *Second-Level-Cache* (L2-Cache) bezeichnet wird und entweder extern auf dem Mainboard (Sockel-7-Typen) realisiert wird oder aber ebenfalls in der CPU (AMD-K6-3) bzw. im CPU-Modul (Pentium II) integriert ist. Der PentiumPro verfügte als erster PC-Mikroprozessor auch über einen integrierten Second-Level-Cache (Pipelined Burst) mit einer Kapazität von 256 oder 512 Kbyte, der mit dem vollen CPU-Takt arbeitet, was die Performance gegenüber einem Pentium-Prozessor maßgeblich steigert. Der Pentium II besitzt ebenfalls einen integrierten Second-Level-Cache, der allerdings nur den halben CPU-Takt verwenden kann, während bei Athlon, Celeron und Pentium III-Coppermine der L2-Cache auch mit dem vollen CPU-Takt arbeitet.

Die Steigerung der Prozessorleistung von einer Generation zur nächsten ist vielfach nur einem vergrößerten (internen) Cache zu verdanken und eher weniger anderen neuen Features, die bei der Programmierung entsprechend eingesetzt werden müssen, damit sie »Früchte tragen«, was aber oftmals unterbleibt, wie es beispielsweise bei der mangelhaften MMX-Unterstützung bei aktuellen Programmen der Fall ist.

8.5.1 Cache-Betriebsarten

Prinzipiell sind zwei verschiedene Cache-Betriebsarten möglich: *Write Through* und *Write Back*. In der ersten Betriebsart werden die Daten vom Mikroprozessor sowohl in das DRAM als auch gleichzeitig in den Cache geschrieben (durchschreiben, write through).

Beim Lesen der Daten überprüft der Cache-Controller dann anhand eines Vergleichs der im DRAM abgelegten Adressen mit denen im Cache-Tag-RAM, ob sich die Daten bereits im Cache befinden. Ist dies der Fall (Cache Hit), wobei die Wahrscheinlichkeit bis zu 95% betragen kann, erfolgt ein schneller Lesezugriff aus dem Cache-RAM, andernfalls werden die Daten aus dem langsameren DRAM gelesen (Cache Miss).

Mit Hilfe des Cache-Tag-RAMs, das in der Speicherkapazität meist kleiner ausfällt als die eigentlichen Cache-RAMs, bestimmt der Cache-Controller generell, ob ein *Cache Hit* oder ein *Cache Miss* vorliegt. Das TAG-RAM enthält gewissermaßen das Inhaltsverzeichnis der Cache-Belegung.

Die zweite Cache-Arbeitsweise wird als *Write Back* bezeichnet, bei der eine Leseoperation im Prinzip wie beim *Write Through Cache* absolviert wird. Bei einer Schreiboperation hingegen werden zuerst die Daten im Cache aktualisiert, nicht aber automatisch die im Hauptspeicher. Der Cache-Controller merkt sich in einem *Dirty-Bit*, dass der Cache-Inhalt verändert wurde und nicht mehr mit dem Inhalt der Hauptspeichers übereinstimmt.

Dirty bedeutet demnach, dass keine datentechnische Übereinstimmung zwischen DRAM und Cache gegeben ist, und nur in diesem Fall werden dann nachfolgend auch die Daten für den Hauptspeicher aktualisiert. Ein *Write Back Cache* ist demnach in puncto Performance einem *Write Through* überlegen, da die Zeit für Schreibzugriffe minimiert wird und nur dann Daten aktualisiert werden, wenn sie sich auch verändert haben. Im BIOS-Setup eines PC sollte daher – wenn möglich – *Write Back* eingestellt werden.

Ob ein PC ausschließlich im *Write-Through*- oder ebenfalls im *Write-Back-Modus* arbeiten kann, hängt von mehreren Faktoren ab: Von der verwendeten CPU, vom Aufbau des externen Caches, vom Chipsatz des Mainboards und vom BIOS des PC.

Standardmäßig kann erst eine Pentium-CPU im leistungsfähigeren *Write-Back-Modus* arbeiten. Bei 486DX-PCs hängt es davon ab, wie der externe Cache vom Mainboardhersteller implementiert wurde, und nur mit dem L2-Cache ist dann diese Betriebsart möglich. Aus diesem Grunde gibt es einige PCs, bei denen eine Umschaltung im BIOS-Setup möglich ist, und andere, bei denen es unmöglich ist.

Wenn es möglich ist und im BIOS-Setup hierfür ein entsprechender Menüpunkt vorhanden ist, sollte die Write-Back-Betriebsart für den Cache eingeschaltet werden. Ab Pentium-CPUs wird standardmäßig der (bessere) Write-Back-Modus verwendet.

Es existieren aber auch bereits 486-Prozessoren wie der 486DX-66 der Firma Cyrix und einige 486-CPUs der Firma Intel (erkennbar am Kürzel WB in der Beschriftung), die von Haus aus *Write Back* unterstützen. 386-PCs können meist ausschließlich nur die Write-Trough-Betriebsart verwenden.

8.5.2 Second Level Cache – L2-Cache

Der externe Cache-Speicher (L2-Cache) verfügt in der Regel über eine Kapazität von 256 Kbyte bis hin zu 1 Mbyte. Die Kapazität ist also wesentlich geringer als die der üblichen DRAM-Speicherauslegung. Das Prinzip des Cache-Speichers ist bereits aus den 60-iger Jahren bekannt. Man macht sich dabei die Tatsache zunutze, dass in einem Programm viele Aktionen sequentiell oder in Schleifen durchlaufen werden, und da bestimmte Programmteile oder Datenvariablen, die vielfach nicht sehr speicherintensiv sind, immer wieder benötigt werden, sind ganz beachtliche Steigerungen der Verarbeitungsgeschwindigkeit die Folge, wenn sie aus dem schnellen Cache zur Verfügung stehen.

Bei relativ kleinen Cache-Speichergrößen (32 Kbyte) ist es in den meisten Fällen möglich, den Cache mit entsprechenden Bausteinen auf dem Mainboard aufzurüsten, was sich für eine möglichst gute PC-Performance durchaus empfiehlt. In der folgenden Tabelle ist angegeben, wie die Cache-Bausteine für die üblichen Speichergrößen organisiert sein müssen und wie viele man davon jeweils benötigt.

Größe	Cache-RAM	Cache-Tag-RAM	Cache-Dirty-RAM
64 Kbyte	8 Stück 8 k x 8	2 Stück 4 k x 4	1 Stück 4 k x 4
64 Kbyte	8 Stück 8 k x 8	1 Stück 8 k x 8	1 Stück 4 k x 4
64 Kbyte	8 Stück 8 k x 8	3 Stück 4 k x 4	1 Stück 4 k x 4
128 Kbyte	4 Stück 32 k x 8	1 Stück 8 k x 8	1 Stück 8 k x 8
256 Kbyte	8 Stück 32 k x 8	2 Stück 16 k x 4	1 Stück 16 k x 4
256 Kbyte	8 Stück 32 k x 8	1 Stück 32 k x 8	1 Stück 16 k x 4
512 Kbyte	8 Stück 64 k x 8	1 Stück 32 k x 8	1 Stück 64 k x 4

Tabelle 8.16: Übliche Bestückungsmöglichkeiten von Cache-Speichern

Einige Hersteller haben aus Kostengründen den Write-Back-Cache-Speicher leider so realisiert, dass das Dirty-Bit nicht verarbeitet werden kann. Dadurch wird ein Baustein eingespart (TAG-RAM) und der Controller kann nicht erkennen, ob Daten im Hauptspeicher aktualisiert werden müssen oder nicht. Daher müssen, wie beim Write-Through-Cache, immer sowohl Daten in den Cache als auch in den Hauptspeicher geschrieben werden, wodurch sich dann kein merklicher Vorteil gegenüber Write-Through ergibt. Eine Nachrüstung dieses Bausteins ist immer dann sinnvoll, wenn hierfür eine leere Fassung auf dem Mainboard vorhanden und im BIOS-Setup eine Umschaltung auf Write-Back-Cache möglich ist.

Bei Systemen, die nicht mindestens über einen L2-Cache von 256 Kbyte verfügen, ist eine entsprechende Erweiterung sinnvoll. Eine Cache-Aufrüstung von 256 auf 512 Kbyte bringt erst ab einer RAM-Größe von 32 Mbyte einen Performance-Gewinn.

Bild 8.35: Bei diesem 486-Mainboard wurde beim Aufbau des Cache-Speichers gespart und das TAG/DIRTY-RAM nicht bestückt, welches hier aber im freien Sockel problemlos nachgerüstet werden kann

Die Größe des Cache-Speichers orientiert sich an der installierten Größe des DRAMs, damit ein entsprechend großer DRAM-Bereich zu »cachen« ist. Wie es im Kapitel bei den Chipsets zu lesen ist, hängt die Cacheable-Area vom Chipsatz selbst und auch vom eingebauten TAG-RAM ab.

Der Intel-430HX-Chipsatz kann 512 Mbyte »cachen«, der (neuere) Intel 430TX hingegen nur 64 Mbyte. Wird auf einen Speicherbereich zugegriffen, der sich außerhalb der Cacheable-Area befindet, bedeutet dies, dass die Daten direkt aus dem (langsameren) DRAM zu verarbeiten sind. Dies hat aber zur Folge, dass der PC langsamer arbeitet, als wenn er über entsprechend weniger DRAM verfügen würde, da die Cache/DRAM-Verarbeitung (die Daten liegen teilweise im Cache, teilweise aber im DRAM) unnötigerweise Verarbeitungszeit beansprucht. Es hat demnach absolut keinen Sinn, einen PC mit 430TX-Chipsatz mit mehr als 64 Mbyte auszustatten.

Cacheable Area	TAG-RAM-Breite
64 Mbyte	8 Bit
128 Mbyte	9 Bit
256 Mbyte	10 Bit
512 Mbyte	11 Bit
1024 Mbyte	12 Bit

Tabelle 8.17: Die Cacheable-Area wird von der Breite des TAG-RAMs bestimmt

Aber selbst wenn der Chipsatz den maximal zu installierenden DRAM-Bereich zu »cachen« vermag, bedeutet dies noch nicht, dass dies auch in der Praxis möglich ist, denn das TAG-RAM muss über eine bestimmte *Datenbreite* verfügen. Die Mainboard-Hersteller sparen dabei gern ein paar Mark ein und verwenden ein TAG-RAM, welches wieder eine Limitierung der Cacheable-Area zur Folge hat. Welchen Einfluss die Breite des TAG-RAMs auf die Cacheable-Area hat, zeigt die folgende Tabelle.

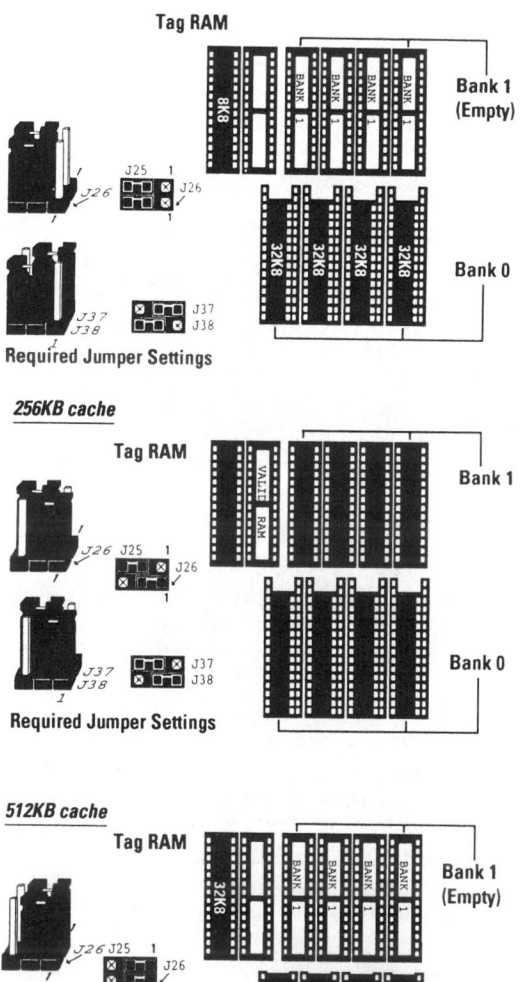

Bild 8.36: Die Cache-Größe, wobei hier unterschiedliche Cache-RAM-Bausteine zum Einsatz kommen können, wird bei diesem Mainboard mit Jumpern festgelegt

Bei einigen Mainboards – beispielsweise der Firma Gigabyte – ist es möglich, das standardmäßig vorhandene 8-Bit-TAG-RAM gegen ein 11-Bit-TAG-RAM zu ersetzen, damit der maximale Bereich von 512 Mbyte zu »cachen« ist.

 Es kommt leider immer wieder vor, dass beim Aufbau des 2-Level-Cache-Speichers gespart wird und das TAG-RAM aus Kostengründen nicht bestückt wird. In den meisten Fällen ist hierfür aber noch freier Sockel vorhanden, so dass man diesen Baustein auch selbst nachrüsten kann.

Bei Mainboards wird nicht immer das TAG-RAM in der erforderlichen Bit-Breite eingebaut, welches – je nach Mainboardtyp und Chipsatz – möglicherweise durch ein geeigneteres zu ersetzen ist.

Bild 8.37: Auf einigen aktuellen Mainboards ist der 2-Level-Cache-Speicher direkt aufgelötet und kann weder um- noch aufgerüstet werden; die Zugriffszeit des Speichers beträgt hier 6 ns (erkennbar an der -6-Bezeichnung, nicht zu verwechseln mit der Bezeichnung wie sie bei DRAMs üblich ist und dann für 60 ns stehen würde)

Auf älteren Mainboards findet man für die Festlegung der L2-Cache-Größe oftmals einige Jumper, die der Mainboard-Elektronik die jeweilige Konfiguration signalisieren. Das folgende Bild zeigt die Bestückungsvarianten und Jumperstellungen für ein 486-Mainboard von der Firma Asus.

8.5.3 Cache-Speicher-Implementierungen

Prinzipiell kann der L2-Cache-Speicher auf üblichen PC-Mainboards in vier Varianten realisiert sein:

⋯⟩ Asynchroner Cache

⋯⟩ Synchroner Cache

⋯⟩ Cache mit Burst SRAMs

⋯⟩ Cache mit Pipelined Burst SRAMs

Die Cache-RAMs sind wie die DRAMs und SIMMs in Bänken organisiert und arbeiten asynchron zum Prozessortakt mit Enable-Signalen. Diese Cache-Konfiguration bezeichnet man daher als *asynchronen Cache* (A-Cache).

Synchrone statische RAMs (Synchronous SRAMs) können demgegenüber mit schnelleren Zugriffszeiten (< 20 ns) aufwarten und sind bei einigen Mainboards optional – statt der A-Cache-Bausteine – zu bestücken. Sie arbeiten mit einem zur CPU synchronen Takt, was gegenüber den asynchronen SRAMs zu einer Einsparung von Verzögerungszeiten führt.

Burst-SRAMs sind, wie es die Bezeichnung *Burst* signalisiert, in der Lage, nach der Übermittlung der Startadresse die darauffolgenden Adressen selbst zu generieren. Sie benötigen also nicht für jede Datenübertragung zuvor eine »neue« Adresse von der CPU, was grundsätzlich eine schnellere Datenübertragung gegenüber den asynchronen SRAMs erlaubt.

In (fast) allen neueren PCs sind die *Pipelined-Burst-SRAMs* zu finden, die gegenüber den Burst-SRAMs mit dem Vorteil aufwarten können, dass sie bei mehreren aufeinander folgenden Burst-Zugriffen eine quasi überlappende Übertragung der Startadresse und der ersten Daten ermöglichen, wodurch ein Zyklus eingespart wird. Die Besonderheit der Pipelined-Burst-SRAMs ist im Prinzip nichts anderes als ein zusätzliches Datenausgangsregister, welches das Memory-Array von den Ausgangstreibern entkoppelt.

Die SRAMs für den L2-Cache sind nur bei den älteren Mainboards im DIP-Gehäuse realisiert, während alle neueren SRAMs (Pipelined Burst) im PLCC- oder auch TQFP-Gehäuse gefertigt und direkt auf das Mainboard gelötet werden, was einen erforderlichen Austausch oder eine Erweiterung erschwert oder auch unmöglich macht. Gewissermaßen eine Ausnahme ist im Bild 7.32 gezeigt. Hier kann der asynchrone Cache (rechts oben im Bild) gegen synchrone SRAMs, für die vier Sockel (über der Pentium-CPU) vorgesehen sind, ausgetauscht werden.

Bei neueren Mainboards wird die vorhandene Cache-Speichergröße und der eingesetzte Typ automatisch erkannt. Im BIOS-Setup ist der L2-Cache – wie meist auch der L1-Cache – an- oder abzuschalten und bei einigen Versionen lassen sich auch noch einige Timing-Parameter konfigurieren.

```
     CMOS Setup Utility - Copyright (C) 1984-1999 Award Software
                      Advanced BIOS Features

 ┌─────────────────────────────────────┬─────────────────────────┐
 │  Virus Warning           Disabled ▲ │      Item Help          │
 │  CPU Internal Cache      Enabled    │                         │
 │  External Cache          Enabled    │  Menu Level    ▶        │
 │  Quick Power On Self Test Enabled   │                         │
 │  First Boot Device       CDROM      │  Select Your Boot       │
 │  Second Boot Device      LS/ZIP     │  Device Priority        │
 │  Third Boot Device       HDD-0      │                         │
 │  Boot Other Device       Enabled    │                         │
 │  Swap Floppy Drive       Disabled   │                         │
 │  Boot Up Floppy Seek     Disabled   │                         │
 │  Boot Up NumLock Status  Off        │                         │
 │  Gate A20 Option         Fast       │                         │
 │  Typematic Rate Setting  Disabled   │                         │
 │ x Typematic Rate (Chars/Sec) 6      │                         │
 │ x Typematic Delay (Msec)  250       │                         │
 │  Security Option         System     │                         │
 │  OS Select For DRAM > 64MB Non-OS2  │                         │
 │  Video  BIOS Shadow      Enabled    │                         │
 │  C8000-CBFFF Shadow      Disabled ▼ │                         │
 └─────────────────────────────────────┴─────────────────────────┘
  ↑↓→←:Move  Enter:Select  +/-/PU/PD:Value  F10:Save  ESC:Exit  F1:General Help
      F5:Previous Values    F6:Fail-Safe Defaults   F7:Optimized Defaults
```

Bild 8.38: Einstellungen für die beiden Cache-Speicher, die wie hier bei einer Athlon-CPU – entgegen der Bezeichnung External Cache – beide im Prozessor integriert sind, finden sich im »Advanced BIOS Features Setup«

Bild 8.39: Dieses Mainboard ist mit Pipelined-Burst-SRAMs (UMC 3232AF-7) bestückt und daher fehlt hier der asynchrone Cache (Lötpunkte unter den UMC-Chips). Rechts ist das TAG-RAM für den Cache von 256 Kbyte zu erkennen

Auch bei neueren Mainboards ist immer darauf zu achten, ob ein TAG-RAM vorhanden ist und über welche Kapazität bzw. Bit-Breite es verfügt. Bei einem in der CPU integrierten L2-Cache (ab Pentium II) muss man sich darüber – außer der Einschaltung im BIOS-Setup –, keine weiteren Gedanken machen und die Cacheable-Area beträgt bei aktuellen CPUs (Pentium III, Athlon) auch (mindestens) der maximal zu bestückenden DRAM-Speichergröße.

8.5.4 SRAMs und allgemeine Speicheridentifizierung

Als RAM-Bausteine werden für den Cache-Speicher grundsätzlich statische RAMs (SRAMs) verwendet. Ihre Zugriffszeiten liegen typischerweise bei 6-25 ns. Wie die DRAMs sind auch die SRAMs bei einer Matrix aus Zeilen und Spalten aufgebaut. Die Zeilen- und Spaltenadressen werden jedoch nicht nacheinander, sondern gleichzeitig als eine einzige Adresse gesendet. Die Aufteilung erfolgt innerhalb des Bausteins, wodurch sich die Peripherie zu ihrer Ansteuerung vereinfacht.

Die statischen RAMs bestehen aus einer Vielzahl einzelner Flip-Flops, wobei sich eine Speicherzelle typischerweise aus vier bis sechs Transistoren zusammensetzt. Bei einem High ist das Flip-Flop gesetzt, bei einem Low zurückgesetzt. Die folgende Tabelle enthält eine kurze Beschreibung der einzelnen SRAM-Signale.

Anschlüsse	Funktion/Bedeutung
A0-Ax	Die Anschlüsse für die Adressleitungen
/CE	Chip Enable, Selektierung des Bausteins
DQx, I/Ox	Datenbus für Dateneingang/Datenausgang
NC	No Connection. Diese Pins sind nicht angeschlossen.
/OE	Output Enable schaltet die Daten beim Lesen auf die Ausgänge des Bausteins.
Vcc oder Vdd	Versorgungsspannung (5 V)
Vss oder GND	Masseanschluss, Ground
/WE	Write Enable, Eingang für den Schreibzugriff

Tabelle 8.18: Die Signalbedeutung bei SRAMs

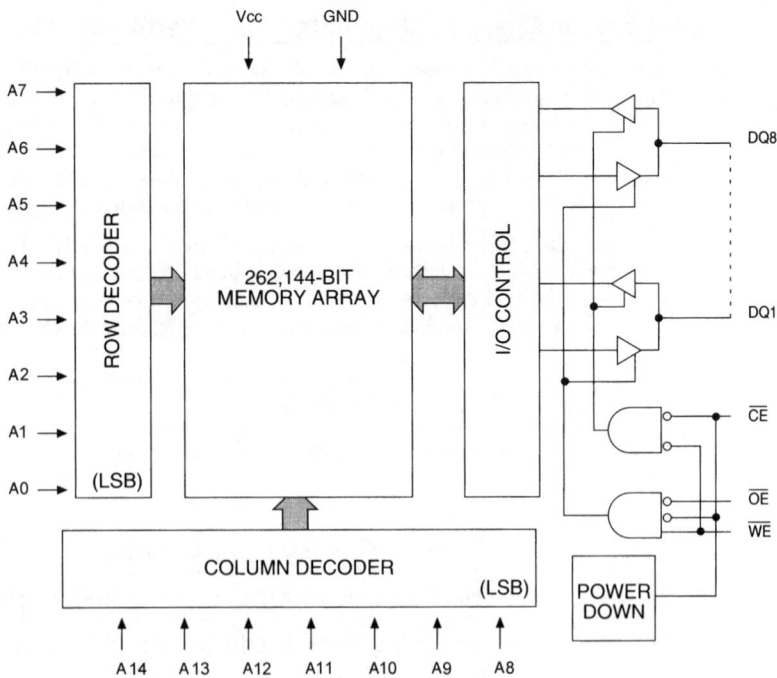

Bild 8.40: Der interne Aufbau eines SRAMs vom Typ 32 Kbit x 8 Bit

Für die Adressierung eines 43258-SRAMs (32768 x 8 Bit) werden 15 Adressleitungen benötigt (A0-A14). Der SRAM-Baustein wird durch ein Low am /CS-Eingang (Chip Select) aktiviert. Die bidirektionalen Datenleitungen sind wie bei den 4 Bit breiten DRAMs mit I/Ox oder auch DQx bezeichnet. Mit einem aktiven (Low) /WE-Signal (Write Enable) werden Daten zum SRAM geschrieben. Die 8 Bit breiten SRAMs besitzen für die Freigabe des Ausgangstreibers das Eingangssignal /OE (Output Enable).

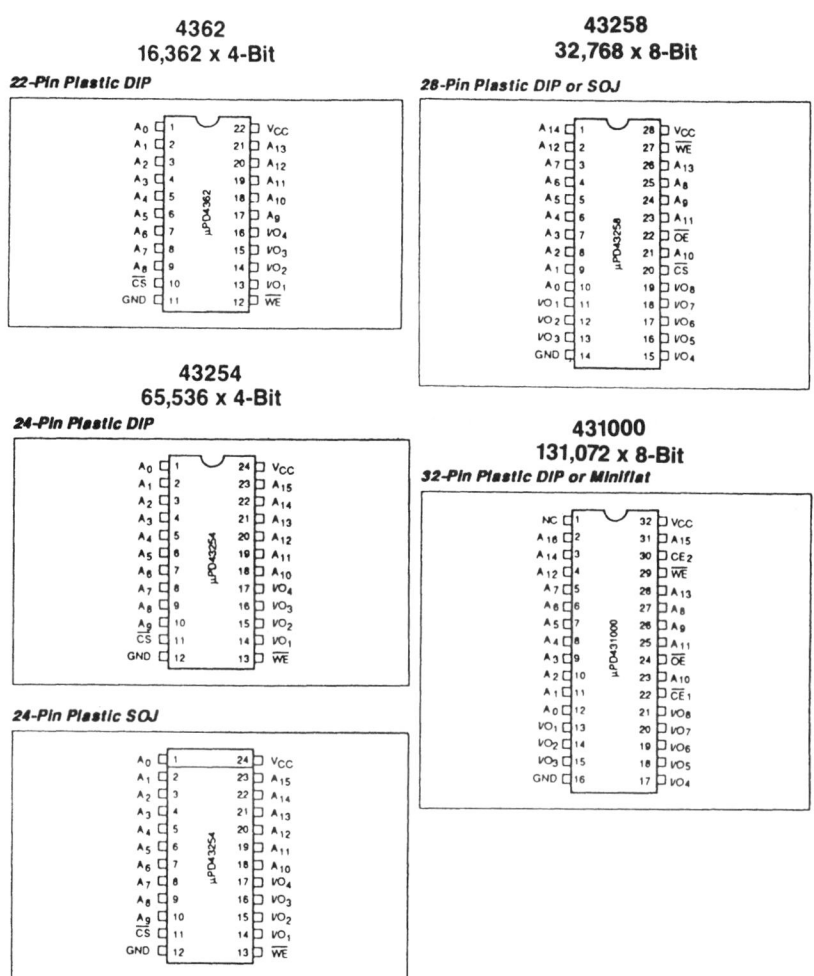

Bild 8.41: Gebräuchliche Typen und Bauformen von SRAMs

Die Herstellerbezeichnungen unterscheiden sich bei den statischen RAMs, ebenso wie bei den dynamischen RAMs, sehr stark von Hersteller zu Hersteller. Zur Identifizierung verschiedener Speichertypen kann das folgende Identifizierungsschema, das beispielsweise auch auf SDRAMs oder VRAMs zutrifft, verwendet werden.

Identifizierung von Speicherbausteinen:

MT 4 C 4 256 XX - 60

Zugriffszeit (einige Hersteller kürzen die Bezeichnung ab, -8=80ns):

- 45: 45 ns	**für SDRAM und SGRAM:**
- 60: 60 ns	-15: 66 MHz
- 70: 70 ns	- 12: 83 MHz
- 80: 80 ns	-10: 100 MHz
- 10: 100 ns	-8: 125 MHz
- 12: 120 ns	- 7: 143 MHz

Gehäusetyp:

k. A: DIP	LG: TQFP	DW: SOJ Wide
J: SOJ	TG: TSOP	
Z: ZIP	DJ: SOJ	

Speicherkapazität in Verbindung mit »Organisation«:

16: 16 kBit
64: 64 kBit
256: 256 kBit
512: 512 kBit
1000, 1024: 1024 kBit

Organisation in Bit:

1: x 1
4: x 4
8: x 8
16: x 16

Technologie (einige Hersteller tauschen diese Position mit »Organisation«):

C: CMOS
LC: Low Voltage CMOS
k. A.: NMOS

herstellerspezifisch (meist aber..)

4 = DRAM	58= SDRAM
5 = SRAM	
41 = SGRAM	
42 = VRAM	
48 = Synchronous SRAM	

Hersteller (eine Auswahl):

HM: Hitachi
HY: Hyundai
KM: Samsung
M: OKI
MCM: Motorola
MT: Micron
TMM, TC: Toshiba
TMS: Texas Instruments
μPD: NEC

Tabelle 8.19: Allgemeines Identifizierungsschema für Speicherbausteine

Die Anzahl der Speichertypen und die Bezeichnungen – insbesondere für statische RAMs, die speziell für die Verwendung als Cache-RAMs vorgesehen sind – ist mittlerweile so stark angewachsen, daß man sich nicht allein auf das Identifizierungsschema in der Tabelle 8.19 verlassen kann. Fast jeder Hersteller hat für seine Bausteine eine eigene Nomenklatur entworfen, wobei man die in der Tabelle eingeflossenen und angeführten Informationen durchaus auch als den gemeinsamen Stamm – den gemeinsamen Nenner – bezeichnen kann.

8.5.5 Cache On A Stick

Die Cache-RAMs befinden sich entweder in IC-Fassungen auf dem Mainboard oder sind dort direkt eingelötet, wie es im Kapitel 8.5.3 erläutert ist. Seit dem Intel-Triton-Chipsatz ist der Cache-Speicher aber auch auf PS/2-SIMM-ähnlichen Modulen (160 Pin-DIMM) zu finden und wird in einen COAST-Sockel (**C**ache **O**n **A ST**ick) auf dem Mainboard gesteckt. Ein COAST-Sockel und das dazugehörige Modul besitzen insgesamt 160 Kontakte, die sich zu je 80 Kontakten auf beiden Seiten des Moduls befinden.

Bei einigen Mainboards – z.B. beim Typ Gigabyte GA-586HX – ist es daher möglich, den auf dem Mainboard vorhandenen Cache-Speicher mit Hilfe eines COAST-Moduls noch zu erweitern. Häufig ist aber bei vorhandenem COAST-Modul kein Cache-Speicher auf dem Mainboard eingelötet, so dass bei Bedarf das vorhandene COAST-Modul gegen ein anderes – leistungsfähigeres – ausgetauscht werden kann.

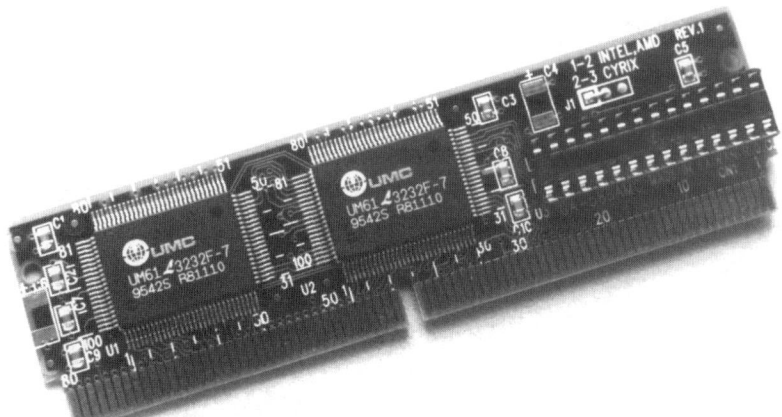

Bild 8.42: Das Pipelined-Burst-SRAM befindet sich hier auf einem COAST-Modul

Auf einem COAST-Modul muss der Speicher nicht zwangsläufig als *Pipelined Burst* realisiert sein, sondern es ist auch ein asynchroner Cache oder ein anderer Typ wie *Flow Through Burst* oder *2-Bank Pipelined* möglich, *Pipelined Burst* ist hierfür jedoch der gebräuchlichste. Wie bei den PS/2-SIMMs gibt es auch beim COAST-Modul so genannte Presence Detect-Signale (PD), die der Mainboard-Elektronik den jeweils eingesetzten Typ signalisieren.

Cache	Cache-Type	PD3	PD2	PD1	PD0
256 Kbyte	Asynchron	NC	GND	GND	NC
512 Kbyte	Asynchron	GND	NC	GND	NC
256 Kbyte	synchron Burst	NC	GND	NC	GND
256 Kbyte	Pipelined Burst	NC	GND	NC	NC
512 Kbyte	Flow Through Burst	GND	NC	NC	GND
512 Kbyte	Pipelined Burst	GND	NC	NC	NC
512 Kbyte	2 Bank Pipelined Burst	GND	NC	GND	GND

Tabelle 8.20: Ausführungen und Erkennung von verschiedenen COAST-Modulen

Leider existieren verschiedene, nur leicht abgewandelte Ausführungen des von Intel eingeführten COAST-Sockels/Moduls, beispielsweise von den Firmen Opti und Asus, was dazu führt, dass nicht jedes COAST-Modul in jedem scheinbar dafür geeigneten Mainboard funktioniert, was mitunter aber auch ganz einfach daran liegt, dass die PD-Signale auf dem Modul nicht der Tabelle 8.20 entsprechend verdrahtet sind.

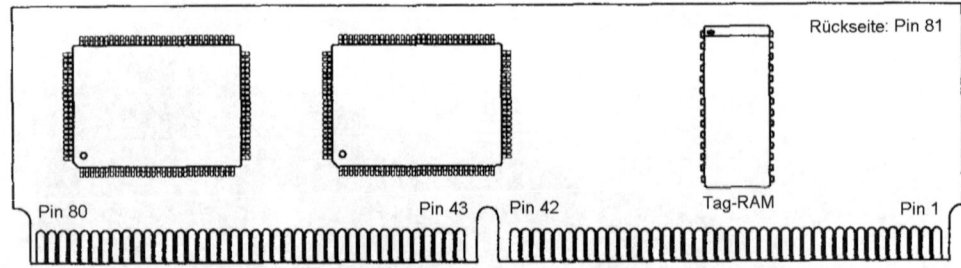

Bild 8.43: Das Layout eines COAST-Moduls (256/512 Kbyte mit Tag-RAM) und die Kontaktnummerierung

PIN #	SYMBOL	PIN #	SYMBOL	PIN #	SYMBOL	PIN #	SYMBOL
1	Vss	41	DQ58	81	Vss	121	DQ59
2	TDQ0	42	DQ56	82	TDQ1	122	DQ57
3	TDQ2	43	Vss	83	TDQ7	123	Vss
4	TDQ6	44	DQ54	84	TDQ5	124	DQ55
5	TDQ4	45	DQ52	85	TDQ3	125	DQ53
6	RSVD	46	DQ50	86	RSVD	126	DQ51
7	Vcc	47	DQ48	87	RSVD	127	DQ49
8	TWE#	48	Vss	88	RSVD	128	Vss
9	ADSC#	49	DQ46	89	ADV#	129	DQ47
10	Vss	50	DQ44	90	Vss	130	DQ45
11	CWE4#	51	DQ42	91	COE#	131	DQ43
12	CWE6#	52	Vcc	92	CWE5#	132	RSVD
13	CWE0#	53	DQ40	93	CWE7#	133	DQ41
14	CWE2#	54	DQ38	94	CWE1#	134	DQ39
15	Vcc	55	DQ36	95	RSVD	135	DQ37
16	CS#	56	Vss	96	CWE3#	136	Vss
17	GWE#	57	DQ34	97	RSVD	137	DQ35
18	BWE#	58	DQ32	98	RSVD	138	DQ33
19	Vss	59	DQ30	99	Vss	139	DQ31
20	A3	60	Vcc	100	RSVD	140	RSVD
21	A7	61	DQ28	101	A4	141	DQ29
22	A5	62	DQ26	102	A6	142	DQ27
23	A11	63	DQ24	103	A8	143	DQ25
24	A16	64	Vss	104	A10	144	Vss
25	Vcc	65	DQ22	105	RSVD	145	DQ23
26	NC/A18	66	DQ20	106	A17	146	DQ21
27	Vss	67	DQ18	107	Vss	147	DQ19
28	A12	68	Vcc	108	A9	148	RSVD
29	A13	69	DQ16	109	A14	149	DQ17
30	ADSP#	70	DQ14	110	A15	150	DQ15
31	ECS1#/NC	71	DQ12	111	RSVD	151	DQ13
32	ECS2#/NC	72	Vss	112	PD0	152	Vss
33	PD1	73	DQ10	113	PD2	153	DQ11
34	PD3	74	DQ8	114	NC	154	DQ9
35	Vss	75	DQ6	115	Vss	155	DQ7
36	RSVD	76	Vcc	116	CLK0	156	RSVD
37	Vss	77	DQ4	117	Vss	157	DQ5
38	DQ62	78	DQ2	118	DQ63	158	DQ3
39	Vcc	79	DQ0	119	RSVD	159	DQ1
40	DQ60	80	Vss	120	DQ61	160	Vss

Bild 8.44: Die Signale des COAST-Sockels (Pipelined Burst)

Bezeichnung	Pin Nr.	Richtung	Bedeutung/Funktion
A3-A18	20-24, 26, 28, 29, 101-104, 106, 108-110	Eingänge	Die Adresseingänge.
/ADSC	9	Eingänge	Synchronous Address Status Controller, bei einem Low wird der aktuelle Burst abgebrochen und es wird eine neue externe Adresse eingelesen. Unabhängig vom Status der Chip-Enable-Signale und des /ADSP-Signales folgt darauf ein Read-Vorgang.
/ADSP	30	Eingang	Synchronous Address Status Processor, bei einem Low wird der aktuelle Burst abgebrochen und es wird eine neue externe Adresse für einen Read- oder Write-Vorgang eingelesen. Alle Chip-Enable-Signale müssen dabei aktiv sein.
/ADV	89	Eingang	Synchronous Address Advance, beeinflusst den internen Burst Counter, Einfügen von Waitestates.
/BWE	18	Eingang	Byte Write Enable, bei einem Low werden Bytes verarbeitet.
/CS	16	Eingang	Chip Enable, Aktivierung des Moduls mit einem Low. Wird nur beim Laden einer neuen externen Adresse ausgeführt.
CLK0	116	Eingang	Clock-Signal für alle Vorgänge, (auf der ansteigende Signalflanke).
/COE	91	Eingang	Output Enable, mit einem Low werden die I/O-Treiber durchgeschaltet.
/CWE0-/CEW7	11-14, 92-94, 96	Eingänge	Synchronous Byte Write Enable, erlaubt das Schreiben (Low) und Lesen (High) bestimmter Bytes. /CWE0: DQ0-DQ7, DQP0 /CWE1: DQ8-DQ15, DQP1 /CWE2: DQ16-DQ23, DQP2 /CWE3: DQ24-DQ31, DQP3 /CWE4: DQ32-DQ39, DQP4 /CWE5: DQ40-DQ47, DQP5 /CWE6: DQ48-DQ55, DQP6 /CWE0: DQ56-DQ63, DQP7

Fortsetzung der Tabelle:

Bezeichnung	Pin Nr.	Richtung	Bedeutung/Funktion
DQ0-DQ63	38, 40-42, 44-47, 49-51, 53-55, 57-59, 61-63, 65-67, 69-71, 73-75, 77-79, 118, 120-122, 124-127, 129-131, 133-135, 137-139, 141-143, 145-147, 149-151, 153-155, 157-159	Eingänge, Ausgänge	Der 64-Bit-breite Datenbus.
/ECS1, /ECS2	31, 32	Eingänge	Expansion Chip Selects, werden nur verwendet bei Kombination von zwei 32K x 64-Modulen (2 Bank Pipelined Burst)
/GWE	17	Eingang	Global Write Enable, erlaubt bei einem Low einen 64-Bit-breiten Schreibzyklus.
PD0-PD3	33, 34, 112, 113	Ausgänge	Presence Detect, signalisieren den Modultyp.
RSVD	6, 86, 88, 97, 98, 100, 111	–	Reserved, diese Pins sind nicht angeschlossen.
TDQ0-TDQ7	2-5, 82-85	Eingänge, Ausgänge	Datenbus des Tag-RAMs.
/TWE	8	Eingang	Tag RAM Write Enable, kontrolliert das Tag-RAM.
Vcc	7, 15, 25, 39, 52, 60, 68, 76	Eingänge	Spannungsversorgung von 3,3V (+/- 5%).

PD3	PD2	PD1	PD0	Typ
NC	GND	NC	GND	256 k, Burst
NC	GND	NC	NC	256 k, P-Burst
GND	NC	NC	GND	512 k, Burst
GND	NC	NC	NC	512 k, P-Burst

Fortsetzung der Tabelle:

Bezeichnung	Pin Nr.	Richtung	Bedeutung/Funktion
Vss	1, 10, 19, 27, 35, 37, 43, 48, 56, 64, 72, 80, 81, 90, 99, 107, 115, 117, 123, 128, 136, 144, 152, 160	Eingang	Die Masseleitungen, Ground (GND).

Tabelle 8.21: Die Bedeutung der Signale eines COAST-Moduls (Burst-Typen)

8.5.6 Cache-Troubleshooting

Auch bei PCs mit Pipelined-Burst-SRAM kommt es vor, dass aus Kostengründen auf das TAG-RAM verzichtet wird, was zu einem noch drastischeren Performance-Verlust als bei einem asynchronen Cache führt, bei welchem der Baustein fehlt. Beim COAST-Modul im Bild 8.42 ist dies beispielsweise der Fall. Allerdings kann sich das TAG-RAM dann auch auf dem Mainboard befinden, was man generell kontrollieren sollte.

Die unterschiedliche Cache-Organisation bei den Pentium-CPUs von Intel und AMD einerseits und die bei den CPUs der Firma Cyrix andererseits (unified Cache) hat auch Auswirkungen für den 2-Level-Pipelined-Burst-Cache. Bei dem gezeigten COAST-Modul im Bild 8.42 wird diesem Umstand dadurch Rechnung getragen, dass hier eine entsprechende Lötverbindung angepasst wird. Dieses COAST-Modul ist für die Intel- und AMD-CPUs vorgesehen, was beim Hersteller entsprechend verdrahtet wird.

Der Anwender sollte jedoch nicht selbst auf dem Modul herumlöten, um gegebenenfalls den Cache für eine Cyrix-CPU auszulegen, denn unter Umständen sind noch weitere Anpassungen auf dem Modul nötig, wie beispielsweise ein anderes TAG-RAM. Beim Erwerb eines PC oder Mainboards mit einer Cyrix-CPU sollte der Cache gleich richtig angepasst sein, wobei die Hersteller unterschiedliche Wege beschreiten, denn einige COAST-Module funktionieren auch mit Cyrix-CPUs ohne eine spezielle Hardware-mäßige Konfiguration allein über die Initialisierung des BIOS, welches die Cyrix-CPUs entsprechend behandelt.

Der COAST-Sockel ist zwar als Standard anzusehen, es gibt jedoch unterschiedliche Ausführungen, die im Prinzip alle gleich aussehen. Insbesondere einige Mainboards der Firma Asus verlangen ein spezielles Asus-COAST-Modul, welches wiederum in anderen Mainboards nicht funktioniert.

Das Cache-RAM auf einem COAST-Sockel wird in den meisten Fällen automatisch vom BIOS erkannt. Hierfür sind keine Jumper auf dem Mainboard zu setzen, die die Größe und die jeweiligen Bausteintypen spezifizieren, wie es oftmals bei den Ausführungen der Fall ist, wo sich die Cache-RAMs direkt auf dem Board befinden. Hier werden wieder von Hersteller zu Hersteller die unterschiedlichsten Wege beschritten, und das Handbuch zum Mainboard sollte genau zeigen, ob und welche Jumper die Cache-Größe und den -Typ festlegen.

Besonders uneinheitlich geht es beim asynchronen Cache (verg. Bild 8.36) zu. Einzelne Jumper oder so genannte Null-Ohm-Widerstände, die nichts anderes als mehrpolige Steckbrücken darstellen, bestimmen hier die Cache-Auslegung, indem sie auf unterschiedliche Positionen in eine oder mehrere Buchsenleisten des Mainboards gesetzt werden. Ohne Handbuch ist man hier auch meist aufgeschmissen.

Möchte man den Cache-Speicher erweitern, ist das mit dem COAST-Modul recht einfach, es wird einfach nur gegen eines mit größerer Kapazität ausgetauscht. Allerdings hat man dann ein Modul übrig. Dies ist aber unter Umständen auch beim asynchronen Cache nicht anders, denn hier werden, je nach Cache-Größe, unterschiedliche Bausteine verwendet, wie es in der Tabelle 8.16 angegeben ist.

Am einfachsten lässt sich eine Erweiterung bei solchen Mainboards durchführen, bei denen der Pipelined Burst Cache auf dem Mainboard eingelötet und zusätzlich ein COAST-Sockel vorhanden ist, welcher den zusätzlichen Cache-Speicher aufnehmen kann.

Ein COAST-Modul wird direkt von oben in den Sockel hineingedrückt. Beim Umgang mit dem Cache-Modul und insbesondere auch den einzelnen Chips sollte man die gleiche Vorsicht walten lassen (Netzstecker ziehen, entladen), wie es im Kapitel bei den SIMMs beschrieben ist.

Probleme mit dem Cache-Speicher kommen entgegen der landläufigen Meinung nicht einmal selten vor. Das Problem ist dabei nur, dass es relativ schwierig ist, den Cache als Fehlerquelle zu entlarven. Auf der dem Buch beiliegenden CD befinden sich Testprogramme für die Analyse des Cache-Speichers, was einen schon einmal weiterbringen kann. Stürzen Programme unvermittelt während der Arbeit ab, besonders dann, wenn der PC schon länger in Betrieb war, sollte man den Cache als Fehlerquelle ins Auge fassen. Zunächst ist er komplett per BIOS-Setup abzuschalten. Der PC wird dann zwar relativ langsam arbeiten, vielleicht läuft er dann aber stabil, wodurch man den Cache als Fehlerquelle ermittelt hat.

Als nächstes sollte der Mainboard-Takt versuchsweise reduziert werden, und falls der PC dann stabil läuft, könnten sowohl der Cache als auch andere Bauelemente wie die Controller (Cache, DRAM) oder das DRAM selbst am Fehlverhalten schuld sein. Es ist natürlich allemal besser, einen niedrigeren Takt zu verwenden als mit einem instabilen System zu arbeiten.

Das Auftreten von Fehlern nach einer längeren Betriebsdauer lässt darauf schließen, dass der Cache zu warm wird, was sich meiner Erfahrung nach als häufigstes Cache-Problem darstellt. Ein zusätzlicher Lüfter, der über die Cache-Bausteine weht, kann hier Abhilfe schaffen.

Kontrolle des Cache-Speichers:

···⟫ Im Fehlerfall probeweise den Cache im BIOS-Setup abschalten

···⟫ Ist das (richtige) TAG-RAM vorhanden?

···⟫ Kontrollieren der Jumperstellungen für den Cache

···⟫ Im Fehlerfall probeweise den Mainboard- und den CPU-Takt reduzieren

···⟫ Falls der Cache im laufenden Betrieb zu heiß wird, einen zusätzlichen Lüfter einbauen.

···⟫ Kontrolle, ob die Chips alle über die gleiche Zugriffszeit verfügen. Eine Ausnahme ist (bei älteren Designs) das TAG-RAM, welches in einer »langsameren« Ausführung als die Cache-Chips ausgeführt ist (verg. Bild 8.39).

Man sollte auch daran denken, dass das Mainboard eventuell außerhalb der angegebenen Spezifikation (> 66 MHz) betrieben wird, weil man vielleicht eine nicht explizit als für das Mainboard als geeignet angegebene CPU verwendet, die schneller läuft als die ursprünglich vorgesehene. Der Cache-Speicher kommt dann dem schnelleren Prozessor nicht mehr hinterher. Auch hier kann eine Reduzierung des Mainboard- und des CPU-Taktes näheren Aufschluss bieten.

Interfaces und Peripherie

Der Begriff »Interface« steht gemeinhin für eine Schnittstelle, die beispielsweise zum Anschluss eines Druckers oder eines Modems verwendet wird. Während für einen Drucker in den meisten Fällen eine parallele Schnittstelle zum Einsatz kommt, wird für ein Modem eine serielle Schnittstelle verwendet. Das Prinzip ist dabei zwar unterschiedlich, allerdings stellt eine Schnittstelle in der Regel immer eine Punkt-zu-Punkt-Verbindung her und es ist nicht möglich, an einer Schnittstelle mehrere Geräte gleichzeitig zu betreiben.

Ein Bussystem ist demgegenüber dadurch gekennzeichnet, dass hier mehrere Geräte (oder allgemeiner Einheiten) an einen Strang – den Bus – angeschlossen und einzeln zu selektieren sind, was üblicherweise anhand von Adressen geschieht.

In diesem Teil werden verschiedene Schnittstellen und Bussysteme gleichermaßen behandelt, denn die Schnittstelle zu einem Bus (innerhalb einer Einheit) firmiert ebenfalls unter dem Begriff Interface.

5

9 Parallele und serielle Schnittstellen

In einem PC sind üblicherweise mindestens eine parallele und zwei serielle Schnitt-stellen eingebaut, die zum Anschluss eines Druckers, einer Maus, eines Modems und weiterer Peripheriegeräte dienen. Hierfür gibt es aber unterschiedliche Aus-führungen, Anschlüsse und Betriebsarten, was beim Anschluss und der Inbetrieb-nahme von Geräten zu beachten ist.

9.1 Die parallele Drucker-Schnittstelle

Ein Drucker wird in den meisten Fällen an die parallele Schnittstelle des PCs ange-schlossen. Sie wird auch als *Centronics-Schnittstelle* bezeichnet. Der Name stammt vom Druckerhersteller Centronics, der diese Verbindung für seine Drucker einge-führt hat, und die von vielen Herstellern übernommen wurde, so dass sie als Stan-dard zu betrachten ist. Sie unterliegt jedoch streng genommen keiner Normung und von daher sind sowohl die 36-polige Canon-Steckverbindung als auch die 25-polige AMP-Steckverbindung anzutreffen.

Des Weiteren werden nicht von jedem (Drucker-) Hersteller alle Leitungen belegt, was hier in der Praxis jedoch seltener zu Problemen führt als bei der seriellen Schnittstelle, da die Centronics-Schnittstelle die Daten (zunächst) nur in einer Richtung verarbeitet (unidirektional), und zwar vom PC zum Drucker. Erst im Jahre 1994 wurden unter der Bezeichnung IEEE1284 eine Reihe verschiedener Betriebsar-ten für die parallele Schnittstelle in dieser Norm verbindlich definiert, auf die noch genau eingegangen wird.

Der Grund für die ursprüngliche, unidirektionale Betriebsart ist zumindest im PC-Bereich – wie so vieles – traditionell bedingt. Da im PC in vielen Fällen ein 8255-(vergl. Kapitel 6) oder ein hierzu kompatibler Baustein für die Steuerung der Cen-tronics-Schnittstelle eingesetzt wird, ist zwar oft von vornherein ein bidirektionaler Betrieb möglich, doch das PC-BIOS unterstützt dieses nicht.
Man kann sich also bei älteren PCs keineswegs darauf verlassen, dass der Hersteller den Baustein so »verdrahtet« hat, dass dies tatsächlich zu verwirklichen ist. Durch eine direkte Registerprogrammierung des 8255 kann man jedoch in vielen Fällen die bidirektionale Betriebsart für die Kommunikation mit spezieller externer Hard-ware (Messsystem, Programmiergerät) realisieren.

In einem PC ist der Centronics-Anschluss 25-polig (Buchsenleiste, female) ausge-führt, was des Öfteren zu Verwechslungen mit dem Anschluss der seriellen Schnitt-stelle führt, der ebenfalls 25-polig ist und die gleichen mechanischen Abmessun-gen aufweist, jedoch Steckkontakte (male) besitzt. Am Drucker ist hingegen meist der 36-polige Anschluss als Buchse eingebaut. Das Verbindungskabel zwischen PC und Drucker sollte nicht länger sein als 5 m, doch auch bei kürzeren Kabeln kann es durchaus Übertragungsprobleme geben.

 Der Druckeranschluss ist am PC stets als 25-polige Buchse (kein Stecker!) ausge-führt.

Der Grund dafür, warum man sich (damals) bei IBM für den 25-poligen Anschluss entschieden hat, liegt wahrscheinlich in den höheren Kosten für einen 36-poligen Anschluss begründet. Bei dem ursprünglichen 36-poligen Verbindungskabel, das als Flachbandkabel ausgeführt war, konnte zwischen jede Signalleitung eine Masseleitung gelegt werden, wodurch die Störanfälligkeit durch Übersprechen der Signale erheblich reduziert war.

Mit dem heute üblichen 25-poligen Rundkabel ist hingegen eher mit den Problemen des Übersprechens und einer Anfälligkeit gegenüber äußeren Störungen zu rechnen. Es reicht oft schon aus, das Druckerkabel an einer großen Lautsprecherbox vorbeizuführen, damit die Datenübertragung gestört wird.

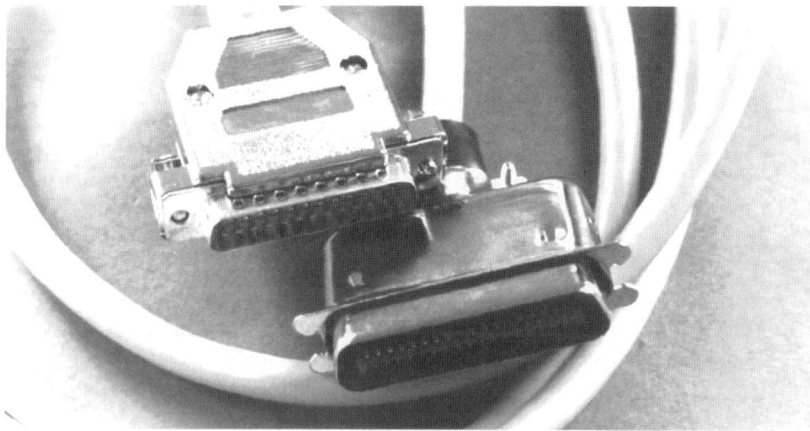

Bild 9.1: Ein Druckerkabel mit dem 36-poligen Drucker- und dem 25-poligen PC-Anschluss

9.1.1 Die Signale der parallelen Schnittstelle

Die Signale der Centronics-Schnittstelle besitzen alle TTL-Pegel (0 V, 5 V), wobei einige Signale bei einem Low als aktiv zu verstehen sind, andere hingegen bei einem High (siehe Tabelle 9.1).

Die Daten werden vom PC über die Datenleitungen (D1-D8) zum Drucker gesendet und mit dem Strobe-Impuls (Low) vom Drucker übernommen. Der Strobe-Impuls muss für die meisten Drucker mindestens 1 µs lang sein, nur dann ist sichergestellt, dass die Daten übernommen werden können.

Die Bestätigung für die Datenübernahme (Handshake) kann, je nach Ausführung von Schnittstelle und Druckertyp, prinzipiell nach zwei verschiedenen Verfahren erfolgen. Man unterscheidet das Dreidraht- und das Zweidraht-Handshake-Protokoll. Beim Dreidraht-Handshake quittiert der Drucker den Daten-Empfang mit einem Low-Impuls (typisch 5-10 µs) auf der Acknowledge-Leitung (ACKNLG, Pin 10), und der PC kann neue Daten senden. Besitzt der Drucker einen relativ großen Datenpuffer, ist dies die übliche Übergabemethode.

Ist der Puffer jedoch voll und der Drucker muss erst noch die empfangenen Daten verarbeiten, wird dies dem PC mit dem Busy-Signal mitgeteilt. Dieses Signal wird High und der PC stoppt daraufhin die Datenübertragung. Hat der Drucker die Abarbeitung der Daten beendet, wird das Busy-Signal wieder Low, und dem PC wird die Empfangsbereitschaft mit einem Low-Impuls auf der Acknowledge-Leitung signalisiert.

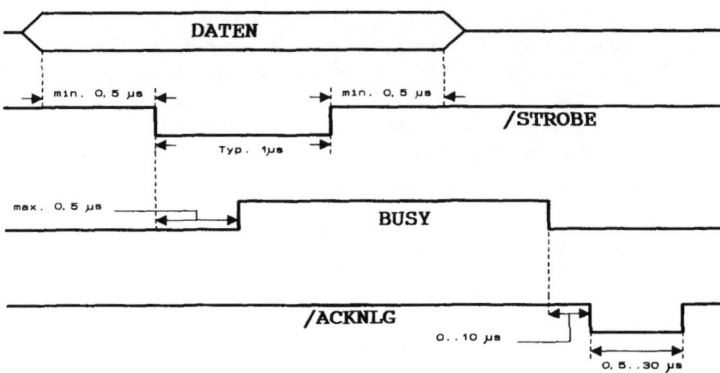

Bild 9.2: Das Timing der Centronics-Schnittstelle für die Datenübernahme

Beim Zweidraht-Handshake wird das Busy-Signal nicht verwendet. Die Strobe-Leitung übernimmt stattdessen die Busy-Funktion. Strobe bleibt so lange Low, bis der Drucker mit dem Acknowledge-Signal die Verarbeitung der Daten meldet. Der PC setzt daraufhin das Strobe-Signal wieder auf High und es werden wieder neue Daten zum Drucker gesendet.

Mit den Datenleitungen und den drei Handshake-Signalen ist die Centronics-Schnittstelle noch nicht komplett. Mit dem als Paper-Out oder auch als Paper-Empty bezeichneten Signal (Pin 12) wird dem PC mitgeteilt, dass sich kein Papier in dem Drucker befindet. Das BIOS des PC fragt immer diese Leitung ab.

Die meisten Drucker schalten dann bei Papierende in den Off-Line-Mode, setzen die Select-Leitung (Pin 13) auf Low und die Error-Leitung (Pin 15 bzw. 32) ebenfalls auf Low. Diesen Ablauf führt der Drucker selbstständig aus, um die Walze und den Druckkopf vor Beschädigungen zu schützen, und es ertönt dabei ein Alarmton. Die Error-Leitung wird vom Drucker ebenfalls auf Low gesetzt, wenn ein Defekt im Drucker vorliegt, beispielsweise der Druckkopf überhitzt ist oder ein Papierstau vorliegt.

Die Select-Leitung (Pin 13) signalisiert dem PC, in welchem Status sich der Drucker gerade befindet. Ist Select=High, ist der Drucker On-Line (selektiert) und kann Daten empfangen. Der Schalter »On-Line/Off-Line« am Drucker beeinflusst direkt das Select-Signal. Die Selektierung des Druckers kann auch über die Select-In-Leitung (Pin 17 bzw. 36) vom PC aus erfolgen. Bei vielen Druckern ist das Signal jedoch auf Masse gelegt, wodurch der Drucker immer angewählt ist.

Der Drucker kann einen Reset-Impuls über die Leitung »Reset«, auch als »Init« (Pin 16 bzw. 31) bezeichnet, erhalten. Mit einem Low wird der Drucker in seinen Grundzustand versetzt. Der Druckkopf wandert zu seiner Ausgangsposition, und der Datenpuffer wird gelöscht.

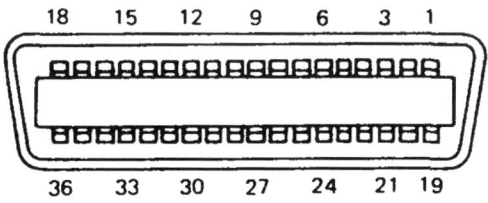

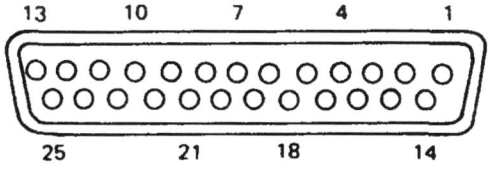

Bild 9.3: Die Anschlussbuchsen der Druckerschnittstelle

Mit dem Signal Auto-Feed (Pin 14) teilt der PC dem Drucker mit, dass dieser nach dem Empfang des ASCII-Zeichens (0Dh, Carriage Return) automatisch einen Zeilenvorschub (LF, Line Feed) ausführen soll.

Nicht alle Drucker verwenden die Select-, External-, Auto-Feed-, Reset- und Select-In-Signale !

Einige Drucker besitzen an ihrem Anschlussstecker zusätzlich einen +5-V- und einen Masse-Anschluss (External, Pin 18, 33). Aus dem Drucker kann in diesem Fall ein Strom von 30-40 mA bezogen werden. Sinnvoll ist dies beispielsweise für elektronische Druckerumschalter, deren Stromversorgung meist unpraktischerweise über ein separates Netzteil zur Verfügung gestellt wird.

685

Pin-Nr. 25-polig	Pin-Nr. 36-polig	Signal-Bezeichnung	Transfer-Richtung	aktiver Pegel	Bedeutung/Funktion
1	1	Strobe	PC-Gerät	Low	Daten sind gültig
2	2	D1	PC-Gerät	High	Datenbit 0
3	3	D2	PC-Gerät	High	Datenbit 1
4	4	D3	PC-Gerät	High	Datenbit 2
5	5	D4	PC-Gerät	High	Datenbit 3
6	6	D5	PC-Gerät	High	Datenbit 4
7	7	D6	PC-Gerät	High	Datenbit 5
8	8	D7	PC-Gerät	High	Datenbit 6
9	9	D8	PC-Gerät	High	Datenbit 7
10	10	Acknowledge	Gerät-PC	Low	Daten wurden übernommen
11	11	Busy	Gerät-PC	High	nicht empfangsbereit für neue Daten
12	12	Paper Error	Gerät-PC	High	kein Papier
13	13	Select	Gerät-PC	High	Drucker ist online
14	14	Auto Feed	PC-Gerät	Low	bei jedem CR ein LF einfügen
–	15, 16	GND oder NC	–	–	Masse oder nicht benutzt
–	17	Chassis-GND	–	–	Gehäuse-Masse
–	18	External +5 V	Gerät-PC	–	+ 5 V extern
19-25	19-30	GND	–	–	einzelne Signal-Masseleitungen
16	31	Reset oder Init	PC-Gerät	Low	Geräte-Initialisierung
15	32	Error oder Fault	Gerät-PC	Low	Drucker-Störung
18	33	Extern GND oder NC	Gerät-PC	–	Masse oder nicht belegt
–	34	NC	–	–	keine Verbindung
–	35	+ 5 V oder NC	–	–	+ 5 V oder nicht belegt
17	36	Select In	PC-Gerät	Low	online schalten

Tabelle 9.1: Die Anschlüsse und Signale der Centronics-Schnittstelle

Die parallele Schnittstelle befindet sich bei älteren PCs meist mit einer oder mehreren seriellen und einem Game-Port-Anschluss gemeinsam auf einer 8-Bit-Einsteckkarte. Da die Kommunikation mit einem Drucker eher langsam abläuft und die serielle Datenübertragung (Bits nacheinander) ebenfalls keine übermäßigen Anforderungen an den (ISA-)Bus stellt, kommt man mit einer 8-Bit-Karte aus.

Bei aktuellen PCs befindet sich die parallele Schnittstelle – wie auch die anderen Schnittstellen – gleich mit auf dem Mainboard. Leider bieten diese PC-Typen üblicherweise nur eine einzige parallele Schnittstelle. Da aber auch Scanner, ZIP-Laufwerke oder Digitalkameras (mit entsprechendem Interface) oftmals eine parallele Schnittstelle benötigen, ist die Verwendung einer weiteren parallelen Schnittstelle anzuraten. Das Durchschleifen der Signale – beispielsweise vom PC auf das ZIP-Laufwerk und dann auf den Drucker – funktioniert leider nicht immer korrekt.

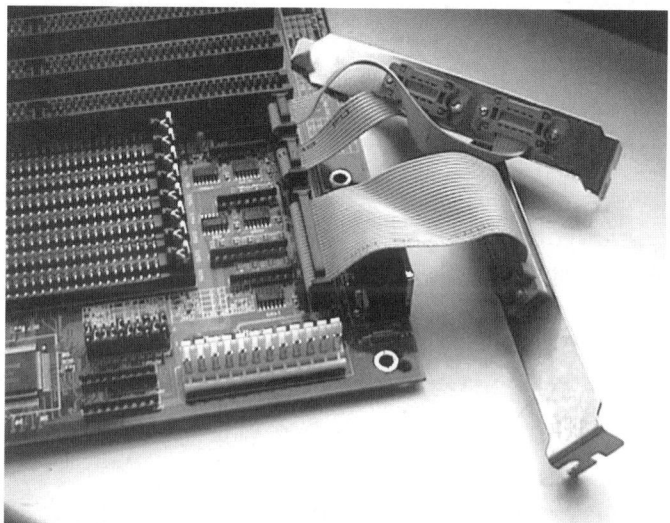

Bild 9.4: *Die auf dem Mainboard integrierten Schnittstellen werden mit Flachbandkabeln auf die Slotblechanschlüsse geführt (oben die zwei seriellen, unten die parallele Schnittstelle)*

Vom Standpunkt der Performance aus gesehen, spricht im Prinzip nichts dagegen, einen Drucker an eine – noch vom alten PC vorhandene – Druckerschnittstellenkarte anzuschließen, und Geräte, die auch von einem bidirektionalen Betrieb profitieren können, wie eben ein ZIP-Laufwerk oder ein Scanner, an die auf dem Mainboard integrierte Schnittstelle, denn diese sollte auch die neueren Modi (vergl. Kapitel 9.2) beherrschen.

9.1.2 Die Register der parallelen Schnittstelle

Das BIOS eines PC kann bis zu vier parallele Schnittstellen, die mit LPT1-LPT4 (Line Printer) bezeichnet werden, unterstützen. Einige BIOS-Versionen unterstützen jedoch lediglich zwei parallele Schnittstellen. Wie viele Schnittstellen tatsächlich eingebaut sind und vom BIOS erkannt werden, ist während der Initialisierung bei der Anzeige der PC-Konfiguration festzustellen.

Die Adressen der Schnittstellen können sich auf den diversen Einsteckkarten bzw. Mainboards zudem voneinander unterscheiden. In der Regel hat die erste parallele Schnittstelle die Basisadresse 378h. Daher werden vom BIOS während der Initialisierung die Adressen 3BCh, 378h, 278h und 2BCh der Reihe nach auf das Vorhandensein eines entsprechenden Registers für eine parallele Schnittstelle hin überprüft. Die Bezeichnungen LPT1, LPT2 werden dann entsprechend der Reihenfolge nach vergeben. Der LPT1 kann unter DOS auch mit PRN angesprochen werden. Die am häufigsten anzutreffenden Zuordnungen der Basisadressen sind im Folgenden angegeben.

2 parallele Schnittstellen:

LPT1: 378h

LPT2: 278h

4 parallele Schnittstellen:

LPT1: 3BCh

LPT2: 378h

LPT3: 278h

LPT4: 2BCh

Jede parallele Schnittstelle verfügt über drei Register: ein Basisregister, das dem Datenregister entspricht, ein Statusregister und ein Steuerregister. Das Statusregister hat gegenüber der Basisadresse einen Offset von 1 und das Steuerregister einen Offset von 2.

Datenregister

In dieses Register werden die zur Schnittstelle zu sendenden Daten geschrieben. Mit einigen Centronics-Schnittstellen können auch Daten empfangen werden, die dann ebenfalls in dem Datenregister zur Verfügung stehen.

Datenregister (Basisadresse):

D7	D6	D5	D4	D3	D2	D1	D0 Datenbit
D8	D7	D6	D5	D4	D3	D2	D1 Datenleitung

Statusregister

Im Statusregister, das nur gelesen werden kann, ist der augenblickliche logische Zustand der angeschlossenen Peripherie (Drucker) gespeichert. Das Busy-Bit ist gegenüber dem anliegenden Busy-Signalpegel invertiert im Register abgebildet.

Status-Register (Basisadresse +1):

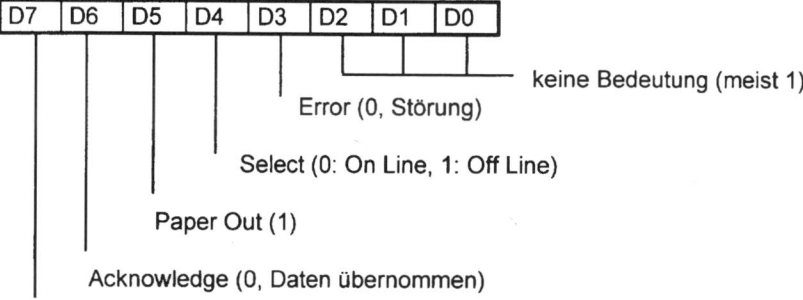

| D7 | D6 | D5 | D4 | D3 | D2 | D1 | D0 |

keine Bedeutung (meist 1)

Error (0, Störung)

Select (0: On Line, 1: Off Line)

Paper Out (1)

Acknowledge (0, Daten übernommen)

Busy (0, invertiert zum Signal-Pegel)

Steuerregister

Das Steuerregister kann sowohl gelesen als auch beschrieben werden. Wird in das Bit D4 eine 1 hineingeschrieben, kann ein Interrupt ausgelöst werden, sobald das Acknowledge-Signal von High nach Low wechselt.

Die Bits des Busy-, Strobe-, Auto-Feed- und des Select-In-Signals werden in den Registern invertiert zum Signalpegel abgebildet.

Bei älteren PC-Einsteckkarten ist der Interrupt-Kanal (5 oder 7) auf der Karte gegebenenfalls über Steckbrücken (Jumper) einstellbar, während dies bei neueren Typen per BIOS-Setup geschieht, wenn diese Option überhaupt vorgesehen ist, zudem machen von dieser Interrupt-Möglichkeit nur wenige Programme Gebrauch.

Die Bits D0, D1 und D3 werden gegenüber den Pegeln an den Anschlüssen invertiert im Register dargestellt.

Steuerregister (Basisadresse +2):

D7	D6	D5	D4	D3	D2	D1	D0

Strobe (1, Daten sind gültig)

Auto Feed (1, Line Feed ausführen

keine
Bedeutung)
(meist 1)

Reset (0, Init)

Select In (1, On Line schalten)

Interrupt-Anforderung

Data Direction (0: empfangen, 1: senden, *siehe Text*)

Wie bereits erwähnt, ist ein bidirektionaler Betrieb der ursprünglichen Centronics-Implementierung nicht vorgesehen. Vielfach lässt sich durch eine direkte Registerprogrammierung, wie es das folgende Listing zeigt, dennoch ein *zweiseitiger* Betrieb durchführen (Byte Mode, kein ECP oder EPP), und zwar durch das Setzen des Bits 5 (Data Direction) im Steuerregister, was sich leicht ausprobieren lässt. Ist dieses Bit Low, werden die Daten im Data-Register dementsprechend zur Schnittstelle geschrieben, was dem üblichen Druckerbetrieb entspricht.

9.1.3 Ein Beispielprogramm für die Parallel-Schnittstelle

Das folgende Programm zeigt, wie durch eine direkte Registerprogrammierung mit der parallelen Schnittstelle kommuniziert werden kann. Es ist in Turbo Pascal geschrieben und befindet sich, wie die anderen Programme auch, auf der beiliegenden CD. Sicherlich kann es bei Bedarf auch relativ einfach für eigene Zwecke verändert werden. Es erledigt die folgenden grundlegenden Aufgaben:

···⟩ Schreiben eines Bytes auf die Datenleitungen des Parallelports

···⟩ Lesen eines Bytes von den Datenleitungen des Parallelports

···⟩ Setzen der vier Steuerleitungen

···⟩ Lesen der fünf Statusleitungen

Programmlisting: Parallel

```
program Parallel;
{Direkte Programmierung der parallelen Schnittstelle von PCs}
const
    LPT1 = $378; {Basisadressen, maximal vier Schnittstellen}
    LPT2 = $278;
    LPT3 = $3BC;
    LPT4 = $2BC;
    LPT = LPT1;                 {Hier verwendeten LPT-Port festlegen}
    Statusregister=LPT+1;          {Statusregister=Basisadresse+1}
    Steuerregister=LPT+2;          {Steuerregister=Basisadresse+2}
{************************************************************}
procedure write_byte(Wert : byte);
{Sendet ein Datenbyte ueber die Datenleitungen D1 bis D8}
begin
    port[LPT]:=Wert;                {Wert schreiben}
    end; {write_byte}
{************************************************************}
function read_byte : byte; {Liest das Byte an D1 bis D8}
 var Wert : byte;
begin
    Wert:=port[LPT];        {Wert lesen}
    end;                    {read_byte}
{************************************************************}
procedure write_Control(Wert : byte);
{Setzt Steuerleitungen entsprechend dem uebergebenen Wert.
 Bit 0 : Strobe     - Pin 1
```

```
   Bit 1 : Auto Feed   - Pin 14
   Bit 2 : Reset       - Pin 16 (36pol.: Pin 31)
   Bit 3 : Select In   - Pin 17 (36pol.: Pin 36)}
begin
   Wert:=Wert and $0f;   {Die oberen 4 Bits auf Null setzen}
   Wert:=Wert XOR 11;          {Bits 0,1 und 3 invertieren}
   port[Steuerregister]:=Wert; {Wert ausgeben}
   end; {write_control}
{***********************************************************}
function read_Status : byte;
{Gibt den Zustand der folgenden Statusleitungen zurueck:
   Bit 3 : Error             - Pin 15 (36pol.: Pin 32)
   Bit 4 : Select            - Pin 13
   Bit 5 : Paper Out         - Pin 12
   Bit 6 : Acknowledgement   - Pin 10
   Bit 7 : Busy              - Pin 11}
var
   Wert : byte;
begin
   Wert:=port[Statusregister]; {Wert einlesen}
   Wert:=Wert XOR 128;         {Bit 7 invertieren}
   read_Status:=Wert;          {Wert zurueckgeben}
   end; {read_Status}
{***********************************************************}
var Wert:byte;
begin {Beispiel-Hauptprogramm}
   write_byte($AA);     {Zahl $AA auf Datenleitungen ausgeben}
   write_Control($0f);  {alle 4 Steuerleitungen auf 1 setzen}
   Wert:=read_byte;     {Byte von Datenleitungen lesen}
   writeln('Gelesenes Datum: ',Wert);
   Wert:=read_Status;   {Zustand der 5 Statusleitungen lesen}
   writeln('Status: ',Wert);
   end.                        {Beispiel-Hauptprogramm}
```

9.2 Parallele Schnittstellen laut IEEE1284

Fast alle PCs ab dem Baujahr 1994 verfügen über eine in ihren Funktionen erweiterte parallele Schnittstelle, die unter der Bezeichnung IEEE1284 vom Institute of Electrical and Electronic Engineers (ein Konsortium von amerikanischen Firmen) standardisiert worden ist. Die wichtigste Neuerung gegenüber der Centronics-Schnittstelle ist zunächst, dass sie bidirektional ausgeführt ist. Da bei IEEE1284 aber die unterschiedlichsten Herstellervorstellungen für eine Weiterentwicklung der Centronics-Schnittstelle eingeflossen sind, gibt es hierfür fünf verschiedene Betriebsarten, die jedoch nicht in allen Fällen komplett vom PC-BIOS unterstützt werden:

···⟩ **Compatible Mode:** definiert zur Rückwärtskompatibilität den (alten) unidirektionalen Mode (Centronics), wird auch als SPP (Standard Parallel Port) bezeichnet.

···⟩ **Nibble Mode:** definiert die Mindestanforderung. Die Datenübertragung erfolgt Nibble-weise (in 4-Bit-Breite).

···⟩ **Byte Mode:** bidirektionaler Centronics-Mode in 8-Bit-Breite.

···⟩ **Extended Parallel Port:** bidirektionale Übertragung von Daten und auch Adressen für maximal 256 Einheiten.

···⟩ **Enhanced Capability Mode:** im Prinzip wie EPP, aber mit Datenkomprimierung, FIFO und Kommandozyklen.

In den verschiedenen IEEE1284-Betriebsarten werden grundsätzlich dieselben Leitungen wie bei der »alten« Centronics-Schnittstelle verwendet, die, je nach Betriebsart, unterschiedliche Signalbezeichnungen und Funktionen haben, wie sie auch in der Tabelle 9.2 angegeben sind.

Inwieweit ein PC den IEEE1284-Standard mit welchen Betriebsarten unterstützt, ist anhand des PC-BIOS-Setups festzustellen und dort auch entsprechend festzulegen.

Zahlreiche Geräte der Firma Hewlett-Packard, wie beispielsweise die Laserjet-4-Drucker, sind bereits seit einiger Zeit IEEE1284-kompatibel. Während die LaserJet-4-Modelle und auch der OfficeJet – ein kombinierter Drucker mit Scanner und Fax – den Nibble-Mode verwenden, können die Laserjet-5-Modelle und die Tintenstrahldrucker (Deskjet 600, 850) auch den ECP-Mode nutzen.

Bei HP wird die bidirektionale Centronics-Schnittstelle im Übrigen auch als *Bitronics* bezeichnet. Das Spektrum an verfügbarer Peripherie reicht mittlerweile von einem SCSI-Adapter der Firma Adaptec (Mini EPP-SCSI-Adapter) über zahlreiche Druckermodelle (HP, Texas Instruments, QMS) bis hin zu einem Ethernet-Adapter (PE3-EPP) der Firma Xircom. Allerdings sind spezielle Geräte (Hubs), die auch erweiterte Features (z.B. sind bis zu 256 Geräte einzeln selektierbar) nutzen können, bisher kaum anzutreffen.

Pin	Richtung	Compatible	Nibble	Byte	ECP	EPP
1	PC→Gerät	Strobe	–	HostClk	HostClk	/Write
2	PC↔Gerät	Data 1	–	Data 1	Data 1	AD1
3	PC↔Gerät	Data 2	–	Data 2	Data 2	AD2
4	PC↔Gerät	Data 3	–	Data 3	Data 3	AD3
5	PC↔Gerät	Data 4	–	Data 4	Data 4	AD4
6	PC↔Gerät	Data 5	–	Data 5	Data 5	AD5
7	PC↔Gerät	Data 6	–	Data 6	Data 6	AD6
8	PC↔Gerät	Data 7	–	Data 7	Data 7	AD7
9	PC↔Gerät	Data 8	–	Data 8	Data 8	AD8
10	Gerät→PC	/Acknowledge	PtrClk	PtrClk	PeriphClk	Interrupt
11	Gerät→PC	Busy	Data 3, 7	PtrBusy	PeriphAck	/Wait
12	Gerät→PC	Paper Error	Data 2, 6	AckDataReq	/AckRevers	UserDefin1
13	Gerät→PC	Select	Data 1, 5	–	Xflag	UserDefin3
14	PC→Gerät	/AutoFeed	HostBusy	HostBusy	HostAck	/DataStrb
15	nicht definiert					
16	Logic GND					
17	Chassis GND					
18	Peripheral Logic High					
19	GND Strobe					
20	GND Data 1					
21	GND Data 2					
22	GND Data 3					
23	GND Data 4					
24	GND Data 5					
25	GND Data 6					
26	GND Data 7					
27	GND Data 8					
28	GND Paper Error, Select, Acknowledge					
29	GND Busy, Fault					
30	GND Auto Feed, Select In, Init					
31	PC→Gerät	/Init	–	–	/RevRequest	/Reset
32	Gerät→PC	/Fault	Data (0, 4)	/DataAvail	/PeriRequest	UserDefin 2
33	nicht definiert					
34	nicht definiert					
35	nicht definiert					
36	PC→Gerät	/SelectIn	1284Active	1284Active	1284Active	/AddressStrb

Tabelle 9.2: Die Leitungen der parallelen Schnittstelle haben in den verschiedenen IEEE1284-Modi unterschiedliche Bedeutungen und Funktionen

In der Praxis zeigen sich außerdem durchaus Unverträglichkeiten: Geräte, die zuvor am Centronics-Port einwandfrei funktioniert haben, lassen sich an einem IEEE1284-Port nicht immer ohne Probleme verwenden. Ein typisches Beispiel ist etwa ein mechanischer Druckerumschalter. Wird ein hier angeschlossener Drucker von einem PC auf einen zweiten umgeschaltet, gelangen durch den Schaltimpuls Störsignale auf die IEEE1284-Ports, woraufhin sich die Schnittstellen offensichtlich derart »verschlucken«, dass keine Druckausgabe mehr möglich ist. Dabei spielt es keine Rolle, ob etwa der SPP-Mode (der Centronics-kompatible Mode) aktiviert ist oder ein anderer, das Ergebnis ist stets dasselbe.

Es kommt durchaus vor, dass Geräte, die an der (alten) Centronics-Schnittstelle funktioniert haben, im SPP-Mode von IEEE1284 nicht korrekt arbeiten.

Für IEEE-1284 sind – wie für Centronics – ebenfalls sowohl der 25- als auch der 36-polige Stecker vorgesehen. Des Weiteren wird eine mechanisch verkleinerte 36-polige Steckerversion (IEEE-1284-C) empfohlen, welche in der Praxis (bisher) jedoch eher selten eingesetzt wird.

9.2.1 Der Compatible Mode

Diese Betriebsart stellt sicher, dass im Prinzip (siehe Hinweis) auch ältere Drucker an einer IEEE1284-Schnittstelle verwendet werden können, und entspricht im Prinzip einer standardisierten Centronics-Schnittstelle.

Diese Variante wird auch als SPP (Standard Printer Port) bezeichnet, wie es beispielsweise in den BIOS-Setups der PCs zu finden ist. Eine Datenübertragungsrate vom maximal 150 Kbyte pro Sekunde ist im Compatible Mode zu erreichen.

9.2.2 Der Nibble Mode

Der Nibble Mode arbeitet in einer Breite von lediglich vier Bit. Vier Leitungen müssen dabei als *Rückkanal* vom Gerät zum Computer vorgesehen sein. Hierfür werden die Leitungen PtrBusy (Data 3,7), AckDataReq (Data 2,6), Xflag (Data 1,5) und /DataAvail (Data 0,4) verwendet, welche in diesem Mode als Datenleitungen zu verstehen sind und abwechselnd jeweils ein halbes Datenbyte (Nibble = 4 Bit) übertragen. Die Bezeichnung dieser einzelnen Leitungen resultiert aus dem Byte Mode. In der Tabelle 9.2 ist stattdessen jedoch die Zuordnung der Datenleitungen angegeben.

Der Handshake wird mit den Signalen *HostBusy* und *PtrClk* ausgeführt. Der Computer signalisiert die Bereitschaft zur Datenaufnahme mit einem Low auf der HostBusy-Leitung, woraufhin das untere Nibble auf die Schnittstelle gelegt wird. Die Gültigkeit der Daten wird dem Computer daraufhin mit einem Low auf der PtrClk-Leitung mitgeteilt, welche hier im Prinzip als *Strobe* fungiert.

Der PC sendet HostBusy=High zur Kennzeichnung, dass die Daten verarbeitet werden und zur Zeit keine weiteren angenommen werden können. Anschließend wird auch PtrClk wieder auf High gesetzt, und sobald der Computer zur Aufnahme des zweiten Nibble bereit ist, erfolgt dessen Übertragung.

Das Signal *1284Active* wird generell zur Kennzeichnung (High) dessen verwendet, dass momentan eine IEEE1284-Betriebsart eingeschaltet ist. Während das Datenregister im Nibble Mode nicht verwendet wird, haben sowohl das Status- als auch das Steuerregister eine neue Belegung erhalten:

Status-Register im Nibble Mode (Basisadresse +1):

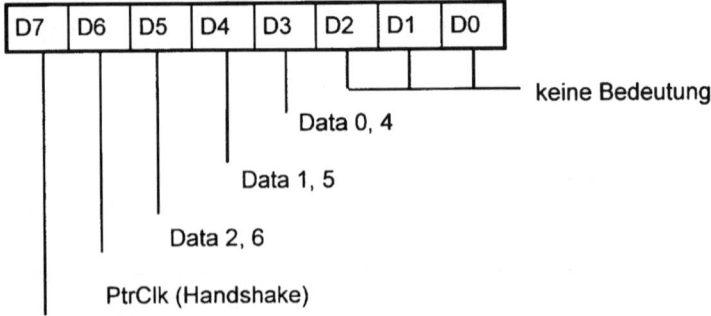

Wenn der Gerätehersteller ein entsprechendes Treiberprogramm für den Nibble Mode mitliefert, können in der Regel alle konventionellen Centronics-Karten (ab ca. 1990) diesen Modus bei einer maximalen Datenübertragungsrate von 50 Kbyte pro Sekunde verwenden.

Steuerregister im Nibble Mode (Basisadresse +2):

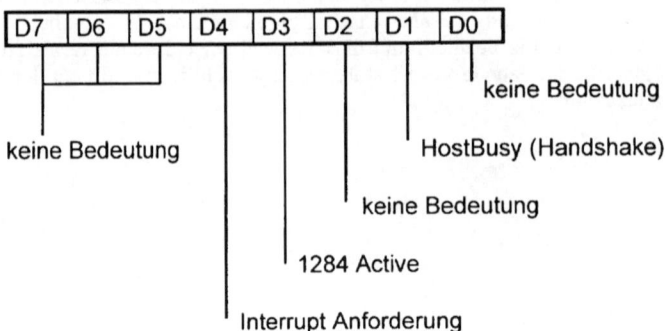

9.2.3 Der Byte Mode

Der Byte Mode entspricht dem bidirektionalen Centronics Mode, wie er bereits bei den PCs mit MicroChannel-Architektur (PS/2) standardmäßig verwendet wurde. Die Daten werden hier im Gegensatz zum Nibble Mode *byteweise* über das Datenregister (Basisadresse) ausgetauscht.

Bei der Datenübertragung vom PC zur Peripherie wird der Handshake mit Hilfe der Signale HostClk (ehemals Strobe), PtrBusy (ehemals Busy) und PtrClk (ehemals Acknowledge) analog zum SPP-Mode ausgeführt.

Bei der Datenübertragung in der anderen Richtung signalisiert der PC zunächst mit einem Low über *HostBusy* seine Bereitschaft, woraufhin die Peripherie ein Byte ausgibt und dessen Gültigkeit mit PtrClk (Low) bekanntgibt (siehe Bild). Sind die Daten verarbeitet, sendet der PC ein Low auf HostClk und der nächste Zyklus kann nun beginnen.

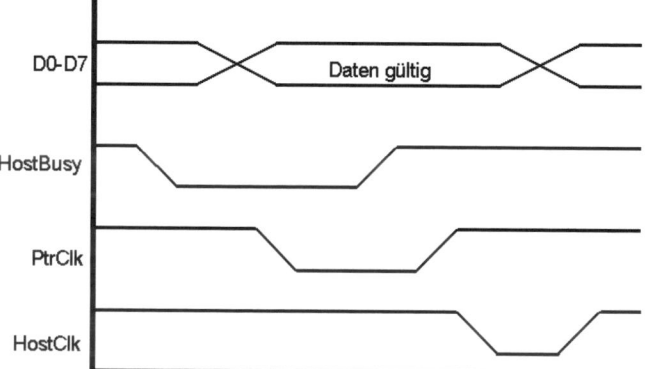

Bild 9.5: Das Timing im Byte Mode bei einem Lesezugriff der Peripherie auf den PC

Das Datenregister ist sowohl für die Sende- als auch für die Empfangsdaten zuständig, wobei die hierfür notwendige Umschaltung der Übertragungsrichtung mit dem Bit 5 *Data Direction* im Steuerregister vorgenommen wird, was vor jedem Zyklus entsprechend festzulegen ist.

Bei einem High ist auf *Lesen* und bei einem Low auf *Schreiben* (zur Peripherie) geschaltet. Die Belegung des veränderten Status- und Steuerregisters sieht dabei wie folgt aus:

Status-Register im Byte Mode (Basisadresse +1):

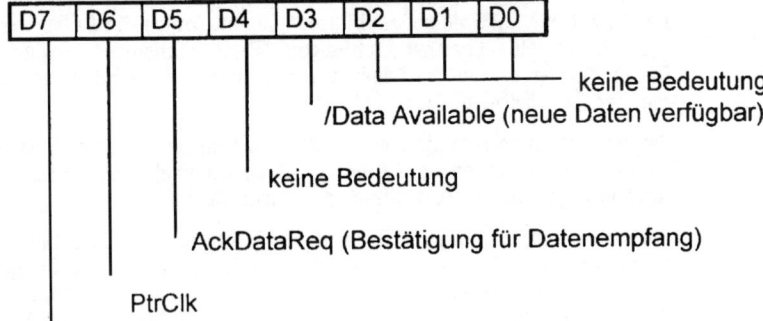

Steuerregister im Byte Mode (Basisadresse +2):

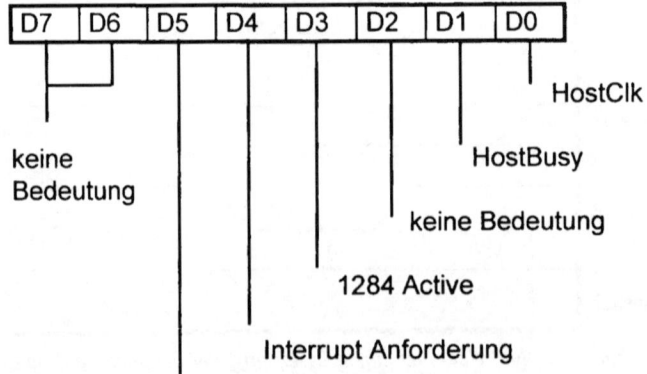

9.2.4 Der Extended Parallel Port Mode

Der Extended Parallel Port – kurz EPP – wurde gemeinsam von den Firmen Intel, Xircom und Zenith entwickelt und stellt die gebräuchlichste IEEE1284-Implementierung dar, die gegenüber den vorher erläuterten auch tatsächlich neue Möglichkeiten zur Gerätekopplung und Datenübertragung bietet.

Es können bidirektional sowohl Daten als auch Adressen übertragen werden und es sind theoretisch (8 Bit) bis zu 256 Einheiten einzeln selektierbar. Ohne zusätzliche Hardware (Sternverteiler, Hub) ist eine EPP-Verbindung jedoch lediglich als Verbindung zwischen zwei Geräten ausgelegt.

Gleichwohl kann die Peripherie selbst natürlich bis zu 256 Schaltungseinheiten enthalten, was beispielsweise für ein multifunktionales Gerät wie eine Printer-Modem-Fax-Kombination ausgenutzt werden kann. Die Datenübertragungsrate beträgt maximal 2 Mbyte/s bei einer typischen Kabellänge von 5 m.

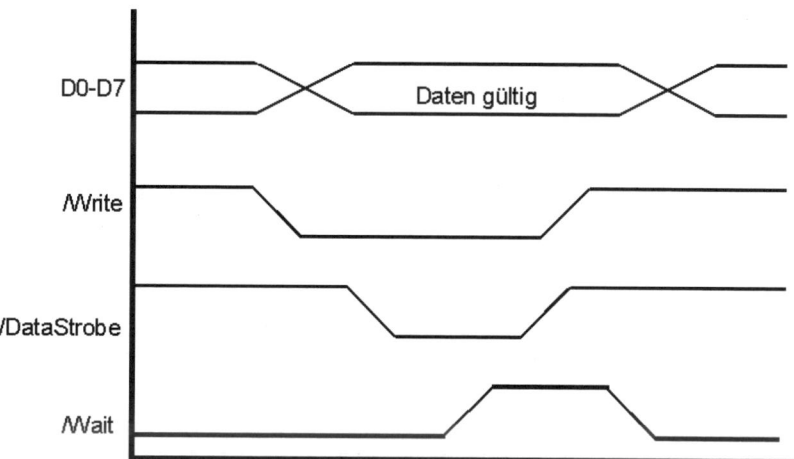

Bild 9.6: Ein Schreibzyklus des PC zur Peripherie im EPP-Mode

Bei einem Daten-Schreibzugriff vom PC zur Peripherie wird das Signal /Write aktiviert – auf Low gesetzt – und nachfolgend das /Wait-Signal auf ein Low hin überprüft, welches besagt, dass die Peripherie zur Datenaufnahme bereit ist und die Datenübertragung ausgeführt werden kann. Daraufhin wird /DataStrobe auf Low gelegt, wodurch die Daten nun übergeben werden können. Die Peripherie signalisiert ihrerseits mit einem High auf /Wait, dass es die Daten komplett übernommen hat, woraufhin /DataStrobe vom PC wieder deaktiviert (High) wird und die Übertragung somit abgeschlossen ist.

Ein Datenlesezyklus vom PC erfolgt prinzipiell auf die gleiche Art und Weise wie ein Schreibzyklus, mit dem Unterschied allerdings, dass sich das /Write-Signal dabei auf High-Pegel befindet. Ein spezieller »Umschaltzyklus« wie bei ECP (siehe folgendes Kapitel) ist hier nicht vorgesehen.

Zur Adressierung eines EPP-Gerätes wird dementsprechend eine Adresse über die acht AD-Leitungen (Address Data) gesendet und statt /DataStrobe das Signal /AddressStrobe verwendet. Der Vorgang ist ansonsten mit einem Daten-Schreibzugriff identisch, was analog auch für einen Adressenlese-Zyklus gilt, der in der Praxis jedoch keine Relevanz besitzt, da üblicherweise der PC und nicht die Peripherie die Adressen ausgibt. Es ist durchaus möglich, dass im EPP-Mode mehr als 8 Bit verarbeitet werden können, was beispielsweise für spezielle Anwendungen wie Messwerterfassungsschaltungen (A/D-Umsetzer) ausgenutzt werden kann, denn es gibt drei zusätzliche Leitungen, welche als UserDefin(ed) 1-3 bezeichnet werden und nicht in der Spezifikation definiert sind.

Die drei Standard-Register werden in der üblichen Art und Weise verwendet (SPP-Mode), wie es bereits erläutert wurde, so dass EPP hierzu voll abwärtskompatibel ist. Die Ausführung des Handshakes wird im EPP-Mode aber nicht von der (Anwender-)Software, sondern bei einem entsprechenden I/O-Zugriff automatisch – vom BIOS mit EPP-Unterstützung – gesteuert, was die Programmierung erheblich vereinfacht und keine Manipulation einzelner Bits erfordert.

Neben den drei SPP-Registern sind für den EPP-Mode fünf weitere hinzugekommen, die sich unter den Adressen mit dem Offset 03h-07h von der jeweils festgelegten Basisadresse aus gesehen befinden. Die folgende Tabelle zeigt alle auf einen Blick.

Offset	Bezeichnung	Zugriff	Funktion
00h	SPP Data	Schreiben	Standard Datenregister
01h	SPP Status	Lesen	Standard Statusregister
02h	SPP Control	Schreiben	Standard Steuerregister
03h	EPP Address	Lesen/Schreiben	EPP-Adreßregister
04h	EPP Data 0	Lesen/Schreiben	EPP-Datenregister (8-, 16-, 32-Bit)
05h	EPP Data 1	Lesen/Schreiben	EPP-Datenregister (16-, 32-Bit)
06h	EPP Data 2	Lesen/Schreiben	EPP-Datenregister (32-Bit)
07h	EPP Data 3	Lesen/Schreiben	EPP-Datenregister (32-Bit)

Tabelle 9.3: Die Register für den EPP-Mode, wobei die Register unter den Offset-Adressen 5-7, je nach Hersteller, unterschiedlich verwendet werden

9.2.5 Der Enhanced Capability Mode

Der Enhanced Capability Mode (ECP) wurde durch eine Microsoft- und Hewlett-Packard-Initiative im IEEE1284-Standard implementiert und verfügt über ähnliche Eigenschaften wie der EPP-Mode, denn auch er kann mehrere Einheiten (max. 128) adressieren, wobei hier im Prinzip die gleichen Einschränkungen wie beim EPP gelten.

Der ECP unterstützt jedoch eine einfache Datenkomprimierung nach RLE (Run Length Encodes), die nacheinander auftretende gleichlautende Zeichen nur einmal überträgt und danach die Anzahl der Zeichen sendet. Beim Schreiben muss die Software für die Komprimierung Sorge tragen, während die Dekomprimierung automatisch erfolgt.

Das Kernstück bei ECP bildet ein 16 Kbyte großer FIFO mit DMA- und Interrupt-Fähigkeiten, der Datenübertragungsraten von bis zu 2 Mbyte (wie bei EPP) erlaubt.

Das ECP-Protokoll kennt sowohl Daten- als auch Kommandozyklen in beiden Richtungen (forward, reverse). Es existieren zwei Kommandozyklen: *Channel Address* und *Run Length Count*, also eine Kanaladressierung für die einzelnen Einheiten und ein Zähler für die RLE-Komprimierung/Dekomprimierung.

Das Signal *HostAck* ist für die Unterscheidung der zwei verschiedenen Zyklen zuständig. Ist es High, findet ein Daten- und bei einem Low entsprechend ein Kommandozyklus statt, wobei hier das Bit 8 für die Unterscheidung zwischen einer Channel Address und dem RLE-Zähler dient. Ist es Low, repräsentieren die Bits 1-7 den Run-Length-Count (0-128), ist es High, wird eine Channel Adresse (0-127) übertragen.

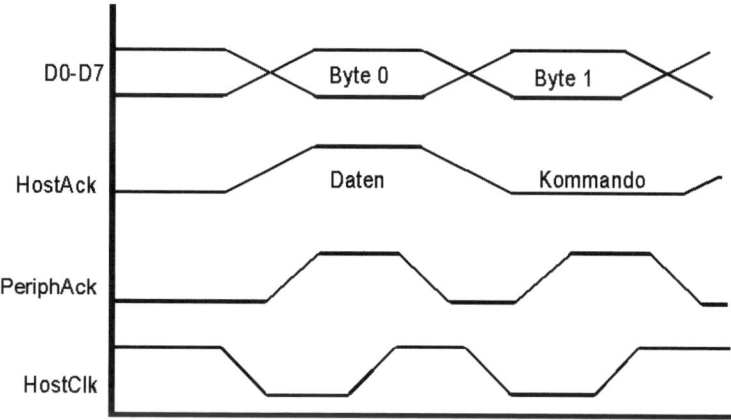

Bild 9.7: *Das Timing bei einem Datenzyklus vom PC zur Peripherie (forward), gefolgt von einem Kommandozyklus im ECP-Mode*

Wie im Bild 9.7 erkennbar, signalisiert der PC über *HostClk* (Low) die Gültigkeit der ausgegebenen Daten, die Peripherie bestätigt dies mit PeriphAck=High und der PC setzt daraufhin HostClk wieder zurück, was hier aber als Datenübernahmesignal für die Peripherie gilt. Diese meldet daraufhin ihre erneute Bereitschaft zum Datenempfang mit PeriphAck=Low und es folgt nun ein Kommandozyklus (HostAck=Low).

Für eine Übertragung von der Peripherie zum PC (reverse) muss zunächst – im Gegensatz zum EPP-Mode – die Richtung umgeschaltet werden. Der PC aktiviert hierfür /RevRequest (Low) und wartet darauf, dass die Peripherie ihrerseits das Signal /PeriRequest auf Low setzt. Danach erfolgt die Übertragung identisch zur gezeigten Forward-Übertragung.

Die ECP-Microsoft-Spezifikation legt verschiedene Betriebsarten fest, wie sie auch als Bestandteil von IEEE1284 üblich sind. Dies bedeutet, dass ein Mainboard mit ECP-Unterstützung beispielsweise auch automatisch den SPP- und den EPP-Mode beherrscht.

Das ECP-Registermodell orientiert sich an dem des Standard-Centronics-Ports, nutzt jedoch eine übliche *ISA-Dekodierungseigenart*. Ältere PCs dekodieren nämlich lediglich 10 Bits (A0-A9) des I/O-Adressraums (000h-3FFh), was dazu führt, dass beispielsweise das Centronics-Datenregister sowohl unter 378h als auch unter 778h und F78h angesprochen werden kann (siehe auch Kapitel ISA-Bus).

Mode	Funktion/Modus
0	SPP-Mode
1	Byte-Mode
2	Fast Centronics
3	ECP-Mode
4	spezieller ECP-Mode
5	Reserviert
6	Test-Mode
7	Configuration-Mode

Tabelle 9.4: Die verschiedenen ECP-Modes. Der Mode 4 ist nicht in der Spezifikation definiert und eine Besonderheit für (Super-I/O-)Controller der Firma SMC

Alle neueren PCs, welche dementsprechend auch eine ECP- bzw. IEEE1284-Unterstützung bieten, dekodieren jedoch den gesamten I/O-Adressraum (bis FFFFh), wodurch tatsächlich 378h als auch 778h als verschiedene Register interpretiert werden.

ECP belegt im allgemein gültigen I/O-Adressbereich lediglich 3 Register (wie Standard-Centronics) und 6 weitere, welche über einen Offset von 400h-402 selektiert werden und daher keine Kollision mit dem (alten) standardisierten I/O-Modell verursachen können. Das wichtigste Register ist dabei ECR (Offset 402h), das die aktuelle Betriebsart festlegt und auch feststellen kann, ob der PC eine ECP-Unterstützung bietet.

Offset	Bezeichnung	Zugriff	ECP-Mode	Funktion
000h	Data	Schreiben/Lesen	0-1	Datenregister
000h	ECP-A-FIFO	Schreiben/Lesen	3	ECP Address FIFO
001h	DSR	Schreiben/Lesen	alle	Statusregister
002h	DCR	Schreiben/Lesen	alle	Steuerregister
400h	C-FIFO	Schreiben/Lesen	2	Parallel Port Data FIFO
400h	ECP-D-FIFO	Schreiben/Lesen	3	ECP Data FIFO
400h	T-FIFO	Schreiben/Lesen	6	Test FIFO
400h	CNFG-A	Lesen	7	Configuration Register A
401h	CNFG-B	Schreiben/Lesen	7	Configuration Register B
402h	ECR	Schreiben/Lesen	alle	Extended Control Register

Tabelle 9.5: Die Register des ECP-Modes

Die Verwendung des ECPs erfolgt ähnlich wie die des EPPs. Die gewünschte Betriebsart wird zunächst in das ECR-Register geschrieben, und dann kann ein Lese- oder ein Schreibzugriff auf den gewünschten I/O-Port stattfinden, wobei das Handshaking auch hier automatisch ausgeführt wird und keine Manipulation einzelner Bits erfordert.

Der Vorteil von ECP gegenüber EPP ist die Tatsache, dass eine DMA-Unterstützung für die Übertragung relativ großer Datenmengen gegeben ist, was jedoch mit einem erhöhten Programmieraufwand zur Steuerung des DMA-Transfers einhergeht. In den meisten Fällen wird man daher auf den EPP-Mode zurückgreifen.

Im Kapitel 6.12.8 ist die Funktion der so genannten Super-I/O-Controller erläutert. Je nach Typ unterstützen sie auch den IEEE1284-Standard in den unterschiedlichen Betriebsarten. Die folgende Tabelle zeigt hierfür einige Beispiele.

Hersteller	Typ	Funktion/Unterstützung
National Semiconductor	NS486SXF	Embedded 486 Controller mit IEEE1284-Port
National Semiconductor	PC87332/ 334/336/338	I/O-Controller, EPP/ECP/Bidirektional
National Semiconductor	PC87303/ 306/307/308	I/O-Controller, EPP/ECP/Bidirektional
National Semiconductor	PC87C332	I/O-Controller, EPP-Mode
SMC	SMC FD37C665/666	1284-I/O-Controller
Texas Instruments	TL16PIR552	1284 Parallel Port, 2 UARTs, IrDA

Tabelle 9.6: Einige Chips mit Unterstützung von IEEE1284-Betriebsarten

9.2.6 Centronics Asynchron Parallel

Neben den erläuterten Funktionen und Betriebsarten des IEEE1284-Standards existiert eine weitere, recht verbreitete Realisierung einer Centronics-Weiterentwicklung, die nicht als verbindlicher Standard festgelegt worden ist und prinzipiell auch nichts mit diesem Standard zu tun hat.

Sie stammt von der deutschen Firma Noveca und wird als RAP bezeichnet. Der »normale« Centronics-Port wird hier bidirektional mit einer Datenübertragungsrate von bis zu 1 Mbyte/s betrieben, was durch das Abschalten des Handshaking erreicht wird.

Die Daten werden zwischen PC und Peripherie asynchron ausgetauscht. In einer *Docking Station*, mit eigenem Prozessor und einem Buffer von typisch 1 Mbyte, werden die Daten entsprechend dem verwendeten Protokoll umgesetzt. Die häufigste Anwendung ist dabei der Anschluss eines CD-ROM-Laufwerks über die Docking Station an eine Standard-Centronics-Schnittstelle. Insbesondere durch den Vertrieb über die Firma ESCOM ist dieses System recht bekannt geworden und es wird als (preiswerte) Alternative zu einem CD-ROM-PCMCIA-Interface eingesetzt.

9.3 Drucker

Wie es in diesem Kapitel noch ausführlich erläutert wird, existieren ein Vielzahl unterschiedlicher Druckertypen, die nach verschiedenen Verfahren arbeiten. Trotz der prinzipiell recht großen Unterschiede in der Technik und natürlich auch im Preis, ist ihnen gemein, dass sie über eine parallele Druckerschnittstelle angeschlossen werden, die als Printerport, LPT1 (Line Printer Port 1), Parallel-äPort- oder auch Centronics-Schnittstelle bezeichnet wird.

9.3.1 Druckeranschluss und -test

Neben einem LPT-Port verfügen einige Drucker auch über andere (USB) oder zusätzliche Schnittstellen, wie z.B. über eine serielle (RS232, RS422) oder eine für den direkten Anschluss des Druckers an ein Netzwerk (Ethernet, Apple Talk). Die gebräuchlichste Schnittstelle ist jedoch die erläuterte *Parallel-Port-Schnittstelle*, für die sich im BIOS-Setup möglicherweise einige Einstellungsoptionen (siehe das Kapitel zum BIOS-Setup) finden lassen, was meist aber nur dann der Fall ist, wenn sich die Schnittstelle mit auf dem Mainboard befindet und nicht über eine separate Karte im PC realisiert wird.

Dem Druckerkabel ist aus den genannten Gründen (Störsicherheit, Länge) eine besondere Aufmerksamkeit zu schenken, denn das sehr preiswerte Kabel für DM 7,- mit Plastiksteckern, ohne komplette interne Verdrahtung und ohne ausreichende Abschirmung, hat schon so manches Problem beim Drucken verursacht.

Am Drucker sind an der Buchse meist zwei Halteklammern angebracht, die »über den Stecker des Druckerkabels geschnappt« werden, damit es auch fest sitzt. Aber auch damit ist noch nicht hundertprozentig sicher gestellt, dass der Stecker auch richtig in der Buchse sitzt. Falls die Halteschrauben am 25-poligen Stecker zum PC hin festgeschraubt sind, kann man sich hier weit sicherer sein, dass der Anschluss in Ordnung ist. Bei Kommunikationsproblemen sind jedoch immer als Erstes diese beiden Anschlüsse zu überprüfen.

Bild 9.8: Die Anschlusskontakte für die Schnittstellen sind auf vielen Mainboards nicht vertau-schungssicher ausgeführt – sie können auch falsch herum aufgesteckt werden

Im PC selbst sollte im Fehlerfall auch das Kabel vom Anschluss (Slotblech) zum Mainboard bzw. zur Schnittstellenkarte auf korrekten Sitz hin überprüft werden. Meist sind diese Kabel nicht verpolungssicher ausgeführt und können auch falsch herum aufgesteckt werden.

Grundsätzlich sollte weder das Drucker- noch ein anderes Kabel am PC angeschlossen oder abgezogen werden, wenn der Drucker und/oder der PC eingeschaltet ist. Entgegen der oftmals zitierten Meinung kann die Schnittstelle im PC als auch im Drucker elektrisch beschädigt werden.

Einen einfachen Test – ohne spezielle Treiberinstallation – zur Funktion des ange-schlossenen Druckers ist unter DOS mit einer der folgenden Angaben durchführbar.

Beispiele für einen ersten Druckertest unter DOS:

···⊱ Copy AUTOEXEC.BAT PRN

···⊱ Copy AUTOEXEC.BAT LPT1

···⊱ Taste [DRUCK] auf der Tastatur betätigen

Falls ein Drucker nicht auf einen dieser Befehle reagieren sollte, ist ein Selbsttest des Druckers auszulösen, wofür es am Drucker meist eine separate Taste gibt, oder der Selbsttest kann per Menü am Drucker aktiviert werden. Bei einigen Modellen ist es notwendig, das Druckerkabel abzuziehen, damit der Test absolviert werden kann.

Wie eingangs erwähnt, kann ein Drucker (zusätzlich) auch über eine serielle Schnitt-stelle verfügen. In solch einem Fall sind üblicherweise entsprechende Einstellungs-elemente (DIP-Schalter) am Drucker vorgesehen, mit denen die seriellen Kommuni-kationsparameter (siehe Kapitel 9.4) festgelegt werden können. Parameterfestlegungen für den Druckerbetrieb am Parallel-Port gibt es normalerweise nicht. Verfügt der Drucker über mehrere Schnittstellen, kann dies sinnvollerweise dazu genutzt wer-den, ihn gleichzeitig an zwei PCs – einmal über *seriell* und einmal über *parallel* – zu betreiben, wenn er diese Funktion unterstützt, wie es beispielsweise bei einigen HP-DeskJet-Typen der Fall ist.

Auch wenn ein Drucker meist an die parallele Schnittstelle angeschlossen wird, gibt es im Aufbau von Druckern natürlich recht große Unterschiede, was davon abhängt, welches Druckverfahren zur Anwendung kommt, welches letztendlich auch die Qualität der Ausdrucke bestimmt. Die bekanntesten Druckerarten sind die folgenden:

···⟩ Typenraddrucker

···⟩ Nadeldrucker

···⟩ Tintenstrahldrucker

···⟩ Laserdrucker

···⟩ verschiedene Typen, die mit einem Thermoverfahren arbeiten

9.3.2 Typenraddrucker

Dieser im Prinzip veraltete Druckertyp ist, wenn man so will, eine Weiterentwicklung der Typenradschreibmaschine. Auf einem Typenrad sind die druckbaren Zeichen in negativer Darstellung untergebracht, die von einem »Druckhammer« auf das Farbband und damit auf das darunter liegende Papier geschlagen werden. Es können natürlich nur diejenigen Zeichen gedruckt werden, die auf dem Typenrad vorgesehen sind. Werden einmal andere Zeichen oder wird ein anderer Zeichensatz benötigt, kann das Typenrad ausgetauscht werden. Der Vorrat an Zeichen ist demnach stark eingeschränkt und der Zeichenwechsel umständlich zu handhaben.

Grafikfähig ist ein Typenraddrucker zudem auch nicht. Statt eines Typenrades kann ein Typenraddrucker auch einen Kugelkopf verwenden, auf dem die Zeichen untergebracht sind.

Ein Typenraddrucker erzeugt jedoch ein sehr gutes, klares Schriftbild und wird dort eingesetzt, wo Durchschläge – mit untergelegtem Blaupapier – benötigt werden. Daher ist dieser Typ in Behörden noch häufig anzutreffen.

Bild 9.9: Zwei Typenräder mit unterschiedlichen Zeichensätzen

Statt über die Schreibmaschinentastatur werden die Zeichen vom PC über eine Schnittstelle (meist Centronics oder RS232) zum Druckerinterface übertragen. Die im Drucker eingebaute Elektronik erzeugt daraufhin aus den Daten die Impulse, die für den Weitertransport des Typenrads sorgen, bis sich das gewünschte Zeichen unter dem »Druckhammer« befindet, der dann das Zeichen auf das Farbband schlägt, wodurch es auf das Papier gelangt.

Diese Druckprozedur dauert relativ lange und ist mit einer starken Geräusch-entwicklung verbunden, eben wie bei einer Schreibmaschine. Software (Treiber) gibt es für Typenraddrucker kaum noch und für den Hausgebrauch ist er aus den oben genannten Gründen eher ungeeignet.

9.3.3 Nadeldrucker

Eine Weiterentwicklung des Typenraddruckers ist der *Nadeldrucker*. Mit ihm wird eine höhere Flexibilität bei der Zeichendarstellung erreicht, denn ein Zeichen ist hier nicht durch eine Type (festes Zeichen) festgelegt, sondern wird mit Hilfe von einzelnen Nadeln im Druckkopf erzeugt.

Da die Nadeln *matrixförmig* (in Zeilen und Spalten) angeordnet sind, spricht man hier auch von einem Matrixdrucker. Diesen Typus gibt es vorwiegend mit 9 oder 24 Nadeln. Wie sich die Zeichen mit Hilfe von neun Nadeln zusammensetzen, ist im folgenden Bild gezeigt.

Das mechanische Prinzip des Matrixdruckers ist im Grunde genommen dasselbe wie bei den Typenraddruckern, doch statt der »Type« werden hier einzelne Nadeln gegen das Farbband geschlagen. Dadurch ist es möglich, per Software eigene Zei-chen zu entwerfen. Im Gegensatz zum Typenraddrucker kann bei einem Matrix-drucker das Papier in vertikaler Richtung nicht immer nur um eine komplette Zeile weiterbewegt werden, sondern es sind durch den hier verwendeten Schrittmotor sehr kleine Stufen möglich, wodurch der Drucker in Zusammenarbeit mit dem Druck-kopf, der sich, ebenfalls von einem Schrittmotor bewegt, immer nur in horizonta-ler Richtung bewegen kann, auch *grafikfähig* wird. Grafikfähig bedeutet, dass frei skalierbare Schriften, Zeichnungen und Bilder gedruckt werden können, die sich eben nicht aus Textzeichen, sondern aus dem Zusammenspiel der einzelnen Nadeln zusammensetzen.

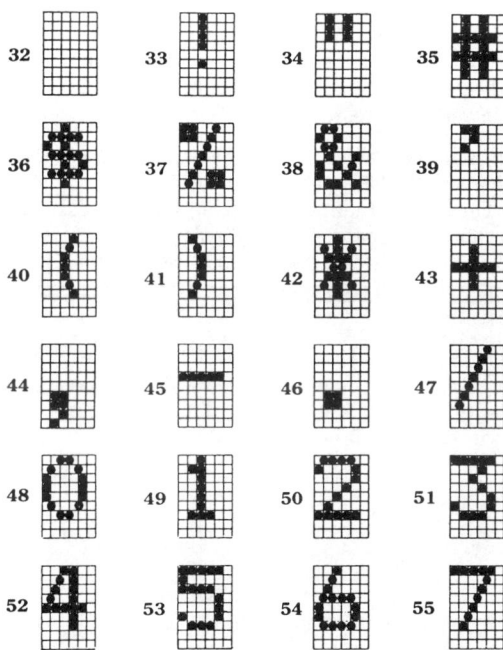

Bild 9.10: Einige Zeichen, wie sie von einem 9-Nadeldrucker gedruckt werden

Die Matrix besteht bei einem 9-Nadel-Drucker aus neun Zeilen und bei einem 24-Nadel-Drucker dementsprechend aus 24. Die Anzahl der Spalten entspricht jedoch nicht automatisch der der Zeilen. Die Matrix ist also nicht immer 1:1 aufgebaut, sondern bei einem 9-Nadel-Drucker besteht eine Spalte oftmals lediglich aus fünf oder sechs Punkten, während bei einem 24-Nadel-Drucker sehr unterschiedliche Auslegungen existieren. Daher ergeben sich in der Qualität des jeweiligen Druckbildes recht unterschiedliche Ergebnisse und ein guter 9-Nadler kann durchaus ein besseres Schriftbild als ein 24-Nadler erreichen.

Matrixdrucker werden häufig für die Ausgabe von Listen (z.B. Programmlistings) verwendet und auch überall dort, wo Durchschläge (Behörden, Werkstätten) benötigt werden. Sie sind wie die Typenraddrucker geräuschintensiv und zuweilen hört es sich wie in einer Sägerei an, wenn die Nadeln auf das Farbband schlagen.

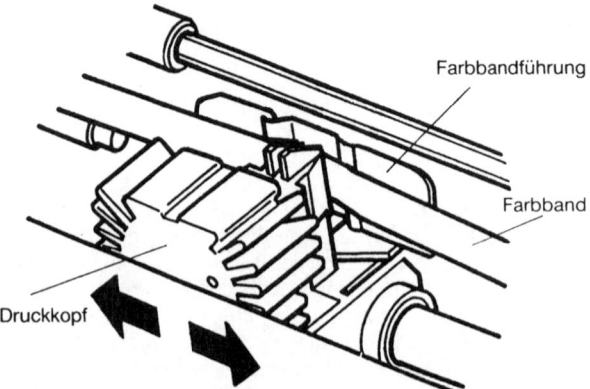

Bild 9.11: Der Druckkopf mit der Farbbandführung bei einem Matrixdrucker

Oftmals ist es möglich, sowohl Endlospapier (für Listings) als auch Einzelblattpapier (für Briefe) zu verwenden. Das Endlospapier hat seitlich eine Perforation mit Löchern, die später abgetrennt werden kann und der Druckermechanik (dem Traktor) zum Papiervorschub dient.

Bei Einzelblättern wird das Papier durch eine separate Walze vorwärts transportiert. Für einige Matrix-Druckertypen ist ein spezieller Einzelblatteinzug erhältlich, der mehrere Einzelblätter aufnehmen kann, wodurch das ständige Papiereinlegen und das manchmal nicht ganz einfache Einfädeln des Papiers entschärft werden. Diese separaten Einzelblatteinzüge erweisen sich in der Praxis jedoch nicht immer als besonders zuverlässig, denn das Papier wird im Drucker schief eingezogen, klemmt oder wird angerissen.

Das Druckbild eines Matrixdruckers kann per Software oder Schalter am Drucker selbst beeinflusst werden. Verschiedene Schriftarten und Zeichensätze sind einstellbar, und die beste Druckqualität erhält man im *Near-Letter-Quality-Mode* (NLQ), was soviel heißt wie »Beinahe-Brief-Qualität«.

In dieser Betriebsart wird eine Druckzeile zweimal vom Druckkopf durchfahren, wodurch jedes Zeichen mit einem geringen Versatz zweimal gedruckt wird, was dann effektiv der doppelten Nadelanzahl entspricht. Aus diesem Grunde ist das Druckbild eines guten 9-Nadel-Druckers manchmal nicht von dem eines 24-Nadel-Druckers zu unterscheiden.

Nadeldrucker sind auch heute noch aktuell und werden von zahlreichen Programmen unterstützt, auch wenn es mittlerweile kaum mehr einen Preisunterschied zu den Tintenstrahldruckern gibt, die schneller und erheblich leiser drucken können.

Nicht zuletzt sind Nadeldrucker deswegen so beliebt, weil hier die Qualität des verwendeten Papiers nicht so wichtig ist wie beim Tintenstrahldrucker, so dass schon deshalb die Betriebskosten sehr gering sind. Außer dem regelmäßigen Ersatz des Farbbandes, das relativ preiswert ist, fallen dann keine weiteren Kosten an. Der Fall, dass ein paar Nadeln nicht mehr drucken oder gar nichts mehr auf dem Papier erscheint und der Druckkopf ersetzt werden muss, kommt eher selten vor und die Mechanik ist meist sehr stabil.

Matrixdrucker sind ebenfalls als Farbdrucker erhältlich. Das Farbband besteht dann nicht aus schwarzer, sondern dreigeteilt aus roter, blauer und gelber Farbe und die Nadeln werden auf die Farben verteilt. Der Nachteil besteht darin, dass die Farbe Schwarz durch die Mischung dieser drei Farben entsteht. Drei Nadeln hauen dann für die Darstellung eines schwarzen Punktes leicht versetzt auf das Farbband, und bei genauer Betrachtung kann man diese drei Farben auf dem Papier erkennen und eben kein reines Schwarz. Mischfarben werden nach dem gleichen Prinzip erzeugt. Damit die Farbdarstellung immer die gleiche bleibt, ist es Voraussetzung, dass die drei Farben des Bandes gleichmäßig abgenutzt werden, was fast unmöglich ist, so dass das Farbband oft gewechselt werden muss. Es gibt auch Farbdrucker, die neben den drei Farben zusätzlich das Schwarz führen, doch hier treten ähnliche, wenn auch nicht ganz so augenfällige Probleme mit der Farbdarstellung auf.

Von Farb-Matrixdruckern darf man daher nicht allzuviel erwarten, ein Farb-Tintenstrahldrucker ist da schon eher zu empfehlen.

9.3.4 Tintenstrahldrucker

Tintenstrahldrucker stellen seit einiger Zeit die beliebtesten Druckertypen überhaupt dar. Dies liegt an der Druckqualität, der Schnelligkeit, der Geräuscharmut und dem Preis. Sie können fast mit der Druckqualität eines Laserdruckers mithalten und verbreiten außerdem kein schädliches Ozon, wie es einige Laserdrucker leider immer noch praktizieren.

Die Firma Hewlett-Packard hat mit ihren ThinkJet-Druckern und besonders mit den Nachfolgemodellen, den DeskJet-Druckern, für eine hohe Akzeptanz und Verbreitung der Tintenstrahldrucker gesorgt. Die meisten Tintenstrahldrucker verwenden ausschließlich Einzelblattpapier – kein Endlospapier – bis zur Größe DIN A4, das als Stapel in einen Schacht eingelegt wird. Das Drucken auf Etiketten, Briefkuverts, dickem Papier (fast Pappe) ist meistens ebenfalls möglich und sogar Folien können bedruckt werden. Ein Tintenstrahldrucker ist somit für viele Anwendungsgebiete sowohl im Büro als auch zu Hause einsetzbar.

Neben den A4-Druckern gibt es auch Tintenstrahldrucker, die beispielsweise Papiergrößen bis zur Größe DIN A0 verarbeiten können, wie etwa die DesignJet-Modelle (650, 700, 750C) der Firma Hewlett-Packard. Das Spektrum von Tintenstrahldruckern ganz allgemein ist am Markt geradezu unüberschaubar und wenn man sich zum Kauf eines bestimmten Modells entschlossen hat, wurde es oftmals bereits schon wieder durch ein Nachfolgemodell ersetzt.

Es wäre sicher schön, wenn die dafür passenden Treiber mit der gleichen Energie entwickelt würden, die dann auch noch richtig funktionieren. In diesem Zusammenhang ist hier insbesondere (schon wieder) die Firma Hewlett-Packard zu nennen, die immer wieder mit instabilen Treibern auffällt und für Windows NT vielleicht nach einem halben Jahr – wenn überhaupt – einen Treiber liefern kann, wie es mir beispielsweise mit dem Deskjet 690C passiert ist.

 Bei Druckern ist unbedingt darauf zu achten, dass ein passender Treiber für das einzusetzende Betriebssystem mit zum Lieferumfang gehört. Es ist leider keine Seltenheit, dass für Windows NT – für OS/2 sowieso – keine passenden verfügbar sind.

Die Drucktechnik von Tintenstrahldruckern beruht ebenfalls im Wesentlichen auf einer Matrixanordnung zur Zeichendarstellung. Die Zeichen gelangen jedoch nicht mit Hilfe von Nadeln über ein Farbband auf das Papier, sondern über kleine Düsen, die die Tinte direkt auf das Papier spritzen.

Der Druckkopf eines Tintenstrahldruckers ist fast ein Wunderwerk an Präzision, denn er verfügt – je nach Hersteller und Modell – über bis zu 60 Düsen, die jeweils ungefähr den halben Durchmesser eines Menschenhaares aufweisen.

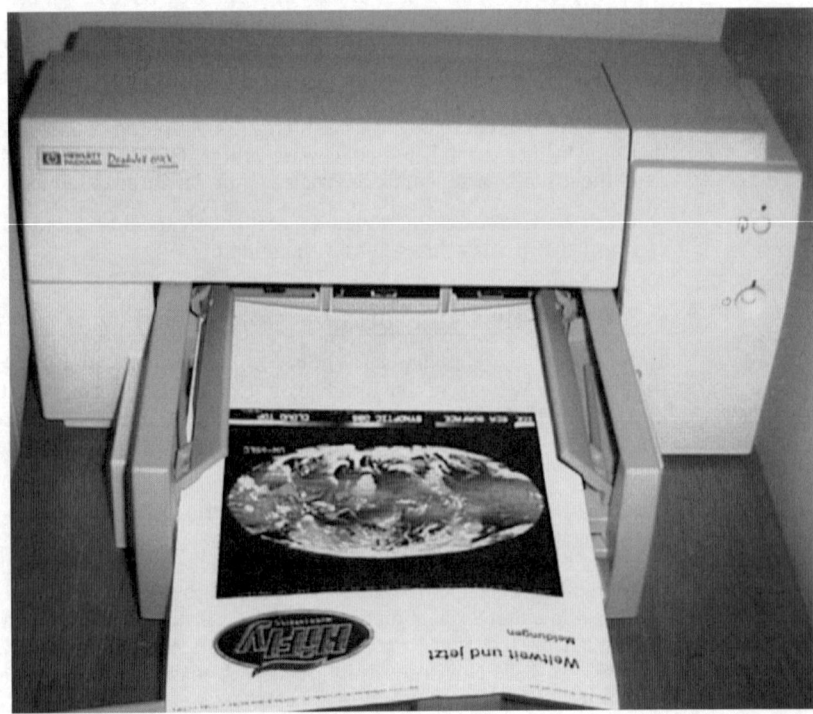

Bild 9.12: Ein HP-DeskJet-Tintenstrahldrucker (HP-Deskjet 690C); durch die Verwendung einer speziellen Patrone ist er auch für den Ausdruck von Fotos geeignet

Es gibt verschiedene Verfahren, nach denen die Tinte auf das Papier gebracht werden kann. Die bekanntesten und am weitesten verbreitet sind das Bubble-Jet-
Verfahren, das von der Firma Canon entwickelt wurde und bei den DeskJet-Druk-
kern verwendet wird, und das Piezo-Verfahren, das beispielsweise die Firma Epson
einsetzt.

Ein markanter Unterschied in der Druckqualität zeigt sich nicht aufgrund des unterschiedlichen Druckprinzips, sondern eher durch die Qualität des verwendeten
Papiers. Vielfach behaupten die Hersteller zwar, dass auch mit handelsüblichem
Kopierpapier gute Ergebnisse zu erzielen sind, gleichwohl ist dies in der Praxis
meist nicht der Fall und eine optimale Qualität ergibt sich erst bei der Verwendung
der vom jeweiligen Druckerhersteller – meist nicht gerade preiswerten – empfohle-
nen Papiersorte, die der Druckerhersteller ebenfalls anbietet.

*Die optimale Druckqualität ergibt sich bei einem Tintenstrahldrucker meist bei der
Verwendung der herstellereigenen Papiersorte, die in der Regel aber nicht besonders
preiswert erscheint.*

Das Bubble-Jet-Druckverfahren

Das Bubble-Jet-Verfahren ist ein thermisches Verfahren, da sich in jeder Düse ein
kleines Heizelement befindet. Diese Elemente werden durch einen elektrischen Impuls innerhalb von wenigen Millisekunden erhitzt und bringen die Tinte teilweise
zum Verdampfen. Dadurch entsteht in der Düse eine kleine Blase (Bubble), die die
davor liegende Tinte aus der Düse auf das Papier befördert. Durch das Heraus-
fliegen der Tinte entsteht kurzzeitig ein Unterdruck, der eine Sogwirkung ausübt,
wodurch die Tinte in der Düse wieder nachfließt. Die Größe des austretenden
Tintentropfens kann durch die Höhe des Impulssignals gesteuert werden.

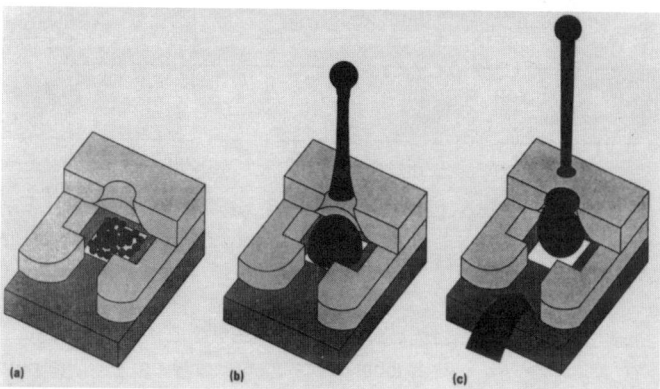

*Bild 9.13: Das Prinzip eines Bubble-Jet-Tintenstrahldruckers (a: Ruhezustand, b: Blase erzeugen
und Tintenaustritt, c: Nachfließen der Tinte)*

Das Piezo-Druckverfahren

Beim Piezo-Druckverfahren wird statt eines Heizelementes in jeder Düse ein Piezo-Element angebracht. Dies ist ein Kristall, der durch das Anlegen einer elektrischen Spannung in Schwingungen versetzt wird. Es handelt sich hier also um ein mechanisches Verfahren. Das Prinzip ist auch von den »Summern« her bekannt, die in verschiedenen elektrischen Geräten zur Signalausgabe verwendet werden. In einigen PCs sind diese Signalgeber auch statt des Lautsprechers eingebaut.

Wird also ein Spannungsimpuls an das Piezo-Element in der Düse angelegt, bewegt es sich und schießt dadurch einen Tintentropfen auf das Papier. Dadurch entsteht wie beim Bubble-Jet-Verfahren kurzzeitig ein Unterdruck, der für das Ansaugen der Tinte sorgt.

Dem Piezo-Druckkopf wird die Tinte über einen Schlauch von einem Tintenbehälter aus zugeführt. Beim Bubble-Jet-Verfahren bilden der Druckkopf und der Tintenbehälter hingegen meist eine Einheit, und ist die Tinte aufgebraucht, muss gleich der komplette Druckkopf ersetzt werden, falls hier keine Nachfüllmöglichkeit besteht.

Von der Druckqualität her liefern beide Verfahren identische Ergebnisse. Rechnet man die Anschaffungskosten (Piezo eher höher) und die Betriebskosten (Bubble-Jet eher höher) zusammen, ergeben sich für beide Verfahren durchaus vergleichbare Werte.

Modell	Hersteller	Verfahren	Auflösung	Anmerkung
BJC-250	Canon	Bubble-Jet	720x360 dpi	optional auch für Farb- und Fotodruck, Druckköpfe in der Patrone integriert
BJC-620	Canon	Bubble-Jet	720x720 dpi	getrennte Patronen für S/W und Farbe
Stylus Color 300	Epson	Piezo	720x360 dpi	optional auch für Farbdruck
Stylus Color 800	Epson	Piezo	1440x720 dpi	getrennte Patronen für S/W und Farbe
Deskjet 670c	HP	Bubble-Jet	600x300 dpi	getrennte Patronen für S/W und Farbe, Druckköpfe in der Patrone integriert
Deskjet 890	HP	Bubble-Jet	600x600 dpi	getrennte Patronen für S/W und Farbe, Druckköpfe in der Patrone integriert

Modell	Hersteller	Verfahren	Auflösung	Anmerkung
Color Jetprinter 1000	Lexmark	Thermo	600x600 dpi	optional auch für Farbdruck, Druckköpfe in der Patrone integriert
Color Jetprinter 2030	Lexmark	Thermo	600x300 dpi	getrennte Patronen für S/W und Farbe, Druckköpfe in der Patrone integriert
Color Jetprinter 7000	Lexmark	Thermo	1200x1200 dpi	getrennte Patronen für S/W und Farbe, Druckköpfe in der Patrone integriert
JP790	Olivetti	Bubble-Jet	600x600 dpi	getrennte Patronen für S/W und Farbe, wahlweise Einweg- oder Mehrwegdruckkopf
T7060	Tally	Bubble-Jet	600x600 dpi	getrennte Patronen für S/W und Farbe, wahlweise Einweg- oder Mehrwegdruckkopf

Tabelle 9.7: Einige Daten von (relativ preisgünstigen) Tintenstrahldruckern

Wie es die Tabelle 9.7 anhand einiger Druckertypen zeigt, ist bei einigen Modellen der Druckkopf in der Patrone integriert, was bedeutet, dass hier mit dem Tausch der Patrone auch gleich neue Druckköpfe für den Drucker eingebaut werden. Der Vorteil ist die Einhaltung der vom Hersteller versprochenen Qualität, der Nachteil möglicherweise der höhere Preis gegenüber dem Auffüllen der Farbe bzw. dem Ersatz einer einfachen Farbpatrone.

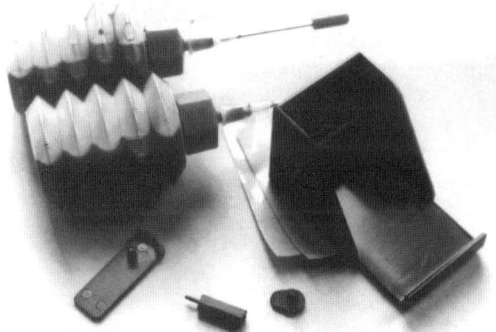

Bild 9.14: Durch die Verwendung spezieller Refilling-Kits, die passend für verschiedene Tintenstrahldrucker erhältlich sind, ist nicht immer gleich eine neue Patrone notwendig

Im Handel gibt es für zahlreiche Tintenstrahler entsprechende Nachfüll-Kits, beispielsweise von der Firma Pelikan, und zwar auch für Druckertypen, bei denen der Hersteller das Nachfüllen ursprünglich gar nicht vorgesehen hat. Der Erfahrung nach kann eine Bubble-Jet-Patrone mindestens bis zu drei Mal nachgefüllt werden, bevor die Druckköpfe einen merklichen Einfluss auf die Druckqualität ausüben.

Allerdings funktioniert dies in der Regel nicht besonders gut mit Farbpatronen, die generell etwas problematisch sind. Die optimale Farbzusammensetzung ist bei einer neuen Patrone natürlich gegeben, doch in der Praxis werden die einzelnen Farben nie gleichmäßig verbraucht, was zwangsläufig zur Folge hat, dass eine bestimmte Farbe eher am Ende ist als eine andere. Es muss also eine neue Farbpatrone erworben werden, obwohl beispielsweise nur die Farbe Gelb nicht mehr gedruckt wird. Gelb ist übrigens ein typisches Beispiel, wenn etwa Bilder von einem Scanner oder einem digitalen Fotoapparat ausdruckt werden und diese eine gewissen »Gelbstich« aufweisen, ist damit auch Gelb als Erstes aufgebraucht.

Bild 9.15: Der PaintJet XL300 gehört zu den hochwertigeren Tintenstrahldruckern, die mit vier Farbpatronen und einer Trocknungslampe arbeiten

Natürlich gibt es auch (teurere) Drucker, die für alle drei Grundfarben Cyan (Hellblau), Magenta (helles Violett, fast Pink), Yellow (Gelb) und Black (Schwarz) eine eigene Patrone besitzen, allerdings ändert dies auch nichts Grundsätzliches daran, dass bei einer aufgebrauchten Farbe ebenfalls die anderen Patronen zu ersetzen sind, denn das optimale Mischungsverhältnis ist auch dann nicht gegeben. Beispielsweise erscheint die erneuerte Farbe Gelb dann gegenüber den anderen Grundfarben im Ausdruck zu stark.

Farbmodelle: RGB und CMYK
*Die Darstellung von Farben auf einem Monitor erfolgt durch die Grundfarben **R**ot,*
***G**rün und **B**lau (RGB). Ein Bildpunkt (Pixel) setzt sich jeweils aus diesen drei Farben*
zusammen, die durch unterschiedliche Intensitäten alle weiteren Farben erzeugen.
Alle drei Farben mit voller Intensität führen zu Weiß, alle drei Farben mit minimaler
Intensität führen zu Schwarz. Das RGB-Farbmodell arbeitet demnach additiv, d.h., je
mehr Farben addiert werden, desto heller wird das Bild, was auf einem weißen Blatt
Papier natürlich nicht funktioniert.
*Daher wird für Farbdrucker das CMYK-Modell verwendet. **C**yan, **M**agenta, **Y**ellow und*
*Blac**k** (K und nicht B, da dies mit* Blue *verwechselt werden könnte). Die Farbe Weiß*
(die Papierfarbe) entsteht, wenn keine Tinte verwendet wird, und Schwarz entsteht
durch die Mischung aller drei Grundfarben Cyan, Magenta, Yellow und was als zu-
sammengesetztes Schwarz bezeichnet wird, im Gegensatz zu einem Schwarz aus
einer schwarzen Patrone.

Die Druckköpfe sollten des Öfteren einmal kontrolliert werden, denn sie können
verstopfen, was insbesondere dann auftritt, wenn der Drucker (oder auch eine
bestimmte Patrone) eher selten benutzt wird. Oftmals findet sich am Drucker eine
spezielle Taste (Prime o.ä.), die nach Betätigung eine Reinigung des Druckkopfes
veranlasst. Falls dies zu keiner Verbesserung führt, sollte die Druckkopfoberfläche
mit einem feuchten Tuch abgetupft werden, damit sich etwaige Tintenverkrustungen
lösen können.

Als vorteilhaft erweist es sich, wenn der Drucker eine Patrone für den Schwarz/
Weiß- und eine zweite für den Farbdruck verwendet. Für Graustufen etwa ergibt
sich damit ein kontrastreicheres Schriftbild, denn wenn nur eine Farbpatrone vorhanden ist, wird die Farbe Schwarz durch Farbmischung erzeugt, was meist nicht
die Qualität einer separaten Schwarzpatrone erreicht.

Bei einigen Tintenstrahldruckern, beispielsweise der Firma Epson, ist ein recht
unerfreuliches – und kostspieliges – Prinzip festzustellen: Falls die Patrone einmal
aus dem Drucker herausgenommen worden ist, kann sie nicht wieder verwendet
werden. Funktioniert der Drucker nicht wie gewünscht, sollte man unbedingt an
dieses Phänomen denken, denn die unbedachte Entfernung der zwei Patronen aus
dem Drucker hat damit Kosten von ca. DM 100,– bis 120,– zur Folge. Fatal ist es,
wenn der Fehler dann am Drucker selbst begründet ist und er auch mit den neuen
Patronen nicht funktioniert.

Vor dem Herausnehmen einer Patrone unbedingt mit dem Handbuch zum Drucker
kontrollieren – besser noch den Hersteller fragen –, ob die Patrone danach auch
wieder im Drucker verwendet werden kann oder aber stets durch eine neue Patrone
zu ersetzen ist.

Vielfach ist die Enttäuschung bei farbigen Ausdrucken groß, da das Papier sich stark wellt, weil es mit der Tinte quasi vollgesogen ist. Dieses Problem kann prinzipiell mit allen Farbtintenstrahlern auftreten. Hier gilt: Farbige Ausdrucke lassen sich nur dann in vertretbarer Qualität anfertigen, wenn es sich dabei um einzelne farbige Buchstaben, Ränder oder kleine Zeichnungen handelt, die nicht über mehrere Zentimeter hinweg vollflächig ausgefüllt werden müssen. Neben den preiswerten Tintenstrahldruckern (Tabelle 9.2) gibt es natürlich auch teurere Modelle (z.B. HP PaintJet XL300, DM 6000,–, Bild 9.15), die intern über eine Heizung verfügen und die gedruckten Bereiche gleich trocknen, damit es nicht zu gewelltem Papier oder auch ineinander laufenden Farben kommen kann.

Bei den preiswerteren Farbtintenstrahldruckern ist dies nur durch ein Spezialpapier des Druckerherstellers (Glossy Paper, Photo Paper o.Ä.) zu erreichen, welches genau auf den Typ der Tinte abgestimmt sein muss. Für den Ausdruck von Fotos ist dies besonders wichtig, wobei es – je nach Druckerhersteller – hierfür auch spezielle Druckpatronen gibt (z.B. C1816A für DeskJet 690C), die meist mit sechs Farben und kleineren Tintentropfen arbeiten als die Standardfarbpatronen. Die Preise für diese Medien sind jedoch recht hoch, was man bei der Anschaffung eines Farbtintenstrahldruckers unbedingt beachten sollte, wenn man auf qualitativ hochwertigere Farbausdrucke Wert legt.

Kostengünstige und gleichzeitig hochwertige Farbausdrucke schließen sich im Prinzip aus, wenn man die Anschaffungskosten des Druckers mit den Kosten für die Verbrauchsmittel (z.B. Spezialpapier, Patronen) zusammengerechnet. Generell sollte vor der Anschaffung eines Druckers genauestens überprüft werden, welche Kosten pro Seite entstehen und mit welchem Druckaufkommen zu rechnen ist.

9.3.5 Laserdrucker

Laserdrucker sind in den letzten Jahren in Preisregionen vorgestoßen, die diesen Druckertyp auch für die private Nutzung interessant werden lassen. Im Büro ist er längst »der Standarddrucker« und er wird vielfach in einem Netzwerk betrieben, denn die größeren Modelle verfügen – neben einem Centronics-Anschluss – meist über entsprechende Netzwerkschnittstellen (Koax, UTP).

Der Vorteil eines Laserdruckers besteht vor allem in der hohen Druckqualität. Sein Anschaffungspreis liegt zwar über dem von Tintenstrahldruckern, allerdings sind die Kosten für die Verbrauchsmaterialien bei einem relativ hohen Druckvolumen weit geringer.

Laserdrucker verwenden das Prinzip eines Fotokopierers, wobei eine als Bildtrommel bezeichnete Einheit eine wichtige Rolle spielt. Dies ist im Prinzip ein Glaszylinder, der mit einer speziellen Beschichtung (Selen) versehen ist.

Über einen Draht (meist Wolfram oder auch als Koronadraht bezeichnet) wird die Bildtrommel elektrisch aufgeladen. Tritt nun auf bestimmte Stellen der Trommel Licht, was in Abhängigkeit von der Vorlage geschieht, kommt es an diesen Stellen wieder zu einer elektrischen Entladung. Diese Auf- bzw. Entladung ist für das Entstehen des giftigen Gases Ozon verantwortlich. Zur Verringerung der Ozonemission befindet sich in vielen Laserdruckern ein Ozonfilter, bestehend aus Aktivkohle, der nach ca. 40 000 ausgedruckten Seiten ausgewechselt werden sollte, damit er noch Wirkung zeigt.

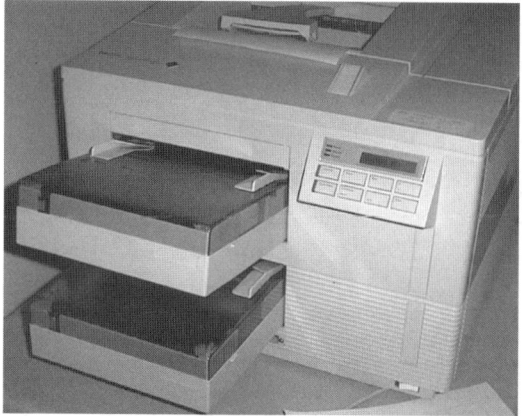

Bild 9.16: *Ein Laserdrucker mit mehreren Papierfächern, wie er vielfach von Arbeitsgruppen im Netzwerk eingesetzt wird*

Neuere Laserdrucker verwenden zur elektrischen Auf- und Entladung der Bildtrommel keinen Koronadraht, sondern arbeiten mit Ladungswalzen innerhalb der Tonerpatrone und im Druckwerk, wodurch außerhalb des Druckers keine messbaren Ozonemissionen entstehen sollen und hier auch keine Wartung des Koronadrahtes anfallen kann. Der Nachteil ist jedoch dabei, dass mit der leeren Tonercartridge auch die Bildtrommel gewechselt wird, was dementsprechend mit höheren Kosten verbunden ist.

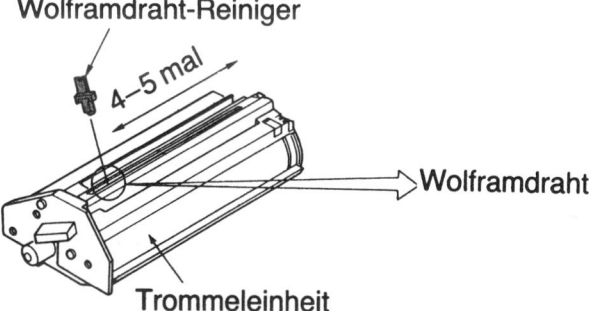

Bild 9.17: *Die Bildtrommeleinheit eines Laserdruckers mit dem Wolframdraht, der – wenn möglich – des Öfteren gereinigt werden sollte*

Ein spezielles, meist sehr giftiges Farbpulver – der Toner – ist ebenfalls elektrisch aufgeladen und wird überall dort von der Bildtrommel abgestoßen, wo Lichteinfall stattfindet. An denjenigen Stellen, an den kein Lichteinfall stattfindet, bleibt er hingegen an der Trommeloberfläche haften und wird durch die Drehung der Trommel auf das Papier gebracht, wodurch die Zeichen bereits auf dem Papier gelandet sind.

Danach muss das Papier noch durch eine Fixiereinheit laufen, die den Toner durch Wärme auf dem Papier fixiert. Ist die Fixiereinheit defekt, was bei Fotokopieren schon mal öfter vorkommt, können die Zeichen wieder vom Papier weggewischt werden.

Während das Papierausdrucks wird die Bildtrommel wieder entladen und vom Toner befreit, der dann in einem separaten Auffangbehälter landet oder in einem Fach in der Tonertrommel abgelagert wird.

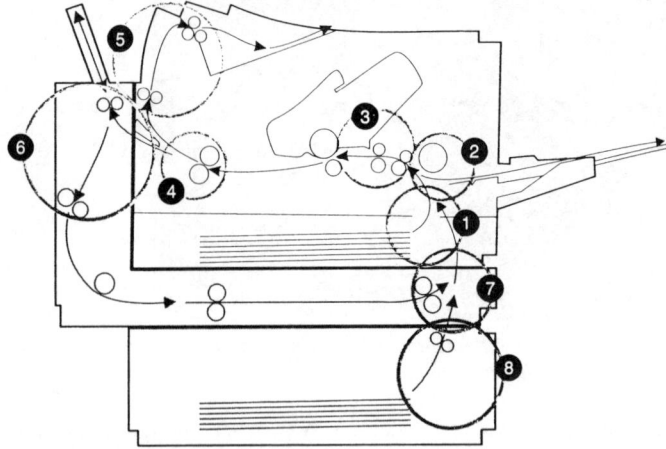

Bild 9.18: Der Papierdurchlauf in einem Laserdrucker. (Zeichenerläuterung: 1, 6, 7, 8 = Einzüge der verschiedenen Papierbehälter, 2 = Bildtrommel, 3 = Tonerkartusche, 4 = Fixiereinheit, 5 = Papierausgabe). Die Punkte, an denen das Papier durch die verschiedene Umlenkrollen läuft, sind generell die neuralgischen Stellen, bei denen es zu einem Papierstau kommen kann

Die Belichtung

Der Lichteinfall auf die Bildtrommel findet bei einem Fotokopierer mittels einer Lampe statt. Eine Seite wird komplett (schrittweise) belichtet. Ein Laserdrucker hingegen erhält die Druckinformation vom PC und baut zuerst mit Hilfe eines eigenen Mikroprozessors das komplette Bild intern in seinem RAM-Speicher auf. Damit wird verständlich, dass für komplexe Grafiken auch ein genügend großer Speicher vorhanden sein muss (mehrere Mbyte). Laserdrucker besitzen standardmäßig mindestens 1-Mbyte-RAM-Speicher. Farblaserducker, bei denen die Belichtung in mehreren Schritten (Schwarz, Cyan, Magenta, Gelb) durchgeführt wird, besitzen daher auch einen typischen Speicher von 20 Mbyte und mehr.

Der Laserstrahl belichtet über ein elektronisch gesteuertes Spiegelsystem die Bildtrommel. Statt dieses mechanisch recht aufwendigen Systems werden seit einiger Zeit auch anstelle des Laserstrahls einzelne Leuchtdioden (**L**ight **E**mitting **D**iodes, LEDs) verwendet, von denen sich in einer Zeile über 2000 Stück befinden, die die Belichtung der Bildtrommel zeilenweise vornehmen. Man spricht aber unabhängig davon immer von einem Laserdrucker, wenn er nach der prinzipiellen Funktionsweise eines Fotokopierers (mit Bildtrommel) arbeitet.

Resolution Enhancement Technology – RET

Durch Glätten der Abstufungen an Schräglinien und Kurven des Druckbildes wird eine Verbesserung der Druckqualität von Zeichen und Grafiken erreicht. Dies ließe sich zwar durch eine höhere Auflösung des Druckers (dpi, dots per inch) erreichen, allerdings sind der Aufwand und damit auch die Kosten weit geringer, wenn stattdessen Druckpunkte mit variabler Größe eingesetzt werden.

Die Firma Hewlett-Packard hat dieses Verfahren erstmalig bei ihren Laserdruckern verwendet und es trägt hier die Bezeichnung *Resolution Enhancement Technology – RET*. Es findet mittlerweile auch bei Tintenstrahldruckern seine Anwendung, wofür modifizierte Druckköpfe gegenüber den älteren Tintenstrahldruckern (DeskJet 500 o.Ä.) nötig sind. Die Bildqualität kann durch RET maßgeblich verbessert werden. Ein Drucker mit einer Auflösung von beispielsweise 600 dpi und RET liefert ungefähr die gleichen Ergebnisse wie ein Drucker mit einer Auflösung von 1000 dpi, der demgegenüber mit einer konstanten Punktgröße arbeitet.

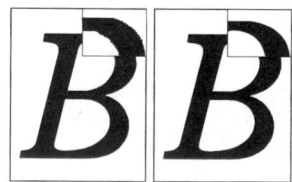

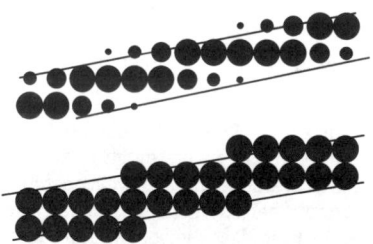

Bild 9.19: RET arbeitet mit einer variablen Punktgröße, was zu geringeren Abstufungen im Druckbild und damit zu glatteren Konturen führt

Der RET-Effekt ist bei den meisten Druckern (z.B. ab Laserjet 4plus) per Menü oder auch per Software vom PC aus konfigurierbar und mit dem jeweiligen Druckkontrast entsprechend in Einklang zu bringen. In Bild 9.19 ist das Zeichen »B« einmal ohne RET (links) und einmal mit mittlerer RET-Einstellung (rechts) ausgedruckt worden. Die darunter befindliche Punktzeichnung verdeutlicht dabei das Prinzip von RET. Bei Farbtintenstrahldruckern wird auch das Foto-RET-Verfahren verwendet, das wie Standard-RET arbeitet, aber bis zu 16 Tintentropfen auf einen Druckpunkt setzen kann, wobei auch das *Dithering* eine wichtige Rolle spielt. Es sorgt dafür, dass Druckpunkte aus den Grundfarben so dicht aneinander gesetzt werden können, dass das Auge sie nicht als einzelne, sondern als einen einzigen (gemischten) Farbpunkt wahrnimmt.

Die Wartung

Aus den obigen Erläuterungen wird ersichtlich, dass ein Laserdrucker ein relativ kompliziertes Gerät mit sehr unterschiedlichen Einheiten ist. Unabhängig von Modell und Hersteller kann generell festgestellt werden, dass ein Laserdrucker einer häufigen oder zumindest einer aufwendigeren Wartung bedarf als alle zuvor beschriebenen Druckertypen.

Bei den meisten neueren Typen muss der Toner nicht mehr per Plastikflasche in den Drucker hineingekippt und der Tonerauffangbehälter auch nicht mehr entleert werden. Es wird bei Tonermangel lediglich eine neue Tonerkartusche, die ebenfalls den verbrauchten Toner aufnimmt, eingesetzt, was in den meisten Fällen auch ohne schwarze Hände abgeht. Dies ist sicher ein Vorteil, da der Toner sehr giftig ist und man so nicht in direkten Kontakt mit ihm kommen kann und ihn auch nicht so leicht einatmet. Wie erwähnt, wird beim Wechsel der Tonerkartusche oftmals auch automatisch die integrierte Bildtrommel mit ersetzt. Die älteren Drucker sind aus diesem Grunde im Unterhalt auch meist günstiger, wobei die Firma Kyocera auch bei ihren neueren Modellen (z.B. FS-600) nach diesem (kostengünstigen) Prinzip verfährt.

Der Toner gehört zur Kategorie der Feinstäube und ist daher nicht nur für den Menschen, sondern auch für einen Staubsauger gefährlich, mit dem der Laserdrucker gereinigt werden kann. Dies sollte jedoch lieber nicht praktiziert werden, da ein normaler Staubsauger diesen feinen Staub bis in den Motor aufnehmen kann, wodurch er über kurz oder lang zerstört wird. Generell sollte bei der Entfernung von Tonerresten im Laser, wenn es denn nötig ist, mit einem leicht feuchten Tuch gearbeitet werden, welches danach in den Sondermüll gehört. Die Hersteller behaupten zwar, dass die Toner heutzutage ungefährlicher sind als in früheren Zeiten, doch was heißt das schon und wer will den Gegenbeweis durch gesundheitliche Schädigungen antreten?

Eine übliche Tonerkartusche reicht für ca. 2500-6000 Ausdrucke. Dies hängt nicht nur vom jeweiligen Druckertyp ab, sondern in erster Linie davon, ob vorwiegend Grafiken oder nur Texte ausgegeben werden. Üblicherweise geben die Druckerhersteller die Gebrauchsdauer des Toners bei einen Deckungsgrad von 5% an, was in der Praxis aber eher selten der Fall ist, so dass die spezifizierte Anzahl an bedruckten Seiten meist auch nicht erreicht wird.

Der Ersatz der Fixiereinheit (Entwicklereinheit) ist ungefähr nach dem zehnmaligen Ersatz des Toners (plus Bildtrommel) fällig, wobei hierfür typischerweise Werte von 30.000 bis 80.000 für die maximale Anzahl von Ausdrucken angegeben werden.

Diese Angaben können nur grobe Richtwerte sein, da die Laserdrucker unterschiedlich aufgebaut sind und mehr oder weniger Komponenten überhaupt als Ersatzteil – von Tonerkartuschen einmal abgesehen – erhältlich sind.

Ein Problem ist bei einigen Herstellen leider immer noch die Entsorgung der Tonerkartuschen, denn sie gehören keinesfalls in den Hausmüll. Während einige Hersteller (z.B. Canon) schon seit Jahren ihren Kartuschen einen Gutschein für die kostenlose Abholung durch die Post oder einen Kurierdienst beilegen, scheinen andere sich überhaupt nicht darum zu kümmern, ihnen ist offensichtlich völlig egal, »wo das Zeug abbleibt«. Der umweltbewusste Anwender wird sich daher *vor* dem Kauf erkundigen, wie es der Hersteller mit der Rücknahme der verbrauchten Kartuschen handhabt. Insbesondere in Firmen, die meist ein weit höheres Druckvolumen als ein Privatanwender haben, können sich die Kartuschen nach kurzer Zeit bereits stapeln.

Bild 9.20: Tonerkartuschen sollten vom Hersteller kostenlos zurückgenommen werden; die untere Kartusche aus einem Laserjet 6L hat auf der Trommel ein Fehlstelle (festgetrockneter Toner)

Der Firma Hewlett-Packard, die die Rücknahme jahrelang nur innerhalb der USA (per Gutschein) durchgeführt hat, habe ich mit schöner Regelmäßigkeit ein Paket mit unbrauchbaren Patronen und verbrauchten Kartuschen zukommen lassen und es ist immerhin keines davon zurückgekommen. Allerdings trug dabei auch nicht HP die Transportkosten, was sich aber seit 1997 endlich geändert hat, denn es liegt jetzt auch ein entsprechender Gutschein/Abholschein in den Verpackungen.

Mit der Pflege und Wartung eines Laserdruckers sollte man es aber auch nicht übertreiben und erst dann zu Lappen oder Ersatzteil greifen, wenn der Ausdruck nicht mehr in Ordnung ist. Die Laserdrucker sind heute so intelligent, dass sie etwa bei entstehendem Tonermangel oder notwendiger Reinigung per Fehlermeldung im Display darauf hinweisen, und dann ist es immer noch früh genug, etwas zu unternehmen.

Oftmals kann man sich noch einige Zeit über den Ersatz der Tonereinheit hinweghelfen, wenn man sie ausbaut und mehrere Male hin und her schüttelt, wie es auch im Handbuch zum Laserdrucker beschrieben und beim erstmaligen Einbau der Einheit zu praktizieren ist.

Ein recht häufig auftretender Fehler bei Laserdruckern ist, dass auf jeder ausgedruckten Seite an der gleichen Stelle eine Fehlstelle zu finden ist. Oftmals ist dann auf der Trommel (siehe auch Bild 9.20), die sich an der Tonerkartusche selbst oder auch – je nach Modell – im weiteren Papierweg des Druckers befindet, eine Verschmutzung oder auch eine Beschädigung der Oberfläche gegeben.
Die Walze und damit eventuell die komplette Tonerkartusche wäre in diesem Fall auszutauschen. Da in solch einem Fall ohnehin nichts mehr verdorben werden kann, sollte zumindest versucht werden, eine vorhandene Verschmutzung zu beseitigen, was meist auch völlig problemlos durchzuführen ist.

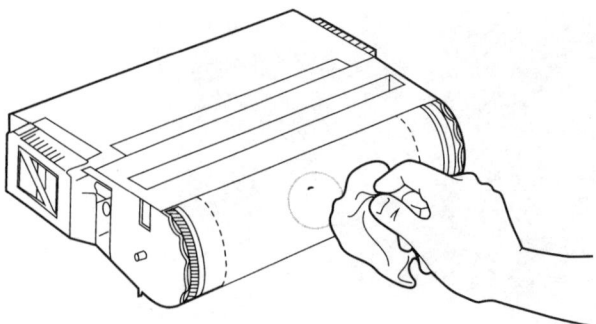

Bild 9.21: Verschmutzungen auf der Trommel können meist entfernt werden, wobei man hier vorsichtig zu Werke gehen sollte, um die Oberfläche nicht zu beschädigen

Die Walze lässt sich per Hand drehen und als Ursache der Fehlstelle ist üblicherweise ein Stück festgeklebter Toner oder ein Papierschnipsel zu finden, der sich mit einem Isopropanol-getränkten Lappen oder in hartnäckigeren Fällen auch durch vorsichtiges Schaben mit dem Fingernagel entfernen lässt.

Farblaserdrucker

Auch die Preise für Farblaserdrucker sind in den letzten Jahren stark gefallen und mittlerweile sind sie als – sogar kostengünstigere – Alternative zu einem hochwertigen farbigen Tintenstrahldrucker anzusehen. Es sind keine speziellen Papiersorten zur Erlangung einer guten Druckqualität notwendig, es ist ein vollflächiger Farbdruck ohne Qualitätseinbußen möglich, die Farben können nicht eintrocknen und das Mischungsverhältnis der Farben ist stets konstant. Für Fotos sind Farblaserdrucker allerdings nicht optimal und *Tintenstrahler* zeigen hier meist die besseren kontrastreicheren Ergebnisse (mit Spezialpapier).

Wer ein relativ großes Druckvolumen an farbigen (Overhead-) Folien hat, für den macht sich ein Farblaser besonders schnell bezahlt, denn hier lassen sich meist die preiswerten Folien (hitzebeständig!), wie sie für Fotokopierer verwendet werden, einsetzen und eine Spezialfolie für einen Tintenstrahler kann demgegenüber allein mit 2–3 DM zu Buche schlagen.

Bild 9.22: Der Color LaserJet 5/5M ist ein Farblaserdrucker, der sich aufgrund seiner relativ niedrigen Betriebskosten recht schnell bezahlt machen kann

Im Prinzip arbeitet ein Laserdrucker zunächst wie ein Schwarzweißlaserdrucker, allerdings mit dem wichtigen Unterschied, dass er einen Durchlauf pro Grundfarbe (CMYK) absolviert – also vier, was auch dazu führt, dass er weit langsamer ist als ein konventioneller Laserdrucker. Außerdem benötigt er einen ganz beachtlichen internen Speicher zum Bildaufbau.

Je nach Hersteller wird entweder das Papier oder aber ein spezielles Band viermal durch den Drucker geführt. Dieses Band zeichnet das zu druckende Bild auf und überträgt es dann in einem Rutsch auf die Bildtrommel und von dort schließlich auf das Papier. Üblicherweise arbeiten alle neueren Farblaserdrucker mit einem derartigen *Transferband*, wie es auch genannt wird.

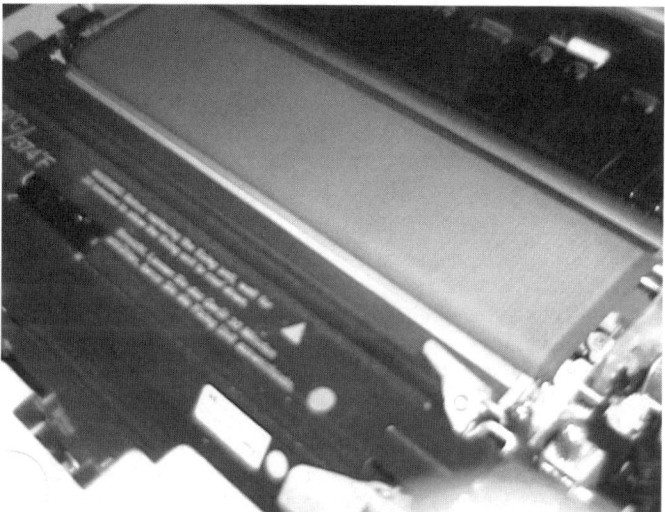

Bild 9.23: Das Transferband in einem Farblaserdrucker zeichnet das Druckbild in vier Schritten auf

Es liegt nahe, dass ein Farblaserdrucker höhere Betriebskosten verursacht als ein Schwarzweißlaserdrucker, doch dieser direkte Vergleich hinkt, denn wer auf eine Vielzahl von farbigen hochwertigen Ausdrucken angewiesen ist, muss diesen Vergleich gegenüber einem anderen farbigen Druckverfahren (Tintenstrahl, Thermotransfer, Thermosublimation) und den dazugehörigen Medien ansetzen und dann kann das Verhältnis schon wieder ganz anders aussehen.

Modell	Hersteller	Speicher (Standard)	Auflösung	EPP/ECP	CPU
Color Laser Jet 5M	HP	36 Mbyte	300x300 dpi	ja/ja	AMD 29040 RISC, 40 MHz
Opta SC 1275N	Lexmark	32 Mbyte	600x600 dpi	ja/nein	Intel 960 RISC, 66 MHz
Color PageWorks PS	Minolta	20 Mbyte	600x600 dpi	nein/ja	Intel 960 RISC, 33 MHz
KX-P8410	Panasonic	8 Mbyte	1200x1200 dpi	ja/ja	Intel-µC, 16 MHz
Magicolor 2CX	QMS	24 Mbyte	600x600 dpi	ja/nein	NEC RISC, 133 MHz
DocuPrint C55	Xerox	24 Mbyte	600x600 dpi	ja/nein	AMD 29040 RISC, 50 MHz

Tabelle 9.8: Daten einiger Farblaserdrucker

In der Tabelle 9.8 sind einige Daten von bekannten Farblaserdruckern angegeben und vielleicht mag es verwundern, dass der Drucker mit dem kleinsten Speicher die höchste Auflösung hat. Dies liegt daran, dass der KX-P8410 der Firma Panasonic zu der Kategorie der GDI-Drucker gehört.

Das **G**raphical **D**evice **I**nterface ist im Prinzip nichts Neues und wird auch bei anderen Laserdruckern (schwarzweiß) verwendet, die gegenüber vergleichbaren Typen – ohne GDI – meist preiswerter sind, was daran liegt, dass bei GDI-Druckern wesentliche Teile der Elektronik (der Speicher) fehlen, was somit zu einem Kostenvorteil führt, leider aber auch zu einem Performance-Nachteil.

GDI ist ein Bestandteil von Windows, der es erlaubt, verschiedene grafische Geräte anzusteuern, und die Datenaufbereitung (Bildaufbau) findet dann im PC und nicht im Drucker selbst statt. Der PC muss also über eine entsprechende Leistung verfügen, um die GDI-Aufgaben so nebenbei mit zu erledigen.

In Anbetracht der Tatsache, dass schon normale Druckjobs (im Hintergrund) Windows derart ausbremsen können, dass noch nicht einmal die Maus flüssig zu bewegen ist, ist von GDI-Druckern abzuraten. Außerdem funktionieren sie generell nicht unter DOS und auch nicht – zumindest nicht standardmäßig – mit anderen Betriebssystemen außer eben Windows.

· ·

GDI-Drucker sind zwar meist preiswerter als die »vollausgestatteten« Pendants, allerdings legt man sich dabei auf Windows fest und betraut den PC außerdem mit unnötigen Aufgaben, die die PC-Performance maßgeblich verschlechtern können.

· ·

Die Anzahl der im Laufe der Betriebszeit zu erneuernden Teile sind bei einem Farblaserdrucker zwangsläufig größer als bei einem Schwarzweißlaserdrucker. Das Bild 9.24 zeigt die Teile beim LaserJet 5M. Dies sind im Einzelnen:

1 Farbentwickler

2 Walze

3 Tonerauffangbehälter

4 Reinigungswalze

5 Ozonfilter

6 Beschichtungswalze

7 Fixiereinheit

8 Transferband

9 Schwarzentwickler

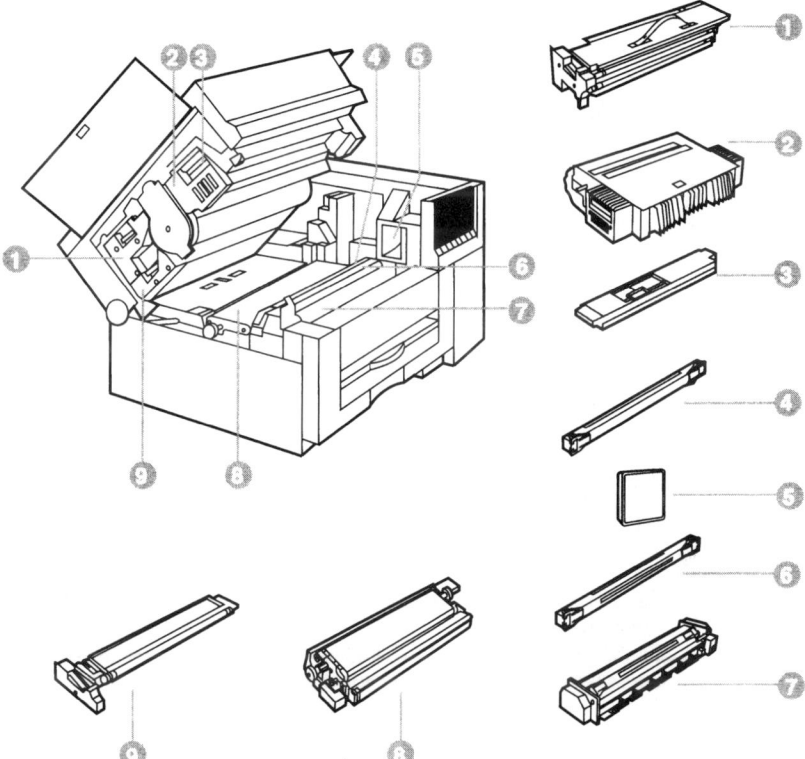

Bild 9.24: Die Verbrauchseinheiten bei einem Farblaserdrucker

In der Aufstellung der Verbrauchseinheiten ist der Toner nicht enthalten, der in vier Fächer für die einzelnen Grundfarben (CMYK) einzufüllen ist. Ein Prinzip wie es vorwiegend bei den älteren Laserdruckermodellen üblich ist, allerdings hat dies - wie beim Schwarzweißlaserdrucker erläutert – den Vorteil, dass dies weit kostengünstiger ist als der Ersatz der kompletten Trommel. Aus diesem Grunde kostet der Toner (pro Flasche) für den Color Laser 5M auch nur ca. DM 70,– und die Farbe Schwarz sogar nur DM 15,–.

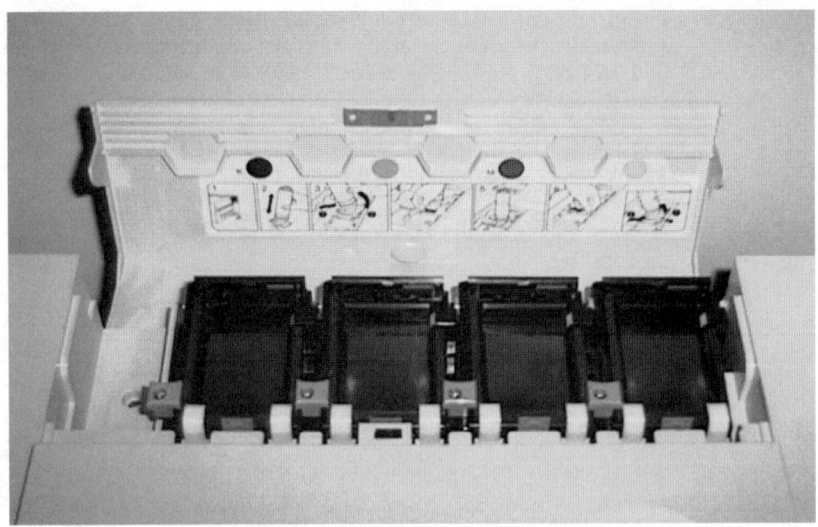

Bild 9.25: Für jede Grundfarbe gibt einen separaten Behälter und die Auffüllflaschen sind mecha-
nisch derart geformt, dass sie ausschließlich auf den für sie vorgesehenen Behälter
passen

9.3.6 Thermodrucker

Bei dem Begriff *Thermodrucker* denken vielleicht einige Leute an Fax-Geräte oder auch Kassensysteme, die mit einem speziellen wärmeempfindlichen Papier arbeiten, das von einem Thermodruckkopf bedruckt – eigentlich beheizt – wird. Diese Geräte geringer Auflösung und relativ schlechter Druckqualität sind hier allerdings nicht gemeint, sondern hochwertige Drucker, die sich insbesondere für fotorealistische Ausdrucke eignen und vorwiegend im professionellen Bereich (Desktop Publishing, Werbung, Fotostudio) eingesetzt werden. Die beiden gebräuchlichsten Verfahren dabei sind:

⋯⟩ Thermotransferdrucker

⋯⟩ Thermosublimationsdrucker

Das Prinzip eines Thermotransferdruckers beruht auf einer Polyesterfolie, die mit einem Wachsfarbstoff beschichtet ist. Durch eine Vielzahl einzelner Heizelemente, die horizontal in einer Zeile angeordnet sind, werden einzelne Punkte von der Folie abgeschmolzen und damit auf das Papier gebracht. Meist können in einem Thermotransferdrucker monochrome (Schwarz), dreifarbige (Cyan, Magenta, Yellow) oder auch vierfarbige (Cyan, Magenta, Yellow, Black) Thermotransferfolien verwendet werden. Jede Folie besteht aus seitengroßen Segmenten der einzelnen Farben.

Beim Drucken befördert die Druckermechanik zunächst die erste Farbe (z.B. Cyan) nach vorn und jeder Druckpunkt, der Cyan beinhaltet, wird gedruckt. Danach wird die nächste Farbe (Magenta) abgerollt und der Vorgang entsprechend wiederholt, bis alle Farben auf diese Art und Weise gedruckt worden sind.

Die Thermotransfertechnik liefert absolut brillante, stark deckende Farben, die außerdem licht- und wasserecht sind. Der Nachteil besteht darin, dass die Folien nicht bedarfsgerecht verbraucht werden können, denn es werden stets alle Farben der Wachsfolie abgerollt, obwohl sie möglicherweise gar nicht alle nötig wären.

Die Druckkosten hängen somit auch nicht von der Farbanzahl oder dem Deckungsgrad ab und betragen bei einer Dreifarbrolle ungefähr DM 2,– pro Seite (ohne Berücksichtigung der Druckerkosten), was ungefähr genauso teuer ist wie ein hochwertiger Ausdruck eines Farbtintenstrahldruckers. Einige Thermotransferdrucker können neben dem beschichteten Spezialpapier auch gewöhnliches Laserdruckerpapier verwenden, das im Drucker automatisch mit einer Trägerschicht, wie es das Thermotransferpapier besitzt, beschichtet wird.

Die Thermosublimationsdrucker werden in erste Linie für fotorealistische Ausdrucke (16,7 Mio. Farben in Fotoqualität) verwendet und auch bei dieser Technik kommt, wie bei den Thermotransferdruckern, eine spezielle Trägerfolie in den Farben Cyan, Magenta, Gelb und Schwarz zum Einsatz. Identisch ist auch hier, dass die Farben mit Hilfe von Heizelementen abgeschmolzen werden. Allerdings wird das Wachs dabei so stark erhitzt, dass es gasförmig in das Spezialpapier hineindiffundiert. *Sublimation* bedeutet das Überspringen eines Aggregatzustandes. Vom festen Zustand des Wachses wird nicht der flüssige – der wird übersprungen –, sondern der gasförmige Zustand eingenommen, was diesem Verfahren somit auch seinen Namen gibt.

Die Farbintensität wird durch die Steuerung der Temperatur erreicht und es sind typischerweise 256 einzelne Stufen möglich. Je höher die Temperatur ist, desto intensiver wird die Farbe gedruckt. Die Thermosublimationsdrucker erreichen eine echte Farbauflösung von 300x300 dpi, weil Halbtöne durch das Verschmelzen der Farben im Papier realisiert werden und nicht mit Hilfe einzelner Punkte.

Die hervorragende Qualität hat leider einen vergleichsweise hohen Preis pro Druckseite zur Folge, der bei ca. DM 5,– bis 6,– liegt. Wie bei dem Thermotransferverfahren ist der Verbrauch der Farbrollen nicht abhängig vom jeweiligen Bildinhalt, sondern es werden stets alle Farben abgerollt.

Bild 9.26: *Der Farbsublimationsdrucker UP-D8800PS der Firma Sony besitzt einen Druckkopf, der aus 2550 Elementen besteht, und der Drucker kann Papier bis zur Größe DIN A4plus (222x322 mm) verarbeiten; der Anschluss des Druckers ist über die SCSI-Schnittstelle möglich, was eine sehr schnelle Datenübertragung erlaubt*

Neben diesen beiden Thermoverfahren gibt es noch einige weitere, die im Prinzip wie ein Tintenstrahldrucker funktionieren, wie beispielsweise bei den Lexmark-Druckern in der Tabelle 9.7. Dieses Verfahren hat nichts mit den beiden hier beschriebenen zu tun, sondern ist gewissermaßen nur eine andere Variante von Bubble-Jet oder Piezo.

Die Firma Tektronix hat ihren Drucker *Phaser 360* zwar im Segment der Farblaserdrucker positioniert, allerdings arbeitet er nach dem Verfahren eines Festtintenstrahldruckers, wie es bezeichnet wird. Festtinte in Form von Wachsstiften wird im Drucker geschmolzen und die dann flüssige Tinte im Offsetverfahren zunächst auf eine Aluminiumwalze und von dort auf das Papier übertragen. Die Tinte trocknet dabei so schnell an, dass sie nicht in das Papier eindringt und auch nicht verlaufen kann.

Einen (noch) recht preiswerten Fotodruck erlaubt das Mirco-Dry-Verfahren, das die Firma ALPS beispielsweise bei ihrem Drucker MD-2010 (600x600 dpi) verwirklicht hat. Mit Hilfe spezieller Farbbänder (Metallic) und Papiere werden wasserfeste (Foto-)Ausdrucke hergestellt, die eine überraschend gute Qualität bieten und weit günstiger sind als Ausdrucke nach dem Thermotransfer oder -Sublimationsverfahren.

Druckerhersteller

http://www.alps-europe.com

http://www.brother.com

http://www.canon.de

http://www.fujitsu.de.com

http://www.hewlett-packard.de

http://www.lexmark.com

http://www.minolta.de

http://www.panasonic.com

http://www.qms.nl

http://www.tally.de

http://www.tektronixs.de

http://www.xerox.de

9.4 Serielle Schnittstellen

Jeder PC ist mindestens mit einer seriellen Schnittstelle ausgestattet, die vielfach auch für den Anschluss einer Maus eingesetzt wird. Des Weiteren ist sie für den Anschluss von Plottern, Modems und auch Druckern, die mit einem seriellen Interface ausgestattet sind, geeignet. Die übliche amerikanische Bezeichnung dieser PC-Schnittstelle ist *RS232-Schnittstelle*, während die europäische Norm diese als V24/V28 bezeichnet.

Im Gegensatz zur parallelen Schnittstelle, die die Daten in 8-Bit-Breite vom PC zur Peripherie sendet und nur in bestimmten Modi bidirektional betrieben werden kann, ist die serielle Schnittstelle grundsätzlich für den Datenverkehr in beiden Richtungen vorgesehen. Die Daten werden nacheinander auf einer Leitung nach einem bestimmten Protokoll zwischen PC und Peripherie ausgetauscht. Des Weiteren sind bei RS232 weit weniger Leitungen als bei einer parallelen Schnittstelle nötig und in der einfachsten Form werden lediglich drei (RXD, TXD, GND) verwendet.

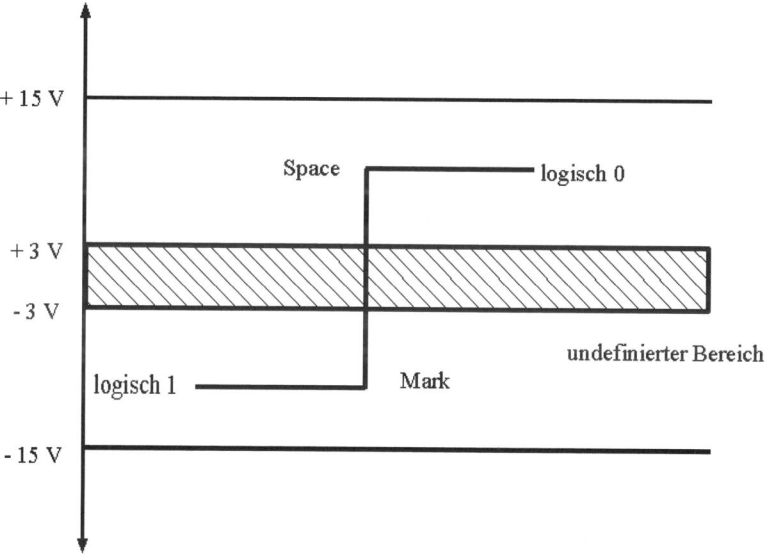

Bild 9.27: Die zulässigen Signalpegel der RS232-Schnittstelle

Die Norm-Pegel der seriellen Schnittstelle entsprechen nicht dem TTL-Pegel wie bei der parallelen Schnittstelle, sondern hier entspricht eine logische Eins einem Spannungswert von kleiner -3 V und eine logische Null einem Wert von größer +3 V, wie es im Bild 9.27 gezeigt ist. In der Praxis sind die Pegel jedoch meist geringer und betragen höchstens +/-12 V, weil das Netzteil des PCs keine höhere Spannung zur Verfügung stellt. Durch die Verwendung der relativ hohen Spannungswerte kann die Kabellänge 30 m und mehr betragen und Störungen machen sich nicht so schnell bemerkbar.

9.4.1 Übertragungsparameter

Der Datenaustausch kann bei der RS232C-Schnittstelle in der synchronen oder in der asynchronen Betriebsart erfolgen. Für die synchrone Betriebsart werden, im Gegensatz zur asynchronen, Taktleitungen verwendet und der Sender und der Empfänger können mit unterschiedlichen Taktraten arbeiten, wobei über getrennte Leitungen signalisiert wird, wann die Datenbits gültig sind. Der Sender gibt gleichzeitig mit den Daten über einen separaten Anschluss ein Taktsignal aus. Die zu übertragenden Daten werden zu einem Block zusammengefasst, wobei der komplette Block durch bestimmte Steuerzeichen eingerahmt wird. Der Taktgenerator im Empfänger synchronisiert sich dadurch auf die ankommenden Daten. Der Anfang eines Datenblocks wird vom Sender beispielsweise durch das ASCII-Zeichen SYNC (Synchronous) gekennzeichnet, das Ende durch das Zeichen ETB (End of Transmission Block). Mit ETB wird gleichzeitig signalisiert, dass die Datenübertragung an sich noch nicht beendet worden ist, sondern ein weiterer Block folgt. Die Übertragung ist erst dann beendet, wenn das Zeichen EOT (End Of Transmission) gesendet wird.

Beispiel für den Aufbau einer synchronen Datenübertragung:

SYNC	DATENBLOCK 1	ETB	SYNC	DATENBLOCK 2	EOT

In der PC-üblichen Betriebsart, der asynchronen, arbeiten Sender und Empfänger mit derselben Taktrate, und im Datenstrom sind zur Synchronisation ein Startbit, ein Stoppbit und eventuell ein Paritätsbit untergebracht. Es werden keine Taktleitungen verwendet und die Information zur Synchronisierung wird stattdessen jedem einzelnen Zeichen mitgegeben, wodurch die synchrone Betriebsart einen niedrigeren Wirkungsgrad als die asynchrone aufweist.

Als Übertragungsparameter werden für die RS232-Schnittstelle die folgenden Angaben bezeichnet, die beim Sender und Empfänger stets identisch sein müssen:

⋯⋗ Baudrate

⋯⋗ Startbit

⋯⋗ Stoppbit

⋯⋗ Anzahl der Datenbits

⋯⋗ Parität

Die Baudrate kennzeichnet die Anzahl der Signalzustände, die pro Zeiteinheit übertragen werden, und wird auch als *Schrittgeschwindigkeit* bezeichnet. Sie wird mit der Einheit *Baud* spezifiziert. Übliche Werte hierfür sind:

50 75 110 300 600 1200 2400 4800 9600 19200 38400

Die Baudrate ist nicht mit der Übertragungsgeschwindigkeit zu verwechseln, die demgegenüber in **bits per second** (bps) angegeben wird. Allgemein entspricht die Schrittgeschwindigkeit (Baudrate) eben nicht der Übertragungsgeschwindigkeit (bps oder Bits/s), sondern nur dann, wenn die Schrittdauer (T_S) und die Kenngrößen (binär) in jedem Übertragungskanal identisch sind, was beispielsweise nicht der Fall ist, wenn mit einem Datenkompressionsverfahren gearbeitet wird. Dann kann die Datenübertragungsgeschwindigkeit erheblich höher sein als die Schrittgeschwindigkeit, wie es bei der Verwendung von Modems üblicherweise der Fall ist. Man spricht daher auch von der Modulationsgeschwindigkeit.

Die Kabellänge, der Pegel und die Schrittgeschwindigkeit bestimmen insgesamt die Übertragungssicherheit. Ist die Übertragung nicht störungsfrei, sollte daher zuerst die Baudrate reduziert werden.

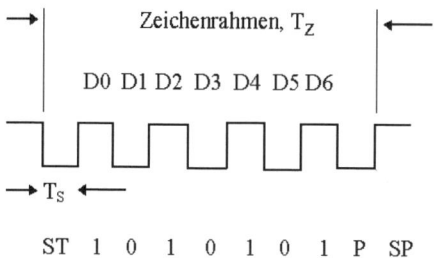

Zeichenrahmen, T_Z

D0 D1 D2 D3 D4 D5 D6

T_S

ST 1 0 1 0 1 0 1 P SP

T_S = Schrittdauer
ST= Startbit
P = Paritätsbit
SP=Stoppbit (hier für gerade Parität)
T_Z=Übertragungsdauer eines Zeichenrahmens

Bild 9.28: Das ASCII-Zeichen »U« (55h) wird asynchron mit gerader Parität übertragen

Durch das Startbit wird der Datenanfang, durch das Stoppbit das Datenende gekennzeichnet. Die Anzahl der Datenbits ist in den meisten Fällen 7 oder 8 Bit. Übertragungsfehler können durch das Paritätsbit erkannt werden. Drei Möglichkeiten sind hierfür üblicherweise gegeben:

1. No Parity:

Es findet keine Paritätsprüfung statt.

2. Even Parity (gerade Parität):

Der Datensender zählt alle Bits, die den Wert »1« haben, und setzt das Paritätsbit auf »0«, wenn die Summe der Bits gerade ist. Das Paritätsbit wird auf »1« gesetzt, wenn die Summe der Bits ungerade ist. Der Empfänger addiert die Anzahl der gesetzten Datenbits mit dem Paritätsbit und falls die errechnete Quersumme ungerade ist, liegt hier ein Übertragungsfehler vor.

3. Odd Parity (ungerade Parität):

Das Verfahren entspricht dem der geraden Paritätsprüfung, lediglich die Summe aus den gesetzten Datenbits und dem Paritätsbit ist bei einer fehlerfreien Übertragung stets ungerade.

Bitfolge ohne Paritätsbit	Bitfolge mit Paritätsbit bei gerader Parität	Bitfolge mit Paritätsbit bei ungerade Parität
0101110	0101110**0**	0101110**1**
1101110	1101110**1**	1101110**0**

Tabelle 9.9: Die Paritätsprüfung mit Paritätsbit

Die Datenübertragungsparameter müssen bei beiden Geräten gleich eingestellt sein. Bei einem PC kann die Einstellung unter DOS beispielsweise mit dem Befehl MODE erfolgen. Mit der folgenden Befehlszeile wird die erste serielle Schnittstelle (COM1) auf 1200 Baud, keine Parität (N), 8 Datenbits und 1 Stoppbit eingestellt.

MODE COM1:1200,N,8,1,P

In Programmen für die Datenfernübertragung (DFÜ, Terminalprogramm) sind die Parameter meist ganz einfach über ein Menü einzustellen. Bei der Peripherie erfolgt die Einstellung über DIP-Schalter oder über ein Konfigurationsmenü, das über die Gerätetasten angesprochen wird, wie es beispielsweise häufig bei Plottern der Fall ist.

9.4.2 Die Signale der seriellen Schnittstelle

In einem PC ist entweder ein 9-poliger oder ein 25-poliger Verbindungsstecker für die RS232-Schnittstelle vorhanden. Um Verwechslungen mit der ebenfalls 25-poligen parallelen Schnittstelle zu vermeiden, sind die seriellen Verbindungen am PC als Steckkontakte (male) ausgeführt.

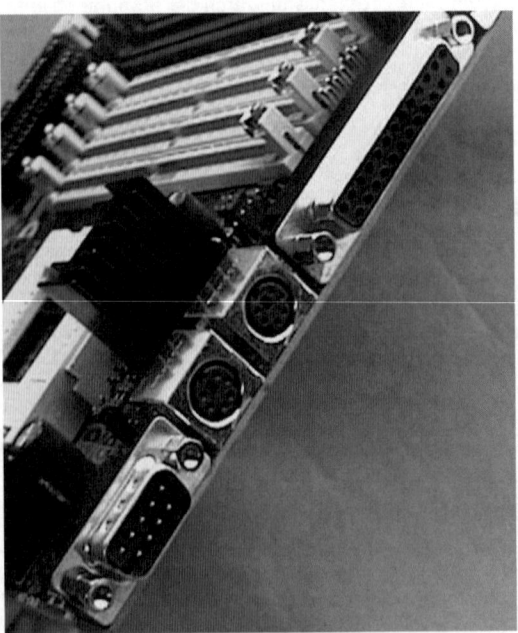

Bild 9.29: Auf aktuellen Mainboards – wie hier bei einem im ATX-Format – wird für die serielle Schnittstelle ein 9-poliger Anschluss eingesetzt

Im RS232-Standard sind verschiedene Teilausrüstungen definiert, die jeweils eine unterschiedliche Anzahl von Leitungen verwenden. Auch die serielle Schnittstelle in einem PC stellt nur eine Teilausrüstung – eine Untermenge des gesamten RS232-Spektrums – dar. Schon daraus ist ersichtlich, dass die Bezeichnung *RS232* allein keinesfalls sichergestellt, dass zwei RS232-Geräte ohne Weiteres miteinander kommunizieren können.

Seit dem Jahre 1969 existiert die Norm EIA-RS232-C, welche RS232-B im Wesentlichen ersetzt. Die serielle Schnittstelle RS232-D aus dem Jahre 1986 definiert als wesentliche Erweiterung gegenüber RS232-C einen 25-poligen Stecker sowie verschiedene Testfunktionen. Als letzter Stand der Normung gilt die Version RS232-E oder genauer EIA/TIA-232-E aus dem Jahre 1990. Die verbreitetste Version ist jedoch nach wie vor RS232-C. Die CCITT/ITU-Empfehlung *V.24* beschreibt im Gegensatz zu RS232-C lediglich die funktionellen Eigenschaften der Schnittstelle, ist jedoch umfassender gehalten, da sie weitere Funktionen wie für das automatische Wählen und Definitionen für Prüfmechanismen beinhaltet.

Die CCITT/ITU-Empfehlung findet ihren nationalen Niederschlag in der DIN-66020/66021. Die elektrischen Eigenschaften hingegen sind in der CCITT/ITU-Empfehlung *V.28* beschrieben und in DIN-66259 Teil 1 festgelegt. Sie ist mit EIA-RS232-C identisch und legt eine maximale Übertragungsgeschwindigkeit von 20 Kbit/s fest. Die mechanischen Eigenschaften (Stecker) sind international in der ISO2110 genormt. Ab der Version RS232-D ist der Stecker ebenfalls mit in der EIA-Spezifikation festgelegt.

CCITT/ ITU V24	EIA RS232	DIN 66020	Pin	Englisch	Deutsch	DÜE-DEE
Standard				**Beschreibung**		**Richtung**
				Erde/Masse		
101	AA	E1	1	Protective Ground	Schutzerde	–
102	AB	E2	7	Signal Ground/ Common Return	Signal-/ Betriebserde	–
				Datensignale		
103	BA	D1	2	Transmitted Data (TxD)	Sendedaten	←
104	BB	D2	3	Received Data (RxD)	Empfangsdaten	→
				Steuer- und Meldesignale		
105	CA	S2	4	Request To Send (RTS)	Sendeteil einschalten	←
106	CB	M2	5	Clear To Send (CTS)	Sendebereitschaft	→
107	CC	M1	6	Data Set Ready (DSR)	Betriebsbereitschaft	→
108.1		S1.1	20	Connect Data to Line	Übertragungsleitung einschalten	←

Fortsetzung der Tabelle

Standard				Beschreibung		Richtung
CCITT/ ITU V24	EIA RS232	DIN 66020	Pin	Englisch	Deutsch	DÜE-DEE
108.2	CD	S1.2	20	Data Terminal Ready	Endgerät bereit	←
125	CE	M3	22	Ring Indicator (RI)	Ankommender Ruf	→
109	CF	M5	8	Received Line Signal Detector Carrier Detector (DCD)	Empfangssignalpegel	→
110	CG	M6	21	Signal Quality Detector	Empfangsgüte	→
111	CH	S4	23	Data Signal Rate Selector	Übertragungs- geschwindigkeit	←
112	CI	M4	23	Data Signal Rate Selector	Übertragungs- geschwindigkeit	→
126	CK	S5	11	Select Transmit Frequency	Sendefrequenz wählen	←
Taktsignale						
113	DA	T1	24	Transmit Signal Element Timing, Transmit Clock (TC)	Sendeschritttakt von DEE	←
114	DB	T2	15	Transmit Signal Element Timing, Transmit Clock (TC)	Sendeschritttakt von DEE	→
115	DD	T4	17	Receiver Signal Element Timing, Receive Clock (RC)	Empfangsschritttakt	→
Hilfskanäle						
118	SBA	HD1	14	Secondary Transmitted Data	Sendedaten Hilfskanal	←
119	SBB	HD2	16	Secondary Received Data	Empfangsdaten Hilfskanal	→
120	SCA	HS2	19	Secondary Request To Send	Sendeteil Hilfskanal einschalten	←
121	SCB	HM2	13	Secondary Clear To Send	Sendebereitschaft Hilfskanal	→
122	SCF	HM5	12	Secondary Carrier Detector	Empfangspegel Hilfskanal	→

Fortsetzung der Tabelle

Standard				Beschreibung		Richtung
CCITT/ ITU V24	EIA RS232	DIN 66020	Pin	Englisch	Deutsch	DÜE-DEE
			Testzwecke/nicht belegt			
			9 10	Reserved For Data Set Testing	für Testzwecke	–
			111 25	Unassigned	nicht belegt	

Tabelle 9.10: Die Schnittstellensignale der drei Standards und ihre Funktionen

Wie erwähnt, arbeitet die übliche serielle Schnittstelle eines PC ausschließlich im asynchronen Modus und daher unterstützt sie auch keine Taktleitungen. Im einfachsten Fall besteht eine RS232-Verbindung lediglich aus 3 Leitungen:

···⟩ RXD oder RD, Empfangsleitung

···⟩ TXD oder TD, Sendeleitung

···⟩ GND, Masseleitung

Wie die RXD- und TXD-Leitung des PCs mit der Peripherie verbunden wird, hängt von dem anzuschließenden Gerät ab. Man unterscheidet dabei grundsätzlich zwei Varianten:

···⟩ DEE: **D**aten**E**nd**E**inrichtung oder DTE **D**ata **T**erminal **E**quipment

···⟩ DÜE: **D**aten**Ü**bertragungs**E**inrichtung oder DCE **D**ata **C**arrier **E**quipment

Ein Computer wird üblicherweise als DEE und ein Modem als DÜE bezeichnet. Die Verbindung von zwei Computern (DEE-DEE) ist ebenfalls möglich und diese Verbindungsart wird üblicherweise als *Nullmodem* (eben kein Modem) bezeichnet.

Wie es im Bild 9.30 erkennbar ist, werden einige Leitungen (RD, TD) »über Kreuz« angeschlossen, was bedeutet, dass die Sendeleitung (TD) des PC von der Peripherie als Empfangsleitung (RD) verwendet wird, was auch in umgekehrter Richtung gilt. Die Nullmodem-Verbindung setzt also immer gekreuzte Leitungen voraus, wenn beispielsweise Daten zwischen zwei PCs ausgetauscht werden oder ein Drucker oder ein Plotter angeschlossen werden sollen.

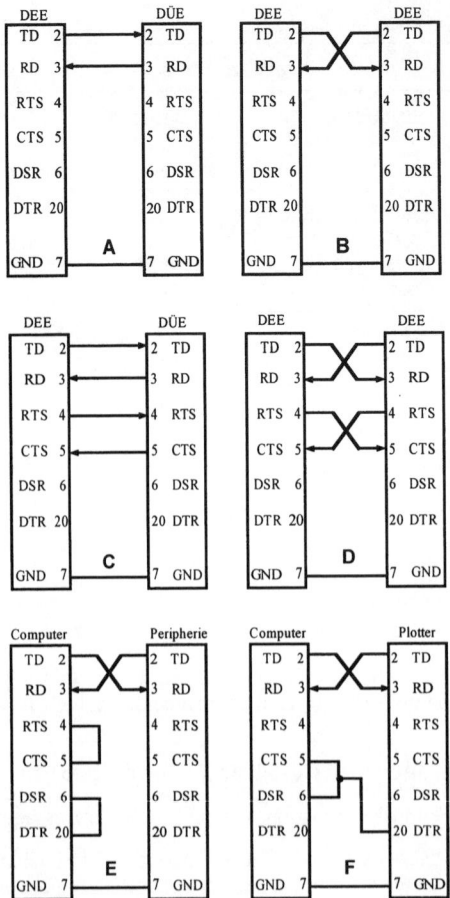

Bild 9.30: *Typische RS232-Verbindungen für den Anschluss von Druckern, Plottern und anderen seriellen Geräten an den PC*

Beim Anschluss von Peripherie an die serielle PC-Schnittstelle kann es auch vorkommen, dass die Leitungen eben nicht gekreuzt werden. Dies ist bei Modems der Fall, von denen sowohl Daten empfangen als auch gesendet werden können. Die Daten werden aber nicht in dem Modem verarbeitet, sondern nur zum PC weitergegeben. Das Modem fungiert als Datenübertragungseinrichtung (DÜE) und der PC als Datenendeinrichtung (DEE).

Die Übertragungssicherheit kann erhöht werden, wenn man zwischen den Geräten ein Handshaking einführt (Bild 9.30 C und D). Dann werden nicht nur die Datenleitungen miteinander verbunden (über Kreuz oder nicht), sondern auch die Leitungen RTS und CTS. Mit CLEAR TO SEND (CTS) meldet die Peripherie, dass sie Daten zur Verfügung hat. Ist der Empfänger bereit, diese Daten zu übernehmen, teilt er dies mit der Leitung REQUEST TO SEND (RTS) mit.

Nullmodem
Das Prinzip der »Überkreuzschaltung« von Signalleitungen wird als Nullmodem be-
zeichnet und findet häufig Anwendung bei der Kopplung zweier PCs. Allein die
Angabe, dass eine Nullmodem-Verbindung vorliegt oder herzustellen ist, gibt keinen
Hinweis darauf, welche Signale im Einzelnen derartig verschaltet sind und ob dies
auch auf alle Signalleitungen zutrifft, was daher beim Erwerb von entsprechenden
Kabeln oder Adaptern zu beachten ist. Mit einem komplett als Nullmodem verschalteten
Adapter oder Kabel, sollte man bei einer PC-PC-Kopplung jedoch die geringsten Pro-
bleme haben.

Eine weitere Verbesserung der Übertragungssicherheit ergibt sich durch die Verwendung der Leitungen DATA TERMINAL READY (DTR) und DATA SET READY (DSR).
Über diese Leitungen wird dem Empfänger die Betriebsbereitschaft des Senders
mitgeteilt. DTR kann dabei als Busy-Signal des Empfängers verstanden werden.
Falls eine Software die Unterstützung der Handshake- und der Betriebsbereitschafts-
leitungen erfordert, die Peripherie diese jedoch nicht zur Verfügung stellt, ist eine
Verbindung laut Bild 9.30 E üblich. Es werden dann lediglich die Datenleitungen
verwendet, während die anderen Signalleitungen gebrückt werden, um dem Sender
das Vorhandensein der anderen Signale vorzutäuschen.

Eine Verbindung, die häufig beim Anschluss von Plottern an einen PC verwendet
wird, ist in Bild 9.30 F angegeben. Der Handshakeleitung CTS und der Bereitschafts-
leitung DSR des PC werden mit der Leitung DTR der Peripherie die Bereitschaft zur
Datenaufnahme mitgeteilt. Über die Leitung *Data Carrier Detect* (DCD) teilt die
Peripherie der DEE mit, dass sich der Signalpegel innerhalb des zulässigen Span-
nungsbereichs befindet und eine Übertragung daher erfolgen kann. In vielen Fällen wird diese Leitung nicht verwendet, sondern ausschließlich das Signal DSR zur
Bereitschaftsanzeige.

Mit dem Signal RI (Ring Indicator) teilt eine DÜE einer DEE den Eingang eines
Rufes (Läutsignal) mit. Das Modem ist in diesem Fall über die Telefonleitung angewählt worden, was dem Computer über RI signalisiert wird.

Kürzel	Bezeichnung	9-polig	25-polig
DCD	Data Carrier Detect	1	8
RXD	Receive Data	2	3
TXD	Transmit Data	3	2
DTR	Data Terminal Ready	4	20
GND	Ground, Masse	5	7
DSR	Data Set Ready	6	6
RTS	Request To Send	7	4
CTS	Clear To Send	8	5
RI	Ring Indicator	9	22

Tabelle 9.11: Die Anschlüsse und Signale der seriellen Schnittstelle, wie sie für PCs üblich sind, bilden
nur eine Untermenge der im RS232-Standard definierten Möglichkeiten

Es ist nicht immer ganz einfach, die richtige RS232-Verbindungsart zu finden, denn oft sind einige Leitungen zu brücken oder über Kreuz zu verlegen, was aus den Herstellerangaben nicht immer hervorgeht. Daher wird nahezu für jede RS232-Peripherie ein spezielles Kabel angeboten, welches meist zu einem überteuerten Preis zu beziehen ist. Ein RS232-Kabel für einen Plotter kann schon einmal über DM 100,– kosten, so dass die Selbstanfertigung eines RS232-Kabels durchaus lohnend ist. In vielen Fällen bleibt einem auch nichts anderes übrig, als selbst zum Lötkolben zu greifen, da das gewünschte Kabel gar nicht erhältlich ist.

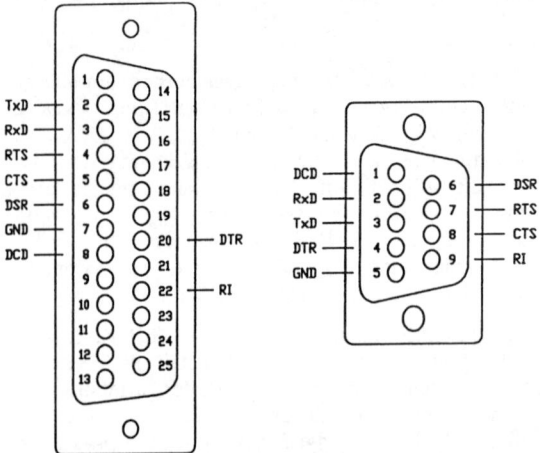

Bild 9.31: Der 25- und der 9-polige Anschluss der seriellen PC-Schnittstelle

Im Handel gibt es zahlreiche Adapter, beispielsweise von 25-polig auf 9-polig oder auch *Gender Changer*, die aus einem Steckkontakt einen Buchsenkontakt herstellen. Allerdings sei an dieser Stelle vor dem bedenkenlosen Einsatz, insbesondere der *Gender Changer*, gewarnt. Oftmals werden mehrere dieser Adapter derart hintereinander geschaltet, dass überhaupt nichts mehr funktioniert, und es kommt auch vor, dass man nicht die serielle, sondern die parallele Schnittstelle »erwischt hat«.

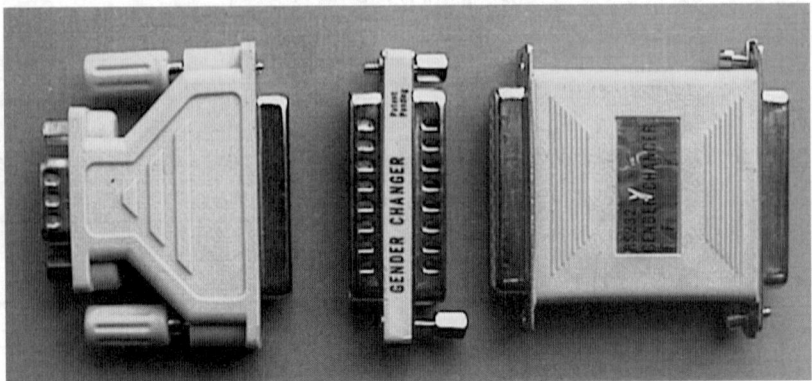

Bild 9.32: Adapter für die serielle Schnittstelle, die stets mit Bedacht verwendet werden sollten

Der serielle Anschluss ist am PC stets als Steckkontakt und der parallele als Buchsenkontakt ausgeführt, wie es auch im Bild 9.29 erkennbar ist (unten 9-polig seriell, oben 25-polig parallel).

Nützliche Hilfsmittel für die Ermittlung der korrekten Verbindung sind RS232-Jumper-Boxes, die in das RS232-Kabel zwischengeschaltet werden. Die Verbindungen können dann erst einmal provisorisch mit kleinen Kabeln einzeln zusammengesteckt werden, bevor man das gewünschte Kabel zusammenlötet. Andere kleine Kästen, die in die Verbindungsleitung geschaltet werden, können über Leuchtdioden den logischen Zustand der einzelnen Leitungen anzeigen. Im Bild 9.33 wird ein Gerät gezeigt, das sowohl als RS232-Tester als auch als Jumper-Box verwendet werden kann.

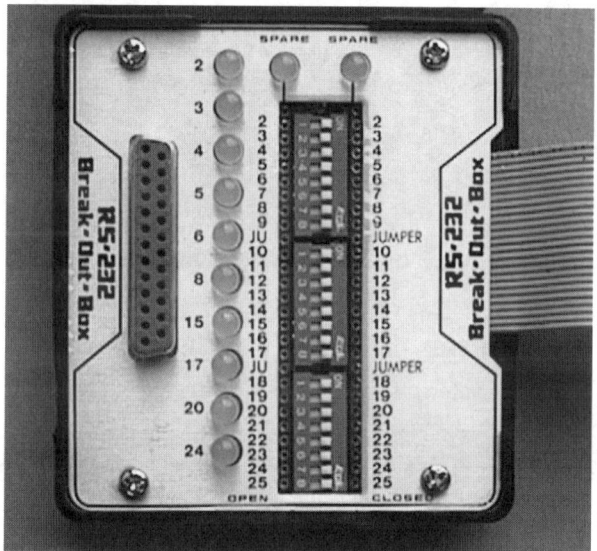

Bild 9.33: *Eine RS232-Break-Out-Box ist ein nützliches und preiswertes Hilfsmittel zur Überprüfung der Schnittstelle und zur Ermittlung der korrekten RS232-Verbindung*

Dem Anschluss der seriellen Schnittstelle innerhalb des PC sollte besondere Beachtung geschenkt werden, wenn dabei Flachbandkabel zum Einsatz kommen, die direkt auf das Mainboard oder auch die Schnittstellenkarte gesteckt werden, denn hier gibt es Verwechslungsmöglichkeiten.

Erstens kann das Kabel falsch herum auf die Pfostenleiste gesetzt werden (immer auf den Pin 1 achten!) und zweitens ist die Kontaktbelegung dieser Pfostenleiste nicht bei jedem Hersteller identisch, was insbesondere auf Mainboards zutrifft. Demnach ist stets das zum Mainboard (bzw. das zur Schnittstellenkarte) mitgelieferte Kabel zu verwenden, denn nur dann kann man sich sicher sein, dass es auch für den jeweiligen Mainboard-Anschluss verdrahtet ist. Das serielle Kabel für Mainboards der Firma Gigabyte kann beispielsweise nicht auf allen Mainboards der Firma Intel verwendet werden, da sich die Kontaktbelegung auf den Mainboards eben voneinander unterscheidet und erst mit dem passenden Kabel die RS232-typische Belegung am Slotblechanschluss hergestellt wird.

Auf Mainboards ist die Kontaktbelegung an der RS232-Pfostenleiste keineswegs identisch und daher sollte stets das zum Mainboard mitgelieferte Flachbandkabel verwendet werden!

Bild 9.34: *Eine typische Schnittstellenkarte mit zwei COM-Ports für PCs*

9.4.3 Die Register der seriellen Schnittstelle

Das BIOS des PCs unterstützt bis zu vier serielle Schnittstellen – COM-Ports – , denen meist über Jumper oder auch DIP-Schalter die Basisadresse und ein Interruptkanal (IRQ3, IRQ4) zugewiesen werden können, wenn sich die Schnittstellen auf einer separaten Karte befinden. Ältere BIOS-Versionen können nur zwei serielle Schnittstellen verwalten und es können sich Schwierigkeiten mit dem Interrupt-Kanal ergeben. Viele Programme verwenden jedoch gar keinen Interrupt-Kanal und arbeiten lediglich im Polling-Betrieb.

Befinden sich die Schnittstellen direkt auf dem Mainboard, lassen sich diese Festlegungen (meist) per BIOS-Setup durchführen. Die folgende Tabelle zeigt die dabei übliche Zuordnung der Adressen und Interrupt-Kanäle.

Port	Basisadresse	IRQ-Kanal
COM1	3F8h	4
COM2	2F8h	3
COM3	3E8h	4
COM4	2E8h	3

Tabelle 9.12: *Die üblichen Basisadressen und Interrupt-Kanäle für die RS232- Schnittstellen des PC*

COM 1 wird oftmals für den Anschluss einer Maus und COM2 für ein Modem verwendet, was durch die übliche Zuordnung auf den Interrupt-Kanal 4 bzw. 3 zu keinen Ressourcenkonflikten führen kann.

Diese können sich erst dann ergeben, wenn weitere COM-Ports eingesetzt werden sollen, da hierfür nur dieselben Interrupts wie für die beiden ersten zu Verfügung stehen. Es hängt jedoch von der verwendeten Software ab, ob überhaupt eine Interrupt-Verarbeitung oder aber lediglich der Polling-Betrieb ausgeführt wird, für den kein Interrupt-Kanal festzulegen ist.

Der Maustreiber und auch die übliche Modem-Software setzen jedoch die Benutzung eines Interrupt-Kanals voraus. Bei einigen Grafikkarten – beispielsweise mit S3-Chip – kommt es bei der Verwendung eines dritten oder vierten COM-Ports zu einem Ressourcenkonflikt, der nur durch die Veränderung der Adresse des COM-Ports zu beseitigen ist.

Zur Umsetzung der innerhalb eines PCs parallel zu verarbeitenden Daten in serielle für die RS232-Schnittstelle und umgekehrt wird ein spezielles Bauelement verwendet, welches als **U**niversal **A**synchron **R**eceiver **T**ransmitter – kurz UART – bezeichnet wird. Alle Signale, die auf die Anschlussbuchse gelangen, werden über Treiberbausteine (z.B. vom Typ 1488, 1489) vom TTL-Pegel auf den Pegel der RS232-Schnittstelle umgesetzt.

Bei PCs spielt die Registerkompatibilität generell eine bedeutende Rolle. Als Beispiel kann der UART 8250 genannt werden, der das Standardelement für die serielle Schnittstelle in (älteren) PCs darstellt. In neueren PCs wird stattdessen der UART 16450 eingesetzt, der demgegenüber höhere Übertragungsraten erlaubt.

Der leistungsfähigste UART ist unter der Bezeichnung 16550 bekannt, welcher abwärtskompatibel zu den beiden Vorgängerversionen ist und zusätzlich über zwei FIFOs zu je 16 Byte für die Datenzwischenspeicherung der zu sendenden und der empfangenen Daten verfügt. Insbesondere für den Einsatz unter Windows ist der Einsatz der FIFOs zur Aufrechterhaltung eines kontinuierlichen Datenflusses von bzw. zu einem Modem von ausschlaggebender Bedeutung, da Windows dies auf Grund seiner Multitaskingfähigkeit nicht garantieren kann.

Damit die übliche PC-Software aber auf PCs mit unterschiedlichen UARTs funktioniert, müssen sie über die gleichen Registereinstellungen verfügen, so dass erweiterte Funktionen wie beispielsweise höhere Datenraten oftmals überhaupt nicht genutzt werden. Erst ab Windows 95 werden beispielsweise die FIFOs standardmäßig verwendet. Bei anderen Systemen hingegen sind in den Terminalprogrammen oft speziellere Einstellungsmöglichkeiten gegeben, die eine optimierte UART-Konfigurierung erlauben.

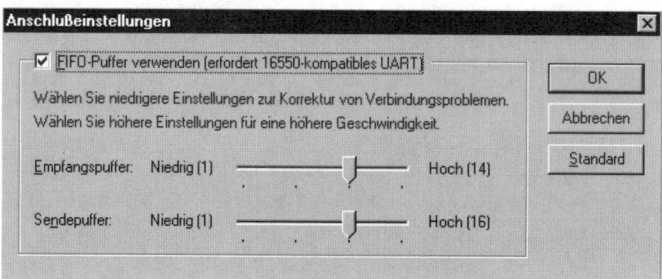

Bild 9.35: Windows 95 erlaubt die Einstellung der FIFO-Speichertiefe bei den 16550-UARTs

Ausgehend von der festgelegten Basisadresse werden für den UART maximal acht I/O-Adressen für die Selektierung der internen Register verwendet. Der ältere Typ – der 8250 – besitzt gegenüber dem 16450 jedoch kein Scratch-Register, das ohnehin nur für eine anwenderspezifische, temporäre Datenspeicherung verwendet wird und nicht für die eigentliche Funktion des UARTs von Interesse ist, so dass im Folgenden hierauf auch nicht näher eingegangen wird.

DLAB	A2	A1	A0	Register
0	0	0	0	Receiver/Transmitter
0	0	0	1	Interrupt Enable
0	0	1	0	Interrupt Identification, FIFO (write)
x	0	1	1	Line Control (DLAB)
x	1	0	0	Modem Control
x	1	0	1	Line Status
x	1	1	0	Modem Status
x	1	1	1	Scratch
1	0	0	0	Divisor Latch (LSB)
1	0	0	1	Divisor Latch (MSB)

Tabelle 9.13: *Die Register der in PCs üblichen UARTs in der Übersicht; das Divisor Latch Access Bit (DLAB) zur Einstellung der Baudrate wird in D7 des Line-Control-Registers geschrieben*

Im Bild 9.36 ist eine typische Schaltung mit dem Typ TL16C550 gezeigt, wie sie auf PC-Einsteckkarten oder auch direkt auf dem Mainboard realisiert wird. Sie gilt prinzipiell auch für die Vorgängertypen 8250 und 16450, denn elektrisch sind diese UARTS als (fast) identisch anzusehen. Auf die relevanten Unterschiede in der Registerbelegung wird in der folgenden Beschreibung eingegangen und auch wenn sich nicht einer dieser drei UARTs in einem PC lokalisieren lässt, da er quasi in einem speziellen Baustein des Chipsatzes mit untergebracht ist, verhält er sich wie ein 16550.

Der Anschluss des UARTs gestaltet sich recht einfach, denn die meisten Leitungen können 1:1 mit den korrespondierenden des PC-Bus verbunden werden. Da der UART nicht speziell für PCs, sondern für einen möglichst universellen Einsatzzweck konzipiert ist, werden einige Signale (CS, WR2, RD2) hier nicht verwendet und entsprechend gebrückt, wie es im Bild 9.36 zu erkennen ist.

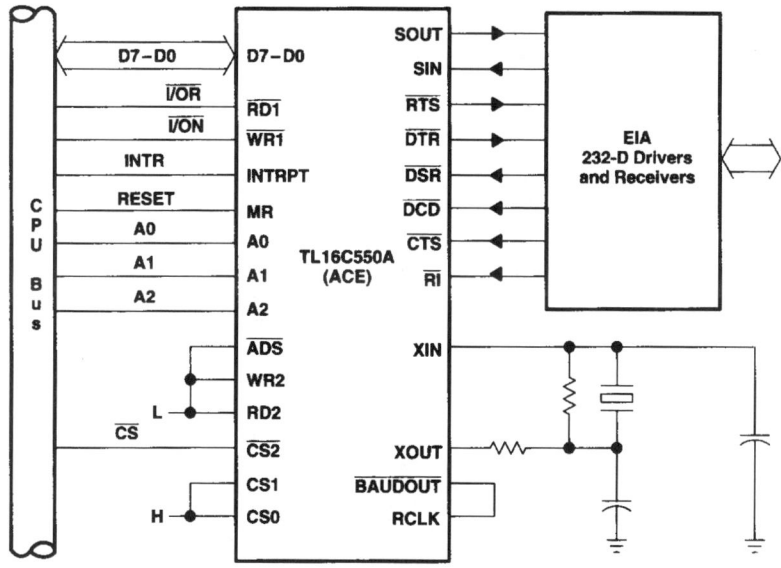

Bild 9.36: Eine typische UART-Schaltung für PCs

Das Signal SIN (Serial In) entspricht dem RxD-Signal und SOUT entspricht (Serial Out) dem TxD-Signal des RS232-Anschlusses, während sich die übrigen aus der Bezeichnung selbst erklären und allesamt über entsprechende Treiberbausteine auf die RS232–Anschlussbuchse geführt werden. Aus dem an XIN und XOUT – auch als XTAL bezeichnet – angeschlossenen Quarz wird die Frequenz zur Einstellung der Baudrate festgelegt.

Der Transmitter wird mit dem Takt (Clock) betrieben, welcher auch am Anschluss /BAUDOUT anliegt. Durch die Verbindung dieses Ausganges mit dem Anschluss RCLK arbeiten sowohl der Receiver als auch der Transmitter mit derselben Baudrate, die sich aus der Quarzoszillatorfrequenz (Fxtal) und einem Divisor ergibt. Zur Festlegung der gewünschten Baudrate wird ein Wert in das Divisor-Latch-Register geschrieben, der sich wie folgt berechnet:

$$\text{Registerwert} = \frac{\text{Fxtal}}{16 * \text{Baudrate}} \text{ ; Einstellung der Baudrate}$$

Das Divisor-Latch-Register setzt sich wiederum aus einem MSB- und einem LSB-Register zusammen, für deren Selektierung zunächst ein High in das Bit D7 des Line-Control-Registers zu schreiben ist. Daraufhin ist das LSB-Register unter der *Basisadresse* und MSB-Register unter der *Basisadresse+1* zu erreichen.

Die Tabelle 9.15 zeigt einige Beispiele für die Registerwerte zur Einstellung der Baudrate, wobei hier eine Oszillatorfrequenz von 1,8432 MHz zu Grunde gelegt wird. Andere übliche Frequenzen sind 3,072 MHz oder auch 2,4576 MHz.

Baudrate	MSB	LSB
115200	00	01
57600	00	02
38400	00	03
19200	00	06
9600	00	0C
7200	00	10
4800	00	18
3600	00	20
2400	00	30
2000	00	3A
1800	00	40
1200	00	60
600	00	C0
300	01	80
150	03	00
110	04	17
75	06	00
50	09	00

Tabelle 9.14: Registerwerte zur Einstellung der Baudrate

Receiver/Transmitter-Register (Basisadresse)

Die empfangenen oder die zu sendenden Daten werden mit diesem Register verarbeitet, welches als *Double-Buffered* ausgeführt ist, so dass gleichzeitiges Senden und Empfangen möglich ist.

Interrupt-Enable-Register (Basisadresse +1)

Interrupts können benutzt werden, wenn sie in diesem Register freigegeben (enabled) sind. Das entsprechende Bit ist hierfür auf High zu setzen.

Interrupt Enable-Register:

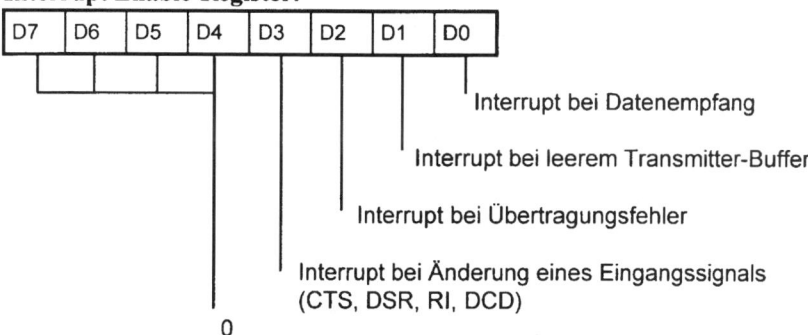

Ein Übertragungsfehler liegt dann vor, wenn ein Datenüberlauf, ein Parity-Fehler oder auch eine Unterbrechung (Break) einer Übertragungsleitung stattgefunden hat, die auch per Software im Line-Control-Register hervorgerufen werden kann.

Interrupt-Identification-Register (Basisadresse +2, lesen)

Dieses Register kann nur gelesen werden und gibt Aufschluss über den aktuellen Zustand der Interruptverarbeitung. Bei den Typen 8250 und 16450 haben die oberen Bits (D7, D6) keine Bedeutung, während sie beim Typ 16550 für die Feststellung, ob die FIFOs aktiviert sind, verwendet werden können.

Des Weiteren liefert das Bit D3 (ID2) bei den älteren UARTs stets ein Low, und ein Übertragungsfehler wird dann mit ID0 und ID1 gleich High signalisiert, während die anderen ID-Bitkombinationen die gleiche Bedeutung wie beim 16550 aufweisen.

Interrupt Identification-Register:

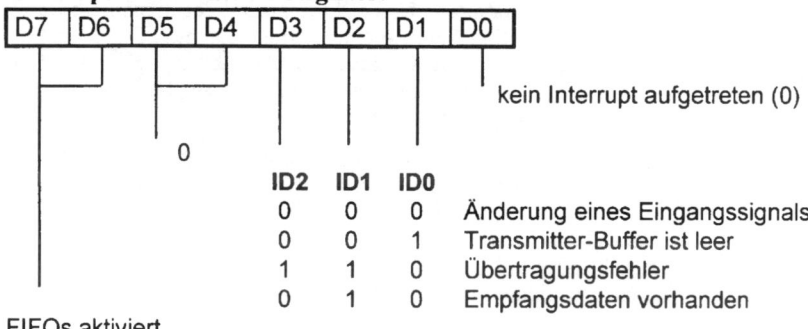

FIFO-Control-Register (Basisadresse +2, schreiben)

Dieses Register ist nur beim 16550 vorhanden und ausschließlich für das Schreiben vorgesehen. Es liegt auf der gleichen Adresse wie das Interrupt-Identification-Register, das demgegenüber nur gelesen werden kann.

FIFO Control:

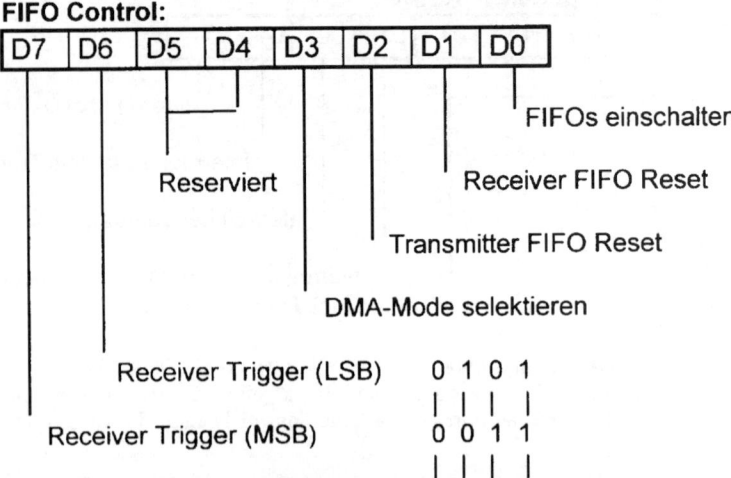

In den meisten PC-Designs wird keine DMA-Übertragung des UARTs unterstützt, die prinzipiell mit dem Bit D3 eingeschaltet werden kann. Die oberen Bits (D7, D6) sind für die Festlegung des FIFO-Trigger-Levels vorgesehen, d.h., nach wie vielen empfangenen Bytes die Daten im FIFO gespeichert werden sollen, und steht somit indirekt auch für die Speichertiefe der FIFOs.

Line-Control-Register (Basisadresse +3)

Der Inhalt des Leitungssteuerregisters bestimmt die Übertragungsparameter und kann sowohl gelesen als auch beschrieben werden. Die unteren Bits (D0, D1) legen die Anzahl der Datenbits fest und die Anzahl der Stoppbits wird mit D2 bestimmt. Bei den älteren UARTs entspricht ein High hier zwei Stoppbits und ein Low einem Stoppbit. Bei einem 16550 hingegen bedeutet ein High in D2 für eine mit D0 und D1 festgelegte Datenbitlänge von 5 Bits 1,5 Stoppbits und für die Längen von 6-8 Bits jeweils 2 Stoppbits.

Soll für die Datenübertragung ein Parity-Bit verwendet werden, ist in Bit D3 ein High zu schreiben, wobei D4 festlegt, ob eine gerade (even) oder eine ungerade (odd) Parität gültig sein soll. Das *Sticky Parity Bit* besagt bei einem High, dass das Paritätsbit als Low zu interpretieren ist, bei einem Low- hingegen als High-Pegel. Eine Unterbrechung der Verbindung wird mit einem gesetzten Break-Bit hervorgerufen – es können dann keine Daten ausgegeben werden.

Line Control :

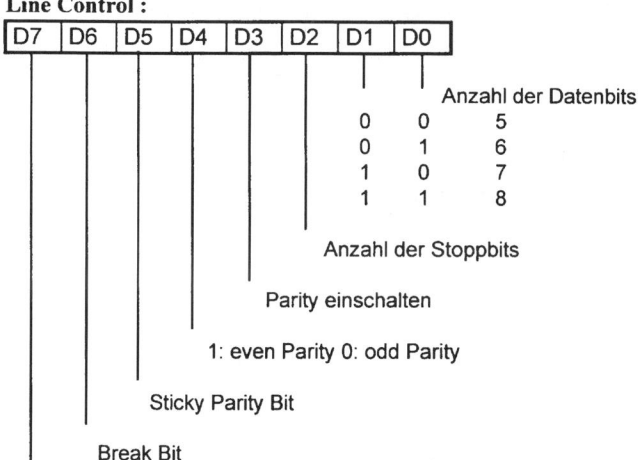

| D7 | D6 | D5 | D4 | D3 | D2 | D1 | D0 |

Anzahl der Datenbits:

0	0	5
0	1	6
1	0	7
1	1	8

Anzahl der Stoppbits

Parity einschalten

1: even Parity 0: odd Parity

Sticky Parity Bit

Break Bit

Divisor Latch Bit (DLAB) zur Umschaltung auf Baudrate-Einstellung

Zur Selektierung der Baudrate-Register (vergl. Tabelle 9.14) wird das DLA-Bit auf High gesetzt. Nachfolgend ist der LSB-Wert für die gewünschte Baudrate in das Register unter der *Basisadresse* und der Wert für das MSB in das Register unter der *Basisadresse +1* zu schreiben.

Modem-Control-Register (Basisadresse +4)

Dieses Register kann sowohl beschrieben als auch gelesen werden und dient der Steuerung des RTS- und des DTR-Signals. Mit einem High im jeweiligen Bit ist das entsprechende Signal aktiviert. Die beiden OUT-Bits steuern direkt den Pegel der Out-Signale des UARTs und werden bei PCs üblicherweise nicht verwendet. Ein gesetztes Loop-Bit versetzt den Baustein zur Funktionsüberprüfung in einen Test-Modus.

Modem Control:

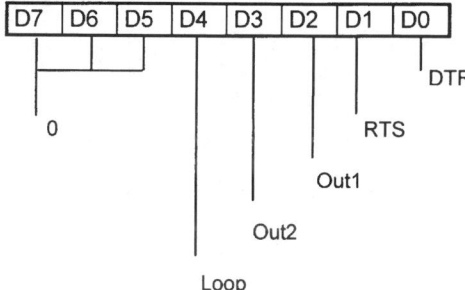

| D7 | D6 | D5 | D4 | D3 | D2 | D1 | D0 |

DTR

0

RTS

Out1

Out2

Loop

Line-Statusregister (Basisadresse +5)

Dieses Register dient zur Feststellung des aktuellen UART-Betriebzustandes. Ein High im entsprechenden Bit signalisiert den jeweils angegebenen Zustand der Datenübertragung. Das obere Bit (D7) ist nur beim 16550 vorhanden und enthält bei einem FIFO-Fehler ein High.

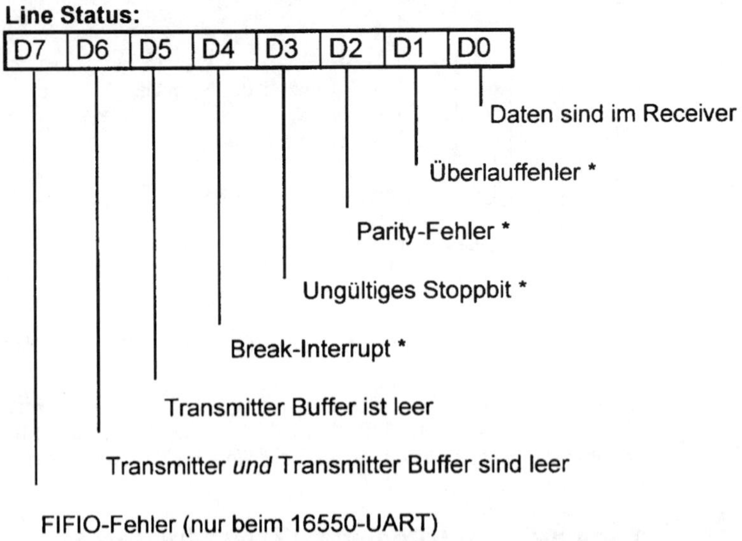

Line Status:

D7	D6	D5	D4	D3	D2	D1	D0

Daten sind im Receiver

Überlauffehler *

Parity-Fehler *

Ungültiges Stoppbit *

Break-Interrupt *

Transmitter Buffer ist leer

Transmitter *und* Transmitter Buffer sind leer

FIFIO-Fehler (nur beim 16550-UART)

Die mit einem »*« gekennzeichneten Bits stellen die Fehlerbedingungen dar, die für die Generierung eines Receiver-Interrupts (Bit D0 im Interrupt-Enable-Register) verantwortlich sind.

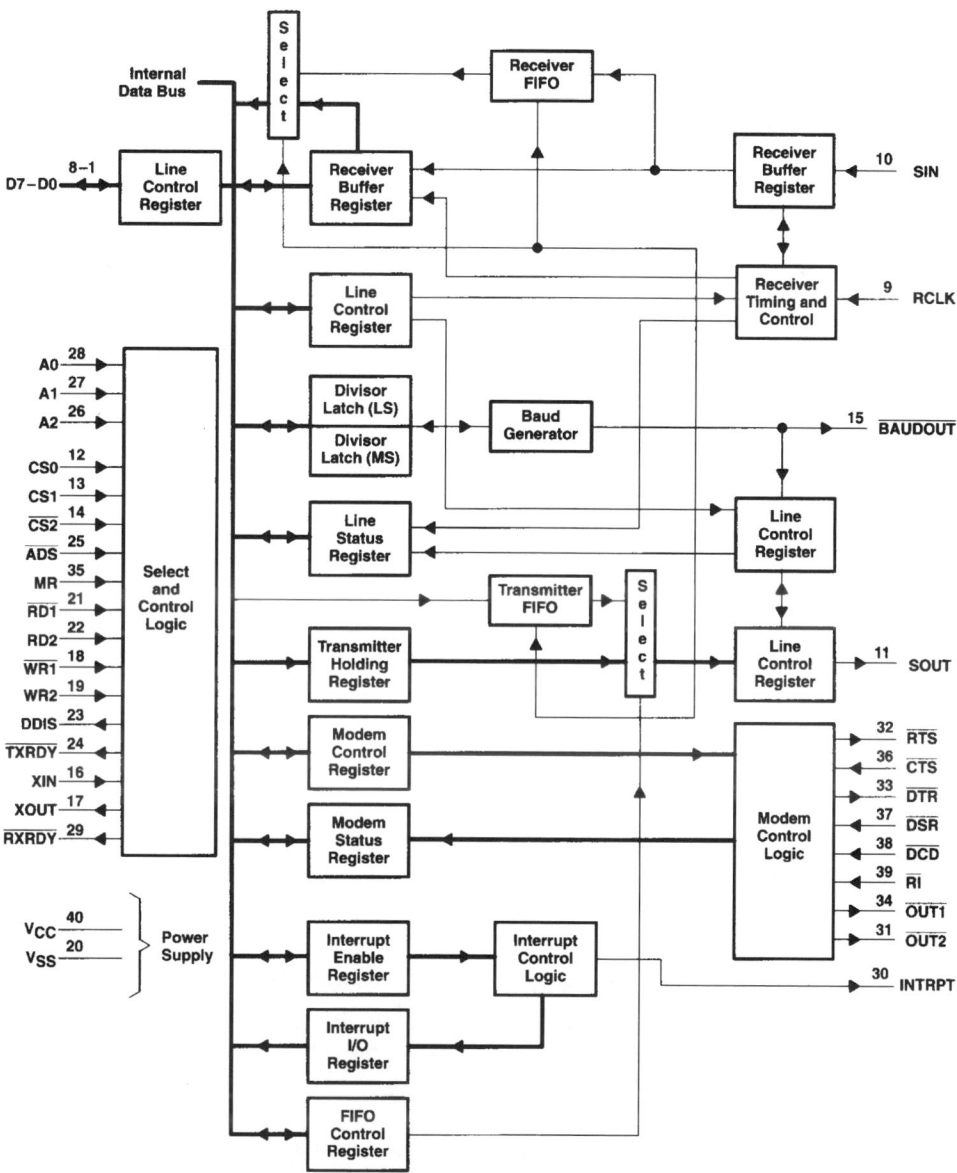

Bild 9.37: *Das Innenleben und die Anschlüsse des UART 16550. Einige Signale werden in den PC-Designs generell nicht verwendet, wozu DDIS (Driver Disable) zur Abschaltung des nachgeschalteten Treiberbausteins, /TXRDY und /RXRDY für den DMA-Mode und die beiden /OUT-Signale gehören*

Modem-Statusregister (Basisadresse +6)

Dieses Register informiert über den aktuellen Zustand der Eingangssignale. DCTS, DDSR und DDCD werden als Delta CTS, Delta DSR und Delta DCD bezeichnet und ein High bedeutet hier, dass sich der Pegel seit dem letzten Auslesen verändert hat. Entsprechendes gilt für *Trailing Edge Of Ring Indicator* (TERI). Die übrigen Bits kennzeichnen direkt den Signalpegel auf der jeweiligen UART-Leitung, wobei ein gesetztes Bit hier einem Low-Pegel entspricht, da die Signale am UART in invertierter Form gekennzeichnet sind.

Durch den dem UART nachgeschalteten Treiber werden die Signale (tatsächlich) invertiert, wodurch ein Low im entsprechenden Bit -12 V und ein High +12 V auf der korrespondierenden RS232-Leitung entspricht.

Modem Status:

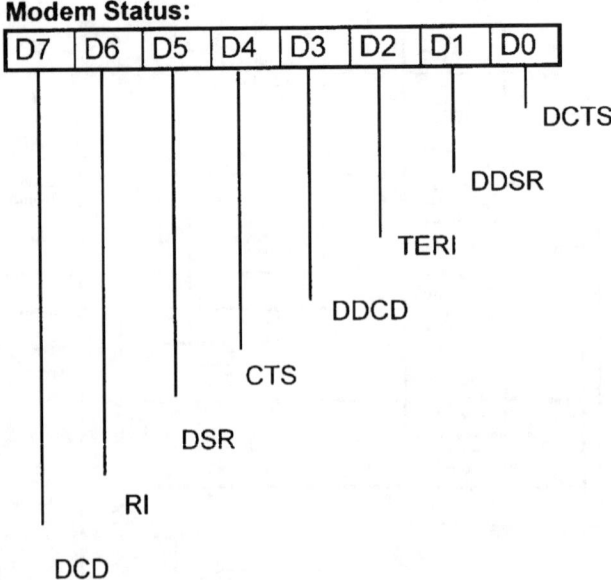

9.4.4 Programmierung der RS232-Schnittstelle

Als Beispiel für die Programmierung der RS232-Schnittstelle sind im Folgenden zwei Programme angegeben, die wieder in Turbo Pascal geschrieben sind und die grundsätzliche Vorgehensweise bei der direkten RS232-Registerprogrammierung verdeutlichen sollen.

Das erste Programm macht nicht anderes, als direkt die RTS- und die CTS-Leitungen zu manipulieren, was mit Hilfe des Modem-Control- und des Modem-Statusregisters erfolgt. Dies ist gewissermaßen die einfachste Methode, eine Kommunikation mit einer angeschlossenen Peripherie aufzunehmen, denn es wird dabei keine Einstellung irgendwelcher Kommunikationsparameter (Baudrate, Anzahl der Datenbits usw.) vorgenommen.

Programmlisting: Serial Bit

```
program Serial_Bit;
const
 COM1 = $3F8;{Basisadressen, maximal 4 serielle Schnittstellen}
 COM2 = $2F8;
 COM3 = $3E8;
 COM4 = $2E8;
COM=COM2; Benutzte Schnittstelle(COM1...COM4) hier festlegen}
    Modem_Ctrl=COM+4;   {Modem-Control-Register}
    Modem_Status=COM+6;{Modem-Statusregister}
{*************************************************************}
procedure write_bit_RTS(bit:boolean);
                            {Setzt die RTS-Leitung auf 1 oder 0}
begin
   if bit then port[Modem_Ctrl]:=port[Modem_Ctrl] or 2
                                            {1 senden}
 else   port[Modem_Ctrl]:=port[Modem_Ctrl] and $FD; {0 senden}
   end; {write_bit_RTS}
{*************************************************************}
function read_bit_CTS:boolean; {Liest Bit von der CTS-Leitung}
var bit:boolean;
begin
if (port[Modem_Status] and 16)>0 then bit:=true else bit:=false;
   read_bit_CTS:=bit;
   end; {read_bit_CTS}
{*************************************************************}
var Bit:boolean;
begin {Beispiel-Hauptprogramm}
{Nicht vergessen: verwendeten COM-Port oben in der Konstante
COM einstellen!}
   write_bit_RTS(true);   {Setzt RTS-Leitung auf 1}
   write_bit_RTS(false);  {Setzt RTS-Leitung auf 0}
   Bit:=read_bit_CTS;     {Liest CTS-Leitung}
   write('Zustand der CTS-Leitung: ');
   if Bit then writeln('1') else write('0');
   end.
```

Das zweite Beispielprogramm ist schon etwas komplexer, denn hier wird eine komplette Initialisierung der Schnittstelle vorgenommen, wozu einige Hilfsroutinen im Programm implementiert sind. Danach können im Hauptprogramm Datenbytes über die TD-/RD-Leitungen gesendet und empfangen werden.

Programmlisting: Serial Byte

```
program Serial_Byte;
const
COM1 = $3F8; {Basisadressen, maximal 4 serielle Schnittstellen}
COM2 = $2F8;
COM3 = $3E8;
COM4 = $2E8;
COM=COM2;{Benutzte Schnittstelle (COM1...COM4) hier einstellen}
 Oszillatorfrequenz=1843200; {Oszillatorfrequenz in Hertz}
    int_enable=COM+1;   {Interrupt-Enable-Register}
    FIFO_Ctrl=COM+2;    {FIFO-Buffer-Control-Register}
    Line_Ctrl=COM+3;    {Line-Control-Register}
    Line_Status=COM+5; {Line-Statusregister}
{***************************************************************}
function hbyte(Zahl:word):byte;
                        {Gibt das High-Byte der Zahl zurueck}
var erg: byte;
begin
    Zahl:=Zahl shr 8;
            {High-Byte (obere 8 Bits) in Low-Byte schieben}
    hbyte:=Zahl;
        {verschobenes High-Byte als Ergebnis zurueckgeben}
    end;
{***************************************************************}
function lbyte(Zahl:word):byte;
                        {Gibt das Low-Byte der Zahl zurueck}
var erg : byte;
begin
    Zahl:=Zahl and $00ff;  {High-Byte loeschen}
    lbyte:=Zahl;
        {verbleibendes Low-Byte als Ergebnis zurueckgeben}
    end;
{***************************************************************}
```

```
procedure Baudrate_einstellen(Baudrate:longint);
var
   Wert     : byte;
   Teilwert : word;
begin
   if Baudrate<4 then begin
      writeln('Baudrate ',Baudrate,' ist zu klein!');
      exit;   {Prozedur wegen falscher Baudrate beenden}
      end;
   Wert:=port[Line_Ctrl];   {Line-Control-Register lesen}
   Wert:=Wert or $80;       {Bit 7 (Divisor Latch Bit) setzen}
   port[Line_Ctrl]:=Wert;
       {...    und wieder in Line-Control-Register schreiben}
   Teilwert:=Oszillatorfrequenz div (16*Baudrate);
   port[COM]   :=lbyte(Teilwert);
                             {niederwertiges Byte schreiben}
   port[COM+1]:=hbyte(Teilwert);
                             {hoeherwertiges Byte schreiben}
Wert:=port[Line_Ctrl];           {Line-Control-Register lesen}
Wert:=Wert and $7F;       {Bit 7 (Divisor Latch Bit) loeschen}
   port[Line_Ctrl]:=Wert;
          {...und wieder in Line-Control-Register schreiben}
   end; {Baudrate_einstellen}
{************************************************************}
procedure init(Datenbits:byte; Stoppbits:boolean; Parity:boolean;
               even_Parity:boolean; Sticky_Parity:boolean);
{Datenbits:Anzahl Datenbits, 5..8 moeglich}
{Stoppbits:Anzahl Stoppbits, false:1 Stoppbit,true:2 Stoppbits}
{beim 16550 bei 5 Datenbits: true: 1.5 Stoppbits}
{Parity: Paritaetsbit einschalten}
{even_Parity: true: gerade Paritaet, false: ungerade Paritaet}
{Sticky_Parity: true: Paritaetsbit low-aktiv (?)}

var  Wert:byte;
```

```
begin
   port[int_enable]:=0;
{Interrupts abschalten, d.h. der UART soll keine Interrupts generieren}
   port[FIFO_ctrl]:=0;
                       {FIFO-Buffer (wenn vorhanden) ausschalten}
   if Datenbits>8 then Datenbits:=8;
                                 {maximal 8 Datenbits moeglich}
        {Jetzt Wert fuer Line-Control-Register berechnen:}
Wert:=Datenbits-5;        {Bits 0,1: Anzahl der Datenbits-5}
   if Stoppbits then Wert:=(Wert or 4);
                             {Bit 2: Anzahl Stoppbits (s.o.)}
   if Parity then Wert:=(Wert or 8);
                             {Bit 3: Parity einschalten}
   if even_Parity then Wert:=(Wert or 16);
                             {Bit 4: 1:even Parity, 0:odd P.}
   if Sticky_Parity then Wert:=(Wert or 32);
                             {Bit 5: Sticky-Parity-Bit (s.o.)}
                  {Bit 6: Break-Bit, unterbricht Verbindung}
{Bit 7: Divisor-Latch-Bit, nur gleich 1 fuer Einstellung der Baudrate(s.
Prozedur Baudrate_einstellen)}
   port[Line_Ctrl]:=Wert;
                  {Wert in Line-Control-Register schreiben}
   end;
{*********************************************************************}
procedure write_byte(Wert : byte);

{Sendet Byte ueber die TD-Leitung (Transmit Data) mit der eingestellten
Baudrate und den Einstellungen von Prozedur init}
var
   Send_buffer_empty : byte;
begin
repeat        {Warten, bis Datenbyte gesendet werden kann:}
     Send_buffer_empty:=port[Line_Status] and 32;
     until Send_buffer_empty>0;
   port[COM]:=Wert;                             {Datenbyte senden}
   end; {write_byte}
{*********************************************************************}
```

```
function read_byte : byte;

{Empfaengt Byte ueber die RD-Leitung (Receive Data)mit der eingestellten
Baudrate und den Einstellungen der Prozedur init}
var
    Data_in_receiver : byte;
begin
    repeat                    {Warten, bis Datenbyte vorhanden:}
        Data_in_receiver:=port[Line_Status] and 1;
        until Data_in_receiver>0;
    read_byte:=port[COM];  {Datenbyte lesen}
    end; {read_byte}
{*********************************************************************}
```

{Nicht vergessen: verwendeten COM-Port oben in der Konstante COM festlegen
und Oszillatorfrequenz der Schnittstelle oben in der Konstante Oszillatorfrequenz einstellen, denn dort steht jetzt ein Standardwert)}

```
begin {Beispiel-Hauptprogramm}
    init(8,false,false,false,false);
                    {8 Datenbits, 1 Stoppbit, kein Parity}
Baudrate_einstellen(115200);        {115200 Baud einstellen}
    write_byte(67);            {als Beispiel Zahl 67 ausgeben}
    end.
```

9.4.5 Andere serielle Schnittstellen – RS422, RS423, RS485, TTY

Für längere Kabelverbindungen (bis zu mehreren km) und störungssicherere Daten-verbindungen, als sie die RS232-Schnittstelle bietet, werden verschiedene andere serielle Schnittstellen eingesetzt, für die es entsprechende Einsteckkarten gibt. Diese Karten sind jedoch meist nicht im typischen PC-Handel zu erwerben, sondern meist bei Firmen, die sich mit der Industrieautomatisierung und/oder der PC-Mess-technik beschäftigen. Die folgende Tabelle zeigt ein paar Beispiele.

In diesem Zusammenhang ist es besonders wichtig, daran zu denken, ob von den Herstellern auch entsprechende (Treiber-)Programme für die beabsichtigte Anwen-dung geliefert werden, falls man nicht selbst programmieren möchte. Oft ist es jedoch auch möglich, diese spezielleren Schnittstellenkarten programmtechnisch wie eine Standard-RS232-Schnittstelle anzusteuern. Es werden dann automatisch die entsprechenden Adressen und Interrupts verwendet, wie sie für die RS232-Schnittstelle gelten.

Typ	Bus	Schnittstellen	Besonderheiten	Hersteller
COM-422	PC	RS232/RS422 TTY		Keithley
µCOM-422	MCA	RS232/RS422	per Software konfigurierbar	Keithley
DUAL-422	PC	2 * RS422		Keithley
COM485	PC	RS485		Keithley
TTY-2	PC	TTY	für SPS-S5	Kolter
ME-90	PC	RS422/RS485	eigene CPU	Meilhaus
ME-91	PC	RS232,RS422 TTY	per Software konfigurierbar	Meilhaus
PC-48	PC	RS232,RS422 RS485	2 Schnittstellen gleichzeitig	Meilhaus
PCL-845	PC	TTY		Spectra
PCL-743	PC	2 * RS422/RS485		Spectra
PCL-745	PC	2 * RS422/RS485	galvanische Trennung	Spectra

Tabelle 9.15: Einsteckkarten für optionale serielle PC-Schnittstellen

Die RS422-Schnittstelle

Die Spezifikation EIA-RS422-A aus dem Jahre 1975 definiert eine symmetrische Schnittstelle. Sie weist ein verbessertes Störverhalten gegenüber RS232 auf, da hier mit Differenz- statt mit asymmetrischen (auf Masse bezogenen) Spannungen gearbeitet wird, was im Kapitel über den SCSI-Bus genauer erläutert ist.

Die maximale Übertragungsgeschwindigkeit ist mit 10 Mbit/s (RS232: 20 000 Bit/s) festgelegt und es können Systeme mit bis zu 10 Empfängern (Simplex) aufgebaut werden. Eine typische Anwendung ist die Datenübertragung von einem Computer zu mehreren Peripherie-Einheiten wie beispielsweise verteilten Messsystemen.

Die RS423-Schnittstelle

Eine einfachere Ausführung der RS422-A-Schnittstelle stellt die RS423-A-Schnittstelle dar. Sie ist im Prinzip mit RS422 identisch, mit dem wichtigen Unterschied allerdings, dass sie wie die RS232-Schnittstelle asymmetrisch ausgeführt ist, jedoch mit einer Übertragungsgeschwindigkeit von bis zu 100 Kbit/s arbeiten kann. Die Treiber- und Empfängerbausteine müssen hierfür explizit ausgelegt worden sein.

Die RS485-Schnittstelle

Die bisher erläuterten seriellen Schnittstellen erlauben lediglich einen Sender pro Schnittstellensystem. In EIA-RS485-A aus dem Jahre 1983, einer Erweiterung der RS422-A-Schnittstelle, sind die elektrischen Eigenschaften einer busfähigen bidirektionalen Schnittstelle festgelegt.

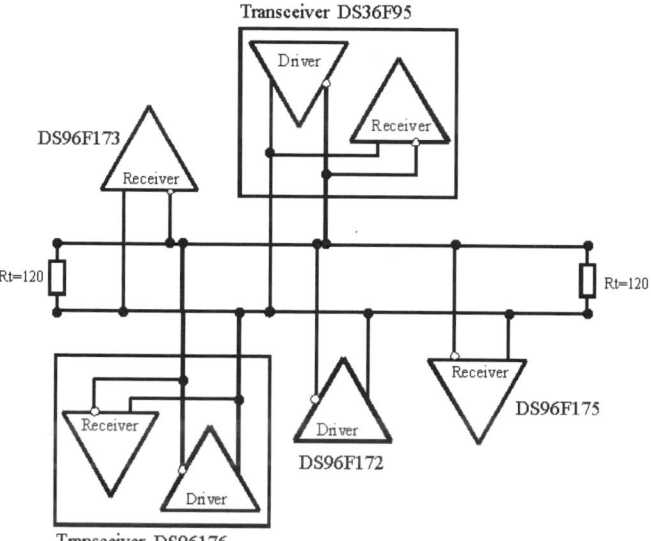

Bild 9.38: Der beispielhafte Aufbau einer RS485-Übertragungsstrecke

Mit Hilfe dieser Schnittstelle lassen sich bis zu 32 Teilnehmer verbinden, die sowohl als Sender als auch als Empfänger arbeiten können (Half Duplex). Die Realisierung von Mini-LANs, beispielsweise zwischen einem Zentral-Computer und diversen Kassensystemen, wie sie in Supermärkten zu finden sind, ist eine typische Anwendung. Des Weiteren ist die RS485-Schnittstelle in der Industrieautomatisierung besonders verbreitet und wird als Interface für verschiedene Feldbussysteme eingesetzt.

Die TTY-Schnittstelle

Eine der ältesten seriellen Schnittstellen, die ursprünglich für die Ansteuerung mechanischer Fernschreiber (**Tele**T**Y**pe) konzipiert wurde und der Schnittstelle damit auch ihren Namen gab, ist die TTY-Schnittstelle. Sie wird auch als Linienstrom- oder 20-mA-Schnittstelle bezeichnet und häufig dort eingesetzt, wo eine Potentialtrennung der zu koppelnden Geräte notwendig ist, wie etwa in der Medizintechnik. Vielfach wird sie auch zur Steuerung einer **S**peicher-**P**rogrammierbaren-**S**teuerung (SPS) mittels eines PC verwendet.

Die TTY-Schnittstelle arbeitet in der Regel mit zwei Stromschleifen in 4-Draht-Technik. Der Strom beträgt normalerweise 20 mA, aber auch 40 und 60 mA sind möglich. Fließt der Strom, entspricht diese Information einer »1«, kein Strom bedeutet demnach »0« (Space). Die Übertragung erfolgt ohne Handshake und es werden lediglich eine Sende- und eine Empfangsleitung plus jeweiliger Rückführungsleitung verwendet. Übliche Übertragungsgeschwindigkeiten sind 110, 300, 1200 und 2400 Bit/s, und die Entfernung zwischen den beiden Geräten darf maximal 1 km betragen.

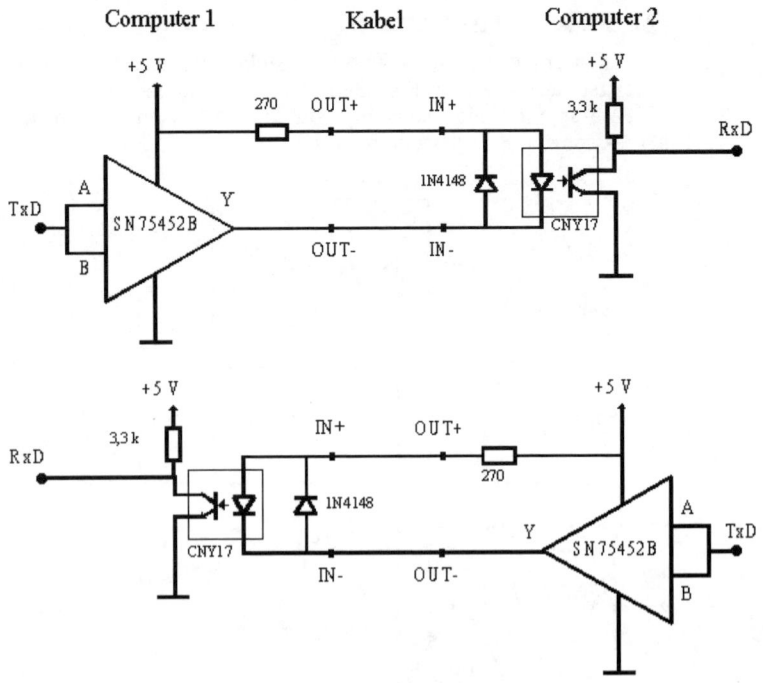

Bild 9.39: Die Kopplung zweier DEEs (Computer) über die TTY-Schnittstelle

Die in den Fernschreibern enthaltenen Hubmagnete (Relais) werden direkt über die Stromschleifen angesteuert. Eine Stromschleife versorgt den »Empfangsmagneten«, die andere den »Sendemagneten«. Dabei erfolgt die Speisung der Schleifen in der Regel allein von dem aktiven Gerät der Datenstrecke aus, wobei der Fernschreiber als passiv zu verstehen ist. Diese Form der TTY-Schnittstelle ist mittlerweile veraltet und auch nicht zur Kopplung zweier aktiver Geräte (DEE-DEE) geeignet. Daher werden statt der Relais Optokoppler verwendet, wie es im Bild 9.39 gezeigt ist.

EIA-Norm	RS232-C	RS423-A	RS422-A	RS485-A
CCITT/ITU-Empfehlung	V.24/V.28	V.10/X.26	V.11/X.27	V.11/X.27
ISO-Norm	2110	4902/4903	4902/4903	4902/4903
Stecker	25-polig	37/15-polig	37/15-polig	37/15-polig
Übertragungsart	asymmetrisch	asymmetrisch	symmetrisch	symmetrisch
maximale Kabellänge	15 m	1200 m	1200 m	1200 m
maximale Datenrate	20 Kbit/s	100 Kbit/s	10 Mbit/s	10 Mbit/s

Fortsetzung der Tabelle

EIA-Norm	RS232-C	RS423-A	RS422-A	RS485-A
Empfänger maximale Anzahl	1	10	10	32
maximale Eingangsspannung	± 15 V	± 12 V	± 7 V	- 7..12 V
Pegelzuordnung 1 = MARK 0 = SPACE	≤ 0,3 V ≥ 0,3 V	≤ 3 V ≥ 0,3 V	≤ 0,3 V ≥ 0,3 V	≤ 3 V ≥ 0,3 V
Eingangswiderstand	3..7 kΩ	4 kΩ	4 kΩ	12 kΩ
Sender maximale Anzahl	1	1	1	32
maximale Treiberspannung	± 25 V	±6 V	- 0,25..6 V	-7..12 V
Signal ohne Last	± 15 V	± 6V	± 5 V	± 5 V
Signal mit Last	± 5 V	± 3,6 V	± 2 V	± 1,5 V
Lastwiderstand	3..7 kΩ	> 4500 Ω	1000 Ω	540 Ω

Tabelle 9.16: Die wichtigsten seriellen Schnittstellen im Vergleich

10 Bussysteme

Ein Bussystem stellt allgemein die Verbindung zwischen verschiedenen Komponenten oder Teilnehmern dar. Je nach Einsatzgebiet und Anwendung kann es die unterschiedlichsten Funktionen erfüllen und besitzt dementsprechend eine individuelle Architektur, so dass beispielsweise die Verbindungen innerhalb eines Mikroprozessors oder auch die Verbindungen von industriellen Steuerungen (SPS) als Bus bezeichnet werden können. In diesem Zusammenhang sind jedoch nur diejenigen Bussysteme von Belang, die in einem PC zur Anbindung von Peripherie, sei es auf einer Einsteckkarte (z.B. ISA, PCI) oder als externes Gerät (z.B. USB), zum Einsatz kommen.

10.1 PC-Bussystemübersicht

Für die Verbindung der PC-Einsteckkarten mit der Mainboard-Elektronik sind je nach PC-Typ verschiedene Steckplätze (Slots) auf dem Mainboard vorgesehen, die die Signale des jeweiligen Bussystems führen. Mit dem ursprünglichen Original-PC der Firma IBM wurde der 8 Bit breite PC-Bus eingeführt, der später um Signale für den 16-Bit-Betrieb erweitert wurde und unter der Bezeichnung ISA-Bus (Industry Standard Architecture) firmiert.

Die Firma IBM integrierte ab ihrer PS/2-Familie ein leistungsfähigeres Bussystem, das als *MicroChannel* bezeichnet wird. Es entstand aus der Notwendigkeit heraus, für die 32-Bit-Prozessoren (ab 386-CPU) eine entsprechend leistungsfähige Schnittstelle zu schaffen und Funktionen wie Multitasking und Busarbitrierung zur Verfügung stellen zu können. IBM wollte zudem mit der MCA (Micro Channel Architecture) einen neuen Standard schaffen, um sich nicht weiter mit der Konkurrenz auf dem umkämpften ISA-Bus-Markt auseinandersetzen zu müssen und um damit wieder eine Vormachtstellung auf dem PC-Sektor einnehmen zu können, denn für MicroChannel-PCs sind entsprechende Lizenzgebühren an IBM zu zahlen.

Der MicroChannel und die dazugehörige Hardware auf dem Mainboard sind gänzlich anders aufgebaut als bei einem ISA-System, so dass die »alten« Karten nicht mehr in einem MCA-PC verwendet werden können. Dies war sicher auch einer der Gründe, warum sich die Computer laut MCA nicht am Massenmarkt durchsetzen konnten.

Gleichwohl haben einige der hier erstmalig zu findenden Errungenschaften wie die PS/2-Maus, die PS/2-SIMMs, die Integration von Peripherie-Bauelementen, die bis dato über Einsteckkarten – wie beispielsweise die Schnittstellen – hinzuzufügen waren, und die automatische Konfigurierung (Plug&Play) andere Architekturen wie EISA und PCI maßgeblich beeinflusst. Nicht nur PCs, sondern beispielsweise auch Workstations (z.B. RS/6000) der Firma IBM verwenden den MicroChannel (noch) als Bussystem.

Bild 10.1: *Zum Vergleich: Oben eine MC-Karte, in der Mitte eine EISA-Karte und unten eine ISA-Karte*

Von einem Firmenkonsortium (z.B. Compaq, HP, NEC) wurde ein als Konkurrenz zum MicroChannel vorgesehenes 32-Bit-Konzept definiert, das zwar eine ähnliche Leistung wie der MC bietet, dennoch nicht mit dem ISA-Standard bricht. Dieses System hat in Anlehnung an ISA die Bezeichnung EISA (**E**xtended **I**ndustry **S**tandard **A**rchitecture), was gleich signalisiert, dass es sich dabei nicht um eine völlig neue Busarchitektur handelt, sondern dass es sich bei EISA vielmehr um eine Erweiterung des ISA-Bus handelt.

Die Konfigurierung eines EISA-Systems erfolgt nicht durch zahlreiche DIP-Schalter, mit denen den einzelnen Einheiten Adressen, Interrupt- und DMA-Kanäle zugeordnet werden, sondern per Software mit Hilfe von Konfigurationsdateien, die zu jeder EISA-Einsteckkarte gehören, und einer EISA-Configuration-Utility (ECU), die zu jedem EISA-Mainboard mitgeliefert wird. Die MCA verfährt auf eine ähnliche Art und Weise, nur nennen sich hier die entsprechenden Konfigurationsdaten *Adapter Definitions Files* (ADF).

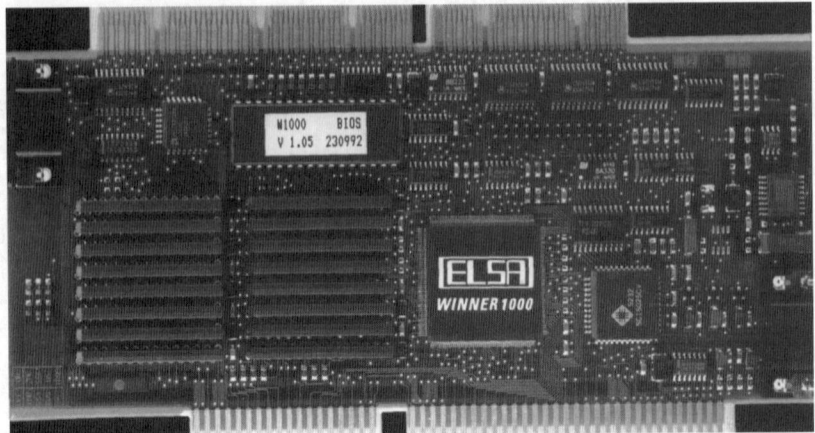

Bild 10.2: *Vor einiger Zeit war diese Grafikkarte der Firma ELSA ein Unikum, denn sie kann entweder als ISA- oder als EISA-Karte (die oberen Kontakte) verwendet werden*

Der Bustakt beträgt bei EISA wie bei einem ISA-Sytem 8,33 MHz. Die gegenüber ISA höhere Datenübertragungsrate (33 Mbyte/s = 8,33 MHz x 4 Byte) ergibt sich durch die Busbreite von 32 Bit und nicht etwa durch einen höheren Bustakt, denn damit würden die alten ISA-Karten, die sich auch in einem EISA-Steckplatz (da abwärtskompatibel) betreiben lassen, nicht mehr funktionieren.

Weder EISA noch dem MicroChannel ist es jedoch gelungen, die ISA-Systeme vom PC-Massenmarkt zu verdrängen. Sie haben den alten Standard nicht ersetzen können, zumal derartige PCs auch wesentlich teurer waren als PCs auf der Basis von ISA. Andererseits musste ein schnelleres, aber preisgünstiges 32-Bit-Bussystem her, das insbesondere für die Anbindung von Grafikkarten notwendig ist.

Bei den Erläuterungen in den Kapitel 6 und 7 wurde des Öfteren der lokale Bus (Local Bus) erwähnt, der in einem System mit mindestens einer 386-CPU über eine Datenbreite von 32 Bit verfügt, mit dem CPU-Takt betrieben wird und der Kommunikation zwischen der CPU mit dem Speicher (DRAM, Cache) dient. Aufgrund der hier gegenüber ISA und EISA höheren möglichen Datenübertragungsraten erschien eine derartige Verbindung insbesondere für Grafikkarten gut geeignet, die somit für einen möglichst verzögerungsfreien Bildaufbau sorgen können.

Eine Reihe von Herstellern wie Orchid, Mylex, Elite und Dell haben daher auf Grafikkarten und Mainboards einen speziellen Local-Bus-Anschluss vorgesehen, der dementsprechend auch im Form eines speziellen Slots auf dem Mainboard unterstützt werden muss. Leider existieren hierfür die unterschiedlichsten herstellerspezifischen Lösungen, so dass sich kein allgemein verbindlicher Standard ergeben hat.

Aus diesem Grunde hat die VESA (**V**ideo **E**ngineering **S**tandards **A**ssociation) – eine Vereinigung von Firmen, die sich mit der Entwicklung von Hard- und Software für Grafiksysteme im weiteren Sinne beschäftigt – den VLB (**VES**A **L**ocal **B**us) definiert.

Bild 10.3: Die beiden VLB-Slots befinden sich hinter den ISA-Slots

Dabei handelt es sich im Prinzip um nichts anderes als um ein minimal verändertes 486-Prozessor-Interface. Für die Implementierung des VLB müssen die für einen ISA-PC verwendeten Chips nur minimal modifiziert werden. Der VLB versteht sich auch lediglich als Ergänzung zum ISA-Bus und es existieren keine PCs, die ausschließlich über VLB-Slots verfügen. Prinzipiell sind auch PCs mit Pentium-CPU und mit VLB denkbar, doch hat sich hier der PCI-Bus durchgesetzt und den VESA-Local-Bus recht schnell verdrängt, was auch sehr sinnvoll erscheint, denn der VLB war technologisch betrachtet ein Rückschritt gegenüber EISA und der MCA, besitzt standardmäßig keine automatischen Konfigurationsmöglichkeiten und bereitet in der Praxis auch oftmals Probleme. Dies liegt meist daran, dass nicht alle VLB-Grafikkarten mit dem (externen) CPU-Takt von 50 MHz klarkommen, und außerdem haben sich auch nicht alle (Mainboard-) Hersteller an die VESA-Vorgabe gehalten, bei 50 MHz nur einen VLB-Slot zu implementieren.

Eine VLB-Karte wird zunächst über den 8-Bit-PC-Bus angesprochen und wenn sie sich nicht innerhalb einer bestimmten Zeit als VLB-Device zu erkennen gibt, wird die Karte nur als 8-Bit-Device verwendet oder der Bildschirm bleibt sogar dunkel. Neben Grafikkarten wurden auch VLB-Multi-I/O-Controllerkarten (IDE, RS232 usw.) eingesetzt, für deren VLB-Betrieb ein zusätzlicher Treiber (in der CONFIG.SYS) zu laden ist. Falls dies unterbleibt, ist auch hier nur ein 8-Bit-Betrieb möglich. Für die Initialisierung von VLB-Karten wird demnach der PC-Bus eingesetzt und erst mit dem passenden Treiber sind die VLB-Features nachfolgend nutzbar.

Hier drängt sich eine Analogie zum AGP auf, da eine AGP-Grafikkarte per PCI-Bus initialisiert wird und erst der Windows-9x-Treiber dann die AGP-Unterstützung zustande bringt. Diese beiden Bussysteme werden in den folgenden Kapiteln, neben anderen und dem ISA-Bus, näher behandelt. Obwohl der ISA-Bus schon in die Jahre gekommen ist, spielt er immer noch eine wichtige Rolle, da beispielsweise Modem- und Soundkarten in der PCI-Ausführung erst relativ spät auf den Markt gekommen sind. Des Weiteren gibt es durchaus ISA-Karten, für die bisher noch keine PCI-Pendants existierten, wobei dies aber eher speziellere Typen sind, wie sie häufig in der PC-gestützten Mess-, Steuer- und Regelungstechnik zum Einsatz kommen.

In der Tabelle 10.1 sind die wesentlichen Merkmale der PC-üblichen Bussysteme angegeben. Für EISA, VLB und MCA existieren darüber hinaus noch erweiterte Spezifikationen, die hier aber unberücksichtigt bleiben, da sie kaum in entsprechenden PCs realisiert wurden. Der SCSI-Bus nimmt im PC-Bereich eine Sonderstellung ein, da er nicht als alleiniges Bussystem implementiert ist, sondern zusätzlich zu den genannten zu verwenden ist. Die verschiedenen SCSI-Bus-Versionen sind ausführlich im Teil 3 beschrieben

Mit dem Intel-OR840-Chipsatz und dem dazu passenden 64-Bit-PCI-Controller (82806) wird der 64-Bit-PCI-Bus verfügbar, der zum 32-Bit-PCI-Bus abwärtskompatibel ist. Wie es im Kapitel 10.4 erläutert ist, werden die zusätzlichen Signale hierfür an einem verlängerten Slot bereitgestellt. Als maximaler Takt sind 66 MHz definiert, was somit zu einer (theoretischen) Datenübertragungsrate von 528 Mbyte/s führt. Diesen Takt können jedoch nur die neuen 64-Bit-Karten verarbeiten, so dass der PCI-Bus bei der Verwendung von älteren 32-Bit-Karten in den Kompatibilitätsmodus umgeschaltet wird, was für das gesamte Bussystem gilt – wenn es nur aus einem Segment besteht, wovon man in der Regel ausgehen kann – und bedeutet, dass beim Einsatz einer einzigen 32-Bit-Karte das gesamte 64-Bit-PCI-Bussystem mit 33 MHz arbeitet, was dann zu einer maximalen Datenübertragungsrate von 264 Mbyte/s führt.

Bussystem	PC	ISA	VLB	MCA	EISA	PCI
Protokoll	synchron	synchron	synchron	asynchron	synchron	synchron
CPUs	ab 8088	ab 286	ab 386	ab 386	ab 386	ab 486
typ. Takt in MHz	4,7	8,33	25-50	10-25	8,33	25-33
Multimaster-fähigkeit	nein	nein	ja (Vers. 2)	ja	ja	ja
Datenbusbreite	8 Bit	16 Bit	32/64 Bit	32 Bit	32 Bit	32/64 Bit
Adressraum	1 Mbyte	16 Mbyte	4 Gbyte	4 Gbyte	4 Gbyte	17×10^9 TByte
Datentransfer-rate in Mbyte	1	4-5	40/64 (Burst)	40 (Burst)	33 (Burst)	132/264 (Burst)

Tabelle 10.1: Die wichtigsten Daten der verschiedenen PC-Bussysteme in der Übersicht

Die PC-Industrie denkt schon eine Zeit lang über PC-Bussysteme nach, die die PCI-Bus-Nachfolge antreten sollen, denn schließlich gibt es dieses System schon seit 1993 und es stellt sich für einige Techniken (z.B. Gigabit-Ethernet, Fibre Channel) mittlerweile als Nadelöhr für die Datenübertragung dar. Wie so oft gibt es auch hier wieder verschiedene Vorschläge konkurrierender Unternehmen.

Es kündigen sich dabei zwei »radikale« und eine PCI-abwärtskompatible Lösung an. Zunächst hat sich die Firma Compaq im September 1999 von der PCI SIG (PCI Special Interest Group) das abwärtskompatible *PCI-X* absegnen lassen. Firmen wie IBM und Hewlett-Packard waren an der Entwicklung ebenfalls beteiligt und andere wie 3COM oder Adaptec wollen bereits in der ersten Hälfte des Jahres 2000 die ersten Produkte hierfür in den Handel bringen, wobei Compaq entsprechende Server und auch Workstations auf PCI-X-Basis fertig haben will.

Diese zum konventionellen PCI-Bus abwärtskompatible Lösung arbeitet mit einem maximalen Bustakt von 133 MHz und in einer Datenbreite von 64 Bit, was somit zu einer Datenübertragungsrate von 1 Gbyte/s führen kann. PCI-X definiert verschiedene Betriebsarten (auch 32 Bit, 66 MHz und 100 MHz sind möglich), wobei – wie bei PCI-64 – derjenige Mode automatisch aktiviert wird, mit dem die langsamste PCI-Karte noch umgehen kann. Die folgende Tabelle zeigt die hier möglichen Kombinationsmöglichkeiten.

Eine PCI-X-Karte kann, wie es auch die Tabelle zeigt, in einem bisher gebräuchlichen PCI-Slot verwendet werden, wobei sie sich dementsprechend wie eine übliche PCI-Karte verhält. Das PCI-X-Protokoll ist zu existierenden Treibern und Betriebssystemen kompatibel, was einen relativ einfachen Übergang von PCI zu PCI-X ermöglicht. Die an PCI-X beteiligen Firmen sehen diesen neuen Standard jedoch nur als Übergangslösung für eine völlig neue Architektur an, die nicht mit PCI kompatibel ist.

Daten	Konventionelle PCI-Karten			PCI-X-Karten	
Bus-Frequenz	33 MHz	33 MHz	66 MHz	66 MHz	133 MHz
Spannung	5 V	3,3 V oder universal	3,3 V oder universal	3,3 V oder universal	3,3 V oder universal
PCI 33 MHz	33 MHz	33 MHz	33 MHz	33 MHz	33 MHz	33 MHz
PCI 66 MHz	–	33 MHz	66 MHz	33 oder 66 MHz	33 oder 66 MHz
PCI-X **66 MHz**	–	33 MHz	33 oder 66 MHz	66 MHz	66 MHz
PCI-X **100 MHz**	–	33 MHz	33 oder 66 MHz	66 MHz	100 MHz
PCI-X **133 MHz**	–	33 MHz	33 oder 66 MHz	66 MHz	133 MHz

Tabelle 10.2: Die Kombinationsmöglichkeiten der verschiedenen PCI-Standards. Bei 133-MHz-Takt sind ein Slot, bei 100 MHz zwei Slots und bei 66 MHz vier Slots laut der PCI-X-Spezifikation vorgesehen

Die Firmen Intel, Dell, Fujitsu und einige andere haben hierfür *Next Generation I/O* (NGIO) definiert, während die andere Fraktion, bestehend aus Firmen wie Compaq, IBM und Hewlett-Packard, *Future I/O* als neuen Standard durchsetzen will. Gemein ist beiden Konzepten, dass ausschließlich mit Punkt-zu-Punkt-Verbindungen gearbeitet wird, d.h., es handelt sich nicht wie bei PCI um einen *Shared-Bus*, dessen Bandbreite sich die einzelnen Einheiten untereinander teilen müssen. Die Einheiten werden über serielle *Links* verbunden, denen jeweils die volle Datenübertragungsrate zur Verfügung steht. Die zahlreichen parallelen Verbindungen, die den Aufbau kompliziert und auch teuer machen, sind damit nicht mehr nötig.

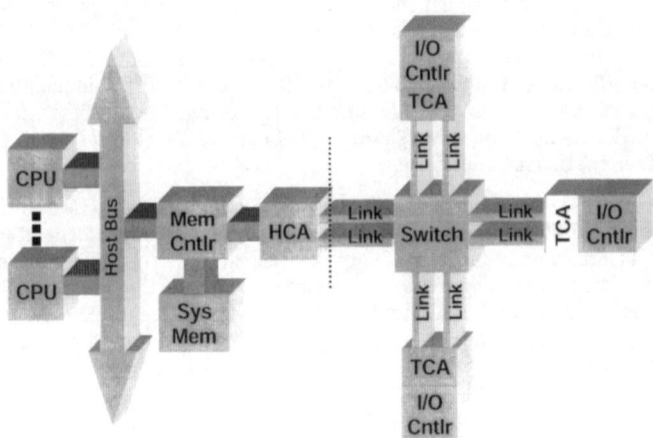

Bild 10.4: Das NGIO-Prinzip geht von einem Host-Channel-Adapter (HCA) aus, der mit einem zentralen Switch kommuniziert, an den die einzelnen Controller via Target-Channel-Adapter (TCA) angeschlossen sind

Die Funktionsweise ist mit einem Switch in einem Netzwerk vergleichbar und wird auch als *Switched Fabric* bezeichnet. Die wesentlichen Unterschiede zwischen NGIO und Future I/O sind, dass NGIO sehr umfassende Spezifikationen beinhaltet, die fast alle Aspekte eines SANs (Storage Area Networks) umfassen, während Future I/O nur die grundlegenden Dinge (Target Switches, Target Devices) dieser neuen Architektur definiert.

Future I/O gibt als maximale Datenübertragungsrate für jeden Link 1066 Mbyte/s an, zeitgleich in beiden Richtungen, und NGIO demgegenüber *nur* 2,5 GBit/s (200 Mbyte/s). Außerdem ist NGIO in erster Linie für die Kommunikation zwischen eigenständigen Geräten (Chassis-zu-Chassis) vorgesehen, während Future I/O sich auch auf die Boardebene bezieht (Chip-zu-Chip).

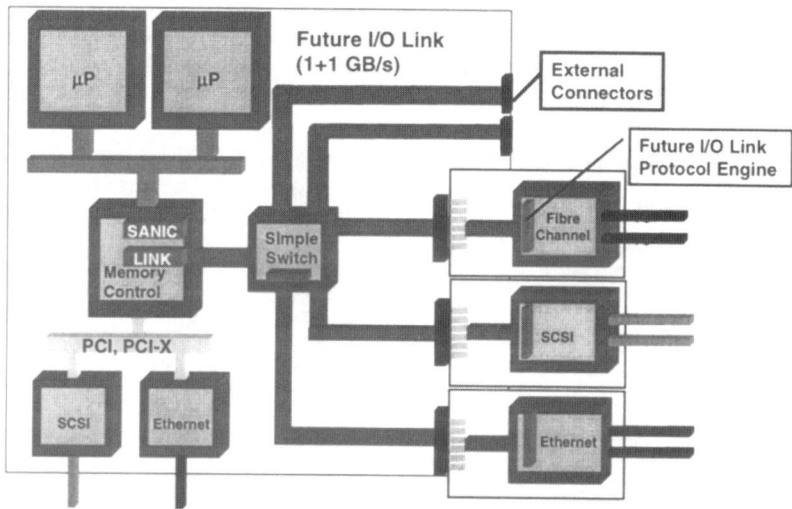

Bild 10.5: Future I/O verwendet auch Switching-Technologie auf der Board-Ebene

Beides ist jedoch noch Zukunftsmusik und wird zunächst in Serverumgebungen eingesetzt werden, wobei es nicht ausgeschlossen ist, dass beide Versionen einen gemeinsamen Weg beschreiten werden, was die notwendige Standardisierung sicher auch beschleunigen würde.

10.2 Der PC-Slot

Ein PC mit einem 8088/86-Prozessor verfügt je nach Hersteller üblicherweise über 2 bis 6 Steckplätze für Einsteckkarten. Diese Steckverbindung wird gemeinhin als *Slot* bezeichnet und besitzt 62 Kontakte, die in zwei Reihen zu je 31 Kontakten aufgeteilt sind.

Ein Teil des Systembus steht an diesen Kontakten zur Verfügung. Das sind der 8-Bit-Datenbus, der 20-Bit-Adressbus, DMA- und Interruptleitungen sowie einige Steuerleitungen. Die Grafikkarte, der Laufwerkscontroller und die Schnittstellenkarte werden beispielsweise über diese Verbindung im PC integriert.

Dieses Slotkonzept macht sicher auch den Erfolg des PCs aus, denn es lässt eine individuelle Ausstattung zu. Je nach Bedarf kann eine Karte ausgetauscht oder nachgerüstet werden und der Computer kann damit den Bedürfnissen des Anwenders individuell angepasst werden. Die Komponenten auf dem Mainboard, die einen Teil der PC-Ressourcen belegen, ergeben zusammen mit denen, die über die Slots im System integriert werden, erst einen funktionsfähigen PC.

10.2.1 Kontaktbeschreibung des PC-Slots

Die PC-Slots sind in ihrer Kontaktbelegung immer identisch. Die einzelnen Leitungen sind jeweils parallel an alle Slots geführt. Daher spielt es im Prinzip keine Rolle, in welchen Slot die Karten gesteckt werden. Es kommt jedoch vor, dass das Netzteil die Grafikkarte stört oder zwei benachbarte Karten sich gegenseitig negativ beeinflussen, was nicht am Slot selbst liegt, sondern an der Einsteckkarte, die in derartigen Fällen in einen anderen Slot zu stecken ist. Die Grafikkarte sollte auch immer möglichst in einem vom Netzteil weit entfernten Slot eingesetzt werden.

Beim PC-Slot ist der Datenbus (D0-D7) 8 Bit breit und mit den Adressleitungen A0-A19 lässt sich ein Speicher von maximal 1 Mbyte adressieren. Hierzu werden die Signale /MEMW und /MEMR (Low aktiv) als Steuersignale für das Lesen oder das Schreiben verwendet.

Gehäuserückwand				
Pin Nr.	Signal	PC-Bus	Pin Nr.	Signal
B1	GND	▮ ▮	A1	/IO CH CK
B2	RES DRV	▮ ▮	A2	D7
B3	+5 V	▮ ▮	A3	D6
B4	IRQ2	▮ ▮	A4	D5
B5	-5 V	▮ ▮	A5	D4
B6	DRQ2	▮ ▮	A6	D3
B7	-12 V	▮ ▮	A7	D2
B8	/CARD SE	▮ ▮	A8	D1
B9	+12 V	▮ ▮	A9	D0
B10	GND	▮ ▮	A10	IO CH RDY
B11	/MEMW	▮ ▮	A11	AEN
B12	/MEMR	▮ ▮	A12	A19
B13	/IOW	▮ ▮	A13	A18
B14	/IOR	▮ ▮	A14	A17
B15	/DACK3	▮ ▮	A15	A16

Fortsetzung der Tabelle:

Pin Nr.	Signal	PC-Bus	Pin Nr.	Signal
B16	DRQ3	■ ■	A16	A15
B17	/DACK1	■ ■	A17	A14
B18	DRQ1	■ ■	A18	A13
B19	/REFRESH	■ ■	A19	A12
B20	BCLK	■ ■	A20	A11
B21	IRQ7	■ ■	A21	A10
B22	IRQ6	■ ■	A22	A9
B23	IRQ5	■ ■	A23	A8
B24	IRQ4	■ ■	A24	A7
B25	IRQ3	■ ■	A25	A6
B26	/DACK2	■ ■	A26	A5
B27	T/C	■ ■	A27	A4
B28	ALE	■ ■	A28	A3
B29	+5 V	■ ■	A29	A2
B30	OSC	■ ■	A30	A1
B31	GND	■ ■	A31	A0
Lötseite			**Bauteilseite**	

Tabelle 10.3: Die Signale am PC-Slot

Der Bus wird entweder vom Mikroprozessor oder vom DMA-Controller (Direct Memory Access, direkter Speicherzugriff) gesteuert. Eine Peripherieeinheit sendet durch ein High auf der entsprechenden DRQ-Leitung eine DMA-Anforderung (DMA-Request, DRQ) an den DMA-Controller, der wiederum über die korrespondierende /DACK-Leitung (DMA-Acknowledge) die Bestätigung für den Empfang der Anforderung ausgibt. Wenn der DMA-Controller die Kontrolle über den Systembus besitzt, führt die AEN-Leitung ein High.

Ist das AEN-Signal hingegen Low, hat der Mikroprozessor die Kontrolle. Über den Anschluss T/C (Terminal Count) kann festgestellt werden, ob die DMA-Übertragung abgeschlossen ist. In diesem Fall liegt dann an T/C ein High-Pegel an.

Zur Ansteuerung des I/O-Bereiches (E/A-Bereich = Ein-/Ausgabe), über den beispielsweise die Schnittstellen wie für RS232 oder Centronics angesprochen werden und der quasi parallel zum Speicherbereich liegt, dienen die Signale /IOW und /IOR. Liegt am Anschluss *IO Channel Check* ein Low-Pegel an, signalisiert eine Einsteckkarte damit eine Fehlfunktion wie beispielsweise einen Paritätsfehler, während durch einen Low-Pegel an *IO Channel Ready* der aktuelle Buszyklus – für langsame Peripherieelemente – verlängert wird.

Alle am *Res-Drv-Pin* angeschlossenen Einheiten werden mit diesem Reset-Signal zurückgesetzt. Der Oszillatortakt (14,318 MHz), der auf dem Mainboard beispielsweise als Takt für den Interrupt-Controller dient, liegt am Anschluss OSC und das Signal am Anschluss BCLK dient als Bustakt. Die Ausführung einer Interrupt-Verarbeitung wird durch eine ansteigende Flanke an einem der IRQ-Anschlüsse eingeleitet.

Auch wenn sich der PC-Bus im Prinzip als veraltet darstellt, ist auch auf neueren PCI-Mainboards oftmals noch ein entsprechender Slot in dieser Ausführung zu finden, der auch als *8-Bit-ISA-Slot* bezeichnet wird und von der Belegung her dem (leicht abgewandelten) ISA-Design entspricht.

Die PC-Bussignale

···} **/IO CH CK, Pin Nr.: A1, Eingang**
Input/Output Channel Check. Eingabe/Ausgabeprüfung. Mit Low wird dem Mainboard ein Fehler von einer Erweiterungskarte mitgeteilt. Dies kann beispielsweise ein Paritätsfehler sein, der daraufhin einen Non-Maskable-Interrupt (NMI) auslöst.

···} **D7-D0, Pin Nr.: A2-A9, Eingang/Ausgang**
Die Datenleitungen. D0 ist das niedrigstwertige Bit (LSB) und D7 ist das höchstwertige Bit (MSB).

···} **I/O CH RDY, Pin Nr.: A10, Eingang**
Input/Output Check Ready. Verlängern der I/O- oder Speicherzyklen. Mit einem Low wird dem Prozessor oder dem DMA-Controller von einer Einheit signalisiert, zusätzliche Wartezyklen einzufügen.

···} **AEN, Pin Nr.: A11, Ausgang**
Address Enable. Bei einem High hat der DMA-Controller die Kontrolle über den Systembus, bei einem Low der Prozessor.

···} **A19-A0, Pin Nr.: A12-A31, Ausgänge**
Die Adressenleitungen. A0 ist das niedrigstwertige Bit (LSB), A19 ist das höchstwertige Bit (MSB). Hiermit erfolgt die Adressierung bis zu einer Speichergröße von maximal 1 Mbyte. Die Signale werden vom Prozessor oder vom DMA-Controller erzeugt. Die Leitungen A0-A9 werden außerdem für die I/O-Adressierung verwendet.

···} **GND Pin Nr.: B1, B10, B31**
Der Masseanschluss des Netzteils.

···} **RES DRV, Pin Nr.: B2, Ausgang**
Reset-Signal. Bei einem High werden alle Komponenten des Mainboards und alle Einsteckkarten, die dieses Signal verarbeiten, zurückgesetzt, d.h. in ihren Ausgangszustand gebracht.

···} **5 V, Pin Nr.: B3, B29, Ausgang**
Die 5-V-Spannung des Netzteils.

···⟩ **IRQ2, Pin Nr.: B4, Eingang**
Interrupt Request 2, Interruptanforderung. Dem Mainboard wird durch ein High (genauer Low-High-Flanke) mitgeteilt, dass von einer Einsteckkarte eine Interruptverarbeitung angefordert wird. Im PC (8088/8086-CPU) ist IRQ2 in der Regel nicht belegt, während Kanal 0 vom Timer und der Kanal 1 von der Tastatur verwendet werden. Diese beiden Interrupt-Leitungen gelangen demnach auch nicht an den PC-Slot.

···⟩ **-5 V, Pin Nr.: B5 , Ausgang**
Die negative Spannung von -5 V des Netzteils.

···⟩ **DRQ2, Pin Nr.: B6, Eingang**
DMA Request, DMA-Anforderung. Mit einem High meldet eine Erweiterungskarte die Übertragung von Daten über den DMA-Kanal 2 an. Dieser Kanal wird oft für die Diskettenlaufwerke verwendet und sollte daher nicht für andere Karten reserviert werden.

···⟩ **-12 V, Pin Nr.: B7, Ausgang**
Die negative Spannung von -12 V des Netzteils.

···⟩ **/CARD SELECT, Pin Nr.: B8**
Beim Original IBM-PC wird dieses Signal zur Selektierung einer speziellen Einsteckkarte im Slot Nr. 8 verwendet. Üblicherweise wird dieses Signal bei anderen Herstellern nicht eingesetzt, so dass der Kontakt dann mit *Reserviert* bezeichnet ist.

···⟩ **+12 V, Pin Nr.: B9, Ausgang**
Die 12-V-Spannung des Netzteils.

···⟩ **/MEMW, Pin Nr.: B11, Ausgang**
Memory Write, Speicher schreiben. Mit einem Low wird den Einsteckkarten mitgeteilt, dass entweder der DMA-Controller oder der Prozessor Daten in den adressierten Speicher (1 Mbyte) schreiben will.

···⟩ **/MEMR, Pin Nr.: B12, Ausgang**
Memory Read, Speicher lesen. Mit einem Low wird den Einsteckkarten mitgeteilt, dass entweder der DMA-Controller oder der Prozessor Daten aus dem adressierten Speicher (1 Mbyte) lesen will.

···⟩ **/IOW, Pin Nr.: B13, Ausgang**
Input Output Write, Daten schreiben. Mit einem Low wird den Einsteckkarten mitgeteilt, dass entweder der Prozessor oder der DMA-Crontoller Daten in den adressierten I/O-Port schreiben will. Die auf dem Datenbus anliegenden Daten sollen an den I/O-Port übergeben werden.

···⟩ **/IOR, Pin Nr.: B14, Ausgang**
Input Output Read, Daten lesen. Mit einem Low wird den Einsteckkarten mitgeteilt, dass entweder der Prozessor oder der DMA-Controller Daten aus dem adressierten Port lesen will. Die auf dem Datenbus anliegenden Daten sollen vom I/O-Port übernommen werden.

···⟩ **/DACK3, Pin Nr.: B15, Ausgang**
DMA Acknowledge, DMA-Bestätigung. Durch ein Low vom DMA-Controller wird der Empfang des DRQ3-Signals bestätigt und die Datenübertragung kann daraufhin beginnen.

···⟩ **DRQ3, Pin Nr.: B16, Eingang**

DMA Request, DMA-Anforderung. Mit einem High meldet eine Erweiterungskarte die Übertragung von Daten über den DMA-Kanal 3 an. In einem PC (8088/
8086-CPU) wird dieser Kanal für den Festplattencontroller verwendet.

···⟩ **/DACK1, Pin Nr.: B17, Ausgang**

DMA Acknowledge, DMA-Bestätigung. Durch ein Low wird vom DMA-Controller
der Empfang des DRQ1-Signals bestätigt, woraufhin die Datenübertragung beginnen kann.

···⟩ **DRQ1, Pin Nr.: B18, Eingang**

DMA Request, DMA-Anforderung. Mit einem High meldet eine Erweiterungskarte die Übertragung von Daten über den DMA-Kanal 1 an. Der Kanal ist in
den meisten Fällen noch nicht vom System belegt.

···⟩ **/REFRESH, Pin Nr.: B19, Ausgang**

Durch ein Low werden die dynamischen RAMs des Speichers *aufgefrischt* (Refresh).

···⟩ **BCLK, Pin Nr.: B20; Ausgang**

Bus Clock. Der Bustakt, der im Original-IBM-PC 4,7 MHz beträgt und als ISA-
Bustakt mit 8,3 MHz definiert ist.

···⟩ **IRQ7-IRQ3, Pin Nr.: B21-B25, Eingänge**

Interrupt Request-3-7, Interruptanforderung. Dem Mainboard wird durch ein
High mitgeteilt, dass von einer Einsteckkarte eine Interruptverarbeitung angefordert wird. Die höchste Priorität hat der Kanal 0, die niedrigste der Kanal
7. Der Kanal 3 ist für die zweite serielle Schnittstelle, der Kanal 4 für die erste
vorgesehen. Kanal 5 ist im PC (8088/8086-CPU) für den Festplattencontroller
zuständig. Der Controller für die Diskettenlaufwerke verwendet IRQ6 und die
erste parallele Schnittstelle verwendet IRQ7.

···⟩ **/DACK2, Pin Nr.: B26, Ausgang**

DMA Acknowledge, DMA-Bestätigung. Durch ein Low vom DMA-Controller wird
der Empfang des DRQ2-Signals bestätigt, woraufhin die Datenübertragung beginnen kann. Die Datenübertragung der Diskettenlaufwerke wird meist über
diesen Kanal ausgeführt, so dass er nicht für andere Einsteckkarten verwendet
werden kann.

···⟩ **T/C, Pin Nr.: B27, Ausgang**

Terminal Count. Ein High-Impuls wird ausgegeben, wenn der programmierte
Zählerstand für eine DMA-Übertragung erreicht worden ist. Die DMA-Übertragung ist damit abgeschlossen.

···⟩ **ALE, Pin Nr.: B28, Ausgang**

Address Latch Enable wird auch als BALE (Bus Address Latch Enable) bezeichnet. Mit diesem Signal werden die vom 8088- oder 8086-Prozessor gemultiplexten
Adressen/Daten durch ein Latch voneinander getrennt. Auf dem Mainboard
und am Slot stehen damit die Adressen und Daten separat zur Verfügung. Ist
das Signal High, steht eine gültige Adresse auf dem Bus an.

···⟩ **OSC, Pin Nr.: B30, Ausgang**

Oszillatortakt. An diesem Anschluss liegt immer ein Taktsignal von 14,31818 MHz
an, das als Referenztakt für den Timer und auch für die Grafikkarte verwendet
wird.

10.3 Der ISA-Slot

Für die Erweiterungen, die ein AT-Computer (ab 286-CPU) gegenüber dem einfachen PC erfahren hat, ist der PC-Slot um 36 Kontakte ergänzt worden. Der AT-Slot besteht demnach aus dem PC-Slot, der (fast) unverändert übernommen wurde, um auch PC-Karten in einem AT betreiben zu können, und einer zweiten Steckverbindung, die zusätzliche Kontakte für den Betrieb von 16-Bit-Einsteckkarten zur Verfügung stellt.

Der AT-Slot hat nach einigen Jahren eine nachträgliche Normung erfahren, die leider nicht sehr streng definiert ist, so dass das Timing beispielsweise nicht eindeutig festgelegt ist. Daher kann es durchaus zu Unverträglichkeiten zwischen dem Mainboard und den Einsteckkarten kommen.

Diese genormte Verbindung trägt die Bezeichnung ISA-Bus (Industry Standard Architecture) und ist auch heute noch, trotz PCI-Bus, sehr verbreitet. Der Bustakt ist laut Norm auf lediglich 8,33 MHz festgelegt und hierin ist auch der Grund zu sehen, warum selbst schnelle PCs besonders unter Windows eine eher gemächliche Geschwindigkeit für den Bildschirmaufbau an den Tag legen, wenn sie auf ISA basieren. Es müssen von der CPU zahlreiche Wartezyklen eingelegt werden, bis die Daten über den ISA-Bus zur Grafikkarte hin transportiert worden sind.

Allerdings ist es bei vielen ISA-PCs durchaus möglich, den Bustakt auf 10 MHz oder sogar 16 MHz im BIOS-Setup festzulegen, was einerseits eine beachtliche Steigerung der Geschwindigkeit zur Folge haben kann, andererseits kommen nicht alle Karten mit einem zu hohen Bustakt klar und der PC bleibt möglicherweise hängen oder es funktioniert auch gar nichts mehr.

10.3.1 Kontaktbeschreibung des ISA-Slots

Je nach Mainboard-Hersteller stehen in einem PC mehrere AT-Slots und meist noch ein PC-Slot zur Verfügung, in den meist die Schnittstellenkarte eingesteckt wird. Die Kontaktbeschreibung des PC-Bus ist im vorigen Kapitel angegeben, so dass hier nur auf die Änderungen oder Erweiterungen demgegenüber eingegangen wird.

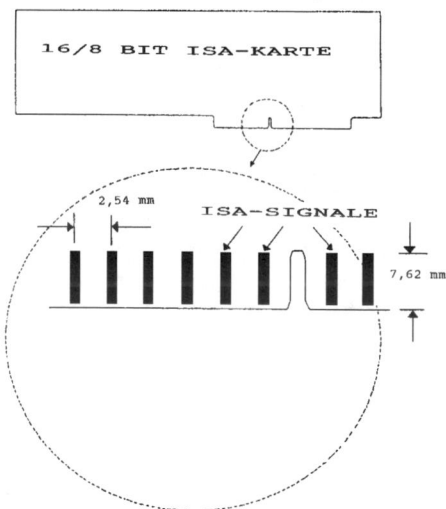

Bild 10.6: Das Layout einer ISA-Karte zeigt, dass sich die Signale der AT-Bus-Erweiterung von denen des PC-Bus am Slotanschluss abgesetzt (Einkerbung) befinden

Die beim PC-Slot mit »Reserviert« bezeichnete Leitung »B8« dient bei ISA der Kommunikation mit (damals schnellen) Speichern, welche ohne Wartezyklen (Waitstates) arbeiten können, wenn sich dieses Signal auf Low befindet (/0WS). Die Leitung IRQ2 (Pin B4) wurde beim ISA-Slot in IRQ9 umbenannt, da ab einem AT mit dem Interrupt 2 der zweite Interrupt-Controller angesprochen (Kaskadierung) und der »alte« Interrupt 2 auf den Interrupt 9 umgelenkt wird.

Des Weiteren werden nunmehr zwei Arten von *Speicher-Schreiben-* und *Speicher-Lese-Leitungen* (/MEMW, /MEMR) unterschieden. Die Leitungen am alten (PC-)Slot werden für die Kommunikation mit dem kleinen Speicher (1 Mbyte, PC-Betrieb) verwendet. Daher werden diese Leitungen auch mit einem vorangestellten »S« für »small« gekennzeichnet. Die entsprechenden Leitungen auf der AT-Sloterweiterung dienen der Adressierung des Speichers bis maximal 16 Mbyte.

		Gehäuserückwand		
Pin Nr.	**Signal**	**ISA-Bus**	**Pin Nr.**	**Signal**
B1	GND	▪ ▪	A1	/IO CH CK
B2	RES DRV	▪ ▪	A2	D7
B3	+5 V	▪ ▪	A3	D6
B4	IRQ9	▪ ▪	A4	D5
B5	-5 V	▪ ▪	A5	D4
B6	DRQ2	▪ ▪	A6	D3
B7	-12 V	▪ ▪	A7	D2
B8	/0WS	▪ ▪	A8	D1
B9	+12 V	▪ ▪	A9	D0
B10	GND	▪ ▪	A10	IO CH RDY
B11	/SMEMW	▪ ▪	A11	AEN
B12	/SMEMR	▪ ▪	A12	A19
B13	/IOW	▪ ▪	A13	A18
B14	/IOR	▪ ▪	A14	A17
B15	/DACK3	▪ ▪	A15	A16
B16	DRQ3	▪ ▪	A16	A15
B17	/DACK1	▪ ▪	A17	A14
B18	DRQ1	▪ ▪	A18	A13
B19	/REFRESH	▪ ▪	A19	A12
B20	BCLK	▪ ▪	A20	A11
B21	IRQ7	▪ ▪	A21	A10
B22	IRQ6	▪ ▪	A22	A9

Fortsetzung der Tabelle:

		Gehäuserückwand		
Pin Nr.	Signal	ISA-Bus	Pin Nr.	Signal
B23	IRQ5	▮ ▮	A23	A8
B24	IRQ4	▮ ▮	A24	A7
B25	IRQ3	▮ ▮	A25	A6
B26	/DACK2	▮ ▮	A26	A5
B27	T/C	▮ ▮	A27	A4
B28	ALE	▮ ▮	A28	A3
B29	+5 V	▮ ▮	A29	A2
B30	OSC	▮ ▮	A30	A1
B31	GND	▮ ▮	A31	A0
		Einkerbung		
D1	/MEM CS16	▮ ▮	C1	/SBHE
D2	/I-O CS 16	▮ ▮	C2	LA23
D3	IRQ10	▮ ▮	C3	LA22
D4	IRQ11	▮ ▮	C4	LA21
D5	IRQ12	▮ ▮	C5	LA20
D6	IRQ15	▮ ▮	C6	LA19
D7	IRQ14	▮ ▮	C7	LA18
D8	/DACK0	▮ ▮	C8	LA17
D9	DRQ0	▮ ▮	C9	/MEMR
D10	/DACK5	▮ ▮	C10	/MEMW
D11	DRQ5	▮ ▮	C11	SD8
D12	/DACK6	▮ ▮	C12	SD9
D13	DRQ6	▮ ▮	C13	SD10
D14	/DACK7	▮ ▮	C14	SD11
D15	DRQ7	▮ ▮	C15	SD12
D16	+5 V	▮ ▮	C16	SD13
D17	/MASTER	▮ ▮	C17	SD14
D18	GND	▮ ▮	C18	SD15
Lötseite			**Bauteilseite**	

Tabelle 10.4: *Der ISA-Bus setzt sich aus dem PC-Bus und den Signalen der AT- Sloterweiterung zusammen*

Die Adressen A17-A19 (LA17-LA19) sind prinzipiell zweimal am Slot vorhanden. Die Signale A17-A19 sind gegenüber LA17-LA19 um einen halben Bustakt verzögert, da sie erst nach der Abtrennung der Daten (mit ALE) aus dem gemeinsamen Adress/Datenbus des 8088-Prozessors gültig sind.

Die Adressen an LA17-A19 hingegen sind früher gültig, da ein 80286-Prozessor – und auch die Weiterentwicklungen – keinen gemultiplexten Adress/Datenbus, sondern hierfür einzelne Anschlüsse besitzen. Wenn eine Erweiterungskarte mit Speicherbausteinen (Speichererweiterung, Grafikkarte) Daten in 16-Bit-Breite verarbeiten soll, muss sie das /MEM-CS-16-Signal auf Low setzen. Sie erkennt dies frühzeitig anhand der doppelten Adreßleitungen. Bleibt das /MEM-CS-16-Signal aber aus, führen der Prozessor oder der DMA-Controller mit der Karte lediglich eine 8-Bit-Übertragung durch.

Für eine I/O-Datenübertragung in 16-Bit-Breite muss eine Einsteckkarte zusätzlich zum Signal /IOW bzw. /IOR das *I/O-Chip-Select-16-Signal* auf Low setzen. Geschieht dies nicht rechtzeitig, erfolgt die Datenübertragung stattdessen lediglich in 8-Bit-Breite. Entgegen dem PC-Design reicht der I/O-Adressraum (siehe Kapitel 10.3.3) nicht nur bis zur Adresse 3FFh, sondern bei ISA bis zur Adresse FFFFh.

Der AT-Erweiterungsslot besteht aus 36 Pins, die wie beim PC-Slot in zwei Reihen angeordnet sind. Die erweiterten Interrupt- und DMA-Kanäle des AT stehen am Slot ebenfalls zur Verfügung. Sie werden durch den Einsatz von zwei zusätzlichen Bausteinen realisiert, die mit denen des PC funktionell identisch sind.

10.3.2 Die geänderten und erweiterten Bus-Signale

···} **IRQ9, Pin Nr.: B4, Eingang**
Dieser Anschluss entspricht dem IRQ2-Anschluss beim PC-Bus. Der *alte* Kanal 2 wird zur Kaskadierung des zweiten Interrupt-Controllers auf IRQ 9 verwendet.

···} **/OWS, Pin Nr.: B8, Eingang**
0 Wait States. Befindet sich dieses Signal auf Low, kann mit einem externen Speicher (z.B. auf der Grafikkarte) ohne zusätzliche Wartezyklen gearbeitet werden. Beim PC-Bus wird der Anschluss mit *Card Select* oder auch *Reserviert* bezeichnet.

···} **/SMEMW, Pin Nr.: B11, Ausgang**
Small Memory Write, Speicher schreiben. Mit einem Low wird den Einsteckkarten mitgeteilt, dass entweder der DMA-Controller oder der Prozessor Daten in den adressierten Speicher schreiben will. Dieses Signal ist nur für den Speicher bis 1 Mbyte (Small) gültig, wie es beim ursprünglichen PC verwendet wird. Für die Adressierung des Speichers über 1 Mbyte wird das Signal /MEMW verwendet, das sich an der AT-Slot-Erweiterung befindet.

···} **/SMEMR, Pin Nr.: B12, Ausgang**
Small Memory Read, Speicher lesen. Mit einem Low wird den Einsteckkarten mitgeteilt, dass entweder der DMA-Controller oder der Prozessor Daten aus dem adressierten Speicher lesen will. Für die Adressierung des Speichers über 1 Mbyte wird das Signal /MEMR (AT-Slotwerweiterung) verwendet. /SMEMR ist nur für den Speicher bis 1 Mbyte gültig.

···}> **BCLK, Pin Nr.: B20; Ausgang**
Bus Clock. Der Bustakt beträgt in einem ISA-System unabhängig vom Prozessor-takt standardmäßig 8,3 MHz. Im BIOS-Setup kann oftmals ein höherer Wert eingestellt werden, was jedoch eine Fehlfunktion der Einsteckkarte(n) zur Folge haben kann.

···}> **OSC, Pin Nr.: B30, Ausgang**
Oszillatortakt. An diesem Anschluss liegt immer ein Taktsignal von 14,31818 MHz an, das als Referenztakt für den Timer und auch die Grafikkarte verwendet wird. Auf einigen Mainboards (ab ca. 1993) wird auch der CPU-Takt mit Hilfe von OSC erzeugt. Hierfür wird dieses Signal an einen PLL-Baustein (Phase Locked Loop, z.B. der Typ AV9107) geführt, der in Abhängigkeit von einer bestimmten Jumper-stellung am Ausgang den CPU-Takt zur Verfügung stellt.

Die Signale der AT-Bus-Erweiterung

Die folgenden Signale befinden sich an der 36-poligen Signalerweiterung, wie sie mit dem IBM-AT (Advanced Technology) eingeführt worden ist. PCs mit mindestens einem 286-Prozessor besitzen diese Anschlüsse, die für die Kommunikation mit 16-Bit-Einsteckkarten notwendig sind. Die gegenüber dem traditionellen PC (8088/8086) erweiterten Komponenten wie der zweite DMA- und der zweite Interrupt-Controller stellen hier ebenfalls die entsprechenden Signale zur Verfügung.

···}> **/SBHE, Pin Nr.: C1, Ausgang**
System Bus High Enable kennzeichnet durch ein Low, dass Daten auf den obe-ren Datenleitungen SD8-SD15 anliegen. Es findet demnach eine 16 Bit breite Datenübertragung statt.

···}> **LA23-LA17, Pin Nr.: C2-C8, Ausgänge**
Large Address, die oberen Adressleitungen. Die Adressen A17-A19 sind im Prinzip zweimal am Slot vorhanden: einmal als A17-A19 über den PC-Slot und einmal als LA17-LA19 über die AT-Slot-Erweiterung.

···}> **/MEMR, Pin Nr.: C9, Ausgang**
Memory Read, Speicher lesen. Mit einem Low wird den Einsteckkarten mitge-teilt, dass entweder der DMA-Controller oder der Prozessor Daten aus dem adressierten Speicher lesen will. Das Signal /SMEMR des PC-Slots ist demge-genüber nur im Adressbereich zwischen 0-1 Mbyte gültig.

···}> **/MEMW, Pin Nr.: C10, Ausgang**
Memory Write, Speicher schreiben. Mit einem Low wird den Einsteckkarten mitgeteilt, dass der DMA-Controller oder der Prozessor Daten in den adressier-ten Speicher schreiben will. Das Signal /SMEMW des PC-Slots ist demgegen-über nur im Adressbereich zwischen 0-1 Mbyte gültig.

···}> **SD8-SD15, Pin Nr.: C11-C18, Eingänge/Ausgänge**
System Data, die oberen Datenbits des 16-Bit-Datenbus. D0-D7 des PC-Bus lie-fern die unteren Datenbits.

···}> **/MEM CS16, Pin Nr.: D1, Eingang**
Memory Chip Select 16. Eine Einsteckkarte muss dieses Signal auf Low setzen, wenn Speicherdaten in 16-Bit-Breite verarbeitet werden sollen. Wird das Sig-nal nicht rechtzeitig auf Low gesetzt, erfolgt die Datenübertragung stattdes-sen in 8-Bit-Breite.

···⟩ **/I-0 CS16, Pin Nr.: D2, Eingang**
I/0 Chip Select 16. Eine Einsteckkarte muss dieses Signal auf Low setzen, wenn I/0-Daten in 16-Bit-Breite verarbeitet werden sollen. Wird das Signal nicht rechtzeitig auf Low gesetzt, erfolgt die Datenübertragung stattdessen in 8-Bit-Breite.

···⟩ **IRQ10-IRQ12 und IRQ15,14, Pin Nr.: D3-D5, D6, D7, Eingänge**
Interrupt-Request-10-12 und -14-15, Interruptanforderung. Diese Interrupt-Leitungen stellt der zweite Interrupt-Controller zur Verfügung.

···⟩ **/DACK0, Pin Nr.: D8, Ausgang**
DMA-Acknowledge, DMA-Bestätigung. Durch ein Low vom DMA-Controller wird der Empfang des DRQ0-Signals bestätigt. In der Regel ist dieser Kanal nicht standardmäßig vom System belegt.

···⟩ **DRQ0, Pin Nr: D9, Eingang**
DMA Request, DMA-Anforderung. Mit einem High meldet eine Erweiterungs-karte die Übertragung von Daten über den DMA-Kanal 0 an.

···⟩ **/DACK5-7, Pin Nr.: D10, D12, D14**
DMA Acknowledge, DMA-Bestätigung. Durch ein Low vom DMA-Controller wird der Empfang des DRQx-Signals bestätigt.

···⟩ **DRQ5-7, Pin Nr.: D11, D13, D15**
DMA Request, DMA-Anforderung. Mit einem High meldet eine Erweiterungs-karte die Übertragung von Daten über den angewählten DMA-Kanal 0 an. Die-se 3 Kanäle sind standardmäßig nicht belegt und stehen für Systemerweite-rungen zur Verfügung. Die Datenübertragung kann in 8- oder 16-Bit-Breite erfolgen.

···⟩ **+5 V, Pin Nr.: D16, Ausgang**
Die 5-V-Spannung des Netzteils.

···⟩ **/MASTER, Pin Nr.: D17, Eingang**
Mit Hilfe dieses Signals kann ein externer Prozessor die Steuerung des System-bus übernehmen. Er ist dann der *Busmaster* des Systems. Ihm wird eine DRQ-Leitung des DMA-Controllers zugeordnet, über die er eine Anforderung an den DMA-Controller sendet. Der wiederum sendet die Bestätigung über die ent-sprechende /DACK-Leitung. Hierauf reagiert der externe Prozessor mit einem Low auf der /MASTER-Leitung, womit er die Steuerung des Systembus über-nommen hat. Dieses Verfahren (Busmaster-DMA) wird beispielsweise mit den ISA-SCSI-Controllerkarten der Firma Adaptec eingesetzt.

···⟩ **GND, Pin Nr.: D18**
Der Masseanschluss des Netzteils.

Es gibt eine ganze Reihe von ISA-Karten, die den Bus scheinbar in 16-Bit-Breite nutzen können. Bei genauerer Betrachtung der Slot-Signale wird man jedoch fest-stellen können, dass die oberen Datenleitungen an der Karte gar nicht angeschlos-sen sind. Die Karte ist nur deshalb für den ISA-Bus ausgelegt, damit die oberen Interrupt- und DMA-Kanäle verwendet werden können, aber im Prinzip handelt es sich um eine 8-Bit-Karte, wie es bei den 16-Bit-Soundkarten üblich ist, die zwar mit 16 Bit samplen können, die Daten jedoch nur in 8-Bit-Breite über den Bus »schaufeln«.

*Bild 10.7: Scheinbar zwei ISA-Karten, wobei die untere allerdings als 8-Bit-Karte ausgelegt ist, da
die oberen Datenleitungen gar nicht als Kontakte ausgeführt sind*

10.3.3 I/O-Adressen in einem ISA-System

Der Speicherbereich eines PC wird quasi Typ-unabhängig (ISA, EISA, VLB, PCI)
verwendet. Unterschiede gibt es jedoch bei den I/O-Adressen. Der I/O-Bereich liegt
quasi parallel zum Speicherbereich und wird mit Hilfe des /IOR- und /IOW-Signals
selektiert. Er reicht bei einem traditionellen PC bis zur Adresse 3FFh und bei einem
ISA-PC bis FFFFh. Der Bereich von 000h-1FFh ist für die Mainboard-Komponenten
reserviert und kann nicht anderweitig – von Erweiterungskarten etwa – verwendet
werden.

In der folgenden Tabelle ist die übliche Belegung der I/O-Adressen bei einem ISA-
PC angeben, wobei sich zwischen den angegebenen Adressen spezielle Konfigu-
rationsregister für den jeweiligen, auf dem Mainboard verwendeten Chipsatz befinden können. Ein traditioneller PC (8088/8086-CPU) verwendet nur eine Teilmenge
dieser ISA-Adressen, da er beispielsweise keinen zweiten Interrupt- oder auch DMA-
Controller kennt.

Einige dieser Adressen, sowie auch die von gebräuchlichen Erweiterungskarten (z.B.
Soundblaster-, Netzwerkkarte), sind ebenfalls in der Tabelle zu finden. Für die
Verwendung des Bereiches ab 400h existieren keine allgemein gültigen Festlegungen.

Adresse in Hex	Verwendung in einem ISA-PC
000-01F	erster DMA-Controller (Master)
020-021	erster Interrupt-Controller (Master)
022	Chip-Set-Data-Port (Index)
023	Chip-Set-Data-Port (Data)
026	Power-Management-Port (Index)
027	Power-Management-Port (Data)
040-05F	Timer 8254
060-06F	Tastatur-Controller 8042
070-07F	CMOS-RAM, Real Time Clock 70h: Index-Port, 71h: Data-Port
080-08F	DMA-Seitenregister (Page Register)

Fortsetzung der Tabelle:

Adresse in Hex	Verwendung in einem ISA-PC
090-097	frei
0A0-0BF	zweiter Interrupt-Controller (Slave)
0C0-0DF	zweiter DMA-Controller (Slave)
0F0-0FF	Coprozessor
100-1EF	frei oder 170h-177h: 2. Festplatten-Controller 178h: Power-Management-Port (Index) 179h: Power-Management-Port (Data)
1F0-1F7	Festplatten-Controller
1F8	Gate-A20-Control
1F9-1FF	frei
200-20F	Game-Port (Joystick)
210-217	Erweiterungseinheit (u.U. frei)
220-22F	Soundblasterkarte
22F-277	frei
278-27F	zweite Druckerschnittstelle (Centronics)
280-2EF	meist frei oder Netzwerkkarte
2F8-2FF	zweite serielle Schnittstelle (COM2)
300-31F	Prototypkarte oder Netzwerkkarte
320-32F	frei
330-337	MPU401 (MIDI-Standard)
338-377	frei
378-37F	erste Druckerschnittstelle (Centronics)
380-387	frei
388-38B	Soundblaster-Karte (FM-Sound-Chip)
38C-3AF	frei
3B0-3BF	monochrome Grafikkarte (MDA), 1. parallele Druckerschnittstelle oder Hercules-Grafikkarte
3C0-3CF	EGA/VGA-Grafikkarte
3D0-3DF	CGA-Grafikkarte
3E0-3EF	frei
3F0-3F7	Controller für Diskettenlaufwerke
3F8-3FF	erste serielle Schnittstelle (COM1)
400-FFFF	nicht näher spezifiziert

Tabelle 10.5: Die Verwendung der I/O-Adressen bei einem ISA-PC

10.4 Der PCI-Bus

PCI ist im Prinzip ein Local-Bus-Standard, der von der Firma Intel festgelegt wurde. **P**eripheral **C**omponent **I**nterconnect versteht sich im Gegensatz zum VLB jedoch nicht als Ergänzung zu einer bestehenden Bus-Architektur, sondern definiert gegenüber ISA einen neueren Komponenten-Standard, für den eine völlig andere Chipgeneration benötigt wird, wie es bei den Chipsets im Kapitel 6 erläutert ist.

Der PCI-Bus stellt das erste plattformübergreifende Bussystem dar, das sowohl in PCs als auch in Power-PCs (Motorola, Apple) und Alpha-Workstations der Firma DEC zum Einsatz kommt. Des Weiteren existieren zwei industrielle Ausführungen des PCI-Bus, die nicht miteinander kompatibel sind: Compact PCI der Industrial Manufacturer's Group (PICMG) und Industrial-PCI (IPCI) der deutschen Herstellervereinigung SIPS, wobei letztere nicht die Marktbedeutung hat wie *Compact PCI*.

PCI ist laut Spezifikation nicht vom verwendeten Prozessor abhängig. Er ist allerdings bei den Mainboards mit Intel- oder kompatiblen Prozessoren mit dem CPU-Takt gekoppelt und arbeitet zu ihm synchron. Es ist demnach eine eindeutige Beziehung zwischen dem Mainboard-, dem PCI-Bus- und dem CPU-Takt gegeben, was maßgebliche Auswirkungen auf die Leistungsfähigkeit eines PC hat.

Im Gegensatz zu EISA und der MCA, ist für PCI keine Konfigurierung per zusätzlicher Software (ECU, ADF) durchzuführen, sondern diese Funktionalität wird vom Plug&Play-BIOS, eine Erweiterung gegenüber dem bis dato üblichen System-BIOS, automatisch durchgeführt, was immer dann relativ zuverlässig funktioniert, wenn sich im PC ausschließlich PCI- und nicht etwa auch noch ISA-Karten befinden. In diesen Fällen sind vom Anwender – je nach BIOS-Version – dann dennoch manuelle Einstellungen vorzunehmen (siehe Kapitel *Der Setup des PC*, Plug&Play).

10.4.1 Elektrische PCI-Kenndaten

PCI stellt besonders genaue und eng tolerierte Anforderungen an die Elektronik. Im Gegensatz zu ISA-Interfaces, bei denen man in den meisten Fällen mit Standard-TTL-Bausteinen arbeiten kann, sind für PCI aufgrund der typischen Taktfrequenz von 33 MHz (66 MHz, PCI-Revision 2), der verschiedenen Bustransfers (Burst, Config, Memory) und der automatischen Konfigurierung (Plug&Play) wesentlich strengere Maßstäbe anzulegen, was den Einsatz von speziellen PCI-Interfacechips erfordert, die nach bestimmten Regeln unter genauer Beachtung der elektrischen PCI-Definitionen auf den PCI-Karten einzusetzen sind.

Wie man sich laut der PCI-Spezifikation die Verbindung zwischen dem PCI-Chip auf einer Einsteckkarte und dem Slot vorzustellen hat, verdeutlicht das folgende Bild. Demnach sind generell kurze Signalwege zwischen dem Chip und dem PCI-Slot (maximal 4 cm) vorzusehen und optimalerweise liegen die Anschlüsse des Bausteins an maximal drei Seiten in geordneter Form, d.h., es sind keine Signalkreuzungen im Layout nötig.

In der Praxis ist dies jedoch nicht immer der Fall, was zum einen am Chip selbst liegt und zum anderen an dem angefertigten Layout der Platine, die mindestens als vierfach-Multilayer ausgeführt sein soll, was jedoch aus Kostengründen oftmals nicht realisiert wird und somit zu Störungen und Unverträglichkeiten im Zusammenspiel mit den anderen PCI-Komponenten führen kann.

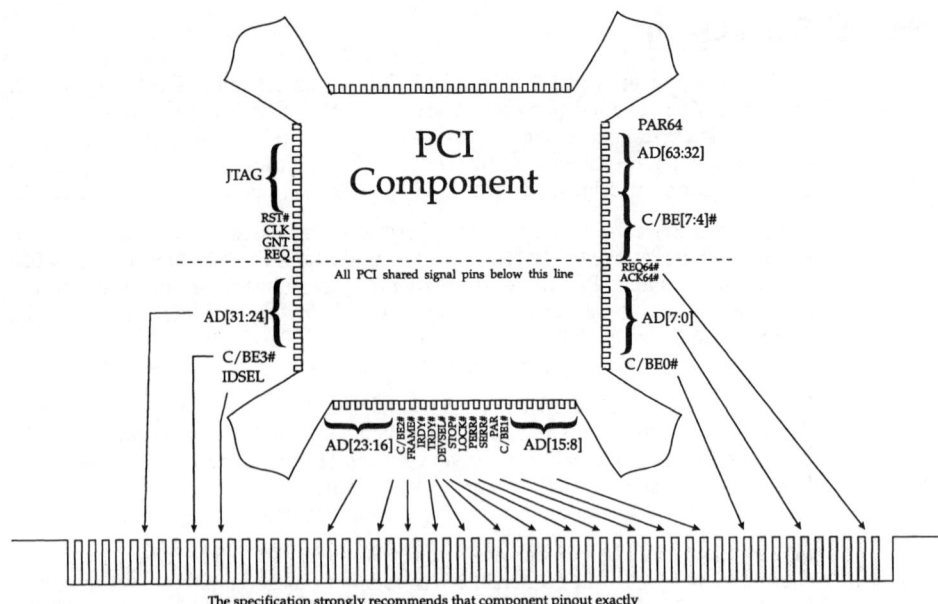

The specification strongly recommends that component pinout exactly aligns with the PCI connector pinout. This contributes to shorter stub lengths on PCI cards.

Bild 10.8: Ein PCI-Interface-Chip sollte die Anschlüsse – per PCI-Spezifikation – in der hier gezeigten Form zur Verfügung stellen und somit kurze Signalwege ermöglichen; IC-Fassungen sind für PCI-Interface-Chips generell nicht erlaubt

Symbol	Parameter	Minimal	Maximal
Vcc	Versorgungsspannung	4,75 V	5,25 V
Vih	Voltage Input High	2.0 V	Vcc + 0,5 V
Vil	Voltage Input Low	-0,5 V	0,8 V
Iih	Input High Leakage Current		70 µA (Vin=2,7 V)
Iil	Input Low Leakage Current		-70 µA (Vin=0,5)
Voh	Voltage Output High	2,4 V (Iout=2mA)	
Vol	Voltage Output Low	0,55 V(Iout=3..6mA)	
Cin	Input Pin Capacitance		10 pF
Cclk	CLK Pin Capacitance	5 pF	12 pF
Cidsel	IDSEL Pin Capacitance		8 pF

Tabelle 10.6: Elektrische Kenndaten für den PCI-Bus (5 V, 33 MHz)

Symbol	Parameter	Minimal	Maximal
Tval	CLK to Signal Valid Delay (Bussignale)	2 ns	11 ns
Tval	CLK to Signal Valid Delay (Point-To-Point, /GNT..)	2 ns	12 ns
Tcyc	CLK Cycle Time	30	∞
Tclksr	CLK Slew Rate	1 V/ns	4 V/ns
Tsu	Input Setup Time to CLK (Bussignale)	7 ns	
Tsu	Input Setup Time to CLK (Point-To-Point, /GNT..)	12 ns	
Th	Input Hold Time from CLK	0 ns	
Trst	Reset Active Time after Power Stable	1 ms	
Trst-clk	Reset Active Time after CLK Stable	100 µs	

Tabelle 10.7: Timing-Kenndaten für den PCI-Bus (5 V, 33 MHz)

10.4.2 PCI-Bus-Slots und -Signale

Wie beim VESA-Local-Bus hat man sich bei PCI auf diejenige mechanische Slot-Lösung, die erstmalig beim MicroChannel verwendet wurde, geeinigt. Die PCI-Slots befinden sich jedoch nicht hinter dem ISA- oder EISA-Anschluss, sondern bei typischen PC-Mainboards unmittelbar neben ihnen, oder sie werden an anderer Stelle des Mainboards, abgesetzt von den anderen Slots, positioniert.

Bild 10.9: Die PCI-Slots befinden sich neben den ISA-Slots; die beiden oberen werden als »Shared Slot« bezeichnet

Die Bezeichnung *Shared Slot*, die oft in den Handbüchern der Mainboards zu finden ist, besagt, dass entweder eine ISA- oder aber eine PCI-Karte an die betreffende Position, die sich auf eine Slotblechposition bzw. Aussparung im Gehäuse bezieht, gesteckt werden kann. Es sind an dieser Position sowohl ein ISA- als auch ein PCI-Slot auf dem Mainboard vorhanden, die jedoch mechanisch gesehen so dicht beieinander liegen (Bild 10.9), dass nur eine der beiden Möglichkeiten verwendet werden kann. Diese Anordnung ist aber auch nur deshalb möglich, weil PCI-Karten, vom Standpunkt der anderen PC-Einsteckkarten (MCA, ISA, EISA, VLB) her gesehen, grundsätzlich auf der klassischen Leiterbahnseite bestückt sind.

Der PCI-Bus verwendet einen gemultiplexten 32 Bit breiten Adress/Datenbus und die PCI-Revision-2-Spezifikation sieht optional einen 64 Bit breiten Bus vor, der die zusätzlichen Signale an einem gegenüber PCI-1 verlängerten Slot zur Verfügung stellt.

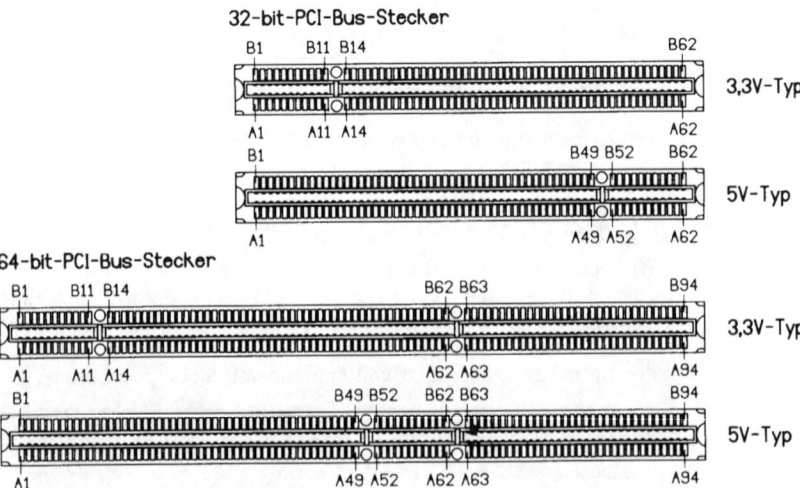

Bild 10.10: *Die Varianten des PCI-Slots. Sowohl die 64- als auch die 32-Bit-Implementierung erlaubt Einsteckkarten mit 5-V- oder 3,3-V-Spannungsversorgung; damit kein versehentliches Einstecken in einen für die Karte nicht geeigneten Slot möglich ist, befinden sich entsprechende mechanische Sperren in den Slots*

Jede PCI-konforme Einheit verwendet grundsätzlich neben einem I/O- und/oder Memory-Bereich einen so genannten Configuration Space (Konfigurationsbereich) zur Identifizierung und Konfigurierung der PCI-Einheiten (Kapitel 10.6.5).

Mit einem Arbiter wird in einem multimasterfähigen System generell geregelt, welcher Master den Zugriff auf den Bus erhält. Der PCI-Bus ist multimasterfähig und verwendet hierfür eine zentrale Arbitrierung. Ein PCI-Busmaster kann mit einem selektierten Slave eine Datenübertragung so lange durchführen, bis ein anderer Busmaster den Bus beansprucht.

Bei vorwiegend älteren PCI-Mainboards ist nicht jeder PCI-Slot masterfähig, sondern meist nur einer. Dies hat zur Folge, dass nur eine einzige masterfähige PCI-Einheit über eine Einsteckkarte zu implementieren ist. Beispielsweise kann entweder ein SCSI-Hostadapter oder eine Netzwerkkarte eingesetzt werden.

Jeder PCI-Slot führt hierfür einzeln die entsprechenden /REQ (Request) und /GNT-Signale (Grant), wobei bei älteren PCI-Mainboards zu beachten ist, dass unter Umständen nicht alle PCI-Slots masterfähig sind. Demnach müssen auch nur PCI-Karten, die busmasterfähig sind, diese Signale unterstützen. Mit /REQ wird eine Anforderung von einem PCI-Device an den Arbiter gesendet und über die Leitung /GNT erhält das Device die Bestätigung, dass es ab sofort über den Buszugriff verfügt.

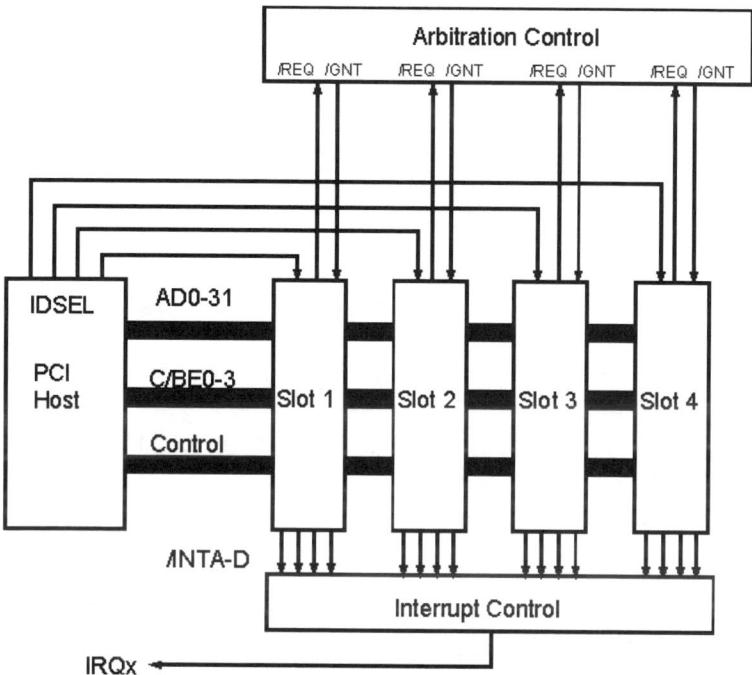

Bild 10.11: Die Struktur des PCI-Bussystems, das in den meisten Fällen vier PCI-Slots zur Verfügung stellt

Am PCI-Slot liegen die PC-üblichen Spannungen von ±12 V (Pin A2, B1) und an mehreren Kontakten die +5 V an. Die Spannung von -5 V wie beim ISA-Bus gibt es hier nicht. Da PCI bereits für die 3,3-Volt-Logik vorgesehen ist, wird auch die 3,3-V-Spannung an mehreren Kontakten zur Verfügung gestellt, was standardmäßig jedoch erst bei ATX-Boards der Fall ist.

Karten, die sowohl mit 5 V als auch mit 3,3 V (Universalkarten) betrieben werden können, verwenden die »5 V, 3.3 V (I/O)-Anschlüsse« und zur Unterscheidung, welche Karte mit welcher Spannung zu versorgen ist, sind im PCI-Anschluss zwei Markierungen (Keys) angebracht, wodurch ein falsches Einstecken der Karten mechanisch verhindert wird. Die beiden Present-Signale (/PRSNT) kennzeichnen, ob sich eine Karte im Slot befindet und geben deren jeweilige Leistungsaufnahme bekannt.

Durch die 64-Bit-Signale sind von Anfang an (1993) auch Weiterentwicklungen dieses Bussystems vorgesehen. Die Initiierung einer 64-Bit-Übertragung wird durch das Signal /REQ64 eingeleitet und mit /ACK64 bestätigt. Die zusätzlichen Command/Byte-Enable-Signale (C/BE7-4) verhalten sich wie die C/BE3-0-Signale bei einem 32-Bit-Zyklus. Ferner ist eine spezielle Parity-Überprüfung mit Hilfe des Signals PAR64 gegeben.

Slotblech

Bauteilseite		Lötseite	
Pin Nr.	**Signal**	**Pin Nr.**	**Signal**
B1	-12 V	A1	/TRST
B2	TCK	A2	+12 V
B3	GND	A3	TMS
B4	TDO	A4	TDI
B5	+5 V	A5	+5 V
B6	+5 V	A6	/INTA
B7	/INTB	A7	/INTC
B8	/INTD	A8	+ 5 V
B9	/PRSNT1	A9	Reserviert
B10	Reserviert	A10	+ 5 V, 3.3 V (I/O)
B11	/PRSNT2	A11	Reserviert
B12	GND-3,3V Key	A12	GND-3,3V Key
B13	GND-3,3V Key	A13	GND-3,3V Key
B14	Reserviert	A14	Reserviert
B15	GND	A15	/RST
B16	CLK	A16	+5 V, 3.3 V (I/O)
B17	GND	A17	/GNT
B18	/REQ	A18	GND
B19	+5 V, 3.3 V	A19	Reserviert
B20	AD31	A20	AD30
B21	AD29	A21	+3.3 V
B22	GND	A22	AD28
B23	AD27	A23	AD26
B24	AD25	A24	GND
B25	+3.3 V	A25	AD24
B26	C/BE3	A26	IDSEL
B27	AD23	A27	+3.3 V
B28	GND	A28	AD22
B29	AD21	A29	AD20
B30	AD19	A30	GND
B31	+3.3 V	A31	AD18

Fortsetzung der Tabelle:

Bauteilseite		Lötseite	
Pin Nr.	**Signal**	**Pin Nr.**	**Signal**
B32	AD17	A32	AD16
B33	C/BE2	A33	+3.3 V
B34	GND	A34	/FRAME
B35	/IRDY	A35	GND
B36	+3.3 V	A36	/TRDY
B37	/DEVSEL	A37	GND
B38	GND	A38	/STOP
B39	/LOCK	A39	+3.3 V
B40	/PERR	A40	SDONE
B41	+3.3 V	A41	/SBO
B42	/SERR	A42	GND
B43	+3.3 V	A43	PAR
B44	C/BE1	A44	AD15
B45	AD14	A45	+3.3 V
B46	GND	A46	AD13
B47	AD12	A47	AD11
B48	AD10	A48	GND
B49	GND	A49	AD09
B50	GND-5-V-Key	A50	GND-5-V-Key
B51	GND-5-V-Key	A51	GND-5-V-Key
B52	AD08	A52	C/BE0
B53	AD07	A53	+3.3 V
B54	+3.3 V	A54	AD06
B55	AD05	A55	AD04
B56	AD03	A56	GND
B57	GND	A57	AD02
B58	AD01	A58	AD00
B59	+5 V, 3.3 V (I/O)	A59	+5 V, 3.3 V (I/O)
B60	/ACK64	A60	/REQ64
B61	+5 V	A61	+5 V
B62	+5 V	A62	+5 V

Fortsetzung der Tabelle:

Bauteilseite		Lötseite	
Pin Nr.	**Signal**	**Pin Nr.**	**Signal**
64 Bit Space		**64 Bit Space**	
64 Bit Space		**64 Bit Space**	
B63	Reserviert	A63	GND
B64	GND	A64	C/BE7
B65	C/BE6	A65	C/BE5
B66	C/BE4	A66	+5 V, 3.3 V (I/O)
B67	GND	A67	PAR64
B68	AD63	A68	AD62
B69	AD61	A69	GND
B70	+5 V, 3.3 V (I/O)	A70	AD60
B71	AD59	A71	AD58
B72	AD57	A72	GND
B73	GND	A73	AD56
B74	AD55	A74	AD54
B75	AD53	A75	+5 V, 3.3 V (I/O)
B76	GND	A76	AD52
B77	AD51	A77	AD50
B78	AD49	A78	GND
B79	GND	A79	AD48
B80	AD47	A80	AD46
B81	AD45	A81	GND
B82	GND	A82	AD44
B83	AD43	A83	AD42
B84	AD41	A84	+5 V, 3.3 V (I/O)
B85	GND	A85	AD40
B86	AD39	A86	AD38
B87	AD37	A87	GND
B88	+5 V, 3.3 V (I/O)	A88	AD36
B89	AD35	A89	AD34
B90	AD33	A90	GND
B91	GND	A91	AD32
B92	Reserviert	A92	Reserviert
B93	Reserviert	A93	GND
B94	GND	A94	Reserviert

Tabelle 10.8: Die Signale für 32- und 64-Bit-PCI

Im Folgenden sind die einzelnen PCI-Bus-Signale beschrieben. Mit *Eingang/Ausgang* wird aus der Sicht des Mainboards (CPU) – eines Masters – gekennzeichnet, in welcher Übertragungsrichtung die Signale üblicherweise arbeiten.

···} **/TRST, Pin Nr. A1, Ausgang**
Mit einem Low wird der JTAG Boundary Scan-Test (IEEE 1149.1) zurückgesetzt (beendet). Er ist für PCI-Einheiten optional vorgesehen.

···} **TCK, Pin Nr. B2, Eingang**
Das Test Clock-Signal für den JTAG Boundary Scan-Test.

···} **TMS, Pin Nr. A3, Ausgang**
Das Test Mode Select-Signal aktiviert den JTAG Boundary Scan-Test.

···} **TDO, Pin Nr. B4, Ausgang**
Die Ausgabe der Testdaten erfolgt über diesen Test Data Out-Anschluss.

···} **TDI, Pin Nr. A4, Ausgang**
Über den Anschluss *Test Data Input* werden im Takt von TCLK die Testdaten eingelesen.

···} **/INTA, /INTB, /INTC, /INTD, Pin Nr. A6, B7, A7, B8, Eingänge**
Die Interrupt-Anschlüsse für PCI-Einheiten. Sie werden in Abhängigkeit vom Setup (BIOS, Jumper) auf den üblichen ISA-Interrupts (IRQx) abgebildet.

···} **/PRSNT1, /PRSNT2, Pin Nr. B9, B11, Eingänge**
Die Present-Signale werden von PCI-Einsteckkarten auf Masse gesetzt oder offen gelassen (5 V), um damit ihre Anwesenheit und ihre jeweilige Leistungsaufnahme zu signalisieren.

/PRSNT1	/PRSNT2	PCI-Karte
offen	offen	keine
Masse	offen	maximal 25 W Leistungsaufnahme
offen	Masse	maximal 15 W Leistungsaufnahme
Masse	Masse	maximal 7,5 W Leistungsaufnahme

Tabelle 10.9: Die Bedeutung der Present-Signale

···} **/RST, Pin Nr. A15, Ausgang**
Mit einem Low werden alle PCI-Einheiten über das Reset-Signal zurückgesetzt, also in ihren Ausgangszustand versetzt.

···} **CLK, Pin Nr. B16, Ausgang**
Das Taktsignal des PCI-Bus, das maximal 33 MHz (PCI-Version 2.0) in der 32-Bit-Auslegung betragen darf.

⋯⋗ **/GNT, Pin Nr. A17, Ausgang**
Das Grant-Signal für die Busarbitration. Mit einem Low wird einer PCI-Einheit bekanntgegeben, dass sie im Folgenden als Busmaster fungiert. Jede busmasterfähige Einheit benötigt ein eigenes Grant-Signal.

⋯⋗ **/REQ, Pin Nr. B18, Eingang**
Eine PCI-Einheit, die als Busmaster fungieren möchte, setzt dieses Signal (Request) auf Low. Die Bestätigung erfolgt durch die Arbitrierungslogik über das /GNT-Signal. Jede Busmaster-fähige Einheit benötigt ein eigenes Request-Signal.

⋯⋗ **AD31-AD0, Pin Nr. B20-B21, A20, A22-A23, B23-B24, A25, B27, A28, B29-B30, A31-A32, B32, A44, B45, A46-A47, B47-B48, A49, B52-B53, A54, B55-B56, A57-A58, B58, Eingänge/Ausgänge**
Die gemultiplexten Adressen/Daten-Leitungen für den 32-Bit-Betrieb werden mit AD0-31 bezeichnet, die zusätzlichen Adressen/Daten-Signale für den 64-Bit-Betrieb dementsprechend mit AD33-AD63.

⋯⋗ **C/BE3-C/BE0, Pin Nr.: B26, B33, B44, A52, Eingänge/Ausgänge**
Die Command- und Byte-Enable-Signale werden über diese vier Anschlüsse in gemultiplexter Form übertragen. In der Adressierungsphase werden auf den C/BE3-0-Leitungen (Command/Byte Enable) Buskommandos gesendet. Die Kommandos gelten ebenfalls für den 64-Bit-Betrieb. In der Datenphase kennzeichnen die C/BE3-0-Leitungen, welche von den 4x8 Datenleitungen gerade gültige Daten führen, wie es in der folgenden Tabelle angegeben ist.

/BE0	/BE1	/BE2	/BE3	Datenbits
0	0	0	0	D00-D31
0	0	0	1	ungültig
0	0	1	0	ungültig
0	0	1	1	D00-D15
0	1	0	0	ungültig
0	1	0	1	ungültig
0	1	1	0	ungültig
0	1	1	1	D00-D07
1	0	0	0	ungültig
1	0	0	1	ungültig
1	0	1	0	ungültig
1	0	1	1	D08-D15
1	1	0	0	D16-D31
1	1	0	1	D16-D23
1	1	1	0	D24-D31
1	1	1	1	ungültig

Tabelle 10.10: Die Byte-Enable-Signale (hier 32 Bit-PCI) bestimmen die gültigen Datenbits auf dem Bus

···} **IDSEL, Pin Nr. A26, Ausgang**
Das *Initialisation Device Select-Signal* ist aktiv, wenn der Konfigurationsbereich (Configuration Space) angesprochen wird, und wirkt als Chip-Select-Signal für die jeweilige PCI-Einheit. Jede PCI-Einheit benötigt eine eigene IDSEL-Leitung. Üblicherweise wird das Signal aus einer der oberen 21 Adressleitungen gewonnen, die nicht selbst für die Konfigurationsphase benötigt wird.

···} **/FRAME, Pin Nr. A34, Eingang/Ausgang**
Das Frame-Signal wird vom aktuellen Master generiert und kennzeichnet mit einer fallenden High-Low-Flanke die Einleitung einer Adressierungsphase.

···} **/IRDY, Pin Nr. B35, Eingang/Ausgang**
Wenn der PCI-Busmaster die augenblickliche Datenphase abschließen will, kennzeichnet er das mit dem Initiator Ready-Signal. Ist sowohl /IRDY als auch /TRDY gleich Low, ist die Datenphase abgeschlossen.

···} **/TRDY, Pin Nr. A36, Eingang/Ausgang**
Ist eine PCI-Einheit (Target) zum Abschluss der Datenphase bereit, signalisiert sie dies mit dem Target Ready-Signal.

···} **/DEVSEL, Pin Nr. B37, Eingang/Ausgang**
Die Dekodierungslogik einer PCI-Einheit signalisiert dem PCI-Busmaster mit einem Low des Device Select-Signals, dass es als Target aktiv ist.

···} **/STOP, Pin Nr. A38, Eingang/Ausgang**
Über das Signal /STOP informiert ein Target den Busmaster, dass die momentane Datenübertragung abgebrochen werden soll.

···} **/LOCK, Pin Nr. B39, Eingang/Ausgang**
Bei aktivem Lock-Signal ist der Buszugriff für andere mögliche Master gesperrt. Die Möglichkeit der Arbitrierung ist damit unterbunden und gilt so lange, bis der aktive Master den Busvorgang abgeschlossen hat.

···} **/PERR, Pin Nr. B40, Eingang/Ausgang**
Tritt ein Parity-Fehler auf, der sowohl für Adressen als auch für Daten erkannt wird, wird dies mit dem Parity Error-Signal bekanntgegeben.

···} **SDONE, /SBO, Pin Nr. A40, A41, Eingänge/Ausgänge**
Die Signale SDONE (Snoop Done) sowie /SBO (Snoop Backoff) signalisieren, ob der Cache *Dirty* ist oder nicht. Ist er *Dirty*, ist keine Übereinstimmung zwischen den Daten im DRAM und im Cache gegeben.

···} **/SERR, Pin Nr. B42, Eingang/Ausgang**
Das System Error-Signal informiert über einen schwerwiegenden Systemfehler.

···} **PAR, Pin Nr. A43, Eingang/Ausgang**
Das Parity-Signal dient zur Erlangung einer geraden Parität über AD31-AD0 und C/BE3-CBE0. Der Busmaster steuert das PAR-Signal für die Adressierungs- und die Datenschreibphase, während ein Target dies für die Datenlesephase übernimmt.

···} **/ACK 64, Pin Nr. B60, Eingang/Ausgang**
Wenn eine PCI-Einheit die 64-Bit-breite Datenübertragung durchführen kann, kennzeichnet sie dies mit dem Acknowledge 64-Signal.

···} **/REQ64, Pin Nr. A60, Eingang/Ausgang**
Das Request 64-Signal dient dem Master zur Bekanntgabe, dass eine 64-Bit-Übertragung folgen soll.

···⟩ **C/BE7-C/BE4, Pin Nr. A64-A65, B65-B66, Eingänge/Ausgänge**
Die Command- und Byte-Enable-Signale werden über diese vier Anschlüsse in gemultiplexter Form übertragen und bieten die Unterstützung für den 64-Bit-Betrieb. Sie entsprechen in ihrer Funktion den oben beschriebenen C/BE3-C/BE0-Signalen.

···⟩ **PAR64, Pin Nr. A67, Eingang/Ausgang**
Das Parity-64-Signal dient zur Erlangung einer geraden Parität über AD63-AD32 und C/BE7-CBE4. Es entspricht in seiner Funktion dem oben beschriebenen PAR-Signal.

···⟩ **AD63-AD32, Pin Nr. B68,-B69, A69, A70-A71, B71-B72, A73-A74, B74-B75, A76-A77, B77-B78, A79-A80, B80-B81, A82-A83, B83-B84, A85-A86, B86-B87, A88-A89, B89-B90, A91, Eingänge/Ausgänge**
Die gemultiplexten Adressen/Daten-Leitungen für den 64-Bit-Betrieb.

10.4.3 PCI-Bus-Transfers

Mit dem bei PCI festgelegten Maximalwert für den Bustakt von 33 MHz ergibt sich eine maximale, theoretische Datenübertragungsrate von 132 Mbyte/s (33 MHz x 4 Byte) und bei 64-Bit-PCI mit einem PCI-Takt von 66 MHz führt dies zu einer Datenübertragungsrate von 528 Mbyte/s (66 MHz x 8 Byte). Diese Werte gehen allerdings vom (optimalen) Burst-Mode aus, der generell dadurch gekennzeichnet ist, dass nur einmal die Adresse gesendet wird, woraufhin im Prinzip ein beliebig langer Datenblock (bis zur maximalen Adressierungsgröße) folgen kann, denn Sender und Empfänger erhöhen selbsttätig die Adresse.

Ein *Single Write* (Einzeltransfer) wird gegenüber einem typischen Burst bestenfalls in zwei, ein *Single Read* in drei PCI-Takten absolviert, wodurch sich eine maximale Datenübertragungsrate von 66 Mbyte/s bzw. 44 Mbyte/s in der verbreiteten PCI-Implementierung ergibt.

Die Adressphase beginnt durch die Aktivierung des Signals /FRAME (Low), wobei AD0-AD32 die Adresse führen. Für einen I/O-Zyklus ist dies eine Byte-Adresse und für einen Konfigurations- oder Speicher-Zyklus eine DWORD-Adresse (32-Bit). Während der folgenden Datenphase befindet sich auf den Leitungen AD00-AD07 das unterste Byte und auf den Leitungen AD24-AD31 das oberste.

Die Daten sind dann gültig, wenn sowohl das /IRDY-Signal (Initiator Ready) als auch das /TRDY-Signal (Target Ready) aktiviert (Low) ist. Mit Hilfe dieser beiden Signale können entsprechende Wartezyklen in den Bustransfer eingefügt werden, wie es im Bild 10.12 gezeigt ist.

Ein Target gibt über die Leitung /DEVSEL (Device Select) bekannt, dass es die gesendete Adresse dekodiert hat (Low). IDSEL wird während einer Datenschreib- oder Konfigurationsphase als Chip-Select-Signal verwendet, wobei jeder Slot über eine eigene IDSEL-Leitung (vergl. Bild 10.11) verfügt. Prinzipiell kommt für die Implementierung von IDSEL eine der oberen 21 Adressleitungen in Betracht, die nicht selbst für die Konfigurationsphase benötigt werden.

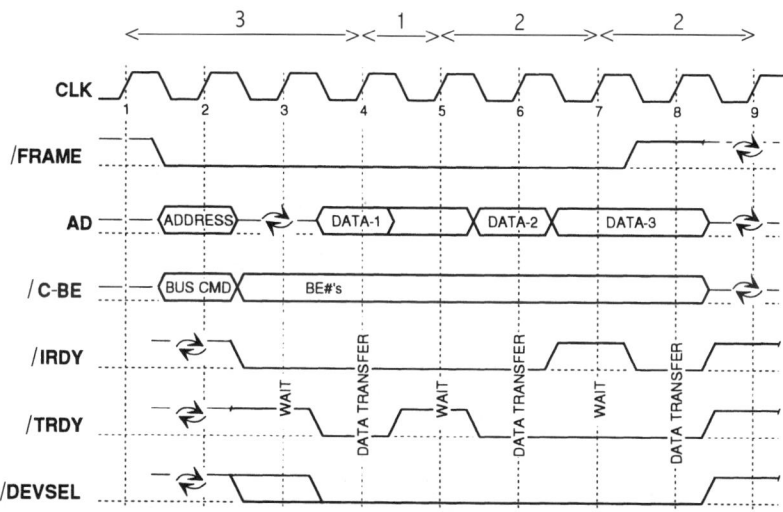

Bild 10.12: Ein PCI-Read-Vorgang (Burst). Zur Adressen/Daten-Umschaltung wird beim dritten Clock ein Blindzyklus (turnaround cycle) eingefügt, wodurch sich ein Burst von bestenfalls 3-1-1-1 ergeben kann. Bei diesem Beispiel wird nur die erste Datenphase in minimaler Zeit absolviert, während die zweite (TRDY, 5. CLK) und die dritte (IRDY, 7. CLK) jeweils durch einen Wartezyklus verlängert werden, so dass sich dieser Transfer damit als 3-1-2-2 Burst darstellt. Ein PCI-Write-Vorgang benötigt demgegenüber keinen Blind-zyklus und kann als 2-1-1-1 Burst absolviert werden

Die Konfigurationsphase, also der Zugriff auf den *Configuration Space*, wird vom Master im dritten Takt durch Setzen (Low) von /FRAME und IDSEL des selektierten PCI-Devices eingeleitet. Danach wird auf den Adressleitungen die Adresse des gewünschten Registers und über die C/BE3-0-Leitungen der Befehl *Configuration Read* oder *Configuration Write* gesendet.

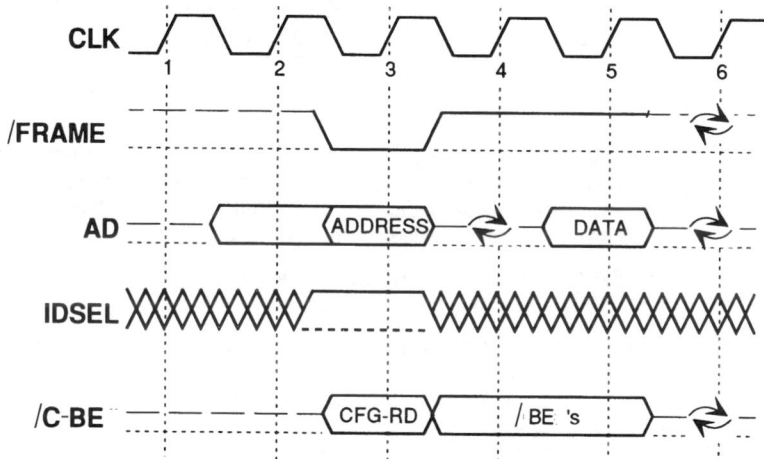

Bild 10.13: Der Zugriff auf den Configuration Space wird im dritten Takt mit einem Low von FRAME und IDSEL eingeleitet, woraufhin über C/BE das entsprechende Configuration-Komman-do abgesetzt wird

In einer Adressphase werden auf den C/BE3-0-Leitungen (Command/Byte Enable) grundsätzlich Buskommandos gesendet, deren Bedeutungen in der Tabelle 10.11 angegeben sind.

C/BE3-0	Kommando
0000	Interrupt-Acknowledge
0001	Special Cycle
0010	I/O Read
0011	I/O Write
0100	Reserviert
0101	Reserviert
0110	Memory Read
0111	Memory Write
1000	Reserviert
1001	Reserviert
1010	Configuration Read
1011	Configuration Write
1100	Memory Read Multiple
1101	Dual Address Cycle
1110	Memory Read Line
1111	Memory Write and Invalidate

Tabelle 10.11: Die PCI-Bus-Kommandos in der Übersicht

In der Datenphase hingegen kennzeichnen die C/BE3-0-Leitungen, welche der 4x8 Datenleitungen gerade gültige Daten führen. Ist beispielsweise BE0 gleich Low und sind alle anderen Byte-Enable-Leitungen High, befindet sich lediglich auf den Datenleitungen D0-D7 ein gültiges Datenbyte.

Für die Übertragung von Fehlermeldungen sind die Signale /PERR (Parity Error) und /SERR (System Error) zuständig.

Über das Signal /STOP kann ein Target darüber informiert werden, dass die momentane Datenübertragung abgebrochen wird. Das Ergebnis einer Parity-Überprüfung sowohl für Adressen als auch für Daten wird mit dem Signal PAR (Parity) bekannt gegeben.

Die Interrupt-Signale werden mit /INTA-/INTD bezeichnet und sind bei einer ansteigenden Flanke des Bustaktes (CLK) gültig. Sie werden in den PC-Designs über die ISA-Standard-Interrupts im System abgebildet. Einfache PCI-Karten dürfen nur den /INTA verwenden, während für Multifunktionskarten (Multifunction Devices) auch /INTB-/INTD zulässig sind. Das Reset-Signal (/RST) sorgt für ein Rücksetzen aller PCI-Einheiten in ihren Ausgangszustand.

Zum Testen des PCI-Bus nach IEEE 1149.1 (JTAG/Boundary Scan) sind die optionalen Signale TCK (Test Clock), TDI (Test Data Input), TDO (Test Data Output), TMS (Test Mode Select) sowie /TRST (Test Reset) vorgesehen.

Die Signale /SBO (Snoop Backoff) sowie SDONE (Snoop Done) sind für die DRAM/Cache-Kommunikation implementiert worden und signalisieren beispielsweise, ob der Cache *DIRTY* ist oder nicht. Ist er *DIRTY,* ist keine Übereinstimmung zwischen den Daten im DRAM und im Cache gegeben.

Nicht alle PCI-Signale müssen von jeder PCI-Karte verwendet werden. Welche Signale jedoch zwingend vorgeschrieben sind und welche nicht, ist im Bild 10.14 angegeben.

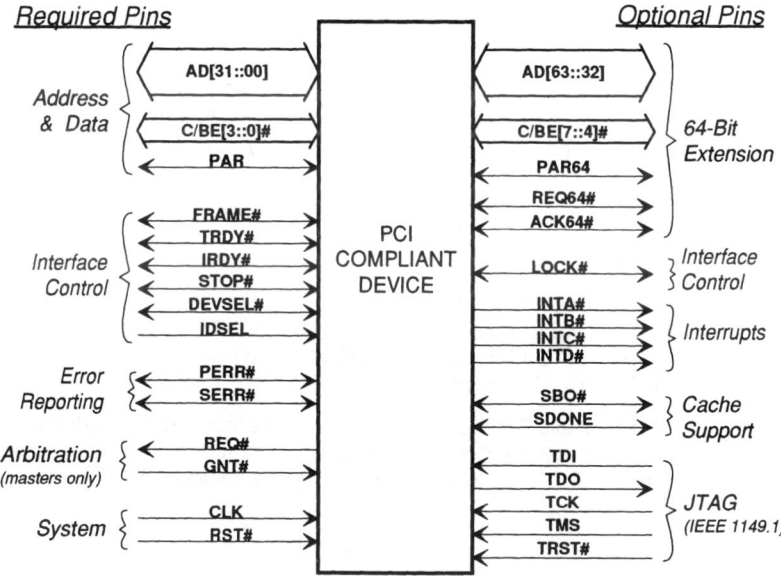

Bild 10.14: *Die vorgeschriebenen und optionalen PCI-Bus-Signale*

10.4.4 Die PCI-Bus-Register

Für die Kommunikation mit PCI-Einheiten sind gegenüber ISA zwei spezielle Adressen im I/O-Adressraum vorgesehen, die jeweils 32 Bit breit sind und den Zugriff auf den Configuration Space erlauben: CONFIG ADDRESS und CONFIG DATA.

I/O-Adresse	Bezeichnung	Funktion
0CF8h	Config Address	Adresse
0CFAh	Config Data	Daten

Tabelle 10.12: *Die Register für den Zugriff auf den Konfigurationsbereich von PCI-Einheiten*

Ein Zugriff auf den Configuration Space wird dadurch ausgeführt, dass zunächst die Adresse an 0CF8h übergeben wird. Ein Schreibbefehl auf die Adresse 0CFAh (Config Data) überträgt daraufhin den gewünschten Wert an die spezifizierte Stelle im Gerätekonfigurationsbereich. Ein Lesezyklus funktioniert nach dem gleichen Prinzip. Das Config-Address-Register hat die folgende Belegung:

Config Address Register (0CF8h):

Bit 31	Bit 30-24	Bit 23-16	Bit 15-11	Bit 10-8	Bit 7-2	Bit 1	Bit 0
Enable	Reserviert	Bus-Nr.	Geräte-Nr.	Funktion	Register	0	0

Mit einer »1« im Enable-Bit wird ein Konfigurationszyklus eingeleitet. Mit einer 0 wird hingegen ein I/O-Zyklus – kein PCI-spezifischer – durchgeführt. Die Bits 30-24 sind für das Lesen reserviert und liefern immer eine 0.

Mit den Bits 23-16 wird einer von 256 theoretisch möglichen PCI-Bussen (meist ist nur einer vorhanden) ausgewählt. Die Auswahl einer PCI-Einheit erfolgt mit *Geräte-Nr.* und die Bits 10-8 (Funktion) selektieren eine spezielle Funktion bei einer PCI-Multifunktionseinheit.

Mit den Bits 7-2 wird das gewünschte Register im Configuration Space selektiert (siehe folgendes Kapitel). Wie die Zuordnung von Bus- und Gerätenummer für ein Intel-Mainboard aussehen kann, zeigt die folgende Tabelle.

Bus Nr.	Geräte Nr.	Funktion	Verwendung
00	00	00	System-Controller
00	07	00	PCI-ISA-Bridge
00	07	01	IDE Bus Master
00	0E	–	PCI-Slot 1
00	0F	–	PCI-Slot 2
00	10	–	PCI-Slot 3

Tabelle 10.13: PCI-Bus-Geräteadressen und ihre Funktionen bei einem Intel-Chipsatz

Für PCs gibt es einen zweiten Konfigurationszugriff, wobei hier der Configuration Space einer PCI-Einheit in einen 4 Kbyte großen Adressbereich zwischen C000h-CFFFh eingeblendet wird. Das Register unter der I/O-Adresse 0CF8h wird dann als *Configuration Space Enable* bezeichnet und stellt sich wie folgt dar.

Configuration Space Enable Register (0CF8h):

Bit 7-4	Bit 3-1	Bit 0
Key	Function	Special Cycle Enable, SCN

Die Abbildung des Konfigurationsbereiches, was nur bei SCN=1 möglich ist, erfolgt nach dem Schreiben einer Function Number in die Bits 3-1. Diese Nummer bestimmt, welche PCI-Einheit in welchem Bereich eingeblendet wird, wobei diese Zuordnung festliegt (z.B. 0: C000h-C0FFh, 1: C100h-C1FFh, 15: CF00h-CFFFh). Das Schreiben eines beliebigen, von 0 abweichenden Wertes in die Key-Positionen beendet den Vorgang.

Die dritte Möglichkeit, auf den Configuration Space zuzugreifen, bietet die Software-Schnittstelle des BIOS (Interrupt 1Ah), was auch die üblichere Vorgehensweise ist. Wie dies im Einzelnen funktioniert, ist beispielsweise im Buch *PC Hardware Referenz* (Markt&Technik) erläutert.

10.4.5 Der Konfigurationsbereich – Configuration Space

Peripheral Component Interconnect definiert einen Konfigurationsbereich (Configuration Space) von 256 Byte, womit eine automatische Konfigurierung der PCI-Einheiten zu erreichen ist. Jede PCI-konforme Einheit verfügt über einen eigenen Konfigurationsbereich, wobei die hier festgelegten Parameter in der Regel während des Bootvorganges oder nach einem Systemreset aus einem externen EEPROM auf der PCI-Karte gelesen werden.

00h	Device ID (02-03h)		Vendor ID (00h-01h)	
04h	Status-Register (06h-07h)		Command-Register (04h-05h)	
08h	Class Code (0Ah-0Bh)			Revision ID (08h)
0Ch	BIST (0Fh)	Header Type(0Eh)	Latency Timer (0Dh)	Cache Line Size (0Ch)
10h	Base Address Register 0			
14h	Base Address Register 1			
18h	Base Address Register 2			
1Ch	Base Address Register 3			
20h	Base Address Register 4			
24h	Base Address Register 5			
28h	Reserviert			
2Ch	Reserviert			
30h	Expansion ROM Base Address (Erweiterungs-ROM)			
34h	Reserviert			
38h	Reserviert			
3Ch	Max-Lat	Min-Gnt	Interrupt Pin	Interrupt Line

Tabelle 10.14: Der Aufbau des Headers im Konfigurationsbereich

Dieser Konfigurationsadressraum wird in einen Header-Bereich und in einen geräteabhängigen Bereich unterteilt. PCI-Geräte müssen generell nur diejenigen Register unterstützen, die für ihre Funktion benötigt werden. Der Konfigurationsbereich muss dabei zu jeder Zeit und nicht nur beim Booten adressierbar sein.

Vorgeschrieben ist für jedes PCI-Device der Header-Bereich von 64 Bytes und die weiteren 192 Bytes sind geräteabhängig und können von den Herstellern für eigene Funktionen eingesetzt werden. In diesem Bereich befinden sich beispielsweise bei einem PCI-Mainboard die Register für die Cache- und die DRAM-Speichersteuerung, für die Bridges und zahlreiche weitere.

Vendor- und Device-IDs

Alle PCI-Geräte müssen die Vendor- (Herstellerkennung) und Device-ID (Gerätekennung) sowie das Status- und Kommando-Feld unterstützen, alle anderen Felder sind optional und können auch in Abhängigkeit von der jeweiligen Gerätefunktion als *Reserviert* angesehen werden.

Für die Herstelleridentifizierung (Vendor-ID) wird von der **P**CI **S**pecial **I**nterest **G**roup (PSIG) eine eindeutig identifizierbare Nummer vergeben, während die Nummern für die Geräteidentifizierung und die Revisionsnummer vom Hersteller des PCI-Gerätes selbst festgelegt werden können.

Command-Register

Mit dem Kommando-Register (Command) wird die Steuerung des jeweiligen PCI-Gerätes beeinflusst. Hier wird festgelegt, wie es auf PCI-Zyklen zu reagieren hat. Nach dem Schreiben einer 0 in dieses Register wird die PCI-Einheit vom Bus logisch abgekoppelt und reagiert dann nur noch auf Konfigurationszugriffe.

Command Register:

15-10	9	8	7	6	5	4	3	2	1	0
Reserviert	Fast Back to Back	/SERR Enable	Wait Cycle	Parity Error	VGA Palette Snoop	Memory Write	Special Cycle	Bus Master	Memory Space	I/O-Space

···⟩ **Bit 0: I/O-Space**
Mit einer 1 wird es dem Gerät ermöglicht, auf den I/O-Bereich zuzugreifen, eine 0 hingegen unterbindet dies.

···⟩ **Bit 1: Memory Space**
Mit einer 1 wird es dem Gerät ermöglicht, auf den Memory-Bereich zuzugreifen, eine 0 hingegen unterbindet dies.

···⟩ **Bit 2: Bus Master**
Mit einer 1 wird das Gerät als Master des Systems konfiguriert, eine 0 bewirkt die passive Teilnahme des Gerätes an den PCI-Buszyklen.

···⟩ **Bit 3: Special Cycle**
Eine 1 erlaubt die Teilnahme des Gerätes am *Special Cycle Mode*, (Sonderzyklen) eine 0 bewirkt dessen Ausschluss. Mögliche Zyklen sind beispielsweise *Shutdown* (CPU schaltet ab) oder auch speziell an die jeweilige CPU-Architektur angepasste (x86) und somit herstellerspezifische Funktionen.

···⟩ **Bit 4: Memory Write Invalidate Enable**
Ist dieses Bit gleich 1, darf der jeweils aktuelle PCI-Master des Systems ein Memory-Schreib-Kommando mit *Invalidate* (Ungültigkeitserklärung) ausführen, andernfalls (0) wird ein konventioneller Speicherzugriff ausgeführt.

···⟩ **Bit 5: VGA Palette Snoop**
Steuert den Zugriff auf das Paletten-Register einer VGA-kompatiblen Grafikkarte. Eine Funktion, die beispielsweise für die Kommunikation einer PCI-Grafikkarte mit einer ISA-Videokarte, die beide mit Hilfe des Feature-Connectors verbunden sind, benötigt wird. Mit einer 1 wird der Zugriff verwehrt.

···⟩ **Bit 6: Parity Error**
Ist dieses Bit gleich 0, reagiert das Gerät generell nicht auf Parity-Fehler, andernfalls (1) wird eine festgelegte (gerätespezifische) Funktion ausgeführt.

···⟩ **Bit 7: Wait Cycle Control**
Falls das PCI-Device Wartezyklen in den PCI-Bus-Datenverkehr einfügt, wird dies mit einer 1 festgelegt.

···⟩ Bit 8: /SERR Enable
Mit einer 1 wird festgelegt, dass das Gerät die *System Error Function* (/SERR) ausführen kann. Nach einem Reset ist dieses Bit gleich 0, und falls das Gerät die *System Error Function* nicht verwenden soll, wird es auf 0 belassen.

···⟩ Bit 9: Fast Back-to Back Cycle
Bei gesetztem Bit (1) ist festgelegt, dass ein PCI-Master schnelle Zyklen auf mehrere PCI-Devices ausführen kann.

···⟩ Bit 10-15: Reserviert
In der PCI-Version 2.0 werden diese Bits nicht für PCI-Einheiten verwendet.

Status-Register

Das Status-Register einer PCI-Einheit informiert über den aktuellen Stand der PCI-Aktivität. Welche Bits im Einzelnen unterstützt werden, ist auch hier von der jeweiligen PCI-Gerätefunktion abhängig.

15	14	13	12	11	10	9	8	7	6-0
Parity Error	System Error	Master Abort	Target Abort	Signaled Target Abort	DEVSEL Timing 1	DEVSEL Timing 0	Data Parity	Fast Back-to-Back	Reser viert

···⟩ **Bit 0-6: Reserviert**
Die Bits sind reserviert und werden bis zur PCI-Version 2.0 nicht für PCI-Einheiten verwendet. Reservierte und nicht unterstützte Bereiche enthalten üblicherweise jeweils eine 0.

···⟩ **Bit 7: Fast Back-to-Back**
Das Bit signalisiert, ob Fast-Back-to-Back-Zyklen unterstützt werden (1) oder nicht (0).

···⟩ **Bit 8: Data Parity**
Dieses Bit wird nur von PCI-Busmastern verwendet und ist dann gesetzt, wenn Parity Error (PERR) aktiviert worden ist.

···⟩ **Bit 9, 10: DEVSEL Timing**
Die beiden Bits definieren das Timing des /DEVSEL-Signals (Device Select).

DEVSEL Timing 1	DEVSEL Timing 0	Timing
0	0	Fast
0	1	Medium
1	0	Fast

Tabelle 10.15: Einstellung des DEVSEL-Timings

···⟩ **Bit 11: Signaled Target Abort**
Falls ein Bus-Zyklus vom PCI-Target abgebrochen worden ist, setzt es dieses Bit.

···⟩ **Bit 12: Target Abort**
Alle PCI-Busmaster müssen dieses Bit unterstützen und setzen es, wenn ein Target (Slave) eine Übertragung abgebrochen hat.

···⟩ **Bit 13: Master Abort**
Entspricht in der Funktion dem Bit 12 mit dem Unterschied, dass ein Master eine Übertragungsunterbrechung mit diesem Bit signalisiert.

···⟩ **Bit 14: System Error**
Dieses Bit wird immer dann von einer PCI-Einheit gesetzt, wenn ein Systemfehler (Signal /SERR) aufgetreten ist.

···⟩ **Bit 15: Parity Error**
Beim Auftreten eines Paritätsfehlers setzt die PCI-Einheit dieses Bit.

Class Codes

Die Class-Code-Register (ab 0Ah) können vom Bus nur gelesen werden und geben Aufschluss über die grundsätzliche Funktion des PCI-Gerätes, wie es in der folgende Tabelle angegeben ist.

Class Code	Bedeutung
00h	Rückwärtskompatibilität
01h	Laufwerks-Controller
02h	Netzwerk-Controller
03h	Display Controller
04h	Multimedia-Gerät
05h	Memory Controller
06h	Bridge Devices
07h	Communication Controller
08h	System-Peripherie
09h	Input Devices
0Ah	Docking Stations
0Bh	Prozessoren
0Ch	Serielle Buscontroller
FFh	keine Gerätezuordnung

Tabelle 10.16: Die Class-Code-Register (0Dh-FEh sind reserviert) informieren über die grundsätzliche Funktion einer PCI-Einheit

Die Class-Code-Register werden jeweils in drei 8-Bit-Felder (Upper, Middle, Lower,) aufgeteilt: die Base Class, die Sub Class für eine genauere Bestimmung des Device-Typs und das *Register Level Programming Interface* (I/F), das bei einigen Einheiten stets fest als 00h definiert ist (vergl. Tabellen).

Byte	Offset	Typ	Bedeutung
Upper	0Bh	Base Class	Identifizierung des Gerätetyps
Middle	0Ah	Sub Class	Definiert spezielle Unterklassen
Lower	09h	Register Level Programming Interface	Optionale Funktionen

Tabelle 10.17: Beispiele für Sub Classes innerhalb der Base Classes

Base Class 00h – Kompatibilität

Sub Class	Bedeutung
00h	alle Geräte außer VGA
01h	VGA-kompatibles Gerät

Base Class 01h – Laufwerkscontroller

Sub Class	Bedeutung
00h	SCSI Bus Controller
01h	IDE Controller, mit Programming Interface
02h	Floppy Disc Controller
03h	IPI Bus Controller
80h	anderer Laufwerkscontroller

Base Class 02h – Netzwerk-Controller

Sub Class	Bedeutung
00h	Ethernet Controller
01h	Token Ring Controller
02h	FDDI Controller
03h	ATM Controller
80h	anderer Netzwerk-Controller

Fortsetzung der Tabelle:

Base Class 03h – Display Controller

Sub Class	Bedeutung
00h	VGA Controller
01h	XGA Controller
80h	anderer Display-Controller

Base Class 04 – Multimedia-Geräte

Sub Class	Bedeutung
00h	Video Device
01h	Audio Device
80h	anderes Multimedia-Gerät

Base Class 05h – Memory Controller

Sub Class	Bedeutung
00h	RAM Controller
01h	FLASH Controller
80h	anderer Memory Controller

Base Class 06h – Bridge Devices

Sub Class	Bedeutung
00h	Host Bridge
01h	PCI/ISA Bridge
02h	PCI/EISA Bridge
03h	PCI/MCA Bridge
04h	PCI/PCI Bridge
05h	PCMCIA Bridge
06h	NuBus Bridge
07h	CardBus Bridge
80h	anderer Bridge-Baustein

Fortsetzung der Tabelle:

Base Class 07h – Communication Controller

Sub Class	I/F	Bedeutung
00h	00h	XT kompatibler Controller
00h	01h	16450 Controller
00h	02h	16550 Controller
01h	00h	SPP (Standard)
01h	01h	Bi-directional Parallel Port
01h	02h	ECP Parallel Port
80h	00h	anderer Controller

Base Class 08h – System-Peripherie

Sub Class	I/F	Bedeutung
00h	00h	8259 Interrupt Controller
00h	01h	ISA-kompatibler PIC (Programmable Interrupt Controller)
00h	02h	EISA-kompatibler PIC
01h	00h	8237 DMA Controller
01h	01h	ISA-kompatibler DMA-Controller
01h	02h	EISA-kompatibler DMA-Controlller
02h	00h	generic 8454 Timer (Standard)
02h	01h	ISA-kompatibler Timer
02h	02h	EISA-kompatibler Timer
03h	00h	generic Real Time Clock
03h	01h	ISA RTC (Real Time Clock)
80h	00h	anderes Device

Fortsetzung der Tabelle:

Base Class 09h – Input Devices

Sub Class	I/F	Bedeutung
00h	00h	Keyboard Controller
01h	00h	Digitizer
02h	00h	Mouse Controller
80h	00h	anderes Input Device

Base Class 0Ah – Docking Stations

Sub Class	I/F	Bedeutung
00h	00h	generic Docking Station
80h	00h	andere Docking Station

Base Class 0Bh – Prozessorkarten

Sub Class	I/F	Bedeutung
00h	00h	386-CPU
01h	00h	486-CPU
02h	00h	Pentium-CPU
10h	00h	Alpha-CPU
40h	00h	Coprozessor

Base Class 0Ch – serielle Buscontroller

Sub Class	I/F	Bedeutung
00h	00h	Firewire
01h	00h	Access-Bus
02h	00h	SSA

Tabelle 10.18: Die Class-Code-Register bestimmen den jeweiligen PCI-Gerätetyp

···} **Revision ID**

Dieses Register enthält die Identifikation der Revisionsnummer für das PCI-Device.

···} **BIST: Built In Self Test**

Das Register steuert den Selbsttest der PCI-Einheit. Falls keiner implementiert ist, liefert das Register immer 0. Bei der Ausführung des Tests nimmt die Einheit nicht am PCI-Datenverkehr teil.

···} **Header Type**

Das Header-Byte identifiziert in den Bits 0-6 die Belegung der Bytes 10h-3Fh im PCI Configuration Space und gibt an, ob es sich um eine Einheit mit mehreren Funktionen (Multifunction) handelt. In diesem Fall führt das Bit 7 eine 1.

···} **Latency Timer**

Legt die Zeit fest, für die ein aktueller Master noch den Bus okkupieren darf, bis die Anforderung eines weiteren Masters bearbeitet wird. Hierfür findet sich oftmals im BIOS-Setup ein entsprechender Eintrag mit einem vorgegebenen Wert, der immer zu den üblichen PCI-Taktzyklen addiert wird.

···} **Cache Line Size**

Dieses Register spezifiziert die Cache-Line-Größe in Einheiten zu jeweils 32 Bit.

···} **Base Address Register 0-5**

In diesen Registern werden die Basisadressen für einen oder mehrere I/O- und/oder Memory-Bereiche festgelegt, die von der jeweiligen PCI-Einheit verwendet werden sollen.

···} **Expansion ROM Base Address**

Falls das PCI-Device ein ROM (z.B. für ein BIOS) benötigt, wird hier die Basisadresse für das ROM angegeben.

···} **Max-Lat**

Gibt einen gerätespezifischen Wert in Einheiten von 0,25 µs für den Latency-Timer vor.

···} **Min-Gnt**

Spezifiziert die Zeit für eine Burst-Periode einer PCI-Einheit, bezogen auf einen Takt von 33 MHz.

···} **Interrupt Pin**

Dieses Register informiert über den verwendeten PCI-Interrupt-Kanal der PCI-Einheit. Einfache – keine Multifunction Devices – dürfen nur den INTA verwenden.

Wert	Kanal
0	keiner
1	INTA
2	INTB
3	INTC
4	INTD

Tabelle 10.19: Der Bezug der Interrupt-Pin-Information zum jeweiligen INTx-Kanal

···⊁ Interrupt Line
Jede PCI-Einheit, die Interrupts verarbeiten kann, verfügt über dieses
8-Bit-Register. Hier ist angegeben, über welchen ISA-IRQ-Anschluss der PCI-
Interrupt abgebildet wird.

Device Space

Wie erwähnt, ist lediglich der Header des Configuration Space eindeutig definiert.
Wie die übrigen 192 Byte (Device Space) verwendet werden (40h-FFh), hängt von
den jeweiligen PCI-Einheiten ab. Im Folgenden sind als Beispiel die Register, wie sie
beim PCI-Chipsatz Intel 82430 vorhanden sind, angegeben.

Offset	Abkürzung	Register	Zugriff
40-4Fh	–	Reserviert	–
50h	HOSTSEL	Host Bus Select	R/W
51h	DFC	Deturbo Frequency Control Register	R/W
52h	SCC	Secondary Cache Control	R/W
53h	HBC	Host Read/Write Buffer Control	R/W
54h	PBC	PCI Read/Write Buffer Control	R/W
55h-56h	–	Reserviert	–
57h	DRAMC	DRAM Control	R/W
58h	DT	DRAM Timing	R/W
59h-5Fh	PAM [6:0]	Programmable Attribute Map	R/W
60h-65h	DRB [5:0]	DRAM Row Boundary	R/W
66h-6Fh	–	Reserviert	–
70h	ERRCMD	Error Command	R/W
71h	ERRSTS	Error Status	R/W
72h	SMRS	SM RAM Space	R/W
73h-77h	–	Reserviert	–
78h-79h	MSG	Memory Space Gap	R/W
7Ch-7Fh	FBR	Frame Buffer Range	R/W
80h-FFh	–	Reserviert	–

Tabelle 10.20: Die PCI-Register beim Intel-Chipsatz 82430 für Pentium-PCs

10.5 ISA-Plug&Play

PCI ist »von Hause aus« Plug&Play-fähig, kann demnach die PCI-Einheiten automatisch konfigurieren, d.h. die PC-Ressourcen konfliktfrei auf die einzelnen PCI-Devices verteilen. Bei ISA-Karten ist dies bekanntermaßen nicht möglich, da die zu reservierenden PC-Ressourcen per Jumper auf den einzelnen Karten festgelegt werden müssen.

Der Übergang von einem anderen Bussystem hin zu PCI ist zwar dadurch erleichtert worden, dass ein PCI-Mainboard oft noch einige ISA-Slots besitzt, gleichwohl ist ISA eben nicht Plug&Play-fähig. Aus diesem Grunde wurde von Intel und Microsoft im Jahre 1993 *ISA-Plug&Play* definiert, was auch ISA-Karten zu dieser Fähigkeit verhelfen soll, was nach der Vorstellung von PCI erfolgte.

ISA-Plug&Play-Karten besitzen einen speziellen I/O-Chip, damit sie an dem definierten Identifizierungs- und Konfigurationsprozess teilhaben können. Das Interface einer derartigen Karte ist demnach völlig anders aufgebaut als das einer konventionellen ISA-Karte.

Leider ist der Begriff *Plug&Play* nicht geschützt, so dass am Markt eine Vielzahl von Einsteckkarten existierten, die zwar diese Bezeichnung führen, aber keineswegs dem Intel-/Microsoft-Standard gehorchen. Diese Karten werden lediglich ohne Jumper oder DIP-Schalter auf herstellerspezifische Art und Weise konfiguriert, haben im Prinzip aber nichts mit dem Intel-/Microsoft-Standard gemein.

Diese Software-konfigurierbaren ISA-Karten, die es schon seit vielen Jahren gibt, funktionieren vereinfacht dargestellt wie folgt: die Schalterstellungen einfach durch ein *Latch* (74LS373) oder einen Registerbaustein (D-Flip-Flop, 74LS374) ersetzt. Durch einen Software-Treiber, der sich üblicherweise in der CONFIG.SYS befindet, werden die zuvor – via Installationsprogramm – festgelegten Daten dann in das Latch geschrieben und gelten damit bis zum nächsten Bootvorgang für die entsprechende Karte. Dieses Verfahren wird insbesondere bei Soundkarten häufig angewendet. Eine automatische Konfigurierung der verschiedenen PC-Karten ist damit jedoch kaum möglich, da das herstellerspezifische Installationsprogramm keine zuverlässige Information darüber erhalten kann, welche Ressourcen des PC bereits belegt sind und welche nicht.

Weder die üblichen Testprogramme wie etwa MSD noch die zu ISA-Einsteckkarten mitgelierten Installationsprogramme und auch nicht Windows 95 können bei konventionellen ISA-Karten erkennen, ob und welche PC-Ressourcen von ihnen belegt werden. Die Daten werden üblicherweise aus den PC-Konfigurationsdateien (AUTOEXEC.BAT, CONFIG.SYS, *.INI) ermittelt.

Wie die typischen Diagnoseprogramme auch – beispielsweise Microsoft Diagnostic (MSD) – kann das betreffende Installationsprogramm nur *versuchen*, die noch freien Ressourcen zu ermitteln, was mehr oder weniger gut funktioniert, da die (alten) ISA-Karten keinen allgemein gültigen Mechanismus bieten, der die tatsächlich festgelegten Schalterstellungen ermitteln und auch feststellen kann, von welcher Karte welche Ressourcen belegt werden. Diese Datenermittlung kann nur anhand von Treibereinträgen wie in der AUTOEXEC.BAT, der CONFIG.SYS oder den INI-Dateien durchgeführt werden, wobei diese Einträge nicht zwangsläufig mit den *gejumperten* übereinstimmen müssen.

Zur Implementierung eines automatisch stattfindenden Konfigurierungsprozesses von ISA-Karten bedarf es daher eines standardisierten Verfahrens, ohne dass dabei – aus Kompatibilitätsgründen – elektrische Änderungen am ISA-Bus oder zusätzliche Signale nötig sind. Intel und Microsoft haben eben dafür *ISA-Plug&Play* entwickelt, das auf den einzelnen Karten einerseits eine spezielle Hardware und anderseits ein Plug&Play-BIOS im PC voraussetzt. Eine konventionelle ISA-Karte – auch als *Legacy ISA* bezeichnet – kann daher nicht einfach ohne Änderungen des ISA-Interfaces für ISA-Plug&Play verwendet werden.

Das erste Betriebssystem, welches ISA-Plug&Play standardmäßig unterstützt, ist Windows 95. Da weder Intel noch Microsoft erwarten konnten, dass die Anwender ihren konventionellen PC, der eben nicht über ein Plug&Play-BIOS verfügt und auch übliche ISA-Karten verwendet, sofort ersetzen würden, musste in Windows 95 selbst eine eigene Plug&Play-Funktionalität implementiert werden.

Generell bedient sich Windows 95 zur Ermittlung der PC-Ressourcen und Hardware-Konfigurierung einer Reihe verschiedener Methoden wie auch der Analyse der Konfigurationsdateien und führt eine interne Datenbank für gebräuchliche, konventionelle ISA-Karten mit voreingestellten Werten, die wiederum nicht mit den tatsächlich festgelegten übereinstimmen müssen, so dass hier möglicherweise manuelle Änderungen für die betreffenden Karten in der *Systemsteuerung* nötig sind. Bei ISA-Plug&Play-Karten ist dies bei Windows 95 in der Regel nicht notwendig, denn das Betriebssystem erkennt beim Bootvorgang, unabhängig davon, ob der PC nun über ein Plug&Play-BIOS verfügt oder ob ISA-Plug&Play-Karten vorhanden sind, und verwaltet die Ressourcen daraufhin konfliktfrei.

```
Award Plug an Play BIOS Version  v.1.0A
Copyright (C) 1996, Award Software, Inc.


Initializing Plug&Play Cards...


Card-01 ESS ES1868 Plug and Play Audio Drive
Card-02 16550A COM PORT

    ┌──────────────────────────────────────────────────────────────┐
    │                   Award Software, Inc.                         │
    │                   System Configurations                        │
    │  ┌──────────────────────────────────────────────────────────┐ │
    │  │ CPU Type         : PENTIUM-S      Base Memory    :   640K │ │
    │  │ Co-Prozessor     : Installed      Extended Memory: 15360K │ │
    │  │ CPU Clock        : 100 MHz        Cache Memory    :  255K │ │
    │  ├──────────────────────────────────────────────────────────┤ │
    │  │ Diskette Drive A : 1.44, 3.5 in.  Display Type    : EGA/VGA│ │
    │  │ Diskette Drive B : None.          Serial Port(s) : 3F8 2F8│ │
    │  │ Pri. Master Disk : LBA, Mode 4 1083MB Parallel Port(s) : 378│ │
    │  │ Pri. Slave  Disk : None           L2 Cache SRAM-Type: Pipeline│ │
    │  │ Sec. Master Disk : None                                   │ │
    │  │ Sec. Slave  Disk : None                                   │ │
    │  └──────────────────────────────────────────────────────────┘ │
    │                                                                │
    └──────────────────────────────────────────────────────────────┘

PCI device listing.....

Bus No. Device No. Func.No.  Vendor ID  Device ID  Device Class           IRQ
────────────────────────────────────────────────────────────────────────────
   0        9          0       9004       7178     Mass storage controller  15

   0        10         0       102B       0519     Display controller       11

   0        11         0       1000       0001     Unknown PCI device       14

Windows 95 wird gestartet...
```

Bild 10.15: Die Anzeige während der PC-Initialisierung bei einem PC mit Plug&Play-BIOS

Windows 95 beinhaltet eine eigene Erkennungsroutine für ISA-Plug&Play-Karten und kann daher auch mit diesen Karten umgehen, wenn der PC kein ISA-Plug&Play-BIOS besitzt.

ISA-Plug&Play wird von Windows NT ab der Version 4.0 unterstützt, wofür jedoch zusätzlich ein entsprechender Treiber zu laden ist, weil er nicht automatisch (NT 4.0) installiert wird. Er befindet sich im Driver-Verzeichnis auf der Original-NT-CD.

Es gibt eine ganze Reihe von PCs, die zwar ein PCI-BIOS besitzen, jedoch keine ISA-Plug&Play-Unterstützung. Erst ab dem Jahre 1996 wurden die meisten PCs mit einem BIOS ausgeliefert, das auch diese Funktionalität bietet. Ob dies gegeben ist, lässt sich bereits nach dem Einschalten des PC anhand einer Meldung wie *Award Plug and Play BIOS Version v.1.0A* (vergl. Bild 10.15) erkennen.

10.5.1 Die ISA Configuration Utility

Zur Integration von ISA-Plug&Play-Karten in PCs ohne Plug&Play-BIOS und auch ohne Plug&Play-Betriebssystem (z.B. DOS/Windows 3.x) gibt es von Intel eine *ISA Configuration Utility* (ICU), die die Kartenkonfigurierung auch mit einem konventionellen BIOS ermöglicht. Die festgelegten Daten werden dann statt im erweiterten CMOS-RAM eines Plug&Play-fähigen PCs – oder Windows-9X-intern – in einer Datei auf der Festplatte gespeichert und während des Bootvorgangs gelesen. Die ICU arbeitet im Übrigen ganz ähnlich wie die ECU bei EISA-PCs

Hierfür ist im Real-Mode unter DOS zunächst das Programm CASSIST.EXE zu starten, das versucht, die grundlegende PC-Hardware-Ausstattung zu ermitteln (Mainboard-Typ, COM-Ports, IDE, SCSI usw.) und dabei die Datei ICU.NDX anlegt, die für die weitere Verarbeitung benötigt wird.

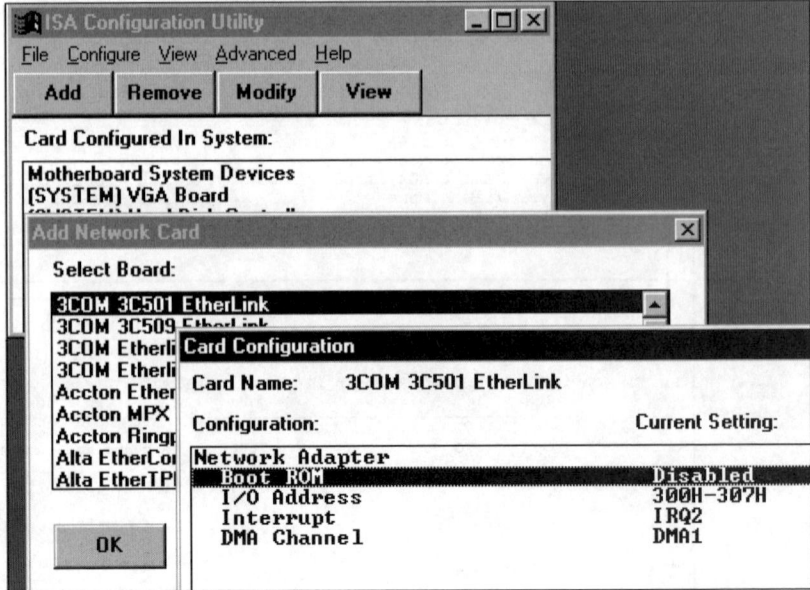

Bild 10.16: Mit der ISA Configuration Utility können ISA-Karten und deren Ressourcen-Belegung konfiguriert werden

In der CONFIG.SYS ist zuvor jedoch ein speicherresidenter Treiber (wcfgmg.sys) zu laden, der dementsprechend Speicherplatz im RAM belegt. Nachfolgend wird unter Windows das Programm WINICU gestartet und die einzelnen Parameter der PC-Einheiten können hier angezeigt und gegebenenfalls angepasst werden. Einige (Standard-) ISA-Karten unterschiedlicher Kategorien (Netzwerk, Controller usw.) stehen hier auch mit bereits voreingestellten Daten – die natürlich ebenfalls verändert werden können – zum Hinzufügen bereit. Die ICU funktioniert ausschließlich bei einem PC ohne Plug&Play-BIOS und ist auch (wenn überhaupt) nur für Windows 3.x, nicht aber für Windows 95 sinnvoll.

Viele Hersteller empfehlen zwar (immer noch) den Einsatz der ICU, liefern jedoch auch ein eigenes Setup-Programm für die Karte mit, das im Prinzip wie eines für eine konventionelle ISA-Karte zu handhaben ist. Das Ergebnis ist nämlich im Prinzip dasselbe wie mit einer ICU: Die Parameter für die Karte befinden sich in einer Datei auf der Festplatte, egal ob sie nun mit der ICU oder einem speziellen Setup-Programm festgelegt worden sind. Nur ist dadurch weder dem BIOS noch dem Betriebssystem bekannt, welche Daten für diese Karte reserviert worden sind.

Die ISA Configuration Utility ist nur dann nötig, wenn weder ein Plug&Play-BIOS noch Windows 95 verwendet wird.

10.5.2 ISA-Plug&Play-Technik

Für ISA-Plug&Play wurden drei zusätzliche Register von jeweils 8 Bit Breite definiert, über welche die gesamte Plug&Play-Konfigurierung absolviert wird, und die so gewählt worden sind, dass es keine Kollision mit bereits standardmäßig verwendeten geben kann.

Port Name	Adresse	übliche ISA-Funktion	Type
Address	0279h	Printer-Status-Port	W
Write-Data	0A79h	Printer-Status-Port + 0800h	W
Read-Data	0203-03FFh	verschiedene	R

Tabelle 10.22: Die Register für die automatische Konfigurierung von ISA-Plug&Play-Karten

Alle ISA-Plug&Play-Karten verwenden zur Konfigurierung ausschließlich diese drei Register. Der Printer-Status-Port, wie er bei ISA benutzt wird, und die um 800h höhere Adresse werden für Plug&Play als Schreibregister verwendet, so dass Kompatibilitätsprobleme vermieden werden. Um die Daten der Plug&Play-Karte lesen zu können, wird eine als frei erkannte Adresse im Bereich 0203h-03FFh ausgewählt.

Bei neueren Mainboards wird diese Adresse quasi vom Hersteller vorgegeben (typisch 273h), während sie bei den älteren Modellen erst durch die Software ermittelt werden muss, was bei den neueren auch dann erfolgt, wenn sie sich als bereits belegt erweisen sollte. Dieser Vorgang wird automatisch durch das Plug&Play-BIOS und/oder Windows 95 ausgeführt. Über den *Address Port* wird das jeweilige interne Plug&Play-Register selektiert, damit anschließend Daten zum *Write Data Port* geschrieben oder Daten vom *Read Data Port* gelesen werden können.

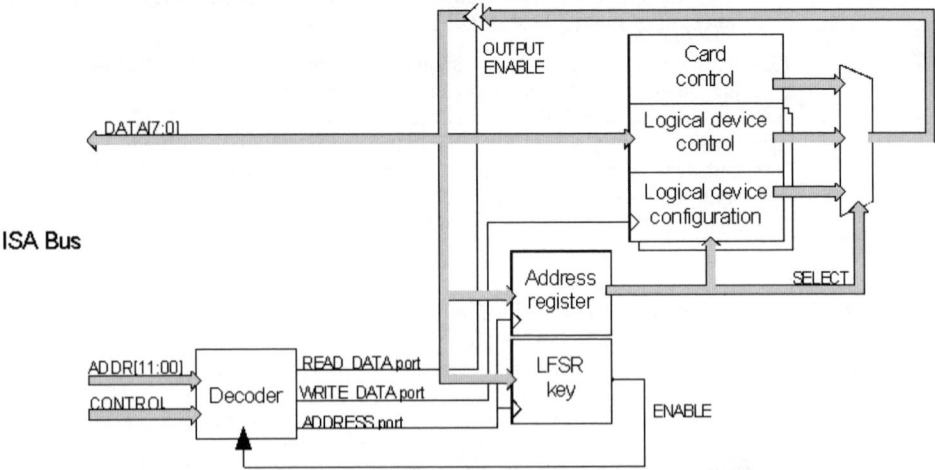

Bild 10.17: Der logische Aufbau des ISA-Plug&Play-Interfaces, wie es in den entsprechenden Interface-Bausteinen integriert ist; eine besondere Rolle für die Initialisierung spielt dabei das Linear Feedback Shift Register (LFSR)

Jede Plug&Play-Karte verfügt über drei Registersätze: *Card Control, Logical Device Control* und *Logical Device Configuration*. Über die Card-Control-Register werden globale Funktionen für die Steuerung der Karte festgelegt.

Die Logical-Device-Control-Register sind für jedes logische Gerät einmal vorhanden und bestimmen, ob der betreffende Schaltungsteil (z.B. bei Multifunktionskarten) für den ISA-Bus aktiv ist, und dienen zudem der Überprüfung eines I/O-Konflikts.

Die Logical-Device-Configuration-Register sind ebenfalls für jedes logische Gerät einmal vorhanden und bestimmen die Speicher-, I/O-, Interrupt- und DMA-Einstellungen. Es sind ebenfalls einige herstellerspezifische Register möglich, die es den Herstellern erlauben, eigene Funktionen über den Plug&Play-Mechanismus zu integrieren.

Adresse/Hex	Funktion
0x00-0x07	**Card Control**
0x08-0x1F	Card Level (reserviert)
0x20-0x2F	Card Level (herstellerspezifisch)
0x30-0x31	**Logical Device Control**
0x32-0x37	Logical Device Control (reserviert)
0x38-0x3F	Logical Device Control (herstellerspezifisch)
0x40-0x75	**Logical Device Configuration**
0x76-0xEF	Logical Device Configuration (reserviert)
0xF0-0xFE	Logical Device Configuration (herstellerspezifisch)
0xFF	Reserviert

einmal für jede Karte

einmal für jedwes logsiche Gerät

Tabelle 10.23: Die Plug&Play-Register in der Übersicht

Eine ISA-Plug&Play-Karte stellt sich – je nach Typ – als ein oder mehrere *Logical Devices* dar. Die Logical Devices enthalten wiederum verschiedene physikalische Devices, für die entsprechende PC-Ressourcen zu konfigurieren sind. Im folgenden ist ein Beispiel angegeben, das für Soundkarten gilt, die mit einem CS4232- oder auch CS4236-Baustein aufgebaut sind, wie beispielsweise die *Orchid NuSound* oder auch die *Philips Soundcard*.

···} **Logical Device 0:**
Windows-Soundsystem-CODEC, I/O-Adressen, zwei DMA-Kanäle und ein Interrupt-Kanal

AdLib/SB-Synthesizer, I/O-Adressen, ein Interrupt-Kanal

SB-Pro-Interface, SB-I/O-Adressen, ein DMA- und ein Interrupt-Kanal, die mit denen für die Windows-Sound-System-Kompatibilität geteilt werden

···} Logical Device 1:
Game-Port, I/O-Basisadresse

···} Logical Device 2:
Control-Register, I/O-Basisadresse, ein Interrupt-Kanal

···} Logical Device 3:
MPU-401-Interface, I/O-Basisadresse, ein Interrupt-Kanal

···} Logical Device 4:
CD-ROM-Interface, I/O-Basisadresse, ein Interrupt- und ein DMA-Kanal

···} Logical Device 5 (nur CS4236):
Modem, I/O-Basisadresse, ein Interrupt-Kanal

Im Prinzip sollte es keine Rolle spielen, wie viele logische Devices implementiert werden. In der Praxis stellt sich jedoch heraus, dass einige Plug&Play-BIOS-Versionen nicht in der Lage sind, mehr als fünf – zuweilen auch nicht mehr als drei – logische Plug&Play-Einheiten zu verwalten. Wenn man bedenkt, dass die PC-Ressourcen ohnehin stark limitiert sind und dass außer einer Soundkarte weitere Plug&Play-Karten im PC unterzubringen sind, kann dies eine automatische Konfigurierung durch das BIOS bereits unmöglich machen.

Karten mit Plug&Play-Funktion und relativ vielen Logical Devices werden aus diesem Grunde auch eher selten komplett durch das BIOS initialisiert. Einige Hersteller gehen so weit, dass mit Hilfe einer Batchdatei die Plug&Play-Funktion der Karte zunächst abschaltet wird, wodurch sie beim nächsten Start nicht mehr als Plug&Play-Device vom BIOS erkannt wird. Stattdessen wird es dem Betriebssystem (Windows 95) überlassen, die Devices entsprechend zu konfigurieren, da es die Informationen der Karte ebenfalls lesen kann.

 Auf der CD befindet sich das Programm ISOLATE, welches das Herauslesen der Parameter aus den einzelnen ISA-Plug&Play-Karten ermöglicht.

10.5.3 Die Betriebszustände

Die Initialisierung einer ISA-Plug&Play-Karte läuft im mehreren Schritten ab, wobei sie sich immer in einem von vier Zuständen befindet:

···❭ **Wait For Key State**

Nach einem Reset des PC oder einem Wait-For-Key- oder auch Reset-Kommando befindet sich jede Karte zunächst im Wait For Key State. Solange nicht der Initiation Key über den ISA-Bus empfangen worden ist, sind die Karten nicht aktiv und können nicht selektiert werden. Nach einer erfolgreich verlaufenen Konfigurierung wird von jeder Karte wieder der Wait For Key State eingenommen und sie ist nunmehr einsatzbereit.

···❭ **Sleep State**

In diesem Status warten alle Karten auf das Wake[CSN]-Kommando. Mit Hilfe dieses Kommandos kann dann jede Plug&Play-Karte selektiv über die ihr zugeordnete Card Select Number (CSN) angesprochen werden, woraufhin sie entweder in den Isolation- oder den Config State schaltet. Alle Karten, die noch keine CSN erhalten haben, schalten nach dem Empfang des Wake[CSN]-Kommandos, das eine Null überträgt, in den Isolation State. Wenn die Schreibdaten des Wake[CSN]-Kommandos ungleich Null sind, also einer gültigen, vergebenen Card Select Number entsprechen, wechselt die betreffende Karte in den Config State.

···❭ **Isolation State**

Im Isolation State antworten die Karten auf die Lesezugriffe zum Serial Isolation Register (Isolation Protocol). Wenn eine Karte daraufhin isoliert ist, erhält sie eine eigene Card Select Number, mit der sie dann über das Wake[CSN]-Kommando selektiert werden kann. Nach dem Schreiben der CSN geht die betreffende Karte in den Config State.

···} **Config State**

Befindet sich eine Karte im Config State, wobei immer nur eine zur Zeit diesen Zustand einnehmen kann, antwortet sie auf alle Konfigurationskommandos, erlaubt auch das Auslesen ihrer Ressourcen-Daten und kann programmiert werden.

Nach dem Einschalten des PC erfolgt ein Reset durch das entsprechende Signal des ISA-Bus, alle ISA-Plug&Play-Karten setzen ihre CSN auf Null und gehen in den *Wait For Key State*. Eine Verzögerung von typisch 2 ms ist dabei nach dem Reset zu berücksichtigen, damit die Karten ihre Daten aus dem EEPROM lesen können. Als Nächstes wird ein so genannter *Initiation Key* über den Write-Data-Port (0A79h) gesendet, der aus 32 I/O-Schreibsequenzen besteht und genau die folgenden Daten enthalten muss.

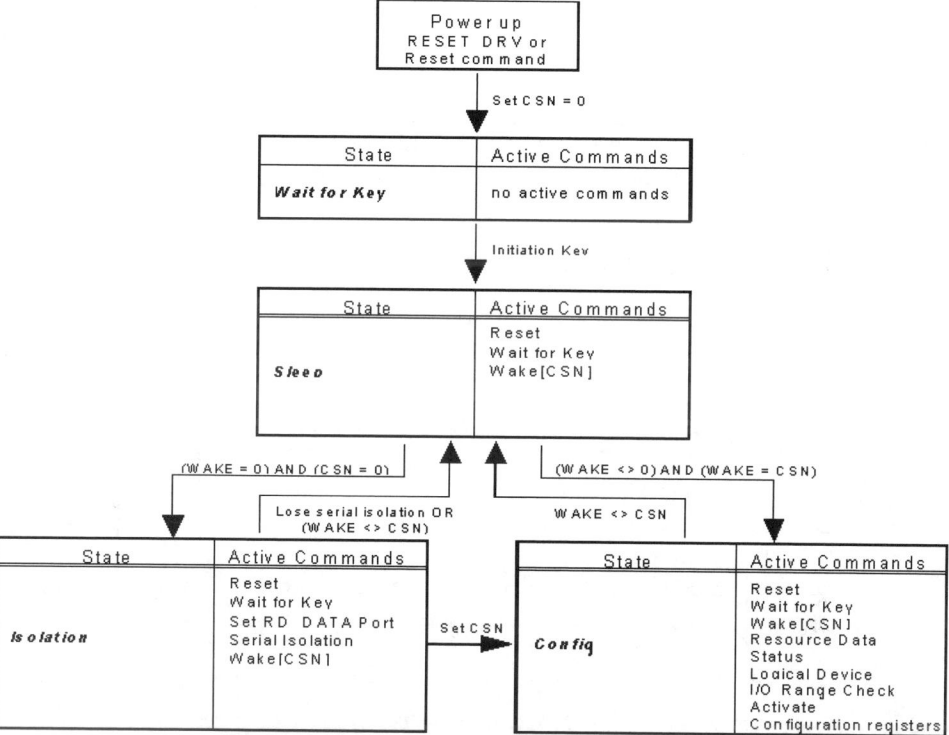

Bild 10.18: Eine ISA-Plug&Play-Karte befindet sich immer in einem von vier Zuständen. Der Konfigurationsprozess erfolgt über den Wait-For-Key-, Sleep-, Isolation- und Config-State. Ist die Karte daraufhin aktiviert, befindet sie sich wieder im Wait For Key State. Der Ablaufplan zeigt alle gültigen Kommandos und Operationen, mit denen eine Karte entsprechend zu programmieren ist

Initiation Key:

6A, B5, DA, ED, F6, FB, 7D, BE,

DF, 6F, 37, 1B, 0D, 86, C3, 61,

B0, 58, 2C, 16, 8B, 45, A2, D1,

E8, 74, 3A, 9D, CE, E7, 73, 39

Die Daten des Initiation Key sind nicht etwa zufälliger Natur, sondern es handelt sich dabei um die fortlaufenden Ergebnisse der Berechnung eines binären Polynoms. Aus diesem Grunde ist es äußerst unwahrscheinlich, dass diese Bytefolge einmal unabsichtlich entsteht und zu einem Fehler bei der Kartenkonfiguration führt oder auch andere Systemprobleme hervorrufen kann.

10.5.4 Linear Feedback Shift Register

Das Linear Feedback Shift Register (LFSR) ist Bestandteil eines jeden Plug&Play-Chips (siehe Bild 10.17) und für die Initialisierung der Karte zustänidg. Es generiert einerseits Daten für das Initiation-Key-Protokoll und dient andererseits, während der Ausführung des Isolation-Protokolls, der Überprüfung auf eine korrekte Checksumme hin.

Die empfangenen Daten des Initiation Key werden intern mit denen des vom 8-Bit-LFS-Registers erzeugten Wertes verglichen. Um sicherzugehen, dass sich das LFSR im Grundzustand befindet, sind vor dem Senden des Initiation Key zunächst 2 Schreiboperationen (mit 0x00) auf den Address-Port auszuführen, danach enthält das LFSR den Wert 6Ah (10.19), welcher auch dem ersten gesendeten Wert des Initiation Key entspricht.

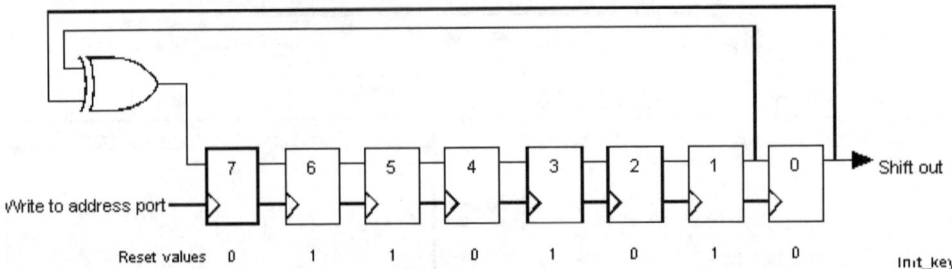

Bild 10.19: Das Linear Feedback Shift Register während der Ausführung des Initiation-Key-Protokolls

Die beiden letzten Bits des Schieberegisters (1, 0) gelangen auf ein Exklusiv-Oder-Gatter, das daraus nunmehr eine 1 liefert. (Das Exklusiv-Oder-Gatter liefert nur dann eine 0 am Ausgang, wenn die Eingangssignale 0, 0 oder 1, 1 lauten). Die 1 wird an die Bitposition 7 gesetzt und einmal nach rechts geschoben. Dieser Vorgang (LFSR[1] XOR LFSR[0]) wird danach noch weitere 31 Mal ausgeführt und das LSFR sollte am Ende dieses Vorganges den Wert 39h enthalten, was dazu führt, dass die Karte in den Sleep-Status wechselt. Andernfalls nimmt das LFSR wieder den ursprünglichen Wert (6Ah) ein, was bedeutet, dass die Karte nicht angesprochen werden kann und weiterhin im Wait For Key State verharrt.

Der Übergang vom Sleep-Status in den nächsten Zustand (Isolation) erfolgt daraufhin mit der Befehlsfolge Wake=0 AND CSN=0 durch zwei Schreibzugriffe auf die entsprechenden Register (0x03, 0x06 auf den Address-Port, 0279h).

Jede Plug&Play-Einheit besitzt einen 72 Bit langen *Serial Identifier*, der sich aus vier Byte Herstellerkennung (Vendor ID), 4 Byte Serial Number und einer acht Bit langen Checksumme zusammensetzt. Die Vendor-ID wird üblicherweise zentral vergeben, so dass es keine zufällige Übereinstimmung bei verschiedenen Firmen geben kann. Für die Serial Number ist der Hersteller der Karte verantwortlich, der diese selbst vergeben kann. Jede einzelne Karte einer Produktreihe muss dabei eine individuelle Nummer erhalten, damit beispielsweise auch zwei Karten des gleichen Typs wie etwa zwei Schnittstellenkarten in einem PC verwendet werden können.

Die zweite Aufgabe des LFSRs besteht in der Berechnung der Checksumme für den *Serial Identifier*, der sich neben allen anderen für die Karte geltenden Ressourcen-Daten im EEPROM auf der Karte befindet. Nur wenn die durch das LFSR berechnete Checksumme mit der im EEPROM abgelegten übereinstimmt, kann das Isolation-Protokoll korrekt ausgeführt werden und die Karte gelangt daraufhin auch in den gewünschten Configuration State.

Check- sum	Serial Number				Vendor ID			
Byte 0	**Byte 3**	**Byte 2**	**Byte 1**	**Byte 0**	**Byte 3**	**Byte 2**	**Byte 1**	**Byte 0**
7:0	7:0	7:0	7:0	7:0	7:0	7:0	7:0	7:0

Shift

Bild 10.20: Der Aufbau des Serial Identifiers, der durch das LFSR geschoben wird

Der Serial Identifier wird durch das LFSR verarbeitet. Nach dem Empfang der erwähnten Befehlsfolge Wake=0 AND CSN=0 wird das LFSR auf 6Ah zurückgesetzt. Das erste Bit des Serial Identifier (Vendor-ID) wird auf den einen Eingang des ersten XOR-Gatters gelegt (z.B. 1).

Die unteren Bits von 6Ah liefern eine 1 am Ausgang des zweiten XOR-Gatters und bilden das zweite Eingangssignal für das erste XOR-Gatter (1). Da beide Eingangssignale einer 1 entsprechen, erscheint am Ausgang eine 0, die nach einmaligem Rechtsschieben (Lese-Zugriff auf das Serial-Isolation-Register) in das Bit LFSR[7] wandert. Nun findet der gleiche Prozess für die weiteren Bits des Serial Identifier statt, und nach insgesamt 64-maliger (Länge des Serial Identifiers = 64 Bit) paarweiser Lese-Prozedur steht im LFSR die ermittelte Checksumme, die für die Verarbeitung des Isolation-Protokolls benötigt wird.

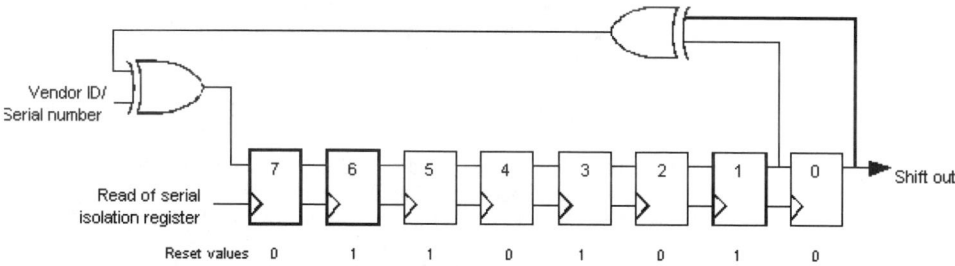

Bild 10.21: Die Checksummen-Berechnung mit dem LFSR bei der Ausführung des Isolation Protokolls

10.5.5 Das Isolation-Protokoll

Das Isolation-Protokoll sorgt für die Isolierung der einzelnen Plug&Play-Karten und weist ihnen jeweils eine Card Select Number (CSN) zu, über die sie nachfolgend einzeln zu selektieren sind.

Gelesen werden die Daten vom Read-Data-Port, dessen Adresse irgendwo im Bereich von 203-3FFh liegen kann. Wichtig ist dabei, dass die beiden letzten Bits dieser Adresse immer 11b lauten müssen, denn andernfalls kann die Dekodierungslogik der Plug&Play-Karten den gewünschten Port nicht zuweisen. Er wird über den Befehl *Set-RD-Data-Port* (0x00 auf den Address-Port, 0279h), gefolgt von der Adresse über den Write-Data-Port (0A79h), im Isolation State festgelegt.

Danach wird der Befehl *Serial Isolation* (Adresse: 0x01) ausgelöst und es findet ein Lesezugriff auf den festgelegten Read-Data-Port (z. B. 0203h, 0213h, 0273h) statt. Es hängt nun vom Aufbau des Serial Identifier (ID) der einzelnen Plug&Play-Karten ab, in welcher Reihenfolge sie erkannt und selektiert werden.

···⋗ **Das nächste Bit der Karten-ID ist 1:**

Die Karte(n) liefern bei der folgenden gradzahligen Leseoperation den Wert 55h, bei der nächsten ungradzahligen den Wert AAh.

···⋗ **Das nächste Bit der Karten-ID ist 0:**

Die betreffenden Karte(n) antworten nicht und überwachen bei den beiden folgenden Leseoperationen lediglich die unteren zwei Bits des Datenbus. Sie detektieren somit, was die anderen Karten im System signalisieren. Erscheinen die Werte 01b und 10b – die unteren Bits von 55h bzw. AAh –, schaltet die Karte ab (Sleep Mode) und scheidet aus dem weiteren Wettbewerb aus.

Generell gilt in einem laufenden Wettbewerb, dass diejenige Plug&Play-Karte gewinnt, deren ID an der Stelle eine 1 enthält, bei der die anderen eine 0 führen. Die noch im Wettbewerb beteiligten Karten setzen im nächsten Schritt ihren internen Zähler auf das zweite Bit der ID und der Vorgang wiederholt sich so lange, bis alle 72 Bit der ID (inklusive der Checksumme, die dabei überprüft wird) abgearbeitet sind.

Nach jeder Runde bleibt eine einzige Karte übrig, die vom System eine CSN erhält und aus dem weiteren Wettbewerb (erfolgreich) ausscheidet. Der Identifizierungsvorgang findet daraufhin erneut statt, bis letztendlich alle im System vorhandenen Karten eine CSN erhalten haben. Der Identifizierungsprozess wird immer einmal mehr durchlaufen, als Karten im PC eingebaut sind. Dass keine weitere Karte vorhanden ist, wird ganz einfach daran erkannt, dass keine Antwort mehr auf die paarweisen Lesezugriffe erscheint.

In Kurzform stellt sich die gesamte Initialisierung wie folgt dar:

1. Senden des Initiation Key über den Write-Data-Port (0A79h). Alle Karten gehen dadurch vom Wait For Key in den Sleep State.

2. Befehlsfolge Wake=0 AND CSN=0 mit Hilfe der entsprechenden Register (0x03, 0x06) senden. Die Karten befinden sich daraufhin im Isolation State.

3. Befehl Set-RD-Data-Port (0x00) auf den Address-Data-Port (0279h) und die gewünschte Read-Data-Address nachfolgend aus dem Bereich 0203-03FFh über den Write-Data-Port (0A79h) senden. Der Wert für die Read-Data-Address entspricht dabei den Bits 9-2, während die Bits 1-0 stets auf 11b und die Bits 15-12 auf 0000b festgelegt sind (hardwired). Alle Karten verwenden die angegebene Adresse daraufhin als Read-Data-Port. Falls die gewählte Adresse von einer Standard-ISA-Karte verwendet wird, kann das Isolation-Protokoll nicht ausgeführt werden, und es ist dann eine neue Adresse für Read-Data-Address festzulegen.

4. Ausführen des Isolation-Protokolls: Zunächst Befehl *Serial Isolation* (0x01) senden und dann 144-Byte-Lesezugriffe auf den Read-Data-Port anwenden. Ist eine Karte selektiert, wird die CSN in das Register 0x06 (Card Select Number) geschrieben. Über den Befehl Wake[CSN] (0x03) wird die betreffende Karte dann selektiert und befindet sich nachfolgend im Config State. Dieser Vorgang wird für alle im PC integrierten ISA-Plug&Play-Karten wiederholt.

5. Im Config State ist der Zugriff auf die Register der Karte möglich und es können beispielsweise deren Status und Ressourcen ausgelesen werden, während die eventuell vorhandenen weiteren Karten sich im Sleep-Mode befinden.

6. Über den Befehl Active (Register 0x30, Logical Device Control) oder auch einen Schreibbefehl auf das Bit 1 (High) des Configuration Control Registers (0x02) wird die Karte aktiviert und geht wieder in den Wait-For-Key-Zustand. Sie ist jetzt einsatzbereit.

10.5.6 Die Plug&Play-Register im Detail

In den vorherigen Kapiteln wurden Register und Adressen erwähnt, über die jede ISA-Plug&Play-Karte verfügen muss. Einige davon wirken bei einem Schreibzugriff direkt als Kommando wie beispielsweise *Serial Isolation* (0x00). Eine Übersicht zeigt das Bild 10.22. Je nach Komplexität der Plug&Play-Karte kann sie ein oder auch mehrere Logical Devices beinhalten und mehr oder weniger PC-Ressourcen (I/O, IRQ, Memory, DMA) beanspruchen.

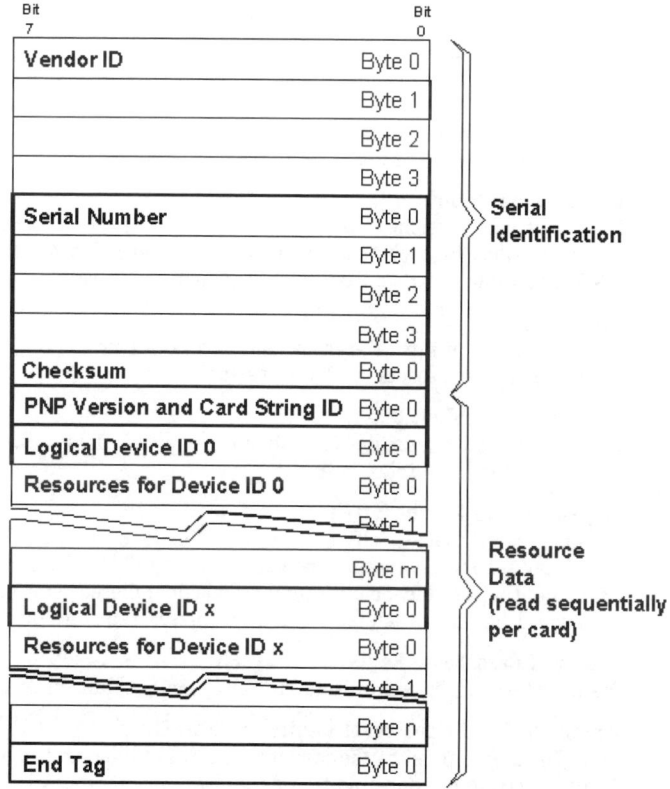

Bild 10.22: Die Organisation der Ressourcen-Daten von ISA-Plug&Play-Karten und des Serial Identifiers in der Übersicht

Card-Control-Register

>Set_RD_Data_Port: 00h
Das Register kann lediglich beschrieben werden, und das auch nur im Isolation State. Die Bits 7-0 enthalten die Adressbits 9-2 des Datenlese-Registers (Read-Data-Port).

···} **Serial Isolation: 01h**
Das Register kann nur gelesen werden und ein Zugriff auf eine Karte, die sich im Isolation State befindet, bewirkt, dass deren Daten gelesen werden können. Falls das Isolation-Protokoll nicht durchführbar ist, geht die Karte in den Sleep State.

···} **Configuration Control: 02h**
Ein Schreib/Lese-Register mit drei Kommandos, die jeweils mit einer 1 aktiviert werden. Die anderen Bits (3-7) haben keine Bedeutung und müssen jeweils eine 0 enthalten.

Bit 0: Reset Bit, Zurücksetzen (Reset) aller Kartenregister, wobei die CSN erhalten bleibt.

Bit 1: die Karte wird in den Wait-For-Key-Zustand versetzt, wobei die CSN und die Registerwerte nicht verändert werden.

Bit 2: Reset CSN, die CSN wird auf 0 gesetzt.

···} **Wake [CSN]: 03h**
Hier ist nur ein Schreibzugriff möglich, der die Karte aus dem Sleep State in den Isolation State versetzt, wenn die Daten (0) mit der CSN der Karte übereinstimmen. Falls die Daten nicht 0 sind, geht die Karte stattdessen vom Sleep- in den Configuration State.

···} **Resource Data: 04h**
Ein Leseregister, welches die Ressourcen-Daten des Device (EEPROM) liefert. Zwischen jedem Lesezyklus muss überprüft werden, ob das Status-Register im Bit 0 eine 1 enthält, damit die nachfolgenden Daten verfügbar sind.

···} **Status: 05h**
Das Register kann nur gelesen werden und liefert im Bit 0 eine 1, wenn das nächste Byte der Ressourcen-Daten verfügbar ist.

···} **Card Select Number: 06h**
Ein Schreibzugriff setzt die CSN für die Karte, das daraufhin mit dem Wake [CSN]-Kommando zu selektieren ist.

···} **Logical Device Number: 07h**
Dieser Registerinhalt spezifiziert das betreffende logische Device. Eine Plug&Play-Karte – oder ein entsprechender Plug&Play-Chip – kann mehrere Logical Devices enthalten. Die Selektierung erfolgt über dieses Register, und falls nur ein Logical Device vorhanden ist, enthält dieses Register eine 0.

···} **Reserved Card Level Register: 08h-1Fh**
Die Register sind für zukünftige Plug&Play-Entwicklungen reserviert.

···} **Vendor Defined Card Level Register: 20h-2Fh**
Diese Register können für herstellereigene Funktionen verwendet werden und werden nicht in der Spezifikation definiert.

Logical-Device-Control-Register

Die folgenden Register sind für jedes logische Gerät einmal vorhanden.

···} **Active: 30h**

Das Schreib-/Lese-Register aktiviert mit einer 1 im Bit 0 das Logical Device, während der Inhalt der Bits 7-1 keine Bedeutung hat. Vor dem Aussenden dieses Kommandos muss das I/O-Range-Check-Register deaktiviert werden.

···} **I/O Range Check: 31h**

Dieses Register wird zur Überprüfung eines I/O-Konfliktes mit einer Standard-ISA-Karte verwendet und ist optional. Die Bits 7-2 enthalten stets eine 0. Bei gesetztem Bit 1 wird die Überprüfung ausgeführt, die nur bei nicht aktivem Gerät (Active Register Bit 0 = 0) möglich ist.

Wird das Bit 0 auf 1 gesetzt, antwortet das Logical Device mit 55h bei einem Lesezugriff auf den verwendeten I/O-Bereich. Ist das Bit 0 hingegen auf 0 gesetzt, wird AAh zurückgegeben. Alle überprüften Adressbereiche, die bereits verwendet werden, liefern bei einem Lesezugriff 55h gefolgt von AAh. Bei einem festgestellten Konflikt ordnet die Plug&Play-Software dem Logical Device eine neue I/O-Adresse zu.

···} **Reserved For Future Use: 31h-37h**

Diese Register sind für zukünftige Funktionen vorgesehen.

···} **Vendor Defined Logical Device Control Register: 38h-3Fh**

Herstellerspezifische Funktionen können mit diesen Registern festgelegt werden.

Logical Device Configuration (Resource Data)

Die folgenden Register (40-5Fh) beziehen sich auf eine 8- oder 16-Bit-Speicherkonfiguration. Ab der Adresse 76h sind die Register für eine 32-Bit-Verarbeitung lokalisiert. In Anbetracht der Tatsache, dass ISA-Plug&Play-Karten – wenn überhaupt – lediglich einen als 8 oder 16 Bit organisierten Speicherbereich verwenden können, wird hier auf die Beschreibung der 32-Bit-Auslegung verzichtet, die nur für EISA-Plug&Play-Karten von Bedeutung ist.

···} **Memory Base Address [23:16], 40h**

Falls das logische Gerät über die Funktionalität eines Speicherzugriffs verfügt, werden in diesem Register die Bits 23-16 der Memory-Base-Adresse angegeben. Andernfalls enthalten alle Bits jeweils 0.

···} **Memory Base Address [15:8], 41h**

An dieser Stelle werden die unteren Bits für die Memory-Base-Adresse (siehe oben) festgelegt.

···} **Memory Control, 42h**

Das Bit 0 legt mit einer 1 fest, dass der Registerinhalt der beiden Upper-Limit-Address-Register als oberes Limit der Adressen zu verstehen ist. Andernfalls (Bit 0 = 0) wird der Inhalt dieser Register als gültige Speicherbereichslänge (Range Length) interpretiert. Das Bit 1 dient der Festlegung, ob der Speicher in 16 Bit Breite (1) oder 8 Bit Breite (0) verwendet werden soll. Für die Verarbeitung von 32-Bit-Speicher dienen die Register ab der Adresse 76h.

···} **Memory Upper Limit Address [23:16], 43h**

Die oberen Bits (23-16) für den Maximalwert (Upper Limit) des zu verwendenden Speicherbereichs werden mit Hilfe dieses Registers festgelegt. Alternativ kann der angegebene Wert – wenn der Plug&Play-Baustein dies explizit unterstützt – auch als Speicherbereichslänge verstanden werden.

···⟩ **Memory Upper Limit Address [15:8], 44h**
Die unteren Bits (15-8) für den Maximalwert des zu verwendenden Speicherbereichs werden mit Hilfe dieses Registers festgelegt (siehe oben).

···⟩ **Filler: 45h-47h**
Diese Adressen sind lediglich als *Fülladressen* vorgesehen, deren Inhalt für die Funktion keine Bedeutung hat.

···⟩ **Memory Descriptor 1: 48h-4Ch**
Entsprechend den obigen Erläuterungen zur Memory-Konfiguration (Memory Descriptor 0), kann ein Device auch mehrere Speicherbereiche verwenden, was aber eher als Ausnahme gilt. Es gilt für die Speicherbereiche 1-3 die gleiche Registerzuordnung wie oben erläutert – lediglich die Adressen sind unterschiedlich.

···⟩ **Filler: 4Dh-4Fh**

···⟩ **Memory Descriptor 2: 50h-54Ch**

···⟩ **Filler: 55h-57h**

···⟩ **Memory Descriptor 3: 58h-5Ch**

···⟩ **Filler: 5Dh-5Fh**

···⟩ **I/O-Port Base Address [15:8]: 60h**
Dieses Register identifiziert die oberen Bits der zu verwendenden I/O-Basisadresse für das Logical Device. Bei einer 10-Bit-Dekodierung werden die Bits 7-2 nicht verwendet und die Bits 1-0 bestimmen die Adressbits 9 und 8.

···⟩ **I/O-Port Base Address [7:0]: 61h**
Dieses Register identifiziert die unteren Bits der I/O-Basisadresse. Die Bits 7-3 enthalten die Adressbits 7-3. Falls das logische Gerät nur über acht I/O-Register verfügt, sind die Bits 0-2 ohne Bedeutung.

···⟩ **I/O-Port Base Address: 62h-6Fh**
Entsprechend den zuvor erläuterten Adressen enthalten diese die Basisadressen für die eventuell vorhandenen weiteren logischen Geräte. Nicht verwendete I/O-Port Base-Adressen sind jeweils Low.

···⟩ **Interrupt Request Level Select: 70h**
Dieses Register legt den jeweiligen Interrupt-Kanal fest, beispielsweise 3h für IRQ3 oder Ah für IRQ10. Der IRQ2 wird auf den IRQ9 des zweiten Controllers umgeleitet (Kaskadierung der Interrupt-Controller). Um IRQ2 zu selektieren, ist hier eine 2 festzulegen.

···⟩ **Interrupt Request Type: 71h**
Die Bits 0-1 dieses Registers spezifizieren den Typ und den aktiven Pegel des unter dem Register 70h festgelegten Interrupt-Kanals. Bit 0 legt mit einer 0 den Typ *Edge* und mit einer 1 den Typ *Level* fest. Der erstere ist der bei ISA-PCs traditionelle Typ, der bei einer ansteigenden Flanke ausgelöst wird. Für *Level* wird im Bit1 des weiteren der aktive Pegel (0=low, 1=high) bestimmt. Alle anderen Bits sind hier ohne Bedeutung.

···⟩ **Interrupt Request Level Select: 72h**

···⟩ **Interrupt Request Type: 73h**

···⟩ **DMA Channel Select 0: 74h**

Unterstützt das logische Gerät die DMA-Verarbeitung, wird hier der entsprechende Wert für einen DRQ/DACK-Kanal mit den Bits 0-2 festgelegt. Der Wert 000 entspricht dem DMA-Kanal 0 und 111 dem Kanal 7. Ein Wert von 4 (Kaskadierung) ist anzugeben, wenn keine DMA-Unterstützung gewünscht wird.

···⟩ **DMA Channel Select 1: 75h**

Falls das logische Gerät für die DMA-Verarbeitung zwei Kanäle verwenden soll, wird hier der entsprechende Wert für den zweiten DMA-Kanal angegeben. Ein Wert von 4 signalisiert auch hier *keine DMA-Unterstützung*.

···⟩ **Diverse Register für 32-Bit-Memory: 76h-A8h**

Die Registerarchitektur und die gesamte ISA-Plug&Play-Datenverarbeitung – wie etwa die Durchführung des Isolation-Protokolls – stellt sich auf Grund der geforderten Kompatibilität zum »alten« ISA als recht komplex dar. Die PCI-Funktionen sind da einfacher zu durchschauen und auch einfacher zu programmieren.

10.6 Der Accelerated Graphics Port – AGP

Trotz beachtlicher Leistungssteigerungen bei der Grafik- und Videodarstellung in den letzten Jahren hat man seit Mitte 1996 den PCI-Bus als Schwachstelle ausgemacht. Für so genannte *High-End-3D-Anwendungen*, die sich eigentlich nur aus Spielen rekrutieren, wurde auf Initiative von Intel der *Accelerated Graphics Port* (AGP) definiert. Es ist jedoch nicht der Fall, dass PCI-Grafikkarten nun durch den AGP leistungstechnisch als zweitrangig abgetan werden könnten.

Eine gute PCI-Grafikkarte ist immer noch besser als eine schlechte AGP-Grafikkarte, d.h., in erster Linie sollte die jeweilige Anwendung und die hierfür notwendigen Grafikeinstellungen im Vordergrund stehen. Schlecht programmierte Treiber oder ein zu kleiner Bildspeicher machen sich in der Praxis immer stärker bemerkbar als (vermeintlich) gute Daten im Werbeprospekt und dies gilt natürlich auch für den AGP.

Wer sich nicht für die neuesten 3D-Spiele interessiert, braucht eigentlich auch keine AGP-Grafikkarte und wenn eine AGP- und eine PCI-Grafikkarte auf dem gleichen Chipset basieren, sind Performanceunterschiede eigentlich auch kaum feststellbar. Dies ist im Übrigen, wie im Kapitel 10.1 erwähnt, ein Phänomen, das einem beim Vergleich einer ISA- mit einer VLB-Grafikkarte (basierend auf dem gleichen Grafikchip) ebenfalls begegnet – für »PC-Veteranen« also nichts Neues .

Der propagierte Leistungsvorsprung einer AGP-Grafikkarte gegenüber einem PCI-Pendant ist in der Praxis kaum feststellbar.

Einen Preisunterschied zwischen PCI- und AGP-Grafikkarten gibt es nicht mehr und viele neuere Grafikkarten werden nur noch mit AGP-Interface hergestellt, so dass man oftmals aus diesen Gründen zu einer AGP-Grafikkarte greift, für die auf dem Mainboard natürlich der AGP-Slot vorhanden sein muss. Des Weiteren bleibt bei der Verwendung einer AGP-Grafikkarte ein PCI-Steckplatz frei, was sich als ganz nützlich erweisen kann, wenn weitere Karten eingebaut werden sollen.

Bild 10.23: Der hier nicht belegte AGP-Slot (beim ersten Aldi-PC) befindet sich neben den PCI-Slots

10.6.1 AGP-Realisierung

Der AGP ist kein Ersatz oder eine Erweiterung des PCI-Bus, sondern er wird in Form eines zusätzlichen Steckplatzes für eine Punkt-zu-Punkt-Verbindung (kein Bus) auf dem Mainboard realisiert und ist allein für die Aufnahme einer entsprechenden AGP-Grafikkarte vorgesehen. Der AGP-Slot ist weder in elektrischer noch mechanischer Hinsicht zum PCI-Slot kompatibel und ein Stück kleiner, wie es im Bild 10.23 zu erkennen ist.

Der AGP ist (als Bridge) im Chipsatz integriert und von der CPU des PC unabhängig, was somit erstmalig einen Parallelbetrieb von CPU und Grafikchip, der als Busmaster arbeitet, ermöglicht. 3D-Anwendungen, vorwiegend die beliebten Spiele, sind auf einen möglichst großen Grafikspeicher angewiesen, der prinzipiell aus drei Bereichen besteht: Frame-Buffer, Z-Buffer und einem Bereich für die Texturdaten (Texture Buffer). Für die Texturen kann bei AGP-Grafikkarten ein Teil des »normalen« PC-Speichers verwendet werden, um einen entsprechenden Speicher auf der Grafikkarte einsparen zu können. Die jeweilige Festlegung ist hierfür im BIOS-Setup zu treffen.

Laut dem AGP-Initiator Intel soll der Speicher bei Mainboards mit AGP aus SDRAMs, die mit einem Takt von mindestens 66 oder besser 100 MHz betrieben werden, bestehen. In der Praxis hat sich jedoch mittlerweile herausgestellt, dass sich die Grafikkartenhersteller nicht auf die Mainboardspeicher verlassen, und sie versehen ihre Karten typischerweise mit 16-Mbyte-SDRAM oder dem noch schnelleren SGRAM.

Der Speicherpfad auf einer AGP-Karte hat eine Breite von typischerweise 128 Bit und die Speicherchips auf den Grafikkarten sind gegenüber denen auf dem Mainboard meist auch schneller, wobei hier Speichertakte von 166 MHz (z.B. Matrox Millenium G400) keine Seltenheit mehr sind, was insgesamt dazu führt, dass der Hauptspeicher nicht zwangsläufig für den AGP »angezapft« werden muss, was möglicherweise sogar mit einem Performance-Verlust verbunden wäre.

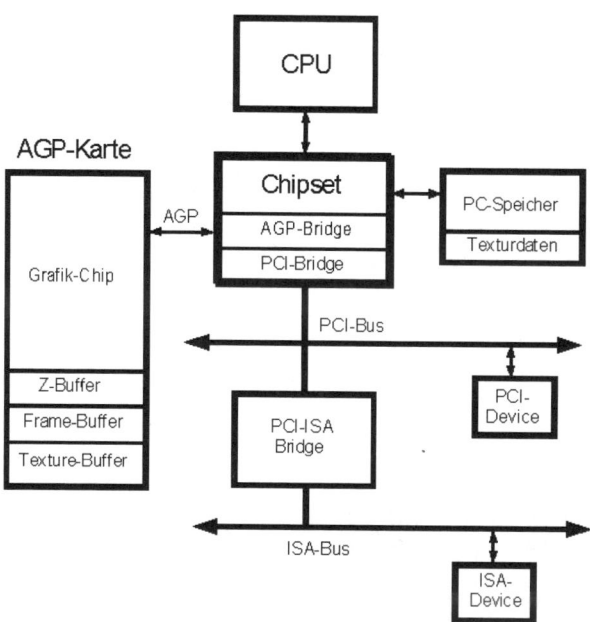

Bild 10.24: *Die Integration des AGPs in der Mainboard-Elektronik; eine AGP-Grafikkarte kann einen Teil des PC-Speichers als Texture-Memory verwenden, wodurch eine AGP-Karte nicht zwangsläufig einen Texture-Buffer besitzen muss*

Der AGP ist wie der PCI-Bus 32 Bit breit, arbeitet demgegenüber jedoch mit 66 MHz, was zu einer maximalen Transferrate – wenn beide Flanken des Taktsignals genutzt werden – von 533 Mbyte führt. Einige PCI-Signale (Steuerleitungen) werden ebenfalls vom AGP verwendet und die Initialisierung der Grafikkarte wird komplett über PCI abgewickelt, bevor der AGP in Aktion tritt. Die eigentlichen AGP-Funktionen werden aber nicht durch das BIOS, sondern durch das Betriebssystem (Direct Draw) aktiviert.

Die Verwendung von AGP-Grafikkarten und auch dem USB bereitet unter Windows 95 derartige Probleme, dass man deren Einsatz eigentlich erst ab Windows 98 empfehlen kann.

Erst mit Windows 98 wird der AGP standardmäßig unterstützt, während es bei Windows 95 eine AGP-Unterstützung ab der Version OSR 2.1 gibt. Windows NT 4.0 kann nicht mit dem AGP umgehen und wird erst mit der Version 5.0 (Windows 2000) eine entsprechende Unterstützung zur Verfügung stellen, falls es in der Zwischenzeit nicht noch ein Service-Release hierfür gibt. Damit Windows 95 (OSR 2.1, Version 950B mit Service Pack 2.1) mit dem AGP arbeiten kann, muss die USB-Unterstützung (USBSUPP.EXE) installiert werden, auch wenn man gar keine USB-Geräte verwenden will, denn bei der USB-Installation wird ein neuer Speichermanager (VMM32.VXD) installiert, der für den AGP notwendig ist.

10.6.2 Die Signale des AGPs

In der AGP-Terminologie ist, wie bei anderen Bussystemen auch, von einem Master und einem Target die Rede, wobei der Master dem Grafik-Controller auf der AGP-Karte und das Target der AGP-Logic auf dem Mainboard entspricht.

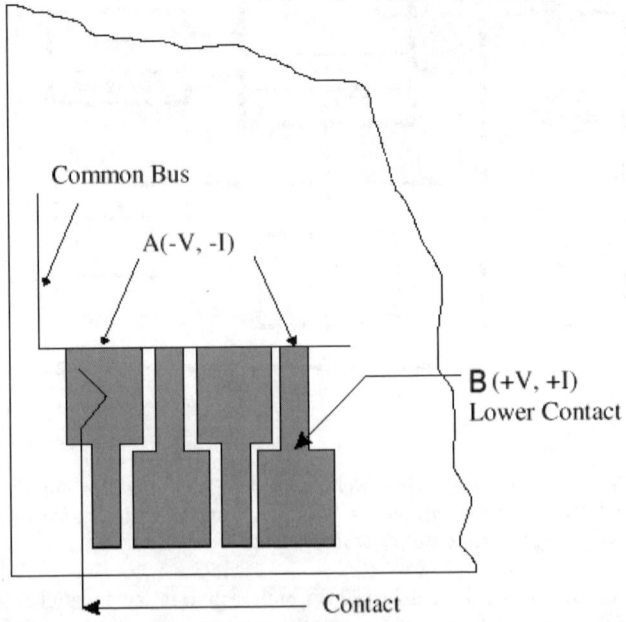

Bild 10.25: *Die Anordnung der AGP-Kontakte am Slotanschluss*

Das AGP-Protokoll kennt drei Übertragungsmodi, die mit 1x-, 2x- und 4x-Transfer-Mode bezeichnet und die alle mit 66-MHz-Taktrate durchgeführt werden.

Der 1x-Modus entspricht funktionell einem PCI-Transfer, im 2x-Transfer-Mode wird demgegenüber die Datenrate durch einen Trigger auf beiden Flanken des Taktes verdoppelt und der 4x-Mode arbeitet mit differentiellen Strobes (AD, /AD), was zu einer vierfachen Übertragungsrate gegenüber dem 1x-Mode führt.

Der AGP-4X-Modus ist erst bei neueren Mainboards nutzbar, die zumeist daran erkennbar sind, dass sich im AGP-Slot kein Kodierungssteg befindet, denn AGP-4X setzt eine Spannung von 1,5 V voraus.

Während es schon seit einiger Zeit AGP-Grafikkarten gibt, die den 4X-Modus unterstützen, sind erst die neueren Chipsets (siehe ab Kapitel 6.12.5) dazu in der Lage und im BIOS-Setup sollte sich der jeweilige Modus einstellen lassen.

Slotblech			
Bauteilseite		**Lötseite**	
Pin Nr.	**Signal**	**Pin Nr.**	**Signal**
B1	/OVRCNT	A1	12 V
B2	5 V	A2	/TYPEDET
B3	5 V	A3	Reserviert
B4	USB+	A4	USB-
B5	GND	A5	GND
B6	/INTB	A6	/INTA
B7	CLK	A7	/RST
B8	/REQ	A8	/GNT
B9	Vcc3.3	A9	Vcc3.3
B10	ST0	A10	ST1
B11	ST2	A11	Reserviert
B12	/RBF	A12	/PIPE
B13	GND	A13	GND
B14	Reserviert	A14	/WBF
B15	SBA0	A15	SBA1
B16	Vcc3.3	A16	Vcc3.3
B17	SBA2	A17	SBA3
B18	SB_STB	A18	/SB_STB
B19	GND	A19	GND
B20	SBA4	A20	SBA5
B21	SBA6	A21	SBA7
B22	Reserviert	A22	Reserviert
B23	GND	A23	GND
B24	Reserviert	A24	Reserviert
B25	Vcc3.3	A25	Vcc3.3
B26	AD31	A26	AD30

Fortsetzung der Tabelle:

Bauteilseite		Lötseite	
Pin Nr.	**Signal**	**Pin Nr.**	**Signal**
B27	AD29	A27	AD28
B28	Vcc3.3	A28	Vcc3.3
B29	AD27	A29	AD26
B30	AD25	A30	AD24
B31	GND	A31	GND
B32	AD_STB1	A32	AD_STB1
B33	AD23	A33	C-/BE3
B34	Vddq	A34	Vddq
B35	AD21	A35	AD22
B36	AD19	A36	AD20
B37	GND	A37	GND
B38	AD17	A38	AD18
B39	C-/BE2	A39	AD16
B40	Vddq	A40	Vddq
B41	/IRDY	A41	/FRAME
B42	Reserviert	A42	Reserviert
B43	GND	A43	GND
B44	Reserviert	A44	Reserviert
B45	Vcc3.3	A45	Vcc3.3
B46	/DEVSEL	A46	/TRDY
B47	Vddq	A47	/STOP
B48	/PERR	A48	/PME
B49	GND	A49	GND
B50	/SERR	A50	PAR
B51	C-/BE1	A51	AD15
B52	Vddq	A52	Vddq

Fortsetzung der Tabelle:

Bauteilseite		Lötseite	
Pin Nr.	Signal	Pin Nr.	Signal
B53	AD14	A53	AD13
B54	AD12	A54	AD11
B55	GND	A55	GND
B56	AD10	A56	AD9
B57	AD8	A57	C-/BE0
B58	Vddq	A58	Vddq
B59	AD_STB0	A59	/AD_STB0
B60	AD7	A60	AD6
B61	GND	A61	GND
B62	AD5	A62	AD4
B63	AD3	A63	AD2
B64	Vddq	A64	Vddq
B65	AD1	A65	AD0
B66	Reserviert	A66	Reserviert

Tabelle 10.24: Die Signale am AGP-Slot

Die folgende Beschreibung *sieht* die Signale aus der Warte des AGP-Masters und es werden nur die neuen AGP-Signale und nicht diejenigen, die bereits vom PCI-Bus her bekannt sind, erläutert.

⋯⟩ **AD0-AD31, Pin Nr. A65, B65, A63, B63, A62, B62, A60, B60, B57, A56, B56, A54, B54, A53, B53, A51, A39, A38, A36, B36, A35, B35, A30, B30, A29, B29, A27, B27, A26, B26, Eingänge/Ausgänge**
Der gemultiplexte 32-Bit-Adressen/Datenbus des AGPs.

⋯⟩ **AD_STB0, Pin Nr. B59, Eingang/Ausgang**
AD Bus Strobe 0, Taktsignal für den 2x-Transfer-Mode über AD[15:00].

⋯⟩ **/AD_STB0, Pin Nr. A59, Eingang/Ausgang**
AD Bus Strobe 0, komplementäres Taktsignal für den 2x-Transfer-Mode über AD[15:00] und Taktsignal für den 4x-Transfer-Mode.

⋯⟩ **AD_STB1, Pin Nr. B32, Eingang/Ausgang**
AD Bus Strobe 1, Taktsignal für den 2x-Transfer-Mode über AD[31:16].

⋯⟩ **/AD_STB1, Pin Nr. A32, Eingang/Ausgang**
AD Bus Strobe 1, komplementäres Taktsignal für den 2x-Transfer-Mode über AD[31:16] und Taktsignal für den 4x-Transfer-Mode.

···⟩ **CLK, Pin Nr. B7, Ausgang**
Allgemeines Taktsignal (66 MMz) für den AGP und die PCI-Signale.

···⟩ **GND, Pin Nr. A5, B5, A13, B13, A19, B19, A23, B23, A31, B31, A37, B37, A43, B43, A49, B49, A55, B55, A61, B61, Eingänge**
Ground, die Masseleitungen.

···⟩ **/OVRCNT, B1, Ausgang**
USB Overcurrent ist ein Meldesignal, das Low wird, wenn mehr als der zulässige Strom vom Monitor über die 5 V aufgenommen wird. Der maximale Wert ist nicht vorgeschrieben und AGP-Karten, die den Monitor nicht speisen, legen dieses Signal über einen Pull-Up-Widerstand an Vddq.

···⟩ **/PIPE, Pin Nr. A12, Eingang**
Pipelined Request zur Unterscheidung zwischen einem PCI- und einem AGP-Zyklus. Das Signal wird vom AGP-Master bedient.

···⟩ **PME, Pin Nr. A48**
Power Management wird nicht direkt vom AGP-Protokoll, sondern nur dann für das AGP-Device verwendet, wenn es (auch) einem PCI-Target entspricht. Bindend ist hierfür das Power-Management der PCI-Bus-Spezifikation.

···⟩ **/RBF, Pin Nr. B12, Eingang**
Read Buffer Full, das Signal kennzeichnet, ob der Master für weitere Read-Daten (Low Priority) bereit ist. /RBF wird vom AGP-Target bedient.

···⟩ **Reserviert, Pin Nr. A3, A11, B14, A22, B22, A24, B24, A42, B42, A44, B44, A66, B66**
Diese Anschlüsse werden laut der AGP-Spezifikation (2.0 vom Dezember 1997) nicht verwendet.

···⟩ **SBA[7:0], Pin Nr. A21, B21, A21, B21, A20, B20, A17, B17, A15, B15, Eingänge**
SideBand Address Port, Adressen- und Kommandobus vom Target zum Master (Grafik-Chip). Die Verwendung des SBA-Ports ist in der Spezifikation nicht zwingend vorgeschrieben und die AGP-Kommandos können alternativ auch über den Datenbus gesendet werden, was mit Hilfe der C-/BE[3:0]-Signale erfolgt.

C-/BE3	C-/BE2	C-/BE2	C-/BE0	AGP-Kommando
0	0	0	0	Read
0	0	0	1	Read (High Priority)
0	0	1	0	Reserviert
0	0	1	1	Reserviert
0	1	0	0	Write
0	1	0	1	Write (High Priority)
0	1	1	0	Reserviert
0	1	1	1	Reserviert
1	0	0	0	Long Read
1	0	0	1	Long Read (High Priority)
1	0	1	0	Flush (Abschluss der High Priority Writes)
1	0	1	1	Reserviert
1	1	0	0	Fence (Verhindern von vorgezogenen Reads)
1	1	0	1	Reserviert
1	1	1	0	Reserviert
1	1	1	1	Reserviert

Tabelle 10.25: Die Bedeutung der AGP-Kommandos

···⫸ **SB_STB, Pin Nr. B18, Eingang**
SideBand Strobe, +Taktsignal für den SBA-Bus, wird vom AGP-Master bedient.

···⫸ **/SB_STB, Pin Nr. A18, Eingang**
SideBand Strobe, -Taktsignal für den SBA-Bus (Kommando-Bus) und notwendig beim 4x-Transfer, wird vom AGP-Master bedient.

···⫸ **ST[2:0], Pin Nr. B11, A10, B10, Ausgänge**
Status Bus, sendet Informationen vom Arbiter (Chip für die Buszuteilung auf dem Mainboard) zum AGP-Master. Die Signale sind nur dann gültig, wenn / GNT (PCI-Signal) aktiv ist.

ST2	ST1	ST0	Bedeutung/Funktion
0	0	0	Der angeforderte Low-Priority-Read oder Flush wird zum Master zurückgegeben
0	0	1	Der angeforderte High-Priority-Read wird zum Master zurückgegeben
0	1	0	Der Master wird Low-Priority-Write-Daten senden
0	1	1	Der Master wird High-Priority-Write-Daten senden
1	0	0	Reserviert, bisher nicht verwendet
1	0	1	Reserviert, bisher nicht verwendet
1	1	0	Reserviert, bisher nicht verwendet
1	1	1	Signalisiert, dass der Master die Berechtigung für eine Bus-Übertragung gegeben hat

Tabelle 10.26: Die AGP-Statusmeldungen

···⟩ **/TYPEDET, Pin Nr. A2, Ausgang**
Type Detect signalisiert, ob das I/O-Interface der AGP-Karte mit 1,5 V oder 3,3 V arbeitet. Der Pegel an den Vddq-Anschlüssen bestimmt die jeweilige Interface-Spannung. Eine AGP-Karte kann entweder für 1,5 V oder 3,3 V vorgesehen sein, wobei entsprechende *Keys* in den Slot eingearbeitet sind, damit keine Vertauschungsmöglichkeit gegeben ist. Der AGP-4X-Modus setzt jedoch 1,5 V voraus.

···⟩ **USB+, Pin Nr. B4, Eingang/Ausgang**
Positives Daten-Differenzsignal des Universal Serial Bus (USB), der optional für AGP zur Kommunikation mit dem Monitor implementiert werden kann.

···⟩ **USB-, Pin Nr. A4, Eingang/Ausgang**
Negatives Daten-Differenzsignal des Universal Serial Bus.

···⟩ **Vcc3.3, Pin Nr. A9, B9, A16, B16, A25, B25, A45, B45, Eingänge**
Die Versorgungsspannung für die AGP-Karte, wobei diese Pins bei zukünftigen AGP-Karten auch 1,5 V führen können.

···⟩ **Vddq, Pin Nr. A34, B34, A40, B40, A52, B52, A58, B58, A64, B64, Eingänge**
Der Pegel an den Vddq-Anschlüssen bestimmt die jeweilige Interface-Spannung, die 3,3 V oder (zukünftig) 1,5 V beträgt.

···⟩ **/WBF, Pin Nr. A14, Eingang**
Write Buffer Full, das Signal kennzeichnet, ob der Master für weitere Write-Daten bereit (Fast Write) ist. /WBF wird vom AGP-Target bedient.

Bild 10.26: *Zum Vergleich: Oben der Anschluss einer AGP- (2X-Mode) und unten der einer PCI-Grafikkarte*

10.6.3 AGP-Problemfälle und AGP-Pro

Bei der Montage einer AGP-Grafikkarte ist auf eine gute Befestigung derselben zu achten, da sie recht leicht aus dem Slot herausrutschen kann (Transportschaden?) und der Bildschirm im günstigsten Fall einfach nur schwarz bleibt, im ungünstigen Fall ist die Grafikkarte und/oder das Mainboard danach defekt. Einige Hersteller verwenden daher zur Halterung eine zusätzliche Klammer.

Eine AGP-Grafikkarte verlangt – im Gegensatz zu einer PCI-Karte – stets auch einen Interrupt-Kanal (IRQ), der im BIOS-Setup hierfür zu reservieren ist. Doch selbst einige Mainboards aus dem Jahre 1998 sehen in ihrem PNP/PCI-Configuration-Setup überhaupt keine derartige IRQ-Zuweisung vor, so dass nur die Hoffnung bleibt, dass es für derartige BIOS-Versionen ein Update gibt. Entsprechendes gilt für die Einschaltung der optimalen Betriebsart (1x, 2x, 4x), die ebenfalls nicht immer korrekt einzustellen ist. Nähere Informationen zum BIOS-Setup für die AGP-Grafik findet sich im Kapitel *Der Setup des PC*.

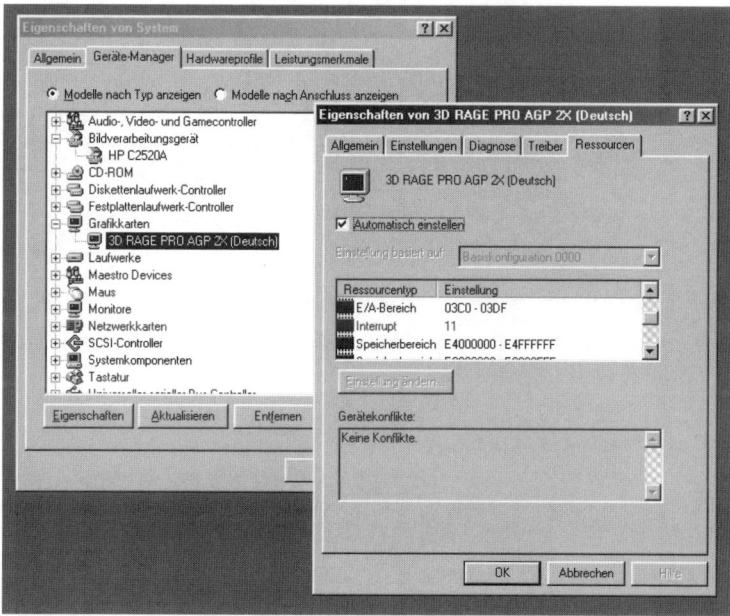

Bild 10.27: *Die Einstellungen einer AGP-Grafikkarte der Firma ATI unter Windows 98, die für ihre einwandfreie Funktion auch einen Interrupt-Kanal (hier IRQ 11) benötigt*

Des Öfteren gibt es Probleme mit der Stromaufnahme von AGP-Karten, denn sie können – je nach Typ – über 6 A aufnehmen, was zu Systemabstürzen oder auch zum »Abrauchen« des 3,3 V-Spannungsreglers führen kann. Die AGP-Spezifikation wurde daher erweitert, um den Herstellern neue verbindliche Werte vorzugeben und um somit auch AGP-Grafikkarten der neuesten Generation, die offensichtlich immer mehr Strom aufnehmen als die der vorherigen, verwenden zu können.

Der AGP-Slot wurde hierfür (an beiden Enden) um insgesamt 48 Kontakte erweitert. 16 Kontakte sind für eine zusätzliche 3,3-V- (6 sind Massesignale) vorgesehen und 24 nunmehr für eine 12-V-Versorgung (12 sind Massesignale), die bis zu 9 A zur Verfügung stellen kann. Die restlichen neuen Signale dienen der Kartendetektierung und einige werden davon noch nicht verwendet (reserviert). Demnach werden in Zukunft noch leistungsfähigere ATX-Netzteile benötigt und von leisen und stromsparenden PCs ist man wohl weiter entfernt als je zuvor.

Dazu trägt auch der Umstand bei, dass der Grafikchip der »hochgetakteten« AGP-Grafikkarten extrem heiß werden kann und dann ein Lüfter für die notwendige Kühlung sorgen muss. Leider wird dieser Lüfter nicht bei allen Modellen – bei denen es eigentlich nötig wäre – von den Herstellern montiert und die Grafikkarte zeigt dann nach einiger Betriebszeit Ausfälle. In solch einem Fall sollte unbedingt nachträglich ein Lüfter montiert werden und die Millenium G400 von Matrox, die eine dieser »Kandidaten« ist, läuft dann auch stabil.

Bild 10.28: Nicht alle AGP-Grafikkarten, wie diese der Firma Gigabyte, verwendet zur Kühlung des Grafikchips auch einen Lüfter

10.7 Der Universal Serial Bus

Der *Universal Serial Bus* (USB) ist angetreten, um die Vielzahl der unterschiedlichen Anschlüsse (Maus, Tastatur, Scanner, Fax), wie sie bei PCs üblich sind, zu vereinheitlichen. Dementsprechend werden auch Geräte benötigt, die über ein USB-Interface verfügen. Seit Ende des Jahres 1995 verfügen viele Mainboards bereits standardmäßig über einen USB-Anschluss, der aber leider nicht immer komplett (verdrahtet) ist.

Auf dem Mainboard ist dann lediglich ein Pfostenstecker vorhanden und das notwendige Adapterkabel – zur Gehäuserückwand bzw. zum Slotblech – wird nicht mitgeliefert, obwohl in der Werbung des betreffenden PCs vom USB die Rede ist. Neben dem zusätzlich zu erwerbenden Kabel ist meist auch noch eine kleine Adapterplatine mit einem Hub (Sternverteiler, siehe weiter unten) notwendig und mitunter sind beide Elemente auch direkt miteinander kombiniert.

Besser sieht es bei ATX-Boards aus, denn hier befinden sich die USB-Buchsen – nebst Hub – direkt auf dem Mainboard und der PC-Hersteller hat keine Möglichkeit, die richtigen Anschlüsse zu *vergessen*.

Nach anfänglichen Startschwierigkeiten gibt es mittlerweile eine Fülle von USB-Geräten wie Tastaturen, Mäuse, Scanner, Drucker, Fax/Modem, Lautsprecher und verschiedene Laufwerke (z.B. CD-ROM, ZIP, LS-120), wobei sich jedoch performancetechnisch gesehen keine Verbesserung gegenüber den »alten« Schnittstellen ergibt.

Der USB scheint zur Zeit nur für langsame Einheiten wie Tastatur oder Maus geeignet zu sein, wobei es beim Einsatz dieser USB-Geräte immer noch Probleme gibt, was von unsinnigen (erst mit einer üblichen Tastatur booten u.Ä.) oder auch fehlerhaften BIOS-Eigenschaften bis zu mangelhafter Betriebssystemunterstützung (nur Windows 98 kommt damit zurecht) reicht.

Der USB ist auch für die Übertragung von Audio- und (komprimierten) MPEG 2-Daten vorgesehen; die maximale Datenübertragungsrate beträgt allerdings zur Zeit nur 12 Mbit/s, und falls man ein USB-Lautsprechersystem (z.B. von Philips) und noch weitere Geräte wie einen USB-Scanner oder eine USB-Kamera betreibt, kann der Datenfluss bereits merklich ins Stocken geraten.

Bild 10.29: Der USB (Useless Serial Bus?) soll die Anzahl der notwendigen Schnittstellen reduzieren; aber auch bei aktuellen PCs sieht es immer noch so aus, als wenn er gar nichts ersetzt, sondern nur die Anzahl der Schnittstellen erhöht

10.7.1 USB-Anschlüsse und -Signale

Für den USB wird ein 4-poliger Stecker verwendet. Die Datenübertragung erfolgt dabei über zwei differentielle Signalleitungen (D+, D-). Des Weiteren sind eine Masseleitung und eine Leitung für die Spannungsversorgung (VBus = 5 V) vorhanden. Das Differenzsignal auf dem USB beträgt mindestens 1 V. Ein Taktsignal gibt es nicht, sondern es wird aus dem Datenstrom selbst generiert.

Die maximale Stromaufnahme über den Bus (VBus) darf 500 mA betragen, so dass einige Geräte eine eigene Stromversorgung benötigen. Das betrifft jedoch nicht Standardgeräte wie eine Tastatur und eine Maus, da diese auch bei den konventionellen Anschlüssen von dem PC selbst mit der nötigen Betriebsspannung versorgt werden.

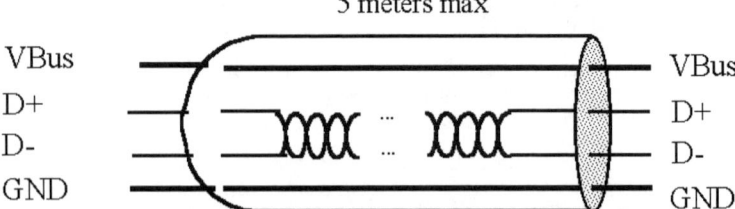

Bild 10.30: *Das Kabel für den Universal Serial Bus führt vier Leitungen; mit Hilfe der beiden Signalleitungen wird eine differentielle Datenübertragung durchgeführt*

Der Connector des Universal Serial Bus ermöglicht das Hot Plugging, das Anschließen oder Abziehen eines USB-Gerätes während des Betriebs, da die Kontakte für die Stromversorgung etwas länger als die für das Datensignal ausgeführt sind.

Jede USB-Einheit erhält eine eigene Adresse, wovon maximal 127 möglich sind, die vom USB-Host nach dem Einschalten des Systems automatisch zugewiesen wird. Der USB-Host befindet sich bei PCs meist innerhalb der PCI/ISA-Bridge (ab PIIX3).

Ein externer USB-Controller ist der Intel 82930A, der auf einem MCS251-Mikrocontroller – einer Weiterentwicklung des bekannten 8051 – basiert und in zahlreichen USB-Geräten zu finden ist.

Der USB soll auch für die Übertragung von Audio- und (komprimierten) MPEG 2-Daten eingesetzt werden. Die maximale Datenübertragungsrate beträgt allerdings nur 12 Mbit/s (Medium Speed), so dass bereits eine abwärtskompatible High Speed-Version (max. 500 Mbit/s) vorgesehen ist.

Das zu verwendende Kabel verfügt für USB-High-Speed-Geräte über eine Abschirmung und die einzelnen Leitungen sind miteinander verdrillt, was eine maximale Kabellänge zwischen den Geräten von 5 m gestattet, im Gegensatz zum Kabel für Low-Speed-Geräte (Maus, Tastatur u.Ä.), das eine maximale Länge von 3 m nicht überschreiten darf, da hier weder eine Abschirmung noch eine Verdrillung vorgesehen sind.

10.7.2 USB-Topologie

In seiner Topologie stellt sich der USB als kombinierte Strang-Sternstruktur dar. Er ist im elektrischen Sinne daher gar kein Bus, sondern lediglich auf logischer Ebene. Da physikalisch immer eine Punkt-zu-Punkt-Verbindung realisiert wird, sind keine Terminatorwiderstände festzulegen. Sie sind jeweils fest in den Geräten eingebaut.

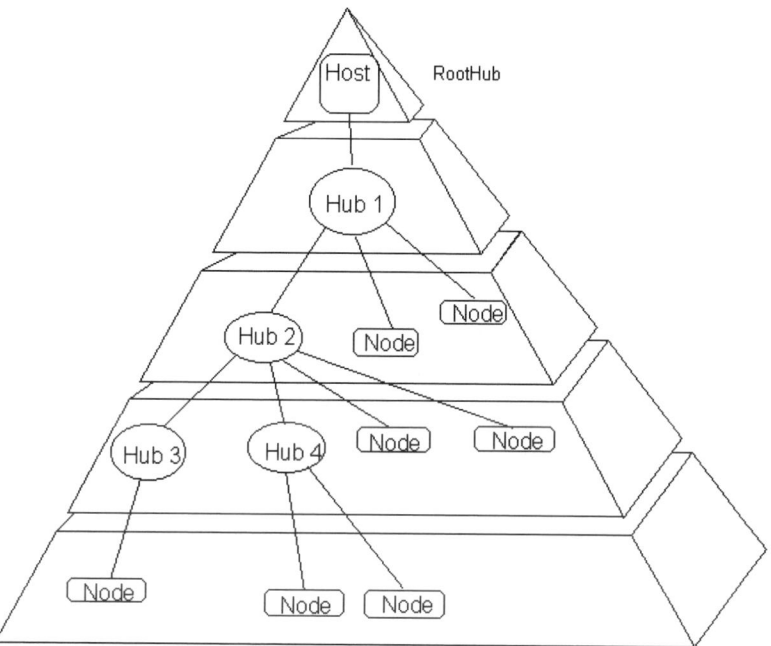

Bild 10.31: *Der USB ist als kombinierte Strang-Sternstruktur ausgelegt; gesteuert wird er von einem Host (auf dem Mainboard) und die einzelnen Geräte werden als Nodes bezeichnet*

Alle Aktivitäten gehen stets vom Host aus, der sich gegenüber der CPU des PC als Interrupt-fähig darstellt und typischerweise den IRQ 11 verwendet. Es findet ein Polling-Betrieb statt und kein USB-Gerät kann von sich aus einen Transfer initiieren. Aus diesem Grunde und damit die Daten nicht verloren gehen können, wenn der Bus gerade mit der Abfrage eines Gerätes beschäftigt ist und die anderen warten müssen, sind in den Geräten eigene Datenpuffer (FIFOs) notwendig.

Im Bild 10.31 sind neben den Nodes so genannte Hubs – Sternverteiler – erkennbar. Ein USB-Hub ist nicht einfach ein »dummer« Verteiler, der die Daten lediglich durchreicht, sondern beinhaltet eine gewisse Eigenintelligenz, wofür im Hub üblicherweise ein eigener Mikrocontroller verwendet wird, der den Datenverkehr in Abhängigkeit von den hieran angeschlossenen USB-Geräten regelt. Diese Hubs gibt es im Handel bereits ab ca. 60 DM. Auch Monitore, Tastaturen und andere Geräte können in vielen Fällen als USB-Hub fungieren.

Bild 10.32: *Dieser Monitor fungiert als USB-Hub und schaltet den USB-Eingang (Upstream-Port, links) auf vier Ausgänge (Downstream-Ports)*

10.7.3 USB-Kommunikation

Zur Geräteidentifizierung dient eine Herstellerkennung (Vendor-ID, 2 Byte), eine Gerätekennung (Device-ID, 2 Byte), eine Versionsnummer (2 Byte) und ein Class Code von 3 Byte. Während der Initialisierung wird vom Host, der sich üblicherweise im Chipsatz des Mainboards befindet, festgestellt, welche Datentypen jeweils unterstützt und welche Bandbreiten von den einzelnen USB-Einheiten benötigt werden.

Für die Datenübertragung werden drei verschiedene Pakete verwendet: Token, Data und Handshake. Anhand der Packet-ID (PID) werden sie jeweils identifiziert und voneinander unterschieden.

Token:

PID								8 Bit	3 Bit	5 Bit
0	1	x	x	1	0	x	x	ADDR	ENDP	CRC5

Data:

PID								0- n Bit	16 Bit
0	0	x	x	1	1	x	x	DATA	CRC16

Handshake:

PID							
1	0	x	x	0	1	x	x

Bild 10.33: *Für den Universal Serial Bus sind drei Paketvarianten definiert*

Die verfügbare Bandbreite wird vom Host in einzelne Datenkanäle unterteilt, die als *Pipes* bezeichnet und auch als virtuelle Punkt-zu-Punkt-Verbindungen zwischen dem Host und einer USB-Einheit verstanden werden können. Eine Festlegung der (Geräte-) Priorität kann nur über die Reihenfolge der Pollingabfrage im Host erfolgen.

Für Audio- und Video-Daten ist es nötig, dass einer Datenübertragung eine gleichbleibende Zeitdauer oder ein Intervall eingeräumt wird, wodurch eine garantierte Bandbreite zur Verfügung steht, was auch als *Isochronous Mode* bezeichnet wird. Firewire (IEEE1394, Teil 3) sieht ebenfalls einen derartigen Modus vor.

Isochronous-Transfers haben generell Vorrang vor asynchronen. Damit der USB aber nicht durch die Isochronous-Transfers blockiert wird und dann keine Daten einer (asynchronen) Tastatur oder Maus mehr übertragen kann, reserviert der USB-Host immer 20 Prozent der zur Verfügung stehenden Bandbreite für die asynchrone Datenübertragung.

Die Daten (Data) selbst werden als unstrukturierte Folge von Bytes (Stream Pipe) mit einer maximalen Paketgröße von 1500 Bytes übertragen. Hier kommt ein Fehlerkorrekturverfahren nach dem Cyclic Redundancy Check (CRC16) zum Einsatz.

Die Messages, die den Host beispielsweise darüber informieren, ob Daten verfügbar sind oder nicht und in dem Token-Paket übertragen werden, besitzen demgegenüber einen fest definierten Aufbau und werden als *Message Pipes* verarbeitet. Auch hier können Einzel- und Doppelbitfehler mit dem CRC-Verfahren (CRC5) erkannt und korrigiert werden.

Die zur Zeit leistungsfähigste USB-Version wird als *Medium Speed* bezeichnet, und da dies in vielen Fällen eben nicht ausreicht, ist von Intel bereits eine abwärtskompatible *High Speed Version* mit einer maximalen Datentransferrate von 500 Mbit/s im Anmarsch, die Bestandteil zukünftiger Intel-Chipsets sein wird. Diese High-Speed-Version ist daher als Konkurrenz zu *Firewire* (IEEE1394) zu sehen, denn diese Technologie stammt bekanntlich nicht von Intel, sondern von Apple.

10.8 PCMCIA und Card Bus

Seit dem Jahre 1989 werden Speicherkarten für mobile Computer angeboten, die unter der Bezeichnung PCMCIA firmieren, was für **P**ersonal **C**omputer **M**emory **C**ard **I**nternational **A**ssociation steht. Speicherkarten sind zwar immer noch die hauptsächliche Anwendung, doch mittlerweile sind auch Fax/Modem-, ISDN-Karten, Festplatten und andere PCMCIA-Geräte erhältlich.

Der *Card Bus* ist die Weiterentwicklung der PCMCIA-Schnittstelle und fast alle neueren Notebooks besitzen hierfür einen entsprechenden Steckplatz. Auf den Card Bus und seine Erweiterungen gegenüber PCMCIA wird im Kapitel 10.8.3 noch genau eingegangen, denn er ist abwärtskompatibel zu PCMCIA.

PCMCIA-Interfaces sind auch als Einsteckkarten für Standard-PCs oder als externe Box für die Centronics-Schnittstelle erhältlich, was den Datenaustausch zwischen einem mobilen und einem Arbeitsplatz-PC ermöglicht. Prinzipiell soll das Einsetzen und Entfernen von PCMCIA-Karten auch im laufenden PC-Betrieb zu keinen Systemschwierigkeiten führen. Das ist in der Praxis jedoch nicht immer gegeben, so dass man hier genau auf die Herstellerangaben zur betreffenden Karte (Speicher-, Modem-, Messkarte) achten sollte.

Bild 10.34: *Ein PCMCIA-Einbaukit bestehend aus Interface-Karte und PCMCIA-Slot*

Speicherkarten mit unterschiedlichen Karten- und Steckergrößen nach dem JEIDA-Standard (**J**apan **E**lectronics **I**ndustry **D**evelopment **A**ssociation) sind bereits seit dem Jahre 1985 verfügbar. Eine Weiterentwicklung dieser Karten und eine Vereinheitlichung wurde aber erst durch die Personal Computer Memory Card International Association erreicht. Es wurden ein 68-poliger Anschluss-Stecker und eine einheitliche Größe für PCMCIA-Karten definiert. Es gibt sie in drei verschiedenen Dicken, die indirekt ihre Anwendungsmöglichkeiten bestimmen.

PCMCIA-Typ	Dicke	Anwendung	Beispiele
1	3,3 mm	Speicherkarten	RAM, SRAM, Flash, EEPROM
2	5 mm	I/O-Karten	Sound, Modem, ISDN, Netzwerk
3	10,5 mm	Laufwerke	Festplatte, Wechselplatte

Tabelle 10.27: *Die verschiedenen PCMCIA-Kartentypen und ihre Anwendungen*

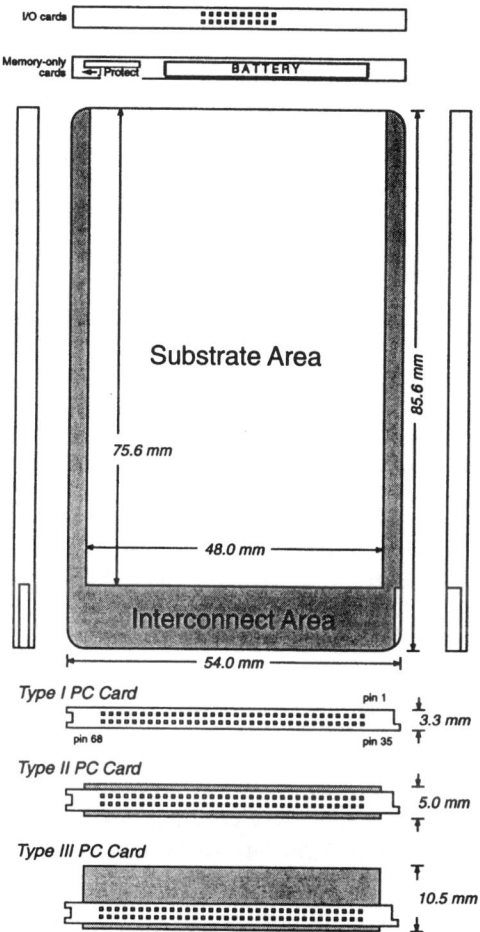

Bild 10.35: Die Abmessungen und Kontakte einer PCMCIA-Karte

10.8.1 PCMCIA-Software-Interfaces

Neben den elektrischen Funktionen (siehe folgendes Kapitel) hat das PCMCIA-Konsortium notwendigerweise ebenfalls Software-Technische Anforderungen spezifiziert.

Jede PCMCIA-Karte verwendet einen Speicherbereich, der als **C**ard **I**nformation **S**tructure (CIS) bezeichnet wird. Hier ist die Beschreibung ihrer Eigenschaften abgelegt. Wenn eine Karte in einen PCMCIA-Slot eingeschoben wird, wird sie zunächst als Speicherkarte initialisiert, und nach Abschluss des Vorgangs wird das RDY-BSY-Signal aktiviert, woraufhin das System die CIS der Karte liest und sie weiterhin entsprechend verwendet.

Die CIS besteht aus Datenblöcken unterschiedlicher Länge, die als *Tuples* bezeichnet werden und jeweils maximal 255 Bytes an Informationen enthalten können. Mit PCMCIA Version 2.0 werden 21 Tuple-Codes, beispielsweise für Byteanordnungen, Prüfsummen, Spannungsbedarf (5 V oder 3,3 V) und Gerätetypen (I/O, SRAM usw.), festgelegt.

Auf der PC-Seite ist es die Aufgabe eines speicherresidenten Programms, das üblicherweise nach dem Betriebssystem geladen wird, die Kommunikation zwischen PCMCIA-Karte und dem Betriebssystem und letztendlich der Applikation zu ermöglichen.

Soft-/Hardware	Lokalisiert auf:
Applikation	PC
Betriebssystem	PC
Treiber	PC
Card Services (CIS)	PCMCIA-Karte
Socket Services (BIOS)	PCMCIA-Karte
Interface Chip(s)	PCMCIA-Karte

Tabelle 10.28: Die Ebenen eines PCMCIA-Systems

Ein Low-Level-Treiberprogramm (Socket Services), das im Prinzip dieselbe Aufgabe wie das BIOS eines üblichen PCs erfüllt, stellt die Verbindung zwischen dem Interface-Chip und dem Card Service (CIS) her. Wie man sich das Zusammenspiel der verschiedenen Software-Komponenten vorstellen kann, ist in der Tabelle 10.28 gezeigt.

Ganz allgemein stellt sich die PCMCIA-Konfigurierung in der Praxis oftmals als ein Problem dar, was nicht zuletzt darin begründet ist, dass es verschiedene Dateiformate für PCMCIA-Speicherkarten gibt. Drei unterschiedliche Systeme sind hier anzutreffen: SCM-FFS von der Firma SMC, Non Block Devices von Microsoft und ATA von der Firma Sun Disk.

Damit nicht genug, ist es auch mit der Kompatibilität nicht immer weit her und das Zusammenspiel der Socket Services mit den Card Services und die damit verbundene Software-Technische PC-Anbindung kann funktionieren, muss aber nicht, was auch daran liegt, dass die verschiedenen I/O-Karten anders als die Speicherkarten arbeiten und dementsprechend auch abweichend davon zu installieren sind.

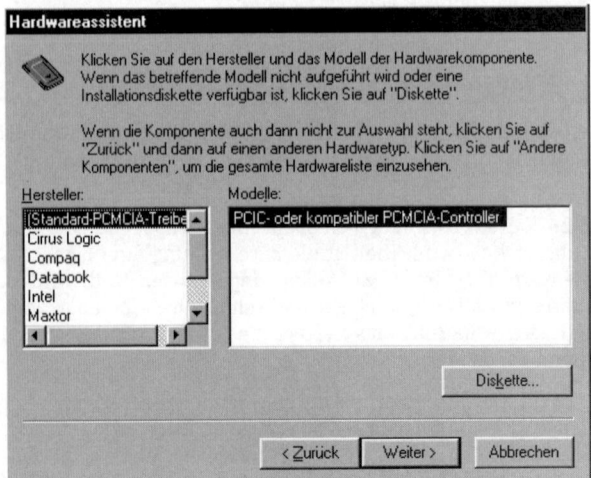

Bild 10.36: Ab Windows 95 werden PCMCIA-Controller standardmäßig unterstützt

Erst bei den neueren PCMCIA- und Card-Bus-Einheiten hat sich die PCMCIA-Unterstützung zum Besseren gewendet, was nicht zuletzt auch an Windows 95 liegt, das PCMCIA standardmäßig und auch einheitlich unterstützt. Unter DOS und Windows 3.x war PCMCIA oftmals nur unter großen Mühen (Treiber-Patches, BIOS-Updates) zum Laufen zu bringen.

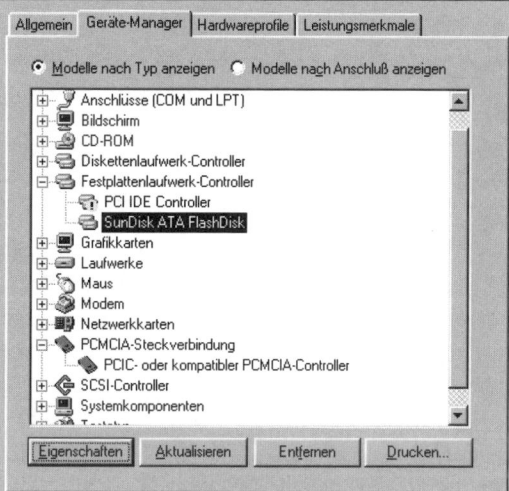

Bild 10.37: Nach der Installation findet sich im Gerätemanager ein PCMCIA-Controller und auch ein Flash-Disk-Laufwerk, das wie jedes PC-übliche zu verwenden ist, wenn eine PCMCIA-Speicherkarte eingelegt ist

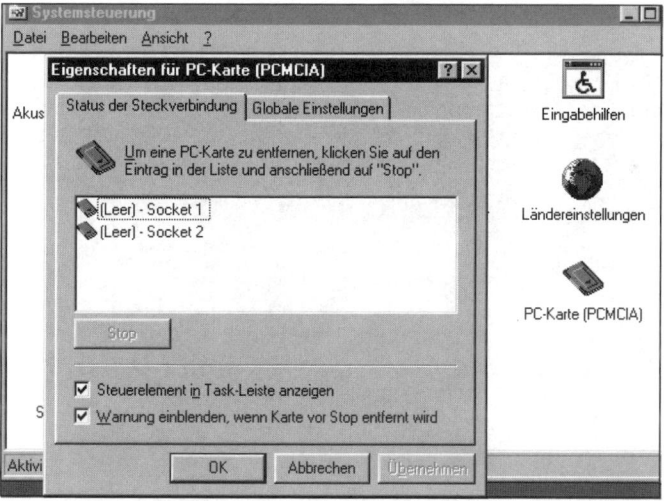

Bild 10.38: Der PCMCIA-Adapter aus dem Bild 10.34 ist installiert und unterstützt zwei Steckplätze

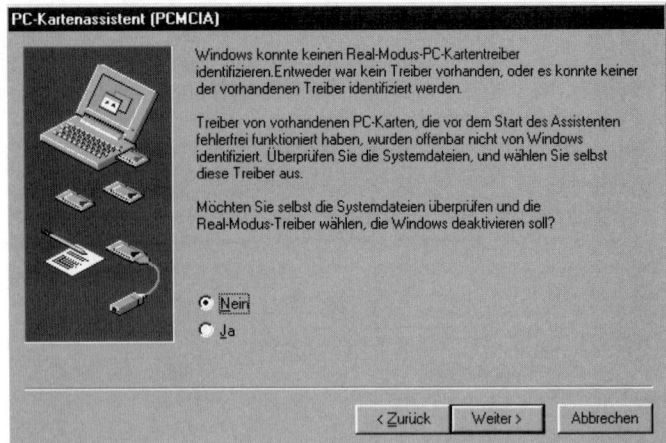

Bild 10.39: Selbst Real-Mode-Treiber für PCMCIA werden aus Gründen der Rückwärtskompatibilität von Windows 95 unterstützt, die jedoch nur in Ausnahmefällen (für alte PCMCIA-Karten) notwendig sind

Tatsächlich zeigt sich PCMCIA unter Windows 95 als erstes funktionierendes Plug&-Play-System und die PCMCIA-Karten können auch problemlos im laufenden Betrieb gewechselt werden; ein Neubooten zur Erkennung ist nicht notwendig.

Die PCMCIA-Speicherkarten, beispielsweise aus einer Digitalkamera, werden unter Windows 9x wie ein gewöhnliches Laufwerk behandelt und lediglich bei einigen speziellen Karten (z.B. für Messdatenerfassung) tauchen mitunter noch Probleme auf, so dass man dann auf die (alten) Real-Mode-Treiber (vergl. Bild 10.39) ausweichen muss.

Bild 10.40: Auch Soundkarten gibt es als PCMCIA-Karten, wie hier ein Modell von der Firma Turtle Beach; während das Einstecken von PCMCIA-Speicherkarten während des Betriebes (meist) kein PC-Neubooten erfordert, ist dies bei PCMCIA-I/O-Karten – wozu eben Netzwerk- und Soundkarten gehören – problematischer, denn sie werden nicht immer korrekt initialisiert

10.8.2 Die PCMCIA-Signale

PCMCIA arbeitet mit einer asynchronen 16-Bit-Schnittstelle im Slave-Modus. Der Datenbus ist 16 Bit breit, und mit den 26 Adressenleitungen lässt sich damit ein Bereich von maximal 64 Mbyte direkt adressieren. Für den Input-/Output-Modus ist die 8-Bit-Datenübertragung der Standard. Bei Speicherkarten werden die Signale für Ein-/Ausgabe-Funktionen (/IOR, /IOW, /INPACK, /IO16) nicht verwendet.

Bild 10.41: Ein PCMCIA-Interface aus einem Notebook

Die 68 Kontakte einer PCMCIA-Karte sind in zwei Reihen angeordnet und befinden sich immer an der schmaleren Stirnseite. Dünnere Karten können grundsätzlich auch in Einschubplätzen für dickere Karten verwendet werden. In der Tabelle sind die einzelnen Signale der PCMCIA-Schnittstelle angegeben, wobei mit E und A gekennzeichnet ist, ob die betreffende Leitung für die Karte als Eingangs- oder Ausgangssignal wirkt.

Kontakt Nr.	Bezeichnung	Richtung	Signal/Funktion
1	GND	–	Masse
2	D3	E/A	Datenbit 3
3	D4	E/A	Datenbit 4
4	D5	E/A	Datenbit 5
5	D6	E/A	Datenbit 6
6	D7	E/A	Datenbit 7
7	/CE1	E	Karte aktivieren 1

Fortsetzung der Tabelle:

Kontakt Nr.	Bezeichnung	Richtung	Signal/Funktion
8	A10	E	Adressenbit 10
9	/OE	E	Ausgang aktivieren
10	A11	E	Adressenbit 11
11	A9	E	Adressenbit 9
12	A8	E	Adressenbit 8
13	A13	E	Adressenbit 13
14	A14	E	Adressenbit 14
15	/WE-PGM	E	Schreiben-Programmieren
16	RDY-/BSY-IRQ	A	Bereit, belegt, Interrupt
17	Vcc	E	Versorgungsspannung
18	Vp1	E	Programmierspannung 1
19	A16	E	Adressenbit 16
20	A15	E	Adressenbit 15
21	A12	E	Adressenbit 12
22	A7	E	Adressenbit 7
23	A6	E	Adressenbit 6
24	A5	E	Adressenbit 5
25	A4	E	Adressenbit 4
26	A3	E	Adressenbit 3
27	A2	E	Adressenbit 2
28	A1	E	Adressenbit 1
29	A0	E	Adressenbit 0
30	D0	E/A	Datenbit 0
31	D1	E/A	Datenbit 1
32	D2	E/A	Datenbit 2
33	WP-/IO16	A	Schreibschutz, 16 Bit-I/O
34	GND	–	Masse

Tabelle 10.29: Die Signale der PCMCIA-Schnittstelle: Seite A, Oberseite

Kontakt Nr.	Bezeichnung	Richtung	Signal/Funktion
35	GND	–	Masse
36	/CD1	A	Karte detektiert 1
37	D11	E	Datenbit 11
38	D12	E	Datenbit 12
39	D13	E	Datenbit 13
40	D14	E	Datenbit 14
41	D15	E	Datenbit 15
42	/CE2	E	Karte aktivieren 2
43	RFSH	E	Speicher auffrischen
44	/IOR	E	I/O-Port lesen
45	/IOW	E	I/O-Port schreiben
46	A17	E	Adressenbit 17
47	A18	E	Adressenbit 18
48	A19	E	Adressenbit 19
49	A20	E	Adressenbit 20
50	A21	E	Adressenbit 21
51	Vcc	E	Versorgungsspannung
52	Vpp	E	Programmierspannung 2
53	A22	E	Adressenbit 22
54	A23	E	Adressenbit 23
55	A24	E	Adressenbit 24
56	A25	E	Adressenbit 25
57	RFU	–	Reserviert
58	RESET	E	Karte zurücksetzen
59	/WAIT	A	Buszyklus verlängern
60	/INPACK	A	Input-Port erkannt
61	/REG	E	Register- oder I/O-Zugriff
62	BVD2-/SPKR	A	Batteriespannung 1 detektiert oder digitaler Audio-Ausgang

Fortsetzung der Tabelle:

Kontakt Nr.	Bezeichnung	Richtung	Signal/Funktion
63	BVD1-/STSCHG	A	Batteriespannung 1 detektiert oder Kartenstatuswechsel
64	D8	E	Datenbit 8
65	D9	E	Datenbit 9
66	D10	E	Datenbit 10
67	/CD2	A	Karte detektiert 2
68	GND	–	Masse

Tabelle 10.30: Die Signale der PCMCIA-Schnittstelle: Seite B, Unterseite

10.8.3 Der Card Bus

Im November 94 wurde der PC-Card-Bus-Standard vorgestellt, der die PCMCIA-Version 2.0 und JEIDA 4.2 ersetzt. Entgegen der Bezeichnung handelt es sich jedoch nicht um ein Bussystem auf elektrischer, sondern auf logischer Ebene, d.h., auch hier gibt es nur eine Punkt-zu-Punkt-Verbindung zwischen dem Adapter im PC und der Karte.

Parameter	PCMCIA	Card Bus
Schnittstelle	68 Pins	68 Pins
Schnittstellentyp	Punkt-zu-Punkt, asynchron, nur Slave	Punkt-zu-Punkt, synchron, Master/Slave
Takt (maximal)	asynchron	33 MHz
Bandbreite	8-20 Mbyte/s	132 Mbyte/s
Datenbusbreite	16 Bit	32 Bit
Adressierung	26 Bit	32 Bit
Spannung	5 V, 3,3 V	3,3 V
Interruptkanäle	einer	einer
Konfiguration	über Attribut-speicherbereich	über Configuration Space
Karteninformation	in der CIS (Card Information Structure)	im Configuration Space

Tabelle 10.31: Die wesentlichen Unterschiede zwischen PCMCIA und Card Bus

Als Spannungsversorgung sind für die Karten 3,3 V vorgeschrieben und auch das Busmastering (DMA) ist implementiert. Obwohl es sich bei dem Card Bus um eine völlig neue Architektur gegenüber PCMCIA handelt, wird hier der gleiche 68-polige Anschluss verwendet und die üblichen PCMCIA-Karten können auch in einem Card-Bus-Hostadapter eingesetzt werden.

 In der PC-Branche wird meist von PCMCIA-Karten gesprochen, auch wenn es sich dabei um Card-Bus-Typen handelt, die nicht in älteren Notebooks funktionieren!

10.8.4 Die Card-Bus-Signale

Die Architektur des Card Bus ist sehr stark an den PCI-Bus (Kapitel 10.4) angelehnt und realisiert einen 32-Bit-Bus (logisch, elektrisch Punkt-zu-Punkt) mit einem maximalen Takt von 33 MHz. Einige Teile der Spezifikation wurden direkt aus der PCI-Spezifikation übernommen, wie die Definition des Configuration Space oder auch die Bezeichnung und Verwendung einzelner Bussignale (/CFRAME, /CCBE[3:0], /CTRDY).

Entsprechend dem eingesetzten Kartentyp werden die Signalleitungen entweder in der PCMCIA- oder den Card-Bus-Modus umgeschaltet. Zur Erkennung dienen dabei die Signale /CCD2, /CCD1 und CV1, sowie CV2, die als Karten- und Spannungs-erkennungspins definiert sind.

Jeder übliche Card-Bus-Zyklus wird wie bei PCI als Burst ausgeführt. Zur Veranschaulichung der Analogie zu PCI ist im Bild 10.42 das Timing eines Card-Bus-Lesevorganges gezeigt. Wie ein Vergleich mit PCI zeigt, absolvieren PCI und der Card Bus diese Busoperation – wie im Prinzip auch alle anderen – auf die gleiche Art und Weise, so dass hier auf eine nähere Betrachtung des Card Bus verzichtet wird.

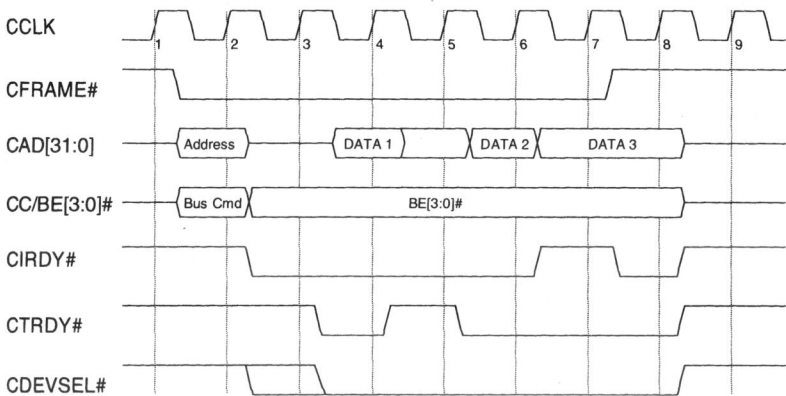

Bild 10.42: *Ein Card-Bus-Lesevorgang; der Card Bus arbeitet im Prinzip genauso wie der PCI-Bus*

Die folgenden Tabellen zeigen die einzelnen Card-Bus-Signale mit einer kurzen Beschreibung ihrer jeweiligen Funktion.

Kontakt Nr.	Bezeichnung	Signal/Funktion
1	GND	Masse
2	CAD0	Adressen/Daten 0
3	CAD1	Adressen/Daten 1
4	CAD3	Adressen/Daten 3
5	CAD5	Adressen/Daten 5
6	CAD7	Adressen/Daten 7
7	/CCBE0	Befehl/Byte 0
8	CAD9	Adressen/Daten 9
9	CAD11	Adressen/Daten 11
10	CAD12	Adressen/Daten 12
11	CAD14	Adressen/Daten 14
12	/CCBE1	Befehl/Byte 1
13	CPAR	Card Bus Parity
14	/CPERR	Card Bus Parity Error
15	/CGNT	Card Bus Grant
16	/CINT	Card Bus IRQ
17	Vcc	Versorgungsspannung
18	Vp1	Programmierspannung 1
19	CCLK	Card-Bus-Takt
20	/CIRDY	Card Bus Initiator bereit
21	/CCBE2	Befehl/Byte 2
22	CAD18	Adressen/Daten 18
23	CAD20	Adressen/Daten 20
24	CAD21	Adressen/Daten 21
25	CAD22	Adressen/Daten 22
26	CAD23	Adressen/Daten 23
27	CAD24	Adressen/Daten 24
28	CAD25	Adressen/Daten 25
29	CAD26	Adressen/Daten 26

Fortsetzung der Tabelle:

Kontakt Nr.	Bezeichnung	Signal/Funktion
30	CAD27	Adressen/Daten 27
31	CAD29	Adressen/Daten 29
32	RFU	Reserviert
33	/CCLKRUN	Card Bus starten
34	GND	Masse

Tabelle 10.32: Die Signale des Card Bus: Seite A, Oberseite

Kontakt Nr.	Bezeichnung	Signal/Funktion
35	GND	Masse
36	/CCD1	Kartenkennung 1
37	CAD2	Adressen/Daten 2
38	CAD4	Adressen/Daten 4
39	CAD6	Adressen/Daten 6
40	RFU	Reserviert
41	CAD8	Adressen/Daten 8
42	CAD10	Adressen/Daten 10
43	CVS1	Spannungskennung 1
44	CAD13	Adressen/Daten 13
45	CAD15	Adressen/Daten 15
46	CAD16	Adressen/Daten 16
47	RFU	Reserviert
48	/CBLOCK	Card Bus gesperrt
49	/CSTOP	Card Bus Stop
50	/CDEVSEL	Card-Bus-Gerätewahl
51	Vcc	Versorgungsspannung
52	Vpp	Programmierspannung 2
53	/CTRDY	Card-Bus-Ziel bereit
54	/CFRAME	Card Bus Cycle Frame

Fortsetzung der Tabelle:

Kontakt Nr.	Bezeichnung	Signal/Funktion
55	CAD17	Adressen/Daten 17
56	CAD19	Adressen/Daten 19
57	CVS2	Spannungskennung 2
58	/CRST	Card Bus Reset
59	/CSERR	Card Bus Error
60	/CREQ	Card-Bus-Anfrage
61	/CCBE3	Befehl/Byte 3
62	CAUDIO	Card Bus Audio
63	CSTSCHG	Card-Bus-Statusänderung
64	CAD28	Adressen/Daten 28
65	CAD30	Adressen/Daten 30
66	CAD31	Adressen/Daten 31
67	/CCD2	Kartenkennung 2
68	GND	Masse

Tabelle 10.33: Die Signale des Card Bus: Seite B, Unterseite

Bild 10.43: Netzwerkkarten für Notebooks in der PCMCIA- und in der Card-Bus-Ausführung unterscheiden sich äußerlich nicht

Multimedia

PC-Werkstatt

Der Begriff Multimedia ist mittlerweile – insbesondere von der Industrie – so stark strapaziert worden, dass er für sich allein kaum mehr etwas Konkretes aussagt. Eine Shareware-CD für 5 DM mit bunten Bildern und vielleicht einigen Sounddateien wird schon als »Multimedia-CD« bezeichnet und auf der anderen Seite gibt es auch an deutschen Universitäten Lehrstühle, die sich dem Thema Multimedia verschrieben haben.

Zur korrekten Begriffsbestimmung soll daher einmal der Duden herhalten. Unter dem Begriff »multimedial« findet man: viele Medien betreffend, für viele Menschen bestimmt.

Wie dem auch sei, in diesem Buch werden diejenigen Einheiten unter dem Buchteil »Multimedia« zusammengefasst, die in Kombination miteinander für multimediale Anwendungen geeignet sind:

- ···> CD-ROM und DVD-Laufwerke
- ···> Soundkarten
- ···> Foto- und Video-Verarbeitung – Scanner, Videokarten

6

11 CD-ROM- und DVD-Laufwerke

Ein CD-ROM-Laufwerk gehört zur üblichen Ausstattung eines PC. Es gibt dabei eine Vielzahl verschiedener Modelle, die unterschiedliche Leistungen bieten, und wenn es nach den Herstellern dieser Laufwerke ginge, müsste man sich alle paar Monate ein neues Modell zulegen, da das vorherige Modell einfach nicht mehr zeitgemäß erscheint. Dies ist jedoch meist gar nicht nötig, denn auch bei einem CD-ROM-Laufwerk kann man selbst einige Dinge optimieren und reparieren, wie es in den folgenden Kapiteln näher beschrieben wird.

11.1 Das CD-ROM-Funktionsprinzip

Der Vorläufer der heute in PCs eingesetzten CD-ROM-Laufwerke ist der *Compact Disc Player*, der auf eine Entwicklung der Firma Philips zurückgeht. Ein CD-Player ist Bestandteil (fast) jeder Stereoanlage und für die Wiedergabe von Audio-CDs vorgesehen. Ein CD-ROM-Laufwerk in einem PC kann zwar ebenfalls als Audiowiedergabegerät verwendet werden, gleichwohl ist dessen primäre Aufgabe, Daten-CDs zu lesen.

Auf einer üblichen CD-ROM, wobei ROM für **R**ead **O**nly **M**emory – nur Lese-Speicher – steht, lassen sich üblicherweise maximal 74 Minuten Audio oder 650 Mbyte (genauer 680 Mbyte, wenn 1 Kbyte als 1024 Byte angesehen werden) an Dateninformationen unterbringen, was die CD-ROM daher schnell zum adäquaten Speichermedium für die immer schneller wachsende PC-Software machte.

Ein CD-ROM-Laufwerk arbeitet mit einem optischen Leseverfahren, wofür ein Laser mit eigener Optik zum Einsatz kommt. Eine CD-ROM wird im Werk mit Hilfe eines Spritz-Press-Verfahrens hergestellt. Kunststoff (z.B. Polycarbonat) wird im geschmolzenen Zustand durch Einwirkung einer Matrize – dem Master – mit der Dateninformation (Pits, siehe unten) geformt.

Die CD-ROM ist danach aber noch nicht fertig, denn da sie transparent ist, könnte die Laseroptik sie nicht lesen, weil keine (oder nur sehr wenige) Reflexionen stattfinden würden. Aus diesem Grunde wird die CD-ROM mit einer dünnen reflektierenden Schicht aus Aluminium überzogen. Zum äußeren Schutz wird dann noch ein Überzug aus Kunststoff aufgebracht und abschließend das Label auf die CD gedruckt, was meist im Siebdruckverfahren geschieht.

Die gegen äußere Einwirkungen (Druck, Kratzer) empfindlichere Seite einer CD ist nicht die Unterseite, wo die Laserabtastung stattfindet, sondern die obere, wo sich der Labelaufdruck befindet, was insbesondere auf »selbstgebrannte« CDs (Kapitel 11.2) zutrifft. Bei Beschriftungen muss man daher äußerst vorsichtig zu Werke gehen und darf hier keinesfalls starken Druck ausüben, wie etwa mit einem Kugelschreiber.

Die Dateninformation einer CD wird durch so genannte *Pits* und *Lands* (Vertiefungen und Erhöhungen) repräsentiert. Jeder Übergang vom Pit zum Land und umgekehrt wird dabei als Eins interpretiert und eine bestimmte Strecke (300 nm) ohne Zustandsänderung als Null, wie es im Bild 11.1 dargestellt ist.

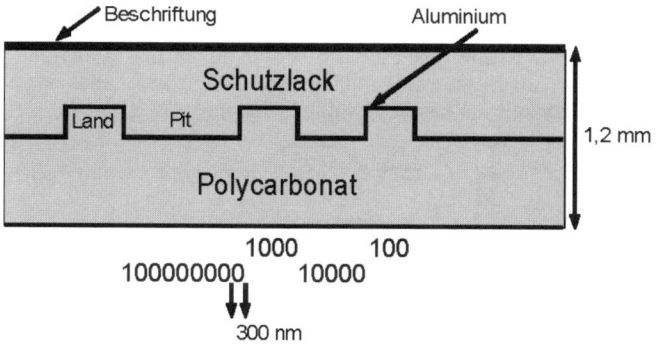

Bild 11.1: *Der Aufbau einer CD-ROM und die Informationsdarstellung*

Mit einer Laserdiode wird ein Lichtstrahl erzeugt, der mit Hilfe einer Linse gebündelt wird und über einen Spiegel auf die CD trifft. Trifft der Strahl dabei auf eine Vertiefung, wird er voll reflektiert, trifft er aber auf eine Erhöhung, wird das Licht gestreut und nur ein geringer Lichtanteil reflektiert.

Die Intensitätsänderung des reflektierten Lichtes beim Übergang vom Land zum Pit und umgekehrt führt dabei zu einer digitalen »1«. Dabei wird der reflektierte Strahl zur Bündelung auf ein Prisma und von dort auf eine Fotozelle geführt, die einen elektrischen Impuls erzeugt, der in der Elektronik entsprechend weiterverarbeitet wird.

Durch die Drehung der CD und somit der Abtastung der CD-Oberfläche erhält man das digitale Abbild der CD in Form einer Impulsfolge, die dem Informationsgehalt der CD entspricht.

Bei diesem Verfahren ist es aber generell nicht möglich, dass beispielsweise mehrfach der Wert 1 hintereinander folgen kann, so dass die Pit/Land-Information nicht direkt der digitalen entsprechen kann. Aus diesem Grunde ist eine Bitumsetzung nötig, die als *Eight to Fourteen Modulation* (EFM) bezeichnet wird. Die 8-Bit-Daten werden in 14-Bit-Daten (Channel Bits) umgesetzt. Wie man sich dies vorstellen kann, ist in der folgenden Tabelle an fünf Beispielen gezeigt.

Wert	8-Bit-Darstellung	14-Bit-Darstellung
0	00000000	01001000100000
1	00000001	10000100000000
2	00000010	10010000100000
3	00000011	10001000100000
4	00000100	01000100000000

Tabelle 11.1: *Da das bei einer CD zugrundeliegende Aufzeichnungsformat keine hintereinander folgende Einsen realisieren kann, wird eine 8-zu-14-Bit-Umsetzung verwendet*

Der Laserstrahl bewegt sich über die CD-ROM, bei der die Spuren in Form einer Spirale ausgeführt sind und nicht wie bei einer Festplatte in konzentrischen Kreisen. Dabei muss die Umdrehungsgeschwindigkeit der CD laufend der Position des Lesekopfes angepasst werden, damit sich die Pits und Lands immer mit konstanter Geschwindigkeit am Lesekopf vorbeibewegen.

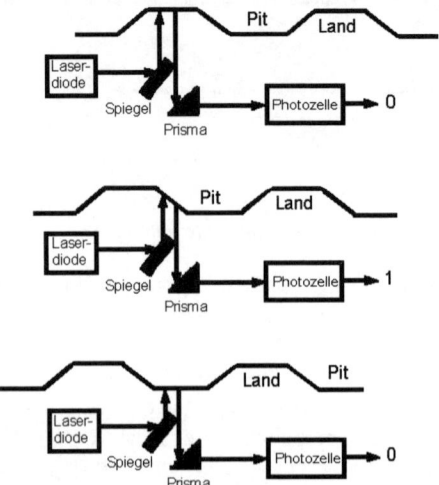

Bild 11.2: Die Abtastung einer CD-ROM in den drei Arbeitsstufen

Eine Unterteilung für die Adressierung wie bei einer Festplatte in *Zylinder*, *Köpfe* und *Sektoren* gibt es bei einer CD-ROM nicht. Vielmehr wird hier zugrunde gelegt, dass auf einer CD Platz für 74 Minuten Dateninformationen zur Verfügung steht, was nicht verwundert, da die Audio-CD Pate für die CD-ROM gestanden hat.

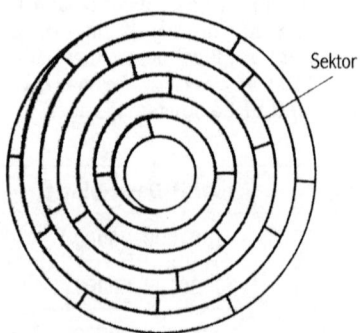

Bild 11.3: Die Anordnung der Sektoren auf einer CD mit ihrer spiralförmigen Struktur

11.1.1 Standards und Formate

Für CD-ROMs gibt es unterschiedliche Formate und Standards. Die Entwickler der ursprünglichen Audio-CD (Philips, Sony) haben die Spezifikationen in einem Buch mit rotem Einband festgehalten, das später als *Red Book* bezeichnet wurde. Die danach erfolgten Festlegungen wurden ebenfalls in »farbigen Büchern« veröffentlicht, wonach diese Standards ihren Namen erhalten haben.

In jeder Sekunde liest ein CD-Player – oder eben ein CD-ROM-Laufwerk – 75 Sektoren. Nimmt man dies mit der Audiospielzeit von 74 Minuten zusammen, so ergeben sich 74 Minuten x 60 Sekunden x 75 Sektoren = 333.000 Sektoren.

Standard	Inhalt
Red Book	Format der Audio-CD (CD-DA, Compact Disk Digital Audio) Sektoren: 2352 Bytes Fehlererkennung/-korrektur: 784 Bytes Kontrolle: 98 Bytes Kapazität: 74 Minuten Musik bei maximal 98 Titeln CD-Text: Zusätzliche Textinformationen innerhalb der Subchannels
Yellow Book	Format für die CD-ROM als Datenträger **Mode 1:** (übliche Daten-CD) Datensektoren: 2048 Byte Fehlerkorrektur: 784 Bytes Fehlererkennung: 280 Bytes Kontrolle: 98 Bytes Synchronisierung:12 Bytes Header: Sektoradresse aus 4 Byte Kapazität: 682 Mbyte **Mode 2:** Datensektoren: 2336 Byte Fehlerkorrektur: 784 Bytes Kontrolle: 98 Bytes Synchronisierung: 12 Bytes Header: Sektoradresse aus 4 Byte Übertragungsrate: 171 Kbyte/s (Single Speed) Kapazität: 778 Mbyte
Green Book	Format für CD-I (interactive) Daten wie Mode 2 beim Yellow Book plus CD-I-Subheader (8 Byte) Normal Resolution: 384 x 280 Pixel Double Resolution: 768 x 280 Pixel High Resolution: 768 x 560 Pixel
Orange Book	Format für schrittweise beschreibbare Single/Multi-Session CDs CD Magneto Optisch (CD-MO) CD Recordable (CD-R) CD Write Once (CD-WO) CD ReWriteable (CD-RW) Universal Disc Format (UDF)
White Book	Format für Video- und Photo-CD nach MPEG Kapazität: 75 Minuten Video in VHS-Qualität
Blue Book	Format für CD-Extra (CD-Plus) Kombination aus Red und Yellow Book (Audio plus Daten)

Tabelle 11.2: Die wichtigsten Daten der »Colored Books« auf einen Blick

Die *Yellow-Book-Spezifikation* (Mode 1) definiert etwa, dass ein Sektor aus 2 Kbyte Nutzdaten besteht, was somit zu einer Speicherkapazität der CD-ROM von insgesamt 681.984.000 Bytes führt.

Ein Sektor ist dabei die kleinste adressierbare Speichereinheit auf einer CD, die je nach Mode von unterschiedlichen Header- und Controllbits eingerahmt wird, wie es im Bild 11.4 gezeigt ist.

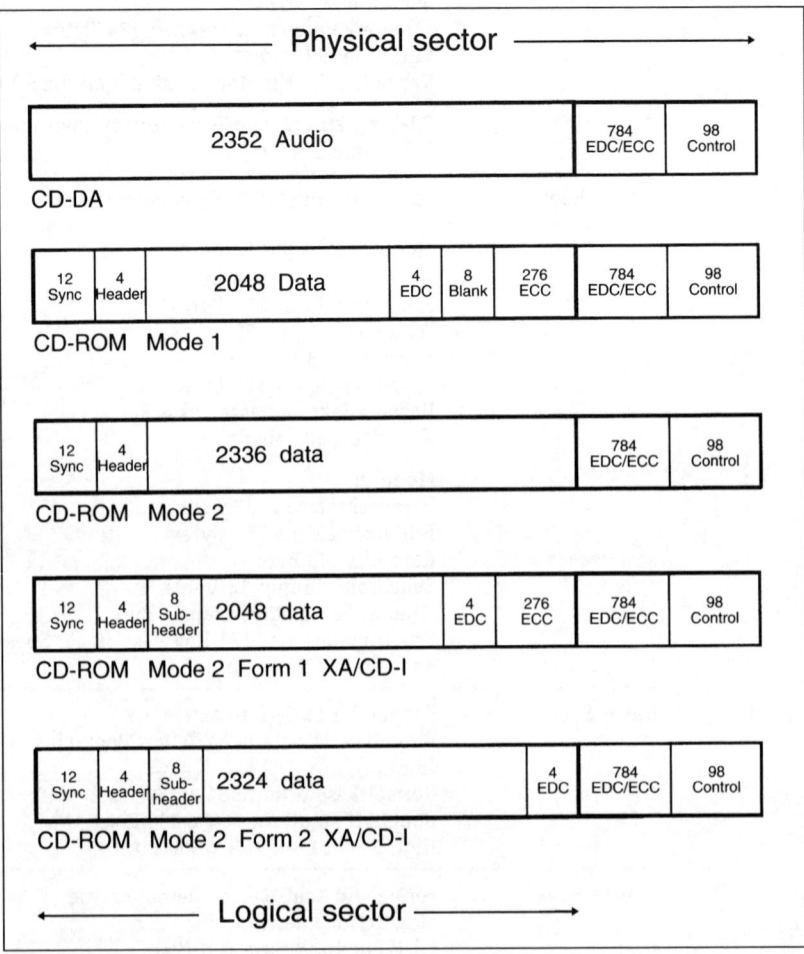

Bild 11.4: Der Aufbau der Sektoren einer CD-ROM unterscheidet sich in den verschiedenen Modi voneinander

Im Zusammenhang mit CD-ROM-Laufwerken trifft man neben den Book-Angaben auf einige weitere, die etwas über die unterstützten Datenformate einer CD-ROM besagen:

···⟩ CD-ROM XA

···⟩ ISO-9660-Standard

···⟩ High Sierra

····⟩ Joliet

····⟩ El Torito

····⟩ Universal Disc Format (UDF)

····⟩ CD-Text

Extended Architecture

Wenn ein CD-ROM-Laufwerk XA (**E**xtended **A**rchitecture) unterstützt, kann es CDs lesen, die sowohl Computerdaten als auch Audio- und Video-Daten enthalten (CD-I). Für Multimedia-Anwendungen oder die Kodak-Foto-CD ist beispielsweise ein CD-ROM-XA-Laufwerk nötig.

Nur die älteren Laufwerke unterstützen diese Funktion möglicherweise nicht. Der Unterschied zum *Green Book*, welches CD-Interactive bereits enthält, ist lediglich der, dass dort zusätzlich ein spezielles CD-I-Format definiert wird, das für externe CD-I-Geräte (Commodore, Philips, CD-TV) vorgesehen ist. Ansonsten kann man sich CD-ROM-XA als Kombination aus Yellow und Green Book vorstellen.

ISO-9660-Standard

Der ISO-9660-Standard legt ein einheitliches File- und Verzeichnisformat für CDs fest, damit diese auf unterschiedlichen Systemen (PC, Mac, UNIX) verwendet werden können. Damit ein MS-DOS-Computer entsprechend dieser Spezifikation arbeiten kann, wurden von Microsoft die CD-ROM-Extensions für Windows entwickelt, die durch den Treiber MSCDEX zur Verfügung gestellt werden.

Wenn ein CD-ROM-Laufwerk die ISO-9660-Spezifikation unterstützt, wird es auch von einigen Herstellern als *High-Sierra-kompatibel* bezeichnet, denn die Gruppe, die diese Spezifikation erarbeitet hatte, benannte sich nach dem Hotel, in dem sie residierte, und das hieß *High Sierra Hotel & Casino*. ISO 9660 und High Sierra bedeuten demnach ein und dasselbe.

Der ISO-9660-Standard definiert drei Level: Level 1 wird von DOS sowie UNIX unterstützt, während Level 2 lediglich in den CDTV-Geräten der Firma Commodore Anwendung gefunden hat. Level 2 erlaubt beispielsweise Dateinamen mit bis zu 31 Zeichen, was MS-DOS nicht unterstützt. Level 3 macht keine Einschränkung bei der Länge der Dateinamen und hängt immer eine Versionsnummer der Datei mit an den Namen. ISO 9660 Level 1 verbietet beispielsweise Sonderzeichen wie den beliebten Strich in Dateinamen (TEST-1.TXT), auch die Umlaute (ä, ü, ö) und einige weitere Sonderzeichen.

Joliet-Format

Eine Erweiterung gegenüber ISO 9660 wird als *Joliet* bezeichnet. Joliet verwendet den UNICODE-Zeichensatz, der fast alle erdenklichen Zeichen erlaubt. Außerdem dürfen Datei- und Verzeichnisnamen bis zu 64 Zeichen enthalten, und die Verzeichnisstruktur darf mehr als acht Ebenen aufweisen. Joliet ist aus diesem Grunde für Betriebssysteme wie Windows 95 und Windows NT (lange Dateinamen, UNICODE-Unterstützung) das geeignete Format.

El-Torito-Format

Um direkt von einer CD booten zu können, wurde vom BIOS-Hersteller Phoenix Technologies im Jahre 1995 das *El Torito-Format* (nach einer Kette mexikanischer Restaurants benannt) definiert, das kompatibel zur ISO-9660-Spezifikation ist und auch als CD/OS (**C**ompact **D**isc **O**perating **S**ystem) bezeichnet wird.

Die meisten neueren Mainboards besitzen im BIOS-Setup eine entsprechende Möglichkeit zum Einschalten des CD-Boots. Neben den eigentlichen Daten werden auf der CD zusätzliche Informationen für das Betriebssystem (System, CONFIG.SYS, AUTOEXEC.BAT) in einen genau definierten Boot-Record geschrieben. Einige Writer-Programme für CDs unterstützen direkt die Erstellung von bootfähigen CDs laut El Torito.

Universal-Disc-Format (UDF)

Mit der Einführung der wiederbeschreibbaren CD (CD-RW), die zunächst als reines Backup-Medium gedacht war, hat man sich etwas Neues einfallen lassen, und zwar soll die CD-RW ohne die Anwendung eines speziellen – und manchmal auch etwas kryptisch zu bedienenden Brennprogramms – zu beschreiben sein.

UDF soll das ISO-9660-Format ablösen und findet ebenfalls bei den DVD-Medien seine Anwendung. UDF wird durch eine spezielle (Treiber-)Software, wie beispielsweise DirectCD von Adaptec oder Packet-CD von CeQuadrat unterstützt. Sony und JVC hatten bereits vor einiger Zeit jeweils eigene Lösungen für das direkte Schreiben auf CDs vorgestellt, die jedoch weder untereinander noch zu DirectCD kompatibel sind.

Nach dem Laden eines speziellen Treibers kann auf die im CD-Writer eingelegte CD genauso geschrieben werden, z.B. mit dem Windows Explorer, wie auf ein anderes Speichermedium (Festplatte). UDF funktioniert nicht nur mit CD-RW-, sondern auch mit CD-R-Brennern.

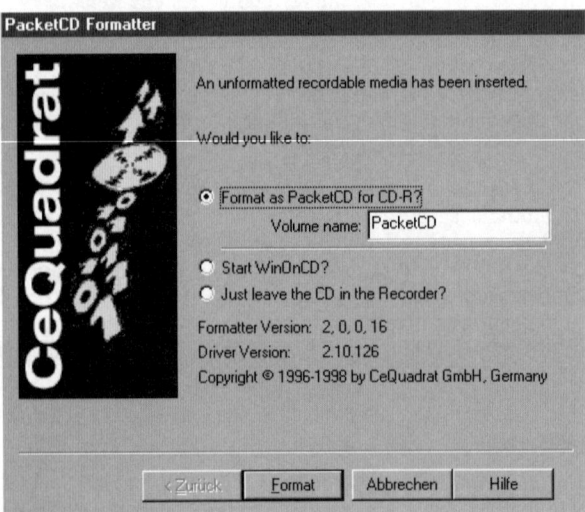

Bild 11.5: Eine neu eingelegter »CD-Rohling« kann als Packet-CD im UD-Format formatiert werden

Während die Daten auf einer CD-R natürlich nicht gelöscht werden können, wird dies bei einem CD-RW-Medium ebenfalls nicht standardmäßig durchgeführt, da die Daten (quasi das Inhaltsverzeichnis) nur neu angelegt werden, wodurch die CD möglicherweise voller ist, als sie für den User (vom Explorer her) wirkt. Erst mit Hilfe eines Format-Befehls werden die Daten tatsächlich von der CD gelöscht und die CD wird neu formatiert.

Das UDFormat kann sowohl bei CD-RWs als auch bei CD-Rs zur Anwendung kommen und funktioniert praktisch mit jedem CD-Writer.

Mit UDF beschriebene CDs können von einem üblichen CD-ROM-Laufwerk, auch wenn es Multiread-fähig ist, nicht so ohne Weiteres gelesen werden. Damit dies möglich ist, gibt es prinzipiell zwei Wege: Entweder wird die CD als Abschlussmaßnahme in das ISO- oder das Joliet-Format konvertiert oder auf dem PC, von dem die mit UDF geschriebene CD gelesen werden soll, wird ebenfalls die UDF-Treibersoftware installiert.

CD-Text

CD-Text ist eine Erweiterung des Red Books und liefert zusätzliche Informationen für eine Audio-CD, wie die Interpreten, die Titel oder sogar Grafiken. Diese Daten sind in den Subchannels (s.o.) untergebracht, und daher sind hier keine Kompatibilitätsprobleme zu einem üblichen CD-Player der Stereoanlage gegeben.

Textinformationen auf einer Audio-CD waren zwar schon vorher möglich (Mixed-Mode des Orange Books), gleichwohl durfte hier nur ein einziger Datentrack auf einer Audio-CD vorhanden sein. Wer auf seinem CD-Player aus Versehen den ersten Track (Datentrack) einer derartigen CD erwischt, muss um seine Lautsprecher fürchten, denn die Computerdaten werden ebenfalls in analoge Signale umgesetzt und mit vollem Pegel wiedergegeben. Nur neuere CD-Player können die Dateninformation einer Mixed-Mode-CD erkennen und schalten dann löblicherweise auf stumm. Für Computeranwendungen gibt es laut Blue Book auch schon seit einiger Zeit *CD-Extra*, also Audio plus Daten, womit der heimische CD-Player jedoch ebenfalls nicht umgehen kann. Für die Verarbeitung einer Audio-CD mit Textinformationen ist laut Red Book eben CD-Text zuständig und der CD-Player muss explizit hierfür geeignet sein. Die Firma Sony hat als Erste einige davon im Programm, wobei insbesondere CD-Wechsler, die bis 200 CDs fassen können, für CD-Text besonders geeignete Geräte sind.

Bild 11.6: CD-Text erlaubt die Anzeige der Interpreten und Titel sowohl bei CD-ROM-Laufwerken als auch bei CD-Playern

Auch CD-ROM-Laufwerke und -Writer für den PC müssen CD-Text-tauglich sein, andernfalls kann man die zusätzlichen Informationen weder lesen und schon gar nicht schreiben. Daher muss ebenfalls das Writerprogramm diese Option bieten. Die Auswahl an passenden Geräten ist zur Zeit noch nicht besonders groß.

Für die Nutzung von CD-Text müssen sowohl die Writer-Software als auch der Writer und das CD-ROM-Laufwerk ausgelegt sein.

Geeignete CD-ROM-Laufwerke sind beispielsweise das Plextor-Modell PX-40 TS (SCSI) und die neuen ATAPI-Laufwerke von Teac (CD-524, CD-532). Als CD-Writer können der Plus 8100 (ATAPI) von Hewlett-Packard, das Plextor PX-R 820 T (SCSI) sowie die Sony-Modelle CDU 948S (SCSI) und CRX 100 E (ATAPI) nebst passender Writer-Software (z.B. WinOnCD 3.6, Feurio, Nero) zum Einsatz kommen.

11.1.2 CD-ROM-Laufwerkstypen

Die ersten CD-ROM-Laufwerke waren nicht nur in ihrem prinzipiellen Aufbau, sondern auch von ihren technischen Daten her mit dem Audio-CD-Player verwandt und arbeiteten mit einer Umdrehungsgeschwindigkeit von 530 U/min. Da hier jeder Sektor 2 Kbyte an Daten enthält und es 75 davon gibt, führt dies zu einer Datenübertragungsrate von 150 Kbyte/s. Dieser Laufwerkstyp wird als *Single Speed* bezeichnet, verfügt typischerweise über eine Zugriffszeit von 600 ms und bildet gewissermaßen die Grundlage aller darauf folgenden Weiterentwicklungen.

Im Vergleich zur Geschwindigkeit von damaligen Festplatten (IDE: 2 Mbyte/s, 25 ms) schnitten die Daten eines Single-Speed-Laufwerks jedoch erheblich schlechter ab, so dass in schneller Reihenfolge Modelle mit der Bezeichnung *Double-* oder *Quad-Speed* folgten.

Die Umdrehungsgeschwindigkeit bei einem CD-ROM-Laufwerk ist allerdings – im Gegensatz zum Audio-CD-Player – nicht konstant, sondern schwankt, je nachdem, wo sich die Leseoptik gerade über der CD befindet (innen oder außen). Lediglich im Audio-Betrieb wird der Betriebsmodus umgeschaltet, erst dann arbeitet das Laufwerk mit der definierten konstanten Umdrehungsgeschwindigkeit von 530 U/Min.

Ein gewöhnliches CD-ROM-Laufwerk realisiert also eine konstante Datenübertragungsrate bei variierender Umdrehungsgeschwindigkeit. Als Kennzeichnung für die Rate wird dabei oftmals der X-Faktor angeführt, der besagt, dass beispielsweise ein 16X-Laufwerk eine um den Faktor 16 höhere Transferrate als ein Single-Speed-Laufwerk der ersten Generation aufweist.

Es ist also keineswegs der Fall, dass ein 16X-Laufwerk mit der 16fachen Geschwindigkeit eines Single-Speed-Laufwerkes arbeitet, was leider immer wieder falsch dargestellt wird, wobei man hinzufügen muss, dass die anfänglich bei den Herstellern anzutreffende *Speed-Bezeichnung* (bis 12 Speed) auch eher zur Verwirrung beigetragen hat.

Klasse	Bezeichnung	Übertragungsrate	Zugriffszeit
1x	Single-Speed	150 (Kbyte/s)	600 ms
2x	Double-Speed	300 (Kbyte/s)	300 ms
3x	Triple-Speed	450 (Kbyte/s)	200 ms
4x	Quad-Speed	600 (Kbyte/s)	150 ms

Klasse	Bezeichnung	Übertragungsrate	Zugriffszeit
6x	Six-Speed	900 (Kbyte/s)	150 ms
8x	Eight-Speed	1200 (Kbyte/s)	100 ms
10x	Ten-Speed	1500 (Kbyte/s)	100 ms
12x	Twelve-Speed (CLV/CAV)	1800 (Kbyte/s)	70-90 ms
16x	(CLV/CAV)	1900 (Kbyte/s)	70-90 ms
24x	(CLV/CAV)	2000-3000 (Kbyte/s)	60-85 ms
32x	(CLV/CAV)	2500-3600 (Kbyte/s)	50-85 ms
36x	(CLV/CAV)	2400-4200 (Kbyte/s)	80 ms
40x	(CLV/CAV)	2500-6000 (Kbyte/s)	80 ms
48x	(CLV/CAV)	3000-7200 (Kbyte/s)	80 ms
50x	(CLV/CAV)	5000-7500 (Kbyte/s)	80 ms

Tabelle 11.3: Bezeichnungen und Daten von CD-ROM-Laufwerken

Das Leseverfahren mit konstanter Übertragungsrate wird als **C**onstant **L**inear **V**elocity (CLV) bezeichnet. Da die Daten auf einer CD in einer Spirale und mit gleichbleibender Dichte angeordnet sind, ist die Drehzahl beim Lesen im Innenbereich der CD am höchsten.

Ein anderes Verfahren nennt sich **C**onstant **A**ngular **V**elocity (CAV), was bedeutet, dass hier die Umdrehungsgeschwindigkeit konstant ist und die Übertragungsrate variiert, wie es auch bei den üblichen Disketten- und Festplattenlaufwerken der Fall ist.

CD-ROM-Laufwerke, die mit dieser Methode arbeiten, tragen in ihrer Bezeichnung meist eine entsprechende Angabe wie 12-24X. Im Innenbereich der CD ist die Datenübertragungsrate am geringsten, was bedeutet, dass ein CD-ROM-Laufwerk nach CAV erst zur Außenseite der CD hin seine höchste Datenübertragungsrate erreicht. Da die Daten auf einer CD aber von innen nach außen geschrieben und dementsprechend auch gelesen werden, hängt es von der Kapazität der CD-ROM ab, ob ein 12-24X tatsächlich schneller ist als ein 12X-Laufwerk. Bei halbvollen CDs wird dies wohl aber nicht der Fall sein.

Aktuelle CD-ROM-Laufwerke erreichen ihre maximale Datenübertragungsrate erst zur Außenseite der CD hin, was daher nur bei randvollen CDs Auswirkungen zeigt.

Einige CD-ROM-Laufwerke, wie etwa von der Firma Plextor, kombinieren CLV und CAV. Der Innenbereich der CD wird mit CAV (z.B. 12-24X) gelesen und der Außenbereich mit CLV, was beim jeweiligen Laufwerk die maximale Übertragungsrate (z.B. 24X) zur Folge hat. Wann die Umschaltung in Kraft tritt, ist allerdings von Hersteller zu Hersteller unterschiedlich realisiert, so dass es in der Praxis kaum relevant erscheint, nach welcher der drei Methoden das CD-ROM-Laufwerk letztlich arbeitet.

DVD-Laufwerke der zweiten Generation werden oftmals als »Double-Speed« gekennzeichnet, allerdings liegen dabei nicht die Daten eines üblichen CD-ROM-Laufwerkes zu Grunde. Die DVD-Laufwerke arbeiten zumeist mit P-CAV und erreichen im CD-Modus 20X-24X, was typischerweise einer Datenübertragungsrate von 2,7-3,6 Mbyte/s entspricht.

CD-ROM-Laufwerke unterschieden sich nicht nur in ihren Daten voneinander, sondern auch in der Art ihrer Handhabung. Beim heimischen CD-Player fährt beim Druck auf die Auswurftaste die »Schublade« heraus, in welche die CD eingelegt wird, was bei den meisten CD-ROM-Laufwerken ebenso vonstatten geht.

Bei den älteren CD-ROM-Laufwerken gibt es keinen elektrischen Einzug, sondern die »Schublade« muss per Hand heraus- und hineingeschoben werden, was manchmal eine hakelige Angelegenheit sein kann. Diese Lösung hat jedoch den Vorteil, dass man nicht durch manuelles Nachhelfen – weil die CD zu langsam eingezogen wird – die automatische Einzugsmechanik beschädigen kann.

Vorsicht ist generell bei CD-ROM-Laufwerken mit Schubladentechnik geboten, da die CD hier exakt in der entsprechenden Ausformung der Lade liegen muss. Im »Eifer des Gefechts« wird dies nicht immer beachtet, insbesondere, wenn die Lade nicht besonders passgenau ist und »Spiel zulässt«. Falls die CD nicht richtig im Laufwerk positioniert ist, kann dies zu einem Nichterkennen oder Lesefehlern führen, was die CD auf Hochtouren – sie dreht sich immer schneller – bringen kann, und sie einem beim Druck auf die Eject-Taste (fast) entgegenfliegt.

Eine offen stehende Schublade ist im Übrigen auch schnell verbogen und das CD-ROM-Laufwerk damit meist hinüber, was beispielsweise sehr leicht mit dem Knie passiert, wenn sich das CD-ROM-Laufwerk in einem Tower-Gehäuse unter dem Schreibtisch befindet.

Einige – meist ältere – CD-ROM-Laufwerke benötigen für die CD einen so genannten *Caddy*. Die CD wird in den Caddy eingelegt und dann in das Laufwerk hineingeschoben. Der Vorteil ist, dass die CD besser gegen mechanische Beschädigungen geschützt wird, in der Regel einfacher eingelegt werden kann und die genannten Probleme der Schubladentechnik nicht gegeben sind. In Betrieben, wo die CDs von Hand zu Hand gehen, ist es vielfach gängige Praxis, dass für jede CD auch ein eigener Caddy verwendet wird, der manchmal allerdings teurer ist als die CD selbst. CD-ROM-Laufwerke, die mit einem Caddy arbeiten, sind allerdings immer seltener anzutreffen, auch wenn sie sich in der Praxis bestens bewährt haben und es außerdem ermöglichen, dass das CD-ROM-Laufwerk auch senkrecht eingebaut werden kann, was bei einigen Gehäusetypen sinnvoll ist.

Bei einigen CD-Writern ist ebenfalls die Verwendung eines Caddys notwendig, was sich hier noch wesentlich positiver als bei einem üblichen CD-ROM-Laufwerk auswirken kann, denn die Schubladentechnik einiger CD-Writer ist nach relativ kurzer Zeit derartig »ausgeleiert«, dass dann weder eine CD-R noch eine übliche CD gelesen werden kann. Fälschlicherweise wird die Schuld dieses Fehlverhaltens der Elektronik oder dem Laser zugeschrieben, die sich eher selten als defekt erweisen, sondern es liegt einfach an der Mechanik. Dies kann bei einem Caddy-System eben nicht passieren, da die CD hiermit zuverlässiger positioniert werden kann.

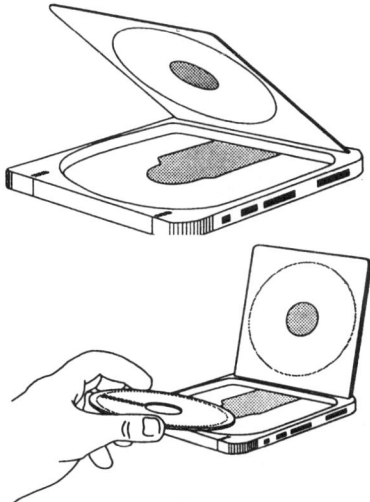

Bild 11.7: *Die Handhabung einer CD mit einem Caddy scheint zwar etwas umständlich zu sein, stellt sich in der Praxis jedoch als eine der zuverlässigsten »Mechaniken« für die Verwendung von CDs dar*

Für eine vertikale Einbauposition sind auch einige CD-ROM-Laufwerke, die keinen Caddy verwenden, vorgesehen, wie beispielsweise das Modell *Toshiba XM-5602B*. Die CD wird dann durch vier *Disc Holder*, die manuell über die CD »zu klicken« sind, festgehalten, was sich bei der täglichen Arbeit jedoch als umständlich und fehlerträchtig (ist die CD richtig gelagert, schließlich muss sie sich auch noch drehen können) erweist und die CD außerdem ernsthaft beschädigen kann.

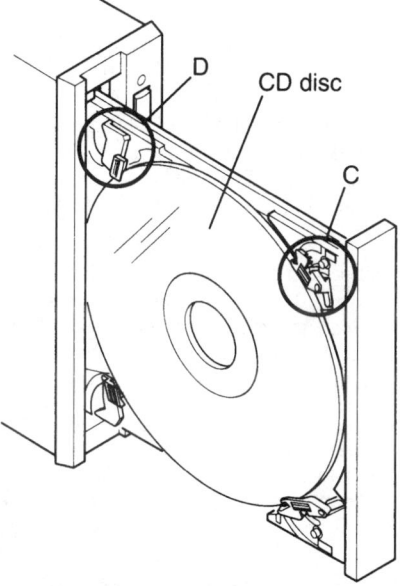

Bild 11.8: *Bei CD-ROM-Laufwerken, die vertikal in einem PC eingebaut werden können, muss die CD mit »Disc Holders« gehaltert werden, was sich als umständlich und fehlerträchtig erweist*

Empfehlenswerter ist demgegenüber ein CD- oder auch DVD-Laufwerk, das ohne Schubladentechnik und auch ohne Caddy auskommt, wie einige Modelle der Firma Pioneer, die ebenfalls vertikal im PC eingebaut werden können. Diese arbeiten mit einem als *Slot-in* bezeichneten CD-Lademechanismus und nehmen die CD direkt auf. Das Einlegen der CD ist relativ problemlos, allerdings fasst man mitunter auf die CD-Oberfläche, denn die CD ist erst ein ganzes Stück hineinzuschieben, bevor der Lademechanismus des Laufwerks sie fassen kann. Außerdem ist nicht unmittelbar festzustellen, ob sich bereits eine CD im Laufwerk befindet, zumal die Mechanik auch meist etwas träge arbeitet, wenn der Auswurf-Knopf betätigt wird.

Bild 11.9: *In das CD-ROM-Laufwerk der Firma Pioneer wird die CD direkt hineingeschoben; das Laufwerk verfügt über die heute übliche, zusätzliche Bedientaste zum direkten Spulen und Starten von Audio-Tracks*

11.1.3 Die CD-ROM-Praxis

In der Praxis spielt es nicht die ausschlaggebende Rolle, nach welchem Verfahren (siehe vorheriges Kapitel) das CD-ROM-Laufwerk arbeitet. Die Hersteller setzen bei ihren Angaben ohnehin immer den Idealfall voraus. Es wird beispielsweise keineswegs berücksichtigt, nach welcher Zeit das CD-ROM-Laufwerk hochgelaufen ist und seine spezifizierte Datenübertragungsrate (CLV) erreicht hat oder ab welcher Stelle auf der CD vom CAV- in den CLV-Mode umgeschaltet wird.

Die Art des mechanischen Aufbaus (z.B. Schublade, Caddy, Slot-in) eines CD-ROM-Laufwerks und auch die internen Fehlerkorrekturmechanismen sowie die Größe des in der Laufwerkselektronik enthaltenen Datenzwischenspeichers (Cache) spielen demgegenüber eine weit wichtigere Rolle für die Beurteilung der Qualität eines CD-ROM-Laufwerkes.

Selbst neueste CD-ROM-Laufwerke sind zum Teil erstaunlicherweise noch nicht einmal in der Lage, »selbstgebrannte« CDs zu lesen, was auf eine unpräzise arbeitende Leseoptik zurückzuführen ist. Die für das Kopieren von Audio-CDs wichtige Funktion des direkten Auslesens von Audio-Files (Audio Grabben) ist ebenfalls immer noch keine Selbstverständlichkeit, selbst bei den neuesten CD-ROM-Laufwerken.

Man sollte sich daher nicht von irgendwelchen Herstellerangaben zum Betriebsmodus oder der *Speed Klasse* beeindrucken lassen, denn in den meisten Fällen reicht selbst ein 4fach-CD-ROM-Laufwerk (!) völlig aus. Ein vermeintlich schnelleres CD-ROM-Laufwerk ist auch teurer als eines, welches als relativ langsam spezifiziert ist, was man bei der Auswahl eines CD-ROM-Laufwerkes berücksichtigen kann. Außerdem sind Laufwerke ab der 12X-Klasse manchmal recht laut beim Hochlaufen und Suchen und können ein PC-Gehäuse sogar zum Wackeln bringen. Andererseits sind die langsameren Modelle kaum mehr im Handel zu finden.

Auch wenn die Industrie laufend neue CD-ROM-Laufwerke auf den Markt bringt und dabei Leistungssteigerungen verspricht, sollte man aus diesem Grunde keineswegs sein altes 4X-CD-ROM-Laufwerk gegen ein neues ersetzen, da ein derartiger Typ nach wie vor für die üblichen PC-Arbeiten bestens geeignet ist.
Neuere CD-ROM-Laufwerke sind im Betrieb meist sehr laut und auch nicht immer in der Lage, selbstgeschriebene CDs und CD-RWs zu lesen sowie Audio-Files direkt als Daten (Audio Grabbing) auszugeben.

Eines der häufigsten Anwendungen eines CD-ROM-Laufwerks ist wohl der Einsatz als »Installationslaufwerk« – es werden Programme von der CD installiert –, wobei es dann sicher keine Rolle spielt, ob dieser Vorgang nun vier oder vielleicht drei Minuten dauert.

Des Weiteren hängt es für Geschwindigkeitsbetrachtungen auch davon ab, wie die Daten auf der CD abgelegt sind, beispielsweise beim Ablauf von Multimedia-präsentationen. Falls die Leseoptik ständig auf der CD »herumspringen« muss, ist die angegebene Datenübertragungsrate kaum relevant, sondern eher die (gemittelte) Zugriffszeit, die bei aktuellen CD-ROM-Laufwerken im Bereich von 80-100 ms liegt und im Grunde genommen die einzige praxisrelevante Angabe zu CD-ROM-Laufwerken darstellt, wenn man schon Daten zum Vergleich heranziehen will.

Eine Anwendung, bei der die Datenübertragungsrate möglichst hoch sein sollte, sei die Wiedergabe von Videos, so wird zumindest oft argumentiert. Allerdings sind die meisten *Videoclips* nicht in der Qualität angelegt, dass das CD-ROM-Laufwerk die Wiedergabe negativ beeinflussen könnte.

Das für eine flüssige Videowiedergabe notwendige Datenaufkommen ist selbst für eine schnelle Festplatte kaum zu bewältigen (vom Bus und von der Grafikkarte sogar einmal abgesehen), so dass man üblicherweise mit einem Komprimierungs-verfahren für die Videodaten arbeitet. Häufig wird dafür MPEG (**M**otion **P**icture **Ex**perts **G**roup) oder auch ein anderes, ähnliches Verfahren verwendet. MPEG-I bei-spielsweise spezifiziert für *Compressed Video* eine Datenrate 1,5 Mbit/s, was 183 Kbyte/s entspricht.

Bereits ein CD-ROM-Laufwerk vom Typ *Double Speed* (300 Kbyte/s) ist daher problemlos in der Lage, diese Datenmenge zu bewältigen. Selbst für MPEG-II-kodierte Daten, die typischerweise eine Datenrate von 4 Mbit/s erfordern, benötigt man lediglich ein 4X-Laufwerk (600 Kbyte/s), denn diese Datenrate entspricht 500 Kbyte/s.

Eine industriell gefertigte CD ist relativ unempfindlich gegen Umwelteinflüsse wie Staub oder Fingerabdrücke. Die Laserdiode kann jedoch mit der Zeit verschmutzen, was sich in Datenlesefehlern und längeren Zugriffszeiten äußern kann. Daher soll-te man beim Kauf eines CD-ROM-Laufwerkes darauf achten, dass das Gehäuse mög-lichst gut verschlossen ist. Sicherheitshalber kann man Löcher im Gehäuse mit einer Folie zukleben.

Einige CD-ROM-Laufwerke verfügen über eine automatische Linsenreinigung, bei den anderen sollte im dazugehörigen Handbuch angegeben sein, wie sich die Linse reinigen lässt. Falls hier kein entsprechender Hinweis zu finden ist und das CD-ROM-Laufwerk keine oder nur noch bestimmte CDs lesen kann und man eigentlich schon vor dem Entschluss steht, ein neues zu kaufen, sollte man sich nicht scheu-en, das CD-ROM-Laufwerk aufzuschrauben und nach der Linse Ausschau halten, die sich meist auch sehr einfach finden lässt. Ein Wattestäbchen, mit etwas Reinigungs-flüssigkeit benetzt, wird auf der Linse mehrmals hin- und herbewegt, wodurch sie wieder sauber sein sollte.

Bild 11.10: Die Reinigung der Linse bei einem CD-ROM-Laufwerk

Nach der Reinigung wird das CD-ROM-Laufwerk wieder komplett zugeschraubt und vielleicht entdeckt man dabei auch zahlreiche Öffnungen im Gehäuse, die man mit Folie zukleben kann, damit das Laufwerk nicht wieder so schnell mit Schmutz von außen vollstaubt.

 Treten nach einiger Zeit Leseprobleme bei einem CD-ROM-Laufwerk auf, was zunächst nur bei einigen CDs auffällt, später dann bei weiteren, liegt dies in der Mehrzahl der Fälle an einer verschmutzten Linse, die man leicht selbst reinigen kann.

Neben der Reinigung der Linse gibt es noch weitere Dinge, die an einem CD-ROM-Laufwerk gewartet werden können. Im Laufe der Zeit kann sich an den Rollen im Laufwerk Schmutz (auch Abrieb) ansammeln, der ebenfalls mit Reinigungsflüssigkeit – oder einfach Spiritus – zu entfernen ist. Der Effekt, der bei verunreinigten Rollen auftreten kann, ist derselbe wie bei einer verschmutzten Linse, nämlich Lesefehler, wobei das Laufwerk oftmals auch ungewohnte Laufgeräusche von sich gibt.

Bild 11.11: In einem CD-ROM-Laufwerk gibt es einige Rollen, die ebenfalls leicht zu reinigen sind

Diese Geräusche und ein starkes Ruckeln können aber auch darauf hindeuten, dass die Mechanik im Laufe der Zeit irgendwie »klapperig« geworden ist. Auch in diesem Fall ist noch Selbsthilfe möglich, denn einige Teile der Mechanik sind gefettet und dieses Fett wird irgendwann durch die Bewegungen ungünstig verteilt, was zum Knarren oder auch Ruckeln der Laufwerksmechanik führt. Falls im Laufwerk an den relevanten Stellen (siehe Bild) kein Fett mehr zu finden ist, wird an diesen Stelle etwas – nicht zu viel – handelsübliches Schmierfett aufgetragen. Es gibt natürlich auch speziellere Fettsorten, wie sie auch in Tape-Decks angewendet werden, doch sind diese meist nicht so einfach zu beschaffen, und zumindest zum Test kann man sich auch mit Vaseline behelfen, was genauso gut funktioniert.

Bild 11.12: Etwas Fett an die richtigen Stellen und danach läuft das CD-ROM-Laufwerk wieder wie geschmiert

11.1.4 ATAPI- und andere CD-ROM-Laufwerke einbauen und konfigurieren

Es sind verschiedene Bauformen von CD-ROM-Laufwerken möglich. Die gebräuchlichsten lassen sich in einen 5,25-Zoll-Ausschnitt im PC-Gehäuse einbauen. Externe Geräte werden für den USB, den SCSI-Bus, den PCMCIA-Anschluss – der bei Notebooks zu finden ist – und für den Druckerport angeboten, für den allerdings meist ein spezielles Interface (z.B. RAP) nötig ist, damit die Datenübertragungsrate nicht zu schlecht ausfällt.

Interne CD-ROM-Laufwerke gibt es in vier gebräuchlichen Anschlussvarianten: SCSI, IDE, herstellerspezifisch und ATAPI.

ATAPI (**AT A**ttachment **P**acket **I**nterface) ist der Befehlssatz für CD-ROM-Laufwerke am (E)IDE-Port und gilt als Ergänzung zu ATA (dem Befehlssatz für EIDE-Festplatten).

ATAPI stellt keine Hardware-technische Änderung gegenüber dem IDE-Anschluss (ATA) dar, sondern lediglich eine Software-technische. Beide Kommandogruppen besitzen aber Gemeinsamkeiten, wie es die folgende Tabelle zeigt.

Kommando	Code	Kommandotyp
ATAPI soft reset	08h	Spezielles ATAPI-Kommando
Check Power Mode	E5h	Herkömmliches ATA/IDE-Kommando
Door Lock	DEh	Herkömmliches ATA/IDE-Kommando (optional)
Door Unlock	DFh	Herkömmliches ATA/IDE-Kommando (optional)
Execute Drive Diagnostic	90h	Herkömmliches ATA/IDE-Kommando
Format Track	50h	Herkömmliches ATA/IDE-Kommando (optional)
Idle Mode-Auto Power Down	E3h	Herkömmliches ATA/IDE-Kommando
Idle Mode	E1h	Herkömmliches ATA/IDE-Kommando
NOP	00h	Herkömmliches ATA/IDE-Kommando (optional)
Packet command	A0h	Spezielles ATAPI-Kommando
Packet Identify Device	A1h	Spezielles ATAPI-Kommando
Recalibrate	1xh	Herkömmliches ATA/IDE-Kommando (optional)
Seek	7xh	Herkömmliches ATA/IDE-Kommando (optional)
Set Feature	EFh	Herkömmliches ATA/IDE-Kommando
Sleep Mode	E6h	Herkömmliches ATA/IDE-Kommando
Standby Mode-Auto Power Down	E2h	Herkömmliches ATA/IDE-Kommando (optional)
Standby Mode	E0h	Herkömmliches ATA/IDE-Kommando

Tabelle 11.4: *Der ATA/ATAPI-Befehlssatz*

Der wichtigste Befehl ist *Packet Command*, denn in den meisten Fällen werden die Daten für ATAPI-Geräte als »Pakete« mit Hilfe dieses Kommandos übertragen, und es werden nicht die eigentlichen »neuen« ATAPI-Befehle verwendet.

Die Ähnlichkeit zu SCSI (Teil 3) ist dabei nicht zu übersehen, auch wenn es hier keine Busphasen gibt und alle Packet-Commands 12 Byte lang (bei SCSI 6, 8, 10 oder 12 Bytes) sind. Die Datenübertragung erfolgt dabei standardmäßig im PIO-

Mode. Die implementierten herkömmlichen ATA-Kommandos dienen nur dazu, für besondere Situationen eine bedingte Kompatibilität mit AT-Bus-Festplatten sicherzustellen, um beispielsweise einen Absturz bestehender Software zu verhindern.

Befehl	Code	Typ
Audio Scan	D8h	optional
Inquiry	12h	zwingend
Mode Select	55h	zwingend
Mode Sense	5Ah	zwingend
Pause/Resume	4Bh	optional
Play Audio	45h, A5h	optional
Play Audio MSF	47h	optional
Play Audio Track/Index	48h	optional
Play Track Relative	49h, A9h	optional
Play CD-ROM XA	AEh	optional
Send CD-ROM XA ADPCM Data	4Fh	optional
Prevent/Allow Medium Removal	1Eh	zwingend
Read	28h	zwingend
Read CD-ROM Capacity	25h	zwingend
Read CD-ROM	D4h	zwingend
Read CD-ROM MFS	D5h	zwingend
Read Header	44h	zwingend
Read Sub-Channel	42h	zwingend
Read TOC	43h	zwingend
Request Sense	03h	zwingend
Rezero Unit	01h	optional
Seek	2Bh	zwingend
Set CD-ROM Speed	DAh	optional
Stop Play/Scan	4Eh	optional
Start/Stop Unit	1Bh	zwingend
Test Unit Ready	00h	zwingend

Tabelle 11.5: ATAPI-Kommandos (Packet Commands)

Daneben gibt es allerdings auch CD-ROM-Laufwerke (meist ältere), die als IDE-CD-ROM-Laufwerke spezifiziert sind. Zum Betrieb wird hier immer ein hersteller-spezifischer Treiber benötigt, was ebenfalls für CD-ROM-Laufwerke gilt, die an einer eigenen speziellen Controllerkarte betrieben werden müssen. Insbesondere die Firmen Mitsumi, Sony und Panasonic haben in der Vergangenheit einige derartige Lösungen im Programm gehabt, die nicht zu IDE und auch nicht untereinander kompatibel sind.

Auf einigen Soundkarten finden sich ebenfalls Anschlüsse für diese drei verschiedenen CD-ROM-Laufwerksinterfaces, die im Grunde genommen nur ein leicht abgewandeltes IDE-Interface darstellen. Ein *richtiges* IDE-Interface für den Anschluss eines CD-ROM-Laufwerkes ist auch noch auf einigen neueren Soundkarten zu finden, wobei sich dieses leider nicht immer abschalten lässt und Windows 95 immer wieder veranlasst, einen Treiber anzufordern.

Bild 11.13: *Einige Soundkarten bieten entsprechende Controlleranschlüsse für unterschiedliche CD-ROM-Laufwerkstypen; von oben nach unten: Sony, Mitsumi, Panasonic*

Nach Möglichkeit sollte von der Verwendung dieser herstellerspezifischen und auch IDE-Laufwerksschnittstellen auf Soundkarten kein Gebrauch gemacht werden, denn sie funktionieren nicht mit jedem als geeignet erscheinenden CD-ROM-Laufwerk und aktuelle Treiber gibt es hierfür meist auch nicht.

Üblicherweise wird man einen IDE-Anschluss auf dem Mainboard für ein IDE- oder ATAPI-CD-ROM-Laufwerk verwenden. Dabei ist das Laufwerk als Slave zu jumpern, wenn es neben der Festplatte (Master) an einem IDE-Port betrieben werden soll. Besser ist es jedoch, wenn das CD-ROM-Laufwerk als Master am zweiten Port eingesetzt werden kann. Es kann andernfalls nämlich passieren, dass die Festplatte durch das langsamere CD-ROM-Laufwerk in ihrer Geschwindigkeit »ausgebremst« wird.

Ein ATAPI-CD-ROM-Laufwerk sollte möglichst als Master am zweiten EIDE-Port betrieben werden. Meist sind die CD-ROM-Laufwerke vom Werk her aber als Slave gejumpert (Jumper kontrollieren!).

Wie die Einstellung als Master oder Slave beim jeweiligen Laufwerk auszusehen hat, kann leider nicht verallgemeinert werden, da die Hersteller dies unterschiedlich handhaben. Meist ist der entsprechende Jumper jedoch auch direkt an der Laufwerksrückseite beschriftet oder man muss das Handbuch zum CD-ROM-Laufwerk zu Rate ziehen, wobei es oftmals als Textdatei auf der zum Laufwerk mitgelieferten CD abgelegt ist.

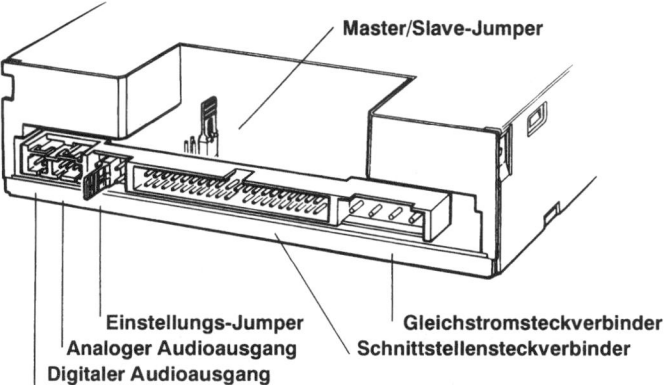

Bild 11.14: Die Anschlüsse und der Master/Slave-Jumper bei einem ATAPI-CD-ROM-Laufwerk

Wie es auch bei der IDE-Festplatte (Kapitel 3) beschrieben ist, wird zur Verbindung des Laufwerks mit dem IDE-Controlleranschluss ein 40-poliges Kabel (ohne Drehung) verwendet und für den Spannungsanschluss ein (großer) Stecker des Netzteils, wie er ebenfalls für die 5,25-Zoll-Diskettenlaufwerke eingesetzt wird.

Die Vorgehensweise beim Einbau eines SCSI-CD-ROM-Laufwerkes unterscheidet sich prinzipiell nicht von der, wie sie bei einem ATAPI-Typ durchgeführt wird. Nur wird hier keine Master/Slave-Konfiguration, sondern eine SCSI-Adresse am Laufwerk per Schalter oder Jumper festgelegt.

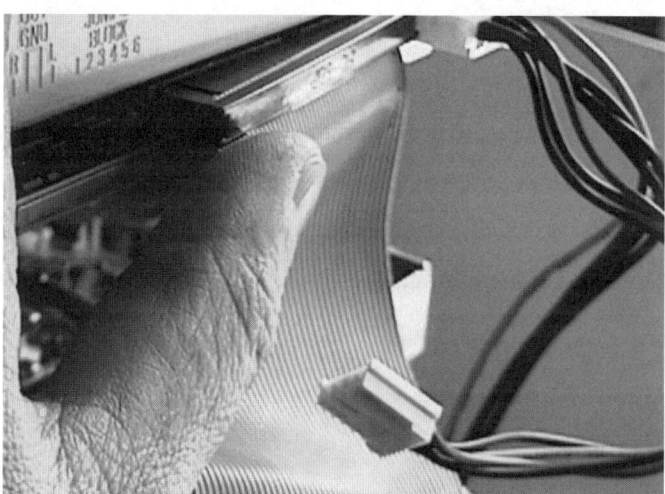

Bild 11.15: Beim Aufstecken des 40-poligen Controllerkabels sollte man immer die Ausrichtung (Pin 1) des Anschlusssteckers kontrollieren

Einige neuere SCSI-CD-ROM-Laufwerke ignorieren im Übrigen die festgelegte SCSI-Busadresse, falls sie mit einer bereits vergebenen (z.B. Festplatte) kollidieren sollte. Wenn das Laufwerk und der SCSI-Hostadapter dem SCSI-Plug&Play-Standard (SCAM) entsprechen, wird dem CD-ROM-Laufwerk dann automatisch eine noch freie Adresse zugewiesen, was jedoch nicht immer ohne Probleme funktioniert, wie es im SCSI-Kapitel erläutert ist.

Die manuellen (Jumper-) Einstellungen sollten vorzugsweise immer vor dem Einbau des Laufwerks vorgenommen werden, da man später unter Umständen nur schwer an die Einstellungselemente herankommt. Bei einem CD-ROM-Laufwerk am SCSI-Bus wird ein 50-poliges Kabel verwendet, welches, wie beschrieben, von Gerät zu Gerät »geschleift« wird, wobei man nicht vergessen sollte, die Terminierungswiderstände im CD-ROM-Laufwerk zu deaktivieren, wenn es (vom Bus aus gesehen) zwischen die Festplatte und den SCSI-Hostadpter gesetzt wird.

Konfigurierung von CD-ROM-Laufwerken

Wie ein CD-ROM-Laufwerk zu konfigurieren und dem Betriebssystem bekanntzumachen ist, hängt sowohl vom Laufwerkstyp (ATAPI, SCSI) selbst als auch vom Betriebssystem ab. Am einfachsten funktioniert dies mit SCSI und ab Windows 95 sowie Windows NT, da dies meist automatisch vonstatten geht, wenn das Laufwerk beim Booten vom SCSI-BIOS erkannt wird.

Bei ATAPI-CD-ROM-Laufwerken ist im Prinzip nichts weiter im BIOS-Setup festzulegen, außer dass der jeweilige EIDE-Port natürlich aktiviert sein muss und nicht auf *Disabled* geschaltet sein darf. Allerdings erzielen neuere CD-ROM-Laufwerke nicht immer ihre maximale Performance, wenn der *AutoMode* im BIOS eingeschaltet ist. Aus diesem Grunde sollte man hier – zumindest versuchsweise – den PIO-Mode 3 oder 4 aktivieren.

Bei ATAPI-CD-ROM-Laufwerken wird nicht immer automatisch der optimale PIO-Mode durch das BIOS aktiviert, so dass man hier durch Ausprobieren den geeignetsten ermitteln muss.

Unter DOS/Windows 3.x findet man für ein übliches CD-ROM-Laufwerk einen speziellen Treibereintrag in der CONFIG.SYS und in der AUTOEXEC.BAT, den notwendigen Gerätetreiber MSCDEX. Diese Eintragungen werden üblicherweise automatisch mit dem zum Laufwerk gehörenden Install-Programm in die beiden Dateien geschrieben. Im Folgenden sind hierfür drei Beispiele angegeben.

1. Mitsumi-CD-ROM-Laufwerk mit spezieller Controllerkarte, die Angaben ab *P:300* legen die Daten für die Controllerkarte wie I/O-Adresse, IRQ- und DMA-Kanal fest.

2. ATAPI-CD-ROM-Laufwerk am IDE-Controller.

3. SCSI-CD-ROM-Laufwerk, wofür generell zunächst der ASPI-Treiber zu laden ist.

CONFIG.SYS:

```
1. DEVICE=C:\CDROM\MTMCDE.SYS /D:MSCD001
   /P:300 /A:0 /M:20 /T:6 /I:10

2. DEVICE=C:\CDROM\ATAPI.SYS /D:MSCD000

3. DEVICE=C:\SCSI\ASPI4DOS.SYS /D
   DEVICE=C:\SCSI\ASPICD.SYS /D:ASPICD0
```

AUTOEXEC.BAT:

```
1. C:\WINDOWS\MSCDEX /D:MSCD001 /M:12 /L:F

2. C:\WINDOWS\MSCDEX /D:MSCD000 /M:12 /L:F

3. C:\WINDOWS\MSCDEX /D:ASPICD0 /M:12 /L:F
```

Während des Bootvorgangs wird einem CD-ROM-Laufwerk automatisch immer der letzte Laufwerksbuchstabe des Systems (beispielsweise hinter den Festplattenlaufwerken als G:) zugeordnet.

Für SCSI-CD-ROM-Laufwerke ist üblicherweise ein ASPI-Treiber notwendig, wie es im obigen Beispiel (ASPI4DOS.SYS) für einen Hostadapter von Adaptec angegeben ist.

Das **A**dvanced **S**CSI **P**rogramming **I**nterface (ASPI, siehe Teil 3) stellt eine Software-Schnittstelle für SCSI-Bus-Geräte dar und wird immer dann benötigt, wenn andere Geräte und nicht ausschließlich zwei Festplatten am SCSI-Bus verwendet werden sollen, wie beispielsweise auch ein Scanner oder ein Tape Drive.

Erst nach dem Laden von ASPI kann bei diesem Beispiel der dazugehörige CD-ROM-Treiber (ASPICD.SYS) geladen werden.

11.2 CD-Writer

CD-Writer – auch lax als *CD-Brenner* bezeichnet – sind in den letzten Jahren drastisch im Preis gefallen. Ein CD-Writer ist ideal zur Anfertigung eigener CDs, die danach auf jedem üblichen CD-ROM-Laufwerk gelesen werden können. Selbsterstellte Audio-CDs können darüber hinaus auch auf jedem CD-Player einer Stereoanlage wiedergegeben werden.

Die CD-ROM-Rohlinge – die Medien für CD-Writer – sind in kürzester Zeit auf Preise um die DM 2,– gesunken, was als ein weiteres Argument für die Anschaffung eines CD-Writers gelten kann. Nicht zu vergessen ist der Einsatz eines CD-Writers zur Datensicherung, er ist damit prinzipiell auch für gelegentliche Backups geeignet. »Gelegentlich« deshalb, weil der Brennvorgang, wie es noch erläutert wird, mit einigem Aufwand verbunden ist und erst mit CD-RWs sinnvoll erscheint.

11.2.1 Aufbau der CD-R

Der Aufbau eines »Rohlings« (CD-R, Compact Disc Recordable) ist ähnlich dem einer industriell gefertigten CD-ROM, denn beide bestehen aus Polycarbonat und besitzen eine Schutzschicht. Allerdings sind bei der CD-R noch keine Pits und Lands eingepresst, denn die Dateninformation soll bei einer CD-R ja erst noch geschrieben werden, was durch einen Schreiblaser erfolgt, der mit einer wesentlich höheren Energie als solch ein Laser arbeitet, der zum Lesen einer CD verwendet wird.

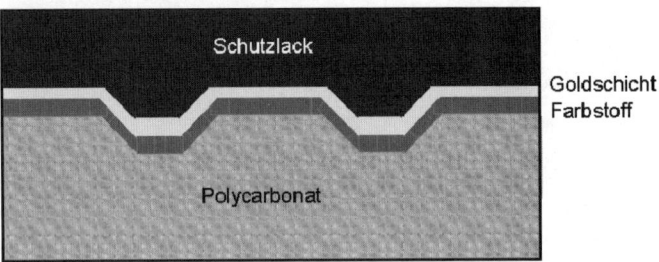

Bild 11.16: Der Schichtaufbau einer CD-R

Auf einer CD-R ist bereits eine Spur eingeprägt, die den Strahl des Schreiblasers führt und auch Zeitinformationen enthält, damit die Elektronik feststellen kann, an welcher Stelle auf der CD-R sich der Laser gerade befindet und die Umdrehungsgeschwindigkeit (CLV, siehe Kapitel 11.1.2) beeinflussen kann, die abhängig von der Position des Lese- oder Schreiblasers auf der CD ist.

Die eingeprägte Spur ist mit einer organischen Farbschicht (z.B. Cyanin) überdeckt und stellt die Informationsschicht dar, denn hier werden die Pits und Lands durch den Schreiblaser eingeprägt. Zur Reflexion befinden sich über der Farbschicht eine dünne Goldschicht und darüber der Schutzlack.

Eine CD-R ist aufgrund der Farbschicht wesentlich empfindlicher als eine gepresste CD, so dass man mit diesen CDs besonders vorsichtig umgehen sollte und sie weder extremer Wärme noch starker Sonneneinstrahlung aussetzen sollte. Verschiedene Untersuchungen haben zwar gezeigt, dass eine beschriebene CD-R einen Datenerhalt von Jahrzehnten haben soll, allerdings sollte man nichts herausfordern. Zumindest sind die CD-R empfindlicher gegen Kratzer als die industriell gefertigten CDs, was ich aus eigener Erfahrung bestätigen kann.

11.2.2 CDs-Brennen

Die »CD-Brennerei« ist in der Praxis allerdings nicht so einfach, wie es die Hersteller oftmals propagieren, denn bei diesem Prozess sind verschiedene PC-Komponenten und Software-Aspekte zu berücksichtigen. Dabei können schon einmal ein paar CDs »verschossen« werden, bis das System zufrieden stellend funktioniert.

Für CD-Writer in SCSI-Ausführung wird ein entsprechender SCSI-Controller benötigt, der bei einigen Modellen (CD-Writer-Kit) auch gleich mit zum Lieferumfang gehört. Gleichwohl kann ein CD-Writer auch an einem bereits vorhandenen SCSI-Controller eingesetzt werden. Es ist dabei jedoch wichtig, dass beim Brennen nicht gleichzeitig ein Scanner oder andere, eher langsame SCSI-Peripherie aktiv ist, was durchaus das SCSI-Protokoll aus dem Tritt bringen *kann*, obwohl SCSI eigentlich hiermit zurechtkommen müsste.

Entsprechendes gilt im verstärkten Maße für Brenner am EIDE- (ATAPI) und Parallel-Port sowie am USB. Beim Schreibvorgang auf den Drucker (Parallel-Port) oder das USB-Lautsprechersystem zuzugreifen, kann somit das vorzeitige Ende (buffer underrun) des Brennvorgangs auslösen. Bei ATAPI sollte der Writer am besten allein als Master an einem Port betrieben und ein Busmaster-Treiber eingesetzt werden.

Ein laufender Schreibvorgang darf nämlich zu keiner Zeit unterbrochen oder durch eine langsame Festplatte, von der die Daten kopiert werden, verzögert werden, andernfalls ist die CD meist nicht mehr zu gebrauchen. Unbedingt empfehlenswert ist die Anschaffung einer neuen Festplatte, die als »Pufferplatte« verwendet wird. Gegen den Einsatz einer EIDE- oder auch älteren SCSI-Festplatte (Baujahr < 1994) spricht, dass diese des Öfteren automatisch eine thermische Kalibrierung durchführen, was ebenfalls ein kurzzeitiges Stocken des Datenflusses hervorrufen kann.

Ein CD-Writer wird nicht anders konfiguriert als ein SCSI-CD-ROM-Laufwerk (SCSI-Adresse, Terminierung) und wird daher in der Regel problemlos vom SCSI-BIOS und auch von Windows 95 erkannt.

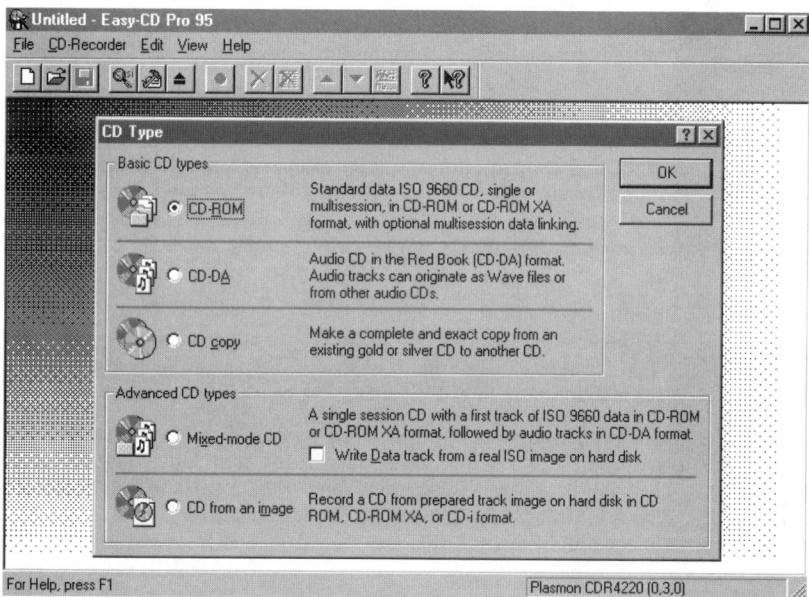

Bild 11.17: Bevor ein Writer-Programm wie EasyCD einzusetzen ist, muss der CD-Writer (rechts unten CDR4220) erkannt worden sein

Die Schreibfähigkeit des CD-Writers wird durch einen Gerätetreiber, der explizit für das jeweilige Modell ausgelegt ist, von der Writer-Software zur Verfügung gestellt und nicht etwa durch das Betriebssystem. Es kann also durchaus passieren, dass die »beste« Software gerade eben *nicht* das zu verwendende Modell unterstützt.

Die gebräuchlichsten CD-Writer arbeiten beim Lesen mindestens als 6X-CD-ROM-Laufwerk und schreiben mit zwei- oder vierfacher Geschwindigkeit. Teurere Modelle können jedoch auch schneller schreiben, wobei hier allerdings die weitere Peripherie eine noch wichtigere Rolle spielen kann, damit der kontinuierliche Datenfluss aufrecht erhalten werden kann. Aus diesem Grunde empfiehlt es sich generell, einen Brennvorgang erst einmal zu simulieren, was jedes Writer-Programm unterstützt. Dabei wird festgestellt, ob die zu erreichende Datenrate für den Schreibvorgang ausreicht, und gegebenenfalls wird die Geschwindigkeit stufenweise heruntergeschaltet.

Wie schon erwähnt, spielt der Typ des SCSI-Controllers ebenfalls eine wichtige Rolle für die Funktion des CD-Writers und der Writer-Software. Mit einem SCSI-Controller der Firma Adaptec, wie dem altbewährten AHA-1542 (ISA) oder dem AHA-2940 (PCI), gibt es in den seltensten Fällen Probleme, da hier standardmäßig der dazugehörige ASPI-Treiber (**A**dvanced **S**CSI **P**rogramming **I**nterface) verwendet werden und die übliche Writer-Software auf diesen Treiber »aufsetzen« kann. Die SCSI-Controller, die mit einem Chip der Firma NCR (Symbios Logic) wie dem NCR 53C810 arbeiten, verwenden hingegen nicht ASPI, sondern das alternative CAM (**C**ommon **A**ccess **M**ethod oder auch ASPICAM), was durchaus für Probleme mit einem CD-Writer verantwortlich sein kann.

Beim Brennen von CDs spielen verschiedene Soft- und Hardware-Aspekte eine wichtige Rolle und es kann nur dringend empfohlen werden, den CD-Writer in einem Paket mit der dazugehörigen Software und einem separaten SCSI-Controller zu erwerben.

Vor dem Schreibvorgang werden die Daten auf der »Pufferplatte« zusammengestellt und es wird eine Image-Datei erzeugt, die die Daten quasi in der Form enthält, wie sie später auf die CD geschrieben werden. Diese Festplatte sollte daher über eine Größe von 1,3 Gbyte verfügen, wenn man gedenkt, die Speicherkapazität einer CD-ROM auszunutzen und sie in einem »Rutsch« zu beschreiben.

Üblicherweise ist es möglich, die Daten auch in mehreren Schritten zu schreiben, wenn der CD-Writer Multisession-fähig ist, wovon man bei den heute üblichen Modellen ausgehen kann. Allerdings haben auch neuere CD-ROM-Laufwerke Schwierigkeiten, eine Multissession-CD-R zu lesen. Aus diesem Grunde sollte die CD möglichst in einer Single-Session beschrieben werden.

Zum Kopieren von CDs wird neben dem CD-Writer auch noch ein CD-ROM-Laufwerk benötigt, was als SCSI-Gerät ausgeführt sein sollte, damit man CDs direkt (vom Laufwerk zum Writer) kopieren kann, was beispielsweise mit dem Programm *EasyCD* der Firma *Incat Systems* (eine Tochterfirma der Firma Adaptec) problemlos und leicht durchführbar ist.

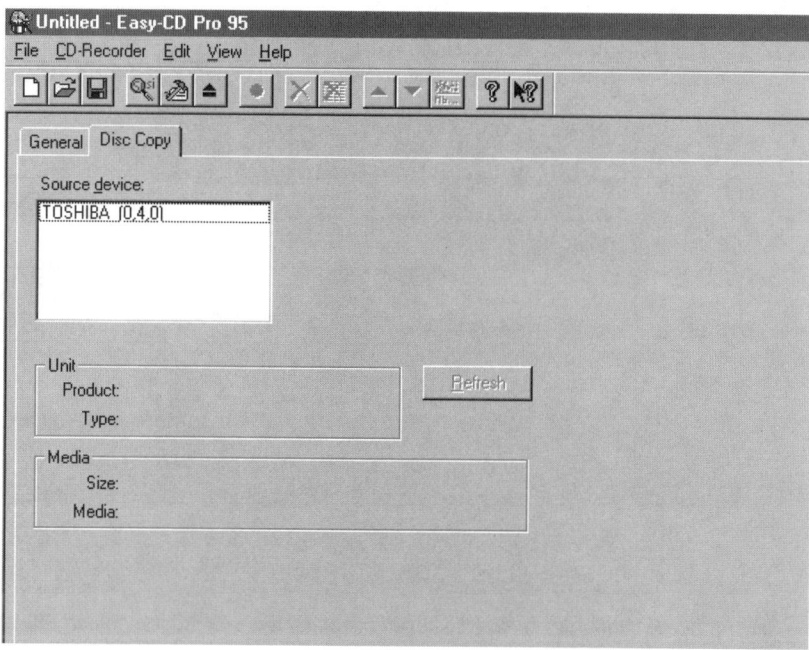

Bild 11.18: Ein direktes Kopieren von CDs ist meist nur mit einem SCSI-CD-ROM-Laufwerk als »Source device« möglich

Audio-CDs können im Prinzip genauso kopiert werden, schwieriger wird es, wenn man eigene zusammenstellen möchte. Das Quelllaufwerk muss das direkte Auslesen von Audiodaten (Audio Grabben) unterstützen; ob diese Funktion beim jeweiligen Modell allerdings unterstützt wird, ist nicht immer im Handbuch angegeben. Falls diese Möglichkeit nicht gegeben ist, kann man entweder den CD-Writer zum Auslesen verwenden und die Daten in eine Image-Datei schreiben, oder aber es werden die Quellaudio-CDs mit einem CD-Player-Programm wiedergegeben und dadurch in eine Dateiform gebracht. Dies ist allerdings ein eher mühsamer und langwieriger Vorgang, der genauso lange dauert wie die betreffende Audiodatei, der noch ein eigener Name zuzuordnen ist. Einfacher und schneller geht es nur, wenn die Audio-Files einfach mit dem Explorer in den Data Track »gezogen« (Bild 11.19) werden können, was aber nur mit einem Audio-auslesefähigen CD-ROM-Laufwerk funktioniert.

 Nicht jedes CD-ROM-Laufwerk erlaubt das direkte Auslesen von CD-Audio-Files!

Was von dieser oder jener Writer-Software zu halten ist, soll hier nicht weiter betrachtet werden, gleichwohl ist es allen bekannten gemein, dass die zu schreibenden Daten mit Hilfe des Dateimanagers (Windows 3.x) oder dem Explorer (Windows 95) in die Oberfläche der Writer-Software »gezogen« werden, wodurch sie für das Schreiben der CD selektiert sind.

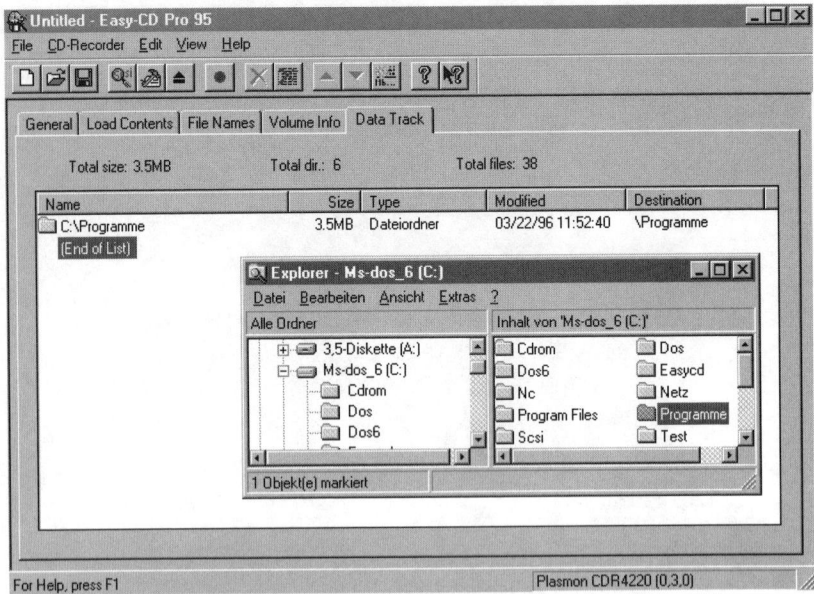

Bild 11.19: Mit Hilfe des Explorers können die zu schreibenden Daten in den »Data Track« gezogen werden

Typische Fehler beim Schreibvorgang

Beim Schreibvorgang kann es passieren, dass der Vorgang anstandslos durchgeführt wird, und zwar bis zu dem Zeitpunkt, wenn die CD »geschlossen« werden soll. Die CD wird hierfür einmal automatisch heraus- und wieder hineingefahren, eine kurze Prüfung vorgenommen, und jetzt erfolgt der letzte Schreibvorgang: *Closing CD.* So sollte es zumindest sein, doch es erscheint stattdessen eine Meldung wie *SCSI Communication Error* oder auch ähnlich. Wenn man Glück hat, kann man noch einmal manuell das Schließen anklicken, wenn man Pech hat, ist dies nicht mehr möglich und die CD ist unwiderruflich ruiniert.

Für die Beseitigung dieses Problems ist manchmal nur ein Mausklick nötig und zwar muss die *Automatische Benachrichtigung beim Wechsel* in den Eigenschaften für den CD-Writer abgeschaltet werden. Beim automatischen Heraus- und wieder Hineinfahren des Schlittens, ausgelöst durch die Writer-Software, hat Windows 95 einen Wechsel der CD erkannt und will dies freundlicherweise mitteilen, was wiederum die Writer-Software »ins Schleudern« bringt und für die Beendigung des Vorgangs sorgt. Der Fehler hat im Prinzip nichts mit dem SCSI-Bus zu tun, so dass – je nach Writer-Software – auch anders lautende Fehlermeldungen erscheinen können.

Bei einem *Writer*, der auch die wiederbeschreibbaren CDs (RW) verwenden kann, ist diese Sachlage mitunter etwas anders und die *Automatische Benachrichtigung beim Wechsel* ist dann eben gerade zu aktivieren, was beispielsweise dann der Fall sein muss, wenn der Writer als »normales« Laufwerk mit Hilfe von *DirectCD* oder *Packet-CD* fungieren soll. Nach dem Laden eines speziellen Treibers (UDF) kann auf die im CD-Writer eingelegte CD dann genauso zugegriffen und geschrieben werden, z.B. mit dem Windows Explorer, wie auf ein anderes Speichermedium (Wechselfestplatte). Die Software zu den aktuellen Writern sollte diesem Umstand Rechnung tragen und die passenden Einstellungen automatisch vornehmen, so dass es derartige Schwierigkeiten eigentlich nicht mehr geben sollte.

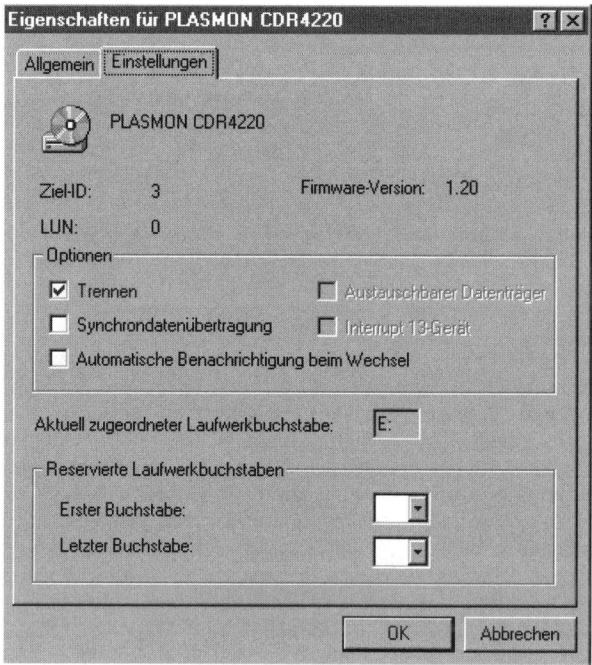

Bild 11.20: Bei diesem CD-Writer muss unbedingt die »Automatische Benachrichtigung beim Wechsel« abgeschaltet werden

In diesem Zusammenhang ist es durchaus üblich, nicht eindeutig identifizierbare Probleme dem SCSI-Bus »zuzuschieben«, was eine Lokalisierung der tatsächlichen Ursache äußerst schwierig gestalten kann. Dies ist derart zu interpretieren wie die bekannte Fehlermeldung NO ROM BASIC SYSTEM HALTED, die immer dann vom System-BIOS ausgegeben wird, wenn keine eindeutige Fehlerzuordnung getroffen werden kann, und somit für alle möglichen Dinge stehen kann.

Dies gilt auch für die beim CD-Schreiben gefürchtete Fehlermeldung *Buffer Underrun*, nach der der Schreibvorgang abgebrochen wird, so dass die CD-R damit unbrauchbar geworden ist. Es kann tatsächlich der Fall sein, dass die Daten ins Stocken geraten sind, allerdings können hier auch andere Ursachen für den Abbruch des Schreibvorgangs verantwortlich sein. Dies deutet insbesondere dann darauf hin, wenn der Schreibvorgang zuvor als Simulation einwandfrei ablief oder auch schon mehrere CDs in der gleichen Art und Weise geschrieben worden sind.

In vielen Fällen ist es einfach ein Temperaturproblem, der CD-Writer ist zu warm geworden. Beim Einbau des CD-Writers in das PC-Gehäuse sollte man daran denken, dass er nicht zu dicht an andere Geräte, wie etwa eine Festplatte, gesetzt wird, die im Betrieb äußerst warm werden kann. Am besten ist es, wenn der CD-Writer weder von oben noch von unten mit anderen Geräten »dicht gepackt wird« und sicherheitshalber sogar ein extra Lüfter für den Writer eingebaut werden kann, der möglichst von schräg oben auf das Gerät zielt.

Leider ist es auch gängige Praxis, dass bei einigen Brennern (z.B. Plasmon CDR4240) zwar ein Lüftergitter an der Rückwand vorhanden ist, sich dahinter jedoch überhaupt kein Lüfter befindet. Diese Kosteneinsparung kann durchaus von einer zur nächsten Fertigungscharge durchgeführt worden sein und man tut gut daran, diesen Lüfter nachzurüsten.

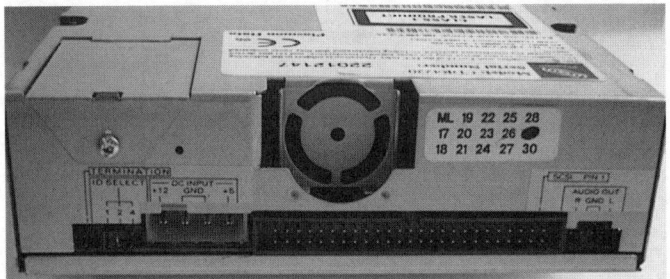

Bild 11.21: Bei diesem CD-Writer ist der notwendige Lüfter glatt wegrationiert worden

Bei Brennern am EIDE-Port ist zu beachten, dass auch ein aktueller Treiber für den EIDE-Controller des jeweiligen Mainboards verwendet wird, und je nach Modell und Hersteller wird der Busmastermodus entweder vorgeschrieben oder eben nicht, so dass man hier vielfach etwas herumexperimentieren muss, falls die Hersteller (auf ihren Internetseiten) nicht explizit Tipps zu bestimmten Gerätekombinationen und den passenden Einstellungen preisgeben. Es kommt durchaus vor, dass ein bestimmtes Mainboard mit einem bestimmten Brenner überhaupt nicht zusammenarbeiten will, wobei es derartige Phänomene bei SCSI nicht gibt.

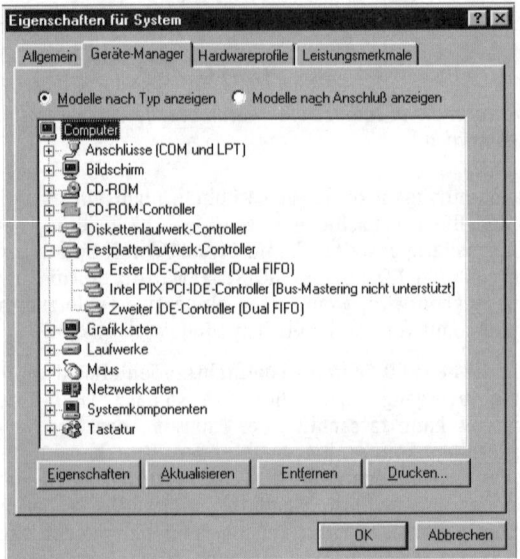

Bild 11.22: Für CD-Writer am EIDE-Port sind aktuelle Treiber für das jeweilige Mainboard notwendig

11.3 CD-RW-Laufwerke

Ursprünglich für den Backup von Daten vorgesehen, haben die Firmen Sony und Philips im Jahre 1995 den CD-Erasable-Standard (CD-E) definiert. Die hierfür vorgesehenen Medien lassen sind demnach wieder löschen und sind erneut zu beschreiben. Aus diesem Grunde wurde die Bezeichnung auch in CD-RW – *Compact Disc Read and Writeable* oder CD ReWritable – geändert und das Orange Book um CD-RW ergänzt.

Eine CD-RW arbeitet nach der Phase-Change-Technologie, die auch bei den Phase-Change-Laufwerken zum Einsatz kommt. Eine CD-RW kann laut Herstellerangaben mehrere 100.000 Mal beschrieben werden und soll dabei genauso sicher die Daten halten wie die anderen CD-Medien auch. Aus den Erfahrungen mit der CD-R ist es sicherlich angebracht, eine CD-RW mit der gleichen Sorgfalt zu behandeln.

Die ersten *CD-RW-Schreiber* sind 1997 von den Herstellern Ricoh (MP6200S) und Philips (CDD 3610) vorgestellt worden, die mit 2X schreiben und mit 6X lesen können. Sie sind abwärtskompatibel zu einem CD-Writer, können also auch CD-Rs in den üblichen Formaten lesen und beschreiben. Preislich bewegen sie sich mittlerweile im gleichen Bereich und vielfach sind nur noch Brenner erhältlich, die mit beiden CD-Sorten umgehen können. Die CD-RW-Rohlinge sind zwar teurer als die CD-R-Medien, was allerdings nicht so tragisch ist, wenn man bedenkt, dass sie ja schließlich wiederbeschreibbar sind und die normalen CD-Rs ja auch verwendet werden können.

Bild 11.23: Der CD-Writer der Firma Philips mit EIDE-Interface (ATAPI) kann sowohl CD-R- als auch CD-RW-Medien beschreiben

Ein CD-ROM-Laufwerk eines Baujahres vor Mitte 1997 kann keine CD-RWs lesen, denn dazu muss es über die Multiread-Funktion verfügen. Da diese Funktion aber leicht durch die Veränderung der Empfindlichkeit der Fotodiode zu erreichen ist, was laut Herstellerangaben lediglich eine Änderung in der Firmware und noch nicht einmal in der Elektronik bedeutet, sind die neueren CD-ROM-Laufwerke auch in der Lage, CD-RWs zu lesen.

Nicht alle CD-ROM-Laufwerke können die CD-RWs lesen. Nur wenn in den Angaben zum Laufwerk die Multiread-Funktion spezifiziert ist, kann davon ausgegangen werden.

Da eine CD-RW zunächst als reines Backup-Medium gedacht war, hat man sich hierfür auch etwas Neues einfallen lassen, und zwar soll die CD-RW ohne die Anwendung eines speziellen Brennprogramms zu beschreiben sein. Die Grundlage dafür bietet *Universal Disc Format*. UDF findet ebenfalls bei den DVD-Medien (siehe folgendes Kapitel) Verwendung. UDF wird durch eine spezielle (Treiber-) Software, wie beispielsweise DirectCD von Adaptec, welches dem Ricoh MP62000S beiliegt, unterstützt.

Die CD-RW ist zunächst UDF-gemäss mit DirectCD zu formatieren, was kaum länger als eine halbe Minute dauert und wobei auf der CD ungefähr 25 Mbyte an Verwaltungsinformationen abgelegt werden. Danach kann auf die CD-RW wie auf eine Festplatte zugegriffen werden. Die Dateien sind beispielsweise mit dem Windows Explorer einfach zu kopieren, zu löschen oder auch zu verschieben (Packet Writing), wobei das Löschen und Verschieben bei Direct-CD 1.0 jedoch kein physisches Löschen zur Folge hat, sondern nur ein logisches, der Speicherplatz also nicht automatisch wieder freigegeben wird. Dies ist erst durch den Vorgang einer Gesamtlöschung der CD-RW möglich, was schon eine halbe Stunde dauern kann. Im UDFormat können die Daten allerdings nur auf PCs gelesen werden, wenn hierfür ein entsprechender Treiber verfügbar ist. Damit sich die Daten dennoch in üblichen CD-ROM-Laufwerken lesen lassen, kann DirectCD die Daten auch in das übliche CD-ROM-Format (Yellow Book) konvertieren.

Die aktuellen Versionen der bekannten Writerprogramme wie EasyCD, Gear oder WinOnCD sind sowohl für das »Brennen« von CD-Rs als auch von CD-RWs geeignet. Um aber irgendwelchen Unverträglichkeiten zwischen CD-RW-Schreibern und einer Writer-Software vorzubeugen, sollte auch dieser Writer immer als Kit mit der dazugehörigen Brenn- und UDF-Treiber-Software erworben werden.

11.4 Digital Versatile Disc

Ursprünglich als *Digital Video Disc* angetreten, wird die DVD als *Digital Versatile Disc* bezeichnet und als nahezu universelles Speichermedium propagiert. Die DVD-ROM-Laufwerke sollen die heute üblichen CD-ROM-Laufwerke ablösen und einige bekannte Hersteller haben angekündigt, sich allein auf die Herstellung von DVD- statt CD-ROM-Laufwerken zu konzentrieren.

Bild 11.24: Das DVD-ROM-Laufwerk der Firma Pioneer verwendet als Lademechanismus die Slot-In-Technik – die DVD wird direkt in das Laufwerk hineingeschoben

Die Preise für DVD-ROM-Laufwerke liegen mittlerweile (fast) auf dem Niveau eines guten CD-ROM-Laufwerke (um DM 200,-), allerdings ist die DVD-Materie generell etwas unübersichtlich, insbesondere weil die Hersteller bei den wiederbeschreibbaren DVDs (DVD-R, DVD-RAM) unterschiedliche Wege beschreiten und nicht immer zweifelsfrei ersichtlich ist, wie es mit der Kompatibilität untereinander und zu den herkömmlichen CD-Medien (ROM, R, R/W) bestellt ist.

11.4.1 Der Aufbau einer DVD

Eine »DVD-Scheibe« hat zwar die gleichen Maße wie eine CD-ROM (12 cm Durchmesser), kann demgegenüber jedoch mindestens 4,7 Gbyte enthalten und fasst somit die siebenfache Datenmenge wie eine CD-ROM. Zur Erreichung dieser Kapazitäten sind gegenüber der CD-ROM einige grundlegende Änderungen nötig gewesen:

1. Die Pits und Lands sowie die Abstände sind verkleinert worden.

2. Der Laser arbeitet hier zur feineren Fokussierung im roten (635, 650 nm) statt im infraroten Bereich (780 nm) wie bei der CD-ROM.

3. Eine Änderung der Adressierungs- und Fehlerkorrekturmechanismen.

4. Verwendung von maximal zwei Informationsschichten auf einer Seite und auch zweiseitigen DVDs, was zu einer maximalen Kapazität von 17 Gbyte führt (zweiseitig und zweilagig).

Wegen dieser Veränderungen ist eine DVDisc nicht kompatibel zu einer CD-ROM und es werden neue Laufwerke benötigt, die natürlich auch die üblichen CD-Medien lesen können sollen. Die gegenüber einer CD-ROM erhöhte Datendichte hat zwangsläufig zur Folge, dass Verschmutzungen (Fingerabdrücke) oder leichte Beschädigungen (Kratzer) sich hier stärker bemerkbar machen können, was erhöhte Anforderungen an die interne Fehlerkorrektur der DVD-Laufwerke stellt.

Den Aufbau einer DVD kann man sich vereinfacht genauso vorstellen wie den einer CD-ROM. Ein besonderes Feature einer DVD ist allerdings, dass sie mit zwei Informationsschichten (Dual Layer), die aus unterschiedlichen Materialien bestehen, aufgebaut sein kann.

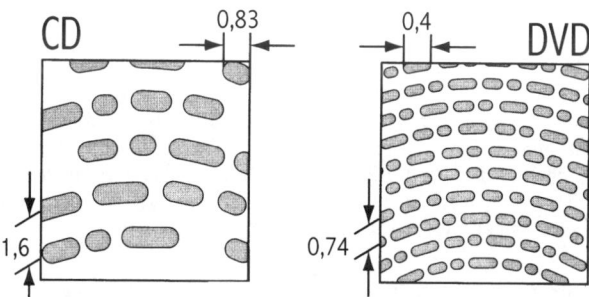

Bild 11.25: Zum Vergleich: die Abmessungen und Abstände der Pits bei CD-ROM und DVD in Mikrometer

Die Pit/Land-Struktur wird zunächst auf eine Disc gepresst, die dann mit einer semireflektierenden Schicht (Gold) überzogen wird. Danach folgen eine Kunststoffschicht, in welche die zweite Informationsschicht eingepresst wird, und darüber eine Reflexionsschicht aus Aluminium. Besonders schwierig ist dabei die Realisierung der semireflektierenden Schicht (halbdurchlässig), denn deren Stärke muss exakt so bemessen sein, dass die Leseoptik das zurückkommende Licht beider Informationsschichten registrieren und auch unterscheiden kann. Der Laser arbeitet daher beim Auslesen der DVD auch mit unterschiedlichen Intensitäten.

Eine *Dual Layer DVD* weist nicht genau die doppelte Speicherkapazität einer »einfachen« DVD (4,7 Gbyte) auf, da die Pits und Lands zur leichteren Detektierung auf der zweiten Informationsschicht etwas größer ausgeführt sind. Dies gilt auch für zweiseitige DVDs (Big Mac), die maximal 17 Gbyte an Daten enthalten können.

Generell werden die folgenden vier DVD-Varianten unterschieden:

1. DVD-5: Einseitig und einschichtig mit einer maximalen Kapazität von 4,7 Gbyte

2. DVD-9: Einseitig und zweischichtig mit einer maximalen Kapazität von 9,4 Gbyte

3. DVD-10: Zweiseitig und einschichtig mit einer maximalen Kapazität von 8,5 Gbyte

4. DVD-18: Zweiseitig und zweischichtig mit einer maximalen Kapazität von 17 Gbyte

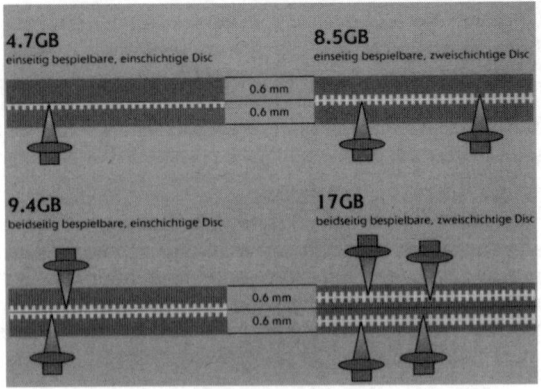

Bild 11.26: Die verschiedenen DVD-Typen im Überblick

11.4.2 DVD-Laufwerke

Ein DVD-Laufwerk kann – muss aber nicht zwangsläufig – mit zwei Lasern unterschiedlicher Wellenlänge ausgestattet sein, um somit die Rückwärtskompatibilität zur CD-ROM und CD-RW herstellen zu können. Ein derartiges DVD-Laufwerk sollte daher auch die bisher üblichen standardisierten CD-Formate lesen können. Allgemein kann man davon nur bei den aktuellen DVD-Laufwerken ausgehen. Gleichwohl gibt es auch hier die von CD-ROM-Laufwerken her bekannten *Unverträglichkeiten* – eine CD ist lesbar, eine andere hingegen nicht –, bei DVD-Laufwerken jedoch im verstärkten Ausmaß, was oftmals in einer eher mangelhaften Fehlerkorrektur begründet ist.

Bei der DVD-ROM wird das Universal Disc Format (UDF) eingesetzt, wie es mit der CD-RW eingeführt worden und ebenfalls bei der DVD-RAM zu verwenden ist. Da die DVD-RAM als Wechselplattensystem anzusehen ist, können hier auch die üblichen Formate wie FAT16, FAT32 oder NTFS zum Einsatz kommen.

DVD-ROM-Laufwerke der zweiten Generation sind mit dem Faktor *2x* gekennzeichnet, was einer ungefähren Datenübertragungsrate von 2700 Kbyte/s entspricht und somit 20x-24x im CD-Modus gleichkommt. Die dritte aktuellere DVD-ROM-Laufwerks-generation wird als *6x* spezifiziert und entspricht damit ungefähr einem 32X-CD-ROM-Laufwerk. Da CD-ROM-Laufwerke mittlerweile 50X erreicht haben, hinken die DVD-ROM-Laufwerke in der »CD-ROM-Lesen-Disziplin« etwas hinterher. Außerdem ist bei DVD-ROM-Laufwerken auch nicht sichergestellt (noch weniger als bei aktuellen CD-ROM-Laufwerken), dass das Audio-Grabbing einwandfrei funktioniert.

Video und Regional-Codes

Nicht zuletzt auf Bestreben der Hollywood Studios und großen Medienkonzerne (Time Warner) ist die DVD überhaupt erst entwickelt worden, um damit Spielfilme in hervorragender Qualität komplett auf einer Disc unterbringen zu können. DVD-ROM-Laufwerke sind daher prinzipiell für die Wiedergabe von DVD-Video-ROMs geeignet.

Allerdings gehört dazu ein Decoder, denn die Video- und Audiodaten sind MPEG-2-codiert, d.h. in einem speicherplatzsparenden Format der *Motion Pictures Experts Group* aufgezeichnet. Waren diese Decoderkarten vor gar nicht langer Zeit noch recht teuer, so werden sie mittlerweile bei einigen DVD-ROM-Laufwerken, wie beispielsweise denen von CreativeLabs, gleich mitgeliefert.

Solche *Hardware-Decoder* sind bei PCs mit mindestens einer 300-MHz-CPU (AMD-K6-2, Pentium II, Celeron) jedoch nicht mehr nötig, denn die CPU kann das Dekodieren des Videos übernehmen. Es wird lediglich ein geeignetes DVD-Abspiel-programm (Software-Decoder) benötigt, das sich oftmals im Lieferumfang der Grafikkarte befindet.

Bild 11.27: PowerDVD ist ein DVD-Player für MPEG-2-Video und AC-3-Audio

Zur Zeit gibt es auf DVDs kaum nennenswerte Anwendungen, wenn man einmal von den Spielfilmen absieht. Hierin ist auch einer der Gründe zu sehen, warum die preiswerteren CD-ROM-Laufwerke immer noch einen höheren Marktanteil haben. Ein weiterer Grund ist im »Gerangel« der verschiedenen Hersteller und der Film-industrie um die zu unterstützenden Formate und den optimalen Kopierschutz der DVD zu sehen, was sich zudem als äußerst hemmend auf die Standardisierungs-arbeiten auswirkt.

Ein Ergebnis sind die so genannten Regionalcodes, von denen es mittlerweile sieben Stück gibt. Mit Hilfe dieser Codes soll verhindert werden, dass beispielsweise eine Video-DVD der Region 1 (USA) auf einem DVD-Player aus der Region 2 (Europa und Japan) wiedergegeben werden kann. Daher erschien es auch notwendig, einen Regionalcode für Flüge über den Atlantik einzuführen.

Die Regional-Code-Prüfung – *Regional Playback Control* (RPC) – gibt es in zwei Varianten: DVD-Laufwerke nach RPC-Phase 1 speichern intern keinen Regionalcode, während Geräte nach RPC-Phase 2 intern einen Zähler verwenden, der die Anzahl der Regional-Code-Wechsel speichert, wobei nach maximal fünf Wechseln das Laufwerk fest auf den zuletzt eingestellten fixiert ist und nicht mehr geändert werden kann.

Die meisten DVD-Laufwerke sind entweder fest auf die – ungefährlicher erscheinende – RPC-Phase 1 eingestellt oder lassen sich auch per Jumper derart konfigurieren, wie etwa das Modell DVD-9632 der Firma AOpen oder das Modell DCD-A03S von Pioneer. Bei RPC-Phase 1 speichert allerdings die Player-Software die Anzahl der Wechsel, was jedoch leicht zu manipulieren ist, beispielsweise durch eine Neuinstallation oder auch die Manipulierung der Registry. Die Regional-Code-Verarbeitung erscheint daher einerseits (für die Filmindustrie) nicht sicher und ist für den Anwender andererseits auch nur ärgerlich. Das Herunterladen neuer Firmware für ein Laufwerk nach RPC-Phase 2 aus dem Internet sollte auch kein Problem sein, und man kann sich auf den länderübergreifenden WWW-Seiten der Hersteller im Prinzip frei bedienen.

Beschreibbare DVDs

Für (wieder-)beschreibbare DVDs gibt es unterschiedliche Realisierungen und die Hersteller haben sich auch hier noch nicht auf einen gemeinsamen Standard geeinigt. Gemein ist den verschiedenen Varianten allerdings, dass sie alle auf dem Phase-Change-Verfahren (wie bei der CD-RW), beruhen.

Die einmal beschreibbare DVD – **DVD-R**ecordable – hat eine Kapazität von 3,95 Gbyte und kostet ca. 40 DM. Entsprechende Rekorder sind zur Zeit aber nur zu »astronomischen« Preisen verfügbar. Das Modell DVR-S101 von Pioneer ist beispielsweise für 30.000 DM (!) zu haben und daher wird DVD-R vornehmlich im professionellen Einsatz, etwa beim Prototyping für Video (Spielfilme, interaktive Anwendungen), zu finden sein. Über die gleiche Speicherkapazität soll die Weiterentwicklung – die DVD-RW (**ReW**riteable) – verfügen, während NEC das MultiMedia Video Format (MMVF) favorisiert, wobei die Disc hier 5,2 Gbyte fassen soll. Daneben haben Philips und Sony DVD-Laufwerke gemäß einer eigenen Spezifikation – DVD+RW (das »+« ist wichtig) – entwickelt, die Medien mit einer Kapazität von 4,7 Gbyte verarbeiten können sollen. Alle vier Typen haben im Grunde genommen noch nicht ihr endgültiges Entwicklungsstadium erreicht und sind noch viel zu teuer.

Medium	CD-ROM	CD-R	CD-RW	DVD-ROM	DVD-R	DVD-RAM	Mbyte
CD-ROM	Read	Read	Read	Read	Read	Read	650
CD-R	Read	Read/ Write	Read/ Write	Read	Read	Read	650
CD-RW	Read	Read	Read/ Write	Read	Read	Read	650
DVD-Video-Single-Layer	–	–	–	Read	Read	Read	4700
DVD-Video-Dual-Layer	–	–	–	Read	Read	Read	8540
DVD-Video-Double-Sided	–	–	–	Read	Read	Read	9400
DVD-Video-Dual-Layer/ Double-Sided	–	–	–	Read	Read	Read	17080
DVD-R	–	–	–	Read	Read/ Write	Read	3950
DVD-RAM	–	–	–	Read	Read	Read/ Write	2600, 5200

Tabelle 11.6: Die (angestrebte) Kompatibilität zwischen den verschiedenen CD- und DVD-Medien

Das einzig erhältliche und auch erschwingliche wiederbeschreibbare DVD-System ist *DVD-RAM* der Hersteller Hitachi, Panasonic und Toshiba. Die Laufwerke kosten um die 1000 DM und die entsprechenden Medien ca. 60 DM (2,6 Gbyte) oder ca. 90 DM als doppelseitige Ausführung (5,2 Gbyte). 2,6 Gbyte pro Seite heißt allerdings, dass man hiermit keine 1:1-Kopie einer DVD-ROM anfertigen kann, was jedoch mit DVD+RW (s.o.) möglich werden soll.

Die DVD-RAM-Discs befinden sich in einer Schutzhülle – ähnlich einem Caddy, wie er bei älteren CD-ROM-Laufwerken eingesetzt wird – und wenn man sie in einem DVD-ROM-Laufwerk lesen möchte, müsste man sie aus der Hülle entfernen können, was nur mit einigen einseitigen (z.B. LM-DB26) und generell nicht bei zweiseitigen Medien (z.B. LM-DA52) möglich ist. Selbst wenn diese Möglichkeit gegeben sein sollte, können die heutigen DVD-ROM-Laufwerke dies meist dennoch nicht. Erst die Modelle der nächsten Generation sollen dazu in der Lage sein.

Bild 11.28: Das DVD-RAM-Laufwerk (SD-W11101) der Firma Toshiba ist als eines der ersten in der Lage, die verschiedenen CD- und DVD-Formate zu verarbeiten, wie sie in der Tabelle 11.6 angegeben sind

 Hersteller von CD- und DVD-Laufwerken

http://www.creaf.com

http://www.hewlett-packard.de

http://www.hitachi.co.jp

http://www.nec.com

http://www.panasonic.com

http://www.philips.com

http://www.plasmon.uk

http://www.plextor.com

http://www.pioneer.com

http://www.ricoh-red.com

http://www.sony-cp.com

http://www.toshiba-teg.com

http://www.yamaha-europe.com

12 Soundkarten

Soundkarten gibt es von zahllosen Herstellern in unterschiedlichen Ausführungen und natürlich auch zu unterschiedlichen Preisen. Wer jedoch der Meinung ist, dass die teurere Karte generell die bessere ist, wird sich in vielen Fällen täuschen. Auch im Soundkartenbereich gibt es keine »eierlegende Wollmilchsau«, wenn die Werbung zuweilen auch etwas anderes suggeriert. Welche Soundkarte nun besser ist und welche eher nicht, hängt ganz einfach davon ab, wofür sie vorwiegend eingesetzt werden soll. Ganz grob kann man aber drei Kategorien für Soundkarten angeben:

···⟩ Soundkarte vorwiegend für die Unterstützung von Spielen

···⟩ Soundkarte für Spiele, mit relativ guten Sampling- und MIDI-Eigenschaften

···⟩ Soundkarte für den (semi-) professionellen Einsatz mit guten Sampling- und MIDI-Eigenschaften für die Erstellung von eigenen Songs

Um es gleich vorweg zu nehmen: Wer Audio nur als ein zusätzliches Medium versteht, um Systemklänge und akustische Informationen aus dem Internet oder von Multimedia-CDs zu Gehör zu bringen, kann vom Standpunkt der Klangqualität aus im Grunde genommen mit allen zur Zeit erhältlichen Audio-Realisierungen leben, zumal am PC meist auch nur die preiswerten Mini-Lautsprecher angeschlossen sind, denen HiFi-Qualitäten völlig unbekannt sind.

12.1 Die Technik im Überblick

Eine Soundkarte gibt zunächst in irgendeiner Form Klänge oder Geräusche oder auch allgemein Sounds aus. Dabei werden zwei grundlegende Verfahren unterschieden:

···⟩ Erzeugung synthetischer – elektronisch erzeugter – Klänge mit einem Synthesizer-Chip. Nach diesem Prinzip arbeiteten die ersten Soundkarten (IBM, AdLib).

···⟩ Ausgabe von Klängen, die zuvor digitalisiert worden sind. Der Sound wurde von einem Mikrofon oder einer Stereoanlage mit einer Soundkarte aufgenommen (gesampelt), auf einem Datenträger (z.B. Festplatte) in digitaler Form gespeichert und wird für die Wiedergabe von der Soundkarte wieder in ein hörbares Signal umgewandelt.

Die Soundblasterkarte 1.0 der Firma Creative Labs war die erste Soundkarte am Markt, die beide Verfahren verwenden konnte, wodurch sie zu einem großen Verkaufserfolg wurde und damit den Soundblasterstandard manifestierte. Alle bis dahin erhältlichen Soundkarten (z.B. IBM Music Feature Card, AbLib-Karte), konnten nämlich nur Klänge mit einem Synthesizer-Chip generieren.

Mit der Soundblasterkarte war es nun aber möglich, Sprache, Musik oder was auch immer aufzunehmen, wofür auf der Karte ein Analog-/Digital-Wandler verwendet wird, der diese analogen Signale in eine digitale und damit in eine durch den PC zu verarbeitende Form brachte. Speichern, verändern, Teile löschen, Teile kopieren, Klangdateien zusammenfügen sind Funktionen, die man mit der entsprechenden Software in digitaler Form auf das aufgenommene Signal – den Sample – anwenden kann.

Damit man das Signal hören kann, muss es wieder zurückübersetzt, in eine analoge Form gebracht werden, was durch einen auf der Karte eingebauten Digital-Analog-

Wandler geschieht. Ein Audio-Verstärker auf der Karte »hebt« das analoge Signal dabei nachfolgend an, damit hier direkt ein Lautsprecher angeschlossen werden kann. Die Herstellung einer Verbindung zu einer Stereoanlage über die Line-Anschlüsse ist dabei ebenfalls möglich.

Als weitere Besonderheit war bei der Soundblasterkarte ein Interface für den Anschluss von zwei Spielkonsolen oder – um die gebräuchlichere Bezeichnung zu verwenden – Joysticks eingebaut. Daran kann man schon erkennen, dass die ersten Soundkarten für die Unterstützung von Spielen gedacht waren.

Dennoch hat man bei diesem Interface gleich zwei spezielle Leitungen mit untergebracht, die für den Anschluss einer zusätzlichen MIDI-Box vorgesehen sind, an welche wiederum ein MIDI-Musikinstrument angeschlossen werden kann. Das **M**usical **I**nstrument **D**ata Interface wurde von der Musikinstrumenten-Industrie ersonnen, um elektronische Musikinstrumente, wobei Keyboards sicher die am meisten verwendeten sind, steuern zu können. Schließt man ein MIDI-Keyboard (Klaviatur) über die Box an die Soundkarte an, kann der Synthesizer-Chip auf der Soundkarte über die Klaviatur »gespielt« werden. Das Keyboard braucht im einfachsten Fall noch nicht einmal selbst Klänge erzeugen zu können, sondern muss nur ein entsprechendes Interface besitzen.

Durch den Erfolg der Soundblasterkarte und dem daraus resultierenden Soundblasterstandard kristallisierten sich folgende Features als Attribute einer Soundkarte heraus:

···⟩ Synthesizer-Chip

···⟩ Analog/Digital- und Digital/Analog-Wandler

···⟩ Joystick/MIDI-Schnittstelle

Im folgenden Bild ist der vereinfachte Aufbau einer Soundkarte gezeigt. Der Begriff »Soundkarte« ist allerdings für sich allein genommen nicht sehr genau, denn es könnten beispielsweise der Synthesizer-Chip oder aber die A/D- und D/A-Wandler oder die Joystick-MIDI-Schnittstelle fehlen.

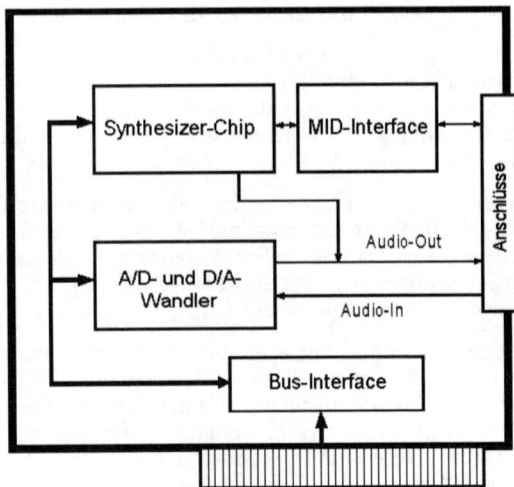

Bild 12.1: Der prinzipielle Aufbau einer Soundkarte

12.2 Die Soundblasterkarten

Vielfach wird eine Soundkarte gleichgesetzt mit einer so genannten *Sound-blasterkarte*. Diese Bezeichnung ist ein eingetragenes Warenzeichen der Firma Creative Labs, die maßgeblich die Entwicklung der Soundkarten vorangetrieben hat und über die Jahre einen – auch heute noch gültigen – Standard definiert hat.

Die erste bekannte Soundkarte für den PC wurde allerdings im Jahre 1987 von der Firma IBM vorgestellt. Ihrer »Music Feature Card«, ausgestattet mit einem Yamaha-Sound-Chip und einer MIDI-Schnittstelle, war jedoch aufgrund ihres relativ hohen Preises kein großer Erfolg beschieden. Musikfreunde verwendeten zu dieser Zeit eher den Atari 1040 ST, der bereits serienmäßig mit einer MIDI-Schnittstelle ausgerüstet und für die kostengünstigere Software erhältlich war.

Die kanadische Firma AdLib brachte etwas später die erste PC-Soundkarte heraus, die Spiele unterstützen konnte und mit einem 11-stimmigen Synthesizer-Chip – dem OPL2 von Yamaha – ausgestattet war. Damit wurde ein Standard geschaffen, auf den auch heute noch zurückgegriffen wird. Die ursprüngliche AdLib-Karte besitzt jedoch keinen Analog/Digital- oder Digital/Analog-Wandler, so dass die Angabe »AdLib-kompatibel« nichts über das Sampling- und die Audio-Wiedergabe aussagt.

Fast zeitgleich mit der AdLib-Karte im Jahre 1987 erschien die erste bekannte Soundkarte der Firma Creative Labs – die Gameblaster-Karte –, die 12-stimmige Stereo-Sounds erzeugen kann. Sie bietet jedoch im Gegensatz zur AdLib-Karte keinen FM-Sound (Frequenzmodulation), sondern erzeugt die Sounds mittels Amplitudenmodulation (AM). Ihre Klangqualität ist daher schlechter und da der Preis gegenüber der AdLib-Karte zu hoch war, blieb der erhoffte Erfolg zunächst aus. Der stellte sich erst mit der Soundblaster 1.0 und den aus ihr entstandenen Weiterentwicklungen ein.

Der Standard der Firma Creative Labs – gemeinhin als Soundblaster-Standard bezeichnet – ist der bekannteste von allen und da im Laufe der Jahre zahlreiche unterschiedliche Soundblasterkarten auf den Markt gekommen sind, die jedoch nicht so verschieden sind, wie es zunächst scheint, ist es sinnvoll, sich einmal näher mit der Firma Creative Labs und ihren Soundkarten zu beschäftigen.

Gegründet wurde die Firma Creative Technology bereits im Jahre 1981 in Singapore vom 26-jährigen Sim Wong Hoo. Das erste Produkt war der CUBIC 99, ein chinesisch sprechender Computer. Darauf folgte das *Creative Music System* (C/MS), eine 12-stimmige Synthesizerkarte für den PC. Im Jahre 1988 ließ sich Sim Wong Hoo dann in San Fransciso nieder und gründete die Firma Creative Labs, deren erstes Produkt die Gameblasterkarte war. Sie entspricht im Wesentlichen der C/MS-Card und arbeitet in Stereo nach dem Verfahren der Amplitudenmodulation (AM).

Da die Gameblasterkarte klanglich nicht gegen die AbLib-Karte mit dem OPL2 konkurrieren konnte, entschloss man sich, ebenfalls – wie Adlib – auf den OPL2 zu setzen, und es entstand die Soundblaster 1.0, die 1989 auf dem Markt erschien. Damit begann der »Siegeszug« der Firma Creative Labs auf dem Soundkartenmarkt.

12.2.1 Soundblaster 1.0

Diese Karte erzeugt wie die AdLib-Karte einen 11-stimmigen Monosound und ist zu dieser vollkommen kompatibel. Um dennoch die Kompatibilität zur Gameblasterkarte zu gewährleisten, die 12-stimmige Stereo-Sounds mittels Amplitudenmodulation erzeugen kann, verwendet sie zusätzlich einen C/MS-Chipsatz.

Das Besondere ist jedoch, dass sie einen 8-Bit-Analog/Digital-Wandler zur Aufnahme von Sounds mittels Mikrofon und einen Digital/Analog-Wandler zur Wiedergabe besitzt. Die Samplingrate ist für heutige Verhältnisse nicht berühmt, denn sie beträgt lediglich 4-15 kHz, was der Qualität eines Telefons entspricht. Es können jedoch Sounds wiedergegeben werden, die mit einer Samplingrate von 24 kHz aufgenommen worden sind.

Des Weiteren versah man die Karte mit einem Joystick- und einem MID-Interface und führte diese Signale gemeinsam auf eine 15-polige Buchse auf dem Slotblech. Da die AdLib-Karte damals nicht über diese Features verfügte, wurde Creative Labs 1990 zum Marktführer für Soundkarten und dabei ist es bis heute geblieben.

Das Prinzip des kombinierten Joystick-/MID-Interfaces ist damit gewissermaßen uralt, wenn man die im PC-Bereich üblichen kurzen Innovationszyklen zugrunde legt. In dieser Realisierung der MIDI-Schnittstelle liegt auch der Umstand begründet, dass für die meisten Soundkarten zur Herstellung eines »richtigen« MID-Interfaces eine optionale MIDI-Box (siehe Kapitel 12.5) benötigt wird.

Die MIDI-Schnittstelle der Soundblaster 1.0 ist jedoch nicht kompatibel zum MPU-401-Interface (MPU= MIDI Processing Unit) der Firma Roland, was zu Problemen oder auch schlicht zum Nichtfunktionieren von MIDI-Software und externen Geräten führt. Erst mit der *Soundblaster ASP16* wurde standardmäßig das gebräuchlichere und von fast allen Programmen verwendbare MPU-401-Software-Interface standardmäßig unterstützt.

Bereits bei der Soundblaster 1.0 ist ein wichtiges Prinzip und somit auch eines der Erfolgsgeheimnisse von Creative Labs erkennbar: das Zusammenführen von bereits bekannten – also keinesfalls neuen, revolutionären – Hardware-Komponenten auf eine Karte und das Mitliefern von zahlreichen Programmen. Schon der Vorläufer, die CM/S-Card, bot einen *Composer*, einen *Multimedia Presenter* (oder was man damals dafür hielt) und die *Intelligent Organ*, die auch heute noch, wenn auch in leicht abgewandelter Form, zu einigen Soundblasterkarten mitgeliefert wird.

Zu jeder neuen Soundkartenversion werden gewissermaßen immer noch ein paar Programme draufgelegt und eine neue Soundblasterkarte wird keineswegs von Grund auf neu entwickelt, sondern ein bestimmter Teil der Hardware wird stets von der vorherigen Version übernommen. Daher muss man sich auch nicht wundern, wenn man beispielsweise eine AWE64 installiert und einige Treiber eine Bezeichnung der Soundblaster 16 führen.

Der Entwicklungsaufwand hält sich bei diesem Prinzip in Grenzen und ein notwendiges Treiberupdate gilt auch gleich für mehrere Kartenversionen. Für den Kunden ist dies ebenfalls von Vorteil, denn er kann unmittelbar auf einen relativ großen Pool an Software für die jeweilige Soundblasterkarte zugreifen und muss sich nicht erst längere Zeit nach dem Kauf der Karte gedulden, bis die benötigte Software (endlich) verfügbar ist.

Als gegenteiliges Beispiel sei an dieser Stelle die Soundkarte EWS64 der Firma Terratec genannt, für die es 1,5 Jahren nach der Auslieferung immer noch keinen angekündigten Sample-RAM-Editor (Edison) gab, wodurch das auf der Karte eingebaute Sample-RAM nicht für die Erstellung eigener Instrumente verwendet werden konnte, wofür es schließlich vorgesehen ist. Der Hersteller begründete dies mit einem unvorhersehbaren Aufwand bei der Software-Erstellung (es gibt eben doch keine **E**ierlegende **W**ollmilch **S**au). Die AWE64 von Creative Labs bietet hingegen standardmäßig das Programm *Vienna* für die Erstellung von eigenen Instrumenten und Sound-Font-Bänken, welches bereits von dem Vorgänger – der AWE32 – her bekannt ist.

Bild 12.2: Die ursprüngliche Soundblasterkarte der Version 1.0 mit C/MS-Chipsatz aus dem Jahre 1990

Die Soundblaster 1.0 erlebte im Jahre 1995 eine kurze Renaissance. Sie wurde als *Soundblaster SB-100* in leicht veränderter Bauform und mit getrenntem Line-In und Mikrofon-Eingang angeboten. Sie besitzt sogar noch freie Sockel für den CM/S-Chipsatz, der jedoch gar nicht mehr erhältlich ist und daher im Handbuch auch keine Erwähnung findet.

12.2.2 Soundblaster 1.5

Bei der Soundblaster 1.5 wurden leere IC-Sockel statt des CM/S-Chipsatzes auf die Platine gesetzt, der jetzt nur noch optional erhältlich war, so dass die ansonsten mit der Soundblaster 1.0 identische Karte preiswerter angeboten werden konnte. Technisch hat sich damit gegenüber dem Vorläufer keine Weiterentwicklung ergeben.

12.2.3 Soundblaster 2.0

Die Soundblaster-2.0-Karte erhielt gegenüber der Vorgängerversion nur unwesentliche Änderungen. Der Digital/Analog-Wandler kann nun Sounds wiedergeben, die mit einer Samplingrate von 44,1 kHz aufgenommen worden sind. Aufnahmen sind jedoch immer noch lediglich mit einer Samplingrate von maximal 15 kHz möglich. Stattdessen soll eine Rauschunterdrückung die Aufnahmequalität verbessern und ein zusätzlicher Line-In-Eingang, der zuvor immer mit dem Mikrofoneingang gekoppelt war, kann direkt mit einem externen Audiogerät für Aufnahmen verbunden werden.

Der CM/S-Chipsatz kann hier ebenfalls nachgerüstet werden, wovon jedoch eher abzuraten ist, da hierfür kaum Software erhältlich ist. Bei den Nachfolgemodellen wurde daher auch auf dieses Feature verzichtet.

12.2.4 Soundblaster Pro

Die *Soundblaster Pro* war die erste Soundblasterkarte, die einen 16-Bit-Steckplatz im PC (ab 80286-Prozessor) benötigte und in Stereo-Ausführung angeboten wurde. Dabei ist der 16-Bit-Steckplatz lediglich deshalb notwendig, weil für die Konfigurierung der Karte auch die oberen Interrupt- und DMA-Kanäle verwendet werden können, und die befinden sich eben am »oberen« Slot. Es handelt sich also keineswegs um eine 16-Bit-Soundkarte.

Der FM-Synthesizer-Chip (OPL2) ist auf dieser Karte für jeden Kanal (links, rechts) einmal vorhanden, so dass damit 2 x 11 Stimmen zur Verfügung stehen.

Die Samplingrate beträgt 5-22,05 kHz im Stereobetrieb und maximal 44,1 kHz im Monobetrieb. Dies ist demnach die erste Soundblasterkarte, die Aufnahmequalitäten für HiFi-Anwendungen bieten konnte, wenn auch nur in Mono.

Das Kuriosum, dass bei den Vorgängermodellen Sounds nur mit einer maximalen Samplingrate von 15 kHz aufgenommen werden konnten, aber Sounds wiedergegeben werden konnten, die mit einer Samplingrate von maximal 44,1 kHz aufgenommen worden waren, hatte damit ein Ende gefunden. Diese besseren Sounds konnten demnach nicht mit einer Soundblasterkarte aufgenommen worden sein, sondern stammten als Samples von anderen Karten. Diese »fremden« Samples einer Soundblasterkarte zur Verfügung zu stellen, beispielsweise durch Spiele, wurde jedoch kaum praktiziert.

Warum unterschiedliche Frequenzgänge für Aufnahme und Wiedergabe vorgesehen waren, lässt sich dadurch erklären, dass schnelle A/D-Wandler grundsätzlich teurer sind als schnelle D/A-Wandler.

Die Soundblaster Pro bietet darüber hinaus ein Interface für den Anschluss eines CD-ROM-Laufwerks, welches entweder Creative-Labs-spezifisch oder aber IDE-*ähnlich* ist. Das Audioausgangssignal des CD-ROM-Laufwerks wird über ein Kabel direkt auf die Soundblasterkarte geführt.

Die Einstellung der Lautstärke und des Klangs ist nun auch per Software möglich und dafür ist ein Mixerchip auf der Karte eingebaut. Das Potentiometer für die Lautstärke befindet sich jedoch auch noch bei der Soundblaster 16ASP auf der Platine. Per Software kann die Lautstärke dann bis zu demjenigen maximalen Pegel eingestellt werden, der durch das Potentiometer vorgegeben worden ist.

Der PC-Lautsprecher kann nun auch für die Soundausgabe verwendet werden, denn das entsprechende Verbindungskabel muss nur vom Mainboard abgezogen und auf die Soundblasterkarte gesteckt werden. Nach dem Laden der SB-Treiber-Software erfolgt dann das »Fehlergepiepse« mit Hilfe der Soundkarte. Für eine andere Sound-Anwendung ist der PC-Lautsprecher eigentlich nicht geeignet, denn die Nebengeräusche (Festplatte, Lüfter) übertönen ihn in vielen Fällen bei weitem. Externe Minilautsprecher, die an die 2 x 4-Watt-Endstufe der Karte angeschlossen werden können, bringen im Übrigen für Musikanwendungen ebenfalls nicht viel. Der Anschluss über den Line-Out-Anschluss an eine Stereoanlage ist immer noch die klanglich beste Lösung.

12.2.5 Soundblaster Pro 2, Pro 3, Pro 4

Kurze Zeit nach der *Soundblaster Pro* erschien die *Soundblaster Pro 2*, die bis auf eine Ausnahme mit der Pro-Version identisch ist: der FM-Chip – der OPL2 – wurde durch den OPL3 ersetzt. Dieser Yamaha-Baustein ist zwar registerabwärtskompatibel zum Vorgänger, verfügt jedoch über 20 statt 11 Stimmen, was zu einem wesentlich naturgetreueren Instumentenklang führt, wenn die verwendete Software hierfür ausgelegt ist. Diese Karte wird zuweilen auch als *Soundblaster Pro/OPL3* oder *Soundblaster Pro 3* bezeichnet.

Wenn man heute von einer *Soundblaster Pro* spricht, ist korrekterweise die *Soundblaster Pro 2* gemeint, da die ursprüngliche Pro-Karte aufgrund ihrer höheren Herstellungskosten (zwei OPL2 plus zwei D/A-Wandler) und der geringeren Stimmen-anzahl recht schnell wieder vom Markt verschwunden ist.

Die *Soundblaster Pro 4* ist im Prinzip technisch mit der Pro 2 bzw. Pro 3 identisch, stammt jedoch nicht von Creative Labs, sondern von der Firma CPS aus Hamburg. CPS war jahrelang der Exklusiv-Vertriebspartner von Creative Labs gewesen, und als sich 1992 die Mutterfirma von CPS an der in Konkurs gegangenen Firma AdLib beteiligte, kündigte Creative Labs den Vertrag mit CPS. Daraufhin erschienen sofort kompatible Soundblasterkarten von CPS – eben die Soundblaster Pro 4 – und einige andere (Junior, 2.5).

12.2.6 Soundblaster 16

Ende 1992 wurde die *Soundblaster 16ASP* vorgestellt. Die wesentliche Neuerung gegenüber den Vorgängermodellen besteht in einer Abtastrate von maximal 44,1 kHz, und zwar in Stereo und in einer 16-Bit-Auflösung statt wie bisher bei allen Vorgänger-modellen mit 8 Bit. Der Dynamikumfang wird dadurch vergrößert und CD-Qualität ist im Prinzip hiermit möglich.

Ansonsten besitzt die Soundblaster 16 wie der Vorgänger ebenfalls eine kombinier-te Joystick/MIDI-Schnittstelle sowie ein CD-ROM-Interface. Die MIDI-Implementie-rung ist im Gegensatz zu den Vorgängermodellen zum MIDI-Standard der Firma Roland (MPU-401) kompatibel. Wie bei fast allen Soundkarten üblich, wird jedoch weiterhin eine zusätzliche MIDI-Box benötigt, damit MIDI-Geräte an die kombi-nierte Joystick/MIDI-Buchse angeschlossen werden können.

Des weiteren sind ein Stereo-Mikrofon- und ein Stereo-Line-In-Eingang vorhan-den, sowie ein Stereo-Ausgang, der für den Anschluss eines Kopfhörers, einer Ste-reoanlage oder zweier Lautsprecher dienen kann. Die Umschaltung erfolgt auf der Platine mittels Jumper (Line-Out/Speaker).

Auf der SB16 (ASP) kann ein MIDI-Modul nachgerüstet werden, das als *Waveblaster* bezeichnet wird und auch den in klanglicher Hinsicht anspruchsvolleren User an-sprechen soll, der mit den Qualitäten des OPL3 nicht zufrieden ist. Das Modul entspricht der General-MIDI-Spezifikation, unterstützt die 16 MIDI-Kanäle, ist 32-stimmig polyphon, besitzt über 128 Instrumentenvoreinstellungen (Presets), 18 Drums sowie 50 Soundeffekte. Das Besondere an diesem Modul ist, dass die Sounds (insgesamt 213 Instrumente) in einem ROM (4 Mbyte) als Samples abgelegt sind. Dieses Prinzip wird auch als PCM- oder Wavetable-Synthesizer bezeichnet.

Bei dem auf der Soundblaster 16 verwendeten **A**dvanced **S**ignal **P**rocessor (ASP) handelt es sich im Grunde um nichts anderes als um einen speziellen Chip, der für die Komprimierung der Wave-Daten und die Text-to-Speech-Funktion der Karte benötigt wird. Im Zuge der ohnehin immer speichergewaltigeren Festplatten wird man in der Regel auf eine Komprimierung der Daten verzichten können, zumal dies mit einem Qualitätsverlust der Samples verbunden ist. Wenn man keinen Wert auf die Text-to-Speech-Funktion legt, wird man auf den ASP auch gänzlich verzichten können. Das hat Creative Labs dann dazu bewogen, diesen Chip auf den Value-Editions der Soundblaster 16 und der AWE32 wegzulassen und stattdessen leere Sockel für die Nachrüstung auf den Platinen vorzusehen. Darauf kann man jedoch ebenfalls verzichten, denn die Text-to-Speech-Funktion kann mittlerweile auch komplett durch die Software durchgeführt werden, und die damit zu erzielenden Klangergebnisse unterscheiden sich nicht von denen mit vorhandenem ASP.

12.2.7 Soundblaster AWE32

Wie zu erwarten, ist die Soundblaster AWE32 (**A**dvanced **W**ave **E**ffects) eine Weiterentwicklung der SB16 und abwärtskompatibel zu den vorangegangenen Modellen. Vereinfacht kann man sich die SB AWE32 daher auch als eine SB16 mit integriertem Wavetable-Synthesizer vorstellen. Er stammt von der Firma Emu-Systems und ist auf der Karte zusätzlich zum OPL3 vorhanden.

Die Sounds für den Emu-Chip sind in einem ROM als Samples abgelegt und können mit Hilfe des Sample-RAMs von Anwender auch verändert werden. Durch die Verwendung des Programmes *Vienna* stehen eine Vielzahl von Möglichkeiten für die Erstellung eigener Sounds zur Verfügung. Als Beispiel sei hier nur die Möglichkeit erwähnt, eigene Wave-Dateien in das Sample-RAM zu laden, welche dann als »Klangerzeuger« über die virtuelle Tastatur am Bildschirm oder von einem externen MIDI-Keyboard verwendet werden können.

Bild 12.3: Die Soundblaster AWE32 ist bis auf den zusätzlichen Emu-Chip im Wesentlichen mit der SB16 identisch

Das Sound-RAM der AWE32 hat standardmäßig eine Kapazität von 512 Kbyte und kann bis auf (theoretisch) 28 Mbyte erweitert werden, wofür die beiden 30-poligen SIMM-Steckplätze auf der Karte verwendet werden.

Theoretisch bedeutet, dass zwei 16-Mbyte-Speichermodule verwendet werden müssten, die in dieser Bauform nur schwierig – wenn überhaupt – und zu einem unangemessenen hohen Preis erhältlich sind. Außerdem bleiben 4 Mbyte davon ungenutzt, genauso wie die auf der Karte vorhandenen 512 Kbyte, was aber eher zu verschmerzen ist. Auf der Karte ist per Jumper (DRAM-EN) festzulegen, ob das On-Board-RAM oder der Speicher in den SIMM-Sockeln aktiv sein soll. In der Praxis zeigt sich, dass *nur 30 Stimmen* und nicht wie angegeben 32 Stimmen verfügbar sind, was daher rührt, dass für die Auffrischung der DRAMs (Refresh) zwei Operatoren verwendet werden, wodurch sich die maximale Stimmenanzahl reduziert.

Immerhin ist die Verwendung üblicher dynamischer Speicher als Sample-RAM kostengünstiger, als wenn statische RAMs verwendet würden, wie es bei anderen Soundkarten (z.B. von Turtle Beach) der Fall ist.

Trotz des integrierten Wavetable-Synthesizers (Emu) kann auch bei der AWE32 zusätzlich ein Waveblaster- oder ein hierzu kompatibles Modul auf die Platine gesetzt werden.

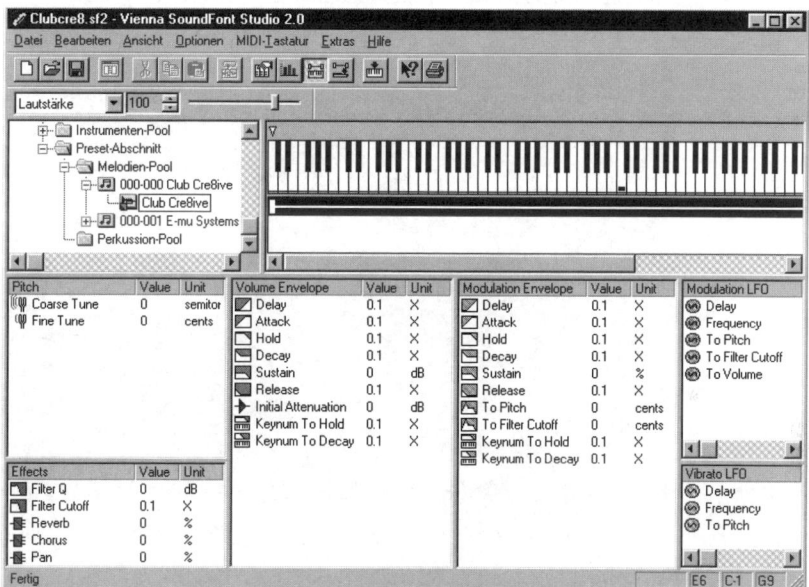

Bild 12.4: Das Programm Vienna (hier Version 2.0) dient der Erstellung und Bearbeitung eigener Sounds, die nach dem Laden in das Sample-RAM von jedem Sequencer-Programm als MIDI-Sounds verarbeitet werden können

12.2.8 Soundblaster AWE64

Die Soundblaster 64 ist nicht etwa eine 64-Bit-Karte, sondern kann maximal 64 Stimmen verwenden und daher rührt auch ihre Bezeichnung. Auch bei dieser Karte, die mechanisch wesentlich kleiner als die AWE32 ausfällt, sind wesentliche Teile vom Vorgängermodell übernommen worden. Es gibt die AWE64, die ebenfalls als ISA-Karte (16 Bit) ausgelegt ist, in verschiedenen Versionen, wobei das Standard-Modell – die AWE64 Value – ein Sample-RAM von 512 Kbyte besitzt, während die *AWE64 Gold Edition* gleich 4 Mbyte davon mitbringt und über (verzichtbare) vergoldete Anschlüsse verfügt. Die mitgelieferte Software, die immer recht reichhaltig bei Creative Labs ausfällt, ist bei der Gold Edition noch etwas umfangreicher, schaltungstechnisch und damit auch qualitätsmäßig unterscheiden sich beide Versionen ansonsten nicht voneinander.

Der Unterschied zur AWE32 ist nur minimal, denn ist erster Linie wurde die Anzahl der Stimmen verdoppelt. Dies wird aber nicht etwa durch eine veränderte Elektronik erreicht, sondern durch ein »Stück« Software, einen *virtuellen Synthesizer* mit 32 Stimmen, der parallel zu den 32 Stimmen des Emu-Chips arbeiten kann. *Virtuell* heißt in diesem Zusammenhang, dass die CPU während der Laufzeit des Programms (Sequencer o.Ä.), die Instrumentenklänge nach einem bestimmten Algorithmus (WaveSynth/WaveGuide) zusammenbaut. Dieses Prinzip wird auch bei allen Nachfolgemodellen (z.B. Soundblaster Live) angewendet.

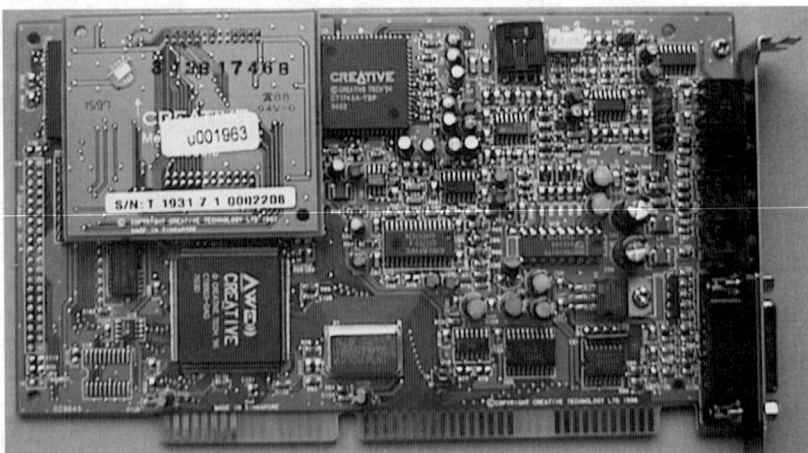

Bild 12.5: Die Soundblaster AWE64 mit zusätzlich aufgesetztem Sample-RAM-Modul (links oben)

Die CPU muss dementsprechend leistungsfähig sein und hat somit einen maßgeblichen Einfluss auf das Klangergebnis. Die zusätzlichen 32 Stimmen können erst mit einer Pentium-CPU ab 100-MHz-Taktfrequenz realisiert werden und außerdem hat es dabei Probleme mit »alternativen« Pentium-CPUs wie von AMD und Cyrix gegeben. Diese Firmen und Creative Labs haben jedoch bekundet, dass diese Probleme mittlerweile behoben sind.

Die zusätzlichen 32 Stimmen der AWE64 werden im Prinzip durch die CPU errechnet, was eine leistungsfähige CPU voraussetzt und nicht unbedingt mit einer Cyrix- oder AMD-CPU funktionieren muss. Dies gilt auch für alle Nachfolgemodelle (PCI 128, SB Live).

Für das Sample-RAM werden nicht wie bei der AWE32 *normale* SIMMs verwendet, sondern spezielle Module, die ausschließlich auf die AWE64 passen. Man ist also gezwungen, bei einer Erweiterung des Sample-RAMs, was bei der Value-Edition dringend anzuraten ist, die notwendigen Module von Creative Labs zu erwerben, die es in Kapazitäten von 4 Mbyte, 8 Mbyte, 12 Mbyte und 24 Mbyte gibt.

Beim Einstecken eines Moduls – es ist immer nur eines möglich – wird das auf der Karte bereits vorhandene Sample-RAM bei der *AWE64 Value* abgeschaltet, während es bei der AWE Gold Edition zu den bereits vorhandenen 4 Mbyte addiert wird, was somit zu einem maximalen Sample-RAM von 28 Mbyte führt. Im Lieferumfang der zusätzlichen Sample-RAM-Module befindet sich eine CD mit einigen Sound-Font-Bänken, die in das Sample-RAM »heruntergeladen« werden können und damit als *neue* Klangerzeuger zu verwenden sind.

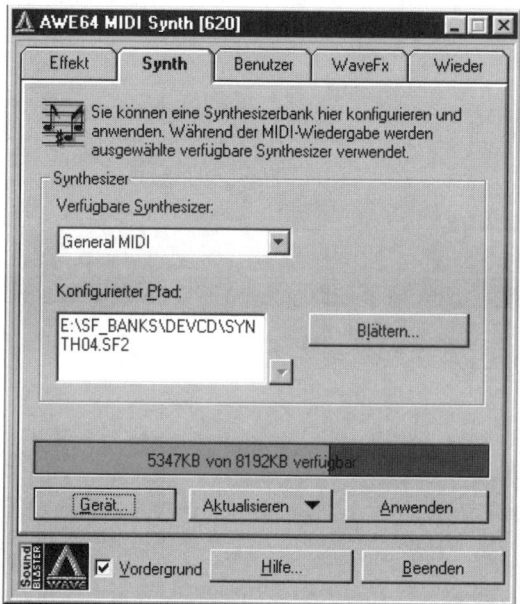

Bild 12.6: Das Laden der Instrumente und Sound-Font-Bänke erfolgt mit der AWE64-Control-Utility in das Sample-RAM der Karte

Zur AWE64 gibt es das nützliche Programm Vienna, das erweiterte Manipulationen an den Instrumenten und Sound-Font-Bänken erlaubt. Der eigenen Kreativität zur Erstellung eigener Klänge sind damit kaum Grenzen gesetzt und bei Soundkarten anderer Hersteller mit Sample-RAM (Guilliomot, Turtle Beach) sind die dazugehörigen Programme weder so komfortabel noch so leistungsfähig oder sie fehlen auch einfach.

12.2.9 Soundblaster-PCI-Karten und SB-Link

PCI ist zwar schon seit einiger Zeit als Standard zu betrachten, allerdings sind die ersten Soundkarten für den PCI-Bus erst ab dem Sommer 1997 (z.B. von Ensoniq und Pine) erschienen. Bei einer neuen Soundkarte sollte es sich um eine für den PCI-Bus handeln, denn eine Soundkarte belegt wie kaum eine andere PC-Komponente eine Vielzahl von PC-Ressourcen (IRQ, DMA, I/O), und der Plug&Play-Mechanismus von PCI entbindet den Anwender von der fehlerträchtigen (manuellen) Konfiguration.

Creative Labs hat noch etwas länger gezögert, vom ISA- auf den PCI-Bus umzusteigen, und präsentierte im April 1998 die *Sound Blaster PCI64*. Bei genauerer Betrachtung der Technik fällt allerdings auf, dass die PCI64 sehr stark mit der Karte *AudioPCI* von Ensoniq verwandt ist. Dies ist auch nicht verwunderlich, da Creative Labs die Firma Ensoniq und damit auch deren PCI-Know-how im Januar 1998 aufgekauft hat.

Bild 12.7: *Die preisgünstige Soundkarte PCI 128 der Firma Creative Labs hat die PCI 64 ersetzt und reicht für die meisten Audio-Anwendungen völlig aus*

Die wesentlichen Unterschiede erstrecken sich auf verschiedene 3D-Sound-Optionen, eine unterschiedlich reichhaltige Software-Ausstattung (zusätzlich bei der PCI64 sind: Microsoft NetMeeting, Creative Inspire, Creative Multimedia Deck, Creative WaveStudio and Creative Configuration Utility) und die Anzahl der maximalen Stimmen, die bei der PCI64 eben 64 beträgt, und bei der AudioPCI sind maximal 32 möglich. Interessanter ist jedoch, dass für beide Karten das »normale« RAM des PC als Wavetable-RAM zu verwenden ist, was per Setup auf maximal 8 Mbyte (PCI64) festgelegt werden kann.

Ein Problem entsteht bei einer PCI-Karte, die die Soundblaster-Kompatibilität (siehe folgendes Kapitel) unter DOS herstellen soll. Aufgrund der bei PCI automatisch vorhandenen Plug&Play-Funktion können weder die typische Basisadresse (220h) noch der jeweilige Interrupt- und der DMA-Kanal fest zugewiesen werden. Die jeweilige PC-Ressourcen-Zuweisung erfolgt automatisch durch das PCI-Plug&Play-BIOS, welches grundsätzlich keine fest definierten ISA-Ressourcen für PCI-Einsteckkarten verwalten darf.

Für Soundblaster-Audio, das allerdings nicht auf einer Einsteckkarte, sondern fest auf dem Mainboard integriert ist, wurde in Zusammenarbeit mit Intel die AC97-PCI-Spezifikation (Audio Codec 97) definiert, die eine Kompatibilität unter DOS herzustellen vermag, da hier die üblichen Soundblaster-Ressourcen »fest verdrahtet« sind und sich im BIOS-Setup entweder per *Audio On/Off* nur ein- oder ausschalten lassen. Eine manuelle Veränderung der einzelnen Parameter ist dabei nicht möglich.

Nach längeren Diskussionen, wie die DOS-Soundblaster-Kompatibilität nun für PCI-Soundkarten (die nicht direkt auf dem Mainboard, sondern eben als PCI-Einsteckkarte ausgeführt ist) herzustellen ist, hat man sich einen 5-poligen Anschluss ausgedacht – den *PCI Sound Card SB-Link*. Dieser als einfacher Pfostensteckkontakt ausgeführte Anschluss befindet sich bei einigen Mainboards, wie beispielsweise dem Typ GA-686BX für den Pentium II der Firma Gigabyte, zwischen den PCI-Slots und kann mit einer geeigneten PCI-Soundblasterkarte (z.B. PCI64) verbunden werden.

Diese herausgeführten Kontakte sind im Grunde nichts anderes als diejenigen Signale (IRQ, DMA), die bei der AC97-Spezifikation für die feste Verdrahtung auf dem Mainboard vorgesehen sind. Diese Konstruktion hat sich in der Praxis allerdings überhaupt nicht bewährt (wer ist bei Problemen verantwortlich: Creative Labs oder der Mainboard-Hersteller?) und daher wird der SB-Link bei den neuesten Boards und Soundkarten auch nicht mehr eingebaut.

Die Soundblaster-Kompatibilität (für DOS-Spiele) wird nunmehr per Treiber unter Windows realisiert. In der Praxis kann es aber auch hiermit wieder Probleme geben, denn die typischen Soundblaster-Ressourcen (ISA) sind im BIOS-Setup eben nicht auf PCI, sondern auf ISA einzustellen.

Für die DOS-Soundblaster-Kompatibilität bei PCI-Karten ist es meist nötig, die typischen SB-Ressourcen im BIOS-Setup für ISA zu reservieren.

12.2.10 Der Soundblaster-Standard

Mit den in den Abschnitten zuvor erläuterten Daten der verschiedenen Sound-blasterkarten ergeben sich für eine als »Soundblaster-kompatibel« und eine als »Soundblaster-Pro-kompatibel« bezeichneten Soundkarte zunächst die in der folgenden Tabelle angeführten Unterschiede.

Ausstattungsmerkmal	Soundblaster	Soundblaster Pro
Synthesizer	OPL2	OPL3
FM-Stimmen	11	20
Operatoren	2	4
General MIDI	Nein	Nein
max. Samplingfrequenz	15 kHz (Mono)	22 kHz (Stereo)
Komprimierung	ADPCM	ADPCM
Mixerchip	Nein	Ja
Joystick/MIDI	Ja	Ja
CD-ROM-Schnittstelle	Nein	Ja

Tabelle 12.1: Die wesentlichen Unterschiede zwischen einer Soundblaster- und einer Soundblaster-Pro-kompatiblen Soundkarte

Wird eine Karte nur als *Soundblaster-kompatibel* bezeichnet, wird sie lediglich in Mono mit einer maximalen Sampling-Frequenz von 15 kHz arbeiten können und den OPL2 als Synthesizer-Chip verwenden. Gleichwohl gibt es am Markt eine Unmenge an Soundkarten, die in ihren eigenen Modi für das Sampling oder die Synthesizer-Wiedergabe wesentlich leistungsfähiger sind und die lediglich für die Soundblaster-Emulation diese eher schlechten Werte bereitstellen. Ihre Leistungsfähigkeit werden sie daher nicht im Soundblaster-Mode, sondern mit ihren speziellen Treibern vorzugsweise unter Windows zeigen.

Eine AdLib-kompatible Karte braucht lediglich zum OLP2 kompatibel zu sein und über keine weiteren Audio-Funktionen zu verfügen, wodurch eine einfache Soundblasterkarte automatisch zur AdLib-Karte kompatibel ist. Lediglich die I/O-Adressen unterscheiden sich voneinander, die jedoch durch den Software-Treiber (z.B. SBFM.DRV) wieder »hingebogen« werden.

Synthesizer-Chip	I/O-Adressen	Interrupt-Kanal	DMA-Kanal
OPL2	388h, 389h	5	keiner

Tabelle 12.2: Die Daten für die AdLib-Kompatibilität

Obwohl der OPL3 den Vorgängerchip ersetzt hat, kann dennoch in vielen Fällen davon ausgegangen werden, dass ebenfalls der OPL3 einer »nur« Soundblaster-kompatiblen Karte (nicht Pro-Modell) unterstützt wird. Einige Karten schaffen dies jedoch nur in Mono, was im Prinzip legitim ist, denn über Stereofunktionen verfügen erst die Pro-Modelle.

Soundkarten anderer Hersteller, die sich als *Soundblaster-16-* oder *Soundblaster-AWE32-kompatibel* bezeichnen, sind kaum am Markt anzutreffen, denn die vielbeschworene Soundblaster-Kompatibilität ist, seitdem die Windows-Zeiten angebrochen sind, im Grunde nur noch für Spiele unter DOS von Bedeutung.

Es ist jedoch Fakt, dass fast jedes DOS-Spiel die üblichen Soundblasterkarten kennt und problemlos mit diesen Typen arbeitet. Bei anderen Soundkarten, die sich als kompatibel zu *Soundblaster* ausgeben, gibt es immer wieder Probleme, so dass DOS-Spielefreaks – sicherheitshalber – zu einer Original-Soundblasterkarte greifen sollten.

Neben den unterschiedlichen Ausstattungsmerkmalen der einzelnen Karten sind die für die Karte zu reservierenden Ressourcen des PC ebenfalls Bestandteil der Soundblaster-Kompatibilitätsanforderungen. Es ist gängige Praxis, dass für eine Soundkarte (keine Original-Soundblaster) Parameter wie I/O-Basisadresse, Interrupt- und DMA-Kanal zu reservieren sind und zusätzlich zu diesen Karten-spezifischen Werten außerdem die Parameter für den Soundblaster-Mode. Dies ist natürlich unerfreulich, da man bei gut ausgebauten PCs mit CD-ROM-Laufwerk, Netzwerkkarte und weiteren Komponenten meist generell zu wenig freie Adressen und Kanäle zur Verfügung hat.

Daher kann es durchaus vorkommen, dass man sich entscheiden muss, ob man im jeweils Karten-spezifischen oder im Soundblaster-kompatiblen Mode arbeiten möchte, was mit notwendigen Änderungen in der CONFIG.SYS und/oder der AUTOEXEC.BAT einhergeht und unter Umständen ein Hin- und Herstecken von Jumpern auf den ISA-Karten bedeutet. Wenn man jedoch auf DOS-Programme (meist Spiele) verzichten kann, wird man in der Regel auch auf den Soundblaster-Mode verzichten können und hierfür keine Parameter festlegen müssen.

Für den Soundblaster-Mode, der sich in diesem Fall nicht von dem Soundblaster-Pro-Mode unterscheidet, sind die in der folgenden Tabelle angegebenen Werte gültig.

	I/O-Basisadresse	DMA-Kanal	Interrupt-Kanal
Standard	220	1	5
Alternativ	240	0	2 oder 3 oder 7

Tabelle 12.3: Die üblichen Werte für die Soundblaster-Kompatibilität

Die in der Tabelle unter »Standard« angegebenen Werte sind diejenigen, die von den Original-Soundblasterkarten und denjenigen, die sich als »kompatibel« bezeichnen, immer unterstützt werden. Die Alternativvorschläge können, müssen aber nicht gegeben sein. Des Weiteren sind – je nach Kartentyp – zahlreiche weitere Einstellungen möglich, worauf noch in den folgenden Kapiteln näher eingegangen wird.

Je nach Kartentyp werden die I/O-Basisadresse, der Interrupt- und der DMA-Kanal per DIP-Schalter oder Jumper (Steckbrücken) auf der Platine eingestellt. Neuere Karten sind glücklicherweise ausschließlich per Software zu konfigurieren, so dass man den PC bei einer notwendigen Änderung nicht aufschrauben muss.

12.2.11 Die Set-Blaster-Umgebungs-Variable

Bei der Installation der Soundkarten-Software wird in den meisten Fällen in der Datei AUTOEXEC.BAT eine SET BLASTER-Eintragung erfolgen, die für die Soundblaster-Kompatibilität benötigt wird und im einfachsten Fall beispielsweise wie folgt aussehen kann:

```
SET BLASTER=A220 I5 D1 T1
```

Hiermit wird der zu verwendenden Software bekannt gegeben, dass die Soundblaster-karte die I/O-Basisadresse 220h (A220), den Interrupt-Kanal 5 (I5) und den DMA-Kanal 1 (D1) verwendet. Der Parameter T (siehe Tabelle) kennzeichnet den jeweiligen Soundblaster-Kartentyp.

Diese Environment-Variable BLASTER, wie sie auch bezeichnet wird, muss mit den festgelegten Werten der Soundkarte und dem jeweiligen Kartentyp übereinstimmen. Falls die Karte per Software konfiguriert wird, werden die während der Installation angegebenen Parameter automatisch unter SET BLASTER eingetragen.

Welche Programme auf diese Festlegungen angewiesen sind, lässt sich leider nicht allgemein feststellen, denn es hängt von deren Programmierung ab. Viele Spielprogramme ignorieren diese Angabe, da sie selbst Treiber für die entsprechende Soundkarte mitbringen, die während der Spielinstallation mit den entsprechenden Parametern festgelegt werden. Für Windows-Programme ist diese Eintragung ebenfalls nicht von Belang, da auch hier eigene Treiber verwendet werden. Es schadet jedoch nichts, die SET BLASTER-Eintragung generell für DOS-Programme vorzusehen.

Parameter	Soundkarte
T1	Soundblaster 1, 1.5 und MCV (Microchannel-Karte)
T2	Soundblaster Pro (1.0)
T3	Soundblaster 2.0
T4	Soundblaster Pro 2.0
T5	Soundblaster Pro MCV (Microchannel-Karte)
T6	Soundblaster 16, AWE32, AWE64 und PCI-Typen

Tabelle 12.4: Der SET BLASTER-Parameter T bestimmt den jeweiligen Soundkartentyp

Interessant ist die SET BLASTER-Eintragung – insbesondere der Parameter T – für die Soundblaster-Kompatibilität von nicht Original-Soundblasterkarten unter DOS. Wollen Programme, die für eine SB-Karte vorgesehen sind, einfach nicht auf einer kompatiblen Karte funktionieren, kann man oftmals die kompatible Karte »dümmer« machen als sie ist, damit das SB-Programm dennoch funktioniert. Dies erfolgt mit dem Parameter Tx, der die in der Tabelle angegebenen Bedeutungen hat.

Es lohnt sich generell, einmal den T-Parameter bei einer kompatiblen Karte zu kontrollieren. Finden sich hier T1, T2 oder T3 wird sie im Soundblaster-Mode lediglich in Mono und den eventuell vorhandenen OPL3 als OPL2 ansprechen. Erst mit dem Parameter T4 ist eine OPL3-Ausgabe in Stereo gegeben.

Mit der Soundblaster 16 wurden zusätzliche SET BLASTER-Parameter eingeführt: der H-Parameter für einen weiteren DMA-Kanal (oberer, für den 16 Bit-Betrieb) und der P-Parameter zur Kennzeichnung der MIDI-Port-Adresse (MPU-401). Die Tabelle zeigt alle üblichen SET BLASTER-Parameter in der Übersicht.

Parameter	Bedeutung	mögliche Werte
A2x0	I/O-Basisadresse	**220**, 240, 260, 280
Ix	Interrupt-Kanal	2, 5, **7**, 10
Dx	DMA-Kanal (8 Bit)	0, **1**, 3
Hx	Zweiter DMA-Kanal (16 Bit, ab SB16)	**5**, 6, 7
P3x0	MIDI-Port-Adresse (MPU-401, ab SB16)	300, 330
Exxx	I/O-Basisadresse für Emu-Chip (ab AWE32)	**620**, 640, 660, 680
Tx	Soundblaster-Typ	(siehe Tabelle 12.4)

Tabelle 12.5: Die SET BLASTER-Parameter in der Übersicht (die typischen Einstellungen sind fett gedruckt)

12.3 Klangerzeugung

Grundlage für die Klangerzeugung mit einem Synthesizer-Chip ist die Frequenzmodulationssynthese (FM), wobei die Idee, FM für die Erzeugung musikalischer Wellen zu verwenden, im »Center für Computer Research in Music and Acoustic« (CCRMA) an der Stanford University in den USA entstand. Bereits im Jahre 1974 erwarb Yamaha die Patente hierfür, und ihr erster digitaler Synthesizer – der DX7 –, der 1983 das Licht der Öffentlichkeit erblickte, war gewissermaßen eine Sensation auf dem Musikinstrumentenmarkt. Erst durch die Weiterentwicklung der Digitaltechnik war es möglich, die Theorie FM für die Musikerzeugung zu verwenden, in ein verfügbares Produkt, welches auch noch zu bezahlen ist, umzusetzen.

Der OPL2 – der erste Synthesizer-Chip für Soundkarten – ist daher nicht speziell für Soundkarten entwickelt worden, sondern quasi nebenbei auf die Soundkarten gewandert, da er ohnehin für die einfacheren Tasteninstrumente aus dem Hause Yamaha verwendet wird und aufgrund der hohen Stückzahlen entsprechend preiswert ist. Der OPL3 und der OPL4 stellen dann Weiterentwicklungen des OPL2 dar, die aufgrund des großen Erfolges des ersten Soundkarten-FM-Chips direkt im Hinblick auf den PC-Soundkartenmarkt entstanden sind. Für Yamaha selbst stellten diese Bausteine technologisch gesehen jedoch eher das untere Ende ihrer Synthesizer-Baustein-Palette dar.

Für Stereo-Sounds ist ein OPL3 die unterste Voraussetzung. Er stellt die konsequente Weiterentwicklung des OPL2 dar und kann demgegenüber mit maximal 20 Stimmen und vier Operatoren (OPL2 nur zwei), die die Grundlage der synthetischen Klangerzeugung bilden, arbeiten, was für einen volleren und abwechslungsreichen Klang sorgen kann.

Der Trend ging jedoch auch bei den Soundkarten-Einstiegsmodellen in Richtung der Klangerzeugungschips, die nach dem Wavetable- oder auch als PCM bezeichneten Prinzip (Pulse Code Modulation) arbeiten, denn die Frequenzmodulationssynthese ist generell mit dem Manko behaftet, dass sich der Ton immer irgendwie künstlich, synthetisch anhört.

Die Grundlage des Wavetable-Verfahrens sind relativ kurze Samples, also aufgenommene Töne, die von echten Instrumenten stammen. Sie sind in der Regel in einem ROM abgelegt und können dann elektronisch – per Software – manipuliert werden, woraus sich die verschiedenen Tonhöhen und Klangvariationen ergeben.

12.3.1 Wavetable-Synthese

Die zuvor beschriebenen Synthesizer-Chips erzeugen die Klänge rein elektronisch durch die Manipulation der Hüllkurvenparameter. Aktuelle Soundkarten verwenden als Grundlage der Klangerzeugung ein ROM, in dem Samples echter Instrumente oder allgemein Geräusche abgelegt sind. Das Klangergebnis ist demgegenüber wesentlich natürlicher, was insbesondere für Schlag- und Streichinstrumente gilt. In den Angaben zu Soundkarten, die über gesampelte Klänge in einem ROM verfügen, findet man zumeist eine der folgenden Bezeichnungen:

···⟩ Wavetable

···⟩ Pulse Code Modulation

···⟩ AWM: Advanced Wave Memory

Neben dem eigentlichen Synthesizer-Chip spielt das Sound-ROM eine ganz wesentliche Rolle für die Klangqualität der Wavetable-Sounds. Sie wird durch die Sampling-Rate und die Auflösung, mit der die Klänge digitalisiert worden sind und auch durch die Aufzeichnungsdauer bestimmt.

Des Weiteren ist es für einen realistischen Instrumentenklang wichtig, wie viele verschiedene Samples für einen typischen Klang verwendet werden. Ist nur ein einziger kurzer Sample gespeichert, werden unterschiedliche Tonhöhen allein durch eine Veränderung der »Abspielgeschwindigkeit« realisiert.

Am natürlichsten würde es – zumindest theoretisch – klingen, wenn jeder einzelne Ton eines Instrumentes im ROM abgelegt wäre, was aus Speicherkapazitätsgründen jedoch kaum praktikabel erscheint. Die Parameter *Sampling-Rate*, *Sampling-Time*, *Samples pro Instrument* und natürlich auch die Anzahl der insgesamt zur Verfügung stehenden Instrumente bestimmen im Zusammenspiel miteinander die Klangqualität eines Wavetable-Synthesizers. Entgegen diesen Forderungen stehen jedoch die Kosten für das Sound-ROM.

Die Hersteller haben unterschiedliche Verfahren mit Namen wie *Advanced Music Synthesizer* oder *Advanced Wave Effects* entwickelt, um hier einen kostengünstigen Kompromiss zu finden. Das Prinzip der im ROM abgelegten Sounds ist zwar überall gleich, führt jedoch durch die Speicherkapazität des Sound-ROMs und des zu Grunde gelegten Verfahrens (welcher Parameter erhält welche Priorität) zu unterschiedlichen Klangergebnissen. Es kann jedoch allgemein festgestellt werden, dass auch das eher »ungeübte musikalische Ohr« sehr wohl vernehmen kann, ob da ein FM- oder ein Wavetable-Synthesizer erschallt, was natürlich auch vom gewählten Instrument mehr oder weniger abhängig ist.

Klangliche Unterschiede zwischen verschiedenen Wavetable-Synthesizern herauszuhören ist da schon schwieriger. Oftmals sind es eher schlechte D/A-Wandler, Verstärker- oder Mixerstufen, die Störungen und Nebengeräusche mit sich bringen und das Klangbild unerwünscht verfälschen, als die eigentlichen Wavetable- Klangerzeuger.

Eine Wave-Table- oder PCM-Soundkarte verfügt oftmals über ein spezielles RAM. Dieser als *Sample*- oder auch *Wave-RAM* bezeichnete Speicher kann selbst kreierte Wave-Sounds speichern, die dann vom Synthesizer-Chip wie die im ROM standardmäßig vorhandenen verarbeitet werden können. Übliche Kapazitäten des Sample-RAMs sind 512 Kbyte bis hin zu 16 Mbyte, wie es beispielsweise die AWE64-Soundkarte von Creative Labs ermöglicht.

Bild 12.8: Zunächst vorgesehen und dann doch nicht eingebaut – die beiden Bausteine (32x8) für das Sample-RAM sind nicht mehr nötig, da stattdessen der Systemspeicher hierfür »angezapft« wird

Fast alle aktuellen, typischen PC-Soundkarten in der PCI-Ausführung besitzen weder ein Sample-ROM noch ein Sample-RAM auf der Karte, denn die höhere Datenübertragungsrate von PCI (gegenüber ISA) lässt es zu, die Grundklänge, die in einer Datei auf der Festplatte abgelegt sind, während der Programmlaufzeit von der CPU entsprechend manipulieren zu können. Dies setzt jedoch entsprechend leistungsfähige CPUs voraus und das Klangergebnis hängt somit auch vom jeweiligen PC-Typ ab. Demgegenüber bieten »Hardware-Wave-Table-Karten«, quasi CPU- und Systemspeicher-unabhängig, einen gleich guten Sound und vielfach auch einen besseren, wenn man hier spezielle Wave-Table-Boards von Herstellern wie Roland oder Yamaha betrachtet.

12.3.2 Wavetable-Upgrade-Boards

Mit der Soundkarte »Soundblaster 16 ASP« der Firma Creative Labs wurde erstmalig eine nachträgliche Aufrüstmöglichkeit für Soundkarten geschaffen, die aus einem 26-poligen Steckeranschluss (Pfostenstecker) zu zwei Reihen besteht. Hier kann ein zusätzliches MIDI-Modul mit Wavetable-Synthesizer aufgesteckt werden.

Wird im Nachhinein jedoch ein besserer Sound gewünscht, kann die Soundkarte beibehalten werden, und es braucht lediglich die kleine Platine aufgesteckt zu werden. Es macht jedoch beispielsweise wenig Sinn, eine Soundkarte mit einem Wavetable-Modul aufzurüsten, wenn die Wiedergabe (OPL3, Wave) generell mit zu geringer Amplitude erfolgt, die Karte über einen schlechten Frequenzgang verfügt oder Störgeräusche auftreten, denn diese unerwünschten Effekte werden auch mit dem Modul auftreten.

Ein Wavetable-Upgrade-Board ist im Prinzip nichts anderes als ein eigenständiges MIDI-Modul, das man sich auch als Synthesizer ohne Klaviatur vorstellen kann. Das Prinzip ist keineswegs neu, denn MIDI-Module, die extern an die MIDI-Schnittstelle angeschlossen werden, gibt es schon seit Jahren. Das Modul MT32 der Firma Roland ist hier einer der bekanntesten Vertreter. Außer der Software-mäßigen Aktivierung des Moduls sind üblicherweise keine weiteren Konfigurationsarbeiten durchzuführen, wenn der MPU-401-Treiber und damit die hierfür notwendigen PC-Ressourcen (I/O-Adresse, Interrupt-Kanal) bereits konfiguriert worden sind.

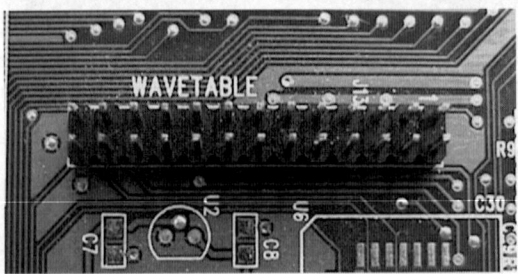

Bild 12.9: Der 26-polige Wavetable-Anschluss für ein nachträglich aufsteckbares MIDI-Modul

Die Anzahl der immerhin 26 Kontakte des Wavetable-Upgrade-Anschlusses (Waveblaster-kompatibel) lässt vermuten, dass hier zahlreiche Signale vorhanden sind. Das ist aber keineswegs der Fall, wenn man bedenkt, dass ein eigenständiges MIDI-Modul im Grunde genommen mit den Signalen MIDI-IN und Audio-Out auskommt, und dies ist bei Wavetable-Upgrade-Boards auch nicht anders.

Die eine Steckerreihe führt ausschließlich Masseleitungen. Am Kontakt 24 befindet sich das MIDI-IN-Signal und die Kontakte 4 und 8 führen das linke bzw. das rechte Audio-Ausgangssignal. Die anderen Kontakte sind für verschiedene Versorgungsspannungen und für ein RESET-Signal (Pin 2) vorgesehen.

Anschlüsse	Bedeutung
1,3,5,7,9,11	analoge Masse
2	Reset-Signal
4	Audio-Out, links
6	-12 V
8	Audio Out, rechts
10	+12 V
14,18,22	+5 V
24	MIDI-IN
15,17,19,21,23,25	digitale Masse

Tabelle 12.6: Die einzelnen Signale des Wavetable-Upgrade-Anschlusses

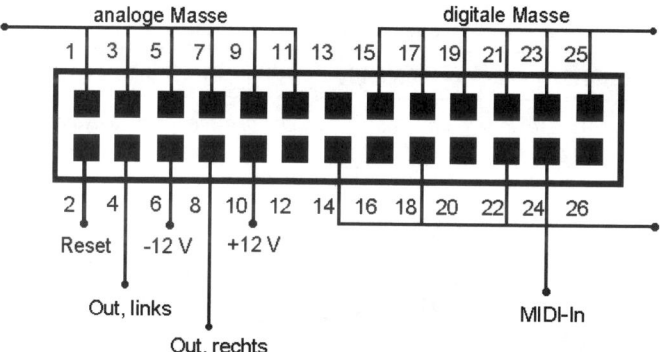

Bild 12.10: Die Belegung des Wavetable-Upgrade-Anschlusses, wie ihn Creative Labs definiert hat

Die Ansteuerung eines derartigen Moduls ist daher schaltungstechnisch recht einfach. Das MIDI-IN-Signal des Moduls wird auf der Soundkarte im Prinzip auf das MIDI-RXD-Signal gelegt. Die ausgehenden Audiosignale werden mit dem Mixerchip der Soundkarte verbunden oder mit einem anderen Audiosignal, beispielsweise dem des FM-Synthesizers, zusammengeführt. Der Vollständigkeit halber sei bemerkt, dass für den Wavetable-Upgrade-Anschluss natürlich kein MIDI-OUT-Signal benötigt wird, denn warum sollte ein derartiges Modul einen anderen Synthesizer steuern können? Dies übernimmt weiterhin der MIDI-Part der Soundkarte.

Nicht alle Soundkarten, die eine 26-polige Stiftleiste besitzen, können ein Waveblaster-Modul verwenden, denn es gibt auch hiervon abweichende Signalbelegungen für herstellerspezifische Soundmodule.

Das erste erhältliche Wavetable-Upgrade-Board stammte von Creative Labs und wird als »WaveBlaster« bezeichnet. Mittlerweile stellen zahlreiche Firmen entsprechende Module her, die in den meisten Fällen General MIDI unterstützen und alle für den Platinenanschluss, dessen Belegung Creative Labs definiert hat, vorgesehen sind. Diesen Anschluss findet man daher auch auf vielen Karten anderer Hersteller. Es gibt im Handel auch Soundkarten, die einen eben nicht Waveblaster-kompatiblen Anschluss besitzen und für bestimmte herstellerspezifische Module vorgesehen sind. Als Beispiele hierfür seien die MediaTrix Pro und die Mozart-Karte von Oak Technology genannt. Die größte Auswahl an Sound-Boards ist jedoch für den Waveblaster-Anschluss gegeben.

Hersteller	Modul-Typ
Creative Labs	verschiedene Waveblaster-Modelle
Crystal	CS9233
Ensonic	OTTO Modul
Mediavision	MVS-015
Roland	Sound Canvas (SCB7, SCD10)
Yamaha	DB 50 XG

Tabelle 12.7: Einige Wavetable-Upgrade-Boards für Soundkarten (Waveblaster-kompatibel)

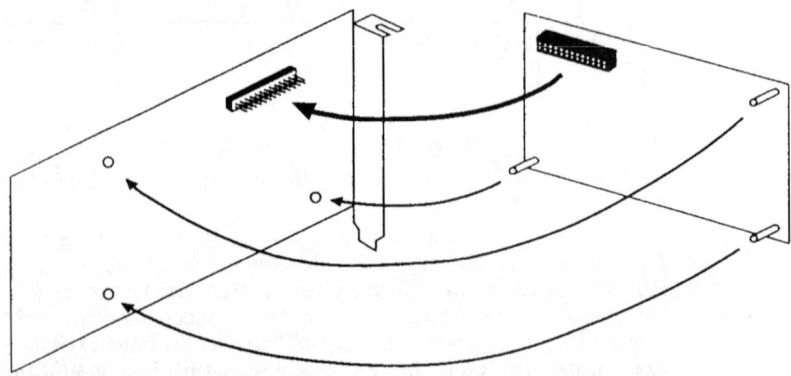

Bild 12.11: Beim Aufstecken eines Wavetable-Upgrade-Boards müssen neben dem korrekten Sitz des Anschlusssteckers ebenfalls die Bohrungen beachtet werden, die in die Stöpsel der Erweiterung einschnappen müssen; einige Module sind in der Bauhöhe leider so hoch, dass der benachbarte Steckplatz nicht mehr verwendet werden kann und aus Kostengründen wird vielfach auf die Bohrungen in der Soundkarte verzichtet

12.3.3 Samplen

Zur Umsetzung eines analogen Signals in ein digitales, was auch als *Sampling* bezeichnet wird, wird das analoge Signal zu bestimmten Zeitpunkten abgetastet. Man kann auch sagen, es wird ein Sample (eine Probe) vom Signal genommen. Bei einem CD-Player beträgt die typische Abtastfrequenz 44,1 kHz. Das bedeutet, dass das analoge Signal 44100 mal in der Sekunde abgetastet wird. Es werden also 44100 Stichproben – oder Samples – vom analogen Signal genommen. Die Frequenz, mit der die Abtastung erfolgt, wird daher auch als *Sampling-Rate* oder *Sampling-Frequenz* bezeichnet.

Das somit digitalisierte Analogsignal wird nachfolgend im RAM oder auf der Festplatte des PC gespeichert. Wie viel Speicher hierfür nötig ist, wird durch die für den Wandler festgelegte Abtastfrequenz und Auflösung bestimmt.

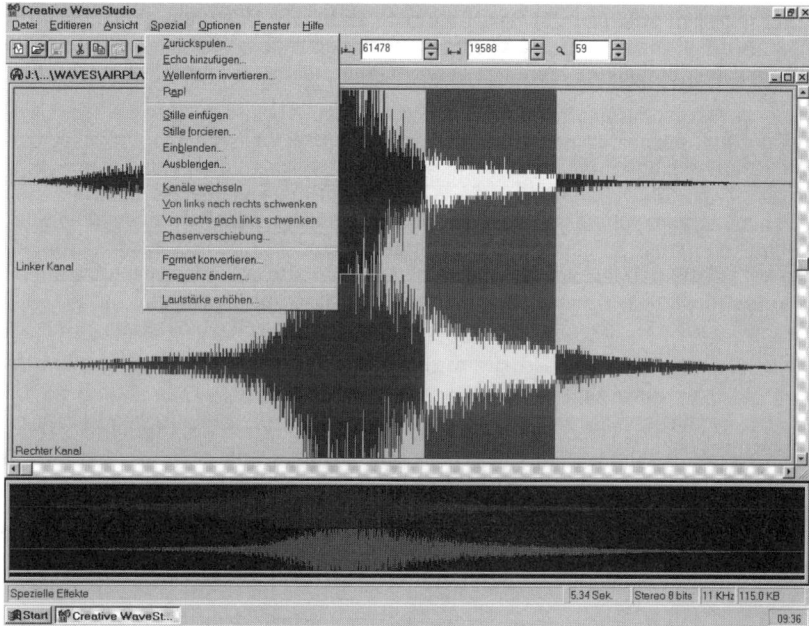

Bild 12.12: *Die Aufnahme und Bearbeitung von Audiosignalen erfolgt mit einem Wave-Rekorder/ Editor, der über Funktionen wie Schneiden und Kopieren verfügt sowie das Einfügen von Effekten (Echo, Wellenform invertieren) ermöglicht; diese Funktionen werden auf digitaler Ebene ausgeführt*

Mit den üblichen Programmen (z.B. WaveStudio) zur Signalaufnahme, die den Soundkarten üblicherweise beiliegen, können diese Parameter eingestellt werden. Je höher sie sind, desto unverfälschter ist die digitale Abbildung des analogen Signals, was sich jedoch in einem immensen Speicherplatzbedarf äußern kann, so dass hier verschiedene Komprimierungsverfahren (ADPCM, A-Law, µ-Law) angewendet werden können, die jedoch auf jeden Fall für eine Verschlechterung der Klangergebnisse sorgen.

Mit welchen Parametereinstellungen man arbeitet und ob ein Komprimierungsverfahren eingesetzt wird, hängt von der jeweiligen Anwendung ab. Für eine einfache Sprachverarbeitung kommt man mit einer 8-Bit-Auflösung und mit einer Abtastfrequenz von 11,025 kHz aus, wenn man nicht mehr als Telefonqualität verlangt.

Sollen hingegen Musikstücke in guter Qualität aufgenommen werden, ist eine 16-Bit-Auflösung mit einer Abtastfrequenz von 44,1 kHz nötig, wodurch die Festplatte sehr schnell am Ende ihrer Kapazität sein kann, denn für eine Aufnahmedauer von einer Minute werden über 10 Mbyte benötigt. In der folgenden Tabelle sind einige Daten für den Speicherplatzbedarf verschiedener Samples angegeben.

Auflösung	Abtastfrequenz	Mbytes/Minute (Mono)	Mbytes/Minute (Stereo)
8 Bit	11,025 kHz	0,63	1,26
8 Bit	22,05 kHz	1,26	2,52
8 Bit	44,1 kHz	2,52	5,04
16 Bit	11,025 kHz	1,26	2,52
16 Bit	22,05 kHz	2,52	5,04
16 Bit	44,1 kHz	5,04	10,08

Tabelle 12.8: Der benötigte Speicherbedarf für verschiedene Samples

Allgemein lässt sich die benötigte Speichergröße für die Mono-Aufnahmedauer von einer Minute wie folgt berechnen:

$$\text{Mbytes/Minute} = \frac{\text{Abtastfrequenz in kHz * Auflösung in Bit}}{8} * \frac{60\ s}{1.048.576\ \text{Bytes}}$$

In der obigen Formel wie auch bei den Werten in der Tabelle 12.8 wird mit echten Bytes gerechnet. 1 Kbyte entspricht daher 1024 Bytes und 1 Mbyte dementsprechend 1.048.576 Bytes (1024 * 1024).

Wichtig für eine gelungene Signalaufnahme ist der optimale Aussteuerungspegel, der entweder direkt im Sample-Programm oder aber separat mit Hilfe eines zusätzlichen Tools, wie beispielsweise dem Creative Mixer bei Soundblasterkarten, einzustellen ist.

 Bei der Durchführung einer Aufnahme (Samplen) sollten alle nicht verwendeten Eingänge stummgeschaltet oder deren Pegel auf Null gesetzt werden.

Generell sollten die nicht verwendeten Signaleingänge *stumm* geschaltet (mute), oder aber, falls dies nicht möglich ist, der jeweilige Regler auf Null eingestellt werden. Insbesondere der empfindliche Mikrofoneingang kann ein rechter »Störenfried« sein und ein hohes Maß an Rauschen und Nebengeräuschen produzieren, die sich im Sample negativ bemerkbar machen. Auf vielen Soundkarten ist die Mikrofonverstärkerschaltung allerdings auch von so schlechter Qualität, dass Samples aus dieser Quelle kaum zu verwenden sind.

Bild 12.13: Der Creative-Mixer steuert die Pegel der einzelnen Signalquellen für die Wiedergabe und die Aufnahme

Trotz optimaler Pegeleinstellung – wobei man meist etwas herumprobieren muss, bis sie ermittelt ist – kann es jedoch passieren, dass das Klangergebnis keineswegs zufriedenstellend ausfällt. Echo-Effekte, Poltergeräusche und Knacken im Sample sind hierfür typische Beispiele. Als Erstes sollten dann die Audioverbindungen und deren Verlegung innerhalb des PC kontrolliert werden.

Das Audiokabel vom CD-ROM-Laufwerk zur Soundkarte sollte beispielsweise nicht mit anderen Kabeln (Spannungsversorgung für das Mainboard und die Laufwerke) gebündelt werden und direkt am Netzteil sollte man es auch nicht vorbeiführen. Störungen können oftmals von der Spannungsversorgung des PC-Netzteils und den jeweiligen Verbindungsleitungen auf die Audiokabel übertragen werden, die damit ein bereits gestörtes Signal an die Soundkarte leiten. Zuweilen ergibt sich eine merkliche Verbesserung, wenn statt der meist sehr dünnen mitgelieferten Audiokabel, etwas bessere (dickere) verwendet werden, die auch mit einer richtigen Abschirmung versehen sind. Die Abschirmung – meist ein Drahtgeflecht – ist aber nur an einer Seite der Audioverbindung (z.B. am CD-ROM-Laufwerk) an die Masse zu legen, da man sonst möglicherweise das Ergebnis noch verschlechtert und eine Brummschleife damit hergestellt hat.

Ein ständiges Brummen im Sample ist generell ein Hinweis darauf, dass hier etwas mit der Masseverbindung nicht stimmt, was insbesondere dann vorkommt, wenn die Soundkarte an die Stereoanlage angeschlossen ist. Im einfachsten Fall ist einfach ein Netzstecker in der Dose umzudrehen oder die Stereoanlage wird an einen anderen Stromkreis angeschlossen.

Probeweise sollten auch andere Audioquellen (z.B. Line-In) ausprobiert werden, um die Fehlerquelle zu ermitteln, wobei man sich zunächst nur auf ein einziges Audiosignal konzentriert und alle anderen von der Soundkarte trennt. Falls dies alles nichts nützt und der Tuner der Stereoanlage womöglich am (Fernseh-)Kabelnetz angeschlossen ist, liegt hier meist das Problem begründet. Zum Test zieht man die Antennenleitung vom Tuner ab und wenn nun Stille herrscht, besorgt man sich am besten einen Mantelstromfilter und setzt diesen am Tuner in die Antennenleitung. Dieser Filter sieht aus wie ein einfacher Koax-Adapter und ist beispielsweise bei Conrad Electronic für DM 15,– zu haben.

 Ein ständiges Brummen im Sample oder auch schon bei der Wiedergabe liegt vielfach darin begründet, dass die Soundkarte und die Stereoanlage verschiedene Massepotentiale führen, was insbesondere dann auftritt, wenn der Tuner am Kabelnetz hängt. Ein Mantelstromfilter schafft hier Abhilfe.

Falls Störungen bei jeder verwendeten Audioquelle auftreten, kann es auch der Fall sein, dass Störungen direkt in die Soundkarte »einstreuen«. In einem derartigen Fall empfiehlt es sich, die Soundkarte möglichst nicht in direkter »Nachbarschaft« der Grafik- oder auch Modemkarte und außerdem auch möglichst weit weg vom PC-Netzteil einzubauen, was meist jedoch auf einen Kompromiss hinausläuft, denn die jeweilige Slotanzahl und der Aufbau des PC erlaubt diese optimale Position meist nicht uneingeschränkt.

Ein besonders interessantes Phänomen liegt vor, wenn im Sample ein gleichmäßiges Poltergeräusch enthalten ist. Falls dieser Fall auftritt, sollte man die Leuchtdiode, die die Festplattenaktivität signalisiert, während des Samplens im Auge behalten. Stimmt der »Zugriffsrhythmus« der Festplatte mit demjenigen überein, der während der Wiedergabe des Samples das Poltergeräusch ertönen lässt, ist die Festplatte in irgendeiner Form der Übeltäter. Sie kann selbst die Störungen produzieren und/oder die Soundkarte ist besonders störempfindlich, oder aber – was häufiger vorkommt – die Spannungsversorgung des Netzteils geht immer dann (kurzzeitig) in die »Knie«, wenn ein Festplattenzugriff erfolgt. Im normalen PC-Betrieb würde dies gar nicht auffallen, beim Samplen oder auch direkten *Audio-Grabben* (ohne Soundkarte) von einem CD-ROM-Laufwerk macht dies jedoch jede Audiosignalverarbeitung zunichte.

 Poltergeräusche im Sample können von der Festplatte herrühren!

Die teuerste Lösung ist es sicherlich, sich ein leistungsstärkeres PC-Netzteil einzubauen, und die schnellste ist es, dass man vor dem Samplen oder auch Audio-Grabben einige Geräte (Laufwerke) vom PC-Netzteil abhängt.

Je nach installierter RAM-Größe könnte auch auf eine zuvor eingerichtete RAM-Disk gesampelt werden und nachfolgend wird die Datei dann auf die Festplatte kopiert, was jedoch nur für relativ kleine Samples praktikabel ist.

Mit Erfolg habe ich des Öfteren folgendes Verfahren praktiziert: Es wird ein Kondensator, möglichst hoher Kapazität, an den betreffenden Spannungsanschluss, an dem sich die Festplatte befindet, gelötet. Dieser sorgt quasi dafür, dass die kurzzeitigen Einbrüche der Spannung aufgefangen werden. Im Prinzip wären sogar zwei Kondensatoren nötig; einer für +5 V und einer für +12 V (jeweils gegen Masse geschaltet). Welche der beiden Spannungen zusammenbricht, kann man mit einem Multimeter vielleicht noch feststellen, da es jedoch die Spannung intern integriert, können relativ kurze Einbrüche nicht (unbedingt) detektiert werden und nur die Messung mit einem Oszilloskop würde hier letzte Klarheit schaffen. Üblicherweise sind jedoch die 5 V stärker belastet, so dass hier zuerst ein Kondensator am Platze ist.

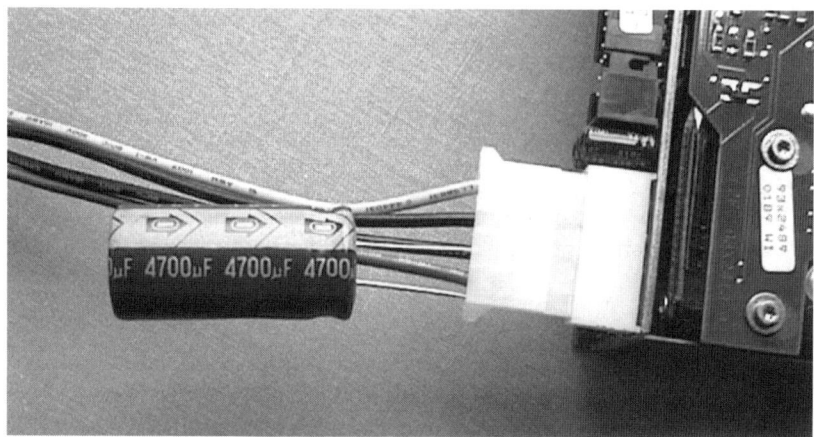

Bild 12.14: Ein Kondensator an der Festplatte verhindert Spannungseinbrüche und damit auch Störungen im Sample

Programme für Multimedia, und Soundkarten im Besonderen, gibt es nahezu eine Unmenge: vom Freeware-Programm zum Samplen bis hin zum (semi-)professionellen Sequencer-Programm (Cubase, Cakewalk, Micro Logic) für über 1.000 DM. Eine gute Quelle für Soundkarten-Freaks ist natürlich das Internet und im Folgenden sind einige besonders interessante Adressen angegeben.

Programme und Tools für Soundkarten

http://www.lynnemusic.com

http://www.co.jyu.fi/~kaipihl/music/index.html

http://www.geocities.com/SiliconValley/Park/3452

http://www.maz-sound.com

http://www.hornet.org/music

12.3.4 3D- und Dolby-Sound

Neuere Soundkarten bieten 3D-Sound, wofür mindestens vier Lautsprecher benötigt werden. Leider gibt es verschiedene 3D-Sound-Standards wie A3D von Aureal, EAX von Creative Labs und Direct Sound 3D von Microsoft.

Was sich davon nun besser anhört, ist im Grunde genommen Geschmackssache. Einige Soundkartenhersteller (z.B. Aztech, Guillemot) unterstützen alle 3D-Sound-Implementierungen, so dass man sich selbst das optimale Verfahren aussuchen kann.

Bei DVD-Videos ist ebenfalls eine Form von 3D-Sound möglich, denn auf den üblichen Video-DVDs ist Audio meist sowohl im Dolby Surround als auch im Dolby-AC-3-Format abgespeichert.

Dolby Surround ist vom Kino und auch bereits von Videokassetten her bekannt. Es ist auf einer DVD im PCM-Format (Pulse Code Modulation) abgelegt. Aus der stereofonen Audioinformation werden mit Hilfe eines externen Dolby-Prologic-Decoders sechs Kanäle generiert: vorne links, vorne rechts, Mitte, Tiefbass (Subwoofer) und hinten, wobei die Informationen für die hinteren beiden Lautsprecher identisch sind.

Demgegenüber enthält Dolby AC-3 »von Hause aus« bereits die getrennte Information für sechs Kanäle, und zwar als Bitstream, d.h. als digitale, serielle Dateninformation, die ähnlich wie MP-3 dekodiert wird und trotz Datenreduktion ein besseres Klangergebnis als das analog arbeitende Dolby Prologic liefert.

Bild 12.15: Ein 3D-Soundsystem (Dolby Prologic) der Firma Video Logic mit vier Lautsprechern und einem separaten Subwoofer

Für beide Verfahren werden zusätzliche Decoder benötigt, die in den DVD-Geräten der HiFi-Industrie – je nach Modell – bereits enthalten sind. Das Modell Denon DVD-300 bietet beispielsweise die Audio-Out-Anschlüsse: 2x Front, 2x Mixed, 2x Surround, 1x Center und 1x Subwoofer und zudem *Bitstream* über Koax- und auch Optical-Ausgang.

Der DVD-Player DVD-A150E der Firma Panasonic verzichtet auf interne Surround-Verarbeitung und liefert Bitstream (AC-3) über Optical-Out. Der Verstärker der Stereoanlage muss natürlich dementsprechend aufgebaut sein und die passenden Anschlüsse aufweisen, um die Audiosignale des angeschlossenen DVD-Players auch nutzen zu können.

»Normales« Stereo-Out bieten jedoch alle HiFi-DVD-Player und dies ist auch der übliche Signalweg bei den Playern für den PC. Der hier vorhandene analoge Stereo-Ausgang liefert das Signal für die Soundkarte und falls auch ein digitaler Ausgang vorhanden ist, kann dieses Signal von Soundkarten verarbeitet werden, die einen digitalen Eingang besitzen wie etwa die *Soundblaster Live* von Creative Labs. Zur Zeit liefert allerdings kein DVD-ROM-Laufwerk bei der Wiedergabe einer Video-DVD ein Signal am digitalen Ausgang (AC-3), sondern nur bei der Wiedergabe einer Audio-DVD bzw. Daten-DVD mit Audioinformationen.

Neben AC-3 gibt es noch weitere digitale Audioformate wie MPEG-2 (8 Kanäle mit 640 K/Bit/s) oder DTS (Digital Theater System mit 1,4 Mbit/s), wobei man hier von einem allgemeinen Standard für DVDs noch entfernt ist, so dass bei DVD zur Zeit allein analoges Audio als allgemein »verträglicher« Standard gelten kann.

12.4 Der MIDI-Standard

Die erwähnten Soundchips – die Synthesizer – verarbeiten neben einigen herstellerspezifischen Soundformaten (SBI, INS, CMF) üblicherweise MIDI-Dateien. Das **M**usical **I**nstrument **D**igital **I**nterface stammt nicht aus dem PC-Bereich, sondern ist ein langjähriger Standard aus dem Musikbereich.

Der Vorteil der speziellen MIDI-Dateien gegenüber beispielsweise Wave-Dateien ist der weitaus geringere Speicherplatzbedarf. Werden für einen Stereosound in HiFi-Qualität für jede Minute ca. 10 Mbyte als Wave-Daten benötigt, sind es als MIDI-Daten lediglich ca. 10 Kbyte.

In der einfachsten Form besteht ein MIDI-System mit PC lediglich aus einer Soundkarte mit Synthesizer-Chip wie etwa einem OPL3 und einer Software, die die MIDI-Daten an den Synthesizer-Chip sendet, der daraus den Sound generiert. In einer MIDI-Datei »stecken« also lediglich die Informationen wie Instrumenttyp, Note An/Aus, Lautstärke usw. und nicht ein Instrumentenklang, der eben erst durch den jeweiligen Synthesizer-Chip erzeugt wird.

12.4.1 Die MIDI-Schnittstelle

Die Grundlage des MIDI-Standards bilden zunächst die standardisierte Schnittstelle, die hierfür festgelegten Stecker und des Weiteren die Definition darüber, in welcher Form die übertragenen Daten und Befehle zwischen den MIDI-kompatiblen Geräten auszutauschen sind.

Die MIDI-Schnittstelle beruht im Prinzip auf einer seriellen Schnittstelle, die mit einer festen Baudrate von 31,25 Bit/s arbeitet, welche nicht verändert werden kann. Sie arbeitet asynchron mit acht Daten-, einem Start- und einem Stopp-Bit. Eine Überprüfung der Parität findet dabei jedoch nicht statt.

Damit gleichzeitig Daten gesendet und empfangen werden können, sind hierfür mindestens zwei Leitungen nötig, die dementsprechend als MIDI-In und MIDI-Out bezeichnet werden. Damit wären jedoch nur zwei Geräte miteinander zu koppeln, und aus diesem Grunde gibt es vielfach noch einen dritten Anschluss: MIDI-Thru. Das MIDI-In-Signal wird im jeweiligen Gerät einfach über diesen Anschluss durchgeschleift und dient dann als MIDI-In für ein drittes Gerät. Der MIDI-Leitungsweg ist daher als Bussystem zu verstehen, das jedoch nicht mit Spannungspegel arbeitet, sondern als Stromschnittstelle ausgeführt ist, damit relativ lange Kabelwege möglichst verlustfrei überbrückt werden können. Ein einzelnes MIDI-Kabel darf üblicherweise über eine maximale Länge von 15 Metern verfügen.

Die MIDI-Geräte werden immer derart miteinander verbunden, dass das MIDI-Out-Signal des einen Gerätes dem MIDI-In-Signal des anderen Gerätes entspricht.

Die MIDI-Eingänge sind vom MIDI-Bus jeweils über Optokoppler »galvanisch« getrennt, es gibt somit keine direkte elektrische MIDI-Verbindung zwischen den einzelnen Geräten. Dies ist deshalb vorgesehen, damit nicht etwa ein MIDI-Gerät mit einer defekten Isolierung die Netzspannung auf den Bus geben kann und die MIDI-Geräte dadurch beschädigt werden oder – was weitaus schlimmer wäre – der Musiker einen (tödlichen) Stromschlag erleiden könnte. Des Weiteren wird durch die Potentialtrennung generell das Auftreten von Brummschleifen vermieden.

Die MIDI-Anschlüsse sind mit üblichen 5-poligen DIN-Buchsen ausgeführt, wie man sie von HiFi-Geräten und auch dem PC-Tastaturanschluss her kennt. Für Musiker ist dies eher unerfreulich, da sich diese Konstruktion im rauen Alltag mechanisch gesehen nicht gerade als besonders stabil erweist und ein Stecker leicht einmal aus der Buchse rutschen kann.

Bild 12.16: Die drei üblichen MIDI-Anschlüsse an einem Keyboard

Zur Identifizierung der einzelnen MIDI-Geräte werden Adressen von 1 bis 16 verwendet, die üblicherweise als MIDI-Kanäle bezeichnet werden. Ein MIDI-Instrument ist in den meisten Fällen in der Lage, zu jedem der 16 MIDI-Kanäle Daten zu übertragen. Ein Sound-Modul kann zum Empfang von Nachrichten über einen bestimmten oder auch mehrere Kanäle konfiguriert werden. Werden Daten von einer MIDI-Tastatur beispielsweise über den Kanal drei gesendet, wird der Synthesizer, der auf diesen Kanal eingestellt ist, diese Information in Töne umsetzen. Von einem Rhythmusgerät, das auf den Kanal 10 konfiguriert ist, werden die Daten hingegen ignoriert.

Ein MIDI-Sequencer, wie ein PC mit Soundkarte und Sequencer-Software, kann Daten gleichzeitig zu mehreren Geräten senden, es können somit verschiedene Instrumente gleichzeitig erklingen. Die Informationen für die einzelnen Geräte sind alle im »MIDI-Datenstrom« enthalten und werden von den entsprechend konfigurierten Geräten selektiert.

Ein MID-Interface besitzt die drei Anschlüsse MIDI-In, MIDI-Out und MIDI-Thru wie es im Bild 12.16 gezeigt ist. Soundkarten besitzen hingegen einen kombinierten Joystick-MIDI-Anschluss in Form einer 15-poligen DSUB-Buchse. Es ist daher eine Schaltung nötig, die das MIDI-RXD- und das -TXD-Spannungssignal, das an der Anschlussbuchse der Soundkarte zur Verfügung steht, in Stromschleifensignale umsetzt und auf einzelne DIN-Anschlussbuchsen führt. Eine derartige Schaltung ist im folgenden Kapitel gezeigt.

Das Joystickinterface auf einer Soundkarte ist kompatibel zu der, wie sie auf einer üblichen Schnittstellenkarte (z.B. kombiniert mit Centronics und RS232) oder direkt auf einem Mainboard vorhanden ist, und wird demnach auch unter den gleichen I/O-Adressen angesprochen. Bei ihr sind jedoch die MIDI-Signale nicht vorhanden. Die Signalbelegung des Joystick/MIDI-Anschlusses beider Ausführungen zeigt die folgende Tabelle.

Pin Nr.	Funktion-Standard (PC-Schnittstellenkarte)	Funktion mit MIDI (Soundkarte)
1	5 V	5 V
2	Joystick 1, Fire Button 1	Joystick 1, Fire Button 1
3	Joystick 1, X-Richtung	Joystick 1, X-Richtung
4	GND	GND
5	GND	GND
6	Joystick 1, Y-Richtung	Joystick 1, Y-Richtung
7	Joystick 1, Fire Button 2	Joystick 1, Fire Button 2
8	5 V	5 V
9	5 V	5 V
10	Joystick 2, Fire Button 1	Joystick 2, Fire Button 1
11	Joystick 2, X-Richtung	Joystick 2, X-Richtung
12	GND	MIDI-Out
13	Joystick 2, Y-Richtung	Joystick 2, Y-Richtung
14	Joystick 2, Fire Button 2	Joystick 2, Fire Button 2
15	5 V	MIDI-In

Tabelle 12.9: Die Belegung des Joystickinterface-Anschlusses mit und ohne MIDI-Signale

Ein derartiges MID-Interface muss aber nicht zwangsläufig als Box ausgeführt sein, sondern kann auch als Adapterkabel »daherkommen«. Dieses führt immer wieder zu Verwirrungen, denn man muss zwischen einem »aktiven« und einem »passiven« MIDI-Adapterkabel unterscheiden. Auf den meisten Soundkarten fehlt nämlich ein Teil der MIDI-Elektronik, wie es mit der ursprünglichen Soundblasterkarte eingeführt wurde.

Die Ausführung der MIDI-Schnittstelle ist bei Soundkarten nicht einheitlich. Falls sich auf der Soundkarte kein Optokoppler befindet, wird eine optionale MIDI-Box oder ein Adapterkabel mit integriertem Optokoppler benötigt.

Fast jeder Soundkartenhersteller bietet zur Herstellung eines *richtigen* MID-Interfaces entsprechende Geräte an, die beispielsweise als *MIDI-Box* oder *MIDI-Mate* bezeichnet werden. Die Joysticks können dann hier ebenfalls angeschlossen werden. Solch ein Interface kostet – je nach Hersteller – von ca. 40 DM bis zu 150 DM, bietet aber unter Umständen keinen MIDI-Thru-Anschluss, woraus auch die stark differierenden Preise resultieren.

Bild 12.17: Auf einfachen Soundkarten, wie hier bei einer Soundblasterkarte, werden die MIDI-Signale direkt auf den Joystickanschluss geführt; falls hier ein »richtiges« MID-Interface vorhanden wäre, würde sich in der Nähe des Timer-Chips (NE558), der für die Steuerung der Joysticksignale zuständig ist, noch ein Optokoppler (z.B. 6N 138) befinden

Zu der Soundblaster AWE 32 wird beispielsweise ein aktives MIDI-Kabel mitgeliefert, dem von außen nicht anzusehen ist, dass sich hier ein Teil der MIDI-Elektronik verbirgt, denn es sieht genauso aus wie ein passives MIDI-Kabel. Ein passives darf aber nur dann verwendet werden, wenn sich der Optokoppler auf der Soundkarte selbst befindet.

In den meisten Fällen befindet sich aber kein Optokoppler mit der weiteren MIDI-Elektronik auf der Soundkarte. Der notwendige Optokoppler für den MIDI-In-Anschluss ist dann eben nicht vorhanden, und er *muss* sich demnach in einer MIDI-Box oder einem aktiven MIDI-Kabel befinden.

Als Adressen für das kombinierte Joystick/MID-Interface sind die in der folgenden Tabelle angegebenen üblich, wobei der MIDI-Port in der Regel auch unter der Bezeichnung *MPU-401* firmiert und als Basisadresse 330h oder 350h verwendet.

MPU-401

*Am Beginn des »MIDI-Zeitalters« stellte die Firma Roland eine so genannte **MIDI** **P**rocessing **U**nit, die MPU-401, in Form einer PC-Einsteckkarte vor. Dieses Interface erfuhr von Programmierern eine breite Unterstützung, was auch daran lag, dass damals andere Standards fehlten. Die Original-MPU-401 kann in zwei Betriebsarten arbeiten. Im »eigenintelligenten« Modus übernimmt sie selbst einige der MIDI-Aufgaben wie die Erzeugung von Timing-Daten, die Nachrichtenfilterung und die Zwischenspeicherung der MIDI-Daten. Sie entlastet somit die CPU des Computers, was in den achtziger Jahren durchaus sinnvoll war, da die PCs noch nicht die heute übliche Leistungsfähigkeit besaßen. In einem zweiten Mode, der als UART (**U**niversal **A**synchron **R**eceiver **T**ransmitter) oder auch »Pass Through« bezeichnet wird, werden die MIDI-Daten hingegen nicht von der Einheit in irgendeiner Weise selbst verarbeitet, sondern einfach nur weitergeleitet, und die Dateninterpretation und Manipulation wird der CPU überlassen. Dieses ist die heute allgemein übliche Betriebsart der MIDI-Schnittstelle für die Kommunikation mit externen MIDI-Geräten.*

Adresse	Register	Read/Write
201h	Joystick Data	Read
201h	Joystick Data Enable	Write
3x0h	MIDI Transmit Data	Write
3x0h	MIDI Receive Data	Read
3x1h	MIDI Command	Write
3x1h	MIDI Status	Read

Tabelle 12.10: Die Adressen für die Joystick- und MIDI-Register

12.4.2 MID-Interfaces selbstgebaut

Für den geübten »Bastler« ist es durchaus lohnend, sich ein MID-Interface selbst zu bauen, denn die Bauelemente kosten hierfür ohne Gehäuse höchstens 15 DM, wobei die DIN-Buchsen den teuersten Posten darstellen. Ein weiterer Vorteil dieser Schaltung ist, dass hier im Gegensatz zu vielen käuflichen MIDI-Boxen und Adaptern ein MIDI-Thru-Anschluss vorhanden ist und die Schaltung leicht auf weitere MIDI-Anschlüsse erweitert werden kann.

Als Anschlüsse werden die üblichen 5-poligen DIN-Buchsen (180°) verwendet, wie sie auch bei Stereoanlagen verwendet werden. Dementsprechend können ebenfalls die dafür vorgesehenen Kabel als Verbindungen eingesetzt werden.

Die Versorgungsspannung (5 V) für die Schaltung wird über die Anschlüsse 1, 8 oder auch 9 von der Joystickanschlussbuchse der Soundkarte bezogen, das Massesignal vom Anschluss 4 oder 5.

An die Pins 2 (mittlerer Kontakt) der MIDI-Out- und MIDI-Thru-Buchsen wird jeweils die Abschirmung des Verbindungskabels angeschlossen, nicht jedoch an die MIDI-In-Buchse, dies geschieht am Anschluss des MIDI-Gerätes am anderen Kabelende. Umgekehrtes gilt für die beiden anderen MIDI-Verbindungen. Die Abschirmung darf immer nur an einer Seite des Kabels angeschlossen werden, weil man sonst die Potentialtrennung aufheben würde.

Das MIDI-In-Signal (Pin 4 und 5 an der MIDI-In-Buchse) durchläuft einen Optokoppler. Hier können verschiedene Typen verwendet werden, es ist jedoch zu beachten, dass die Anstiegszeit des Optokopplers unter 2 µs betragen muss. Übliche Typen sind beispielsweise CNY17 (Siemens), PC900 (Sharp) oder 6N138 (Hewlett Packard). Die Anschlussbelegung ist jedoch unterschiedlich und ist auf jeden Fall zu beachten.

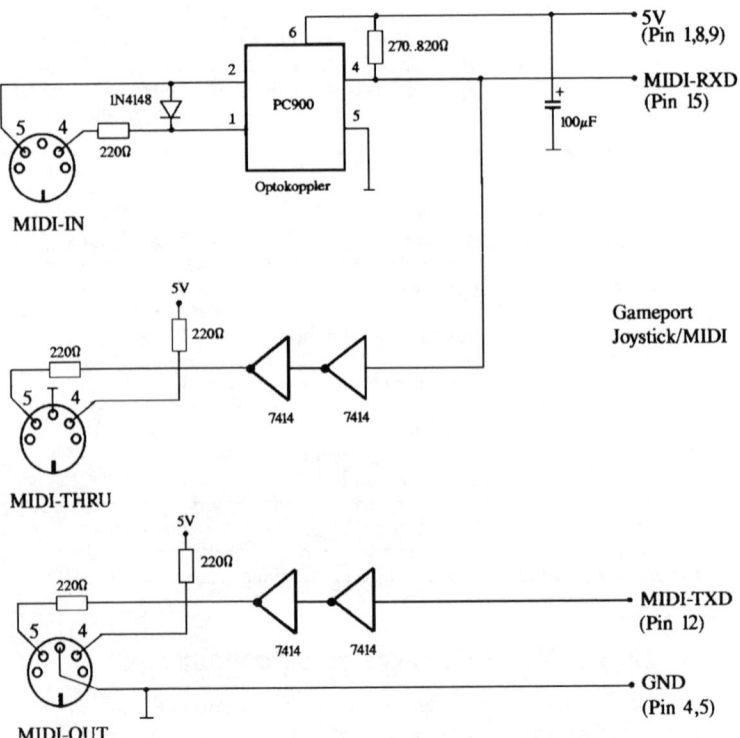

Bild 12.18: *Die Schaltung der MIDI-Box setzt die Spannungssignale (MIDI-RXD, MIDI-TXD) in Stromschleifensignale um und bietet die MIDI-konformen Anschlussbuchsen*

Der Collector des Ausgangstransistors im Optokoppler wird mit einem Widerstand an 5 V angeschlossen. Der optimale Wert (ca. 270-820 Ω) richtet sich generell nach dem verwendeten Optokopplertyp und ist so zu bemessen, dass sich ein möglichst »sauberes«, TTL-kompatibles Signal ergibt. Ein typischer Wert ist hierfür 270 Ω, wenn der Optokoppler PC900 der Firma Sharp zum Einsatz kommt.

Das Ausgangssignal des Optokopplers wird zum einen mit dem MIDI-RXD-Kontakt des Gameport-Anschlusses verbunden und durchläuft zum anderen zwei Inverter vom Typ 7414 oder 74LS14, wodurch das TTL-Signal aufbereitet wird, d. h., möglichst steile Impulsflanken erzeugt werden, bevor es auf die MIDI-Thru-Buchse gelangt.

Das MIDI-TXD-Signal wird ebenfalls mit zwei Invertern aufbereitet und gelangt auf die MIDI-Out-Buchse. Ein Ausgang kann immer nur einen Eingang treiben, und falls man mehrere Ausgangssignale benötigt, kann die Schaltung im Prinzip beliebig oft dupliziert werden.

Für die Widerstände in den Stromschleifen werden 220 Ω-Werte verwendet. Direkt am Inverterbaustein und am Optokoppler schaltet man am besten jeweils zwischen dem 5-V- und dem Masseanschluss einen keramischem Kondensator (nicht eingezeichnet) von 100 nF als Abblockkondensator zur Störungsunterdrückung und an den 5-V-Pin des Gameportanschlusses einen von ca. 100 µF.

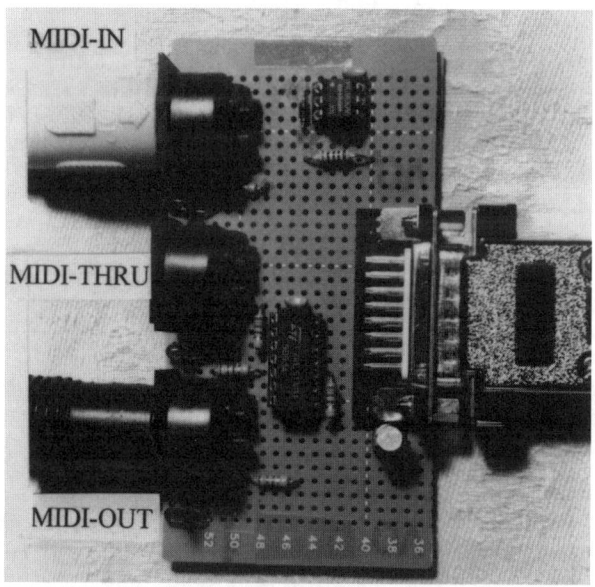

Bild 12.19: *Die fertige MID-Interface-Schaltung, die recht schnell auf einer üblichen Lochrasterplatine aufgebaut werden kann*

Wenn man sich mit der MIDI-Geräte-Kopplung und den entsprechenden Einstellungen unter Windows beschäftigt, wird man feststellen, dass nicht immer einfach herauszufinden ist, warum ein Gerät nicht funktioniert. Liegt es an der Hardware oder an der Software?

Während einige MIDI-Module und -Keyboards zur Signalisierung, dass sie MIDI-Daten empfangen, eine entsprechende Leuchtdiode besitzen, bieten andere dieses hilfreiche Feature nicht. Einen sehr einfachen »MIDI-Tester« kann man sich jedoch leicht selbst anfertigen. Man benötigt hierfür lediglich einen 5-poligen DIN-Stecker, einen Widerstand, eine übliche Diode und eine Leuchtdiode. Die Schaltung ist im Prinzip die gleiche wie im Bild 12.19 für MIDI-In angegeben, nur ist die Leuchtdiode quasi aus dem Optokoppler herausgeführt worden.

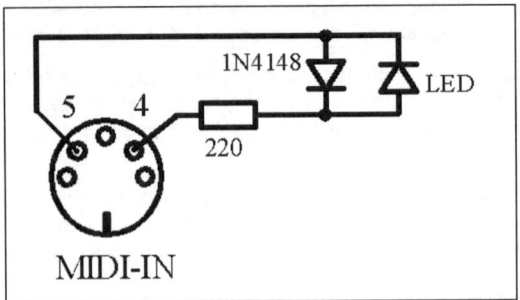

Bild 12.20: Die Schaltung eines einfachen MIDI-Testers

Den MIDI-Teststecker kann man beispielsweise auf die MIDI-Out-Buchse eines Keyboards stecken, und bei der Betätigung der Tasten wird die Leuchtdiode entsprechend flackern, demnach würden also an dieser Stelle MIDI-Daten ausgegeben werden. Um auf der anderen Seite feststellen zu können, ob auch Daten zum Keyboard gesendet werden, ist das Kabel vom MIDI-In-Anschluss des Keyboards abzuziehen und der MIDI-Tester auf das ankommende Kabel zu stecken. Für diesen Fall muss der Tester jedoch mit einer Buchse aufgebaut sein. Man würde daher zwei von diesen Testadaptern benötigen.

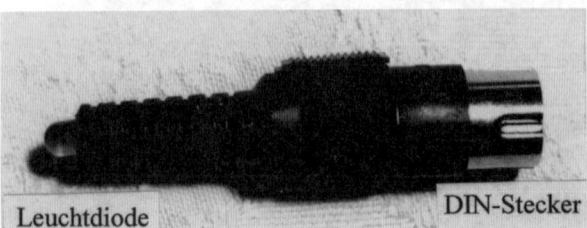

Bild 12.21: Der MIDI-Tester: einfacher und preiswerter geht es nicht, will man ein MIDI-System überprüfen

Für die Leuchtdiode des MIDI-Testers verwendet man am besten eine »hellleuchtende« (High Efficiency-Typ), da die MIDI-Signale lange Pausenzeiten, aber relativ kurze Signalzeiten aufweisen und die Anzeige dann leichter zu erkennen ist.

Diese einfache Testfunktion mit Hilfe von Leuchtdioden kann natürlich auch gleich mit in eine Schaltung wie sie im Bild 12.22 gezeigt ist.

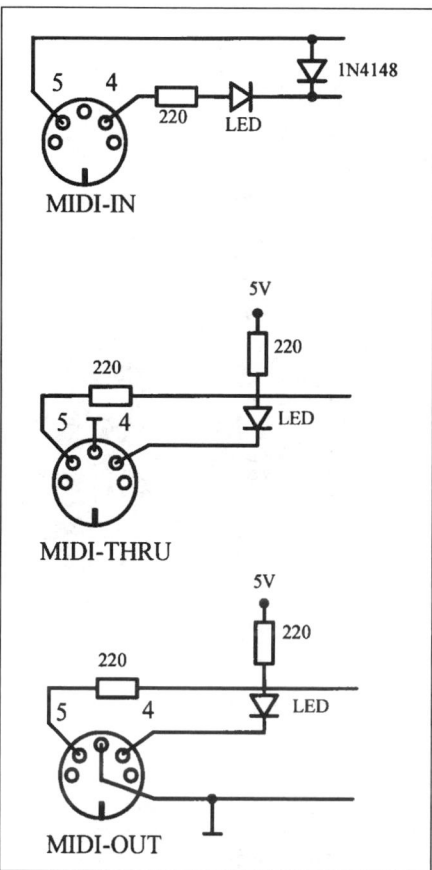

Bild 12.22: Die LED-Erweiterung für die MIDI-Box

Nach dem Verbinden des erläuterten MID-Interfaces mit der Soundkarte ist ein Joystick nur mit Hilfe eines entsprechenden Adapterkabels (Y-Kabel) zu verwenden, welches im Handel zu einem Preis von typischerweise 15-20 DM erhältlich ist. Daher liegt es nahe, den Joystickanschluss auf der MIDI-Adapterschaltung einfach durchzuschleifen wie es bei der folgenden Platine durchgeführt wurde, bei der auch gleich die drei Leuchtdioden zur Visualisierung der MIDI-Aktivität in den drei Signalwegen integriert wurden. Die Platine ist auf Anfrage beim Autor erhältlich.

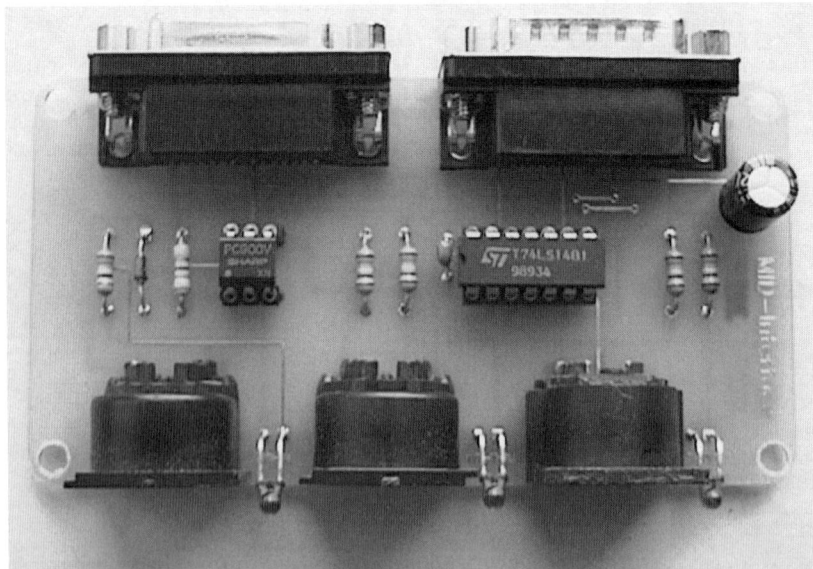

Bild 12.23: Das MID-Interface mit den drei MIDI-Schnittstellen, den Leuchtdioden zur Signal-visualisierung und dem zusätzlichen Joystickanschluss

12.4.3 MIDI-Implementierungen (GM, GS, XG)

Die musikalischen Informationen werden als definierte MIDI-Daten zwischen den Geräten ausgetauscht. Die MIDI-Information wird als *Message* (Nachricht) übertragen und teilt beispielsweise einem Synthesizer anhand verschiedener Befehle mit, wie ein Musikstück abgespielt werden soll und welche Noten in welcher Lautstärke und mit welchem Instrumentenklang wiederzugeben sind. Es werden also keine Sounds übertragen, wie es mit dem WAVE-Format praktiziert wird, sondern lediglich die Befehle zur Erzeugung eines Sounds.

In der MIDI-Spezifikation sind für die Kommunikation der MIDI-Geräte untereinander eindeutige Festlegungen getroffen worden. Eine MIDI-Befehlssequenz besteht aus einem Status- und eventuell einem oder zwei Datenbytes, die zusammengefasst auch als MIDI-Message bezeichnet werden. Das erste Byte einer MIDI-Befehlssequenz stellt das Statusbyte dar, welches immer mit einer »1« in D7 gekennzeichnet ist.

Aus diesem Grunde kann generell festgestellt werden, dass es sich bei allen in einem MIDI-System übertragenen Daten, die größer als der Wert 127 sind, um Statusbytes handelt. Das Statusbyte hat allgemein die Aufgabe, die vom Musiker durchgeführte Handlung (Taste gedrückt?) zu kennzeichnen.

Das MIDI-Protokoll kennt insgesamt 16 Kanäle, die auf verschiedene Geräte aufgeteilt werden können. Das Statusbyte enthält in den Bits D0-D3 dabei die Nummer des zu selektierenden Kanals und in den Bits D4-D6 Informationen über den augenblicklichen Status dieses Kanals (siehe folgende Tabelle). Das MSB (**M**ost **S**ignificant **B**it) wird, wie auch bei den Datenbytes, immer vor dem LSB (**L**east **S**ignificant **B**it) übertragen.

D6	D5	D4	Status/Message	Bedeutung
0	0	0	Note On	Taste gedrückt
0	0	1	Note Off	Taste losgelassen
0	1	0	Polyphonic Aftertouch	polyphoner Tastendruck
0	1	1	Control Change	Steuerungswechsel
1	0	0	Program Change	Programmwechsel
1	0	1	Channel Aftertouch	Tastendruck (Mittelwert)
1	1	0	Pitch Bend	Variation der Tonhöhe

Tabelle 12.11: Die MIDI-Statusmeldungen (Channel Voice Messages) in der Übersicht

Zur Ergänzung der Statusinformation dienen die Datenbytes, die zur Unterscheidung gegenüber den Statusbytes immer eine »0« in D7 führen. Daher können 128 verschiedene Werte (0-127) in einem Datenbyte abgebildet werden. Falls mehr als 128 Werte verwendet werden sollen, werden mehrere Daten demselben Statusbyte zugeordnet.

MIDI-Statusbyte

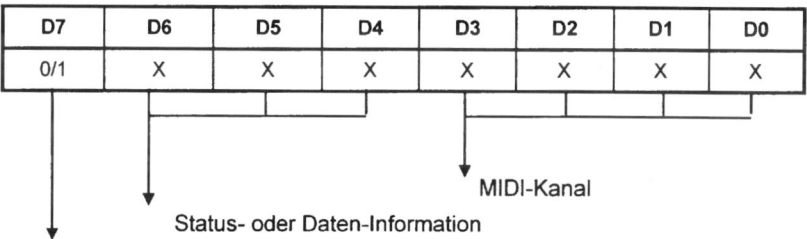

D7	D6	D5	D4	D3	D2	D1	D0
0/1	X	X	X	X	X	X	X

MIDI-Kanal

Status- oder Daten-Information

1: Status, 0: Daten

Die Anzahl der Statusbytes ist jedoch auf maximal 128 beschränkt. Enthalten die Datenbytes Befehle für den durch das Statusbyte (D0-D3) selektierten Kanal, spricht man von Kanal-Befehlen – Channel Messages.

Diese Befehle werden wiederum in Voice- und Mode-Messages unterschieden. Die Voice-Messages beeinflussen direkt die Klangerzeugung, während die Mode-Messages festlegen, wie die Instrumente auf die Voice-Messages reagieren sollen. Daneben existieren Befehle, die nicht für einen bestimmten Kanal, sondern für das gesamte MIDI-System bestimmt sind. Sie werden als *System Messages* bezeichnet.

MIDI-Befehl				
Kanal-Befehl Channel Message		**System-Befehl** System Message		
Stimmen-Befehl Voice Message	Betriebsart Mode Message	allgemeiner Befehl Common Message	Echtzeit-Befehl Common Message	exklusiver Befehl Exclusive Message

Tabelle 12.12: Die verschiedenen MIDI-Messages im Überblick

MIDI definiert zwar das elektrische Interface und wie die Daten aufgebaut sein müssen, allerdings kann es durchaus passieren, dass das eine MIDI-Gerät einen Piano-Klang erschallen lässt und bei der Übertragung auf ein anderes MIDI-Gerät wird daraus der Klang eines Glockenspiels. Deshalb wurde zur weiteren Standardisierung im Jahre 1991 die General-MIDI-Spezifikation (GM) definiert. GM legt eine Reihe von Anforderungen fest, die von einem GM-kompatiblen Gerät unterstützt werden müssen. Dies sind im Wesentlichen die folgenden Punkte:

···⟩ **Der** General-MIDI-Sound-Set definiert 128 Melodie-Sounds.

···⟩ **Der** General-MIDI-Percussion-Set definiert 46 Schlagzeug-Sounds.

···⟩ **Die V**erarbeitung der MIDI-Messages ist vorgeschrieben.

···⟩ **Es ist mindestens eine** 24-stimmige Polyphony vorgeschrieben.

···⟩ **Es ist mindestens ein** 6-faches Multitimbre aus 128 Klängen (Patches) vorgeschrieben.

Polyphonie und Multitimbres
Polyphone Synthesizer können im Gegensatz zu monophonen Synthesizern mehrere Noten zur gleichen Zeit wiedergeben. Mit Timbres werden üblicherweise die Instrumentenklänge bezeichnet. Ein Multitimbre-Synthesizer kann demnach mehrere unterschiedliche Instrumentenklänge wiedergeben.

Mit GM wurde eine Instrumenten-Zuordnungstabelle (Patch Map) festgelegt, die für 128 verschiedene Klänge jeweils eine bestimmte Nummer zuordnet. Dies bedeutet beispielsweise, dass zwei General-MIDI-komforme Geräte unter der Nummer (Patch Number) 56 immer einen Trompetenklang erklingen lassen.

Dieser Trompetenklang kann sich dennoch recht unterschiedlich anhören, denn wie dieser Klang zu erzeugen ist, ist nicht festgelegt. Eine mit einem OPL3 erzeugte Trompete hört sich schließlich anders an, als eine von einem Wavetable-Synthesizer generierte.

Piano		Bass		Reed		Synth Effects	
0	Acoustic Grand Piano	32	Acoustic Bass	64	Soprano Sax	96	FX 1 (rain)
1	Bright Acoustic Piano	33	Elektric Bass (finger)	65	Alto Sax	97	FX2 (soundtrack)
2	Electric Grand Piano	34	Electric Bass (pick)	66	Tenor Sax	98	FX3 (crystal)
3	Honky-tonk Piano	35	Fretless Bass	67	Baritone Sax	99	FX4 (atmosphere)
4	Rohdes Piano	36	Slap Bass 1	68	Oboe	100	FX 5 (brightness)
5	Chorused Piano	37	Slap Bass 2	69	English Horn	101	FX 6 (globlins)
6	Harpsichord	38	Synth Bass 1	70	Bassoon	102	FX 7 (echoes)
7	Clavinet Chromatic	39	Synth Bass 2	71	Clarinet	103	FX8 (sci-fi)

Percussion		Strings		Pipe		Ethnic	
8	Celesta	40	Violin	72	Piccolo	104	Sitar
9	Glockenspiel	41	Viola	73	Flute	105	Banjo
10	Music box	42	Cello	74	Recorder	106	Shamisen
11	Vibraphone	43	Contrabass	75	Pan Flute	107	Koto
12	Marimba	44	Tremolo Strings	76	Bottle Blow	108	Kalimba
13	Xylophone	45	Pizzicato Strings	77	Shakuhachi	109	Bagpipe
14	Tubular Bells	46	Orchestral Harp	78	Whistle	110	Fiddle
15	Dulcimer	47	Timpani	79	Ocarina	111	Shanai

Organ		Ensemble		Synth Lead		Percussive	
16	Hammond Organ	48	String Ensemble 1	80	Lead 1 (square)	112	Tinkle Bell
17	Percussive Organ	49	String Ensemble 2	81	Lead 2 (sawtooth)	113	Agogo
18	Rock Organ	50	SynthStrings 1	82	Lead 3 (caliope lead)	114	Steel Drums
19	Church Organ	51	SynthStrings 2	83	Lead 4 (chiff lead)	115	Woodblock
20	Reed Organ	52	Choir Aahs	84	Lead 5 (charang)	116	Taiko Drum
21	Accordion	53	Voice Oohs	85	Lead 6 (voice)	117	Melodic Tom
22	Harmonica	54	Synth voice	86	Lead 7 (fifths)	118	Synth Drum
23	Tango Accordion	55	Orchestra Hit	87	Lead 8 (brass + lead)	119	Reverse Cymbal

Guitar		Brass		Synth Pad		Sound Effects	
24	Acoustic Guitar (nylon)	56	Trumpet	88	Pad 1 (new age)	120	Guitar Fret Noise
25	Acoustic Guitar (steel)	57	Trombone	89	Pad 2 (warm)	121	Breath Noise
26	Electric Guitar (jazz)	58	Tuba	90	Pad 3 (polysynth)	122	Seashore
27	Electric Guitar (clean)	59	Muted Trumpet	91	Pad 4 (choir)	123	Bird Tweet
28	Electric (muted)	60	French Horn	92	Pad 5 (bowed)	124	Telephone
29	Overdriven Guitar	61	Brass Section	93	Pad 6 (metallic)	125	Helicopter
30	Distortion Guitar	62	Synth Brass 1	94	Pad 7 (halo)	126	Applaus
31	Guitar Harmonics	63	Synth Brass 2	95	Pad 8 (sweep)	127	Gunshot

Bild 12.24: Die mit General MIDI festgelegten allgemeinen Klänge

Eine weitere Tabelle von General MIDI definiert insgesamt 46 Schlagzeugklänge, für deren Übertragung der MIDI-Kanal 10 vorgesehen ist, während für die anderen Klänge kein bevorzugter Kanal angegeben wird.

General MIDI (GM) soll nicht etwa das Leistungsvermögen von Soundmodulen einschränken, sondern gewissermaßen eine Mindestmenge an Klängen garantieren. Daher ist es auch nicht verwunderlich, dass einige Hersteller über diesen Standard hinausgehen und für sich selbst einen erweiterten definieren, in der Hoffnung, dass er sich am Markt durchsetzen und nachfolgend von der IMA (International **MIDI A**ssociation) als neuer MIDI-Standard akzeptiert wird.

35 Acoustic Bass Drum

36 Bass Drum 1

37 Side Stick

38 Acoustic Snare

39 Hand Clap

40 Electric Snare

41 Low Floor Tom

42 Closed High Hat

43 Hi Floor Tom

44 Pedal High Hat

45 Low Tom

46 Open Hi Hat

47 Low-Mid Tom

48 High-Mid Tom

49 Crash Cymbal 1

50 High Tom

51 Ride Cymbal 1

52 Chinese Cymbal

53 Ride Bell

54 Tambourine

55 Splash Cymbal

56 Cowbell

57 Crash Cymbal 2

58 Vibraslap

59 Ride Cymbal 2

60 High Bongo

61 Low Bongo

62 Mute High Conga

63 Open High Conga

64 Low Conga

65 High Timbale

66 Low Timbale

67 High Agogo

68 Low Agogo

69 Cabasa

70 Maracas

71 Short Whistle

72 Long Whistle

73 Short Guiro

74 Long Guiro

75 Claves

76 High Wood Block

77 Low Wood Block

78 Mute Cuica

79 Open Cuica

80 Mute Triangle

81 Open Triangle

Bild 12.25: Die mit General MIDI festgelegten Schlagzeugklänge

General Synthesizer (GS)

Die Firma Roland definierte General Synthesizer (GS), der abwärtskompatibel zu GM ist und demgegenüber weitere Klänge, Instrumente (z.B. Ethnic Instruments) und Effekte wie Reverb und Chorus festlegt. Insbesondere die Schlagzeug-Sounds sind hier stark erweitert und in verschiedenen Drum-Kits organisiert wie Jazz, Room, Power, Electronic oder TR-808, der im Klang an das bekannte Rhythmusgerät TR-808 von Roland angelehnt ist. Einige Soundkarten wie die AWE 32 und AWE64 von Creative Labs unterstützen beispielsweise die General-Synthesizer-Spezifikation.

Name	Beschreibung
Brush	Ähnlich wie allgemeines Drum-Kit, jedoch mit zusätzlichen Pinseln, wie sie für Jazz-Stücke verwendet werden
CM-64/32L	Im unteren Bereich wie das Drum-Kit des Roland MT-32 und Klangeffekte im oberen Bereich
Electronic	Elektronisches Drum-Kit
Orchestra	Große Auswahl an Konzertschlagwerk und Pauken

Name	Beschreibung
Power	Ähnlich wie allgemeines Drum-Kit, jedoch mit leistungsfähigeren großen und kleinen Drums
Room	Ähnlich wie allgemeines Drum-Kit, jedoch mit mehr Akustik
SFX	Auswahl an speziellen Klangeffekten
Standard Jazz	Allgemeines Drum-Kit
TR-808	Elektronisches Drum-Kit, im Klang an das Rhythmusgerät TR-808 von Roland angenähert

Tabelle 12.13: Die Drum-Kits für den General-Synthesizer-Mode (GS)

Das erste bekannte Roland-Sound-Modul nach GS war das SC-55 (Sound Canvas), das später auch als Erweitungsboard für Soundkarten mit einem Wave-Blaster-kompatiblen Anschluss auf den Markt kam und klanglich sicher eines der besten Waveblaster-kompatiblen Module ist.

Bild 12.26: Das Sound-Canvas-Board von Roland mit Waveblaster-kompatiblem Anschluss

MT-32-Standard

Des Öfteren trifft man im Zusammenhang mit Soundmodulen und auch Soundkarten auf den MT-32-Standard (**M**ulti **T**imbral 32), der ebenfalls von der Firma Roland erdacht worden ist. Er ist aber keineswegs neu, sondern stammt aus den achtziger Jahren, also bevor General MIDI definiert wurde, und verfügt über ein 32-faches Multitimbre – wie der Name bereits sagt –, während GM nur ein 16-faches Multitimbre festlegt.

Roland nannte sein MIDI-Soundmodul *MT-32*, welches in Musikerkreisen eine weite Verbreitung gefunden hat. Im Jahre 1983 war es für ca. 1200 DM zu haben, während heute viele Soundkarten eine mehr oder weniger gelungene MT-32-Emulation bieten, wie beispielsweise die von Creative-Labs-Soundkarten. Im Übrigen unterstützen zahlreiche Spiele eine MT-32-Emulation oder auch direkt ein MT-32-Modul, das am MIDI-Port einer Soundkarte angeschlossen ist.

Das Original-MT-32-Modul, das schon lange nicht mehr angeboten wird, generiert seine 128 Klänge intern mit Hilfe eines Synthesizer-Chips, während man schon damals die Schlagzeug-Sounds als Wavetable-Synthese realisiert hat.

Bild 12.27: Das legendäre MT-32-Modul der Firma Roland

Für heutige Hörgewohnheiten und wenn auf einen möglichst natürlichen Instrumentenklang Wert gelegt wird – was durchaus nicht immer erwünscht ist – klingen einige Instrumente teilweise sehr künstlich, die Drums und spezielleren Effekte hingegen sind sehr realistisch und kraftvoll, und es ist sogar eine Reverb-Schaltung (Echo) in Hardware im Modul implementiert. Der Sound des MT32-Moduls ist insbesondere in der Techno- und House-Music äußerst beliebt. Das MT-32-Modul ist auch auf einer PC-Einsteckkarte zu finden und zwar ist es auf dem Typ LPAC-1, der natürlich von Roland stammt, eingebaut.

eXtended General MIDI (XG)

Die Firma Yamaha hat eXtended General MIDI definiert, welches ebenfalls abwärtskompatibel zu GM ist und insgesamt über 676 Klänge und 21 Drumsets verfügt. Zahlreiche Effekte wie Distortion, Flanger und Delay (insgesamt 64) sind mit dem XG-Modul anzuwenden und über einen speziellen Eingang können außerdem externe Audiosignale wie von einem Mikrofon oder einer Gitarre eingespeist und mit den gleichen Effekten versehen werden wie die internen Sounds. Das erste XG-Gerät ist das Modul DB 50 XG, das ebenfalls auf jede Soundkarte mit einem Wave-Blaster-kompatiblen Steckplatz gesetzt werden kann. Es verfügt über eine 32-fache Polyphonie und verwendet ein Sound-ROM von 4 Mbyte.

12.5 Tipps und Tricks

Neben dem Synthesizer-Chip befindet sich auf jeder üblichen Soundkarte ein Analog-Digital-Wandler, der die von den analogen Eingängen (Line-In, CD-In, Mikrofon) gelieferten Signale in digitale Werte umsetzt. Er ist oftmals mit einem Digital-Analog-Wandler in einem Gehäuse kombiniert, der wiederum die digitalen Informationen auf der Soundkarte »rückübersetzt« – in analoge Signale umsetzt –, die dann am Ausgang *Speaker* und/oder *Line-Out* für die Wiedergabe über Lautsprecher oder eine Stereoanlage verwendet werden.

Neben diesen beiden Schaltungselementen befindet sich im Soundchip, der dann auch als CODEC (Coder/Decoder) bezeichnet wird, noch ein Mixerchip, der die einzelnen Signale – auch die des Synthesizers – mischen kann, und seitdem die Patente von Yamaha am OPL2 und OPL3 nicht mehr bestehen, wird auch dieser Schaltungsteil mit den anderen im Soundchip kombiniert.

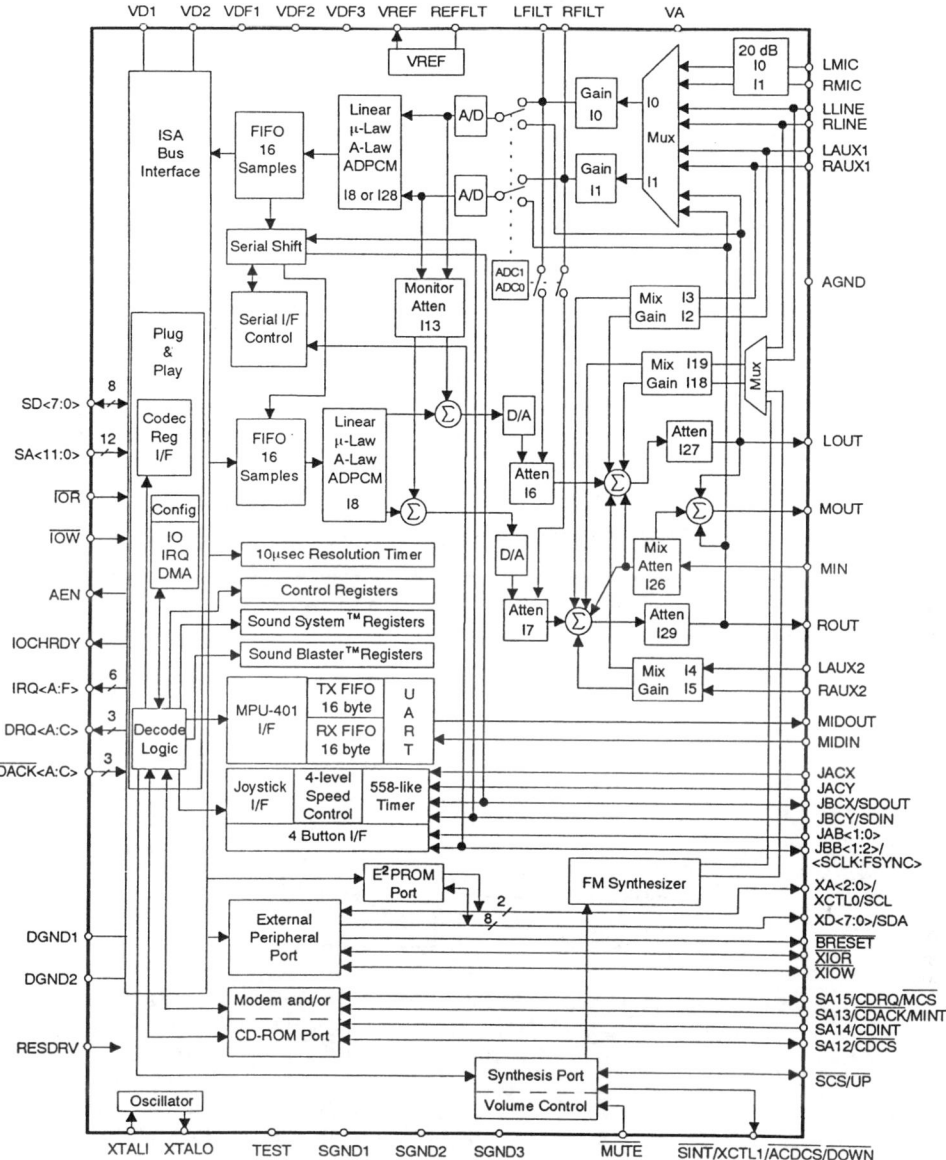

Bild 12.28: *Der Soundchip CS4236 befindet sich auf zahlreichen Soundkarten und bietet alle wesentlichen Schaltungseinheiten für eine Soundkarte in einem einzigen Chip nebst dem ISA-Plug&Play-Interface*

Die bekanntesten Hersteller für derartige Soundchips sind ESS-Technology und Crystal (Cirrus Logic). Entsprechende 16-Bit-Soundkarten sind heute bereits ab ca. DM 40,- erhältlich, was vor nicht langer Zeit noch als unmöglich galt und nur auf Grund dieser hohen Integrationsdichte des Soundchips möglich ist. Als Beispiel ist im Bild 12.28 das Innenleben des Crystal CS4236 gezeigt.

12.5.1 Installation und Problemfälle

Trotz der Zusammenführung der einzelnen Schaltungselemente für eine Soundkarte zu einem oder wenigen Spezialchips ändert dies (leider) nichts daran, dass eine Soundkarte zahlreiche PC-Ressourcen benötigt, was auch die Vielzahl der Jumper auf einigen Soundkarten erklärt. Ein gewisser Fortschritt ist erst durch ISA-Plug&Play zu erreichen, wo eben keine Jumper zu stecken sind, sondern die Konfigurierung automatisch vonstatten gehen soll.

Das Plug&Play-BIOS und/oder das Plug&Play-fähige Betriebssystem (Windows 95) handelt mit der Soundkarte die erforderlichen PC-Ressourcen aus und reserviert diese entsprechend. Gleichwohl treten in diesem Zusammenhang immer wieder besondere Probleme auf, die sich aus dem Wechselspiel der Soundkarten-Hardware, der Treiber-Software, dem Betriebssystem und dem ISA-Plug&Play-Mechanismus selbst ergeben. Ein besonders unrühmliches Beispiel ist beispielsweise die *Soundblaster 32 PnP* mit IDE-Interface, das einfach nicht abzuschalten ist und unnötigerweise PC-Ressourcen für sich beansprucht. Ein anderes Phänomen tritt bei Soundkarten mit dem CS4236 auf, das sich derart äußern kann, dass das MID-Interface zwar einen Interrupt belegt (MPU-401), dieser taucht jedoch nicht in der Windows-9X-Systemsteuerung auf.

Einstellung der Jumper (Steckbrücken)

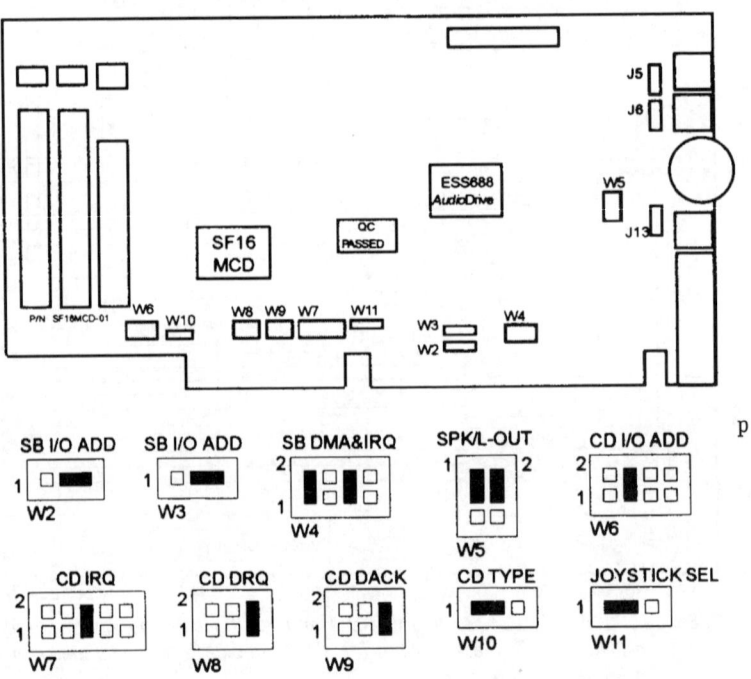

Bild 12.29: Auf einigen Soundkarten ist zwar eine Vielzahl an Jumpern zu finden, allerdings legt man damit die zu verwendenden PC-Ressourcen zweifelsfrei fest

Insgesamt kann sich die Konfigurierung per Plug&Play als ein äußerst mühsamer Vorgang darstellen, was insbesondere dann der Fall ist, wenn sich im PC sowohl konventionelle ISA-Karten (mit Jumpern) als auch ISA-Plug&Play- und PCI-Karten befinden. Ein PC, der allein PCI-Karten verwendet, ist da weit problemloser zu konfigurieren. Vielfach wünscht man sich bei ISA-Plug&Play die (alten) Jumper herbei, damit endlich die gewünschte PC-Ressourcen verwendet werden.

Probleme sind bei Soundkarten leider oft zu finden, wobei sich die meisten jedoch auf Hardware-Konflikte mit anderen Hardware-Komponenten wie Modem-, SCSI- oder Netzwerkkarten zurückführen lassen, die den gleichen Interrupt- oder DMA-Kanal wie die Soundkarte verwenden, oder es findet eine Adressenkollision mit einer anderen Karte statt. Das bedeutet, dass zwei Karten die gleichen Input/Output-Adressen verwenden oder sich zwei Adressbereiche teilweise überlappen. Wie sich solche Konflikte äußern können, ist in der folgenden Tabelle angegeben.

Symptom	Fehler
Kein Sound	I/O-Adressenkonflikt
Software findet keine Karte	I/O-Adressenkonflikt
Keine Wiedergabe	DMA-Kanal-Konflikt
Keine Aufnahme	DMA-Kanal-Konflikt
Keine Anzeige einer Soundkartenaktivität	DMA-Kanal-Konflikt
Sound wird ständig wiederholt	Interrupt-Konflikt oder es sind mehrere Soundkartentreiber installiert

Tabelle 12.14: Typische Ursachen für Soundkartenfehler und wie sie sich äußern können

· ·

Trotz Plug&Play der unterschiedlichen Auslegungen, sollte man stets selbst Buch darüber führen, welche PC-Ressourcen für welche Geräte verwendet werden, was insbesondere für die möglicherweise vorhandenen Jumperstellungen einzelner Karten gilt.

· ·

Neben den im Kapitel 12.2 erläuterten PC-Ressourcen, die eine Soundblasterkarte oder eine hierzu kompatible Soundkarte verwenden, gibt es noch einen weiteren Quasi-Standard: *Windows Sound System*

Dieser Standard wurde ursprünglich mit der Soundkarte *Windows Sound System* von Microsoft festgelegt und viele Soundkarten, beispielsweise mit einem CODEC der Firma Analog Devices oder auch Crystal, sind hierzu kompatibel, was in diesem Zusammenhang bedeutet, dass sie vorzugsweise die mit dem Windows Sound System (WSS) definierten PC-Ressourcen beanspruchen.

I/O-Basisadressen	Interrupt-Kanäle	DMA-Kanäle
530h	IRQ7	**DMA0**
604h	IRQ9	DMA1
E80h	IRQ 10	DMA3
F40h	**IRQ11**	

Tabelle 12.15: Eine Sound-System-kompatible Karte muss mindestens diese Parameter verwenden kön-nen; die voreingestellten Werte sind in der Tabelle Fett *gekennzeichnet*

Funktion	Adresse	Inhalt
Autoselect	Basisadresse	Konfigurations-Daten
Autoselect	Basisadresse +1	Reserviert
Autoselect	Basisadresse +2	Reserviert
Autoselect	Basisadresse +3	Versionsnummer
WAV	Basisadresse +4	CODEC Address
WAV	Basisadresse +5	CODEC Data
WAV	Basisadresse +6	CODEC-Status
WAV	Basisadresse +7	CODEC PIO
MIDI-Play	388h, Read	OPL3-Status
MIDI-Play	388h, Write	OPL3-Address (links)
MIDI-Play	389h, Write	OPL3-Data (links)
MIDI-Play	38Ah, Write	OPL3-Address (rechts)
MIDI-Play	38Bh, Write	OPL3-Data (rechts)

Tabelle 12.16: Die für den Sound-System-Standard üblichen I/O-Adressen

Einige Soundkartenmodelle bieten wahlweise eine Konfigurationsmöglichkeit für den Soundblaster- oder den WSS-Mode an, was insbesondere für die Verwendung von Spielen unter DOS relevant ist.

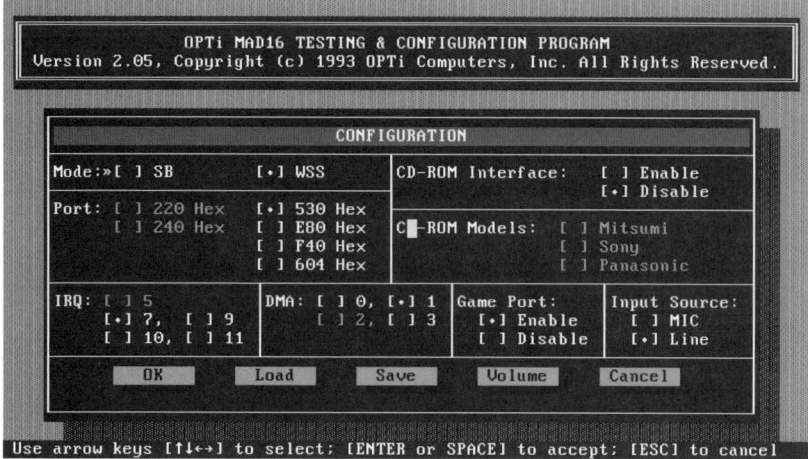

Bild 12.30: Einige Soundkarten bieten wahlweise den Soundblaster- (SB) oder den Windows-Sound-System-Mode (WSS) unter DOS an, wobei völlig unterschiedliche PC-Ressourcen verwendet werden

Zunächst sollte eine ISA-Plug&Play-Soundkarte vom Plug&Play-BIOS des PC erkannt werden, wobei man davon ausgehen kann, dass jeder PC ab Ende des Baujahres 1996 über ein derartiges BIOS verfügt und auch eine dementsprechende Anzeige bietet.

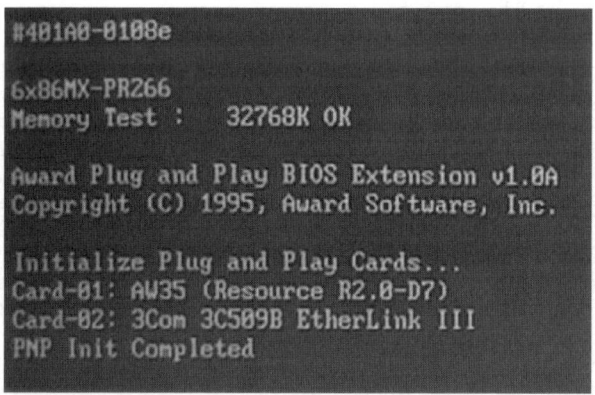

Bild 12.31: Ein Plug&Play-BIOS zeigt die installierten ISA-Plug&Play-Karten beim Booten an, wie in diesem Fall eine Soundkarte AWE35 und eine Netzwerkkarte

Falls es sich um eine PCI-Soundkarte handeln sollte, wird sie beim Booten des PC unter den PCI-Devices (PCI Device Listing) üblicherweise als *Multimedia Device* angezeigt. Wird die Soundkarte an dieser Stelle jedoch nicht detektiert, ist man bei einer PCI-Karte bereits am Ende der Fehlersuche, denn sie ist entweder nicht richtig eingebaut oder auch defekt. Die Karte sollte noch einmal probeweise in einen anderen Slot eingesteckt werden, um zu prüfen, ob dies zu einem anderen Ergebnis führt.

Bei älteren PCI-Systemen, wo nur ein einziger Slot masterfähig ist, kann es bei der Verwendung aktueller Soundkarten zu Problemen in der Form kommen, dass die Installation zwar ohne Fehler absolviert wird, die Soundkarte jedoch nach einem Neubooten nicht funktionieren will. Dies liegt daran, dass es bei PCI keine DMAs im klassischen Sinne gibt, sondern es werden stets Burst-Transfers absolviert, die oftmals nur in einem masterfähigen PCI-Slot korrekt ausgeführt werden.

Schwerwiegender wiegt allerdings die Tatsache, dass diese älteren PCI-Systeme nur jeweils einen IRQ (Einstellung per BIOS-Setup und/oder per Jumper auf dem Mainboard!) pro PCI-Slot verwenden können, womit eine übliche PCI-Soundkarte überhaupt nicht klarkommt, denn sie will vielfach derer drei beanspruchen. Bei derartigen PCI-Systemen empfiehlt sich eine ISA-Plug&Play-Soundkarte, die (ähnlich wie bei PCI) automatisch vom BIOS bzw. Windows 9x konfiguriert wird.

Bei älteren PCI-PCs sind aktuelle PCI-Soundkarten nicht immer zum Laufen zu bringen, so dass als Ausweg nur eine ISA-Karte zum Einsatz kommen kann, am besten eine ISA-Plug&Play-konforme.

Wird eine ISA-Plug&Play-Karte nicht vom BIOS erkannt, kann dies mehrere Gründe haben: Entweder handelt es sich um eine Plug&Play-BIOS-Version, die die ISA-Plug&Play-Einheiten nicht erkennen oder auch nur nicht anzeigen kann. Falls als Betriebssystem jedoch Windows 9x verwendet wird, ist dies zunächst nicht weiter von Belang, denn Windows 9x besitzt einen eigenen ISA-Plug&Play-Erkennungsmechanismus, ist prinzipiell also nicht auf ein Plug&Play-BIOS mit ISA-Unterstützung angewiesen.

Des Weiteren kann die Soundkarte auf Grund zu knapper Systemressourcen oder einer nicht korrekten Zuweisung im *PNP/PCI Configuration Setup* (siehe *Der Setup des PC*) nicht in das System eingebunden werden. Typischer Fall: Windows 9x fährt hoch und es ertönt ein Piepton, der stets auf einen IRQ-Konflikt der Soundkarte mit einem anderen Device hindeutet. Bei der Überprüfung der IRQ-Belegungen sollte auch ein Blick in die SYSTEM.INI und die möglicherweise vorhandene spezielle INI-Datei der Soundkarte geworfen werden, denn selbst bei neueren PCI-Modellen, wie etwa der *SB 128 PCI* von Creative Labs, wird sich hier einfach ein IRQ »geschnappt« (meist für MPU-401, MIDI-Port). Wenn die entsprechende INI-Eintragung beim Booten abgearbeitet wird und diese Einstellung beispielsweise mit dem IRQ der Grafikkarte übereinstimmt, schaltet die Grafikkarte auf *Schwarz* und der PC »steht«.

Selbst neuere Soundkarten tragen (ungefragt) Hardware-Ressourcen in der SYSTEM.INI ein, was für ernsthafte PC-Probleme sorgen kann.

12.5.2 Audio-Anschlüsse

Die Kabelverbindungen zum Mikrofon, der Stereoanlage oder den Lautsprechern sollten stets bei abgeschalteten Geräten hergestellt werden und bei intern herzustellenden Audioverbindungen ist natürlich der Netzstecker am PC zu ziehen. Das Herstellen der Audioverbindungen ist oftmals nicht so einfach, da am Slotblech der Soundkarte üblicherweise Buchsen für 3,5-mm-Klinkenstecker eingebaut sind und Stereoanlagen und andere Audiogeräte in der Mehrzahl über Cinch- oder über 5-polige DIN-Buchsen verfügen.

Beim Kauf der Soundkarte sollte man daher gleich an entsprechende Verbindungskabel oder auch Adapter denken, die aber in den seltensten Fällen zum Lieferumfang der Soundkarte gehören. Sie sind leider auch nicht immer leicht erhältlich, so dass man oft nicht daran vorbeikommt, sich selbst ein passendes anzufertigen. In den beiden folgenden Bildern sind die in diesem Zusammenhang wichtigen Verbindungsmöglichkeiten angegeben.

Für den Anschluss an die Stereoanlage sollte unbedingt der Line-Out-Ausgang der Soundkarte verwendet werden, der aus Qualitätsgründen am besten nicht mit dem Ausgang für die Lautsprecher (Speaker) kombiniert sein sollte, was aber vom Typ der Soundkarte abhängig ist. Der Verstärker für die Lautsprecher bringt nämlich in der Regel ein erhöhtes Grundrauschen mit sich und ist auch elektrisch gesehen nicht optimal für den Line-In-Eingang der Stereoanlage ausgelegt.

Oftmals ist auch der Mikrofoneingang mit dem Line-In-Eingang auf der Soundkarte kombiniert, so dass immer nur eine Signalquelle angeschlossen werden kann, entweder ein Mikrofon oder ein Audiogerät wie eine Stereoanlage. Bei den besseren Soundkarten sind getrennte Eingänge für Mikrofon und Line-In vorgesehen und in ihren Verstärkungseigenschaften und Eingangswiderständen optimaler auf die verschiedenen Audioquellen angepasst.

Adapter 3,5 mm-Klinke/Cinch

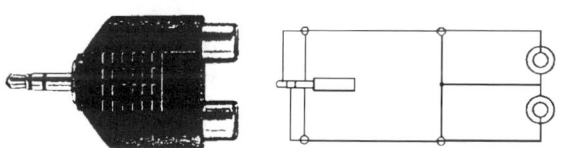

Adapter 3,5 mm/6,35 mm-Klinke   6,35 mm Klinkenstecker

DIN-Stecker   3,5 mm Klinkenstecker

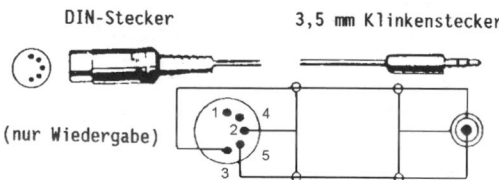

(nur Wiedergabe)

Bild 12.32: *Audioadapter in der Übersicht. Von oben nach unten:*
Stereoadapter mit einem 3,5 mm Klinkenstecker und zwei Cinchbuchsen
Stereoadapter »3,5 mm Klinkenstecker auf 6,35 mm Buchse« und ein 6,35 mm Stereoklinkenstecker
Adapterkabel mit 5-poligem DIN- und 3,5 mm Klinkenstecker für die Stereowiedergabe

Am einfachsten stellt sich der Anschluss der Soundkarte an die Stereoanlage dar, wenn die Karte wie ein Tapedeck angeschlossen wird. Von allen am Verstärker angeschlossenen Signalquellen können dann Aufnahmen mit der Soundkarte durchgeführt werden und auch die von der Soundkarte erzeugten Töne mit einem Tapedeck aufgenommen werden.

Der Line-In-Anschluss der Soundkarte wird mit einem Line-Out-Anschluss der Stereoanlage verbunden. Line-Out wird an den Audiogeräten häufig auch als Tape-Out oder Record-Out bezeichnet. Line-Out der Soundkarte ist entsprechend mit Line-In (Tape-In) der Stereoanlage zu verbinden. Am Verstärker ist dann wie üblich das Tapedeck, der Tuner, der CD-Player und womöglich noch ein Plattenspieler angeschlossen. Besitzt der Verstärker nur einen einzigen Tapedeck-Anschluss, muss man die Kabel hier leider bei Bedarf zwischen dem Tapedeck und der Soundkarte hin- und herstecken.

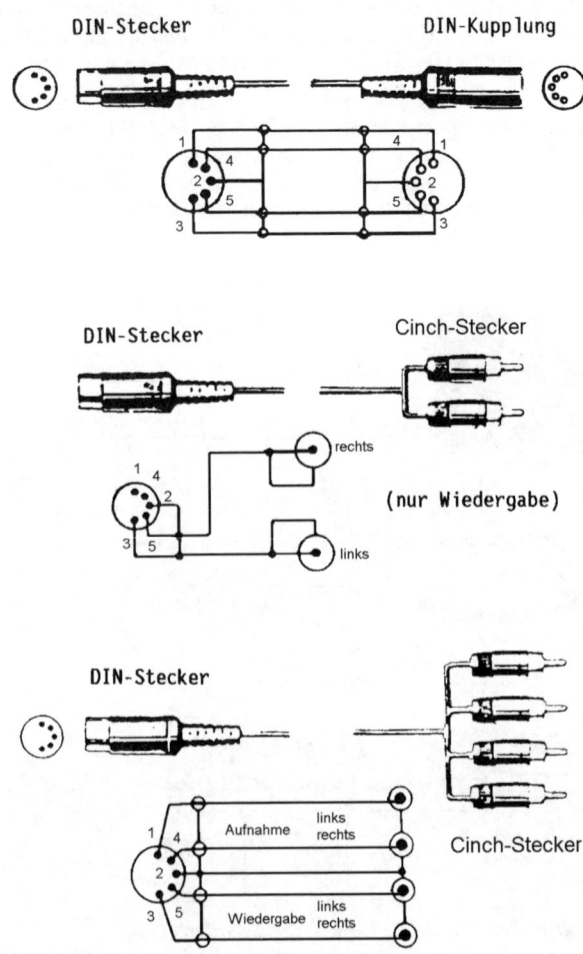

Bild 12.33: *Audiokabel in der Übersicht. Von oben nach unten:*
5poliges DIN-Verbindungskabel (Stecker/Kupplung).
Adapterkabel (DIN-Stecker/Cinch-Stecker) für die Stereowiedergabe.
Adapterkabel (DIN-Stecker/Cinch-Stecker) für die Stereowiedergabe und -Aufnahme

Einige Soundkarten verfügen über zusätzliche Anschlüsse, die nicht am Slotblech anliegen, sondern direkt auf der Platine als Stiftleisten ausgeführt sind. Hier handelt es sich meist um den Audioanschluss für ein CD-ROM-Laufwerk, um einen zusätzlichen Aux-Eingang, um die Anschlüsse für die PC-Lautsprecherverbindung oder auch um Eingänge, die mit MODEM oder TV bezeichnet und dann meist in Mono ausgeführt sind. Da diese Audioanschlüsse unterschiedlich belegt sein können, kann nur ein Blick in die entsprechenden Handbücher darüber Aufschluss geben, wie die Kabelverbindung von der Signalbelegung (links, rechts, Masse) her auszusehen hat.

Was immer wieder gern vergessen wird, ist die Audioverbindung vom CD-ROM-Laufwerk zur Soundkarte. Die Wiedergabe von CD-ROM-Audio-Files, wie es mit dem üblichen CD-Player der Stereoanlage ebenfalls praktiziert wird, ist zwar auch ohne diese Verbindung möglich, jedoch keine Wiedergabe von WAV- oder MIDI-Files.

Die Audioverbindung vom CD-ROM-Laufwerk zur Soundkarte wird über ein relativ dünnes Kabel hergestellt, das hoffentlich gleich beim CD-ROM-Laufwerk dabei war. Andernfalls hat man es oftmals schwer, ein entsprechendes Kabel aufzutreiben, denn die Audioanschlüsse bei den CD-ROM-Laufwerken und Soundkarten sind recht unterschiedlich. Im Elektronikfachhandel (z.B. Conrad Electronic) gibt es eine Reihe von speziellen Audio-Adapterkabeln, die verschiedene CD-ROM-Laufwerke und Soundkarten miteinander verbinden können.

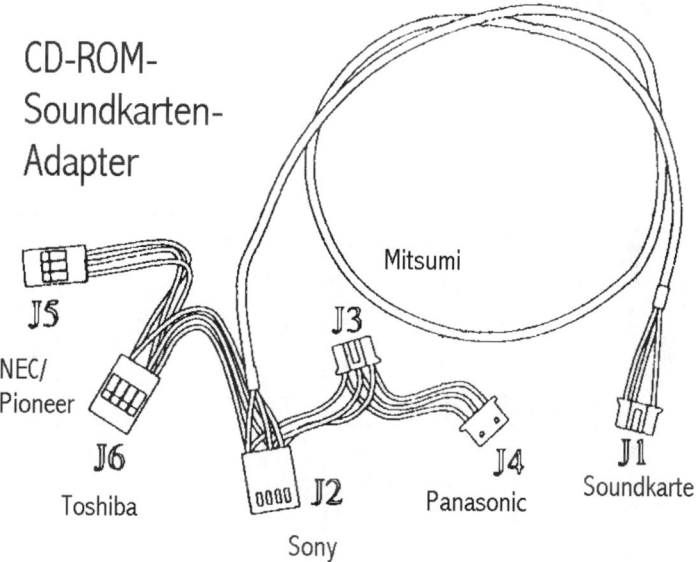

Bild 12.34: Ein Adapterkabel für die Audioverbindung von unterschiedlichen CD-ROM-Laufwerken und Soundkarten

Generell werden aber drei Signale geführt, die meist an den einzelnen Anschlüssen gekennzeichnet sind:

···⟩ **R, Right, rechts:** das Audiosignal des rechten Kanals

···⟩ **L, Left, links:** das Audiosignal des linken Kanals

···⟩ **GND, Ground, Masse:** das gemeinsame Massesignal, das oftmals auch über zwei Leitungen geführt wird

Mit dem Multimedia-Standard der dritten Revision (MPC-Level 3) ist die Belegung des Audioanschlusses standardisiert und weist die im folgenden Bild angegebene Kontaktbelegung auf.

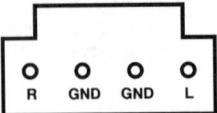

Bild 12.35: Die Belegung des Audio-Signalanschlusses (CD-IN) nach MPC-Level-3

Ein zusätzlicher Audioeingang (fast) zum Nulltarif

Ältere Soundkarten besitzen oftmals keinen Audioeingang für ein CD-ROM-Laufwerk und auch bei neueren Modellen kommt es durchaus vor, dass ein zusätzlicher Audioeingang benötigt wird. Dies ist jedoch allein nicht unbedingt ein Grund für eine neue Soundkarte, denn in vielen Fällen ist ein zusätzlicher Eingang problemlos nachrüstbar, zumindest wenn man den Umgang mit einem Lötkolben nicht scheut. Vergegenwärtigt man sich den Aufbau einer Soundkarte, wofür im Bild 12.36 ein Beispiel gezeigt ist, wird man beim Blick auf die Soundkarte die Anschlüsse für die Audiosignale entdecken können.

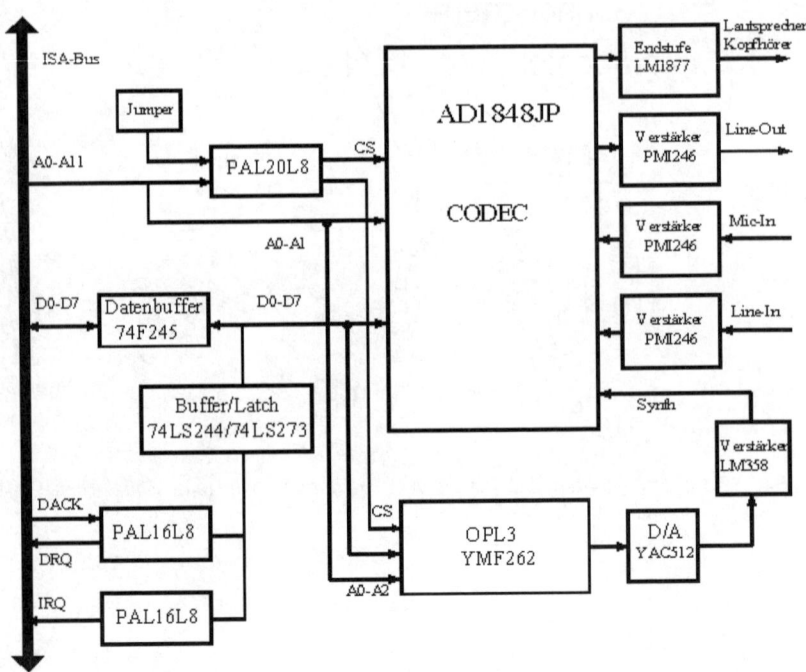

Bild 12.36: Die vereinfachte Schaltung einer üblichen Soundkarte zeigt die verschiedenen Verstärker und Analog-Eingänge

Parallel zu einem vorhandenen Audioeingang lötet man einen Widerstand von typischerweise 3,3-4,7 kΩ, dazu in Reihe (optional) einen Kondensator von ca. 100 nF-1µF und an dieser Stelle wird nun ein Kabel für das zusätzliche Audiosignal angelötet.

Der Widerstand bestimmt dabei die Amplitude des zusätzlichen Audiosignals und der Wert ist so anzupassen, dass sich die optimale Lautstärke ergibt. Am einfachsten ist es, wenn man zum Test statt des Widerstandes einen Trimmer verwendet, mit dem die optimale Einstellung getroffen werden kann, misst danach den eingestellten Widerstandswert mit einem Multimeter und ersetzt diesen Wert dann durch den entsprechenden (Fest-)Widerstand. Der erwähnte Kondensator ist nur dann notwendig, wenn im (neuen) Audiosignal ein Brummen zu vernehmen ist, und er dient dabei als Koppelkondensator.

Das zusätzliche Audiosignal – beispielsweise für CD-In – ist am besten mit Line-In zu kombinieren und es ist klar, dass dann im Mixer mit dem Line-In-Regler auch die Lautstärke der CD-Audio-Amplitude verändert wird. Der erwähnte Widerstand sollte daher so bemessen werden, dass beide Lautstärken annähernd gleich sind.

Wer nicht so geübt ist im Identifizieren von Verstärkerschaltungen, kann auch nach einer experimentellen Methode vorgehen, um einen passenden Eingang für einen zusätzlichen Audioeingang zu ermitteln: mit dem Drahtende des Widerstandes – dahinter der Kondensator (Minuspol an den Widerstand), dahinter das Kabel zur Audioquelle – werden bei laufender Wiedergabe der Audioquelle einfach die Erfolgversprechenden Punkte auf der Soundkarte »abgeklopft« und an derjenigen Stelle, wo das Signal über die Soundkarte ertönt, ist die richtige Stelle für den zusätzlichen Eingang. Wichtig ist bei dieser Vorgehensweise der Kondensator, damit keine elektrischen Beschädigungen hervorgerufen werden.

Für die Realisierung eines Stereoeingangs gilt natürlich die gleiche Vorgehensweise, nur müssen dann zwei »Einspeisungspunkte« auf der Soundkarte ermittelt und mit der entsprechenden (identischen) Zusatzschaltung versehen werden.

Bild 12.37: Ein Widerstand von 4,7 kΩ reicht bei dieser Soundkarte für die Realisierung eines zusätzlichen Analog-Einganges aus

Es kann aber noch einfacher sein, einen zusätzlichen Analog-Eingang herzustellen, denn aus Kostengründen werden auf einigen Soundkarten einfach die entsprechenden Anschlüsse weggelassen, obwohl die Signale auf der Karte korrekt verdrahtet sind. Allerdings kann es passieren, dass dieser (nicht verdrahtete) Eingang von der Treiber-Software nicht unterstützt wird, wodurch er dann leider auch nicht zu verwenden ist. Da es insbesondere auf dem Sektor der preiswerten Soundkarten mit ESS- oder Crystal-Chip aber geradezu eine Unmenge an Soundkarten gibt, die (fast) völlig identisch aufgebaut sind, können meist die Treiber der unterschiedlichen Hersteller für ein- und dieselbe Soundkarte verwendet werden.

Bild 12.38: *Auf dieser Soundkarte lässt sich der zusätzliche Analog-Eingang (rechts oben: L GND R) leicht nachrüsten*

 Einige Soundkarten- und Soundchip-Hersteller

http://www.aopen.com.tw

http://www.crystal.com

http://www.esstech.com (ESS Technology)

http://www.guillemot.com

http://www.multimedia-edv.com (Turtle Beach)

http://www.pearl.de

http://www.pinegroup.com (Pine)

http://www.soundblaster.com

http://www.shuttlegroup.com

http://www.terratec.com

http://www.typhoon.co.uk

http://www.yakumo.com

13 Bild- und Videoverarbeitung

Für die Verarbeitung von Bildern, wobei dies Zeichnungen oder Fotos sein können, oder aber auch »bewegte Bilder« wie etwa Videos oder Fernsehbilder, gibt es zahlreiche verschiedene PC-Hardware- und Software-Lösungen, die in diesem Kapitel behandelt werden.

13.1 Scanner

Scanner dienen zur Übertragung verschiedener Vorlagen, wie Grafiken, Pläne, Fotos oder auch Texte in den PC. Sind diese Vorlagen durch einen Scanner in eine digitale Form gebracht worden – in einer Datei gespeichert –, können diese auf dem PC mit den üblichen Bildbearbeitungsprogrammen weiterverarbeitet werden. »Gescannte« Texte werden von einem Bildformat (*.BMP, *.TIF) mittels eines OCR-Programms (Optical Character Recognition) in eine Textdatei umgesetzt, was mühseliges Abtippen von Texten ersetzen kann.

Scanner gibt es prinzipiell in vier Bauformen:

···⟩ Handscanner

···⟩ Einzugscanner

···⟩ Flachbettscanner

···⟩ Trommelscanner

Mit einem Handscanner sind Vorlagen bis zu einer typischen Breite zu erfassen. Die Handhabung ist dabei etwas gewöhnungsbedürftig, denn mit dem Handscanner fährt man mit ruhiger Hand über die Vorlage, was meist nur dann ruckelfrei und gradlinig funktioniert, wenn man sich eine Führungsschiene, wie etwa ein Stahllineal, auf die Vorlage legt. Jedes Stocken beim Scannen oder auch Abweichen von der gewünschten Linie wird unmittelbar als Bildinformation von der Scan-Software interpretiert und verunstaltet somit das Bild.

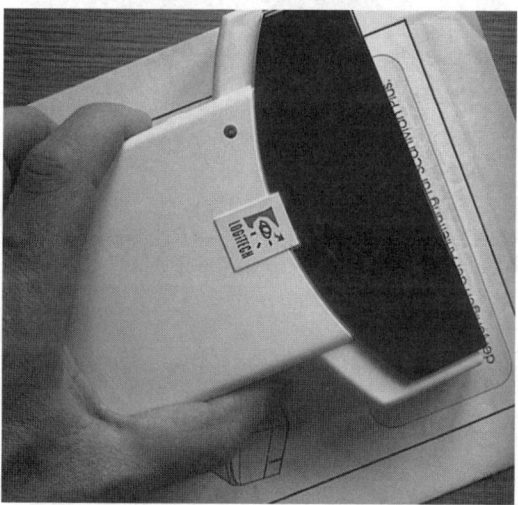

Bild 13.1: Die Bildvorlage wird mit einem Handscanner abgefahren, was einige Übung und eine ruhige Hand erfordert

Die typische Auflösung eines Handscanners liegt im Bereich von 300 bis 400 dpi (dots per inch, Punkte pro Zoll) und die ersten Modelle dieser Art waren reine Graustufenscanner, die demnach keine Farbe weiterverarbeiten, sondern die Farbinformation nur in Graustufen umsetzen können.

Bei einem Einzugscanner wird die Vorlage – wie in einen Reißwolf oder auch wie bei einigen Faxgeräten – hineingelegt und automatisch durchgezogen. Dieser Typ ist demnach nur für einzelne Seiten und nicht für Bücher oder andere geheftete Vorlagen geeignet.

Die professionellen Modelle werden als *Trommelscanner* bezeichnet und scheiden aus Kostengründen (ab DM 10000,–) – für den Heimgebrauch – aus. Trommelscanner können Bilder mit mehreren Tausend dpi einlesen, wie es etwa bei der Dia-Reproduktion notwendig ist, und daher findet man diese Scanner vorwiegend in Druckbetrieben.

Der universellste Scannertyp ist der Flachbettscanner, bei dem man die Vorlage wie auf einen Fotokopierer legt. Dies können daher einzelne Blätter, Zeitungen, Bücher oder auch flache Gegenstände sein, wie beispielsweise eine Platine oder eine Festplatte. Im Inneren fährt ein Schlitten mit der Optik und der Umsetzerelektronik unter einer Glasscheibe hindurch.

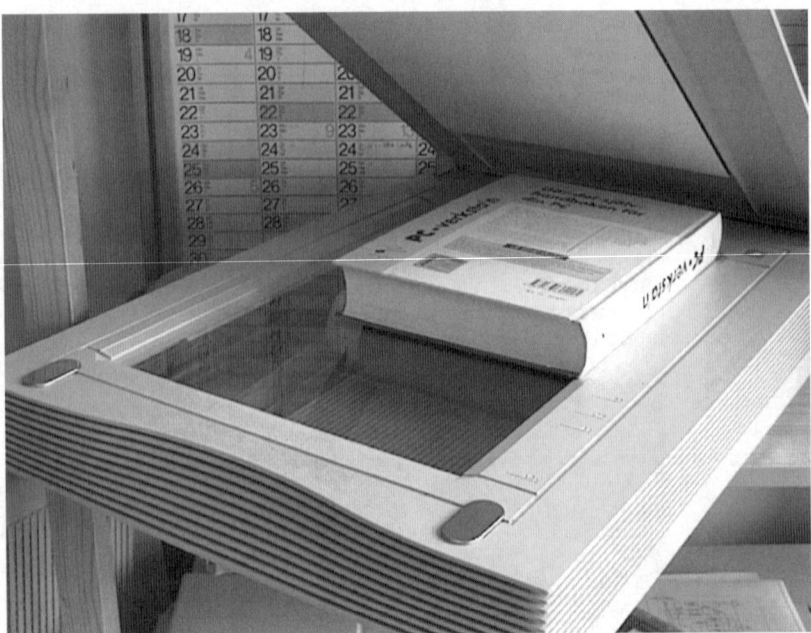

Bild 13.2: Ein Flachbettscanner ist universell einzusetzen

13.1.1 Das Funktionsprinzip

Ein Flachbettscanner sieht zwar einem Fotokopierer ähnlich, er arbeitet jedoch auf andere Art und Weise. Die Vorlage wird ebenfalls von unten mit einer Lichtquelle beleuchtet. Die Leseoptik, meist aus CCDs bestehend, fährt schrittweise unter der Vorlage hindurch, wobei das reflektierte Licht von den CCDs über eine Optik detektiert wird. Helle Stellen der Vorlage reflektieren dabei stark, dunkle Stellen weniger.

CCDs sind **C**harge **C**oupled **D**evices – lichtempfindliche Halbleitersensoren –, die in Abhängigkeit von der Intensität des Lichteinfalls eine unterschiedlich hohe Spannung liefern. Scanner, Digitalkameras und digitale Videokameras arbeiten mit CCDs, wobei Tausend oder sogar Millionen von einzelnen CCD-Elementen in einer Matrix regelmäßig neben- und untereinander zusammengeschaltet sind.

Bei Scannern wird meist nur eine CCD-Zeile (keine Matrix) verwendet, da die Vorlage zeilenweise erfasst wird und nicht auf einen »Schuss« wie bei einer Digitalkamera.

Bild 13.3: Die CCD-Zeile bei einem Scanner

Übliche Fotokopierer besitzen jedoch keine CCDs, sondern eine Fototrommel, wie ein Laserdrucker auch, denn ein Fotokopierer muss das Lichtsignal nicht in elektrische Signale umsetzen, sondern »nur« ein Abbild der Vorlage auf der Trommel herstellen. Die in jüngster Zeit recht beliebten All-in-One-Geräte kombinieren die Funktionalität von Scanner, Drucker, Fotokopierer und möglicherweise auch Fax und in diesen Geräten werden daher auch die in Scannern üblichen CCDs und keine Fototrommeln verwendet.

Bei Farbscannern und auch Kameras werden unterschiedliche CCD-Elemente verwendet: Einige reagieren nur auf die Wellenlänge des roten Lichtes, andere nur auf die Wellenlänge des blauen und weitere nur auf die Wellenlänge des grünen Lichtes. Die erfassten Lichtanteile werden jeweils in 256 Helligkeitsstufen unterteilt und durch die Kombination aller drei Farbwerte ergeben sich somit 256 x 256 x 256 = 16,7 Millionen Farben. Ein derartiger Scanner hat daher eine *Farbtiefe* von 24 Bit (2^8 =256), wohingegen die meisten neueren Modelle mit einer Farbtiefe von 30 Bit (oder noch mehr arbeiten (bis zu 36 Bit). Die Helligkeitsinformation selbst wird dabei durch den CCD-Chip aus den drei Wellenbereichen herausgefiltert.

Ein heute üblicher Scanner (One Pass Scanner) erstellt ein Farbbild in einem »Rutsch«, während die älteren Modelle hierfür drei Durchläufe – einmal für jede Grundfarbe – benötigen. Diese Modelle besitzen keine unterschiedlichen CCD-Elemente in der CCD-Zeile und erfassen daher nur eine Graustufeninformation. In den drei Scann-Phasen wird dem CCD-Chip aber jedes Mal ein anderer Farbfilter (Rot, Grün, Blau) vorgeschaltet, was somit in Kombination der drei Bilder zum Farbbild führt.

13.1.2 Auflösung und Interpolation

Die CCD-Zeile und die Digitalisierelektronik befinden sich in einem schwarzen Schlitten, der außerdem mehrere Spiegel und Stablinsen zur Lichtumlenkung und Fokussierung beinhaltet. Dieser Schlitten wird von einem Schrittmotor bewegt und dessen Schrittweite bestimmt die vertikale Scan-Auflösung, während die horizontale Auflösung durch die CCD-Zeile bestimmt wird. Diese physikalische (tatsächliche) Auflösung, ist neben der Farbtiefe das zweite wesentliche Kriterium eines Scanners. Je höher die Auflösung eines Scanners ist, desto mehr Details der Vorlage können erfasst werden.

Eine niedrigere Auflösung als die durch die CCD-Zeile und den Schrittmotor vorgegebene wird einfach durch eine höhere Geschwindigkeit des Schlittens und die Zusammenfassung mehrerer Bildpunkte erreicht. Höhere Auflösungen werden durch Interpolation gewonnen, wobei diese Funktionalität im Software-Treiber des Scanners oder auch der Scanner-Software implementiert ist.

Diese Interpolation bedeutet nichts anderes, als dass die Software von den gescannten Punkten auf weitere schließt, es wird also nur vermutet, dass sich zwischen zwei tatsächlichen Punkten einer bestimmten Intensität ein weiterer befindet, der in seiner Farbe und Intensität dem Mittelwert der beiden vorhandenen entspricht. Durch Interpolation wächst also nicht der Informationsgehalt des Bildes, sondern es ist gewissermaßen ein Software-Trick, dem man in der Praxis aber keine große Beachtung schenken sollte. In der Werbung zu Scannern wird oftmals dieser höhere interpolierte Wert für die Auflösung herausgestellt und nicht der tatsächliche, physikalisch erreichbare.

Vielfach wird bei Scannern nicht die tatsächliche Auflösung, sondern nur eine (möglichst hohe) interpolierte angegeben. Diese Interpolation führt im Prinzip nur zu unnötig großen Dateien und ändert nichts an der Schärfe oder den Details eines Bildes.

13.1.3 Der optimale Scan

Bei den Flachbettscannern, bis zur einer Preisgrenze von DM 1000,– sind übliche Auflösungen 300 x 300 dpi bis hin zu 2400 x 2400 dpi. Mit welcher Auflösung zu scannen ist, hängt davon ab, für welchen Einsatzzweck die Bilder gedacht sind, und man sollte immer daran denken, dass eine doppelt so große Auflösung schließlich auch die doppelte Dateigröße zur Folge hat.

Für die Verwendung von Bildern im Internet sind 300 x 300 dpi ausreichend; sollen die Bilder auf einem Farbdrucker ausgegeben werden, sind 600 x 600 dpi anzusetzen. Der Drucker muss diese Auflösung natürlich auch unterstützen. Werden Vorlagen mit einer höheren Auflösung gesannt, als der Drucker aufzulösen vermag, kann es zum so genannten Moiré-Effekt führen. Die gedruckten Bilder weisen dann deutlich sichtbare Schlieren (eines bestimmten Musters) auf. Durch eine optimale Anpassung in der Scanner-Software an den Drucker oder die Verringerung der Auflösung lässt sich dieser Effekt verhindern.

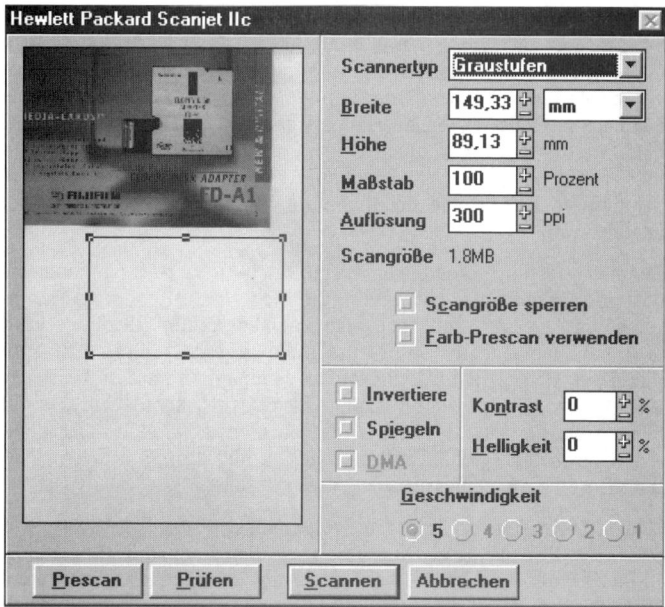

Bild 13.4: Mit der Scanner-Software wird der abzutastende Bereich, die Auflösung und die Art des Bildes (hier Graustufen, oder Strichzeichnung oder auch Farbfoto) bestimmt

Die meisten Farbbilder, wie sie in Zeitschriften zu finden sind, werden jedoch mit einer Auflösung von 300 x 300 dpi gescannt und die tatsächliche Auflösung des Bildes beträgt nur 150 dpi, weil der übliche Offsetdruck gar nicht mehr leisten kann. Für das Scannen von Strichbildern sind statt 300 x 300 dpi unbedingt 600 x 600 dpi zu verwenden, denn sonst werden dünne gerade Linien zu Zickzack-Linien.

Ein Problem beim Scannen ist generell die Beibehaltung der Farbechtheit. Oftmals weist ein Bild, das auf dem Bildschirm wie gewünscht aussieht, im Ausdruck einen Gelbstich oder eine andere Farbveränderung gegenüber dem Original auf. Üblicherweise gehört zu einem Scanner eine spezielle Kalibrier-Software, die versucht, einen Farbabgleich zwischen dem Monitor, dem Scanner und dem Drucker herzustellen, damit stets die gleiche Farbzusammensetzung und -darstellung gegeben ist. In der Praxis stellt sich diese Angelegenheit jedoch meist als schwieriges Unterfangen heraus, denn die Bildbearbeitungs-Software (z.B. Corel Photo Paint, Micrografx Picture Publisher) kann wieder eigene Einstellungen hierfür mitbringen und außerdem verwenden die Geräte unterschiedliche Farbmodelle (RGB oder CMYK, siehe Kapitel 9.3.4).

Wer mit mehreren Farbdruckern und mehreren Bildbearbeitungsprogrammen arbeitet, ist besonders schlimm dran. Nach spätestens zwei Tagen und einem Stapel von Probeausdrucken, lässt man die Kalibrierung völlig beiseite, übernimmt stets die Voreinstellungen, macht einen Probedruck und falls das Bild nicht völlig daneben liegt, bleibt am besten alles so wie es ist. Bei einem störenden Farbstich, wird der Einfachheit halber nur an der Farbzusammensetzung des Druckers »gedreht«.

Ein typischer Fehler ist es, dass gescannte Bilder für den Ausdruck größer als die Vorlage gezogen werden, was dann im Ausdruck verschwommen aussieht, wobei auch einzelne Rasterstufen zu erkennen sind. Das Gleiche gilt auch, wenn man einen Bildausschnitt von einer Vorlage anfertigt und diesen dann auf Größe zieht. Um beispielsweise einen Ausschnitt, der ein Viertel des Originalbildes beträgt, so groß wie das ganze Bild anzufertigen, muss die Auflösung ebenfalls um den Faktor vier erhöht werden (von 300 dpi auf 1200 dpi beispielsweise). Entsprechendes gilt für kleinere Ausschnitte, bei denen die üblichen Flachbettscanner dann nicht mehr ausreichen.

Einige Hersteller bieten optional Durchlichtaufsätze für Scanner an. Diese sind für das Scannen von Dias notwendig, die nicht von unten, sondern von oben beleuchtet werden müssen. Dabei soll man sich aber keinen Illusionen hingeben, denn die maximal zu erreichende Auflösung ändert sich dadurch natürlich nicht, auch wenn diese Aufsätze oftmals als *Dia-Aufsatz* propagiert werden. Diese Aufsätze beinhalten nichts anderes als eine Lampe (Leuchtstoff, Xeon), wie sie ja auch (unten) im Scanner vorhanden ist, und sie bringen nicht etwa eine zusätzliche Optik mit. Für einen normalen Flachbettscanner (600 x 600 dpi) sind diese zusätzlichen Durchlichtaufsätze daher herausgeschmissenes Geld.

Andererseits gibt es recht preiswerte Modelle (ca. DM 180,–), wie den Optic Pro 9636T der Firma Plustek, der gleich von Hause aus mit einer Durchlichteinheit im Deckel ausgerüstet ist. In Anbetracht der Tatsache, dass man bei einer Firma wie Hewlett-Packard für dieses Geld noch nicht mal einen einzelnen Durchlichtzusatz erhält, kann man sich eigentlich nicht beklagen, zumal die Ergebnisse bei DIAs und Negativen hier überraschend gut sind.

13.1.4 Scannerqualität und -pflege

Die Preise für die Flachbettscanner sind in den letzten Jahren drastisch gefallen. Die Firma Mustek beispielsweise stellte zur CeBit 1994 einen Farbscanner (3-Pass) mit einer Auflösung von 300 x 600 Bildpunkten für unter 1000 DM vor, was damals als kleine Sensation auf dem Markt galt. Mittlerweile sind 1-Pass-Farbscanner mit dieser Auflösung bereits ab 100 DM erhältlich. Eine große Nachfrage ist bei Scannern insbesondere durch das Internet hervorgerufen worden, denn eine Internet-Seite ohne entsprechende »Bebilderung« macht heutzutage (scheinbar) nichts mehr her.

Wie im folgenden Kapitel erläutert, sind die Preise für Scanner nicht zuletzt dadurch gesunken, dass man die Parallel-Port-Schnittstelle für den Scanneranschluss entdeckt hat. Des Weiteren hat sich natürlich auch in der Qualität der Scanner etwas getan.

Einerseits sind die CCDs durch Fortschritte in der Halbleitertechnologie besser und durch die Massenproduktion auch preiswerter geworden. Andererseits sind aber viele der besonders preiswerten Scanner als »Klapperkisten« anzusehen. Auf Grund ihres geringen Gewichtes sind diese Geräte nicht besonders standfest und wer den Deckel des Scanners anhebt, hat ihn oftmals bereits damit aus der Halterung herausgezogen. Keine Glasscheibe, sondern eine (nicht kratzfeste) Plexiglasscheibe findet sich oftmals bei diesen preiswerten Scannern und außerdem ist die Mechanik meist nicht für eine längere Lebensdauer (über die Garantiezeit hinaus) ausgelegt. Ärgerlich ist auch, dass bei einigen Modellen die Lampe ständig in Betrieb ist, wodurch deren Lebensdauer unnötigerweise verkürzt wird, denn falls diese defekt sein sollte, kann man den Scanner dann gleich auch entsorgen.

Der Schrittmotor bewegt beim Scan-Vorgang den Schlitten mit der Optik und der Elektronik. Dieser Schlitten läuft auf einer oder besser noch auf zwei Schienen und häufig kommt es vor, dass an dieser Stelle die ersten mechanischen Probleme auftreten. Falls der Schlitten nur auf einer Schiene läuft und auf der anderen quasi in der Luft hängt, führt dies sehr schnell dazu, dass der Motor auf Grund des mechanischen Spiels irgendwann klemmt. Er kann völlig festsitzen, oder aber er ruckelt beim Scannen auch nur kurzzeitig, was sich im Bild durch Streifen bemerkbar macht. Etwas bessere Scanner haben zwar auch nur eine Schiene, auf der die Schrittmotorbuchse läuft, auf der anderen Seite wird der Schlitten jedoch mechanisch abgestützt und somit geführt. Die noch besseren Scanner besitzen auf beiden Seiten zwei stabile Metallstangen und auch zwei Führungsbuchsen, auf denen der Schlitten läuft, was somit nicht zum Klemmen oder Verkannten führen kann.

Bild 13.5: Auf dieser Metallstange läuft der Schlitten und die besseren Scanner besitzen auf beiden Seiten eine davon; zur Verbindung der Elektronik auf dem Schlitten mit der im Scanner, dient das Flachbandkabel, das im Laufe der Zeit durchaus aus den Anschlüssen rutschen kann

Je nach Aufbau des Scanners finden sich im Inneren eine oder auch mehrere Rollen und Antriebsriemen, die im Laufe der Zeit verschmutzen und auch abnutzen. Im Bild 13.6 ist das Innenleben eines besseren Scanners gezeigt (Bild 13.5 linke, Bild 13.6 rechte Seite des Scanners), der diesbezüglich keine besondere Aufmerksamkeit verlangt, was bei den preiswerteren Modellen jedoch ganz anders aussehen kann.

Hier sollte man stets die Plastikrollen und die Riemen im Auge behalten und sie bei Bedarf mit der Reinigungsflüssigkeit (Rezept im Teil 1) säubern. Zeigen sich neben oder unterhalb des Riemens kleine schwarze Krümel, deutet dies darauf hin, dass entweder der Riemen von schlechter Qualität ist, denn er löst sich so langsam auf, oder aber es befindet sich im Laufweg des Riemens scharfkantiges Plastik (etwa an einer Umlenkrolle), was schon häufiger vorgekommen ist und sich vorsichtig mit etwas Sandpapier beseitigen lässt.

Bild 13.6: *In diesen Bild ist rechts die (passive) Führungsscheine des Schlittens und der Antriebs-riemen zu erkennen; dieser Scannertyp benötigt auf Grund des Zahnriemens und der stabilen Antriebskonstruktion (Metall statt oftmals Plastik) im Inneren keine besondere Wartung*

Das Wichtigste, was an einem Scanner regelmäßig zu reinigen ist, ist aber die Glasscheibe, die man immer pfleglich behandeln sollte, denn Verschmutzungen schlagen sich unmittelbar im Bild als störende Flecken oder als »Löcher« im Bild nieder. Dabei kann es nötig sein, die Glasscheibe auszubauen, um sie auch von unten zu säubern, woran oftmals gar nicht gedacht wird. Insbesondere in rauchi-gen Umgebungen setzt sich mit der Zeit ein Film auf der Scheibenunterseite ab. Ein Kratzer in der Glasscheibe ist natürlich fatal, was aber leicht passieren kann, wenn man Vorlagen scannt, die mit Metallklammern zusammengeheftet sind.

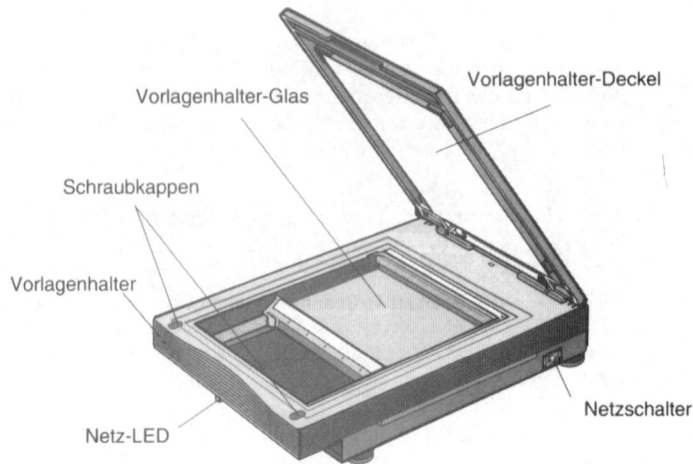

Bild 13.7: *Bei einem Flachbettscanner muss stets die Glasscheibe (Vorlagenhalter-Glas) sauber gehalten werden*

13.1.5 Scannerschnittstellen

Die Standard-Schnittstelle für Scanner war zeitlang eine SCSI, was viele Leute abgeschreckt haben mag, da ein üblicher SCSI-Hostadapter immer schon um die 300 DM gekostet hat. Aus diesem Grund sind die Hersteller dazu übergegangen, ihren Scannern entsprechende SCSI-Controllerkarten mit beizulegen, wobei diese allerdings oftmals mit Vorsicht zu betrachten sind. Es handelt sich dabei nicht um (bootfähige) SCSI-Hostadapter, was sicherlich auch nicht verwerflich ist, da hier schließlich nur der Scanner betrieben werden soll.

Meistens sind es ISA-Modelle, die aber noch nicht einmal Plug&Play-fähig sind, wodurch man sich wieder mit den PC-Ressourcen (I/O, IRQ) und Jumperstellungen auseinander setzen muss, wie es auch bei den speziellen, herstellerspezifischen Controllerkarten für Scanner der Fall ist.

Bild 13.8: Einige Scannermodelle – vorwiegend ältere – benötigen eine spezielle Controllerkarte, die explizit für das jeweilige Modell vorgesehen ist

Die zu Scannern mitgelieferten SCSI-Controllerkarten entsprechen leider nicht immer dem Standard, was bedeutet, dass sie möglicherweise für den jeweiligen Scanner angepasst worden sind, was zur Folge hat, dass der Scanner bei bereits vorhandenem SCSI-Hostadpter (z.B. Adaptec 2940) nicht an diesem zu betreiben ist. Dies führt damit unnötigerweise zu einer zusätzlichen SCSI-Karte im PC, die natürlich auch PC-Ressourcen belegt.

Eine Kostenersparung ergibt sich bei Scannern, wenn weder eine herstellerspezifische noch eine SCSI-Karte mitgeliefert ist, sondern der Scanner für den Anschluss an die parallele Schnittstelle (Druckerport, Centronics) ausgelegt wird. Dies führt gegenüber SCSI jedoch zu schlechteren Datenübertragungsraten und die gesamte Scan-Prozedur kann zum Geduldsspiel ausarten. Noch schlimmer sieht es aber meist bei Scannern mit USB aus, insbesondere dann, wenn noch andere USB-Geräte angeschlossen sind.

Probleme ergeben sich auch, wenn der PC nur über einen einzigen Parallel-Port verfügt, an dem der Drucker angeschlossen ist. Das Durchschleifen der Parallel-Port-Signale ist entweder beim Scanner gar nicht vorgesehen, oder aber der Drucker funktioniert nicht mehr korrekt, wie es auch beim ZIP-Laufwerk vorkommt. Falls der Scanner über einen Druckeranschluss verfügt, muss der Scanner üblicherweise ebenfalls angeschaltet werden, auch wenn nur der Drucker verwendet werden soll. Entsprechendes gilt übrigens auch für einige externe SCSI-Geräte (z.B. ZIP-Plus-Laufwerk), die im ausgeschalteten Zustand keine korrekte Terminierung herstellen können.

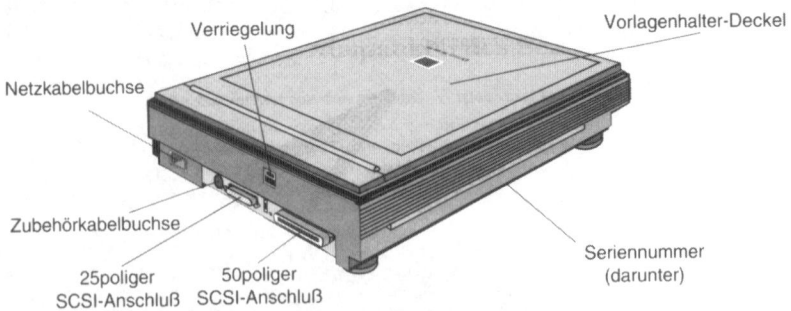

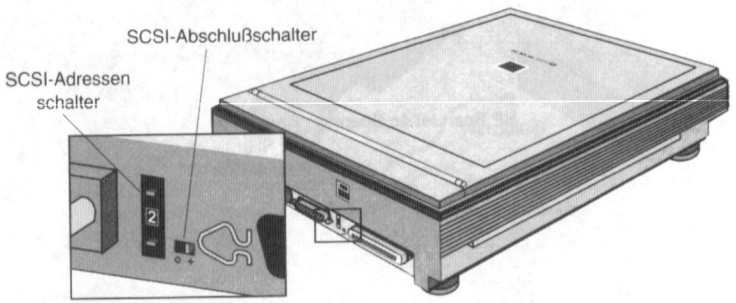

Bild 13.9: Nach wie vor ist SCSI das zu bevorzugende Interface für Scanner und bereitet in der Praxis die wenigsten Probleme

Für den Betrieb eines Scanners an der Druckerschnittstelle muss des Weiteren der optimale IEEE1284-Mode (Kapitel 9) im BIOS-Setup eingestellt werden. Welcher Mode für das jeweilige Scannermodell der richtige ist, kann leider nicht allgemein festgestellt werden und das Handbuch zum Scanner sollte die entsprechende Information preisgeben. Es kann dabei auch durchaus passieren, dass der Scanner am Parallel-Port überhaupt nicht funktioniert, was insbesondere bei PCs vorkommt, die kein IEEE1284 unterstützen, sondern nur den unidirektionalen Standard-Mode. Außerdem kann auch noch das Druckerkabel für Probleme mit dem Scanner sorgen, falls es nicht komplett verdrahtet oder auch besonders störanfällig ist (keine Abschirmung), wie es im Kapitel 9.1 erläutert ist.

Der Betrieb eines Scanners am Parallel-Port ist keineswegs immer so problemlos, wie es die Hersteller propagieren. Besondere Beachtung ist den folgenden Punkten zu schenken:

Unterstützt der PC (das BIOS) den erforderlichen IEEE1284-Mode?

Ist das Kabel komplett verdrahtet und nicht etwa von minderer Qualität?

Der PC sollte am besten zwei Parallel-Ports besitzen – einen für den Drucker und einen für den Scanner – , was dann auch (wesentlich) schnellere Scans als per USB erlaubt. Der optimale IEEE1284-Mode muss im BIOS-Setup festgelegt werden!

Hersteller von Scannern

http://www.agfa.de

http://www.canon.de

http://www.epson.de

http://www.hp.com

http://www.micotek.nl

http://www.mustek-europe.com

http://www.plustekeurop.com

http://www.primax.nl

http://www.umax.com

TWAIN

Für Scanner und auch andere »Bildverarbeitungsgeräte« gibt es eine besondere Software-Schnittstelle, die als **T**oolkit **w**ithout **an i**mportant **n**ame – TWAIN – bezeichnet wird. Bei Scannern und auch Digitalkameras sollte darauf geachtet werden, dass diese Geräte TWAIN-kompatibel sind, denn in diesem Fall können sie aus zahlreichen verschiedenen Applikationen heraus verwendet werden. Fast jedes Bildbearbeitungsprogramm unterstützt TWAIN. Nach dem Aufruf des Menüpunktes *Scannen, Bild holen* oder auch *Anbindung* erscheint die von TWAIN gesteuerte Bedienoberfläche für den Scanner oder die Kamera im jeweiligen Programm.

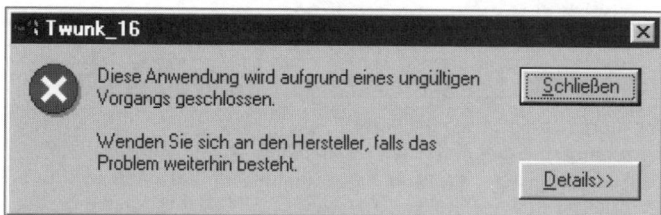

Bild 13.10: Ein typische Fehlermeldung von Windows 95, wenn der TWAIN-Treiber nicht korrekt oder auch eine falsche Version installiert wurde

Wichtig ist in diesem Zusammenhang, dass auch der passende TWAIN-Treiber installiert wird, denn es gibt hiervon üblicherweise eine 16-Bit- (Windows 3.x) und eine 32-Bit-Version (Windows 95, Windows NT). Wird etwa die 16-Bit-Version für Windows 95 installiert, führt dies im Betrieb zu Schutzverletzungen und auch kompletten Systemabstürzen.

13.2 Digitalkameras

Für die Digitalisierung von Fotos ist nicht zwangsläufig ein Scanner notwendig. Eine Digitalkamera verbindet quasi die herkömmliche Fotografie mit der elektronischen Bildverarbeitung in einem Gerät. Der größte Vorteil gegenüber der traditionellen Fototechnik ist dabei sicherlich, dass keine Filmentwicklung nötig ist. Motiv fotografieren, das digitale Bild auf den PC übertragen und das Bild mit einem der üblichen Bildverarbeitungsprogrammen weiterverarbeiten (Konvertieren, Drucken usw.), ist ein Vorgang von wenigen Minuten. Die Technik einer Digitalkamera ist jedoch völlig anders als die bei der herkömmlichen Fotografie.

Bild 13.11: *Die Digitalkamera Powershot 600 der Firma Canon war eines der ersten Modelle, die mit einer besonders guten Bildqualität aufwarten konnten*

In den letzten Jahren haben die Digitalkameras einen wahren Boom erlebt: Es gibt eine Vielzahl von Herstellern, die Preise sind stark gefallen, die Qualität wird immer besser und Features der bekannten Fototechnik (Zoom, Spiegelreflex) werden auch hier in zunehmendem Maße zum Standard. Für hochwertige Bilder, die nicht im Web oder in Dokumentationen landen, sondern eben wie konventionelle Fotos auf Papier betrachtet werden sollen, ist ein guter Fotodrucker erforderlich, wobei Tintenstrahldrucker mit sechs Druckfarben, speziellen Papieren und Tinten die gebräuchlichsten Typen sind, was einen qualitativ hochwertigen Ausdruck letztlich recht teuer macht. Daneben gibt es auch spezielle Foto-Drucker, die preislich durchaus über dem einer Digitalkamera liegen können und für Bilder in den üblichen Fotoformaten (9 x 13) vorgesehen sind.

13.2.1 Das Funktionsprinzip der Digitalkamera

Ein üblicher Fotoapparat besteht aus einem Linsensystem, einer Blende, einem Verschluss und einem Negativ- oder Dia-Film. Das Linsensystem sorgt für die scharfe Abbildung des Motivs und die Blende reguliert den Lichtdurchlass. Nach der Betätigung des Auslösers öffnet sich der Verschluss, das einfallende Licht durchläuft die Linsen sowie die Blende und trifft auf den lichtempfindlichen Film. Durch eine chemische Reaktion der Filmbeschichtung werden die durch das Licht transportierten Bildinformationen auf dem Film gespeichert. Danach gibt man den Film zur Entwicklung und nach ein paar Tagen sind die Fotos zu betrachten, die aber oftmals nicht so aussehen, wie man sich das eigentlich vorgestellt hat.

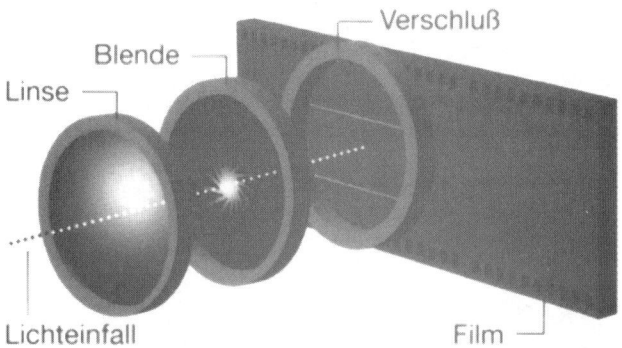

Bild 13.12: Das Funktionsprinzip eines üblichen Fotoapparates

Bei einer Digitalkamera ist das Bild (fast) unmittelbar verfügbar und kann am PC daraufhin mühelos bearbeitet werden. Eine Digitalkamera sieht zwar aus wie ein Fotoapparat und lässt sich auch so bedienen, allerdings gibt es hier keinen Film, sondern eine CCD, die das Motiv aufnimmt.

Auch hier findet sich ein Linsensystem, allerdings gibt es hier keine Blende und meist ist die Brennweite fixiert, so dass auch keine Scharfeinstellung notwendig ist. Nur einige Top-Digitalkameras sind mit einem Zoom-Objektiv ausgestattet, was Tele- und Weitwinkel-Aufnahmen ermöglicht.

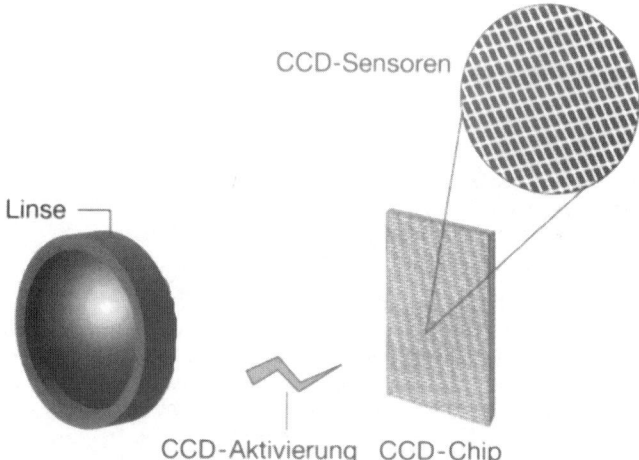

Bild 13.13: Das Funktionsprinzip einer Digitalkamera

Die CCDs (Charge Coupled Devices) laden sich in Abhängigkeit vom einfallenden Licht auf und generieren eine analoge Ausgangsspannung, die dann von einem A/D-Umsetzer in digitale Werte konvertiert wird.

Im Unterschied zu einem Scanner bilden die einzelnen CCD-Elemente bei einer Digitalkamera jedoch nicht nur eine Zeile, sondern ein Array – eine zeilen- und reihenorientierte Anordnung der einzelnen CCDs. Wie auch bei einem One-Pass-Scanner besteht der CCD-Chip einer Digitalkamera ebenfalls aus unterschiedlichen CCDs, die entweder für die Detektierung der Farbe Rot oder Grün oder Blau optimiert sind.

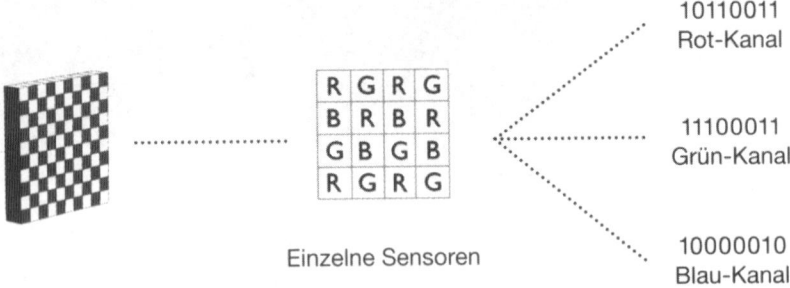

Bild 13.14: *Die Erfassung der Farb-Bildinformation mit einem CCD-Chip*

Prinzipiell existieren für Kameras zwei unterschiedliche CCD-Arten. Der eine Typ wurde ursprünglich für die Videotechnik entwickelt und verwendet rechteckige Pixel, die mit CMY-Farbfiltern (Cyan, Magenta, Yellow) beschichtet sind. Bei einem Video- oder auch Fernsehbild werden immer Halbbilder (Interlaced, siehe auch Kapitel über Monitore) aufgebaut und erst durch die Abfolge von 50 Halbbildern pro Sekunde erscheint das Bild stabil bzw. es ergibt sich eine flüssige Bewegung.

Die Verwendung dieses CCD-Typs für die digitale Fotografie hat zur Folge, dass auch hier jedes Bild aus zwei Halbbildern zusammengesetzt wird. Im ersten Schritt werden die Zeilen 2, 4, 6 usw. digitalisiert und im zweiten Schritt die Zeilen 1, 3, 5 usw. Der Nachteil des Video-CCD-Chips, der einfach zu fertigen und damit preisgünstig ist, liegt darin, dass beim Fotografieren eines sich bewegenden Motivs durch die geringfügig zeitverzögerte Belichtung der beiden Halbbilder möglicherweise nicht ein, sondern zwei Bilder aufgenommen werden. Beim Einsatz dieser CCD in einer Videokamera stört dies nicht, bei einer Digitalkamera hingegen schon und außerdem neigen die Video-CCDs zu Bewegungsunschärfen.

Speziell für Digitalkameras wurde daher der Progressiv-CCD-Chip entwickelt, der sogar mehrere Vollbilder pro Sekunde aufnehmen kann. Das Bild wird stets in einem Aufnahmevorgang digitalisiert, was somit zur Beseitigung von Bewegungsunschärfen und zu einem besseren Kontrast führt. Der Progressiv-CCD-Chip verwendet statt der rechteckigen Pixel quadratische und diese werden mit RGB-Farbfiltern (Rot, Grün, Blau) beschichtet.

Das menschliche Auge reagiert auf die Farbe Grün empfindlicher als auf die beiden anderen Grundfarben und diese Farbe beeinflusst auch maßgeblich das jeweilige Helligkeitsempfinden. Aus diesem Grunde kommen bei einem CCD-Chip meist zwei Grün-Informationen auf je eine Rot- und Blau-Information, was somit zu einer zusätzlichen Verbesserung der Bildqualität führt.

13.2.2 Die Auflösung

Die Auflösung ist eines der wesentlichen Beurteilungsmerkmale für die Qualität einer Digitalkamera, die vom CCD-Chip und auch der Linsenoptik bestimmt wird. Die Auflösung ergibt sich aus der Anzahl der lichtempfindlichen Sensoren des CCD-Chips. Für eine Auflösung von beispielsweise 1280 x 1024 Bildpunkten wären demnach 1,3 Millionen einzelne CCD-Elemente notwendig, wobei dann noch keinerlei Farbinformation enthalten ist, die sich prinzipiell erst durch die dreifache Menge an CCD-Elemente ergeben würde. Derartige CCDs ließen sich kaum preisgünstig produzieren und daher bedient man sich in einer Digitalkamera meist spezieller Software-Algorithmen, die dafür sorgen, dass beispielsweise für eine übliche Auflösung (inklusive der Farbinformation) von 640 x 480 Pixeln nicht 307.200, sondern nur noch 102.400 CCD-Elemente nötig sind.

Je nach Hersteller und Modell macht sich der implementierte Algorithmus dann mehr oder weniger stark in der Bildqualität bemerkbar. Die Angaben zu den Kameras sollten – wenn möglich – auch dahingehend überprüft werden, ob nicht bereits bei der Angabe der maximal möglichen Auflösung die Software ins »Bild pfuscht«, also das Bild im Speicher der Kamera hochgerechnet wird, was nur Speicherplatz verschwendet und eine höhere Auflösung »vorgaukeln« soll, als der CCD-Chip überhaupt liefern kann.

Die Qualität des Bildes steht und fällt somit auch durch die in der Kamera verwendete Software und natürlich der vorhandenen Anzahl von CCD-Elementen. Aus diesem Grunde sollte man sich nicht an den Bildgrößen (z.B. 640 x 480 Pixel) orientieren, die die Kamerahersteller vielfach angeben, sondern an der Anzahl der vorhandenen CCD-Elemente. Die Canon-Powershot-600-Kamera erreicht beispielsweise eine maximale Bildgröße von 832 x 624 Bildpunkten, was somit 519.168 CCD-Elemente erfordert, und tatsächlich verfügt diese Kamera über 570.000 dieser Elemente, da die Farbinformation schließlich auch noch zu berücksichtigen ist.

Die Digitalkameras ab mehr als 1 Million CCD-Elementen werden – zur Abgrenzung an das »untere« Marktsegment – auch oft als *Megapixel-Kameras* bezeichnet. Diese Typen liegen preislich im Bereich von DM 1000-2000,–. Sie bieten üblicherweise ein farbiges TFT-Display, mit dem der aufzunehmende Bildausschnitt relativ gut beurteilt werden kann.

Hersteller von Digitalkameras

http://www.agfa.de

http://www.canon.de

http://www.casio.com

http://www.hp.com

http://www.fuji.com

http://www.kodak.com

http://www.konica.com

http://www.ricoh.co.jp

http://www.sony.de

http://www.olympus-europa.com

Eine Unterscheidung von CCD-Chips in Digitalkameras und auch Video-Camcordern ergibt sich auch dadurch, ob der Hersteller einen einzigen CCD-Chip mit aufgebrachten Farbfiltern verwendet oder ob für jede Grundfarbe ein einzelner CCD-Chip zum Einsatz kommt, wobei ein Lichtteiler das Licht eben auf drei CCD-Chips leitet. Diese teurere Drei-Chip-Lösung wird bei professionellen Digital- und auch Videokameras angewendet, was gegenüber den üblicheren CCD-Single-Chip-Lösungen zu einer deutlich besseren Schärfe und Detailgenauigkeit führt.

Für die Speicherung der Bilder in der Digitalkamera und die Datenübertragung gibt es verschiedene Möglichkeiten. Üblicherweise befindet sich in der Kamera ein Flash-Speicher und zur Datenkomprimierung wird JPEG verwendet. Das **J**oint-**P**hotographic-**E**xperts-**G**roup-Format ist ein verlustbehaftetes Kompressionsverfahren, was bedeutet, dass dabei Bildinformationen verloren gehen. Ob sich dies allerdings negativ auf die Bildqualität auswirkt, hängt davon ab, wie hoch der Kompressionsgrad gewählt wird, ist und üblicherweise erlauben die Digitalkameras die Einstellung verschiedener Stufen.

Eine Komprimierung der Daten in der Kamera ist jedoch notwendig. Bei einer Bildgröße von beispielsweise 1024 x 768 Pixeln wären dies 786.432 zu speichernde Bytes, was noch mit drei zu multiplizieren ist (für jede Grundfarbe) und somit zu einer Dateigröße von 2,25 Mbyte führt.

Der Speicher von Digitalkameras besitzt meist eine Kapazität von typischerweise 1-6 Mbyte, woraus ersichtlich wird, dass man nicht ohne eine Datenkomprimierung auskommt. Bei einer Digitalkamera sollte man aus diesem Grunde berücksichtigen, ob und wie der Speicher zu erweitern ist. Vielfach kommen dabei Speicherkarten nach PCMCIA (Kapitel 10.8) zum Einsatz. Es gibt sie mit verschiedenen Kapazitäten und in die Powershot-600-Kamera lässt sich sogar eine PCMCIA-Festplatte einschieben, da dieser PCMCIA-Steckplatz dem Typ 3 entspricht. Mit der von Canon angebotenen 170-Mbyte-PCMCIA-Festplatte lassen sich dann 2500 Bilder in der bestmöglichen Qualität speichern. Einige Modelle beherrschen zudem die Infrarotübertragung per IrDa und unterstützen auch den USB (z.B. Kodak DC220). Die Möglichkeit, das Bildsignal live per PAL- oder NTSC-Ausgang an einen Videoeingang auszugeben, was zur Aufzeichnung (VideoRekorder) oder auch nur zur Bildkontrolle verwendet werden kann, ist vielfach ebenfalls gegeben.

Bild 13.15: Die kleine Flash-Speicherkarte wird in einen PCMCIA-Adapter geschoben und kann dann wie jede übliche PCMCIA-Karte gelesen und beschrieben werden

Der Datenaustausch zwischen Kamera und PC mittels PCMCIA-Karten ist eine von mehreren Möglichkeiten, wofür man im PC aber einen entsprechenden PCMCIA-Slot benötigt. Die meisten Notebooks besitzen bereits standardmäßig einen PCMCIA-Steckplatz.

Bild 13.16: *Ein PCMCIA-Slot für den Einbau in einen PC; zu diesem »Laufwerk« gehört noch eine entsprechende Controllerkarte*

Für die direkte Datenübertragung zwischen Kamera und PC wird vielfach die RS232-Schnittstelle eingesetzt und als ganz praktisch erweist sich auch die Docking Station der Powershot-600-Kamera, die an den parallelen Port (Druckerschnittstelle) angeschlossen wird. Diese Station dient nämlich auch als Ladegerät für den NiCd-Akku der Kamera.

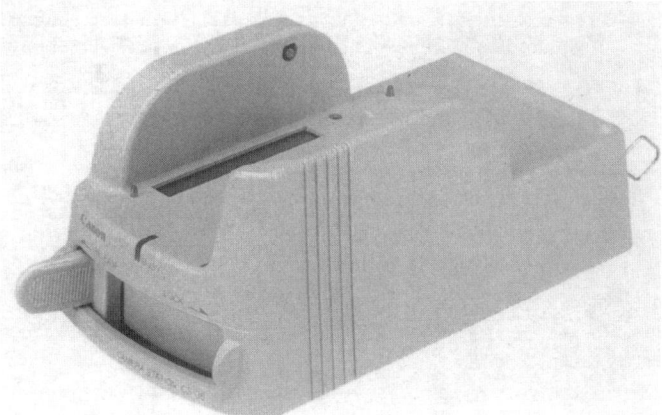

Bild 13.17: *Die Docking Station der Powershot 600*

Ein interessante Variante sind die *Smart Media Cards*, die es mit Kapazitäten von 2 Mbyte bis zu 32 Mbyte gibt. Einige Digitalkameras von Olympus und Fuji unterstützen beispielsweise diese kleinen Speicherkarten, die für das Auslesen einen Floppy-Disk-Adapter (Flash Path) benötigen.

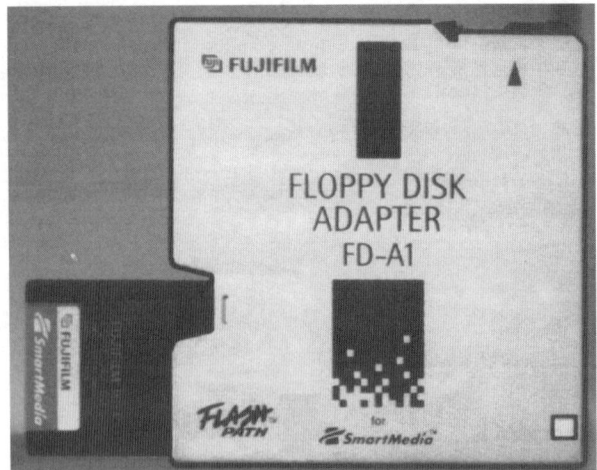

Bild 13.18: Die Daten der Smart Media Cards werden mit Hilfe eines Floppy-Adapters vom üblichen 3,5-Zoll-Laufwerk verarbeitet

In diesen Adapter wird die Smart Media Card hineingeschoben und der Adapter passt in einem normales 3,5-Zoll-Diskettenlaufwerk. Die Smart Media Cards werden also mit Hilfe eines üblichen Diskettenlaufwerkes ausgelesen.

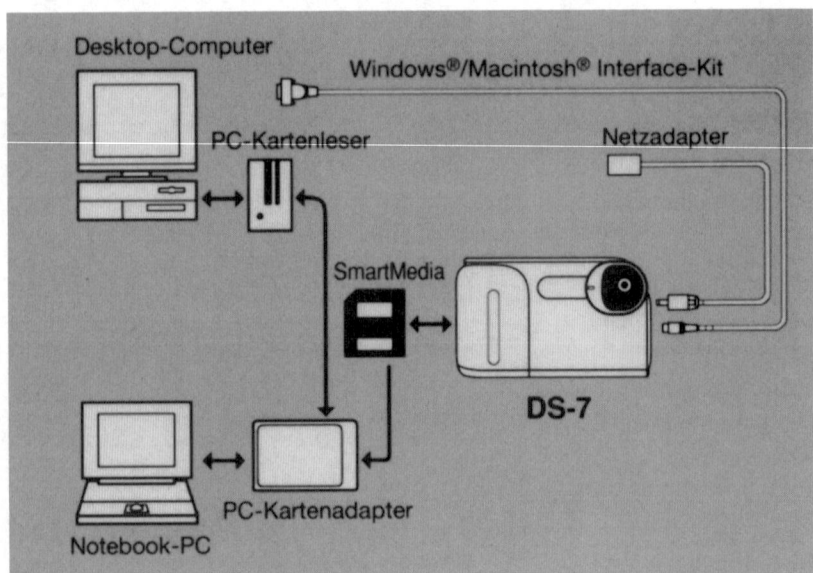

Bild 13.19: Die Möglichkeiten der Datenübertragung zum PC mittels Schnittstellen und Speicherkarten

13.2.3 Digitalkamera-Praxis

Die Bedienung einer Digitalkamera ähnelt zunächst der eines üblichen Fotoapparates. Allerdings gibt es bei einer Digitalkamera eine Reihe von Funktionen und damit auch Schaltelementen (z.B. Farbe/Monochrom, Komprimierungsmodus, Speicher löschen, Audio an/aus), die auf einer üblichen Kamera nicht vorkommen. Dies führt – je nach Modell – teilweise zu einer etwas umständlicheren Bedienung und die Digitalkamera ist mitunter auch etwas unhandlicher.

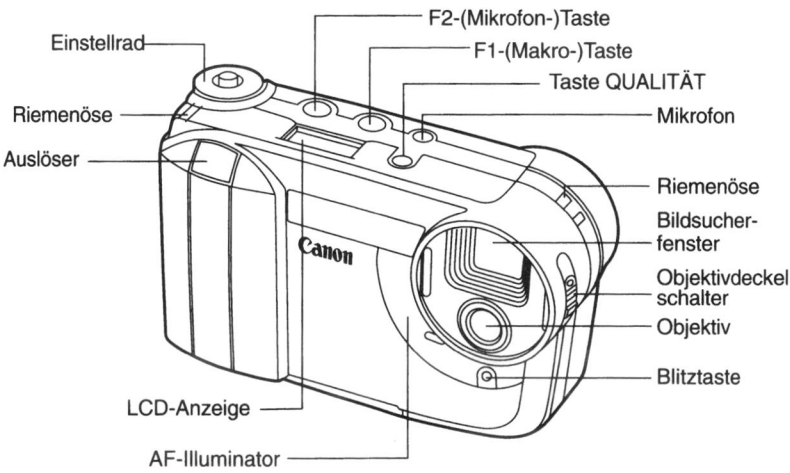

Bild 13.20: Die Bedienelemente der Powershot-600-Digitalkamera

Alle heute üblichen Digitalkameras bieten mindestens eine Auflösung von 640x480 Bildpunkten, was für Aufnahmen aus der Ferne im Prinzip ausreicht, aber noch lange nicht an die Qualität eines echten Fotos herankommt. Wie erläutert, spielt die Anzahl der CCD-Elemente *die* ausschlaggebende Rolle und bei Modellen, die weniger als 500.000 CCD-Elemente bieten, wird man insbesondere bei Nahaufnahmen keine rechte Freude an den Bildern haben.

Bei den preiswerteren Modellen sind viele Displays, auf denen das Bild so erscheinen sollte, wie es fotografiert wird, leider wenig augenfreundlich und bei relativ schlechten Lichtverhältnissen kommt man überhaupt nicht gut damit zurecht. Bei Blitzlichtaufnahmen, die die meisten Digitalkameras ebenfalls beherrschen, stimmt das Farbergebnis mit der Darstellung auf dem Display sowieso nicht mehr überein.

Außerdem verbrauchen die Displays relativ viel Strom, so dass der Akku der Kamera sehr schnell zur Neige gehen kann. Farbig muss das Display jedoch nicht unbedingt sein, es reicht prinzipiell auch ein – weniger stromverbrauchendes – LCDisplay. Hauptsache, das Motiv stimmt möglichst gut mit dem tatsächlich aufgezeichneten Bild überein, wovon man jedoch nicht generell ausgehen kann.

Einige Digitalkameras besitzen allerdings auch überhaupt kein Display. Die meisten Digitalkameras sind eben doch keine Spiegelreflex-Kameras und was man im Sucher sieht, stimmt eben nicht mit dem Bildinhalt überein. Die Digitalkameras arbeiten meist mit einer festen Brennweite und automatischer Scharfstellung und je nach Abstand zum Motiv liegt das Bild dann innerhalb eines bestimmten Rahmens, der im Sucherfenster eingezeichnet ist.

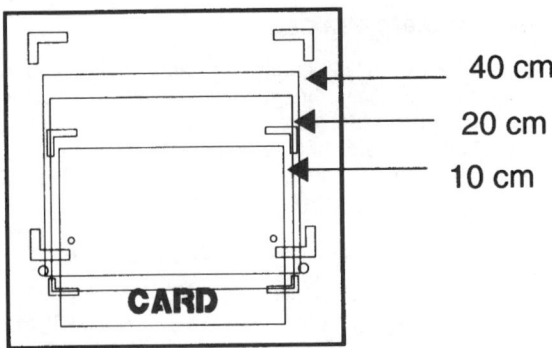

40 cm

20 cm

10 cm

Bild 13.21: Man braucht schon etwas Übung, damit man tatsächlich das gewünschte Motiv fotografiert, denn je nach Abstand liegt das Bild in einem anderen Rahmen

Was man bei einer Digitalkamera, die keine »richtige« Bildanzeige bietet, nun tatsächlich aufgenommen hat, offenbart sich erst beim Laden der Bilder auf den PC. Wie auch bei Scannern basiert die Software zur Digitalkamera oftmals auf der TWAIN-Schnittstelle (siehe Kapitel 13.1.5), die das Laden der Bilder aus verschiedenen Applikationen heraus erlaubt.

Was für Scanner angemessen erscheint, ist bei Digitalkameras nicht unbedingt praktisch, denn der TWAIN-Treiber erlaubt immer nur das Herunterladen eines einzigen Bildes zur Zeit, was bedeutet, dass jedes Bild einzeln zu selektieren ist. Alle Bilder auf einen »Rutsch« in den PC laden funktioniert meist nur mit spezieller, herstellerspezifischer Software, wie sie zu einigen Digitalkameras allerdings mitgeliefert wird.

Bei der Verwendung von PCMCIA-Karten in einem PC können die Bilddaten jedoch genauso kopiert, geladen und gelöscht werden wie jede normale Datei, denn die PCMCIA-Karte verhält sich im Prinzip wie ein Laufwerk, das zudem noch außerordentlich schnell ist.

Bild 13.22: Die auf TWAIN basierende Software wird hier von Corel Photo Paint aus verwendet

13.3 Video und Fernsehen

Neben den Scannern und Digitalkameras gibt es noch weitere Möglichkeiten, Bildinformationen in den PC einzuspeisen:

····} Video-Camcorder

····} Capture- und Video-Boards

····} TV-Tuner-Karten

Die Gemeinsamkeiten zwischen einer Digitalkamera und einer digitalen Videokamera
– Video-Camcorder – sind schon durch die Verwendung ähnlicher CCD-Sensoren
recht groß. Die digitale Datenspeicherung erfolgt dabei jedoch nicht in einem Flash-
Baustein oder PCMCIA-Karte, sondern auf einer kleinen DV-Kassette, die typischerweise Speicherplatz für 60 Minuten Filmmaterial bietet. Üblicherweise bieten diese
Camcorder auch einen digitalen Videoausgang (IEEE1394, Firewire, Kapitel 5), wodurch es möglich ist, die Filme direkt ohne Umsetzung in digitaler Form auf den PC
zu übertragen.

Die Datenmengen fallen dabei ganz beträchtlich aus. Bei einer Auflösung von beispielsweise 768 x 576 Bildpunkten und einer Farbtiefe von 16 Bit (65.536 Farben)
ergibt sich eine Dateigröße von 768 x 576 x 16 = 7.077.888 Bit bzw. 0,8 Gbyte. Ab
einer Bildrate von 25 Bildern pro Sekunde ergibt sich für den Betrachter ein »flüssi-
ges« Videobild und damit werden pro Sekunde ca. 21 Mbyte, in der Minute 1,26 Gbyte
und in einer Stunde rund 75 Gbyte an Daten produziert.

Also ist auch hier eine Komprimierung der Datenflut notwendig. Entweder wird
dabei eine Software-technische Komprimierung (Indeo, Cinepak) vorgenommen,
wobei das Video kleiner und weniger detailgetreu wiedergeben wird, oder aber es
kommt eine Hardware-Komprimierung zum Einsatz, die demgegenüber verlustfreier
arbeitet.

Die MPEG-Verfahren (**M**otion **P**icture **E**xperts **G**roup) sind hierfür als Standard anzusehen. Es gibt spezielle MPEG-Dekoderkarten, oder aber der MPEG-Chip befindet
sich mit auf einer Digitalisier- oder auch Grafikkarte. Bei leistungsfähigen Pentium-
PCs kann auch die CPU die MPEG-Kodier-/Dekodierarbeit erledigen.

13.3.1 Capture-Boards

Videos oder auch allgemein Bildinformationen, die in analoger Form vorliegen,
können mit einer Digitalisierkarte (Frame Grabber, Capture Board) in digitale Informationen umgesetzt werden. Die bekanntesten Hersteller, die solche Karten im
Programm haben, sind Fast und Miro (jetzt Pinnacle).

Die DC-30-PCI-Karte von Miro enthält im Wesentlichen einen Videodigitalisierer,
einen M/JPEG-Prozessor für die Datenkompression, einen Video-Encoder und einen
Audio-CODEC. Für die Aufnahme und Wiedergabe wird dabei der PCI-Busmaster-
Modus verwendet.

Bild 13.23: Die DC-30-Karte erlaubt die Aufzeichnung von Videos mit 25-Bildern pro Sekunde und auch 16-Bit-Stereo-Ton in bei einer Abtastrate von 44 kHz

Bei älteren Digitalisier- oder auch Videokarten (in ISA-Technik) ist eine Kombination mit der installierten Grafikkarte notwendig. Der Monitor wird dann an das Videoboard angeschlossen und es wird eine externe Kabelverbindung zwischen der Grafikkarte und der Videokarte hergestellt und außerdem noch eine Verbindung über den Feature-Connector zwischen diesen beiden Karten.

Die Videoquelle (VideoRekorder, Kamera) speist das Signal in die Videokarte ein, wobei das Videobild bei diesem Verfahren praktisch in das Monitorbild (analoges Overlay) mit eingebettet wird. Die Einstellungen der Grafikkarte beeinflussen somit auch das Videobild, was bedeutet, dass möglicherweise die Farbanzahl, die Auflösung und die Bildwiederholfrequenz zu reduzieren ist, damit die Videokarte überhaupt ein Bild zeigt.

Eine relativ schlechte Videokarte beeinflusst somit auch die normale Bildschirmdarstellung, da die Grafikdaten zum Monitor stets durch die Videokarte laufen. Bei den einfacheren Karten (z.B. Video Blaster), die keinen Video-Digitalisierer beinhalten, können lediglich Schnappschüsse vom Videobild angefertigt werden, was bedeutet, das der Inhalt (als Standbild) des Video-Fensters in eine Datei geschrieben werden kann. Ist auf dem Videoboard auch ein Fernsehtuner eingebaut, kann man somit auch am PC Fernsehen und natürlich auch davon einen Schnappschuss anfertigen.

Die Aufzeichnung von Videosequenzen – also fortlaufenden Bildern – ist erst durch einen Video-Digitalisierer-Chip möglich, der, vereinfacht dargestellt, wie der A/D-Umsetzer bei einer Soundkarte funktioniert. Erst durch die Verwendung des PCI-Bus sind derartige Karten in der Lage, eine angemessene Qualität mit typischerweise 25 Bildern pro Sekunde (frames per second) in S-VHS-Qualität zu bieten. Die Dateigrößen, die bei der Digitalisierung entstehen, entsprechen denen, wie es oben für die Camcorder erwähnt ist.

Die PCI-Capture-Boards arbeiten praktisch unabhängig von der installierten Grafik-karte. Bei der Verwendung eines Capture-Boards hat die Festplatte (thermische Kalibrierung, Geschwindigkeit, siehe *Sampling* bei Soundkarten) einen nicht un-wesentlichen Einfluss auf die Qualität des Videobildes und nach der Installation eines derartigen Boards ist es der erste Schritt, einen Performance-Check des PC durchzuführen, wofür üblicherweise ein entsprechendes Programm mitgeliefert wird. Aus diesen Test errechnet sich die Datenrate, mit der eine M/JPEG-Datei mit Ton und ohne Bildverlust aufgezeichnet werden kann.

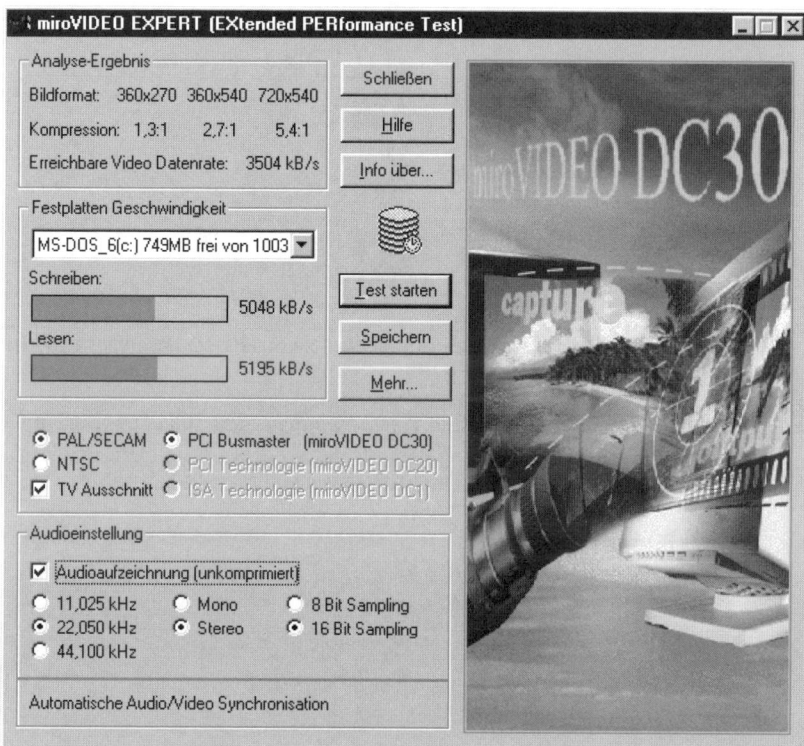

Bild 13.24: Der PC-Performance-Check mit der DC-30

Die Miro-DC-30 bietet fast die Möglichkeiten eines digitalen Filmstudios wie digita-len Filmschnitt, Filter, Überblendeffekte, Titeleinblendung, Einbindung von Grafi-ken usw., wofür als Minimum ein Pentium mit 166 MHz Taktfrequenz und einer relativ schnellen und großen Festplatte notwendig ist. Eines der Standardprogram-me zur Videobearbeitung ist *Adobe Premiere*, welches die genannten Features bie-tet und auch AVI-Dateien erzeugen kann, die dann auf jedem üblichen PC mit der Medienwiedergabe abgespielt werden können.

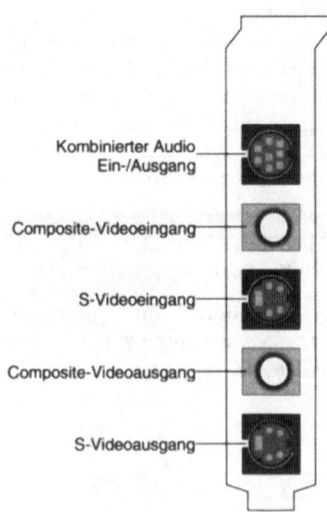

Kombinierter Audio Ein-/Ausgang

Composite-Videoeingang

S-Videoeingang

Composite-Videoausgang

S-Videoausgang

Bild 13.25: *Die DC-30 erlaubt die Verwendung von S-VHS- und Composite Video-Signalen sowie Audio*

Neben dem Einsatz zur Video-Digitalisierung eignet sich die DC-30 insbesondere auch für die Erstellung von qualitativ hochwertigen Einzelbildern, die in den üblichen Formaten (*.bmp. *.tif) abgespeichert und bearbeitet werden können.

Hersteller von Capture-Boards

http://www.creaf.com

http://www.fast-multimedia.de

http://www.miro.de

http://www.pinnacle.come

Bild 13.26: *Die Auswahl des Bildtyps; hier ein Schnappschuss des Innenlebens einer 386-CPU, bei der sich sowohl Intel als auch AMD verewigt haben; die DC-30 ist hierfür auf einem Mikroskop montiert*

13.3.2 TV-Tunerkarten

TV-Tunerkarten sind primär dazu gedacht, das Fernsehen am PC zu ermöglichen. Dies ist bereits mit den erwähnten einfachen ISA-Karten möglich, die einfach das Fernsehsignal – ebenfalls analog – in den Datenstrom zum Monitor einbetten.

Durch die Verwendung des PCI-Bus ist es aber möglich, die umgesetzten Video-Daten direkt über den Bus zu schicken und in den PC-Speicher zu schreiben, was auch als *digitales Overlay* bezeichnet wird. Der bekannteste Hersteller, der derartige TV-Tunerkarten anbietet, ist die Firma Hauppauge, die eine ganze Reihe verschiedener Modelle (Win/TV) im Programm hat, beispielsweise auch mit Videotext und einem Radio-Tuner.

Der TV-Tuner empfängt, gesteuert von der Software, einen bestimmten Sender und wandelt das modulierte TV-Signal in ein unmoduliertes Video- und Audiosignal um. Das Videosignal gelangt dann an einen Digitizer-Chip, der es in die digitale Form umsetzt. Das Audiosignal wird dabei auf eine Buchse der Win/TV-Karte gelegt und üblicherweise von dort mit dem Line-In-Anschluss der Soundkarte verbunden. Die Win/TV-Karte arbeitet als PCI-Busmaster und »schaufelt« die Daten in den Speicher der Grafikkarte, was auch als *PCI Push* bezeichnet wird.

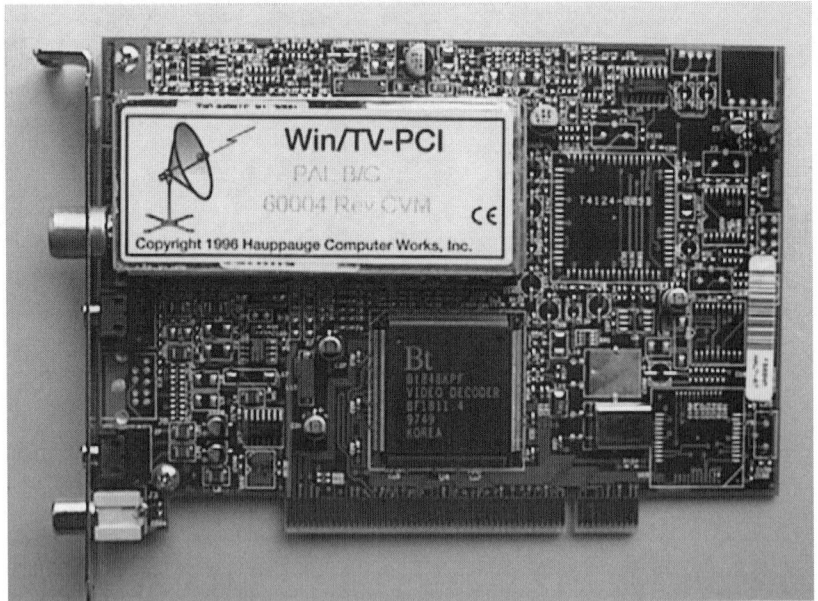

Bild 13.27: Die Win/TV-Karte der Firma Hauppauge benötigt als wesentliche Schaltungseinheiten lediglich einen TV-Tuner (Fa. Philips) und einen einfachen Videodigitalisierer (Fa. Brooktree)

Im Gegensatz zu Capture-Boards (z.B. DC-30) setzt dieses Verfahren ein optimales Zusammenspiel mit der Grafikkarte voraus. Aus diesem Grunde funktionieren die Win/TV-Karten nicht mit jeder üblichen PCI-Grafikkarte. Als geeignet werden beispielsweise die ATI Mach 64, die ATI Rage, die Matrox Millenuim, die Matrox Mystique, die Hercules Dynamite 128 oder auch Karten mit dem Permedia 2-Chip angegeben.

TV-Karten funktionieren nicht mit jeder Grafikkarte und auch nicht mit jedem Mainboard, so dass am besten vor dem Kauf ein Blick auf die Internetseite des Kartenherstellers zu werfen ist, um hier Hinweise über Unverträglichkeit zu erhalten.

Die Grundlage des Zusammenspiels bildet dabei das Direct-x-Interface von Windows 9X und Windows NT. Bekanntermaßen stellt sich das Direct-x-Treiberwirrwarr in der Praxis problematisch dar. Daher wird nach dem Aufruf des Installationsprogramms zur Win/TV-Karte auch zunächst festgestellt, ob und welche Direct-x-Treiber bereits verfügbar sind und ob möglicherweise noch neuere Versionen nachinstalliert werden müssen. Wenn man Glück hat, wird man zunächst mit der folgenden Meldung begrüßt:

Good news, WincastTV has detected a graphics card with direct draw drivers

Danach kann man sich aussuchen, welche der zahlreichen Applikationen zur Win/TV-Karte installiert werden sollen, wobei der gesamte Installationsvorgang mehrere Windows-9X-Neu-Boots nach sich zieht.

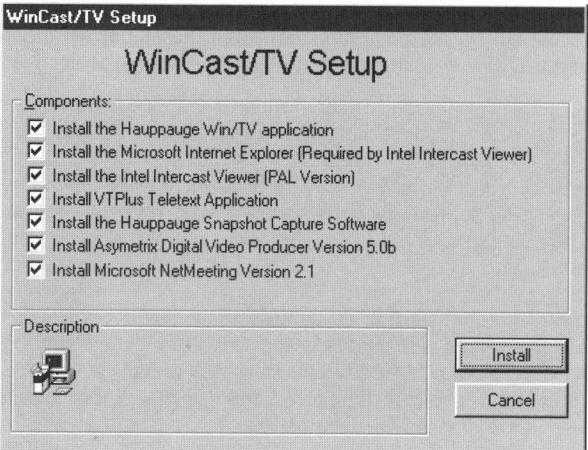

Bild 13.28: Die Applikationen zur Win/TV-Karte

Wer sich während der Installation wundert, warum die Installation einfach nicht aufhören will und stets von vorn beginnt, wird sich noch mehr wundern, wenn er nach dem Abbruch der Installation die *Win/TV application* aufruft, denn dann erscheint das folgende Bild.

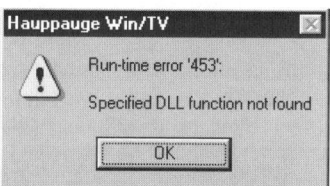

Bild 13.29: Wer diese Fehlermeldung erhält, hat meist noch eine Menge Arbeit vor sich

Prinzipiell gibt es zwei Gründe für diese Fehlermeldung und damit das Nicht-funktionieren der Karte: Es war vor dieser Karte bereits eine andere Video- oder TV-Tunerkarte im PC installiert, die gleichnamige DLLs installiert hat, die aber nicht für die Win/TV-Karte geeignet sind, oder aber auf dem PC ist ein Uninstaller wie etwa Cleansweep installiert.

Im ersten Fall muss man die Registrierung und die INI-Dateien (SYSTEM.INI) auf alte Video-Einträge hin durchsuchen und sie löschen, woraufhin ein erneuter Installationsversuch unternommen werden kann. Im zweiten Fall hat man leider großes Pech gehabt, denn man wird Windows 95 möglicherweise (ohne Uninstaller und am besten auch ohne Virenscanner im Hintergrund) neu installieren müssen.

Derartige Probleme mit Uninstaller-Programmen sind leider nicht selten, denn sie verhindern oftmals die Komplettinstallation von Software. Auch wenn CleanSweep sich damit rühmt, zahlreiche Auszeichnungen erhalten zu haben, und in den Computerzeitschriften oftmals Lobeshymnen auf diese Programme zu lesen sind, sind sie letztendlich nur überflüssige Geldausgaben. Ich habe eine ganze Reihe dieser Programme über eine längere Zeit ausprobiert und jedes davon hat im Laufe der Zeit irgendwelchen Ärger bereitet. CleanSweep hat beispielsweise auch die Komplettinstallation von *Nova Backup* oder *AutoRoute Express* erfolgreich verhindert. Die Uninstaller-Programme lassen sich leider nicht einfach deinstallieren, und um sie komplett loszuwerden, bleibt einem meist nicht anderes übrig, als

Windows 95 (oder auch Windows NT!) von Grund auf neu zu installieren, wobei zuvor alle Windows-Dateien unbedingt zu löschen sind, denn sonst beginnt das Spiel von vorn.

Als praktikable Alternative für ein stabiles Windows-9X-System bietet sich stattdessen die Verwendung der Emergency Recovering Unit (ERU) an, die sich auf der Windows-9X-CD befindet. Dieses nützliche Tool sichert die Daten der Konfigurationsdateien (AUTOEXEC.BAT, CONFIG.SYS, *.INI) und der Registrierdatenbank (USER.DAT, SYSTEM.DAT) und sollte immer dann angewendet werden, wenn man eine stabile Windows-9X-Konfiguration mit den für wichtig erachteten Anwenderprogrammen realisiert hat. Falls danach irgendein Programm Windows 95 in unerwünschter Weise manipuliert, ruft man einfach das Programm ERD auf, was auch von DOS aus funktioniert, und die gesicherten Daten werden zurückgeschrieben, wodurch man seine alte, aber stabil funktionierende Windows-95-Konfiguration wieder hergestellt hat. Mit Windows 98 funktioniert dieses nützliche Tool leider nicht mehr und falls man nichts anderes zur Hand hat, kopiert man sich die Konfigurationsdaten – per Hand – in ein eigenes Verzeichnis.

Uninstaller-Programme wie etwa CleanSweep können die Installation von Software ernsthaft behindern und aus diesem Grunde ist von deren Verwendung abzuraten.

Die Applikationen zur Win/TV-Karte sind recht vielseitig (Bild 13.28) und auch sehr praktisch. Es ist nicht nur möglich, mit Hilfe der *Snapshot Capture Software* TV-Bilder einzufangen, sondern auch die Bilder extern anzuschließender Geräte wie etwa die von einer Kamera. Auch AVI-Files – also Videosequenzen – lassen sich mit der Karte erstellen. Die Qualität ist dabei natürlich nicht mit der eines richtigen Capture-Boards zu vergleichen, die demgegenüber S-VHS-Qualität in voller Bildgröße erreichen. Die Aufzeichnung von Audio ist auch nur dann möglich, wenn sich im PC eine Soundkarte befindet, und lippensynchron bekommt man dies auch nicht immer hin. Das folgende Bild zeigt die mit der Win/TV-Karte erreichbaren Werte.

Video Digitizing Formats and Maximun Frame Rates			
Color format	Capture resolution	Frames per second	Notes
RGB32	160x120	15	...
RGB24	160x120	15	...
RGB16 (565)	320x240	15	...
RGB15 (555)	320x240	15	...
Y8	320x240	30	Greyscale
RGB 8-bit dithered	320x240	30	...
YUY2 4:2:2	320x240	24	UYVY by byte swapping
BtYUV 4:1:1	320x240	30	3 words pack 8 pixels
YCrCb 4:2:2	320x240	24	...
YUV12	320x240	24	Verticle subsampled 4:2:2
YCrCb 4:1:1	320x240	15	...
YUV9	320x240	30	Verticle subsampled 4:1:1

Bild 13.30: Die Werte für die Capture-Funktionen in den verschiedenen Modes

Leute, die schon immer zum Nulltarif einen Eindruck vom Internet gewinnen wollten, werden die Intel-Intercast-Software, die zur Karte gehört, ausprobieren. Das ZDF beispielsweise sendet mit ihren Bilddaten Internetseiten aus, die irgendwie thematisch mit der aktuellen Sendung zusammenhängen.

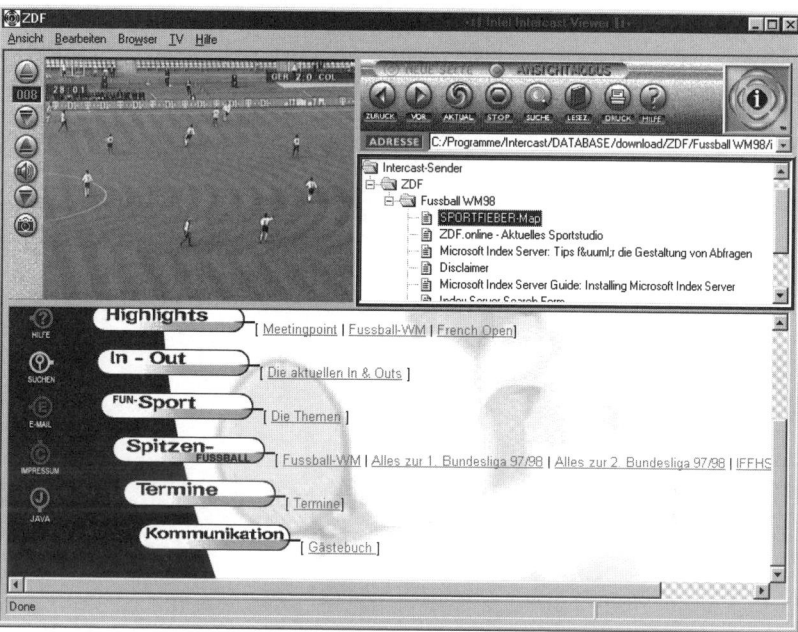

Bild 13.31: Fernsehbild plus Internet-Feeling mit Intels Intercast-Technologie

Je länger der PC den Sender per Intercast empfängt, desto mehr Seiten werden auf den PC übertragen, in denen man dann, wie im Internet üblich, navigieren kann. Natürlich können nur diejenigen Seiten angewählt werden, die sich bereits auf dem PC befinden, ein Abruf bestimmter Seiten ist natürlich nicht von der Empfängerseite aus möglich.

Die Daten der auf dem PC befindlichen Internetseiten werden in einer komprimierten Datenbank geführt und man bekommt tatsächlich einen Eindruck vom Internet, was beispielsweise durch sporadisch auftretende Fehlermeldungen des Explorers wie etwa *Java script error* oder *unable to read file* besonders deutlich wird.

Hersteller von TV-Karten

http://www.haupppauge.com

http://www.terratec.com

Das Setup des PC

PC-Werkstatt

Die Basisfestlegungen für einen PC werden im CMOS-Setup – oder allgemeiner dem BIOS-Setup – durchgeführt. Jeder übliche PC verfügt über ein akku- oder auch batteriegepuffertes CMOS-RAM, das diese Systemeinstellungen des PC enthält. Die (absolut) notwendigen Einstellungen sind bei einem fertig gekauften PC bereits vom Hersteller vorgenommen worden, wobei diese meist so gewählt worden sind, dass der PC zwar sicher funktioniert, dass aber die Festlegungen optimal gewählt worden sind, denn je nach PC-Typ, Ausstattung und den jeweiligen Einstellungen können im BIOS-Setup durchaus merkliche Optimierungen für die PC-Performance vorgenommen werden.

7

14 BIOS-Setup

Keine grundlegende PC-Hardware, wie etwa die Laufwerke, wird funktionieren, wenn hierfür kein (korrekter) Eintrag im CMOS-RAM vorhanden ist. Mit Hilfe des BIOS-Setup-Programms, das durch eine bestimmte Taste- oder auch Tastenkombination aufgerufen wird, sind die entsprechenden Hardware-Einstellungen vorzunehmen. Die dabei eingestellten Daten müssen stets mit der tatsächlichen Hardware-Ausstattung des PC übereinstimmen.

14.1 BIOS-Setup-Überblick und -Aufruf

Bevor das Betriebssystem bootet, wird meist ein Monitorbild aufgeblendet, das den Hersteller des BIOS anzeigt und mit welcher Taste man in das BIOS-Setup gelangt. Hierfür ist üblicherweise die Entf- bzw. Del-Taste zu betätigen und bei einer anders lautenden Taste oder auch Tastenkombination wird diese in der Regel auch angezeigt.

```
Award Modular BIOS v4.50PG, An Energy Star Ally.

Intel 8243x PCI-ISA BIOS for Pentium (R)Processor 1.28
Award Plug and Play BIOS Extension v1.01A


Copyright (c) 1997, Award Software, Inc.



Press DEL to enter SETUP
12/27/97 i82371-2B59CG0LC-00
```

Bild 14.1: Vor dem Booten des Betriebssystems kann das Setup aufgerufen werden

Wie der nun folgende Setup-Bildschirm aussieht, und was im Einzelnen konfiguriert werden kann, hängt vom PC-Typ, der eingebauten Hardware und auch dem BIOS-Hersteller ab. Es gibt im Grunde nur drei große BIOS-Hersteller: American Megatrends Incorporated (AMI), Phoenix und Award. In früheren Zeiten (bis zum Pentium) stammten die meisten BIOS-Versionen von der Firma AMI, während bei Pentium-PCs die der Firma Award als Standard zu betrachten sind. BIOS-Versionen der Firma Phoenix sind besonders häufig bei mobilen PCs (Laptops, Notebooks) vorzufinden und bei Mainboards der Firma Intel. Mit Intel als Partner hat die Firma Phoenix im Jahre 1998 die Firma Award übrigens aufgekauft, so dass die Anzahl der BIOS-Hersteller somit noch kleiner geworden ist.

Die BIOS-Setups der Firma Phoenix sind bis dato – im Vergleich zu denen der anderen Hersteller – im Funktionsumfang immer etwas spartanisch und auch nicht besonders übersichtlich, während die der Firma AMI meist in mehreren Farben erscheinen und sich auch mit der Maus bedienen lassen.

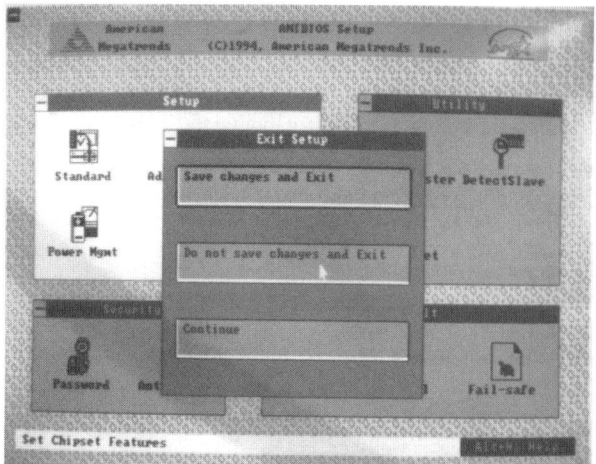

Bild 14.2: Bei einem BIOS der Firma AMI lässt sich das PC-Setup auch komfortabel mit einer Maus durchführen

Was im BIOS-Setup an einzelnen Optionen vorgesehen ist hängt nicht nur vom BIOS-Hersteller ab, sondern letztendlich auch davon, was der Mainboard-Hersteller jeweils für die Konfigurierung (durch den Anwender) freigegeben hat. So kann es durchaus passieren, dass sich bei baugleichen Mainboards, beispielsweise der Firma Asus und Gigabyte, unterschiedliche Möglichkeiten finden lassen. Falls die Mainboards tatsächlich baugleich sind, kann es daher durchaus Sinn machen, auf einen anderen BIOS-Hersteller auszuweichen, wie es im Kapitel 6.3.4 (BIOS-Update) näher erläutert ist.

Die Mainboard-Hersteller erhalten vom BIOS-Hersteller für den betreffenden Chipsatz eine BIOS-Version, bei der sich alle möglichen Dinge einstellen lassen, und es werden daraufhin nur diejenigen Optionen freigegeben – und erscheinen somit auch als konfigurierbare Einträge im Setup –, die der jeweilige Mainboard-Hersteller für nötig gehalten hat. So kann man den Phoenix-BIOS-Versionen zwar einerseits vorwerfen, dass sie meist nicht besonders viele Optionen bieten, andererseits ist es hier aber auch nicht (so leicht) möglich, so viel »herumzuspielen« bis der PC überhaupt nicht mehr funktioniert.

Die Durchführung des BIOS-Setups ist also durchaus auch mit Gefahren verbunden, wobei sich die kritischeren Optionen im *Advanced*- oder *Chipset-Setup* finden lassen, wie es noch erläutert wird. Hat man es tatsächlich einmal geschafft, dass der PC auf Grund nicht zutreffender Festlegungen überhaupt nicht mehr funktioniert, und man kommt auch nicht mehr an den BIOS-Setup heran, ist im schlimmsten Fall das CMOS-RAM komplett zu löschen. Wie dabei im Einzelnen vorzugehen ist, ist im Kapitel 6.6.7 beschrieben. Wenn man Glück im Unglück hat, ist auf dem Mainboard ein Jumper zu finden, der umzusetzen ist, woraufhin die ungefährlichen BIOS-Voreinstellungen (Default) automatisch aktiviert werden. Dieser Jumper ist danach natürlich wieder in die Normalstellung zu setzen.

Einige der BIOS-Setup-Parameter erscheinen oftmals als unverständlich und eine echte Hilfe wird weder durch das Handbuch zum Mainboard, noch durch die im BIOS-Setup integrierte Hilfefunktion geboten, die meist nur besagt, dass eine bestimmte Option *enabled* (aktiviert) oder *disabled* (nicht aktiviert) werden kann, was dies im Einzelnen bewirkt bleibt dabei leider im Dunkeln.

Eine bessere Verständlichkeit der einzelnen Parameter ergibt sich aber auch nicht immer dadurch, dass die Landessprache umgeschaltet werden kann, der BIOS-Setup also in Deutsch erscheint, was meist bereits vom Hersteller des PC erledigt wurde. Was ist beispielsweise die *AGP-Blendengröße?* Diese Dinge lassen sich beispielsweise bei PCs mit Intel-440LX-Chipsatz (Aldi-PC) konfigurieren. Aus diesem Grunde erscheint es immer noch am sinnvollsten, tatsächlich nur diejenigen Parameter zu manipulieren, bei denen man sich über die jeweilige Bedeutung im Klaren ist. Die folgenden Erläuterungen, die auf eine Vielzahl unterschiedlicher PCs zutreffen, sollen dabei eine Hilfe sein.

Was für die aktuelle Konfiguration im Einzelnen beim Booten des PC erscheint, hängt natürlich von der jeweiligen PC-Ausstattung, aber auch vom BIOS-Typ (Version, Hersteller) ab, wobei bei PCI-PCs meist ein BIOS der Firma Award vorhanden ist.

Nachdem eine BIOS-Anzeige, wie im Bild 14.3, erschienen ist, ist es aber schon zu spät für den BIOS-Setup und man muss einen Reset ausführen (Tasten Strg+ Alt+Entf oder Reset-Taste am PC). Dieser sollte jedoch möglichst nicht gerade dann ausgelöst werden, wenn Windows sich bereits im Bootprozess befindet, da im ungünstigsten Fall (gerade geöffnete) Dateien beschädigt werden könnten.

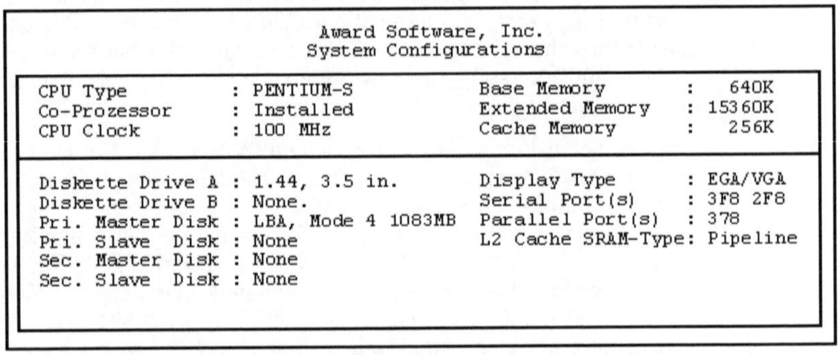

```
                    Award Software, Inc.
                    System Configurations

  CPU Type        : PENTIUM-S        Base Memory      :    640K
  Co-Prozessor    : Installed        Extended Memory  : 15360K
  CPU Clock       : 100 MHz          Cache Memory     :    256K

  Diskette Drive A : 1.44, 3.5 in.   Display Type      : EGA/VGA
  Diskette Drive B : None.           Serial Port(s)    : 3F8 2F8
  Pri. Master Disk : LBA, Mode 4 1083MB  Parallel Port(s) : 378
  Pri. Slave  Disk : None            L2 Cache SRAM-Type: Pipeline
  Sec. Master Disk : None
  Sec. Slave  Disk : None
```

Bild 14.3: Die BIOS-Anzeige der aktuellen Konfiguration beim PC-Booten

Ein BIOS-Setup erstreckt sich in den meisten Fällen über mehrere Bildschirmseiten. Die grundlegenden Einstellungen finden sich im *Standard CMOS Setup* und je nach PC-Typ existieren erweiterte Setup-Funktionen im *Advanced CMOS Setup*, wie er bei AMI, oder im *BIOS Features Setup*, wie er bei Award genannt wird.

Chipsatzspezifische Festlegungen, die sich entsprechend dem verwendeten Chipsatz auf dem Mainboard voneinander unterscheiden, werden unter *dem Advanced Chipset Setup* (AMI) bzw. unter *Chipset Features Setup* (Award) angeboten. Des Weiteren finden sich bei PCI-PCs hierfür noch spezielle Einstellungsmöglichkeiten, für die es entweder eine spezielle Seite gibt oder die in einem *Advanced Setup* mit abgelegt sind.

Die BIOS-Setup-Optionen unterscheiden sich in erster Linie nicht dadurch, welche CPU jeweils verwendet wird, sondern durch die Optionen, die der jeweilige Mainboard- bzw. BIOS-Hersteller vorgesehen hat, und diese sind letztendlich wieder durch den Chipset vorgegeben. CPU-spezifische Einstellungen haben einen eher geringen Anteil bei den im BIOS-Setup einzustellenden Daten. Ob ein Pentium-MMX, Pentium III oder ein Athlon zum Einsatz kommt, spielt daher eher eine untergeordnete Rolle und die Problemfälle liegen meist in der Abstimmung der passenden Speicheroptionen.

```
                    ROM PCI/ISA BIOS (2A59CG01)
                       CMOS SETUP UTILITY
                      AWARD SOFTWARE., INC.

    STANDARD CMOS SETUP              PASSWORD SETTING

    BIOS FEATURES SETUP             IDE HDD AUTO DETECTION

    CHIPSET FEATURES SETUP          SAVE & EXIT SETUP

    POWER MANAGEMENT SETUP          EXIT WITHOUT SAVING

    PCI CONFIGURATION SETUP

    LOAD SETUP DEFAULTS


    ESC  : Quit                     ↓→↑←  : Select Item

    F10  : Save & Exit              (Shift)F2 :Change Color


                 Time, Date, Hard Disk Type ...
```

Bild 14.4: Der Setup-Hauptbildschirm bei einem PC mit Award-BIOS

Mit welchen Tasten man sich in den Setup-Seiten bewegt und die Einstellungen verändert, ist üblicherweise auf den einzelnen Seiten angegeben. Mit den »Pfeiltasten« der Tastatur werden meist die einzelnen Einträge selektiert, über die »Bildtasten« werden die vorgegebenen Parameter aktiviert und mit der ESC-Taste gelangt man zum BIOS-Setup-Hauptmenü oder verlässt das Setup.

···⟩ **Standard CMOS Setup:** Grundlegende Einstellungen

···⟩ **BIOS Features Setup:** Erweiterte Einstellungen

···⟩ **Chipset Features Setup:** Spezielle, Chipsatz-spezifische Einstellungen

···⟩ **Power Management Setup:** Einstellungen für die Stromsparfunktionen

···⟩ **Load Setup Defaults:** Laden der BIOS-Voreinstellungen, die nur im Notfall zu aktivieren sind, wenn man alles »verkonfiguriert« hat. Es werden lediglich einige grundlegende Einheiten – mitunter auch falsch – aktiviert. Eine manuelle Nachbesserung ist danach unbedingt durchzuführen.

···⟩ **Passwort Setting:** Vergabe eines Passworts, um den PC vor fremden Zugriffen zu schützen. Ob die Passwort-Abfrage nach jedem Einschalten des PC oder nur nach dem Aufruf des BIOS-Setups stattfinden soll, wird unter *Security Option* im *BIOS Features Setup* festgelegt.

⋯⟩ **IDE HDD Auto Detection:** Automatische Ermittlung der Festplatten-Parameter, die vom *Standard CMOS Setup* übernommen werden. Diese nützliche Funktion ist oftmals auch unter *Hard Disk Utility* zu finden.

⋯⟩ **Hard Disk Utility:** Dieses Menü ist bei dem hier als Beispiel betrachteten BIOS-Setup zwar nicht vorhanden, kann aber bei anderen Versionen implementiert sein. Es enthält einige »gefährliche« und mitunter auch nicht mehr zeitgemäße Funktionen. Die hier oftmals abgelegte Funktion zur Low-Level-Formatierung von Festplatten sollte nur dann angewendet werden, wenn an der Festplatte ohnehin nichts mehr verdorben werden kann. Die üblichen (E)IDE-Festplatten sollten grundsätzlich nicht Low-Level formatiert werden, da die bei der Festplattenherstellung als *defekt* markierten und gesperrten Plattenbereiche dadurch wieder freigegeben werden könnten. Bei einem späteren Zugriff (evtl. nach Monaten, je nach Datenaufkommen) auf diese Bereiche können dann erhebliche Datenfehler auftreten, was soweit gehen kann, dass die Festplatte komplett ihren Dienst verweigert. Nur falls der Festplattenhersteller nicht explizit den Gebrauch der Low-Level-Format-Funktion erlaubt und/oder die Festplatte nicht anderweitig (Disc Doctor Utilities u.Ä.) wieder zum Laufen zu bringen ist, sollte diese Funktion verwendet werden.

⋯⟩ **Save & Exit Setup:** Die festgelegten BIOS-Setup-Daten im CMOS-RAM sichern und das Setup verlassen. Es wird noch eine Bestätigung mit der Z-Taste für Y(es) verlangt, da der deutsche Tastaturtreiber im Setup nicht geladen ist.

⋯⟩ **Exit without Saving:** Das Setup verlassen, ohne die getätigten Änderungen zu speichern.

14.2 Standard-CMOS-Setup

Im Standard-CMOS-Setup finden sich die grundlegenden Einstellungsmöglichkeiten für den PC. Finden sich an dieser Stelle unsinnige Angaben, wird der PC möglicherweise überhaupt nicht starten. Es ist daher für die korrekte Funktion unabdingbar, dass die hier getroffenen Festlegungen mit der tatsächlichen Hardware-Ausstattung des Computers übereinstimmen. Die einzige, mitunter etwas problematische Einstellung ist die für die Festplatten (Hard Disks).

14.2.1 Date und Time

Das Datum und die Uhrzeit sollten mit den tatsächlichen Zeiten übereinstimmen, da diese Angaben zusammen mit Daten und Programmen gespeichert werden und sich jedes Programm, das in irgendeiner Form Zeitinformationen verarbeitet, auf die Echtzeituhr des PC bezieht, die über *Date* und *Time* mit direkten Zahlenangaben gestellt wird. In diesem Zusammenhang wird das Y2K-Problem (Jahr-2000-Übergang) oftmals genannt, wenn das BIOS nicht dazu in der Lage ist, *Date* und *Time* entsprechend umzuschalten. Dies ist jedoch ein eher unbedeutendes Y2K-Problem und lässt sich im Prinzip bereits durch einen Treibereintrag in der CONFIG.SYS beheben. Außerdem kann auch Windows 9x den Datums-Bug korrigieren. Welche BIOS-Version nun korrekt umgeschaltet hat oder nicht, wird man bereits festgestellt haben und es ist sicher erstaunlich, dass einerseits einige Versionen für eine 286-CPU damit überhaupt keine Probleme hatten und anderseits Pentium-Mainboards damit auf die »Nase gefallen« sind.

◼ 14.2.2 Hard Disks

Jeder heute übliche PC unterstützt bis zu vier Festplatten, wie es mit Enhanced IDE üblich ist. An jedem der beiden EIDE-Kanäle können sich jeweils eine Master- und eine Slave-Festplatte befinden, die entsprechend zu jumpern sind.

Es ist auch möglich, ein CD- oder ein DVD-ROM-Laufwerk oder andere ATAPI-Devices mit dem EIDE-Interface zu verwenden, wofür dann jedoch keine Parameter einzustellen sind. Beim Einsatz einer SCSI-Festplatte sind hier ebenfalls keine Einstellungen vorzunehmen (Einstellung: None).

In (fast) jedem BIOS der bekannten Firmen ist eine Liste mit verschiedenen Festplattentypen implementiert. Hier kann man sich den passenden Typ heraussuchen, der mit der im PC eingebauten Festplatte übereinstimmt, und diesen dann mit der Eingabetaste bestätigen. Selbst in den neuesten PCs findet man immer noch diese veralteten Listen, obwohl die dort vorgeschlagenen Typen kaum mehr den heutigen Ansprüchen an die Speicherkapazität (10 bis 100 Mbyte) einer Festplatte genügen, so dass hierauf auch nicht näher eingegangen wird. Diese Liste der vorgegebenen Festplattentypen ist im Prinzip nur für die alten MFM- und RLL-Festplatten relevant.

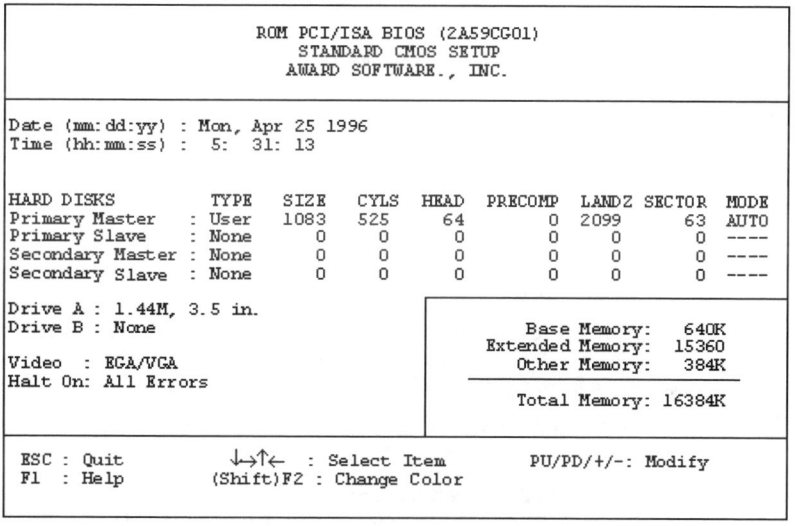

Bild 14.5: In diesem Setup können maximal vier Festplatten oder allgemein EIDE-Devices konfiguriert werden, wobei hierfür unterschiedliche Betriebsarten einstellbar sind

Der Standardtyp bei (E)IDE-Festplatten ist der so genannte USER-Typ, der sich oftmals auch unter der Nummer 47 befindet und bei dem die Festplattenparameter einzeln anzugeben sind. Die einzelnen Parameter haben die folgenden Bedeutungen:

⋯⟫ **CYLS:** Es wird die Angabe der Zylinder verlangt.

⋯⟫ **HEAD:** Hier wird die Anzahl der Köpfe angegeben.

⋯⟫ **PRECOMP:** Write-Precompensation, hier wird derjenige Zylinder angegeben, ab dem die Schreibvorkompensation für die Festplatte wirken soll. Die zu schreibenden Daten werden so umgesetzt, dass möglichst wenige Flusswechsel auf der magnetischen Schicht der Festplatte stattfinden, was die Datensicherheit

983

für die alten MFM-Festplatten erhöht. Sofern vom Festplattenhersteller nicht anders angegeben, ist bei (E)IDE keine Angabe nötig, da sie mit einem anderen Verfahren (Zone-Bit-Recording) arbeiten.

···> **LANDZ:** Die *Landezone* ist die Parkzone, auf die die Festplatte nach dem Abschalten abgesenkt wird. Bei (E)IDE-Festplatten ist hier ebenfalls keine Eintragung nötig.

···> **SECTOR:** Angabe der Sektorenanzahl. Aus den Angaben zur Zylinderanzahl, zu den Köpfen und zu den Sektoren wird mit der Sektorgröße von 512 Bytes automatisch die verfügbare Speicherkapazität der Festplatte errechnet und unter *Size* dargestellt.

Falls man die einzelnen Parameter einer (E)IDE-Festplatte nicht kennt, kann man sich in vielen Fällen – wie auch hier – durch einen Menüpunkt des BIOS wie IDE HDD AUTO DETECTION die Parameter aus der Elektronik der Festplatte herauslesen lassen, die dann automatisch für die *Hard-Disks-Einstellung* übernommen werden.

Prinzipiell können fast beliebige Kombinationen aus CYLS, HEAD und SECTOR eingestellt werden. Wichtig ist dabei nur, dass die maximale Anzahl der *Logischen Sektoren* insgesamt nicht überschritten wird, die sich durch die Multiplikation der einzelnen Werte ergibt.

Die (E)IDE-Festplatten verwenden einen Translation-Mode, der die logischen Daten in physikalische (tatsächliche) umsetzt. Die bestmögliche Ausnutzung der Kapazität ergibt sich allerdings bei der Verwendung der vom Hersteller spezifizierten Daten. Sind diese aus irgendeinem Grunde aber bei der Erstinstallation der Festplatte nicht verwendet worden, kann man theoretisch bis in alle Ewigkeit herumprobieren, um die zugrunde gelegten Daten zu ermitteln.

Unter Umständen kann die Festplatte zwar auch mit abweichenden Werten verwendet werden, aber man kann nicht von ihr booten. Es gibt durchaus PC-Händler, die dieses Verfahren praktizieren, damit der Kunde seinen »verkonfigurierten« PC im Geschäft wieder reparieren lassen muss.

Enhanced IDE erlaubt im Gegensatz zu Standard IDE die Unterstützung von Festplatten mit einer Kapazität größer als 528 Mbyte. Hierfür sind im BIOS-Setup in der Regel verschiedene Betriebsarten unter *Mode* einstellbar:

···> **Normal oder Standard CHS** (Cylinder Heads Sectors): Für Festplatten mit einer maximalen Kapazität kleiner als 528 Mbyte.

···> **Large oder Extended CHS** (ECHS): Für Festplatten mit einer Kapazität größer als 528 Mbyte, die den LBA-Mode nicht unterstützen. Diese Betriebsart ist eher ungewöhnlich und ausschließlich für DOS vorgesehen.

···> **LBA oder Logical Block:** Logical Block Addressing ist der Standard-Mode für Festplatten mit einer Kapazität größer als 528 Mbyte.

···> **Auto:** Die Festplatte wird automatisch konfiguriert und der optimale PIO-Mode eingestellt. Bei älteren IDE-Festplatten kann diese Einstellung zu Problemen führen – HD wird nicht oder falsch erkannt –, so dass stattdessen der CHS- oder LBA-Mode verwendet werden sollte.

Falls ein älteres BIOS keine EIDE-Festplatten mit einer Kapazität größer als 528 Mbyte unterstützt, wird ein zusätzliches Programm wie EZ Drive oder DiskManager benötigt, das mit zum Lieferumfang der Festplatte gehören und auch für den jeweiligen Festplattentyp geeignet sein sollte. Eine neue Controllerkarte ist für die Unterstützung von Festplatten mit einer Kapazität größer als 528 Mbyte nicht nötig!

14.2.3 Drive A und Drive B

Für zwei Diskettenlaufwerke A und B können wahlweise mit Hilfe der Pfeiltasten meist die folgenden Parameter eingestellt werden:

···⫸ 360 kByte 5.25"

···⫸ 720 kByte 3.5"

···⫸ 1.2 Mbyte 5.25"

···⫸ 1.44 Mbyte 3.5"

···⫸ 2.88 Mbyte 3.5"

···⫸ None oder Not Installed

Der üblichste Laufwerkstyp ist nach wie vor sicherlich das 1.44-Mbyte-Laufwerk. Der 2.88-Mbyte-Laufwerkstyp hat sich nicht am Markt durchgesetzt und die großen 5.25"-Laufwerke sind nur noch bei älteren PCs eingebaut. Falls kein zweites Diskettenlaufwerk installiert ist, muss hierfür natürlich *NONE* oder manchmal auch *Not Installed* angegeben werden.

An dieser Stelle würde man vielleicht auch eine Möglichkeit zur Festlegung eines ZIP- oder LS120-Laufwerks erwarten, dem ist aber nicht so, denn diese Laufwerke werden als ATAPI-Devices (am EIDE-Port) und nicht als Diskettenlaufwerke angemeldet und demnach auch so verwendet.

14.2.4 Video

Für die Grafikkarte (nicht etwa eine Videokarte) sind üblicherweise die folgenden Einstellungen möglich:

···⫸ Monochrome   (Hercules, MDA)

···⫸ Color 40 x 25   (CGA40)

···⫸ Color 80 x 25   (CGA80)

···⫸ VGA/PGA/EGA   (Farbe)

···⫸ Not Installed...   (keine Karte installiert)

Der angegebene Grafikkartentyp ist lediglich für die Initialisierung nötig und bedeutet keineswegs, dass die Grafikkarte daraufhin etwa als Standard-VGA-Karte (640x480 Bildpunkte) verwendet werden muss, wenn diese hier selektiert worden ist, denn es werden im Nachhinein in den meisten Fällen sicherlich leistungsfähigere Grafikkartentreiber (SVGA o.ä.) mit der CONFIG.SYS oder mit Windows 9x geladen.

14.2.5 Halt On

Der PC hält während der Initialisierung bei der Detektierung eines jeden Fehlers mit einer Fehlermeldung an, wenn *All Errors* eingestellt ist. Es kommt aber durchaus vor, dass eine Tastatur oder ein Diskettenlaufwerk fälschlicherweise als defekt detektiert wird und nach dem Bootvorgang dennoch einwandfrei funktioniert. In solch einem Fall kann man eine entsprechende Umschaltung vornehmen, wodurch die Fehlermeldung unterdrückt wird und der PC dennoch gestartet werden kann.

···⟩ All Erros

···⟩ No Errors

···⟩ All, But Keyboard

···⟩ All, But Diskette

···⟩ All, But Disk/Key

Üblicherweise sollte jedoch *All Errors* eingestellt werden. Es kann aber auch sinnvoll sein (Schutz vor Vireneinschleusung), dass der PC nicht startet, wenn das Diskettenlaufwerk verriegelt ist, sich im Laufwerk A also eine Diskette befindet. Die betreffende Einstellung lautet dann *All, But Disk/Key*.

14.2.6 Memory

Die Angaben über den Speicher im BIOS-Setup-Progamm lassen sich nicht verändern, die jeweilige Größe wird vom BIOS automatisch ermittelt, wobei die Summe der einzelnen Memory-Einträge (Base, Extended, Other) die installierte DRAM-Größe zu ergeben hat.

Falls sich an diesem Punkt eine Unstimmigkeit gegenüber der installierten RAM-Kapazität ergeben sollte, kann in einem erweiterten Setup (Chipset Features Setup) versucht werden, die Festlegungen für die DRAMs auf unkritischere Werte einzustellen (z.B. DRAM Wait State, DRAM Burst Timing). Bewirkt dies nach einem Neubooten ebenfalls nichts an der Memory-Anzeige, kann nur noch ein Tausch der Speichermodule weiterhelfen. Zuweilen ergibt sich auch eine scheinbare Unstimmigkeit in der Anzeige der Gesamtkapazität, wenn für bestimmte Bereiche ein Shadow-RAM eingeschaltet ist.

14.3 BIOS Features Setup

Erweiterte Setup-Funktionen, also diejenigen Funktionen, die über die Einstellungsmöglichkeiten des Standard-Setups hinausgehen, finden sich im *Advanced Setup*, *BIOS Features Setup* oder auch *Chipset Features Setup*.

Für eine optimale PC-Performance ist es unumgänglich, sich mit diesem Setup näher auseinander zusetzen. Welche Funktionen sich im jeweiligen erweiterten BIOS-Setup wiederfinden lassen, hängt von mehreren Gegebenheiten wie dem BIOS, dem Chipsatz, dem Mainboard und dem PC-Typ ab. Aus diesem Grunde sind im Folgenden diejenigen Funktionen, die bei einem Award-BIOS am gebräuchlichsten sind, angegeben. Diese sind auch, zum Teil unter einer geringfügig anders lautenden Bezeichnung, bei anderen BIOS-Typen wiederzufinden.

14.3.1 Virus Warning, Bootsektor Virus Check

Der Bootsektor der Festplatte oder einer Diskette ist besonders durch Virenbefall gefährdet, da hier abgelegte Viren den Datenträger total zerstören können, so dass dann oftmals nichts anders als eine Neuformatierung übrig bleibt.

Einen gewissen Schutz vor diesem Virentyp bietet die Einschaltung von *Virus Warning* (bei anderen BIOS-Versionen auch als *BootSector Virus Protection* bezeichnet), die man deshalb auch verwenden sollte. Dies sollte jedoch passieren, bevor die erste Software überhaupt installiert wird, denn ein späteres Einschalten kann schon zu spät sein, da sich dann möglicherweise bereits ein Virus eingeschlichen hat, der nicht mehr detektiert werden kann.

Die BIOS-Warning-Funktion beruht nämlich darauf, dass nach der Installation des Betriebssystems, das den Boot-Sektor naturgemäß verändert, dieser Zustand als *virenfrei* angesehen wird und jede Software, die danach diesen Sektor verändern will, als möglicher Virenbefall gemeldet wird. Das BIOS-Virenerkennungsprogramm kann sich beispielsweise dann melden, wenn Speichermanager-Programme oder Netzwerks-Software installiert oder ausgeführt werden. Die Meldung des BIOS-Virus-Checkers kann dann beispielsweise wie folgt aussehen:

```
BootSector Write !!!

Possible VIRUS: Continue (Y/N)?
```

Auch bei der Installation von DOS und anderer Betriebssysteme kann sich der BIOS-interne Virenchecker auf diese Art melden. Windows 95 beispielsweise bleibt bei der Installation ohne Fehlermeldung einfach hängen, wenn der Zugriff auf den Bootsektor durch den Virenchecker nicht zugelassen wird.

 Eine Betriebssystem-Installation kann einfach ohne Fehlermeldung hängenbleiben, wenn der BIOS-interne Virencheck eingeschaltet ist!

Da ständig neue Virentypen erfunden werden, reicht dieser Schutz allein aber keineswegs aus, und man sollte immer einen möglichst aktuellen Virenscanner parat haben.

14.3.2 Cache-Einstellungen

Die beiden im Bild gezeigten Einstellungen für den Cache beschränken sich auf die Einschaltung des internen und des externen Caches. Aus Performancegründen sollte man diese beiden Punkte unbedingt auf *Enabled* schalten. Es spielt an dieser Stelle keine Rolle, in welcher Form der Cache realisiert ist (z.B. Standard oder Pipelined Burst, in der CPU oder extern) und über welche Kapazität er verfügt, denn dies wird in der Regel selbständig erkannt und nur bei älteren Mainboards sind hierfür möglicherweise Jumper zu stecken.

Der Cache-Speicher ist aufgrund der hier verwendeten hohen Taktraten und der damit verbundenen Wärmeentwicklung generell eine häufige Fehlerquelle auf Mainboards. Falls Programme nicht starten oder abstürzen, ist es daher eine der Maßnahmen, nach der Kontrolle der DRAM-Einstellungen den Cache einmal probeweise abzuschalten.

```
                    ROM PCI/ISA BIOS (2A59CG01)
                        BIOS FEATURES SETUP
                       AWARD SOFTWARE., INC.

 Virus Warning          : Enabled    Video  BIOS Shadow : Enabled
 CPU Internal Cache     : Enabled    C8000-CBFFF Shadow : Disabled
 External Cache         : Enabled    CC000-CFFFF Shadow : Disabled
 Quick Power On Self Test : Enabled  D0000-D3FFF Shadow : Disabled
 Boot Sequence(LS120/ZIP100): C,A    D4000-D7FFF Shadow : Disabled
 Swap Floppy Drive      : Disabled   D8000-DBFFF Shadow : Disabled
 Boot Up Floppy Seek    : Disabled   DC000-DFFFF Shadow : Disabled
 Boot Up NumLock Status : Off
 Security Option        : Setup
 PCI/VGA Palette Snoop  : Disabled



                                    ESC: Quit      ↓→↑←:Select Item
                                    F1 : Help        PU/PD/+/-:Modify
                                    F5 : Old Values (Shift)F2 :Color
                                    F7 : Load Setup Defaults
```

Bild 14.6: Im BIOS-Features-Setup werden wichtige Dinge wie der Cache eingeschaltet oder auch die Boot Sequence festgelegt

Einige BIOS-Versionen erlauben noch speziellere Einstellungen für den Cache, wobei die einzelnen Punkte statt *Cache* auch die Bezeichnung *SRAM* (Statisches RAM = Cache-RAM) tragen können. Übliche BIOS-Setup-Einträge sind auch die folgenden:

⋯⋗ **Cache Update Policy (Cache-Strategie):** An dieser Stelle ist die Umschaltung zwischen dem *Write Through* und dem leistungsfähigeren *Write Back Mode* möglich (siehe Kapitel 8.5). Bei einigen BIOS-Versionen ist zwar im Setup ein entsprechender Menüpunkt zu finden, der die Umschaltung zwischen den beiden verschiedenen Cache-Betriebsarten ermöglichen soll, doch versucht man die Umschaltung, passiert manchmal gar nichts, da diese Punkt zwar als Text erscheint, von der Funktion her jedoch einfach gesperrt ist, was bei einigen älteren 486-Board vorkommt, die keinen *Write Back Cache* unterstützen.

⋯⋗ **Cache Write Hit Wait State (Cache-Schreibzugriff):** Das Prinzip dieser Einstellung richtet sich nach der CPU-Taktfrequenz und der Zugriffszeit der eingesetzten SRAMs für den externen Cache, denn es kann nötig sein, mit dieser Option zusätzliche Wartezyklen (0 bis 2 WS) festzulegen, damit der Cache-Speicher fehlerfrei verwendet werden kann.

⋯⋗ **Cache Read Hit Burst oder SRAM Read Burst Control (Cache-Lesezugriff):** Dieser Menüpunkt erlaubt die Festlegung des Zugriffszyklus für den Burst-Mode im Lesebetrieb, der im Wesentlichen von der Zugriffszeit der verwendeten SRAMs abhängig ist. Im Gegensatz zu einem normalen Speicherzugriff wird im Burst-Mode nur eine Adresse – die Startadresse – übermittelt, woraufhin die Daten als Block folgen und die jeweilige Adresse von der Cache-Elektronik selbsttätig erhöht wird. Es wird also nicht bei jedem Zugriff eine Adresse, gefolgt vom dazugehörigen Datenwort, gesendet, was zu einer schnelleren Datenübertragung führt. Die im Setup zu findenden Werte (z.B. 3-2-2-2) kennzeichnen jeweils die Anzahl der notwendigen Taktzyklen. Je geringer diese Werte im Setup eingestellt werden können, desto besser, denn dann wird die Übertragung schneller durchgeführt. Übliche Angaben sind beispielsweise:

Adresse		Daten (Block)
	3	2-2-2
oder	3	1-1-1
oder	2	1-1-1

14.3.3 Quick Power On Self Test

Der Selbsttest erfolgt in kürzerer Zeit, wenn dieser Punkt auf *Enabled* geschaltet wird. Diese Einstellung sollte man jedoch erst dann vornehmen, wenn der PC bereits optimal funktioniert, da im *Quick POST* einige Punkte wie der Speichertest nur teilweise absolviert werden.

14.3.4 Boot Sequence

Hier wird festgelegt, in welcher Reihenfolge das BIOS auf den Laufwerken nach dem Betriebssystem suchen soll. Ist eine Festplatte eingebaut, sollte hier *C, A* angegeben werden. Damit wird von der Festplatte aus gebootet und erst wenn dies aus irgendwelchen Gründen fehlschlägt, wird auf das Diskettenlaufwerk A: zugegriffen, um dann das System von diesem Laufwerk aus zu laden.

Bei aktuellen BIOS-Versionen ist hier oftmals auch ein CD-ROM-Laufwerk als Bootquelle festzulegen. Die CD muss aber speziell hierfür ausgelegt – eben bootfähig – sein, wofür die CD-Brenner-Software (siehe Kapitel 11.1.1) eine entsprechende Unterstützung bieten muss. Das LS120- und das ZIP-Laufwerk (ATAPI) sind hier möglicherweise ebenfalls als Bootlaufwerke anzugeben.

···⟩ A, C, SCSI (default, Voreinstellung)

···⟩ C, A, SCSI

···⟩ C, CDROM, A

···⟩ CDROM, C, A

···⟩ C Only

···⟩ LS/ZIP, C, A

Je nach BIOS-Typ und -Version sind auch andere Kombinationen möglich.

14.3.5 Boot Up Floppy Seek

Ist *Boot Up Floppy Seek* auf *Disabled* geschaltet, wird beim Bootvorgang nicht überprüft, um welchen Diskettenlaufwerkstyp es sich jeweils handelt. Diese Maßnahme ist nur zur korrekten Detektierung eines alten 360-Kbyte-Laufwerkes sinnvoll.

14.3.6 Swap Floppy Drive

Üblicherweise entspricht das Diskettenlaufwerk A dem 3,5"-Typ und das Diskettenlaufwerk B dem älteren 5,25"-Typ. Diese Reihenfolge ist durch den Anschluss am Controller festgelegt, wobei Diskettenlaufwerk A ein Kabel mit gedrehten Kontakten verwendet. Soll diese Zuordnung vertauscht werden (swap), weil beispielsweise eine 5,25"-Diskette für eine Programminstallation im Laufwerk A erwartet wird, braucht lediglich dieser Menüpunkt aktiviert und nicht wie in früheren Zeiten die Verkabelung geändert zu werden.

14.3.7 Boot Up Num Lock Status

Der rechte Block der Tastatur kann entweder für die Eingabe von Zahlen verwendet werden oder mit den Pfeil- und Bildtasten zur Cursorsteuerung. Die Umschaltung zwischen beiden Betriebsarten erfolgt über die NUM-Taste auf der Tastatur. Ist NUM (Number) eingeschaltet, leuchtet die entsprechende Anzeige auf der Tastatur und der Tastenblock dient zur Zahleneingabe. Wird es gewünscht, dass diese Betriebsart sofort nach dem Booten eingestellt wird, die natürlich auch mit der NUM-Taste jederzeit wieder rückgängig gemacht werden kann, wird der Menüpunkt *Boot Up Num Lock Status* auf ON geschaltet.

14.3.8 Security Option

Der PC kann mit einem Passwort geschützt werden, was über den Punkt *Passwort Setting* (Bild 14.4) erfolgt. An dieser Stelle (Security Option) kann hingegen festgelegt werden, ob eine Passwort-Abfrage bei jedem Booten (System) oder nur beim Aufruf des BIOS-Setups (Setup) erfolgen soll. Diese Security Option ist generell der einfachste und wirksamste Weg, den PC vor fremden Zugriffen zu schützen.

14.3.9 Gate A20 Option, Port 92 Fast A20 G

Die Option zur Umschaltung in den Protected Mode ist nun mittlerweile schon über 10 Jahre alt und taucht hin und wieder, selbst bei neuesten Mainboards, in den BIOS-Setups auf. Die Methode der im Kapitel 6.10.1 erläuterten Gate-A20-Umschaltung kann mit diesem Punkt festgelegt werden, wobei die Voreinstellung *Fast* möglichst auch nicht verändert werden sollte, denn die Normal-Stellung bringt nur Leistungseinbußen mit sich.

···⦚ Fast   (A20 wird vom Chipsatz gesteuert)

···⦚ Normal   (A20 wird vom Keyboard-Controller gesteuert)

14.3.10 PCI/VGA Palette Snooping

Diese Einstellung ist im Prinzip nur bei der Verwendung von ISA-Videokarten (TV-Tuner, Video-Grabber) – keine Grafikkarten – auf *Enabled* zu schalten. I/O-Zugriffe auf die Palettenregister werden damit ebenfalls auf dem PCI-Bus abgebildet. Dies ist beispielsweise dann nötig, wenn eine Videokarte mit Hilfe des Feature-Connectors der PCI-Grafikkarte angesteuert wird. Die Videokarte würde andernfalls keine Information über die Farbenänderung erhalten und es erschienen möglicherweise falsche Farben oder auch überhaupt kein Videobild.

14.3.11 Shadow-RAM

Sowohl für das BIOS der Grafikkarte als auch für andere Bereiche im Adapter-segment kann *Shadow-RAM* festgelegt werden. Ist der jeweilige Bereich, in wel-chem sich das BIOS einer Erweiterungskarte oder auch das des Systems befindet, auf *Enabled* geschaltet, werden die BIOS-Routinen vom lediglich 8 Bit breiten BIOS-ROM in den entsprechenden RAM-Bereich kopiert.

Durch das Einschalten von Shadow-RAM erfolgt der Datenzugriff auf das entspre-chende BIOS in 32-Bit- (486-CPU) oder 64-Bit- (Pentium-CPU) statt in 8-Bit-Breite, was sich durch einen schnelleren Datenzugriff bemerkbar machen kann, der unter Windows allerdings keine Auswirkungen zeigt.

Dieser sorgt auf Grund seiner 32-Bit-Architektur (ab 386-CPU) und den kürzeren Zugriffszeiten der DRAMs gegenüber den EEPROMs- oder auch Flash-PROMs für ei-nen schnelleren Zugriff. Wichtig ist dabei, dass der als Shadow-RAM festgelegte Bereich schreibgeschützt ist und nicht als üblicher RAM-Bereich verwendet werden kann. Lediglich bei älteren PCs ist hierfür zusätzlich ein Menüpunkt vorgesehen, neuere erledigen dies bei Aktivierung von *Shadow-RAM* automatisch.

Einige Einsteckkarten (SCSI-Controller) funktionieren nicht, wenn für sie ein Shadow-RAM eingeschaltet ist.

Der Bereich für das Grafik-BIOS ist in den meisten Fällen ab C0000h und/oder auch C4000h festgelegt und das System-BIOS befindet sich ab der Adresse F000h. SCSI-Controller (typisch ab DC000h) und auch Netzwerkkarten (typisch D8000h) kön-nen prinzipiell ebenfalls Shadow-RAM verwenden, was jedoch nicht auf jeden Karten-typ zutrifft, da beispielsweise einige SCSI-Controller der Firma Adaptec nicht mit Shadow-RAM funktionieren. In den meisten Fällen wird daher lediglich für das Grafik-BIOS zusätzlich Shadow-RAM aktiviert und alle anderen Bereiche bleiben auf *Disabled*.

14.4 Advanced Chipset Features Setup

Die bis zu diesem Kapitel erläuterten Setup-Parameter unterscheiden sich bei den verschiedenen PCs (vom 386 bis hin zum Pentium II) überhaupt nicht oder auch nur unwesentlich voreinander. Der *Chipset Features Setup,* oder auch *Advanced Set-up,* kann demgegenüber jedoch recht unterschiedlich ausfallen, da sich hier eben die Chipsatz-spezifischen Dinge festlegen lassen.

```
                    ROM PCI/ISA BIOS
                  CHIPSET FEATURES SETUP
                  AWARD SOFTWARE., INC.

Auto Configuration      : Enabled   PCI Bursting          : Enabled
DRAM Speed Selection    : 60 ns     PCI-Slot IDE 2nd Channel: Disabled
DRAM Precharge Wait State : 0
DRAM Wait State         : 0         Peer Concurrency      : Enabled
DRAM Read Burst Timing  : x2222     PCI Streaming         : Enabled
DRAM Write Burst Timing : x2222     Passive Release       : Enabled
Memory Hole At 15M-16M  : Disabled

ISA Bus Clock           : PCICLK/3  AGP Aperture Size(MB)  : 4
8 Bit I/O Recovery Time : 0
16 Bit I/O Recovery Time : 0        CPU Clock Ratio        : 4.0x
                                    CPU Clock Frequency    : 66 MHz
SDRAM RAS-to-CAS Delay  : Slow
SDRAM RAS Precharge Time : Slow
Auto Detect DIMM/PCI CLK : Enabled  ┌──────────────────────────────────
                                    │ ESC: Quit       ↓→↑←:Select Item
                                    │ F1 : Help       PU/PD/+/-:Modify
                                    │ F5 : Old Values (Shift)F2 :Color
                                    │ F7 : Load Setup Defaults
```

Bild 14.7: *Im Chipset Features Setup sind insbesondere die Speichereinstellungen eine mitunter recht kritische Angelegenheit*

Falls die BIOS-Hauptseite (Bild 14.4) keinen speziellen Menüpunkt für die *On Board Devices* (IDE Controller, Parallel Port usw.) enthält, sind die hierfür notwendigen Konfigurationsmöglichkeiten stattdessen ebenfalls im *Chipset Features Setup* zu finden. Manchmal wird dieser Punkt auch mit *Integrated Peripherals* bezeichnet und was sich dabei üblicherweise festlegen lässt, ist im Kapitel 14.5 erläutert.

Im *Chipset Features Setup* sind meist die folgenden Dinge zu konfigurieren:

···⟩ Speichertiming für DRAM (Standard, Fast Page), EDO und SDRAM

···⟩ PCI-Modes (Buffer, Bursts, Waitstates)

···⟩ ISA-Einstellungen (ISA-Clock, I/O Recovery)

···⟩ AGP-Einstellungen (Aperture Size, AGP-2x/4x Mode)

···⟩ Einstellungen für Supervisory-Chips (CPU Temperature)

14.4.1 Speichertiming

Zum »DRAM-Finetuning« sind meist gleich mehrere Einträge im *Chipset-Features-Setup* zu finden. Je nach unterstützten und eingebauten Speichermodulen (Fast Page, EDO, SDRAM) sind die hier zu findenden Optionen unterschiedlich, die auch recht komplex ausfallen können. Im einfachsten Fall wird – soweit vorhanden – der Menüpunkt *Auto Configuration* auf *Enabled* gesetzt, wobei bei einigen BIOS-Versionen möglicherweise noch die Zugriffszeit der eingesetzten DRAMs (50, 60, 60 ns) anzugeben ist. Alle weiteren Einstellungen für die Speicher werden daraufhin automatisch vom BIOS festgelegt und in den meisten Fällen ergibt sich dadurch auch ein stabiles System.

Manuelle Veränderungen an den Timing-Parametern sollten nur dann vorgenommen werden, falls der PC mit den Speichermodulen nicht zurecht kommt (unvermittelte Systemabstürze, Memory Error u.ä.) oder aber das letzte Stück an Performance aus dem PC »herausgekitzelt« werden soll.

Der PC muss dabei jedoch auch noch stabil funktionieren, und falls man hier eine Optimierung vorgenommen hat, sollte die Software über eine längere Zeit hinweg ausprobiert werden, wobei man diese Einstellungen noch im Hinterkopf behalten sollte. Ein auftretender unvermittelter »Systemhänger« ist meist ein Hinweis auf eine zu optimistische DRAM- oder auch Cache-Einstellung.

Im Bild 14.7 sind die optimalen Einstellungen für ein Pentium-Mainboard mit einer Taktfrequenz von 66 MHz und für Page-Mode-DRAMs mit einer Zugriffszeit von 60 ns gezeigt. Bei der Verwendung von 70-ns-DRAMs muss meist ein zusätzlicher Wartezyklus unter *DRAM Precharge Wait State* und unter *DRAM Wait State* festgelegt werden. Es ist jedoch nicht auszuschließen, dass dies auch bei 60-ns-DRAMS passieren muss, weil das Mainboard kein optimales Timing zulässt oder aber die SIMMs nicht den Spezifikationen entsprechen. Zudem gibt es immer wieder falsch beschriftete DRAMs, die von unseriösen Firmen in den Handel gebracht werden.

Für die beiden DRAM-Burst-Einstellungen gilt Entsprechendes und schlimmstenfalls ist an diesen Punkten ein Zyklus von x-3-3-3-3 bei der oben genannten Konfiguration festzulegen. Je nach PC- und DRAM-Typ sind weitere Wait-State- und Burst-Cycle-Einstellungen möglich, wobei geringere Werte für eine bessere Leistung Sorge tragen.

Ab Pentium-II-Mainboards finden sich neben den Einstellungen für EDO-RAM auch welche für SDRAM, die bei aktuellen Mainboards ausschließlich zum Einsatz kommen und demnach wird man dann auf keine EDO-RAM-Optionen mehr stoßen.

Die Parameter für SDRAMs sollten eigentlich nicht manuell, sondern automatisch mit Hilfe des auf dem Speichermoduls integrierten EEPROMs festgelegt werden. Ein Menüpunkt wie *SDRAM Configuration: By SPD* wäre dann vorhanden und entsprechend einzuschalten, womit die Speichereinstellung auch schon erledigt wäre. Vielfach funktioniert dies leider überhaupt nicht oder auch nicht zufriedenstellend, weil das SDRAM kein EEPROM enthält oder das BIOS hiermit auch einfach nicht zurecht kommt und dann ist nach wie vor manuelle Einstellungsarbeit nötig.

Die Einstellung des Speichertimings ist eine der kritischsten Optionen überhaupt und führt bei falschen Einstellungen zu Systemabstürzen oder der PC startet gar nicht erst. Wenn die automatische Speicherparameter-Einstellung kein befriedigendes Ergebnis liefert, wie es leider auch bei den neuesten Mainboards immer vorkommt, muss man die Parameter – nach wie vor – manuell festlegen.

```
                    ROM PCI/ISA BIOS (P2B-DS)
                    CHIPSET FEATURES SETUP
                    AWARD SOFTWARE, INC.

SDRAM Configuration     : By SPD       Onboard FDC Controller     : Enabled
SDRAM CAS Latency       : 2T           Onboard FDC Swap A & B     : No Swap
SDRAM RAS to CAS Delay  : 3T           Onboard Serial Port 1      : 3F8H/IRQ4
SDRAM RAS Precharge Time: 3T           Onboard Serial Port 2      : 2F8H/IRQ3
DRAM Idle Timer         : 16T          Onboard Parallel Port      : 378H/IRQ7
SDRAM MA Wait State     : Normal       Parallel Port Mode         : ECP+EPP
Snoop Ahead             : Enabled      ECP DMA Select             : 3
Host Bus Fast Data Ready: Enabled      UART2 Use Infrared         : Disabled
16-bit I/O Recovery Time: 1 BUSCLK     Onboard PCI IDE Enable     : Both
8-bit I/O Recovery Time : 1 BUSCLK     IDE Ultra DMA Mode         : Auto
Graphics Aperture Size  : 64MB         IDE0 Master PIO/DMA Mode   : Auto
Video Memory Cache Mode : UC           IDE0 Slave  PIO/DMA Mode   : Auto
PCI 2.1 Support         : Enabled      IDE1 Master PIO/DMA Mode   : Auto
Memory Hole At 15M-16M  : Disabled     IDE1 Slave  PIO/DMA Mode   : Auto
```

Bild 14.8: *Durch die Aktivierung der Option »By SPD« (Serial Presence Detect) werden die SDRAM-Parameter aus den EEPROM des Moduls ausgelesen und automatisch aktiviert*

Falls die Automatik nicht vorgesehen ist oder eben auch einfach nicht richtig funktioniert, sollte man zunächst mit den »ungefährlicheren« Parametern (z.B. SDRAM RAS Precharge Time, Trp) beginnen, die man dann versuchsweise erhöht.

Was bei SDRAMs meist einwandfrei funktioniert, ist ein Punkt wie *Auto Detect DIMM/ PCI Clk,* der bei Aktivierung den optimalen Takt für die SDRAMs einstellt, der üblicherweise dem Systemtakt (66-100 MHz) entspricht.

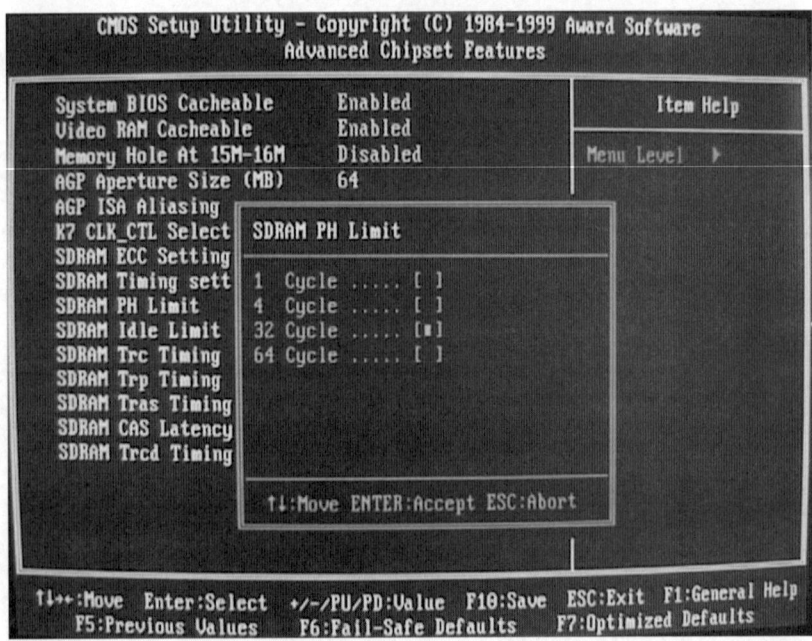

Bild 14.9: *Eine etwas unerfreuliche Angelegenheit ist, dass hier beim Athlon im MSI-Board (6167) zahlreiche SDRAM-Speicherparameter manuell zu konfigurieren sind*

Bei SDRAMs findet man Speicheroptionen wie Trc, Trp und Trcd, die beispielsweise auch zusammenfassend als 2-2-2 dargestellt und festgelegt werden können. Diese Zeiten stehen im direkten Zusammenhang zueinander und addieren sich in der Regel, was somit bei höheren Werten zu einer geringeren effektiven Datenübertragungsrate führt. Allerdings sollte man sich bei der Einschaltung niedriger Werte keinen merklichen Performanceschub versprechen, der PC wird meist nur eher abstürzen. Am besten belässt man daher diese Werte in der Voreinstellung.

Die Option *PH-Limit*, die es nur bei Athlon-Mainboards gibt, nennt sich *Page Hit Limit* und sorgt nach einer festgelegten Anzahl von Page-Hit-Zugriffen für eine Pause zur Auffrischung der Zeilenadresse. Demnach ist der Speicherzugriff (theoretisch) umso schneller, je größer dieser Wert gewählt wird und falls hier *SDRAM PH Limit: 1 Cycle* festgelegt wird, findet bereits nach jedem Zyklus ein Refresh statt. Üblicherweise sollten die PC-100-DIMMs mit einem Wert von 64 Cycles zurechtkommen. Bei einem Speicherproblem setzt man ihn im schlimmsten Fall auf 32 Cycles und falls dies immer noch nicht richtig funktioniert, kann es eigentlich nur an den Speichermodulen liegen.

14.4.2 Memory Hole At 15M-16M

Dieser Punkt bleibt in den meisten Fällen auf *Disabled* stehen, da andernfalls im Speicherbereich von 15-16 Mbyte ein »Loch« festgelegt wird, wodurch der Hauptspeicher über 15 Mbyte nicht verwendet werden kann. Es gibt auch nur wenige (ISA-)Karten (spezielle Controller, Videokarten, ältere ATI-Grafikkarten), die diese Funktion überhaupt benötigen.

14.4.3 ISA-Bus-Einstellungen

Für die Verwendung von älteren ISA-Karten in einem PCI-PC, gibt es oftmals zwei festzulegende Einstellungen für die *I/O Recovery Time*, die getrennt für 8- und 16-Bit-Zugriffe konfigurierbar ist. Derartige zusätzliche Verzögerungen sind aber nur dann nötig, falls die Karten nicht stabil funktionieren, was beispielsweise für einige ältere NE2000-kompatible Netzwerkkarten notwendig ist. Ansonsten legt man hier den kleinsten möglichen Wert fest.

Eine Konfigurationsmöglichkeit für den ISA-Bustakt (ISA Bus Clock) gibt es üblicherweise nur bei Mainboards, die keinen Chipsatz von Intel verwenden, wie es beispielsweise bei VIA- oder SiS-Chipsätzen der Fall ist. Der ISA-Bustakt beträgt standardmäßig PCICLK/4 (siehe auch Kapitel 6.11.3), was 8,25 MHz entspricht. Je nach Chipsatz und BIOS-Typ kann der ISA-Bustakt erhöht werden, was natürlich nicht so weit führen darf, dass die ISA-Karten dann nicht mehr funktionieren. Die meisten ISA-Karten vertragen aber durchaus einen ISA-Takt von 10 MHz (PCICLK/3) und mehr.

14.4.4 PCI-Einstellungen

In dem in Bild 14.7 gezeigten *Chipset Features Setup* sind für den PCI-Bus mehrere Optionen (siehe auch folgende Kapitel) zur Einstellung vorgesehen:

···⫸ **PCI-Slot IDE 2nd Channel:** Ist in den meisten Fällen abgeschaltet und nur dann von Bedeutung, wenn sich in einem PCI-Slot eine zusätzliche (E)IDE-Controllerkarte befindet, die entsprechend mit *Enabled* aktiviert wird. Der On-board-EIDE-Controller muss dann jedoch abgeschaltet sein.

···⫸ **PCI Bursting:** Für die Datenübertragung zwischen PCI-Komponenten und dem Speicher des PC kann der schnelle Burst-Mode ein- oder ausgeschaltet werden. Aus Performance-Gründen ist es natürlich empfehlenswert, den Burst-Mode zu verwenden, es kommt jedoch vor, dass einige Grafikkarten, insbesondere der ersten PCI-Generation, damit nicht zurechtkommen und daher eine Abschaltung des *Burst Write Modus* vorzunehmen ist.

Einige PCs lassen weitere PCI-Optimierungsoptionen zu, die bei anderen Pentium-Systemen »von Hause aus« festgelegt sind und daher auch nicht im Setup erscheinen. Zu den wichtigsten Optionen gehören die Buffereinstellungen.

···⫸ **PCI Buffer und CPU Buffer:** Diese Zwischenspeicher dienen der Kommunikation zwischen der CPU, dem RAM und den PCI-Komponenten untereinander und sollten nach Möglichkeit eingeschaltet werden.

···⫸ **CPU To DRAM Write Buffer:** Zwischenspeicher für die Daten von der CPU zum DRAM.

···⫸ **CPU To PCI Write Buffer:** Zwischenspeicher für die Daten von der CPU zum PCI-Bus.

···⫸ **PCI To DRAM Write Buffer:** Zwischenspeicher für die Daten vom PCI-Bus zum DRAM.

···⫸ **PCI Posted Write Buffer:** Zwischenspeicher für die PCI-Bus-Kommunikation.

Soll die CPU beispielsweise Daten zum PCI-Bus senden, legt sie die Daten im dazugehörigen Write Buffer (CPU to PCI write buffer) ab und kann sofort weiterarbeiten, ohne darauf warten zu müssen, dass die Daten auch vom PCI-Device (z.B. Grafikkarte, SCSI-Controller) übernommen worden sind. Dies erledigt das PCI-Device dann selbstständig.

14.4.5 Peer Concurrency und PCI Streaming

Der Punkt *Peer Concurrency* ist in der Regel auf *Enabled* zu schalten und bewirkt, dass die CPU auch dann auf den Speicher und den L2-Cache zugreifen kann, wenn ein PCI-Busmaster gerade Daten (zu einem Target) überträgt. Andernfalls (disabled) werden die Daten nicht »verschachtelt«, sondern hintereinander übertragen, was einen – meist geringen – Performance-Verlust zur Folge hat.

 Bei eingeschaltetem Peer Concurrency und/oder PCI Streaming funktionieren einige PCI-Karten nicht korrekt.

Bei einigen PCI-Karten (meist älteren) kann die Aktivierung der *Peer Concurrency* jedoch auch dazu führen, dass die Datenübertragung, beispielsweise von einem SCSI-Controller (z.B. von NCR), plötzlich hängen bleibt. In derartigen Fällen ist diese Option dann zu deaktivieren, was in ähnlicher Weise auch auf den eventuell vorhandenen Eintrag *PCI Streaming* zutrifft. Bei Deaktivierung werden Datenzugriffe dann nicht direkt hintereinander ausgeführt, sondern dazwischen wird eine Pause (Waitstate) eingelegt.

14.4.6 Passive Release

Jeder Anwender, der vorhat, eine busmasterfähige ISA-Karte in einem PCI-PC zu betreiben, sollte darauf achten, dass der Punkt *Passive Release* auch im *Chipset Features Setup* (kann auch an anderer Stelle untergebracht sein) erscheint. *Passive Release* sorgt bei der Voreinstellung *Enabled* dafür, dass ein ISA-Busmaster keinen PCI-Transfer unterbrechen und/oder blockieren kann, was zunächst einmal sinnvoll erscheint.

Bei busmasterfähigen ISA-Karten kann dies jedoch dazu führen, dass sie überhaupt nicht mehr richtig funktionieren. Busmasterfähige Netzwerkkarten, wie etwa der Typ AT-1500 der Firma Allied Telesyn oder auch der Adaptec AH1542-SCSI-Hostadapter beginnen zwar eine Übertragung, die jedoch nie zu Ende geführt wird, und der PC bleibt unvermittelt »hängen«.

Nach der Einstellung von *disabled* bleibt der PCI-Bus so lange gesperrt, bis die ISA-Übertragung beendet ist, was der Performance zwar nicht förderlich ist, aber immerhin für ein Funktionieren der ISA-Karten sorgt.

 Bei busmasterfähigen ISA-Karten in einem PCI-PC, muss Passive Release in der Regel abgeschaltet werden, damit die ISA-Karten korrekt funktionieren.

14.4.7 AGP-Einstellungen

Die Einstellungsmöglichkeiten für den *Accelerated Graphics Port* beschränken sich vielfach nur auf einen Punkt und je neuer das BIOS ist, desto mehr Optionen sollten sich eigentlich im BIOS-Setup finden lassen, etwa die im Folgenden angegebenen.

···⊱ **AGP Aperture Size (MB): 4**

Die *AGP Aperture Size* (auf Deutsch beim Phoenix-BIOS: AGP-Blendengröße) ist die maximale Speichergröße in Mbyte im »normalen« DRAM, die von der AGP-Grafikkarte für die Texturen verwendet werden kann. Die Größe kann üblicherweise auf 4, 8, 16, 32, 64, 128 oder 256 Mbyte festgelegt werden, wobei die optimale Größe davon abhängt, ob die AGP-Karte einen eigenen Texturenspeicher besitzt und wie groß dessen Kapazität ist.

Die hier festgelegte Speichergröße wird dynamisch verwendet, was bedeutet, dass der Bereich dem jeweiligen Datenaufkommen angepasst wird und keineswegs konstant 4 oder 8 Mbyte beträgt, sondern nur maximal. In der Praxis lässt sich der optimale Wert, falls das Handbuch zur AGP-Grafikkarte hierüber keine genauen Informationen preisgibt, nur experimentell ermitteln.

···⟩ **AGP-2x/4x Mode: Disabled/Enabled**

Der Standard-AGP-Transfermode wird als 1x bezeichnet und alle älteren AGP-Grafikkarten unterstützen auch nur diesen Mode, während aktuelle den 2x-Mode bieten und diese Option dementsprechend im BIOS einzuschalten ist. Erst Modelle des Jahres 1999 unterstützen auch den 4x-Mode, wie etwa Karten mit dem RIVA TNT2, beispielsweise der Typ *Maxi Gamer* der Firma Guillemot oder *Viper V770* von der Firma Diamond. In den BIOS-Setups aktueller Mainboards sollte sich daher auch dieser Mode aktivieren lassen.

···⟩ **AGP ISA Aliasing: Disabled/Enabled**

Dies ist eine etwas merkwürdige Option, denn sie sorgt bei Einschaltung dafür, dass sich eine AGP-Karte im Prinzip wie eine ISA-Karte verhalten soll, was nur für die Darstellung unter DOS relevant ist und daher in der Regel auf *disabled* zu stellen ist.

···⟩ **AGP Master 1 WS Write: Disabled/Enabled**

Mit dieser Option wird für die AGP-Grafikkarte (den Master) ein zusätzlicher Wartezyklus (WS = Waite State) für Schreiboperationen festgelegt.

···⟩ **AGP Master 1 WS Read: Disabled/Enabled**

Hier wird dementsprechend ein Wartezyklus für die AGP-Leseoperationen festgelegt. Beide Optionen sollten nur dann eingeschaltet werden, falls sich beim Betrieb der AGP-Karte Probleme in Form von Pixel- oder allgemeinen Bildfehlern bemerkbar machen sollten. Üblicherweise ist aber kein Wartezyklus festzulegen. Bei derartigen Problemen kann auch ein zu hoher AGP-Takt (66 MHz ist Standard) oder ein falscher AGP-Modus (1x, 2x, 4x) die Ursache sein.

14.4.8 CPU-Einstellungen

Ab Pentium-II-Mainboards sind im *Chipset Features Setup* üblicherweise drei spezielle Einstellungen für die CPU möglich. Allen drei genannten Punkten ist gemein, dass falsche Eingaben an diesen Stellen die CPU zerstören (!) könnten, so dass an diesen Parametern nur dann etwas verändert werden sollte, wenn man sich über die jeweiligen CPU-Daten völlig im Klaren ist.

Aus diesem Grunde sind diese Parameter bei einigen Pentium-II-Mainboards auch nur dann zugänglich, wenn zuvor auf dem Mainboard ein Jumper umgesetzt wird, wie es etwa bei dem 440LX-Chipsatz (zweiter Aldi-PC) der Fall ist.

···⟩ **CPU Clock Frequency:** Der (externe) Systemtakt wird hier eingestellt, der üblicherweise 66, 100 oder 133 MHz beträgt.

···⟩ **CPU Clock Ratio:** Systemtakt x Faktor = CPU-Takt. Für eine Pentium-II-CPU mit 300 MHz ist bei einem Systemtakt von 66 MHz demnach ein *CPU Clock Ratio* von 4,5 x festzulegen. Mittlerweile sind fast alle Intel-CPUs intern auf einen festen Faktor (z.B. x5) »verdrahtet«, so dass diese Einstellung dann keine Wirkung zeigt.

···⟩ **CPU Voltage:** Die Versorgungsspannung wird für die CPU (Pentium II/II, Celeron Athlon) nicht auf dem Mainboard per Jumper festgelegt, wie bei den anderen CPU-Typen, sondern ebenfalls im BIOS-Setup. Prinzipiell ist diese Option überflüssig, denn die CPUs signalisieren ihre jeweils benötigte Spannung per VID-Pins an den Chipset, der dementsprechend vom BIOS gesteuert die notwendige Spannung einschaltet. Nur in Ausnahmefällen (z.B. beim CPU-Höhertakten) ist die Spannung (geringfügig) zu erhöhen.

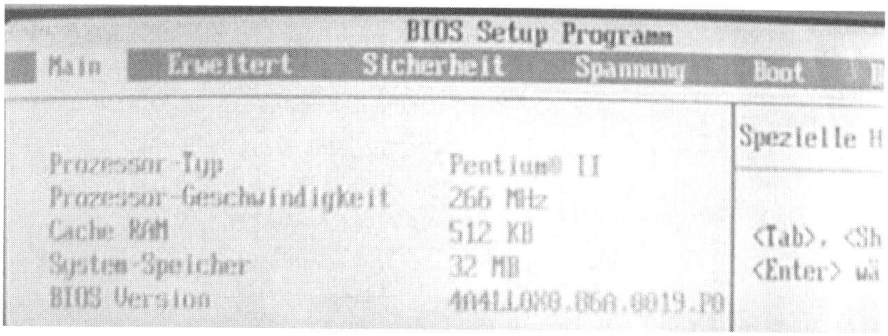

BIOS Setup Program					
Main	Erweitert	Sicherheit	Spannung	Boot	

Spezielle H

Prozessor-Typ	Pentium II
Prozessor-Geschwindigkeit	266 MHz
Cache RAM	512 KB
System-Speicher	32 MB
BIOS Version	404LL0X0.86A.0019.P0

<Tab>, <Sh
<Enter> wä

Bild 14.10: Die Einstellungen für die Taktfrequenz sind ab Pentium-II-CPUs meist nur dann zu verändern, wenn auf dem Mainboard zuvor ein Jumper umgesetzt wurde, was aus Sicherheitsgründen durchaus sinnvoll erscheint

Bei Mainboards mit Intel-440LX-Chipsatz und auch anderen Pentium-II-Mainboards lassen sich die Einstellungen (Takt, Spannung) für die CPU nur dann ändern, wenn zuvor ein Jumper (Configure Mode, J8B2) auf dem Mainboard umgesetzt wurde. Danach ist der Jumper wieder in die »Normalposition« zurückzusetzen.

Beim Athlon ist im Prinzip bei den CPU-Einstellungen genauso zu verfahren wie bei den Intel-CPUs, wobei hier vielfach aber nur eine Option zur Verfügung steht:

···⊱ **K7 CLK-CTL Select: Default/Optimal**

In der Default-Einstellung wird vom BIOS automatisch festgestellt, für welchen externen Takt die eingesetzte Athlon-CPU jeweils spezifiziert ist, und auch dementsprechend eingestellt. Bei *Optimal* wird ein Takt von 100 MHz vorgegeben. Da alle aktuellen Athlon-Prozessoren mit 100 MHz arbeiten, sollte es demnach keine Rolle spielen, welche Option jeweils eingestellt wird; beim MSI-Mainboard (6167) ist es zumindest so.

14.5 On Board Devices, Integrated Peripherals

Mit den PCI-Mainboards ist es üblich geworden, dass sich zahlreiche Komponenten, die sonst über Einsteckkarten in das System integriert werden, gleich mit auf dem Mainboard befinden. Bei allen Setup-Einträgen für Onboard-Komponenten empfiehlt es sich, generell nur diejenigen einzuschalten, die auch tatsächlich verwendet werden, da andernfalls unnötigerweise Ressourcen (E/A-Adressen, Interrupt- und auch DMA-Kanäle) belegt werden, die man womöglich anderweitig benötigt.

Im BIOS-Setup sind immer nur diejenige On-Board-Einheiten einzuschalten, die auch tatsächlich zum Einsatz kommen, damit nicht unnötigerweise die für Einsteckkarten benötigten PC-Ressourcen limitiert werden.

Die Möglichkeit des Abschaltens einzelner Einheiten ist auch dafür wichtig, dass im Fehlerfall nicht gleich ein neues Mainboard nötig ist, sondern die fehlerhafte Komponente im BIOS-Setup abgeschaltet und per separater Einsteckkarte ersetzt werden kann. In einigen Fällen muss jedoch auf dem Mainboard dafür noch ein entsprechender Jumper gesteckt werden.

```
                    ROM PCI/ISA BIOS (2A59GA29)
                      INTEGRATED PERIPHERALS
                        AWARD SOFTWARE, INC.

  IDE HDD Block Mode      : Enabled   ECP Mode Use DMA        3

  IDE 32-bit Transfer Mode : Enabled

  IDE Primary Master PIO  : Auto

  IDE Primary Slave PIO   : Auto

  IDE Secondary Master PIO : Auto

  IDE Secondary Slave PIO : Auto

  On-Chip Primary PCI IDE : Enabled

  On-Chip Secondary PCI IDE : Enabled

  PCI Slot IDE 2nd Channel : Enabled

  USB Controller          : Disabled


  Onboard FDD Controller  : Enabled

  Onboard Serial Port 1   : 3F8/IRQ4

  Onboard Serial Port 2   : 2F8/IRQ3  Esc: Quit    ↑↓→←  :Select Item

  UART 2 Mode             : Standard  F1  : Help        PU/PD/+/- : Modify

                                      F5  : Old Values (Shift) F2: Color

  Onboard Parallel Port   : 378H/IRQ7 F6  : Load BIOS Defaults

  Onboard Parallel Mode   : ECP       F7  : Load Setup Defaults
```

Bild 14.11: Einstellungen für die On-Board-Einheiten finden sich entweder – wie hier – auf einer separaten Seite oder auch im Chipset-Feature-Setup

14.5.1 IDE-Einstellungen

Alle neueren (E)IDE-Festplatten erlauben die Einschaltung des *IDE Block Modes*, der eine schnellere Datenübertragung im Block-Mode erlaubt und daher auch eingeschaltet sein sollte, was ebenfalls für den 32-Bit-Transfer-Mode gilt, der von allen neueren EIDE-Festplatten unterstützt wird.

Der Punkt *IDE Primary Master PIO* und die drei folgenden legen die jeweilige Betriebsart für die maximal vier anzuschließenden Festplatten fest. Zur Konfiguration stehen (mindestens) fünf PIO-Modes (**P**arallel **I**nput **O**utput) zur Verfügung. Der langsamste PIO-Mode 0 ist für alte IDE-Platten und der Mode 4 für alle heute üblichen EIDE-Platten einzusetzen.

PIO-Betriebsart	Datenübertragungsrate
Mode 0	3 Mbyte/s
Mode 1	5 Mbyte/s
Mode 2	8 Mbyte/s
Mode 3	11 Mbyte/s
Mode 4	16 Mbyte/s

Tabelle 14.1: Die maximalen Datenübertragungsraten in den verschiedenen PIO-Modes auf einen Blick

In der Stellung AUTO ermittelt der EIDE-Controller selbstständig die optimale Betriebsart, jedenfalls versucht er es. Falls man die Daten seiner Festplatte(n) kennt, kann man den unterstützten Mode (sicherheitshalber) auch manuell einstellen. Insbesondere die alten IDE-Festplatten können »unmögliche« PIO-Modes an den Controller signalisieren, so dass die Festplatte nachfolgend nicht zu verwenden ist.

Neben den PIO-Modes gibt es noch die UDMA-Betriebsarten (Kapitel 3.5.3), die eigentlich bei allen aktuellen Mainboards zur Verfügung stehen. An welcher Stelle UDMA aktiviert wird, ist jedoch – je nach BIOS – sehr unterschiedlich. Entweder bei den PIO-Modes, unter einem separaten Eintrag oder auch auf einer anderen BIOS-Setup-Seite, so dass man zuweilen etwas danach suchen muss.

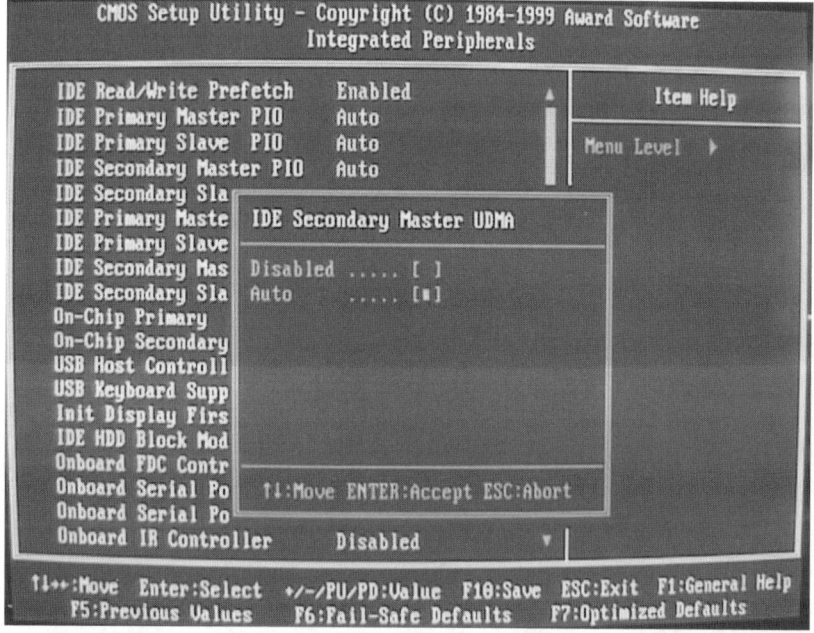

Bild 14.12: Bei aktuellen Mainboards (hier MSI-6167 für den Athlon) und aktuellen Festplatten sowie ATAPI-Devices ist der AUTO-Mode meist ohne Probleme einzusetzen

Die EIDE-Schnittstellen sind nur dann aktiviert, wenn der dazugehörige Eintrag *Onboard Primary PCI IDE* für den ersten EIDE-Port und *Onboard Secondary PCI IDE* für den zweiten EIDE-Port eingeschaltet ist. Üblicherweise wird sich die Festplatte als Master am Primary- und ein CD-ROM-Laufwerk als Master am Secondary-Port befinden, so dass beide Menüpunkte auf *Enabled* zu schalten sind.

14.5.2 Controller und Ports

Weitere übliche Onboard-Komponenten, für die sich Einträge im Setup finden lassen, sind die folgenden:

- Onboard FDD Controller oder Onboard FDC Controller (Floppy Disk Drive, Disketten-Laufwerks-Controller),
  Voreinstellung: Enabled

- Onboard Serial Port A (erste serielle Schnittstelle)
  Voreinstellung: COM1/3F8h

- Onboard Serial Port B (zweite serielle Schnittstelle)
  Voreinstellung: COM2/2F8h

- Onboard Parallel Port (parallele, Drucker-Schnittstelle)
  Voreinstellung: 378/IRQ7

- Onboard IR Controller (Infrarot-Controller)
  Voreinstellung: Disabled

- USB Host Controller und USB Keyboard Support
  Voreinstellung: Disabled

Die angegebenen Voreinstellungen sind die allgemein für diese Schnittstellen üblichen Werte und werden in der Regel nicht verändert. Für den Parallel-Port gibt es jedoch verschiedene Modes zu beachten.

Nur wenn sich im BIOS-Setup der »USB Keyboard Support« einschalten lässt, ist eine USB-Tastatur auch unter einem »Nicht-Windows-9X-Betriebssystem« einzusetzen.

14.5.3 Onboard Parallel Mode

Standardmäßig dient der Parallel- oder LPT- oder auch Centronics-Port zur Steuerung eines Druckers. Die Funktionen dieser Schnittstelle sind im Jahre 1994 (IEEE1284) erweitert worden, und falls das BIOS des PC diese Erweiterungen unterstützt, finden sich im Setup in der Regel die folgenden Einstellungsmöglichkeiten:

- Normal oder SPP (Centronics Mode)

- EPP (Extended Parallel Port)

- ECP (Enhanced Capability Mode)

- EPP + ECP (Extended Parallel Port und Enhanced Capability Mode)

Die erweiterten Funktionen der parallelen Schnittstelle sind für den Anwender nicht leicht zu durchschauen, da hier die unterschiedlichsten Vorstellungen der Hersteller eingeflossen sind, was sich gleich in mehreren Spezifikationen niederschlägt, die alle in IEEE1284 (Kapitel 9.2) festgeschrieben sind. Der Anwender muss genau wissen, welche Betriebsart das anzuschließende Gerät unterstützt, um die richtige Betriebsart im Setup einstellen zu können. Im einfachsten Fall wird dieser Punkt auf *Normal* (SPP, Standard Parallel Port) geschaltet, womit alle Drucker unidirektional anzusprechen sind, was eigentlich immer funktioniert.

14.6 Power Management Setup

Die Einstellungsmöglichkeiten für Stromsparfunktionen eines PC – mitunter auch als *Green PC-Functions* bezeichnet – variieren sehr stark bei den einzelnen Marken. Überdies sind nicht alle Komponenten eines PC »stromsparfähig«.

Die Power-Management-Funktionen zielen allgemein darauf ab, dass bei eingeschaltetem, aber momentan nicht benutztem PC einige PC-Komponenten ganz ab- oder in einen Stromsparmodus geschaltet werden können. Um ein hohes Maß an Strom einsparen zu können, müssen zahlreiche Komponenten wie das Netzteil des PC, der Monitor, die CPU, die Festplatte und das Mainboard extra mit dem BIOS dafür ausgelegt sein.

Für die einzelnen Komponenten wird im BIOS-Setup ein spezieller Mode mit einer Zeitvorgabe (typischerweise von 1 Minute bis 1 Stunde) eingestellt, der nach der festgelegten Zeit in Aktion tritt. Nach der Betätigung einer Taste oder dem Auftreten eines Events (siehe unten) schaltet der PC dann wieder auf Normalbetrieb um.

In den Setups lassen sich mitunter eine Vielzahl von unterschiedlichen Stromsparfunktionen aktivieren, die jedoch auch mit unerwarteten Nachteilen verbunden sind, so dass man meist besser fährt, wenn *Power-Management* im Setup auf *Disabled* geschaltet wird. Im Übrigen wirken diese Einstellungsoptionen und der damit verbundene Stromspareffekt geradezu lächerlich gegen die Stromaufnahme aktueller AGP-Grafikkarten (> 6 A), so dass man sich auch aus diesem Grunde in der Praxis eher nicht mit den Powermanagement-Einstellungen befasst.

Einer dieser Nachteile ist beispielsweise dann gegeben, wenn mathematische Berechnungen durchzuführen sind und die Tastatur oder die Maus längere Zeit nicht benutzt werden. Nach der festgelegten Zeit wird die CPU dann automatisch heruntergetaktet und die Berechnung dauert wesentlich länger, was somit letztendlich einen erhöhten Stromverbrauch zur Folge hat. Eine weitere Anwendung, bei der man unbedingt auf Stromsparfunktionen verzichten sollte, ist das »Brennen« von CDs. Hier kann ein auftretender Stromspar-Event für eine Unterbrechung des Schreibvorgangs sorgen, wodurch die CD meist unbrauchbar wird.

· ·

Die Stromsparfunktionen sind für länger andauernde mathematische Berechnungen (z.B. Simulationsrechnungen) und das Brennen von CDs unbedingt abzuschalten! Der größte und ungefährlichste Stromspareffekt ergibt sich einfach durch das manuelle Abschalten des Monitors, wenn er nicht benötigt wird.

· ·

Dennoch soll der Vollständigkeit halber eine kurze Erläuterung der üblichen Stromsparfunktionen nicht fehlen. Für die CPU sind prinzipiell zwei verschiedene Mechanismen denkbar. Alle Prozessoren ab dem 486, die seit dem Jahre 1993 von unterschiedlichen CPU-Herstellern wie Intel, Cyrix und AMD angeboten werden und in der Bezeichnung ein »S« tragen, besitzen einen eingebauten Stromsparmode. Dieser darf im BIOS aber nur dann eingeschaltet werden, wenn eine derartige CPU auch tatsächlich eingebaut ist. Für alle anderen CPUs wird vom BIOS her einfach der Takt reduziert (z.B. auf 8 MHz), denn geringerer Takt bedeutet auch geringere Stromaufnahme der CPU. Dieses Verfahren funktioniert mit jeder CPU, da sie nicht selbst über einen Stromsparmode verfügen muss.

Die Stromreduzierung für den Monitor kann nur bei einem hierfür ausgelegten Typ mit Power-Saving-Funktion effektiv ausfallen. Dabei werden nach der im Setup festgelegten Zeit die Synchronisierungssignale (V-Sync, H-Sync) vom BIOS über die Grafikkarte kurzzeitig abgeschaltet, woraufhin sich der Monitor entweder komplett abschaltet (s.o.) oder seine Stromaufnahme reduziert. Solch ein Monitor sollte jedoch auf jeden Fall DPMS-kompatibel sein (**D**evice **P**ower **M**anagement **S**ystem), denn ein einfacher Monitor kann durch das Pulsen der Synchronisierungssignale beschädigt werden.

 Monitore, die nicht entsprechend des Device Power Management Systems (DPMS) ausgelegt sind, können durch die Stromsparabschaltung beschädigt werden!

Ist der Punkt *HDD Power Down* aktiviert, erhält die (E)IDE-Festplatte nach der festgelegten Zeit vom BIOS den definierten IDE-Power-Down-Befehl, wodurch sie sich automatisch in den Standby-Mode schaltet. Die Spannungsversorgung der Festplatte hingegen wird nur dann abgeschaltet, wenn sich ein spezielles Netzteil im PC befindet.

```
                        ROM PCI/ISA BIOS
                     POWER MANAGEMENT SETUP
                      AWARD SOFTWARE, INC.

  Power Management : Enabled      Power Down Activities
  Video Method     : DPMS         IRQ3  (COM2)           : On
                                  IRQ4  (COM1)           : On
  Doze Mode        : 10 Min       IRQ5  (LPT2)           : Off
  Standby Mode     : 20 Min       IRQ6  (Floppy Disk)    : Off
  Suspend Mode     : 1 Hour       IRQ7  (LPT1)           : Off
  HDD Power Down   : 15 Min       IRQ8  (RTC Alarm)      : Off
                                  IRQ9  (IRQ2 Redir)     : Off
                                  IRQ10 (Reserved)       : Off
                                  IRQ11 (Reserved)       : Off
                                  IRQ12 (PS/2 Mouse)     : Off
                                  IRQ14 (Hard Disk)      : Off
                                  IRQ15 (Reserved)       : Off


                                  ESC: Quit       ↓→↑←:Select Item
                                  F1 : Help       PU/PD/+/-:Modify
                                  F5 : Old Values (Shift)F2 :Color
                                  F7 : Load Setup Defaults
```

Bild 14.13: Im Power-Management-Setup finden sich die Einstellungen für die Stromsparfunktionen, die man mit »Disabled« auch komplett abschalten kann, was in einigen Fällen (siehe Text) sehr ratsam ist

Alle IDE-Festplatten (ab 1993) sollten eigentlich in der Lage sein, den IDE-Power-Down-Befehl auszuführen, was in der Praxis jedoch leider nicht immer der Fall ist. Für SCSI-Festplatten kann *HDD Power Down* allerdings nicht verwendet werden.

In den Setups sind meist drei übliche Power-Managementstufen zu finden:

···⟩ **Doze Mode:** Die Stromaufnahme der CPU wird nach Ablauf der eingestellten Zeit um ungefähr 80 % reduziert.

···⟩ **Standby Mode:** Die Stromaufnahme der CPU wird nach Ablauf der eingestellten Zeit um ungefähr 92 % reduziert. Bei Einstellung DPMS für den Monitor wird die Stromaufnahme des Monitors entsprechend verringert.

···⟩ **Suspend Mode:** Die Stromaufnahme der CPU wird nach Ablauf der eingestellten Zeit um ungefähr 99 % reduziert, und bei Einstellung DPMS für den Monitor wird die Stromaufnahme des Monitors in Abhängigkeit vom jeweiligen Typ reduziert. Des Weiteren wird die Festplatte in den Sleep-Mode versetzt oder, wenn das Mainboard und das Netzteil hierfür ausgerüstet sind, komplett abgeschaltet.

Der PC kann nicht nur durch die Betätigung einer Taste auf der Tastatur in die »normale« Betriebsart zurückversetzt werden, sondern ebenfalls durch extern auftretende Ereignisse (Events), die über die üblichen Interrupts abgewickelt werden. Eine Maus ist entweder an die Schnittstelle COM1 oder COM2 angeschlossen, der in der Regel der Interrupt 4 bzw. 3 zugeordnet ist. Für eine PS/2-Maus ist hingegen der IRQ 12 standardmäßig zuständig. Nach Aktivierung (On) des entsprechenden Menüpunktes kann der PC daraufhin durch den dazugehörigen Interrupt, der durch die Bewegung der Maus ausgelöst wird, wieder »zum Leben erweckt« werden.

Des Weiteren können, je nach BIOS-Typ und sofern dies am entsprechenden Menüpunkt eingeschaltet worden ist (On), auch andere PC-Einheiten wie die Echtzeituhr (RTC) oder ein Diskettenlaufwerk den PC wieder einschalten.

Externe Events für die LPT-Schnittstelle können nur dann verarbeitet werden, wenn sie für den bidirektionalen Betrieb (EPP, EPC) konfiguriert ist und nicht die Normal-Einstellung festgelegt wurde. Als externe Events für die COM-Ports sind neben einer Mausbetätigung auch eingehende Anrufe von einem Modem denkbar.

14.7 PCI Configuration und PnP Configuration

Bereits im *Chipset Features Setup* sind einige Einstellungsmöglichkeiten für den PCI-Bus zu finden. Gleichwohl gibt es bei einigen BIOS-Versionen hierfür noch eine spezielle Setup-Seite: *PCI Configuration Setup*.

```
                    ROM PCI/ISA BIOS (P/I-SP3G)
                        CMOS SETUP UTILITY
                      PCI CONFIGURATION SETUP

 Slot 1 (RIGHT)                      | Note :
    Latency Timer : 80 PCI Clock     | All of PCI adapters should use INTA.
    Using IRQ     : 10               | BIOS will route each INTA# to
    Trigger Method: Level (Auto)     | corresponding IRQ automaticalley.

 Slot 2 (MIDDLE)
    Latency Timer : 80 PCI Clock
    Using IRQ     : 11
    Trigger Method: Level (Auto)

 Slot 3 (LEFT)
    Latency Timer : 80 PCI Clock
    Using IRQ     : 15
    Trigger Method: Level (Auto)

 NCR Latency Timer: 80 PCI Clock     | ESC: Quit      ↓→↑←:Select Item
 NCR Using IRQ    : 9                | F1 : Help         PU/PD/+/-:Modify
                                     | F5 : Old Values (Shift)F2 :Color
                                     | F7 : Load Setup Defaults
```

Bild 14.14: Hier sind im PCI-Configuration-Setup sowohl die Interrupt- als auch die PCI-Slot-spezifischen Daten festzulegen

Welche Menüpunkte hier im Einzelnen angesiedelt sind – hier können auch einige der zuvor erläuterten abgelegt sein –, ist recht unterschiedlich. Gemeinsam ist den BIOS-Versionen, dass sich an dieser Stelle die wichtigen Einstellungen für die PCI-Interrupt-Verarbeitung finden lassen. Im Bild 14.14 ist ein Beispiel angegeben, das darüber hinaus auch PCI-Slot-spezifische Festlegungen ermöglicht.

Auf einem PCI-Mainboard sind in den meisten Fällen drei oder auch vier PCI-Steckplätze für Einsteckkarten vorhanden. Bei älteren PCI-Designs ist mindestens ein Slot masterfähig und die anderen sind ausschließlich für Slave-Karten vorgesehen. Ein Master kann generell anstelle des Mikroprozessors auf dem Mainboard die Systemsteuerung übernehmen. Designs ab dem Triton-Chipset erlauben hingegen in allen vier Slots eine masterfähige PCI-Karte, was die Konfigurierung erheblich vereinfacht, zumal keine Jumper mehr auf dem Mainboard zu stecken sind.

Die PCI-Interrupts werden generell über die ISA-Interrupts im System abgebildet (siehe auch Kapitel 6.5). Welche Kanäle hierfür vorgesehen sind, hängt vom Design des Mainboards ab. Entweder werden die IRQs als Standard-ISA-Interrupts oder aber indirekt für die PCI-Interrupts, die üblicherweise als INTA-INTD bezeichnet werden, verwendet.

Einige PCI-Karten, wie beispielsweise Grafikkarten, verwenden überhaupt keinen Interrupt-Kanal. Die PCI-Karte braucht nur in einen beliebigen PCI-Slot eingesteckt zu werden, woraufhin sie automatisch vom BIOS erkannt wird.

Bei Controller- und Netzwerkkarten für den PCI-Bus ist die Konfigurierung hingegen nicht so einfach, da sie generell einen Interrupt-Kanal benötigen.

Im Setup in Bild 14.14 ist eine beispielhafte Zuordnung der PCI-Interrupts zu erkennen. Hier ist gegenüber den PCI-PCs der ersten Generation eine Vereinfachung der Konfigurierung vorgenommen worden, denn für alle PCI-Slots und damit für alle PCI-Devices (z.B. Grafik-, Netzwerkkarte) wird stets der PCI-Interrupt INTA verwendet, der sich wiederum unterschiedlicher ISA-Interrupts bedient. Dies ist möglich, da die PCI-Interrupts im Gegensatz zu den ISA-Interrupts mit einer Pegel-(Level) statt mit einer Flankentriggerung (Edge Triggering) arbeiten und daher mehrere ISA-Interrupts über ein und denselben PCI-Interrupt (z.B. INTA) abgebildet werden können.

Als Triggermethode ist standardmäßig *Level* voreingestellt und den PCI-Slots sind die IRQs 10, 11 und 15 zugeordnet. Soll hingegen eine Flankentriggerung für die Interrupts erfolgen, ist der entsprechende Menüpunkt auf *Edge* einzustellen und auf dem Mainboard muss ein Jumper auf die gleiche IRQ-Einstellung, wie hier festgelegt, gesetzt werden. Die Flankentriggerung ist jedoch für PCI-Karten völlig ungewöhnlich, so dass man die Voreinstellungen in den meisten Fällen sicherlich übernehmen kann.

Für jeden der PCI-Slots und auch für den eventuell vorhandenen SCSI-Controller kann jeweils ein Wert für den *Latency Timer* (theoretisch 0-256) festgelegt werden. Die *Latency Time* spezifiziert diejenige Zeit, für die ein PCI-Device den Bus beanspruchen kann, obwohl der Bus bereits von einem Device anfordert wird. Kurz: Diese Einstellung legt eine zusätzliche Verzögerung in Bezug auf den PCI-Takt fest.

Die Werte sind vom Hersteller meist zu hoch bemessen, damit die Einstellung problemlos mit unterschiedlichen PCI-Karten funktioniert. Setzt man den Wert beispielsweise auf 40h herunter, kann dies einen Geschwindigkeitszuwachs für die Datenübertragung zur Folge haben. Wird hingegen ein zu kleiner Wert gewählt, kann es passieren, dass die betreffende PCI-Karte nicht mehr korrekt arbeitet.

14.7.1 PNP/PCI Configuration

Bei den heute üblichen PCs, die nicht nur PCI-, sondern auch ISA-Plug&Play-fähig sind, ist die *PCI-Configuration-Seite* um ISA-Einstellungen erweitert worden. Es mag zunächst etwas merkwürdig erscheinen, dass für ISA-Plug&Play überhaupt irgendwelche manuellen Einstellungen im Setup notwendig sind, schließlich impliziert Plug&Play ja eine automatische Konfigurierung.

Dies ist jedoch darin begründet, dass die PC-Ressourcen, wozu in erster Linie die Interrupt-Kanäle zu rechnen sind, entweder den Plug&Play-fähigen oder den mit Jumper zu konfigurierenden ISA-Einheiten zuzuordnen sind.

Im einfachsten Fall wird *PnP BIOS Auto-Config* auf *Enabled* geschaltet und die Interrupt-Zuordnung erfolgt dann automatisch durch das BIOS, ohne dass man zunächst erkennen kann, welcher IRQ von welcher Einheit verwendet wird. Falls alle Karten mit dieser Einstellung funktionieren, sollte man sich mit dieser Einstellung zufrieden geben.

Dies klappt aber nur dann konfliktfrei, wenn alle im PC verwendeten Karten Plug&Play-fähig sind. In den meisten Fällen werden die Interrupts für Plug&Play-Einheiten in der Reihenfolge vergeben, wie es im Bild 14.15 zu erkennen ist, wenn *PnP BIOS Auto-Config* auf *Disabled* geschaltet wird.

```
                    ROM PCI/ISA BIOS (2A59CG01)
                      PCI CONFIGURATION SETUP
                       AWARD SOFTWARE., INC.

  PnP BIOS Auto-Config: Disabled
  1st Available IRQ   : 10
  2nd Available IRQ   : 11
  3rd Available IRQ   : 9
  4th Available IRQ   : 5
  PCI IDE IRQ Map To  : ISA




                              ESC: Quit      ↓→↑←:Select Item
                              F1 : Help         PU/PD/+/-:Modify
                              F5 : Old Values (Shift)F2 :Color
                              F7 : Load Setup Defaults
```

Bild 14.15: Wenn »PnP BIOS Auto-Config« ausgeschaltet ist, kann die Interrupt-Zuordnung manuell durchgeführt werden

Ein Beispiel mag verdeutlichen, was bei der Vergabe der PC-Ressourcen zu beachten ist, damit es nicht unabsichtlich zu Konflikten kommt. Es wird angenommen, dass die automatische Vergabe aktiviert worden ist und sich im PC eine ISA-Standard-Soundkarte mit »gejumpertem« IRQ 10 und eine einzige Plug&Play-fähige Karte befinden, eine Netzwerkkarte zum Beispiel. Der Netzwerkkarte wird dann automatisch der IRQ 10 (1st Available IRQ: 10) zugeordnet und aufgrund dieses nun bestehenden Konfliktes wird keine der beiden Karten zu verwenden sein. Unter Windows 9x wird sich dieses Problem nicht lösen lassen, denn der Gerätemanager zeigt noch nicht einmal einen Fehler an, da ihm die »gejumperte« Stellung verborgen bleibt.

In solch einem Fall sind die IRQs im Setup daher manuell zu vergeben. Diese *PnP-BIOS-Auto-Config-Funktion* bezieht sich nur auf (Plug&Play-fähige) ISA-Karten und hat nichts mit der Vergabe der Interrupts für PCI-Devices zu tun. Diese werden automatisch mittels INTA – bei älteren Designs sind auch INTB-INTD möglich, siehe oben – über einem beliebigen, noch freien IRQ abgebildet, ohne dass der Anwender hier einen Einfluss ausüben kann. Sind in einem PC ausschließlich PCI-Karten vorhanden, klappt die automatische Konfigurierung meist einwandfrei.

Erst der »Kartenmix« aus den drei unterschiedlichen Typen sorgt letztendlich für Probleme, und aus diesem Grunde sind dann manuelle Plug&Play-Einstellungen vorzunehmen. In diesem Zusammenhang sollte man auch daran denken, dass möglicherweise in der SYSTEM.INI von Windows Interrupt-Zuordnungen getroffen worden sind, weil sich eine (alte) ISA-Karte mit Jumpern über diesen Eintrag in das System einbringt.

Typischer Fall: In der SYSTEM.INI ist der Interrupt 10 dem MID-Interface einer Soundkarte zugewiesen worden und als *1st Available IRQ* (Bild 14.15) ist im BIOS-Setup ebenfalls der IRQ 10 angeben, der der Grafikkarte bei der Initialisierung automatisch zugeteilt wird. Dies führt unweigerlich dazu, dass der PC zunächst mit Windows korrekt bootet und in dem Augenblick ein schwarzes Bild auf dem Monitor erscheint, wenn die Einstellungen der SYSTEM.INI gelesen werden.

Abhilfe ist in diesem Fall leicht möglich, wenn *1st Available IRQ* dann beispielsweise auf 9 gesetzt wird, der natürlich ebenfalls nicht von einer anderen Einheit verwendet werden darf.

Die Interrupt-Kanäle werden per BIOS-Setup entweder den Plug&Play-fähigen Einheiten (PCI, ISA Plug&Play) oder den ISA-Karten (Legacy ISA) zugeordnet. Auch in den Konfigurationsdateien (CONFIG.SYS, AUTOEXEC.BAT, *.INI) sind entsprechende Festlegungen möglich, die zu Konflikten führen können!

Ein weiteres Beispiel für einen *PNP/PCI Configuration Setup* ist im Bild 14.16 gezeigt. Die IRQs – und sogar die DMA-Kanäle – können hier entweder dem automatischen Konfigurationsmechanismus (PCI- oder ISA PnP-Karte) überlassen werden oder aber den Legacy-ISA-Karten, womit die nicht ISA-Plug&Play-fähigen Karten gemeint sind, die entweder per Jumper oder auch herstellerspezifischem Setup-Programm zu konfigurieren sind.

```
              ROM PCI/ISA BIOS (2A59GG0A)
                 PNP/PCI CONFIGURATION
                 AWARD SOFTWARE., INC.


 Resources Controlled By:  Manual
 Reset Configuration Data: Disabled

 IRQ-3  assigned to : PCI/ISA PnP
 IRQ-4  assigned to : PCI/ISA PnP
 IRQ-5  assigned to : Legacy ISA
 IRQ-7  assigned to : PCI/ISA PnP
 IRQ-9  assigned to : PCI/ISA PnP
 IRQ-10 assigned to : PCI/ISA PnP
 IRQ-11 assigned to : Legacy ISA
 IRQ-12 assigned to : PCI/ISA PnP
 IRQ-14 assigned to : PCI/ISA PnP
 IRQ-15 assigned to : PCI/ISA PnP
 DMA-0  assigned to : PCI/ISA PnP
 DMA-1  assigned to : PCI/ISA PnP
 DMA-3  assigned to : PCI/ISA PnP    ESC: Quit        ↓→↑←:Select Item
 DMA-5  assigned to : Legacy ISA     F1 : Help          PU/PD/+/-:Modify
 DMA-6  assigned to : PCI/ISA PnP    F5 : Old Values  (Shift)F2 :Color
 DMA-7  assigned to : PCI/ISA PnP    F7 : Load Setup Defaults
```

Bild 14.16: Die PC-Ressourcen werden entweder den Plug&Play-fähigen Einheiten oder den konventionellen ISA-Karten zugeordnet

Die DMA-Kanäle können beim Setup aus dem Bild 14.16 ebenfalls den beiden verschiedenen Kartentypen zugeordnet werden, wobei PCI-Karten jedoch grundsätzlich keinen ISA-DMA-Kanal verwenden. Die betreffenden DMA-Kanäle werden daher in der Stellung *PCI/ISA PnP* nur für ISA-Plug&Play-Karten reserviert.

Wenn die Anzahl der IRQs nicht ausreicht

Es kann durchaus der Fall eintreten, dass man bei einem PC nicht genügend Interrupt-Kanäle für die einzelnen Einheiten zur Verfügung hat. In solch einem Fall kann aber ein Trick weiterhelfen: Man ordnet dann möglichst viele Kanäle Legacy ISA zu, wodurch das BIOS automatisch mehreren PCI-Einheiten den gleichen IRQ zuordnen muss, was auch problemlos funktioniert, da PCI die IRQ-Level-Triggerung verwendet, was bedeutet, dass sich mehrere PCI-Einheiten einen Interrupt-Kanal teilen können (Shared Interrupt).

Bei einigen BIOS-Versionen, beispielsweise der Firma AMI gibt es beim ISA-Plug&-Play-Setup einen weiteren Punkt, der *Configuration Mode* lautet und immer wieder für Verwirrungen sorgt. Er bietet die folgenden drei Einstellungsmöglichkeiten:

···⟩ **Use ICU:** Werden im PC neben den P&P-ISA-Karten konventionelle ISA-Karten verwendet, erhält das BIOS keine Information darüber, welche PC-Ressourcen von diesen Karten belegt werden. Daher werden mit einer **ISA C**onfiguration **U**tility entsprechende Festlegungen getroffen. Ist *Use ICU* im Setup eingeschaltet, sucht das BIOS auf der Festplatte nach den entsprechenden Konfigurationsdateien, die mit einem Konfigurationsmanager verwaltet werden.

···⟩ **Use Setup Utility:** Dies ist die Voreinstellung für die automatische Konfigurierung der Plug&Play-Einheiten. Es wird keine ICU und auch kein Konfigurationsmanager verwendet. Befinden sich im PC auch konventionelle – keine explizit als P&P ausgewiesene – Karten, ist dies ebenfalls die richtige Einstellung, und die Vergabe der hierfür nötigen IRQs erfolgt manuell.

···⟩ **Boot With P&P OS:** Dieser Punkt kann auf *Enabled* oder *Disabled* geschaltet werden. Ist er aktiviert, werden nur diejenigen Komponenten (Grafikkarte, Festplatte) aktiviert, die zum Booten des Plug&Play-Betriebssystems (Windows 9x) nötig sind. Die weitere Konfigurierung wird dann durch das Betriebssystem durchgeführt. Diese Einstellung ist sowohl mit *Use Setup Utility* als auch mit *Use ICU* möglich.

Falls das BIOS ISA-Plug&Play beherrscht, sollte keinesfalls die ICU verwendet werden. Für die automatische Konfigurierung von PCI- und ISA-Plug&Plug-Karten ist im BIOS-Setup für die einzelnen Kanäle »IRQ x Used By: No/ICU« oder »PCI/ISA PnP« auszuwählen.

Als wenn der Plug&Play-BIOS-Setup nicht schon kompliziert und uneinheitlich genug wäre, findet man bei den Mainboards ab Baujahr Ende 1999 (z.B. dem P2B-D von Asus für Pentium II/III) weitere Einstellungsmöglichkeiten. Den PCI-Slots können nunmehr explizit bestimmte IRQs zugeordnet werden und außerdem sind jetzt auch noch ISA-Speicherbereiche (ISA MEM Block Base) zu reservieren. Man muss sich allerdings fragen, was das nun wieder soll, denn dieses IRQ-Konstrukt war bereits in der PCI-Anfangszeit zu finden, wie es das Beispiel im Bild 14.14 bei einem 486-Mainboard zeigt, und ist dann lobenswerterweise abgeschafft worden. 1994 abgeschafft und 1999 wieder eingeführt; welch PC-Innovation: Steht jetzt eine neue Generation von ISA-Plug&Play-Karten vor der Tür?

```
                    ROM PCI/ISA BIOS (P2B-DS)
                      PNP AND PCI SETUP
                      AWARD SOFTWARE, INC.

   PNP OS Installed   : No           DMA  1 Used By ISA : No/ICU
   Slot 1 IRQ         : Auto         DMA  3 Used By ISA : No/ICU
   Slot 2 IRQ         : Auto         DMA  5 Used By ISA : No/ICU
   Slot 3 IRQ         : Auto
   Slot 4 IRQ         : Auto         ISA MEM Block BASE : No/ICU
   PCI Latency Timer  : 32 PCI Clock
                                     Onboard AHA BIOS    : Auto
                                     ONB AHA BIOS First  : No
   IRQ  3 Used By ISA : No/ICU       ONB SCSI SE Term.   : Enabled
   IRQ  4 Used By ISA : No/ICU       ONB SCSI LVD Term.  : Enabled
   IRQ  5 Used By ISA : No/ICU       USB IRQ             : Enabled
   IRQ  7 Used By ISA : No/ICU       VGA BIOS Sequence   : PCI/AGP
   IRQ  9 Used By ISA : No/ICU
   IRQ 10 Used By ISA : No/ICU
   IRQ 11 Used By ISA : No/ICU
   IRQ 12 Used By ISA : No/ICU       ESC : Quit        ↑↓←→ : Select Item
   IRQ 14 Used By ISA : No/ICU       F1  : Help        PU/PD/+/- : Modify
   IRQ 15 Used By ISA : No/ICU       F5  : Old Values  (Shift)F2 : Color
                                     F6  : Load BIOS  Defaults
                                     F7  : Load Setup Defaults
```

Bild 14.17: Bei den neuesten BIOS-Versionen können den PCI-Slots wieder IRQs (5, 7, 9, 10, 11, 12, 14 oder 15) fest zugeordnet werden, die Einstellung des Latency Timers ist auch wieder da, und es können nun sogar ISA-Speicherblöcke festgelegt werden

Zunächst ist PCI als Plug&Play-System angetreten, dann kam ISA-Plug&Play hinzu, die BIOS-Versionen wurden daher um die Zuteilung der IRQs erweitert, dann sind die DMA-Kanäle ebenfalls konfigurierbar ausgelegt worden und jetzt auch noch die Speicheradressen. Obwohl die Hersteller schon seit Jahren das Aussterben von ISA herbeiwünschen, zielt diese Entwicklung jedoch genau ins Gegenteil.

Ein bekannter Hersteller kann hiervon jedenfalls profitieren. Creative Labs ist es wieder problemlos möglich, mit seinen PCI-Soundkarten (Kapitel 12.2.9) die Soundblaster-Kompatibilität unter DOS bieten zu können. Außerdem wird durch die feste Vergabe von IRQs und MEM-Blöcken auch das »Ummodeln« alter ISA-Kartendesigns (die bestimmte ISA-Ressourcen benötigen) auf PCI vereinfacht. Immerhin man kann diese *neuen* Optionen ja auch abschalten und sich weiterhin der Hoffnung hingeben, dass es irgendwann gar keine Plug&Play-Konfiguration-Seite mehr gibt.

Kommunikation

PC-Werkstatt

Aktuelle PC-Betriebssysteme sind standardmäßig für die Kommunikation mit anderen Compu-
tern ausgestattet. Ein einfacher Datenaustausch untereinander ist bereits mit den
Schnittstellen wie RS232 oder IEEE1284
(Druckerport) möglich und lässt sich demnach
auch ohne zusätzliche Hardware realisieren.
Wesentlich komfortabler lassen sich Daten per
Netzwerk austauschen, was mindestens zwei
Netzwerkkarten – für zwei PCs – erfordert. Für
einen Zugang zum Internet wird außerdem ein
Modem oder auch eine ISDN-Karte benötigt. In
diesem Teil geht es um diese verschiedenen
Möglichkeiten, mit dem PC lokal und/oder auch
weltweit kommunizieren zu können.

8

15 Kommunikation – mit dem PC ins Netz

Es muss nicht gleich eine Netzwerkkarte sein, wenn Daten lediglich zwischen zwei PCs ausgetauscht werden sollen, wie es vielfach zwischen einem Notebook und einem Desktop notwendig ist. Eigentlich braucht man nur ein passendes Kabel.

15.1 PC-PC-Kopplung mit RS232-Schnittstelle

Bereits ab der MS-DOS-Version 6.0 ist es möglich, zwei PCs über den Parallel-Port oder die RS232-Schnittstelle miteinander zu verbinden und somit Daten untereinander austauschen zu können. Hierfür werden die beiden Programme *Interlink* und *Interserver* benötigt.

Einerseits ist die »Verdrahtung« für RS232 einfacher zu realisieren als die für den Parallel-Port, anderseits ist die Datenübertragungsrate dabei geringer. Mit der parallelen Schnittstelle ist eine Übertragungsrate von 50 Kbyte/s – im SPP-Mode – zu erreichen, mit der seriellen im günstigsten Fall hingegen lediglich ca. 14 Kbyte/s. Die Kabel sollten möglichst nicht länger sein als 10 m, obwohl mit der RS232-Schnittstelle aber durchaus bis zu 50 m überbrückbar sind, was in der Praxis jedoch durch äußere Störfelder vielfach nicht gelingt.

Eine typische Anwendung ist die Kopplung eines Notebooks an einen PC, was mit diesem Tool weitaus einfacher und unproblematischer durchzuführen ist, als mit der PC-Direktverbindung von Windows 95, da man hierfür nicht erst in Windows »herumkonfigurieren« muss. Außerdem funktioniert die DOS-Variante eben auch mit nicht Windows 9x-fähigen (älteren) Computern.

Wie bei einem Netzwerk, bei dem sich der Server eines Systems ausschließlich seinen speziellen Aufgaben widmet und nicht als Arbeitsstation verwendet werden kann, wird im Kleinen auch mit Interlink/Interserver verfahren. Ein PC wird per INTERSVR-Programm zum Server deklariert, während der andere mit INTERLNK als Arbeitsstation eingestellt wird, die daraufhin prinzipiell auf alle Daten des Servers zugreifen kann.

Übrigens muss für INTERLNK/INTERSVR lediglich aus lizenzrechtlichen Gründen auf mindestens einem PC DOS 6.0 installiert sein, funktionsfähig sind die Programme bereits ab der DOS-Version 3.0. Mit Novell-DOS 7.0 funktionieren sie allerdings nicht.

Für die einfachste Verbindungsmöglichkeit müssen lediglich 3 Leitungen in der DEE-DEE-Verbindung, die auch als Nullmodem-Verbindung bezeichnet wird, zwischen den beiden PCs verlegt werden. Die Sendeleitung (TXD) des einen PC ist die Empfangsleitung des anderen (RXD) und umgekehrt. Die Masseleitung (GND) wird einfach 1:1 mit den beiden dazugehörigen PC-Anschlüssen verbunden.

In der Tabelle 15.1 ist die jeweilige Belegung für die beiden Anschlussvarianten (9- oder 25-polig) angegeben. Demnach wird unter Verwendung der 9-poligen Verbindungsart der Kontakt 3 des ersten PC mit dem Kontakt 2 des zweiten PC verbunden, Kontakt 2 mit Kontakt 3 und Kontakt 5 mit Kontakt 5.

Erster PC			Zweiter PC		
	Kontaktnummer:			Kontaktnummer:	
Signal	9-polig	25-polig	Signal	9-polig	25-polig
TXD	3	2	RXD	2	3
RXD	2	3	TXD	3	2
GND	5	7	GND	5	7

Tabelle 15.1: Die Verbindungen für die PC-PC-Verbindung über die serielle Schnittstelle in der Null-Modem-Verbindungsart

Das Programm *Interserver* kann von der Arbeitsstation auch ferninstalliert werden, was bedeutet, dass dieses Programm nicht auf dem Server-PC vorhanden sein muss, sondern von der Arbeitsstation über die serielle Schnittstelle im Speicher des zukünftigen Servers installiert werden kann. Für diese Möglichkeit wird ein 7-adriges Kabel (mit Bereitschafts- und Handshake-Signalen) benötigt, das im Handel für ca. DM 20,– erhältlich ist.

15.1.1 Server-Einstellung

Zuerst wird der Server konfiguriert. Hierfür wird beim Server-PC das Programm INTERSVR.EXE aufgerufen, wodurch automatisch die 1. parallele Schnittstelle (LPT1) als Kommunikationsport verwendet wird.

```
INTERSVR [LAUFWERK:n] [/X=LAUFWERK:n] [/LPT:n] [COM:n] [/BAUD:rate] [/B] [/V]
```

[LAUFWERK:n]
Angabe der umzuleitenden Laufwerke, standardmäßig werden alle umgeleitet

[/X=LAUFWERK:n]
Laufwerke, die nicht der Arbeitsstation zur Verfügung gestellt werden sollen

[/LPT:n]
LPT-Port festlegen: LPT:1 oder LPT:2

[COM:n]
COM-Port festlegen: COM:1 oder COM:2

[/BAUD:rate]
Baudrate für COM-Port festlegen: 9600, 19200, 38400, 57600, 115200

[/B]
Schwarz/Weiß-Bildschirm einstellen

[/V]
Takt herunterschalten

Normalerweise werden automatisch alle Laufwerke des Servers der Arbeitsstation (Client) zur Verfügung gestellt, sollen bestimmte jedoch nicht umgeleitet werden, werden diese nach dem Parameter X angegeben.

Für den Betrieb von INTERLNK/INTERSVR über eine serielle Schnittstelle ist diese (COMx) anzugeben, gefolgt von der zu verwendenden Baudrate. Der Standardwert hier lautet 115200, den man nur dann reduzieren sollte, wenn sich Übertragungsprobleme zeigen (Übertragung hängt o.Ä.). Der Parameter V, der für die Reduzierung des Timertaktes im PC sorgt, ist in Problemfällen ebenfalls mit anzugeben.

```
            Microsoft Interlnk Server Version 1.00


      ┌─────────────────────────────────────────────┐
      │  Dieser Computer      Anderer Computer       │
      │     (Server)             (Client)            │
      │                                              │
      │  A:                                          │
      │  B:                                          │
      │  C:  (127MB)                                 │
      │  D:  (100MB)                                 │
      │  E:  (100MB)                                 │
      │  LPT1:                                       │
      │  LPT2:                                       │
      │                                              │
      └─────────────────────────────────────────────┘

Übertragung:    | Anschluß=     Geschwindig =      | Alt+F4=Beenden
```

Bild 15.1: *Der Bildschirm des Servers*

Der Server kann der Arbeitsstation (Client) laut Bild 15.1 insgesamt 5 Laufwerke, wobei A: und B: wie üblich die Diskettenlaufwerke darstellen, zur Verfügung stellen.

15.1.2 Client-Einstellung

Der Client wird durch einen DEVICE-Eintrag in der Datei CONFIG.SYS konfiguriert. INTERLNK.EXE muss also hier hineingeschrieben werden. Der Eintrag kann dabei wie folgt aussehen:

```
DEVICE=C:\DOS\INTERLNK.EXE/DRIVES=5
```

Es ist nicht immer sinnvoll, grundsätzlich den Device-Treiber zu laden, da er selbstverständlich Speicherplatz im RAM belegt.

Der Treiber »hängt« die zusätzlichen Laufwerke des Servers einfach an die Laufwerksbezeichnungen des Clients an. Hat die Arbeitsstation selbst drei Laufwerke (A:, B:, C:), werden jetzt D:, E: usw. verfügbar sein, die A:, B: usw. des Servers entsprechen.

```
┌─────────────────────────────────────────────────────────────┐
│                                                               │
│          Microsoft Interlnk Server Version 1.00               │
│                                                               │
│       ┌─────────────────────────────────────────┐           │
│       │  Dieser Computer      Anderer Computer    │           │
│       │     (Server)             (Client)         │           │
│       │                                           │           │
│       │  A:                   gleich D:           │           │
│       │  B:                   gleich E:           │           │
│       │  C:  (127MB)          gleich F:           │           │
│       │  D:  (100MB)          gleich G:           │           │
│       │  E:  (100MB)          gleich H:           │           │
│       │  LPT1:                gleich LPT2         │           │
│       │  LPT2:                                    │           │
│       └─────────────────────────────────────────┘           │
│                                                               │
│ Übertragung:  | Anschluß=LPT1  Geschwindig.=Turbo  | Alt+F4=Beenden │
└─────────────────────────────────────────────────────────────┘
```

Bild 15.2: Der Bildschirm des Servers nach dem Verbindungsaufbau

Bei der Herstellung der Verbindung ändert sich nach dem Booten der Arbeitsstation das Bild des Servers, beispielsweise wie in Bild 15.2 angegeben, während am Bildschirm des Clients dann erscheint:

Microsoft Interlnk Version 1.0

Anschluß = LPT1

Laufwerksbezeichnungen umgeleitet: 5 (D: nach H:)

Druckeranschlüsse umgeleitet: (LPT2: nach LPT3:)

Für den Client ist jetzt mit LPT2 ein zweiter Druckerport verfügbar, der LPT1 des Servers entspricht.

Falls einem die Laufwerkszuordnung nicht zusagt, kann beispielsweise das Laufwerk F des Servers folgendermaßen als Laufwerk D des Clients konfiguriert werden:

INTERLNK D=F

Standardmäßig leitet INTERLNK drei Laufwerke des Servers auf den Client um. Wenn dies nicht ausreicht, weil die Festplatte des Servers in mehrere Partitionen aufgeteilt ist oder sich weitere Festplatten im Server befinden, kann beim Aufruf von INTERLNK mit DRIVES die maximale Anzahl der Laufwerke angegeben werden, wie es auch oben mit DEVICE gezeigt ist. Weitere Einstellungsmöglichkeiten, die mit INTERLNK gegeben sind, zeigt die folgende Darstellung des DEVICE-Eintrags.

```
INTERLNK [/DRIVES:n] [/LPT:n] [/COM:n] [/BAUD:rate] [/AUTO] [/NOSCAN]
         [/LOW] [/NOPRINTER] [/V]
```

[/DRIVES:n] Anzahl der umzuleitenden Laufwerke

[/LPT:n] LPT-Port festlegen: LPT:1 oder LPT:2

[/COM:n] COM-Port festlegen: COM:1 oder COM:2

[/BAUD:rate] Baudrate festlegen: 9600, 19200, 38400, 57600, 115200

[/AUTO] INTERLNK installiert sich nur bei Verbindungsherstellung zum Server

[/NOSCAN] INTERLNK laden, ohne Serververbindung herzustellen

[/LOW] Treiber in den unteren Speicherbereich laden

[/NOPRINTER] Serverdrucker nicht umleiten

[/V] Takt herunterschalten

Wird die serielle Schnittstelle zur Kommunikation verwendet, ist darauf zu achten, dass für den Server und den Client die gleiche Baudrate eingestellt wird. Generell ist entweder die serielle oder die parallele Schnittstelle für die Verbindung einzusetzen. Dementsprechend sind auch immer nur die Parameter für eine der beiden Möglichkeiten festzulegen. Prinzipiell können nun – je nach gewünschter Konfiguration – die zusätzlichen Laufwerke mit allen üblichen Programmen verwendet werden. Einzige Ausnahmen sind jedoch die folgenden DOS-Programme, die nicht im Zusammenhang mit INTERLNK/INTERSVR funktionieren: CHKDSK, DEFRAG, DISKCOPY, FDISK, FORAMT, SYS, UNDELETE und UNFORMAT. CD-ROM-Laufwerke können dabei leider nicht »umgeleitet« werden.

15.2 PC-PC-Kopplung mit Parallel-Port

Die Interlink-Interserver-Kopplung funktioniert bereits mit dem Centronics-Interface und ein spezieller Mode wie etwa EPP oder ECP ist hierfür nicht notwendig, denn die Meldeleitungen, mit denen der Drucker normalerweise verschiedene Betriebszustände (z.B. Error, Paper Out) an den PC meldet, werden als Datenleitungen verwendet. Im Prinzip entspricht diese Funktionsweise dem Nibble-Mode (siehe Kapitel 9.2.2).

Die Vorgehensweise zur Konfiguration ist im vorherigen Kapitel beschrieben, allerdings wird hier ein spezielles Kabel benötigt, das sich im Handel nicht immer leicht beschaffen lässt. Ein normales Druckerkabel ist hierfür nicht einsetzbar, denn es müssen ganz bestimmte Verbindungen (Kontakt 2 auf 15, 3 auf 13 usw.). hergestellt werden, wie es die folgende Tabelle zeigt. Die Verwendung der parallelen Schnittstelle ist aus Geschwindigkeitsgründen aber der seriellen Variante vorzuziehen.

Erster PC		Zweiter PC	
Kontaktnummer	Signal	Kontaktnummer	Signal
2	D1	15	ERROR
3	D2	13	SELECT
4	D3	12	PAPER OUT
5	D4	10	ACKNLG
6	D5	11	BUSY
15	ERROR	2	D1
13	SELECT	3	D2
12	PAPER OUT	4	D3
10	ACKNLG	5	D4
11	BUSY	6	D5
25	GND	25	GND

Tabelle 15.2: Die Verbindungen für die PC-PC-Kopplung mittels Parallel-Port

Windows 95 unterstützt ebenfalls eine PC-PC-Verbindung per Parallel-Port, die gegenüber der DOS-Version jedoch langsamer arbeitet. Die Verkabelung ist dabei genauso (auch für RS232) auszuführen, wie es bei Interlink/Interserver der Fall ist. Die Windows-9x-PC-Direktverbindung hat andererseits jedoch mit einigen Vorteilen aufzuwarten, wie es im folgenden Kapitel näher erläutert wird.

15.3 Windows-Direktverbindung

Etwas mehr Mühe als Interlink/Interserver macht die Einrichtung der PC-Direktverbindung für Windows 9x und auch Windows NT zwar, wobei bei NT aber nur die RS232-Schnittstelle verwendet werden kann, allerdings wird die Arbeit mit höherem Komfort belohnt, denn nach der Fertigstellung hat man bereits ein einfaches Peer-to-Peer-Netzwerk realisiert, und der Zugriff auf CD-ROM-Laufwerke ist dann ebenfalls möglich.

Die Installation der *Windows-Direktverbindung* erfolgt Windows-9X-typisch mit *Software* in der Systemsteuerung und Windows-Setup -Verbindungen - Details - PC-Direktverbindung. Während der Installation werden automatisch einige Netzwerkkomponenten mit installiert, wenn sie nicht schon vorhanden waren, was im Zusammenhang mit einem bereits bestehenden Netzwerk allerdings zu Komplikationen führen kann, denn für die Direktverbindung wird auch ein Netzwerkprotokoll benötigt. Im Prinzip spielt es aber keine Rolle, welches Protokoll festgelegt wird, empfehlenswert ist NetBEUI, und natürlich muss diese Festlegung auf beiden PCs durchgeführt werden.

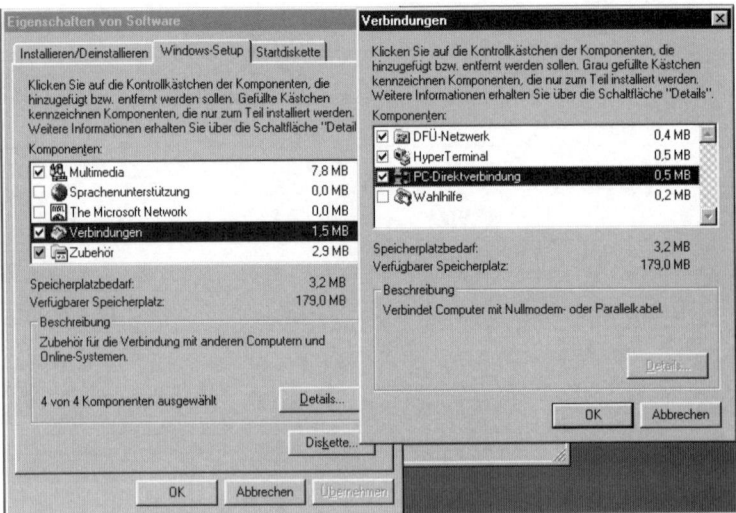

Bild 15.3: Die Installation der PC-Direktverbindung mit dem DFÜ-Netzwerk

Außerdem ist die Datei- und Druckerfreigabe – je nach gewünschter Konfiguration – zu aktivieren, weil Windows dies nicht automatisch durchführt. Die Arbeitsgruppe ist bei beiden PCs dann einheitlich festzulegen und jeder PC muss einen eindeutigen Namen, am besten ohne Sonder- und Leerzeichen, erhalten.

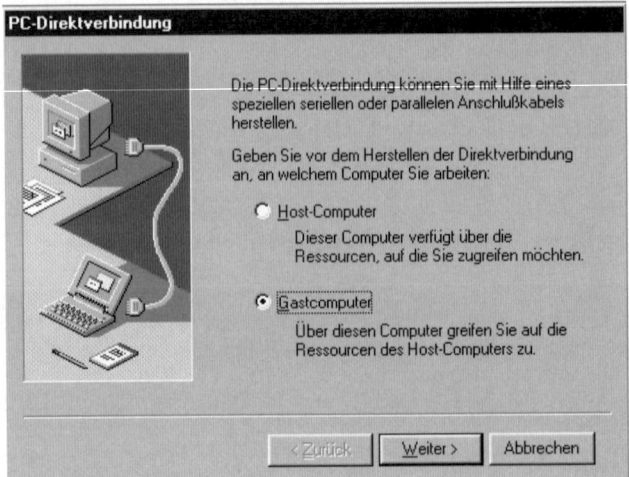

Bild 15.4: Nach Anwahl der PC-Direktverbindung wird ein PC als Host- und der andere als Gast-Computer konfiguriert

Nicht zu vergessen ist die anschließende Freigabe der Dateien und Verzeichnisse, die dem jeweils anderen PC zur Verfügung gestellt werden sollen, beispielsweise über Arbeitsplatz – Laufwerk – rechte Maustaste – Freigabe. Sind die beiden PCs mit einem seriellen oder dem speziellen parallelen Kabel verbunden und die PCs entsprechend konfiguriert, erfolgt der Verbindungsaufbau mit *PC-Direktverbindung* unter *Zubehör* oder auch dem direkten Aufruf von *directcc.exe* aus dem Windows-Verzeichnis, was zuvor aber noch einen Windows-Neustart erforderlich macht.

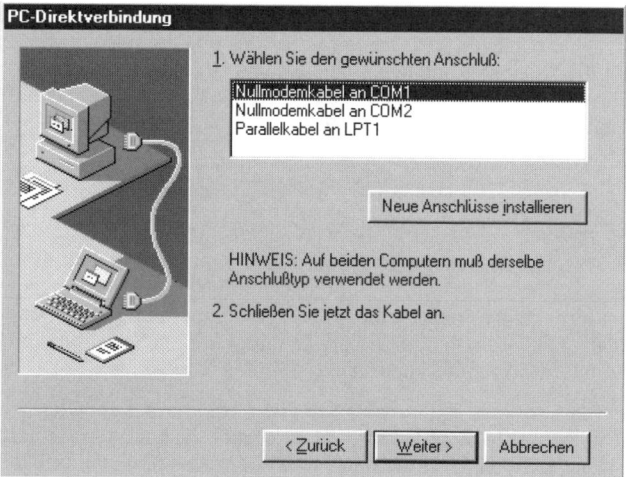

Bild 15.5: *Im nächsten Schritt wird der zu verwendende Anschluss ausgewählt*

Wenn bei beiden PCs die Datei- und Druckerfreigabe konfiguriert ist, lassen sich vom Host auch die Daten des Gast-PCs einsehen und entsprechend behandeln, was beispielsweise über *Netzwerkumgebung* zu praktizieren ist.

 Bei der Verwendung der PC-Direktverbindung über die COM-Ports müssen die Übertragungsparameter bei beiden PCs identisch und auch das gleiche Netzwerkprotokoll eingestellt sein.

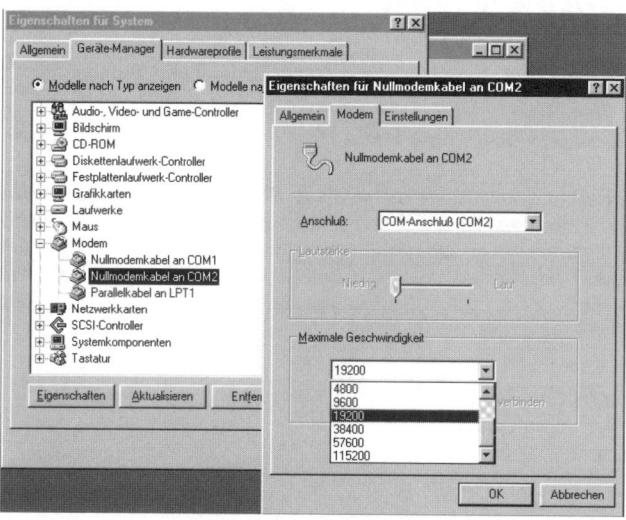

Bild 15.6: *Nach der Installation der PC-Direktverbindung findet sich in der Systemsteuerung ein Modem, das die eingebauten Schnittstellen zur weiteren Konfiguration zur Verfügung stellt*

Falls die RS232-Schnittstelle (COM-Ports) für die PC-Direktverbindung zum Einsatz kommt, kann man den PCs bei der Datenübertragung noch etwas »Dampf« machen, indem die Voreinstellung von 19200 BPS auf 57600 BPS oder auch den Maximalwert erhöht wird, wobei man den optimalen Wert (bei dem keine Daten verloren gehen) am besten experimentell ermittelt.

15.4 Netzwerke

Die PC-Direktverbindung bietet zwar schon ein gewisses »Netzwerk-Feeling«, allerdings könnten die Datenübertragungsraten doch etwas höher sein und die direkte Verbindung ist im Prinzip auch nur für die Kopplung zweier PCs vorgesehen; einmal davon abgesehen, dass die hierfür eingesetzten Schnittstellen möglicherweise auch anderweitig benötigt werden.

Waren Netzwerke in früheren Zeiten fast nur im professionellen Einsatz zu finden, ist es mittlerweile nicht ungewöhnlich, auch privat ein kleines Netzwerk zu betreiben, denn die Preise für die benötigten Komponenten sind mittlerweile kein Hinderungsgrund mehr.

Bild 15.7: Eine preiswerte PCI-Netzwerkkarte (Fast Ethernet) mit Twisted-Pair-Anschluss

Eine Netzwerkunterstützung wird bereits standardmäßig seit *Windows for Workgroups* (Windows 3.11) geboten, was zunächst bedeutet, dass neben einem Windows-Betriebssystem keinerlei spezielle Netzwerk-Software für den Aufbau eines (kleinen) Netzwerkes nötig ist. Des Weiteren ist heute selbst eine PCI-Netzwerkkarte bereits für 30,– DM zu haben, und wenn noch weiteres Zubehör wie Kabel und Montagematerial hinzugerechnet wird, bezahlt man nicht mehr als 100,– DM für die Vernetzung zweier PCs.

Die erste Entscheidung gilt der zu verwendenden »Verkabelung«, die somit auch den Typ der notwendigen Netzwerkkarten und dem weiteren notwendigen Zubehör bestimmt.

15.4.1 Ethernet mit Koaxialkabel

Es gibt eine ganze Reihe verschiedener Netzwerksysteme, die mit unterschiedlichen Verfahren arbeiten wie Token-Passing, 100BaseVG-Any-LAN, Asynchron Transfer Mode (ATM) und Ethernet, das das gebräuchlichste ist und daher im Folgenden näher behandelt wird.

Die Ethernet-Netzwerktechnologie ist mittlerweile über 25 Jahre alt. Erdacht wurde das Ethernet ursprünglich von der Firma Xerox für die Verbindung mehrerer Rechner mit einem Laserdrucker. Die Bezeichnung *Ether* – der Äther – steht für die eigentliche Netzwerkverbindung und stammt aus der Zeit, als Funknetze das Maß aller Dinge waren, die in den USA, über das Land verteilt, installiert wurden, um Kommunikationswege aufrechterhalten zu können, falls ein befürchteter russischer Atomschlag stattfinden sollte. Diese Idee hat letztlich auch die Grundlage für das Entstehen des weltweit funktionierenden Internets geschaffen.

Das ursprüngliche Ethernet beruht auf einer Bustopologie und verwendet zur Kommunikation das CSMA/CD-Verfahren (**C**arrier **S**ense **M**ultiple **A**ccess/**C**ollision **D**etection). Will eine Station eine Nachricht über das Netzwerk senden, prüft sie zunächst, ob sich bereits die Nachricht einer anderen Station auf dem Bus befindet (**C**arrier **S**ense).

Ist der Bus frei, kann sie danach auf den Bus zugreifen und Daten senden (Access). Haben jedoch mehrere Stationen gleichzeitig den Bus abgehört und beginnen zeitgleich, auf den Bus zuzugreifen (Multiple Access), kommt es zu einer Kollision, die von den einzelnen Stationen detektiert werden muss (Collision Detection). Daraufhin werden die Signale zurückgenommen und die Stationen versuchen nun, ihre Nachrichten zeitversetzt auf den Bus zu legen.

Welche Station den Zugriff erhält und wie lange die anderen Stationen zu warten haben, kann nicht vorhergesagt werden, so dass dieses Verfahren für Echtzeitsysteme und zeitrelevante Einsatzzwecke nicht geeignet ist. Ab einer bestimmten Anzahl von Stationen (ca. 40%ige Auslastung) wird die Verarbeitungsgeschwindigkeit aufgrund der stattfindenden Kollisionen merklich langsamer.

Die mit Ethernet erreichbare Datenübertragungsrate oder genauer die Bandbreite beträgt 10 Mbit/s, die sich die angeschlossenen Stationen gewissermaßen teilen müssen. Daher spricht man bei Ethernet auch von einem *Shared Medium*.

Ethernet kann – muss aber nicht zwangsläufig – die Bustopologie verwenden. Alle Stationen (PCs) werden an den Bus angeschlossen, der jeweils an seinen beiden Enden mit Abschlusswiderständen versehen sein muss, wie es bei einem Bus generell üblich ist. Als Netzwerkverbindungskabel kommt dabei Koaxialkabel (RG58, Cheapernet) zum Einsatz. Es besteht aus einem Innenleiter, der das Datensignal führt, und dem Außenleiter, einer Abschirmung, die sich auf Massepotential befindet. Aufgrund der Tatsache, dass die Abschirmung als Geflecht das Datensignal nach außen hin schützt (abschirmt), ist die Störanfälligkeit dieser Verbindung relativ klein.

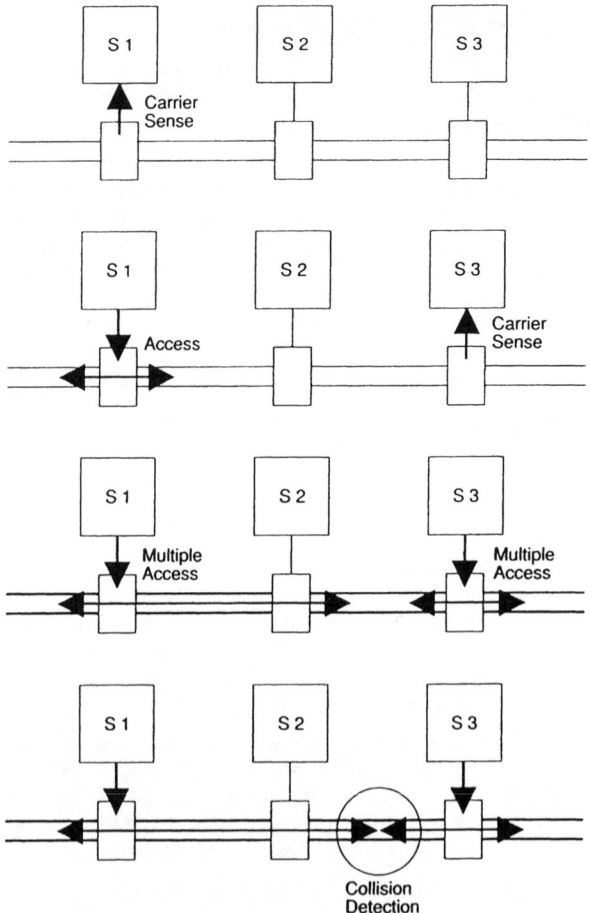

Bild 15.8: Das Prinzip des CSMA/CD-Zugriffsverfahrens

Das Kabel ist preiswert, flexibel und problemlos in der Handhabung. Es wird vielfach »einfach irgendwie« im Raum ohne irgendwelche Anschlussdosen oder sonstigem Befestigungsmaterial verlegt, was auch selten negative Auswirkungen auf das Netzwerk selbst hat.

Bild 15.9: *Eine Netzwerkkarte mit einem BNC- und einem AUI-Anschluss, wobei auf älteren Netzwerkkarten per Jumper oder Setup-Programm festzulegen ist, welcher der beiden Anschlüsse jeweils verwendet wird*

Beim Aufbau des Netzwerkes mit Koaxialkabel muss im Grunde genommen nur stets beachtet werden, dass an jedem PC ein T-Stück angebracht wird, die maximalen Kabellängen (185 m) nicht überschritten werden und die einzelnen »Kabelstücke« auch tatsächlich von PC zu PC geführt werden und nicht anders. Die beiden Abschlusswiderstände an den jeweils beiden Busenden sind absolut notwendig und ohne diese funktioniert gar nichts.

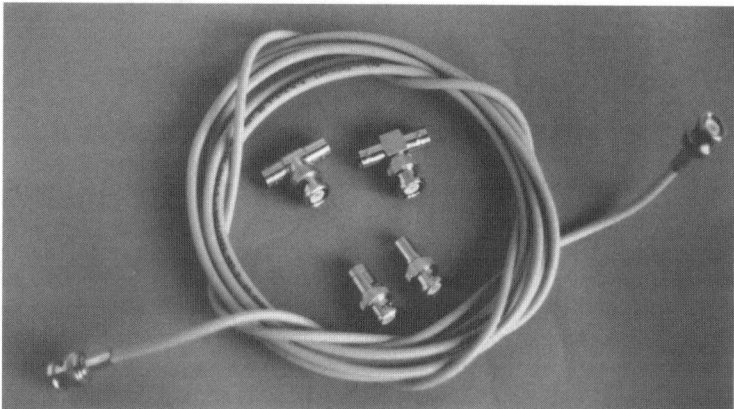

Bild 15.10: *Ein Koaxialkabel mit zwei T-Stücken und zwei Abschlusswiderständen; dies sind die minimalen Verkabelungselemente für die Verbindung zweier PCs*

AUI

Viele Netzwerkkarten besitzen neben ihren üblichen Anschlüssen (Koax, TP) einen 15-poligen Anschluss, der als Attachment Unit Interface (AUI) bezeichnet wird. Für diesen Anschluss existiert eine Reihe verschiedener Medienkonverter, die beispielsweise eine Umsetzung von AUI auf Koax oder Lichtwellenleiter vornehmen.

Der Bus muss also stets terminiert sein und es sollten auch keine freien Kabelenden herumhängen. Ob eine korrekte Verbindung und auch Terminierung gegeben ist, lässt sich mit einem einfachen Ohmmeter (Multimeter) überprüfen. Dazu werden alle T-Stücke (mit den daran angeschlossenen Kabeln) von den BNC-Anschlüssen der Netzwerkkarten abgezogen und an einem Ende wird der Terminierungswiderstand abgezogen, wo dann gemessen wird.

Bei selbstgebastelten Koax-Anschlüssen kommt es nicht selten vor, dass der Kontaktstift des BNC-Steckers zu weit hinten liegt und somit keinen Kontakt herstellen kann, was auch durch eine unsachgemäße Behandlung des Steckers passiert sein kann.

Mit dem Ohmmeter müsste sich nun ein Widerstand von ungefähr 50W messen lassen, und wenn der Widerstand auf der anderen Seite auch abgezogen wird, müsste dementsprechend »Widerstand unendlich« angezeigt werden. Ist dies jedoch nicht der Fall, müssen als Nächstes alle einzelnen Anschlüsse genauestens kontrolliert werden.

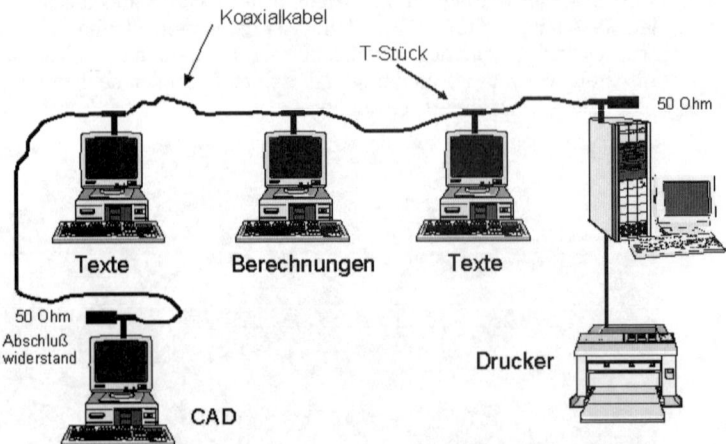

Bild 15.11: Eine typische Büroinstallation mit Koaxialkabelverbindungen

Falls es sich um eine relativ lange Koaxialnetzwerkverbindung handelt, kann die Masse, die über das Kabel mit jedem einzelnen PC verbunden ist, Probleme bereiten und das Netzwerk zum »Aussteigen« oder gleich von vornherein zum völligem Versagen verurteilen. Jeder PC steckt natürlich in einer Steckdose und ist mit der Erde verbunden und die muss sich nicht überall auf gleichem Potential befinden, was somit zu einer »unsauberen« Masse des Koaxialkabels führt.

Aus diesem Grunde gibt es Abschlusswiderstände, an denen ein kleines Kettchen angebracht ist, und das ist dann direkt an die Erde anzuschließen, wodurch das Massepotential nicht mehr »schwimmen« kann, sondern nun auf einem festen Potential liegt. Diese Verbindung darf man aber keinesfalls an beiden Seiten des Netzwerkes herstellen, sondern nur an einer Seite, denn andernfalls hätte man wieder das »alte« Problem herbeigeführt.

Bei längeren Koaxialkabelverbindungen sollte der Abschlusswiderstand an einem Ende geerdet werden.

15.4.2 Ethernet mit Twisted-Pair-Kabel

Viele Netzwerkkarten (Combo-Karten) besitzen neben einem BNC- und einem AUI- auch noch einen Anschluss für einen Western-Stecker (RJ45-Connector), wie er auch bei Modems und ISDN-Verbindungen verwendet wird. Dies ist der Anschluss für ein Twisted-Pair-Kabel, ein Kabel, das aus mehreren, miteinander verdrillten Leitungen besteht.

Pin Nr.	4-adrige Belegung	8-adrige Belegung
1	TXD+	TX_D1+
2	TXD-	TX_D1-
3	RXD+	RX_D2+
4	-	BI_D3+
5	-	BI_D3-
6	RXD-	RX_D2-
7	-	BI_D4+
8	-	BI_D4-

Tabelle 15.3: Twisted-Pair-Kabel gibt es in 4- und in 8-adriger Ausführung, wobei die 4-adrige die allgemein gebräuchliche ist

Es gibt diese Kabel in unabgeschirmter (UTP, Unshielded Twisted Pair) und abgeschirmter (STP, Shielded Twisted Pair) Ausführung, wobei das letztere unempfindlicher gegen äußere Störungen ist.

Das STP-Kabel gibt es nun auch noch mit einer gemeinsamen Abschirmung (S–UTP), die als Mantel (Geflecht, Metallfolie) um alle Leitungen geführt ist, und in einer Auslegung, bei der jedes Aderpaar (einzeln) abgeschirmt ist. Das übliche Kabel ist jedoch das S-UTP-Kabel (Kategorie 5), da es mit diesem in der Praxis auch die wenigsten Problem gibt. Eine Mischung von verschiedenen TP-Kabeln innerhalb eines Stranges führt prinzipiell zu »ungeordneten« Masseverhältnissen und somit wieder zu einer erhöhten Störanfälligkeit.

Wie es auch der Tabelle 15.3 zu entnehmen ist, findet auf Twisted-Pair-Kabeln eine differentielle Datenübertragung statt, d.h., es gibt jeweils zwei Sende-Leitungen (TXD+, TXD-) und auch zwei Empfangsleitungen (RXD+, RXD-). Die Datensignale werden demnach nicht wie bei einer Koaxialleitung auf die Masse bezogen, sondern das Nutzsignal liegt zwischen TXD- und TXD+, was dementsprechend auch für das Empfangssignal auf den RXD-Leitungen gilt.

Diese differentielle Datenübertragung erlaubt somit eine störungssicherere Datenübertragung, denn eine auftretende Störung von außen hätte zur Folge, dass sich dieses Signal auf beiden Leitungen gleichermaßen niederschlagen würde und das Differenzsignal – die Dateninformation – dadurch völlig unbeeindruckt bliebe.

 Eine Mischung von verschiedenen TP-Kabeln ist unsinnig und kann das Netzwerk störanfälliger machen, als wenn die gesamte Verkabelung mit UTP ausgeführt worden wäre. Am häufigsten wird das S-UTP-Kabel der Kategorie 5 mit einer gemeinsamen Abschirmung eingesetzt.

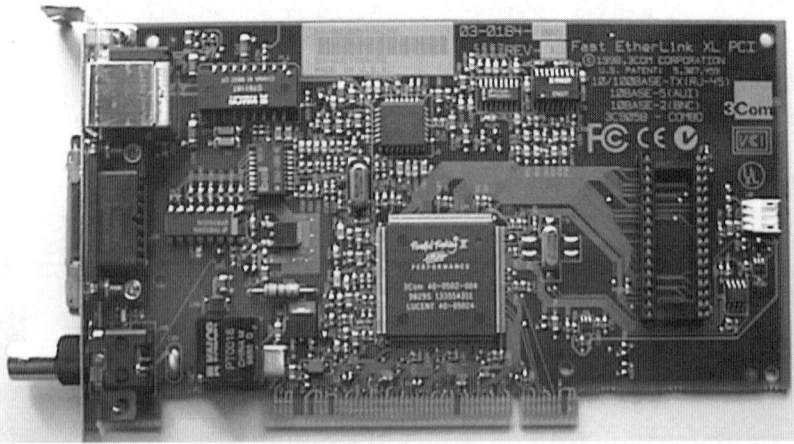

Bild 15.12: *Eine PCI-Combo-Netzwerkkarte mit Twisted-Pair- (oben) , AUI- und Koax-Anschluss (unten)*

Twisted-Pair-Kabel werden generell von Gerät zu Gerät verlegt, was bedeutet, dass sich eine sternförmige Verkabelung ergibt und nicht einfach ein Kabel von einem PC zum anderen – wie beim Koaxialkabel – geschleift werden kann. Der Verdrahtungsaufwand ist demnach höher, allerdings kann ein PC problemlos vom laufenden Netzwerk abgehängt werden, und falls ein Kabel oder Anschluss defekt ist, steht nicht gleich das gesamte Netzwerk.

Zur Realisierung einer sternförmigen Verkabelung wird ein Verteiler – ein Hub – benötigt, an dem die PCs über einzelne Twisted-Pair-Leitungen anzuschließen sind, was sich vielleicht erst einmal teuer anhört, es im Prinzip aber nicht ist, denn ein einfacher 8-Port-Hub ist bereits für unter 100,– DM zu haben.

Falls aber nur zwei PCs per TP-Kabel verbunden werden sollen, kann auch ein spezielles TP-Kabel (Crossover-Kabel) verwendet werden, bei dem die Leitungspaare TXD und RXD über Kreuz laufen, wodurch die Sendeleitungen des einen PC den Empfangsleitungen des anderen entsprechen und natürlich auch umgekehrt.

Bild 15.13: *Ein Vier-Port-Hub mit Twisted-Pair-Anschlüssen, wobei Port 1 auch als Uplink-Port zur Verbindung mit einem weiteren Hub oder Switch verwendet werden kann; der kleine Schalter ist dann in die X-Stellung (nach links) zu setzen, damit die Signalleitungen gekreuzt werden, wie es auch mit den Crossover-Kabeln praktiziert wird*

Für die Verbindung von zwei gleichartigen Dateneinrichtungen, wie beispielsweise auch von zwei Hubs, werden grundsätzlich »verdrehte« Leitungen verwendet. Dies ist das gleiche Prinzip, wie es auch bei der RS232-Schnittstelle angewendet wird.

Bezeichnung	Anschluss	Anschluss	Bezeichnung
TD+	1	3	RD+
TD-	2	6	RD-
RD+	3	1	TD+
RD-	6	2	TD-

Tabelle 15.4: *Die zu verbindenden Kontakte bei einfacher UTP-Kopplung zweier PCs*

Fast-Ethernet

Eine Weiterentwicklung von Ethernet (10 Mbit/s) nennt sich *Fast Ethernet* und ist für 100 Mbit/s ausgelegt. In der Praxis ist man von diesem Wert üblicherweise weit entfernt, was im Kollisionsprotokoll (CSMA/CD) selbst begründet liegt, und des Weiteren hängt es natürlich auch davon ab, wie viele PCs angeschlossen sind und was für Daten (wenige große Dateien oder viele kleine Dateien) übertragen werden. Der Grund für die möglicherweise weit geringere Datenübertragungsrate ist der gleiche wie bei Standard-Ethernet.

Fast-Ethernet setzt Twisted-Pair- oder auch Lichtwellenleiter-Verbindungen (LWL) voraus, es funktioniert also nicht mit Koaxialkabel. So gesehen begibt man sich mit einer Koaxialverkabelung in eine technologische Sackgasse, denn es ist grundsätzlich keine Steigerung der Datenübertragungsrate eines Koaxialkabel-basierten Netzwerkes möglich. Fast jede heute erhältliche Netzwerkkarte unterstützt auch Fast-Ethernet.

Hubs und Switches

Ein Hub, auch als Konzentrator oder Sternverteiler bezeichnet, kann vereinfacht gesehen als Signalverstärker (Repeater) verstanden werden, der ein Eingangssignal (Uplink) auf mehrere Ports (Downlink) aufteilt, an die die Computer einzeln (sternförmig zwischen PCs und Hub) angeschlossen werden. Die gesamte zur Verfügung stehende Bandbreite teilt sich bei einem Hub entsprechend der Anzahl der angeschlossenen Stationen auf. Switches ermöglichen demgegenüber jedem einzelnen Port jeweils die maximale Geschwindigkeit (z.B. 100 Mbit/s bei Fast-Ethernet).

Normalerweise stellen sich die Netzwerkkarten sowie Hubs und Switches automatisch auf die jeweilige Geschwindigkeit ein, wofür bei den Karten üblicherweise der Software-Treiber zuständig ist. In einigen Fällen kann diese Einstellung auch manuell über ein Setup-Programm oder über *Eigenschaften – Netzwerkkarte* (bei Windows) erfolgen, was generell ein sehr empfehlenswertes Feature ist, denn es kann nicht allgemein davon ausgegangen werden, dass diese Automatik immer funktioniert. Dies gilt leider auch für Hubs und Switches, die Fast-Ethernet unterstützen.

Es kann keineswegs allgemein davon ausgegangen werden, dass eine automatische Umschaltung zwischen Standard- und Fast-Ethernet bei allen beteiligten Einheiten (Netzwerkkarten, Hubs, Switches) problemlos funktioniert, wodurch der erwartete Geschwindigkeitszuwachs von Fast-Ethernet auf der Strecke bleiben kann.

Ähnlich kritisch verhält es sich mit der Einstellung Vollduplex/Halbduplex, die die Netzwerkkarten und Hubs/Switches bieten (können). Im Vollduplex-Mode sind zwei Kommunikationspartner in der Lage, gleichzeitig Daten zu senden und zu empfangen. Die Einstellung des optimalen Modes sollte auch hier automatisch erfolgen, was in der Praxis allerdings noch seltener funktioniert als die automatische Ermittlung des »richtigen« Ethernet-Mode. Aus diesen Gründen sollte man sich insgesamt nicht allzuviel an zusätzlicher Performance von Fast-Ethernet versprechen, wenn nicht sichergestellt ist, dass alle Einheiten optimal miteinander kommunizieren können.

Bei Ethernet in der Twisted-Pair-Verkabelung kann prinzipiell gleichzeitig gesendet und empfangen werden (Full Duplex). Die an den Down-Link-Ports eines Hubs angeschlossenen Netzwerkkarten sind jedoch auf Halb-Duplex zu stellen. Falls stattdessen ein Switch zum Einsatz kommt, ist auch hier Full-Duplex möglich und nicht nur vom Uplink-Port zur übergeordneten Netzwerktopologie.

Für die Klassifizierung von verdrillten Leitungen (Twisted-Pair) sind insgesamt sieben Kategorien definiert und als Anschlussstecker wird jeweils ein Western-Stecker (RJ45) verwendet, der ein vier- oder achtadriges Kabel verwendet.

Kategorie	Bedeutung/Daten
1	Leistung eines konventionellen Telefonkabels mit einer maximalen Datenrate von 1 Mbit/s.
2	Kabel zum Ersatz des Kategorie-1-Kabels. Datenraten von bis zu vier Mbit/s sind über mittlere Entfernungen möglich. Wird auch für ISDN eingesetzt.
3	UTP- oder STP-Kabel, Unshielded Twisted Pair (ohne Schirmung) oder Shielded Twisted Pair (mit Schirmung). Datenraten von bis zu 10 Mbit/s bei einer Kabellänge von bis zu 100 m sind möglich. Wird z.B. für Ethernet (10Base-T) und auch Token-Ring verwendet.
4	UTP/STP-Kabel für größere Entfernungen als mit Kategorie-3-Kabel bei einer Datenrate von maximal 20 Mbit/s. Wird kaum verwendet.
5	Erweiterter Frequenzbereich (100 MHz). Gilt als Standardkabel und wird beispielsweise auch für FDDI und Fast-Ethernet verwendet.
6	Frequenzbereich bis 200 MHz, wird für ATM empfohlen. ATM (155 Mbit/s) ist aber auch bereits auf Kabeln der Kategorie 5 möglich.
7	Frequenzbereich bis 600 MHz. Geringeres Nebensprechen und geringere Dämpfung als Kategorie-6-Kabel. Wird bisher noch nicht eingesetzt.

Tabelle 15.5: Die verschiedenen Kabelkategorien

15.4.3 Netzwerkkarten-Installation

Eine Netzwerkkarte sollte vom Typ PCI sein, was die ganze Angelegenheit mit den PC-Ressourcen dank Plug&Play erleichtert. Wird die Netzwerkkarte nachträglich in einen PC, der mit Windows 9x arbeitet, eingebaut, wird sie automatisch erkannt und der entsprechende Treiber geladen. Es kommt jedoch bei Softwarekonfigurierbaren Karten vor, dass die unter Windows 9x getätigten Angaben nicht unmittelbar von der Karte übernommen werden können, die üblicherweise meist über ein EEROM zur Speicherung der Parameter verfügt.

In solch einem Fall ist das zur Karte gehörende Setup-Programm auszuführen und eine Übereinstimmung der Daten zwischen Karte und Windows 9x herzustellen. ISA-Karten, die per Jumper konfiguriert werden, werden von Windows 9x nicht automatisch erkannt, sondern eventuell erst nach der Durchführung einer automatischen Hardware-Erkennung mit dem Hardware-Assistenten. In diesem Fall ist aber unbedingt eine Überprüfung der von der Karte verwendeten PC-Ressourcen durchzuführen.

Unter *Netzwerk* in der *Systemsteuerung* finden sich die Einstellungen für die gesamte Netzwerkkonfiguration. Mit *Hinzufügen* werden die einzelnen Komponenten ausgewählt.

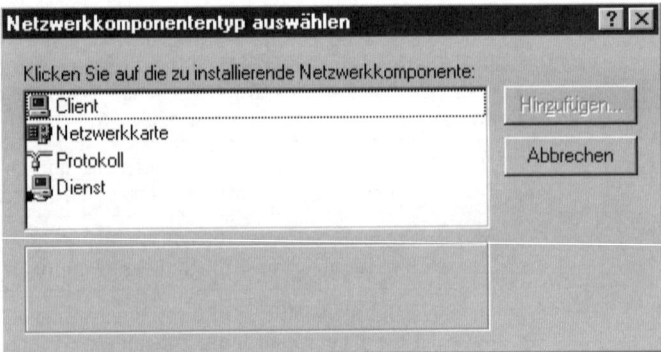

Bild 15.14: Die Netzwerkkomponenten von Windows 9x

Zunächst sollten die Einstellungen für die Netzwerkkarte überprüft oder auch angepasst werden. Windows 9x liefert die Unterstützung für eine Vielzahl verschiedener Typen, wobei es auch hier der Fall ist, dass ein bestimmter Treiber für Karten unterschiedlicher Hersteller verwendet werden kann, wenn sie Chip-kompatibel sind.

Nach der Auswahl und der Installation des passenden Netzwerkkartentreibers sollten die *Eigenschaften* überprüft werden. An dieser Stelle sind im Wesentlichen die von der Karte verwendeten Ressourcen, der Treibertyp und die Bindungen von Interesse.

Unter *Erweitert* finden sich unter Umständen kartenspezifische Optionen wie die Auswahlmöglichkeit für einen bestimmten Netzwerkkartenanschluss (BNC oder AUI). Als Treibertyp sollte der *NDIS-Treiber für erweiterten Modus* eingesetzt werden, der einem Protected-Mode-Treiber entspricht.

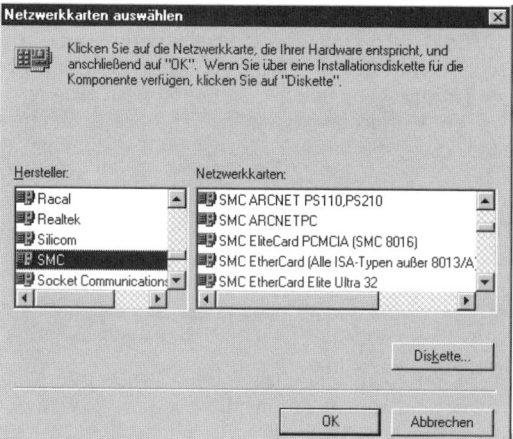

Bild 15.15: *Windows 9x bietet eine Vielzahl von Treibern für Netzwerkkarten, wie hier als Beispiel die des Herstellers SMC*

Die **N**etwork **D**river **I**nterface **S**pecification (NDIS) wurde von Microsoft entwickelt, während das **O**pen **D**atalink Interface (ODI) von Novell stammt. Für ODI wird ein Link Support Layer (LSL) verwendet, der üblicherweise in einer Batch-Datei geladen wird. Sowohl ODI- als auch 16-Bit-NDIS-Treiber sollten nach Möglichkeit nicht zum Einsatz kommen, sondern stattdessen 32-Bit-NDIS-Treiber. Die beiden anderen Treibertypen (16 Bit) sind nur im Notfall zu verwenden, falls für die Karte kein 32-Bit-NDIS-Treiber verfügbar sein sollte.

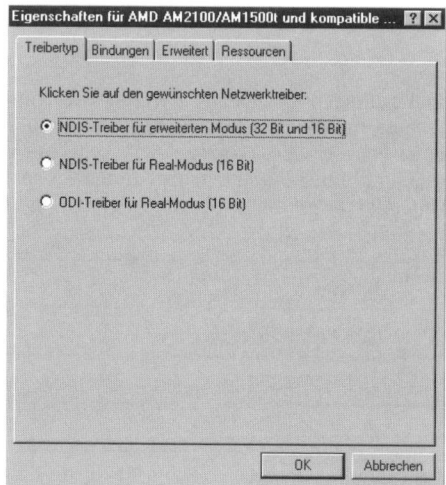

Bild 15.16: *Nach Möglichkeit sollte immer ein 32-Bit-NDIS-Treiber verwendet werden*

Die Darstellung unter *Bindungen* zeigt die an die Karte »gebundenen« Protokolle an, die über *Protokoll von Netzwerkkomponenten auswählen* zu konfigurieren sind. Dies erfolgt ganz einfach durch Anklicken von *Protokoll* und *Hinzufügen*.

Unter *Microsoft* findet man IPX/SPX für Novell Network, NetBEUI für das Microsoft-Netzwerk und TCP/IP. Das **T**ransmission **C**ontrol **P**rotocol/**I**nternet **P**rotocol (TCP/IP) ist eine Protokollfamilie für die Kommunikation zwischen unterschiedlichen Computersystemen (Internet) und auch Bestandteil des UNIX-Betriebssystems. Jeder PC erhält eine eindeutige IP-Adresse, anhand der er im Internet eindeutig identifiziert werden kann. Sie besteht aus einem 32 Bit langen Feld, wobei jede Zahl kleiner ist als 256 und jeweils durch Punkte getrennt wird (**D**otted **D**ecimal **N**otation, DDN). Die IP-Adresse besteht aus zwei Teilen, der Netz- und der Hostadresse. Die zweite Adresse ist die Hostadresse, die innerhalb der jeweiligen Institution (lokal) vergeben wird. Ein Beispiel:

Netz- | Host-Adresse

147.28|56.10

Prinzipiell existieren 5 verschiedene Klassen von IP-Adressen, wobei in der Praxis jedoch nur drei verwendet werden. Anhand der ersten Bits kann man erkennen, welcher Klasse eine bestimmte IP-Adresse entspricht, während die Abtrennung durch die Punkte keinen Rückschluss darüber erlaubt, welcher Teil der Netz- und welcher der Hostadresse entspricht.

Klasse	Bits	Bereich	Netzadressen	Hostadressen
A	0	0-127	126	16387064
B	10	128-191	16384	64516
C	11	192-223	2097152	254

Tabelle 15.6: Die Internet-Adressklassen und die sich daraus ergebende maximale Anzahl von Netz- und Hostadressen

Die Adressen der Klasse A wurden vorwiegend in früheren Zeiten festgelegt und lassen einen großen Freiraum für die Adressenvergabe innerhalb eines Unternehmens oder Verbundes zu, da hiermit relativ große Netze aufgebaut werden können. Üblich sind heute Adressen der Klasse B und C, wobei einige für spezielle Aufgaben (Broadcast, Loopback Network) reserviert sind.

Klasse	Anfang	Ende
A	0.0.0.0	127.255.255.255
B	128.0.0.0	191.255.255.255
C	192.0.0.0	255.255.255.255

Tabelle 15.7: Die Adressintervalle der verschiedenen Klassen

Neben der IP-Adresse ist eine *Subnet Mask* festzulegen, die innerhalb eines Unternehmens oder einer Organisation der Selektierung der Subnetze dient. Dabei findet eine *Bit-Maskierung* statt und es können nur diejenigen Adressen innerhalb des betreffenden Subnetzes verwendet werden (z.B. Weitergabe durch Gateway), die nicht durch eine 1 »ausmaskiert« sind.

Wird die betreffende Adresse aus Versehen zweimal vergeben, tritt so lange kein Problem auf, bis diese beiden PCs gleichzeitig aktiv sind. Der Fehler kann sich dabei in vielfältiger Art und Weise äußern und in den seltensten Fällen kann man direkt auf diese Ursache schließen, da die unterschiedlichen Applikationen sie »verdecken« können. Am einfachsten wird der Fehler lokalisiert, indem man die betreffenden PCs aktiviert und mindestens bei einem zum DOS wechselt, woraufhin dann laufend die Meldung DUPLICATE IP ADDRESS erscheint. Die IP-Adresse kann auch, wenn ein Windows-NT-Server zum Einsatz kommt, automatisch mit Hilfe des **D**ynamic **H**ost **C**onfiguration **P**rotocols (DHCP) zugeteilt werden.

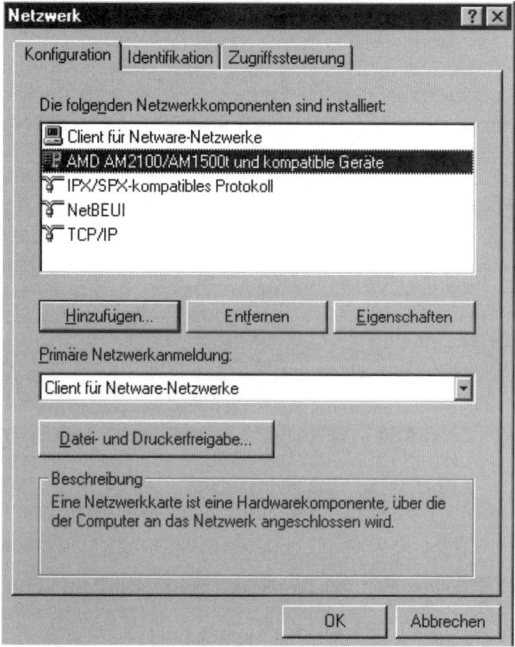

Bild 15.17: *Die drei wichtigsten Protokolle sind installiert und der PC arbeitet als Novell-Netware-Client*

Die letzte wichtige Festlegung betrifft die *Clients*. Der PC wird in den häufigsten Fällen als Client für das Microsoft-Netzwerk und/oder ein Novell-Network eingesetzt werden und dementsprechend ist der entsprechende Eintrag auszuwählen, den man jeweils unter *Microsoft* findet.

Es sollten immer nur diejenigen Protokolle installiert werden, die man auch wirklich benötigt.

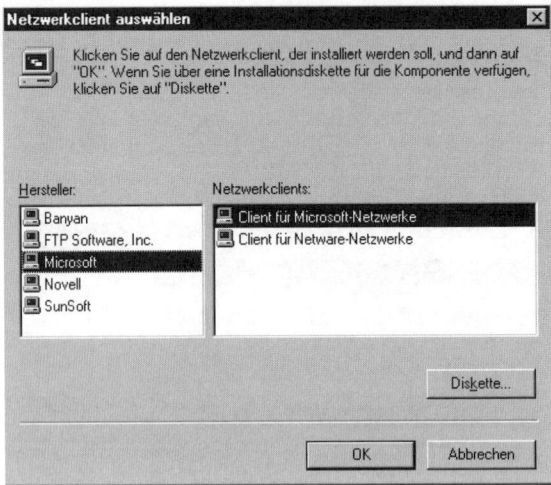

Bild 15.18: Die Auswahl der Netzwerk-Clients

In Abhängigkeit davon, welcher Client für den PC festgelegt worden ist, wird der PC über einen Computer- (Microsoft-Netzwerk) oder einen Usernamen (Netware) identifiziert. Die hierfür notwendigen Festlegungen sind unter *Identifikation* festzulegen.

Falls für ein Netzwerk lokale Drucker oder Laufwerke freizugeben sind, kann dies generell mittels *Datei- und Druckerfreigabe* aktiviert werden. Um welche Laufwerke (auch CD-ROM) und Drucker es sich dabei jeweils handeln soll, ist beispielsweise über *Arbeitsplatz* und die dazugehörenden *Eigenschaften* (rechte Maustaste) festzulegen.

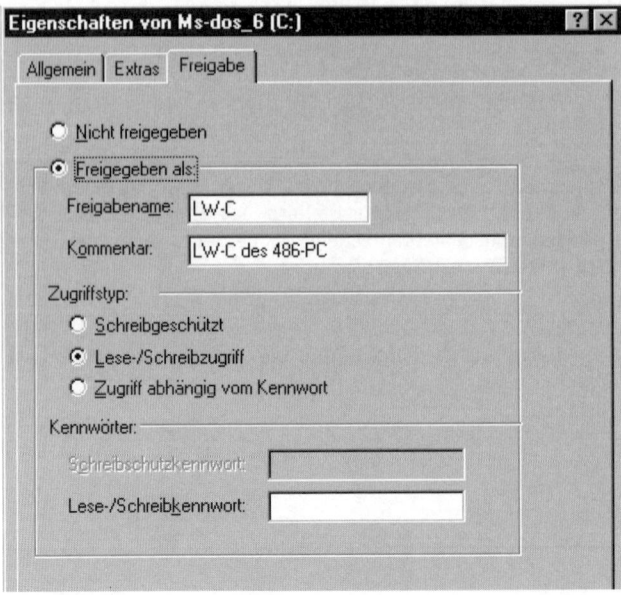

Bild 15.19: Das Laufwerk C des PC wird für die Verwendung im Netzwerk freigegeben

15.5 Modems und ISDN

Insbesondere durch das Internet ist die Datenfernübertragung (DFÜ) zu einer äußerst populären Angelegenheit geworden. Ein Modem arbeitet auf analoger Basis, während das Integrated Services Digital Network (ISDN) für die digitale Datenübertragung vorgesehen ist und eine schnellere, störungssicherere Übertragung sowie eine Reihe spezieller Dienste bietet, die von den unterschiedlichsten ISDN-Geräten sowie auch Telefon oder Faxgerät verwendet werden können.

Modems sind jedoch nach wie vor interessant – zumal äußerst preisgünstig – und es braucht auch keine ISDN-Umrüstung vorgenommen zu werden, die sich finanziell gesehen nur für mehrere Anschlüsse und kaum bei einer eher sporadischen Nutzung der DFÜ lohnt.

Neben ISDN und den Modems gibt es eine Reihe weiterer Technologien, die vorwiegend für den Internetzugang verwendet werden können, die sich teilweise aber noch in verschiedenen Pilotprojekten in der Erprobung befinden, wie beispielsweise: Übertragung durch Energieversorgungsleitungen, über Satelliten oder über Breitbandkabel (TV), wofür so genannte *Kabelmodems* zum Einsatz kommen, die mit dem bekannten *Modem* nicht viel gemein haben, außer dass die Signale hier ebenfalls moduliert und demoduliert werden.

Eine andere Technologie wird schon (fast) flächendeckend angeboten und zwar ADSL, was für *Asymmetrical Digital Subscriber Line* steht. Das Prinzip hinter ADSL, das bei der Telekom als T-DSL bezeichnet wird, ist, dass man die analoge Signalübertragung – für die Sprache und die konventionelle Modemübertragung – unverändert lässt (im Bereich von 300-4000 Hz) und darüber (ab ca. 8 KHz) ein spezielles Modulationsverfahren einsetzt, das ebenfalls in einer analogen Datenübertragung auf den Leitungen resultiert, wie es im Prinzip auch bei einem konventionellen Modem der Fall ist. Hiermit können 256 einzelne Kanäle (Töne) in einem Abstand von 4,3 kHz realisiert werden, wobei jeder Ton 15 Bit bei einer Modulationsfrequenz von 4 kHz transportieren kann.

Für dieses Verfahren werden die üblichen Kupfertelefonleitungen zwischen der Vermittlungsstelle und dem Teilnehmer verwendet, was einerseits zwar keine teure Neuverkabelung erfordert, andererseits spielen die jeweiligen Leitungsbedingungen (die Qualität der Übertragungsstrecke) eine wesentliche Rolle für die maximal mögliche Bitanzahl pro Kanal und die damit zu erreichende Datenübertragungsrate.

Standard sind zur Zeit jedoch ISDN-Geräte und die Modems, wobei ein Modem bei einigen PCs bereits vom Werk her eingebaut ist.

15.5.1 Modems

Ein Modem kann entweder als Einsteckkarte oder als eigenständiges, extern anzuschließendes Gerät ausgeführt sein. Bei einigen PCs (z.B. Siemens-Scenic-Modelle) ist die Modemschaltung auch gleich mit auf dem Mainboard integriert, was aber nichts am Prinzip ändert und daher ebenfalls als Einsteckkarte angesehen werden kann.

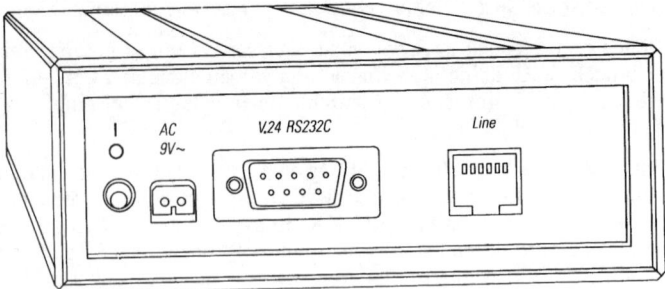

Bild 15.20: Ein externes Modem mit den üblichen Anschlüssen. »RS232« geht zum PC und »Line« zum Telefonnetz

Ob intern oder extern macht zunächst keinen Unterschied, denn in beiden Fällen kann ein Modem eine serielle Schnittstelle des PC verwenden. Ein externes Modem wird vielfach an einen COM-Port oder neuerdings auch an den USB angeschlossen. Ein Modem als Einsteckkarte bringt demgegenüber selbst eine serielle Schnittstelle mit, die üblicherweise als COM3 oder COM4 für den PC zu konfigurieren ist.

 Eine undokumentierte Eigenart von einigen Grafikkarten mit einem Chip der Firma S3 ist es, dass der S3-Chip exakt die I/O-Adressen des COM4-Ports verwendet, wodurch eine Modemkarte, die ebenfalls den COM4 verwendet, nicht zum Laufen zu bringen ist.

Sowohl externe als auch interne Modems haben durchaus ihre Vor- und Nachteile. Ein externes Modem benötigt meist ein zusätzliches Netzteil, das zum Lieferumfang gehören sollte, und wird an eine serielle Schnittstelle des PC angeschlossen, die damit nicht mehr für andere Peripherie verfügbar ist.

Die auf der Frontplatte eines externen Modems angebrachten Leuchtdioden bieten hilfreiche Informationen zum aktuellen Status des Gerätes, was insbesondere bei der Analyse von Kommunikationsproblemen äußerst nützlich sein kann. Dieses Feature gibt es bei einem internen – als Einsteckkarte ausgeführten – Modem hingegen nicht. Zur Überprüfung eines internen Modems sollte daher ein geeignetes Testprogramm – von denen sich einige auf der CD befinden – zur Verfügung stehen, wie beispielsweise *Modem-Doctor*.

Jumper !

Bild 15.21: *Ein internes 56K-Modem, für das per Jumper ein COM-Port festzulegen ist*

Eine Modemkarte muss erst noch in den PC eingebaut werden, was schon in mechanischer Hinsicht nicht immer ganz einfach ist und zudem einen Steckplatz belegt. In der Praxis stellt sich der Einsatz eines externen Modems statt eines internen schon allein aus diesen Gesichtspunkten als unproblematischer dar.

Ansonsten gibt es hinsichtlich der Konfiguration prinzipiell keine Unterschiede zwischen den beiden seriellen Varianten (intern oder extern). Bei einem Kommunikationsproblem mit einem Modem sind also zunächst die seriellen Schnittstellen (Kapitel 9.4) und deren Einstellungen zu überprüfen.

15.5.2 Die Inbetriebnahme

Der Anschluss eines Modems erfolgt üblicherweise über die TAE-Dose (der Telekom). Zwei verschiedene Ausführungen dieser Buchsen sind anzutreffen:

⋯⟩ TAE-F: für Telefone (F = Fernsprechen)

⋯⟩ TAE-N: für alle Endeinrichtungen außer Telefonen (N = Nicht fernsprechen)

Auch wenn die Buchsen fast gleich aussehen, sind sie es nicht, da sie mechanisch so gefertigt sind, dass beispielsweise ein Telefon nicht in eine TAE-N-Buchse gesteckt werden kann. Die Kontaktbelegung beider Varianten ist im folgenden Bild angegeben.

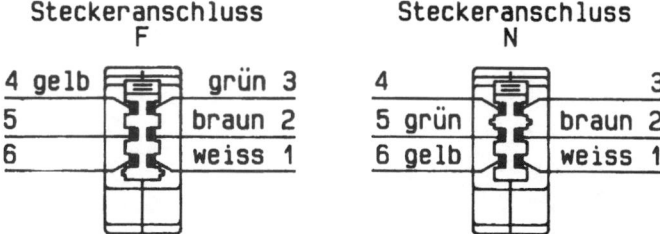

Bild 15.22: *Die Anschlüsse des TAE-N- und des TAE-F-Steckers; die Kontakte 2 und 5 sowie 1 und 6 bleiben bei der TAE-N so lange überbrückt, bis ein Stecker eingesetzt wird*

Die TAE-Dosen sind intern derart verschaltet, dass das Amtssignal (a, b) von Kontakt zu Kontakt durchgeschleift wird und sich der Telefonanschluss (TAE-F) am Ende dieser Kette befindet. Beim Einstecken eines Modems (auch Fax oder allgemein Endgerät) wird der Kontakt geöffnet und ein Relais im Modem sorgt im nicht aktiven Zustand weiterhin für die Aufrechterhaltung der Verbindung, denn sonst würde das Telefon nicht mehr funktionieren. Erst wenn das Modem aktiviert ist, schaltet es sich »auf die Leitung«, und das Telefon ist abgeschaltet.

Diese interne TAE-Verkabelung ist auch der Grund dafür, warum sich die Signalbelegung für TAE-F und TAE-N voneinander unterscheiden. Der TAE-Stecker ist zwar 6-polig, es sind aber nur vier Leitungen angeschlossen und zwei werden tatsächlich gebraucht – die beiden Amtsleitungen.

Nr.	Farbe	Leiter	Bedeutung
1	Weiß	a	Amt
2	Braun	b	Amt
3	Grün	W	Wecker
4	Gelb	E	Erde

Tabelle 15.8: Die übliche Farbzuordnung der Telefonleitungen

Die Konfigurierung eines Modems für Windows wird über *Modems* in der Systemsteuerung und dem Anklicken von *Hinzufügen* eingeleitet. Von Windows wird für die weitere Vorgehensweise vorgeschlagen, den angeschlossenen Modemtyp automatisch zu ermitteln. Dies kann funktionieren, muss aber nicht.

In der Regel wird zwar ein Modem detektiert, es tritt jedoch oftmals »nur« als *Standardmodem* in Erscheinung. Hiermit wird dann ein universeller Modemtreiber installiert, der im Grunde genommen für viele Typen verwendet werden kann, ohne jedoch die erweiterten Funktionen spezieller Modems zur Verfügung stellen zu können, die erst mit dem passenden Treiber verfügbar werden.

Ein automatischer Modem-Suchvorgang schadet an dieser Stelle jedoch andererseits auch nichts, denn die notwendigen Anpassungen können leicht nachträglich vorgenommen werden und es ist immerhin bereits eine Kommunikation mit dem Modem zustande gekommen. Für den ersten Test des Modems empfiehlt sich daher diese Vorgehensweise durchaus. Falls der Suchvorgang nicht erfolgreich war, ist dies zunächst auch nicht tragisch, man muss nun selbst den entsprechenden Typ auswählen.

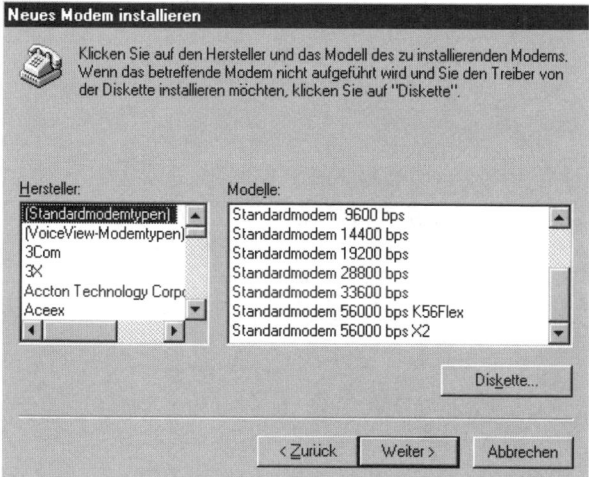

Bild 15.23: Windows 98 bietet die Unterstützung für Standardmodems, die universell zu verwenden sind, und auch für eine ganze Reihe von Modellen herstellerspezifischer Auslegung

Die Übertragungsgeschwindigkeit von Modems wird in **B**its **p**er **S**econd (bps) angegeben, und die schnellsten Modems arbeiten mit 56000 bps. Dabei kommt es immer wieder zu Verwechslungen mit der »Maximalen Geschwindigkeit«, wie sie in den *Eigenschaften von Modems* nach der Installation zu finden ist. Windows schlägt hierfür Werte zwischen 110 und 115200 bps (115,2 Kbit/s) oder sogar bis zu 230,4 Kbit/s vor. Diese *Bitrate* bezieht sich aber allein auf die Übertragung zwischen PC und Modem und hat erst einmal nichts mit der Datenrate auf der Telefonleitung zu tun.

56K-Technologie, V.90, K56Flex, X2

V.90 löst den jahrelang gültigen V.34-Standard ab, der maximal 33600 bps (Bits Per Second) bietet. An der Ablösung dieses Standards haben sich zunächst zwei verschiedene Verfahren konkurrierender Firmen versucht: K56Flex (Rockwell, Motorola, Lucent) sowie X2 (3COM, US Robotics). Erst im Jahre 1998 wurde als Kompromiss beider, nicht zueinander kompatibler Verfahren der V.90-Standard von der ITU (International Telecommunication Union) verabschiedet. Gemein ist allen drei Verfahren (K56Flex, X2, V.90), dass die theoretisch möglichen 56000 Bit/s nur in der Richtung vom Host – dem Internetprovider – zum Anwender möglich sind. Wegen des eingeschränkten Frequenzbereiches (300-4000 Hz) des Fernsprechnetzes, funktioniert dies weder in umgekehrter Richtung, noch können sich zwei 56K-Modems mit dieser Bitrate »unterhalten«. In beiden Richtungen physikalisch machbar sind lediglich die 33600 bps des V.34-Standards.

Einige Modems ignorieren möglicherweise Tastatureingaben, wenn die Bitrate zu hoch oder aber auch zu niedrig eingestellt worden ist, obwohl sie sich eigentlich automatisch in Abhängigkeit vom verwendeten Modemtyp einstellen sollte. Das Handbuch zum Modem sollte eine entsprechende Angabe darüber enthalten, was für ein Wert hierfür festzulegen ist.

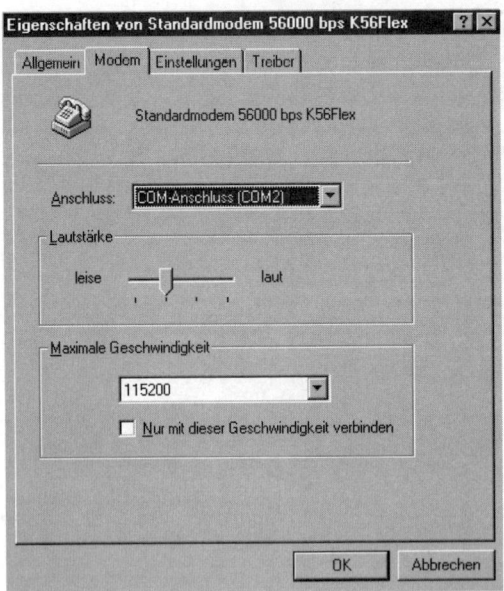

Bild 15.24: Die maximale Geschwindigkeit bezieht sich auf die Datenübertragung zwischen PC und Modem

Dieser Wert wird auch als *Baudrate* oder Schrittgeschwindigkeit bezeichnet und gibt an (in Baud), wie viele Signalzustände pro Zeiteinheit (s) übertragen werden können. In den Anfängen der Datenfernübertragung entsprachen 300 bps auch 300 Baud, d. h., es wurden genau so viele Zeichen pro Sekunde zwischen PC und Modem wie über die Telefonleitung (moduliert) übertragen.

Ein Zeichen entsprach immer einer Informationseinheit auf der Leitung. Da die maximale Baudrate, die im günstigsten Fall über eine analoge Telefonleitung realisiert werden kann, jedoch lediglich 3000 Baud beträgt, sind bereits mit den 1200-bps-Modems spezielle Modulationsarten eingeführt worden, die mit Datenkompressions-verfahren arbeiten und somit mehr Bits in einer Informationseinheit unterbringen können.

Es gibt demnach also beispielsweise kein 36600-Baud-Modem, sondern stattdessen ein 36600-bps-Modem (V.34). Mit welcher Datenübertragungsrate nun aber tatsächlich auf der Telefonleitung gearbeitet werden kann und welche Nutzraten sich dabei jeweils ergeben, bestimmt nicht allein die Geschwindigkeit des Modems (bps), sondern dies hängt vom verwendeten Datenübertragungsprotokoll (Y-, X-, Z-Modem), den vom Modem unterstützten Korrekturmechanismen, der seriellen Schnittstelle (Chip, FIFO-Buffer) und natürlich auch von der Störungsfreiheit der Leitung ab.

Über Diagnose, Selektierung des betreffenden COM-Ports und *Details* wird eine Kommunikation zwischen dem PC und dem Modem aufgebaut. Dabei werden zum Test einige AT-Befehle gesendet und die Ergebnisse dargestellt. Die I-Kommandos des AT-Befehlssatzes initiieren generell interne Funktionen wie einen Speichertest (ATI2) oder die Ermittlung von Herstellerdaten. Diese AT-Befehle wurden ursprünglich vom Modem-Hersteller *Hayes* definiert und stellen einen Standard im DFÜ-Bereich dar. Sie sind gewissermaßen das Mindestmaß an Kompatibilität bei Modems und die jeweiligen Funktionen der Befehle sollten im Handbuch zum Modem abgedruckt sein.

Zum Test der korrekten Modemverbindung sollten einige AT-Befehle gesendet werden.

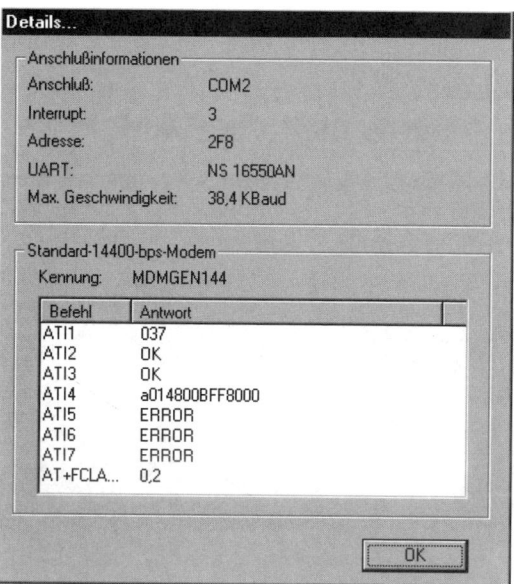

Bild 15.25: *Der Test der Modemverbindung, wobei zur Überprüfung einige AT-Befehle gesendet werden, die keineswegs von jedem Modem unterstützt werden*

Bei auftretenden Kommunikationsproblemen (Zeichen werden verschluckt und Ähnliches) sollte zunächst die *Maximale Geschwindigkeit* probeweise reduziert werden. Windows gibt hier jeweils einen Wert in Abhängigkeit vom zuvor gewählten Modemtyp vor, der sich zuweilen als zu »optimistisch« darstellt.

Ab Windows 95 wird als Terminalprogramm standardmäßig das Programm *Hyper-Terminal* mitgeliefert, und bevor man gleich kostenpflichtige Telefonverbindungen aufbaut, könnte man nach der Installation an dieser Stelle ein paar AT-Befehle an das Modem senden, um zu überprüfen, ob die Kommunikation zwischen dem PC und dem Modem prinzipiell funktioniert. Ein Test kann auch unter DOS mit einem Terminalprogramm wie QMODEM oder TELEMATE durchgeführt werden, was sogar den Vorteil hat, dass nach der erfolgreichen Absolvierung dieses Tests (eine Telefonverbindung zu einer Mailbox könnte hier natürlich auch gleich aufgebaut werden) davon ausgegangen werden kann, dass nunmehr irgendwelche Fehler in der Windows-Umgebung zu suchen sind und Modem sowie COM-Port in Ordnung sind.

Zur Überprüfung, ob der Anschluss an das Telefonnetz in Ordnung ist, wird beispielsweise der AT-Befehl ATH1, was prinzipiell dem Abnehmen des Hörers entspricht, eingegeben und es müsste ein Ton aus dem Lautsprecher ertönen. Ist dies nicht der Fall, kann noch die Lautstärke am Modem zu gering eingestellt sein, was mit ATL3 auf Maximum (ATL0 = leise) festgelegt werden kann. Funktioniert dies nicht, ist der Anschluss zum PC hin nicht in Ordnung, und es ist zunächst die Funktion der jeweiligen PC-Schnittstelle (RS232, USB) und des Verbindungskabels zu überprüfen.

Ist der PC-Anschluss zweifelsfrei nicht defekt, ist das Line-Interface (zum Telefon-netz) des Modems mit großer Wahrscheinlichkeit »gestorben« und das Modem da-mit irreparabel zerstört. Wie es auch bei anderen PC-Einheiten vorkommt, sind die meisten Fehlerquellen aber nicht tatsächlich defekten Hardware-Einheiten zuzu-ordnen, sondern sie rühren von einem fehlerhaften Anschluss der Geräte her, von falsch eingestellten Interrupt-Kanälen oder auch nicht optimalen Einstellungen im Betriebssystem selbst bzw. in dem eingesetzten Kommunikationsprogramm.

15.6 Integrated Services Digital Network

ISDN arbeitet im Gegensatz zu den Modems mit einer digitalen Datenübertragung. Ein ISDN-Adapter für den PC ist vielfach als Einsteckkarte ausgeführt, wobei es mittlerweile auch externe Geräte, beispielsweise für den USB, gibt (z.B. AVM B1 USM).

Bild 15.26: Ein externer ISDN-Adapter (hier B1 von AVM) für den Anschluss an den USB wird automatisch konfiguriert und bietet die Vorteile eines externen Gerätes

Generell unterscheidet man zwischen aktiven und passiven Adaptern. Die aktiven verwenden einen eigenen Prozessor auf der Karte, der für die Abwicklung des ISDN-Protokolls zuständig ist, während dies bei einer passiven ISDN-Karte von der CPU des PC erledigt wird. Üblicherweise reicht eine passive Karte für einen PC aus. Aktive ISDN-Karten werden meist in einem Netzwerkserver (der als Router arbei-tet) verwendet, auf den mehrere Anwender gleichzeitig zugreifen können und bei dem das ISDN relativ ungestört – im Hintergrund – ausgeführt werden soll.

ISDN bietet drei verschiedene, gleichzeitig nutzbare Informationskanäle:

···⟩ B1-Kanal mit 64 kBit/s für Wählverbindungen

···⟩ D-Kanal mit 16 kBit/s für Steuerinformationen

···⟩ B2-Kanal mit 64 kBit/s für Wählverbindungen

Dem Anwender stehen die beiden B-Kanäle zur Verfügung und mit geeigneter Soft-ware ist es auch möglich, eine Kanalbündelung vorzunehmen, wodurch eine Trans-ferrate von maximal 128 kBit/s zur Verfügung steht. Die Gegenstelle muss aller-dings ebenfalls diese Option zur Verfügung stellen. Oftmals ist es sogar nötig, dass auf beiden Seiten die gleichen Geräte verwendet werden.

15.6.1 Der Geräteanschluss

Für den ISDN-Basisanschluss werden die beiden Amtsleitungen (a, b) verwendet und an den **N**etzwerk **T**erminator (NT) – gewissermaßen den ISDN-Hausanschlusskasten (im Keller) – geführt. Es werden also die gleichen Leitungen wie bei einem üblichen Telefon oder einem Modem verwendet, allerdings ist ISDN (bei der Telekom) zunächst zu beantragen und der Anschluss wird daraufhin auf den digitalen Betrieb umgeschaltet.

Die Schnittstelle zum Netz der Telekom wird als UK_0 bezeichnet und unterliegt deren Monopol. Ohne einen Verstärker (Regenerator) ist auf dieser Seite eine maximale Länge von 8 km mit den alten Kupferleitungen des analogen Netzes zu überbrücken, was sicherstellt, dass ein digitaler Übergabepunkt (Vermittlungsstelle) zu erreichen ist.

Der NT erhält den Strom für den Eigenbedarf aus der Vermittlungsstelle, während zur Speisung der Endgeräte eine eigene Stromversorgung nötig ist. Falls diese einmal ausfallen sollte, reicht die Versorgung aus der Vermittlungsstelle aber noch zum Betrieb eines Telefons aus.

Die andere Seite des NT (oder des NTBA, **N**etzwerk **T**erminator **B**asis **A**nschluss), und damit für den Benutzer wichtig, ist eine S0-Schnittstelle, die aus vier Leitungen besteht und bei der jeweils zwei für die Sende- und die Empfangsrichtung verwendet werden.

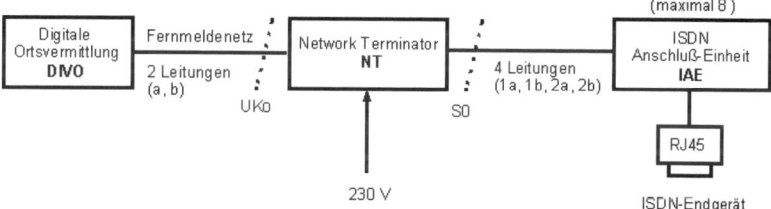

Bild 15.27: *Die ISDN-Schnittstellen bei einem Mehrgeräteanschluss*

Für den Anschluss von Endgeräten sind prinzipiell mehrere Möglichkeiten gegeben: Entweder werden sie direkt mit dem S0-Bus verbunden, wobei maximal 12 Dosen (Mehrgeräteanschluss) installiert und gleichzeitig acht Geräte betrieben werden können, oder es wird nur eine S0-Dose für den Anschluss einer Telekommunikationsanlage (TK) verwendet. Die weiteren Endgeräte werden dann mit der TK verbunden, was auch als *Anlagenanschluss* bezeichnet wird. Damit eventuell vorhandene Analog-Geräte weiterhin verwendet werden können, gibt es die Terminal-Adapter (TA) sowohl als einzelne Geräte als auch als Bestandteil einer TK.

Der S0-Bus ist wie jeder Bus an den beiden Enden mit je einem Widerstand zu terminieren, was in den Anschlussdosen erfolgt.

Für die gesamte Ausdehnung des S0-Bus werden 150 m bis 600 m angegeben, was von der Anzahl der angeschlossenen Geräte abhängig ist. Die maximale Entfernung eines Endgerätes von einer S0-Dose beträgt üblicherweise 10 m. Wie viele Geräte an eine TK angeschlossen werden können und welche Ausdehnung dabei möglich ist, hängt vom jeweiligen Typ ab, wobei sich durchaus Entfernungen von bis zu 1000 m überbrücken lassen. Für den S0-Bus gilt, wie generell für Bussysteme, dass das erste und das letzte Gerät am Bus zu terminieren ist. Hierfür werden in den entsprechenden IAE-Dosen (ISDN **A**nschluss **E**inheit) jeweils zwei Widerstände von 100 Ω zwischen den Klemmen 1a-1b und 2a-2b eingesetzt.

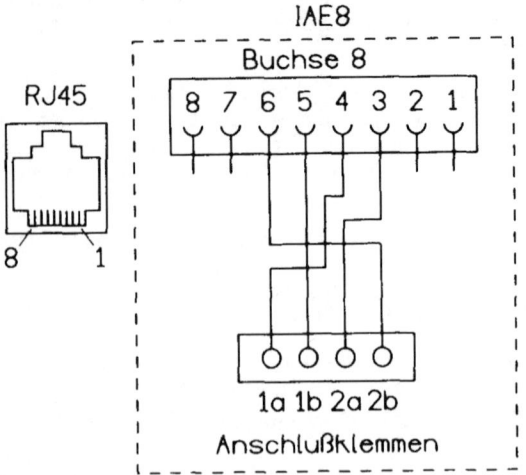

Bild 15.28: Die Kontaktbelegung der IAE und des Westernsteckers

Die ISDN-Verbindungen werden mit Western-Steckern hergestellt, wie sie auch bei Modems üblich sind. Die Belegung der einzelnen Kontakte ist eindeutig genormt, so dass es beim Anschluss keine Probleme geben sollte. In welcher Form allerdings der Stecker auf der anderen Seite – zum Endgerät hin – ausgeführt ist, ist mitunter recht unterschiedlich, was insbesondere die ISDN-Karten für den PC betrifft. Hier findet sich oftmals ein 9-poliger Anschluss, wie er auch für die RS232-Schnittstelle verwendet wird. Die Belegung unterscheidet sich jedoch von Hersteller zu Hersteller. Beispielsweise führt die Verwendung eines Verbindungskabels der Firma Dr. Neuhaus an einer ISDN-Karte der Firma Diehl zum »Abrauchen« der Treiberbausteine. Man sollte an diesen Kabeln daher grundsätzlich nicht herumbasteln und immer das zur Karte gehörende verwenden.

Bild 15.29: Das Anschließen einer ISDN-PC-Karte an den S0-Bus, der hier von einem ISDN-Telefon zur Verfügung gestellt wird

Die Anschlüsse für das ISDN-Kabel an einer ISDN-PC-Karte sind nicht genormt und die Belegung kann daher von Hersteller zu Hersteller unterschiedlich ausfallen. Daher sollte unbedingt das mitgelieferte Verbindungskabel verwendet werden.

15.6.2 Protokolle und Einstellungen

Die eingeschalteten ISDN-Geräte identifizieren sich am S0-Bus mit einer Diensterkennung. Das auf dem D-Kanal arbeitende D-Kanal-Protokoll sorgt dann beispielsweise dafür, dass ein Anruf immer zum richtigen Endgerät geleitet wird. Das Telefon klingelt bei einem Sprachdienst und bei einem eintreffenden Fax wird das Faxgerät aktiv. Das D-Kanal-Protokoll ist allgemein für die Verarbeitung der Steuerinformationen zuständig und somit auch für die Limitierung auf maximal acht Endgeräte verantwortlich.

Eine ISDN-Datenverbindung setzt voraus, dass auf der Gegenstelle dasselbe Verbindungsprotokoll arbeitet, und es gibt hierfür in Deutschland prinzipiell zwei: 1TR6 und E-DSS1.

Das ISDN-Standard-D-Kanal-Protokoll für Deutschland stellt 1TR6 (Technische Richtlinie 6) dar, während E-DSS1 einer einheitlichen europäischen ISDN-Protokollauslegung (Euro-ISDN) entspricht. 1TR6 wird laut Auskunft der Telekom nur noch in Ausnahmefällen eingesetzt und jeder ISDN-Anschluss bzw. die verwendeten ISDN-Geräte, die in den letzten Jahren angeschlossen worden sind, entsprechen E-DSS1. In vielen Behörden und größeren Firmen wird intern allerdings noch häufig mit 1TR6 gearbeitet und die jeweilige Telefonzentrale setzt dieses Protokoll nach außen in E-DSS1 um.

Für ISDN-PC-Karten ist es in den meisten Fällen lediglich eine Software- und damit Treiberfrage, welches Protokoll zum Einsatz kommt. Bei Telefonen wird es schwieriger, denn oftmals wird für den Protokollwechsel auch ein neues Modell benötigt. Einige ISDN-Telefone sind umschaltbar und andere erlauben eine Umrüstung auf Euro-ISDN per EPROM-Tausch, was aber aus Kostengründen meist nicht lohnend erscheint.

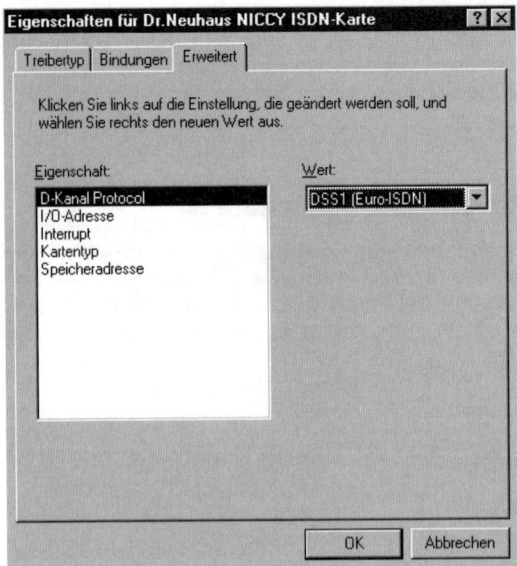

Bild 15.30: Die Festlegung des passenden D-Kanal-Protokolls für eine ISDN-Karte

EAZ und MSN

Werden mehrere Endgeräte (Telefon und PC-ISDN-Karte) an einem ISDN-Anschluss betrieben, dient eine zusätzliche Zahl, die automatisch an die Rufnummer angehängt wird, zur Auswahl des betreffenden Gerätes. Diese Zahl wird als EAZ – **E**ndgeräte **A**uswahl **Z**iffer – bezeichnet, wobei die EAZ 0 als Ausnahme alle angeschlossenen Geräte anspricht.

Die EAZ ist im Prinzip jedoch nur für die 1TR6-Auslegung und nicht für Euro-ISDN von Belang, obwohl eine derartige Abfrage während der Installation von ISDN-Software oftmals erscheint. Im Zweifelsfall kann die Einstellung ignoriert und eine beliebige Zahl zwischen 0 und 9 eingegeben werden. Falls das ISDN-Gerät dann aber nicht funktioniert, hat man entweder kein Euro-ISDN oder auch veraltete Software, oder beim ISDN-Anschluss handelt es sich nicht um einen Basisanschluss, sondern um eine ISDN-Anlage, wie sie in Firmen oder Behörden verwendet wird, und dann muss man sich oftmals auch noch um die richtige Einstellung der EAZ kümmern.

Die EAZ-Zuordnung erfolgt bei einem Telefon über die Tasten und bei einer PC-ISDN-Karte per Software, wobei man leider auf einige Probleme stoßen kann. Standardmäßig ist meist die EAZ 0 aktiviert und damit sich die ISDN-Karte nicht ebenfalls bei jedem Telefonanruf angesprochen fühlt, muss ihr dann eine andere EAZ zugeordnet werden. Durch eine ungewollte Übereinstimmung zweier Auswahlziffern kann der Fall eintreten, dass man zwar mit der PC-ISDN-Karte senden, aber nicht empfangen kann. Es ist auch möglich, dass mit einem ISDN-Programm überhaupt keine Verbindung zustande kommt und in solch einem Fall sollte als Erstes die EAZ überprüft werden.

Unter Windows 9x oder Windows NT, das CAPI 2.0 (siehe folgendes Kapitel) verwendet, wird standardmäßig nicht mit EAZs, sondern mit MSNs gearbeitet. MSN steht für *Multiple Subscriber Number* (Mehrfachrufnummer) und ein zusätzlicher Wert ist hier eventuell für die Zuordnung der Rufnummer – für eingehende Anrufe – des ISDN-Modems notwendig.

Common (ISDN) Application Programming Interface

Das **C**ommon (ISDN) **A**pplication **P**rogramming **I**nterface (CAPI) stellt eine Softwareschnittstelle für ISDN-Geräte, vergleichbar mit ASPI für SCSI, dar. Windows 9x und Windows NT 4.0 arbeiten ausschließlich mit CAPI 2.0, wodurch die Unterstützung für Euro-ISDN gegeben ist.

Unter *Netzwerk* ist das Protokoll für die ISDN-Karte festzulegen, was dementsprechend mit *Hinzufügen-Protokoll* durchgeführt wird. Hierfür ist beispielsweise der *CAPI20-Protocol-Eintrag* der Firma Acotec anzuklicken und daraufhin mit *OK* zu bestätigen.

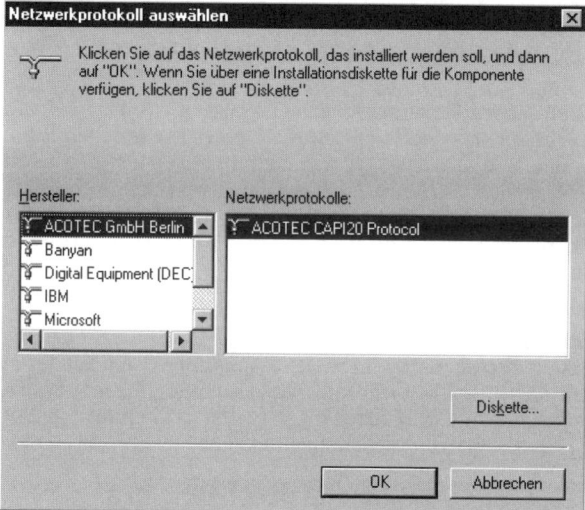

Bild 15.31: Das Standard-ISDN-Protokoll (CAPI 2.0) für Windows wird installiert

Mit der ISDN-Karte können daraufhin unter Windows die gleichen Programme verwendet werden, wie es mit einem üblichen Modem möglich ist, beispielsweise das HyperTerminal, das DFÜ-Netzwerk und die Wahlhilfe, denn diese Programme setzen auf das CAPI auf. Allerdings muss der Kommunikationspartner dabei über ISDN und nicht etwa per Analoganschluss erreichbar sein.

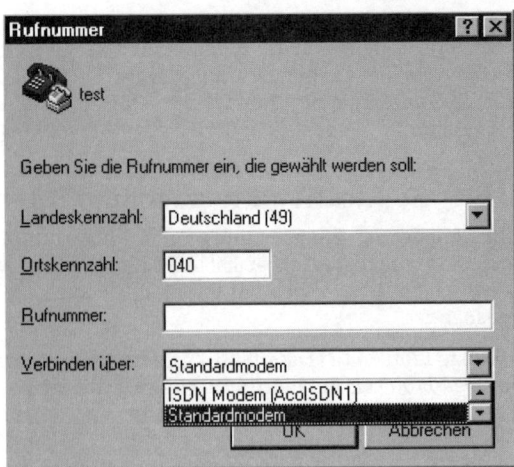

Bild 15.32: Die Windows-Standardanwendung »Hyperterminal« kann sowohl mit einem üblichen Modem als auch mit einer ISDN-Karte arbeiten

Anders sieht es bei Programmen aus, die eben nicht das CAPI verwenden (Terminal-, Fax-Programme), sondern auf die Treiber der seriellen Schnittstelle aufsetzen. Um dennoch derartige Programme mit ISDN einsetzen zu können, also per ISDN eine (analoge) Mailbox zu »besuchen«, wird ein so genannter Fossil-Treiber benötigt, der eine entsprechende Emulation (AT-Befehle in CAPI) vornimmt. Das bekannteste Programm hierfür ist cFos, das sich auch auf der beiliegenden CD befindet. Eine andere Möglichkeit ist eine COM-Port-Emulation, wie etwa das Programm VCOMM, das mit ISDN-Karten der Firma Teles ausgeliefert wird.

Eine ISDN-Karte ist für Windows als *Software-Modem* anzusehen und die gegenüber einem Standardmodem nicht einstellbaren Optionen sind bei den Einstellungsmöglichkeiten grau hinterlegt und für die Anpassung gesperrt. *Erweitert* unter *Eigenschaften für ISDN-Modem-Einstellungen* bietet noch einige für ISDN relevante Einstellungs- und Anpassungsmöglichkeiten.

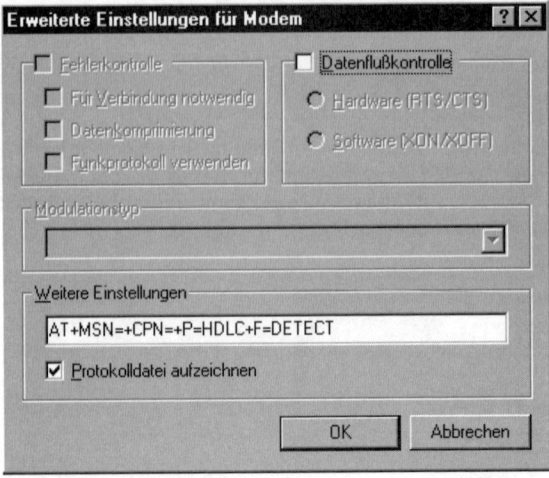

Bild 15.33: Die erweiterten Einstellungen des Modems (ISDN-Karte) enthalten einen speziellen Konfigurationsstring als AT-Befehle

Der Konfigurationsstring enthält einige Kommandos zur Initialisierung des ISDN-Modems, wobei diese eine Erweiterung des AT-Befehlssatzes darstellen.

AT + MSN= + CPN=HDLC + F=DETECT

MSN steht für *Multiple Subscriber Number* (Mehrfachrufnummer) und ein zusätzlicher Wert ist hier eventuell für die Zuordnung der Rufnummer – für eingehende Anrufe – des ISDN-Modems notwendig. Bei Euro-ISDN teilt die Telekom dem Anschluss mehrere Rufnummern zu (z.B. 720460, 720461, 720462) zu und bei Verwendung von CAPI 2.0 sind dann keine weitere Einstellungen für das ISDN-Modem nötig, da sich die MSN direkt auf die ISDN-Karte bezieht, was meist an der TK festgelegt werden kann.

Das nationale ISDN 1TR6 – mit CAPI 1.1 – kennt jedoch keine MSNs, sondern arbeitet mit Endgeräte-Auswahlziffern (EAZ), was für dieses Beispiel bedeutet, dass mit der EAZ 1 die Nummer 72046-1 und mit einer EAZ 2 die Nummer 72046-2 angesprochen wird. Wie erwähnt, ist 1TR6 veraltet und wird von der Telekom offiziell nicht mehr unterstützt, in Firmen-internen ISDN-Anlagen kann es dennoch anzutreffen sein.

Die Umsetzung einer MSN- in eine korrespondierende EAZ-Darstellung erfolgt unter Windows automatisch, da hier standardmäßig CAPI 2.0 verwendet wird. Es ist nur in Problemfällen im Zusammenhang mit älteren Telekommunikationsanlagen (1TR6-Anschluß) hinter MSN= eine entsprechende Nummer anzugeben. Dies gilt ebenfalls für die **C**alling **P**arty **N**umber (CPN), die leer bleibt und nur dann festzulegen ist, wenn die TK dies unbedingt erfordert.

Als Standardprotokoll für den B-Kanal wird das **H**igh Level **D**ata **L**ink **C**ontrol-Protokoll (P=HDLC) verwendet und einstellbare Alternativen wären X[75], V[110] sowie D[etect], die jedoch nur in Ausnahmefällen anzuwenden sind.

Eine automatische Ermittlung der Übertragungsart wird mit F=DETECT festgelegt, die entweder asynchron oder synchron durchgeführt wird und auch mit A[SYNC] bzw. S[YNC] explizit angegeben werden kann, was immer dann nötig ist, wenn sich die Karte nicht automatisch darauf einstellen lässt.

Für den Zugang zum Internet – über einen Provider – ist üblicherweise die Installation des *DFÜ-Netzwerkes* notwendig und des Weiteren ist TCP/IP (mit sync PPP) zu konfigurieren. Welche Einstellungen hierfür im Einzelnen erforderlich sind oder ob noch andere Protokolle (X.75, V.120) notwendig sind, hängt vom jeweiligen Provider ab, wobei die Installationsprogramme, beispielsweise für AOL oder T-Online, die entsprechenden Einstellungen während der Installation automatisch vornehmen.

Stichwortverzeichnis

C

F

J

M

Q

R

S

W

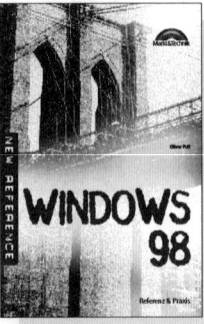

ALLES ÜBER LINUX

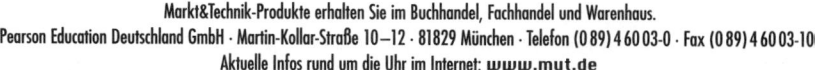